Jean-Paul Sartre

Das Sein und das Nichts

VERSUCH EINER
PHÄNOMENOLOGISCHEN ONTOLOGIE

Rowohlt Verlag

Die Originalausgabe erschien bei Librairie Gallimard, Paris
unter dem Titel: L'ÊTRE ET LE NÉANT

Die Übersetzung aus dem Französischen besorgte Justus Streller. Den zweiten Teil *Das Für-sich* sowie aus dem vierten Teil *Haben, Machen und Sein* die Abschnitte II und III des zweiten Kapitels *Tun und Haben: Der Besitz* und *Über die Seinsenthüllung durch die Qualität* übersetzte Karl August Ott. Aus dem dritten Teil *Das Für-andere* übertrug das zweite Kapitel *Der Leib* Alexa Wagner.

1.–4. Tausend September 1952
5.–8. Tausend September 1962
9.–11. Tausend April 1966
12.–14. Tausend November 1970
15.–17. Tausend Januar 1974

Erste vollständige deutsche Ausgabe September 1962

Schutzumschlag- und Einbandentwurf von Werner Rebhuhn
Gesetzt aus der Linotype-Garamond-Antiqua
Gesamtherstellung Clausen & Bosse, Leck/Schleswig
Das Werkdruckpapier lieferte die Papierfabrik
Temming, Glückstadt/Elbe
Printed in Germany
ISBN 3 498 06060 0

Inhaltsverzeichnis

EINLEITUNG

Auf der Suche nach dem Sein

I

Der Begriff Phänomen

Dem Denken der Gegenwart ist ein beträchtlicher Schritt nach vorwärts gelungen, indem es das Seiende auf die Reihe derjenigen Erscheinungen zurückführte, die von ihm Kunde geben. Man beabsichtigte, dadurch eine gewisse Zahl von Dualismen zu beseitigen, die der Philosophie Verlegenheit bereiteten, und sie durch das monistisch aufgefaßte Phänomen zu ersetzen. Ist es gelungen?

Es steht fest, daß man sich vor allem jenes Dualismus entledigte, der am Seienden die Außenseite in einen Gegensatz zur Innenseite bringt. Es gibt keine Außenseite des Seienden mehr, sofern man darunter eine Oberflächenhaut versteht, die die wahre Natur des Objektes den Blicken verhüllt. Diese wahre Natur ihrerseits, sofern sie die geheime Realität des Dinges sein soll, die man ahnen oder annehmen, aber niemals erfassen kann, weil sie der «Innenaspekt» am betreffenden Objekt ist, auch sie existiert nicht mehr. Die Erscheinungen, die von einem Seienden Kunde geben, sind weder Innenseite noch Außenseite: sie sind alle gleich viel wert, sie alle weisen auf andere Erscheinungen hin, und keine hat vor der anderen etwas voraus. Die Kraft, zum Beispiel, ist nicht ein metaphysischer und seiner Art nach unbekannter Drang, der sich hinter seinen Wirkungen (Beschleunigungen, Ablenkungen usw.) verbirgt: sie ist das Insgesamt dieser Wirkungen. Ebenso hat der elektrische Strom keine geheime Kehrseite: er ist nichts anderes als das Insgesamt der physikalisch-chemischen Vorgänge (Elektrolyse, Glühen eines Kohlefadens, Bewegung einer Galvanometernadel usw.), die von ihm Kunde geben. Keiner dieser Vorgänge genügt für sich, um ihn zu offenbaren. Aber keiner von ihnen zeigt etwas an, was *hinter ihm ist*; er zeigt sich selbst und zugleich die vollständige Reihe [der Vorgänge] an. Es ergibt sich offenbar, daß der Dualismus von Sein und Scheinen in der Philosophie kein Bürgerrecht mehr hat. Die Erscheinung weist hin auf die vollständige Reihe der Erscheinungen und nicht auf ein verborgenes Reales, das das ganze *Sein* des Seienden an sich gezogen hätte. Und die Erscheinung ihrerseits ist durchaus keine unzuverlässige Kundgabe dieses Seins. Solange man an geistige Wirklichkeiten glauben konnte, hat man die Erscheinung als etwas rein Negatives dargestellt. Sie war «das, was das Sein nicht ist»; sie hatte kein anderes Sein als das der Einbildung und des Irrtums. Aber dieses Sein selbst war geborgt, es war selbst ein falscher Schein, und die größte Schwierigkeit, der man begegnen konnte, bestand darin, der Erscheinung genügend Zusammenhalt und Dasein zuzubilligen, damit sie nicht selbst im Schoße des nicht-phänomenalen Seins wieder aufgesogen werde. Aber wenn wir uns einmal von dem getrennt haben, was Nietzsche «die Illusion der Hinterwelten» nannte, und wenn wir nicht mehr an ein Sein-hinter-der-Erscheinung glauben, so wird diese, im Gegensatz zu jenem, etwas ganz Positives. Ihr Wesen ist ein «Scheinen», das sich dem Sein nicht mehr entgegenstellt, sondern das, im Gegenteil, sein Maßstab ist. Denn das Sein eines Seienden, das ist genau das, was es zu sein *scheint*. So gelangen wir zum Begriff Phänomen, so wie man ihm zum Beispiel in der «Phänomenologie» von Husserl oder Heidegger begegnen kann, dem Phänomen oder dem Relativ-Absoluten. Relativ bleibt das Phänomen, denn das «Scheinen» setzt seinem Wesen nach jemanden voraus, dem es erscheint. Aber es hat nicht die zweifache Relativität der Kantischen *Erscheinung*. Es zeigt nicht über seine Schulter hinweg ein wahres Sein an, das seinerseits absolut wäre. Das, was es ist, ist es absolut, denn es enthüllt sich *wie es ist*. Das Phänomen kann als solches untersucht und beschrieben werden, denn es ist *absolut sich selbst anzeigend*.

In gleicher Weise wird auch die Dualität von Potenz und Akt dahinfallen. Alles ist im Akt enthalten. Hinter dem Akt gibt es weder Potenz noch «Hexis», noch Wirkfähigkeit. Wir lehnen es zum Beispiel ab, unter «Genie» – in dem Sinne, in dem man sagt, Proust «habe Genie» oder «war» ein Genie – eine besondere Fähigkeit, gewisse Werke zu schaffen, zu verstehen, eine Fähigkeit, die sich in der Schaffung dieser Werke gerade nicht erschöpft. Prousts Genie, das ist weder das für sich allein betrachtete Werk noch das persönliche Können, es zu schaffen: es ist vielmehr das Werk, betrachtet als die Gesamtheit der Kundgebungen der Person. Und so können wir schließlich auch den Dualismus von Erscheinung und Wesen fallenlassen. Die Erscheinung verbirgt nicht das Wesen, sondern sie enthüllt es: sie *ist* das Wesen. Das Wesen eines Seienden ist nicht mehr eine in die Tiefe dieses Seienden eingesenkte Wirkfähigkeit, es ist vielmehr das offenbare Gesetz, das die Aufeinanderfolge der Erscheinungen des Seienden leitet, es ist der Grund der Reihe [der Erscheinungen]. Dem Nominalismus Poincarés, der eine physikalische Tatsache (den elektrischen Strom, zum Beispiel) als die *Summe* ihrer verschiedenen Kundgebungen definierte, stellte Duhem mit Recht seine eigene Theorie entgegen, die aus jener Vorstellung die *synthetische Einheit dieser* Kundgebungen machte. Und sicher ist die Phänomenologie nichts weniger als ein Nominalismus. Aber, um es kurz zu sagen, das Wesen als Grund der Reihe ist nichts anderes als das Verbindende der Erscheinungen, das heißt, es ist selbst eine Erscheinung. Auf diese Weise erklärt es sich, daß es eine unmittelbare Erkenntnis von Wesenheiten geben kann (Husserls Wesensschau, zum Beispiel). So also gibt sich das phänomenale Sein kund, es gibt sein Wesen ebenso kund wie sein Dasein, und es ist nichts anderes als die wohlverknüpfte Reihe dieser Kundgebungen.

Heißt das, daß es uns gelungen ist, *alle* Dualismen zu beseitigen, indem wir das Seiende auf seine Kundgebungen zurückführen? Es scheint vielmehr, daß wir sie alle in einen neuen Dualismus verwandelt haben: in den des Endlichen und des Unendlichen. In der Tat könnte sich das Seiende nicht auf eine *endliche* Reihe von Kundgebungen beschränken, da jede von ihnen ein Bezug ist auf ein Subjekt, das sich beständig ändert. Wenn auch ein *Objekt* sich nur durch eine einzige «Abschattung» hindurch darbieten mag, so enthält doch schon die Tatsache, *Subjekt* zu sein, die Möglichkeit, zahlreiche verschiedene Standpunkte *gegenüber* der «Abschattung» einzunehmen. Das genügt, um die gedachte «Abschattung» bis ins Unendliche zu vervielfältigen. Außerdem, wenn die Reihe der Erscheinungen endlich wäre, so würde das bedeuten, daß die zuerst erschienenen nicht die Möglichkeit hätten, *noch einmal zu erscheinen*, was unsinnig ist, oder aber daß sie alle gleichzeitig gegeben sein könnten, was noch unsinniger ist. Seien wir uns darüber im klaren, daß unsere Theorie des Phänomens die Realität des Dinges ersetzt hat durch die *Objektivität* des Phänomens und daß sie diese begründet hat auf einem Rückgriff auf das Unendliche. Die Realität dieser Tasse besteht darin, daß sie da *ist* und daß sie *nicht ich ist.* Wir fassen das in Worte und sagen, die Reihe ihrer Erscheinungen sei verbunden durch einen Grund, der nicht von meinem Gutdünken abhängt. Aber die auf sich selbst beschränkte Erscheinung, ohne Rückgriff auf die Reihe, der sie angehört, würde nur eine unmittelbar erkennbare, subjektive Vollkommenheit sein: die Art, in der das Subjekt von ihr bestimmt ist. Wenn das Phänomen sich als *transzendent* erweisen soll, muß das Subjekt selbst die Erscheinung auf die vollständige Reihe hin transzendieren, deren Glied sie ist. Es muß *das* Rot erfassen durch seine Rotwahrnehmung hindurch. *Das* Rot, das heißt den Grund der Reihe; *den* elektrischen Strom durch die Wahrnehmung der Elektrolyse hindurch usw. Aber wenn die Transzendenz des Objektes beruht auf der für die Erscheinung bestehenden Notwendigkeit, sich immer transzendieren zu lassen, so ergibt sich, daß ein Objekt grundsätzlich die Reihe seiner Erscheinungen als unendlich setzt. So zeigt die Erscheinung, die *endlich* ist, sich selbst in ihrer Endlichkeit an, aber sie fordert gleichzeitig, auf das Unendliche hin überschritten zu werden, damit sie als Erscheinung-dessen-was-erscheint ergriffen werden kann. Diese neue Gegenüberstellung, das «Endliche und das Unendliche», oder besser, «das Unendliche im Endlichen», tritt an die Stelle des Dualismus von Sein und Erscheinen: das, was erscheint, ist in der Tat nur ein *Aspekt* des Objektes, und das Objekt ist ganz und gar *in* diesem Aspekt und ganz und gar außerhalb seiner. Ganz und gar *inwendig* in dem, was sich *in* diesem Aspekt kundgibt: es zeigt sich selbst an als das Gefüge der Erscheinung, das gleichzeitig der Grund der Reihe ist. Ganz und gar außerhalb, denn die Reihe selbst wird nie erscheinen und kann nicht erscheinen. So stellt sich das Außen von neuem dem Innen gegenüber und das Sein-was-nicht-erscheint der Erscheinung. Ebenso zieht eine gewisse «Potenz» wieder in das Phänomen ein und verleiht ihm seine eigene Transzendenz: nämlich die Fähigkeit, in einer Reihe tatsächlicher oder möglicher Erscheinungen entfaltet zu werden. Selbst wenn man Prousts Genie auf die von ihm geschaffenen Werke einschränkt, kommt es nichtsdestoweniger der Unendlichkeit der Standpunkte gleich, die man diesem Werk gegenüber einnehmen kann und die man «die Unerschöpflichkeit» des Proustschen Werkes zu nennen pflegt. Aber ist diese Unerschöpflichkeit, die eine Transzendenz und einen Rückgriff auf das Unendliche in sich begreift, keine «Hexis» in dem Augenblick, in dem man sie am Objekt erfaßt? Und das Wesen einer Gegebenheit ist nun radikal abgeschnitten von der Einzelerscheinung, die von ihm Kunde gibt, denn es ist grundsätzlich dasjenige, von dem es eine Kundgabe geben können muß, und zwar mittels einer unendlichen Reihe einzelner Kundgebungen.

Indem wir so eine Mannigfaltigkeit von Gegensätzlichkeiten durch einen einzigen Dualismus ersetzen, der sie alle begründet, haben wir dabei gewonnen oder verloren? Das werden wir bald sehen. Für den Augenblick ist es eine erste Konsequenz der «Theorie des Phänomens», daß die Erscheinung nicht auf das Sein hinweist wie das Kantische Phänomen des Noumenon. Da es nichts hinter ihr gibt und da sie nur sich selbst (und die vollständige Reihe der Erscheinungen) anzeigt, kann sie von keinem anderen Sein als ihrem eigenen *getragen* werden, könnte sie nicht das dünne Häutchen des Nichts sein, das das Subjekt-Sein vom Absolut-Sein scheidet. Wenn das Wesen der Erscheinung ein «Erscheinen» ist, das sich keinem *Sein* mehr entgegenstellt, so gibt es ein echtes Problem vom *Sein dieses Erscheinens*. Das ist das Problem, was uns hier beschäftigen wird und was der Ausgangspunkt unserer Untersuchungen über das Sein und das Nichts sein wird.

II

Das Seinsphänomen und das Sein des Phänomens

Die Erscheinung wird von keinem von ihr unterschiedenen Seienden getragen: sie hat ihr eigenes *Sein.* Das erste Sein, dem wir bei unseren ontologischen Untersuchungen begegnen, ist also das Sein der Erscheinung. Ist es selbst eine Erscheinung? Zunächst scheint es so. Das Phänomen ist das, was sich kundgibt, und das Sein gibt sich allen irgendwie kund, und wir haben dafür ein gewisses Verständnis. So muß es ein *Phänomen des Seins* geben, eine Erscheinung von Sein, beschreibbar wie eine solche. Das Sein wird uns enthüllt mittels irgendeines direkten Zuganges, der Langeweile, des Ekels usw., und die Ontologie ist dann die Beschreibung des Phänomens von Sein, so wie es sich kundgibt, das heißt ohne etwas Vermittelndes. Indessen ist es ratsam, jeder Ontologie eine Vorfrage zu stellen: ist das so erreichte Seinsphänomen identisch mit dem Sein der Phänomene, das heißt: ist das Sein, das sich mir enthüllt, das mir *erscheint,* von derselben Art wie das Sein der Seienden, die mir erscheinen? Anscheinend gibt es hier gar keine Schwierigkeit: Husserl hat gezeigt, in welcher Weise eine eidetische Reduktion immer möglich ist, das heißt wie man immer das tatsächliche Phänomen in Richtung auf sein Wesen überschreiten kann, und für Heidegger ist die «menschliche Realität» ontisch-ontologisch, das heißt, daß sie das Phänomen stets auf sein Sein hin zu überschreiten vermag. Aber der Übergang vom Einzelobjekt zum Wesen ist ein Übergang vom Gleichartigen zum Gleichartigen. Verhält es sich ebenso beim Übergang vom Seienden zum Seinsphänomen? Das Seiende überschreiten in Richtung auf das Seinsphänomen, heißt das wirklich es überschreiten in Richtung auf *sein* Sein, so wie man das besondere Rot überschreitet in Richtung auf *sein* Wesen? Sehen wir genauer zu.

An einem einzelnen Objekt kann man immer Eigenschaften unterscheiden wie die Farbe, den Geruch usw. Und von ihnen ausgehend, kann man immer ein Wesen bestimmen, das sie in sich begreifen, so wie das Zeichen die Bedeutung in sich begreift. Das Beieinander «Objekt-Wesen» bildet ein gegliedertes Ganzes: das Wesen ist nicht *im* Objekt, vielmehr ist es der Sinn des Objektes, der Grund der Reihe von Erscheinungen, die es enthüllen. Aber das Sein ist weder eine unter anderen erfaßbare Eigenschaft des Objektes noch ein Sinn des Objektes. Das Objekt weist nicht auf ein Sein hin wie auf eine Bedeutung: es wäre zum Beispiel unmöglich, das Sein als ein Anwesendes zu definieren – da ja das Abwesende auch das Sein enthüllt, denn nicht *da* sein, das ist immer noch sein. Das Objekt *besitzt* das Sein nicht, und sein Dasein ist nicht eine Teilhabe am Sein, auch keine andere Weise der Bezogenheit. Es *ist*, das ist die einzige Art, seine Seinsart zu definieren; denn das Objekt versteckt nicht das Sein, aber es enthüllt es ebensowenig: es versteckt es nicht, denn es wäre ein vergeblicher Versuch, gewisse Eigenschaften des Seienden wegzunehmen, um hinter ihnen das Sein zu finden, das Sein ist das Sein von allen [Eigenschaften] in der gleichen Weise – es enthüllt es nicht, denn es wäre vergeblich, sich an das Objekt zu wenden, um dessen Sein zu ergreifen. Das Seiende ist Phänomen, das heißt, es bezeichnet sich selbst als gegliedertes Beieinander von Eigenschaften. Sich selbst und nicht sein Sein. Das Sein ist einfach die Voraussetzung jeder Enthüllung: es ist Sein-zum-Enthüllen, nicht aber enthülltes Sein. Was bedeutet also jene Überschreitung in Richtung auf das Ontologische, von der Heidegger spricht? Sicher kann ich diesen Tisch oder diesen Stuhl in Richtung auf sein Sein überschreiten und die Frage nach dem Tisch-Sein oder dem Stuhl-Sein stellen. Aber in diesem Moment wende ich den Blick vom Tisch-Phänomen weg, um ihn auf das Seinsphänomen zu richten, was nicht mehr die Voraussetzung jeder Enthüllung ist – was aber selbst etwas Enthülltes ist, eine Erscheinung, und was wie sie nun auch ein Sein braucht, auf dessen Grundlage es sich enthüllen könnte.

Wenn das Sein der Phänomene sich nicht in einem Phänomen von Sein auflöst und wenn wir dennoch über das Sein nichts *sagen* können, es sei denn, wir befragen dieses Seinsphänomen, so muß vor allem der genaue Bezug, der das Seinsphänomen mit dem Sein des Phänomens verbindet, festgestellt werden. Wir können das bequemer haben, wenn wir in Betracht ziehen, daß das Insgesamt der vorangegangenen Bemerkungen unmittelbar veranlaßt war von der offenbarenden unmittelbaren Erkenntnis des Seinsphänomens. Indem wir *nicht das Sein* als Bedingung der Enthüllung betrachten, sondern das Sein als Erscheinung, die in Begriffen festgelegt werden kann, haben wir von vornherein erfaßt, daß die Erkenntnis für sich allein keine Rechenschaft über das Sein ablegen könnte, das heißt, daß das Sein des Phänomens nicht auf das Seinsphänomen zurückgeführt werden könnte. Mit einem Wort, das Seinsphänomen ist «ontologisch» in dem Sinne, in welchem man den Beweis des heiligen Anselm und des Descartes *ontologisch* nennt. Es ist ein Ruf nach Sein; es fordert, als Phänomen, eine Begründung, die transphänomenal sein muß. Das Seinsphänomen fordert die Transphänomenalität des Seins. Das will nicht besagen, daß das Sein sich verborgen *hinter* den Phänomenen befinde (wir haben gesehen, daß das Phänomen das Sein nicht verbergen kann), auch nicht, daß das Phänomen eine Erscheinung sei, die auf ein bestimmtes Sein hinweist (das Phänomen ist, *soweit es Erscheinung ist*, das heißt, es zeigt sich an auf der Grundlage des Seins). Aus den vorangegangenen Betrachtungen ergibt sich vielmehr, daß das Sein des Phänomens, obwohl sich ebenso weit erstreckend wie das Phänomen, der Phänomenbedingtheit entgehen muß – die darin besteht, nur insoweit zu existieren, als es sich enthüllt – und daß es folglich über die Erkenntnis, die man von ihm gewinnt, hinausgeht und sie stiftet.

III

Das präreflexive cogito und das Sein des percipere

Man wird vielleicht versucht sein einzuwenden, daß die obenerwähnten Schwierigkeiten alle von einer bestimmten Auffassung des Seins herrühren, von einer Art ontologischem Realismus, der mit dem Begriff der *Erscheinung* selbst ganz unverträglich ist. Das, was das Sein der Erscheinung ausmacht, das ist in der Tat, daß sie *erscheint.* Und da wir die Realität auf das Phänomen beschränkt haben, können wir über das Phänomen aussagen, daß es *ist,* wie es *erscheint.* Warum nicht den Gedanken bis an seine Grenze verfolgen und sagen, das Sein der Erscheinung sei sein Erscheinen? Es wäre dies nur eine neue Fassung des alten Berkeleyschen *«esse est percipi».* Und das ist in der Tat genau das, was Husserl macht, wenn er nach Durchführung der phänomenologischen Reduktion das Noema wie etwas *Irreales* behandelt und erklärt, daß sein *«esse»* ein *«percipi»* sei.

Es sieht nicht so aus, als ob die berühmte Berkeleysche Formel uns zufriedenstellen könnte. Dies aus zwei wesentlichen Gründen, von denen einer von der Natur des *percipi,* der andere von der des *percipere* herrührt.

Eigentümlichkeit des «percipere». – Wenn wirklich jede Metaphysik eine Theorie der Erkenntnis voraussetzt, so setzt umgekehrt jede Theorie der Erkenntnis eine Metaphysik voraus. Das bedeutet unter anderem, daß ein Idealismus, der das Sein auf diejenige Erkenntnis zu beschränken sich bemüht, die man von ihm gewinnt, zunächst auf irgendeine Weise das Sein der Erkenntnis sichern müßte. Wenn man dagegen damit anfängt, diese als eine Gegebenheit zu setzen, ohne sich um die Begründung ihres Seins Gedanken zu machen, und wenn man dann versichert *«esse est percipi»,* so stürzt die Ganzheit «Wahrnehmung-Wahrgenommenes» mangels einer Unterstützung durch ein zuverlässiges Sein ins Nichts. Demnach kann das Sein der Erkenntnis nicht aus der Erkenntnis erschlossen werden; es entzieht sich dem *«percipi»*[1].

1 Es versteht sich von selbst, daß jeder Versuch, das «percipere» durch eine andere *Einstellung* der menschlichen Realität zu ersetzen, in gleicher

So muß sich der Seinsgrund des *percipere* und des *percipi* dem *percipi* selbst entziehen: er muß transphänomenal sein. Wir kehren somit zu unserem Ausgangspunkt zurück. Wenn man auch zugeben kann, daß das *percipi* auf ein Sein hinweist, das sich den Gesetzen der Erscheinung entzieht, wird man trotzdem dabei bleiben, daß dieses transphänomenale Sein das Sein des Subjektes ist. So würde das *percipi* auf das *percipiens* hinweisen – das Erkannte auf die Erkenntnis und diese wieder auf das erkennende Sein, insofern es *ist*, nicht insofern es erkannt ist, das heißt auf das Bewußtsein. Das hat Husserl begriffen: denn wenn das Noema für ihn das irreale Korrelat der Noesis ist, dessen ontologisches Gesetz das *percipi* darstellt, so erscheint ihm im Gegensatz dazu die Noesis als die *Realität*, deren wichtigstes Merkmal es ist, sich der Reflexion darzubieten, die sie *erkennt*, so «als wäre sie schon vorher dagewesen». Denn das Seinsgesetz des erkennenden Subjektes ist *bewußt-sein*. Das Bewußtsein ist keine besondere Art der Erkenntnis, genannt innerer Sinn oder Selbstbewußtsein, sondern es ist die transphänomenale Seinsdimension des Subjektes.

Wir wollen versuchen, diese Seinsdimension noch besser zu begreifen. Wir sagten, das Bewußtsein sei das erkennende Sein, insofern es *ist*, und nicht, insofern es erkannt ist. Das bedeutet, daß wir den Primat der Erkenntnis fallenlassen müssen, wenn wir diese Erkenntnis selbst begründen wollen. Zweifellos kann das Bewußtsein erkennen und sich erkennen. Aber es ist an und für sich etwas anderes als eine auf sich selbst zurückgewendete Erkenntnis.

Jedes Bewußtsein – Husserl hat es gezeigt – ist Bewußtsein *von* etwas. Das bedeutet, daß es kein Bewußtsein gibt, das nicht *Setzung* eines transzendenten Objektes wäre, oder, wenn man lieber will, daß das Bewußtsein keinen «Inhalt» hat. Man muß auf diese neutralen «Gegebenheiten» verzichten, die sich nach einem System ausgewählter Beziehungen als «Welt» oder als «Psychisches» konstituieren könnten. Ein Tisch ist nicht *im* Bewußtsein, auch nicht in der Eigenschaft einer Vorstellung. Ein Tisch ist *im* Raum, neben dem Fenster usw. Das Dasein des Tisches ist in Wirklichkeit ein Zentrum von Undurchschaubarkeit für das Bewußtsein; ein Verzeichnis des vollständigen Gehaltes eines Gegenstandes aufzunehmen, würde endlos dauern. Diese Undurchschaubarkeit in das Bewußtsein hineinzunehmen, würde bedeuten, das Inhaltsverzeichnis, das es von sich selbst aufstellen kann, zu einer Angelegenheit der Unendlichkeit zu machen, das Bewußtsein zu einem Gegenstand werden zu lassen und

Weise unfruchtbar sein würde. Wenn man annähme, das Sein enthülle sich dem Menschen im «Tun», so müßte noch das Sein des Tuns außerhalb der Handlung gesichert werden.

das *cogito* abzulehnen. Die erste Maßnahme einer Philosophie muß also darin bestehen, die Gegenstände aus dem Bewußtsein herauszunehmen und seinen wahren Bezug zur Welt wiederherzustellen, nämlich, daß das Bewußtsein ein *die* Welt setzendes Bewußtsein ist. Jedes Bewußtsein ist darin setzend, daß es sich transzendiert, um ein Objekt zu erreichen, und es erschöpft sich in dieser Setzung selbst: alles, was es an *Intention* in meinem aktuellen Bewußtsein gibt, ist nach außen gerichtet, nach dem Tisch; alle meine urteilenden und gestaltenden Kräfte, meine ganze augenblickliche Erregbarkeit werden transzendiert, zielen auf den Tisch hin und werden dort aufgesogen. Nicht jedes Bewußtsein ist Erkenntnis (es gibt zum Beispiel affektive Bewußtseinszustände), aber jedes erkennende Bewußtsein kann nur Erkenntnis seines Objektes sein.

Indessen ist es die notwendige und zureichende Bedingung dafür, daß ein erkennendes Bewußtsein Erkenntnis *seines* Objektes ist, daß es Bewußtsein von sich selbst als von dieser Erkenntnis ist. Das ist eine notwendige Bedingung: wenn mein Bewußtsein sich nicht bewußt wäre, Tischbewußtsein zu sein, so wäre es Bewußtsein von diesem Tisch, ohne ein Bewußtsein davon zu haben, es zu sein, oder, wenn man so will, es wäre ein Bewußtsein, das von sich selbst nichts weiß, ein unbewußtes Bewußtsein – was unsinnig ist. Und es ist eine zureichende Bedingung: es genügt, daß ich mir bewußt bin, Bewußtsein von diesem Tische zu haben, um wirklich Bewußtsein davon zu haben. Das genügt sicher nicht, um mir die Behauptung zu gestatten, dieser Tisch existiere *an sich* – wohl aber, daß er *für mich* existiert.

Was ist nun dieses Bewußtsein von Bewußtsein? Wir unterliegen in einem solchen Grade der falschen Vorstellung vom Primat der Erkenntnis, daß wir sogleich bereit sind, aus dem Bewußtsein von Bewußtsein eine *idea ideae* nach der Art Spinozas zu machen, das heißt eine Erkenntnis von Erkenntnis. Alain, der die klare Tatsache: «Wissen ist, Bewußtsein von Wissen haben» darstellen will, formuliert sie folgendermaßen: «Wissen, das ist Wissen, daß man weiß.» So würden wir die *Reflexion* definieren oder das setzende Bewußtsein des Bewußtseins, oder besser noch die *Erkenntnis des Bewußtseins*. Es wäre dies ein vollständiges und auf irgendeinen Gegenstand gerichtetes Bewußtsein, welcher nicht es selbst ist, das heißt auf das reflektierte Bewußtsein. Es würde sich also transzendieren und, wie das setzende Bewußtsein *der* Welt, sich darin erschöpfen, auf sein Objekt hinzuzielen. Nur wäre dieses Objekt selbst ein Bewußtsein.

Es sieht nicht so aus, als ob wir diese Deutung des Bewußtseins von Bewußtsein gutheißen könnten. In der Tat beinhaltet die Zurückführung des Bewußtseins auf die Erkenntnis, daß man in das

Bewußtsein die Dualität Subjekt-Objekt einführt, die für die Erkenntnis typisch ist. Aber wenn wir das für das Paar Erkennender-Erkanntes postulierte Gesetz anerkennen, so wäre doch ein drittes Glied nötig, damit der Erkennende seinerseits zu etwas Erkanntem wird, und wir würden vor folgendem Dilemma stehen: entweder haltmachen bei irgendeinem Ausdruck der Reihe: Erkannter – erkennender Erkannter – erkennender Erkannter des Erkennenden usw. Dann fällt die Ganzheit des Phänomens ins Unerkannte, das heißt, wir treffen immer auf ein seiner selbst nichtbewußtes Nachdenken als letztes Glied – oder aber wir geben die Notwendigkeit einer Regression ins Unendliche (idea ideae ideae usw.) zu, was unsinnig ist. So kommt zu der Notwendigkeit, die Erkenntnis ontologisch zu begründen, noch eine zweite Notwendigkeit: sie erkenntnis-theoretisch zu begründen. Heißt das nicht, daß man das Gesetz des Paares Erkennender-Erkanntes nicht in das Bewußtsein einführen darf? Das Bewußtsein von sich selbst ist nicht paarig. Wenn wir die Regression ins Unendliche vermeiden wollen, muß das Bewußtsein unmittelbarer Bezug sein, nicht aber gedanklicher von sich zu sich.

Übrigens setzt das reflexive Bewußtsein das reflektierte Bewußtsein als sein Objekt: im Akt der Reflexion bringe ich Urteile über das reflektierte Bewußtsein herbei, ich schäme mich seinetwegen, ich bin stolz darauf, ich will es, ich lehne es ab usw. Das unmittelbare Bewußtsein, was ich gerade wahrnehmen will, erlaubt mir weder ein Urteilen, noch ein Wollen, noch ein Sichschämen. Es *erkennt* nicht meine Wahrnehmung, es *setzt* sie nicht: alles, was es an Intention in meinem aktuellen Bewußtsein gibt, ist nach außen gerichtet, auf die Welt. Umgekehrt ist dieses spontane Bewußtsein meiner Wahrnehmung *konstitutiv* für mein Wahrnehmungsbewußtsein. Anders ausgedrückt ist jedes setzende Bewußtsein vom Objekt zu gleicher Zeit nichtsetzendes Bewußtsein von sich selbst. Wenn ich die Zigaretten zähle, die in dieser Dose sind, habe ich den Eindruck der Enthüllung einer objektiven Eigenschaft dieser Menge Zigaretten: *es sind zwölf*. Diese Eigenschaft erscheint meinem Bewußtsein als eine in der Welt vorhandene Eigenschaft. Dabei brauche ich durchaus kein setzendes Bewußtsein davon zu haben, daß ich sie zähle; ich «erkenne mich nicht als Zählenden». Der Beweis dafür besteht darin, daß Kinder, die eine Addition spontan durchzuführen fähig sind, hinterher nicht *erklären können*, wie sie dabei vorgegangen sind: die Tests von Piaget, die das aufzeigen, stellen eine glänzende Widerlegung des Satzes von Alain dar: Wissen, das ist Wissen, daß man weiß. Und dennoch habe ich in dem Augenblick, wo diese Zigaretten sich mir als zwölf enthüllen, ein nicht setzendes Bewußtsein von meiner Addiertätigkeit. Denn wenn man mich prüft, wenn man mich fragt: «Was machen Sie da?», würde ich sofort antworten: «Ich zähle», und diese Antwort zielt nicht allein auf das augenblickliche Bewußtsein, das ich durch Reflexion erreichen kann, sondern auch auf die Bewußtseinszustände, die vergangen sind, ohne reflektiert worden zu sein, auf diejenigen, die auch in meiner jüngsten Vergangenheit für immer *unreflektiert* sind. So gibt es keine Art von Vorrang der Reflexion über das reflektierte Bewußtsein: nicht jenes entdeckt dieses für sich selbst. Ganz im Gegenteil, das nicht reflexive Bewußtsein macht die Reflexion erst möglich: es gibt ein präreflexives cogito, das die Voraussetzung des Cartesianischen cogito ist. Gleichzeitig ist das nicht-setzende Bewußtsein des Zählens gerade die Voraussetzung für meine Addiertätigkeit. Wenn es anders wäre, wie könnte dann das Addieren das meine Bewußtseinszustände vereinigende Thema sein? Damit dieses Thema eine ganze Reihe von Vereinheitlichungs- und Wiedererkennungssynthesen leiten kann, muß es sich selbst gegenwärtig sein, nicht wie ein Gegenstand, sondern wie eine Wirkintention, die nur als «entdeckend-entdeckte», um einen Ausdruck Heideggers zu benutzen, existieren kann. Also bedarf es, um zu zählen, des Bewußtseins des Zählens.

Ohne Zweifel, wird man sagen, aber hier liegt ein Zirkel vor. Denn muß ich nicht *tatsächlich* zählen, um Bewußtsein des Zählens haben zu können? Das ist richtig. Indessen liegt kein Zirkel vor oder, wenn man so will, es ist eben die Eigentümlichkeit des Bewußtseins, «als Zirkel» zu existieren. Man kann das so ausdrücken: jedes bewußte Dasein existiert als Existenzbewußtsein. Wir verstehen jetzt, warum das Urbewußtsein von Bewußtsein nicht setzend ist: es bildet eine Einheit mit dem Bewußtsein, dessen Bewußtsein es ist. Es bestimmt sich gleichzeitig als Wahrnehmungsbewußtsein und als Wahrnehmung. Syntaktische Notwendigkeiten haben uns bisher gezwungen, von dem «nicht setzenden Bewußtsein *von* sich [selbst]» zu sprechen. Aber wir können nicht länger diesen Ausdruck benutzen, wo das *«von sich»* noch immer die Vorstellung von Erkenntnis hervorruft[1]. (Wir werden von nun an das «von» in Klammern setzen, um anzudeuten, daß es nur einer grammatikalischen Zwangslage entspricht.)

Dieses Bewußtsein (von) sich dürfen wir nicht als ein neues Bewußtsein ansehen, sondern als *die einzige mögliche Daseinsweise für*

1 Diese Schwierigkeit besteht im Deutschen nicht, da die conscience de soi mit Selbstbewußtsein übersetzt werden kann. Wir benutzen diesen Ausweg nicht, um mit «Selbstbewußtsein» nicht die Vorstellung des Bewußtseins zu erwecken, das das Subjekt von sich selbst hat, während bei J.-P. Sartre ein Bewußtsein gemeint ist, das seiner selbst bewußt ist (conscience d'être conscience). (Anmerkung des Übersetzers)

ein Bewußtsein von etwas. Ebenso wie ein ausgedehnter Gegenstand gezwungen ist, in drei Dimensionen vorhanden zu sein, ebenso kann eine Intention, eine Lust, ein Schmerz nur als ein unmittelbares Bewußtsein (von) ihnen existieren. Das Sein der Intention kann nur Bewußtsein sein, andernfalls wäre die Intention Gegenstand im Bewußtsein. Man darf hier also nicht heraushören, irgendeine äußere Ursache (eine Störung im Organismus, ein unbewußter Impuls, ein anderes «Erlebnis») könnte ein psychisches Ereignis (ein Lustgefühl, zum Beispiel) dazu bestimmen, sichtbar zu werden, und dieses so bestimmte Ereignis wäre gemäß seinem materiellen Gefüge andererseits genötigt, als Bewußtsein (von) sich sichtbar zu werden. Dadurch würde man aus dem nichtsetzenden Bewußtsein eine *Qualität* des setzenden Bewußtseins machen (in dem Sinne, in dem die Wahrnehmung, das setzende Bewußtsein von diesem Tische, überdies die Qualität eines Bewußtseins [von] sich hätte) und würde so zurückfallen in die falsche Vorstellung vom theoretischen Vorrang der Erkenntnis. Das würde außerdem bedeuten, aus dem psychischen Ereignis einen Gegenstand zu machen und es als bewußt zu *kennzeichnen*, so wie ich zum Beispiel dieses Löschblatt als rosa kennzeichnen kann. Die Lust kann nicht – auch logisch nicht – vom Bewußtsein von Lust unterschieden werden. Das Bewußtsein (von) Lust ist konstitutiv für die Lust, so wie der Modus selbst für ihr Dasein, wie die Substanz, aus der sie besteht, nicht aber wie eine Form, die hinterher einer lustfähigen Substanz auferlegt wird. Die Lust kann nicht dasein «vor» dem Bewußtsein von Lust – auch nicht in Form von Wirkungsvermögen, von Fähigsein. Ein zur Lust Fähigsein könnte nur existieren als ein Bewußtsein (von) Fähigsein, denn es gibt Wirkungsvermögen von Bewußtsein nur als Bewußtsein von Wirkungsvermögen.

Umgekehrt muß man, wie ich soeben zeigte, vermeiden, die Lust durch das Bewußtsein zu definieren, das ich von ihr habe. Das hieße in einen Idealismus des Bewußtseins verfallen, der uns auf Umwegen zum Primat der Erkenntnis zurückführen würde. Die Lust darf nicht hinter dem Bewußtsein verschwinden, das sie (von) sich selbst hat: es handelt sich nicht um eine Vorstellung, sondern um ein tatsächliches, vollständiges und unabhängiges Ereignis. Es ist *um nichts mehr* eine Qualität des Bewußtseins (von) sich, als das Bewußtsein (von) sich eine Qualität der Lust ist. Es gibt *auch zunächst nicht* ein Bewußtsein, das *hinterher* den Affekt «Lust» erhielte, so wie Wasser, das man färbt; ebenso gibt es auch zunächst keine Lust (unbewußt, oder psychologisch gesehen), die hinterher die Qualität der Bewußtheit empfinge wie ein Bündel Lichtstrahlen. Es handelt sich um ein unteilbares, unauflösbares Sein – keineswegs um eine Substanz, die ihre Qualitäten wie geringere Seiende trägt, sondern um ein Sein, das durch und durch Existenz ist. Die Lust ist das Sein des Bewußtseins (von) sich und das Bewußtsein (von) sich ist das Seinsgesetz der Lust. Das drückt Heidegger sehr gut aus, wenn er schreibt (indem er allerdings von «Dasein» redet, nicht von Bewußtsein): «Das Was-sein (essentia) dieses Seienden muß, sofern überhaupt davon gesprochen werden kann, aus seinem Sein (existentia) begriffen werden.» Das bedeutet, daß das Bewußtsein nicht entstanden ist als besonderer Fall einer abstrakten Möglichkeit, sondern es schafft und trägt, indem es aus dem Schoße des Seins auftaucht, sein Wesen, das heißt die synthetische Anordnung seiner Möglichkeiten.

Das will ferner besagen, daß der Seinstypus des Bewußtseins die Umkehrung dessen ist, was der ontologische Beweis für uns entdeckt: daß nämlich das Bewußtsein nicht *möglich* ist, bevor es ist, sondern daß sein Sein der Ursprung und die Bedingung jeder Möglichkeit ist und daß seine Existenz sein Wesen in sich enthält. Das drückt Husserl glücklich aus, wenn er von seiner «faktischen Notwendigkeit» spricht. Damit es ein Wesen der Lust gibt, muß es zunächst das *Faktum* eines Bewußtseins (von) dieser Lust geben. Und vergeblich würde man versuchen, die angeblichen *Gesetze* des Bewußtseins anzurufen, deren gegliedertes Beieinander ihr Wesen konstituiert: ein Gesetz ist ein transzendenter Bewußtseinsgegenstand; es kann ein Bewußtsein vom Gesetz geben, aber kein Gesetz des Bewußtseins. Aus denselben Gründen ist es unmöglich, einem Bewußtsein eine andere Begründung als sich selbst zuzuschreiben. Andernfalls müßte man der Auffassung sein, das Bewußtsein sei in dem Maße, in dem es eine Wirkung ist, seiner selbst nicht bewußt. Es müßte nach irgendeiner Seite hin sein, ohne Bewußtsein (von) Sein zu sein. Wir würden in jenen allzu häufigen Irrtum verfallen, der aus dem Bewußtsein etwas Halbbewußtes oder etwas Passives macht. Aber das Bewußtsein ist durch und durch Bewußtsein. Es könnte also nur durch sich selbst begrenzt werden.

Diese Bestimmung des Bewußtseins durch sich selbst darf nicht als ein Entstehen, als ein Werden aufgefaßt werden, denn dann müßte man annehmen, daß Bewußtsein sei früher als seine eigene Existenz. Man darf diese Selbstschöpfung auch nicht als einen Akt auffassen. Andernfalls wäre das Bewußtsein ein Bewußtsein (von) sich als (von) einem Akt, was es nicht ist. Das Bewußtsein ist etwas Vollständiges an Existenz, und jene Bestimmung seiner selbst durch sich selbst ist eine Wesenscharakteristik. Es wäre sogar klug, den Ausdruck «Ursache seiner selbst» nicht zu oft zu gebrauchen, denn er läßt eine Vorwärtsbewegung annehmen, einen Zusammenhang von ihm selbst als Ursache zu ihm selbst als Wirkung. Es wäre angemessener, einfach zu sagen: das Bewußtsein existiert durch sich selbst.

Und darunter darf man nicht verstehen, daß es sich «vom Nichts herleitet». Es kann kein «Nichts an Bewußtsein» geben *vor* dem Bewußtsein. Als «vor» dem Bewußtsein kann man nur ein vollständiges Sein begreifen, von dem kein Element auf ein abwesendes Bewußtsein hinweisen kann. Damit es ein Nichts an Bewußtsein geben kann, bedarf es eines Bewußtseins, das gewesen ist und nicht mehr ist, und eines bezeugenden Bewußtseins, das das Nichts des ersten Bewußtseins als eine Wiedererkennungs-Synthese setzt. Das Bewußtsein ist früher als das Nichts und «leitet sich» vom Sein her [1].

Man wird vielleicht einige Mühe haben, diese Schlußfolgerungen zu akzeptieren. Aber wenn man genauer hinsieht, werden sie vollkommen klar erscheinen: paradox ist nicht, daß es Dinge geben soll, die durch sich selbst existieren, sondern daß es nicht nur solche geben soll. Was wirklich undenkbar ist, das ist die passive Existenz, das heißt eine Existenz, die fortbesteht, ohne die Kraft zu haben, sichtbar zu werden oder ihren Zustand zu erhalten. Von diesem Standpunkt aus gibt es nichts Uneinsichtigeres als das Gesetz der Trägheit. Und in der Tat, von wo sollte denn das Bewußtsein *herkommen*, wenn es von irgend etwas «kommen» könnte? Von den Bereichen des Unbewußten oder des Physiologischen. Aber wenn man sich fragt, wie diese Bereiche ihrerseits existieren können und von woher sie ihre Existenz beziehen, sehen wir uns zurückgeführt zur Vorstellung von der passiven Existenz, das heißt, wir können absolut nicht mehr verstehen, wie diese nichtbewußten Gegebenheiten, die ihre Existenz nicht von sich selbst herleiten, sie trotzdem erhalten können und noch die Kraft finden, ein Bewußtsein zu erzeugen. Das zeigt genügend die große Gunst, deren sich der Beweis *«a contingentia mundi»* erfreut hat.

Indem wir so auf den Primat der Erkenntnis verzichten, haben wir *das Sein* des Erkennenden entdeckt und sind dem Absoluten begegnet, jenem Absoluten, das die Rationalisten des 17. Jahrhunderts wie ein Erkenntnisobjekt definiert und logisch begründet haben. Aber gerade weil es sich um ein Absolutes an Existenz handelt und nicht an Erkenntnis, entzieht es sich jenem berühmten Einwand, ein erkanntes Absolutes sei kein Absolutes mehr, weil es relativ zu der Erkenntnis wird, die man von ihm gewinnt. Tatsächlich ist hier das Absolute nicht das Ergebnis einer logischen Konstruktion auf dem Gebiete der Erkenntnis, sondern der Gegenstand der allerkonkrete-

1 Das bedeutet keineswegs, daß das Bewußtsein die Grundlage seines Seins ist. Sondern es besteht vielmehr, wie wir später sehen werden, eine vollkommene Kontingenz des Seins des Bewußtseins. Wir wollten nur zeigen: 1. daß *nichts* die Ursache des Bewußtseins ist; 2. daß es die Ursache seiner eigenen Seinsweise ist.

sten Erfahrung. Und es ist keineswegs *relativ* zu dieser Erfahrung, denn es *ist* diese Erfahrung. Folglich ist es ein nichtsubstantielles Absolutes. Der ontologische Irrtum des kartesianischen Rationalismus bestand darin, nicht gesehen zu haben, daß, wenn das Absolute durch den Vorrang des Daseins über das Sosein definiert wird, es nicht als eine Substanz hätte begriffen werden können. Das Bewußtsein hat nichts Substantielles an sich, es ist eine reine «Erscheinung» in dem Sinne, daß es nur in dem Maße existiert, in dem es sich erscheint. Aber gerade weil es reine Erscheinung ist, weil es ganz Leere ist (da die ganze Welt außerhalb seiner liegt), wegen dieser in ihm steckenden Identität von Erscheinung und Existenz, kann es als das Absolute betrachtet werden.

IV

Das Sein des percipi

Es scheint, als seien wir am Ende unserer Untersuchung angelangt. Wir haben die Dinge auf jene Ganzheit zurückgeführt, die aus ihren Erscheinungen vereinigt ist, dann haben wir festgestellt, daß diese Erscheinungen ein Sein verlangen, was selbst nicht mehr Erscheinung ist. Das *«percipi»* hat uns auf ein *«Percipiens»* hingewiesen, dessen Sein sich uns als Bewußtsein entdeckt hat. So hätten wir die ontologische Grundlage der Erkenntnis erreicht, das erste Sein, dem alle anderen Erscheinungen erscheinen, das Absolute, in bezug auf das jedes Phänomen relativ ist. Das ist nicht das Subjekt im Kantischen Sinne das Wortes, sondern es ist die Subjektivität selbst, die dem eigenen Selbst eigene Immanenz. Von jetzt an sind wir dem Idealismus entronnen: für ihn ist die Erkenntnis der Maßstab des Seins, was dieses dem Gesetz der Dualität unterwirft; es gibt nur *erkanntes* Sein, auch wenn es sich um das Denken selbst handelt: das Denken wird sich nur durch seine eigenen Erzeugnisse hindurch sichtbar, das heißt, wir erfassen es niemals anders denn als die Bedeutung der vollzogenen Gedanken; und der Philosoph, der das Denken erforscht, muß die exakten Wissenschaften befragen, um es von ihnen als Bedingung ihrer Möglichkeit herzuleiten. Wir dagegen haben ein Sein ergriffen, das der Erkenntnis entgeht und sie begründet, ein Denken, das sich keineswegs als Abbild oder als Bedeutung der ausgedrückten Gedanken darstellt, sondern was direkt so ergriffen wird, wie es ist – und diese Weise des Ergreifens ist kein Erkenntnisphänomen, sondern es ist die Struktur des Seins. Wir befinden uns jetzt auf dem Gebiet der Husserlschen Phänomenologie, obwohl Husserl selbst seiner ersten Idee nicht immer treu geblieben ist. Sind wir befriedigt? Wir sind einem transphänomenalen Sein begegnet, aber ist es denn das Sein, auf das das Seinsphänomen hinwies, ist es denn das Sein des Phänomens? Genügt, anders ausgedrückt, das Sein des Bewußtseins, um das Sein der Erscheinung, soweit sie Erscheinung ist, zu begründen? Wir haben dem Phänomen sein Sein entrissen, um es dem Bewußtsein zu geben, und wir rechneten damit, daß es es ihm dann zurückerstatten würde. Kann es das? Das wird uns eine Prüfung der ontologischen Erfordernisse des *«percipi»* lehren.

«Merken wir zunächst an, daß es ein Sein des wahrgenommenen Gegenstandes gibt, insofern er wahrgenommen ist. Selbst wenn ich diesen Tisch auf ein Zueinander subjektiver Eindrücke zurückführen wollte, so muß man mindestens bemerken, daß er sich, *insoweit er Tisch ist*, durch dieses Zueinander hindurch enthüllt, daß er dessen transzendente Grenze ist, der Grund und das Ziel. Der Tisch befindet sich vor der Erkenntnis, und er kann der Erkenntnis, die man von ihm gewinnt, nicht gleichgesetzt werden, es sei denn, er wäre Bewußtsein, das heißt reine Immanenz, und er verschwände *als* Tisch. Aus demselben Anlaß kann er, selbst wenn ihn eine rein verstandesmäßige Unterscheidung von dem Zueinander subjektiver Eindrücke, durch das hindurch man ihn ergreift, trennen sollte, dieses Zueinander wenigstens nicht *sein*: das hieße ihn auf eine synthetische Wirksamkeit von Bindemitteln zurückführen. Soweit als das Erkannte in der Erkenntnis nicht wieder aufgesogen werden kann, muß ihm ein *Sein* zuerkannt werden. Dieses Sein, so sagt man uns, ist das *percipi*. Wir wollen sogleich anerkennen, daß das Sein des *percipi* nicht auf das des *percipiens* zurückgeführt werden kann – das heißt auf das Bewußtsein –, ebensowenig wie der Tisch auf eine Verbindung von Vorstellungen zurückgeführt wird. Höchstens könnte man sagen, daß es [d. h. das percipi] *relativ* zu diesem Sein ist. Aber diese *Relativität* entbindet nicht von einer Prüfung des Seins des percipi.

Nun, der Modus des *percipi* ist das *Passivum*. Wenn also das Sein des Phänomens in seinem *percipi* sitzt, so ist dieses Sein eine Passivität. Relativität und Passivität, das wären die kennzeichnenden Gefügeteile des *esse*, insofern dieses auf das percipi zurückgeführt würde. Was ist Passivität? Ich bin passiv, wenn ich eine Veränderung erfahre, deren Ursprung ich nicht bin – das heißt weder die Grundlage noch der Schöpfer. So erträgt mein Sein eine Seinsart, deren Ursprung es nicht ist. Nur, um zu ertragen, muß ich jedenfalls existieren, und auf Grund dieser Tatsache liegt meine Existenz immer jenseits der Passivität. «Passiv ertragen» ist zum Beispiel ein Verhalten, das ich *festhalte* und das meine Freiheit ebenso in Anspruch nimmt wie «entschieden zurückweisen». Wenn ich für immer «Derjenige-der-beleidigt-worden-ist» sein soll, so muß ich in meinem

Sein ausharren, das heißt mich selbst mit dieser Art Existenz affizieren. Aber gerade dadurch mache ich mich gewissermaßen für mein Beleidigtsein verantwortlich und nehme es auf mich, ich höre auf, ihm gegenüber passiv zu sein. Daraus ergibt sich folgende Alternative: entweder bin ich nicht passiv in meinem Sein, dann werde ich zur Grundlage meiner Gemütsbewegungen, auch wenn ich ganz zu Anfang nicht ihr Ursprung gewesen bin – oder aber ich bin bis in meine Existenz hinein von Passivität affiziert, mein Sein ist ein entlehntes Sein, und dann fällt alles ins Nichts. So ist die Passivität ein zweifach relatives Phänomen: relativ zur Aktivität dessen, der handelt, und zur Existenz dessen, der erleidet. Das beinhaltet, daß die Passivität nicht das Sein selbst des passiven Daseienden betreffen kann: sie ist ein Verhältnis eines Seins zu einem anderen Sein und nicht eines Seins zu einem Nichts. Es ist unmöglich, daß das *percipere* das *perceptum* des Seins *affiziert*, denn um affiziert zu werden, müßte das *perceptum* bereits in irgendeiner Weise gegeben sein, müßte also existieren, bevor es das Sein empfing. Man kann eine *Schöpfung* begreiflich finden unter der Bedingung, daß das geschaffene Sein wieder sein eigener Herr wird, sich vom Schöpfer losreißt, um sich sofort in sich einzuschließen und sein Sein auf sich zu nehmen: in diesem Sinne existiert ein Buch *trotz* seines Autors. Aber wenn der Schöpfungsakt sich unendlich fortsetzen soll, wenn das geschaffene Sein bis in seine kleinsten Teile getragen wird, wenn es keine eigentliche Unabhängigkeit hat, wenn es *an sich selbst* nur Nichts ist, dann unterscheidet sich das Geschaffene in keiner Weise von seinem Schöpfer, es wird in ihm aufgesogen; wir haben es dann mit einer falschen Transzendenz zu tun und der Schöpfer kann nicht einmal die Illusion haben, aus seiner Subjektivität herauszutreten [1].

Übrigens verlangt die Passivität des Erleidenden eine gleich große Passivität beim Handelnden – das drückt das Prinzip von Aktion und Reaktion aus: weil man unsere Hand reiben, drücken, abschneiden kann, kann unsere Hand reiben, abschneiden, drücken. Welchen Teil der Passivität kann man denn der Wahrnehmung zuteilen, der Erkenntnis? Sie sind ganz Aktivität, ganz Spontaneität. Eben weil das Bewußtsein reine Spontaneität ist, weil auf ihm nichts haften kann, kann es auf nichts wirken. So würde das *esse est percipi* erfordern, daß das Bewußtsein – reine Spontaneität, die auf nichts *wirken* kann – das Sein einem transzendenten Nichts überläßt und ihm sein Nichtssein erhält: lauter Unsinnigkeiten. Husserl hat versucht, diesen Einwendungen dadurch zu begegnen, daß er die Passivität in die *Noesis* einführte: es handelt sich um die *Hyle* oder das reine Fließen

1 Aus diesem Grunde findet die Kartesianische Lehre von der Substanz ihre logische Vollendung im Spinozismus.

des Erlebten und um Material für das passive Zueinander. Aber er hat den Schwierigkeiten, die wir erwähnten, nur eine neue Schwierigkeit hinzugefügt. Dadurch werden nämlich jene neutralen Gegebenheiten wieder eingeführt, deren Unmöglichkeit wir eben aufgezeigt haben. Ohne Zweifel sind sie keine «Inhalte» des Bewußtseins, aber sie bleiben deshalb nur um so unverstehbarer. Denn die *Hyle* könnte nicht Bewußtsein sein, außer sie löste sich in Durchsichtigkeit auf und könnte dann nicht jene widerstandsfähige Grundlage für Eindrücke sein, die auf das Objekt hin überschritten werden muß. Aber wenn sie nicht zum Bewußtsein gehört, woher bezieht sie dann ihr Sein und ihre Undurchsichtigkeit? Wie kann sie gleichzeitig die undurchschaubare Widerstandsfähigkeit der Gegenstände und die Subjektivität des Denkens wahren? Ihr *esse* kann ihr nicht von einem *percipi* zukommen, da sie selbst nicht wahrgenommen wird, da das Bewußtsein sie auf die Objekte hin transzendiert. Aber wenn sie es aus sich allein herleitet, finden wir das Problem der Beziehung des Bewußtseins zu den von ihm unabhängig Seienden wiederum unlösbar. Und selbst wenn man Husserl zugestände, daß es eine hylische Schicht der Noesis gibt, könnte man doch nicht begreifen, wie das Bewußtsein dieses Subjektive in Richtung auf die Objektivität zu transzendieren vermag. Dadurch, daß Husserl der *Hyle* die Kennzeichen des Gegenstandes und die Kennzeichen des Bewußtseins beilegte, glaubte er den Übergang von einem zum anderen zu erleichtern, aber er hat damit nur erreicht, daß er ein Bastard-Sein erschuf, das vom Bewußtsein abgelehnt wird und einen Teil der Welt nicht bilden kann.

Außerdem aber, haben wir gesehen, beinhaltet das *percipi*, daß das Seinsgesetz des *perceptum* die Relativität ist. Kann man begreifen, daß das Sein des Erkannten relativ zur Erkenntnis ist? Was kann für ein Seiendes die Seinsrelativität bedeuten, außer daß dieses Seiende sein Sein in etwas anderem als in sich hat, das heißt *in einem Seienden, das nicht es selbst ist*? Sicher wäre es nicht unbegreiflich, wenn ein Sein außerhalb seiner selbst wäre, falls man darunter verstünde, daß dieses Sein *sein eigenes* Außerhalbsein ist. Aber das trifft hier nicht zu. Das wahrgenommene Sein steht vor dem Bewußtsein, das Bewußtsein kann es nicht erreichen, und das Sein kann nicht in das Bewußtsein eindringen, und da es von ihm abgeschnitten ist, existiert es abgeschnitten von seiner eigenen Existenz. Es würde nichts nützen, auf Husserlsche Weise etwas Irreales daraus zu machen; auch als Irreales muß es immerhin existieren.

So sind die beiden Begriffsbestimmungen der *Relativität* und der *Passivität*, die sich auf Seinsweisen beziehen können, in keinem Fall auf das Sein anwendbar. Das *esse* des Phänomens kann nicht das *percipi* sein. Das transphänomenale Sein des Bewußtseins kann nicht das transphänomenale Sein des Phänomens begründen. Man sieht den Irrtum der Phänomenisten: nachdem sie ganz mit Recht das Objekt auf die verbundene Reihe seiner Erscheinungen zurückgeführt hatten, glaubten sie sein Sein auf die Aufeinanderfolge seiner Seinsweisen zurückgeführt zu haben, und deshalb haben sie es durch Begriffe erklärt, die nur auf Seinsweisen anwendbar sind, denn sie bezeichnen Beziehungen zwischen einer Vielheit von bereits daseiendem Sein.

V

Der ontologische Beweis

Wir bringen das Sein nicht richtig in Anschlag: wir glaubten davon befreit zu sein, dem Sein des Phänomens die Transphänomenalität zugestehen zu müssen, weil wir die Transphänomenalität des Seins des Bewußtseins entdeckt hatten. Wir werden ganz im Gegenteil sehen, daß gerade diese Transphänomenalität diejenige des Seins des Phänomens erfordert. Ein «ontologischer Beweis» ist zu erbringen nicht vom reflexiven *cogito* aus, sondern vom *präreflexiven* Sein des *percipiens* aus. Das werden wir jetzt auseinanderzusetzen versuchen.

Jedes Bewußtsein ist Bewußtsein *von* etwas. Diese Definition des Bewußtseins kann in doppeltem, gut unterschiedenem Sinne aufgefaßt werden: entweder verstehen wir darunter, das Bewußtsein sei konstitutiv für das Sein seines Objektes, oder aber es bedeutet, daß das Bewußtsein auf Grund seiner eigentlichsten Beschaffenheit Beziehung ist zu einem transzendenten Sein. Aber die erste Auslegung der Formel zerstört sich selbst: Bewußtsein *von* etwas sein heißt, gegenüber einer konkreten und vollständigen Gegenwart sein, die nicht das Bewußtsein ist. Ohne Zweifel kann man Bewußtsein von etwas Abwesendem haben. Aber dieses Abwesende erscheint notwendigerweise auf einem Hintergrund von Gegenwart. Wir haben ja gesehen, das Bewußtsein ist eine reale Subjektivität, und der Eindruck ist eine subjektive Erfülltheit. Aber diese Subjektivität könnte nicht aus sich heraustreten, um ein transzendentes Objekt zu setzen und ihm die Erfülltheit eines Eindrucks zu verleihen. Wenn man also um jeden Preis das Sein des Phänomens vom Bewußtsein abhängig machen will, muß das Objekt sich von dem Bewußtsein nicht durch seine *Gegenwart* unterscheiden, sondern durch seine *Abwesenheit*, nicht durch seine Vollkommenheit, sondern durch sein Nichts. Wenn das Sein dem Bewußtsein zugehört, dann ist das Objekt nicht das Bewußtsein nicht in dem Maße, in dem es ein anderes Sein, sondern in dem es ein Nicht-Sein ist. Das ist die Zuflucht ins Unendliche, von der wir im ersten Abschnitt sprachen. Einem Husserl könnte zum Beispiel die Belebung des hylischen Kernes allein durch die Intentionen, die in dieser Hyle ihre «Erfüllung» finden können, nicht genügen, um uns aus der Subjektivität herauszubringen. Die wirklich objektivierenden Intentionen, das sind die leeren Intentionen, die über die gegenwärtige und subjektive Erscheinung hinweg auf die unendliche Ganzheit der Reihe von Erscheinungen zielen. Dabei müssen wir außerdem verstehen, daß sie auf sie zielen, insofern jene niemals alle gleichzeitig gegeben sein können. Für eine Reihe von Gliedern in unendlicher Anzahl ist es eine prinzipielle Unmöglichkeit, im Augenblick der tatsächlichen Abwesenheit aller dieser Glieder außer einem – der die Grundlage der Objektivität ist – gleichzeitig vor dem Bewußtsein zu existieren. Als gegenwärtige würden diese Eindrücke – seien sie auch zahlenmäßig unendlich – im Subjektiven aufgehen, nur Abwesenheit verleiht ihnen das objektive Sein. So ist das Sein des Objektes ein reines Nichtsein. Es bestimmt sich als ein *Mangel.* Es ist das, was sich entzieht, was prinzipiell niemals gegeben sein kann, was sich durch flüchtige, aufeinanderfolgende Seitenansichten darbietet. Aber wie kann das Nichtsein die Grundlage des Seins sein? Wie wird das abwesende und *erwartete* Subjektive dadurch objektiv? Eine große Freude, die ich erhoffe, ein Schmerz, vor dem ich mich fürchte, gewinnen durch diesen Umstand eine gewisse Transzendenz, zugegeben. Aber diese Transzendenz in der Immanenz bringt uns nicht aus dem Subjektiven heraus. Es ist richtig, daß die Dinge sich in Seitenansichten darbieten – das heißt ganz einfach in Erscheinungen. Es ist richtig, daß jede Erscheinung auf andere Erscheinungen hinweist. Aber jede von ihnen ist schon für sich ganz allein ein *transzendentes Sein,* nicht das Material eines subjektiven Eindrucks – eine *Seinsfülle,* nicht ein Mangel –, eine *Gegenwart,* nicht eine Abwesenheit. Vergebens würde man ein Taschenspielerstückchen versuchen und die *Realität* des Objektes auf die Fülle des subjektiven Eindrucks begründen und seine *Objektivität* auf das Nichtsein: niemals wird das Objektive aus dem Subjektiven hervorgehen, weder das Transzendente aus der Immanenz noch das Sein aus dem Nichtsein. Aber, wird man einwenden, Husserl definiert gerade das Bewußtsein als eine Transzendenz. In der Tat – das stellt er fest; und das ist seine wesentliche Entdeckung. Aber von dem Augenblick an, wo er aus dem Noema etwas Irreales, zur Noesis Korrelatives macht, dessen *esse* ein *percipi* ist, wird er seinem Prinzip vollkommen untreu.

Das Bewußtsein ist Bewußtsein *von* etwas: das bedeutet, daß die Transzendenz konstitutive Struktur des Bewußtseins ist; das heißt, das Bewußtsein erwächst *ruhend auf* einem Sein, das nicht es (das Bewußtsein) ist. Das nennen wir den ontologischen Beweis. Man wird ohne Zweifel entgegenhalten, der Anspruch des Bewußtseins beweise nicht, daß dieser Anspruch befriedigt werden müßte. Aber dieser

Einwand kann nichts ausrichten gegen eine Analyse dessen, was Husserl Intentionalität nennt, dessen wesentliche Eigenart er allerdings verkannt hat. Wenn man sagt, das Bewußtsein sei Bewußtsein von etwas, so bedeutet das, daß es für das Bewußtsein kein Sein gibt außerhalb dieser strengen Verpflichtung, entdeckende unmittelbare Erkenntnis von etwas zu sein, das heißt ein transzendentes Sein zu sein. Nicht nur mißlingt es der reinen Subjektivität, sich zu transzendieren, um das Objektive zu setzen, wenn sie zunächst gegeben ist, sondern eine «reine» Subjektivität würde auch zergehen. Was man Subjektivität im eigentlichen Sinne nennen kann, ist das Bewußtsein (von) Bewußtsein. Aber dieses Bewußtsein, Bewußtsein (zu sein), muß sich irgendwie qualifizieren, und es kann sich nicht anders qualifizieren, als entdeckende unmittelbare Erkenntnis, andernfalls ist es nichts. Aber eine entdeckende unmittelbare Erkenntnis beinhaltet ein Entdecktes. Die absolute Subjektivität kann nur gegenüber einem Entdeckten Gestalt gewinnen, die Immanenz kann nur in der Ergreifung eines Transzendenten definiert werden. Man wird glauben, hier sei so etwas wie ein Echo auf die Kantische Widerlegung des problematischen Idealismus. Aber man muß viel eher an Descartes denken. Wir sind hier auf der Seinsebene, nicht auf der der Erkenntnis; es handelt sich nicht darum zu zeigen, daß die Phänomene des inneren Sinnes die Existenz objektiver und raumeinnehmender Phänomene beinhalten, sondern daß das Bewußtsein in seinem Sein ein nichtbewußtes und transphänomenales Sein enthält. Insbesondere würde der Einwand nichts nützen, daß wirklich die Subjektivität die Objektivität in sich schließt und daß sie sich selbst konstituiert, indem sie das Objektive konstituiert: wir haben gesehen, daß die Subjektivität unvermögend ist, das Objektive zu konstituieren. Wenn man sagt, das Bewußtsein sei Bewußtsein *von* etwas, so behauptet man, daß es sichtbar werden muß als Offenbarkeit eines Seins, das nicht sie ist und das sich bereits existierend darbietet, wenn sie es entdeckt.

So sind wir von der reinen Erscheinung ausgegangen und sind beim vollständigen Sein angekommen. Das Bewußtsein ist ein Sein, dessen Dasein das Sosein setzt, und umgekehrt ist das Bewußtsein ein Sein, dessen Sosein das Dasein in sich schließt, das heißt dessen Erscheinung *Sein* erfordert. Das Sein ist überall. Sicher könnten wir auf das Bewußtsein die Definition anwenden, die Heidegger dem *Dasein* vorbehält, und könnten sagen, es sei ein Seiendes, dem es in seinem Sein um dieses selbst geht, aber man müßte die Definition vervollständigen und etwa so formulieren: *das Bewußtsein ist ein Seiendes, dem es in seinem Sein um dieses selbst geht, insofern dieses Sein ein Sein in sich einbezieht, das ein anderes als es selbst ist.*

Wohlverstanden, dieses Sein ist kein anderes als das transphänomenale Sein der Phänomene und nicht ein geistiges Sein, das sich hinter ihnen versteckt. Es ist das Sein dieses Tisches, dieses Päckchens Tabak, der Lampe, ganz allgemein das Sein der Welt, die ins Bewußtsein einbezogen ist. Das Bewußtsein verlangt ganz einfach, daß das Sein dessen, was *erscheint,* nicht *nur* existiert, insofern es erscheint. Das transphänomenale Sein dessen, was *für das Bewußtsein* da ist, ist selbst *an sich* da.

VI

Das Sein an sich

Wir können nunmehr einige genaue Angaben über das *Seinsphänomen* machen, was wir befragt haben, um unsere vorangegangenen Betrachtungen anzustellen. Das Bewußtsein ist Offenbarkeit der Seienden, und die Seienden erscheinen vor dem Bewußtsein auf dem Grunde ihres Seins. Jedoch das Kennzeichnende des Seins einnes Seienden ist es, daß es sich dem Bewußtsein nicht *selbst,* persönlich enthüllt; man kann ein Seiendes nicht seines Seins berauben, das Sein ist die immer gegenwärtige Grundlage des Seienden, es ist überall in ihm und nirgends, es gibt kein Sein, das nicht Sein in einer Seinsart wäre und das man nicht durch die Seinsart hindurch, die es gleichzeitig kundgibt und verhüllt, ergriffe. Jedoch kann das Bewußtsein das Seiende stets überschreiten, nicht in Richtung auf sein Sein, wohl aber in Richtung auf den *Sinn* dieses Seins. Daraus ergibt sich ein Tatbestand, den man ontisch-ontologisch nennen kann, denn es ist ein fundamentales Kennzeichen seiner Transzendenz, daß sie das Ontische in Richtung auf das Ontologische transzendiert. Der Sinn vom Sein des Seienden, soweit er sich dem Bewußtsein enthüllt, ist das Seinsphänomen. Dieser Sinn hat selbst ein Sein, auf dessen Grundlage er von sich Kunde gibt. Von diesem Standpunkt aus kann man das berühmte Argument der Scholastik verstehen, daß es in jedem das Sein betreffenden Lehrsatz einen Zirkelschluß gäbe, da jedes Urteil über das Sein das Sein bereits in sich enthalte. Tatsächlich liegt aber kein Zirkelschluß vor, denn es ist nicht notwendig, das Sein dieses Sinnes von neuem in Richtung auf seinen Sinn zu überschreiten: der Sinn des Seins gilt für das Sein jedes Phänomens mit Einschluß seines eigenen Seins. Das Seinsphänomen ist nicht das Sein, wir haben das schon angemerkt. Aber es zeigt das Sein an und erfordert es – obwohl der ontologische Beweis, den wir oben erwähnten, nicht *ausdrücklich* und nicht *ausschließlich* dafür gilt: es gibt *einen* ontologischen Beweis, der für den ganzen Bereich des Bewußtseins Geltung hat. Und dieser Beweis genügt, um alle Lehren zu rechtfertigen, die wir aus dem Seinsphänomen ableiten können. Das Seinsphänomen ist, wie jedes Urphänomen, für das Bewußtsein unmittelbar enthüllt. Wir besitzen in jedem Augenblick das, was Heidegger ein vorontologisches Seinsverständnis nennt, was nämlich nicht von begrifflicher Festlegung und von Aufhellung begleitet ist. Gegenwärtig handelt es sich für uns also darum, dieses Phänomen zu befragen und zu versuchen, auf diese Weise den Sinn des Seins festzulegen. Jedoch muß angemerkt werden:

1. daß diese Aufhellung des Sinnes des Seins nur für das Sein des Phänomens gilt. Da das Sein des Bewußtseins ein völlig anderes ist, erfordert sein Sinn eine besondere Aufhellung, ausgehend von der Offenbarkeit einer anderen Seinsart, dem Für-sich-Sein, das wir weiter unten definieren werden und das dem An-sich-Sein des Phänomens entgegengesetzt ist;

2. daß die Aufhellung des Sinnes des An-sich-Seins, die wir nun versuchen werden, nur vorläufig ist. Die Aspekte, die sich uns auftun werden, beinhalten noch andere Bedeutungen, die wir später erfassen und festlegen werden.

Die vorangegangenen Überlegungen haben insbesondere zwei völlig von einander getrennte Seinsbereiche unterscheiden lassen: das Sein des *präreflexiven cogito* und das Sein des Phänomens. Aber wenn der Seinsbegriff auch die Eigenart hat, in zwei nicht zusammenhängende Gebiete zerschnitten zu sein, muß man doch erklären, daß diese beiden Gebiete in dieselbe Rubrik gestellt werden können. Das macht die Untersuchung dieser beiden Seinstypen notwendig, und es leuchtet ein, daß wir den Sinn des einen oder des anderen in Wirklichkeit nur ergreifen können, wenn wir ihre tatsächlichen Beziehungen zum Begriff des Seins im allgemeinen aufdecken können sowie die Verbindungen, die sie zusammenschließen. Wir haben durch die Prüfung des nicht setzenden Bewußtseins (von) sich in der Tat festgestellt, daß das Sein des Phänomens auf keinen Fall auf das Bewußtsein *wirken* kann. Dadurch haben wir eine *realistische* Auffassung der Beziehungen des Phänomens zum Bewußtsein ausgeschaltet. Aber wir haben durch die Prüfung der Spontaneität des nicht reflexiven cogito außerdem gezeigt, daß das Bewußtsein aus seiner Subjektivität nicht heraustreten kann, wenn diese ihm gleich anfangs anhaftete, und daß das Bewußtsein auf das transzendente Sein nicht einwirken und auch die Bestandteile der Passivität ohne Widerspruch nicht ertragen kann, die notwendig sind, um von ihnen aus ein transzendentes Sein konstituieren zu können: wir haben auf diese Weise die *idealistische Lösung des Problems* ausgeschaltet. Anscheinend haben wir uns alle Türen verschlossen und uns dazu verurteilt, das transzendente Sein und das

Bewußtsein als zwei in sich geschlossene Ganzheiten zu betrachten, ohne eine mögliche Verbindung. Wir müssen zeigen, daß das Problem eine andere Lösung zuläßt, jenseits von Realismus und Idealismus.

Indessen gibt es eine Anzahl von Eigentümlichkeiten, die ohne weiteres festgestellt werden können, weil sie sich in der Mehrzahl von selbst aus dem ergeben, was wir eben gesagt haben.

Die klare Schau des Seinsphänomens wurde oft durch ein sehr verbreitetes Vorurteil verdunkelt, das wir den Kreationismus nennen wollen. Wenn man annahm, Gott habe der Welt das Sein geschenkt, schien das Sein immer mit einer gewissen Passivität belastet zu sein. Aber eine Schöpfung *ex nihilo* kann das Auftauchen des Seins nicht erklären, denn wenn das Sein als innerhalb einer Subjektivität, sei es auch einer göttlichen, begriffen wird, so bleibt es eine innersubjektive Seinsweise. In dieser Subjektivität könnte es nicht einmal die *Vorstellung* einer Objektivität geben, und infolgedessen könnte sie auch nicht von dem *Willen* bewegt werden, etwas Objektives zu schaffen. Würde übrigens das Sein plötzlich durch die «Fulguration» [Ausstrahlung], von der Leibniz spricht, aus dem Subjektiven hinausgesetzt, so könnte es sich nur gegenüber und gegen seinen Schöpfer betätigen, andernfalls verschmilzt es mit ihm: die Theorie von der fortgesetzten Schöpfung, die dem Sein das nimmt, was die Deutschen die «Selbständigkeit» nennen, läßt es in der göttlichen Subjektivität sich auflösen. Wenn das Sein angesichts Gottes existiert, so kommt das daher, daß es sein eigener Träger ist, daß es nicht die leiseste Spur der göttlichen Schöpfung an sich bewahrt. Kurz, selbst wenn es geschaffen worden wäre, wäre das An-sich-Sein *unerklärbar* durch die Schöpfung, denn es gewinnt sein Sein von jenseits derselben. Das läuft auf die Aussage hinaus, daß das Sein ungeschaffen ist. Aber man darf daraus nicht schließen, daß es sich selbst schafft, denn das würde voraussetzen, daß es früher als es selbst ist. Das Sein kann nicht *causa sui* sein nach Art des Bewußtseins. Das Sein ist *es* [soi; gemeint ist das soi aus dem Ausdruck l'être en soi; der Übers.]. Das bedeutet, daß es weder Passivität noch Aktivität ist. Beide Begriffe sind *menschlich* und bezeichnen menschliche Verhaltensweisen oder ihre Hilfsmittel. Aktivität liegt vor, wenn ein bewußtes Lebewesen über Mittel verfügt in Hinblick auf einen Zweck. Und passiv nennen wir die Objekte, auf die unsere Aktivität sich richtet, sofern sie nicht von sich aus auf den Zweck hinzielen, dem wir sie dienstbar machen. Mit einem Wort, der Mensch ist aktiv, und die Mittel, die er benutzt, werden passiv genannt. Diese Begriffe verlieren, absolut genommen, jede Bedeutung. Insbesondere ist das Sein nicht aktiv: damit es einen Zweck und Mittel gibt, muß es Sein geben. Mit um so größerem Rechte kann es nicht passiv sein, denn um passiv zu sein, muß es sein. Die An-sich-Beschaffenheit des Seins stammt von jenseits des Aktiven wie des Passiven. In gleicher Weise stammt es von jenseits der Verneinung wie der Bejahung. Die Bejahung ist immer Bejahung *von* etwas, das heißt, daß der Bejahungsakt sich von dem bejahten Gegenstand unterscheidet. Aber wenn wir eine Bejahung annehmen, bei der das Bejahte den Bejahenden ausgefüllt hat und sich mit ihm vermischt, so kann diese Bejahung sich nicht betätigen, wegen zu viel Fülle und weil das Noema unmittelbar an der Noesis haftet. Ganz gewiß geht es hier um das Sein, wenn wir es, um die Begriffe zu klären, in bezug auf das Bewußtsein definieren: es ist das Noema in der Noesis, das heißt, es ist sich inhärent ohne den geringsten Abstand. Von diesem Standpunkt aus darf man das Sein nicht «Immanenz» nennen, denn die Immanenz ist trotz allem *Bezug* zu sich selbst, sie ist der kleinste Schritt, den man von sich weg zu sich zurück machen kann. Aber das Sein ist kein Bezug zu sich, es ist *es* [soi; der Übers.]. Es ist eine Immanenz, die sich nicht verwirklichen kann, eine Bejahung, die sich nicht betätigen kann, eine Aktivität, die nicht handeln kann, weil sie sich mit sich selbst überzogen [empâté] hat. Alles geht so vor sich, als ob es einer Auflockerung des Seins bedürfe, um die Bejahung *von* sich aus dem Schoße des Seins zu befreien. Wir wollen ferner nicht der Meinung sein, daß das Sein *eine* undifferenzierte Bejahung seiner selbst sei: die Undifferenziertheit des An-sich steht jenseits einer Unendlichkeit von Bejahungen seiner selbst, und zwar in dem Maße, als es eine Unendlichkeit von Arten gibt, sich zu bejahen. Wir fassen diese ersten Ergebnisse zusammen und sagen, *das Sein ist an sich.*

Aber wenn das Sein an sich ist, so bedeutet das, daß es nicht auf sich verweist, wie das Bewußtsein (von) sich: dieses sich [der Worte «an sich»], es ist es [d.h. das Sein]. Es ist es in dem Augenblick, wo die unaufhörliche Reflexion, die das Sich konstituiert, sich in einer Identität auflöst. Deshalb steht das Sein im Grunde jenseits des *sich*, und unser erster Satz enthält nur eine sich aus den Erfordernissen der Ausdrucksweise ergebende Annäherung an den Tatbestand. In Wirklichkeit ist das Sein für sich selbst undurchschaubar, eben weil es von sich selbst erfüllt ist. Das werden wir besser ausdrücken, wenn wir sagen, *das Sein ist, was es ist.* Diese Formel ist anscheinend durchaus analytisch. Tatsächlich ist sie weit davon entfernt, sich auf das Identitätsprinzip zurückführen zu lassen, insofern dieses das unbedingte Prinzip aller analytischen Urteile ist. Zunächst bezeichnet sie einen besonderen Seinsbereich: den des *Seins an sich.* Wir werden sehen, daß das Sein des *Für-sich* im Gegensatz dazu bestimmt werden muß als das, was es nicht ist, und als nicht das, was es ist. Es handelt sich hier also um ein einen Bereich betreffendes und daher synthetisches Prinzip. Außerdem muß die Formel «das Sein an sich *ist* das, was es ist» derjenigen entgegengehalten werden, die das Sein des Bewußtseins kennzeichnet: dieses *hat* nämlich, wie wir sehen werden, *zu sein,* was es ist. Das gibt uns Aufschlüsse über die besondere Wortbedeutung, die man dem «ist» des Satzes, das Sein *ist*, was es ist, beizulegen hat. Von dem Augenblick an, wo es Seiende gibt, die zu sein haben, was sie sind, ist der Tatbestand, zu sein, was man ist, keinesfalls mehr eine rein axiomatische Kennzeichnung: es ist ein kontingentes Prinzip des Seins an sich. In diesem Sinne ist das Identitätsprinzip, das Prinzip der analytischen Urteile, auch ein regionales synthetisches Prinzip des Seins. Es kennzeichnet die Undurchschaubarkeit des An-sich-Seins. Diese Undurchschaubarkeit hat nichts zu tun mit unserem *Standpunkt* in bezug auf das An-sich in dem Sinne, in dem wir genötigt sind, es *kennenzulernen* und es zu *beobachten,* weil wir «außerhalb» stehen. Das Sein-an-sich hat kein *Innen,* was einem *Außen* gegenüberstünde und was Ähnlichkeit mit einem Urteil, einem Gesetz, einem Bewußtsein von sich selbst hätte. Das An-sich hat nichts Verborgenes: es ist *massiv.* In gewissem Sinne kann man es als eine Synthese bezeichnen. Aber es ist die unauflöslichste von allen: die Synthese seiner selbst mit sich selbst. Daraus ergibt sich klar, daß das Sein in seinem Sein isoliert ist und daß es keine Beziehung zu dem unterhält, was nicht es ist. Die Übergänge, das Werden, alles das, was die Aussage zuläßt, das Sein sei noch nicht das, was es sein wird, und es sei schon das, was es nicht ist, alles das ist prinzipiell ausgeschlossen. Denn das Sein ist das Sein des Werdens, und aus dieser Tatsache heraus steht es jenseits des Werdens. Es ist das, was ist; das bedeutet, daß es durch sich selbst nicht einmal das nicht sein könnte, was es nicht ist; wir haben tatsächlich gesehen, daß es keinerlei Verneinung in sich enthält. Es ist vollständige Positivität. Es kennt also nicht das *Anderssein*: es setzt sich nie als *anders,* als ein anderes Sein; es kann keinen Zusammenhang mit dem Anderen vertragen. Es ist selbst unbegrenzt, und es erschöpft sich darin, es zu sein. Von diesem Standpunkt aus werden wir später sehen, daß es der Zeitlichkeit entgeht. Es ist, und nicht einmal, wenn es zusammenbricht, kann man sagen, es sei nicht mehr. Oder mindestens gibt es ein Bewußtsein, das von ihm als einem nicht mehr Seienden Bewußtsein empfangen kann, eben weil das Bewußtsein zeitlich ist. Aber das Sein selbst existiert nicht als ein Mangel dort, wo es war: die volle Seinspositivität hat sich auf seinen Zusammenbruch zurückgebildet. Es war, und nun ist anderes Sein – das ist alles.

Schließlich – das wäre unsere dritte Charakteristik – *ist* das An-sich-Sein. Das bedeutet, daß das Sein weder vom Möglichen abgeleitet noch auf das Notwendige zurückgeführt werden kann. Die

Notwendigkeit betrifft die Verbindung idealer Setzungen, nicht die von Seienden. Ein phänomenales Seiendes kann nie von einem anderen Seienden abgeleitet werden, soweit es seiend ist. Das ist das, was wir die *Kontingenz* des An-sich-Seins nennen. Aber das An-sich-Sein kann auch nicht von einem *Möglichen* abgeleitet werden. Das Mögliche ist eine Struktur des *Für-sich,* das heißt, es gehört zu einem anderen Seinsbereich. Das An-sich-Sein ist jemals weder möglich noch unmöglich, es *ist.* Das drückt das Bewußtsein – mit anthropomorphen Wendungen – aus, wenn es sagt, das Sein sei *überzählig,* das heißt, daß es das Sein absolut nicht von *etwas* ableiten kann, weder von einem anderen Sein noch von einem Möglichen, noch von einem notwendigen Gesetz. Ungeschaffen, ohne Seinsgrund, ohne irgendeine Beziehung zu einem anderen Sein, ist das An-sich-Sein überzählig für alle Ewigkeit.

Das Sein ist. Das Sein ist an sich. Das Sein ist das, was es ist. Das sind die drei Begriffsbestimmungen, die die vorläufige Prüfung des Seinsphänomens dem Sein der Phänomene zuzuteilen uns gestattet. Für den Augenblick ist es uns nicht möglich, unsere Untersuchungen weiterzutreiben. Nicht die Prüfung des An-sich – das immer nur das ist, was es ist – wird uns ihre [d. h. der Phänomene] Verbindungen mit dem Für-sich feststellen und aufklären lassen. So sind wir von den «Erscheinungen» ausgegangen und schrittweise dahin gelangt, zwei Seinstypen festzustellen: das An-sich und das Für-sich, von denen wir vorläufig nur oberflächliche und unvollständige Erkenntnisse gewonnen haben. Eine Menge Fragen ist ohne Antwort geblieben: was ist der tiefe *Sinn* dieser beiden Seinstypen? Aus welchen Gründen gehören beide zum *Sein* im allgemeinen? Was ist der Sinn des Seins, insofern es in sich diese beiden radikal getrennten Seinsbereiche begreift? Wenn es sowohl dem Idealismus als auch dem Realismus mißlingt, die Beziehungen aufzuklären, die de facto diese beiden de jure unvereinbaren Bereiche verbinden, welche andere Lösung kann man dem Problem geben? Und wieso kann das Sein des Phänomens transphänomenal sein?

Um zu versuchen, diese Fragen zu beantworten, haben wir das vorliegende Buch geschrieben.

ERSTER TEIL

Das Problem des Nichts

ERSTES KAPITEL

DER URSPRUNG DER VERNEINUNG

I

Die Befragung

Unsere Forschungen haben uns mitten in das Sein hineingeführt. Aber sie sind in eine Sackgasse geraten, denn es ist uns nicht gelungen, zwischen den beiden von uns entdeckten Seinsbereichen eine Verbindung herzustellen. Denn zweifellos hatten wir, um unsere Untersuchung durchzuführen, einen schlechten Standpunkt gewählt. Descartes befand sich gegenüber einem ähnlichen Problem, als er sich mit den Verbindungen der Seele mit dem Leibe beschäftigen mußte. Er gab den Rat, die Lösung des Problems dort zu versuchen, wo sich die Vereinigung der denkenden mit der ausgedehnten Materie tatsächlich vollzieht, das heißt in der Einbildung. Der Rat ist wertvoll: sicher ist unser Anliegen nicht das von Descartes, und wir begreifen die Einbildung nicht so wie er. Aber man kann doch festhalten, daß es nicht angängig ist, die beiden Glieder eines Zusammenhanges erst zu trennen und dann zu versuchen, sie wieder zu vereinigen: der Zusammenhang ist Synthese. Demzufolge können sich die *Ergebnisse* der Analyse nicht mit den *Momenten* der Synthese decken. Laporte sagt, daß man abstrahiert, wenn man dasjenige isoliert denkt, was niemals dazu da ist, isoliert zu existieren. Das Konkrete dagegen ist eine Ganzheit, die durch sich selbst existieren kann. Husserl ist derselben Ansicht: für ihn ist rot ein Abstraktum, denn die Farbe kann nicht ohne die gefärbte Fläche existieren. Im Gegensatz dazu ist die raumzeitliche «Sache» samt allen ihren Bestimmungsstücken etwas Konkretes. Unter diesem Gesichtspunkt ist das Bewußtsein etwas Abstraktes, denn es verbirgt in sich selbst einen ontologischen, auf das An-sich hindeutenden Ursprung. Andererseits ist das Phänomen auch etwas Abstraktes, denn es muß dem Bewußtsein «erscheinen». Das Konkrete kann nichts anderes sein als die synthetische Ganzheit, von der das Bewußtsein wie auch das Phänomen nur Momente bilden. Das Konkrete, das ist der Mensch in der Welt samt jener spezifischen Vereinigung mit der Welt, die zum Beispiel Heidegger «In-der-Welt-sein» nennt. «Die Erfahrung» auf die Bedingungen ihrer Möglichkeit hin zu befragen, wie Kant es tut, oder, wie Husserl, eine phänomenologische Reduktion durchführen, die aus der Welt das Noema-Korrelat zum

Bewußtsein macht, das bedeutet, entschlossen mit dem Abstrakten beginnen. Aber man wird es ebensowenig fertigbringen, das Kokrete durch Aneinanderreihung oder Organisierung von Elementen, die man als Abstrakta hat, aufzuerbauen, wie man auch nicht – im System von Spinoza – die Substanz durch unaufhörliche Aneinanderreihung ihrer Modi zu fassen bekommt. Die Beziehung der Seinsbereiche untereinander ist eine ursprüngliche Selbstbestimmung, die selbst einen Teil des Gefüges dieser Seienden ausmacht. Denn wir entdecken sie gleich bei Beginn unserer Untersuchung. Es genügt, die Augen aufzumachen und völlig unbefangen jene Ganzheit zu befragen, die der Mensch-in-der-Welt ist. Mit Hilfe der Beschreibung dieser Ganzheit können wir folgende zwei Fragen beantworten: 1. Welches ist der synthetische Zusammenhang, den wir In-der-Welt-sein nennen? 2. Was müssen der Mensch und die Welt sein, damit dieser Zusammenhang zwischen ihnen möglich ist? In Wahrheit greifen die beiden Fragen aufeinander über, und wir können nicht erwarten, getrennte Antworten hierauf zu finden. Aber jede der menschlichen Verhaltensweisen kann uns, da sie die des Menschen in der Welt ist, zu gleicher Zeit den Menschen, die Welt und den Zusammenhang, der sie vereinigt, liefern, unter der Bedingung, daß wir diese Verhaltensweisen als objektiv erfaßbare Realitäten betrachten, nicht aber als subjektive Gemütserregungen, die sich nur dem Blick der Reflexion enthüllen.

Wir werden uns nicht darauf beschränken, eine einzige Verhaltensweise zu studieren. Wir werden im Gegenteil versuchen, mehrere zu beschreiben und von Verhaltensweise zu Verhaltensweise vorzudringen bis zu dem tiefsten Sinn der Beziehung «Mensch – Welt». Aber es ist gut, wenn wir zu Anfang eine Ur-Verhaltensweise wählen, die uns bei unserer Untersuchung als Leitfaden dienen kann.

Die Untersuchung selbst liefert uns die verlangte Verhaltensweise: wenn ich diesen Menschen, der *ich* bin, so erfasse, wie er in diesem Augenblick in der Welt ist, so stelle ich fest, daß er gegenüber dem Sein die Haltung eines Fragestellers einnimmt. In dem Augenblick, in dem ich denke: «Gibt es eine Verhaltensweise, die mir den Zusammenhang des Menschen mit der Welt aufdecken kann?», stelle ich eine Frage. Diese Frage kann ich auf objektive Art ansehen, denn es macht wenig aus, ob der Fragende ich selbst bin oder der Leser, der mich liest und zusammen mit mir fragt. Andererseits ist die Frage nicht einfach das objektive Insgesamt der auf diesem Blatt aufgezeichneten Worte: sie ist indifferent für die Zeichen, durch die sie ausgedrückt wird. Kurz, es handelt sich um eine menschliche Haltung, die mit Bedeutung ausgestattet ist. Was enthüllt uns diese Haltung?

Bei jeder Frage verharren wir angesichts eines Seienden, das wir befragen. Jede Frage setzt also ein Seiendes voraus, das fragt, und eins, das befragt wird. Sie ist nicht die ursprüngliche Beziehung des Menschen zum An-sich-Sein, sondern sie hält sich im Gegenteil in den Grenzen dieser Beziehung, und sie setzt sie voraus. Andererseits befragen wir das befragte Seiende *über* etwas. Dasjenige, *über das* ich das Seiende befrage, hat an der Transzendenz des Seienden Anteil: ich befrage das Seiende über seine Seinsarten oder über sein Sein. Von diesem Gesichtspunkt aus ist die Frage eine Abart der Erwartung: ich erwarte von dem befragten Seienden eine Antwort. Das heißt, auf der Basis eines vor jeder Befragung liegenden vertraulichen Umganges mit dem Seienden erwarte ich von diesem Seienden eine Enthüllung seines Seins oder seiner Seinsart. Die Antwort wird ein Ja oder ein Nein sein. Das Bestehen dieser zwei gleich objektiven und sich widersprechenden Möglichkeiten unterscheidet grundsätzlich die Frage von der Bejahung oder der Verneinung. Es gibt Fragen, die anscheinend keine negative Antwort zulassen – wie zum Beispiel diejenige, die wir oben stellten: «Was enthüllt uns diese Haltung?» Tatsächlich sieht man aber, daß es immer möglich ist, auf Fragen dieses Typs mit «Nichts» zu antworten, oder mit «Niemand» oder «Niemals». Also gebe ich in dem Augenblick, wo ich frage: «Gibt es eine Verhaltensweise, die mir den Zusammenhang des Menschen mit der Welt aufdecken kann?», *grundsätzlich* die Möglichkeit einer negativen Antwort zu, wie: «Nein, eine derartige Verhaltensweise gibt es nicht.» Das bedeutet, daß wir es hinnehmen, vor das transzendente Faktum der Nicht-Existenz einer solchen Verhaltensweise gestellt zu werden. Vielleicht ist man versucht, an die objektive Existenz eines Nicht-Seins nicht zu glauben; man wird einfach sagen, daß das Faktum mich in diesem Falle auf meine Subjektivität verweist: vom transzendenten Sein vernehme ich, daß die gesuchte Verhaltensweise eine reine Fiktion ist. Aber zunächst einmal bedeutet es, wenn man diese Verhaltensweise eine reine Fiktion nennt, die Verneinung maskieren, ohne sie wegzubringen. «Reine Fiktion sein» ist hier soviel wie «nur Fiktion sein». Ferner aber heißt, die Realität der Verneinung zerstören, die Realität der Antwort verschwinden lassen. Das Seiende selbst ist es doch, das mir die Antwort gibt, das Seiende ist es, das mir die Verneinung entgegenhält. Also besteht doch für den Fragenden die ständige und objektive Möglichkeit einer negativen Antwort. In Ansehung dieser Möglichkeit ergibt sich für den Fragenden, und zwar gerade aus der Tatsache des Fragens, etwas wie der Zustand eines Nicht-Determiniertseins: er *weiß nicht,* ob die Antwort positiv oder negativ ausfallen wird. Demnach ist die Frage eine Brücke zwischen zwei Nicht-Seienden: zwischen dem Nicht-Sein des Wissens im Menschen und der Möglichkeit des Nicht-Seins im transzendenten Seienden. Schließlich aber beinhaltet die Frage das Vorhandensein einer Wahrheit. Durch die Frage selbst bestätigt der Fragende, daß er eine objektive Antwort erwartet, eine solche also, von der man sagen kann: «So ist es und nicht anders.» Kurz, die Wahrheit führt, als Unterscheidungsmerkmal des Seienden, ein drittes Nicht-Sein als Bestimmungsstück der Frage ein: das in der Einschränkung auf die Wahrheit liegende Nicht-Sein. Dieses dreifache Nicht-Sein bedingt jede Befragung und im besonderen die metaphysische Befragung, das heißt *unsere* Art der Befragung.

Wir waren aufgebrochen zur Suche nach dem Sein, und es schien uns so, als wären wir durch die Reihe unserer Befragungen mitten in das Sein hineingeführt worden. Da sehen wir, daß ein auf die Befragung selbst geworfener Blick uns in dem Moment, wo wir am Ziele zu sein glaubten, plötzlich darüber aufklärt, daß wir vom Nichts umgeben sind. Die außer uns und in uns wesende ständige Möglichkeit des Nicht-Seins ist es, die unsere Fragen über das Sein bedingt. Und das Nicht-Sein ist es auch, das die Antwort eingrenzt: das, was das Sein *ist*, hebt sich notwendigerweise vom Grunde dessen ab, was es *nicht ist*. Wie auch immer jene Antwort ausfallen mag, sie kann so formuliert werden: «Das Sein ist *dies-da* [cela] und, abgesehen von diesem, *nichts* [rien].»

So erscheint vor uns eine neue Komponente des Realen: das Nicht-Sein. Um ebensoviel wird unser Problem verwickelter, denn wir haben jetzt nicht nur Zusammenhänge zwischen dem menschlichen Sein und dem An-sich-Sein zu behandeln, sondern auch die Zusammenhänge zwischen dem Sein und dem Nicht-Sein sowie zwischen dem menschlichen Nicht-Sein und dem transzendenten Nicht-Sein. Aber wir wollen genauer zusehen.

II

Die Verneinungen

Man wird uns entgegenhalten, das An-sich-Sein könne keine negativen Antworten liefern. Haben wir nicht selbst gesagt, es sei jenseits von Bejahung und Verneinung? Übrigens scheint auch die auf sich selbst beschränkte alltägliche Erfahrung uns kein Nicht-Sein zu enthüllen. Ich denke, daß 1500 Franken in meiner Brieftasche sind, und finde nur 1300: das bedeutet keineswegs, wird man sagen, daß die Erfahrung mir das Nicht-Sein von 1500 Franken aufgedeckt hat, sondern einfach nur, daß ich dreizehn Hundertfrankenscheine gezählt habe. Die eigentliche Verneinung ist mir selbst zuzuschreiben, sie erscheint auf der Ebene eines Urteilsaktes, durch den ich einen

Vergleich zwischen dem berechneten und dem erhaltenen Ergebnis anstelle. So gesehen, wäre die Verneinung einfach eine Qualität des Urteils, und die Erwartung des Fragenden wäre die Erwartung der Urteilsantwort. Was das Nichts betrifft, so würde es seinen Ursprung in negativen Urteilen haben, es wäre ein Begriff, der die transzendente Einheit aller solchen Urteile herstellt, eine Aussagefunktion vom Typus: «X ist nicht.» Man sieht, wohin diese Theorie führt: man macht einen darauf aufmerksam, daß das An-sich-Sein durch und durch Positivität ist und in sich selbst keine Negation enthält. Andererseits ist dieses negative Urteil in seiner Eigenschaft als subjektiver Akt streng dem positiven Urteil gleichgesetzt: man sieht nicht, daß zum Beispiel Kant den negativen Urteilsakt in seinem inneren Aufbau vom positiven unterschieden hat; in beiden Fällen vollzieht man eine Begriffs-Synthese; diese Synthese, die ein konkretes und vollständiges Ereignis des psychischen Lebens ist, vollzieht sich hier mittels der Kopula «ist» – und dort mittels der Kopula «ist nicht»: in derselben Weise sind die Handtätigkeit des Auslesens (Trennung) und die des Einordnens (Vereinigung) zwei objektive Verhaltensweisen mit derselben faktischen Realität. So stünde die Verneinung «am Endpunkt» des Urteilsaktes, ohne deswegen «im» Sein zu sein. Sie ist wie etwas Irreales, eingeschlossen zwischen zwei vollständige Realitäten, von denen keine sie erfordert: das über die Verneinung befragte An-sich-Sein verweist auf das Urteil, da es nur das ist, was dieses ist – und das Urteil als ungeteilte psychische Positivität verweist auf das Sein, weil es eine das Sein betreffende und folglich transzendente Negation formuliert. Die Verneinung ist das Ergebnis konkreter psychischer Operationen, wird durch dieselben Operationen in ihrem Dasein gehalten und ist unfähig, von sich aus zu existieren; sie hat das Dasein eines gedanklichen Korrelats, ihr *esse* steckt ganz richtig in ihrem *percipi*. Und das Nichts, die begriffliche Einheit der negativen Urteile, kann nicht die geringste Realität besitzen außer vielleicht der, die die Stoiker ihrem «Lekton» beilegten. Können wir uns dieser Auffassung anschließen?

Die Frage kann folgendermaßen gestellt werden: ist die Verneinung als Struktur des beurteilenden Satzes einer der Ursprünge des Nichts – oder ist im Gegenteil das Nichts als Struktur des Realen der Ursprung und die Grundlage der Verneinung? So hat uns das Problem des Seins auf das der Frage verwiesen, so wie die menschliche Haltung und das Problem der Frage uns auf das des Seins der Verneinung verweist.

Offenbar erscheint das Nicht-Sein immer innerhalb der Grenzen einer menschlichen Erwartung. Weil ich erwarte, 1500 Franken zu finden, finde ich *nur 1300*. Weil der Physiker eine Bestätigung seiner Hypothese *erwartet*, kann die Natur zu ihm nein sagen. Es wäre also vergeblich, zu leugnen, daß die Verneinung auf der ursprünglichen Grundlage eines Zusammenhanges des Menschen mit der Welt erscheint; die Welt entdeckt ihre Nicht-Seienden nur dem, der diese zunächst als Möglichkeiten gesetzt hat. Heißt das aber, daß diese Nicht-Seienden auf reine Subjektivität zurückgeführt werden müßten? Heißt das, daß man ihnen die Gewichtigkeit und den Daseinstypus des stoischen «Lekton», des Husserlschen Noema zuschreiben muß? Wir glauben es nicht.

Zunächst einmal ist es nicht wahr, daß die Verneinung bloß eine Qualität des Urteils sei: die Frage wird durch ein befragendes Urteil gebildet, aber sie ist selbst kein Urteil: sie ist ein von Vorurteilen diktiertes Verhalten; ich kann den Blick fragen, die Geste; durch die Befragung verharre ich in einer gewissen Weise gegenüber dem Seienden, und dieser Bezug zum Seienden ist ein Seinsbezug, und das Urteil ist nur ein beliebiger Ausdruck davon. Ebenso ist es nicht notwendigerweise ein *Mensch*, den der Fragesteller über das Sein befragt: diese Auffassung der Frage löst diese, indem sie ein intersubjektives Phänomen aus ihr macht, von dem Seienden ab, mit dem sie verwachsen ist, und läßt sie wie eine reine Gesprächsmodalität in der Luft hängen. Man muß begreifen, daß die im Gespräch gestellte Frage vielmehr eine besondere Art der Gattung «Befragung» ist und daß das befragte Seiende zunächst kein denkendes Wesen ist: wenn mein Auto eine Panne hat, dann sind es *der Vergaser, die Zündkerzen* usw., die ich befrage; wenn meine Uhr stehenbleibt, kann ich den Uhrmacher über die Gründe dieses Stehenbleibens befragen, aber der Uhrmacher seinerseits richtet Fragen an die verschiedenen mechanischen Teile der Uhr. Was ich vom Vergaser erwarte und was der Uhrmacher von den Getrieben der Uhr erwartet, das ist kein Urteil, sondern eine Seinsenthüllung, auf deren Grundlage man sich ein Urteil bilden kann. Wenn ich eine Seinsenthüllung *erwarte*, so bedeutet das, daß ich gleichzeitig auf die Eventualität der Enthüllung eines Nicht-seins vorbereitet bin. Wenn ich den Vergaser befrage, so halte ich es für möglich, daß es im Vergaser *«nichts gibt»*. So umschließt meine Frage von Natur aus ein gewisses, jedem Urteilsakt vorangehendes Verständnis für das Nicht-Sein; es [das Verständnis] ist an und für sich eine Seinsverbindung mit dem Nicht-Sein auf der Grundlage der ursprünglichen Transzendenz, das heißt einer Seinsverbindung mit dem Sein.

Wenn im übrigen die eigentliche Natur der Befragung durch den Umstand verdunkelt wird, daß die Frage häufig von einem Menschen an andere Menschen gerichtet wird, so ist dazu anzumerken, daß zahlreiche nicht urteilende Verhaltensweisen jenes unmittelbare Verständnis für das Nicht-Sein auf dem Grunde des Seins in seiner ursprünglichen Reinheit darstellen. Wenn wir zum Beispiel die *Zer-*

störung ins Auge fassen, so erkennen wir genau, daß das eine *Tätigkeit* ist, die ohne Zweifel das Urteil wie ein Werkzeug benutzen kann, die aber nicht als eine nur oder gar grundsätzlich urteilende definiert werden kann. Sie bietet also dieselbe Struktur dar wie die Befragung. Sicher, in einem bestimmten Sinne ist der Mensch das einzige Wesen, durch das eine Zerstörung herbeigeführt werden kann. Eine geologische Faltungsbewegung oder ein Gewitter zerstören nicht – oder sie zerstören wenigstens nicht *direkt:* sie verändern bloß die Verteilung der Massen von Seienden. Es gibt nach dem Gewitter nicht *weniger* als vorher. Es gibt *anderes.* Und auch dieser Ausdruck paßt nicht, denn, um das Anderssein setzen zu können, bedarf es eines Zeugen, der das Gewesene irgendwie festhalten und mit dem Gegenwärtigen in der Form des «Nicht-mehr» vergleichen kann. Wenn dieser Zeuge nicht vorhanden ist, so gibt es Seiendes vor wie nach dem Gewitter: das ist alles. Und wenn der Wirbelsturm den Tod gewisser Lebewesen herbeiführen kann, so ist dieser Tod eine Zerstörung nur dann, wenn sie als solche erlebt wurde. Damit es Zerstörung geben kann, muß es zunächst einen Bezug des Menschen zum Sein geben, das heißt eine Transzendenz; und innerhalb der Grenzen dieses Bezuges muß der Mensch *ein* Seiendes als zerstörbar erfassen. Das setzt eine einschränkende Ausstükkelung [découpage limitatif] eines Seienden im Sein voraus, was, wie wir bei der Behandlung der Wahrheit gesehen haben, schon Nichtung [néantisation] ist. Das betrachtete Sein ist *dies da* [cela] und, abgesehen von diesem, *nichts* [rien]. Der Artillerist, dem man ein Ziel anweist, gibt sich Mühe, sein Geschütz dieser Richtung gemäß *unter Ausschluß* aller anderen einzustellen. Aber das würde noch gar nichts nützen, wenn das Seiende nicht als *zerbrechlich* enthüllt worden wäre. Und was wäre denn Zerbrechlichkeit, wenn nicht eine gewisse Wahrscheinlichkeit des Nicht-Seins, die für ein unter bestimmten Umständen gegebenes Seiendes besteht? Ein Seiendes ist zerbrechlich, wenn es in seinem Sein eine bestimmte Möglichkeit von Nicht-Sein enthält. Abermals jedoch ist es der Mensch, von dem aus die Zerbrechlichkeit zu dem Seienden *gelangt,* denn die individualisierende Einschränkung, die wir eben erwähnten, ist die Bedingung der Zerbrechlichkeit: *ein* Seiendes ist zerbrechlich, nicht aber *jedes* Seiende, das sich jenseits jeder möglichen Zerstörung befindet. So läßt der Zusammenhang individualisierender Einschränkung, den der Mensch mit *einem* Seienden auf dem Urgrund seines Zusammenhanges mit dem Sein unterhält, die Zerbrechlichkeit zu diesem Seienden kommen als die Sichtbarwerdung einer ständigen Möglichkeit des Nicht-Seins. Aber das ist noch nicht alles: damit es Zerstörung geben kann, muß der Mensch sich angesichts dieser Möglichkeit des Nicht-Seins determinieren, sei es positiv oder negativ: er muß die notwendigen Maßnahmen ergreifen, um sie zu verwirklichen (Zerstörung im eigentlichen Sinne) oder um sie, durch eine Verneinung des Nicht-Seins, immer auf dem Niveau einer bloßen Möglichkeit zu halten (Schutzmaßnahmen). So ist es also der Mensch, der die Städte zerstörbar macht, gerade weil er sie als zerbrechlich setzt und als wertvoll und weil er ein sie betreffendes Insgesamt von Schutzmaßnahmen ergreift. Und wegen des Insgesamts dieser Maßnahmen kann ein Erdbeben oder ein Vulkanausbruch diese Städte oder diese menschlichen Bauwerke *zerstören*. Und der Ursinn und das Ziel des Krieges sind in dem geringfügigsten Aufbauen des Menschen bereits enthalten. Man muß wohl anerkennen, daß die Zerstörung eine wesentlich menschliche Angelegenheit ist und *daß es der Mensch ist*, der seine Städte durch Vermittlung der Erdbeben oder direkt zerstört, der seine Schiffe durch Vermittlung der Wirbelstürme oder direkt zerstört. Zugleich muß man aber zugeben, daß die Zerstörung ein jedem Urteilsakt vorangehendes Verständnis für das Nichts als solches und eine Verhaltensweise *gegenüber* dem Nichts voraussetzt. Überdies ist die Zerstörung, auch wenn sie von Menschen her zum Seienden gelangt, ein objektives Faktum und kein Denkinhalt. Wirklich hat sich im Sein dieser Chinavase die Zerbrechlichkeit eingeprägt, und ihre Zerstörung würde ein unumkehrbares und absolutes Ereignis sein, das ich nur feststellen könnte. Es gibt eine Transphänomenalität des Nicht-Seins ebenso wie des Seins. Die Prüfung der Verhaltensweise «Zerstörung» führt uns also zu denselben Ergebnissen wie Prüfung der befragenden Verhaltensweise.

Aber wenn wir uns mit Sicherheit entscheiden wollen, brauchen wir nur ein negatives Urteil für sich allein zu betrachten und uns zu fragen, ob es das Nicht-Sein inmitten des Seins erscheinen läßt oder ob es sich darauf beschränkt, eine früher gemachte Entdeckung festzulegen. Ich bin mit Peter für um vier verabredet. Ich komme eine Viertelstunde zu spät hin: Peter ist immer pünktlich; hat er auf mich gewartet? Ich blicke im Lokal umher, sehe mir die Gäste an und sage: «Er ist nicht da.» Liegt hier eine unmittelbare Erkenntnis der Abwesenheit Peters vor, oder aber tritt die Negation erst mit dem Urteil auf? Auf den ersten Blick erscheint es ungereimt, hier von unmittelbarer Erkenntnis zu reden, denn es kann doch keine unmittelbare Erkenntnis von *nichts* [rien] geben, und die Abwesenheit Peters ist dieses nichts [rien]. Indessen wird diese unmittelbare Erkenntnis von der Volksmeinung bezeugt. Sagt man zum Beispiel doch: «Ich habe sofort gesehen, daß er nicht da war.» Handelt es sich um eine einfache Verschiebung der Verneinung? Sehen wir genauer zu.

Sicher ist das Café als solches, mit seinen Gästen, seinen Tischen und Stühlen, seinen Spiegeln, seiner Beleuchtung, seiner rauchigen Luft, dem Lärm der Stimmen und dem Geklapper der Untertassen, dem Geräusch der Schritte, die es erfüllen, ein vollständiges Seiendes. Und alle unmittelbaren Einzelerkenntnisse, die ich haben kann, sind erfüllt von diesen Gerüchen, Klängen, Farben, lauter Phänomenen, die ein transphänomenales Sein besitzen. Ebenso ist die augenblickliche Anwesenheit Peters an einem Ort, den ich nicht kenne, auch eine Seinsfülle. Anscheinend finden wir das Vollständige [le plein] überall. Aber man muß beachten, daß es in der Wahrnehmung immer Konstituierung einer Gestalt auf einem Hintergrunde gibt. Kein Gegenstand und keine Gruppe von Gegenständen ist speziell dazu bestimmt, Hintergrund oder Gestalt zu werden: alles hängt von der Richtung meiner Aufmerksamkeit ab. Wenn ich in jenes Café eintrete, um dort nach Peter zu suchen, bilden alle Dinge, aus denen das Café besteht, synthetisch einen Hintergrund, vor welchem Peter gegeben ist als der, der erscheinen soll. Und diese Bildung des Cafés zu einem Hintergrund ist schon eine erste Nichtung. Jedes Raumelement, jede Person, jeder Tisch, jeder Stuhl ist bestrebt, sich zu vereinzeln, sich von dem aus der Gesamtheit der anderen Gegenstände errichteten Hintergrunde abzuheben und fällt dennoch in die Undifferenziertheit dieses Hintergrundes zurück, löst sich in ihm auf. Denn der Hintergrund ist das, was nur «obendrein» gesehen wird, was bloß an der Grenze der Aufmerksamkeit zu deren Gegenstand wird. So ist diese erste Nichtung aller Gestalten, die auftauchen und in der vollkommenen Einförmigkeit eines Hintergrundes verschlungen werden, die notwendige Bedingung für das Sichtbarwerden der Hauptgestalt, die in unserem Falle die Person Peters ist. Und diese Nichtung ist meiner unmittelbaren Erkenntnis gegeben, ich bin Zeuge dafür, wie nacheinander alle Gegenstände vergehen, die ich betrachte, vor allem die Gesichter, bei denen ich einen Augenblick verweile («Ist das etwa Peter?») und die sich sofort auflösen, eben weil sie Peters Gesicht «nicht sind». Würde ich jedoch Peter endlich entdecken, so wäre meine unmittelbare Erkenntnis von etwas Zuverlässigem erfüllt, ich wäre plötzlich von seinem Gesicht gefesselt, und das ganze Café würde um ihn herum zu einer unauffälligen Gegenwart werden. Aber Peter ist eben gerade nicht da. Das will keineswegs besagen, daß ich seine Abwesenheit an einer bestimmten Stelle des Lokals entdecke. Tatsächlich ist Peter von dem *ganzen Café* abwesend; seine Abwesenheit läßt das Café bei seinem Dahinschwinden erstarren, das Café bleibt *Hintergrund*, es verharrt dabei, sich bloß meiner Grenz-Aufmerksamkeit als undifferenzierte Ganzheit darzubieten, es gleitet nach rückwärts, es läuft seiner Nichtung nach. Es macht sich zum Hintergrund nur für eine bestimmte Gestalt, es hält die Gestalt allenthalben vor sich hin, es bietet sie mir überall dar; und diese Gestalt, die sich dauernd zwischen meinen Blick und die zuverlässigen, realen Dinge des Cafés schiebt, die gerade ist ein ununterbrochenes Dahinschwinden, sie ist Peter, der sich als nichts [néant] vom Nichtungshintergrunde des Cafés abhebt. Derart, daß das der unmittelbaren Erkenntnis Dargebotene ein Flimmern [papillotement] des Nichts ist, das Nichts des Hintergrundes, dessen Nichtung die Erscheinung der Gestalt herbeiruft und fordert, und die Nichts-Gestalt, die wie ein *nichts* [rien] auf der Oberfläche des Hintergrundes umhergleitet. Was dem Urteil als Grundlage dient («Peter ist nicht da»), das ist also tatsächlich das intuitive Erfassen einer zweifachen Nichtung. Wohl setzt die Abwesenheit Peters eine vorgängige Beziehung zwischen mir und diesem Café voraus; es gibt eine Unzahl von Menschen, die ohne jeden Zusammenhang mit diesem Café sind, und zwar weil es an einer realen Erwartung mangelt, durch die ihre Abwesenheit festgestellt wird. Aber ich warte ja gerade darauf, Peter zu sehen, und meine Erwartung läßt Peters Abwesenheit *geschehen* wie ein reales, das Café betreffendes Ereignis. Gegenwärtig ist die Abwesenheit ein objektiver Tatbestand, ich habe sie *entdeckt*, und sie stellt sich dar als eine synthetische Beziehung zwischen Peter und dem Raume, in dem ich ihn suche: der abwesende Peter *sucht* dieses Café *heim* und ist die Bedingung von dessen nichtender Hintergrundwerdung. Statt dessen haben Urteile, die ich dann aus Spaß fälle, wie «Wellington ist nicht in diesem Café, Paul Valéry ist auch nicht da» usw. bloß abstrakte Bedeutung, sind bloße Anwendungsbeispiele des Prinzips der Verneinung, ohne reales Fundament und ohne Wirkfähigkeit; es wird ihnen nie gelingen, eine *reale* Beziehung zwischen dem Café, Wellington oder Valéry herzustellen: die Beziehung «ist nicht» ist hier bloß *gedacht*. Das genügt, um zu zeigen, daß das Nicht-Sein zu den Dingen nicht mittels des negativen Urteils gelangt: im Gegenteil, das negative Urteil ist bedingt und getragen vom Nicht-Sein.

Wie könnte es denn auch anders sein? Wie könnten wir verneinende Formen des Urteils überhaupt begreifen, wenn alles Seinsfülle und Positivität wäre? Einen Augenblick lang glaubten wir, die Verneinung könnte aus der Vergleichung des berechneten mit dem erhaltenen Ergebnis hervorgehen. Betrachten wir aber folgende Vergleichung: hier haben wir ein erstes Urteil, einen konkreten und positiven psychischen Akt, der eine Tatsache feststellt: «in meiner Brieftasche sind 1300 Franken», und hier haben wir ein zweites Urteil, das auch nichts anderes ist als die Feststellung einer Tatsache und eine Bejahung: «Ich erwarte, 1500 Franken vorzufinden.» Wir haben also reale und objektive Tatsachen vor uns, positive psychische Ereignisse, bejahende Urteile. Wo wäre Platz für eine Verneinung? Glaubt man, daß sie weiter nichts ist als die Anwendung einer Kategorie? Meint man, daß der Geist in sich das *Nein* besitzt als Form des Auslesens und Trennens? Wenn das der Fall wäre, würde man der Verneinung auch die winzigste Spur von Negativität wegnehmen. Wenn man zugibt, daß die Nein-Kategorie – eine im Geiste *tatsächlich* vorhandene Kategorie, ein positives und konkretes Verfahren, um unsere Erkenntnisse zu bewegen und zu ordnen – plötzlich ausgeschaltet wird durch die Gegenwart gewisser bejahender Urteile in uns und daß sie plötzlich auftaucht, um gewisse, aus diesen Urteilen sich ergebende Gedanken mit ihrem Siegel zu kennzeichnen, dann würde man durch derartige Betrachtungen die Verneinung von jeder verneinenden Funktion sorgfältig entblößt haben. Denn die Verneinung ist Daseinsverweigerung. Durch sie wird ein Seiendes (oder eine Seinsart) gesetzt und dann ins Nichts zurückgeworfen. Wenn die Verneinung Kategorie ist, wenn sie nur ein auf gewisse Urteile unterschiedslos aufgesetzter Dämpfer ist, wo nimmt man dann ihre Fähigkeit her, ein Seiendes zu nichten, es plötzlich auftauchen zu lassen und es zu benennen, um es in das Nicht-Sein zurückzuwerfen? Wenn die vorhergegangenen Urteile faktische Feststellungen sind, so wie die, die wir als Beispiele benutzt haben, dann muß die Verneinung so etwas wie eine unabhängige Kraft sein, sie muß uns von jener Mauer von Positivität losreißen, die uns umschließt: plötzlich wird eine Kontinuität unterbrochen, und das kann sich auf keinen Fall aus den vorhergegangenen Bejahungen *ergeben*, sondern ist ein ursprüngliches und irreduzibles Ereignis. Aber wir befinden uns hier in der Sphäre des Bewußtseins. Und das Bewußtsein kann eine Verneinung nur in Gestalt von Verneinungsbewußtsein hervorbringen. Keine Kategorie kann im Bewußtsein «wohnen» und sich dort aufhalten nach Art des Gegenstandes. «Das *Nein*, als plötzliche intuitive Entdeckung, erscheint als (Seins-)Bewußtsein, Bewußtsein vom Nein. Kurz, wenn es überall Sein gibt, so ist nicht nur das Nichts, wie Bergson sagt, unbegreiflich: vom Sein wird man niemals die Verneinung ableiten. Die notwendige Bedingung dafür, daß es möglich ist, *nein* zu sagen, ist, daß das Nicht-Sein ununterbrochen anwesend ist, in uns und außer uns, das heißt, daß das Nichts das Sein *heimsucht*.

Aber woher kommt das Nichts? Und wenn es die Grundbedingung der befragenden Verhaltensweise ist und, noch allgemeiner, die jeder philosophischen oder naturwissenschaftlichen Untersuchung, welches ist dann der Urbezug des Menschenwesens zum Nichts, welches ist die nichtende Grundverhaltensweise?

III

Die dialektische Auffassung des Nichts

Es ist noch zu früh, als daß wir uns vornehmen könnten, den *Sinn* jenes Nichts sichtbar zu machen, dem die Befragung uns plötzlich gegenübergestellt hat. Aber es gibt einige nähere Begriffsbestimmungen, die wir nunmehr liefern können. Im besonderen wäre es nicht übel, die Zusammenhänge des Seins mit dem Nicht-Sein, das es heimsucht, festzulegen. Wir haben ja einen gewissen Parallelismus konstatiert zwischen den menschlichen Verhaltensweisen gegenüber dem Sein und denjenigen gegenüber dem Nichts; und sofort sind wir der Versuchung ausgesetzt, das Sein und das Nicht-Sein als zwei komplementäre Komponenten des Realen zu betrachten nach Art von Schatten und Licht: es würde sich, mit einem Wort, um zwei streng gleichzeitige Begriffe handeln, die sich bei der Entstehung der daseienden Dinge in einer solchen Weise vereinigen, daß es unnütz wäre, sie getrennt zu betrachten. Das reine Sein und das reine Nicht-Sein wären zwei Abstraktionen, bei denen allein die Vereinigung die Grundlage konkreter realer Dinge wäre.

Sicherlich ist dies der Gesichtspunkt Hegels. In seiner Logik studiert er die Zusammenhänge zwischen Sein und Nicht-Sein und nennt diese Logik «das System der reinen Bestimmungen des Denkens». Und er präzisiert seine Definition folgendermaßen [1]:

«Die Gedanken sind so, wie man sie sich gewöhnlich vorstellt, keine reinen Gedanken, denn man versteht unter einem gedachten Sein ein Sein, dessen Inhalt ein empirischer Inhalt ist. In der Logik werden die Gedanken in der Weise aufgefaßt, daß sie keinen anderen Inhalt haben als den Inhalt reinen Denkens, welcher durch dieses hervorgebracht ist.» Sicher sind diese Bestimmungen «das Innerlichste, was es in den Dingen gibt», gleichzeitig aber, wenn man sie «an und für sich» betrachtet, deduziert man sie vom Denken selbst und entdeckt in ihnen selbst ihre Wahrheit. Nichtsdestoweniger besteht das Bestreben der Hegelschen Logik darin, «die Unvollständigkeit der Begriffe evident zu machen, die sie abwechselnd betrachtet, sowie die Notwendigkeit, sich, um sie zu verstehen, zu einem umfassenderen Begriff zu erheben, die sie überschreitet und integriert» [2].

Man kann auf Hegel anwenden, was Le Senne von der Philosophie Hamelins sagt: «Jedes niedere Glied hängt vom höheren ab, so wie das Abstrakte vom Konkreten, das es braucht, um es zu realisieren.»

1 Einleitung zitiert von Lefebvre in *Morceaux choisis.*

2 Laporte, *Le problème de l'Abstraction,* Seite 25 (Presses Universitaires, 1940).

Das wirkliche Konkrete ist für Hegel das Daseiende samt seinem Wesen, ist die Ganzheit, die durch synthetische Integration aller sich in ihr einander überholenden abstrakten Momente geschaffen wird, indem sie deren Ergänzung fordert. In diesem Sinne ist das Sein die abstrakteste und inhaltleerste Abstraktion, wenn wir es für sich allein betrachten, das heißt, wenn wir es von seinem Sichüberschreiten in Richtung auf das Wesen abschneiden. In der Tat: «Das Sein verhält sich als das Unmittelbare zum Wesen als dem Mittelbaren. Die Dinge sind überhaupt, allein ihr Sein besteht darin, ihr Wesen zu zeigen. Das Sein macht sich zum Wesen, was man auch so ausdrücken kann: das Sein setzt das Wesen voraus. Aber wenn auch das Wesen im Verhältnis zum Sein als das Vermittelte erscheint, so ist doch das Wesen das *Ursprüngliche*. Das Sein geht in ihm in seinen Grund zurück; das Sein hebt sich in dem Wesen auf.[1]»

So wird das vom Wesen, das sein Untergrund ist, abgeschnittene Sein zur «einfachen leeren Unmittelbarkeit». Und so definiert es wirklich die Phänomenologie des Geistes, die das reine Sein «unter dem Gesichtspunkt der Wahrheit» als das Unmittelbare darstellt. Wenn der Beginn der Logik das Unmittelbare sein soll, so finden wir diesen Beginn im *Sein*, das «die Indetermination, die jeder Determination vorangeht, das Undeterminierte als absoluter Ausgangspunkt» ist.

Aber sogleich «geht» das derart Undeterminierte «über» in sein Gegenteil: «Dieses reine Sein», schreibt Hegel in der *Kleinen Logik*, «ist nun die reine Abstraktion, damit das absolut-negative, welches, gleichfalls unmittelbar genommen, das Nichts ist.» Ist das Nichts nicht tatsächlich einfache Identität mit sich selbst, vollkommene Leere, Abwesenheit von Bestimmungen und Inhalt? Das reine Sein und das reine Nichts sind also ein und dasselbe. Oder vielmehr, es ist wahr, daß sie sich unterscheiden. Aber «weil der Unterschied sich hier noch nicht bestimmt hat, denn eben Sein und Nichts sind noch das Unmittelbare – so ist er, wie er an denselben ist, das Unsagbare, die bloße Meinung» [2].

Das bedeutet, konkret genommen, das *«es nirgend im Himmel und auf Erden Etwas gebe, was nicht beiden, Sein und Nichts, in sich enthielte»* [3].

Es ist noch zu früh, um die Hegelsche Auffassung als solche zu untersuchen: erst das Insgesamt der Ergebnisse unserer Forschun-

1 *Entwurf zur Logik*, von Hegel zwischen 1808 und 1811 verfaßt als Grundlage für seinen Unterricht am Gymnasium in Nürnberg (Nürnberger Schriften S. 66 f.).

2 Enzyklopädie der Wissenschaften, 3. Ausg. 1830, Seite 101–103.

3 Die Wissenschaft der Logik, hg. von Lasson 1934, 1. Teil, S. 69.

gen wird es uns ermöglichen, zu ihr Stellung zu nehmen. Indessen muß man darauf achten, daß das Sein von Hegel auf eine Bedeutung des Daseienden zurückgeführt wird. Das Sein ist vom Wesen umhüllt, das sein Untergrund und Ursprung ist. Die ganze Hegelsche Theorie ist auf der Vorstellung aufgebaut, daß es einer besonderen philosophischen Maßnahme bedürfe, um am Beginn der Logik das Unmittelbare vom Vermittelten aus, das Abstrakte vom Konkreten (das jenes begründet) aus aufzufinden. Aber wir haben schon darauf hingewiesen, daß das Sein sich nicht zum Phänomen verhält wie das Abstrakte zum Konkreten. Das Sein ist nicht «eine Struktur neben anderen», ein Moment des Gegenstandes, vielmehr ist es die Bedingung aller Strukturen und aller Momente, es ist der Untergrund, auf dem die Merkmale des Phänomens sich zeigen. Ebensowenig kann man zugeben, daß das Sein der Dinge «darin besteht, von ihrem Wesen Kunde zu geben». Denn dann bedürfte es eines Seins dieses Seins. Wenn übrigens das Sein der Dinge «darin bestünde», Kunde zu geben, so wäre nicht einzusehen, wie Hegel ein reines Moment des Seins feststellen könnte, in welchem wir ja keine Spur jener ursprünglichen Struktur finden würden. Es ist richtig, daß das Begriffsvermögen das reine Sein festlegt, abgrenzt und in seinen Bestimmungstücken starr werden läßt. Aber wenn das Sichüberschreiten auf das Wesen hin das erste Merkmal des Seins bildet und wenn das Begriffsvermögen sich darauf beschränkt, zu «determinieren und in Determinationen zu verharren», so ist nicht zu verstehen, wieso es das Sein gerade nicht determiniert als «darin bestehend, Kunde zu geben». Man wird einwenden, daß für Hegel jede Determination Negation ist. Aber das Begriffsvermögen beschränkt sich in diesem Sinne darauf, zu leugnen, daß sein Gegenstand *etwas anderes* ist, als er ist. Das genügt ohne Zweifel, um jeden dialektischen Schritt zu verhindern, aber es dürfte nicht genügen, um das Sichüberschreiten bis auf den Keim verschwinden zu lassen. Insofern das Sein sich *zu etwas anderem* überschreitet, entzieht es sich den Determinationen des Begriffsvermögens, insofern es aber *sich* überschreitet, das heißt insofern es in seinem tiefsten Grunde der Ursprung seines eigenen Sichüberschreitens ist, muß es im Gegenteil, so wie es *ist*, dem Begriffsvermögen erscheinen, das es in seinen Determinationen erstarren läßt. Würde man zugeben, das Sein sei nur das, was es ist, so hieße das zum mindesten, das Sein unberührt lassen, insofern es sein Sichüberschreiten *ist*. Hier liegt der Doppelsinn des Hegelschen Begriffs «Sichüberschreiten», das bald ein Hervorbrechen aus der tiefsten Tiefe des betreffenden Seins zu sein scheint, bald eine äußerliche Bewegung, von der dieses Sein mitgenommen wird. Es genügt nicht, zu behaupten, daß das Begriffsvermögen im Sein nur das findet, was dieses ist, man muß auch erklären, wieso das Sein (das das ist, was es ist) nichts anders *als das* sein kann: eine derartige Erklärung würde ihre Rechtfertigung aus der Betrachtung des Seinsphänomens als solchem entnehmen und nicht aus den Verneinungsverfahren des Begriffsvermögens.

Aber was hier genauer geprüft werden muß, das ist vor allem die Behauptung Hegels, das Sein und das Nichts bildeten zwei Gegensätze, deren Unterschied, auf der gedachten Abstraktionsebene, nur eine bloße «Meinung» sei.

Nach Art des Begriffsvermögens bei Hegel, das Sein dem Nichts gegenüberstellen wie die Thesis der Antithesis, das bedeutet, eine logische Gleichzeitigkeit beider annehmen. So tauchen gleichzeitig zwei Gegensätze auf wie die beiden Endglieder einer logischen Reihe. Aber man muß in diesem Falle darauf achten, daß die Gegensätze nur deshalb diese Gleichzeitigkeit besitzen, weil sie in gleicher Weise positiv (oder in gleicher Weise negativ) sind. Aber das Nicht-Sein ist nicht das Konträre zum Sein, es ist das zu ihm Kontradiktorische. Das beinhaltet ein logisches Hinterher des Nichts hinter dem Sein, da das Sein zunächst gesetzt und dann geleugnet wird. Es kann also nicht sein, daß das Sein und das Nicht-Sein Begriffe gleichen Inhalts sind, da im Gegenteil das Nicht-Sein eine irreduzible Maßnahme des Geistes voraussetzt: wie beschaffen auch immer die ursprüngliche Undifferenziertheit des Seins sein mag, das Nicht-Sein ist diese selbe, aber *geleugnete* Undifferenziertheit. Hegel kann das Sein in das Nichts «übergehen lassen», weil er in seine Definition des Seins die Negation implicite mit hineingenommen hat. Das versteht sich von selbst, da eine Definition nun einmal negativ ist und Hegel uns doch gesagt hat, eine Wendung Spinozas wieder aufnehmend, daß *omnis determinatio est negatio.* So schrieb er doch: «Durch irgendeine Bestimmung oder Inhalt, der in ihm [scil. dem Sein] unterschieden, oder wodurch es als unterschieden von einem Andern gesetzt würde, würde es nicht in seiner Reinheit festgehalten. Es ist die reine Unbestimmtheit und Leere – Es ist *nichts* in ihm anzuschauen ...» (Wiss. d. Logik, a. a. O., I, Seite 66.) Er ist es also selbst, der von außen in das Sein diese Negation hineinbringt, die er dann wieder vorfindet, wenn er es in das Nicht-Sein übergehen läßt. Allein, hier liegt ein Wortspiel vor in bezug auf den Begriff Negation. Denn wenn ich jede Determination und jeden Inhalt das Seins abweise, so kann das nur geschehen, indem ich zugebe, daß es zum mindesten *ist.* Also möge man am Sein ableugnen, was immer man will, man wird nicht erreichen können, daß es *nicht ist*, einfach deshalb, weil man leugnet, daß es dies oder jenes sei. Die Negation kann nicht den Seinskern des Seins erreichen, das absolute Fülle und vollständige Positivität ist. Dagegen ist das Nicht-Sein eine Negation, die auf diesen Kern vollkommener Dichtigkeit selbst hinzielt. In seinem Herzen verleugnet sich das Nicht-Sein. Wenn Hegel schreibt [1], daß das Sein und das Nichts «nichts (sind) als leere Abstraktionen, und jede von beiden so leer ist als die andere», dann vergißt er, daß das Leere leer *an* etwas ist [2].

Also, das Sein ist leer *an* jeder Determination außer der der Identität mit sich selbst; aber das Nicht-Sein ist leer *an Sein.* Kurz, was man hier gegen Hegel vorbringen muß, ist, daß das Sein *ist* und daß das Nichts *nicht ist.*

Selbst wenn also das Sein der Träger keiner differenzierten Eigenschaft wäre, so wäre das Nichts das logisch Spätere, da es das Sein voraussetzt, um es leugnen zu können, denn die irreduzible Eigenschaft des *Nein* kommt zu jener undifferenzierten Masse von Sein noch hinzu, um sie preiszugeben. Das bedeutet nicht nur, daß wir es ablehnen müssen, *Sein* und *Nicht-Sein* auf dieselbe Ebene zu stellen, sondern auch, daß wir uns davor hüten müssen, das Nichts jemals als einen naturgegebenen Abgrund zu setzen, aus dem das Sein hervorginge. Der Gebrauch, den wir von dem Begriffe des Nichts in seiner geläufigen Form machen, setzt immer eine vor-läufige Spezifikation des Seins voraus. In dieser Hinsicht ist es erstaunlich, daß die Sprache uns ein Nichts an Dingen («nichts» [rien]) liefert und ein Nichts [néant] an Menschenwesen («niemand»). Aber die Spezifikation wird in der Mehrzahl der Fälle noch weiter getrieben: man sagt, indem man auf eine abgegrenzte Gruppe von Gegenständen hinweist: «Faß *nichts* an», das heißt klar und deutlich, nichts von dieser Gruppe. In ähnlicher Weise antwortet einer, den man über genau umschriebene Ereignisse des privaten oder öffentlichen Lebens befragt: «Ich weiß *nichts*» und dieses nichts enthält das Insgesamt der Tatsachen, über die man ihn befragt hat. Auch Sokrates bezeichnet in seinem berühmten Satz: «Ich weiß, daß ich nichts weiß» mit diesem *nichts* die Ganzheit des betrachteten Seins, soweit es Wahrheit ist. Wenn wir uns für einen Augenblick den Gesichtspunkt der naiven Kosmogonien zu eigen machten und uns zu fragen versuchten, was «da war», bevor die Welt da war, und wenn wir dann antworteten «nichts», so wären wir genötigt anzuerkennen, daß sowohl dieses «bevor» als auch dieses «nichts» rückwirkend sind. Was wir *heute* leugnen, wir, die wir uns im Sein eingerichtet haben, das ist das, was es vor diesem Sein an Sein gab. Die Verneinung entströmt hier einem Bewußtsein, das sich den Ursprüngen zuwendet. Wenn wir diese ursprüngliche Leere ihres Charakters entkleiden, leer zu sein *an dieser unserer Welt* und an allem, was

1 Enzyklopädie, a. a. O., Seite 102.

2 Das ist um so sonderbarer, als er der erste ist, der angemerkt hat, daß «jede Negation determinierte Negation ist», d. h. auf einem Inhalt beruht.

die Gestalt von Welt angenommen hat, ebenso auch ihres Charakters eines *Vorher,* was vor-läufig ein *Nachher* voraussetzt (in Ansehung dessen ich es als Vorher festsetze), dann würde die Verneinung selbst dahinschwinden und einer lückenlosen Undeterminiertheit Platz machen, die unmöglich zu begreifen wäre, selbst nicht und vor allem nicht als Nichts. So könnten wir in Umkehrung der Formel Spinozas sagen, jede Negation sei Determination. Das bedeutet, daß das Sein früher als das Nichts ist und es begründet. Hierunter muß man nicht nur verstehen, daß das Sein dem Nichts gegenüber eine logische Vorhergängigkeit besitzt, sondern auch, daß es das Sein ist, von dem das Nichts konkret seine Wirksamkeit herleitet. Das drückten wir dadurch aus, daß wir sagten, das *Nichts sucht das Sein heim.* Das bedeutet, daß das Sein in keiner Weise das Nichts benötigt, um sich selbst zu begreifen, und daß man den Seinsbegriff bis auf den Grund ausschöpfen kann, ohne darin die kleinste Spur vom Nichts vorzufinden. Im Gegensatz dazu kann das Nichts, *welches nicht ist,* nur ein entliehenes Dasein haben: vom Sein entnimmt es sein Sein; sein Nichts an Sein wird nur innerhalb der Grenzen des Seins angetroffen, und wenn das Sein vollkommen verschwände, so würde das nicht den Herrschaftsantritt des Nicht-Seins bedeuten, sondern im Gegenteil das gleichzeitige Dahinschwinden des Nichts: *Nicht-Sein gibt es nur auf der Oberfläche des Seins.*

IV

Die phänomenologische Auffassung des Nichts

Es trifft zu, daß man das gegenseitige Sichergänzen von Sein und Nichts auch anders auffassen kann. Man kann in beiden zwei in gleicher Weise notwendige Komponenten des Realen sehen, aber ohne dabei, wie Hegel es macht, das Sein in das Nichts *«übergehen zu lassen»,* und auch ohne dabei, wie wir es versuchten, auf dem Hinterher des Nichts zu bestehen: man würde im Gegenteil das Schwergewicht auf die wechselseitigen Vertreibungskräfte legen, die das Sein und das Nicht-Sein aufeinander ausüben, wobei das Reale sich gewissermaßen als die sich aus diesen einander widerstreitenden Kräften resultierende Spannung ergeben würde. In Richtung auf diese neue Auffassung orientiert sich Heidegger [1].

Man braucht nicht viel Zeit dazu, um zu sehen, welchen Fortschritt seine Theorie vom Nichts gegenüber der Hegelschen darstellt.

1 Heidegger, *Was ist Metaphysik?* (übersetzt von Corbin, in: Nouvelle Revue Française, 1938).

Zunächst sind Sein und Nicht-Sein keine leeren Abstraktionen mehr. In seinem Hauptwerk weist Heidegger die Berechtigung der Frage nach dem Sein nach: dieses hat nicht mehr den Charakter eines scholastischen Allgemeinen, der ihm bei Hegel noch anhaftete; vielmehr gibt es einen Sinn von Sein, den es aufzuhellen gilt; es gibt ein «vorontologisches Seinsverständnis», das in jeder seiner Verhaltensweisen von der «menschlichen Realität»[1] umhüllt ist, das heißt von jedem ihrer Entwürfe. Ebenso erweisen sich die Aporien, von denen man gewohnheitsmäßig spricht, sobald ein Philosoph an das Problem des Nichts rührt, als bedeutungslos: sie haben nur insoweit Bedeutung, als sie den Gebrauch des Begriffsvermögens einschränken, und sie zeigen bloß, daß das Problem nicht *in das Ressort* des Begriffsvermögens gehört. Es gibt im Gegenteil zahlreiche Haltungen der «menschlichen Realität», die ein «Verständnis» des Nichts beinhalten: der Haß, das Verbot, die Reue usw. Es gibt sogar für das «Dasein» eine ständige Möglichkeit, sich «angesichts» des Nichts zu befinden und es als Phänomen zu entdecken: das ist die Angst. Jedenfalls verfällt Heidegger, auch wenn er die Möglichkeit einer konkreten Erfassung des Nichts feststellt, nicht dem Irrtum Hegels und bewahrt nicht dem Nicht-Sein ein Sein, sei es auch nur ein abstraktes Sein: das Nichts ist nicht, sondern *es nichtet.* Es wird gestützt und bedingt von der Transzendenz. Bekanntlich versteht sich für Heidegger das Sein der menschlichen Realität als «In-der-*Welt-Sein»*. Und die Welt ist das aus Zeug [réalités ustensiles] synthetisch Zusammengesetzte, insofern das eine Zeug auf das andere hindeutet, dabei immer größere Kreise beschreibend, und insofern der Mensch sich von diesem Zusammengesetzten aus als der verkünden läßt, der er ist. Das bedeutet einerseits, daß die «Menschliche Realität» auftaucht, insofern sie vom Sein *belagert* wird, sie «befindet sich» im Sein – und andererseits, daß es die menschliche

1 Mit «menschlicher Realität» (réalité humaine) umschreibt Sartre den Heideggerschen Terminus «Dasein», falls er nicht das deutsche Wort Dasein benutzt. Aber Sartres Ausdruck «menschliche Realität» ist konkreter als Heideggers «Dasein». Im ersten Kapitel des dritten Teils dieses Buches nennt er z. B. den Leib «eine der Strukturen der menschlichen Realität». Mit «existence» kann Heideggers «Dasein» französisch nicht wiedergegeben werden, denn es würde den Sinn von Vorhandenheit (als Gegensatz zu Wesenheit) haben, während Heidegger sagt: «Das Sein selbst, zu dem das Dasein sich so oder so verhalten kann und immer irgendwie verhält, nennen wir Existenz», und Dasein ist bei Heidegger «ein Seiendes, dem es in seinem Sein um dieses Sein selbst geht» (Sein und Zeit, S. 12) bzw. «Dasein als Verstehen ist sein Da» (a. a. O., S. 147). Der Mensch ist Sein im «Da» der Angst vor dem Nichts, und menschliches Dasein ist Sein überhaupt, d. h. Nichten des Nichts. (Anmerkung des Übersetzers)

Realität ist, die bewirkt, daß jenes Seiende, das sie einschließt, sich um sie herum in Gestalt von Welt anordnet. Aber sie kann das Seiende als zu Welt gegliederte Ganzheit nur erscheinen lassen, indem sie es überschreitet. Für Heidegger ist jede Determination ein Überschreiten, da sie ein Abstandgewinnen voraussetzt, die Einnahme eines Standpunktes. Dieses Überschreiten, die Bedingung für das Auftauchen der Welt als solche, vollzieht das «Dasein» *in Richtung auf sich selbst.* Das Kennzeichen der Selbstheit ist es nämlich, daß der Mensch immer von dem, was er ist, durch die ganze Weite des Seienden, das er nicht ist, geschieden ist. Er verkündet sich selbst von der anderen Seite der Welt her, und er kehrt vom Horizont her zu sich selbst zurück, um sich zu verinnerlichen: der Mensch ist «ein Sich-vorweg-sein» [une être des lointins]. In dieser Bewegung von Verinnerlichung, die jedes Wesen durchdringt, taucht das Seiende auf und organisiert sich als Welt, ohne daß es einen Vorrang jener Bewegung vor der Welt oder der Welt vor jener Bewegung gäbe. Aber diese Erscheinung des Selbst auf der anderen Seite der Welt, das heißt die Erscheinung der Ganzheit des Realen, ist ein Emportauchen der «menschlichen Realität» im Nichts. Allein im Nichts kann man das Seiende überschreiten. Nur für einen Standpunkt jenseits der Welt ist das Seiende zu Welt gegliedert, was einerseits bedeutet, daß die menschliche Realität entsteht als ein Emportauchen des Seins im Nicht-Sein, andererseits, daß die Welt in das Nichts «hineingehalten» ist. Die Angst ist die Entdeckung dieser zweifachen und ununterbrochenen Nichtung. Und von diesem Überschreiten der Welt aus realisiert das «Dasein» die Kontingenz der Welt und stellt die Frage: «Warum ist überhaupt Seiendes und nicht vielmehr nichts?» Die Kontingenz der Welt erscheint also der menschlichen Realität, insofern sie sich im Nichts niedergelassen hat, um sie zu erfassen.

Hier wird also das Sein durch das Nichts von allen Seiten eingekreist und zu gleicher Zeit aus dem Sein vertrieben; hier ist das Nichts als das gegeben, wodurch die Welt ihre Konturen erhält. Kann diese Lösung uns zufriedenstellen?

Zwar kann man nicht leugnen, daß das Erfassen der Welt als Welt nichtend ist. Sobald die Welt als Welt erscheint, ist sie gegeben, als wäre sie *nichts als das.* Das notwendige Gegenstück zu dieser Auffassung ist deshalb das Emportauchen der «menschlichen Realität» aus dem Nichts. Aber woher kommt die Kraft, die die «menschliche Realität» hat, um in dieser Weise aus dem Nicht-Sein emporzutauchen? Ohne Zweifel besteht Heidegger mit Recht auf der Tatsache, daß die Verneinung ihre Begründung vom Nichts herleitet. Aber wenn das Nichts die Verneinung begründet, so deshalb, weil es das *Nein* als seine Wesensstruktur in sich enthält. Anders ausgedrückt: nicht als undifferenzierte Leere oder als Anderssein, das sich nicht als Anderssein setzte [1], begründet das Nichts die Verneinung. Es gehört von Anfang an zum negativen Urteil, weil es selbst Verneinung ist. Es begründet die Verneinung als *Akt*, weil es die Verneinung als *Sein* ist. Das Nichts kann nur Nichts sein, wenn es absichtlich als Nichts der Welt nichtet, das heißt, wenn es sich in seiner Nichtung ausdrücklich gegen diese Welt richtet, um sich als Abweisung der Welt zu konstituieren. Das Nichts trägt das Sein im Herzen. Aber womit legt das Emportauchen Rechenschaft ab über diese nichtende Abweisung? Weit gefehlt, daß die Transzendenz, die «Hinaussein über das Seiende...» ist, das Nichts begründen könnte; das Nichts liegt im Gegenteil mitten in der Transzendenz und bedingt sie. Denn es ist für die Heideggersche Philosphie kennzeichnend, daß sie, um das «Dasein» zu beschreiben, positive Ausdrücke benutzt, die samt und sonders implicite darin enthaltene Negationen verbergen. Das Dasein ist «außerhalb seiner, in der Welt», es ist «ein Sich-vorweg-sein», es ist «Sorge», es ist «seine eigenen Möglichkeiten» usw. Alles das läuft darauf hinaus, daß das Dasein *«nicht an sich ist»*, daß es *«nicht»* zu sich selbst in einer unmittelbaren Nachbarschaft steht und daß es die Welt «überschreitet», insofern es sich selbst setzt als *nicht an sich seiend* und als *nicht die Welt seiend*. In diesem Sinne hat Hegel gegen Heidegger recht, wenn er erklärt, daß der Geist negativ ist. Nur kann man beiden dieselbe Frage in nur wenig verschiedenen Fassungen stellen; zu Hegel muß man sagen: «Es genügt nicht, den Geist als den Mittelzustand und das Negative zu setzen, man muß die Negativität als Struktur des Seins des Geistes darstellen. Was muß der Geist sein, damit er sich als negativ konstituieren kann?» Und Heidegger kann man fragen: «Wenn die Verneinung die Urstruktur der Transzendenz ist, was muß dann die Urstruktur der menschlichen Realität sein, damit sie die Welt überschreiten kann?» In beiden Fällen führt man uns eine verneinende Tätigkeit vor und kümmert sich nicht darum, diese Tätigkeit auf ein negatives Sein zu gründen. Außerdem macht Heidegger aus dem Nichts eine Art intentionales Korrelat zur Transzendenz, ohne zu sehen, daß er es schon in der Transzendenz selbst untergebracht hat als deren ursprüngliche Struktur.

Was hat es aber, abgesehen davon, für einen Zweck, zu versichern, das Nichts begründe die Verneinung, wenn das nur geschieht, um dann eine Theorie des Nicht-Seins aufzustellen, die hypothetisch das Nichts von jeder konkreten Verneinung abschneidet? Wenn ich aus dem Nichts emportauche *jenseits* der Welt, wie kann dieses außerweltliche Nichts der Grund für jene kleinen Seen von Nicht-Sein sein, denen wir alle Augenblicke inmitten des Seienden

1 Was Hegel ein «unmittelbares Anderssein» nennen würde.

begegnen? Ich sage, daß «Peter nicht da ist», daß «ich kein Geld mehr habe» usw. Muß man wirklich die Welt in Richtung auf das Nichts überschreiten und dann zum Seienden zurückkehren, um solche alltägliche Urteile begründen zu können? Und auf welche Weise kann die Operation durchgeführt werden? Es handelt sich keineswegs darum, die Welt in das Nichts hineingleiten zu lassen, sondern einfach darum, sich innerhalb der Grenzen des Seienden zu halten und dabei dem Gegenstand ein Attribut zu verweigern. Will man behaupten, daß jedes verweigerte Attribut und jedes geleugnete Seiende von einem einzigen, gleichbleibenden außerweltlichen Sein weggeschnappt wird; daß das Nicht-Sein wie die Fülle dessen ist, was nicht ist; daß die Welt in das Nicht-Sein hineingehalten ist wie das Reale mitten in das Mögliche? In diesem Falle müßte jede Verneinung als Ursprung ein besonderes Überschreiten haben: das Sichüberschreiten des einen Seienden auf das andere hin. Aber was ist denn dieses Überschreiten anderes als einfach der Hegelsche Mittelzustand – und haben wir nicht bereits und vergeblich von Hegel die nichtende Grundlegung des Mittelzustandes verlangt? Übrigens: selbst wenn diese Erklärung Heideggers für einfache Grundverneinungen gültig wäre, die einem bestimmten Gegenstand jede Art von Anwesenheit inmitten des Seienden verweigern («Der Kentaur *existiert nicht*» – «*Es gibt keinen* Grund dafür, daß er sich verspätet» – «Die alten Griechen *kannten nicht* die Polygamie») und die, strenggenommen, dazu beitragen können, das Nichts zu konstituieren als eine Art von geometrischem Ort für alle mißlungenen Pläne, alle unrichtigen Vorstellungen, alle verschwundenen oder nur als Ideen ausgedachten Wesen, dann würde diese Deutung des Nicht-Seins nicht mehr gelten für einen gewissen – tatsächlich den am häufigsten vorkommenden – Typus von Wirklichkeiten, die das Nicht-Sein in ihr Sein einschließen. Wie soll man denn zugeben, daß ein Teil von ihnen im Universum ist und ein anderer Teil draußen, im außerweltlichen Nichts?

Nehmen wir als Beispiel den Begriff der Entfernung, der die Voraussetzung ist für die Determination einer Stelle, die Lokalisation eines Punktes. Man sieht ohne weiteres, daß der Begriff der Entfernung ein negatives Moment enthält: zwei Punkte sind voneinander entfernt, wenn sie durch eine gewisse Strecke *getrennt* sind. Das heißt, daß die Strecke, als positives Attribut eines Abschnitts der geraden Linie, hier in der Eigenschaft von Negation einer absoluten und undifferenzierten Nähe auftritt. Vielleicht wünscht man die Entfernung darauf zu beschränken, daß sie *nur* die Länge des Abschnitts sei, von dem die beiden erwähnten Punkte, A und B, die Endpunkte wären. Aber man wird sehen, daß man in diesem Falle die Richtung der Aufmerksamkeit geändert und daß man der unmittelbaren Erkenntnis unter dem Deckmantel desselben Wortes einen anderen Gegenstand gegeben hat. Das gegliederte Zusammengesetzte, das durch den Abschnitt *mit* seinen beiden Endpunkten konstituiert wird, kann nämlich der Erkenntnis zwei verschiedene Gegenstände liefern. Zunächst kann man sich *den Abschnitt* zum unmittelbaren Objekt machen; in diesem Falle veranschaulicht der Abschnitt eine vollkommene und konkrete Ausgedehntheit, von der ein positives Attribut die Länge ist, und die beiden Punkte A und B erscheinen nur als ein Moment des Insgesamts, das heißt insoweit, als sie in den Abschnitt selbst als seine Endpunkte einbezogen werden: dann flüchtet sich die aus dem Abschnitt und seiner Länge vertriebene Negation in die beiden *Endpunkte:* die Behauptung, B sei Endpunkt des Abschnitts, bedeutet, daß der Abschnitt über diesen Punkt hinaus *sich nicht erstreckt.* Die Negation ist hier eine sekundäre Struktur des Gegenstandes. Wenn man andererseits seine Aufmerksamkeit auf die beiden Punkte A und B lenkt, so heben sie sich als unmittelbare Gegenstände der Erkenntnis vom Hintergrund des Raumes ab. Der Abschnitt verschwindet als vollkommenes und konkretes Objekt, er wird von den beiden Punkten aus ergriffen als die Leere, als das Negative, das sie trennt: die Negation entspringt den Punkten, die nicht länger *Endpunkte* sind, und durchdringt die Länge des Abschnitts selbst, und zwar in der Eigenschaft von *Entfernung.* So ist die ganze aus dem Abschnitt und seinen beiden Enden errichtete Gestalt mit der Negation als innerer Struktur geeignet, auf zwei Weisen ergriffen zu werden. Oder vielmehr, wir haben zwei Gestalten, und die Bedingung des Erscheinens der einen ist der Zerfall der anderen, genauso, wie man in der Wahrnehmung den einen Gegenstand zur *Gestalt* werden läßt, während man andere Gegenstände zurückdrängt, bis sie einen *Hintergrund* bilden, und umgekehrt. In beiden Fällen finden wir die gleiche Menge von Negation vor, die bald in den Begriff der Endpunkte, bald in den der Entfernung eingeht, die aber in keinem Falle beseitigt werden kann. Wird man einwenden, daß der Begriff der Entfernung ein psychologischer ist und daß er nur die Erstreckung bedeutet, die man *überwinden* muß, um vom Punkt A zum Punkt B zu gelangen? Wir antworten, daß dieselbe Negation in diesem «Überwinden» eingeschlossen ist, denn dieser Begriff drückt gerade den passiven Widerstand des Entferntseins aus. Wir schließen uns Heidegger gern darin an, daß die «menschliche Realität» «ent-fernend» ist, das heißt, daß sie in der Welt als das auftaucht, was die Entfernungen schafft und gleichzeitig dahinschwinden läßt (ent-fernt). Aber selbst wenn diese Ent-fernung die notwendige Bedingung dafür ist, daß es ein Entferntsein im allgemeinen «gibt», so enthält sie doch das Entferntsein in sich als negative Struktur, die überstiegen werden muß. Es wäre zwecklos, zu versuchen, die Entfernung auf das einfache Ergebnis einer *Messung* zurückzuführen: denn klargeworden ist doch im Verlauf der vorangegangenen Darstellung, daß die beiden Punkte und der zwischen ihnen liegende Abschnitt die unzerstörbare Einheit dessen besitzen, was die Deutschen eine «Gestalt» nennen. Die Negation ist das Bindemittel, das diese Einheit realisiert. Sie bestimmt genau den unmittelbaren Bezug, der diese beiden Punkte verbindet und sie der unmittelbaren Erkenntnis vorstellt als die unzerstörbare Einheit der Entfernung. Man verdeckt diese Negation nur, wenn man vorgibt, die Entfernung auf ein Längenmaß zurückführen zu können, denn die Negation ist der *Seinsgrund* dieses Maßes.

Was wir durch Prüfung der *Entfernung* gezeigt haben, hätten wir ebensogut sichtbar machen können durch Beschreibung von Wirklichkeiten wie Abwesenheit, Veränderung, Andersheit, Abstoßung, Reue, Trennung usw. Es gibt eine unbegrenzte Zahl von Wirklichkeiten, die nicht nur Gegenstände des Urteils sind, sondern die vom Menschenwesen erlitten, bekämpft, gefürchtet usw. werden und die in ihrer inneren Struktur mit Negation behaftet sind wie mit einer notwendigen Bedingung ihres Daseins. Wir nennen sie Negiertheiten [négatités]. Kant hatte ihre Bedeutung nur flüchtig erkannt, als er von *Grenzbegriffen* (Unsterblichkeit der Seele) sprach, einer Art Synthesen aus Negativem und Positivem, wobei die Negation die Bedingung der Positivität ist. Die Funktion der Negation wechselt je nach der Eigentümlichkeit des betrachteten Gegenstandes: zwischen vollkommen positiven Gegenständen (die indessen die Negation in sich enthalten als Bedingung der Reinheit ihrer Konturen, sowie als dasjenige, was sie bei dem festhält, was sie sind) und solchen, deren Positivität nur ein Schein ist, der ein Loch von Nichts verbirgt, sind alle Zwischenstufen möglich. Auf jedem Fall wird es aber unmöglich, diese Negationen in ein außerweltliches Nichts zu verlegen, denn sie sind in das Sein verstreut, werden vom Sein gehalten und sind die Bedingungen der Realität. Das überweltliche Nichts legt Rechenschaft ab über die absolute Negation; aber wir haben ja soeben ein Gewimmel von überweltlichen Wesenheiten entdeckt, die ebensoviel Realität und Wirkungskraft besitzen wie die anderen Seienden, die aber Nicht-Sein in sich einschließen. Sie erfordern eine Erklärung, die sich innerhalb der Grenzen des Realen hält. Wenn das Nichts vom Sein nicht gehalten wird, so verliert es sich, *soweit es Nichts ist,* und wir fallen auf das Sein zurück. Das Nichts kann nur auf dem Boden des Seins nichten; wenn Nichts gegeben sein kann, so weder vor noch nach dem Sein und ganz allgemein auch nicht außerhalb des Seins, sondern mitten im Sein selbst, in seinem Herzen, wie ein Wurm.

V

Der Ursprung des Nichts

Nunmehr empfiehlt es sich, den Blick einmal nach rückwärts, nach dem bisherigen Gang der Untersuchung zu wenden. Wir haben zuerst die Frage nach dem Sein gestellt. Dann haben wir uns der Frage als solcher zugewendet und sie als eine menschliche *Verhaltensweise* verstanden, die wir unsererseits befragt haben. Wir haben erkennen müssen, daß, wenn es keine Verneinung gäbe, keine Frage gestellt werden könnte, vor allem nicht die nach dem Sein. Aber diese Verneinung hat uns, von der Nähe aus betrachtet, auf das Nichts als ihren Ursprung und Untergrund verwiesen: damit es in der Welt Verneinungen geben kann und damit wir, infolgedessen, uns über das Sein befragen können, muß das Nichts irgendwie gegeben sein. Wir sind dessen innegeworden, daß man das Nichts nicht als *außerhalb des Seins* begreifen kann, weder als einen es ergänzenden abstrakten Begriff noch als grenzenlosen Ort, über dem das Sein in der Schwebe gehalten wird. Das Nichts muß im Herzen des Seins gegeben sein, damit wir jenen besonderen Typus von Wirklichkeiten erfassen können, den wir Negiertheiten genannt haben. Aber dieses innerweltliche Nichts kann vom An-sich-Sein nicht hervorgebracht werden: der Seinsbegriff als volle Positivität enthält nicht das Nichts als eine seiner Strukturen. Man kann nicht einmal sagen, daß die Struktur von ihm ausgeschlossen ist: zwischen ihr und ihm besteht keinerlei Zusammenhang. Daher stammt die Frage, die sich uns nun mit besonderer Dringlichkeit stellt: wenn das Nichts weder als außerhalb des Seins noch vom Sein her verstanden werden kann, und wenn es andererseits, da es ja Nicht-Sein ist, die erforderliche Kraft, zu *«nichten»*, nicht aus sich selbst beziehen kann, *wo kommt dann das Nichts her?*

Wenn man das Problem zu fassen bekommen will, muß man vor allem erkennen, daß wir dem Nichts die Eigenschaft, zu *«nichten»*, nicht zugestehen können. Denn obwohl das Verbum «nichten» geschaffen wurde, um dem Nichts auch den leisesten Schein von Sein zu nehmen, so muß man doch zugeben, daß nur das Sein nichten kann, denn es bedarf des Seins, um, auf welche Weise auch immer, zu nichten. Aber das Nichts *ist nicht*. Wenn wir überhaupt von ihm sprechen können, so deshalb, weil es einen Anschein von Sein hat, ein geborgtes Sein, wie wir oben bereits anmerkten. Das Nichts ist nicht, das Nichts *«ist zu einem gewesenen geworden»* [est été]; das Nichts nichtet nicht, das Nichts *«ist genichtet»*. Übrig bleibt, daß es ein Sein geben muß – was nicht das An-sich sein könnte –, was die Eigentümlichkeit hat, das Nichts zu nichten, es mit seinem Sein zu stützen, es ständig mit seinem eigenen Sein zu unterstützen, also *ein Sein, durch das das Nichts zu den Dingen kommt*. Aber wie muß dieses Sein in Ansehung des Nichts beschaffen sein, damit durch es das Nichts zu den Dingen kommt? Zunächst muß bemerkt werden, daß das betreffende Sein in Ansehung des Nichts nicht passiv sein kann: es kann es nicht erleiden; das Nichts könnte zu diesem Sein nur durch ein anderes Sein *gelangen* – was zur Endlosigkeit führen würde. Andererseits kann das Sein, durch das das Nichts in die Welt gelangt, das Nichts nicht *erzeugen* und gleichzeitig von dieser Erzeugung unberührt bleiben nach Art der Ursache der Stoiker, die ihre Wirkung erzeugt, ohne davon beeinträchtigt zu werden. Es wäre unbegreiflich, wenn das Sein, das volle Positivität ist, außerhalb seiner selbst ein transzendentes Nicht-Sein schüfe und aufrechterhielte, denn im Sein gäbe es nichts, wodurch das Sein sich in Richtung auf das Nicht-Sein überschreiten könnte. Das Sein, wodurch das Nichts in die Welt kommt, muß das Nichts in seinem Sein nichten, und auch dann würde es noch Gefahr laufen, das Nichts als ein transzendentes im Herzen der Immanenz aufzurichten, es sei denn, es nichtete das Nichts in seinem Sein *wegen seines Seins*. Das Sein, durch das das Nichts in die Welt kommt, ist ein Sein, dem es in seinem Sein um das Nichts des Seins geht: *das Sein, durch das das Nichts in die Welt gelangt, muß sein eigenes Nichts sein*. Und darunter darf man nicht einen nichtenden Akt verstehen, der seinerseits eine Begründung im Sein erforderte, sondern eine ontologische Kennzeichnung des geforderten Seins. Es bleibt zu wissen übrig, in welchem feinen und erlesenen Bezirk des Seins wir dem Sein, das sein eigenes Nichts ist, begegnen.

Bei unserer Untersuchung wird uns eine umfassendere Nachprüfung jener Verhaltensweise unterstützen, die unser Ausgangspunkt war. Wir müssen also auf die Befragung zurückkommen. Man wird sich daran erinnern, wie wir sahen, daß jede Frage ihrem Wesen nach die Möglichkeit einer verneinenden Antwort setzt. In der Frage befragt man ein Seiendes über sein Sein oder über seine Seinsart. Und dieses Sein oder diese Seinsart ist verhüllt: immer bleibt eine Möglichkeit dafür offen, daß es sich als ein Nichts enthüllt. Aber auf Grund der Tatsache, daß man damit rechnet, ein Daseiendes könne sich jederzeit als nichts enthüllen, setzt jede Frage voraus, daß man einen nichtenden Schritt nach rückwärts macht in Ansehung des Gegebenen, das so zu einer einfachen *Vorstellung* wird, die zwischen dem Sein und dem Nichts hin und her schwingt. Es kommt also darauf an, daß der Fragesteller ständig die Möglichkeit hat, sich von den Kausalreihen loszumachen, die das Sein konstituieren und die nichts anderes als Sein erzeugen können. Denn wenn wir zugeben würden, daß die Frage im Fragesteller durch den allgemeinen Determinismus determiniert ist, so würde sie nicht nur aufhören, intelligibel zu sein, sondern sogar begrifflich faßbar. In der Tat erzeugt eine reale Ursache eine reale Wirkung, und das verursachte Seiende ist durch die Ursache ganz und gar in der Positivität verhaftet: in dem Maße, in dem es in seinem Sein von der Ursache abhängt, kann es in sich nicht den kleinsten Keim von Nichts haben; insoweit aber der Fragesteller in Ansehung des Befragten eine Art von nichtendem Schritt nach rückwärts machen können muß, entgeht er der Kausalordnung der Welt, macht er sich von der Leimrute des Seins los. Das bedeutet, daß er durch eine zweifache Nichtungsbewegung das Befragte in bezug auf sich selbst nichtet, indem er es in einen *neutralen* Zustand zwischen dem Sein und dem Nicht-Sein versetzt – das bedeutet ferner, daß er sich in Ansehung des Befragten selbst nichtet, indem er sich vom Sein losreißt, um aus sich die Möglichkeit eines Nicht-Seins hervorgehen lassen zu können. So ist mit der Frage ein gewisses Maß an Negiertheit in die Welt eingeführt worden: wir sehen das Nichts in der Welt und auf den Dingen schillern und schimmern. Aber gleichzeitig entströmt die Frage einem Fragesteller, der sich selbst in seinem Wesen als fragend begründet, sich loslösend vom Sein. Die Frage ist also, ihrer Begriffsbestimmung nach, ein menschlicher Prozeß. Der Mensch stellt sich, wenigstens in diesem Falle, als ein Seiendes dar, das das Nichts in der Welt anbrechen läßt, insofern es sich selbst zu diesem Zwecke mit Nicht-Sein belastet.

Diese Bemerkungen können uns als Leitfaden dienen bei einer Prüfung der Negiertheiten, von denen wir vorhin sprachen. Ohne jeden Zweifel sind es transzendente Wirklichkeiten: die Entfernung zum Beispiel drängt sich uns auf als etwas, mit dem man rechnen muß, das es mit Anstrengung zu überwinden gilt. Indessen sind diese Wirklichkeiten von sehr eigentümlicher Natur: sie bezeichnen alle unmittelbar eine wesentliche Beziehung der menschlichen Realität zur Welt. Sie leiten ihren Ursprung von einem Akt des Menschenwesens her, entweder von einer Erwartung oder von einem Entwurf; sie bezeichnen alle einen Aspekt des Seienden, soweit es dem Menschenwesen, das sich in der Welt einsetzt, erscheint. Und die Beziehungen des Menschen zur Welt, die die Negiertheiten anzeigen, haben nichts gemeinsam mit den Beziehungen a posteriori, die sich von unserer empirischen Tätigkeit abheben. Es handelt sich auch nicht um jene *Zeugzusammenhänge*, durch die, nach Heidegger, sich die Gegenstände der Welt der «menschlichen Realität» entdecken. Jede Negiertheit erscheint vielmehr als eine der wesentlichen Bedingungen dieses Zeugzusammenhanges. Damit die Gesamtheit des Seienden sich um uns herum als Zeug ordnet, damit sie in differenzierte Zusammengesetzte unterteilt werden kann, die aufeinander hinweisen und *dienlich sein* können, muß die Negation auftauchen nicht als eine Sache unter anderen Sachen, sondern als ein kategorialer Titel, unter dem sich die Ordnung und Verteilung des großen Massen dinglichen Seins vollzieht. So bewirkt das Auftauchen des Menschen inmitten des Seins, das ihn «belagert», daß eine Welt entdeckt wird. Aber das Wesentliche und Hauptmoment dieses Auftauchens ist die Negation. So haben wir also das erste Ziel dieser Studie erreicht: der Mensch ist das Seiende, durch das das Nichts in die Welt kommt. Aber diese Frage ruft sofort eine andere hervor: was muß der Mensch in seinem Wesen sein, damit durch ihn das Nichts in die Welt kommen kann?

Seiendes kann immer nur Seiendes erzeugen, und wenn der Mensch in diesen Erzeugungsprozeß eingeschaltet ist, wird aus ihm nur Seiendes hervorgehen. Wenn er diesen Prozeß befragen könnte, das heißt ihn in Frage stellen können soll, dann muß er ihn als ein Insgesamt in den Blick bekommen können, das heißt, er muß sich selbst außerhalb des Seienden stellen und zugleich die Seinsstruktur des Seienden schwächer machen können. Dennoch ist es der «menschlichen Realität» nicht gegeben, die Masse von Seiendem, die ihm gegenübergestellt ist, auch nur vorläufig «zu nichten». Was sie verändern kann, das ist ihr *Zusammenhang* mit diesem Seienden. Ein einzelnes Daseiendes aus dem Kreislauf des Seienden hinaussetzen bedeutet für sie, sich selbst aus dem Kreislauf in Ansehung dieses Daseienden hinaussetzen. In diesem Falle entzieht sie sich ihm, sie ist unerreichbar, es kann nicht auf sie einwirken, sie hat sich *jenseits eines Nichts* zurückgezogen. Dieser für die menschliche Realität bestehenden Möglichkeit, ein Nichts aus sich hervorzubringen, was sie von anderem absondert, hat Descartes, nach den Stoikern, einen Namen gegeben: es ist die *Freiheit.* Aber die Freiheit ist hier bloß ein Wort. Wenn wir weiter in die Frage vordringen wollen, dürfen wir uns nicht mit dieser Antwort begnügen, sondern müssen uns nunmehr fragen: was muß die menschliche Freiheit sein, wenn durch sie das Nichts in die Welt kommen soll?

Es ist uns noch nicht möglich, das Freiheitsproblem in seinem ganzen Umfang zu behandeln [1]. Denn die bisher von uns unternommenen Schritte zeigen klar, daß die Freiheit kein Vermögen der menschlichen Seele ist, was für sich allein ins Auge gefaßt und beschrieben werden könnte. Was wir zu bestimmen versuchten, das war das Sein des Menschen, insofern es die Erscheinung des Nichts bedingt, und dieses Sein ist uns als Freiheit erschienen. So ist die Freiheit, als die für die Nichtung des Nichts geforderte Bedingung, keine *Eigenschaft*, die neben anderen zum Wesen des menschli-

1 Vgl. Seite 552 ff.

chen Sein gehörte. Wir haben übrigens schon angemerkt, daß beim Menschen die Beziehung von Dasein und Wesen keine Ähnlichkeit hat, mit der hat, die für die Dinge der Welt gilt. Die menschliche Freiheit geht dem Wesen des Menschen voraus und ermöglicht es, das Wesen des menschlichen Seins ist hineingehalten in dessen Freiheit. Was wir Freiheit nennen, kann also unmöglich *vom Sein* der «menschlichen Realität» unterschieden werden. Der Mensch ist keineswegs *zunächst*, um *dann* frei zu sein, sondern es gibt keinen Unterschied zwischen dem Sein des Menschen und seinem «Freisein». Es kann sich hier also nicht darum handeln, auf geradem Wege einer Frage nahe zu kommen, die in umfassender Weise erst im Lichte einer durchgreifenden Aufhellung des menschlichen Seins behandelt werden kann; dagegen haben wir die Aufgabe, die Freiheit in Verbindung mit dem Problem des Nichts und in genau dem Maße zu behandeln, in dem sie dessen Erscheinung bedingt.

Es scheint zunächst evident zu sein, daß die menschliche Realität sich von der Welt – in der Frage, im methodischen Zweifel, im skeptischen Zweifel, in der «ἐποχή» usw. – nicht losreißen kann und daß, wenn es doch geschieht, es von Natur ein Sichlosreißen von sich selbst ist. Das hat Descartes richtig gesehen, der den Zweifel auf die Freiheit gründet und für uns die Möglichkeit beansprucht, unsere Urteile auszusetzen – und Alain ist ihm gefolgt. In diesem Sinne bejaht auch Hegel die Freiheit des Geistes in dem Maße, als der Geist der Mittelzustand, das heißt das Negative ist. Übrigens entspricht es einer der Richtungen der Philosophie der Gegenwart, im menschlichen Bewußtsein eine Art Sich-selbst-Entgehen zu sehen: dies ist der Sinn der Heideggerschen Transzendenz; die Intentionalität Husserls und Brentanos hat auch, in mehr als einem Punkte, das Merkmal des Sichlosreißens von sich selbst. Indessen betrachten wir die Freiheit noch nicht als Innenstruktur des Bewußtseins: uns fehlt im Augenblick das Handwerkszeug und die Technik, die es uns gestatten würden, das Unternehmen zum guten Ende zu führen. Was uns jetzt beschäftigt, ist eine zeitlich ablaufende Operation, da die Befragung, ebenso wie der Zweifel, eine Verhaltensweise ist: sie setzt voraus, daß das Menschenwesen zunächst inmitten des Seienden ruht und sich dann durch einen nichtenden Schritt nach rückwärts von ihm losreißt. Als Bedingung der Nichtung betrachten wir hier also einen Bezug zu sich selbst im Verlaufe eines zeitlichen Prozesses. Wir wollen einfach zeigen, daß man durch Gleichsetzung des Bewußtseins mit einer unendlich fortgesetzten kausalen Aufeinanderfolge es in eine Seinsfülle verwandelt und es dadurch in die unbegrenzte Ganzheit des Seienden sich einfügen läßt – wie die vergeblichen Bemühungen des psychologischen Determinismus, sich vom allgemeinen Determinismus zu lösen und sich als eine besondere Kausalreihe zu konstituieren, deutlich zeigen. Der Wohnraum eines abwesenden Menschen, die Bücher, in denen er blätterte, die Gegenstände, die er berührte, sind für sich allein nur *Bücher, Gegenstände*, das heißt anschaulich erfüllte Jetztgegebenheiten: selbst die Spuren, die der Abwesende hinterlassen hat, können als seine Spuren nur im Rahmen einer Situation, in der er schon als ein Abwesender gesetzt ist, entziffert werden; das Buch mit Eselsohren, mit abgegriffenen Seiten ist nicht von selbst ein Band, in dem Peter geblättert hat und in dem er nicht mehr blättert: es ist bloß ein Band mit zerknitterten, müde gewordenen Seiten; er kann nur auf sich selbst verweisen oder auf anwesende Dinge, auf das Licht, das ihn beleuchtet, auf den Tisch, der ihn trägt, wenn man den Band als gegenwärtige und transzendente Verursachung meiner Wahrnehmung betrachtet oder gar als das synthetische und geregelte Fluten meiner sinnlichen Empfindungen. Es würde nichts nützen, sich auf eine Berührungsassoziation zu berufen, wie es Platon im *Phaidon* macht, der das Bild des Abwesenden am Rande der Wahrnehmung der Lyra oder der Kithara, die jener berührt hat, erscheinen läßt. Dieses Abbild ist, an und für sich und im Geiste der klassischen Theorien betrachtet, von einer gewissen Vollkommenheit, ein konkretes und positives psychisches Faktum. Infolge davon muß es auf einem negativen Urteil mit zwei Gesichtern beruhen: einem subjektiven mit der Bedeutung, daß das Bild *keine* Wahrnehmung ist, einem objektiven, welches leugnet, daß dieser Peter, dessen Abbild ich gestalte, gegenwärtig *da ist*. Es handelt sich um das berühmte Problem des wahren Abbildes, was so viele Psychologen, von Taine bis Spencer, beunruhigt hat. Wie man sieht, schafft die Assoziation das Problem nicht aus der Welt: sie verschiebt es auf die gedankliche Ebene. Auf jeden Fall aber verlangt auch sie eine Negation, das heißt zum mindesten einen nichtenden Schritt des Bewußtseins nach rückwärts gegenüber dem als subjektives Phänomen ergriffenen Abbilde, eben um es als ein nur subjektives Phänomen setzen zu können. An anderer Stelle [1] habe ich versucht zu zeigen, daß, wenn wir das Abbild *zunächst* als eine wiederauflebende Wahrnehmung setzen, es ganz unmöglich ist, sie *alsdann* von den aktuellen Wahrnehmungen zu unterscheiden. Das Abbild muß in seinem eigenen Gefüge eine nichtende Thesis enthalten. Es konstituiert sich als Abbild, indem es seinen Gegenstand als *anderswo* daseiend oder als *nicht* daseiend setzt. Es trägt in sich eine zweifache Negation: es ist Nichtung der Welt zunächst (insofern es nicht die Welt ist, die im vorliegenden Augenblick in ihrer Eigenschaft eines aktuellen Wahrnehmungsgegenstandes den betref-

1 *L'imagination*, 1936.

fenden Gegenstand als Abbild darbietet), Nichtung des abgebildeten Gegenstandes sodann (insofern er als nicht aktuell gesetzt ist) und gleichzeitig Nichtung seiner selbst (insofern es nicht ein konkreter und vollständiger Prozeß ist). Vergeblich beruft man sich, um zu erklären, wieso ich die Abwesenheit Peters in seinem Zimmer erfasse, auf die berühmten «leeren Intentionen» Husserls, die zum großen Teil die Wahrnehmung konstituieren. In der Tat gibt es zwischen den verschiedenen Wahrnehmungsintentionen *Motivationszusammenhänge* (Motivation ist nicht identisch mit Verursachung), und von diesen Intentionen sind die einen erfüllt, das heißt angefüllt mit dem, worauf sie hinzielen, die anderen leer. Aber da gerade die Materie, die die leeren Intentionen erfüllen müßte, *nicht ist,* so kann sie es nicht sein, die die leeren Intentionen in ihrer Struktur begründet. Und da die anderen Intentionen erfüllt sind, so können sie die leeren Intentionen, insoweit sie leer sind, auch nicht begründen. Außerdem sind diese Intentionen psychische Wesenheiten, und es wäre ein Fehler, sie wie Dinge zu betrachten, das heißt wie Behälter, die zunächst gegeben sind und die, je nachdem, leer oder angefüllt sein können und von sich aus gleichgültig gegenüber ihrem Zustand der Leere oder des Angefülltseins sind. Es sieht so aus, als ob Husserl dieser verdinglichenden Täuschung nicht immer entgangen wäre. Um leer zu sein, muß eine Intention sich ihrer selbst als eine leere bewußt sein, und zwar leer gerade *an* jener Materie, auf die sie hinzielt. Eine leere Intention konstituiert sich selbst als leere in genau dem Maße, in dem sie ihre Materie als nichtexistent oder abwesend setzt. Kurz, eine leere Intention ist ein Bewußtsein von Negation, das sich transzendiert in Richtung auf einen Gegenstand, den es als abwesend oder nichtexistent setzt. So verlangt Peters Abwesenheit, wie wir sie auch erklären mögen, um festgestellt oder gefühlt zu werden, ein negatives Moment, durch das das Bewußtsein mangels jeder vorhergegangenen Determination sich selbst als Negation setzt. Indem ich von meinen Wahrnehmungen des von ihm bewohnten Zimmers aus den erfasse, der nicht mehr in dem Zimmer ist, werde ich notwendigerweise dazu gebracht, einen Denkakt zu vollziehen, den kein vorangegangener Zustand bestimmen oder begründen kann, kurz, in mir selbst einen Bruch mit dem Seienden herbeizuführen. Insoweit ich fortlaufend Negiertheiten benutze, um Daseiendes abzusondern und zu bestimmen, das heißt um es zu denken, ist die Aufeinanderfolge meiner «Bewußtseinszustände» ein ununterbrochenes Sichlosmachen von der Wirkung in Ansehung der Ursache, da jeder nichtende Prozeß verlangt, seinen Ursprung nur von sich selbst herzuleiten. Sofern mein gegenwärtiger Zustand die Fortsetzung meines vorhergegangenen Zustandes wäre, würde jeder Spalt, durch den die Negation hereinschlüpfen könnte, verstopft sein. Jeder psychische Nichtungsprozeß beinhaltet also einen Einschnitt zwischen dem psychischen unmittelbar Vergangenen und dem Gegenwärtigen. Dieser Einschnitt ist genau das Nichts. Immerhin, wird man einwenden, bleibt die Möglichkeit einer schrittweisen Verflechtung der nichtenden Prozesse bestehen. Meine Feststellung der Abwesenheit Peters könnte noch mein Bedauern, ihn nicht zu sehen, determinieren; wir hätten also die Möglichkeit eines Determinismus der Nichtungen nicht ausgeschlossen. Aber abgesehen davon, daß die erste Nichtung der ganzen Reihe notwendigerweise von den vorangegangenen positiven Prozessen abgeschaltet sein muß, was kann denn eine Motivation des Nichts durch das Nichts bedeuten? Wohl kann ein Seiendes ununterbrochen *sich nichten*, aber in dem Maße, in dem es sich nichtet, verzichtet es darauf, Ursprung eines anderen Phänomens zu sein, sei dies auch eine zweite Nichtung.

Es bleibt noch zu erklären, was für eine Abtrennung, eine Loslösung von Bewußtseinszuständen es ist, die jede Negation bedingt. Wenn wir den vorhergehenden, als Motivation ins Auge gefaßten Zustand betrachten, so erkennen wir sofort ganz klar, daß sich *nichts* zwischen diesen und den gegenwärtigen Zustand eingeschoben hat. Eine Unterbrechung im Fluß des zeitlichen Ablaufes hat nicht stattgefunden: andernfalls würden wir auf die unzulässige Auffassung der unbegrenzten Teilbarkeit der Zeit zurückkommen sowie auf die des Zeitpunktes oder Augenblicks als Grenze der Teilbarkeit. Es hat auch keine plötzliche Einschaltung eines undurchschaubaren Elementes stattgefunden, die das Vorhergehende vom Nachfolgenden getrennt hätte, so wie eine Messerklinge eine Frucht in zwei Teile zerschneidet. Aber auch keine *Verminderung* der motivierenden Kraft des vorhergehenden Bewußtseinszustandes: er bleibt, der er ist, und verliert nichts von seiner Bedeutsamkeit. Was das Vorhergehende vom Nachfolgenden scheidet, ist eben *nichts.* Und dieses nichts ist absolut unüberwindlich, eben weil es nichts ist; denn in jedem überwindbaren Hindernis gibt es etwas Positives, das als das gegeben ist, was überwunden werden soll. Aber in dem Falle, der uns beschäftigt, würde man vergebens einen zu brechenden Widerstand, ein zu überwindendes Hindernis suchen. Der vorhergehende Bewußtseinszustand ist immer *da* (wenn auch mit der näheren Bestimmung der «Gewesenheit»), er unterhält immer eine deutende Beziehung zum gegenwärtigen Zustand, aber auf der Basis dieses existentiellen Zusammenhanges ist er aus dem Spiel geraten, aus dem Kreislauf, ist er eingeklammert, genau wie es in den Augen desjenigen, der die phänomenologische «ἐποχή» benutzt, die Welt in ihm und außer ihm ist. So besteht die Bedingung dafür, daß die menschliche Realität die Welt ganz oder teilweise ableugnen kann, darin, daß sie das Nichts in sich trägt als das *nichts*, das ihre Gegenwart von ihrer ganzen Vergangenheit scheidet. Aber das ist noch nicht alles, denn dieses von uns gemeinte *nichts* [rien] hätte noch nicht den Sinn des Nichts [néant]: eine Aussetzung [suspension] des Seins, die unbenannt bliebe und nicht Bewußtsein des Das-Sein-Aussetzens wäre, käme von außerhalb des Bewußtseins, würde es in zwei Teile teilen und mitten in diese vollkommene Klarheit die Undurchschaubarkeit wiedereinführen [1]. Abgesehen davon wäre dieses nichts [rien] durchaus nicht negativ. Das Nichts [néant] ist, wie wir soeben gesehen haben, Grundlage der Negation, weil es sie in sich birgt, weil es die Negation als Sein ist. Also muß sich das bewußte Sein in Ansehung seiner Vergangenheit selbst konstituieren als geschieden von dieser Vergangenheit durch ein Nichts; es muß ein Bewußtsein dieses Seinseinschnittes sein, aber nicht als eines Phänomens, das es erleidet: vielmehr als einer Bewußtseinsstruktur, die es ist. Die Freiheit ist das menschliche Sein, das seine Vergangenheit aus dem Spiele nimmt und sein eigenes Nichts absondert. Wohlgemerkt, diese Urnotwendigkeit, sein eigenes Nichts zu sein, erscheint dem Bewußtsein nicht mit Unterbrechung und gelegentlich einzelner Negationen: es gibt im Seelenleben keinen Augenblick, wo nicht, wenigstens in der Eigenschaft sekundärer Strukturen, verneinende oder befragende Verhaltensweisen erscheinen; und fortwährend erlebt sich das Bewußtsein selbst als Nichtung seiner Vergangenheit.

Aber ohne Zweifel wird man glauben, man könne nun einen Einwand gegen uns vorbringen, den wir häufig gemacht haben: wenn das nichtende Bewußtsein nur als Nichtungsbewußtsein existiert, müßte man eine fortdauernde Bewußtseinsweise bestimmen und beschreiben können, die, *als* Bewußtsein gegenwärtig, Nichtungsbewußtsein wäre. Gibt es ein solches Bewußtsein? Hier hat sich also eine neue Frage erhoben: wenn die Freiheit das Sein des Bewußtseins ist, dann muß das Bewußtsein als Freiheitsbewußtsein existieren. Welche Gestalt nimmt dieses Freiheitsbewußtsein an? In der Freiheit *ist* das menschliche Sein seine eigene Vergangenheit (wie auch seine eigene Zukunft) in Gestalt von Nichtung. Wenn unsere Untersuchungen uns nicht in die Irre geführt haben, muß es für das menschliche Sein, insofern es seinsbewußt ist, eine bestimmte Art und Weise geben, gegenüber seiner Vergangenheit und seiner Zukunft zu verharren als diese Vergangenheit und diese Zukunft seiend und zugleich nicht seiend. Wir können für diese Frage eine unmittelbare Antwort liefern: in der *Angst* wird dem Menschen seine Freiheit bewußt oder, wenn man lieber will, die Angst ist die Seinsweise der Freiheit als Seinsbewußtsein, in der Angst befindet sich die Freiheit in ihrem für sich selbst Infragestehen.

1 Vgl. Seite 15 ff.

Kierkegaard beschreibt vor der Schuld die Angst und charakterisiert sie als Angst vor der Freiheit. Aber Heidegger, der bekanntlich von Kierkegaard stark beeinflußt ist [1], betrachtet im Gegensatz dazu die Angst als das Erfassen des Nichts. Diese beiden Beschreibungen der Angst scheinen uns nicht einander zu widersprechen: im Gegenteil, sie beinhalten sich gegenseitig.

Zunächst muß man Kierkegaard recht geben: die Angst unterscheidet sich von der Furcht dadurch, daß die Furcht Furcht der Lebewesen vor der Welt ist und die Angst Angst vor mir selbst. Das Schwindelgefühl ist Angst in dem Maße, als ich mich davor fürchte, nicht sowohl in den Abgrund zu fallen, als vielmehr mich hinabzustürzen. Eine Situation, die Furcht hervorruft, insofern sie die Gefahr enthält, von außen her mein Leben und mein Sein zu verändern, ruft die Angst hervor in dem Maße, in dem ich meinen eigenen Reaktionen dieser Situation gegenüber mißtraue. Die Artillerievorbereitung, die dem Angriff vorausgeht, kann bei dem Soldaten, der die Beschießung über sich ergehen lassen muß, Furcht hervorrufen; die Angst dagegen beginnt bei ihm, wenn er sich sein Verhalten auszumalen versucht, daß er der Beschießung entgegensetzt, wenn er sich also fragt, ob er es wird «aushalten» können. Ebenso kann der Einberufene, der zu Beginn des Krieges wieder zu seinem Truppenteil kommt, Furcht vorm Tode haben; aber viel öfter hat er «Furcht, sich zu fürchten», das heißt, daß er sich vor sich selbst ängstigt. Meistens zeigen die gefahrvollen oder bedrohlichen Situationen verschiedene Seiten: sie werden aufgefaßt durch ein Gefühl der Furcht oder der Angst hindurch, je nachdem ob man die Situation als auf den Menschen einwirkend oder den Menschen als auf die Situation einwirkend ansieht. Der Mensch, der «einen harten Schlag» erhalten, der bei einem Bankkrach einen beträchtlichen Teil seiner Mittel eingebüßt hat, kann vor der drohenden Armut Furcht haben. Er wird sich bald danach ängstigen, wenn er nervös die Hände ringt (eine symbolische Reaktion auf die sich aufdrängende, aber zunächst noch vollkommen unbestimmte Tätigkeit) und schreit: «Was soll ich machen? Aber was soll ich denn machen?» So gesehen, schließen Furcht und Angst einander aus, denn die Furcht ist ein unreflektiertes Ergreifen des Transzendenten und die Angst ein reflexives Ergreifen des Selbst; das eine erwächst aus der Zerstörung des anderen, und in dem Fall, den ich eben schilderte, besteht der normale Verlauf in einem ständigen Übergang des einen zum anderen. Aber es gibt auch Situationen, wo die Angst rein erscheint, das heißt, ohne daß jemals die Furcht vorherginge oder nachfolgte. Wenn man mir zum Beispiel eine neue, mit einer delikaten und schmeichelhaf-

1 J. Wahl, *Etudes kierkegaardiennes:* Kierkegaard et Heidegger.

ten Aufgabe verbundene Würde verliehen hat, kann ich mich bei dem Gedanken ängstigen, ich könnte vielleicht nicht fähig sein, ihr gerecht zu werden, ohne daß ich dabei die allermindeste Furcht vor den Folgen meines Versagens hätte.

Was bedeutet die Angst in den verschiedenen Beispielen, die ich gegeben habe? Nehmen wir das Beispiel des Schwindels. Der Schwindel kündigt sich durch die Furcht an: ich befinde mich auf einem engen Pfad ohne Geländer, der an einem Abgrund hinführt. Der Abgrund bietet sich mir als etwas dar, *das vermieden werden muß*, er veranschaulicht eine Lebensgefahr. Zugleich erfasse ich eine gewisse Zahl von Ursachen, die vom allgemeinen Determinismus abhängen und jene Lebensbedrohung in Tod verwandeln können: ich kann auf einem Stein ausgleiten und in den Abgrund stürzen, der bröckelige Pfad kann unter meinen Schritten in die Tiefe versinken. Durch diese verschiedenen Vermutungen hindurch bin ich mir selbst wie eine Sache gegeben, bin ich in Ansehung dieser Möglichkeiten passiv; sie kommen von außen auf mich zu und soweit ich *auch* ein Ding in der Welt bin und der allgemeinen Anziehungskraft unterworfen bin, sind es nicht *meine* Möglichkeiten. In diesem Augenblick erscheint die *Furcht*, die von der Situation her im Besitz meiner selbst ist, als eines zerstörbaren Transzendenten inmitten von Transzendentem, als ein Gegenstand, der den Ursprung für sein künftiges Verschwinden nicht in sich trägt. Die Reaktion wird reflexiver Natur sein: ich «werde achten» auf die Steine im Weg, ich werde mich möglichst weit weg vom Rande des Pfades halten. Ich realisiere mich als einen, der mit allen Kräften die drohende Situation von sich abwehrt, und ich entwerfe mir eine gewisse Anzahl künftiger Verhaltensweisen, dazu bestimmt, die Drohungen der Welt von mir fernzuhalten. Diese Verhaltensweisen sind *meine* Möglichkeiten. Ich entgehe der Furcht auf Grund der Tatsache, daß ich mich auf eine Ebene stelle, wo *meine* eigenen Möglichkeiten sich an die Stelle transzendenter Wahrscheinlichkeiten, in deren Bereich für die menschliche Tatkraft kein Raum war, setzen. Aber diese Verhaltensweisen erscheinen mir, eben weil sie *meine* Möglichkeiten sind, nicht als durch fremde Ursachen bestimmt. Nicht nur ist es nicht unumstößlich sicher, ob sie erfolgreich sein werden, sondern es ist vor allem nicht unumstößlich sicher, ob sie durchgehalten werden können, denn sie haben von sich aus nicht genug Dasein; ein Wort Berkeleys mißbrauchend, könnte man sagen, ihr «Sein ist ein Durchgehaltensein» und ihre «Seinsmöglichkeit ist nur ein Durchgehalten-sein-Müssen» [1]. Auf Grund dieser Tatsache ist eine notwendige Be-

1 Im zweiten Teil dieses Buches kommen wir auf die möglichen Dinge zurück.

dingung ihrer Möglichkeit die Möglichkeit widersprechender Verhaltensweisen (auf die Steine im Wege *nicht* achten, laufen, an etwas anderes denken) sowie die Möglichkeit gegenteiliger Verhaltensweisen (mich in den Abgrund stürzen). Das Mögliche, das darin besteht, daß ich mein Mögliches tue, kann als mein Mögliches nur erscheinen, indem es sich vom Hintergrund des Insgesamts der logisch möglichen Dinge, die die betreffende Situation enthält, abhebt. Aber auch diese abgewiesenen Möglichkeiten haben kein anderes Sein als ihr «Durchgehaltensein», ich selbst erhalte sie im Sein; umgekehrt ist ihr gegenwärtiges Nicht-Sein ein «Nicht-Durchgehaltensein-Müssen». Kein äußerer Anlaß beseitigt sie. Ich selbst bin ständig die Quelle ihres Nicht-Seins, ich bin in sie verstrickt; um *meine* Möglichkeiten erscheinen zu lassen, setze ich das sonst noch Mögliche, um es zu nichten. Dies alles würde die Angst nicht hervorrufen, wenn ich mich selbst in meinen Zusammenhängen mit diesem Möglichen wie eine ihre Wirkungen hervorbringende Ursache erfassen könnte. In diesem Falle würde die als mein Mögliches bestimmte Wirkung unumstößlich determiniert sein. Aber es würde dann aufhören, *möglich* zu sein, es würde einfach zukünftig. Wenn ich also die Angst und den Schwindel vermeiden wollte, so würde es genügen, daß ich die Motive (Selbsterhaltungstrieb, vorhergehende Furcht usw.), die mich veranlassen, die betreffende Situation abzuweisen, betrachten kann als mein vorangegangenes Verhalten *determinierend,* und zwar als in der Weise determinierend, in der die Anwesenheit einer gegebenen Masse in einem bestimmten Punkt determinierend ist für die von anderen Massen beschriebenen Bahnen: ich müßte also in mir selbst einen unumstößlichen psychologischen Determinismus erfassen. Aber ich ängstige mich ja eben deshalb, weil meine Verhaltensweisen nur *mögliche* sind, und das bedeutet gerade, daß ich, während ich ein Insgesamt von Motiven *zur* Abwehr dieser Situation errichte, im gleichen Augenblick diese Motive als unzureichend wirksame erfasse. In dem Augenblick, wo ich mich selbst ergreife, als bestünde ich ganz aus *Schaudern* vor dem Abgrund, habe ich Bewußtsein von diesem Schauder als von einem *nicht Determinierenden* in bezug auf meine möglichen Verhaltensweisen. In dem einen Sinne ruft der Schauder ein vorsichtiges Verhalten herbei, er ist an und für sich Entwurf dieses Verhaltens; in einem anderen Sinne setzt er die späteren Entwicklungen dieses Verhaltens nur als mögliche, eben weil ich den Schauder nicht als *Ursache* dieser späteren Entwicklungen erfasse, sondern als etwas Forderndes, Aufrufendes usw. Nun, wir haben gesehen, daß das Seinsbewußtsein das Sein des Bewußtseins ist. Hier handelt es sich also nicht um eine Betrachtung, die ich anstellen könnte, lange nachdem sich ein Schauder schon gebildet hat: das Sein des Schauders besteht gerade darin, sich selbst zu erscheinen als *etwas, was nicht die Ursache* der Verhaltensweise ist, die er herbeiruft. Kurz, um die Furcht zu vermeiden, die mich einer transzendenten, unumstößlich determinierten Zukunft ausliefert, flüchte ich mich in die Reflexion, aber die hat mir nichts als eine undeterminierte Zukunft zu bieten. Das besagt, daß ich, indem ich eine bestimmte Verhaltensweise als *mögliche* und gerade, weil sie *mein* Mögliches ist, konstituiere, mir darüber im klaren bin, daß *nichts* mich zwingen kann, diese Verhaltensweise durchzuhalten. Indessen bin ich selbst dort in der Zukunft; zu ihr hin werde ich an der Wegbiegung sogleich sein, strebe ich mit allen Kräften, und in diesem Sinne besteht bereits eine Beziehung zwischen meinem künftigen und meinem gegenwärtigen Sein. Aber in das Innere dieser Beziehung hat sich ein Nichts [néant] geschlichen: ich *bin* nicht der, der ich sein werde. Zunächst bin ich nicht er, weil mich die Zeit von ihm trennt. Ferner weil, was ich bin, nicht die Grundlage dessen ist, was ich sein werde. Endlich weil überhaupt kein aktuell Daseiendes unumstößlich bestimmen kann, was ich sein werde. Da ich indessen schon bin, was ich sein werde (sonst wäre ich nicht daran interessiert, dieser oder jener zu sein), *so bin ich derjenige, der ich in der Weise, er nicht zu sein, sein werde.* Durch meinen Schauder hindurch werde ich in die Zukunft getragen, und er nichtet sich, insoweit er die Zukunft als möglich konstituiert. Das Bewußtsein, seine eigene Zukunft zu sein in der Weise, sie nicht zu sein, das ist genau das, was wir *Angst* nennen. Und gerade die Nichtung des Schauders als *Motiv*, die eine Verstärkung des Schauders als *Zustand* zur Folge hat, hat als positives Gegenstück die Erscheinung der anderen Verhaltensweisen (besonders von derjenigen, die darin besteht, sich in den Abgrund zu stürzen) als *meine möglichen* Möglichkeiten. Wenn *nichts* mich zwingt, mein Leben zu bewahren, hindert mich *nichts*, mich in den Abgrund zu stürzen. Die endgültige Verhaltensweise wird aus einem Ich hervorgehen, das ich noch nicht bin. So hängt das Ich, das ich bin, an und für sich von dem Ich ab, das ich noch nicht bin, und zwar genau in dem Maße, in dem das Ich, das ich noch nicht bin, von dem Ich, das ich bin, nicht abhängt. Und der Schwindel erscheint als das Erfassen dieser Abhängigkeit. Ich trete an den Abgrund, und mich selbst suchen meine Augen in der Tiefe. Von diesem Augenblick an spiele ich mit meinen Möglichkeiten. Meine Blicke laufen durch den Abgrund von oben bis unten, veranschaulichen sich meinen Sturz und lassen ihn symbolische Wirklichkeit werden; zugleich läßt die selbstmörderische Verhaltensweise auf Grund der Tatsache, daß sie «mein mögliches» Mögliche wird, ihrerseits mögliche Motive als annehmbar erscheinen (der Selbstmord würde die Angst beenden). Glücklicherweise bieten sich diese Motive schon auf Grund der Tatsache, daß sie Motive von etwas Möglichem sind, ihrerseits als unwirksam und nichtdeterminierend dar: sie können ebensowenig den Sebstmord *hervorbringen,* wie mein Schauder vor dem Sturz mich nicht *dazu bestimmen* kann, ihn zu vermeiden. Diese Gegenangst beendet in der Regel die Angst und verwandelt sie in Unentschlossenheit. Die Unentschlossenheit ruft ihrerseits den Entschluß herbei: man entfernt sich plötzlich vom Rande des Abgrundes und setzt seinen Weg fort.

Das Beispiel, das wir soeben analysiert haben, hat uns das gezeigt, was wir «Angst vor der Zukunft» nennen könnten. Es gibt noch eine andere: die Angst vor der Vergangenheit. Es ist die des Spielers, der aus freien Stücken und ernstlich beschlossen hat, nicht mehr zu spielen, und der, wenn er in die Nähe des «grünen Tisches» kommt, alle seine Vorsätze plötzlich «wankend» werden sieht. Man hat dieses Phänomen oft so beschrieben, als ob der Anblick des Spieltisches in uns einen Hang wieder ins Leben riefe, der mit unserem vorhergegangenen Entschluß in Konflikt gerät und uns schließlich trotz dieses Entschlusses hinreißt. Abgesehen davon, daß eine solche Beschreibung aus verdinglichenden Ausdrücken besteht und den Geist mit einander widerstreitenden Kräften bevölkert (da ist zum Beispiel der allzu berühmte «Kampf der Vernunft gegen die Leidenschaften» der Moralisten), wird sie den Tatsachen nicht gerecht. In Wirklichkeit – die Briefe Dostojewskijs beweisen es – gibt es nichts in uns, was Ähnlichkeit mit einer innerlichen *Debatte* hätte, so als ob wir Motive und Beweggründe abzuwägen hätten, bevor wir uns entscheiden. Der frühere Entschluß, «nicht mehr zu spielen», ist immer da, und in der Mehrzahl der Fälle wendet sich der Spieler, wenn er in den Anblick des Spieltisches gerät, nach ihm um und bittet ihn um Hilfe: denn er will nicht spielen, oder vielmehr, da er den Entschluß am Tage vorher gefaßt hat, er denkt sich noch als den, der nicht mehr spielen will, er glaubt an eine Wirkung jenes Entschlusses. Aber was er dann in der Angst erfaßt, das ist gerade die totale Unwirksamkeit des vergangenen Entschlusses. Er ist da, zweifellos, aber erstarrt, unwirksam, *überschritten* gerade durch die Tatsache, daß ich Bewußtsein *von* ihm habe. Er ist noch *Ich* in dem Maße, als ich mein mit mir Identischbleiben durch den Zeitenfluß hindurch fortwährend realisiere, aber er ist nicht mehr *Ich* auf Grund der Tatsache, daß er *für* mein Bewußtsein ist. Ich entrinne ihm, er führt den Auftrag nicht aus, den ich ihm gegeben habe. Auch jetzt *bin* ich er in der Weise, er nicht zu sein. Der Spieler erfaßt in diesem Augenblick noch den ständigen Bruch im Determinismus, und das Nichts scheidet ihn von sich selbst: ich hätte so sehr gewünscht, nicht mehr zu spielen; erst gestern habe ich die Situation samt allen Teilgegebenheiten (drohender Ruin, Verzweiflung meiner Angehörigen) erfaßt und eingesehen, daß sie *mir untersagt*, zu spielen. Es schien mir, als hätte ich auf diese Weise so etwas wie eine *reale Schranke* zwischen dem Spiel und mir errichtet, und nun merke ich plötzlich, daß jene Erfassung der Lage und jene Einsicht nichts weiter als eine Erinnerung an eine Vorstellung, an ein Gefühl sind: damit der alte Entschluß mir wieder helfen kann, *muß ich ihn ex nihilo wiedererschaffen*, aus freien Stücken; er ist nur eine meiner Möglichkeiten, so wie das Faktum des Spielens eine andere ist, nicht mehr und nicht weniger. Diese Furcht, meine Familie unglücklich zu machen, muß ich *wiederfinden*, muß ich als erlebte Furcht wiedererschaffen, sie hält sich hinter mir verborgen wie ein knochenloses Gespenst, es hängt nur von mir ab, daß ich ihr mein Fleisch und Blut verleihe. Allein und nackt wie am Tage vorher stehe ich vor der Versuchung; geduldig habe ich ein Bauwerk aus Schranken und Mauern errichtet, in den magischen Kreis eines Entschlusses habe ich mich eingeschlossen, und dann merkte ich voller Angst, daß *nichts* mich hindert, zu spielen. Die Angst *ist Ich*, denn schon durch die Tatsache, daß ich mich als Seinsbewußtsein zum Dasein entschließe, mache ich mich zu einem, der diese Vergangenheit guter Entschlüsse, *die ich bin, nicht ist.*

Es wäre zwecklos, einzuwenden, daß die einzige Voraussetzung für diese Angst die Unkenntnis des darunterliegenden psychologischen Determinismus sei: ängstlich sei ich, weil ich die realen und wirksamen Beweggründe nicht kenne, die aus der Dunkelheit des Unbewußten heraus meine Handlungsweise bestimmen. Wir antworten zunächst, daß die Angst uns nicht als ein *Beweis* für die menschliche Freiheit erschienen ist: diese hat sich uns vielmehr als notwendige Bedingung der Befragung dargeboten. Wir wollten nur zeigen, daß es ein spezifisches Freiheitsbewußtsein gibt, und wir haben zeigen wollen, daß dieses Bewußtsein die Angst ist. Das bedeutet, daß wir die Angst in ihrer Wesensstruktur als Freiheitsbewußtsein darstellen wollten. Von diesem Gesichtspunkt aus würde das Bestehen eines psychologischen Determinismus die Ergebnisse unserer Darstellung nicht entkräften: entweder ist die Angst eine ungenannte Unkenntnis dieses Determinismus – dann erfaßt sie sich tatsächlich als Freiheit. Oder aber man behauptet, die Angst sei Bewußtsein davon, daß wir die realen Ursachen unserer Akte nicht kennen. In diesem Falle würde die Angst von dem herkommen, was wir ahnen, was in der Tiefe von uns selbst kauert, von ungeheuerlichen Motiven her, die plötzlich schuldhaftes Handeln auslösen. Aber wenn es so wäre, würden wir uns plötzlich als *Dinge der Welt* erscheinen und wären für uns selber unsere eigene transzendente Situation. Dann würde sich die Angst verflüchtigen, um der *Furcht* Platz zu machen, denn die Furcht ist eine alle Teilgegebenheiten mit einschließende Erfassung des Transzendenten als von etwas Furchtbarem.

Diese Freiheit, die sich uns in der Angst entdeckt, kann gekennzeichnet werden durch das Dasein jenes *nichts* [rien], das sich zwischen Motiv und Akt einschiebt. Nicht *weil* ich frei bin, entzieht sich mein Akt der Determination seitens der Motive, sondern die Struktur der Motive, die ja unwirksam sind, ist Bedingung meiner Freiheit. Und wenn man fragt, was nun dieses nichts ist, das die Freiheit begründet, so antworten wir, daß man es nicht beschreiben kann, weil es *nicht ist,* daß man aber wenigstens seinen Sinn aufdecken kann, insofern dieses nichts durch das menschliche Sein in seinem Zusammenhang mit ihm *zu einem gewesenen wurde* [est été]. Es entspricht der für das Motiv bestehenden Notwendigkeit, wenn schon als Motiv, dann nur als Korrelat zu einem Motivbewußtsein zu erscheinen. Kurz, sobald wir auf die Hypothese von den Bewußtseinsinhalten verzichten, müssen wir anerkennen, daß es niemals *im* Bewußten so etwas wie ein Motiv gegeben hat: das gibt es nur *für* das Bewußtsein. Und auf Grund der Tatsache, daß das Motiv nur als Erscheinung auftauchen kann, konstituiert es sich selbst als unwirksam. Zweifellos besitzt es nicht die Außenweltlichkeit der raum-zeitlichen Sache, es gehört immer zur Subjektivität und wird als *das meinige* ergriffen, aber es ist von Natur Transzendenz in der Immanenz, und das Bewußtsein entzieht sich ihm auf Grund der Tatsache, daß es selbst es [das Motiv] setzt, denn dem Bewußtsein obliegt es nun, dem Motiv Bedeutung und Gewichtigkeit zu verleihen. So kennzeichnet sich das nichts, das das Motiv vom Bewußtsein scheidet, als Transzendenz in der Immanenz; indem es sich selbst als Immanenz hervorbringt, nichtet das Bewußtsein das nichts, das dem Bewußtsein eine Existenz verleiht, die für diese selbst die Transzendenz ist. Aber wie man sieht, kann jenes Nichts, das die Bedingung jeder transzendenten Negation ist, nur von zwei uranfänglichen Nichtungen aus aufgehellt werden: 1. das Bewußtsein *ist nicht* sein eigenes Motiv, insofern es *leer* an jedem Inhalt ist. Dies weist uns auf eine nichtende Struktur des präreflexiven cogito hin; 2. das Bewußtsein steht vor seiner Vergangenheit und vor seiner Zukunft wie vor einem Selbst, das es in der Weise ist, es nicht zu sein. Das weist uns auf eine nichtende Struktur der Zeitlichkeit hin.

Es kann sich noch nicht darum handeln, diese beiden Nichtungstypen aufzuhellen: zur Zeit verfügen wir noch nicht über die notwendigen Verfahren. Es genügt vorzumerken, daß die endgültige Erklärung der Negation nur innerhalb einer Beschreibung des Bewußtseins (von) sich und der Zeitlichkeit gegeben werden kann.

Zweckmäßigerweise wird hier darauf hingewiesen, daß die Freiheit, die sich durch die Angst bekundet, durch eine fortwährend erneuerte Verpflichtung gekennzeichnet ist, das *Ich,* das das freie Sein bezeichnet, immer wieder hervorzubringen. Wenn wir soeben zeigten, daß meine Möglichkeiten angstmachend sind, weil es von *mir* allein abhängt, sie in ihrem Dasein zu halten, so wollte das nicht besagen, daß sie von einem *Ich* herkommen, das zunächst gegeben wäre (wenigstens dieses Ich müßte zunächst gegeben sein) und im Zeitenfluß von einem Bewußtsein in ein anderes Bewußtsein überginge. Der Spieler, der von neuem die synthetische Wahrnehmung einer *Situation* vollziehen muß, die ihm zu spielen untersagt, muß zugleich das Ich neu ausdenken, was diese Situation richtig einzuschätzen weiß, was «in Situation ist». Dieses Ich samt seinem apriorischen und geschichtlichen Gehalt ist das *Wesen* des Menschen. Und die Angst als Bekundung der Freiheit angesichts ihrer selbst bedeutet, daß der Mensch immer durch ein Nichts [néant] von seinem Wesen geschieden ist. Man muß hier ein Wort von Hegel wiederaufnehmen: «Wesen ist, was gewesen ist.» Das Wesen ist alles das, was man vom menschlichen Sein mit den Worten angeben kann: das *ist*. Und auf Grund dieser Tatsache *erklären* die eine Ganzheit bildenden Merkmale den Akt. Aber der Akt ist immer über dieses Wesen hinaus, er ist menschlicher Akt nur insoweit, als er über jede Erklärung hinausgeht, die man von ihm gibt, eben weil alles, was man beim Menschen mit der Formel angeben kann: «das ist», gerade auf Grund dieses Faktums *gewesen ist*. Der Mensch trägt ständig ein jedem Urteilsakt vorangehendes Verständnis seines Wesens bei sich, aber gerade auf Grund dieser Tatsache ist er von ihm durch ein Nichts geschieden. Das Wesen ist alles das, was die menschliche Realität an sich selbst ergreift als *gewesen seiend*. Und hier erscheint die Angst als Erfassen des Selbst, insofern das Selbst, als die Weise eines fortwährenden Entrissenseins von dem, was ist, existiert; mehr noch: insofern es sich wie ein solches existieren läßt. Denn niemals können wir ein «Erlebnis» ergreifen als eine lebendige Konsequenz jener *Natur*, die die unsrige ist. Der Strom unseres Bewußtseins konstituiert diese Natur Schritt für Schritt, aber sie bleibt immer hinter uns, sucht uns als der ständige Gegenstand unseres rückwärts blikkenden Verständnisses heim. Soweit diese Natur eine Forderung ist, ohne dabei eine Zuflucht zu sein, wird sie als angstmachend aufgefaßt.

In der Angst ängstigt sich die Freiheit vor sich selbst, insofern sie immer von *nichts* beunruhigt oder behindert wird. Bestehen bleibt, wird man einwenden, daß die Freiheit soeben definiert worden ist als eine dauernde Struktur des menschlichen Seins: wenn die Angst von der Freiheit Kunde gibt, so müßte sie mein Gefühl in dauernde Erregung versetzen. Sie ist aber, im Gegenteil, ein Ausnahmezustand. Wie soll man die Seltenheit des Angstphänomens erklären?

Zunächst einmal muß man darauf hinweisen, daß die uns geläufigsten Situationen unseres Lebens die sind, in denen wir unsere Möglichkeiten in und mittels der tätigen Verwirklichung dieser Möglichkeiten erfassen; diese Situationen offenbaren sich uns nicht durch die Angst, weil ihre Struktur unvereinbar ist mit der angstbeladenen Auffassungsweise. In der Tat ist die Angst die Erkenntnis einer Möglichkeit als *meine* Möglichkeit, das heißt, sie bildet sich, wenn das Bewußtsein sich durch das Nichts von seinem Wesen abgeschnitten sieht, oder vom Zukünftigen geschieden sieht, durch seine Freiheit selbst. Das bedeutet, daß ein nichtendes nichts [rien] mir jede Möglichkeit, mich zu rechtfertigen, nimmt und daß gleichzeitig dasjenige, was ich als mein künftiges Sein entwerfe, immer genichtet und auf den Rang einfacher Möglichkeit heruntergesetzt wird, weil das Zukünftige, das ich bin, außerhalb meiner Reichweite bleibt. Aber wir müssen darauf aufmerksam machen, daß wir es bei diesen verschiedenen Fällen mit einer Zeitgestalt zu tun haben, bei der ich mich in die Zukunft versetze, bei der «ich mich mit mir am anderen Ende dieser Stunde, dieses Tages oder dieses Monats treffe». Die Angst ist die Besorgnis, mich an diesem Treffpunkt nicht anzutreffen oder gar nicht mehr hingehen zu wollen. Aber ich kann mich auch in Akte verwickelt vorfinden, die mir meine Möglichkeiten in demselben Augenblick enthüllen, in dem sie sie verwirklichen. Indem ich diese Zigarette anbrenne, erfahre ich meine konkrete Möglichkeit oder, wenn man so will, mein Bedürfnis, zu rauchen; durch das Tun selbst, mit dem ich diesen Bogen Papier und diese Feder an mich heranziehe, gebe ich mir als meine unmittelbarste Möglichkeit die Tätigkeit des Arbeitens an diesem Buche: schon bin ich darin verwickelt, und die Tätigkeit entdecke ich erst in dem Augenblick, in dem ich mich schon hineinstürze. Auch jetzt bleibt sie meine Möglichkeit, denn in jedem Augenblick kann ich mich von meiner Arbeit abwenden, das Heft zurückschieben und die Kappe auf meinen Füller schrauben. Aber diese Möglichkeit, die Tätigkeit zu unterbrechen, ist in die zweite Linie zurückgedrängt auf Grund der Tatsache, daß die Tätigkeit, die sich mir durch meinen Akt hindurch entdeckt, darauf abzielt, zu einer transzendenten und relativ unabhängigen Gestalt zu kristallisieren. Das Bewußtsein des Menschen *in Tätigkeit* ist ein unreflektiertes Bewußtsein. Es ist Bewußtsein *von* etwas, und das Transzendente, das sich ihm entdeckt, ist von besonderer Natur: es ist eine *Forderungsstruktur* der Welt, die im Bewußtsein verwickelte Zeugzusammenhänge korrelativ aufdeckt. In dem Akte des Schreibens der Buchstaben enthüllt sich der ganze, noch unvollendete Satz als passive Forderung, hingeschrieben zu werden. Er selbst ist der Sinn der Buchstaben, die ich gestalte, und sein Anruf wird nicht überhört, denn ich kann ja die Worte nicht hinschreiben, ohne sie in Richtung auf den Satz zu transzendieren und ohne daß ich ihn als notwendige Bedingung des Sinnes der Worte entdecke, die ich hinschreibe. Gleichzeitig und im Rahmen des Aktes enthüllt und bildet sich ein auf etwas hinweisender Zeugkomplex (Feder – Tinte – Papier – Zeilen – Rand usw.), der für sich allein nicht erfaßt werden kann, sondern im Inneren der Transzendenz auftaucht, die mir den zu schreibenden Satz als eine passive Forderung entdeckt. So bin ich in die Quasi-Allgemeinheit der täglichen Akte verwickelt, ich habe ein Risiko auf mich genommen, und ich entdecke meine Möglichkeiten, indem ich sie verwirkliche und im Akt des Verwirklichens selbst, als Forderungen, Dringlichkeiten, als Zeug. Und ohne Zweifel steckt in jedem Akte dieser Art die Möglichkeit, diesen Akt insoweit in Frage zu stellen, als er auf entferntere und wesentlichere Ziele hinweist, die seine letzten Bedeutungen und meine wesentlichen Möglichkeiten wären. Zum Beispiel ist der Satz, den ich schreibe, die Bedeutung der Buchstaben, die ich hinschreibe, aber das ganze Buch, das ich fertigstellen will, ist die Bedeutung des Satzes. Und das Buch ist eine Möglichkeit, bei der ich Angst verspüren kann: es ist wirklich *mein* Mögliches, und ich weiß nicht, ob ich morgen weiter daran arbeiten werde; morgen kann meine Freiheit in bezug auf meine Arbeit ihre nichtende Gewalt ausüben. Allerdings beinhaltet diese Angst das Erfassen des Buches selbst als *meine* Möglichkeit: ich muß mich direkt vor das Buch hinsetzen und mein Verhältnis zu ihm realisieren. Das soll heißen, daß ich, was das Buch betrifft, nicht nur objektive Fragen stellen darf wie: «Soll ich dieses Buch schreiben?», denn solche Fragen verweisen mich einfach auf umfassendere objektive Bedeutungen wie: «Ist es angebracht, es *in diesem Zeitpunkt zu schreiben*?», «ist es nicht eine unnütze Wiederholung eines anderen Buches?», «ist sein Gegenstand von hinreichendem Interesse?, ist er hinreichend durchdacht worden?» usw., lauter Bedeutungen, die transzendent sind und sich darbieten als eine Menge Forderungen der Welt. Damit meine Freiheit sich ängstigt in bezug auf das Buch, das ich schreibe, muß dieses Buch in seinem Zusammenhang mit mir erscheinen, das heißt, ich muß einerseits mein *Wesen* entdecken, insofern es *das ist, was ich gewesen bin* (ich bin «dieses Buch schreiben wollend» gewesen, ich habe es entworfen, ich habe geglaubt, es könne interessant sein, es zu schreiben, und ich habe mich in eine solche Verfassung gebracht, daß man mich nicht mehr *verstehen* kann, ohne darauf Rücksicht zu nehmen, daß dieses Buch mein wesentliches Mögliches *gewesen ist)*; andererseits muß ich das Nichts entdecken, das meine Freiheit von diesem Wesen scheidet (ich bin gewesen «es schreiben wollend», aber *nichts*, auch nicht das, was ich gewesen bin, kann mich zwingen, es zu schreiben); endlich muß ich das Nichts entdecken, das mich von dem scheidet, das ich sein werde (ich entdecke die ständige Möglichkeit, es aufzugeben, als die Bedingung der Möglichkeit, es zu schreiben, und als den eigentlichen Sinn meiner Freiheit). Gerade in der Beschaffenheit des Buches muß ich meine Freiheit ergreifen als mein Mögliches, insofern sie in der Gegenwart und in der Vergangenheit die mögliche Zerstörerin dessen ist, was ich bin. Das heißt, ich muß mich auf die Ebene der Reflexion begeben. Solange ich auf der der Akte bleibe, ist das zu schreibende Buch weiter nichts als eine fernliegende und vor-läufig vorausgesetzte Bedeutung des Aktes, der mir meine Möglichkeiten enthüllt: es ist nur deren Verflechtung, es ist nicht thematisiert und steht nicht für sich, es «bildet keine Frage»; es wird weder als notwendig noch als zufällig begriffen, es ist nur der bleibende und fernliegende Sinn, von dem aus ich verstehen kann, was ich gegenwärtig schreibe, und von dieser Tatsache aus wird das Buch als *Sein* verstanden, das heißt, ich kann meinem Satz nur dadurch einen Sinn verleihen, daß ich das Buch setze als *die daseiende Grundlage*, auf der mein gegenwärtiger und daseiender Satz sich emporrichtet. In jedem Augenblick werden wir in die Welt geworfen und verwickelt. Das bedeutet, daß wir handeln, bevor wir unsere Möglichkeiten setzen, und daß jene Möglichkeiten, die als verwirklicht oder als im Zustand der Verwirklichung befindlich entdeckt werden, auf Sinnzusammenhänge hinweisen, die besondere Akte nötig machen würden, um in Frage gestellt zu werden. Der Wecker, der morgens klingelt, weist auf die Möglichkeit hin, an meine Arbeit zu gehen, die *meine* Möglichkeit ist. Aber den Ruf des Weckers als Ruf erfassen, das bedeutet: aufstehen. Der Akt des Aufstehens selbst ist also beruhigend, denn er weicht der Frage aus: «ist die Arbeit *meine* Möglichkeit?», und er versetzt mich folglich nicht in die Lage, die Möglichkeit des Quietismus zu wählen, nämlich die der Zurückweisung der Arbeit und schließlich die der Abweisung der Welt und die des Todes. Kurz, in dem Maße, in dem die Sinnerfassung des Klingelns gleichbedeutend ist mit auf seinen Ruf hin schon aufsein, bewahrt mich diese Erfassung vor der angstmachenden unmittelbaren Erkenntnis, daß ich es bin, der dem Wecker seine Forderung verleiht: ich und ich allein. Auf diese Art und Weise schließt das, was man die alltägliche Moralität nennen könnte, die ethische Angst aus. Ethische Angst tritt auf, wenn ich mich in meinem Urzusammenhang mit den Werten betrachte. Diese sind nämlich Forderungen, die eine Begründung verlangen. Aber diese Begründung kann auf keinen Fall das *Sein* sein, denn jeder Wert, der seine ideale Wesenheit auf sein Sein gründete, würde gerade deswegen aufhören, Wert zu sein, und würde die Heteronomie des Willens real setzen. Der Wert leitet sein Sein aus seiner Forderung her und nicht seine Forderung aus seinem Sein. Er gibt sich also nicht einer kontemplativen unmittelbaren Erkenntnis preis, die ihn als ein Wert *seiend* ergreifen und ihn dadurch seiner Rechtsansprüche auf meine Freiheit berauben würde. Sondern er kann sich im Gegenteil nur einer aktiven Freiheit enthüllen, die ihn als Wert nur auf Grund der Tatsache bestehen läßt, daß sie ihn als solchen anerkennt. Folglich ist meine Freiheit die alleinige Begründung der Werte, und *nichts,* absolut nichts rechtfertigt mich, diesen und nicht jenen Wert, diesen und nicht jenen Wertmaßstab mir zu eigen zu machen. Insoweit ich das Sein bin, durch das die Werte bestehen, bin ich ohne Rechtfertigung. Und meine Freiheit ängstigt sich, die Grundlage der Werte zu sein, ohne daß diese eine eigene Grundlage hätten. Sie ängstigt sich außerdem, weil die Werte auf Grund der Tatsache, daß sie sich wesenhaft einer Freiheit enthüllen, sich nicht enthüllen können, ohne gleichzeitig «in Frage gestellt zu werden», denn die Möglichkeit, den Wertmaßstab auf den Kopf zu stellen, erscheint komplementär als *meine* Möglichkeit. Diese Angst vor den Werten ist die Anerkennung der Idealität der Werte.

Aber für gewöhnlich ist meine Haltung den Werten gegenüber äußerst beruhigend. Denn tatsächlich bin ich in eine ganze Welt von Werten eingesetzt. Die angstbeladene Wahrnehmung der Werte, als von meiner Freiheit im Sein gehalten, ist ein später auftauchendes und mittelbares Phänomen. Das Unmittelbare ist die Welt mit ihrem Andringen, und in dieser Welt, in der ich mich einsetze, lassen meine Akte die Werte hochkommen wie Rebhühner; durch meine Entrüstung wird mir der negative Wert «Niedrigkeit» gegeben, in meiner Bewunderung der Wert «Größe». Vor allem aber entdeckt mir meine ganz reale Folgsamkeit gegenüber einer Menge von Tabus diese als tatsächlich existierend. Nicht erst nach Betrachtung der sittlichen Werte sind die Bürger, die sich selbst «anständige Menschen» nennen, anständig: sondern sie sind von ihrem Auftauchen in der Welt an in eine Verhaltensweise geworfen, deren Sinn die Anständigkeit ist. So gewinnt die Anständigkeit ein Sein, sie wird nicht in Frage gestellt; die Werte sind als tausend kleine reale Forderungen auf meinen Weg gestreut und ähneln den Verbotstafeln, die es untersagen, den Rasen zu betreten.

In dem, was wir die Welt des Unmittelbaren nennen wollen, die sich unserem unreflektierten Bewußtsein darbietet, erscheinen wir uns nicht *zunächst,* um *dann* in Unternehmungen geworfen zu werden. Sondern unser Sein ist unmittelbar «in Situation», das heißt, daß es in den Unternehmungen *auftaucht* und sich zunächst insoweit erkennt, als es von diesen Unternehmungen zurückgestrahlt wird. Wir entdecken uns also in einer von Forderungen erfüllten Welt, mitten in Entwürfen, die sich «auf dem Wege der Verwirklichung» befinden: ich schreibe, ich rauche, ich treffe mich heute abend mit Peter, ich darf nicht vergessen, Simon zu antworten, ich habe nicht das Recht, Klaudius länger die Wahrheit zu verschweigen. Alle diese geringfügigen passiven Erwartungen des Realen, alle diese banalen und alltäglichen Werte leiten ihren Sinn genaugenommen von einem ersten Entwurf meiner selbst her, der gleichsam meine Erwählung meiner selbst in der Welt ist. Aber gerade dieser Entwurf meiner selbst auf meine erste Möglichkeit hin, welcher bewirkt, daß es Werte gibt, Anrufe, Erwartung, daß es ganz allgemein eine Welt gibt, er erscheint mir nur jenseits der Welt als der abstrakte und logische Sinn und Bedeutungsgehalt meiner Unternehmungen. Für das übrige gibt es konkreterweise Wecker, Verbotstafeln, Steuerzettel, Polizisten, was alles vor der Angst schützt. Aber sobald die Unternehmung von mir abrückt, sobald ich auf mich selbst angewiesen bin, weil ich mich in die Zukunft versetzen muß, dann entdecke ich mich plötzlich als denjenigen, der dem Wecker seinen Sinn gibt, der es sich, von einer Verbotstafel aus, untersagt, eine Rabatte oder eine Wiese zu betreten, der dem Auftrag des Chefs die Dringlichkeit beilegt, der über das Interesse an dem Buch entscheidet, das er schreibt, schließlich als denjenigen, der es bewirkt, daß Werte existieren, die durch ihre Forderungen sein Tun bestimmen. Einsam und voller Angst tauche ich empor gegenüber dem einzigen und ersten Entwurf, der mein Sein konstituiert, alle Geländer und alle Schutzwehren zerbrechen, genichtet vom Bewußtsein meiner Freiheit: bei keinem Wert habe ich und kann ich eine Zuflucht haben vor der Tatsache, daß ich es bin, der die Werte im Sein hält, nichts kann mich gegen mich selbst sichern; abgeschnitten von der Welt und meinem Wesen durch dieses Nichts, das ich *bin*, habe ich den Sinn der Welt und meines Wesens zu realisieren: ich entscheide darüber, allein, ich bin ohne Rechtfertigung und unentschuldigt.

Die Angst ist die gedankliche Erfassung der Freiheit durch diese selbst, und in diesem Sinne ist sie Mittelzustand; denn obwohl sie unmittelbares Bewußtsein ihrer selbst ist, taucht sie aus der Negation der Anrufe der Welt auf, erscheint sie, sobald ich mich von der Welt, in die ich mich verwickelt hatte, loslöse, und ergreift mich selbst als ein Bewußtsein, das ein vorontologisches Verständnis für sein Wesen und ein jedwedem Urteilsakt vorangehendes Gefühl für seine Möglichkeiten hat; es widersetzt sich dem ernsthaften Denken, das die Werte von der Welt aus erfaßt und in der beruhigenden und verdinglichenden Substanzauffassung der Werte seinen Sitz hat. In der Ernsthaftigkeit bestimme ich mich vom Objekt aus, lasse a priori alle Unternehmungen als unmöglich beiseite, die zu unternehmen ich nicht schon auf dem Wege bin, und erfasse den Sinn, den meine Freiheit der Welt gegeben hat, so, als ob er aus der Welt käme und meine Verpflichtungen und mein Sein schüfe. In der Angst dagegen erfasse ich mich als vollkommen frei, gleichzeitig aber so, daß ich nichts anderes bewirken kann, als daß durch mich der Sinn der Welt zu ihr kommt.

Man darf indessen nicht glauben, es genüge, sich auf die Ebene der Reflexion zu begeben und seine entfernten und unmittelbaren Möglichkeiten zu betrachten, damit man sich in einer *reinen* Angst erfaßt. In jedem Falle von Reflexion entsteht die Angst als Struktur des reflexiven Bewußtseins, insofern es das reflektierte Bewußtsein betrachtet; indessen kann ich gegenüber meiner eigenen Angst verschiedene Haltungen annehmen, vor allem die des Fliehens. Tatsächlich geht alles so vor sich, als ob unsere wesentliche und unmittelbare Verhaltensweise gegenüber der Angst die Flucht sei. Lange bevor der psychologische Determinismus zu einer theoretischen Auffassungsweise wird, ist er eine Verhaltensweise, die ihn als Entschuldigungsgrund benutzt, oder, wenn man so will, die Grundlage aller nach Entschuldigung suchenden Verhaltensweisen. Er ist ein reflexives Sichverhalten gegenüber der Angst, er bestätigt, daß es in uns einander bekämpfende Kräfte gibt, deren Daseinstypus dem der Dinge vergleichbar ist, er versucht, die Leere, die uns umgibt, auszufüllen und Verbindungen herzustellen zwischen Vergangenheit und Gegenwart, Gegenwart und Zukunft, er versorgt uns mit einer *Natur*, die unsere Akte hervorbringt, und er macht aus diesen Akten Transzendentes, er stattet sie mit einem passiven Widerstand und einer Außenweltlichkeit aus, die ihnen ihr Begründetsein in anderem als in sich selbst zuteilen und die außerordentlich beruhigend wirken, weil sie ein unaufhörliches Spiel von *Entschuldigungen* schaffen, er leugnet jene Transzendenz der menschlichen Realität, die diese in der Angst jenseits ihres eigenen Wesens emportauchen läßt; gleichzeitig beschränkt dieser psychologische Determinismus uns darauf, *immer nur das zu sein, was wir sind*, führt dadurch die absolute Positivität des An-sich-Seins wieder in uns ein und läßt uns inmitten des Seins wieder zu Ganzen werden.

Aber dieser Determinismus, der uns reflexiv gegen die Angst verteidigt, bietet sich nicht als eine reflexive *unmittelbare Erkenntnis* dar. Er kann gegen die *Evidenz* der Freiheit nichts ausrichten, deshalb bietet er sich als Vertrauen zu einer Zufluchtsstätte dar, als das ideale Ziel, nach dem wir in der Angst fliehen können. Auf dem Gebiete der Philosophie ergibt sich das aus der Tatsache, daß die deterministischen Psychologen nicht behaupten, ihre Meinung auf die reinen Gegebenheiten der Selbstbeobachtung zu gründen. Sie stellen sie als eine befriedigende Hypothese dar, deren Wert darauf beruht, daß sie den Tatsachen gerecht wird – oder als ein Postulat, ohne das keine Psychologie auskommt. Sie geben die Existenz eines unmittelbaren Freiheitsbewußtseins zu, das ihnen von ihren Gegnern entgegengehalten wird mit der Bezeichnung «bewiesen durch unmittelbare Erkenntnis des inneren Sinnes». Sie stellen einfach den *Wert* dieser inneren Enthüllung in den Mittelpunkt der Auseinandersetzung. So wird dann die unmittelbare Erkenntnis, die uns befähigt, uns als erste Ursache unserer Zustände und Akte zu erfassen, von niemandem erörtert. Übrig bleibt, daß jeder von uns imstande ist zu versuchen, die Angst zu etwas Mittelbarem zu machen, indem er sich über sie erhebt und sie als eine Illusion *beurteilt,* die ihren Ursprung in unserer Unwissenheit über die realen Ursachen unserer Akte habe. Es erhebt sich dann die Frage nach dem Grade des Vertrauens in diesen Mittelzustand. Ist eine beurteilte Angst eine entwaffnete Angst? Offensichtlich nein; indessen entsteht hier ein neues Phänomen, ein Abtrennungsprozeß in bezug auf die Angst, der abermals eine nichtende Kraft in ihr voraussetzt.

Für sich allein würde der Determinismus nicht ausreichen, um diese Abtrennung zu begründen, denn er ist nur ein Postulat oder eine Hypothese. Der Glaube an ihn ist eine konkretere, auf dem Gebiete der Reflexion sich vollziehende Bemühung, die Flucht zu ergreifen. Er ist von vornherein ein Abtrennungsversuch in bezug auf die *meinem* Möglichen entgegengesetzten Möglichkeiten. Wenn ich mich als Verständnis eines Möglichen, das *mein* Mögliches ist, konstituiere, muß ich seine Existenz am Zielpunkt meines Planes anerkennen, muß ich es erfassen als ein Ich-selbst, das mich dort vorn in der Zukunft erwartet, von mir durch ein Nichts geschieden. In diesem Sinne erfasse ich mich als ersten Ursprung meines Möglichen, und das nennt man gewöhnlich Freiheitsbewußtsein; was die Anhänger der Wahlfreiheit meinen, wenn sie von der unmittelbaren Erfahrung des inneren Sinnes sprechen, das ist diese Struktur des Bewußtseins und nur sie. Aber es kommt vor, daß ich mich gleichzeitig bemühe, mich von der Konstituierung der anderen Möglichkeiten, die *meinem* Möglichen widersprechen, zu *trennen.* Genaugenommen kann ich nichts anderes tun als ihre Existenz durch denselben Akt zu setzen, der das gewählte Mögliche als das meinige erzeugt; ich kann nichts dagegen tun, daß ich sie als *lebendige* Möglichkeiten konstituiere, das heißt also solche, *die die Möglichkeit haben, meine Möglichkeiten zu werden.* Aber ich bemühe mich, sie so zu sehen, als ob sie mit einem transzendenten und rein logischen Sein ausgestattet wären, kurz, als ob sie Dinge wären. Wenn ich auf der gedanklichen Ebene die Möglichkeit, dieses Buch zu schreiben, als *meine* Möglichkeit ins Auge fasse, so lasse ich zwischen dieser Möglichkeit und meinem Bewußtsein ein Nicht-Sein auftauchen, das sie als Möglichkeit konstituiert und das ich gerade in der ständigen Möglichkeit erfasse, daß die Möglichkeit, es nicht zu schreiben, *meine* Möglichkeit sei. Aber ich versuche, mich gegenüber dieser Möglichkeit, es nicht zu schreiben, so zu benehmen wie gegenüber einem beobachtbaren Gegenstand, und ich lasse das in mich eindringen, was ich sehen will: ich versuche sie so aufzufassen, als müsse sie nur um der Erinnerung willen erwähnt werden, als ginge sie mich gar nichts an. In bezug auf mich soll sie äußere Möglichkeit sein, sowie es die Bewegung in bezug auf diese unbewegte Billardkugel ist. Wenn ich das erreichen könnte, dann würden die *meinem* Möglichen feindlichen Möglichkeiten ihre Wirksamkeit einbüßen, weil sie als logische Entitäten konstituiert wären; sie würden nicht mehr bedrohlich sein, weil sie *Äußeres* wären, weil sie mein Mögliches beträfen wie lediglich *begrifflich faßbare* Eventualitäten, das heißt, im Grunde genommen, wie begrifflich erfaßbar *seitens* eines anderen oder als *Möglichkeiten eines Anderen, der sich im gleichen Falle befände.* Sie würden der objektiven Situation wie eine transzendente Struktur angehören: oder, wenn man lieber will und um die Terminologie Heideggers zu benutzen: *ich* werde dieses Buch schreiben, aber *man* wäre auch imstande, es nicht zu schreiben. So würde ich vor mir verbergen, daß sie *Ich-selbst* sind und daß sie die immanenten Bedingungen der Möglichkeit meines Möglichen sind. Sie würden gerade genug Sein in sich bewahren, um meinem Möglichen den Charakter des Zwecklosen, der freien Möglichkeit eines freien Wesens zu erhalten, aber der drohende Charakter wäre ihnen genommen: sie *würden mich nicht interessieren,* das erwählte Mögliche würde auf Grund der Tatsache des Erwähltseins als mein einziges konkretes Mögliches erscheinen, und das Nichts, das mich von ihm scheidet und ihm sein Möglichsein gerade verleiht, wäre infolgedessen ausgefüllt.

Aber die Flucht vor der Angst ist nicht nur ein Abtrennungsversuch angesichts der Zukunft: sie versucht auch, die Drohung der Vergangenheit unschädlich zu machen. Vor meiner Transzendenz selbst, sofern sie mein Wesen hält und überschreitet, versuche ich jetzt zu fliehen. Ich versichere, daß ich mein Wesen *bin,* und zwar in der Seinsweise des An-sich. Gleichzeitig aber lehne ich es ab, dieses Wesen selbst als geschichtlich geworden zu betrachten und als etwas, das den Akt in sich schließt so wie der Kreis seine Eigenschaften. Ich erfasse dieses Wesen oder ich versuche es wenigstens zu erfassen als den Uranfang meines Möglichen, und ich gebe nicht zu, daß es selbst einen Anfang hat; ich versichere ferner, daß ein Akt frei ist, wenn er mein Wesen genau widerspiegelt. Außerdem aber versuche ich, diese Freiheit, die mich beunruhigen würde, wenn sie Freiheit *gegenüber* vom Ich wäre, in die Tiefe meines Wesens, das heißt meines Ich, zu verlegen. Man braucht nur das Ich wie einen kleinen Gott zu betrachten, der in mir wohnt und meine Freiheit besitzt wie eine metaphysische Kraft. Nicht mehr mein Sein als solches wäre frei, sondern mein Ich wäre frei im Innern meines Bewußtseins. Das ist eine ungemein beruhigende Fiktion, denn die Freiheit wurde in die Tiefe eines undurchsichtigen Seins versenkt: in dem Maße, in dem mein Wesen nicht Durchsichtigkeit ist, in dem es in der Immanenz transzendent ist, würde die Freiheit zu einer seiner Eigenschaften. Kurz, es geht darum, meine Freiheit in meinem Ich zu erfassen als die Freiheit des *Anderen* [1]. Man übersieht sogleich die wichtigsten Setzungen dieser Fiktion: mein Ich wird, in seiner Eigenschaft als bereits konstituierte Person, der Ursprung seiner Akte, so wie ein Anderer der der seinen. Sicher lebt es und verändert es sich, man wird sogar zugeben müssen, daß jeder seiner Akte dazu beitragen kann, es zu verändern. Aber diese harmonischen und kontinuierlichen Veränderungen werden biologisch aufgefaßt. Sie ähneln jenen, die ich bei meinem Freund Peter feststellte, wenn ich ihn nach einer Trennungszeit wiedersehe. Diesen Wünschen nach Beruhigung hat Bergson weitgehend entsprochen, als er seine Theorie vom Tiefen-Ich aufstellte, das dauert und sich bildet, das ständig gleichzeitig ist mit dem Bewußtsein, das ich von ihm habe, und vom Bewußtsein nicht überschritten werden kann, das am Beginn unserer Akte steht, aber nicht wie eine umwälzende Macht, sondern wie ein Vater, der seine Kinder zeugt, so daß der Akt mit dem Wesen, ohne aus ihm als strenge Folgerung hervorzugehen oder auch nur vorhersehbar zu sein, eine beruhigende Beziehung unterhält, eine Familienähnlichkeit besitzt: der Akt reicht weiter als das Wesen, behält aber dessen Richtung bei, ihm bleibt eine gewisse Nicht-Zurückführbarkeit, aber wir erkennen uns und erfahren uns in ihm, wie ein Vater sich in seinem Sohne, der sein Werk fortführt, erkennen und erfahren kann. So hat Bergson durch eine Projektion der Freiheit – die wir in uns erfassen – in einen psychischen Gegenstand, der das Ich ist, dazu beigetragen, unsere Angst zu verbergen, aber es ist auf Kosten des Bewußtseins selbst geschehen. Was er dergestalt geschaffen und beschrieben hat, ist nicht unsere Freiheit, so wie sie uns erscheint: *das ist die Freiheit des Anderen.*

Dies ist also das Insgesamt der Prozesse, durch die wir die Angst uns zu verbergen suchen: wir erfassen unser Mögliches und vermeiden, die anderen Möglichkeiten, aus denen wir die Möglichkeiten eines unbestimmten Anderen machen, ins Auge zu fassen: dieses Mögliche wollen wir nicht als von einer reinen, nichtenden Freiheit im Sein gehalten sehen, sondern wir suchen es zu erfassen als von einem schon konstituierten Objekt erzeugt, das nichts anderes ist als das Ich, betrachtet und beschrieben wie *die Person* des Anderen. Wir möchten uns von der ersten unmittelbaren Erkenntnis das bewahren, was sie uns als unsere Unabhängigkeit und Verantwortlichkeit liefert, dennoch kommt es uns darauf an, alles das abzuschwächen,

1 Vgl. Seite 299 ff.

was in ihr ursprüngliche Nichtung ist; außerdem sind wir immer bereit, uns in den Glauben an einen Determinismus zu flüchten, wenn jene Freiheit uns lästig wird oder wenn wir eine Entschuldigung brauchen. So fliehen wir vor der Angst, indem wir versuchen, uns *von außen her* zu erfassen, wie einen *Anderen* oder wie eine *Sache*. Was man gewohnheitsmäßig Enthüllung unserer Freiheit durch den inneren Sinn oder durch eine erste unmittelbare Erkenntnis nennt, hat nichts Ursprüngliches an sich: es ist ein schon gestalteter Prozeß, ausdrücklich dazu bestimmt, die Angst vor uns zu verhüllen, die wirkliche «unmittelbare Gegebenheit» unserer Freiheit.

Gelingt es uns, mit Hilfe dieser verschiedenen Konstruktionen unsere Angst zu ersticken oder zu verbergen? Sicherlich können wir sie nicht unterdrücken, denn wir *sind* Angst. Was das Verschleiern betrifft, so muß man sich – abgesehen davon, daß die Eigentümlichkeit des Bewußtseins und seine Durchschaubarkeit es uns verbieten, den Ausdruck im Wortsinne aufzufassen – den besonderen Typus von Verhaltensweise vor Augen führen, den wir damit bezeichnen: wir können einen zur Außenwelt gehörenden Gegenstand verbergen, weil er unabhängig von uns existiert; aus demselben Grunde können wir unseren Blick oder unsere Aufmerksamkeit von ihm abwenden, das heißt, wir können den Blick einfach auf etwas anderes heften; von diesem Augenblick an gewinnt jede Wirklichkeit – die meine und die des Gegenstandes – ihr eigenes Leben zurück, und die zufällige Verbindung, die das Bewußtsein mit dem Gegenstand vereinte, hört auf, ohne das eine oder andere Dasein zu beeinträchtigen. Aber wenn ich das *bin*, was ich verbergen will, bekommt die Frage ein ganz anderes Aussehen: denn ich kann ja einen bestimmten Aspekt meines Seins nur dann «nicht sehen» wollen, wenn ich mit dem Aspekt, den ich nicht sehen will, genau Bescheid weiß. Das bedeutet, daß ich ihn in meinem Sein aufweisen muß, um mich von ihm abwenden zu können; mehr noch: ich muß ständig an ihn denken, um mich davor hüten zu können, an ihn zu denken. Darunter darf man nicht nur verstehen, daß ich genötigt bin, das, vor dem ich fliehen will, ständig mit mir herumzutragen, sondern auch, daß ich das Wovor meiner Flucht anvisieren muß, um es fliehen zu können, was wiederum bedeutet, daß die Angst selbst, dann ein intentionales Anvisieren der Angst und endlich eine Flucht vor der Angst in Richtung auf beruhigende Mythen in der Einheit ein und desselben Bewußtseins gegeben sein müssen. Kurz, ich fliehe, um nichts davon zu wissen, aber ich kann nicht nichts davon wissen, daß ich fliehe, und die Flucht vor der Angst ist nichts anderes als eine Weise, sich der Angst bewußt zu werden. So kann sie eigentlich weder verborgen noch vermieden werden. Indessen kann es doch nicht ganz dasselbe sein, vor der Angst zu fliehen oder Angst zu sein: wenn ich meine Angst bin und zugleich vor ihr fliehe, so setzt das voraus, daß ich in bezug auf das, was ich bin, eine ungewöhnliche Einstellung haben kann, daß ich also Angst sein kann in Gestalt «es nicht zu sein» und daß ich über eine in der Tiefe der Angst nichtende Gewalt verfügen kann. Diese nichtende Gewalt nichtet die Angst, insoweit ich sie fliehe, und vernichtet sich selbst, insoweit *ich sie bin, um sie zu fliehen.* Das ist das, was man die *Unwahrhaftigkeit* nennt. Es handelt sich also nicht darum, die Angst aus dem Bewußtsein zu vertreiben oder aus ihr ein unbewußtes psychisches Phänomen zu machen, sondern ganz einfach darum, daß ich mich als ein Unwahrhaftiger an die Auffassung der Angst, die ich bin, mache und daß diese Unwahrhaftigkeit (die den Zweck hat, das Nichts, das ich in meiner Beziehung zu mir selbst *bin,* auszufüllen) gerade jenes Nichts, das sie beseitigt, in sich enthält.

Wir stehen am Ende des ersten Abschnittes unserer Darstellung. Die Prüfung der Verneinung kann uns nicht weiterbringen. Die Verneinung hat uns das Vorhandensein eines besonderen Typs von Verhaltensweise aufgedeckt: die Verhaltensweise gegenüber dem Nicht-Sein, die eine besondere Transzendenz, welche für sich untersucht werden muß, voraussetzt. Wir haben also zwei menschliche Ekstasen vor uns: die Ek-stase, die uns in das An-sich-sein wirft, und die andere, die uns in das Nicht-Sein verstrickt. Scheinbar wird dadurch unser erstes Problem, das nur die Beziehung des Menschen zum Sein betraf, beträchtlich kompliziert; aber es ist gar nicht unmöglich, wertvolle Aufschlüsse für das Verständnis *jeder* Transzendenz dadurch zu gewinnen, daß wir unsere Analyse der Transzendenz zum Nicht-Sein hin bis ans äußerste Ende vortreiben. Außerdem kann das Problem des Nichts von unserer Untersuchung nicht ausgeschlossen werden: wenn der Mensch sich gegenüber dem An-sich-sein *verhält* – und unsere philosophische Befragung ist ein Typus dieses Sichverhaltens –, so deshalb, weil er dieses Sein *nicht ist.* Wir finden also das Nicht-Sein als Bedingung der auf das Sein gerichteten Transzendenz wieder. Wir müssen uns daher dem Problem des Nichts intensiv widmen und dürfen es nicht aus den Händen lassen, bevor es vollkommen aufgehellt ist.

Allerdings hat die Prüfung der Befragung und der Verneinung alles geleistet, was sie leisten konnte. Wir wurden von dort auf die empirische Freiheit verwiesen in ihrer Rolle als Nichtung des Menschen im Inneren der Zeitlichkeit und als notwendige Bedingung für die transzendente Auffassung der Negiertheiten. Es bleibt noch übrig, diese empirische Freiheit als solche zu begründen. Sie kann nicht die Ur-Nichtung und die Grundlage aller Nichtung sein. Tatsächlich trägt sie dazu bei, Transzendentes in der Immanenz zu konstituieren, das seinerseits alles negativ Transzendente bedingt.

Aber die Tatsache, daß die Transzendenzen der empirischen Freiheit sich in der Immanenz *als Transzendenzen* konstituieren, zeigt uns gerade, daß es sich um sekundäre Nichtungen handelt, die die Existenz eines ursprünglichen Nichts voraussetzen: sie sind nur ein Zwischenstadium innerhalb des analytischen Regresses, der uns von den «Negiertheiten» genannten Transzendenzen zu dem Sein führt, das sein eigenes Nichts ist. Offenbar muß man also die Grundlage jeder Verneinung in einer Nichtung suchen, die sich *mitten in der Immanenz vollzieht;* in der absoluten Immanenz und in der reinen Subjektivität des augenblicklichen *cogito* müssen wir den ursprünglichen Akt zu entdecken suchen, durch den der Mensch sich selbst zu seinem eigenen Nichts wird. Was muß das Bewußtsein in seinem Sein sein, damit der Mensch in ihm und von ihm aus in der Welt auftauchen kann als das Sein, das sein eigenes Nichts ist und durch das das Nichts in die Welt kommt?

Es scheint so, als fehle uns hier das Werkzeug, das es uns ermöglicht, dieses neue Problem zu lösen: die Verneinung steht direkt nur zur Freiheit in Bezug. Es empfiehlt sich, in der Freiheit selbst die Verhaltensweise zu suchen, die es uns ermöglicht, weiter vorzustoßen. Dieser Verhaltensweise, die uns bis an die Schwelle der Immanenz führen und dennoch hinreichend objektiv bleiben wird, damit wir ihre Möglichkeitsbedingungen objektiv herausstellen können, sind wir schon begegnet. Haben wir nicht soeben angemerkt, daß wir in der Unwahrhaftigkeit die Angst *waren, um sie zu fliehen,* und zwar in der Einheit ein und desselben Bewußtseins? Wenn die Unwahrhaftigkeit möglich sein soll, müssen wir also in ein und demselben Bewußtsein die Einheit des Seins und des Nicht-Seins antreffen können: das Sein-um-nicht-zu-sein. Also bildet gegenwärtig die Unwahrhaftigkeit den Gegenstand unserer Befragung. Damit der Mensch befragen kann, muß er sein eigenes Nichts sein können, das heißt: er kann nur dann ursprünglich zum Nicht-Sein im Sein gehören, wenn sein Sein in sich selbst und durch sich selbst vor Nichts erstarrt: dann erscheinen die Transzendenzen der Vergangenheit und der Zukunft im zeitlichen Sein der menschlichen Realität. Aber die Unwahrhaftigkeit ist eine Sache des jeweiligen Augenblicks. Was muß das Bewußtsein im jeweils augenblicklichen präreflexiven cogito sein, wenn der Mensch unwahrhaftig sein können soll?

ZWEITES KAPITEL

DIE UNWAHRHAFTIGKEIT

I

Unwahrhaftigkeit und Lüge

Das menschliche Sein ist nicht nur das Sein, durch das die Negiertheiten in der Welt enthüllt werden, es ist auch dasjenige, was sich zu sich selbst negativ einstellen kann. Wir hatten in unserer Einleitung das Bewußtsein definiert als «ein Seiendes, dem es in seinem Sein um dieses selbst geht, insofern dieses Sein ein Sein in sich einbezieht, das ein anderes als es selbst ist». Aber nach der Aufhellung der befragenden Verhaltensweise wissen wir nun, daß diese Formel auch so geschrieben werden kann: «Das Bewußtsein ist ein Seiendes, für das es in seinem Sein Bewußtsein des Nichts seines Seins gibt.» So verwirft zum Beispiel das menschliche Sein im Verbot oder im Veto eine in die Zukunft weisende Transzendenz. Aber diese Verneinung stellt nichts fest. Mein Bewußtsein beschränkt sich darauf, eine Negiertheit *ins Auge zu fassen.* Es konstituiert sich selbst in der Tiefe seines Wesens als Nichtung einer Möglichkeit, die eine andere menschliche Realität als *ihre* Möglichkeit entwirft. Darum muß es in der Welt als ein *Nein* auftauchen, und als ein Nein faßt ja der Knecht zunächst seinen Herrn auf oder der Gefangene, der entweichen möchte, den Wächter, der ihn bewacht. Es gibt sogar Menschen (Polizisten, Aufpasser, Kerkermeister usw.), deren soziale Realität allein die des Nein ist, die leben und sterben, ohne jemals etwas anderes auf dieser Erde gewesen zu sein als ein Nein. Andere, die das Nein in ihrer Subjektivität selbst haben, konstituieren sich als menschliche Personen in nicht geringerem Maße zu ständiger Verneinung: der Sinn und die Funktion dessen, was Scheler «den Menschen des Ressentiments» nennt, ist das Nein. Aber es gibt noch subtilere Verhaltensweisen, deren Darstellung uns in das Innerste des Bewußtseins führen würde: die Ironie ist eine davon. In der Ironie vernichtet der Mensch das, was er setzt, in ein und demselben Akte; er veranlaßt zu glauben, damit man ihm nicht glaubt; er bestätigt, um zu leugnen, und er leugnet, um zu bestätigen; er schafft einen positiven Gegenstand, der aber kein anderes Sein hat als sein Nichts. So erlauben die negativen Einstellungen zu sich selbst, eine neue Frage zu stellen: was muß der Mensch in seinem Sein sein, damit es ihm möglich ist, sich abzuleugnen? Aber es kann sich nicht darum handeln, die Einstellung einer «Verneinung seiner selbst» in ihrer Allgemeinheit zu erfassen. Die Verhaltensweisen, die unter diesem Titel eingeordnet werden könnten, sind zu verschiedenartig, und wir würden Gefahr laufen, nur eine abstrakte Form in die Hände zu bekommen. Es empfiehlt sich, eine bestimmte Einstellung auszuwählen und zu prüfen, die für die menschliche Realität wesentlich und gleichzeitig so beschaffen ist, daß das Bewußtsein seine Verneinung, anstatt sie nach außen zu richten, gegen sich selbst kehrt. Es schien uns, als müsse die Unwahrhaftigkeit diese Einstellung sein.

Oft setzt man sie mit der Lüge gleich. Ohne zu unterscheiden, sagt man von einer Person, sie beweise ihre Unwahrhaftigkeit oder sie belüge sich selbst. Wir geben ohne weiteres zu, daß die Unwahrhaftigkeit eine Lüge ist, die sich gegen den richtet, der sie ausspricht, aber wir machen zur Bedingung, daß man sogleich diese Art Lüge von der Lüge schlechthin unterscheidet. Die Lüge ist eine negative Einstellung, darüber herrscht Einigkeit. Aber diese Negation ruht nicht auf dem Bewußtsein selbst, sondern sie zielt nur auf das Transzendente. Das Wesen der Lüge beinhaltet nämlich, daß der Lügner vollkommen im Bilde ist über die Wahrheit, die er entstellt. Man lügt nicht in bezug auf etwas, das man nicht weiß, man lügt nicht, wenn man einen Irrtum verbreitet, dem man selbst zum Opfer gefallen ist. Das Ideal des Lügners wäre also ein zynisches Bewußtsein, das in sich die Wahrheit bejaht, das sie aber in seinen Worten verneint und das für sich selbst diese Verneinung ableugnet. Diese zweifache negative Einstellung ruht auf dem Transzendenten: der angegebene Tatbestand ist transzendent, da er nicht existiert, und die erste Negation ruht auf einer *Wahrheit*, das heißt auf einem besonderen Typus von Transzendenz. Was nun die Negation in meinem Innern betrifft, mit der ich als mit einem Korrelat zu meiner Bejahung der Wahrheit hantiere, so ruht sie auf *Worten*, das heißt auf einer Begebenheit in der Welt. Im übrigen ist die innere Verfassung des Lügners positiv: der Lügner hat die Absicht, zu täuschen, und er versucht nicht, sich diese Absicht zu verheimlichen oder die Durchschaubarkeit seines Bewußtseins zu verdunkeln; im Gegenteil, er beruft sich auf sie, wenn es sich darum handelt, über seine sekundären Einstellungen zu entscheiden; sie übt ausdrücklich eine regulierende Kontrolle über alle Einstellungen aus. Was die zur Schau getragene Absicht betrifft, die Wahrheit zu sagen («Ich will Sie nicht täuschen, das ist wahr, ich beschwöre es» usw.), so ist sie zweifellos Gegenstand einer Negation im Innern, aber deshalb wird sie noch nicht vom Lügner als *seine* Absicht erkannt. Sie wird gespielt, gemimt, sie ist die Absicht einer Persönlichkeit, die er vor den Augen seines Gesprächspartners spielt, aber diese Persönlichkeit ist, eben weil sie *nicht ist*, etwas Transzendentes. So bringt die Lüge die Innenstruktur des augenblicklichen Bewußtseins nicht mit ins Spiel, alle Negationen, aus denen sie besteht, ruhen auf Gegenständen, die auf Grund jener Tatsache aus dem Bewußtsein verjagt sind; die Lüge erfordert also keine besondere ontologische Begründung, und alle Erklärungen, die das Dasein der Negation im allgemeinen erfordert, sind ohne Veränderung für den Fall der Täuschung gültig. Ohne Zweifel haben wir damit die ideale Lüge definiert; ohne Zweifel kommt es aber oft genug vor, daß der Lügner mehr oder weniger das Opfer seiner Lüge wird, daß er halb und halb von ihr überzeugt wird: aber diese geläufigen und vulgären Formen der Lüge sind zugleich verkümmerte Aspekte von ihr, sie stellten Zwischenglieder dar zwischen der Lüge und der Unwahrhaftigkeit. Die Lüge ist eine transzendente Verhaltensweise.

Denn die Lüge ist ein natürliches Phänomen dessen, was Heidegger «Mit-Sein» nennt. Sie setzt mein Dasein voraus, das Dasein des *Anderen,* mein Dasein *für* den Anderen und das Dasein des Anderen *für* mich. So begreift man unschwer, daß der Lügner in aller Klarheit die Lüge entwerfen muß und daß er ein vollkommenes Verständnis der Lüge haben muß und der Wahrheit, die er entstellt. Es genügt, daß eine prinzipielle Undurchschaubarkeit dem *Anderen* seine Absichten verbirgt; es genügt, daß der Andere die Lüge für Wahrheit halten kann. Durch die Lüge bestätigt das Bewußtsein, daß es von Natur aus *dem Anderen verborgen* existiert, es macht zu seinem Vorteil Gebrauch von der ontologischen Dualität von Ich und Fremd-Ich.

Das könnte für die Unwahrhaftigkeit nicht zutreffen, wenn diese wirklich, wie wir es andeuteten, Selbstbelügung wäre. Sicher handelt es sich für den, der unwahrhaftig ist, darum, eine unangenehme Wahrheit zu verschweigen oder einen angenehmen Irrtum als Wahrheit hinzustellen. Die Unwahrhaftigkeit hat also in ihrer Erscheinung die Struktur der Lüge. Nur wird alles durch den Umstand verändert, daß ich in der Unwahrhaftigkeit mir selbst die Wahrheit verschweige. Hier besteht die Dualität von Täuscher und Getäuschtem nicht. Die Unwahrhaftigkeit beinhaltet im Gegenteil wesenhaft die Einheit *eines* Bewußtseins. Das bedeutet nicht, daß sie nicht durch das «Mit-Sein» bedingt sein kann, wie sonst alle Phänomene der menschlichen Realität, sondern das «Mit-Sein» bewirkt weiter nichts, als daß es die Unwahrhaftigkeit in Gang bringt, falls es sich als eine *Situation* darbietet, die mittels der Unwahrhaftigkeit überschritten werden kann; die Unwahrhaftigkeit kommt nicht von außen her zur menschlichen Realität. Man erleidet die Unwahrhaftigkeit nicht, man wird nicht mit ihr angesteckt, sie ist kein *Zustand.* Es bedarf einer ursprünglichen Absicht und eines Entwurfs der Unwahrhaftigkeit; dieses Entwerfen beinhaltet ein Verständnis der

Unwahrhaftigkeit als solcher und eine präreflexive Erfassung des von der Unwahrhaftigkeit gestalteten Bewußtseins. Es folgt daraus zunächst, daß der, den man belügt, und der, der lügt, ein und dieselbe Person sind, was bedeutet, daß ich als Täuschender die Wahrheit kennen muß, die mir als Getäuschtem verborgen ist. Mehr noch, ich muß die Wahrheit sehr genau kennen, *um* sie vor mir sorgfältiger verstecken zu können – und dies nicht in zwei verschiedenen Momenten der Zeitlichkeit –, was zur Not gestatten würde, einen Anschein von Dualität wiederherzustellen, sondern in der vereinheitlichenden Struktur des gleichen Entwurfs. Wie kann aber die Lüge bestehen, wenn die Dualität, die sie bedingt, aufgehoben ist? Zu dieser Schwierigkeit tritt noch eine andere hinzu, die von der vollkommenen Durchschaubarkeit des Bewußtseins herkommt. Der Unwahrhaftige muß Bewußtsein (von) seiner Unwahrhaftigkeit haben, denn das Sein des Bewußtseins ist Seinsbewußtsein. Anscheinend muß ich also wenigstens insoweit wahrhaftig sein, als ich mir meiner Unwahrhaftigkeit bewußt bin. Wenn das aber geschieht, löst sich dieses ganze psychische Gebilde in Nichts auf. Man wird in der Tat dem zustimmen, daß ich, falls ich überlegt und zynisch versuche, mich anzulügen, bei diesem Unternehmen vollkommen scheitern würde, denn unter meinem Blick weicht die Lüge zurück und vergeht; sie wird *von rückwärts her* durch das Bewußtsein, mich zu belügen, zerstört, das sich unbarmherzig diesseits meiner Absicht als ihre Bedingung konstituiert. Hier liegt ein *verschwindendes* Phänomen vor, das nur in seiner und durch seine eigene Unterschiedenheit von anderem existiert. Sicher sind solche Phänomene häufig, und wir werden noch sehen, daß es tatsächlich ein «Verschwinden» der Unwahrhaftigkeit gibt; offenbar schwingt sie ständig zwischen Wahrhaftigkeit und Zynismus hin und her. Nichtsdestoweniger stellt die Unwahrhaftigkeit, auch wenn ihre Existenz sehr schwankend ist und auch wenn sie zu jener Art psychischer Gebilde gehört, die man «mittelfest» nennen könnte, eine selbständige und dauerhafte Gestalt vor; sie kann sogar für eine sehr große Anzahl von Personen der natürliche Aspekt des Lebens sein. Man kann in der Unwahrhaftigkeit *leben*, was nicht besagen will, daß man keine plötzlichen Anfälle von Zynismus oder Wahrhaftigkeit haben kann, was aber doch einen festen und besonderen Lebensstil bedeutet. Scheinbar ist also unsere Verlegenheit außerordentlich groß, denn wir können die Unwahrhaftigkeit weder leugnen noch verstehen.

Um diesen Schwierigkeiten zu entgehen, nimmt man seine Zuflucht gern beim Unbewußten. Bei der psychoanalytischen Interpretation benutzt man zum Beispiel die Hypothese einer Zensur, die wie eine Demarkationslinie aufgefaßt wird mit Gepäck-, Paß- und Devisenkontrolle usw., um die Dualität von Täuscher und Getäuschtem wiederherzustellen. Der Instinkt – oder, wenn man lieber will, die Urtriebe und die durch unsere individuelle Geschichte gebildeten Triebkomplexe – spielt hier die Rolle der Realität. Er ist weder *richtig* noch *falsch*, da er nicht *für sich* existiert. Er *ist* einfach, geradeso wie dieser Tisch, der *an sich* weder richtig noch falsch ist, sondern einfach *real*. Was nun die bewußten Symbolisierungen des Instinktes betrifft, so dürfen sie nicht für Schein, sondern müssen sie für reale psychische Fakten gehalten werden. Die Phobie, das Sichversprechen, der Traum existieren wirklich in ihrer Eigenschaft als konkrete Bewußtseinstatsachen, und zwar in derselben Weise, wie die Worte und Einstellungen des Lügners konkrete und wirklich existierende Verhaltensweisen sind. Das Subjekt steht einfach vor diesen Phänomenen wie der Getäuschte vor den Verhaltensweisen des Täuschers. Es stellt sie in ihrer Realität fest und muß sie deuten. Es gibt eine *Wahrheit* der Verhaltensweisen des Täuschers: wenn der Getäuschte sie mit der Situation in Verbindung bringen könnte, in der der Täuscher sich befindet, und mit dessen Lügenentwurf, dann würden sie, als lügenhafte Verhaltensweisen, zu integrierenden Bestandteilen der Wahrheit. Ebenso gibt es eine Wahrheit der symbolisierenden Akte: diese Wahrheit entdeckt der Psychoanalytiker, wenn er die Akte in Verbindung bringt mit der geschichtlichen Situation des Kranken, mit den unbewußten Komplexen, die sie ausdrücken, mit dem Schlagbaum der Zensur. So täuscht sich das Subjekt über den *Sinn* seiner Verhaltensweisen, es erfaßt sie wohl in ihrem konkreten Dasein, aber nicht in ihrer *Wahrheit*, denn es kann sie nicht von einer Ur-Situation und von einer psychischen Verfassung herleiten, weil es davon nichts weiß. Freud hat durch seine Unterscheidung des *«Es»* vom *«Ich»* das Psychische in zwei Teile geteilt. Ich *bin* Ich, aber ich bin nicht *Es*. Ich befinde mich in bezug auf mein nicht bewußtes Seelenleben in keiner bevorzugten Stellung. Ich *bin* meine eigenen psychischen Phänomene, insoweit ich sie in ihrer mir bewußten Realität feststelle: zum Beispiel bin ich das, was mich antreibt, dieses oder jenes Buch von der Auslage zu stehlen, ich bilde mit dem Antrieb eine Masse, ich helle ihn auf, und in Abhängigkeit von ihm entschließe ich mich, den Diebstahl zu begehen. Aber ich *bin* jene psychischen Tatbestände nicht, insofern ich sie passiv entgegennehme und genötigt bin, über ihren Ursprung und ihre wirkliche Bedeutung Hypothesen aufzustellen, geradeso wie ein Gelehrter Vermutungen anstellt über die Natur und das Wesen eines Phänomens der Außenwelt: zum Beispiel ist dieser Diebstahl, den ich als einen unmittelbaren, durch die Seltenheit, den interessanten Inhalt oder den Preis des Buches, das ich entwenden werde, bestimmten Antrieb deute, in *Wahrheit* ein von Selbstbestrafung hergeleiteter Prozeß, der mehr oder weniger direkt mit einem Ödipuskomplex in Verbindung steht. Es gibt also eine Wahrheit des Antriebs zum Diebstahl, an die man nur durch mehr oder weniger wahrscheinliche Hypothesen herankommt. Das Kriterium dieser Wahrheit wird der Umfang der bewußten psychischen Tatbestände sein, die sie erklärt; von einem mehr pragmatischen Gesichtspunkt aus wird auch der Erfolg des psychiatrischen Heilverfahrens, das sie ermöglicht, ein Kriterium sein. Schließlich wird zur Entdeckung dieser Wahrheit auch die Hilfe des Psychoanalytikers benötigt, der als der *Mittler* zwischen meinen unbewußten Trieben und meinem bewußten Leben erscheint. *Ein Anderer* scheint allein imstande zu sein, die Synthese zwischen der unbewußten Thesis und der bewußten Antithesis herzustellen. Ich kann mich nur durch die Vermittlung eines Anderen erkennen, was besagt, daß ich mich in bezug auf *mein* «Es» in der Stellung des *Anderen* befinde. Wenn ich einige psychoanalytische Kenntnisse habe, kann ich unter besonders günstigen Umständen versuchen, mich selbst zu analysieren. Aber dieser Versuch kann nur gelingen, wenn ich mich vor jeder Art Intuition hüte, wenn ich die abstrakten Schemata und Regeln auf meinen Fall *von außen her* so anwende, wie ich es gelernt habe. Was nun die Ergebnisse betrifft, die durch meine Bemühungen allein oder unter Mitwirkung eines Fachmanns zu erreichen sind, so werden sie niemals diejenige Gewißheit besitzen, die die Intuition verleiht; sie werden einfach die immer größer werdende Wahrscheinlichkeit der wissenschaftlichen Hypothesen haben. Die Ödipuskomplex-Hypothese ist, wie die Atomhypothese, nichts anderes als eine «Erfahrungs-Vorstellung»; sie unterscheidet sich nicht, wie Peirce sagt, vom Insgesamt der Erfahrungen, die zu machen sie gestattet, und von den Wirkungen, die vorauszusehen sie ermöglicht. So ersetzt die Psychoanalyse den Begriff der Unwahrhaftigkeit durch die Vorstellung einer Lüge ohne Lügner, sie ermöglicht zu verstehen, wieso ich mich nicht belügen, aber *belogen sein* kann, denn sie bringt mich in Ansehung meiner selbst in die Stellung eines Anderen mir gegenüber, sie ersetzt die Dualität von Täuscher und Getäuschtem, die die wesentliche Voraussetzung der Lüge ist, durch die von «Es» und «Ich», sie bringt in die tiefste Tiefe meiner Subjektivität die intersubjektive Struktur des *Mit-Seins* hinein. Können wir uns mit diesen Erklärungen zufriedengeben?

Von der Nähe betrachtet, ist die psychoanalytische Theorie nicht so einfach, wie sie zunächst aussieht. Es trifft nicht zu, daß das «Es» sich in bezug auf die Hypothese des Psychoanalytikers als eine Sache darstellt, denn die Sache ist gleichgültig gegenüber den Vermutungen, die man über sie anstellt, und das «Es» wird im Gegenteil von ihnen *berührt*, wenn sie sich der Wahrheit nähern. In der Tat macht Freud auf Widerstände aufmerksam, wenn der Arzt sich am

Ende des ersten Behandlungsabschnittes der Wahrheit nähert. Diese Widerstände sind objektive Verhaltensweisen und werden von außen her erfaßt: der Kranke bekundet Mißtrauen, weigert sich zu reden, gibt phantastische Schilderungen seiner Träume und entzieht sich bisweilen gänzlich der psychoanalytischen Behandlung. Es erhebt sich die Frage, welcher Teil von ihm derartig Widerstand leisten kann. Das «Ich», betrachtet als das psychische Insgesamt der Bewußtseinstatsachen, kann es nicht sein: es kann nämlich nicht vermuten, daß der Psychiater sich seinem Ziele nähert, denn es steht vor dem *Sinn* seiner Reaktionen genau wie der Psychiater selbst. Höchstens ist es ihm möglich, den Wahrscheinlichkeitsgrad der aufgestellten Hypothesen nach dem Umfang der subjektiven, von ihnen erklärten Tatbestände objektiv einzuschätzen, so wie es ein bei der Analysierung Zuschauender könnte. Übrigens wird dem «Ich» diese Wahrscheinlichkeit an Gewißheit zu grenzen scheinen, über die es aber nicht beunruhigt sein kann, da es ja meistens es selbst ist, das durch einen *bewußten* Entschluß sich dem Verfahren der psychoanalytischen Therapie anvertraut hat. Wird man einwenden, daß der Kranke sich über die alltäglich vom Psychoanalytiker ihm gegebenen Aufschlüsse beunruhigt und daß er versucht, sich ihnen zu entziehen, indem er gleichzeitig vor sich selber so tut, als wolle er die Behandlung fortsetzen? In diesem Falle kann man unmöglich zum Unbewußten seine Zuflucht nehmen, um die Unwahrhaftigkeit zu erklären: sie ist da, voll bewußt, mit allen ihren Widersprüchen. Das ist übrigens nicht die Art, in der die Psychoanalytiker jene Widerstände zu erklären wünschen: für sie sind sie dumpf und unergründlich, sie kommen von weit her, sie haben ihre Wurzeln in der Sache selbst, die man aufhellen will.

Sie können indessen auch nicht aus dem Komplex hervorgehen, der ans Licht gebracht werden soll. Der Komplex als solcher würde eher ein Mitarbeiter des Psychoanalytikers sein, da er darauf abzielt, sich im klaren Bewußtsein auszudrücken, da er die Zensur zu überlisten und umgehen sucht. Die einzige Ebene, auf der wir die Ablehnung des Subjektes lokalisieren können, ist die Zensur. Nur sie kann an den Fragen oder Enthüllungen des Psychoanalytikers erfassen, daß sie den wirklichen Trieben, die sie verdrängen möchte, mehr oder weniger nahekommen, sie allein, denn nur sie kann *wissen,* was sie verdrängt.

Denn wenn wir von der Fachsprache und von der verdinglichenden Mythologie der Psychoanalyse absehen, bemerken wir in der Tat, daß die Zensur kennen muß, was sie verdrängt, damit sie ihre Tätigkeit planvoll ausüben kann. Wenn wir auf alle Metaphern verzichten, die die Verdrängung als einen Schock seitens blinder Kräfte hinstellen wollen, dann müssen wir zugeben, daß die Zensur *auswählen* muß und, um auswählen zu können, sich etwas *vorstellen* muß. Woher käme es sonst, daß sie erlaubte sexuelle Antriebe passieren läßt, daß sie die Bedürfnisse (Hunger, Durst, Schlaf) im klaren Bewußtsein sich auszudrücken duldet? Und wie wäre es zu erklären, daß sie in ihrer Wachsamkeit *nachlassen,* daß sie sogar durch Verkleidung des Instinktes *getäuscht* werden kann? Aber es genügt nicht einmal, daß sie die öffentlich verurteilten Triebe herausfindet, sie muß sie auch *als zu verdrängende* erfassen, was bei ihr mindestens eine Vorstellung ihrer eigenen Tätigkeit ins Spiel bringt. Kurz, wie soll die Zensur die zu verdrängenden Antriebe herausfinden, ohne ein Bewußtsein davon zu haben, daß sie sie von anderen unterscheidet? Kann man ein Wissen begreifen, das Unwissenheit über sich selbst ist? Wissen, das ist wissen, daß man weiß, sagt Alain. Sagen wir lieber: jedes Wissen ist Wissensbewußtsein. So enthalten die Widerstände des Kranken auf der Ebene der Zensur eine Vorstellung des Verdrängten als solchem, ein Verständnis für das Ziel, das die Fragen des Psychoanalytikers anstreben, und einen Akt synthetischen Verbindens, mit dessen Hilfe die Zensur die *Wahrheit* des verdrängten Komplexes mit der psychoanalytischen Hypothese vergleicht, die auf ihn angewendet wird. Und diese verschiedenen Operationen bedeuten eben, daß die Zensur sich ihrer selbst bewußt ist. Aber welchem Typus kann das Bewußtsein der Zensur (von) sich angehören? Sie muß Bewußtsein (davon) sein, Bewußtsein des zu verdrängenden Triebes zu sein, aber gerade, *um von ihm nicht Bewußtsein zu sein.* Was kann das weiter heißen, als daß die Zensur unwahrhaftig sein muß? Die Psychoanalyse hat uns dabei nichts gewinnen lassen, denn um die Unwahrhaftigkeit aus der Welt zu schaffen, hat sie zwischen das Unbewußte und das Bewußtsein ein autonomes und unwahrhaftiges Bewußtsein gesetzt. Deshalb haben ihre Bemühungen, eine echte Dualität – und sogar eine Trinität (Es, Ich und das in der Zensur sich ausdrückende Über-Ich) – zu stiften, zu nichts weiter geführt als zu einer verbalen Terminologie. Gerade das Wesen der reflexiven Vorstellung von einem «*sich* etwas Verheimlichen» begreift die Einheit eines und desselben Seelenlebens in sich und infolgedessen eine zweifache Tätigkeit inmitten dieser Einheit mit dem Ziel, einerseits die zu verbergende Sache in der Hand zu behalten und kenntlich zu machen, andererseits sie zurückzudrängen und zu verbergen; die beiden Aspekte dieser Tätigkeit ergänzen sich gegenseitig, daß heißt, sie beziehen sich gegenseitig in ihr Sein ein. Die Psychoanalyse hat zwar das Bewußte vom Unbewußten durch die Zensur zu scheiden versucht, es ist ihr aber nicht gelungen, jene beiden Phasen des Aktes zu trennen, denn die Libido ist ein blinder Drang nach bewußtem Ausdruck, und das bewußte Phänomen ist ein inaktives und betrügerisches Ergebnis des Aktes: die Psychoanalyse hat einfach jene zweiseitige Aktivität des Abweisens und des Anziehens in der Ebene der Zensur lokalisiert. Um der Einheit des Gesamtphänomens gerecht zu werden (Verdrängung des Triebes, der sich verkleidet und der in symbolischer Gestalt «passiert»), müssen aber noch verstehbare Verbindungen zwischen seinen verschiedenen Momenten hergestellt werden. Wieso kann der verdrängte Trieb «sich verkleiden», wenn er nicht enthält: 1. das Bewußtsein, verdrängt zu werden, 2. das Bewußtsein, abgewiesen worden zu sein, weil er ist, was er ist, 3. einen Verkleidungsentwurf? Keine mechanistische Theorie der Verdichtung oder der Übertragung kann diese Umgestaltungen erklären, die der Trieb an sich selbst vornimmt; denn die Beschreibung des Verkleidungsprozesses beinhaltet eine verhüllte Ausflucht in die Finalität. Und wie will man denn der Lust oder der Angst gerecht werden, die die symbolische und bewußte Befriedigung des Triebes begleiten, wenn das Bewußtsein nicht, jenseits der Zensur, ein wenn auch undeutliches Verständis für das zu erreichende Ziel, insofern es gleichzeitig ersehnt und verboten ist, in sich schlösse? Dafür, daß er die bewußte Einheit des Psychischen fallenließ, ist Freud genötigt, überall eine magische Einheit mit einzubegreifen, durch welche die entfernten und jenseits der Hindernisse liegenden Phänomene miteinander verbunden werden, so wie der Analogiezauber aus der behexten Person und dem ihrer Erscheinung nachgebildeten Wachsfigürchen eine magische Einheit macht. Der unbewußte «Trieb» wird beeinträchtigt, «verdrängt» oder «öffentlich verurteilt» durch die Mitwirkung des Charakters, der sich ganz in ihm ausbreitet, ihn färbt und in magischer Weise seine Symbolisierungen hervorruft. Ebenso ist das bewußte Phänomen von seinem symbolischen Sinn ganz eingefärbt, wenn es auch diesen Sinn von sich aus und klaren Bewußtseins nicht ergreifen kann. Aber auch abgesehen von ihrer grundsätzlichen Minderwertigkeit, schafft die Erklärung durch Magie die Koexistenz – auf den Stufen des Unbewußtseins, der Zensur und des Bewußtseins – zweier sich widersprechender und sich ergänzender Strukturen nicht aus der Welt, die sich gegenseitig beinhalten und vernichten. Man hat die Unwahrhaftigkeit zu einer Substanz gemacht und «verdinglicht», man hat ihr nicht ausweichen können. Das hat einen Wiener Psychiater, Steckel, veranlaßt, der Psychoanalyse den Gehorsam aufzusagen und in «Die frigide Frau»[1] zu schreiben: «Jedesmal, wenn es mir gelang, meine Untersuchungen weit genug vorzutreiben, habe ich festgestellt, daß der Kern der Psychose bewußt war.» Außerdem legen die Fälle, über die er berichtet, Zeugnis ab von einer pathologischen Unwahrhaftigkeit, der

1 Nouvelle Revue Française.

der Freudismus nicht gerecht zu werden vermag. Da sind zum Beispiel Frauen, die eine eheliche Enttäuschung frigid gemacht hat, das heißt also, die es fertigbringen, den Genuß, den ihnen der sexuelle Akt verschafft, vor sich zu verbergen. Zunächst ist anzumerken, daß es sich bei ihnen darum handelt, nicht etwa tief in halbphysiologischen Finsternissen steckende Komplexe sich zu verheimlichen, sondern objektiv aufweisbare Verhaltensweisen, von denen in dem Augenblick, in dem sie sie annehmen, die Frauen unmöglich keine Kenntnis haben können: tatsächlich eröffnet der Ehemann Herrn Steckel oft, daß seine Frau objektive Anzeichen von Lust gegeben habe, und das sind gerade die Anzeichen, die die darüber befragte Frau ganz entschieden abzuleugnen für notwendig erachtet. Es handelt sich hier um eine *Ablenkungshandlung*. Ebenso erfahren wir aus den Beichten, die Steckel hervorzulocken versteht, daß diese pathologisch frigiden Frauen es sich angelegen sein lassen, sich von vornherein von der Lustempfindung abzulenken, vor der sie sich fürchten: viele richten zum Beispiel ihre Gedanken, sobald der sexuelle Akt beginnt, auf ihre alltäglichen Beschäftigungen, berechnen ihr Wirtschaftsgeld. Wer wollte da von Unbewußtem reden? Indessen lenkt die frigide Frau ihr Bewußtsein keineswegs in zynischer Weise und in völliger Übereinstimmung mit sich selbst von der Lust ab, die sie empfindet: sie tut das, *um sich zu beweisen*, daß sie frigid ist. Wir haben es hier mit einem richtigen Phänomen der Unwahrhaftigkeit zu tun, denn die aufgewendete Mühe, der empfundenen Lust nicht zuzustimmen, enthält das Anerkenntnis, daß die Lust empfunden wird, und sie enthält das Anerkenntnis, eben, *um es ableugnen zu können*. Aber wir sind hier schon nicht mehr im Bereich der Psychoanalyse. Einerseits kann die Erklärung durch das Unbewußte auf Grund der Tatsache, daß sie die psychische Einheit zerbricht, Tatbeständen nicht gerecht werden, die schon beim ersten Hinsehen zu ihrer Zuständigkeit gehören. Andererseits gibt es eine Unmenge von unwahrhaftigen Verhaltensweisen, die bestimmt auf diese Weise nicht erklärt werden können, weil es zu ihrem Wesen gehört, daß sie nur in der Durchsichtigkeit des Bewußtseins erscheinen können. Wir finden das Problem, das wir aufzuhellen versuchten, unberührt vor.

II

Die unwahrhaftigen Verhaltensweisen

Wenn wir aus den Schwierigkeiten herauskommen wollen, müssen wir die Verhaltensweisen der Unwahrhaftigkeit schärfer prüfen und ihre Beschreibung versuchen. Eine solche Beschreibung wird es uns vielleicht ermöglichen, mit größerer Genauigkeit die Möglichkeitsbedingungen der Unwahrhaftigkeit festzulegen, das heißt auf unsere anfängliche Frage zu antworten: «Was muß der Mensch in seinem Sein sein, wenn er unwahrhaftig sein können soll?»

Da ist zum Beispiel eine Frau, die zu einem ersten Rendezvous geht. Sie kennt sehr genau die Absichten, die der Mann, der mit ihr spricht, in bezug auf sie hat. Sie weiß auch, daß sie sich früher oder später irgendwie entscheiden muß. Aber sie will von dem Drängen nichts merken: sie hält sich allein an das, was die Haltung ihres Partners an Respektvollem und Zurückhaltendem sehen läßt. Sie faßt dieses Verhalten nicht als einen Versuch auf, das ins Werk zu setzen, was man «die ersten Annäherungen» nennt, das heißt, sie will die Möglichkeiten zeitlicher Fortentwicklung nicht sehen, die diese Haltung in sich trägt: sie schränkt dieses Benehmen auf das ein, was es in der Gegenwart ist, sie will aus den Worten, die man an sie richtet, nichts anderes heraushören als ihren offenbaren Sinn; wenn man zu ihr sagt: «Ich bewundere Sie so sehr», so nimmt sie diesem Satz seinen sexuellen Hintergrund, sie legt dem Gespräch und dem Benehmen ihres Partners unmittelbare Bedeutung bei, die sie wie objektive Eigenschaften betrachtet. Der Mann, der mit ihr redet, erscheint ihr aufrichtig und respektvoll, so wie der Tisch rund oder viereckig, so wie die Wand blau oder grau gemalt ist. Und die Eigenschaften, die in dieser Weise der Person, der sie zuhört, beigelegt worden sind, erstarren zu einer dinglichen Fortdauer, die nichts anderes ist als die Projektion ihrer strikten Gegenwart auf den zeitlichen Ablauf. Sie weiß also nicht über das Bescheid, was sie wünscht: sie ist zutiefst empfänglich für die Begierde, die sie erregt, aber diese rohe und unverhüllte Begierde würde sie erniedrigen und würde bei ihr Abscheu hervorrufen. Indessen würde sie nichts Reizvolles an einem Respekt finden, der einzig und allein Respekt wäre. Um sie zufriedenzustellen, bedarf es eines Gefühls, das sich ungeteilt an ihre *Person* wendet, das heißt an ihre vollkommene Freiheit, und das eine Anerkenntnis ihrer Freiheit ist. Aber gleichzeitig muß dieses Gefühl ganz und gar Begierde sein, das heißt, es muß sich an ihren Körper als Gegenstand der Begierde wenden. In unserem Falle weigert sie sich also, die Begierde als das aufzufassen, was sie ist, sie gibt ihr nicht einmal einen Namen, sie erkennt sie nur in dem Maße, in dem die Begierde sich in Richtung auf die Bewunderung, die Hochschätzung, den Respekt transzendiert und in dem sie keine andere Rolle spielt als die eine Art von Wärme und Verdichtung der Situation. Aber jetzt ergreift man ihre Hand. Diese Handlung ihres Gesprächspartners enthält die Gefahr, die Situation zu verändern, indem sie zu einer unmittelbaren Entscheidung aufruft: dem Manne diese Hand überlassen heißt, dem Flirt von sich aus zuzustimmen, sich darin zu engagieren. Sie zurückziehen heißt, die unklare und schwankende Harmonie zerstören, die den Reiz der Stunde ausmacht. Es kommt darauf an, den Augenblick der Entscheidung soweit wie möglich hinauszuschieben. Man weiß, was nun geschieht: die junge Frau überläßt ihm ihre Hand, aber *sie merkt nicht*, daß sie sie ihm überläßt. Sie merkt es nicht, weil es sich zufällig so fügt, daß sie in diesem Augenblick ganz Geist ist. Sie reißt ihren Partner mit fort bis in die höchsten Höhen empfindsamer Spekulation, sie redet vom Leben im allgemeinen, von ihrem Leben im besonderen; sie zeigt sich von ihrer wesenhaften Seite: eine klare bewußte Persönlichkeit. Und inzwischen vollendet sich die Trennung von Leib und Seele; die Hand ruht regungslos zwischen den warmen Händen ihres Partners: weder zustimmend noch widerstrebend – eine Sache.

Wir behaupten, diese Frau sei unwahrhaftig. Aber wir sehen auch, daß sie verschiedene Verfahren benutzt, um sich in dieser Unwahrhaftigkeit zu halten. Sie hat die Verhaltensweisen ihres Partners verharmlost, indem sie sie auf nichts als das eingeschränkt hat, was sie sind, das heißt darauf, in der Weise des An-sich zu existieren. Aber sie gestattet es sich, an seiner Begierde Genuß zu haben in dem Maße, in dem sie sie erfaßt als das nicht seiend, was sie ist, das heißt, in dem sie in ihr die Transzendenz erkennt. Indem sie zutiefst die Gegenwart ihres eigenen Körpers empfindet – vielleicht so stark, daß sie davon beunruhigt wird –, realisiert sie sich als ihr eigener Körper *nicht seiend,* und sie betrachtet ihn von ihrer Höhe herab wie einen passiven Gegenstand, dem Ereignisse *zustoßen* können, der sie aber weder hervorrufen noch vermeiden kann, weil alle seine Möglichkeiten außerhalb seiner selbst liegen. Was ist das Gemeinsame dieser verschiedenen Aspekte der Unwahrhaftigkeit? Es ist eine Art Kunst, widersprüchliche Begriffe zu bilden, das heißt solche, die in sich eine Vorstellung mit der Negation dieser Vorstellung vereinen. Der so geschaffene Grundbegriff benutzt die zweifache Eigenschaft des menschlichen Seins, *Faktizität* und *Transzendenz* zu sein. Diese beiden Aspekte der menschlichen Realität sind fähig und müssen genaugenommen fähig sein, wirksam koordiniert zu werden. Aber die Unwahrhaftigkeit will sie weder koordinieren noch in einer Synthese überwinden. Ihr kommt es darauf an, die

Identität beider zu bejahen und ihre Unterschiede aufrechtzuerhalten. Sie muß die Faktizität bejahen, als *sei sie* die Transzendenz, und die Transzendenz, als *sei sie* die Faktizität, so zwar, daß man sich in dem Augenblick, in dem man die eine erfaßt, plötzlich gegenüber der anderen befinden kann. Der Prototyp von unwahrhaftigen Formulierungen wird uns durch gewisse, allgemein bekannte Redewendungen geliefert, die, um ihre ganze Wirksamkeit zu entfalten, gerade im Geiste der Unwahrhaftigkeit ausgedacht worden sind. So z. B. lautet bekanntlich der Titel eines Buches von Jacques Chardonne: «Die Liebe – ist viel mehr als die Liebe». Man sieht, wie hier die Einheit entsteht aus der *gegenwärtigen* Liebe in ihrer Faktizität – «Berührung zweier Hautstellen», Sinnlichkeit, Egoismus, mechanisch ablaufende Eifersucht à la Proust, Kampf der Geschlechter nach Adler usw. – und der Liebe als Transzendenz, dem «Feuerstrom» nach Mauriac, dem Rufe der Unendlichkeit, dem Platonischen Eros, der dumpfen kosmischen Intuition eines Lawrence usw. Hier geht man von der Faktizität aus und befindet sich plötzlich, jenseits der Gegenwart und der faktischen Seinsstellung des Menschen, jenseits der Psychologie, mitten in der Metaphysik. Umgekehrt versetzt uns der Titel eines Stückes von Sarment: «Ich bin zu groß für mich», der auch Kennzeichen der Unwahrhaftigkeit an sich trägt, zunächst mitten in die Transzendenz, um uns dann plötzlich in den engen Grenzen unseres faktischen Wesens einzusperren. Man findet diese Strukturen in der berühmten Wendung wieder: «Aus ihm ist geworden, was er war» oder in ihrer nicht weniger berühmten Umkehrung: «Einer, den die Ewigkeit im Inneren erst wandelt». Wohlgemerkt, diese verschiedenen Formulierungen haben nur den *Anschein* der Unwahrhaftigkeit, sie sind absichtlich in dieser paradoxen Gestalt ausgedacht worden, um den Geist zu frappieren und ihn durch ein Rätsel aus der Fassung zu bringen. Aber gerade dieser Anschein ist für uns wichtig. Was hier zählt, ist, daß jene Formulierungen keine neuen und ordentlich gebauten Erkenntnisgegenstände bilden; sie sind im Gegenteil in der Weise gebaut, daß sie in ununterbrochenem Zerfall verharren und damit ein ununterbrochenes Abgleiten aus der handfesten Gegenwart in die Transzendenz und umgekehrt möglich ist. Man erkennt in der Tat den Gebrauch, den die Unwahrhaftigkeit von jenen Urteilen machen kann, die alle darauf abzielen, darzulegen, daß ich nicht bin, was ich bin. Wenn ich nur das wäre, was ich *bin*, könnte ich zum Beispiel einen Vorwurf, den man gegen mich erhebt, ernstlich ins Auge fassen, ich könnte mich selbst gewissenhaft befragen und würde vielleicht genötigt, die Richtigkeit des Vorwurfs anzuerkennen. Aber mit Hilfe der Transzendenz entgehe ich ja allem, was ich bin. Ich brauche die Wohlbegründetheit des Vorwurfs nicht einmal in dem Sinne zu erörtern, in dem Susanne zu Figaro sagt: «Beweisen, daß ich recht habe, hieße anerkennen, daß ich unrecht haben kann.» Ich habe einen Standpunkt inne, wo kein Tadel mich erreichen kann, denn was ich in Wahrheit *bin*, ist meine Transzendenz; ich flüchte, ich entweiche, ich lasse meine Lumpen in den Händen des Moralpredigers zurück. Allerdings kommt die für die Unwahrhaftigkeit typische Zweideutigkeit in unserem Falle daher, daß man versichert, ich *sei* meine Transzendenz in der Seinsweise der Sache. Nur so kann ich nämlich das Gefühl haben, allen diesen Vorwürfen zu entgehen. In diesem Sinne reinigt unsere junge Frau die Begierde von allem, was sie Demütigendes an sich hat, indem sie in ihr nur die reine Transzendenz erblicken will, die es ihr sogar erspart, die Begierde beim Namen zu nennen. Umgekehrt ist das «ich bin zu groß für mich», das uns eine in Faktizität gewandelte Transzendenz zeigt, die Quelle einer Unzahl von Entschuldigungen für unsere Mißerfolge oder Schwächen. Ebenso hält die junge Kokette an der Transzendenz in dem Maße fest, in dem der Respekt und die durch die Verhaltensweise ihres Anbeters bezeigte Hochschätzung sich schon auf der Ebene des Transzendenten befinden. Aber an diesem Punkt gebietet sie der Transzendenz Halt und verkleistert sie mit der Faktizität der Gegenwart: der Respekt ist nichts anderes als Respekt, er ist ein erstarrtes Sichüberschreiten, das sich nicht mehr in Richtung auf irgend etwas überschreitet.

Aber wenn auch dieser mittelfeste Begriff «Faktizität – Tranzendenz» eins der Grundwerkzeuge der Unwahrhaftigkeit ist, so ist er doch nicht der einzige seiner Art. Ebenso benutzt man eine andere Zweiseitigkeit der menschlichen Realität, die wir in groben Zügen darstellen mit den Worten, ihr Für-sich-Sein beinhalte komplementär dazu ein Für-Andere-Sein. Immer ist es mir möglich, die beiden Blickrichtungen, meine und die des Anderen, auf irgendeine meiner Verhaltensweisen konvergieren zu lassen. Indessen wird eben die Verhaltensweise in beiden Fällen nicht dieselbe Struktur aufweisen. Aber wie wir später sehen werden und wie es jeder empfindet, besteht zwischen den beiden Aspekten meines Seins kein Unterschied der Erscheinung, und es ist nicht so, als ob ich für mich selbst die Wahrheit meiner selbst wäre und als ob ein anderer nur ein verzerrtes Abbild von mir besäße. Die gleiche Seinswürde meines Seins für Andere und meines Seins für mich selbst ermöglicht eine ständig sich auflösende Synthese und ein beständiges Davonlaufen des Für-sich zum Für-Andere hin und des Für-Andere zum Für-sich hin. Wir haben auch gesehen, welchen Gebrauch unsere junge Frau von unserem Mitten-in-der-Welt-sein machte, das heißt von unserer regungslosen Anwesenheit nach Art eines passiven Gegenstandes zwischen anderen Gegenständen, um sich dann plötzlich der Funktionen ihres In-der-Welt-seins zu entledigen, das heißt desjenigen Seins, das es bewirkt, daß es eine Welt gibt, indem es sich jenseits der Welt auf seine eigenen Möglichkeiten hin entwirft. Endlich wollen wir auf jene Synthesen aufmerksam machen, die mit der nichtenden Doppeldeutigkeit der drei zeitlichen Ek-stasen ihr Spiel treiben und behaupten, daß ich das bin, was ich gewesen bin (der Mensch, der absichtlich bei einem Zeitabschnitt seines Lebens *stehenbleibt* und sich weigert, die noch kommenden Veränderungen in Betracht zu ziehen), und gleichzeitig, daß ich nicht bin, was ich gewesen bin (der Mensch, der sich angesichts von Vorwürfen oder Groll von seiner Vergangenheit vollständig lossagt und auf seine Freiheit und seine ständige *Wieder*-Erschaffung pocht). In allen diesen Begriffen, die bei Überlegungen nur eine vorübergehende Rolle spielen, ähnlich der der imaginären Größen in den Berechnungen der Physiker, und aus der Schlußfolgerung ausgeschieden werden, finden wir die gleiche Struktur vor: es geht darum, die menschliche Realität als ein Sein zu konstituieren, das ist, was es nicht ist, und das nicht ist, was es ist.

Aber was ist denn nun wirklich nötig, damit diese Auflösungsbegriffe wenigstens einen Anschein von Existenz bekommen können, damit sie einen Augenblick lang dem Bewußtsein erscheinen können, sei es auch nur in einem Verschwindungsprozesse? Eine kurze Prüfung des Begriffs der Echtheit, der Antithese zur Unwahrhaftigkeit, wird in dieser Beziehung sehr instruktiv sein. Die Echtheit stellt sich nämlich als eine Forderung dar und ist infolgedessen kein *Zustand.* Welches Ideal soll in ihrem Falle erreicht werden? Der Mensch soll *für sich selbst* nur das sein, was er *ist,* kurz, er soll vollständig und in seiner Art einzig das sein, was er ist. Aber ist das nicht genau die Definition des An-sich – oder, wenn man lieber will, das Prinzip der Identität? Das Sein der Dinge als ideal hinstellen, heißt das nicht gleichzeitig zugestehen, daß dieses Sein nicht zur menschlichen Realität gehört und daß das Prinzip der Realität (weit davon entfernt, ein allgemeingültiges Axiom zu sein) nur ein synthetisches Prinzip ist, das eine bloß beschränkte Allgemeingültigkeit genießt? Damit also die unwahrhaftigen Begriffe uns wenigstens für einen Augenblick täuschen können, damit die Freimütigkeit der «reinen Herzen» (Gide, Kessel) für die menschliche Realität als Ideal gelten kann, darf das Prinzip der Identität kein konstitutives Prinzip der menschlichen Realität sein, darf die menschliche Realität nicht mit Notwendigkeit das sein, was sie ist, muß sie das sein können, was sie nicht ist. Was bedeutet das alles?

Wenn der Mensch ist, was er ist, dann ist die Unwahrhaftigkeit für immer unmöglich, und der Freimut hört auf, sein Ideal zu sein und wird sein Sein; aber ist der Mensch denn das, was er ist, und wie kann man das *sein,* was man ist, da man doch als Seinsbewußtsein ist? Wenn der Freimut (oder die Echtheit) ein allgemeingültiger Wert ist, dann versteht es sich von selbst, daß seine Maxime «man muß sein, was man ist» nicht ausschließlich als regulatives Prinzip für die Urteile und Begriffe dient, durch die ich ausdrücke, was ich bin. Der Freimut stellt nicht nur einfach ein Ideal für das Erkennen auf, sondern ein *Seinsideal;* er bietet uns eine absolute Übereinstimmung des Seins mit sich selbst als den Seinsprototyp an. In diesem Sinne müssen wir *uns zu dem machen,* was wir sind. Aber was *sind wir denn,* wenn wir die ständige Verpflichtung haben, uns zu dem zu machen, was wir sind, und wenn wir sind in der Seinsweise des dasjenige Sein-Sollens, was wir sind? Betrachten wir diesen Kaffeehauskellner. Er hat rasche und sichere Bewegungen, ein wenig allzu bestimmte und ein wenig allzu schnelle, er kommt ein wenig zu rasch auf die Gäste zu, er verbeugt sich mit ein wenig zuviel Beflissenheit, seine Stimme und seine Blicke drücken eine Interessiertheit aus, die ein wenig zu sehr von Besorgnis um die Bestellung des Kunden in Anspruch genommen ist; dort kommt er zurück und versucht durch seine Art, zu gehen, die unbeugsame Härte irgendeines Automaten nachzumachen, während er gleichzeitig sein Tablett mit einer Art Seiltänzerkühnheit trägt, wobei er es in einem fortwährend labilen und fortwährend gestörten Gleichgewicht hält, das er mit einer leichten Bewegung des Armes oder der Hand fortwährend wiederherstellt. Seine ganze Verhaltensweise sieht wie ein Spiel aus. Er läßt es sich angelegen sein, seine Bewegungen aneinanderzureihen, als wären sie Mechanismen, die sich gegenseitig antreiben, auch sein Gesichtsausdruck und seine Stimme wirken mechanisch; er legt sich die erbarmungslose Behendigkeit und Schnelligkeit einer Sache bei. Er spielt, er unterhält sich dabei. Aber wem spielt er etwas vor? Man braucht ihn nicht lange zu beobachten, um sich darüber klar zu werden: er spielt, Kaffeehauskellner *zu sein.* Darin liegt nichts Überraschendes: das Spiel ist eine Weise des Sichzurechtfindens und des Nachforschens. Das Kind spielt mit seinem Körper, um ihn zu erforschen, um eine Bestandsaufnahme zu machen; der Kaffeehauskellner spielt mit seiner Stellung, um sie *real zu setzen.* Das ist für ihn ebenso notwendig wie für jeden Kaufmann: ihre Stellung ist ganz Zeremonie, und das Publikum verlangt von ihnen, daß sie sie wie eine Zeremonie realisieren; es gibt den Tanz des Kolonialwarenhändlers, des Schneiders, des Auktionators, durch den sie ihre Kundschaft davon zu überzeugen sich bemühen, daß sie weiter nichts sind als ein Kolonialwarenhändler, ein Auktionator, ein Schneider. Ein Kolonialwarenhändler, der vor sich hin träumt, wirkt auf den Käufer anstößig, weil er nicht mehr durch und durch Kolonialwarenhändler ist. Die Höflichkeit erfordert, daß er sich in den Grenzen seiner Kolonialwarenhändler-Funktion hält, so wie der Soldat beim Stillgestanden sich zum Soldatending macht mit geradeaus gerichtetem Blick, der aber nicht sieht, der nicht mehr dazu da ist, etwas zu sehen, denn das Exerzierreglement und nicht sein augenblickliches Interesse bestimmt den Punkt, den er zu fixieren hat (der Punkt liegt «zehn Schritte vor ihm»). Das sind Vorsichtsmaßregeln, um den Menschen in dem einzusperren, was er ist. Als ob wir in der fortwährenden Angst lebten, daß er aus ihm entwischt, daß er plötzlich aus seiner Stellung herauskommt oder sie umgeht. Aber der Kaffeehauskellner kann, von innen her gesehen, vergleichsweise nicht so unmittelbar Kaffeehauskellner sein, wie dieses Tintenfaß Tintenfaß *ist* oder das Glas Glas ist. Denn er kann durchaus reflexive Urteile oder Begriffe über seine Stellung bilden. Er weiß sehr gut, daß sie «bedeutet»: um 5 Uhr früh aufstehen müssen, in der Wirtschaft den Fußboden fegen, den Lautsprecher in Gang setzen usw. Er kennt die Rechte, die mit seiner Stellung verbunden sind: das Recht auf Trinkgeld, die tariflichen Rechte usw. Aber alle diese Begriffe, alle diese Urteile weisen auf Transzendentes hin. Es handelt sich um abstrakte Möglichkeiten, um Rechte und Pflichten, die einem «Rechtssubjekt» zugeteilt sind. Und eben dieses Subjekt ist es, das *ich zu sein habe* und das ich durchaus nicht bin. Es ist nicht so, daß ich es nicht sein wollte oder daß ein Anderer es wäre. Vielmehr gibt es kein gemeinschaftliches Maß für sein Sein und meins. Jenes Subjekt ist für die Anderen und für mich eine «Vorstellung», was bedeutet, daß ich es nur *als Vorstellung* sein kann. Aber gerade wenn ich es mir vorstelle, bin ich es nicht, ich bin von ihm geschieden wie das Objekt vom Subjekt, geschieden *durch nichts,* aber dieses nichts [rien] sondert mich von ihm ab, ich kann es nicht sein, ich kann *spielen, es zu sein,* das heißt ich kann mir einbilden, ich sei es. Und eben dadurch belaste ich es mit Nichts [néant]. Es nützt mir nichts, die Funktionen eines Kaffeehauskellners auszuüben, Kellner kann ich nur in einer gleichsam neutralen Weise sein, so wie der Schauspieler Hamlet ist, indem ich die *typischen Gesten* meines Standes mechanisch ausführe und indem ich mich durch diese Gesten hindurch als den imaginären Kaffeehauskellner beobachte, den ich als «Analogon»[1] benutze. Was ich zu realisieren trachte, ist ein An-sich-sein des Kaffeehauskellners, so als ob es nicht in meiner Macht stünde, meinen Standespflichten und -rechten ihren Wert und ihre Gewichtigkeit zu verleihen, als ob es nicht in meiner freien Wahl stünde, jeden Morgen um 5 Uhr aufzustehen oder im Bett zu bleiben, auf die Gefahr hin, mich dafür rausschmeißen zu lassen. Als ob ich

1 Vgl. *L'Imaginaire* (Nouvelle Revue Française 1939), Schlußfolgerung.

nicht gerade dadurch, daß ich diese Rolle im Dasein erhalte, sie nach allen Richtungen hin transzendierte, mich nicht als ein «Jenseits» meiner Stellung konstituierte. Indessen besteht kein Zweifel darüber, daß ich in gewissem Sinne Kaffeehauskellner bin – könnte ich mich andernfalls nicht ebensogut als Diplomat oder Journalist bezeichnen? Aber wenn ich Kellner bin, dann kann das nicht in der Weise des An-sich-seins der Fall sein. Ich bin er in der Weise, *das zu sein, was ich nicht bin.* Es handelt sich übrigens nicht nur um die sozialen Positionen; ich bin stets irgendeine meiner Haltungen, eine meiner Verhaltensweisen. Der Schönredner ist der, der das Reden *spielt,* weil er nicht *Redender sein* kann: der aufmerksame Schüler, der aufmerksam *sein* will, den Blick an den Lehrer genietet, die Ohren weit aufgetan, erschöpft sich damit, den Aufmerksamen zu spielen, derart, daß er schließlich gar nichts mehr hört. Fortwährend weit weg von meinem Körper und von meinem Tun bin ich mir selbst zum Trotze jene «göttliche Abwesenheit», von der Valéry spricht. Ich kann weder sagen, daß ich hier *bin* noch daß ich nicht hier *bin* in dem Sinne, in dem man sagt, «diese Streichholzschachtel *ist* auf dem Tische»: das hieße mein «In-der-Welt-sein» mit einem «Mitten-in-der-Welt-sein» verwechseln. Ich kann auch weder sagen, daß ich *stehe,* noch daß ich *sitze:* das hieße, meinen Körper verwechseln mit der Gesamtheit der ihm eigentümlichen Reaktionsweisen, von der er nur eine der Strukturen ist. Ich entgehe allenthalben dem Sein, und dennoch bin ich.

Aber da ist noch eine andere Seinsweise, die nur mich betrifft: ich bin traurig. Bin ich diese Traurigkeit, die ich bin, nicht in der Weise, das zu sein, was ich bin? Was ist Traurigkeit denn, wenn nicht die intentionale Einheit, die das Insgesamt meiner Verhaltensweisen vereinigt und führt? Sie ist der Sinn jenes trüben Blickes, den ich auf die Welt werfe, jener nach vorn gebogenen Schultern, jenes Kopfes, den ich hängen lasse, jener Schlaffheit meines ganzen Körpers. Aber weiß ich denn im selben Augenblick, in dem ich eine dieser Verhaltensweisen annehme, nicht, daß ich sie nicht anzunehmen brauchte? Wenn unerwartet ein Fremder auftauchte und ich den Kopf hochhöbe, wenn ich meine lebhafte und muntere Haltung wieder einnähme, was bliebe dann von meiner Traurigkeit übrig, es sei denn, ich vereinige mich mit ihr aus freien Stücken wieder, kaum daß der Besucher gegangen ist? Ist denn übrigens diese Traurigkeit nicht selbst eine *Verhaltensweise?* Ist sie nicht das Bewußtsein, das sich selbst mit Traurigkeit belastet, die als magische Zuflucht vor einer allzu bedrängenden Situation erscheint [1]? Und besteht in diesem Falle das Traurigsein nicht zunächst darin, sich traurig zu stim-

1 *Esquisse d'une théorie des émotions* (Paris 1939).

men? Mag sein, wird man sagen. Aber heißt, sich das *Sein* der Traurigkeit zulegen, nicht trotz allem, dieses Sein *empfangen?* Dabei ist es im ganzen genommen nicht wichtig, von woher ich es empfange. Tatsache ist, daß ein Bewußtsein, das ich mit Traurigkeit belaste, traurig *ist,* und zwar gerade deswegen. Aber das hieße, die Natur des Bewußtseins mißverstehen: das Traurigsein ist kein fertiges Sein, das ich mir zulege, wie ich dieses Buch meinem Freunde geben kann. Ich bin nicht danach beschaffen, *mich mit Sein zu belasten.* Wenn ich mich traurig stimme, muß ich mich von einem bis zum anderen Ende meiner Traurigkeit traurig stimmen und kann den Anfangsschwung nicht dazu benutzen, meine Traurigkeit sich fortspinnen zu lassen, ohne sie immer wieder zu erschaffen und ohne sie zu tragen, denn sie ist keine träge Masse, die nach einem Anstoß die erhaltene Bewegung einfach beibehält: im Bewußtsein gibt es keine solche Trägheit. Wenn ich mich traurig stimme, so deshalb, weil ich nicht traurig *bin;* das Sein der Traurigkeit entgeht mir durch den Akt und in dem Akte selbst, durch den ich mich mit ihr belaste. Das Ansichsein der Traurigkeit sucht mein Bewußtsein, traurig (zu) sein, beständig heim, aber es ist wie ein Wert, den ich nicht realisieren kann, wie ein regulativer Sinn meiner Traurigkeit, nicht wie ihre konstitutive Modalität.

Wird man einwenden, daß doch wenigstens mein Bewußtsein *ist,* welches auch immer der Gegenstand oder der Zustand sein mag, zu dessen Bewußtsein es sich macht? Aber wie soll ich die Traurigkeit von meinem Bewußtsein, traurig (zu) sein, unterscheiden? Ist das nicht alles eins? Es ist richtig, in gewisser Weise *ist* mein Bewußtsein, und zwar wenn man darunter versteht, daß es für Andere zu der Seinsganzheit gehört, die beurteilt werden kann. Aber es ist anzumerken, wie Husserl richtig gesehen hat, daß mein Bewußtsein Anderen ursprünglich als etwas Abwesendes erscheint. Es ist etwas immer Anwesendes als *Sinn* aller meiner Einstellungen und Verhaltensweisen – und etwas immer Abwesendes, da es sich der unmittelbaren Erkenntnis Anderer darbietet als eine fortwährende Frage, besser noch als eine fortwährende Freiheit. Wenn Peter mich ansieht, so weiß ich ohne Zweifel, daß er mich ansieht, seine Augen – Dinge der Welt – sind auf meinen Körper – ein Ding der Welt – gerichtet: das ist der objektive Tatbestand, von dem ich sagen kann: er *ist.* Aber es ist auch ein Tatbestand *der Welt.* Der Sinn dieses Blickes ist keineswegs und ist doch das, was mich bedrückt: was ich auch mache – lächeln, versprechen, drohen –, nichts kann von meinem Tun und Lassen den Beifall *abkoppeln,* und von dem freimütigen Urteil, an dem mir soviel liegt, weiß ich, daß es immer darüber hinaus ist, ich merke es in meinen Verhaltensweisen selbst, die nicht mehr den zuverlässigen *Arbeiter*charakter haben, an dem sie im Verhältnis zu den Dingen festzuhalten pflegen, die vielmehr für mich selbst in dem Maße, in dem ich jenen Sinn mit dem Anderen in Verbindung bringe, nur noch einfache *Vorstellungen* sind und darauf warten, als anmutige oder anmutslose, aufrichtige oder unaufrichtige durch eine Auffassung konstituiert zu werden, die immer über alle meine Bemühungen, sie hervorzurufen, hinaus ist und die von ihnen nur dann hervorgerufen werden wird, wenn sie ihnen von sich aus die Kraft dazu verleiht, die daher nur insoweit besteht, als sie selber sich von außen her hervorrufen läßt, *die also wie ihre eigene Mittlerin mit dem Transzendenten ist.* So setzt sich das objektive Faktum des An-sich-seins des Fremdbewußtseins, um sich sogleich in Negativität und Freiheit aufzulösen: das Fremdbewußtsein ist, als wäre es nicht, sein An-sich sein von «jetzt» und «hier» besteht darin, nicht zu sein.

Das Fremdbewußtsein ist, was es nicht ist.

Außerdem erscheint mir mein eigenes Bewußtsein in seinem Sein nicht so, wie das Fremdbewußtsein. Es ist, weil es sich gestaltet, da sein Sein Seinsbewußtsein ist. Das bedeutet aber, daß das Gestalten das Sein trägt; das Bewußtsein hat sein eigenes Sein zu sein, es wird niemals vom Sein gestützt, vielmehr ist es das Bewußtsein selbst, das das Sein im Innern der Subjektivität hält, was wiederum bedeutet, daß es vom Sein bewohnt ist, daß es aber keineswegs dieses ist: *es ist nicht das, was es ist.*

Was bedeutet unter diesen Voraussetzungen das Ideal der Echtheit, wenn nicht eine unmöglich zu erfüllende Aufgabe, deren Sinn sogar sich mit der Struktur meines Bewußtseins im Widerspruch befindet? Echt sein, sagten wir, ist sein, was man ist. Das setzt voraus, daß ich nicht ursprünglich das bin, was ich bin. Aber hier wird natürlich das Kantische «du sollst, also kannst du» mitverstanden. Ich kann echt *werden:* das ist in meiner Pflicht und meinem Streben nach Echtheit enthalten. Aber wir stellen ja gerade fest, daß die ursprüngliche Struktur des «nicht das sein, was man ist» von vornherein jedes Werden in Richtung auf ein An-sich-sein oder auf ein «sein, was man ist» unmöglich macht. Und diese Unmöglichkeit ist dem Bewußtsein nicht verborgen: sie ist im Gegenteil gerade der Stoff des Bewußtseins, sie bedeutet die ständige Bedrückung, die wir verspüren, sie ist unsere Unfähigkeit, uns zu erkennen, uns als das seiend zu konstituieren, was wir sind, sie ist jene Notwendigkeit, die fordert, daß wir, sobald wir uns mittels eines rechtmäßigen, auf innere Erfahrung gegründeten oder von apriorischen bzw. empirischen Prämissen korrekt hergeleiteten Urteils als ein bestimmtes Sein setzen, dieses Sein gerade durch diese Setzung überschreiten – und dies nicht in Richtung auf ein anderes Sein: sondern in Richtung auf das Leere, auf das nichts [rien]. Wie können wir also

Andere tadeln, sie seien nicht echt, oder uns über unsere Echtheit freuen, da diese Echtheit uns gleichzeitig als unmöglich erscheint? Wie können wir im Gespräch, in der Beichte, in der Gewissensforschung überhaupt uns bemühen, echt zu sein, da doch diese Bemühung wesenhaft zu scheitern verurteilt ist und da wir doch zur selben Zeit, wo wir sie uns geloben, ein jedem Urteilsakt vorangehendes Verständnis ihrer Vergeblichkeit haben? Tatsächlich geht es mir, wenn ich mich prüfe, darum, genau zu bestimmen, was ich bin, um mich dann zu entschließen, es ohne Winkelzüge zu sein – unter dem Vorbehalt, mich späterhin auf die Suche nach Mitteln zu machen, die mich ändern können. Aber was heißt das anderes, als daß es mir darauf ankommt, mich als einen Gegenstand zu konstituieren? Werde ich das Insgesamt der Motive und Beweggründe bestimmen können, die mich dazu getrieben haben, diese oder jene Tat zu begehen? Aber das bedeutet schon, einen kausalen Determinismus postulieren, der den Fluß meiner Bewußtseinszustände zu einer Folge physikalischer Zustände macht. Werde ich denn «Triebe» in mir entdecken können, sei es auch nur, um sie mir schamhaft einzugestehen? Aber heißt das nicht, absichtlich vergessen, daß diese Triebe sich nur mit meiner Hilfe realisieren, daß es keine Kräfte der Natur sind, sondern daß ich ihnen ihre Wirksamkeit verleihe dadurch, daß ich fortwährend über ihren Wert entscheide? Werde ich zu einem Urteil über meinen Charakter, über meine Natur gelangen? Bedeutet das aber nicht, mir im gleichen Augenblick verhüllen, was ich genau genug weiß, daß ich nämlich auf diese Weise eine Vergangenheit beurteile, mit der meine Gegenwart auf Grund ihrer Begriffsbestimmung nichts zu tun hat? Der Beweis dafür ist, daß derselbe Mensch, der in der Echtheit feststellt, daß er ist, was er – faktisch – war, sich über die Rachsucht Anderer entrüstet und sie mit der Versicherung gegenstandslos zu machen versucht, daß er nicht mehr der sein kann, der er war. Mit Vorliebe ist man erschreckt und betrübt darüber, daß die gerichtlichen Strafen einen Menschen treffen, der als ein sich frei gestaltender jener Schuldige *nicht mehr ist,* der er war. Aber gleichzeitig verlangt man von diesem Menschen, daß er sich als dieser Schuldige *seiend* anerkennt. Was hat es also mit der Echtheit auf sich, es sei denn, sie ist gerade ein Phänomen der Unwahrhaftigkeit? Haben wir denn nicht nachgewiesen, daß es in der Unwahrhaftigkeit darum geht, die menschliche Realität als ein Sein zu konstituieren, das ist, was es nicht ist, und das nicht ist, was es ist?

Ein Homosexueller hat häufig das unerträgliche Gefühl der Schuldhaftigkeit, und sein ganzes Dasein wird durch sein Verhältnis zu diesem Gefühl bestimmt. Man stützt darauf gern die Vermutung, daß er unwahrhaftig ist. Wirklich kommt es oft vor, daß ein solcher Mensch, auch wenn er seine homosexuelle Neigung zugibt, auch wenn er jedes einzelne Vergehen eingesteht, es ganz energisch ablehnt, sich als *«einen Päderasten»* zu betrachten. Sein Fall liegt immer «besonders», einzigartig; er hat nur durch Zufall, aus Pech damit zu tun; es sind Irrtümer der Vergangenheit, die sich durch eine bestimmte Auffassung des Schönen, der die Frauen nicht Genüge leisten, erklären; man muß darin eher die Auswirkungen eines unruhigen Suchens sehen als die Bekundungen eines tief eingewurzelten Triebes usw. usw. Das ist gewiß ein Mensch mit einer Unwahrhaftigkeit, die ans Komische grenzt, da er zwar alle Handlungen, die ihm vorgerechnet werden, anerkennt, sich aber weigert, die Konsequenz daraus zu ziehen. Deshalb regt sich auch sein Freund, der ihn besonders streng beurteilt, über diese Doppelbödigkeit auf: der Beurteiler verlangt nur eins – und dann wird er sich vielleicht nachsichtig zeigen: daß der Schuldige sich als Schuldigen bekennt, daß der Homosexuelle ohne Umschweife – gleichgültig, ob er sich dabei demütigt oder ob er den Titel in Anspruch nimmt – erklärt: *«Ich bin ein Päderast.»* Wir fragen: wer ist hier der Unwahrhaftige? Der Homosexuelle oder der Champion der Echtheit? Der Homosexuelle erkennt seine Fehler, aber er kämpft mit allen Kräften gegen die niederschmetternde Aussicht, daß seine Irrtümer ihm ein *Schicksal* schaffen. Er will sich nicht wie eine Sache betrachten lassen. Er besitzt ein unklares, aber kräftiges Verständnis der Tatsache, daß ein Homosexueller nicht in derselben Weise homosexuell ist, wie dieser Tisch Tisch ist oder wie dieser Rothaarige rothaarig ist. Ihm scheint, er würde jeder Verirrung, sobald er sie als solche setzt und anerkennt, sicherer entgehen, als die psychische Zeit selber jedes begangene Vergehen von ihm abwäscht, ihm eine noch nicht determinierte Zukunft schafft, ihn neu entstehen läßt. Hat er unrecht? Erkennt er nicht ganz richtig den einzigartigen und auf nichts anderes zurückführbaren Charakter der menschlichen Realität? Seine Einstellung enthält also ein unleugbares Verständnis der Wahrheit. Aber gleichzeitig bedarf er dieser fortwährenden Wiedergeburt, dieses ständigen Ausbrechens, um leben zu können; er muß sich ständig außer Reichweite halten, um der schrecklichen Beurteilung durch das Kollektiv auszuweichen. Deshalb spielt er mit dem Wort *Sein*. Er hätte tatsächlich recht, wenn er den Satz: «Ich bin nicht päderastisch» verstünde in dem Sinne von: «Ich bin nicht das, was ich bin.» Das heißt, wenn er erklärte: «In dem Maße, in dem eine Reihe von Verhaltensweisen als päderastische definiert werden, bin ich ein Päderast. In dem Maße, in dem sich die menschliche Realität jeder Definition durch die Verhaltensweisen entzieht, bin ich keiner.» Aber er schleicht sich heimlich zu einer anderen Bedeutung des Wortes «Sein». Er versteht «nicht sein» im Sinne von «an sich nicht sein». Er erklärt, «nicht päderastisch zu sein» in dem Sinne, in dem dieser Tisch *nicht* ein Tintenfaß *ist*. Er ist unwahrhaftig.

Aber der Champion der Echtheit kennt sehr gut die Transzendenz der menschlichen Realität und versteht es, sie bei Bedarf zu seinem Vorteil in Anspruch zu nehmen. Er benutzt sie sogar und setzt sie bei seiner Forderung: verlangt er nicht im Namen der Echtheit – also der Freiheit –, daß der Homosexuelle sich zu sich selbst zurückwendet und sich als homosexuell erkennt; gibt er nicht zu verstehen, daß ein solches Bekenntnis ihm Nachsicht verschaffen werde? Was soll das sonst heißen, außer daß der Mensch, der sich als homosexuell anerkennt, nicht mehr *derselbe* ist wie jener Homosexuelle, der zu sein er anerkennt, und in das Gebiet der Freiheit und des guten Willens entweicht? Er verlangt von ihm also, zu sein was er ist, um nicht mehr zu sein, was er ist. Das ist der tiefere Sinn der Redensart: «Eingestandene Sünde ist halb verziehen.» Er verlangt vom Schuldigen, daß er sich als Sache konstituiert, gerade um ihn nicht länger als Sache behandeln zu müssen. Und dieser Widerspruch ist konstitutiv für das Verlangen nach Echtheit. Wer sieht denn nicht das Beleidigende für den Anderen und das Beruhigende für mich in einem Ausspruch wie: «Ach was! Er ist ein Päderast», der mit einem Strich eine beunruhigende Freiheit ausstreicht und darauf abzielt, von nun alle Handlungen des Anderen als unerbittliche Konsequenzen seines Wesen hinzustellen. Das vor allem fordert der Beurteiler von seinem Opfer: daß es sich selbst als Sache konstituiert, daß es seine Freiheit an ihn wie ein Lehen zurückgibt, damit der Beurteiler sie dann dem Opfer, wie ein Souverän seinem Vasallen, von neuem übergibt. Der Champion der Echtheit ist unwahrhaftig in dem Maße, in dem er sich Beruhigung verschaffen will, während er vorgibt, unvoreingenommen zu urteilen, aber auch in dem Maße, in dem er von der Freiheit verlangt, sich als solche zu einer Sache zu konstituieren. Hier handelt es sich einfach um eine Episode aus dem tödlichen Kampf der Bewußtseinsindividuen [consciences], den Hegel «das Verhältnis des Herrn zum Knecht» nennt. Man wendet sich an ein Bewußtsein und ersucht es im Namen von dessen Bewußtseinsnatur, sich als Bewußtsein radikal zu zerstören, indem man ihm Hoffnung auf eine hinter dieser Zerstörung folgende Wiedergeburt macht.

Mag sein, wird man einwenden, aber unser Mann macht mißbräuchlicherweise aus der Echtheit eine Waffe gegen Andere. Man darf die Echtheit nicht in den Verhältnissen des «Mit-Seins» suchen, sondern dort, wo sie rein auftritt, in den Beziehungen zu sich selbst. Aber wer sieht denn nicht, daß die objektive Echtheit sich auf die gleiche Weise konstituiert? Sieht man denn nicht, daß der echte Mensch sich gerade durch den Echtheitsakt als Ding konstituiert, eben um dieser Dingbeschaffenheit zu entgehen? Der Mensch, der sich eingesteht, schlecht zu sein, hat seine beunruhigende «Freiheit-zum-Bösen» eingetauscht gegen einen leblosen Schlechtheits-Charakter: er *ist* schlecht, er ist mit sich einverstanden, er ist, was er ist. Gleichzeitig aber entweicht er diesem *Ding*, denn er ist derjenige, der es betrachtet, denn es hängt von ihm ab, es unter seinem Blick aufrechtzuerhalten oder es in einer Unzahl von Einzelakten zusammenbrechen zu lassen. Er zieht aus seiner Echtheit ein *Verdienst*, und der nun verdienstvolle Mann ist nicht der schlechte, insofern er schlecht ist, sondern insofern er über seine Schlechtigkeit hinaus ist. Denn im selben Augenblick ist die Schlechtigkeit neutralisiert, da sie außerhalb des Determinismus nichts ist und da ich, indem ich sie eingestehe, meine Freiheit ihr gegenüberstelle; meine Zukunft ist unberührt, alles ist mir erlaubt. So weicht die wesenhafte Struktur der Echtheit nicht von der Unwahrhaftigkeit ab, denn der echte Mensch konstituiert sich als das, was er ist, *um es nicht zu sein*. Das erklärt die allbekannte Wahrheit, daß man unwahrhaftig werden kann durch vieles Echt-Sein. Das war, sagt Valéry, Stendhals Fall. Die vollkommene und ständige Echtheit als ständige Anstrengung, an sich selbst festzuhalten, ist ihrer Natur nach eine ständige Anstrengung, sich von sich selbst loszusagen; man befreit sich von sich gerade durch den Akt, durch den man sich zu seinem Objekt macht. Ein ständig erneuertes Verzeichnis dessen aufzustellen, was man ist, heißt sich ständig verleugnen und sich in einen Bereich flüchten, wo man nichts weiter ist als ein reines und freies Blicken. Die Unwahrhaftigkeit, sagten wir, hat zum Ziele, sich außer Reichweite zu bringen, sie ist eine Flucht. Nunmehr stellen wir fest, daß man dieselben Ausdrücke benutzen muß, um die Echtheit zu definieren. Was soll man dazu sagen?

Letztlich ist es nämlich so, daß das Ziel der Echtheit und das der Unwahrhaftigkeit gar nicht so verschieden sind. Natürlich gibt es eine Echtheit, die auf der Vergangenheit ruht, die uns hier aber nicht kümmert; ich bin echt (bzw. aufrichtig), wenn ich eingestehe, jene Lustempfindung oder jene Absicht *gehabt zu haben*. Wir werden noch sehen, daß, wenn eine solche Echtheit möglich ist, dies daher kommt, daß das Sein des Menschen sich bei seinem Hinabsinken in die Vergangenheit als ein An-sich-sein konstituiert. Für uns ist jetzt nur jene Echtheit wichtig, die sich, in der gegenwärtigen Immanenz, selbst meint. Was ist ihr Ziel? Bewirken, daß ich mir eingestehe, was ich bin, um mich schließlich mit meinem Sein zu dekken; also bewirken, daß ich in der Weise des An-sich dasjenige sei, was ich in der Weise des «Nicht-das-sein-was-ich-bin» bin. Und ihr Postulat ist, daß ich in der Weise des An-sich im Grunde genommen schon bin, was ich zu sein habe. So finden wir auf dem Grunde der Echtheit ein unaufhörliches Spiel von Spiegelung und Widerspiegelung, einen fortwährenden Übergang des Seins, welches ist, was es ist, zu einem Sein, das nicht ist, was es ist – und umgekehrt. Und was ist das Ziel der Unwahrhaftigkeit? Bewirken, daß ich sei, was ich in der Weise des «Nicht-sein-was-man-ist» bin oder daß ich nicht sei, was ich in der Weise des «Sein-was-man-ist» bin. Wir finden hier dasselbe Spiegelspiel wieder. Damit es nämlich eine Gerichtetheit auf Echtheit geben kann, muß ich ursprünglich zu gleicher Zeit sein und nicht sein, was ich bin. Die Echtheit teilt mir nicht eine besondere Seinsart oder eine besondere Eigenschaft zu, sondern sie trachtet betreffs dieser Eigenschaft danach, mich von einer Seinsweise zu einer anderen übergehen zu lassen. Und diese zweite Seinsweise, das Ideal der Echtheit selbst, zu erreichen, ist mir von Natur untersagt, und im selben Augenblick, in dem ich mich anstrenge, sie zu erreichen, habe ich das dunkle und jedem Urteilsakt vorangehende Verständnis davon, daß ich sie nicht erreichen werde. Aber ebenso muß ich, um eine Gerichtetheit auf Unwahrhaftigkeit überhaupt begreifen zu können, in meinem Sein meinem Sein von Natur aus entrinnen. Wenn ich traurig oder feige in der Art bin, in der dieses Tintenfaß Tintenfaß ist, kann nicht einmal die Möglichkeit der Unwahrhaftigkeit begriffen werden. Ich könnte nicht nur meinem Sein nicht entrinnen, sondern ich könnte mir nicht einmal vorstellen, daß ich ihm entrinnen kann. Aber wenn die Unwahrhaftigkeit als reiner Entwurf möglich ist, so eben deshalb, weil es keinen hinreichend scharfen Unterschied zwischen Sein und Nichtsein gibt, sobald es sich um mein Sein handelt. Die Unwahrhaftigkeit ist nicht nur möglich, weil die Echtheit sich dessen bewußt ist, daß sie von Natur ihr Ziel verfehlt. Ich kann nur dann versuchen, mich als *nicht feige seiend* aufzufassen (während ich es doch «bin»), wenn dieses «feige sein» gerade in dem Augenblick «in Frage» steht, wo es sich selbst *eine* Frage ist, und wenn es gerade in dem Augenblick, wo ich es ergreifen will, mir nach allen Seiten entgeht und sich auflöst. Die Bedingung dafür, daß ich etwas Unwahrhaftiges zu unternehmen versuchen kann, ist, daß ich in gewissem Sinne dieser Feigling *nicht bin,* der ich nicht sein möchte. Aber wenn ich bloß in der Weise des Nicht-sein-was-man-nicht-ist nicht feige wäre, dann wäre ich «wahrhaftig», wenn ich erklärte, ich sei nicht feige. So muß ich dann doch dieser Unfaßbare und immer verschwindende Feigling, der ich nicht bin, auf irgendeine Weise sein. Und darunter darf man nicht verstehen, daß ich «etwas» feige sein muß in dem Sinne, in dem «etwas» bedeutet: «in einem gewissen Maße feige – und nicht-feige in einem gewissen Maße». Nein: ich muß zu gleicher Zeit und von allen Seiten betrachtet vollkommen feige sein und es nicht sein. In diesem Falle verlangt also die Unwahrhaftigkeit, daß ich nicht das sei, was ich bin, das heißt, daß es einen unwägbaren Unterschied gibt, der in der Seinsweise der menschlichen Realität das Sein vom Nicht-Sein scheidet. Aber die Unwahrhaftigkeit beschränkt sich nicht darauf, die Eigenschaften abzuweisen, die ich besitze, und das Sein nicht zu sehen, das ich bin. Sie versucht auch, mich als das seiend hinzustellen, was ich nicht bin. Sie erfaßt mich positiv als mutig, während ich es nicht bin. Und das ist abermals nicht möglich, außer wenn ich bin, was ich nicht bin, das heißt, wenn gerade das Nicht-Sein in mir nicht das Sein eines Nicht-Seins hat. Wohl ist es notwendig, daß ich *nicht* mutig *bin,* sonst wäre die Unwahrhaftigkeit nicht *Un*-Wahrhaftigkeit. Aber außerdem muß mein Unternehmen, unwahrhaftig zu sein, das ontologische Verständnis dafür in sich schließen, daß ich gerade in der gewöhnlichen Verfassung meines Seins das, was ich *bin,* nicht wirklich bin, und daß es keinen so großen Unterschied gibt zwischen dem Sein des «Traurig-seins», zum Beispiel – was ich *bin* in der Weise des nicht das Seins, was ich bin – und dem «Nicht-sein» des Nicht-mutig-seins, das ich vor mir verheimlichen will. Außerdem und vor allem muß gerade die Negation des Seins selbst Gegenstand einer fortwährenden Nichtung sein und muß gerade der Sinn des «Nicht-seins» in der menschlichen Realität fortwährend in Frage stehen. Wenn ich *nicht* mutig *war* in der Art, in der dieses Tintenfaß kein Tisch ist, das heißt, wenn ich in meiner Feigheit abgesondert war, auf sie versteift, unfähig, sie mit ihrem Gegenteil in Beziehung zu bringen, wenn ich nicht fähig war, mich als Feigling zu *bestimmen,* das heißt den Mut von mir *wegzuleugnen,* und dadurch meiner Feigheit gerade in dem Augenblick, in dem ich sie setze, zu entgehen, wenn es mir grundsätzlich *unmöglich* war, mich mit meinem *nicht mutig sein* ebensowohl als mit meinem *feige sein* zu decken, dann ist jedes Entwerfen von Unwahrhaftigkeit für mich ausgeschlossen. Also muß, damit die Unwahrhaftigkeit möglich sein soll, die Echtheit selbst unwahrhaftig sein. Die Bedingung der Möglichkeit von Unwahrhaftigkeit ist, daß die menschliche Realität in ihrem unmittelbarsten Sein, in der Innenstruktur des präreflexiven *cogito,* ist, was sie nicht ist, und nicht ist, was sie ist.

III

Die «Wahrhaftigkeit» in der Un-Wahrhaftigkeit

Aber wir haben vor der Hand nur die Bedingungen angegeben, die die Unwahrhaftigkeit begreiflich machen, die Seinsstrukturen, die es zulassen, unwahrhaftige Begriffe zu bilden. Wir können uns mit diesen Betrachtungen nicht zufriedengeben: wir haben noch nicht die Unwahrhaftigkeit von der Lüge scharf unterschieden; die von uns beschriebenen doppeldeutigen Begriffe können ohne Zweifel von einem Lügner benutzt werden, um seinen Gesprächspartner zu verwirren, obwohl ihre Doppeldeutigkeit, da sie sich ja auf das Sein des Menschen gründet und nicht auf irgendwelche empirischen Umstände, für jeden sichtbar sein kann und muß. Das wahrhaft Problematische an der Unwahrhaftigkeit kommt daher, daß die Unwahrhaftigkeit *Wahrhaftigkeit*[1] ist. Sie kann weder zynische Lüge noch Evidenz sein, wenn Evidenz der auf Intuition beruhende Besitz des Gegenstandes ist. Aber wenn man Glauben [croyance] das Festhalten des Seienden an seinem Objekt nennt, wenn das Objekt nicht oder undeutlich gegeben ist, dann ist die Unwahrhaftigkeit Glauben und das wesentliche Problem der Unwahrhaftigkeit ist ein Glaubensproblem. Wie aber kann man unwahrhaftig an Begriffe glauben, die man in der Absicht prägt, davon überzeugt zu werden? Tatsächlich muß festgestellt werden, daß der Entwurf zur Unwahrhaftigkeit selbst unwahrhaftig sein muß: ich bin nicht erst am Ende meines Unternehmens unwahrhaftig, nachdem ich meine doppeldeutigen Begriffe gebildet und mich von ihnen habe überzeugen lassen. In Wirklichkeit wurde ich nicht überzeugt: insoweit ich es sein konnte, bin ich es immer gewesen. Gerade in dem Augenblick, in dem ich mich anschickte, unwahrhaftig zu werden, mußte ich angesichts dieses Vorhabens unwahrhaftig sein. Mir dieses Vorhaben als unwahrhaftig vorzustellen, wäre Zynismus gewesen; an seine Harmlosigkeit glauben, wäre Vertrauensseligkeit gewesen. Der Entschluß, unwahrhaftig zu sein, wagt nicht, seinen Namen zu nennen, er hält sich und hält sich nicht für unwahrhaftig, er hält sich und hält sich nicht für vertrauensselig. Sobald die Unwahrhaftigkeit

1 Da wir Sartres Ausdruck «mauvaise foi» (wörtlich etwa «Bösgläubigkeit» als Gegensatz zu «bonne foi» = «Gutgläubigkeit, Vertrauensseligkeit») aus guten Gründen mit «Unwahrhaftigkeit» übersetzt haben, sind wir nun genötigt, «foi» mit «Wahrhaftigkeit» wiederzugeben. Dabei ist «foi» im Sinne des Französischen mehr als Vertrauen denn als Glaube zu verstehen, in unserem Sinne etwa als «Vertrauen in die Wahrheit», d. h. in die überragende Geltung und Macht der Wahrheit. (Anmerkung des Übersetzers)

aufgetaucht ist, entscheidet er allein über das ganze spätere Verhalten und in gewisser Weise über die Weltanschauung der Unwahrhaftigkeit. Denn die Unwahrhaftigkeit bewahrt in sich nicht die Normen und Kriterien der Wahrheit, so wie sie vom kritischen Denken gutgläubig gebilligt werden. Worüber sie entscheidet, das ist zunächst vielmehr die Natur der Wahrheit. Zusammen mit der Unwahrhaftigkeit erscheint auch eine besondere Wahrheit, eine besondere Denkmethode, ein besonderer Seinstypus der Objekte; und diese Welt der Unwahrhaftigkeit, mit der das Subjekt sich plötzlich umgibt, hat als ontologisches Charakteristikum, daß in ihr das Sein ist, was es nicht ist, und nicht ist, was es ist. Infolgedessen wird ein eigentümlicher Evidenztypus sichtbar: die *nicht überzeugende* Evidenz. Die Unwahrhaftigkeit erfaßt Evidenzen, aber sie fügt sich von Anfang an darein, von diesen Evidenzen nicht eingenommen zu werden, nicht von ihnen überzeugt und in Vertrauensseligkeit verwandelt zu werden: sie macht sich demütig und bescheiden, sie wisse sehr gut, sagt sie, daß Wahrhaftigkeit [foi] Entschluß bedeutet und daß man nach jeder unmittelbaren Erkenntnis einen Entschluß fassen und *wollen* muß, *was ist.* So entscheidet die Unwahrhaftigkeit in ihrem Urentwurf und von ihrem Auftauchen an über die wirkliche Eigenart ihrer Ansprüche, sie zeichnet sich vollständig in ihrem Beschluß ab, *nicht zu viel zu verlangen,* sich für befriedigt zu halten, auch wenn sie bloß schlecht überzeugt ist, und ihr Festhalten an ungesicherten Wahrheiten durch Entschluß zu erzwingen. Dieser erste Entwurf von Unwahrhaftigkeit ist eine unwahrhaftige Entscheidung über die Natur der Wahrhaftigkeit. Wohlgemerkt handelt es sich hier nicht um eine überlegte und willentliche Entscheidung, sondern um eine spontane Bestimmung unseres Seins. Man *wird* unwahrhaftig so, wie man einschläft, und man ist unwahrhaftig so, wie man träumt. Ist diese Seinsweise einmal realisiert, so ist es ebenso schwierig, sie wieder aufzugeben wie aufzuwachen: denn wie das Wachen oder Träumen ist die Unwahrhaftigkeit ein Seinstypus in der Welt, der von sich aus danach strebt, fortzubestehen, auch wenn seine Struktur zum *mittelfesten* Typus gehört. Aber die Unwahrhaftigkeit ist sich ihrer Struktur bewußt und hat ihre Vorsichtsmaßregeln insofern ergriffen, als sie entscheidet, daß die mittelfeste Struktur die Struktur des Seins ist und daß das Nicht-Überzeugen die Struktur aller Überzeugungen ist. Übrig bleibt, daß, wenn die Unwahrhaftigkeit Wahrhaftigkeit ist und in ihrem Urentwurf ihre eigene Negation mit einschließt (sie bestimmt sich dazu, schlecht überzeugt zu sein, um sich davon zu überzeugen, daß ich das bin, was ich nicht bin), daß dann zu Anfang eine Wahrhaftigkeit möglich sein muß, die von sich wünscht, daß sie schlecht überzeugt ist. Welches sind die Möglichkeitsbedingungen für eine derartige Wahrhaftigkeit?

Ich glaube, daß mein Freund Peter mir zugetan ist. Ich glaube es *vertrauensselig.* Ich glaube es und habe keine von Evidenz begleitete unmittelbare Erkenntnis davon, denn der Gegenstand selbst bietet sich seiner Natur nach der unmittelbaren Erkenntnis nicht dar. Ich *glaube es,* das heißt, ich gebe mich Regungen des Vertrauens hin, ich beschließe, daran zu glauben und mich an diesen Beschluß zu halten, ich benehme mich endlich so, als ob ich meiner Sache sicher wär'; das ganze in der synthetischen Einheit ein und derselben Haltung. Was ich hier als Vertrauensseligkeit definiere und was Hegel das *Unmittelbare* nennen würde, ist der Köhlerglaube. Hegel würde sofort nachweisen, daß das Unmittelbare den Mittelzustand herbeiruft und daß der Glaube, indem er *Glaube für sich* wird, in den Zustand des Nicht-Glaubens übergeht. Wenn ich *glaube*, daß mein Freund Peter mich gern hat, so bedeutet das, daß seine Freundschaft mir als der Sinn aller seiner Handlungen erscheint. Der Glaube ist ein besonderes Bewußtsein des *Sinnes* von Peters Handlungen. Aber wenn ich weiß, daß ich glaube, erscheint mir der Glaube als eine bloße Begriffsbestimmung subjektiver Art, ohne außenweltliches Korrelat. Auf diese Weise wird das Wort «glauben» zu einem mehrdeutig benutzten Ausdruck, um sowohl die unerschütterliche Glaubensgewißheit zu bezeichnen («Ich glaube an dich, Gott»), als auch ihren verharmlosten und streng subjektiven Charakter («Ist Peter mein Freund? Ich weiß es nicht: ich glaube es»). Aber die Eigentümlichkeit des Bewußtseins ist eine solche, daß in ihm das Mittelbare und das Unmittelbare ein und dasselbe Sein bilden. Glauben heißt wissen, daß man glaubt, und wissen, daß man glaubt, ist nicht mehr glauben. So ist glauben nicht-mehr-glauben, weil glauben nichts als glauben ist, und zwar innerhalb der Einheit eines einzigen nichtsetzenden Bewußtseins (von) sich. Allerdings haben wir hier der Beschreibung des Phänomens Gewalt angetan, als wir es mit dem Worte *wissen* bezeichneten; das nichtsetzende Bewußtsein ist nicht *Wissen.* Aber es gehört gerade wegen seiner Durchschaubarkeit ursprünglich zu jedem Wissen. So ist das nichtsetzende Bewußtsein, (zu) glauben, der Zerstörer des Glaubens. Aber gleichzeitig beinhaltet gerade das Gesetz des präreflexiven *cogito,* daß das Sein des Glaubens das Glaubensbewußtsein sein muß. So ist der Glaube ein Seiendes, das sich in seinem eigenen Sein in Frage stellt, das sich nur in seiner Vernichtung realisieren kann, das von sich nur Kunde geben kann, indem es sich verneint; es ist ein Seiendes, für das Sein Erscheinen ist und das Erscheinen Sichverneinen. Glauben ist nichtglauben. Man sieht den Grund: das Sein des Glaubens ist, durch sich dazusein, also sich sein zu lassen und dadurch sich zu überwinden. In diesem Sinne ist das Bewußtsein ein fortwährendes Sichselbstentrinnen, der Glaube wird Nicht-Glaube, das Unmittelbare wird Mittelzustand, das

Absolute wird relativ und das Relative absolut. Das Ideal der Vertrauensseligkeit (glauben, was man glaubt) ist wie das der Echtheit (sein, was man ist) ein Ansich-seins-Ideal. Jeder Glaube ist nicht Glaube genug, man glaubt niemals das, an was man glaubt. Und infolgedessen ist der Urentwurf der Unwahrhaftigkeit nur die Nutzbarmachung dieser Selbstvernichtung der Bewußtseinstatsache. Wenn jeder vertrauensselige Glaube ein unmöglicher Glaube ist, dann ist jetzt Raum für jeden unmöglichen Glauben. Meine Unfähigkeit, zu glauben, ich sei mutig, schreckt mich nicht mehr ab, da eben jeder Glaube niemals genug glauben kann. Ich definiere diesen unmöglichen Glauben als *meinen* Glauben. Zwar kann ich mir nicht verheimlichen, daß ich glaube, um nicht zu glauben, und daß ich nicht glaube, um zu glauben. Aber die durchdringende und vollständige Vernichtung der Unwahrhaftigkeit durch sich selbst kann mich nicht überraschen: sie besteht, in der Tiefe jedes Vertrauens. Wie ist das also? In dem Augenblick, in dem ich *glauben* will, ich sei mutig, *weiß* ich, daß ich feige bin? Und diese Gewißheit würde meinen Glauben zerstören? Aber, *zunächst* einmal, *bin* ich nicht mutiger als feige, wenn man feige in der Seinsweise des An-sich verstehen soll. Zweitens *weiß* ich nicht, daß ich mutig bin, eine derartige Sicht auf mich kann nur von *Glauben* begleitet sein, da sie die reine reflexive Gewißheit überschreitet. Drittens ist es zwar richtig, daß es der Unwahrhaftigkeit nicht gelingt, zu glauben, was sie glauben will. Aber sie ist ja gerade insoweit Unwahrhaftigkeit, als sie es hinnimmt, nicht zu glauben, was sie glaubt. Die Vertrauensseligkeit will das «Nicht-glauben-was-man-glaubt» im Sein fliehen; die Unwahrhaftigkeit flieht das Sein des «Nicht-glaubens-was-man-glaubt». Sie hat von vornherein alle Glaubensarten unwirksam gemacht: diejenigen, die sie erlangen will, und gleichzeitig alle anderen, die sie fliehen will. Indem sie diese Selbstvernichtung des Glaubens *will*, aus dem das Wissen zur Evidenz hin entweicht, reißt sie die Glaubensarten nieder, die man ihr entgegenstellt und die sich selbst enthüllen, *nichts als Glaube* zu sein. Nun können wir das Urphänomen der Unwahrhaftigkeit besser verstehen.

In der Unwahrhaftigkeit gibt es weder zynische Lüge noch kunstvolle Vorbereitung betrügerischer Begriffe. Sondern die Unwahrhaftigkeit ist darauf aus, zu fliehen, was man nicht fliehen kann, zu fliehen, was man ist. Schon der Entwurf der Flucht enthüllt der Unwahrhaftigkeit einen tiefgehenden Zerfall inmitten des Seins, und dieser Zerfall will sie sein. Das kommt, genaugenommen, daher, daß die beiden Haltungen, die wir gegenüber unserem Sein unmittelbar annehmen können, gerade durch die Natur dieses Seins und durch seinen unmittelbaren Zusammenhang mit dem An-sich bedingt sind. Die Vertrauensseligkeit sucht dem tiefgehenden Zerfall meines Seins zu entfliehen in Richtung auf das An-sich, das sie sein müßte und nicht ist. Die Unwahrhaftigkeit sucht das An-sich im tiefgehenden Zerfall meines Seins zu fliehen. Aber diesen Zerfall selbst leugnet sie ab, wie sie von sich selbst leugnet, Unwahrhaftigkeit zu sein. Indem sie mittels des «Nicht-sein-was-man-ist» das An-sich flieht, das ich nicht in der Weise des Seins-was-man-nicht-ist bin, zielt die Unwahrhaftigkeit, die sich als Unwahrhaftigkeit ableugnet, auf das An-sich, das ich nicht in der Weise des «nicht-sein-was-man-nicht-ist» bin [1]. Wenn Unwahrhaftigkeit möglich ist, so deshalb, weil sie die unmittelbare und ständige Bedrohung jedes Entwurfes menschlichen Seins ist, weil das Bewußtsein in seinem Sein ein ständiges Risiko von Unwahrhaftigkeit verbirgt. Den Ursprung dieses Risikos bildet der Umstand, daß das Bewußtsein auf einmal und in seinem Sein ist, was es nicht ist, und nicht ist, was es ist. Im Lichte dieser Bemerkungen können wir nun an die ontologische Untersuchung des Bewußtseins herangehen, insofern es zwar nicht die Ganzheit des menschlichen Seins ist, aber der im jeweiligen Augenblick vorhandene Kern dieses Seins.

1 Wenn es gleichgültig ist, ob man vertrauensselig oder unwahrhaftig [de bonne ou de mauvaise foi] ist, weil die Unwahrhaftigkeit von der Vertrauensseligkeit Besitz ergreift und sich sogar in den Ursprung von deren Entwurf hineinschleicht, so soll das nicht heißen, daß man die Unwahrhaftigkeit nicht von Grund aus vermeiden könnte. Aber das setzt eine Wiederaufnahme des verderbten Seins durch sich selbst voraus, die wir Eigentlichsein nennen wollen, dessen Darstellung hier aber nicht hergehört.

ZWEITER TEIL

Das Für-sich

ERSTES KAPITEL

DIE UNMITTELBAREN STRUKTUREN DES FÜR-SICH

I

Die Anwesenheit bei sich

Die Verneinung hat uns auf die Freiheit hingewiesen, diese verwies uns auf die Unwahrhaftigkeit und die Unwahrhaftigkeit auf das Sein des Bewußtseins als Bedingung ihrer Möglichkeit. Von den methodischen Forderungen geleitet, die wir in den vorstehenden Kapiteln erklären konnten, haben wir daher jene Beschreibung wiederaufzunehmen, die wir in unserer Einleitung versucht hatten, das heißt, wir haben uns wiederum auf den Boden des präreflexiven cogito zu begeben. Das cogito zeigt jedoch jeweils nur an, was man von ihm zu erkennen verlangt. Descartes hatte seinen funktionalen Aspekt untersucht: *«Ich zweifele,* ich *denke»*, da er aber ohne Leitfaden von diesem funktionalen Aspekt zur existentiellen Dialektik übergehen wollte, fiel er dem Irrtum des Substanzialismus anheim. Durch seinen Fehler belehrt, verblieb Husserl furchtsam auf der Ebene der funktionalen Beschreibung. Daher ist er niemals über die bloße Beschreibung der Erscheinung als solcher hinausgegangen, er schloß sich im cogito ein und verdient trotz seiner Abwehr eher ein Phänomenist als ein Phänomenologe genannt zu werden; noch dazu steht sein Phänomenismus in jedem Augenblick an der Grenze des Kantischen Idealismus. Heidegger suchte diesen Phänomenismus der Beschreibung, der zu einer megarischen und antidialektischen Aussonderung von Wesenheiten führt, dadurch zu vermeiden, daß er unmittelbar, ohne den Weg über das *cogito* zu nehmen, die Existentialanalyse in Angriff nahm. Da jedoch dem «Dasein» von Anfang an die Dimension des Bewußtseins genommen wurde, kann es diese Dimension in der Folge niemals mehr zurückgewinnen. Heidegger begabt die menschliche Wirklichkeit mit einem Selbstverständnis, das er als «ekstatischen Ent-wurf» seiner eigenen Möglichkeiten definiert. Wir beabsichtigen keineswegs, die Tatsache dieses Entwurfs zu leugnen. Aber was soll ein Verstehen sein, das nicht in sich selbst Bewußtsein, Verständnis zu sein, wäre? Der ek-statische Charakter der menschlichen Wirklichkeit fällt in ein dingliches und blindes An-sich zurück, wenn er nicht dem Bewußtsein der Ek-stasis entspringt. Offen gestanden, man muß vom cogito ausgehen, jedoch kann man eine berühmte Formel parodierend von ihm sagen, es führt zu allem, wenn man nur aus ihm herausgelangt. Unsere vorstehenden Untersuchungen, die sich mit den Bedingungen der Möglichkeit bestimmter Verhaltensweisen beschäftigten, dienten nur dem Zweck, uns in die Lage zu versetzen, das cogito nach seinem Sein zu befragen, und uns das dialektische Instrumentarium zu geben, mit dem wir im cogito selbst das Mittel entdecken können, um aus der Augenblicklichkeit zur Seinstotalität der menschlichen Wirklichkeit zu gelangen. Kehren wir daher zur Beschreibung des nicht-setzenden Selbst-Bewußtseins zurück, prüfen wir aufs neue ihre Ergebnisse, indem wir fragen, was für das Bewußtsein die Notwendigkeit bedeutet, zu sein, was es nicht ist, und nicht zu sein, was es ist.

In unserer Einleitung hieß es: «Das Sein des Bewußtseins ist ein Sein, dem es in seinem Sein um dieses selbst geht.» Das bedeutet, daß das Sein des Bewußtseins nicht mit sich selbst in einer vollständigen Gleichung koinzidiert. Diese Entsprechung, die im An-sich vorliegt, läßt sich durch die einfache Formel ausdrücken: das Sein ist, was es ist. Im An-sich gibt es kein Stück Sein, das nicht ohne Distanz zu sich selbst wäre. In dem so verstandenen Sein gibt es nicht die kleinste Andeutung einer Dualität; wir können das in der Weise ausdrücken, daß wir sagen, die Dichte des Seins im An-sich ist unendlich. Es ist das Volle. Das Prinzip der Identität kann synthetisch genannt werden, nicht allein weil seine Anwendbarkeit auf eine bestimmte Seinsregion beschränkt ist, sondern vor allem, weil es in sich die Unendlichkeit der Dichte zusammenfaßt. A ist A bedeutet: A existiert unter unendlicher Kompression, in unendlicher Dichte. Die Identität ist der Grenzbegriff der Vereinigung; es stimmt nicht, daß das An-sich eine synthetische Vereinigung seines Seins brauchte: an der letzten Grenze ihrer selbst verschwindet die Einheit und geht über in die Identität. Das Identische ist das Ideal des Einen, und das Eine taucht durch die menschliche Wirklichkeit in der Welt auf. Das An-sich ist voll von sich selbst, und man kann überhaupt keine vollständigere Fülle, keine vollkommenere Entsprechung von Inhalt und Beinhaltendem ausdenken: im Sein gibt es nicht die geringste Leere, nicht die kleinste Spalte, durch welche das Nichts eindringen könnte.

Die Eigentümlichkeit des Bewußtseins hingegen ist, eine Kompressionsverminderung des Seins zu sein. In der Tat ist es unmöglich, das Bewußtsein als Koinzidenz mit sich selbst zu bestimmen. Von jenem Tisch kann ich sagen, er sei einfach *der* Tisch. Jedoch kann ich mich nicht darauf beschränken, von meinem Glauben zu sagen, er sei Glaube: mein Glaube ist Bewußtsein (zu) glauben. Man hat öfters gesagt, der reflexive Blick verändere das Bewußtseinsphänomen, auf das er sich richtet. Selbst Husserl gibt zu, daß das Faktum, «gesehen zu werden», für jedes «Erlebnis» eine völlige Modifikation nach sich zieht. Wir glauben indessen, gezeigt zu haben, daß ein präreflexives *cogito* die Grundbedingung jeder Reflexivität ist. Gewiß setzt dieses cogito kein Objekt, sondern bleibt bewußtseinsimmanent. Und doch ist es dem reflexiven cogito nichtsdestoweniger homolog, insofern es als das ursprüngliche Bedürfnis, sich selbst zu sehen, des unreflektierten Bewußtseins erscheint; es enthält somit ursprünglich die charakteristische Selbstaufhebung, für einen Zeugen dazusein, obschon der Zeuge, für den das Bewußtsein da ist, es selbst ist. Allein durch die Tatsache, daß mein Glaube als Glaube erfaßt wird, ist er daher *bloßer Glaube*, das heißt, ist er schon nicht mehr Glaube, sondern gestörter Glaube. Das ontologische Urteil: «der Glaube ist Bewußtsein (zu) glauben», kann daher keinesfalls eine Identitätsbestimmung sein: Subjekt und Prädikatsnomen sind hier völlig verschieden, und zwar dennoch in der unzerstörbaren Einheit desselben Seins.

Zugestanden, wird man sagen, aber trotzdem gilt, das Bewußtsein (zu) glauben ist Bewußtsein (zu) glauben; auf dieser Ebene finden wir die Identität und das An-sich wieder; es handelte sich nur darum, die angemessene Dimension zu wählen, in der unser Gegenstand erfaßbar wird. Aber das stimmt nicht: zu behaupten, das Bewußtsein (zu) glauben sei Bewußtsein (zu) glauben, heißt, das Bewußtsein von dem Glauben trennen, die Klammer aufheben und aus dem Glauben ein Objekt für das Bewußtsein machen, um mit einem unmittelbaren Sprung auf der Ebene der Reflexivität zu stehen. Ein Bewußtsein (zu) glauben, das nur Bewußtsein (zu) glauben wäre, müßte in der Tat sich seiner selbst als Bewußtsein (zu) glauben bewußt sein. Derart würde aber der Glaube zu einer bloßen transzendenten und noematischen Bestimmung des Bewußtseins werden; gegenüber diesem Glauben könnte das Bewußtsein sich alsdann beliebig selbst bestimmen; es gliche jenem unempfindlichen Blick, mit dem das Bewußtsein Victor Cousins die psychischen Phänomene betrachtete, um sie nacheinander zu erhellen. Die Analyse des methodischen Zweifels, die Husserl versuchte, hat jedoch geklärt, daß allein das reflexive Bewußtsein sich von den Gegebenheiten des reflektierenden Bewußtseins abzulösen vermag. Nur auf der Ebene der Reflexivität kann eine ἐποχή, eine Ausklammerung, versucht, kann das «Mit-machen», wie Husserl sagt, verweigert werden. Das Bewußtsein (zu) glauben unterscheidet sich nicht von dem Glauben, obwohl es ihn endgültig alteriert; es konstituiert sich als Glaubensakt. Daher ist einzuräumen, daß das Bewußtsein (zu) glauben selbst Glauben ist. Derart erfassen wir in seinem Ursprung das Doppelspiel dieser Rückverweisung: das Bewußtsein (zu) glauben ist Glaube, und der Glaube ist Bewußtsein (zu) glauben. In keinem Fall aber können wir sagen, das Bewußtsein sei Bewußtsein und der Glaube sei Glaube. Ein jeder der beiden Begriffe verweist auf den anderen und geht in den anderen über, und trotzdem ist jeder Begriff von dem andern verschieden. Weder der Glaube, noch das Vergnügen oder die Freude können, wie wir sahen, überhaupt sein, *bevor* sie bewußt sind; denn das Bewußtsein ist das Maß ihres Seins; und doch ist ebenso wahr, daß der Glaube, eben weil er nur als *gestört* sein kann, von seinem Ursprung an nur als sich selbst entgleitend ist, als die Einheit all der Begriffe sprengend, in die man ihn einzuschließen sucht.

Somit sind das Bewußtsein (zu) glauben und der Glaube ein einziges und selbes Sein, dessen Eigentümlichkeit die absolute Immanenz ist. Sobald man aber dieses Sein zu fassen sucht, entgleitet es dem Zugriff, und wir haben nurmehr die Andeutung einer Dualität vor uns, ein Spiel von Reflexen, denn das Bewußtsein ist ja Reflex; als Reflex ist es jedoch das Reflektierende, und wenn wir es als das Reflektierende zu fassen suchen, so entschwindet es, und wir stehen wieder bei dem Reflex. Diese Struktur des Reflektierenden-Reflexes hat all jene Philosophen verwirrt, die sie durch einen unendlichen Regreß zu erklären suchten, sei es wie Spinoza durch die Annahme einer *idea-ideae,* die ihrerseits eine *idea-ideae-ideae* usw. erfordert, oder indem sie wie Hegel den Selbstbezug als das wahrhaft Unendliche bestimmten. Aber abgesehen davon, daß eine solche Einführung des Unendlichen in das Bewußtsein das Phänomen fixiert und verdeckt, ist diese Theorie eine Erklärung, die ausdrücklich nur dazu dient, das Sein des Bewußtseins auf das Sein des An-sich zu reduzieren. Nehmen wir aber die Existenz des Reflektierenden-Reflexes hin, wie sie sich uns darbietet, so sind wir hingegen gezwungen, eine von dem An-sich unterschiedene Seinsweise zu erfassen: nicht etwa eine Einheit, die eine Dualität enthält, ebensowenig eine Synthese, welche die abstrakten Elemente der These und Antithese übersteigt und aufhebt, sondern eine Dualität, die Einheit *ist,* einen Reflex, der seine eigene Reflexion *ist.* Suchen wir in der Tat das ganze Phänomen zu erreichen, das heißt, die Einheit dieser Dualität oder dieses Bewußtseins (zu) glauben, so verweist es uns sogleich auf einen dieser Pole, und dieser Pol verweist uns wiederum auf die einheitliche Ganzheit der Immanenz. Gehen wir umgekehrt von der Dualität als solcher aus, und begreifen wir Bewußtsein und Glauben als zwei vereinte Dinge, so gelangen wir zu Spinozas *idea-ideae* und verfehlen eben das präreflexive Phänomen, das wir untersuchen wollten. Denn das präreflexive Bewußtsein ist Bewußtsein (von) sich. Diesen Begriff des *sich* gilt es zu untersuchen, da er das Sein des Bewußtseins selbst definiert.

Es sei sofort bemerkt, daß der Ausdruck An-sich, den wir der Tradition entlehnt haben, um das transzendente Sein zu bezeichnen, sinnentstellend ist. An der Grenze der Koinzidenz mit sich entschwindet in der Tat das Sich und macht dem identischen Sein Platz. Das *Sich* kann in der Tat keine Eigenschaft des An-sich-seins bedeuten. Es ist von Natur aus ein *Reflexivum,* wie schon die Syntax zeigt und vor allem die logische Strenge der lateinischen Syntax in der genauen Unterscheidung des Gebrauchs von «eius» und «sui». Das *Sich* verweist, und zwar auf das *Subjekt.* Es bezeichnet eine Beziehung des Subjekts zu sich selbst, und diese Beziehung ist eine Dualität, jedoch eine besondere Dualität, die besondere sprachliche Symbole erfordert. Andererseits bezeichnet das *Sich* das Sein weder als Subjekt noch als Objekt. Betrachte ich beispielsweise das «sich» in «er langweilt sich», so bemerke ich, daß es sich gleichsam öffnet, um hinter sich das Subjekt selbst erscheinen zu lassen. Es ist aber nicht das Subjekt, da ohne die Beziehung zu sich das Subjekt sich zur Identität des An-sich verdichten würde; ebensowenig ist es eine bestimmte Artikulation des Wirklichen, da es das Subjekt hinter sich erscheinen läßt. Das *Sich* kann in Wahrheit nicht als ein wirkliches Seiendes begriffen werden: das Subjekt kann nicht sich *sein,* denn die Koinzidenz mit sich läßt, wie wir sahen, das Sich entschwinden. Aber ebensowenig kann es sich *nicht sein,* da das Sich Anzeige des Subjekts selbst ist. Das *Sich* stellt somit in der Immanenz des Subjekts in Beziehung zu sich selbst einen idealen Abstand dar, eine Weise, *seine eigene Koinzidenz nicht zu sein,* der Identität zu entgehen, obwohl sie als Einheit gesetzt wird, kurz, sich in einem dauernd labilen Gleichgewicht zu befinden zwischen der Identität als absoluter Kohäsion ohne jede Verschiedenheit und der Einheit als Synthese einer Mannigfaltigkeit. Das bedeutet für uns die *Anwesenheit bei sich.* Das Seinsgesetz des *Für-sich,* als ontologisches Fundament des Bewußtseins, ist, selbst zu sein in der Form der Anwesenheit bei sich.

Diese Anwesenheit bei sich ist öfters als eine Fülle des Seins verstanden worden, und ein unter Philosophen weitverbreitetes Vorurteil läßt dem Bewußtsein die höchste Würde des Seins beimessen. Dieses Postulat kann jedoch nur nach einer genaueren Beschreibung des Begriffs der Anwesenheit aufrechterhalten werden. Jede *«An-Wesenheit»* impliziert in der Tat Dualität, also zumindest virtuelle Trennung. Die Anwesenheit des Seins bei sich impliziert eine Ablösung des Seins in Beziehung auf sich. Die Koinzidenz des Identischen ist hingegen die wahre Seinsfülle, eben weil es in dieser Koinzidenz überhaupt keinen Platz für irgendeine Negativität gibt. Zweifellos kann das Prinzip der Identität, wie Hegel erkannt hat, das Prinzip des Nicht-Widerspruchs genannt werden. Das Sein, das ist, was es ist, muß das Seiende sein können, das nicht ist, was es nicht ist. Aber diese Negation wird wie alle anderen vom Menschen an die Oberfläche des Seins herangetragen, wie wir zeigten, und entsteht nicht aus einer dem Sein selbst eignenden Dialektik. Zudem kann dieses Prinzip nur die Beziehungen des Seins zum *Äußeren* bezeichnen, da es ja die Beziehungen des Seins mit dem, was es nicht ist, betrifft. Es handelt sich somit um ein Prinzip, das konstitutiv für die *äußeren Beziehungen* ist, wie diese der bei dem An-sich-sein anwesenden und in der Welt engagierten menschlichen Wirklichkeit erscheinen; es betrifft nicht die inneren Beziehungen des Seins, die es gar nicht gibt, da sie ja eine Andersheit voraussetzen würden. Das Prinzip der Identität ist die Verneinung jeder Art von Beziehungen inmitten des An-sich-Seins. Die Anwesenheit bei sich setzt hingegen voraus, daß eine nicht fühlbare Spalte sich in das Sein eingeschlichen hat. Wenn es bei sich anwesend ist, so ist es nicht völlig es selbst. Die Anwesenheit ist ein unmittelbarer Verfall der Koinzidenz, da sie die Trennung voraussetzt. Fragen wir aber nunmehr: *was* trennt das Subjekt eigentlich von ihm selbst, so müssen wir gestehen, daß es *nichts* ist. Was gewöhnlich trennt, ist ein räumlicher oder zeitlicher Abstand, eine psychologische Unstimmigkeit, oder einfach die Individualität von zwei Zusammen-Anwesenden, kurz, eine *qualifizierte* Wirklichkeit. In dem Fall, der uns beschäftigt, kann hingegen *nichts* das Bewußtsein (zu) glauben von dem Glauben trennen, da der Glaube *nichts anderes* ist als das Bewußtsein (zu) glauben. Würde man in die Einheit eines präreflexiven cogito ein bestimmtes, dem cogito äußerliches Element hineintragen, so hieße das, seine Einheit zerbrechen und seine Durchsichtigkeit zerstören; in dem Bewußtsein wäre dann etwas, dessen es sich nicht bewußt wäre und das an sich nicht als Bewußtsein existierte. Die Trennung, welche den Glauben von sich selbst trennt, läßt sich abgesondert weder erfassen noch denken. Sucht man sie aufzuspüren, so entschwindet sie: man findet nur den Glauben als reine Immanenz. Will man indessen den Glauben selbst fassen, dann ist der Spalt da, er erscheint, wenn man ihn nicht sehen will, und verschwindet, sobald man ihn zu betrachten sucht. Dieser Spalt ist also das reine Negative. Der räumliche oder zeitliche Abstand, die Unstimmigkeit können an sich erfaßt werden und enthalten Elemente von Positivität, sie haben einfach nur negative *Funktion*. Der Spalt im Inneren des Bewußtseins ist nichts, außer daß er verneint und nur insofern Sein haben kann, als man ihn nicht sieht. Dieses Negative, das Nicht-sein und zugleich nichtende Macht ist, ist das *Nichts*. Nirgends könnten wir es in der gleichen Reinheit fassen. Überall sonst muß man ihm als dem Nichts auf irgendeine Weise das An-sich-sein beilegen. Das Nichts, das im Herzen des Bewußtseins auftaucht, *ist* aber *nicht*. Es *wird gewesen*. Der Glaube ist zum Beispiel kein Angrenzen eines Seins an ein anderes, er ist vielmehr *seine eigene* Anwesenheit bei sich, seine eigene Seinsentdichtung. Anderenfalls würde die Einheit des Für-sich in die Dualität von zwei An-sich zerfallen. Daher muß das Für-sich sein eigenes Nichts sein. Das Sein des Bewußtseins als Bewußtsein ist, *im Abstand zu sich* zu sein als Anwesenheit bei sich, und dieser Null-Abstand, den das Sein in sein Sein hineinträgt, ist das Nichts. Damit es also ein *Sich* gibt, muß die Einheit dieses Seins als Vernichtung des Identischen sein eigenes Nichts umfassen. Denn das Nichts, das sich in den Glauben einschleicht, ist *sein* Nichts, das Nichts des Glaubens als Glaube, als blinder oder voller Glaube, wie etwa ein «Köhlerglaube». Das Für-sich ist das Sein, das sich selbst dazu bestimmt, insofern zu existieren, als es nicht mit sich selbst koinzidieren kann.

Es wird somit verständlich, wieso wir, indem wir ohne Leitfaden das präreflexive cogito befragten, das Nichts nirgendwo *aufgefunden* haben. Man *findet,* man *enthüllt* das Nichts eben nicht in der Weise, wie man ein Seiendes finden und enthüllen kann. Das Nichts ist stets ein *Anderswo.* Es ist die Notwendigkeit des Für-sich, nur in der Form des Woanders sich selbst gegenüber zu existieren, nur als ein Sein zu existieren, das dauernd um die Unbeständigkeit seines Seins besorgt ist. Diese Unbeständigkeit verweist jedoch nicht auf ein anderes Sein, sie ist nur dauernder Verweis des Sich auf Sich, des Reflexes auf das Reflektierende, des Reflektierenden auf den Reflex. Indessen erzeugt dieser Verweis im Inneren des Für-sich keine unendliche Bewegung, sondern ist in der Einheit des gleichen Aktes gegeben: die unendliche Bewegung ergibt sich nur für den reflexiven Blick, der das Phänomen als Ganzheit erfassen will und dabei unaufhörlich vom Reflex auf das Reflektierende und vom Reflektierenden auf den Reflex verwiesen wird. So ist das Nichts jenes Loch des Seins, jener Sturz des An-sich zum Sich, durch den sich das Für-sich herstellt. Aber dieses Nichts kann nur «gewesen werden», wenn seine erborgte Existenz in Wechselwirkung zu einem nichtenden Akt des Seins steht. Diesen fortdauernden Akt, durch den das An-sich zur Anwesenheit bei sich verfällt, nennen wir ontologischen Akt. Das Nichts ist die Infragestellung des Seins durch das Sein, das heißt eben das Bewußtsein oder Für-sich. Es ist ein absolutes Ereignis, welches durch das Sein ins Sein kommt und das, ohne Sein zu haben, dauernd vom Sein getragen wird. Da das Sein an sich durch seine vollständige Positivität in sein eigenes Sein isoliert ist, kann das Sein kein Sein erzeugen, und dem Sein kann vom Sein nichts zustoßen, es sei denn das Nichts. Das Nichts ist die dem Sein eigene und seine einzige Möglichkeit. Jedoch erscheint diese ursprüngliche Möglichkeit nur in dem absoluten Akt, der sie verwirklicht. Da das Nichts Nichts des Seins ist, kann es nur durch das Sein selbst ins Sein kommen. Und es kommt zum Sein gewiß nur durch ein besonderes Sein, nämlich die menschliche Wirklichkeit.

Dieses besondere Sein stellt sich aber als menschliche Wirklichkeit her, insofern es nichts anderes als der ursprüngliche Entwurf seines eigenen Nichts ist. Die menschliche Wirklichkeit ist das Sein, insofern es in seinem Sein und für es einziger Grund des Nichts im Schoße des Seins ist.

II

Die Faktizität des Für-sich

Das Für-sich *ist* jedoch. Es ist, wird man sagen, und sei es auch ein Sein, das nicht ist, was es ist, und das ist, was es nicht ist. Es ist, da zumindest der Entwurf der Aufrichtigkeit denkbar ist, an welchen Klippen er auch immer scheitern möge. Es ist auch in der Weise eines Ereignisses, in dem Sinn, wie ich sagen kann, daß Philipp II. «gewesen» ist, daß mein Freund Pierre existiert; er ist, insofern er in einer Bedingtheit erscheint, die er nicht selbst gewählt hat, insofern Pierre ein französischer Bürger des Jahres 1942 ist, während Schmitt ein Berliner Arbeiter des Jahres 1870 *war*; er *ist*, insofern er in eine Welt geworfen, in eine «Situation» eingelassen ist; er ist, insofern er reine Kontingenz ist, insofern für ihn wie für die Dinge der Welt, diese Mauer, den Baum, diese Tasse die Grundfrage zu stellen ist: «Warum ist dieses Seiende so und nicht anders?» Er ist, insofern in ihm etwas ist, dessen Grund er nicht selber ist: *seine Anwesenheit in der Welt*.

Ein solches Erfassen des Seins durch sich selbst, aber insofern es nicht sein eigener Grund ist, ist die Grundlage eines jeden *cogito*. Es zeigt sich unmittelbar in dem *reflexiven cogito* von Descartes. Wenn Descartes seine Entdeckung nutzen will, so erfaßt er sich selbst als ein unvollkommenes Wesen, «da er ja zweifelt». In diesem unvollkommenen Wesen entdeckt er aber die Anwesenheit der Idee des Vollkommenen. Er entdeckt also den Abstand zwischen dem Typus des Seins, den er denken kann, und dem Sein, das er ist. Dieser Abstand oder Mangel an Sein steht am Anfang seines zweiten Gottesbeweises. Streift man die scholastische Terminologie ab, so bleibt von diesem Beweis: das bestimmte Empfinden, daß das Sein, das in sich die Idee des Vollkommenen besitzt, nicht sein eigener Grund sein kann, anderenfalls es sich dieser Idee entsprechend geschaffen hätte. Mit anderen Worten: ein Sein, das sein eigener Grund wäre, würde nicht die geringste Abweichung zwischen dem, was es ist, und dem, was es begreift, zulassen, denn es würde sich seinem Begriff des Seins gemäß erschaffen und könnte nur begreifen, was es ist. Diese Apprehension des Seins als eines Seinsmangels angesichts des Seins ist jedoch zunächst ein Erfassen der eigenen Kontingenz im *cogito*. Ich denke, also bin ich. Was bin ich? Ein Sein, das nicht sein eigener Grund ist, das, als Sein, anders sein könnte, als es ist in dem Maße, wie es sein eigenes Sein nicht erklärt. Diese ursprüngliche Intuition unserer eigenen Kontingenz wird Heidegger benutzen, um den ersten Übergang vom Eigentlichen zum Uneigentlichen zu begründen. Sie ist Unruhe, «Ruf des Gewissens», Schuldgefühl. Heideggers Beschreibung läßt jedoch nur allzu deutlich sein Anliegen erkennen, eine Ethik ontologisch zu begründen, um die er sich angeblich nicht kümmert, und zugleich auch seinen Humanismus mit dem religiösen Sinn der Transzendenz zu versöhnen. Das Erfassen unserer Kontingenz kann jedoch nicht mit einem Schuldgefühl gleichgestellt werden. Trotzdem kann es so sein, daß wir im Erfassen unserer selbst uns selber mit den Eigenschaften eines nicht zu rechtfertigenden Faktums erscheinen.

Haben wir uns aber nicht zuvor [1] als Bewußtsein erfaßt, das heißt als ein «Sein, das durch sich selbst existiert»? Wie können wir also in der Einheit des gleichen Auftauchens im Sein jenes Wesen sein, das durch sich selbst existiert, ohne doch der Grund seines Seins zu sein? Mit andern Worten: Wie kann das Für-sich, das, insofern es *ist*, nicht sein eigenes Sein in dem Sinn seines eigenen Grundes ist, dennoch, insofern es für-sich ist, der Grund seines eigenen Nichts sein? Die Antwort steckt schon in der Frage.

Wenn in der Tat das Sein der Grund des Nichts ist als Nichtung des eigenen Seins, so heißt das andererseits nicht, daß es auch der Grund des eigenen Seins wäre. Um das eigene Sein zu gründen, müßte es im Abstand von sich existieren, und das würde wiederum eine gewisse Nichtung des gegründeten wie des gründenden Seins, eine Zweiheit, die Einheit wäre, implizieren: wir gelangten damit wieder zum Fall des Für-sich. Mit einem Wort, jeder Versuch, die Idee eines Seins zu denken, das der Grund seines Seins wäre, führt im Gegenteil nur zu der Idee eines Seins, das als An-sich-sein kontingent und daher nur Grund seines eigenen Nichts wäre. Der Akt der Verursachung, durch den Gott die *causa sui* ist, ist nichtend wie auch jede Wiederholung seiner selbst durch sich, und zwar in ebendem Maße, wie hier die ursprüngliche Relation notwendig eine Rückkehr zu *sich*, also Reflexivität, ist. Diese ursprüngliche Notwendigkeit entsteht ihrerseits erst auf dem Grunde eines kontingenten Seins, eben jenes Seins, das *dafür ist*, die Ursache seiner selbst zu sein. Sucht Leibniz die Notwendigkeit von der Möglichkeit aus zu definieren – seine Definition wurde von Kant übernommen –, so stellt er sich auf den Standpunkt der Erkenntnis, nicht den des Seins. Der Übergang vom Möglichen zum Sein, wie Leibniz ihn versteht

1 Vgl. Seite 15 ff.

(das Notwendige ist ein Sein, dessen Möglichkeit die Existenz impliziert), beschreibt den Übergang von unserer Unwissenheit zur Erkenntnis. Die Möglichkeit kann hier in der Tat nur in Rücksicht auf unser Denken Möglichkeit sein, da sie der Existenz vorausgeht. Es handelt sich um eine Möglichkeit, die in Beziehung auf das Sein, dessen Möglichkeit sie ist, nur äußerlich ist, da das Sein aus ihr hervorgeht, wie eine Folgerung aus einem Prinzip. Im Vorstehenden wurde indessen bereits bemerkt, daß der Begriff der Möglichkeit von zwei Aspekten aus zu betrachten ist. Er kann einmal zu einer subjektiven Schätzung dienen (es ist möglich, daß Peter gestorben ist, drückt die Unwissenheit aus, in der ich mich hinsichtlich seines Loses befinde), und in diesem Falle entscheidet der Zeuge in der Anwesenheit der Welt über das Mögliche; das Sein hat derart seine Möglichkeiten außerhalb seiner selbst in dem Blick, der seine Wechselfälle abschätzt; die Möglichkeit kann *uns* zwar vor dem Sein gegeben sein, aber sie ist nur *uns* gegeben und ist nicht Möglichkeit *dieses* Seins; es ist nicht der Kugel, die über die Decke rollt, möglich, sich durch eine Falte ablenken zu lassen, und die Möglichkeit der Ablenkung eignet ebensowenig der Falte, sondern kann nur synthetisch als äußerliche Beziehung von einem Zeugen hergestellt werden. Andererseits kann uns aber die Möglichkeit auch als eine ontologische Struktur des Wirklichen erscheinen: sie eignet alsdann gewissen Wesen als *ihre* Möglichkeit, sie ist die Möglichkeit, die sie *sind*, die sie zu sein haben. In diesem Fall erhebt das Sein seine eigenen Möglichkeiten zum Sein, ist ihr Grund, und deshalb kann hier die Notwendigkeit des Seins nicht aus seiner Möglichkeit abgeleitet werden. In einem Wort, Gott ist, wenn er ist, kontingent.

Das Sein des Bewußtseins bleibt daher kontingent, insofern dieses Sein an sich ist, *um* sich in Für-sich zu nichten, das heißt, das Bewußtsein kann es sich nicht selber geben noch von anderen empfangen. Abgesehen davon, daß sowohl die ontologische wie die kosmologische Beweisführung unvermögend sind, ein notwendiges Sein zu begründen, können die Erklärung und der Grund meines Seins als *des bestimmten* nicht in einem notwendigen Sein gefunden werden: Die Prämissen: «Alles was kontingent ist, muß seinen Grund in einem notwendigen Sein finden. Ich bin aber kontingent», bezeichnen den Wunsch zur Begründung, aber nicht einen erklärenden Zusammenhang mit einem wirklichen Grund. In keiner Weise wird derart *diese bestimmte* Kontingenz erklärt, sondern nur die abstrakte Idee der Kontingenz im allgemeinen. Zudem handelt es sich dabei nur um einen Wert, nicht um Tatsachen [1]. Ist aber das Sein an sich kon-

1 In der Tat bezieht sich dieses Argument ausdrücklich auf die *Forderungen der Vernunft*.

tingent, so übernimmt es sich selbst, indem es zum Für-sich verfällt. Es ist, um sich im Für-sich zu verlieren. In einem Wort, das Sein *ist* und kann nur sein. Die eigentliche Möglichkeit des Seins – jene, die sich im nichtenden Akt enthüllt – ist aber, als Bewußtsein Grund seiner selbst zu sein durch den opfernden Akt, der es nichtet; das Für-sich ist das An-sich, das sich als An-sich verliert, um sich als Bewußtsein zu gründen. Somit erhält das Bewußtsein von sich selbst sein bewußtes Sein und kann nur auf sich selbst verweisen, insofern es seine eigene Nichtung ist; was sich aber im Bewußtsein nichtet, ohne doch Grund des Bewußtseins genannt werden zu können, ist das kontingente An-sich. Das An-sich kann nichts gründen; gründet es sich selbst, so gibt es sich die Modifikation des Für-sich. Es ist nur Grund seiner selbst, indem es *schon nicht mehr* An-sich ist; und hier begegnen wir dem Ursprung aller Begründung. Wenn das An-sich-sein weder sein eigener Grund noch der anderer Wesen sein kann, so kommt der Grund im allgemeinen durch das Für-sich in die Welt. Das Für-sich gründet als genichtetes An-sich nicht nur sich selbst, sondern mit ihm erscheint überhaupt zum ersten Mal der Grund.

Aber dieses An-sich, das in dem absoluten Ereignis der Erscheinung des Grundes oder des Auftauchens des Für-sich verschlungen und vernichtet wird, bleibt im Inneren des Für-sich als dessen ursprüngliche Kontingenz. Das Bewußtsein ist sein eigener Grund, kontingent bleibt jedoch, *daß es* überhaupt ein Bewußtsein *gibt* statt nur unaufhörlich bloßes An-sich. Das absolute Ereignis oder Für-sich ist in seinem Sein selbst kontingent. Entziffere ich die Gegebenheiten des präreflexiven cogito, so stelle ich zwar fest, daß das Für-sich auf sich verweist. Was es auch immer sei, ist es dieses in der Weise des Seinsbewußtseins. Der Durst verweist auf das Durstbewußtsein, das er *ist,* als seinen Grund – und umgekehrt. Die Totalität «Reflektiertes = Reflektierendes» wäre dennoch, wenn sie gegeben sein könnte, Kontingenz und An-sich. Jedoch kann diese Totalität nicht erreicht werden, denn ich kann nicht sagen, das Durstbewußtsein sei Durstbewußtsein, und ebensowenig, der Durst sei Durst. Sie ist da, aber als genichtete Totalität, als sich verflüchtigende Einheit des Phänomens. Fasse ich das Phänomen als Vielheit, so zeigt diese Vielheit sich selbst als ganzheitliche Einheit, und damit ist ihr Sinn die Kontingenz, das heißt, ich kann mich fragen: warum bin ich Durst, warum bin ich Bewußtsein dieses Glases, dieses Ich? Sobald ich aber diese Totalität an sich selbst betrachte, so nichtet sie sich unter meinem Blick, *ist sie nicht,* ist sie nur, um nicht zu sein, und ich gelange wieder zu dem in der Andeutung seiner Dualität als Grund seiner selbst erfaßten Für-sich: ich habe diese Wut, weil ich mich als Wutbewußtsein erschaffe: hebt man aber diese Verursachung seiner selbst auf, die das Sein des Für-sich ausmacht, so findet man überhaupt nichts mehr, noch nicht einmal die «Wut-an-sich», denn die Wut existiert naturgemäß als Für-sich. So wird das Für-sich von einer fortdauernden Kontingenz getragen, die es seinerseits wieder übernimmt und sich assimiliert, ohne sie jemals aufheben zu können. Diese dauernd sich verflüchtigende Kontingenz des An-sich, die dem Für-sich keine Ruhe läßt und es an das An-sich-sein heftet, ohne sich jemals fassen zu lassen, nennen wir die *Faktizität* des Für-sich. Diese Faktizität erlaubt uns zu sagen, daß es *ist,* daß es *existiert,* obwohl wir sie niemals *realisieren* können und stets nur durch das Für-sich hindurch erfassen. Wir deuteten oben an, daß wir niemals etwas sein können, ohne es zu sein zu spielen[1]. «Bin ich Kellner», schrieben wir, «so kann das nur sein in der Weise, *es nicht* zu *sein.*» Und es ist wahr: könnte ich Kellner *sein,* so würde ich mich plötzlich zu einem kontingenten Block der Identität machen. Aber das geht nicht: dieses kontingente An-sich-Sein entgleitet mir ständig. Damit ich jedoch den Verpflichtungen meines Standes frei einen Sinn geben kann, muß mir im Für-sich als einer dauernd entschwindenden Totalität in einem Sinn das An-sich-Sein als entschwindende Kontingenz meiner *Situation* gegeben sein. Das geht sehr deutlich aus der Tatsache hervor, daß ich, auch wenn ich Kellner *zu sein spielen* muß, um es zu sein, andererseits ruhig den Diplomaten oder Seemann spielen kann: ich bin es doch nicht. Diese unfaßliche *Tatsache* meiner Situation, dieser kaum fühlbare Unterschied, der die verwirklichende Komödie von der bloßen Komödie trennt, bewirkt, daß das Für-sich, obwohl es den *Sinn* seiner Situation wählt und sich selbst als Grund seiner selbst in der Situation herstellt, andererseits doch seine Stellung *nicht wählt.* Daher erfasse ich mich selbst als völlig verantwortlich für mein Sein, insofern ich sein Grund bin, und zugleich als gar nicht zu rechtfertigend. Ohne die Faktizität könnte das Bewußtsein seine Gebundenheit an die Welt auswählen, in der Art wie die Seelen in der «Politeia» ihre eigene Stellung wählen: ich könnte mich selbst dazu bestimmen, «als Arbeiter» oder «als Bürger» geboren zu werden. Andererseits kann aber die Faktizität mich nicht als Bürger oder Arbeiter *seiend* erschaffen. Eigentlich ist sie nicht einmal ein *Widerstand* der Tatsache, da ich ihr, indem ich sie in die Infrastruktur des präreflexiven cogito aufnehme, erst ihren Sinn und ihre Widerständlichkeit geben werde. Sie ist nur eine Anzeige, die ich mir selbst von dem Sein gebe, das ich erreichen muß, um zu sein, der ich bin. Es ist unmöglich, sie in ihrer rohen Nacktheit zu erfassen, denn, was wir auch von ihr finden, ist jeweils schon angeeignet und willkürlich konstruiert. Die

1 Vgl. Seite 101 ff.

einfache *Tatsache,* «da zu sein», an diesem Tisch, in diesem Zimmer, ist bereits der reine Gegenstand eines Grenzbegriffes und kann nicht als solche erreicht werden. Und doch ist diese Tatsache in meinem «Bewußtsein, da zu sein» als dessen volle Kontingenz enthalten, als genichtetes An-sich, auf dessen Boden das Für-sich sich selbst erschafft als Bewußtsein, da zu sein. Ergründet das Für-sich sich selbst als Bewußtsein, da zu sein, so wird es in sich stets nur *Begründungen* entdecken, das heißt, es wird dauernd auf sich selbst und seine beharrliche Freiheit verwiesen. (Ich bin da, um ... usw.) Die Kontingenz jedoch, die durch diese Begründungen dringt, und zwar in eben dem Maße, in dem sie sich völlig selbst begründen, ist die Faktizität des Für-sich. Die Beziehung des Für-sich, das als solches sein eigener Grund ist, zur Faktizität läßt sich korrekt bezeichnen als: faktische Notwendigkeit. Eben diese faktische Notwendigkeit konstituiert für Descartes wie für Husserl die Evidenz des cogito. Das Für-sich hat Notwendigkeit, insofern es sich selbst gründet. Daher ist es reflektiertes Objekt einer apodiktischen Intuition: ich kann nicht bezweifeln, daß ich bin. Aber insofern das Für-sich, wie es ist, auch nicht sein könnte, hat es ganz die Kontingenz eines Faktums. Ebenso, wie meine nichtende Freiheit sich selbst durch die Angst erfaßt, ist das Für-sich sich seiner Faktizität bewußt: es hat das Gefühl seiner völligen Beliebigkeit, es erfaßt sich als *für nichts* da seiend, als *überflüssig.*

Die Faktizität darf jedoch nicht mit jener cartesischen Substanz verwechselt werden, deren Attribut das Denken ist. Gewiß existiert die denkende Substanz nur, insoweit sie denkt, und ist als geschaffene Sache der Kontingenz des *ens creatum* teilhaftig. Aber sie *ist.* Sie bewahrt völlig den Charakter des An-sich, wenn das Für-sich auch ihr Attribut ist. Daher spricht man von der substanzialistischen Illusion Descartes'. Für uns verweist hingegen das Erscheinen des Für-sich oder das absolute Ereignis auf ein Bemühen eines An-sich, *sich* zu gründen; es entspricht einem Versuch des Seins, die Kontingenz seines Seins aufzuheben; jedoch führt dieser Versuch zur Nichtung des An-sich, weil das An-sich nicht *sich* gründen kann, ohne das *Sich,* den reflexiven und nichtenden Bezug, in die absolute Identität seines Seins hineinzubringen und ohne daher sich zum *Für-sich* zu degradieren. Das Für-sich entspricht somit einer entdichtenden Strukturauflösung des An-sich, und das An-sich vernichtet sich und löst sich auf in dem Versuch, sich zu gründen. Daher ist es keine Substanz, deren Attribut das Für-sich wäre und die das Denken erzeugen würde, ohne sich in dessen Erzeugung selbst zu erschöpfen. Es bleibt einfach in dem Für-sich als eine Seinserinnerung, als seine nicht zu rechtfertigende *Anwesenheit in der Welt.* Das An-sich-Sein kann sein Nichts gründen, aber nicht sein Sein; in seiner Ent-dichtung nichtet es sich zu einem Für-sich, das als solches sein eigener Grund wird; dabei bleibt aber seine Kontingenz eines An-sich außer Reichweite. Nur das *bleibt* als Faktizität vom An-sich im Für-sich und bedingt, daß das Für-sich nur eine faktische Notwendigkeit hat, das heißt, daß es Grund seines *Bewußtsein-Seins* oder *Existenz* ist, ohne jedoch jemals seine *Anwesenheit* gründen zu können. So kann das Bewußtsein in keinem Fall sein eigenes Sein verhindern, und trotzdem ist es völlig verantwortlich für sein Sein.

III

Das Für-sich und das Sein des Wertes

Eine Untersuchung der menschlichen Wirklichkeit hat beim cogito zu beginnen. Aber das cartesische «Ich denke» wurde in einer am Augenblick orientierten Sicht der Zeitlichkeit entworfen. Läßt sich im cogito ein Mittel finden, um diese Augenblicklichkeit zu transzendieren? Wäre die menschliche Wirklichkeit auf das Sein des Ich denke beschränkt, so hätte sie die Wahrheit eines Augenblicks. Und es ist allerdings wahr, daß sie bei Descartes eine momentane Totalität ist, da sie von sich aus keinerlei Anspruch auf die Zukunft erhebt, da es eines fortdauernden «Schöpfungsaktes» bedarf, um sie von dem einen Augenblick in den anderen übergehen zu lassen. Kann man aber eine solche Wahrheit des Augenblicks auch nur erdenken? Und wird im cogito auf bestimmte Weise nicht doch die Vergangenheit und Zukunft inbegriffen? Heidegger ist so sehr davon überzeugt, daß Husserls «Ich denke» nur eine faszinierende und klebrige Vogelfalle ist, daß er in seiner Beschreibung des Daseins den Rückgang auf das Bewußtsein völlig vermieden hat. Seine Absicht ist, es unmittelbar als *Sorge* darzustellen, das heißt, als über sich selbst im Entwurf seiner selbst hinausgehend zu den Möglichkeiten, die es *ist.* Dieses sich aus sich heraus Entwerfen nennt er «Verstehen», und dieser Entwurf erlaubt ihm, die menschliche Wirklichkeit als «entdeckend-entdeckt» zu beschreiben. Sein Bemühen, *zunächst* die Selbstentäußerung des Daseins darzustellen, trifft jedoch gleichfalls auf unüberwindliche Schwierigkeiten: man kann die Dimension «Bewußtsein» nicht *zunächst* unterdrücken, sei es auch, um sie später wiederherzustellen. Das Verstehen hat nur Sinn, wenn es Bewußtsein des Verstehens ist. Meine Möglichkeit kann nur als *meine* Möglichkeit bestehen, wenn mein Bewußtsein sich auf sie hin entäußert. Andernfalls versinkt das ganze System des Daseins und seiner Möglichkeiten im Unbewußten, das heißt im An-sich. Wir sind somit von neuem auf das cogito verwiesen. Von ihm ist auszugehen. Kann man es erweitern, ohne die Vorteile der reflexiven Evidenz zu verlieren? Was hat uns die Beschreibung des Für-sich entdeckt?

Zunächst sind wir auf eine Nichtung gestoßen, in der das Sein des Für-sich sich selbst in seinem Sein trifft. Und diese Enthüllung des Nichts schien uns die Grenzen des cogito nicht zu überschreiten. Sehen wir aber genauer zu.

Das Für-sich kann die Nichtung nicht ertragen, ohne sich selbst als *Mangel an Sein* zu bestimmen. Das bedeutet, daß die Nichtung nicht mit einer bloßen Einführung des Leeren in das Bewußtsein zusammenfällt. Ein äußeres Sein hat nicht etwa das An-sich aus dem Bewußtsein gejagt, sondern das Für-sich bestimmt sich fortwährend selbst dazu, das An-sich *nicht zu sein*. Das heißt, daß es sich selbst nur vom An-sich her und gegen das An-sich gründen kann. Somit stellt die Nichtung als Seinsnichtung die ursprüngliche Verbindung zwischen dem Sein des Für-sich und dem Sein des An-sich dar. Das konkrete und wirkliche An-sich ist ganz und gar im Herzen des Bewußtseins anwesend als das, was es sich selbst bestimmt, nicht zu sein. Das cogito muß uns nun notwendig dazu führen, diese totale und doch unerreichbare Anwesenheit des An-sich zu entdecken. Und zweifellos muß das Faktum dieser Anwesenheit die Transzendenz selbst des Für-sich sein. Jedoch ist eben die Nichtung der Ursprung der als ursprünglicher Bezug des Für-sich zum An-sich verstandenen Transzendenz. Es zeigt sich uns somit ein Weg, aus dem cogito herauszugelangen. Und wir werden später in der Tat sehen, daß der tiefere Sinn des cogito ist, wesentlich aus sich heraus zu werfen. Jedoch ist es noch nicht an der Zeit, diese Eigentümlichkeit des Für-sich zu beschreiben. Was aber die ontologische Beschreibung unmittelbar erscheinen ließ, ist die Tatsache, daß dieses Sein als Mangel an Sein Grund seiner selbst ist, das heißt, daß es sich in seinem Sein bestimmen läßt von einem Sein, das es nicht ist.

Indessen gibt es viele Weisen des Nichtseins, und einige unter ihnen betreffen keineswegs die innere Natur des Seins, das nicht ist, was es nicht ist. Sage ich beispielsweise von einem Tintenfaß, es sei kein Vogel, so bleiben das Tintenfaß und der Vogel von dieser Verneinung unberührt. Es handelt sich hier nur um eine äußere Beziehung, die nur von der menschlichen Wirklichkeit als Zeugen geschaffen werden kann. Andererseits gibt es eine Art von Verneinungen, die eine innere Beziehung herstellen zwischen dem, was man verneint, und dem, womit man verneint[1]. Von allen inneren Ver-

1 Zu diesem Typ der Verneinung gehört die Hegelsche Entgegensetzung. Jedoch gründet diese Entgegensetzung selbst wieder in der ursprünglichen inneren Verneinung, das heißt, im Mangel. Wird zum Beispiel das

neinungen dringt der *Mangel* am tiefsten in das Sein und stellt *in seinem Sein* dasjenige Sein her, *mit dem* er verneint, und zugleich das Sein, *das* er verneint. Dieser Mangel gehört nicht zur Natur des An-sich, die ganz Positivität ist. Er erscheint in der Welt nur mit dem Auftauchen der menschlichen Wirklichkeit. Nur in der menschlichen Welt kann es Mängel geben. Der Mangel setzt eine Dreiheit voraus: das Mangelnde, das Bestehende, dem das Mangelnde fehlt, und eine Totalität, die durch den Mangel zersetzt wurde und durch die Synthese des Mangelnden und des Bestehenden wiederhergestellt würde: das *Verfehlte*. Das Sein, das für die menschliche Wirklichkeit erfaßbar ist, ist stets *das, dem ermangelt*, d. h. das Bestehende. Sage ich zum Beispiel, der Mond sei nicht voll, es fehle ihm ein Viertel, so bezieht dieses Urteil sich auf die volle Erfassung einer Mondsichel. So ist das, was der Anschauung gegeben ist, ein An-sich, das in sich weder vollständig noch unvollständig ist, sondern einfach *ist*, was es *ist*, ohne Beziehung zu anderen Seienden. Damit ein solches An-sich als Mondsichel erfaßt wird, muß die menschliche Wirklichkeit das Gegebene auf den Entwurf der verwirklichten Totalität hin überschreiten – die hier die volle Mondscheibe ist –, und alsdann auf das Gegebene zurückkommen, um es als Mondsichel anzusprechen, das heißt, um es in seinem Sein von der Totalität aus zu verwirklichen, die sein Grund wird. Und in diesem Überstieg wird das *Mangelnde* angesetzt als das, dessen synthetische Beifügung zum Bestehenden die synthetische Totalität des Verfehlten wiederherstellt. In diesem Sinne ist das *Mangelnde* von gleicher Art wie das Bestehende; eine Umkehrung der Situation würde genügen, damit das besteht, dessen das Mangelnde ermangelt, während das Bestehende zum Mangelnden würde. Als Komplement des Bestehenden ist das Mangelnde in seinem Sein bestimmt durch die synthetische Totalität des Verfehlten. *In der menschlichen Welt* ist somit das unvollständige Sein, das als mangelnd erfaßt wird, in seinem Sein durch das Verfehlte bestimmt – das heißt, durch das, was es nicht ist; so gibt der Vollmond der Mondsichel ihr Sein als Sichel; das, was nicht ist, determiniert das, was ist; als Korrelat einer menschlichen Transzendenz ist dem Sein des Bestehenden eigen, über sich hinaus zu führen bis zu dem Sein, das es nicht ist, als zu seinem *Sinn*.

Die menschliche Wirklichkeit, durch die der Mangel in der Welt erscheint, muß selbst Mangel sein. Denn der Mangel kann nur durch einen Mangel zum Sein kommen, das An-sich kann nicht für das An-sich Gelegenheit zum Mangel sein. Mit anderen Worten, damit das Sein mangelnd oder verfehlt sei, muß ein Sein sich zu seinem

Unwesentliche seinerseits zum Wesentlichen, so deshalb, weil es innerhalb des Wesentlichen als Mangel empfunden wird.

eigenen Mangel machen; nur ein Sein, das mangelt, läßt das Sein auf das Verfehlte hin überschreiten.

Schon das Bestehen des Verlangens als menschliches Faktum würde zur Genüge beweisen, daß die menschliche Wirklichkeit Mangel ist. Wie wollte man in der Tat das Verlangen erklären, wenn man in ihm einen psychischen *Zustand* sieht, das heißt, ein Sein, dessen Natur ist, das zu sein, was es ist? Ein Sein, das ist, was es ist, und in dem Maße, in dem es als das seiend, was es ist, angesehen wird, verlangt nicht nach etwas, um sich zu vervollständigen. Ein unvollständiger Kreis verlangt nur, vervollständigt zu werden, insofern er von der menschlichen Transzendenz überschritten wird. An sich ist er vollständig und als offene Kurve völlig positiv. Ein psychischer Zustand, der mit der Positivität dieser Kurve bestünde, könnte nicht außerdem noch irgendein «Verlangen nach» etwas anderem besitzen: er wäre er selbst, ohne irgendeine Beziehung zu dem, was er nicht ist; um ihn als Hunger oder Durst zu bestimmen, wäre eine äußere Transzendenz vonnöten, die ihn auf die Totalität «gestillter Hunger» hin überschreitet, wie sie die Mondsichel auf den vollen Mond hin überschritten hat. Man umgeht die Schwierigkeit nicht, indem man aus dem Verlangen einen *conatus* macht, den man nach dem Bild einer physischen Kraft begreift. Denn, auch wenn man dem *conatus* eine ursächliche Wirkkraft zuschreibt, so kann er doch an sich nicht auch noch die Eigenschaften einer Begierde nach einem anderen Zustand haben. Als Zustände *bewirkend* ist der *conatus* nicht gleichzusetzen mit dem Verlangen als dem *Ruf* nach einem Zustand. Ein Rückgriff auf den psycho-physischen Parallelismus würde die Schwierigkeiten ebensowenig beseitigen: es gibt den Durst nicht als organisches Phänomen, als «physiologisches» Bedürfnis nach Wasser. Der des Wassers bedürftige Organismus läßt bestimmte positive Phänomene feststellen, zum Beispiel eine bestimmte Verdickung des Blutgerinsels, die ihrerseits bestimmte andere Phänomene erzeugt. Das Ganze ist ein positiver Zustand des Organismus, der nur auf sich selbst verweist, ebenso wie die Verdickung einer Lösung, deren Wasser verdampft, nicht an sich selbst betrachtet werden kann als ein Verlangen der Lösung nach Wasser. Setzt man eine genaue Übereinstimmung des Geistigen und des Physiologischen an, so kann diese Übereinstimmung, wie Spinoza erkannt hat, nur auf dem Boden einer ontologischen Identität begründet werden. Das Sein des psychischen Durstes wird folglich das Sein eines *Zustandes* an sich sein, und wir sind somit von neuem auf das Zeugnis einer Transzendenz verwiesen. Aber dann wäre der Durst Verlangen *für* diese Transzendenz und nicht für sich selbst: er wäre Verlangen nur in den Augen des anderen. Soll aber das Verlangen für sich selbst Verlangen sein, so muß es selbst Transzendenz sein, das heißt, es muß seiner Natur nach Ausgang aus sich selbst zu dem verlangten Gegenstand sein. Mit anderen Worten, es muß Mangel sein – aber nicht etwa Objekt-Mangel, ein erlittener, durch den Überstieg, der er nicht ist, geschaffener Mangel, sondern vielmehr eigener Mangel an... Das Verlangen ist Mangel an Sein, es ist in seinem innersten Sein heimgesucht von dem Sein, dessen Verlangen es ist. Es bezeugt somit das Bestehen des Mangels im Sein der menschlichen Wirklichkeit. Ist aber die menschliche Wirklichkeit Mangel, so taucht durch sie im Sein die Trinität des Bestehenden, des Mangelnden und des Verfehlten auf. Welche sind genauer die Beziehungspunkte dieser Dreiheit?

Dasjenige, das hier die Rolle des Bestehenden spielt, ist das, was dem *cogito* als das Unmittelbare des Verlangens gegeben ist; es ist zum Beispiel jenes Für-sich, das wir erfaßt haben als das nicht seiend, was es ist, und das seiend, was es nicht ist. Aber was ist eigentlich das Verfehlte?

Um diese Frage zu beantworten, müssen wir wieder auf den Begriff des Mangels zurückgehen und die Beziehung näher bestimmen, die das Bestehende mit dem Mangelnden verbindet. Diese Beziehung kann nicht die eines bloßen Nebeneinander sein. Wenn das, was fehlt, auch in seiner Abwesenheit so tief im Herzen des Bestehenden anwesend ist, so ist dies der Fall, weil das Bestehende und das Mangelnde beide im selben Augenblick erfaßt und in der Einheit der gleichen Totalität überschritten werden. Und das, was sich selbst als Mangel herstellt, kann sich so nur herstellen, indem es sich auf eine große zersetzte Form hin überschreitet. Derart ist der Mangel Erscheinung auf dem Grunde einer Totalität. Dabei ist übrigens unwichtig, ob diese Totalität ursprünglich vorhanden war und nur jetzt aufgelöst ist («der Venus von Milo *fehlen* die Arme»), oder ob sie noch niemals verwirklicht wurde («es fehlt ihm an Mut»). Wichtig ist nur, daß das Fehlende und das Bestehende gegeben sind oder erfaßt werden als sich notwendig in der Einheit der verfehlten Totalität vernichtend. Was immer auch mangelt, fehlt *dem... für...* Und was in der Einheit eines ursprünglichen Auftauchens gegeben ist, ist das *für*, das als noch nicht oder nicht mehr seiend gedacht ist, eine Abwesenheit, auf die hin das verstümmelte Bestehende sich überschreitet oder überschritten hat, indem es sich selbst als verstümmelt konstituiert. Was ist das *Für* der menschlichen Wirklichkeit?

Das Für-sich ist als Gründung seiner selbst das Auftauchen der Verneinung. Es gründet sich, indem es *von sich aus* ein bestimmtes Sein oder eine Seinsweise verneint. Wie wir wissen, ist das, was es verneint oder nichtet, das An-sich-Sein. Aber nicht irgendein An-sich-Sein: die menschliche Wirklichkeit ist vielmehr zunächst ihr eigenes Nichts. Was sie als Für-sich von sich aus verneint oder nichtet, kann nur das *Sich* sein. Und da sie durch diese Nichtung und die Anwesenheit in ihr dessen, was sie als genichtigt nichtet, in ihrem Sinn bestimmt wird, macht das *Sich-als* – verfehltes – *an-sich-Sein* den Sinn der menschlichen Wirklichkeit aus. Insofern die menschliche Wirklichkeit in ihrer ursprünglichen Beziehung zu sich nicht ist, was sie ist, ist ihre Beziehung zu sich nicht ursprünglich und erhält ihren Sinn nur von einer ersten Beziehung, welche die *Null-Beziehung* oder Identität ist. Nur das Sich, das wäre, was es ist, läßt das Für-sich erfassen als das nicht seiend, was es ist; die in der Definition des Für-sich verneinte Beziehung – die als solche zunächst anzusetzen ist – ist eine Beziehung des Für-sich, die ihm selbst als dauernd abwesend im Modus der Identität gegeben ist. Der Sinn der subtilen Störung, durch die der Durst sich entgleitet und nicht Durst ist, insofern er Bewußtsein des Durstes ist, ist der Durst, der Durst wäre und ihn heimsucht. Was dem Für-sich fehlt, ist das Sich – oder Sich-selbst als An-sich.

Indes darf dieses verfehlte An-sich nicht mit dem der Faktizität verwechselt werden. Bei dem gescheiterten Versuch, sich selbst zu begründen, hat das An-sich der Faktizität sich aufgelöst zur reinen Anwesenheit in der Welt des Für-sich. Das verfehlte An-sich hingegen ist reine Abwesenheit. Das Scheitern des gründenden Aktes hat zudem aus dem An-sich das Für-sich auftauchen lassen als Grund seines eigenen Nichts. Aber der Sinn des verfehlten Gründungsaktes bleibt wie transzendent. Das Für-sich ist in seinem Sein Scheitern, weil es *nur* Grund seiner selbst als Nichts ist. In Wahrheit ist dieses Scheitern sein Sein selbst, aber es hat nur Sinn, wenn es sich selbst als Scheitern erfaßt, und zwar *in Anwesenheit* des Seins, das es zu sein verfehlt hat, das heißt des Seins, das Grund seines Seins wäre und nicht nur Grund seines Nichts, das heißt, das sein Grund wäre, *insofern* es Koinzidenz mit sich wäre. Das *cogito* verweist notwendig auf das, was ihm mangelt und dem es ermangelt, weil es ein vom Sein besessenes *cogito* ist, wie Descartes richtig gesehen hat; und hier liegt der Ursprung der Transzendenz: die menschliche Wirklichkeit ist ihr eigener Überstieg zu dem, was sie ermangelt; sie überschreitet sich zu dem besonderen Sein, das sie wäre, wenn sie das wäre, was sie ist. Die menschliche Wirklichkeit ist nicht irgend etwas, das zunächst vorhanden wäre, um alsdann dieser oder jener Sachen zu ermangeln: sie existiert zunächst als Mangel und in unmittelbarer synthetischer Verbundenheit mit dem, was ihr mangelt. Das reine Ereignis, durch welches die menschliche Wirklichkeit als Anwesenheit in der Welt erscheint, wird somit von ihr selbst durch sich erfaßt als *ihr eigener Mangel*. Die menschliche Wirklichkeit erfaßt sich, indem sie zur Existenz gelangt, als unvollständig. Sie erfaßt sich als seiend, insofern sie nicht ist, und zwar im Angesicht der besonderen Totalität, die ihr ermangelt und die sie ist in der Form, sie nicht zu sein, und die ist, was sie ist. Die menschliche Wirklichkeit ist dauernder Übersteig zu einer Koinzidenz mit sich, die niemals gegeben ist. Wenn das *cogito* sich auf das Sein *richtet*, so überschreitet es sich eben durch seinen Übersteig zum Sein, indem es sich in seinem Sein bestimmt als das Sein, dem die Koinzidenz mit sich ermangelt, um das zu sein, was es ist. Das *cogito* ist unauflöslich an das An-sich-Sein gebunden, aber nicht wie ein Gedanke an seinen Gegenstand – wodurch das An-sich relativiert wäre –, sondern wie ein Mangel an das, was seinen Mangel definiert. In diesem Sinn ist der zweite cartesische Beweis zwingend: das unvollkommene Sein überschreitet sich zum vollkommenen; das Sein, das nur Grund seines Nichts ist, überschreitet sich zu dem Sein, das Grund seines Seins ist. Jedoch ist das Sein, auf das hin die menschliche Wirklichkeit sich überschreitet, nicht ein transzendenter Gott: es ist im Herzen ihrer selbst, es ist nur sie selbst als Totalität.

Diese Totalität ist nämlich in der Tat nicht das bloße, kontingente An-sich des Transzendenten. Was das Bewußtsein als dasjenige Sein erfaßt, auf das hin es sich übersteigt, würde, wenn es rein an sich wäre, mit der Vernichtung des Bewußtseins zusammenfallen. Jedoch überschreitet das Bewußtsein sich nicht auf seine eigene Vernichtung hin, es will sich nicht an der Grenze seines Übersteigs im An-sich der Identität verlieren. Sondern das Für-sich beansprucht für das Für-sich als solches ein An-sich-sein.

Derart ist das ständig abwesende Sein, nach dem das Für-sich sucht, selber zum An-sich erstarrt. Es ist die unmögliche Synthese des Für-sich und des An-sich: so wäre es sein eigener Grund nicht als Nichts, sondern als Sein und würde in sich die notwendige Durchsichtigkeit des Bewußtseins bewahren und gleichzeitig auch die Koinzidenz mit sich des Seins an sich. In ihr würde es jene Rückkehr zu sich bewahren, die alle Notwendigkeit und jede Gründung bedingt. Jedoch würde dieser Rückbezug auf sich ohne jeden Zwischenraum geschehen, es wäre keine Anwesenheit bei sich, sondern Identität mit sich selbst. Kurz, dieses Sein wäre genau das *Sich*, das, wie wir zeigten, nur als dauernd entschwindende Beziehung existieren kann, aber es wäre sie als substanzielles Sein. Die menschliche Wirklichkeit taucht somit als solche auf in Anwesenheit ihrer eigenen Totalität als Mangel an dieser Totalität. Und diese Totalität kann überhaupt nicht gegeben sein, da sie in sich die unvereinbaren Eigenschaften des An-sich und des Für-sich vereinigt. Man braucht uns jedoch nicht vorzuwerfen, ein Sein dieser Art nur zu unserem Vergnügen zu erfinden: wird nämlich durch eine letzte Bewegung der Meditation diese Totalität, deren Sein und deren Abwesenheit gleich absolut sind, als Transzendenz jenseits der Welt hypostasiert, so nennt man sie Gott. Ist Gott nicht sowohl ein Sein, das ist, was es ist, insofern es ganz Positivität und Grund der Welt ist – als auch ein Sein, das nicht ist, was es ist, und das ist, was es nicht ist, insofern es Selbstbewußtsein und notwendiger Grund seiner selbst ist? Die menschliche Wirklichkeit ist leidend in ihrem Sein, weil sie zum Sein kommt, indem sie dauernd besessen ist von der Vorstellung einer Totalität, die sie ist, ohne sie sein zu können, da sie eben das An-sich nicht erreichen könnte, ohne sich als Für-sich zu verlieren. Von Natur aus ist sie somit unglückliches Bewußtsein, ohne mögliche Überwindung des unglücklichen Zustandes.

Was ist aber genauer in seinem Sein jenes Sein, auf das hin das unglückliche Bewußtsein sich überschreitet? Ist zu sagen, daß es gar nicht existiert? Die Widersprüche, die wir an ihm hervorgehoben haben, beweisen indessen nur, daß es nicht *verwirklicht* werden kann. Und nichts kann die evidente Wahrheit widerlegen: das Bewußtsein kann nur *engagiert* in jenes Sein existieren, das es von allen Seiten einkreist und mit seiner gespenstischen Anwesenheit durchdringt, jenes Sein, das es ist und welches doch nicht es ist. Wäre zu sagen, es sei ein dem Bewußtsein *relatives* Sein? Das hieße, es mit dem Gegenstand einer *Thesis* verwechseln. Denn dieses Sein ist nicht von dem Bewußtsein und vor es gesetzt; es gibt kein Bewußtsein *von* diesem Sein, da es das nicht-setzende Bewußtsein (von) sich heimsucht. Wie der Sinn seines Seins drückt es dem Bewußtsein seinen Stempel auf, und das Bewußtsein ist ebensowenig Bewußtsein *von* ihm, wie es Bewußtsein *von* sich ist. Andererseits kann es aber auch dem Bewußtsein nicht entfallen: es ist da, sofern nur das Bewußtsein als Bewußt-Sein zum Sein kommt. Und doch gibt das Bewußtsein diesem Sein nicht seinen Sinn, wie etwa jenem Tintenfaß oder Bleistift; sondern ohne jenes Sein, das es in der Form ist, daß es es nicht ist, wäre das Bewußtsein gar nicht Bewußtsein, das heißt Mangel: vielmehr bezieht es von ihm für es selbst seine Bedeutung des Bewußtseins. Es taucht zugleich mit ihm auf, sowohl in seinem Herzen wie außerhalb seiner, es ist die absolute Transzendenz in der absoluten Immanenz, es geht dem Bewußtsein nicht voraus wie das Bewußtsein nicht ihm; beide bilden ein *Paar*. Gewiß kann dieses Sein nicht ohne das Für-sich existieren, aber ebenso könnte das Für-sich nicht ohne es existieren. In Beziehung zu diesem Sein befindet sich das Bewußtsein im Modus des *Seins* dieses Seins, denn es ist es selbst, aber als ein Sein, das es nicht sein kann. Es ist das Bewußtsein selbst, es ist in seinem Herzen und zugleich unerreichbar, wie eine Abwesenheit und etwas nicht zu Verwirklichendes, und seine Natur ist, in sich seinen eigenen Widerspruch zu enthalten; seine Beziehung zum Für-sich ist eine totale Immanenz, die in totaler Transzendenz endet.

Die Anwesenheit dieses Seins im Bewußtsein darf andererseits nicht in der abstrakten Weise gedacht werden, wie unsere Untersuchung sie festgestellt hat. Das konkrete Bewußtsein taucht auf in einer Situation und ist besonderes und individualisiertes Bewußtsein dieser Situation und seines situierten Selbst. Diesem konkreten Bewußtsein ist das Sich gegenwärtig, und alle konkreten Eigenschaften des Bewußtseins haben ihr Korrelat in der Totalität des Sich. Das Sich ist individuell, und es schwebt dem Für-sich als seine individuelle Vollendung vor. Ein Gefühl ist beispielsweise Gefühl in Anwesenheit einer Norm, das heißt eines Gefühls der gleichen Art, das jedoch wäre, was es ist. Diese affektive Norm oder Totalität des Sich ist unmittelbar gegenwärtig als *erlittener* Mangel im Herzen des Leidens selbst. Man leidet und leidet daran, nicht genug zu leiden. Das Leid, von dem wir *sprechen*, ist niemals völlig dasjenige, das wir empfinden. Was wir das «schöne» oder «wahre» oder «echte» Leid nennen und das uns bewegt, ist jenes Leid, das wir im Gesicht der anderen lesen oder besser noch an Bildern, im Antlitz einer Statue, in einer tragischen Maske. Hier handelt es sich um ein Leid, das *Sein* hat. Es stellt sich uns dar wie ein geschlossenes, objektives Ganzes, das nicht auf uns zu warten brauchte, um zu sein, und das über das hinausgeht, was uns von ihm bewußt wird; ein solches Leid ist da, mitten in der Welt, undurchdringlich und dicht wie dieser Baum oder jener Stein, es hat Dauer; es ist somit, was es ist: wir können von ihm sagen: dieses Leid dort, das durch jene Verzerrung, jenes Stirnrunzeln ausgedrückt wird. Es wird von der Physiognomik getragen und dargestellt, aber nicht geschaffen. Es hat sich vielmehr auf sie gelegt und steht jenseits der Passivität wie der Aktivität, der Verneinung und der Behauptung: es ist einfach. Und doch kann es nur als Selbstbewußtsein sein. Wir wissen sehr wohl, daß diese Maske nicht die unbewußte Grimasse eines Schlafenden ausdrückt, noch die Verzerrung eines Sterbenden; sie verweist somit auf Möglichkeiten, auf eine Situation in der Welt. Das Leid ist bewußte Beziehung zu diesen Möglichkeiten, zu dieser Situation, hier jedoch erstarrt, in die Bronze des Seins gegossen; und eben insofern fasziniert es uns: es ist wie eine niedere Approximation an jenes Leid-an-sich, das unserem eigenen Schmerz vorschwebt. Hingegen ist das Leid, das *ich* empfinde, niemals genug Leid, eben weil es sich als an sich nichtet durch denselben Akt, durch den es sich gründet. Ich kann niemals von ihm *überrascht* werden, denn es ist nur in genau dem Maße, in dem ich es empfinde. Seine Durchsichtigkeit nimmt ihm jede Tiefe. Ich kann es nicht betrachten, wie ich das Leid jener Statue betrachte, da ich es schaffe und kenne. Habe ich schon zu leiden, so wollte ich am liebsten, daß mein Leid mich packt und wie ein Gewitter überwältigt: ich muß es jedoch in meiner freien Spontaneität überhaupt erst zur Existenz bringen. Ich möchte es aber zugleich sein und erdulden; jener gewaltige und undurchdringliche Schmerz jedoch, der mich über mich selbst hinwegheben würde, streift mich dauernd nur mit seinen Flügeln; ich kann ihn nicht fassen, ich finde nur *mich,* mich, der klagt und seufzt, mich, der, um das Leid zu verwirklichen, das ich bin, unaufhörlich die Komödie des Leidens spielen muß. Ich verrenke meine Arme, ich schreie, damit Wesenheiten an sich, Töne, Gesten durch die Welt eilen, gehetzt von dem Schmerz an sich, der ich nicht sein kann. Jede Klage, jedes Mienenspiel dessen, der leidet, bezweckt, eine Statue des Leidens an sich zu schaffen. Aber diese Statue wird stets nur durch die anderen existieren und für die anderen. Mein Leid leidet daran, zu sein, was es nicht ist, und nicht zu sein, was es ist; im Augenblick, wo es sich selbst ereilt, entgleitet es sich, durch nichts von sich selbst getrennt, durch jenes Nichts, dessen Grund es selber ist. Es ist geschwätzig, weil es sich nicht genug ist, sein Ideal aber ist das Schweigen. Das Schweigen der Statue, des bedrückten Menschen, der das Haupt senkt und wortlos seine Stirn verhüllt. Aber nur *für mich* spricht dieser schweigende Mensch nicht. In seinem Innern redet er unaufhörlich, denn die Worte der inneren Rede sind wie Skizzen des «Sich» des Leidens. In meinen Augen ist er vom Leid «zermalmt»: in sich selbst fühlt er sich verantwortlich für den Schmerz, den er will, ohne ihn zu wollen, und den er nicht will, indem er ihn will, und der von einer dauernden Abwesenheit heimgesucht wird, der des unbeweglichen und stummen Leids, das das *Sich* ist, die konkrete und unerreichbare Totalität des leidenden Für-sich, das *Für* der menschlichen Wirklichkeit im Leiden. Wie man sieht, ist dieses Leiden-Sich, das in mein Leid dringt, niemals von diesem *gesetzt.* Und mein wirkliches Sein ist kein *Bemühen,* das Sich zu erreichen. Aber es kann Leid nur *sein* als Bewußtsein, *nicht genug* Leid zu *sein* angesichts dieses vollen und abwesenden Leids.

Nunmehr können wir genauer bestimmen, was das Sein des Sich ist: es ist der Wert. In der Tat hat der Wert die doppelte Eigenheit, welche die Moralisten nur ungenügend erklärt haben, unbedingt zu sein und nicht zu sein. Der Wert hat in der Tat als Wert Sein; jedoch hat das normativ Bestehende kein Sein als Wirklichkeit. Sein Sein ist, Wert zu sein, das heißt, Sein nicht zu sein. So ist das Sein des Wertes als Wert das Sein dessen, das kein Sein hat. Der Wert erscheint somit unfaßbar: nimmt man ihn als Sein, so läuft man Gefahr, seine Irrealität völlig zu verkennen und, wie die Soziologen, aus ihm einen tatsächlichen Anspruch unter anderen Tatsachen zu machen. In diesem Fall tötet die Kontingenz des Seins den Wert.

Hat man umgekehrt jedoch nur Augen für die Idealität der Werte, so ist man im Begriff, ihnen das Sein zu nehmen, und ohne Sein fallen sie zusammen. Gewiß kann ich, wie Scheler gezeigt hat, von konkreten Beispielen ausgehend, zur Intuition der Werte gelangen: ich kann das Edle einer edlen Handlung erfassen. Der derart erfaßte Wert steht jedoch nicht auf der gleichen Ebene im Sein wie die Handlung, die er bewertet – in der Weise etwa, wie die Wesenheit «Rot» in Beziehung zu dem einzelnen Roten steht. Er stellt sich vielmehr dar wie ein Jenseits der betrachteten Handlungen, wie die Grenze etwa der unendlichen Reihe edler Handlungen. Der Wert ist jenseits des Seins. Wollen wir uns aber nicht mit bloßen Worten begnügen, so ist anzuerkennen, daß dieses Seiende, das jenseits des Seins ist, dennoch in gewisser Weise Sein besitzt. Unsere Überlegungen gestatten die Behauptung, daß der Wert durch die menschliche Wirklichkeit in die Welt kommt. Nun ist der Sinn des Wertes, das zu sein, auf das hin ein Seiendes sein Sein überschreitet: jeder werthafte Akt ist ein Sichlosreißen von seinem Sein in Richtung auf... Da der Wert immer und überall das Jenseits aller Überstiege ist, kann er betrachtet werden als die unbedingte Einheit aller Akte, in denen das Sein überschritten wird. Insofern ist er ein Doppel derjenigen Wirklichkeit, die ihr Sein ursprünglich überschreitet und durch welche der Überstieg ins Sein kommt, das heißt, der menschlichen Wirklichkeit. Man sieht zugleich, daß der Wert als unbedingtes Jenseits aller Überstiege ursprünglich auch das Jenseits des Seins selbst sein muß, das sich überschreitet, denn nur auf diese Weise kann er das ursprüngliche Jenseits aller möglichen Überstiege sein. Wenn jeder Überstieg sich selbst überschreiten können muß, so muß in der Tat das Sein, das überschreitet, a priori selbst überschritten sein, insofern es die Quelle aller Überstiege ist; somit ist der ursprüngliche oder höchste Wert das Jenseits und das *Für* der Transzendenz. Er ist das Jenseits, das alle meine Überstiege übersteigt und begründet, auf das hin ich mich aber niemals selber übersteigen kann, eben weil meine Überstiege ihn schon voraussetzen. Er ist das *Verfehlte* aller Mängel, nicht das Mangelnde. Der Wert ist das Sich, sofern es dem Herzen des Für-sich vorschwebt als das, für das es ist. Der höchste Wert, auf den hin das Bewußtsein sich in jedem Augenblick durch sein Sein selbst überschreitet, ist das absolute Sein des Sich mit den Eigenschaften der Identität, der Reinheit, der Dauer usw. und als Grund des Sich. Somit begreifen wir, inwiefern der Wert zugleich sein und nicht sein kann. Er ist wie der Sinn und das Jenseits eines jeden Überstiegs, er ist wie das abwesende An-sich, das dem Sein für sich vorschwebt. Sobald man ihn aber betrachtet, sieht man, daß er selbst Überstieg dieses An-sich-Seins ist, da er *es sich gibt.* Er ist jenseits seines eigenen Seins, denn, da sein Sein von der Art der Koinzidenz mit sich ist, überschreitet er sogleich dieses Sein, seine Dauer, seine Reinheit, seine Beständigkeit, seine Identität, sein Schweigen, um all diese Eigenschaften im Namen der Anwesenheit bei sich selbst zu beanspruchen. Fängt man aber umgekehrt damit an, den Wert als Anwesenheit bei sich zu betrachten, so ist diese Anwesenheit sofort erstarrt und zum An-sich geronnen. Zudem ist er in seinem Sein die verfehlte Totalität, auf die hin ein Seiendes sich Sein gibt. Er taucht für ein Seiendes auf, nicht insofern dieses Seiende ist, was es ist, in voller Kontingenz, sondern insofern es Grund seiner eigenen Nichtung ist. In diesem Sinn schwebt der Wert dem Sein vor, insofern es sich gründet, nicht insofern es ist: er beunruhigt die *Freiheit*. Das bedeutet, daß die Beziehung des Wertes zum Für-sich von besonderer Art ist: er ist das Sein, das es zu sein hat, sofern es Grund seines Nichts an Sein ist. Und wenn es dieses Sein zu sein hat, so nicht unter äußerem Zwang und auch nicht, weil der Wert wie der erste Beweger des Aristoteles eine wirkliche Anziehung auf es ausüben würde, und ebensowenig kraft einer angenommenen Eigenschaft seines Seins; vielmehr schafft es sich in seinem Sein ein solches Sein, daß es dieses Sein zu sein hat. Mit einem Wort, das *Sich*, das Für-sich und ihre Beziehung halten sich in den Grenzen einer unbedingten Freiheit – in dem Sinn, wie *nichts* den Wert existieren läßt, wenn es nicht jene Freiheit ist, die gleichzeitig auch mich selbst existieren läßt – und zugleich in den Grenzen der konkreten Notwendigkeit, insofern das Für-sich, als Grund seines Nichts, nicht der Grund seines Seins sein kann. Es gibt somit eine totale Kontingenz des *Für-den-Wert-Seins*, die sich auf die ganze Moral erstreckt, um sie zu durchdringen und relativieren – und gleichzeitig eine freie und absolute Notwendigkeit [1].

1 Man könnte versucht sein, die hier betrachtete Dreiheit in die Sprache Hegels zu übersetzen und aus dem An-sich die Thesis zu machen, aus dem Für-sich die Antithesis und aus dem An-sich-für-sich oder Wert die Synthesis. Dazu ist jedoch anzumerken, daß dem Für-sich zwar das An-sich *ermangelt*, dem An-sich aber nicht das Für-sich. In dem Gegensatz gibt es somit keine Wechselseitigkeit. Mit einem Wort, das Für-sich bleibt unwesentlich und kontingent in Beziehung zum An-sich, und eben diese Unwesentlichkeit haben wir oben seine Faktizität genannt. Die Synthese (als Wert) wäre außerdem nur eine Rückkehr zur These, also nur Rückkehr zu sich, und wie der Wert irrealisierbare Totalität ist, ist auch das Für-sich kein Moment, das überschritten werden könnte. Als solches steht es seiner Natur nach den «zweideutigen» Wirklichkeiten Kierkegaards näher. Außerdem haben wir es hier mit einem Doppelspiel einseitiger Gegensätze zu tun: dem Für-sich fehlt in einem Sinn das An-sich, dem es nicht fehlt; in einem anderen Sinn fehlt ihm seine Möglichkeit (oder mangelndes Für-sich), die wiederum seiner nicht ermangelt.

In seinem ursprünglichen Auftauchen wird der Wert nicht von dem Für-sich *gesetzt*: er ist ihm wesensgleich – in dem Maße, daß es kein Bewußtsein gibt, das nicht von *seinem* Wert durchdrungen wäre, so daß die menschliche Wirklichkeit im weiteren Sinn sowohl das Für-sich wie den Wert einbegreift. Schwebt der Wert dem Für-sich vor, ohne von ihm gesetzt zu sein, so deshalb, weil er nicht der Gegenstand einer Thesis ist: anderenfalls müßte das Für-sich sich selbst Gegenstand einer Setzung sein, da der Wert und das Für-sich nur in der wesensgleichen Einheit eines Paars auftauchen können. Das Für-sich als nicht-setzendes (Selbst)-bewußtsein existiert nicht *im Angesicht* des Wertes, in dem Sinn, wie für Leibniz die Monade «allein, im Angesicht Gottes» existiert. Der Wert ist also auf dieser Stufe nicht *erkannt*, da die Erkenntnis den Gegenstand vor das Bewußtsein stellt. Er ist nur mit der nicht-setzenden Durchsichtigkeit des Für-sich gegeben, das sich zum bewußten Sein des Seins macht, er ist überall und nirgends, im Inneren der nichtenden Beziehung «Reflektierendes-Reflex», anwesend und unerreichbar, einfach erlebt als der konkrete Sinn des Mangels, der mein gegenwärtiges Sein ausmacht. Damit der Wert Gegenstand einer Thesis wird, muß das Für-sich, dem er vorschwebt, vor dem Blick der Reflexion erscheinen. Das reflexive Bewußtsein stellt in der Tat das reflektierte *Erlebnis* in seine mangelnde Natur und setzt zugleich den Wert frei als den unerreichbaren Sinn dessen, was verfehlt wurde. Daher kann das reflexive Bewußtsein eigentlich als das moralische Bewußtsein bezeichnet werden, da es nicht auftauchen kann, ohne zugleich die Werte zu enthüllen. Es versteht sich, daß ich in meinem reflexiven Bewußtsein frei bleibe, meine Aufmerksamkeit auf sie zu richten oder sie zu übergehen – in eben der Weise, wie es von mir abhängt, ob ich auf dem Tisch meinen Federhalter oder meinen Tabak genauer betrachte. Ob die Werte aber nun Gegenstand besonderer Aufmerksamkeit seien oder nicht, sie *sind* jedenfalls.

Hieraus ist indessen nicht zu schließen, allein der reflexive Blick könne den Wert erscheinen lassen; und wir würden stets nur durch Analogie die Werte unseres Für-sich in die Welt der Transzendenz projizieren. Ist der Gegenstand unserer Intuition ein Phänomen der menschlichen Wirklichkeit, aber ein transzendentes, so erscheint es sogleich mit seinem Wert, denn das Für-sich des Anderen ist kein verborgenes Phänomen, das nur als Konklusion eines Analogieschlusses gegeben wäre. Es offenbart sich vielmehr ursprünglich meinem Für-sich und seine Anwesenheit ist, wie wir sehen werden, als Für-Andere sogar die notwendige Bedingung der Beschaffenheit des Für-sich als solchen. Und in dem Auftauchen des Für-Andere ist der Wert ebenso gegeben wie in dem Auftauchen des Für-sich, wenn auch in einem andersgearteten Seinsmodus. Indessen können wir nicht von der objektiven Begegnung mit den Werten in der Welt handeln, solange wir die Natur des Für-Andere nicht erhellt haben. Die Untersuchung dieser Frage erfolgt daher erst im dritten Teil des vorliegenden Werkes.

IV

Das Für-sich und das Sein des Möglichen

Wir sahen, daß die menschliche Wirklichkeit Mangel ist und daß sie als Für-sich einer bestimmten Koinzidenz mit sich selbst ermangelt. Konkret ermangelt jedes besondere Für-sich (Erlebnis) einer bestimmten besonderen und konkreten Wirklichkeit, deren synthetische Assimilation es zum *Sich* verwandeln würde. Es ermangelt *des ... für ...*, wie die abgebrochene Scheibe des Mondes dessen ermangelt, was nötig wäre, um sie zu vervollständigen und zum Vollmond zu machen. So entsteht das Mangelnde im transzendierenden Vollzug und bestimmt sich durch die Rückkehr zum Bestehenden im Ausgang vom Verfehlten. Das derart bestimmte Mangelnde ist in Beziehung zum Bestehenden transzendent und komplementär. Es ist somit von gleicher Art: was der Mondsichel fehlt, um Mond zu sein, ist eben ein Stück Mond; was dem stumpfen Winkel ABC fehlt, um zwei rechte zu bilden, ist der spitze Winkel CBD. Was somit dem Für-sich ermangelt, um sich zum Sich zu schaffen, ist weiteres Für-sich. Es kann sich jedoch keinesfalls um ein fremdes Für-sich handeln, das heißt, ein Für-sich, das ich nicht bin. In der Tat, da das aufgetauchte Ideal die Koinzidenz des Sich ist, ist das mangelnde Für-sich ein Für-sich, das ich *bin*. Würde ich andererseits aber im Modus der Identität sein, so würde das Ganze An-sich werden. Ich bin das mangelnde Für-sich in der Weise, daß ich das Für-sich zu sein habe, das ich nicht bin, um mich mit ihm in der Einheit des Sich zu identifizieren. Die ursprüngliche transzendente Beziehung des Für-sich zum Sich deutet somit dauernd etwas an wie einen Entwurf der Identifizierung des Für-sich mit einem abwesenden Für-sich, welches es *ist* und dessen es *ermangelt*. Was sich als das jedem Für-sich *eigene Mangelnde* zeigt und was strengstens als das diesem bestimmten Für-sich und keinem anderen Mangelnde zu bezeichnen ist, das ist das Mögliche des Für-sich. Das Mögliche entsteht auf dem Boden der Nichtung des Für-sich. Es ist nicht thematisch *für später* begriffen als Mittel, das Sich zu erreichen. Sondern das Auftauchen des Für-sich als Nichtung des An-sich und Entdichtung des Seins läßt das Mögliche entstehen als einen Aspekt dieser Entdichtung des Seins; das heißt, als eine Weise, im Abstand zu sich zu sein, was man ist. So kann das Für-sich nicht erscheinen, ohne von dem Wert beunruhigt und auf seine eigenen Möglichkeiten hin geworfen zu werden. Indessen, sobald das *cogito* uns auf seine Möglichkeiten verweist, treibt es uns aus dem Augenblick heraus und hin zu dem, was es ist in der Weise, es nicht-zu-sein.

Um jedoch besser zu verstehen, wieso die menschliche Wirklichkeit ihre eigenen Möglichkeiten ist und zugleich nicht ist, müssen wir zu dem Begriff des *Möglichen* zurückkehren und ihn zu erhellen suchen.

Mit dem Möglichen verhält es sich wie mit dem Wert: es ist äußerst schwierig, sein Sein zu verstehen, da es sich als dem Sein vorhergehend darstellt, dessen reine Möglichkeit es ist, und doch muß es, zumindest als Mögliches, Sein haben. Man sagt ja: «Es *ist* möglich, daß er kommt.» Seit Leibniz nennt man gern ein Ereignis «möglich», das nicht in eine bestehende Kausalkette eingereiht ist, derart, daß man es mit Bestimmtheit determinieren kann, und das keinen Widerspruch, weder mit sich selbst noch zu dem betrachtenden System, enthält. Definiert man es so, dann ist das Mögliche nur für die Erkenntnis möglich, da wir die in Betracht gezogene Möglichkeit weder verneinen noch behaupten können. Hieraus ergeben sich zwei Haltungen gegenüber dem Möglichen: man kann mit Spinoza annehmen, daß es nur in Beziehung zu unserer Unwissenheit existiert und daß es sich auflöst, wenn diese sich auflöst. In diesem Fall ist das Mögliche nur ein subjektives Stadium auf dem Wege zur vollkommenen Erkenntnis; es hat nur die Wirklichkeit eines psychischen Modus; als unklares oder unterbrochenes Denken hat es hier konkretes Sein, aber nicht als Eigenschaft der Welt. Andererseits steht es auch frei, aus der Unendlichkeit des Möglichen mit Leibniz den Gegenstand der Gedanken der göttlichen Vernunft zu machen, wodurch das Mögliche eine Art absoluter Realität erhält; dabei bleibt dem göttlichen *Willen* die Macht vorbehalten, das beste System unter den möglichen zu verwirklichen. Obwohl die Verkettung der Perzeptionen der Monade strengstens determiniert ist und ein allwissendes Wesen mit Sicherheit die Entscheidung Adams schon auf Grund der Formel seiner Beschaffenheit voraussagen könnte, wäre es in diesem Fall trotzdem nicht absurd, zu sagen: «Es ist möglich, daß Adam den Apfel nicht pflückt.» Das bedeutet nämlich nur, daß es als Gedanken der göttlichen Vernunft auch ein anderes System von Möglichkeiten gibt, in dem Adam auftreten kann, ohne den Apfel vom Baum der Erkenntnis gegessen zu haben. Ist aber diese Auffassung von der Spinozas so sehr verschieden? In Wahrheit ist hier die Wirklichkeit des Möglichen nur die des göttlichen *Gedankens*. Das heißt, daß es ein Sein wie das des nicht verwirklichten Gedankens hat. Gewiß ist hier die Idee der Subjektivität bis zu ihrer Grenze getrieben, denn es handelt sich ja um das göttliche Bewußtsein und nicht um das meinige; und wenn man zu Beginn Subjektivität und Endlichkeit sorgsam gleichgesetzt hat, so verschwindet die Subjektivität, sobald der Verstand unendlich wird. Trotzdem bleibt, daß das Mögliche hier ein Gedanke ist, der *nur Gedanke ist*. Es scheint, als habe Leibniz selbst dem Möglichen eine gewisse Autonomie und Eigengewicht zugestehen wollen, da mehrere der von Couturat veröffentlichten metaphysischen Fragmente uns zeigen, wie die Möglichkeiten sich selbst zu Systemen von Mitmöglichkeiten anordnen, wobei das vollste und reichste von sich aus zu seiner Verwirklichung drängt. Es handelt sich aber nur um die Skizzierung einer Lehre, die Leibniz selbst nicht entwickelt hat – zweifellos, weil sie nicht entwickelt werden konnte: dem Möglichen eine Tendenz zum Sein zu geben, bedeutet entweder, daß das Mögliche schon volles Sein ist und die gleiche Seinsart hat wie das Sein – in diesem Sinne läßt sich von einer Knospe sagen, sie habe die Tendenz, Blume zu werden – oder aber, daß das Mögliche innerhalb der göttlichen Vernunft schon eine ideale Kraft ist und das zum System organisierte Maximum solcher idealen Kräfte automatisch den göttlichen Willen auslöst. Im zweiten Fall treten wir jedoch nicht aus dem Bereich des Subjektiven heraus. Definiert man also das Mögliche als das Nichtwidersprüchliche, so kann es ein Sein nur haben als Gedanke eines Wesens, das entweder der wirklichen Welt vorausgeht oder aber der reinen Erkenntnis der Welt, wie sie ist. In beiden Fällen verliert das Mögliche seine Natur des Möglichen und löst sich im subjektiven Sein der Vorstellung auf.

Dieses Vorgestellt-Sein des Möglichen gibt jedoch keine Auskunft über seine Eigenart, da es sie im Gegenteil zerstört. Wir erfassen das Mögliche, wie wir den Begriff geläufig verwenden, gerade nicht, wenn wir es als einen Aspekt unserer Unwissenheit betrachten oder aber als eine widerspruchsfreie Struktur, die zu einer nicht verwirklichten Welt am Rande der unsrigen gehört. Das Mögliche erscheint uns nämlich als eine Eigenschaft des Seienden. Nachdem ich zum Himmel geblickt habe, entscheide ich: «Es ist möglich, daß es regnet», und ich verstehe hier unter «möglich» nicht: «ohne Widerspruch zum gegenwärtigen Zustand des Himmels». Diese Möglichkeit gehört vielmehr wie eine Bedrohung zum Himmel, sie drückt den Übergang der Wolken, die ich sehe, zum Regen aus, und diesen Übergang enthalten die Wolken in sich, was nicht heißt, daß er verwirklicht werden wird, sondern nur, daß die Seinsstruktur der Wolke Transzendenz zum Regen ist. Die Möglichkeit ist hier gegeben als einem bestimmten Seienden zugehörig, dessen *Können* sie ist, wie es deutlich darin zum Ausdruck kommt, daß man in der

Erwartung eines Freundes sowohl sagen kann: «Es ist möglich, daß er kommt», als auch: «Er *kann* kommen.» Das Mögliche ist somit nicht auf eine nur subjektive Wirklichkeit zu reduzieren. Es geht ebenso nicht dem Wirklichen oder Wahren voraus. Es ist vielmehr eine konkrete Eigenschaft schon bestehender Wirklichkeiten. Damit der Regen möglich ist, muß es Wolken am Himmel geben. Es ist ein absurdes Unterfangen, das Sein unterdrücken zu wollen, um das Mögliche in seiner Reinheit herzustellen; die oft wiederholte Prozession, die vom Nicht-sein zum Sein über das Mögliche verläuft, entspricht der Wirklichkeit nicht. Sicherlich, der mögliche Zustand ist noch nicht; er ist aber der mögliche Zustand eines bestimmten Seienden, das durch sein Sein die Möglichkeit und das Nicht-sein seines künftigen Zustandes trägt.

Gewiß könnten diese wenigen Bemerkungen Gefahr laufen, uns zur aristotelischen «Potenz» zu führen. Wir wären aber aus der Charybdis in die Skylla gelangt, wenn wir die rein *logische* Konzeption des Möglichen vermieden hätten, um bei einer *magischen* anzukommen. Das An-sich-sein kann nicht «in Potenz sein» noch «Potenzen haben». An sich ist es, was es ist, in der absoluten Fülle seiner Identität. Die Wolke ist nicht «potentieller Regen», sondern ist an sich ein bestimmtes Quantum Wasserdampf, das bei gegebener Temperatur und gegebenem Druck genau das ist, was es ist. Das An-sich ist in actu. Man kann sich indessen ziemlich klar vorstellen, wie die wissenschaftliche Betrachtung bei ihrem Versuch, die Welt zu entmenschlichen, das Mögliche als *Potenzen* angetroffen hat und sich ihrer entledigte, indem sie aus ihnen die rein subjektiven Ergebnisse unserer logischen Berechnung und unserer Unwissenheit machte. Der erste wissenschaftliche Schritt war korrekt: das Mögliche kommt durch die menschliche Wirklichkeit in die Welt. Jene Wolken verwandeln sich nur in Regen, wenn ich sie auf den Regen hin überschreite, ebenso wie dem Stück Mondscheibe nur dann eine Sichel fehlt, wenn ich es auf den Vollmond hin überschreite. Mußte man aber alsdann aus dem Möglichen eine bloße Gegebenheit unserer psychischen Subjektivität machen? Ebenso wie es einen Mangel in der Welt nur gibt, wenn er in die Welt kommt durch ein Sein, das sein eigener Mangel ist, kann es auch eine Möglichkeit in der Welt nur geben, wenn sie durch ein Sein kommt, das sich selbst seine eigene Möglichkeit ist. Die Möglichkeit kann indessen wesensmäßig nicht mit dem bloßen *Gedanken* des Möglichen zusammenfallen. Ist in der Tat die Möglichkeit nicht zunächst als objektive Struktur von Seienden oder eines besonderen Seins gegeben, so kann das Denken, wie man es auch immer betrachten mag, nicht das Mögliche in sich als Gedankeninhalt einschließen. Wenn wir das Mögliche aber in der göttlichen Vernunft als Inhalt des göttlichen Gedankens betrachten, so wird es schlicht und einfach zur *konkreten Vorstellung.* Nehmen wir rein hypothetisch an – obwohl nicht einzusehen ist, woher einem ganz positiven Wesen diese negative Macht kommen soll –, daß Gott die Macht zu verneinen hätte, daß heißt, über seine Vorstellungen negativ urteilen könnte: man würde dennoch nicht begreifen, wie er diese Vorstellungen zu *Möglichkeiten* verwandelte. Die Verneinung hätte höchstens die Wirkung, sie als «ohne wirklichen Bezug» beschaffen sein zu lassen. Sagt man aber, daß es den Kentauren nicht gibt, so heißt das keineswegs, daß er möglich wäre. Weder die Behauptung noch die Verneinung können einer Vorstellung die Eigenschaft einer Möglichkeit geben. Meint man aber, daß diese Eigenschaft durch eine Synthese der Behauptung und Verneinung gegeben werden könne, so ist immer noch zu bedenken, daß eine Synthese keine Addition ist und daß diese Synthese nur als organische Totalität mit eigener Bedeutung auszuweisen ist, aber nicht von den Elementen her, deren Synthese sie ist. Die rein subjektive und negative Feststellung unserer Unwissenheit hinsichtlich der Beziehung unserer Ideen zum Wirklichen gestattet desgleichen nicht, unserer Vorstellung die Eigenschaft des Möglichen zu geben: sie kann uns nur ihr gegenüber gleichgültig machen, aber nicht ihr jenes *Recht* über das Wirkliche geben, welches die Grundstruktur des Möglichen ist. Will man einwenden, daß gewisse Neigungen mich mit Vorliebe dieses oder jenes erwarten lassen, so ist zu antworten, daß solche Neigungen die Transzendenz nicht erklären, sondern sie im Gegenteil voraussetzen: wie wir sahen, müssen sie bereits als Mangel bestehen. Wenn zudem das Mögliche nicht irgendwie gegeben ist, so können solche Neigungen uns zwar antreiben, zu *wünschen,* daß meine Vorstellung der Wirklichkeit genau entsprechen möge, aber sie können mir kein Recht über das Wirkliche geben. Mit einem Wort, die Erfassung des Möglichen als solchen setzt einen ursprünglichen Überstieg voraus. Jedes Bemühen, das Mögliche herzustellen im Ausgang von einer Subjektivität, die wäre, was sie ist, das heißt, die in sich selbst eingeschlossen wäre, ist hingegen von Anfang an zum Scheitern verurteilt.

Ist aber wahr, daß das Mögliche eine Entscheidung über das Wirkliche ist, und ist wahr, daß das Mögliche nur durch ein Sein, das seine eigene Möglichkeit ist, in die Welt kommen kann, so ist damit für die menschliche Wirklichkeit die Notwendigkeit impliziert, ihr Sein in der Form einer Entscheidung über ihr Sein zu sein. Möglichkeit ist, wenn ich, statt nur einfach zu sein, was ich bin, wie das Recht bin, das zu sein, was ich bin. Aber dieses Recht selbst trennt mich von dem, was ich zu sein berechtigt bin. Das Recht auf Besitz erscheint nur, wenn man mir meinen Besitz streitig macht, wenn er mir schon faktisch in irgendeiner Hinsicht nicht mehr gehört. Der ruhige Genuß dessen, was ich besitze, ist ein einfacher Tatbestand und kein Recht. Damit es somit Mögliches gibt, muß die menschliche Wirklichkeit, insofern sie sie selbst ist, etwas anderes als sie selbst sein. Dieses Mögliche ist jenes Element des Für-sich, das ihm, insofern es Für-sich ist, von Natur aus entgleitet. Das Mögliche ist ein neuer Aspekt der Nichtung des An-sich im Für-sich.

Wenn das Mögliche in der Tat nur durch ein Sein, das seine eigene Möglichkeit ist, in die Welt kommen kann, so kann das An-sich, da es von Natur aus ist, was es ist, keine Möglichkeiten «haben». Seine Beziehung zu einer Möglichkeit kann nur von außen festgestellt werden, von einem Wesen, das sich angesichts der Möglichkeiten selbst befindet. Die Möglichkeit, von einer Falte des Teppichs aufgehalten zu werden, eignet weder der rollenden Kugel noch dem Teppich: sie kann nur in der systematischen Organisation der Kugel und des Teppichs erscheinen, die von einem Wesen ausgeht, das ein Verständnis des Möglichen hat. Da aber dieses Verständnis ihm weder *von außen* kommen kann, das heißt vom An-sich, noch sich darauf beschränken kann, als subjektiver Modus des Bewußtseins nur ein Gedanke zu sein, so muß es mit der objektiven Struktur des Seins koinzidieren, welches das Mögliche versteht. Die Möglichkeit als Möglichkeit verstehen oder seine eigenen Möglichkeiten sein, ist die eine und dieselbe Notwendigkeit für ein Sein, dem es in seinem Sein um dieses geht. Aber seine eigene Möglichkeit sein, d. h., sich durch sie bestimmen, bedeutet, sich durch den Teil seiner selbst bestimmen, der man nicht ist, sich als Sich-entgleiten nach... bestimmen. Mit einem Wort, sobald ich mir über mein unmittelbares Sein Rechenschaft ablegen will, nur insofern es ist, was es nicht ist, und nicht ist, was es ist, so bin ich schon aus ihm herausgeworfen auf einen Sinn hin, der unerreichbar ist und überhaupt nicht mit einer immanenten subjektiven Vorstellung gleichgesetzt werden kann. Wenn Descartes sich durch das cogito als *Zweifel* erfaßt, so darf er nicht hoffen, diesen Zweifel als methodischen Zweifel oder einfach nur als Zweifel bestimmen zu können, wenn er sich auf das beschränkt, was der rein momentane Blick erfaßt. Der Zweifel läßt sich nur von der stets für ihn offenen Möglichkeit verstehen, daß eine Evidenz ihn «aufhebt»; er kann als Zweifel nur erfaßt werden, insofern er auf noch nicht verwirklichte, aber stets offene Möglichkeiten der ἐποχή verweist. Kein Bewußtseinsbefund ist eigentlich *dieses* Bewußtsein – mag man dies Bewußtsein auch wie Husserl künstlich mit intrastrukturellen Protentionen begaben, die in ihrem Sein kein Mittel haben, das Bewußtsein, eine Struktur dessen sie sind, zu überschreiten, und die daher elend in sich zusammensacken und Fliegen gleichen, die ihre Nasen an das Fenster stoßen, ohne durch die Scheibe hindurchzukönnen – denn sobald man es als Zweifel, Wahrnehmung,

Durst usw. bestimmen will, verweist das Bewußtsein uns auf das Nichts dessen, was noch nicht ist. Das Bewußtsein (zu) lesen ist nicht Bewußtsein, diesen Buchstaben, dieses Wort, diesen Satz oder Abschnitt (zu) lesen – sondern Bewußtsein, *dieses Buch* (zu) lesen, was mich auf alle noch nicht gelesenen und alle schon gelesenen Seiten verweist, was per definitionem das Bewußtsein sich selbst entreißt. Ein Bewußtsein hingegen, das nur Bewußtsein dessen, was es ist, wäre, würde zu buchstabieren gezwungen sein.

Jedes *Für-sich* ist konkret Mangel einer bestimmten Koinzidenz mit sich. Das bedeutet, daß es besessen ist von der Anwesenheit dessen, mit dem es koinzidieren müßte, um *Sich* zu sein. Da aber diese Koinzidenz in Sich auch Koinzidenz mit Sich ist, ist das, was dem Für-sich als das Sein ermangelt, dessen Assimiliation es zum Sich machen würde, wiederum das Für-sich. Wir sahen, daß das Für-sich «Anwesenheit bei sich» ist: was der Anwesenheit bei sich mangelt, kann ihr nur als Anwesenheit bei sich fehlen. Die bestimmende Beziehung des Für-sich zu seinem Möglichen ist eine nichtende Lockerung der Verbindung der Anwesenheit bei sich: diese Lockerung geht bis zur Transzendenz, da die Anwesenheit bei sich, die dem Für-sich fehlt, Anwesenheit bei dem Sich ist, das *nicht ist.* Somit ist das Für-sich, insoweit es nicht *Sich* ist, eine Anwesenheit bei sich, der eine bestimmte Anwesenheit bei sich fehlt, und eben als Mangel dieser Anwesenheit ist es Anwesenheit bei sich. Jedes Bewußtsein *ermangelt des ... für.* Jedoch gilt es zu verstehen, daß der Mangel ihm nicht von außen kommt wie der einer Mondsichel dem Mond. Der Mangel des Für-sich ist ein Mangel, der *es ist.* Der Entwurf einer Anwesenheit bei sich als das, was dem Für-sich fehlt, ist dasjenige, was das Sein des Für-sich als Grund seines eigenen Nichts konstituiert. Das Mögliche ist eine konstitutive Abwesenheit des Bewußtseins, insofern dieses sich selbst schafft. Der Durst ist zum Beispiel niemals genug Durst, insofern er sich zum Durst macht, dauernd schwebt ihm die Anwesenheit des Sich oder Sich-Durstes vor. Indem ihm aber dieser konkrete Wert vorschwebt, stellt er sich in seinem Sein in Frage, als eines gewissen Für-sich ermangelnd, das er als *befriedigter Durst* realisieren würde und ihm das An-sichsein verliehe. Dieses fehlende Für-sich ist das Mögliche. Es stimmt in der Tat nicht, daß der Durst nur auf seine Vernichtung als Durst tendiert: es gibt kein Bewußtsein, das seine Beseitigung als solches beabsichtigt. Jedoch ist der Durst ein Mangel, wie wir oben gezeigt haben. Als solcher will er *sich befriedigen;* aber dieser befriedigte Durst, der sich in einem Akt der Koinzidenz durch die synthetische Assimilation des Für-sich als Verlangen oder des Durstes mit dem Für-sich als Reflexion oder Akt des Trinkens realisieren würde, wird nicht als Beseitigung des Durstes angestrebt, im Gegenteil. Er ist vielmehr der zur Fülle des Seins gelangte Durst, der Durst, der die Tränkung erfaßt und sich einverleibt, wie die aristotelische Form den Stoff erfaßt und verwandelt, er wird ewiger Durst. Der Standpunkt des Mannes, der trinkt, um sich seines Durstes zu entledigen, ist ein sehr später und bereits reflexiver Standpunkt, ebenso wie der des Mannes, der öffentliche Häuser besucht, um seinen Sexualtrieb zu befriedigen. Im unreflektierten und naiven Zustand will der Durst wie das sexuelle Verlangen sich selbst genießen; beide suchen jene Koinzidenz mit sich, welche die Erfüllung ist, wo der Durst sich als Durst kennt im Augenblick, in dem das Getränk ihn stillt, und er eben durch die Sättigung den Charakter eines Mangels verliert, obwohl er durch und in der Stillung sich erst Durst sein läßt. Daher hat Epikur zugleich recht und unrecht: in der Tat ist das Verlangen in sich selbst ein Leeres. Jedoch bezweckt kein unreflektierter Entwurf, das Leere einfach zu beseitigen. Das Verlangen neigt von sich aus zu seiner Fortdauer, der Mensch hält hartnäckig an seinem Verlangen fest. Das Verlangen will ein befriedigtes Leeres sein, das jedoch seine Füllung einformt, wie eine Gußschale die Bronze einformt, die man in sie gegossen hat. Das Mögliche des Durstbewußtseins ist das Bewußtsein zu trinken. Im übrigen weiß man, daß die Koinzidenz des *Sich* unmöglich ist, denn das durch die Verwirklichung des Möglichen betroffene Für-sich bleibt weiterhin Für-sich, nur mit einem neuen Horizont von Möglichkeiten. Daher rührt die dauernde Enttäuschung, welche die Erfüllung begleitet, das bekannte: «Weiter nichts?», das nicht das konkrete Vergnügen meint, wie es die Sättigung gibt, sondern das Entschwinden der Koinzidenz mit sich. Hier ahnen wir den Ursprung der Zeitlichkeit, da der Durst seine Möglichkeit ist zur gleichen Zeit, in der er *sie* nicht *ist.* Dieses Nichts, das die menschliche Wirklichkeit von sich selbst trennt, ist am Ursprung der Zeit. Aber darauf werden wir zurückkommen. Zu bemerken ist jedoch, daß das Für-sich von der Anwesenheit bei sich, die ihm fehlt und seine eigentliche Möglichkeit ist, in einem Sinn durch *Nichts* getrennt ist, in anderem Sinn aber durch die Totalität des in der Welt Seienden, insofern das mangelnde oder mögliche Für-sich als Anwesenheit bei einem bestimmten Weltzustand Für-sich ist. Das Sein, jenseits dessen das Für-sich die Koinzidenz mit sich projiziert, ist in diesem Sinn die Welt oder die unendliche Seinsdistanz, jenseits derer der Mensch sich bei seiner Möglichkeit erreichen muß. Diese Beziehung des Für-sich zu dem Möglichen, das es ist, werden wir *«Zirkel der Selbstheit»* nennen, und «Welt» die Seinstotalität, insoweit sie von dem Zirkel der Selbstheit durchschnitten wird.

Nunmehr können wir den Seinsmodus des Möglichen erhellen. Das Mögliche ist dasjenige, *dessen* das Für-sich *dafür* ermangelt, sich zu sein. Daher ist es unangebracht zu sagen, daß es als Mögliches *ist*. Zumindest darf man hier unter «sein» nicht das eines Seienden verstehen, das *«gewesen wird»*, insoweit es nicht gewesen wird, oder, wenn man so will, die distante Erscheinung dessen, was ich bin. Das Mögliche existiert nicht wie eine reine Vorstellung, sei sie auch verneint, sondern als wirklicher Seinsmangel, der als Mangel jenseits des Seins ist. Es hat das Sein eines Mangels, und als Mangel ermangelt es ihm an Sein. Das Mögliche ist nicht, sondern das Mögliche möglicht sich; in ebendem Maße, in dem das Für-sich sich zum Sein macht, bestimmt es in schematischem Entwurf die Stelle des Nichts, welches das Für-sich jenseits seiner selbst ist. Natürlich ist es nicht zunächst thematisch gesetzt: es entwirft sich jenseits der Welt und gibt meiner gegenwärtigen Perzeption ihren Sinn, insoweit sie ein Erfassen der Welt im Zirkel der Selbstheit ist. Es ist aber ebensowenig unbekannt oder unbewußt: es entwirft die Grenzen des nichtsetzenden Bewußtseins (von) sich als nichtsetzenden Bewußtseins. Das unreflektierte Bewußtsein (von) Durst ist Erfassen *des* Glases Wasser als begehrenswert, ohne zentripetale Setzung des Sich als Ziel der Begierde. Die mögliche Stillung erscheint jedoch als nicht-positionelles Korrelat des nichtsetzenden Bewußtseins (von) sich am Horizont des in-der-Welt-seienden-Glases.

V

Das Ich und der Zirkel der Selbstheit

In einem Aufsatz der ‹Recherches philosophiques› suchten wir zu zeigen, daß das Ego nicht in den Bereich des Für-sich gehört. Wir kommen hierauf nicht mehr zurück. Hier sei nur der Grund für die Transzendenz des Ego angemerkt: als vereinender Pol der «Erlebnisse» ist das Ego an-sich, nicht für-sich. Wäre das Ego «aus Bewußtsein», so wäre es in der Tat sich selbst der eigene Grund in der Durchsichtigkeit des Unmittelbaren. Aber dann wäre es das, was es nicht wäre, und wäre das nicht, was es wäre, und eben das ist nicht die Seinsweise des Ich (Je). Das Bewußtsein, das ich von dem Ich haben kann, erschöpft es in der Tat niemals, und es bringt das Ich auch nicht zur Existenz: es gibt sich stets als vor dem Bewußtsein da *gewesen seiend* – und zugleich mit einer Tiefe, die sich allmählich enthüllen muß. Das Ego erscheint dem Bewußtsein somit wie ein transzendentes An-sich, wie ein Seiendes der menschlichen Welt, aber nicht wie Bewußtsein. Hieraus ist jedoch nicht zu schließen, daß das Für-sich nur eine «unpersönliche» Kontemplation wäre. Statt daß das Ego der personalisierende Pol eines Bewußtseins wäre, das ohne diesen auf der Stufe des Unpersönlichen bliebe, ermöglicht im Gegenteil erst das Bewußtsein in seiner fundamentalen Selbstheit unter gewissen Bedingungen die Erscheinung des Ego als transzendentes Phänomen dieser Selbstheit. Wir sahen in der Tat, daß es unmöglich ist, vom An-sich zu sagen, es sei *sich*. Es *ist* ganz einfach. Und in diesem Sinn wird man von dem Ich (Je), das man zu Unrecht als den Bewohner des Bewußtseins ansieht, nur sagen können, daß es das «Mich» (Moi) des Bewußtseins ist, nicht aber, daß es sein eigenes *Sich* wäre. Indem man aber das Reflektiert-Sein des Fürsich zu einem An-sich hypostasiert, fixiert und zerstört man die auf sich reflektierende Bewegung: das Bewußtsein wäre somit reiner Verweis auf das Ego als auf sein *Sich*, indessen verweist das Ego derart auf nichts mehr, da die Beziehung der Reflexivität in eine bloß zentripetale Beziehung verwandelt wurde, deren Zentrum übrigens nur ein opaker Knoten ist. Im Gegensatz hierzu haben wir gezeigt, daß das *Sich* das Bewußtsein grundsätzlich nicht bewohnen kann. Es ist, wenn man so will, *der Grund* der unendlichen Bewegung, durch welche der Reflex auf das Reflektierende verweist und dieses auf den Reflex; es ist per definitionem ein Ideal, eine Grenze. Als Grenze taucht es auf durch die nichtende Realität der Anwesenheit des Seins bei dem Sein in der Einheit des Seins als Seinstypus. Sobald das Bewußtsein auftaucht, macht es sich daher durch die reine nichtende Bewegung der Reflexion zu einem *persönlichen*: denn was dem Sein eine persönliche Existenz verleiht, ist nicht der Besitz eines Ego – das nur das *Zeichen* der Persönlichkeit ist –, sondern das Faktum, für sich als Anwesenheit bei sich zu existieren. Zudem zieht jedoch die erste reflexive Bewegung eine zweite oder die Selbstheit nach sich. In der Selbstheit spiegelt meine Möglichkeit sich in meinem Bewußtsein und bestimmt es als das, was es ist. Die Selbstheit stellt einen weiteren Grad der Nichtung dar als die reine Anwesenheit bei sich des präreflexiven cogito, und zwar so, daß das Mögliche, das ich bin, nicht reine Anwesenheit bei dem Für-sich ist wie der Reflex beim Reflektierenden, sondern *abwesende-Anwesenheit*. Eben deshalb ist aber die Existenz der *Verweisung* als Seinsstruktur des Für-sich noch genauer bestimmt. Das Für-sich ist sich *da hinten*, unerreichbar, in der Ferne seiner Möglichkeiten. Und diese freie Notwendigkeit, da hinten in der Form des Mangels das zu sein, was man ist, konstituiert die Selbstheit oder den zweiten wesentlichen Aspekt der Person. Wie wäre in der Tat die Person anders zu definieren, wenn nicht als freie Beziehung zu sich? Die Welt hingegen, das heißt, die Totalität der Seienden, insoweit sie in dem Zirkel der Selbstheit existieren, kann nur das sein, was die menschliche Wirklichkeit auf sich hin überschreitet, oder nach der Definition Heideggers: «Dasjenige, von dem her die menschliche Wirklichkeit sich ankündigen läßt, was sie ist».[1] Das Mögliche, das *meine* Möglichkeit ist, ist in der Tat für-sich möglich und als solches Anwesenheit beim An-sich als Bewußtsein *des* An-sich. Was ich angesichts der Welt suche, ist die Koinzidenz mit einem Für-sich, das ich bin und das Bewußtsein *der* Welt ist. Das Mögliche aber, das dem gegenwärtigen Bewußtsein *nicht-thetisch* abwesend-anwesend ist, ist nicht als Gegenstand eines setzenden Bewußtseins gegenwärtig, anderenfalls es reflektiert wäre. Der gestillte Durst, nach dem mein gegenwärtiger Durst verlangt, ist nicht (von) sich bewußt als gestillter Durst: er ist thetisches Bewußtsein *des zu-trinkenden-Glases* und nichtsetzendes Bewußtsein (von) sich. Er wird somit transzendiert auf das Glas hin, *dessen er* Bewußtsein *ist,* und als Korrelat dieses möglichen nicht-thetischen Bewußtseins überschattet das ausgetrunkene Glas das volle Glas als seine Möglichkeit und konstituiert es zu einem zu trinkenden Glas. Derart ist die Welt von Natur die *meine,* insofern sie das Korrelat an-sich des Nichts ist, das heißt, des notwendigen Widerstandes, jenseits dessen ich mich als das wiederfinde, was ich in der Form des «zu sein Habens» bin. Ohne Welt keine Selbstheit und keine Person; ohne Selbstheit, ohne Person keine Welt. Diese Zugehörigkeit der Welt zur Person ist auf der Ebene des präreflexiven cogito jedoch niemals *gesetzt.* Es wäre absurd, zu sagen, daß die Welt, insoweit sie erkannt ist, als *meine* erkannt wäre. Und trotzdem ist diese «Meinigkeit» der Welt eine flüchtige und doch immer gegenwärtige Struktur, die ich *erlebe.* Die Welt (*ist*) meine, weil sie erfüllt ist von dem Möglichen, dessen Bewußtsein das mögliche Bewußtsein (von) sich ist, das *ich bin,* und dieses Mögliche als solches gibt ihr die Einheit und ihren Sinn von Welt.

Die Untersuchung der negativen Verhaltensweisen und der Unwahrhaftigkeit hat uns erlaubt, die ontologische Betrachtung des cogito in Angriff zu nehmen, und das Sein des cogito erschien uns als das Für-sich-sein. Vor unseren Augen hat dieses Sein sich auf den Wert und das Mögliche hin transzendiert, wir konnten es nicht in die substanzialistischen Grenzen der Augenblicklichkeit des cartesischen cogito einschließen. Eben deshalb können wir uns jedoch nicht mit den Resultaten begnügen, die wir bisher erreicht haben: verweigert das cogito die Augenblicklichkeit und transzendiert es sich auf seine Möglichkeiten hin, so kann das nur in einem zeitlichen Überstieg sein. Das Für-sich ist seine eigenen Möglichkeiten «in der

1 Im III. Kapitel dieses Teils werden wir sehen, inwieweit diese Definition – die wir uns vorläufig zu eigen machen – ungenügend und abwegig ist.
(Anmerkung des Übersetzers) Heidegger ist hier offensichtlich nicht wörtlich zitiert.

Zeit» im Modus des «Nicht-seins»; meine Möglichkeiten erscheinen in der Zeit am Horizont der Welt, die sie zu der meinen machen. Erfaßt sich somit die menschliche Wirklichkeit selbst als zeitlich und ist der Sinn ihrer Transzendenz ihre Zeitlichkeit, so ist nicht zu hoffen, daß das Sein des Für-sich erhellt wäre, bevor wir nicht die Bedeutung des Zeitlichen beschrieben und bestimmt haben. Erst dann können wir die Untersuchung des Problems in Angriff nehmen, das uns eigentlich beschäftigt: das der ursprünglichen Beziehung des Bewußtseins zum Sein.

ZWEITES KAPITEL

DIE ZEITLICHKEIT

I

Phänomenologie der drei zeitlichen Dimensionen

Die Zeitlichkeit ist ohne Zweifel eine organisierte Struktur, und jene drei angeblichen «Elemente» der Zeit: Vergangenheit, Gegenwart, Zukunft, sind nicht wie eine Reihe von «Daten» anzusehen, die zu summieren wären – etwa wie eine unendliche Serie von «jetzt», von denen die einen noch nicht und die anderen nicht mehr sind –, sondern als strukturierte Momente einer ursprünglichen Synthese. Anderenfalls stünden wir von Anfang an vor dem Paradox: Die Vergangenheit ist nicht mehr, die Zukunft ist noch nicht, und von der augenblicklichen Gegenwart weiß ein jeder, daß sie überhaupt nicht ist, sondern nur die Grenze einer unendlichen Teilung bildet, wie ein Punkt ohne Ausdehnung. Aber damit ist die ganze Serie vernichtet und sogar auf doppelte Weise, da zum Beispiel das zukünftige «jetzt» als zukünftiges ein Nichts ist und sich als Nichts verwirklichen wird, wenn es zum gegenwärtigen «jetzt» übergeht. Die einzig mögliche Methode, die Zeitlichkeit zu untersuchen, ist daher, sie als eine Totalität zu betrachten, die ihre sekundären Strukturen bestimmt und ihnen ihre Bedeutung gibt. Das ist niemals aus den Augen zu verlieren. Indessen können wir uns nicht an die Untersuchung des Seins der Zeit begeben, ohne zuvor durch eine präontologische und phänomenologische Beschreibung den allzu oft dunklen Sinn dieser drei Dimensionen erhellt zu haben. Wir müssen aber diese phänomenologische Beschreibung nur als vorläufig verstehen, die allein dazu dient, uns zu einer Gesamtschau der Zeitlichkeit zu führen. Vor allem ist dabei jede betrachtete Dimension *auf dem Hintergrund* der zeitlichen Totalität zu sehen, indem wir stets der «Unselbständigkeit» dieser Dimension eingedenk sind.

A) *Die Vergangenheit*

Jede Theorie über das Gedächtnis impliziert Voraussetzungen über das Sein der Vergangenheit. Diese Voraussetzungen, die niemals ganz geklärt wurden, haben sowohl das Problem der Erinnerung wie das der Zeitlichkeit im allgemeinen verdunkelt. Daher ist endlich einmal die Frage zu stellen: was ist das *Sein* eines vergangenen

Seins? Der gesunde Menschenverstand schwankt hier zwischen zwei gleich verschwommenen Ansichten: das Vergangene, sagt man, ist nicht mehr. Von diesem Gesichtspunkt aus will man anscheinend allein der Gegenwart das Sein zuerkennen. Diese ontologische Voraussetzung hat die bekannte Theorie der Gedächtnisspuren erzeugt: da das Vergangene nicht mehr ist, da es sich in Nichts aufgelöst hat, so kann die Erinnerung nur in der Weise einer *gegenwärtigen* Modifikation unseres Seins fortbestehen; das wird dann etwa eine gegenwärtig ausgeprägte Spur in einer Gruppe von Gehirnzellen sein. Derart ist dann alles Gegenwart: der Körper, die gegenwärtige Wahrnehmung und das Vergangene als gegenwärtige Spur im Körper; und alles ist *in actu*: denn die Spur hat dann *als* Erinnerung nicht eine virtuelle Existenz; sie ist vielmehr ganz und gar *augenblickliche* Spur. Kehrt die Erinnerung zurück, so geschieht es in der Gegenwart, infolge eines gegenwärtigen Prozesses, also etwa der Gleichgewichtsveränderung im Protoplasma der betrachteten Zellen. Der psycho-physiologische Parallelismus, der augenblicklich und außerzeitlich ist, hat dann zu erklären, wieso dieser physiologische Prozeß das Korrelat eines rein psychischen, aber zugleich gegenwärtigen Phänomens ist: der Erscheinung des Erinnerungsbildes im Bewußtsein. Der moderne Begriff des «Engramms» erklärt auch nicht mehr, sondern schmückt die Theorie nur mit einer pseudowissenschaftlichen Terminologie. Ist aber alles gegenwärtig, wie ist dann die *Passivität* der Erinnerung zu erklären, das heißt die Tatsache, daß ein sich erinnerndes Bewußtsein in seiner Intention die Gegenwart transzendiert, um das Ereignis dort, wo es *war*, ins Auge zu fassen. Wir haben anderenorts gezeigt, daß es nicht möglich ist, das Bild von der Wahrnehmung zu unterscheiden, wenn man zuvor aus dem Bild eine wiedererstehende Wahrnehmung gemacht hat[1]. Und hier stehen wir vor der gleichen Unmöglichkeit. Außerdem berauben wir uns selbst des Mittels, die Erinnerung von dem Bild zu unterscheiden: weder ihre «Schwäche», noch ihre Verblaßtheit, ihre Unvollständigkeit und ihre Abweichungen von den Gegebenheiten der Wahrnehmung lassen die Erinnerung von der Bild-Fiktion unterscheiden, da diese die gleichen Merkmale hat; und da im übrigen diese Merkmale die *gegenwärtigen* Eigenschaften der Erinnerung sind, lassen sie uns nicht aus der Gegenwart heraus und zu dem Vergangenen zurück gelangen. Vergebens wird man die Zugehörigkeit zum Ich oder «Ichheit» der Erinnerung anführen, wie Claparède, oder ihre «Intimität», wie James. Entweder bezeichnen diese Merkmale nur eine gegenwärtige Atmosphäre, die die Erinnerung umfängt – und dann bleiben sie gegenwärtig und verweisen nur auf

1 Vgl. L'Imagination, Paris (Alcan) 1936.

Gegenwärtiges. Oder sie stellen bereits eine Beziehung zum Vergangenen als solchem dar – aber dann setzen sie voraus, was zu erklären ist. Man hat geglaubt, sich des Problems zu entledigen, indem man das Wiedererkennen auf den Versuch zur Lokalisierung zurückführte und diese auf besondere intellektuelle Operationen, die durch das Bestehen von «gesellschaftlichen Gedächtnisschematismen» erleichtert werden. Zweifellos gibt es solche Operationen, die Gegenstand einer psychologischen Untersuchung sein müssen. Ist aber die Beziehung zu einem Vergangenen nicht bereits irgendwie gegeben, so könnten diese sie nicht erst herstellen. In einem Wort, hat man einmal aus dem Menschen einen Insulaner gemacht, der in der augenblicklichen Insel seiner Gegenwart eingeschlossen ist, und sind alle Seinsweisen, sobald sie erscheinen, wesentlich einer ständigen Gegenwart geweiht, so hat man sich grundsätzlich aller Mittel beraubt, um seine ursprüngliche Beziehung zu Vergangenem zu verstehen. Ebensowenig wie die «Genetiker» es vermochten, die Ausdehnung aus unausgedehnten Elementen aufzubauen, können wir die Dimension «Vergangenheit» aus Elementen bilden, die allein der Gegenwart entliehen sind.

Der Volksmeinung fällt es andererseits schwer, der Vergangenheit eine wirkliche Existenz zu verweigern, und sie läßt daher neben dieser ersten These auch eine andere, ebenso verschwommene Auffassung zu, derzufolge die Vergangenheit eine Art Ehrenexistenz hätte. Vergangen zu sein, würde dann einfach bedeuten, daß ein Ereignis in den Ruhestand versetzt wurde, daß es seine Wirksamkeit, aber nicht das Sein verloren hat. Dieser Gedanke wurde in der Philosophie Bergsons aufgenommen: indem es zur Vergangenheit wird, hört ein Ereignis nicht auf, zu sein, es hört einfach nur auf, zu wirken, aber bleibt «an seinem Platz», in seiner Zeit, für alle Ewigkeit. So haben wir dann dem Vergangenen das Sein zurückgegeben, und wir haben wohl daran getan, ja, wir behaupten sogar, daß die Dauer Vielfalt wechselseitiger Durchdringung sei und die Vergangenheit sich dauernd mit der Gegenwart organisiere. Aber damit haben wir diese Organisation und wechselseitige Durchdringung nicht schon erklärt; wir haben nicht begründet, wieso das Vergangene «wiedererstehen», uns verfolgen, kurz, *für uns* existieren kann. Ist es unbewußt, wie Bergson meint, und ist das Unbewußte das Nichtwirkende, wie kann es sich alsdann in das Gefüge unseres gegenwärtigen Bewußtseins eingliedern? Hätte es nicht doch eine Eigenkraft? Aber wäre dann diese Kraft nicht gegenwärtig, da sie ja auf die Gegenwart einwirkt? Und wie kann sie von dem Vergangenen als solchem ausgehen? Oder soll man lieber, wie Husserl, die Frage umkehren und in dem gegenwärtigen Bewußtsein ein Spiel von «Retentionen» nachweisen, welche die früheren Bewußtseinszustände festhalten, sie an ihrer Zeitstelle bewahren und ihre völlige Vernichtung verhindern? Da aber das cogito Husserls von Anfang an als augenblicklich gegeben ist, kann man nicht aus ihm herausgelangen. Wir haben im vorstehenden Kapitel gesehen, wie seine «Zuwendungen» vergeblich an die Fensterscheiben der Gegenwart anstoßen, ohne sie zerbrechen zu können. Das gleiche gilt von den Retentionen. Husserl war während seiner ganzen philosophischen Laufbahn von der Idee der Transzendenz und des Überstiegs besessen. Das philosophische Instrumentarium, über das er verfügte, und vor allem seine idealistische Auffassung der Existenz, erlaubte ihm jedoch nicht, die Transzendenz zu erhellen: seine Intentionalität ist nur deren Karikatur. Das Husserlsche Bewußtsein vermag sich in Wahrheit weder zur Welt, noch zur Zukunft oder Vergangenheit hin zu transzendieren.

Wir haben somit überhaupt nichts gewonnen, indem wir dem Vergangenen das Sein zugestanden, denn nach dem Wortlaut dieses Zugeständnisses bliebe es doch nur so für uns, wie wenn es nicht wäre. Daß das Vergangene *sei,* wie Bergson und Husserl meinen, oder daß es *nicht mehr sei,* wie Descartes meint, hat keine Bedeutung mehr, wenn man von Anfang an die Brücken zwischen ihm und unserer Gegenwart abgebrochen hat.

Hält man in der Tat die Gegenwart als «Anwesenheit in der Welt» für privilegiert, so versetzt man sich bei der Erörterung des Problems der Vergangenheit von vornherein in die Perspektive des inner-weltlichen Seins. Man berücksichtigt derart, daß wir zunächst als Zeitgenossen dieses Stuhles oder jenes Tisches existieren, man läßt sich also die Bedeutung des Zeitlichen von der Welt anzeigen. Stellt man sich aber in die Mitte der Welt, so begibt man sich jeder Möglichkeit, das, was *nicht mehr ist,* von dem, was *nicht ist,* zu unterscheiden. Indessen, wird man sagen, was nicht mehr ist, ist zumindest gewesen, während das, was nicht ist, überhaupt keine Beziehung zu dem Sein hat. Das ist richtig. Wie wir gesehen haben, kann jedoch das Seinsgesetz des inner-weltlichen Augenblicks in den einfachen Worten ausgedrückt werden: «Das Sein ist» – mit denen eine massive Fülle von Positivitäten bezeichnet wird, in der nichts von dem, was *nicht ist,* auf irgendeine Weise erscheinen kann, und sei es auch nur durch eine Spur, eine Leere, ein Zeichen, eine «Hysteresis». Das Sein, das ist, erschöpft sich ganz darin, zu sein; es hat nichts mit dem zu tun, was nicht ist oder nicht mehr ist. In dieser absoluten Dichte kann keine Negation Platz finden, sei sie nun radikal oder zu einem «nicht mehr» gemildert. Danach mag das Vergangene nun auf seine Weise existieren: die Brücken sind abgebrochen. Das Sein hat seine Vergangenheit noch nicht einmal «vergessen»; das wäre immer noch eine Art Verbindung mit ihm. Das Vergangene ist von ihm abgeglitten wie ein Traum.

Die Auffassung Descartes' und die Bergsons können beide abgewiesen werden, weil sie beide durch den gleichen Einwand hinfällig werden. Ob sie nun das Vergangene einfach vernichten oder ihm noch die Existenzweise eines Hausgötzen zugestehen, beide haben sein Schicksal *abgelöst* betrachtet, indem sie es von der Gegenwart abtrennten; und welche Auffassung sie auch vom Bewußtsein hatten, beide haben ihm die Existenz des An-sich zugeschrieben und es angesehen als das seiend, was es ist. Man braucht sich daher nicht zu wundern, wenn es ihnen anschließend nicht mehr gelingt, die Vergangenheit mit der Gegenwart zu verbinden, denn die so verstandene Gegenwart kann das Vergangene überhaupt nicht mehr zulassen. Hätten sie aber das Phänomen der Zeit in seiner Totalität betrachtet, so hätten sie sehen müssen, daß «meine» Vergangenheit zunächst die *meinige* ist, das heißt, daß sie von einem bestimmten Sein, das *ich bin*, abhängt. Das Vergangene ist nicht *nichts*, und ebensowenig ist es das Gegenwärtige, sondern es gehört in seinem Ursprung selbst zu einer bestimmten Gegenwart und einer bestimmten Zukunft, an die es wie gebunden ist. Diese «Ichheit», von der Claparède spricht, ist jedoch keine subjektive Schattierung, die das Erinnerte zerbrechen ließe, sondern eine ontologische Beziehung, welche die Vergangenheit mit der Gegenwart verbindet. Meine Vergangenheit erscheint niemals in der Isolierung eines bloßen «Vergangenseins», und es wäre absurd, sich vorstellen zu wollen, daß sie derart *existieren* könnte: sie ist ursprünglich Vergangenheit *dieser* Gegenwart. Und hier ist sie auch zu erhellen.

Ich schreibe: Paul war im Jahre 1920 Schüler der Polytechnischen Hochschule. Wer «war»? Natürlich Paul; aber welcher Paul? Der junge Mann aus dem Jahre 1920? Die einzige Zeitform des Wortes «sein», die Paul zukommt, wenn man ihn im Jahre 1920 als Schüler jener Hochschule betrachtet, ist jedoch das Präsens. Solange er war, mußte man von ihm sagen: «er ist». Wenn der Paul, der Schüler des Polytechnikums war, etwas Vergangenes geworden ist, dann ist jede Beziehung zur Gegenwart abgerissen: der Mann, der jene Bestimmung trug, das Subjekt, ist dort im Jahre 1920 verblieben samt seinem Prädikat. Soll trotzdem eine Erinnerung möglich sein, so müßte man, dieser Hypothese gemäß, eine Erkenntnissynthese einräumen, die von der Gegenwart ausgeht und den Kontakt mit der Vergangenheit aufrechterhält. Eine solche Synthese ist nur als ursprüngliche Seinsweise denkbar. Ohne eine solche Synthese fällt die Vergangenheit wieder in ihre Isoliertheit zurück. Was würde übrigens eine solche Persönlichkeitsspaltung bedeuten? Proust hat diese Pluralität der aufeinanderfolgenden Ichs vertreten, will man aber seine Auffassung wörtlich nehmen, so entstehen all jene unüberwindlichen Schwierigkeiten, welche seinerzeit die Assoziationisten angetroffen haben. Man könnte die Hypothese einer Beständigkeit in der Veränderung vorschlagen wollen: derjenige, der einmal Schüler des Polytechnikums war, ist derselbe Paul, der im Jahre 1920 existierte und gegenwärtig existiert. Es ist der, von dem man früher sagte: «er *ist* Schüler des Polytechnikums», und von dem man jetzt sagt: «er *ist* ein früherer Schüler des Polytechnikums». Aber diese Zuflucht zu einer Beständigkeit hilft uns nicht weiter: wenn nichts den Fluß der «jetzt» gegenläufig wieder aufnimmt, um die zeitliche Reihe herzustellen und in ihr das Beständige, so ist die Beständigkeit nur ein bestimmter augenblicklicher Inhalt ohne jede Dichte eines jeden einzelnen «jetzt». Es muß eine Vergangenheit geben und folglich etwas oder jemanden, der diese Vergangenheit *war,* damit es eine Beständigkeit gibt; statt daß diese dazu verhilft, die Zeit zu begründen, setzt sie vielmehr die Zeit voraus, um sich in ihr und mit ihr zugleich den Wechsel enthüllen zu können. Wir gelangen somit wieder zu der Feststellung, die wir oben bereits angedeutet haben: Wenn der existentielle Verbleib des Seins in der Form des Vergangenseins nicht ursprünglich aus meiner aktuellen Gegenwart entspringt, wenn meine gestrige Vergangenheit nicht wie ein rückwärts gerichtetes Transzendieren meiner heutigen Gegenwart ist, dann besteht keine Hoffnung, die Vergangenheit mit der Gegenwart zu verbinden. Sage ich also von Paul, daß er Schüler des Polytechnikums *war,* so spreche ich von dem Paul, der gegenwärtig *ist* und von dem ich ebenso sage, daß er vierzig Jahre alt *ist.* Als junger Mann *war* er nicht Polytechniker. Solange dieser war, mußte man sagen, er *ist* es. Nur der Vierzigjährige *war* es. Eigentlich *war* er es auch als Dreißigjähriger. Aber was wäre jener Dreißigjährige ohne den Vierziger, der ihn war? Und der Vierzigjährige selbst «war» Polytechniker, aber an der äußersten Grenze seiner Gegenwart. Das Sein des «Erlebens» selbst ist schließlich dazu bestimmt, Vierzigjähriger, Dreißigjähriger, junger Mann zu sein, und zwar in der Weise des «Gewesen-Seins». Von diesem «Erlebnis» sagt man heute, daß es *ist;* von dem Vierzigjährigen und dem Jüngling hat man ebenso zu ihrer Zeit gesagt, sie *sind;* heute gehören sie der Vergangenheit an, und die Vergangenheit selbst *ist* in dem Sinn, in dem sie gegenwärtig die Vergangenheit Pauls oder dieses «Erlebnisses» *ist.* Die einzelnen Zeiten der Vergangenheitsform bezeichnen derart Seiende, die alle wirklich sind, obschon in verschiedenen Seinsweisen, von denen jedoch das eine *ist* und zugleich *das andere war;* die Vergangenheit ist stets charakterisiert als Vergangenheit *von* etwas oder einem, man *hat* eine Vergangenheit. Dieses Gerät, jene Gesellschaft, dieser Mensch *haben* ihre Vergangenheit. Es gibt zunächst nicht eine allgemeine Vergangenheit, die sich alsdann in konkrete Vergangenheiten vereinzeln würde.

Was wir im Gegenteil zuerst antreffen, sind *einzelne* Vergangenheiten. Und das eigentliche Problem – das wir im folgenden Kapitel zu erörtern haben – liegt darin, zu erfassen, auf welche Weise diese individuellen Vergangenheiten sich vereinen können, um *die* Vergangenheit zu bilden.

Man wird vielleicht einwenden, daß wir uns die Sache leicht gemacht haben, indem wir ein Beispiel wählten, in welchem das Subjekt, das «war», gegenwärtig noch existiert. Man wird uns daher andere Fälle vor Augen halten. So kann ich zum Beispiel von Peter, der tot ist, sagen: «er liebte die Musik». In diesem Fall sind Subjekt und Prädikat vergangen. Und es gibt keinen gegenwärtigen Peter, von dem dieses Vergangen-Sein ausgehen würde. Wir stimmen dem bei. Und wir geben sogar zu, daß die Liebe zur Musik für Peter niemals *vergangen* war. Peter war stets gleichzeitig zu dieser Vorliebe, welche die *seine* war; als Lebender hat er sie nicht überdauert, ebensowenig wie sie ihn. Was hier vergangen ist, ist folglich der Musik-liebende-Peter. Und somit kann ich auch hier die zuvor aufgeworfene Frage stellen: *Wessen* Vergangenheit ist dieser vergangene-Peter? Die Beziehung auf eine universelle Gegenwart, die reine Behauptung des Seins wäre, ist nicht möglich; also handelt es sich um die Vergangenheit *meiner* Gegenwart. Und in der Tat, Peter war für-mich und ich war für-ihn. Wie wir sehen werden, hat Peters Existenz mich bis ins Mark betroffen, war sie Teil einer Gegenwart «in der Welt, für-mich und für-andere», die *meine* Gegenwart war zu Lebzeiten Peters – eine Gegenwart, die ich gewesen bin. So sind die verschwundenen konkreten Gegebenheiten vergangen, insofern sie Teil der konkreten Vergangenheit eines Überlebenden sind. «Das Schreckliche am Tod ist», wie Malraux sagt, «daß er das Leben zum Schicksal verwandelt.» Darunter ist zu verstehen, daß er das «Für-sich-für-andere» auf ein bloßes «Für-andere» reduziert. Für das Sein des verstorbenen Peter bin heute ich allein in meiner Freiheit verantwortlich. Und die Toten, die nicht an Bord der konkreten Vergangenheit eines Überlebenden gerettet und mitgetragen werden konnten, sind nicht *vergangen*, sondern sie und ihre Vergangenheit sind vernichtet.

Es gibt somit Seiende, die Vergangenheit «haben». Wir haben soeben unterschiedslos ein Gerät, eine Gesellschaft, einen Menschen angeführt. Waren wir dazu berechtigt? Darf man ursprünglich allen bestimmten Seienden eine Vergangenheit zuschreiben oder nur bestimmten Klassen? Diese Frage wird leichter zu entscheiden sein, wenn wir den eigenartigen Begriff: eine Vergangenheit «haben», näher untersuchen. Man kann nicht eine Vergangenheit in der Weise «haben», wie man ein Auto oder einen Rennstall «hat». Das heißt, die Vergangenheit kann nicht Besitz eines gegenwärtigen Seienden sein, das außerhalb ihrer befindlich bliebe, wie ich mich zum Beispiel außerhalb meines Füllfederhalters befinde. Mit einem Wort, in dem Sinn, wie der Besitz gewöhnlich eine *äußere* Beziehung des Besitzenden zu dem Gegenstand bezeichnet, ist der Ausdruck hier ungeeignet. Die äußere Beziehung würde hier nur einen unüberbrückbaren Abgrund zwischen Gegenwart und Vergangenheit verhüllen, die zwei faktische Gegebenheiten ohne innere Verbindung wären. Sogar die absolute wechselseitige Durchdringung von Gegenwart und Vergangenheit, wie Bergson sie versteht, hebt die Schwierigkeit nicht auf, da diese wechselseitige Durchdringung, die Organisation des Vergangenen mit der Gegenwart ist, eigentlich von der Vergangenheit selbst herkommt und nur eine Beziehung des *Wohnens* ist. Derart kann die Vergangenheit sehr wohl als *in* der Gegenwart seiend betrachtet werden; jedoch ist es nicht mehr möglich, diese Immanenz anders vorzustellen als diejenige eines Steins in der Tiefe eines Flusses. Die Vergangenheit kann die Gegenwart zwar heimsuchen, kann sie jedoch nicht *sein*; denn umgekehrt *ist* die Gegenwart ihre Vergangenheit. Untersucht man daher die Beziehungen der Vergangenheit zur Gegenwart von der Vergangenheit aus, so kann man niemals ein *inneres* Verhältnis von der einen zur anderen feststellen. Folglich kann ein An-sich, dessen Gegenwart ist, was sie ist, keine Vergangenheit «haben». Die Beispiele, die Chevallier zur Begründung seiner These anführt, vor allem die Tatsachen der Hysteresis, erlauben nicht, ein Einwirken der Vergangenheit der Materie auf ihren gegenwärtigen Zustand anzunehmen. Ein jedes dieser Beispiele kann in der Tat mit den üblichen Mitteln des mechanischen Determinismus interpretiert werden. Von zwei Nägeln, sagt Chevallier, ist der eine erst hergestellt und niemals gebraucht worden, der andere war gekrümmt und ist mit dem Hammer wieder geradegebogen worden: ihr Aussehen ist vollkommen gleich. Der eine dringt jedoch beim ersten Schlag gerade in die Wand ein, während der andere sich von neuem krümmt: Einwirken der Vergangenheit. Unseres Erachtens gehört einige Unaufrichtigkeit dazu, wenn man hier eine Wirkung der Vergangenheit sehen will; und diese unzulängliche Erklärung des Phänomens der Dichte ist durch die einzig mögliche Erklärung zu ersetzen: die äußere Gestalt der Nägel ist zwar gleich, aber ihre gegenwärtigen molekularen Strukturen sind sehr verschieden. Dabei ist der gegenwärtige molekulare Zustand in jedem Augenblick genauestens durch den vorhergehenden molekularen Zustand bewirkt, was jedoch für den Wissenschaftler nicht besagt, daß es einen «Übergang» von dem einen zum anderen Augenblick unter Fortdauer der Vergangenheit gäbe, sondern nur, daß es eine nicht umkehrbare Beziehung zwischen den Inhalten von zwei Augenblicken der physikalischen Zeit gibt. Als Beweis für die Fortdauer der Vergangenheit den Fortbestand der Magnetisierung in einem Stück Eisen anführen, kann nicht ernsthaft gemeint sein: Hier handelt es sich um ein Phänomen, das über seine Ursache hinaus fortdauert, nicht aber um den Fortbestand der Ursache als solcher *in vergangenem Zustand*. Der Stein, der das Wasser durchlöchert hat, ist schon lange auf dem Grund angelangt, während die Wellen noch auf der Oberfläche des Sees Kreise beschreiben: man braucht sich nicht auf ein Einwirken der Vergangenheit zu berufen, um dieses Phänomen zu erklären, dessen Mechanismus geradezu sichtbar ist. Es hat nicht den Anschein, daß die Tatsachen der Hysteresis und der Fortdauer eine Erklärung anderer Art verlangen. Es ist dagegen klar, daß der Ausdruck: «eine Vergangenheit haben», der eine Art des Besitzens voraussetzt, bei der der Besitzende passiv sein könnte, und der auch in Beziehung auf die Materie an sich nicht stört, durch den Ausdruck: seine eigene Vergangenheit *sein,* zu ersetzen ist. Es gibt Vergangenheit nur für eine Gegenwart, die nicht existieren kann, ohne dort, hinter sich selbst, ihre Vergangenheit zu sein, das heißt: eine Vergangenheit haben nur die Wesen, die so beschaffen sind, daß es ihnen in ihrem Sein um ihr Vergangen-sein geht, die ihre Vergangenheit *zu sein haben.* Diese Bemerkungen erlauben uns, dem An-sich a priori jede Vergangenheit zu verweigern (was jedoch wiederum nicht heißt, daß wir es auf die Gegenwart beschränken müßten). Wir werden die Frage nach der Vergangenheit der *Lebewesen* nicht entscheiden. Wir merken nur an, daß, falls man dem Leben überhaupt Vergangenheit zugestehen muß – was nicht sicher ist –, zuvor zu beweisen wäre, daß das Sein des Lebens der Art ist, daß es Vergangenheit umfaßt. Man müßte, in einem Wort, zuvor beweisen, daß die lebendige Materie *etwas anderes* als ein physikalisch-chemisches System ist. Die umgekehrte Bemühung Chevalliers, die darauf abzielt, die höhere Bedeutsamkeit der Vergangenheit als konstitutiv für die Eigentümlichkeit des Lebens auszugeben, ist ein ὕστερον πρότερον, das keinerlei Gewicht hat. Allein für die menschliche Wirklichkeit ist die Existenz einer Vergangenheit offenbar, da begründet wurde, daß sie *zu sein hat, was sie ist.* Durch das Für-sich kommt die Vergangenheit in die Welt, denn sein «Ich bin» ist in der Form eines «Ich bin *mich*».

Was bedeutet somit «war»? Zunächst sehen wir, daß es ein Transitivum ist. Wenn ich sage: «Paul ist müde», so kann man vielleicht bestreiten wollen, daß die Kopula ontologischen Wert habe, weil man hier nur die Bezeichnung einer Inhärenz sieht. Sagen wir aber: «Paul *war* müde», so ist die Grundbedeutung von *war* ohne weiteres ersichtlich: der gegenwärtige Paul ist im Augenblick dafür verantwortlich, in der Vergangenheit diese Müdigkeit gehabt zu haben. Würde er nicht in seinem Sein diese Müdigkeit behaupten, so gäbe es nicht einmal ein Vergessen dieses Zustandes, sondern nur ein «Nicht-mehr-sein», das mit einem «Nicht-sein» völlig identisch wäre. Die Müdigkeit wäre *verloren.* Das gegenwärtige Sein ist somit der Grund seiner eigenen Vergangenheit; und diese Eigenheit des Grundes offenbart das «war». Jedoch ist festzuhalten, daß es sie nicht etwa in der Weise eigener Teilnahmslosigkeit gründet, ohne selbst zutiefst dabei modifiziert zu werden: «war» bedeutet, daß das gegenwärtige Sein in seinem Sein der Grund seiner Vergangenheit zu sein hat, indem es selbst diese Vergangenheit *ist.* Was bedeutet das, und wie kann die Gegenwart die Vergangenheit *sein*?

Der Kern dieser Frage ist nun in dem Ausdruck «war» enthalten, der als Vermittler zwischen der Gegenwart und der Vergangenheit dient und selbst weder ganz Gegenwart noch ganz Vergangenheit ist. In der Tat kann er weder das eine noch das andere sein, denn er wäre dann in der Zeit enthalten, die sein Sein bezeichnen würde. Der Begriff «war» bezeichnet daher den ontologischen Sprung von der Gegenwart in die Vergangenheit und stellt somit eine ursprüngliche Synthese beider Modi der Zeitlichkeit dar. Was ist unter dieser Synthese zu verstehen?

Ich sehe zunächst, daß «war» ein Seinsmodus ist. In diesem Sinn *bin* ich meine Vergangenheit. Ich habe sie nicht, sondern bin sie: was man mir bezüglich einer Tat sagt, die ich gestern getan, einer Laune, die ich gehabt habe, läßt mich nicht gleichgültig: ich bin verletzt oder geschmeichelt, ich gerate in Harnisch oder kümmere mich nicht darum, ich bin bis ins Mark getroffen. Ich trenne mich nicht selbst von meiner Vergangenheit ab. Gewiß kann ich nach längerer Dauer eine solche Abtrennung versuchen, kann erklären: «ich bin nicht mehr, was ich war», eine Veränderung, einen Fortschritt anführen. Jedoch handelt es sich dabei um eine sekundäre Reaktion, die sich als solche darbietet. Verneine ich die Seinseinheit mit meiner Vergangenheit in diesem und jenem besonderen Punkt, so behaupte ich sie nur hinsichtlich der Ganzheit meines Lebens. An der Grenze, in dem infinitesimalen Augenblick meines Todes werde ich nurmehr meine Vergangenheit sein. Sie allein wird mich dann bestimmen. Das will Sophokles ausdrücken, wenn er Deianeira in den *Trachinierinnen* sagen läßt: «Es lehrt ein Spruch uns, der aus alten Zeiten stammt, kein Menschendasein lasse vor des Menschen Tod sich als beglückt erkennen, noch als glückberaubt.» Das ist auch der Sinn des Satzes von Malraux, den wir oben zitiert haben: «Der Tod verwandelt das Leben zum Schicksal.» Eben deshalb ist auch der Gläubige bestürzt, wenn er mit Schrecken wahrnimmt, daß im Augenblick des Todes das Spiel ausgegeben ist und keine Karte mehr zum Einsatz bleibt. Der Tod hat uns mit uns selbst vereint, und zwar so, wie uns die Ewigkeit an uns selbst verwandelt hat. Im Augenblick des Todes *sind* wir, das heißt, wir sind schutzlos vor dem Urteil der Anderen; jetzt kann man *wahrheitsgemäß* über das entscheiden, was wir sind, wir haben keine Chance mehr, der Bilanz zu entwischen, die eine allwissende Intelligenz ziehen könnte. Die Reue der letzten Stunde ist ein allgemeines Bemühen, jenes ganze Sein zu zerbrechen, das sich langsam *auf uns* gelegt und gefestigt hat, eine letzte Abwehr, um uns zu trennen von dem, was wir *sind*. Vergebens: der Tod läßt mit allem Übrigen auch diese Abwehr erstarren, sie fügt sich ein in alles, was ihr vorausging, als ein Moment unter anderen, als eine einzelne Determinante, die nur von der Totalität aller Determinanten aus zu verstehen ist. Durch den Tod verwandelt sich das Für-sich für immer in An-sich, in dem Maße wie es völlig in die Vergangenheit geglitten ist. So ist die Vergangenheit die dauernd wachsende Totalität des An-sich, das wir sind. Indessen, solange wir nicht tot sind, sind wir dieses An-sich nicht in dem Modus der Identität. Die Rachsucht hört gewöhnlich mit dem Tod auf: der Mensch hat nämlich seine Vergangenheit erreicht, er *ist sie*, ohne noch für sie verantwortlich zu sein. Solange er lebt, ist er der Gegenstand meiner Rachsucht, das heißt, ich werfe ihm seine Vergangenheit vor, nicht nur insofern er sie *ist*, sondern auch insofern er sie in jedem Augenblick wiederholt und im Sein erhält, insofern er für sie *verantwortlich* ist. Es stimmt nicht, daß die Rachsucht den Menschen auf das festlegt, was er war, sonst würde sie den Tod überleben: sie ist an den Lebenden gerichtet, der in seinem Sein frei ist, was er war. Ich bin meine Vergangenheit, und wenn ich nicht wäre, so existierte auch meine Vergangenheit nicht, weder *für* mich, noch für *irgendwen*. Sie hätte überhaupt keine Beziehung mehr zur Gegenwart. Das heißt nicht, daß sie nicht wäre, sondern nur, daß ihr Sein unauffindbar wäre. Ich bin derjenige, durch den meine Vergangenheit in die Welt kommt. Zu beachten ist jedoch, daß ich ihr das Sein nicht *gebe*. Anders gesagt, sie existiert nicht in der Weise *meiner* Vorstellung. Meine Vergangenheit existiert nicht etwa nur, weil ich sie mir *vorstelle*. Sondern sie tritt in die Welt, weil ich meine Vergangenheit *bin*, und nur auf Grund ihres In-der-Welt-seins kann ich sie mir gemäß bestimmten psychologischen Prozessen vorstellen. Sie ist, was ich zu sein habe, und unterscheidet sich doch von Natur aus von meinen Möglichkeiten. Das Mögliche, das ich ebenso zu sein habe, bleibt als meine konkrete Möglichkeit dasjenige, dessen Gegenteil ebenso möglich ist – wenn auch in geringerem Grade. Die Vergangenheit hingegen ist das, was ohne jede Möglichkeit irgendeiner Art ist, was seine Möglichkeiten verbraucht hat. *Ich habe* das *zu sein*, was überhaupt nicht mehr von meinem Sein-können abhängig ist, was an sich schon all das ist, was es sein kann. Die Vergangenheit, die ich bin, habe ich zu sein ohne die Möglichkeit, sie nicht zu sein. Ich trage für sie die ganze Verantwortung, wie wenn ich sie ändern könnte, und doch kann ich nichts anderes als sie sein. Wir werden im folgenden sehen, daß wir dauernd die Möglichkeit bewahren, die *Bedeutung* der Vergangenheit zu ändern, insofern diese eine ehemalige Gegenwart ist, die ihrerseits *eine Zukunft hatte.* Dem Inhalt der Vergangenheit als solchem kann ich jedoch nichts nehmen und nichts hinzufügen. Anders gesagt, die Vergangenheit, die *ich war,* ist, was sie ist; sie ist ein An-sich wie die Dinge. Und die Seinsbeziehung, die ich zur Vergangenheit zu unterhalten habe, ist eine Beziehung vom Typus des An-sich. Das heißt, der Identifizierung mit sich.

Andererseits bin ich aber meine Vergangenheit nicht. Ich *bin* sie nicht, da ich sie *war.* Die Rachsucht eines anderen überrascht und entrüstet mich stets: wie kann man in dem, der ich *bin,* denjenigen hassen, der ich *war*? Das antike Denken hat großes Gewicht auf das Faktum gelegt, daß ich nichts über mich aussagen kann, das nicht schon falsch wäre im Augenblick, in dem ich es aussage. Auch Hegel hat dieses Argument nicht verschmäht. Was ich auch tue, was ich auch sage, im Augenblick, wo ich es *sein* will, *tat* ich es und *sagte* es bereits. Betrachten wir diese Aporie jedoch genauer: sie besagt eigentlich, daß jedes Urteil, das ich über mich abgebe, schon falsch ist, wann ich es abgebe, das heißt, daß ich bereits *etwas anderes* geworden bin. Aber was ist unter diesem *anderen* zu verstehen? Handelt es sich um einen Modus der menschlichen Wirklichkeit, der existentiell vom gleichen Typus wäre wie derjenige, dessen gegenwärtige Existenz bestritten wird, so hieße das nur, daß wir uns bei der prädikativen Bestimmung des Subjekts geirrt haben und ein anderes Prädikat ihm beizulegen bliebe: man hätte das Subjekt nur in seiner unmittelbar bevorstehenden Zukunft anvisieren müssen. Ein Jäger, der einen Vogel dort anvisiert, *wo er ihn sieht,* wird ihn auf gleiche Weise verfehlen, da der Vogel nicht mehr an jener Stelle ist, sobald das Geschoß sie erreicht. Er würde ihn aber treffen, wenn er ein wenig voraus zielte, auf einen Punkt, an den der Vogel noch nicht gelangt ist. Ist der Vogel nicht mehr an jener Stelle, so *ist* er eben *schon* an einer anderen; jedenfalls *ist* er irgendwo. Wir werden indessen sehen, daß diese eleatische Auffassung der Bewegung im Grunde falsch ist: kann man wirklich sagen, daß der Pfeil in A B *ist,* so ist die Bewegung nur eine Aufeinanderfolge von Unbewegtheiten. Meint man entsprechend, es gäbe einen unendlich kleinen Augenblick, der nicht mehr ist und in dem ich gewesen bin, was ich bereits nicht mehr bin, so bin ich aus einer Reihe von festen Zuständen konstituiert, die wie die Bilder einer Laterna magica aufeinanderfolgen. Wenn ich aber diesen augenblicklichen Zustand nicht *bin,* so nicht, weil zwischen dem urteilenden Denken und dem Sein ein leichter Abstand läge, weil sich das Urteil gegenüber dem Tatbestand stets verspäten würde, sondern weil ich ihn in meinem unmittelbaren Sein, in der Gegenwärtigkeit meiner Gegenwart prinzipiell nicht bin. Mit einem Wort, ich *bin* nicht, was ich war, nicht etwa wegen des dauernden Wechsels, wegen eines Werdens, das wie ein Übergang zum Heterogenen innerhalb der Homogeneität des Seins zu verstehen wäre; im Gegenteil, ein Werden gibt es überhaupt nur, weil mein Sein prinzipiell meinen Seinsweisen heterogen ist. Aus dem Werden, das man als die Synthese von Sein und Nicht-sein begreift, ist die Welt im Handumdrehen erklärt. Zu bedenken bleibt jedoch, daß das werdende Sein nur dann diese Synthese sein könnte, wenn es sie für sich selbst wäre durch einen Akt, der sein eigenes Nichts gründen würde. Bin ich schon nicht mehr, was ich war, so habe ich es doch notwendig wieder zu sein, und zwar in der Einheit einer nichtenden Synthese, die ich selbst im Sein erhalte, denn anderenfalls hätte ich ja überhaupt keine Beziehung mehr zu dem, was ich nicht mehr bin, und meine volle Positivität würde das dem Werden wesentliche Nicht-sein ausschließen. Das Werden kann nicht etwas *Gegebenes* sein, eine unmittelbare Seinsweise des Seins, denn wenn wir uns ein solches Seiendes vorstellen, so könnten Sein und Nicht-sein in seinem Inneren nur nebeneinander gestellt sein, und auch keine aufgezwungene und *äußerliche* Struktur könnte beides noch miteinander verschmelzen. Die Verbindung von Sein und Nicht-sein kann jedoch nur innerlich sein: im Sein als solchem muß das Nicht-sein auftauchen, im Nicht-sein muß das Sein aufragen, und hierbei kann es sich nicht um ein Faktum oder Naturgesetz handeln, sondern nur um das Auftauchen des Seienden, das sein eigenes Nichts an Sein ist. Wenn ich also meine eigene Vergangenheit nicht *bin,* so kann dies nicht in der ursprünglichen Weise des Werdens sein, sondern nur sofern ich *sie zu sein habe, um sie nicht zu sein* und sofern ich *sie nicht zu sein habe, um sie zu sein.* Hieraus erhellt sich uns die Natur des Modus *«war»*: bin ich nicht, was ich war, so nicht deshalb, weil ich schon verändert bin, womit die Zeit als schon gegeben vorausgesetzt wäre, sondern weil ich in Beziehung zu meinem Sein im Modus der inneren Verbindung des *Nicht-seins* bin.

Insofern ich meine Vergangenheit *bin,* kann ich sie daher nicht sein; und eben diese Notwendigkeit, meine Vergangenheit zu sein, ist der einzig mögliche Grund der Tatsache, daß ich sie nicht bin. Anderenfalls wäre ich sie in jedem Augenblick schon nicht mehr, es sei denn in den Augen eines außenstehenden Zeugen, der wiederum selbst seine Vergangenheit in der Weise des *Nicht*-seins zu sein hätte.

Diese Anmerkungen lassen uns die Ungenauigkeit des auf Heraklit zurückgehenden Skeptizismus verstehen, der nur in Betracht zieht, daß ich bereits nicht mehr bin, was ich zu sein sage. Gewiß, all das, von dem man sagen kann, ich sei es, bin ich nicht. Aber es ist falsch, zu behaupten, daß ich es *bereits* nicht mehr bin, denn ich bin es niemals gewesen, solange man darunter «an sich sein» versteht; andererseits folgert daraus nicht, daß ich mich irre, indem ich sage, es zu sein, denn ich muß es ja sein, um es nicht zu sein: ich bin es in der Weise des *«war»*.

All das, von dem man sagen kann, ich sei es im Sinn des An-sich-seins in seiner vollen, kompakten Dichte (er ist jähzornig, er ist Beamter, er ist unzufrieden), ist daher stets *meine Vergangenheit.* In der Vergangenheit bin ich das, was ich bin. Andererseits befindet diese schwere Seinsfülle sich jedoch hinter mir, ein absoluter Abstand trennt sie von mir und läßt sie ohne Kontakt und ohne Verbindung außerhalb meiner Reichweite fallen. War ich glücklich oder bin ich glücklich gewesen, so heißt das, daß ich es nicht bin. Aber es heißt wiederum nicht, daß ich unglücklich *bin,* sondern nur: glücklich *sein* kann ich nur in der Vergangenheit; nicht *weil* ich eine Vergangenheit habe, trage ich so mein Sein hinter mir: sondern die Vergangenheit ist gerade *nur* diese ontologische Struktur, die mich dazu zwingt, das, was ich bin, nur *hinterher* zu sein. Eben das bedeutet «war». Das Für-sich existiert per definitionem unter dem Zwang, sein eigenes Sein zu übernehmen, und dieses kann nichts anderes sein als Für-sich. Es kann jedoch sein Sein nur übernehmen durch die Aufnahme jenes Seins, das es *in Distanz* zu diesem Sein setzt. Gerade durch die Behauptung, daß ich in der Weise des An-sich *bin,* entziehe ich mich dieser Behauptung, da sie ihrer Natur nach eine Verneinung enthält. Somit ist das Für-sich stets jenseits dessen, was es ist, allein weil es für sich ist und es zu sein hat. Gleichzeitig aber ist es *sein* Sein und nicht ein anderes, das hinter ihm bleibt. Derart verstehen wir den Sinn von «war», womit eigentlich nur der Typus des Für-sich-seins charakterisiert wird, das heißt, die Beziehung des Für-sich zu seinem Sein. Die Vergangenheit ist das An-sich, das ich bin, als *Überschrittenes.*

Es bleibt noch die Weise selbst zu untersuchen, in der das Für-sich seine eigene Vergangenheit «war». Wie wir wissen, erscheint das Für-sich in dem ursprünglichen Akt, durch den das An-sich sich nichtet, um sich zu gründen. Das Für-sich ist sein eigener Grund, insofern es das An-sich scheitern läßt, um durch sich selbst zu scheitern. Aber damit ist es ihm noch nicht gelungen, sich von dem An-sich zu befreien. Das überschrittene An-sich bleibt und beunruhigt es als seine ursprüngliche Kontingenz. Es kann es niemals erreichen, noch sich selbst als dieses oder jenes *seiend* erfassen, aber es kann ebensowenig aufhören, das, was es ist, im Abstand von sich zu sein. Diese Kontingenz, diese Schwere im Abstand vom Für-sich, die es niemals *ist*, die es aber als überschrittene und in diesem Überstieg selbst bewahrte Schwere zu sein hat, ist die *Faktizität*, aber auch die Vergangenheit. Faktizität und Vergangenheit sind zwei Worte, die die gleiche Sache bezeichnen. Die Vergangenheit ist in der Tat wie die Faktizität jene unverwundbare Kontingenz des An-sich, die ich zu sein habe ohne jede Möglichkeit, sie nicht zu sein. Sie ist das Unvermeidbare der faktischen Notwendigkeit, aber nicht als Notwendigkeit, sondern als Faktum. Sie ist das faktische Sein, das den Gehalt meiner Motivierungen zwar nicht bestimmen kann, das sie aber mit seiner Kontingenz durchdringt, da sie es nicht aufheben noch abändern können; dieses faktische Sein nehmen meine Motivierungen notwendig mit sich, indem sie es verändern wollen, sie bewahren es, um ihm zu entfliehen, sie haben es zu sein gerade in ihrem Bemühen, es nicht zu sein, und von ihm aus werden sie zu dem, was sie sind. Es bewirkt, daß ich in jedem Augenblick *nicht* Diplomat oder Seemann *bin*, sondern Professor bin, obwohl ich dieses Sein nur spielen kann, ohne es jemals ganz einholen zu können. Wenn ich nicht in die Vergangenheit zurückkehren kann, so nicht deshalb, weil irgendeine magische Kraft sie unerreichbar machte, sondern weil sie an-sich ist, während ich für-mich bin; die Vergangenheit ist das, was ich bin, ohne es leben zu können. Die Vergangenheit ist Substanz. Und in diesem Sinn müßte das Cartesische cogito eigentlich heißen: «Ich denke, also war ich.» Darüber täuscht nur die scheinbare Homogeneität der Vergangenheit und der Gegenwart hinweg. Denn jene Schande, die ich gestern empfand, war Für-sich, als ich sie empfand. Daher glaubt man, sie wäre noch heute Für-sich geblieben, und zieht den falschen Schluß, sie *sei nicht mehr*, weil ich nicht mehr in sie zurückkehren kann. Um der Wahrheit näher zu kommen, ist jedoch die Beziehung umzukehren: zwischen der Vergangenheit und der Gegenwart gibt es eine absolute Heterogeneität, und wenn ich nicht in die Vergangenheit zurückkehren kann, so deshalb nicht, weil sie *ist*. Und ich könnte sie nur in der Weise sein, daß ich selbst an sich wäre, um mich in ihr in der Form der Identifizierung zu verlieren; aber das ist mir grundsätzlich verwehrt. Jene Schande, die ich gestern empfunden habe und die für sich Schande war, ist in der Tat auch jetzt noch Schande und kann somit wesensmäßig noch als Für-sich beschrieben werden. Aber in ihrem Sein *ist* sie nicht mehr für sich, da sie nicht mehr als Reflektierendes-Reflex ist. Als Für-sich beschreibbar, *ist* sie ganz einfach. Die Vergangenheit ist gegeben als zum An-sich *gewordenes* Für-sich. Solange ich diese Schande erlebe, ist sie nicht, was sie ist. Aber jetzt, wo ich sie *war*, kann ich sagen: es *war* Schande; hinter mir ist sie geworden, was sie war; sie hat nun die Dauer und die Beständigkeit des An-sich, sie ist ewig zu ihrer Zeit, wie das An-sich gehört sie vollkommen zu sich selbst. Die Vergangenheit, die zugleich Für-sich und An-sich ist, *ähnelt* also in einer Hinsicht dem Wert oder Sich, die wir im vorstehenden Kapitel beschrieben haben; wie der Wert stellt sie eine bestimmte Synthese dar des Seins, das ist, was es nicht ist, und nicht ist, was es ist, mit jenem Sein, das ist, was es ist. In diesem Sinn kann man von einem sich verflüchtigenden Wert der Vergangenheit sprechen. Daher rührt nämlich, daß die Erinnerung uns das Sein, das wir waren, in einer Seinsfülle vorstellt, die ihm etwas Poetisches verleiht. Indem jener Schmerz, den wir *hatten*, zu etwas Vergangenem erstarrt, hört er nicht auf, den Sinn eines Für-sich zu haben, und trotzdem existiert er jetzt an sich selbst, mit der stummen Starrheit des Schmerzes eines Anderen, des Schmerzes einer Statue. Er braucht jetzt nicht mehr vor sich selbst zu erscheinen, um sich Existenz zu geben. Jetzt ist er hingegen, und statt daß seine Für-sichheit noch die Seinsweise seines Seins wäre, ist sie jetzt nurmehr eine Eigenschaft geworden. Weil sie das Psychische stets nur *in der Vergangenheit* betrachtet haben, behaupten die Psychologen, das Bewußtsein sei eine Eigenschaft, die das Psychische affizieren kann, ohne es jedoch in seinem Sein zu modifizieren. Das vergangene Psychische *ist zunächst* und ist alsdann erst Für-sich, wie Peter etwa blond ist, wie dieser Baum eine Eiche ist.

Die Vergangenheit, die dem Wert *ähnelt*, *ist* aber eben deshalb *nicht* Wert. Im Wert wird das Für-sich Sich; indem es sein Sein übersteigt und gründet, kommt es zu einer Wiederergreifung des An-sich durch das Sich; die Kontingenz des Seins macht daher Platz für die Notwendigkeit. Die Vergangenheit hingegen ist zunächst An-sich. Hier wird das Für-sich vom An-sich im Sein gehalten, sein Seinsgrund ist nicht mehr, Für-sich zu sein: es ist An-sich geworden und erscheint uns daher in seiner reinen Kontingenz. Es gibt überhaupt keinen *Grund*, weshalb unsere Vergangenheit so oder so sein muß: sie erscheint in der Totalität ihrer Reihe wie das reine Faktum, das als Faktum zu berücksichtigen ist, wie das *Unmotivierte*. Sie ist eigentlich die Umkehrung des Wertes, das vom An-sich aufgenommene und fixierte Für-sich, völlig durchdrungen und geblendet von der Dichte des An-sich, dermaßen vom An-sich verdickt, daß es für das Reflektierende nicht mehr als Reflex und für den Reflex nicht mehr als das Reflektierende existieren kann, sondern nurmehr als Zeichen an sich für das Paar Reflektierendes-Reflex. Deshalb kann die Vergangenheit allenfalls Gegenstand für ein Für-sich sein, das den Wert zu *realisieren* und der Angst zu entfliehen sucht, die ihm die dauernde Abwesenheit des Sich einflößt. Sie ist jedoch wesensmäßig von dem Wert verschieden: sie ist genauestens der Indikativ, von dem kein Imperativ abzuleiten ist, sie ist das einem jeden Für-sich eigene Faktum, das kontingente und unabänderliche Faktum, das ich *war*.

Somit ist die Vergangenheit ein vom An-sich wieder ergriffenes und ertränktes Für-sich. Wie kann das aber überhaupt möglich sein? Wir haben beschrieben, was *Vergangen-Sein* für ein Ereignis und was *eine Vergangenheit Haben* für die menschliche Wirklichkeit bedeutet. Wir sahen, daß die Vergangenheit ein ontologisches Gesetz des Für-sich ist, das heißt, daß alles, was ein Für-sich sein kann, es dort unten, hinter sich, außer Reichweite sein muß. In diesem Sinn können wir uns das Wort Hegels aneignen: «Wesen ist, was gewesen ist.» Mein Wesen ist in der Vergangenheit, das ist sein Seinsgesetz. Jedoch haben wir nicht erklärt, wieso ein konkretes Ereignis des Für-sich zum Vergangenen *wird*. Wie wird ein Für-sich, das seine Vergangenheit *war*, zu der Vergangenheit, die ein anderes Für-sich zu sein hat? Der Übergang zur Vergangenheit ist eine Seinsmodifikation. Was ist diese Modifikation? Um sie zu verstehen, müssen wir zunächst die Beziehung des *gegenwärtigen* Für-sich zum Sein begreifen. Wie zu erwarten, verweist uns somit die Untersuchung der Vergangenheit auf die Gegenwart.

B) *Die Gegenwart*

Im Unterschied zur Vergangenheit, die An-sich ist, ist die Gegenwart Für-sich. Was ist ihr Sein? Es gibt eine der Gegenwart eigentümliche Antinomie: einerseits bestimmt man sie gern durch das *Sein*; gegenwärtig ist das, was ist im Gegensatz zur Zukunft, die noch nicht ist, und zur Vergangenheit, die nicht mehr ist. Eine strenge Analyse, die die Gegenwart von allem, was sie nicht ist, d. h. von der Vergangenheit und der sofortigen Zukunft, abzulösen suchte, würde jedoch nurmehr einen unendlich kleinen Augenblick vorfinden, nämlich, wie Husserl in seinen ‹Vorlesungen zur Phänomenologie des inneren Zeitbewußtseins› bemerkt, die ideale Grenze einer unendlichen Teilung: ein Nichts. Wie immer, sooft wir die Untersuchung der menschlichen Wirklichkeit von einem neuen Gesichtspunkt aus unternehmen, finden wir somit auch hier das unzertrennliche Paar wieder: das Sein und das Nichts.

Was ist die erste Bedeutung der Gegenwart? Es ist klar, daß das, was in der Gegenwart existiert, sich von jeder anderen Existenz durch den Charakter der *Anwesenheit* unterscheidet. Die Schüler einer Klasse antworten bei namentlichem Aufruf mit «Anwesend!» im Sinne von «adsum». Und anwesend steht ebensowohl im Gegensatz zu *abwesend* wie zu *vergangen*. Der Sinn von *Gegenwart* ist somit die Anwesenheit bei... Wir haben daher zu fragen, *bei was* die Gegenwart anwesend ist und *wer* anwesend ist. Auf diese Weise werden wir dazu gelangen, das Sein der Gegenwart selbst zu erhellen.

Meine Gegenwart ist Anwesenheit. Anwesend bei was? Bei diesem Tisch, diesem Zimmer, bei der Welt, kurz, bei dem An-sich-sein. Ist aber umgekehrt das An-sich-Sein auch *bei mir* anwesend und bei dem An-Sich-sein, das es nicht ist? Wäre dem so, dann wäre die Gegenwart eine wechselseitige Beziehung von Anwesenheiten. Daß dem nicht so ist, ist jedoch leicht zu ersehen. Die Anwesenheit bei... ist eine innere Beziehung des Seienden, das gegenwärtig ist zusammen mit den Seienden, bei denen es anwesend ist. In keinem Fall kann es sich hier um die bloß äußerliche Beziehung des Nebeneinander handeln. Anwesenheit bei... bedeutet, außerhalb seiner bei... zu existieren. Was bei etwas anwesend sein kann, muß in seinem Sein so beschaffen sein, daß es in ihm eine Seinsbeziehung zu den anderen Seienden gibt. Ich kann nur bei diesem Stuhl anwesend sein, wenn ich mit ihm in einem synthetischen ontologischen Bezug verbunden bin, wenn ich dort unten in dem Sein dieses Stuhles bin, als dieser Stuhl *nicht seiend*. Das Sein, das anwesend bei... ist, kann daher nicht in Ruhe «An-sich» sein, und das An-sich kann ebensowenig anwesend sein wie es vergangen sein kann: es *ist* schlechthin. Von irgendeiner Gleichzeitigkeit des einen An-sich mit einem anderen An-sich kann gar keine Rede sein, ausgenommen auf dem Standpunkt eines Seienden, das mit den beiden An-sich zugleich gegenwärtig wäre und in sich selbst die Fähigkeit der Anwesenheit hätte. Die Gegenwart kann daher nur die Anwesenheit des Für-sich beim An-sich-sein darstellen. Und diese Anwesenheit kann nicht die Wirkung eines Zufalls oder einer Gleichzeitigkeit sein; in jeder Gleichzeitigkeit wird sie vielmehr stets schon vorausgesetzt und muß eine ontologische Struktur des Für-sich sein. In einer Welt, die von der menschlichen Wirklichkeit als Anwesenheit bestimmt wird, muß dieser Tisch bei dem Stuhl sein. Anders gesagt, es läßt sich kein Typus des Existierenden vorstellen, das *zunächst* Für-sich wäre, um *alsdann* beim Sein anwesend zu sein. Das Für-sich macht sich vielmehr zur Anwesenheit beim Sein, indem es sich als Für-sich herstellt, und hört auf, Anwesenheit zu sein, indem es aufhört, Für-sich zu sein. Das Für-sich bestimmt sich als Anwesenheit beim Sein.

Bei welchem Sein macht sich das Für-sich zur Anwesenheit? Die Antwort ist einfach: das Für-sich ist Anwesenheit bei dem An-sich-Sein überhaupt. Oder vielmehr, die Anwesenheit des Für-sich ist dasjenige, was eine Totalität des An-sich-seins überhaupt sein läßt. Denn, eben durch den Modus der Anwesenheit beim Sein als Sein wird jede Möglichkeit ausgeschlossen, daß das Für-sich bei einem privilegierten Seienden *in höherem* Maße anwesend wäre als bei anderen Seienden. Auch wenn die Faktizität seiner Existenz bewirkt, daß es *da* und nicht woanders ist, so ist *Da*-sein doch nicht *Anwesend*-sein. Das *Da-sein* bestimmt nur die Perspektive, gemäß welcher die Anwesenheit bei der Totalität des An-sich sich verwirklicht. Dadurch läßt das Für-sich die Seienden *für* die gleiche Anwesenheit sein. Die Seienden enthüllen sich als zugleich seiend in einer Welt, wo das Für-sich sie mit seinem eigenen Blut verbindet durch das vollständige ek-statische Opfer des Sich, das Anwesenheit heißt. «Vor» dem Opfer des Für-sich wäre es unmöglich gewesen, zu sagen, daß die Seienden zusammen oder getrennt voneinander existieren. Aber das Für-sich ist das Sein, durch das die Gegenwart in die Welt kommt; die Seienden der Welt sind in der Tat zugleich-anwesend, insofern ihnen allen das gleiche Für-sich zugleich gegenwärtig ist. Was man gewöhnlich Gegenwart nennt, unterscheidet sich bei den einzelnen An-sich genauestens von ihrem Sein, obwohl es *nicht etwas mehr* ist: es ist nur ihre gemeinsame Gegenwärtigkeit, insofern ein Für-sich bei ihnen anwesend ist.

Wir wissen nunmehr, *wer anwesend ist* und *bei wem* der Anwesende anwesend ist. Aber was ist überhaupt *Anwesenheit*?

Wir sahen, daß es sich nicht um die als bloß äußerliche Beziehung gedachte reine Koexistenz von Existierenden handeln kann, da für ihre Feststellung ein dritter Beziehungspunkt erforderlich wäre. Im Fall der Koexistenz der Dinge inmitten der Welt ist dieser dritte Beziehungspunkt gegeben: das Für-sich, das diese Koexistenz feststellt, indem es bei allen zugleich anwesend ist. Indessen, im Fall der Anwesenheit des Für-sich bei dem An-sich-sein, fehlt dieser dritte Beziehungspunkt. Kein Zeuge, und selbst Gott nicht, kann diese Anwesenheit herstellen, und auch das Für-sich kann sie erst kennen, wenn sie *bereits ist.* Jedoch kann sie nicht im Modus des An-sich sein. Und das bedeutet, daß ursprünglich das Für-sich Anwesenheit beim Sein ist, insofern es für sich selbst sein eigener Zeuge dieser Koexistenz ist. Wie ist das zu verstehen? Wir wissen, daß das Für-sich das Sein ist, das in der Form eines Zeugens seines Seins existiert. Nun ist das Für-sich beim Sein anwesend, wenn es sich absichtlich außerhalb seiner selbst auf dieses Sein gerichtet hat. Und es hat dem Sein so nahe zu haften, wie es ohne Identifizierung überhaupt möglich ist. Wir werden im nächsten Kapitel sehen, daß dieses Haften deshalb realistisch ist, weil das Für-sich in einer ursprünglichen Verbindung mit dem Sein für sich selbst wird: es ist sich selber Zeuge seiner selbst als dieses Sein *nicht seiend.* Und somit ist es außerhalb seiner selbst, über und in dem Sein als dieses Sein nicht seiend. Das konnten wir übrigens bereits aus der Bedeutung der Anwesenheit ableiten: die Anwesenheit bei einem Seienden impliziert, daß man mit diesem Seienden durch ein inneres Band verbunden ist, sonst wäre überhaupt keine Verbindung des Anwesenden mit dem Sein möglich; jedoch ist diese innere Verbindung eine negative; sie verneint gegenüber dem gegenwärtigen Sein, daß es das Sein sei, bei dem sie anwesend ist. Anderenfalls würde dieser innerliche Bezug sich in bloße Identifizierung auflösen. Die Anwesenheit des Für-sich beim Sein impliziert somit, daß das Für-sich Zeuge seiner selbst ist in Anwesenheit des Seins als das Sein nicht seiend; die Anwesenheit beim Sein ist Anwesenheit des Für-sich, insofern es nicht ist. Denn die Verneinung erstreckt sich nicht etwa auf eine Verschiedenheit der Seinsweise, die das Für-sich vom Sein unterscheiden würde, sondern vielmehr auf eine Verschiedenheit des Seins. Eben das drückt man in aller Kürze aus, wenn man sagt, daß die Gegenwart *nicht ist*.

Was bedeutet dieses Nicht-sein der Gegenwart oder des Für-sich? Um es zu erfassen, müssen wir zum Für-sich, zu seinem Seinsmodus zurückkehren und seine ontologische Beziehung zum Sein kurz beschreiben. Vom Für-sich als solchem läßt sich niemals sagen: es *ist*, in dem Sinn, wie man zum Beispiel sagt: es *ist* neun Uhr, das heißt, im Sinn einer völligen Übereinstimmung des Seins mit sich selbst, die das Sich setzt und zugleich aufhebt und den Eindruck der Passivität erzeugt. Das Für-sich hat nämlich die Existenz einer an einen Zeugen gekoppelten Erscheinung, eines Reflexes, der auf ein Reflektierendes verweist, ohne daß es irgendein Objekt gäbe, dessen Reflex er wäre. Das Für-sich hat kein Sein, weil sein Sein stets in Distanz ist: dort unten in dem Reflektierenden, wenn man die Erscheinung betrachtet, die nur *für* das Reflektierende Erscheinung oder Reflex ist; dort unten in dem Reflex, wenn man das Reflektierende betrachtet, das an sich nurmehr die reine Funktion ist, *diesen* Reflex zu reflektieren. Zudem ist das Für-sich in sich selbst nicht das Sein, da es sich ausdrücklich als das Sein nicht seiend zum Für-sich macht. Es ist Bewußtsein von ... als innere Verneinung von ... Die Grundstruktur der Intentionalität und der Selbstheit ist die Verneinung als *innere* Beziehung des Für-sich zu den Dingen; das Für-sich konstituiert sich außerhalb, ausgehend von einem Ding als dessen Verneinung; somit ist seine erste Beziehung zum An-sich-sein die Verneinung; es «ist» im Modus des Für-sich, das heißt, als verstreute Existenz, insofern es sich als das Sein nicht seiend sich selbst entdeckt. Es entgleitet dem Sein auf zweifache Weise, durch innere Zersetzung und ausdrückliche Verneinung. Und die Gegenwart ist eben diese Verneinung des Seins, dieses Ausbrechen aus dem Sein, sofern das Sein *da* ist als das, aus dem man ausbricht. Das Für-sich ist in der Form der Flucht bei dem Sein anwesend; die Gegenwart ist eine dauernde Flucht angesichts des Seins. Somit erklärt sich uns die erste Bedeutung der Gegenwart: die Gegenwart *ist nicht*; der gegenwärtige Augenblick entspringt einer versachlichenden und verdinglichenden Auffassung des Für-sich; diese Auffassung führt dazu, daß man das Für-sich mittels dessen, was *ist* und bei dem es anwesend ist, kennzeichnen will, wie etwa mittels des Zeigers auf dem Zifferblatt. In diesem Sinn wäre es aber absurd, zu sagen, es sei für das Für-sich neun Uhr; das Für-sich kann vielmehr bei einem Zeiger, der auf neun Uhr zeigt, anwesend sein. Was man fälschlich die Gegenwart nennt, ist das Sein, bei dem die Gegenwart Anwesenheit ist. Es ist unmöglich, die Gegenwart in der Form eines Augenblicks aufzufassen, denn der Augenblick wäre der Moment, in dem die Gegenwart *ist*. Nun ist aber die Gegenwart nicht, sondern gegenwärtigt sich in der Form einer Flucht.

Indessen ist die Gegenwart nicht nur gegenwärtigendes Nicht-sein des Für-sich. Das Für-sich als solches hat sein Sein außerhalb, vor und hinter sich. Hinter sich *war* es seine Vergangenheit und vor sich *wird* es seine Zukunft *sein*. Es ist Flucht aus dem zugleich-seienden Sein und aus dem Sein, das es war, zu jenem, das es sein wird. Als Gegenwart ist es nicht, was es (vergangen) ist, und ist das, was es nicht ist (Zukunft). Damit sind wir auf die Zukunft hingewiesen.

C) *Die Zukunft*

Zunächst sei bemerkt, daß das An-sich nicht Zukunft sein, noch einen Teil der Zukunft in sich enthalten kann. Wenn ich jene Mondsichel betrachte, so ist der Vollmond zukünftig nur «in der Welt», die sich der menschlichen Wirklichkeit enthüllt: nur durch die menschliche Wirklichkeit kommt die Zukunft in die Welt. An sich ist jenes Mondviertel, was es ist. Nichts ist in Potenz in ihm. Es ist Geschehen. Es gibt also ebensowenig eine Zukunft wie eine Vergangenheit als Phänomen einer ursprünglichen Zeitlichkeit des An-sich-seins. Gäbe es eine Zukunft des An-sich, so würde sie *an-sich* existieren, vom Sein getrennt wie die Vergangenheit. Auch wenn man, wie Laplace, einen totalen Determinismus annimmt, der einen zukünftigen Zustand *vorherzusehen* erlaubte, so müßte sich dieser künftige Zustand dennoch von einer vorausgehenden Enthüllung der Zukunft als solcher abheben, von einem Zu-künftig-sein der Welt – anderenfalls wäre die Zeit eine Illusion, und die Chronologie würde nur eine rein logische Ordnung der Ableitbarkeit maskieren. Zeichnet sich aber die Zukunft am Horizont der Welt ab, so kann das nur durch ein Seiendes geschehen, das seine eigene Zukunft *ist*, das heißt, für sich selbst zukünftig ist, dessen Sein in einem Zu-sich-kommen seines Seins besteht. Wir treffen hier wieder auf ek-statische Strukturen, die denen analog sind, die wir am Vergangen-sein beschrieben haben. Nur ein Sein, das sein eigenes Sein zu sein hat, statt es einfach zu sein, kann eine Zukunft haben.

Was heißt aber, seine Zukunft sein? Und welchen Seinstypus hat die Zukunft? Zunächst muß man sich von der Meinung befreien, daß die Zukunft als *Vorstellung* existiere. Die Zukunft wird ohnehin nur selten «vorgestellt». Und wenn sie es ist, wie Heidegger behauptet, dann ist sie thematisch gesetzt und hört auf, *meine* Zukunft zu sein, um statt dessen der indifferente Gegenstand meiner Vorstellung zu werden. Wäre sie aber auch vorgestellt, so könnte sie des weiteren doch niemals der «Inhalt» meiner Vorstellung sein, denn dieser Inhalt, falls es ihn überhaupt gibt, müßte gegenwärtig sein. Ist zu sagen, daß dieser gegenwärtige Inhalt von einer «künftigenden» Intention belebt sein könne? Das ergäbe jedoch gleichfalls keinen Sinn. Gäbe es eine solche Intention, so müßte sie selbst gegenwärtig sein – und dann wäre das Problem der Zukunft völlig unauflöslich –, oder sie müßte die Gegenwart in der Zukunft transzendieren, alsdann wäre das Sein dieser Intention zu-künftig, und man müßte der Zukunft ein vom einfachen «percipi» verschiedenes Sein einräumen. Wäre aber das Für-sich auf seine Gegenwart eingeschränkt, wie könnte es sich dann die Zukunft überhaupt vorstellen? Wie hätte es eine Kenntnis oder eine Vorahnung von ihr? Kein bestimmter Gedanke kann ja deren Äquivalent sein. Hat man von Anfang an die Gegenwart in das Gegenwärtige eingeschlossen, so kann sie selbstverständlich niemals mehr aus ihm herausgelangen. Es führte zu nichts, sie als «zukunftsträchtig» hinstellen zu wollen. Entweder bedeutet dieser Ausdruck überhaupt nichts oder bezeichnet eine aktuelle Wirkungskraft der Gegenwart oder aber zeigt er das Seinsgesetz des Für-sich an als desjenigen, das für sich selbst zukünftig ist, und in diesem Fall ist damit nur angegeben, was eigentlich zu beschreiben und zu erklären ist. «Zukunftsträchtig» oder «Erwartung des Künftigen» und «Kenntnis der Zukunft» kann aber das Für-sich nur auf dem Grunde einer ursprünglichen und vorgefaßten Beziehung des Sich zum Sich sein: daß das Für-sich auch nur die geringste Möglichkeit zu einer thematischen Vorhersage, etwa nur der determinierten Zustände der naturwissenschaftlichen Welt, besitzt, ist überhaupt nur denkbar, wenn es das Sein ist, das von der Zukunft her zu sich selbst kommt und nur in der Weise existiert, daß es sein Sein außerhalb seiner selbst in der Zukunft hat. Nehmen wir ein einfaches Beispiel: Jene Haltung, die ich schnell auf dem Tennisplatz einnehme, hat ihren Sinn nur im Hinblick auf die Geste, die ich anschließend mit meinem Schläger ausführen werde, um den Ball über das Netz zurückzuschlagen. Ich gehorche dabei aber nicht der «klaren Vorstellung» der zukünftigen Bewegung und ebenso wenig dem «festen Willen», sie auch auszuführen. Solche Vorstellungen und Wollungen sind nur von den Psychologen erfundene Götzen. Ohne eigentlich thematisch gesetzt zu sein, kehrt die zukünftige Bewegung nach hinten zurück zu den Haltungen, die ich einnehme, um sie zu erhellen, miteinander zu verbinden und zu verändern. Zunächst bin ich als Mangel meiner selbst dort auf dem Platz, im Begriff, den Ball zurückzuschlagen, und jede Stellung, die ich inzwischen einnehme, ist jeweils nur ein Mittel dazu, mich dem künftigen Zustand anzunähern, um mich in ihm zu begründen, und eine jede hat ihren ganzen Sinn nur *von* dem künftigen Zustand *her.* Es gibt keinen Moment meines Bewußtseins, der nicht auf gleiche Weise durch die innere Beziehung zu einer Zukunft bestimmt wäre; ob ich schreibe, ob ich rauche, trinke oder mich ausruhe, stets ist der Sinn meines Bewußtseins im Abstand, dort unten, außerhalb. Heidegger sagt in diesem Sinn mit Recht, daß das «Dasein» stets unendlich mehr ist als das, was es wäre, wenn man es auf seine reine Gegenwart beschränkte. Aber diese Beschränkung wäre sogar selbst wieder unmöglich, da man derart aus der Gegenwart ein An-sich machen würde. Mit Recht hat man somit gesagt, die Finalität sei eine umgekehrte Kausalität, nämlich die Wirkungskraft des Zukünftigen. Nur hat man allzu oft vergessen, diese Formel auch wirklich wörtlich zu nehmen.

Unter dem Zukünftigen ist nicht ein «Jetzt» zu verstehen, das noch nicht wäre. Wir würden damit in ein An-sich zurückfallen und müßten vor allem die Zeit überhaupt wie einen gegebenen und statischen Behälter auffassen. Die Zukunft ist *das, was ich zu sein habe,* insofern ich es nicht sein kann. Erinnern wir uns daran, daß das Für-sich sich gegenwärtigt vor dem Sein, als dieses Sein nicht seiend und als sein Sein in der Vergangenheit gewesen seiend. Diese Anwesenheit ist Flucht. Es handelt sich also nicht um eine verzögerte und ruhige Anwesenheit beim Sein, sondern um ein Entweichen aus dem Sein nach ... Und diese Flucht ist doppelter Art, denn indem sie dem Sein entflieht, das sie nicht ist, flieht die Anwesenheit das Sein, das sie war. *Wohin* flieht sie aber? Vergessen wir nicht, daß das Für-sich, sofern es sich dem Sein gewärtigt, um ihm zu entfliehen, Mangel ist. Das Mögliche ist dasjenige, dessen das Für-sich ermangelt, um Sich zu sein, oder, wenn man so will, die Erscheinung im Abstand dessen, was ich bin. Der Sinn der Flucht, die die Anwesenheit ist, wird damit ersichtlich: sie ist Flucht *zu ihrem Sein hin,* das heißt, zu dem Sich, das sie durch die Koinzidenz mit dem, was ihr fehlt, sein wird. Die Zukunft ist der Mangel, der sie als Mangel vom An-sich der Anwesenheit losreißt. Würde ihr nichts fehlen, so würde sie in das Sein zurückfallen und verlöre sogar die *Anwesenheit beim Sein,* um dafür die Isolierung der vollkommenen Identität einzutauschen. Nur der Mangel als solcher erlaubt ihr, Anwesenheit zu sein; weil sie außerhalb ihrer selbst ist auf ein Mangelndes hin, das jenseits der Welt ist, kann sie außerhalb ihrer als Anwesenheit bei einem

An-sich sein, das sie nicht ist. Die Zukunft ist das determinierende Sein, welches das Für-sich jenseits des Seins zu sein hat. Es gibt eine Zukunft, weil das Für-sich sein Sein zu sein hat, statt es einfach zu sein. Jenes Sein, das das Für-sich zu sein hat, kann nicht in der Weise der zugleich-seienden An-sich sein, anderenfalls wäre es, ohne sein Gewesensein sein zu müssen; man kann die Zukunft daher nicht wie einen völlig bestimmten Zustand vorstellen, dem nur die Anwesenheit fehlen würde; wie Kant sagt, daß die Existenz dem Gegenstand eines Begriffes nichts weiter hinzufügt. Sie kann aber auch nicht nicht existieren, denn dann wäre das Für-sich nur etwas *Gegebenes.* Sie ist das, zu dem das Für-sich sich macht, indem es sich fortwährend für-sich als unvollständig in Beziehung zu ihr erfaßt. Sie ist das, was das Paar Reflektierendes-Reflektiertes im Abstand beunruhigt und wodurch der Reflex vom Reflektierenden (und umgekehrt) als ein Noch-nicht erfaßt wird. Das Fehlende muß jedoch mit dem ermangelnden Für-sich in der Einheit des gleichen Auftauchens gegeben sein, sonst gäbe es nichts, in Beziehung zu dem sich das Für-sich als Noch-nicht erfassen könnte. Die Zukunft enthüllt sich dem Für-sich als das, was das Für-sich noch nicht ist, insoweit das Für-sich sich nicht-setzend in der Sicht dieser Enthüllung für sich als ein Noch-nicht konstituiert und insoweit es existiert als ein Entwurf seiner selbst aus der Gegenwart heraus zu dem hin, was es noch nicht ist. Zweifellos kann die Zukunft nicht ohne eine solche Enthüllung sein. Und diese Enthüllung verlangt ihrerseits, sich selbst enthüllt zu sein, das heißt, sie verlangt, daß sich das Für-sich sich selbst enthüllt, anderenfalls würde die Ganzheit Enthüllung, Enthülltes ins Unbewußte, das heißt, ins An-sich fallen. Nur ein Seiendes, das sich selbst enthüllt ist, das heißt, dem es selbst um ein Sein geht, kann somit eine Zukunft haben. Umgekehrt jedoch kann ein solches Seiendes für sich nur in der Perspektive eines Noch-nicht sein, denn es erfaßt sich selbst als ein Nichts, das heißt, als ein Sein, dessen Seinsergänzung im Abstand von sich ist. Im Abstand, das heißt, über das Sein hinaus. Und somit ist all das, was das Für-sich über das Sein hinaus ist, die Zukunft.

Was bedeutet dieses «darüber hinaus»? Um es zu erfassen, ist zu bemerken, daß die Zukunft ein wesentliches Merkmal des Für-sich hat: sie ist (zukünftige) Anwesenheit beim Sein. Und Anwesenheit dieses Für-sich *hier*, des Für-sich, dessen Zukunft sie ist. Wenn ich sage: *ich* werde glücklich sein, so ist das hier gegenwärtige Für-sich gemeint, das aktuelle «Erlebnis» mit all dem, was es *war* und hinter sich herzieht. Und es wird als Anwesenheit beim Sein glücklich sein, das heißt, als zukünftige Anwesenheit des Für-sich bei einem zugleich-zukünftigen Sein. Was mir als der Sinn des gegenwärtigen Für-sich gegeben ist, ist derart gewöhnlich das mit-zukünftige

Sein, insoweit es sich dem zukünftigen Für-sich enthüllen wird als dasjenige, bei dem das Für-sich anwesend sein wird. Denn das Für-sich ist setzendes Bewußtsein *der* Welt in der Form der Anwesenheit und nicht-setzendes Bewußtsein *von* sich. Was sich somit dem Bewußtsein gewöhnlich enthüllt, ist die *zukünftige Welt*, ohne daß es darauf achtet, daß es sich um die Welt handelt, insofern sie einem Bewußtsein erscheinen wird, um die Welt, insofern sie als zukünftig gesetzt wird durch die Anwesenheit eines zu-kommenden Für-sich. Diese Welt hat als zukünftige nur insofern Sinn, als ich in ihr gegenwärtig bin als *ein anderer*, der ich *sein werde*, in einer anderen physischen, gefühlsmäßigen, sozialen, usw. Stellung. Und doch befindet sie sich am Ende meines gegenwärtigen Für-sich und jenseits des An-sich-seins, und eben deshalb neigen wir dazu, die Zukunft zunächst wie einen Weltzustand vorzustellen und uns erst alsdann in seinem Hintergrund erscheinen zu lassen. Wenn ich schreibe, so bin ich mir *der* Worte als geschriebener und zu schreibender bewußt. Nur die Worte erscheinen als die Zukunft, die mich erwartet. Das bloße Faktum, daß sie als *zu schreibende* erscheinen, impliziert jedoch, daß Schreiben als nicht-setzendes Bewußtsein (von) sich die Möglichkeit ist, die ich bin. Als zukünftige Anwesenheit eines Für-sich bei einem Sein nimmt somit die Zukunft das An-sich-sein mit in die Zukunft. Das Sein, bei dem es anwesend sein wird, ist der Sinn des An-sich, das mit dem gegenwärtigen Für-sich mit-gegenwärtig ist, wie die Zukunft der Sinn des Für-sich ist. Die Zukunft ist Anwesenheit bei einem mit-zukünftigen Sein, weil das Für-sich nur außerhalb seiner nahe beim Sein existieren kann und weil die Zukunft ein zukünftiges Für-sich ist. Durch die Zukunft kommt somit das Zukünftige in die Welt, das heißt, das Für-sich ist sein Sinn als Anwesenheit bei einem Sein, das über das Sein hinaus ist. Durch das Für-sich wird ein Über-das-Sein-hinaus enthüllt, bei dem es das zu sein hat, was es ist. Ich muß, der berühmten Formel gemäß, «werden, was ich war», und zwar in einer selbst *geworden* Welt, geworden *auf der Grundlage von* dem, was sie ist. Das bedeutet, daß ich der Welt eigene Möglichkeiten gebe von dem Zustand aus, den ich an ihr erfasse: der Determinismus entsteht auf dem Grund des künftigenden Entwurfes meiner selbst. Und damit ist die Zukunft auch unterschieden vom Imaginären, wo ich ebenfalls bin, was ich nicht bin, und ebenso meinen Sinn in einem Sein finde, das ich zu sein habe, wo jedoch das Für-sich, das ich zu sein habe, auf dem Grund einer Nichtung der Welt auftaucht, *neben* der Welt des Seins.

Indessen ist die Zukunft nicht nur Anwesenheit des Für-sich bei einem Sein, das über das Sein hinaus liegt. Sie ist auch etwas, welches das Für-sich, das ich bin, erwartet. Dieses etwas bin ich selbst:

wenn ich sage: ich werde glücklich sein, so versteht sich, daß mein gegenwärtiges Ich, das seine Vergangenheit hinter sich herzieht, glücklich sein wird. Ich bin somit selbst die Zukunft, insofern ich mich erwarte als Anwesenheit bei einem Sein jenseits des Seins. Ich projiziere mich auf die Zukunft hin, um mich in ihr mit dem zu vereinigen, was mir fehlt, das heißt, mit dem, dessen synthetische Hinzufügung zu meiner Gegenwart mich zu dem machen würde, was ich bin. Dasjenige, was somit das Für-sich als Anwesenheit beim Sein über das Sein hinaus zu sein hat, ist seine eigene Möglichkeit. Die Zukunft ist jener ideale Punkt, wo die plötzliche und unendliche Verdichtung der Faktizität (Vergangenheit), des Für-sich (Gegenwart) und seiner Möglichkeit (Zukunft) endlich das *Sich* auftauchen ließe als Existenz an sich des Für-sich. Und der Entwurf des Für-sich auf die Zukunft hin, die es *ist*, ist ein Entwurf zum An-sich hin. In diesem Sinn hat das Für-sich seine Zukunft zu sein, da es der Grund dessen, was es ist, nur sich voraus und über das Sein hinaus sein kann: die Natur selbst des Für-sich ist, ein «stets zukünftiges Hohles» sein zu müssen. Deshalb wird es in der Gegenwart niemals *geworden* sein, was es in der Zukunft zu sein hatte. Die ganze Zukunft des gegenwärtigen Für-sich fällt als Zukunft mit diesem Für-sich selbst in die Vergangenheit. Sie wird die vergangene Zukunft eines bestimmten Für-sich oder Perfekt des Futurs sein. Diese Zukunft *verwirklicht* sich nicht. Was sich verwirklicht, ist ein von der Zukunft *gekennzeichnetes* Für-sich, das sich in Verbindung mit dieser Zukunft konstituiert. Auf dem Tennisplatz zum Beispiel hat meine Endstellung vom Hintergrund der Zukunft aus alle meine einzelnen Zwischenstellungen bestimmt, und schließlich ist sie von einer letzten Stellung eingeholt worden, die identisch ist mit dem, was sie als Sinn meiner Bewegungen in der Zukunft war. Eben dieses «Einholen» ist jedoch rein ideal, es vollzieht sich nicht wirklich: die Zukunft läßt sich nicht einholen, sondern gleitet als frühere Zukunft in die Vergangenheit, und das gegenwärtige Für-sich enthüllt sich in seiner ganzen Faktizität als Grund seines eigenen Nichts und damit als Mangel einer anderen Zukunft. Daher rührt die ontologische Enttäuschung, die das Für-sich bei jedem Ausgang in die Zukunft erwartet: «Wie schön die Republik im Kaiserreich war!» Auch wenn meine Gegenwart inhaltlich völlig identisch ist mit der Zukunft, auf die hin ich mich über das Sein hinaus entworfen habe, so ist es doch nicht *diese* Gegenwart, auf die hin ich mich entwarf, denn ich entwarf mich auf die Zukunft hin als Zukunft, das heißt, als Punkt der Vereinigung meines Seins, als Ort der Entstehung des *Sich*.

Wir sind nunmehr besser imstande, die Zukunft nach ihrem Sein zu befragen, da die Zukunft, die ich zu sein habe, einfach nur meine *Möglichkeit* ist, über das Sein hinaus beim Sein anwesend zu sein.

In diesem Sinn ist die Zukunft der Vergangenheit genau entgegengesetzt. Zwar ist die Vergangenheit in der Tat das Sein, das ich außerhalb meiner bin, aber sie ist das Sein, das ich bin ohne die Möglichkeit, es nicht zu sein. Das nannten wir: *hinter* sich seine Vergangenheit sein. Die Zukunft, die ich zu sein habe, ist hingegen in ihrem Sein von der Art, daß ich sie auch nur sein *kann:* von unten zersetzt meine Freiheit sie in ihrem Sein. Das bedeutet, daß die Zukunft den Sinn meines gegenwärtigen Für-sich als Entwurf seiner Möglichkeit konstituiert, daß sie jedoch mein künftiges Für-sich in keiner Weise vorherbestimmt, da das Für-sich stets nur sich selbst überlassen ist in der nichtenden Notwendigkeit, der Grund seines eigenen Nichts zu sein. Die Zukunft zeichnet nur den Rahmen vor, in dem das Für-sich sich halten wird als eine das Sein gegenwärtigende Flucht nach einer anderen Zukunft. Sie ist das, was ich wäre, wenn ich nicht frei wäre, und was ich nur *zu sein haben* kann, weil ich frei bin. Zur selben Zeit, in der sie am Horizont erscheint, um mir anzukündigen, was ich bin auf Grund dessen, was ich sein werde («Was machst du?» «Ich *bin* dabei, die Tapete festzumachen, das Bild an die Wand zu hängen»), kapituliert sie schon gemäß ihrer Natur einer für-sich-gegenwärtigen Zukunft, da das Für-sich, das sein wird, in der Weise sein wird, daß es sich selbst zu sein bestimmt, und da die Zukunft, sobald sie als Vorzeichnung dieses Für-sich vergangene Zukunft geworden ist, es nur noch im Namen seines Vergangenseins bedrängen kann. In einem Wort, ich bin meine Zukunft im dauernden Hinblick auf die Möglichkeit, sie nicht zu sein. Von da rührt jene Angst, die wir oben beschrieben haben, und daher kommt, daß ich die Zukunft, die ich zu sein habe und die meiner Gegenwart ihren Sinn gibt, nicht genug bin: denn ich bin ein Sein, dessen Sinn stets problematisch ist. Vergebens möchte sich das Für-sich an seine Möglichkeit ketten als an das Sein, das es außerhalb seiner ist, das es zumindest jedoch *mit Sicherheit* außerhalb seiner selbst ist: das Für-sich kann stets nur auf problematische Weise seine Zukunft sein, da es durch ein Nichts, das es ist, von ihr getrennt ist: mit einem Wort, es ist frei, und seine Freiheit ist sich selbst ihre eigene Grenze. Frei sein heißt, zum Freisein verdammt sein. Somit hat die Zukunft als Zukunft kein Sein. Sie ist nicht *an sich,* und sie ist auch nicht in der Seinsweise des Für-sich, da sie der *Sinn* des Für-sich ist. Die Zukunft ist nicht, sondern *ermöglicht sich.* Die Zukunft ist die dauernde Ermöglichung der Möglichkeiten als Sinn des gegenwärtigen Für-sich, insofern dieser Sinn problematisch ist und als solcher dem gegenwärtigen Für-sich unaufhaltbar entgleitet.

Die so beschriebene Zukunft entspricht nicht einer homogenen und chronologisch nach künftigen Augenblicken geordneten Folge. Gewiß gibt es eine Hierarchie meiner Möglichkeiten. Diese Hierarchie entspricht jedoch nicht der Ordnung der universellen Zeitlichkeit, wie diese sich auf der Grundlage der ursprünglichen Zeitlichkeit aufbaut. Ich *bin* eine Unendlichkeit von Möglichkeiten, denn der Sinn des Für-sich ist komplex und ist nicht auf eine Formel zu bringen. Jene Möglichkeit aber kann für den Sinn des gegenwärtigen Für-sich entscheidender sein als jene andere, die in der universellen Zeit näher liegt. Die Möglichkeit, um zwei Uhr einen Freund zu besuchen, den ich seit zwei Jahren nicht gesehen habe, ist beispielsweise wirklich eine Möglichkeit, die ich *bin*. Die näher liegenden Möglichkeiten aber – die Möglichkeit, ein Taxi, den Autobus, die Untergrundbahn zu nehmen oder zu Fuß zu gehen – bleiben gegenwärtig noch unbestimmt. Ich *bin* keine dieser Möglichkeiten. Derart gibt es Löcher in der Reihe meiner Möglichkeiten. Auf der Ebene der Erkenntnis werden diese Löcher gestopft durch die Bildung einer homogenen und lückenlosen Zeit – auf der Ebene des Handelns durch den Willen, das heißt, gemäß meinen Möglichkeiten durch eine rationelle und thematische Auswahl von Möglichkeiten, die *meine* Möglichkeiten nicht sind und niemals sein werden und die ich in der Weise völliger Indifferenz verwirklichen werde, um ein Mögliches *zu erreichen,* das ich bin.

II

Ontologie der Zeitlichkeit

A) *Statische Zeitlichkeit*

Unsere phänomenologische Beschreibung der drei zeitlichen Ekstasen soll uns nunmehr erlauben, die Zeitlichkeit als totale Struktur zu untersuchen, die in sich die sekundären ekstatischen Strukturen gliedert. Diese weitere Untersuchung hat jedoch von zwei verschiedenen Gesichtspunkten aus zu erfolgen.

Die Zeitlichkeit wird öfters als undefinierbar betrachtet. Jedoch räumt jedermann ein, daß sie vor allem Aufeinanderfolge ist. Und die Aufeinanderfolge kann ihrerseits als eine Ordnung definiert werden, deren Ordnungsprinzip die Beziehung vorher-nachher ist. Die zeitliche Vielfalt ist eine gemäß dem Vorher-nachher geordnete Vielfalt. Zu Beginn haben wir daher die Beschaffenheit und den Anspruch der Begriffe «vorher» und «nachher» zu betrachten. Wir sprechen hierbei von zeitlicher *Statik,* da die Ausdrücke «vorher» und «nachher» in ihrer reinen Ordnungsfunktion und unabhängig von dem eigentlichen Wechsel untersucht werden können. Jedoch ist die Zeit nicht nur eine feststehende Ordnung für eine bestimmte Vielfalt: indem wir die Zeitlichkeit genauer betrachten, konstatieren wir das *Faktum* der Aufeinanderfolge, das heißt, das Faktum, daß jenes Nachher ein Vorher *wird*, daß die Gegenwart Vergangenheit *wird* und die Zukunft vorhergehende Zukunft. Diese Tatbestände sind alsdann unter dem Titel der zeitlichen *Dynamik* zu untersuchen. Gewiß ist in der zeitlichen Dynamik das Geheimnis des statischen Aufbaus der Zeit zu suchen. Es ist jedoch vorteilhaft, die Schwierigkeiten zu teilen. In einem Sinn darf man in der Tat sagen, daß die zeitliche Statik gesondert betrachtet werden kann, und zwar als eine bestimmte formale Struktur der Zeitlichkeit – nach Kant die Zeit-*Ordnung* –, während die Dynamik dem materiellen Fluß, nach der Kantischen Terminologie, dem *Fortgang* in der Zeit entspricht. Es ist somit günstiger, diese Ordnung und diesen Fortgang nacheinander zu betrachten.

Die Ordnung «vorher-nachher» ist zunächst durch ihre Irreversibilität bestimmt. Als Aufeinanderfolge bezeichnet man eine Reihe, die so beschaffen ist, daß ihre Glieder nur nacheinander und nur in einer Richtung zu betrachten sind. Eben weil die Glieder der Reihe sich *eines nach dem anderen* enthüllen und ein jedes die anderen ausschließt, hat man jedoch in dem *Vorher* und *Nachher* Formen der Trennung erblicken wollen. In der Tat trennt mich die Zeit beispielsweise von der Erfüllung meiner Wünsche. Ich bin gezwungen, ihre Erfüllung zu erwarten, weil diese *nach* anderen Ereignissen kommt. Ohne die Aufeinanderfolge der «Nach» wäre ich *sofort*, was ich sein will, gäbe es keinen Abstand zwischen mir und mir, noch eine Trennung zwischen dem Handeln und dem Traum. Die Dichter und Romanschriftsteller haben diese trennende Kraft der Zeit besonders hervorgehoben und ebenso einen verwandten Gedanken, der übrigens in die zeitliche Dynamik gehört: daß nämlich jedes «Jetzt» dazu bestimmt ist, ein «Einstmals» zu werden. Die Zeit nagt und höhlt aus, sie trennt und entflieht. Und nur durch Trennung – indem sie den Menschen von seinem Kummer oder dem Gegenstand seines Kummers trennt – kann sie auch heilen.

«Laß die Zeit wirken», sagt der König zu Don Rodrigue. Allgemein war man immer wieder von der Notwendigkeit betroffen, daß jedes Wesen in eine unendliche Zersplitterung von *nachher*, die aufeinanderfolgen, aufgeteilt ist. Selbst die *dauerhaften* Dinge, selbst jener Tisch, der unverändert bleibt, während ich mich ändere, müssen ihr Sein in zeitlicher Zerstreuung ausbreiten und zerbrechen. Die Zeit trennt mich von mir selbst, von dem, was ich war, von dem, was ich sein will, von dem, was ich tun will, von den Dingen und anderen Menschen. Und die Zeit wird als handlicher Maßstab für Entfernungen gewählt: man ist eine halbe Stunde von jener Stadt, eine Stunde von jener anderen entfernt, man braucht drei

Tage, um jene Arbeit zu verrichten usw. Aus diesen Prämissen geht hervor, daß eine zeitliche Ansicht der Welt und des Menschen in eine Verzettelung von vorher und nachher fallen muß. Die Einheit dieses Zerfalls, das zeitliche Atom, ist nurmehr der *Augenblick*, der *vor* bestimmten und *nach* anderen Augenblicken steht, ohne im Innern seiner eigenen Form ein Vorher und Nachher zu haben. Der Augenblick ist unteilbar und unzeitlich, da die Zeitlichkeit Aufeinanderfolge ist; aber die Welt zerfällt derart in eine unendliche Masse von Augenblicken, und für Descartes zum Beispiel entsteht das Problem, *wie* es noch einen Übergang von einem Augenblick zum anderen geben kann; denn die Augenblicke stehen hier nebeneinander, das heißt, durch *nichts* voneinander getrennt und doch ohne jede Verbindung miteinander. Ähnlich fragt sich Proust, wie sein Ich von einem Augenblick in den anderen gelangen kann, wieso er zum Beispiel nach seiner Nachtruhe noch das Ich des Vortages wiederfindet an Stelle irgendeines anderen; und nachdem die Empiristen desgleichen einmal den Fortbestand des Ich verneint haben, versuchen sie in der Folge vergeblich, quer durch die Augenblicke des psychischen Lebens noch den Anschein einer durchschnittlichen Einheit herzustellen. Betrachtet man die trennende Kraft der Zeitlichkeit abgesondert, so muß man auch eingestehen, daß das Faktum, in einem gegebenen Augenblick existiert zu haben, nicht auch das Recht gibt, noch im nächsten Augenblick zu existieren, ja, nicht einmal eine Hypothek oder ein Vorkaufsrecht für die Zukunft. Und das Problem ist alsdann, zu erklären, daß es überhaupt eine Welt gibt, das heißt, in sich verbundene Veränderung und Fortdauer in der Zeit.

Die Zeitlichkeit ist indessen nicht nur und nicht zunächst Trennung. Um das einzusehen, braucht man nur die Begriffe *vorher* und *nachher* genauer zu betrachten. Wir sagen: A ist *nach* B. Wir haben damit ausdrücklich die Beziehung einer *Ordnung* zwischen A und B festgestellt, womit zugleich ihre Vereinigung innerhalb dieser Ordnung vorausgesetzt ist. Gäbe es zwischen A und B überhaupt nur diese Beziehung, so wäre ihre Verbindung doch genügend gesichert, da sie dem Denken gestattet, vom einen zum anderen zu gehen und beide in einem Urteil über ihre Aufeinanderfolge zu einen. Ist die Zeit somit Trennung, so handelt es sich um eine Trennung besonderer Art: eine Abgrenzung, die verbindet. Zugegeben, wird man sagen, aber diese vereinende Beziehung ist recht eigentlich eine äußerliche. Als die Assoziationisten zu beweisen suchten, daß die psychischen Eindrücke nur durch rein äußerliche Verbindungen festgehalten würden, haben sie damals nicht alle assoziativen Verbindungen eben auf diese Beziehung Vorher-nachher zurückgeführt, die sie als ein bloßes «Angrenzen» verstanden?

Gewiß. Hat jedoch Kant nicht gezeigt, daß es eine Einheit der Erfahrung geben muß und damit eine Vereinigung des zeitlich Verschiedenen, damit überhaupt die geringste Verbindung empirischer Assoziation denkbar ist? Betrachten wir aber die Assoziationstheorie genauer. Sie stützt sich auf eine monistische Auffassung des Seins, das stets als An-sich-sein verstanden wird. Jeder psychische Eindruck ist daher gleichfalls an sich selbst, was er ist, er ist in seiner gegenwärtigen Fülle isoliert, er trägt keine Spur der Zukunft oder eines Mangels. Als Hume seine berühmte Herausforderung ergehen ließ, war er darum bemüht, das Gesetz aufzustellen, das er der Erfahrung zu entnehmen behauptete: man kann einen starken oder schwachen Eindruck betrachten, wie man will, man wird in ihm niemals etwas anderes finden als ihn selbst, so daß jede Verbindung eines Vorhergehenden mit einem Nachfolgenden, mag sie auch noch so beständig sein, unverständlich bleibt. Nehmen wir also einen wie ein an-sich-Seiendes existierenden zeitlichen Inhalt A an und einen zeitlichen Inhalt B, der nach dem ersten existiert und auf gleiche Weise, das heißt, in der Selbstzugehörigkeit der Identität. Zunächst ist zu bemerken, daß diese Identität mit sich sie beide zwingt, ohne jede Trennung von sich zu existieren, wäre sie auch zeitlich, in der Ewigkeit somit oder im Augenblick, was auf dasselbe hinausläuft, da der Augenblick, der innerlich nicht durch die Verbindung Vorher-nachher bestimmt ist, unzeitlich ist. Die Frage ist, wie unter diesen Bedingungen der Zustand A *vorzeitig* zum Zustand B sein kann. Es wäre zwecklos, antworten zu wollen, daß nicht die *Zustände* vorzeitig oder nachzeitig sind, sondern die *Augenblicke*, die sie enthalten: denn die Augenblicke sind wie die Zustände der Annahme gemäß *an sich*. Nun setzt die Vorzeitigkeit von A vor B in der Natur von A selbst (als Augenblick oder Zustand) eine Unvollständigkeit voraus, die nach B zielt. Ist A vorzeitig zu B, so kann A diese Bestimmung nur *in B* erhalten. Anderenfalls kann weder das Auftauchen noch die Vernichtung des in seinen Augenblick eingeschlossenen B dem ebenso in den seinen eingeschlossenen A die mindeste besondere Bestimmtheit verleihen. In einem Wort, wenn A vorzeitig zu B sein soll, so muß es in seinem Sein selbst *in B* als in seinem Zukünftigen sein. Und umgekehrt, wenn B nachzeitig zu A sein soll, so muß es hinter sich in A hängen, das ihm seinen Sinn der Nachzeitigkeit verleihen wird. Gestehen wir also A und B das An-sich-sein a priori zu, dann ist es unmöglich, zwischen ihnen die geringste Beziehung der Aufeinanderfolge herzustellen. Diese Verbindung wäre in der Tat nur eine rein äußerliche Beziehung, und als solche bliebe sie, wie man einräumen muß, in der Luft hängen, ohne jedes Substrat, ohne A und B irgendwie greifen zu können, in einer Art unzeitlichem Nichts.

Es bleibt die Möglichkeit, daß die Beziehung Vorher-nachher nur für einen Zeugen existiert, der sie herstellt. Indessen wenn dieser Zeuge *zugleich* in A und B sein kann, so ist er selbst zeitlich, und damit stellt sich die Frage erneut für ihn selbst. Oder er kann hingegen die Zeit transzendieren durch eine Art zeitlicher Allgegenwart, die der Unzeitlichkeit gleichkommt. Bei dieser Lösung sind Descartes und Kant gleicherweise stehengeblieben: die zeitliche Einheit, inmitten derer die synthetische Beziehung Vorher-nachher sich enthüllt, wird ihrer Meinung nach der Vielfalt der Augenblicke von einem Wesen verliehen, das selbst der Zeitlichkeit nicht unterworfen ist. Sie gehen beide von der Voraussetzung einer Zeit aus, die Form der Teilung sein soll und die sich selbst in reine Mannigfaltigkeit auflöst. Da die Einheit der Zeit nicht von der Zeit selbst hergestellt werden kann, beauftragen sie damit ein außerzeitliches Wesen: Gott und seine fortdauernde Schöpfung bei Descartes, das «Ich denke» und die Formen seiner synthetischen Einheit bei Kant. Nur wird bei dem ersten die Zeit geeint durch ihren materiellen Inhalt, der durch eine dauernde creatio ex nihilo im Sein gehalten wird, während bei dem zweiten die reinen Vernunftbegriffe der Form der Zeit selbst entsprechen. In beiden Fällen ist ein *Unzeitliches* (Gott oder das ‹Ich denke›) damit beauftragt, *Unzeitlichem* (den Augenblicken) seine Zeitlichkeit zu verleihen. Die Zeitlichkeit wird zu einer bloß äußerlichen und abstrakten Beziehung zwischen unzeitlichen Substanzen; und man sucht sie ganz aus a-zeitlichen Materialien zu rekonstruieren. Es ist klar, daß eine solche Rekonstruktion, die zunächst gegen die Zeit versucht wird, anschließend nicht mehr zu dem Zeitlichen hinführen kann. Entweder verzeitlichen wir implizit und heimlich das Unzeitliche, oder aber, falls wir gewissenhaft seine Unzeitlichkeit wahren, wird die Zeit eine bloße menschliche Illusion, ein Traum. Wenn die Zeit *wirklich* ist, muß Gott in der Tat «darauf warten, daß der Zucker sich auflöst»; dann muß er dort unten in der Zukunft und gestern in der Vergangenheit sein, um die Verbindung der Augenblicke zu bewerkstelligen, denn er muß dann die Augenblicke dort nehmen, wo sie sind. Seine Pseudo-Unzeitlichkeit verdeckt somit andere Begriffe, wie den der zeitlichen Unendlichkeit und den der zeitlichen Allgegenwart. Diese haben jedoch einen Sinn wiederum nur für eine synthetische Form der Selbstentäußerung, die keineswegs mehr dem An-sich-sein entspricht. Stützt man hingegen zum Beispiel die Allwissenheit Gottes auf seine Außerzeitlichkeit, so braucht er nicht mehr darauf zu warten, daß der Zucker sich auflöst, um zu *sehen*, daß er es tut. Die Notwendigkeit zu warten und folglich auch die Zeitlichkeit stellen in diesem Fall aber nurmehr eine Illusion dar, die aus der menschlichen Endlichkeit resultiert, und die zeitliche Ordnung ist dann nichts weiter als die getrübte Wahrnehmung einer logischen und ewigen Ordnung. Das gleiche Argument ist gegen Kants «Ich denke» vorzubringen. Umsonst würde man einwenden wollen, daß bei Kant die Zeit als solche eine Einheit hat, da sie als apriorische Form aus dem Unzeitlichen entspringt; denn es handelt sich weniger darum, die totale Einheit ihres Erscheinens zu erklären, als vielmehr darum, einen Begriff von den zwischenzeitlichen Verbindungen des Vorher und des Nachher zu gewinnen. Kann man von einer virtuellen Zeitlichkeit sprechen, welche die Vereinheitlichung zur aktuellen übergehen läßt? Eine solche virtuelle Aufeinanderfolge wäre jedoch noch weniger verständlich als die wirkliche Aufeinanderfolge, von der soeben die Rede war. Was wäre aber eine Aufeinanderfolge, die erst auf ihre Vereinigung warten müßte, um Aufeinanderfolge zu sein? Zu wem und zu was würde sie gehören? Ist sie aber nicht schon irgendwo gegeben, wie könnte das Unzeitliche sie dennoch absondern, ohne seine Unzeitlichkeit zu verlieren? Und wie könnte sie überhaupt von ihm ausgehen, ohne es zu zerbrechen? Im übrigen ist die Vorstellung einer Vereinigung hier selber völlig unverständlich. Wir hatten zwei An-sich angenommen, die beide an ihrem Ort und zu ihrer Zeit isoliert sind. Wie soll man diese miteinander vereinigen? Und würde es sich überhaupt um eine *wirkliche* Vereinigung handeln? Entweder lassen wir uns in diesem Fall mit bloßen Worten abspeisen – und die Vereinigung betrifft die beiden in ihre Identität und Ganzheit eingeschlossenen An-sich überhaupt nicht –, oder wir haben eine Einheit neuer Art herzustellen, nämlich die ek-statische Einheit: jeder dieser Zustände wäre dann außerhalb seiner selbst, dort unten, um *vor* oder *nach* dem anderen zu sein. Nur haben wir dann ihr Sein zerbrechen müssen, es entdichten, mit einem Wort, wir haben ihr Sein zu verzeitlichen und nicht nur beide einander anzunähern. Wie soll aber die unzeitliche Einheit des «Ich denke» als bloße Denkfähigkeit eine solche Seinsentdichtung vollziehen können? Sollen wir annehmen, die Vereinigung sei *virtuell*, das heißt, durch die Eindrücke hindurch werde der Typus einer Einheit projiziert, der dem Husserlschen Noema ziemlich ähnlich wäre? Aber wie kann ein Unzeitliches, das Unzeitliche miteinander vereinigen soll, eine Vereinigung in der Art der Aufeinanderfolge überhaupt ersinnen? Ist aber, wie man dann einräumen muß, das *esse* der Zeit ein *percipi*, auf welche Weise wird dann das *percipitur* gebildet? Mit einem Wort, wie soll ein Seiendes a-zeitlicher Struktur irgendwelche in ihrer Unzeitlichkeit isolierten An-sich als zeitliche wahrnehmen (oder als solche intentionalisieren)? Insofern die Zeitlichkeit sowohl Form der Trennung wie Form der Synthese ist, läßt sie sich somit weder von einem Unzeitlichen ableiten, noch *von außen* unzeitlich-Seiendem aufzwingen.

Im Gegensatz zu Descartes hat Leibniz und im Gegensatz zu Kant hat Bergson in der Zeitlichkeit eine bloße Beziehung der Immanenz und der Kohäsion erblicken wollen. Das Problem des Übergangs von einem Augenblick zum anderen und seine Auflösung, die andauernde Schöpfung, betrachtete Leibniz als ein Scheinproblem mit einer überflüssigen Lösung: nach ihm hat Descartes die *Kontinuität* der Zeit übersehen. Wenn man die Kontinuität der Zeit berücksichtige, so könne man sie nicht mehr als aus Augenblicken zusammengesetzt betrachten; und gäbe es den Augenblick nicht mehr, so gebe es auch zwischen den Augenblicken nicht mehr die Beziehung Vorher-nachher. Die Zeit ist hier eine weite Kontinuität des Verfließens, der man keinerlei erste und an-sich existierende Elemente zuschreiben darf.

Derart übersieht man wiederum, daß das Vorher-nachher auch eine Form der Trennung ist. Wenn nun die Zeit eine *gegebene* Kontinuität mit einer unleugbaren Tendenz zur Trennung ist, so läßt sich die Frage Descartes' auf andere Weise stellen: woher kommt der Kontinuität die Kraft zur Kohäsion? Gewiß gibt es in einem Kontinuierlichen keine nebeneinander bestehenden ersten Elemente. Aber nur, weil es *zunächst* Vereinigung ist. Weil ich die Gerade ziehe, wie Kant sagt, ist die in der Einheit eines Aktes verwirklichte Gerade etwas anderes als ein unendliches Punktieren. Wer *zieht* aber die Zeit? Das heißt, die Kontinuität ist ein *Faktum*, das zu erklären ist, und noch keine Lösung. Man erinnere sich nur an die bekannte Definition Poincarés; er sagt: eine Reihe a, b, c ist kontinuierlich, wenn man sie schreiben kann: $a = b, b = c, a \div c$. Diese Definition ist hervorragend, weil sie uns eben einen bestimmten Seinstypus ahnen läßt, der ist, was er nicht ist, und der nicht ist, was er ist: auf Grund eines Axioms, $a = c$; und auf Grund der Kontinuität selbst, $a \div c$. Derart ist a und ist zugleich nicht gleichwertig mit c. Und b, das gleich a und gleich c ist, ist sich selbst ungleich, insofern a nicht gleich c ist. Diese geistreiche Definition bleibt jedoch ein bloßes Gedankenspiel, solange wir sie in der Perspektive des An-sich betrachten. Und wenn sie uns auch einen Seinstypus liefert, der zu gleicher Zeit ist und nicht ist, so liefert sie uns doch nicht dessen Prinzipien und seinen Grund. Alles muß erst noch getan werden. Man begreift wohl, welche Dienste uns bei der Untersuchung der Zeitlichkeit die Kontinuität leisten kann, da sie es uns erlaubt, zwischen den Augenblick a und den Augenblick c, mögen sie auch noch so nahe beieinander liegen, das Zwischenglied b zu schieben, welches, nach der Formel $a = b, b = c, a \div c$, ununterscheidbar von a und ebenso ununterscheidbar von c sein soll, die beide völlig unterscheidbar voneinander sind. Dieses Zwischenglied wird die Beziehung Vorher-nachher verwirklichen, es wird sich selbst vorher sein, insofern es von a und c ununterscheidbar ist. Das läßt sich hören! Aber wie kann ein solches Wesen existieren? Woher kommt ihm seine ek-statische Natur? Wieso gelangt die Spaltung, die sich in ihm abzeichnet, nicht zur Vollendung, wieso zerspringt es nicht in zwei Teile, von denen das eine sich mit a, das andere mit c verbinden würde? Und wie sollte man nicht sehen, daß seine Einheit ein Problem ist? Eine genauere Untersuchung der Bedingungen der Möglichkeit eines solchen Seins hätte uns vielleicht gelehrt, daß allein das Für-sich auf diese Art in der ek-statischen Einheit seiner selbst existieren kann. Diese Untersuchung ist jedoch niemals unternommen worden, und die zeitliche Kohäsion verbirgt bei Leibniz im Grunde nur die Kohäsion in der absoluten Immanenz des Logischen, das heißt, die Identität. Eben wenn die zeitliche Ordnung jedoch kontinuierlich ist, kann sie nicht Symbol für die Ordnung der Identität sein, da das Kontinuierliche mit der Identität nicht vereinbar ist.

Ähnlich scheint Bergson bei seiner Dauer, die melodische Organisation und Mannigfaltigkeit durch wechselseitige Durchdringung ist, nicht gesehen zu haben, daß die Organisation einer Mannigfaltigkeit einen ordnenden Akt voraussetzt. Er hat Descartes gegenüber Recht, wenn er den *Augenblick* abschafft; aber Kant hat gegen ihn Recht mit der Behauptung, daß keine Synthese *gegeben* sein kann. Bergsons Vergangenheit, die der Gegenwart anhängt und sie sogar durchdringt, ist nicht viel mehr als eine rhetorische Figur. Das beweisen schon die Schwierigkeiten, denen Bergson selbst in seiner Theorie des Gedächtnisses begegnet ist. Ist nämlich die Vergangenheit, wie er behauptet, das Unwirksame, so kann sie nur dort hinten bleiben, aber nicht zurückkehren, um die Gegenwart in der Form der Erinnerung zu durchdringen, es sei denn, daß ein gegenwärtiges Wesen die Aufgabe übernommen habe, außerdem ek-statisch in der Vergangenheit zu existieren. Gewiß meint Bergson, daß das gleiche Seiende dauern soll. Aber damit ist unser Bedürfnis nach ontologischen Erhellungen nur verstärkt. Denn bei ihm wissen wir schließlich nicht, ob nun das Sein Dauer hat oder ob die Dauer das Sein ist. Und wenn die Dauer das Sein *ist*, so hat man uns immer noch zu sagen, welche ontologische Struktur die Dauer hat; soll hingegen das Sein Dauer haben, so hat man uns zu zeigen, was ihm in seinem Sein zu dauern erlaubt.

Welche Folgerung dürfen wir aus dieser Erörterung ziehen? Zunächst: die Zeitlichkeit ist eine auflösende Kraft, aber innerhalb eines einigenden Aktes, sie ist weniger eine reale Mannigfaltigkeit – die nachträglich keine Einheit mehr erhalten könnte und daher eigentlich auch nicht als Mannigfaltigkeit existieren würde – als vielmehr eine Quasi-Mannigfaltigkeit, der Umriß einer Auflösung innerhalb einer Einheit. Man versucht besser gar nicht, den einen oder anderen dieser beiden Aspekte gesondert zu betrachten: setzt man zunächst die zeitliche Einheit, so läuft man Gefahr, die irreversible Aufeinanderfolge als den *Sinn* dieser Einheit nicht mehr zu verstehen; betrachtet man die zersetzende Aufeinanderfolge als das ursprüngliche Wesen der Zeit, so läuft man Gefahr, überhaupt nicht mehr zu verstehen, daß es *eine* Zeit gibt. Hat also weder die Einheit ein Vorrecht gegenüber der Mannigfaltigkeit noch die Mannigfaltigkeit gegenüber der Einheit, so ist die Zeitlichkeit zu betrachten als eine Einheit, die *sich* vervielfältigt, das heißt, daß die Zeitlichkeit nur eine Seinsbeziehung innerhalb desselben Seins darstellen kann. Wir können sie nicht wie einen Behälter ansehen, dessen Sein *gegeben* wäre, denn damit verzichteten wir für immer darauf, zu verstehen, wieso dieses An-sich-Seiende sich in Mannigfaltigkeit zersplittern kann oder wie das An-sich der minimalen Behälter oder Augenblicke sich zur Einheit *einer* Zeit vereinigen kann. Die Zeitlichkeit *ist* nicht. Nur ein Seiendes von bestimmter Seinsstruktur kann in der Einheit seines Seins zeitlich sein. Vorher und Nachher sind, wie wir angemerkt haben, nur als innere Beziehung verständlich. Das Vorher läßt sich dort unten im Nachher als Vorher bestimmen und umgekehrt. In einem Wort, das Vorher ist nur verständlich, wenn es das Sein ist, das sich selbst *voraus* ist. Das heißt, die Zeitlichkeit kann nur den Seinsmodus eines Seins bezeichnen, das es selbst außerhalb seiner ist. Die Zeitlichkeit muß die Struktur der Selbstheit haben. Nur weil in der Tat das Sich in seinem Sein sich selbst dort unten außerhalb seiner ist, kann es vor oder nach sich sein und kann es allgemein ein Vorher und Nachher geben. Es gibt Zeitlichkeit nur als Innenstruktur eines Seins, das sein Sein zu sein hat, das heißt, als Innenstruktur des Für-sich. Das heißt nicht, daß das Für-sich einen ontologischen Vorrang vor der Zeitlichkeit hätte. Jedoch ist die Zeitlichkeit das Sein des Für-sich, insofern es sein Sein ek-statisch zu sein hat. Die Zeitlichkeit ist nicht, sondern das Für-sich verzeitlicht sich, indem es existiert.

Unsere phänomenologische Untersuchung der Vergangenheit, Gegenwart und Zukunft erlaubt uns, auch umgekehrt zu zeigen, daß das Für-sich überhaupt nur in zeitlicher Form sein kann.

Indem das Für-sich im Sein als Nichtung des An-sich auftaucht, konstituiert es sich zugleich in allen möglichen Dimensionen der Nichtung. Von welcher Seite man es auch betrachten mag, es ist das Sein, das nur mit einem Faden an sich selbst hängt, genauer noch dasjenige, das, indem es ist, alle möglichen Dimensionen seiner Nichtung zur Existenz bringt. In der Alten Welt bezeichnete man die Zerstreuung des jüdischen Volkes und seinen tiefen Zusammenhalt mit dem Namen der «Diaspora». Dieses Wort soll uns dazu dienen, die Seinsweise des Für-sich zu bezeichnen: es ist diasporisch. Das

An-sich-sein hat nur eine Seinsdimension; die Erscheinung des Nichts als desjenigen, das im Herzen des Seins *gewesen wird*, kompliziert jedoch die existentielle Struktur, indem sie die ontologische Fata morgana des Sich auftauchen läßt. Wir werden später sehen, daß die Reflexion, die Transzendenz und das In-der-Welt-sein, sowie das Für-andere-sein, verschiedene Dimensionen der Nichtung darstellen oder, wenn man so will, verschiedene ursprüngliche Beziehungen des Seins zu sich. Das Nichts bringt somit die Quasi-Mannigfaltigkeit in das Sein hinein. Diese Quasi-Mannigfaltigkeit ist die Grundlage aller innerweltlichen Mannigfaltigkeiten, da eine Mannigfaltigkeit eine erste Einheit voraussetzt, innerhalb derer die Mannigfaltigkeit sich abzeichnet. In diesem Sinn können wir die Behauptung Meyersons nicht gelten lassen, daß es einen Skandal der Verschiedenheit gäbe, für den das Wirkliche die Verantwortung trüge. Das An-sich ist nicht verschieden, ist nicht Mannigfaltigkeit, und wenn es die Mannigfaltigkeit als Wesenszug seines In-der-Welt-seins erhält, so bedarf es dazu des Auftauchens eines Seins, das bei jedem in seine Identität eingeschlossenen An-sich zugleich anwesend ist. Durch die menschliche Wirklichkeit gelangt die Mannigfaltigkeit in die Welt, und die Quasi-Mannigfaltigkeit im Inneren des Für-sich-seins bewirkt, daß die Zahl sich in der Welt enthüllt. Welches ist jedoch der Sinn dieser mannigfaltigen oder quasi-mannigfaltigen Dimensionen des Für-sich? Sie sind seine verschiedenartigen Beziehungen zu seinem Sein. Ist man einfach das, was man ist, so gibt es nur eine Art, sein Sein zu sein. In dem Augenblick aber, indem man sein Sein nicht mehr ist, entstehen gleichzeitig verschiedene Arten, es zu sein, indem man es nicht ist. Betrachten wir nur die ersten Ekstasen – jene, die den ursprünglichen Sinn der Nichtung ausdrükken und zugleich die *geringste* Nichtung darstellen –, so kann und muß das Für-sich zugleich 1. nicht sein, was es ist, 2. sein, was es nicht ist, 3. in der Einheit einer dauernden Rückverweisung sein, was es nicht ist, und nicht sein, was es ist. Es handelt sich dabei in der Tat um drei ek-statische Dimensionen, da der Sinn der Ek-stase die Distanz zu sich ist. Es ist unmöglich, ein Bewußtsein vorzustellen, das nicht in diesen drei Dimensionen existierte. Und wenn das Cogito auch eine von ihnen zuerst entdeckt, so heißt das nicht, daß diese ursprünglicher sei, sondern nur, daß sie sich leichter enthüllen läßt. In sich selbst ist sie jedoch «unselbständig» und läßt sofort auch die anderen Dimensionen erblicken. Das Für-sich ist ein Sein, das zugleich in allen seinen Dimensionen existieren muß. Die als Distanz zu sich begriffene *Distanz* ist hier nichts Wirkliches, nichts, das allgemein gesprochen wie ein An-sich *ist*: sie ist einfach nichts, jenes Nichts, das als Trennung «*gewesen wird*». Jede Dimension ist eine Art, sich vergeblich auf das Sich hin zu projizieren, das, was man ist, jenseits eines Nichts zu sein, eine verschiedene Weise, jene Abschwächung des Seins, jene Seinsenttäuschung zu sein, die das Für-sich zu sein hat. Betrachten wir sie einzeln.

In der ersten hat das Für-sich sein Sein hinter sich zu sein als dasjenige, was es ist, ohne dessen Grund zu sein. Sein Sein ist da, nahe an ihm, aber ein Nichts trennt es davon, das Nichts der Faktizität. Als Grund seines Nichts – und als solches notwendig – ist das Für-sich von seiner ursprünglichen Kontingenz insofern getrennt, als es sie weder aufheben noch sich in ihr begründen kann. Es ist für sich selbst, aber in der Weise des Unabänderlichen und Unmotivierten. Sein Sein ist für es, aber es ist nicht für dieses Sein, denn eben diese Wechselseitigkeit des Reflektierenden-Reflektierten ließe die ursprüngliche Kontingenz dessen, was *ist*, verschwinden. Eben weil das Für-sich sich in der Form eines Seins erfaßt, ist es in Distanz wie das Spiel eines Reflektierenden-Reflektierten, das sich ins An-sich geschlichen hat und in dem nicht mehr der Reflex das Reflektierende existieren läßt und ebensowenig das Reflektierende den Reflex. Das Sein, welches das Für-sich zu sein hat, ist daher wie etwas gegeben, auf das man nicht mehr zurückzukommen braucht, eben weil das Für-sich es nicht in der Art des Reflektierenden-Reflektierten begründen kann, sondern nur insofern es die Verbindung dieses Seins zu ihm selbst begründet. Das Für-sich gründet nicht das Sein dieses Seins, sondern nur das Faktum, daß dieses Sein *gegeben* sein kann. Dabei handelt es sich um eine unbedingte Notwendigkeit: welches auch immer das betrachtete Für-sich sei, es *ist* in einem bestimmten Sinne, es ist, da man es bezeichnen und gewisse Eigenschaften von ihm behaupten oder verneinen kann. Insofern es aber Für-sich ist, ist es niemals, was es ist. Was es ist, ist hinter ihm, als das dauernd *Überholte*. Eben diese überschrittene Faktizität nennen wir Vergangenheit. Die Vergangenheit ist somit eine notwendige Struktur des Für-sich, denn das Für-sich kann nur als nichtendes Überschreiten existieren, und dieses Überschreiten impliziert ein Überholtes. In welchem Augenblick wir auch ein Für-sich betrachten, wir können es unmöglich jemals erfassen als eine Vergangenheit noch-nicht-habend. Man darf nicht glauben, daß das Für-sich zunächst existiert und mit der absoluten Neuigkeit eines Seins ohne Vergangenheit in der Welt auftaucht, um sich dann erst allmählich eine Vergangenheit zu bilden. Wie auch immer das Auftauchen des Für-sich in der Welt geschehe, es kommt stets in der ek-statischen Einheit einer Beziehung zu seiner Vergangenheit in die Welt; es gibt keinen absoluten Anfang, der zur Vergangenheit würde, ohne selbst eine Vergangenheit zu haben, sondern, da das Für-sich als solches seine Vergangenheit zu sein hat, so kommt es auch nur *mit* einer Vergangenheit in die Welt. Diese wenigen Bemerkungen genügen auch, um das Problem der Geburt in etwas anderem Licht zu betrachten. Es erscheint in der Tat ärgerlich, daß das Bewußtsein zu einem bestimmten Zeitpunkt «erscheinen» soll, daß es plötzlich das Embryo «bewohnt», kurz, daß es einen Augenblick gibt, in dem das sich bildende Lebewesen ohne Bewußtsein ist, und einen anderen, in dem ein vergangenheitsloses Bewußtsein sich in es einschließt. Aber dieses Ärgernis schwindet, sobald klar wird, daß es kein Bewußtsein ohne Vergangenheit geben kann. Das bedeutet wiederum nicht, daß jedes Bewußtsein ein früheres, nur im An-sich erstarrtes Bewußtsein voraussetzen würde. Diese Beziehung des gegenwärtigen Für-sich zu dem An-sich *gewordenen* Für-sich verbirgt uns die ursprüngliche Beziehung der Vergänglichkeit, die eine Beziehung des Für-sich zu dem reinen An-sich ist. In der Tat taucht das Für-sich als Nichtung des An-sich in der Welt auf, und durch dieses absolute Ereignis stellt sich die Vergangenheit als solche her als ursprüngliche und nichtende Beziehung des Für-sich zum An-sich. Was ursprünglich das Sein des Für-sich konstituiert, ist diese Beziehung zu einem Sein, das *nicht* Bewußtsein *ist*, das in der vollkommenen Nacht der Identität existiert und das zu sein dennoch das Für-sich gezwungen ist, außerhalb seiner selbst, hinter sich. Mit diesem Sein, auf das man das Für-sich in keiner Weise *zurückführen* kann, und in Beziehung zu dem es eine absolute Neuigkeit darstellt, fühlt das Für-sich eine tiefe Seinsverbundenheit, die durch das Wort *vorher* bezeichnet wird: das An-sich ist das, was das Für-sich *vorher* war. In diesem Sinn versteht man sehr wohl, daß unsere Vergangenheit uns nicht als durch einen klaren Strich begrenzt und ohne Nähte erscheint – wie es sein würde, falls das Bewußtsein in der Welt entspringen könnte, *bevor* es eine Vergangenheit hat –, sondern daß es sich hingegen in einem zunehmenden Dunkel verliert bis hin zu jener Finsternis, die *wir* dennoch *selbst* sind; man versteht somit den ontologischen Sinn jener anstößigen Verbundenheit mit dem Foetus, die wir weder verleugnen, noch begreifen können. Denn dieser Foetus *war* schließlich ich, er stellt die faktische Grenze meines Gedächtnisses dar, aber nicht die rechtliche Grenze meiner Vergangenheit. Es gibt ein metaphysisches Problem der Geburt, insoweit es mich bekümmern kann, daß *ich* aus *einem solchen* Embryo geboren wurde; und dieses Problem ist vielleicht unauflöslich. Jedoch liegt hier kein ontologisches Problem vor: wir brauchen uns nicht zu fragen, wieso es eine Geburt des Bewußtseins gibt, denn das Bewußtsein kann sich selbst nur als Nichtung des An-sich erscheinen, das heißt, als *schon geboren.* Als ek-statische Seinsbeziehung zum An-sich, das sie nicht ist, und apriorische Konstitution der Vergänglichkeit ist die Geburt ein Seinsgesetz des Für-sich. Für-sich-sein ist *geboren sein.* Es geht jedoch nicht an, nachträglich *me-*

taphysische Fragen nach dem An-sich, aus dem das Für-sich geboren wurde, zu stellen, wie etwa: «Inwiefern gab es ein An-sich *vor* der Geburt des Für-sich, wieso ist das Für-sich gerade aus *diesem* An-sich und keinem anderen geboren, usw.» Alle derartigen Fragen berücksichtigen nicht, daß die Vergangenheit im allgemeinen erst durch das Für-sich existieren kann. Wenn es ein *Vorher* gibt, so nur deshalb, weil das Für-sich in der Welt aufgetaucht ist, und nur vom Für-sich ausgehend, läßt sich ein Vorher bezeichnen. In dem Maße, wie das An-sich ein dem Für-sich gleichzeitiges Faktum ist, erscheint eine *Welt* an Stelle der Abgesondertheiten des An-sich. Und in dieser Welt ist es möglich, Bezeichnungen zu vollziehen und zu sagen: *dieser* Gegenstand hier, *jener* Gegenstand dort. Insofern das Für-sich durch sein Auftauchen im Sein eine Welt von gleichzeitig-Seiendem existieren läßt, läßt es somit auch sein «Vorher» als gleichzeitig seiend zum An-sich in einer Welt erscheinen oder, anders gesagt, in einem vergangenen Weltzustand. In einem Sinn erscheint somit das Für-sich als *aus der* Welt geboren, denn das An-sich, aus dem es geboren ist, ist inmitten der Welt als vergangenes Gleichzeitiges unter anderem vergangenen Gleichzeitigen: das Für-sich, das vorher nicht war und geboren wurde, taucht auf in der Welt und auf Grund der Welt. In einem anderen Sinne bewirkt jedoch das Für-sich, daß es allgemein ein Vorher gibt und in diesem Vorher gleichzeitig Seiende, die in der Einheit der vergangenen Welt geeint sind, derart daß man das eine oder andere von ihnen *bezeichnen* kann und sagen: *dieser* Gegenstand. Es gibt nicht *zunächst* eine universelle Zeit, in der plötzlich ein Für-sich ohne jede Vergangenheit auftauchen würde. Auf Grund der *Geburt* als ursprüngliches und apriorisches Seinsgesetz des Für-sich enthüllt sich vielmehr eine Welt mit einer universellen Zeit, in der man den Augenblick bezeichnen kann, zu dem das Für-sich noch nicht war, den Augenblick, als es erschien, die Seienden, *aus denen* es nicht geboren ist, und das Sein, *aus dem* es geboren wurde. Die Geburt ist das Auftauchen der absoluten Beziehung der Vergänglichkeit als ekstatisches Sein des Für-sich im An-sich. Durch sie erscheint eine Weltvergangenheit. Wir kommen darauf zurück. Für jetzt möge es genügen, nur zu bemerken, daß das Bewußtsein oder Für-sich ein Seiendes ist, das zum Sein kommt jenseits eines nicht rückgängig zu machenden Geschehens, und daß dieses Geschehen, insofern es hinter dem Für-sich inmitten der Welt ist, die Vergangenheit ist. Als nicht wieder gutzumachendes Sein, das ich zu sein habe ohne jede Möglichkeit, es nicht zu sein, geht die Vergangenheit nicht in die «reflektiert-reflektierende» Einheit des «Erlebnisses» ein: sie ist draußen. Dennoch ist sie auch nicht wie dasjenige, *das* bewußt wird, in dem Sinn wie etwa der Stuhl in der Wahrnehmung bewußt wird. Bei der Wahrnehmung des Stuhls gibt es eine Thesis, das heißt, Erfassung und Behauptung des Stuhls als eines An-sich, das das Bewußtsein nicht ist. Was das Bewußtsein in der Weise des Für-sich-seins zu sein hat, ist das Nicht-Stuhl-sein. Sein «Nicht-Stuhl-sein» ist nämlich, wie wir sehen werden, in der Bewußtseinsform (des) Nicht-seins, das heißt, Erscheinung, nicht zu sein, für einen Zeugen, der nur da ist, um dieses Nicht-sein zu bezeugen. Die Verneinung ist also ausdrücklich, und sie bildet die Seinsbeziehung zwischen dem wahrgenommenen Gegenstand und dem Für-sich. Das Für-sich ist nichts weiter als dieses durchsichtige Nichts, das Verneinung des wahrgenommenen Gegenstandes ist. Obwohl aber auch die Vergangenheit *draußen* ist, ist hier die Beziehung nicht von gleicher Art, da das Für-sich sich als die Vergangenheit seiend darstellt. Daher kann es keine *Thesis* der Vergangenheit geben, denn gesetzt wird nur, was man nicht ist. Bei der Wahrnehmung eines Gegenstandes übernimmt sich das Für-sich als dieser Gegenstand nicht seiend, während es sich bei der Enthüllung der Vergangenheit übernimmt als die Vergangenheit *seiend* und von ihr nur durch seine Natur des Für-sich, das nichts sein kann, getrennt ist. Somit gibt es keine *Thesis* der Vergangenheit, und dennoch ist die Vergangenheit dem Für-sich nicht immanent. Sie sucht das Für-sich in eben dem Augenblick heim, in dem das Für-sich sich als dieses oder jenes Ding nicht seiend übernimmt. Sie ist auch nicht Gegenstand für den *Blick* des Für-sich. Der sich selbst durchsichtige Blick richtet sich über das Ding hinaus auf die Zukunft. Als etwas, das man *ist*, ohne es zu setzen, als dasjenige, was beunruhigt, ohne bemerkt zu werden, ist die Vergangenheit hinter dem Für-sich, außerhalb seines thematischen Feldes, das als das von ihm Beleuchtete vor ihm liegt. Die Vergangenheit ist «angelehnt an» das Für-sich, als das, was es zu sein hat, übernommen, ohne von ihm behauptet werden zu können, noch verneint, thematisiert oder aufgesaugt. Zwar kann die Vergangenheit für mich auch Gegenstand einer Thesis werden, ebenso wie sie des öfteren thematisiert wird. Aber sie ist dann Gegenstand einer expliziten Untersuchung, und in diesem Fall behauptet sich das Für-sich als die Vergangenheit, die es setzt, *nicht seiend*. Die Vergangenheit ist nicht mehr *hinter* ihm: sie hört zwar nicht auf, Vergangenheit zu sein, aber ich höre auf, sie zu *sein*: zunächst war ich meine Vergangenheit, ohne sie zu erkennen (aber nicht, ohne ihrer bewußt zu sein), auf der zweiten Stufe aber erkenne ich meine Vergangenheit, aber ich war sie nicht mehr. Man wird fragen: wie kann ich mir meiner Vergangenheit bewußt sein, wenn nicht in der Weise der Setzung? Indessen, die Vergangenheit ist dauernd *da*, sie ist sogar der Sinn des Gegenstandes, den ich betrachte und den ich schon gesehen habe, der bekannten Gesichter, die mich umgeben, sie ist der Anfang jener Bewegung, die augenblicklich noch andauert und von der ich nicht sagen könnte, sie sei eine Kreisbewegung, wenn ich nicht in der Vergangenheit selbst der Zeuge ihres Anfangs gewesen wäre, sie ist der Ursprung und das Sprungbrett aller meiner Handlungen, sie ist jene dauernd gegebene Dichte der Welt, die mir erlaubt, mich zu orientieren und zurechtzufinden, sie ist ich selbst, insofern ich als Person existiere (es gibt auch eine künftigende Struktur des Ego), kurz, sie ist meine kontingente und unmotivierte Verbindung mit der Welt und mir selbst, insofern ich sie dauernd als völlige Verlassenheit lebe. Die Psychologen nennen diese Verbindung *Wissen.* Abgesehen davon, daß dieser Ausdruck sie «psychologisiert», nimmt man sich mit ihm das Mittel, Rechenschaft von ihm abzulegen. Denn das Wissen ist überall und bedingt alles, selbst das Gedächtnis: mit einem Wort, auch das intellektuelle Gedächtnis setzt das Wissen voraus; und ist ihr Wissen, falls man darunter ein gegenwärtiges Faktum verstehen soll, etwas anderes als ein intellektuelles Gedächtnis? Dieses geschmeidige, anschmiegsame und wechselnde Wissen, das den Faden all unserer Gedanken ausmacht und aus tausend leeren Anzeichen, aus tausend rückwärts verweisenden Bezeichnungen ohne Bilder, Worte und Setzungen besteht, ist meine konkrete Vergangenheit, insofern ich sie war, als nicht wieder rückgängig zu machende Tiefe all meiner Gedanken und all meiner Gefühle.

In der zweiten Dimension seiner Nichtung erfaßt sich das Für-sich als ein bestimmter Mangel. Es *ist* dieser Mangel, und es ist auch das *Mangelnde*, da es zu sein hat, was es ist. Trinken oder trinkend sein, heißt, niemals mit dem Trinken zu Ende sein, noch trinkend zu sein haben über den Trinkenden hinaus, der ich bin. Und wenn ich «mit dem Trinken zu Ende bin», so *habe ich getrunken*: das Ganze gleitet in die Vergangenheit. Indem ich augenblicklich trinke, bin ich also der Trinkende, der ich zu sein habe und der ich nicht bin; jede Bezeichnung meiner selbst entgleitet mir in die Vergangenheit, sobald sie schwer und voll sein soll, sobald sie die Dichte des Identischen haben soll. Erreicht sie mich in der Gegenwart, so zerteilt sie sich selbst in ein Noch-nicht, bezeichnet mich nur als unvollständige Totalität, die sich nicht vervollständigen kann. Dieses Noch-nicht wird von der nichtenden Freiheit des Für-sich ausgehöhlt. Es ist nicht nur In-Distanz-sein: es ist Seinsverringerung. Hier ist das Für-sich, das in der ersten Dimension seiner Nichtung sich voraus war, sich selbst hinterher. Sich voraus, sich hernach, aber niemals *Sich.* Das ist der eigentliche Sinn der beiden Ekstasen Vergangenheit, Zukunft, und deshalb ist der Wert an sich von Natur aus die Ruhe an sich, die Unzeitlichkeit! Die Ewigkeit, nach welcher der Mensch sucht, ist nicht die Unendlichkeit der Dauer und jener vergeblichen Jagd nach sich, für die ich selbst verantwortlich bin:

sie ist die Ruhe an sich, die Zeitlosigkeit der absoluten Koinzidenz mit sich.

In der dritten Dimension schließlich entgleitet das in das fortgesetzte Spiel des Reflektierten-Reflektierenden verfangene Für-sich sich selbst in der Einheit ein und derselben Flucht. Hier ist das Sein überall und nirgends: wo man es auch zu erfassen sucht, es ist entgegengesetzt, es ist schon entflohen. Und dieses Spiel des Stellentauschs inmitten des Für-sich ist gerade die *Anwesenheit* beim Sein. *Zugleich* gegenwärtig, vergangen, zukünftig, sein Sein in drei Dimensionen zerstreuend, ist das Für-sich zeitlich, allein weil es sich nichtet. Keine dieser Dimensionen hat einen ontologischen Vorrang vor den anderen, keine von ihnen kann ohne die anderen existieren. Dennoch ist die Ek-stase der Gegenwart besonders hervorzuheben – und nicht, wie Heidegger will, die Ek-stase der Zukunft –, weil das Für-sich als Enthüllung seiner selbst sein Vergangensein *ist* als dasjenige, was es in einem nichtenden Überstieg für-sich-zu-sein hat, und weil es als Enthüllung seiner selbst Mangel ist und von seiner Zukunft heimgesucht wird, das heißt, von dem, was es für sich dort unten, im Abstand ist. Die Gegenwart ist der Vergangenheit und Zukunft ontologisch nicht «vorzeitig», sie wird von ihnen bedingt, in dem Maße wie sie jene bedingt, aber sie ist das Leere an Nicht-sein, das für die totale synthetische Form der Zeitlichkeit unerläßlich ist.

Somit ist die Zeitlichkeit nicht eine universelle Zeit, die alles Sein und besonders die menschliche Wirklichkeit in sich enthielte. Sie ist auch kein Gesetz der Entwicklung, das sich dem Sein von außen aufdrängen würde. Sie ist auch nicht das Sein, sondern die Innenstruktur des Seins, das seine eigene Nichtung ist, das heißt, der dem Für-sich-sein eigene *Seinsmodus*. Das Für-sich ist das Sein, das sein Sein in der diasporischen Form der Zeitlichkeit zu sein hat.

B) *Dynamik der Zeitlichkeit*

Daß das Auftauchen des Für-sich notwendig gemäß den drei Dimensionen der Zeitlichkeit geschieht, belehrt uns nicht über das Problem der *Dauer*, das zur Dynamik der Zeit gehört. Zunächst scheint dieses Problem ein zweifaches zu sein: warum erleidet das Für-sich jene Veränderung seines Seins, die es Vergangenheit *werden* läßt? Und warum taucht ein neues Für-sich *ex nihilo* auf, um die Gegenwart jener Vergangenheit zu werden?

Das Problem selbst ist lange verborgen geblieben, weil man das menschliche Sein wie ein *An-sich* verstehen wollte. Daß der Wechsel von sich aus die Dauer impliziert, ist das Argument, mit dem Kant den Idealismus Berkeleys zurückweist, und das auch Leibniz bevorzugt. Nehmen wir demgemäß eine bestimmte unzeitliche Dauer an, die *durch* die Zeit *hindurch* bleibt, so ist die Zeitlichkeit nurmehr das Maß und die Ordnung des Wechsels. Ohne Wechsel keine Zeitlichkeit, da die Zeit keinen Einfluß auf das Dauerhafte und Identische hätte. Wird gar noch der Wechsel selbst, wie bei Leibniz, als eine logische Entfaltung der Beziehung eines Schlusses zu seinen Prämissen dargestellt, das heißt, als die Entwicklung der Attribute eines fortdauernden Subjekts, so gibt es überhaupt keine wirkliche Zeitlichkeit mehr.

Diese Auffassung beruht jedoch auf mehreren Irrtümern. Die Subsistenz eines beständigen Elementes *neben* demjenigen, was sich verändert, erlaubt nicht, den Wechsel als solchen zu begründen, es sei denn in den Augen eines Zeugen, der selbst die Einheit dessen, was wechselt, und dessen, was bleibt, sein würde. Mit einem Wort, für die Konstitution des Wechsels als solchen ist eine *Einheit* des Wechsels und des Beständigen notwendig. Der Ausdruck «Einheit», den Leibniz und Kant mißbraucht haben, bedeutet hier jedoch nicht viel. Was soll jene Einheit von verschiedenartigen Elementen schon besagen? Ist sie nur eine bloße äußere Verknüpfung? Dann hat sie keinen Sinn. Sie muß eine *Seins*einheit sein. Aber diese Seinseinheit verlangt, daß das Dauernde dasjenige *sei,* das wechselt; und damit ist sie von Anfang an ek-statisch und verweist auf das Für-sich, insofern es wesentlich ek-statisches Sein ist; zudem nimmt sie der Dauer und dem Wechsel den Charakter des An-sich. Der Einwand wäre müßig, daß Beständigkeit und Wechsel hier als Phänomene anzusehen sind und nur ein *relatives* Sein haben: das An-sich ist den Phänomenen nicht entgegengesetzt wie das Noumenon. Nach dem Wortlaut unserer Definition ist ein Phänomen an sich, wenn es ist, was es ist, sei es auch in Relation zu einem Subjekt oder einem anderen Phänomen. Die Erscheinung der *Relation* als bestimmend für die Beziehungen der Phänomene untereinander setzt im übrigen das vorgängige Auftauchen eines ek-statischen Seins voraus, das sein kann, was es nicht ist, um damit das Anderswo und die Beziehung zu begründen.

Um den Wechsel zu begründen, ist im übrigen der Rückgriff auf die Beständigkeit unnötig. Damit will man ja auch nur zeigen, daß ein absoluter Wechsel eigentlich überhaupt kein Wechsel mehr ist, da *nichts* mehr bleibt, was wechselt – oder in Beziehung zu dem es einen Wechsel gäbe. In Wahrheit genügt es aber, daß dasjenige, was sich ändert, im Modus der Vergangenheit seinen früheren Zustand *ist,* damit die Beständigkeit sich erübrigt; und in diesem Fall kann der Wechsel absolut sein, kann es sich um eine Veränderung handeln, die das ganze Sein betrifft: es wird trotzdem Wechsel sein können in Beziehung zu einem früheren Zustand, den es in der Vergangenheit sein wird im Modus des *«war».* Da diese Beziehung zur

Vergangenheit die Scheinnotwendigkeit der Beständigkeit ersetzt, kann und muß sich das Problem der Dauer anläßlich des absoluten Wechsels stellen. Übrigens gibt es sogar «in der Welt» keinen anderen Wechsel. Bis zu einer bestimmten Schwelle ist er inexistent, hinter dieser Schwelle erstreckt er sich auf die ganze Form, wie die Experimente der Gestaltpsychologie gezeigt haben.

Handelt es sich aber um die menschliche Wirklichkeit, so ist von einer reinen und absoluten Veränderung die Rede, die übrigens sehr wohl Veränderung sein kann, ohne daß *etwas* sich ändert, das eben die Dauer ist. Auch wenn wir zum Beispiel die absolut leere Anwesenheit eines Für-sich bei einem beständigen An-sich annehmen, die reines Bewußtsein dieses Für-sich wäre, so würde allein die Existenz des Bewußtseins schon die Zeitlichkeit implizieren, da es das, was es ist, ohne Veränderung in der Form des «Gewesen-seins» zu sein hätte. Damit hätten wir noch keine Ewigkeit, sondern nur die dauernde Notwendigkeit, daß das gegenwärtige Für-sich die Vergangenheit einer neuen Gegenwart wird, und zwar auf Grund des Seins des Bewußtseins selbst. Würde man uns entgegnen, daß diese dauernde Übernahme der Gegenwart in die Vergangenheit durch eine neue Gegenwart eine innere Veränderung des Für-sich impliziert, so wäre zu antworten, daß die Zeitlichkeit des Für-sich der Grund dieses Wechsels ist und nicht der Wechsel die Zeitlichkeit begründet. Nichts kann uns somit die auf den ersten Blick unlösbaren Probleme verhüllen: warum *wird* die Gegenwart Vergangenheit? was ist die neue Gegenwart, die dann entsteht? Woher kommt sie und warum entsteht sie? Wie schon unsere Annahme eines «leeren» Bewußtseins zeigt, ist anzumerken, daß das, was hier zur Frage steht, nicht die für eine Beständigkeit gegebene Notwendigkeit ist, von einem Augenblick zum andern zu stürzen und dennoch materiell Beständigkeit zu bleiben: es handelt sich vielmehr um die Notwendigkeit, daß jedwedes Sein sich ganz verwandeln muß, nach Inhalt und Form, daß es in die Vergangenheit versinken und sich zugleich *ex nihilo* auf eine Zukunft hin schaffen muß.

Liegen hier aber in Wahrheit zwei Probleme vor? Sehen wir genauer zu: die Gegenwart kann nur *vorübergehen*, indem sie zum *Vorher* eines Für-sich wird, das sich zu ihrem *Nachher* macht. Es handelt sich also um ein einziges Phänomen: das Auftauchen einer neuen Gegenwart, welche die Gegenwart, die sie *war*, vergänglich macht, und die Vergänglichmachung einer Gegenwart, die das Erscheinen eines Für-sich nach sich zieht, für welches diese Gegenwart Vergangenheit wird. Das Phänomen des zeitlichen Werdens ist eine Gesamtveränderung, da eine Vergangenheit, die von nichts Vergangenheit wäre, keine Vergangenheit mehr sein würde, und da eine Gegenwart notwendigerweise Gegenwart *von* dieser Vergangenheit sein muß. Diese Veränderung erstreckt sich übrigens nicht allein auf die reine Gegenwart: die Vorvergangenheit und die Zukunft sind in gleicher Weise betroffen. Die Vergangenheit der Gegenwart, die die Veränderung der Vergänglichkeit erleidet, wird Vergangenheit einer Vergangenheit oder Vorvergangenheit. In dieser Form ist dann plötzlich die Heterogeneität von Gegenwart und Vergangenheit aufgehoben, da das, was sich als Gegenwart von der Vergangenheit unterschied, seinerseits Vergangenheit geworden ist. Im Verlauf dieser Verwandlung bleibt die Gegenwart die Gegenwart dieser Vergangenheit, jedoch wird sie vergangene Gegenwart dieser Vergangenheit. Das bedeutet zunächst, daß sie homogen wird mit der Reihe der Vergangenheiten, die von ihr aus bis zur Geburt zurückreicht, und sodann, daß sie ihre Vergangenheit nicht mehr in der Weise ist, sie sein zu müssen, sondern im Modus, sie zu sein gehabt zu haben. Die Verbindung zwischen der Vergangenheit und der Vorvergangenheit ist eine Verbindung im Modus des An-sich; und sie erscheint auf dem Grunde des gegenwärtigen Für-sich. Dieses trägt die Reihe der Vergangenheit und der zu einem Block geschweißten Vorvergangenheiten.

Obwohl andererseits die Zukunft in der gleichen Weise von der Verwandlung betroffen wird, hört sie nicht auf, Zukunft zu sein, das heißt, außerhalb des Für-sich, davor, über das Sein hinaus zu bleiben, jedoch wird sie Zukunft einer Vergangenheit oder Vorzukunft. Sie kann zwei Arten von Beziehungen zu der neuen Gegenwart unterhalten, je nachdem es sich um die unmittelbar bevorstehende oder die entferntere Zukunft handelt. Im ersten Fall stellt sich die Gegenwart dar als diese Zukunft in Beziehung zur Vergangenheit *seiend*: «Jetzt ist eingetroffen, was ich erwartet habe.» Sie ist Gegenwart ihrer Vergangenheit im Modus der Vorzukunft dieser Vergangenheit. Zur gleichen Zeit aber, zu der sie als Zukunft dieser Vergangenheit Für-sich ist, verwirklicht sie sich als Für-sich, folglich als das nicht seiend, was die Zukunft zu sein versprach. So entsteht die Verdoppelung: die Gegenwart wird Vorzukunft der Vergangenheit, indem sie zugleich verneint, *diese* Zukunft zu sein. Auch wird die ursprüngliche Zukunft keineswegs verwirklicht: sie ist in Beziehung zur Gegenwart nicht mehr Zukunft, aber sie hört nicht auf, in Beziehung zur Vergangenheit Zukunft zu sein. Sie wird zur irrealisierbaren Gleichzeitigkeit der Gegenwart und bewahrt ihre vollkommene Idealität. «Das war alles, was ich erwartet habe?» Sie bleibt eine der Gegenwart idealiter gleichzeitige Zukunft, als die nicht verwirklichte Zukunft der Vergangenheit dieser Gegenwart.

Handelt es sich um die entferntere Zukunft, so bleibt sie in Beziehung zu der neuen Gegenwart Zukunft, verliert jedoch den Charakter einer Möglichkeit, falls die Gegenwart sich nicht selbst als

Mangel *dieser* Zukunft einsetzt. In diesem Fall wird die Vorzukunft in Beziehung zu der neuen Gegenwart indifferente Möglichkeit, aber nicht *ihre* Möglichkeit. In diesem Sinn ermöglicht sie sich nicht mehr, sondern erhält als Möglichkeit das An-sich-sein. Sie wird *gegebene* Möglichkeit, das heißt, Möglichkeit an sich eines zum An-sich gewordenen Für-sich. Gestern war es möglich – als meine Möglichkeit –, daß ich nächsten Montag aufs Land verreisen würde. Heute ist diese Möglichkeit nicht mehr *meine* Möglichkeit, sie bleibt thematisierter Gegenstand meiner Betrachtung als die stets künftige Möglichkeit, *die ich gewesen bin*. Ihre einzige Verbindung zu meiner Gegenwart ist jedoch, daß ich im Modus des «war» diese Vergangenheit-gewordene Gegenwart zu sein habe, deren Möglichkeit sie über meine Gegenwart hinaus zu sein nicht aufgehört hat. Auf dem Grunde meiner Gegenwart haben Zukunft und vergangene Gegenwart sich zum An-sich verdichtet. Im Verlauf des zeitlichen Fortgangs geht somit die Zukunft zum An-sich über, ohne jemals ihren Charakter einer Zukunft zu verlieren. Solange sie nicht von der Gegenwart erreicht ist, wird sie einfach *gegebene* Zukunft. Wird sie aber erreicht, so erhält sie den Charakter der *Idealität*; jedoch ist diese eine Idealität *an sich*, da sie sich als *gegebener* Mangel einer *gegebenen* Vergangenheit darstellt und nicht als der Mangel, den ein gegenwärtiges Für-sich im Modus des *Nicht-seins* zu sein hat. Ist die Zukunft einmal überschritten, so bleibt sie für immer am Rande der Reihe der Vergangenheiten als Vorzukunft: Vorzukunft jener Vergangenheit, die Vorvergangenheit geworden ist, ideale Zukunft, die einer Vergangenheit-gewordenen Gegenwart als gleichzeitig gegeben ist.

Zu untersuchen bleibt die Verwandlung des gegenwärtigen Für-sich in Vergangenheit, im Zusammenhang mit dem Auftauchen einer neuen Gegenwart. Es wäre falsch zu glauben, daß es sich hier um die Aufhebung einer früheren Gegenwart und das Auftauchen einer Gegenwart *an-sich* handelte, die ein *Bild* der verschwundenen Gegenwart behalten würde. In einem Sinn käme eine Umkehrung dieser Begriffe der Wahrheit näher, da die Vergänglichmachung der ehemaligen Gegenwart Übergang zum An-sich ist, während die Erscheinung einer neuen Gegenwart Nichtung *dieses* An-sich ist. Die Gegenwart ist kein neues An-sich, sie ist das, was nicht ist, was über das Sein hinaus ist; sie ist das, von dem man «es ist» nur in der Vergangenheitsform sagen kann; die Vergangenheit ist nicht aufgehoben, sie ist dasjenige, das geworden ist, was es war, sie ist das Sein der Gegenwart. Und schließlich ist die Beziehung der Gegenwart zur Vergangenheit, wie wir zur Genüge betont haben, eine Beziehung des Seins und nicht der Vorstellung.

Die erste Eigentümlichkeit, die uns somit auffällt, ist die Wiederergreifung des Für-sich durch das Sein, als ob es nicht mehr die Kraft hätte, sein eigenes Nichts zu ertragen. Der tiefe Spalt, den das Für-sich zu sein hat, füllt sich aus, das Nichts, das «gewesen werden» muß, hört auf, es zu sein, es wird vertrieben in dem Maße, in dem das vergangen gemachte Für-sich-sein eine *Eigenschaft* des An-sich wird. Habe ich jene Trauer in der Vergangenheit empfunden, so ist sie nicht mehr allein insoweit, wie ich sie mich empfinden lasse, so hat sie nicht mehr das Ausmaß an Sein, das eine Erscheinung, die sich zu ihrem eigenen Zeugen macht, haben kann; sie ist, weil sie gewesen ist, und das Sein kommt ihr zu gleichsam wie eine äußere Notwendigkeit. Die Vergangenheit ist eine umgekehrte Fatalität: das Für-sich kann aus sich machen, was es will, aber es kann der Notwendigkeit nicht entgehen, für ein neues Für-sich unabänderlich das zu sein, was es sein wollte. Daher ist die Vergangenheit ein Für-sich, das aufgehört hat, transzendente Anwesenheit beim An-sich zu sein. Selbst An-sich geworden, ist es *mitten in die Welt* gefallen. Was ich zu sein habe, bin ich als Anwesenheit bei der Welt, die ich nicht bin; was ich hingegen *war,* war ich inmitten der Welt in der Art des Dinghaften als innerweltliches Wesen. Die Welt, in der das Für-sich zu sein hat, was es war, kann indessen nicht dieselbe sein, bei der es gegenwärtig anwesend ist. Derart stellt sich die Vergangenheit des Für-sich her als vergangene Anwesenheit bei einem vergangenen Weltzustand. Auch wenn die Welt keine Veränderung erfahren hat, während das Für-sich von der Gegenwart in die Vergangenheit «überging», wird sie dennoch so erfaßt, als hätte sie dieselbe formale Veränderung erfahren, die wir oben im Innern des Für-sich-seins beschrieben haben – eine Veränderung, die nur der Reflex der wirklichen inneren Veränderung des Bewußtseins ist. Mit anderen Worten, das als ehemalige Anwesenheit beim Sein, die selbst An-sich geworden ist, in die Vergangenheit gefallene Für-sich wird ein Seiendes «inmitten-der-Welt», und die Welt wird in der vergangenen Dimension *zurückgehalten* als dasjenige, in dessen Mitte das vergangene Für-sich an sich ist. Wie der menschliche Körper einer Sirene in einem Fischschwanz endet, endet das außer-weltliche Für-sich hinter sich als *Ding in der Welt.* Ich bin jähzornig, melancholisch, ich habe den Ödipuskomplex oder den Minderwertigkeitskomplex für immer, aber nur in der Vergangenheit, in der Form des «war», inmitten der Welt, so wie ich Beamter oder Einarmiger oder Proletarier bin. In der Vergangenheit umschließt mich die Welt und verliere ich mich in dem universellen Determinismus, aber ich transzendiere von Grund auf meine Vergangenheit auf eine Zukunft hin in eben dem Maße, wie ich «sie war».

Ein Für-sich, das sein ganzes Nichts ausgedrückt hat, das vom An-sich wiederergriffen wird und sich in der Welt auflöst, das ist die

Vergangenheit, die ich zu sein habe, und die Verwandlung des Für-sich. Diese Verwandlung vollzieht sich jedoch in Einheit mit der Erscheinung eines Für-sich, das sich als Anwesenheit bei der Welt nichtet und die Vergangenheit, die es transzendiert, zu sein hat. Was ist der Sinn dieses Auftauchens? In ihm ist nicht das Erscheinen eines neuen Wesens zu erblicken. Alles ereignet sich, wie wenn die Gegenwart ein beständiges Loch im Sein wäre, das sofort ausgefüllt ist und dauernd wiederersteht; wie wenn die Gegenwart eine dauernde Flucht vor dem Ankleben im «An-sich» wäre, das sie bis zum schließlichen Sieg des An-sich bedroht, bis sie in ein Vergangensein hinein gezogen wird, das nicht mehr Vergangenheit eines Für-sich ist. Dieser Sieg ist der Tod, denn der Tod ist das vollkommene Aufhören der Zeitlichkeit durch die Vergänglichung des ganzen Systems oder auch, wenn man so will, Wiedererfassung der menschlichen Totalität durch das An-sich.

Wie können wir diesen *dynamischen* Charakter der Zeitlichkeit erfassen? Wenn diese, wie wir glauben gezeigt zu haben, keine kontingente Eigenschaft ist, die dem Sein des Für-sich hinzugefügt wird, so muß zu zeigen sein, daß ihre Dynamik eine wesentliche Struktur des Für-sich ist, das wir als das Sein betrachten, das sein eigenes Nichts zu sein hat. Wie es scheint, befinden wir uns wieder an unserem Ausgangspunkt.

Aber hier liegt in Wahrheit gar kein Problem vor. Glaubten wir, hier vor einem Problem zu stehen, so haben wir doch nicht verhindern können, daß das Für-sich zu einem An-sich erstarrte, obwohl wir uns bemühten, es als Für-sich zu begreifen. Gehen wir vom An-sich aus, dann kann die Erscheinung der Veränderung in der Tat ein Problem darstellen: wenn das An-sich ist, was es ist, wie kann es dann nicht mehr sein? Geht man hingegen von einem adäquaten Verständnis des Für-sich aus, so ist nicht mehr die Veränderung zu erklären, sondern vielmehr die Beständigkeit, falls es sie gibt. Betrachten wir in der Tat unsere Beschreibung der zeitlichen *Ordnung*, abgesehen von allem, was ihr Verlauf ergeben kann, so wird klar, daß eine auf ihre Ordnung reduzierte Zeitlichkeit sofort zur Zeitlichkeit *an-sich* würde. Der ekstatische Charakter des zeitlichen Seins würde nichts daran ändern, da dieser Charakter auch in der Vergangenheit wiederzufinden ist, aber nicht als Wesenszug des Für-sich, sondern als eine vom An-sich getragene Eigenschaft. Wenn wir in der Tat eine Zukunft betrachten, insoweit sie ganz einfach Zukunft eines Für-sich ist, das Für-sich einer bestimmten Vergangenheit ist, und wenn wir der Ansicht sind, daß die Veränderung ein neues Problem ist im Hinblick auf die Beschreibung der Zeitlichkeit als solcher, dann verleihen wir der Zukunft, die wir als *diese* Zukunft begriffen haben, eine augenblickliche Unbeweglichkeit, dann machen wir aus dem Für-sich eine feststehende Eigenschaft, die man bezeichnen kann; das Ganze wird schließlich eine *fertige* Totalität, die Zukunft und die Vergangenheit beschränken alsdann das Für-sich und setzen ihm gegebene Grenzen. Das Ganze befindet sich dann als eine Zeitlichkeit, die *ist,* versteinert rings um einen festen Kern, welcher der gegenwärtige Augenblick des Für-sich ist, und alsdann entsteht in der Tat das Problem, wie aus diesem Augenblick ein anderer Augenblick mit seinem Gefolge von Vergangenheit und Zukunft entspringen kann. Insoweit der Augenblick die einzige Wirklichkeit sein soll, die von einem Nichts an Zukunft und einem Nichts an Vergangenheit begrenzt wäre, sind wir dem Augenblicklichkeitskult entgangen; jedoch sind wir ihm wieder verfallen, indem wir implizit eine Aufeinanderfolge von zeitlichen Ganzheiten einräumten, von denen jede um einen Augenblick herum gelagert ist. Mit einem Wort, wir haben dem Augenblick ekstatische Dimensionen verliehen, aber wir haben ihn damit nicht auch aufheben können; das bedeutet, daß wir die zeitliche Ganzheit auf das Unzeitliche gestützt haben; falls sie *ist,* so wird die Zeit wiederum zu einem Traum.

Jedoch gehört die Veränderung von Natur aus zum Für-sich, insofern es Spontaneität ist. Eine Spontaneität, von der man sagen könnte: sie *ist,* oder auch nur: *diese* Spontaneität, müßte sich durch sich selbst bestimmen lassen, das heißt, sie wäre nicht allein Grund ihres Nichts an Sein, sondern auch ihres Seins, während das Sein sie gleichzeitig wieder erfassen und zu einem Gegebenen fixieren würde. Eine Spontaneität, die sich als solche setzt, ist zur gleichen Zeit gezwungen, das zu verweigern, was sie setzt, anderenfalls würde ihr Sein zu einer erworbenen Größe, und als diese Größe würde sie fortbestehen. Diese Weigerung ist von neuem ein Erwerb, den sie verweigern muß, falls sie nicht in einer bewegungslosen Verlängerung ihrer Existenz versinken will. Man wird sagen, daß diese Begriffe der Verlängerung und der erworbenen Größe schon die Zeitlichkeit voraussetzen, und mit Recht. Die Spontaneität stellt nämlich selbst durch ihre Weigerung ihre Erwerbung her und die Weigerung durch die Erwerbung, da sie nicht sein kann, ohne sich zu zeitigen. Ihre Natur ist, keinen Gebrauch zu machen von dem Erworbenen, das sie herstellt, indem sie sich als Spontaneität verwirklicht. Es ist unmöglich, die Spontaneität anders aufzufassen, will man sie nicht in einen Augenblick einschließen und damit zum An-sich machen, das heißt, eine transzendente Zeit voraussetzen. Es ist müßig einzuwenden, daß wir nichts denken können, es sei denn in zeitlicher Form, und daß unsere Darstellung eine petitio principii enthalte, da wir das Sein verzeitlichen, um alsdann aus ihm die Zeit entstehen zu lassen; man braucht uns auch nicht an die Stellen der *Kritik* zu erinnern, wo Kant zeigt, daß eine unzeitliche

Spontaneität zwar nicht vorstellbar, aber nicht in sich widersprüchlich ist. Uns scheint hingegen, daß eine Spontaneität, die nicht sich selbst entfliehen und dieser Flucht wieder von neuem entfliehen würde, von der man sagen könnte: sie *ist* das Bestimmte, und die in eine unveränderliche Bezeichnung einzuschließen wäre, ein Widerspruch wäre und letztlich einer besonderen positiven Wesenheit gleichkäme, einem ewigen Subjekt, das niemals Prädikat ist. Eben in der Natur der Spontaneität ist auch die Irreversibilität sogar ihrer Ausbrüche begründet, da sie überhaupt nur erscheint, um sich zu verweigern, und da die Ordnung «Setzung-Verweigerung» nicht umkehrbar ist. In der Tat endet sogar die Setzung in der Verweigerung, ohne jemals positive Fülle zu erreichen, da sie sich sonst in einem augenblicklichen An-sich erschöpfen würde, und nur als *verweigert* gelangt sie zum Sein in der Totalität ihrer Verwirklichung. Die einheitliche Reihe des «Erworbenen-Verweigerten» hat übrigens ein ontologisches Vorrecht gegenüber der *Veränderung*, da die Veränderung einfach die Beziehung der materiellen Inhalte der Reihe ist. Nun zeigten wir aber, daß die Irreversibilität auch der Zeitlichung notwendig ist als die völlig leere und apriorische Form der Spontaneität.

Zur Darstellung unserer These haben wir hier den Begriff der Spontaneität benutzt, der dem Leser, wie wir glauben, eher vertraut ist. Wir dürfen nunmehr unseren Gedankengang wiederum in der Perspektive des Für-sich und in unserer eigenen Terminologie aufnehmen. Ein Für-sich, das nicht dauern würde, bliebe gewiß Verneinung des transzendenten An-sich und Nichtung seines eigenen Seins in der Form des «Reflektierenden-Reflektierten». Aber diese Nichtung würde zu einer *Gegebenheit*, das heißt, sie erhielte die Kontingenz des An-sich, und das Für-sich würde aufhören, der Grund seines eigenen Nichts zu sein; es wäre nicht mehr nichts als zu sein habend, sondern es *wäre* – in der nichtenden Einheit der Verbindung Reflektierendes-Reflex. Die Flucht des Für-sich ist Verweigerung der Kontingenz, und zwar in eben dem Akt, der es als Grund seines Nichts herstellt. Jedoch setzt diese Flucht eben das als kontingent, dem sie entflieht: das Für-sich, vor dem geflohen wurde, bleibt am Platz zurück. Es kann sich jedoch nicht vernichten, da ich es *bin*, aber es kann ebensowenig als Grund seines eigenen Nichts sein, da es als solcher nur in der Flucht sein kann: es hat sich *vollendet*. Was für das Für-sich als Anwesenheit bei ... gilt, trifft natürlich auch für die Totalität der Verzeitlichung zu. Diese Totalität *ist niemals* vollendet, sie ist sich verweigernde und sich fliehende Totalität, Ausbruch aus sich selbst in eins mit ihrem Auftauchen, niemals zu fassen, da sie im Augenblick, wo sie sich gibt, schon über diese Selbsthingabe hinaus ist.

Die Zeit des Bewußtseins ist somit die menschliche Wirklichkeit, die sich als Ganzheit verzeitlicht, die für sich selbst ihre eigene Nichtvollendung ist; sie ist das Nichts, das sich als die Ganheit zersetzendes Ferment in eine Ganzheit einschleicht. Diese Ganzheit, die sich selbst nachjagt und zugleich sich selbst verweigert, die in sich selbst keine Grenze ihres Überschreitens findet, weil sie ihr eigener Überstieg ist und sich auf sich selbst hin übersteigt, kann in keinem Fall in den Grenzen eines Augenblicks existieren. Es gibt keinen Augenblick, in dem man behaupten könnte, daß das Für-sich ist, eben weil das Für-sich niemals ist. Die Zeitlichkeit hingegen zeitigt sich ganz als Verweigerung des Augenblicks.

III

Ursprüngliche Zeitlichkeit und psychische Zeitlichkeit: Die Reflexion

Das Für-sich dauert in der Form des nicht-setzenden Bewußtseins (zu) dauern. Jedoch kann ich «die verfließende Zeit fühlen» und mich selbst als Einheit der Aufeinanderfolge erfassen. In diesem Fall habe ich das Bewußtsein *zu* dauern. Dieses Bewußtsein ist thetisch und ähnelt sehr der Erkenntnis, ganz wie die Dauer, die sich vor meinem Blick zeitigt, einem Gegenstand der Erkenntnis sehr nahekommt. Welche Beziehung besteht zwischen der ursprünglichen Zeitlichkeit und jener psychischen Zeitlichkeit, der ich begegne, sooft ich mich selbst als «zeitlich dauernd» erfasse? Diese Frage führt uns sogleich zu einer anderen, da das Bewußtsein *von* Dauer das Bewußtsein eines dauernden Bewußtseins ist; die Frage nach der Natur und den Rechten dieses setzenden Bewußtseins der Dauer zu stellen, ist folglich gleichbedeutend mit der Frage nach der Natur und den Rechten der Reflexion. Die Zeitlichkeit erscheint in der Tat der Reflexion in der Form der psychischen Dauer, und alle Vorgänge der psychischen Dauer gehören dem reflektierten Bewußtsein an. Bevor wir daher fragen, wie die psychische Dauer zum immanenten Gegenstand der Reflexion werden kann, müssen wir versuchen, zunächst die Frage zu beantworten: wie ist die Reflexion möglich für ein Sein, das nur in der Vergangenheit sein kann? Von Descartes und Husserl wird die Reflexion als ein bevorzugter Typus der Intuition dargestellt, da sie das Bewußtsein im Akt einer gegenwärtigen und augenblicklichen Immanenz erfaßt. Wird sie auch dann noch ihre Gewißheit bewahren, wenn das Sein, das sie zu erkennen hat, in Beziehung zu ihr *vergangen* ist? Läuft somit aber nicht auch unsere ganze Ontologie Gefahr, alle ihre Rechte zu verlieren, da sie selbst ihre Grundlage in der reflexiven Erfahrung hat? Indessen, kann wirklich nur das vergangene Sein Gegenstand des reflexiven Bewußtseins sein? Und muß sich die Reflexion selbst, wenn sie Für-sich ist, auf eine augenblickliche Existenz und Gewißheit beschränken? Wir können darüber nur entscheiden, wenn wir zu dem reflexiven Phänomen zurückkehren, um seine Struktur zu bestimmen.

Die Reflexion ist das Für-sich, das seiner selbst bewußt ist. Da das Für-sich schon nicht-setzendes Bewußtsein (von) sich ist, pflegt man die Reflexion wie ein neues Bewußtsein darzustellen, das plötzlich erscheint, sich auf das reflektierte Bewußtsein richtet und in einer Art Symbiose mit ihm lebt. Man erkennt darin Spinozas bekannte idea ideae wieder.

Ist es jedoch schon schwierig, das Auftauchen *ex nihilo* des reflexiven Bewußtseins zu erklären, so ist es ganz und gar unmöglich, Rechenschaft von seiner absoluten Einheit mit dem reflektierten Bewußtsein zu geben, während doch allein diese Einheit den Anspruch und die Gewißheit der reflexiven Intuition verständlich macht. In der Tat können wir hier das *esse* des Reflektierten nicht als ein *percipi* bestimmen, da dessen Sein von der Art ist, daß es nicht wahrgenommen zu werden braucht, um zu sein. Und seine erste Verbindung mit der Reflexion kann ebensowenig die einheitliche Beziehung einer Vorstellung mit einem denkenden Subjekt sein. Soll das Erkannte den gleichen Seinsrang haben wie das Erkennende, so ist ihre Beziehung in der Perspektive des naiven Realismus zu beschreiben. Aber wir stoßen sogleich auf die Hauptschwierigkeit des Realismus: wie können zwei isolierte Ganze, die voneinander unabhängig sind und jenes Seinsgenügen haben, das man im Deutschen «Selbständigkeit» nennt, zueinander überhaupt Beziehungen unterhalten und vor allem jene Art innerer Beziehung, die man Erkenntnis nennt? Fassen wir die Reflexion *zunächst* als ein autonomes Bewußtsein auf, so werden wir sie *niemals* mehr mit dem reflektierten Bewußtsein vereinen können. Es werden immer zwei sein, und wenn das reflexive Bewußtsein jemals Bewußtsein *des* reflektierten Bewußtseins sein könnte, so würde es sich nur um eine *äußere* Beziehung zwischen beiden handeln; wir könnten uns bestenfalls vorstellen, daß die in sich isolierte Reflexion eine Art Bild des reflektierten Bewußtseins besäße, und wir würden somit in den Idealismus zurückfallen; die reflexive Erkenntnis und besonders das *cogito* würden ihre Gewißheit verlieren und zum Ersatz nur eine schlecht bestimmbare Wahrscheinlichkeit erhalten. Die Reflexion muß somit durch eine Seinsverbundenheit mit dem Reflektierten vereint sein, das reflexive Bewußtsein muß das reflektierte Bewußtsein *sein*.

Indessen kann es sich hier nicht um eine vollständige Identifizierung des Reflexiven mit dem Reflektierten handeln, die das Phänomen der Reflexion mit einem Schlag aufheben würde und nur die geisterhafte Dualität «Reflektierendes-Reflektiertes» bestehen ließe. Wir finden hier abermals jenen Seinstypus wieder, der das Für-sich definiert: die Reflexion verlangt, wenn sie apodiktische Gewißheit sein soll, daß das Reflexive das Reflektierte *ist.* Insoweit sie jedoch *Erkenntnis* ist, muß das Reflektierte *Gegenstand* für das Reflexive sein, worin eine Seinstrennung impliziert ist. Das Reflexive muß somit das Reflektierte sein und zugleich nicht sein. Diese ontologische Struktur haben wir bereits im Innern des Für-sich entdeckt. Aber sie hatte zuvor nicht ganz dieselbe Bedeutung. Sie setzte nämlich in den beiden Polen «Reflektiertes und Reflektierendes» der skizzierten Dualität eine grundsätzliche «Unselbständigkeit» voraus, das heißt, eine solche Unfähigkeit, abgesondert gesetzt zu werden, daß die Dualität sich dauernd verflüchtigte und jedes der beiden Glieder, indem es sich für das andere setzte, das andere *wurde.* Im Fall der Reflexion liegen die Dinge jedoch etwas anders, da die reflektierte Einheit «Reflex-Reflektierendes» für eine reflexive Einheit «Reflex-Reflektierendes» besteht. Anders gesagt, das Reflektierte ist hier *Erscheinung* für das Reflexive, ohne deshalb aufzuhören, Zeuge (von) sich zu sein, und das Reflexive ist *Zeuge* des Reflektierten, ohne deshalb aufzuhören, für sich selbst Erscheinung zu sein. Das Reflektierte ist sogar nur *insoweit* Erscheinung für das Reflexive, als es sich in sich reflektiert, und das Reflexive kann nur insoweit Zeuge sein, als es Bewußtsein seines Zeuge-Seins ist, das heißt, in eben dem Maße, wie der Zeuge, der es ist, Reflex ist für ein Reflektierendes, das es ebenso ist. Reflektiertes und Reflexives haben somit gleicherweise die Neigung zur «Selbständigkeit», und das *Nichts,* das sie trennt, entzweit sie in stärkerem Maße, als das Nichts des Für-sich den Reflex vom Reflektierenden trennt. Indessen ist anzumerken, 1. daß die Reflexion als Zeuge nur in der Erscheinung und durch sie ihr Sein eines Zeugen haben kann, das heißt, daß sie in ihrem Sein zutiefst durch ihre Reflexivität betroffen ist und niemals zu jener erstrebten «Selbständigkeit» gelangen kann, da sie ihr Sein von ihrer Funktion erhält und ihre Funktion von dem reflektierten Für-sich; 2. daß das Reflektierte tiefgreifend durch die Reflexion verändert wird, insofern es nämlich Bewußtsein (von) sich ist als reflektiertes Bewußtsein *von* diesem oder jenem transzendenten Phänomen. Es weiß, daß es betrachtet wird; man kann es, um ein sinnfälliges Bild zu gebrauchen, am ehesten mit einem Menschen vergleichen, der über einen Tisch gebeugt schreibt und der, indem er schreibt, zugleich weiß, daß er von einem anderen, der hinter ihm steht, beobachtet wird. Das Reflektierte hat also bereits irgendwie ein Bewußtsein (von) sich selbst als eine *Außenseite* oder besser, den Umriß einer Außenseite habend, das heißt, es macht sich selbst zum Gegenstand für…, derart daß sein Sinn eines Reflektierten unablösbar vom Reflexiven ist, daß er nur dort unten, im Abstand von ihm selbst in dem Bewußtsein ist, das es reflektiert. In diesem Sinn besitzt es nicht mehr an «Selbständigkeit» als das Reflexive selbst. Husserl sagt uns, daß das Reflektierte «gegeben ist als vor der Reflexion dagewesen seiend». Wir dürfen uns jedoch nicht über folgendes täuschen: die «Selbständigkeit» des Unreflektierten als Unreflektierten in Beziehung zu jeder möglichen Reflexion geht nicht in das Phänomen der Reflexion ein, da eben hier das Phänomen den Charakter des Unreflektierten verliert. Reflektiert zu werden bedeutet für ein Bewußtsein, in seinem Sein eine tiefgehende Veränderung zu erfahren und eben jene Selbständigkeit zu verlieren, die es als «reflektiert-reflektiertende» Scheinganzheit besaß. In dem Maße, wie ein Nichts das Reflektierte vom Reflektierenden trennt, muß schließlich dieses Nichts, das sein Sein nicht aus sich selbst erhalten kann, «gewesen werden». Das bedeutet, daß allein eine Struktur von einheitlichem Sein ihr eigenes Nichts sein kann in der Weise, daß sie *es zu sein hat.* Das Reflexive kann ebensowenig wie das Reflektierte über dieses trennende Nichts verfügen. Wie das unreflektierte Für-sich ist jedoch auch die Reflexion *ein Seiendes,* und nicht ein Zusatz zum Sein, *ein Seiendes, das sein eigenes Nichts zu sein hat*; dieses ist nicht die Erscheinung eines neuen Bewußtseins, das sich auf das Für-sich richtet, sondern eine strukturelle Veränderung, die das Für-sich in ihm selbst vollzieht, mit einem Wort, das Für-sich selbst, das sich selbst auf reflexiv-reflektierte Weise sein macht, statt einfach in der Weise des reflektierenden Reflexes zu sein, wobei die neue Seinsweise übrigens den Modus Reflektierendes-Reflex als primäre innere Struktur bestehen läßt. Derjenige, der auf mich reflektiert, ist nicht irgendein reiner unzeitlicher Blick, sondern ich bin es selbst, wie ich in meiner Dauer in den Zirkel meiner Selbstheit verstrickt bin, in der Welt der Gefahr ausgesetzt, ich selbst in meiner Geschichtlichkeit. Nur daß das Für-sich, das ich bin, die Geschichtlichkeit, das In-der-Welt-sein und den Zirkel der Selbstheit hier in der Weise der reflexiven Verdoppelung erlebt.

Wir sahen, das Reflexive ist durch ein Nichts vom Reflektierten getrennt. Somit ist das Phänomen der Reflexion eine Nichtung des Für-sich, die ihm nicht von außen kommt, sondern die es *zu sein hat.* Woher entsteht diese weiterentwickelte Nichtung? Was ist ihre Veranlassung?

Im Auftauchen des Für-sich als Anwesenheit beim Sein liegt eine ursprüngliche Zersplitterung: das Für-sich verliert sich draußen, beim An-sich, in den drei zeitlichen Ek-stasen. Es ist außerhalb seiner selbst, in seinem Innersten ist das Für-sich-sein daher ek-statisch, da es sein Sein anderswo suchen muß, im Reflektierenden, wenn es sich zum Reflex macht, im Reflex, wenn es sich als Reflektierendes setzt. Das Auftauchen des Für-sich bestätigt das Scheitern des An-sich, das nicht sein eigener Grund sein konnte. Die Reflexion ist eine andauernde Möglichkeit des Für-sich als der Versuch, sein Sein zurückzuerhalten. Das Für-sich, das sich außerhalb seiner verliert, sucht sich durch die Reflexion in seinem Sein einzurichten; sie ist sein zweites Bemühen, sich selbst zu gründen, und es handelt sich für es darum, *für sich selbst zu sein, was es ist.* Wäre in der Tat die Quasi-Dualität Reflektierendes-Reflex von einem Zeugen, der sie selbst wäre, zu einer Ganzheit zusammengefaßt, so wäre sie in ihren eigenen Augen, was sie ist. Kurz, es handelt sich darum, das Sein, das sich flieht, zu übersteigen und dennoch zu sein, was es in der Weise des Nichtseins ist, was sich entrinnt als sein eigenes Selbstentrinnen und sich selbst aus den Händen gleitet, und daraus eine *Gegebenheit* zu machen, die endlich *ist, was sie ist*; es handelt sich darum, in der Einheit eines Blicks jene unvollständige Ganzheit zusammenzufassen, die nur unvollständig ist, weil sie für sich selbst die eigene Unvollständigkeit ist, herauszukommen aus der Sphäre der dauernden Verweisung, die für sich selbst Verweisung zu sein hat, und eben weil man den Maschen dieser Verweisung entschlüpft ist, sie als *gesehene* Verweisung *sein zu machen*, das heißt, als eine Verweisung, die ist, was sie ist. Jenes Sein aber, das sich zurücknimmt und als Gegebenes gründet, das heißt, das sich die Kontingenz des Seins beilegt, um sie zu retten, indem es sie gründet, muß selbst das sein, was es zurücknimmt und gründet, was es vor der ek-statischen Verzettelung bewahrt. Der Anlaß der Reflexion besteht somit in dem doppelten gleichzeitigen Bemühen um Objektivierung und Verinnerlichung. Für sich selbst wie ein Gegenstand-an-sich sein, und zwar in der absoluten Einheit der Verinnerlichung, das ist dasjenige, was das Reflexion-sein zu sein hat.

Die Anstrengung, sich selbst der eigene Grund zu sein, die eigene Flucht in Innerlichkeit zurückzunehmen und zu beherrschen, und schließlich diese Flucht zu *sein*, statt sie als eine Flucht, die sich entflieht, zu zeitigen – dieses Bemühen ist zum Scheitern verurteilt, und eben dieses Scheitern ist die Reflexion. Das Sein, das sich verliert, ist *es* ja *selbst*, das es wiederzuerlangen hat, und dazu muß es diese Rücknahme in seiner eigenen Seinsweise sein, das heißt, in der Weise des Für-sich, und somit der Flucht. Denn das Für-sich bemüht sich darum, als *Für-sich* zu sein, was es ist, oder, anders gesagt, es will *für sich* sein, was es für-sich-ist. Die Reflexion oder das Bemühen, das Für-sich durch eine Rückwendung zu sich zurückzugewinnen, führt somit zur Erscheinung des Für-sich für das Für-sich.

Das Seiende, das sein Sein begründen will, ist selbst nur Grund seines eigenen Nichts. Das Insgesamt bleibt also genichtetes An-sich. Zugleich kann die Rückwendung des Seienden zu sich nur den *Abstand* erscheinen lassen zwischen dem, was sich rückwendet, und dem, auf das zu die Rückwendung geschieht. Diese Rückwendung auf sich zu ist Losreißen von sich, um sich zurückzuwenden. Und diese Rückwendung läßt das reflexive Nichts erscheinen. Die strukturelle Notwendigkeit des Für-sich gebietet nämlich, daß es in seinem Sein nur zurückzugewinnen ist von einem Sein, das selbst in Gestalt des Für-sich existiert. Das Seiende, das die Rücknahme vollzieht, muß sich somit selbst in der Weise des Für-sich konstituieren, und das Seiende, das zurückgenommen werden soll, muß gleichfalls als Für-sich existieren. Zudem müssen diese beiden Seienden doch *das gleiche Wesen sein,* das indessen, indem es *sich* übernimmt, zwischen sich und sich in der Einheit desselben Seins einen absoluten Abstand entstehen läßt. Dieses Phänomen der Reflexion ist eine durchgehende Möglichkeit des Für-sich, weil die reflexive Weiterspaltung schon im reflektierten Für-sich angelegt ist: dazu genügt in der Tat, daß das reflektierende Für-sich sich *für es selbst* als Zeuge *des* Reflexes setzt und das reflektierte Für-sich sich *für es selbst* als Reflex dieses Reflektierenden. Als das Bemühen eines Für-sich, sich durch ein Für-sich zurückzugewinnen, das es im Modus des Nichtseins ist, stellt somit die Reflexion ein Stadium der Nichtung dar, das ein Zwischenglied ist zwischen der einfachen Existenz des Für-sich und der Existenz *für-Andere* als Akt der Wiedergewinnung eines Für-sich durch ein Für-sich, welches es nicht ist in der Weise des Nichtseins.[1]

Kann die beschriebene Reflexion in ihrem Anspruch und ihrer Tragweite durch das Faktum beschränkt werden, daß das Für-sich sich zeitigt? Wir sind nicht dieser Ansicht.

Suchen wir das Phänomen der Reflexion in seiner Beziehung zur Zeitlichkeit zu erfassen, so sind zwei Arten der Reflexion zu unterscheiden: die Reflexion kann rein oder unrein sein. Die reine Reflexion, die reine Anwesenheit des reflexiven Für-sich beim reflektierten Für-sich, ist die ursprüngliche Form der Reflexion und zugleich ihre ideale Form; auf ihrem Grund erscheint die unreine Reflexion und zugleich jene, die niemals primär *gegeben* ist, sondern durch eine Art Katharsis gewonnen werden muß. Die unreine oder mitschuldige Reflexion, von der wir später sprechen werden, schließt die

1 Wir finden hier jene «Spaltung der Sichselbstgleichheit» wieder, die für Hegel das Eigentümliche des Bewußtseins darstellt. Statt jedoch wie in der ‹Phänomenologie des Geistes› zu einer höheren Integration zu führen, vertieft diese Spaltung nur um so unwiderruflicher das Nichts, das das Bewußtsein von sich trennt. Das Bewußtsein ist hegelianisch, eben darin besteht jedoch seine größte Illusion.

reine Reflexion ein, zugleich geht sie jedoch über sie hinaus, weil sie weiterreichende Forderungen stellt.

Inwiefern ist die Evidenz der Reflexion ausgewiesen und berechtigt? Natürlich durch die Tatsache, daß das Reflexive das Reflektierte *ist*. Würden wir über diese Tatsache hinweggehen, so hätten wir keine Möglichkeit mehr, den Anspruch der Reflexion zu rechtfertigen. Das Reflexive *ist* jedoch das Reflektierte in völliger Immanenz, wenn auch in Gestalt des «Nicht-in-sich-seins». Das zeigt schon der Umstand, daß das Reflektierte für die Reflexion nicht ganz Gegenstand, sondern *Quasi-Gegenstand* ist. In der Tat ist das reflektierte Bewußtsein der Reflexion nicht wie ein *Äußeres* gegeben, das heißt, wie ein Seiendes, dem gegenüber ein Blickpunkt einzunehmen wäre, in Beziehung zu dem man einen Abstand wahren könnte, um die trennende Distanz zu vergrößern oder zu verringern. Sollte das reflektierte Bewußtsein «von außen gesehen» werden, sollte die Reflexion sich in Beziehung zu ihm einstellen können, so dürfte das Reflexive nicht das Reflektierte sein in der Weise des Nicht-seins dessen, was es nicht ist: allein in der Existenz *für-Andere* kann diese weitere Zerteilung verwirklicht werden. Unbestreitbar ist die Reflexion Erkenntnis; sie hat die Eigentümlichkeit einer Setzung; das reflektierte Bewußtsein wird in ihr behauptet. Wie wir sogleich sehen werden, ist jedoch jede Behauptung durch eine Verneinung bedingt: *diesen* Gegenstand behaupten, bedeutet, gleichzeitig verneinen, daß ich der Gegenstand bin. Erkennen heißt, *sich* anders *machen*. Nun kann aber das Reflexive sich nicht völlig anders als das Reflektierte machen, da es *ist, um* das Reflektierte *zu sein*. Seine Behauptung wird unterwegs aufgehalten, da seine Verneinung sich nicht vollständig verwirklicht. Es löst sich also nicht ganz vom Reflektierten ab und kann es nicht «von einem Blickpunkt aus» umfassen. Seine Erkenntnis ist vollständig, eine blitzartige, unplastische Intuition, ohne Ausgangs- noch Endpunkt. Alles ist mit einem Schlage gegeben, in einer Art absoluter Nähe. Was wir gewöhnlich *Erkenntnis* nennen, setzt Höhen und Tiefen, Ordnung und Hierarchie voraus. Selbst die mathematischen Wesenheiten enthüllen sich uns in einer bestimmten Ausrichtung auf andere Wahrheiten und Folgerungen; aber niemals enthüllen sich alle ihre Merkmale gleichzeitig. Die Reflexion hingegen, die uns das Reflektierte nicht wie eine Gegebenheit liefert, sondern als das Sein, das wir zu sein haben, in einer standpunktlosen Ungeschiedenheit, ist eine Erkenntnis, die von sich selbst überflutet wird, aber ohne eigentliches Erklären. Zugleich wird sie niemals von sich selbst überrascht, sie *lehrt* uns nichts, sondern *setzt* nur. Bei der Erkenntnis eines transzendenten Gegenstandes gibt es eine *Enthüllung* des Gegenstands, und der enthüllte Gegenstand kann uns enttäuschen oder verwundern. In der reflexiven Enthüllung dagegen handelt es sich um die Setzung eines Seins, das bereits in seinem Sein Enthüllung war. Die Reflexion beschränkt sich darauf, diese Enthüllung für sich bestehen zu lassen; das enthüllte Sein enthüllt sich nicht wie etwas Gegebenes, sondern als «Schon-enthülltes». Die Reflexion ist eher ein *Wiedererkennen* als ein Erkennen. Sie impliziert ein prae-reflexives Verständnis desjenigen, was sie als ursprüngliche Veranlassung der Rückgewinnung rückgewinnen will.

Wenn aber das Reflexive das Reflektierte *ist* und diese Seinseinheit den Anspruch der Reflexion begründet und beschränkt, so ist hinzuzufügen, daß das Reflektierte selbst seine Vergangenheit und seine Zukunft *ist*. Obschon das Reflexive dauernd von der Totalität des Reflektierten überflutet wird, die es im Modus des Nicht-seins ist, erstreckt es ohne Frage dennoch sein apodiktisches Recht auf die Totalität, die es ist. Die reflexive Errungenschaft Descartes', das *cogito*, darf daher nicht auf den unendlich kleinen Augenblick beschränkt werden. Das folgert übrigens auch aus dem Faktum, daß das *Denken* ein Akt ist, der die Vergangenheit einbezieht und von der Zukunft seine Vorzeichnung erfährt. Ich *zweifele*, also bin ich, sagt Descartes. Was bliebe jedoch von dem methodischen Zweifel, wenn er auf den Augenblick beschränkt wäre? Eine zeitweilige Aufhebung des Urteils vielleicht. Eine solche Aufhebung des Urteils ist jedoch noch kein Zweifel, sondern nur eine seiner notwendigen Voraussetzungen. Zum Zweifel gehört, daß diese Aufhebung durch einen Mangel an zureichenden Gründen zur Bejahung oder Verneinung motiviert ist – womit auf die Vergangenheit verwiesen ist –, und daß er willentlich bis zum Auftreten neuer Elemente aufrechterhalten wird, was schon einem Entwurf der Zukunft gleichkommt. Der Zweifel erscheint auf dem Grunde eines präontologischen Verständnisses des *Erkennens* und der Erfordernisse des Wahren. Dieses Verständnis und diese Erfordernisse geben dem Zweifel seine Bedeutung, sie engagieren das Ganze der menschlichen Wirklichkeit und ihr In-der-Welt-sein, sie setzen die Existenz eines *Gegenstandes* der Erkenntnis und des Zweifels voraus, das heißt, einer transzendenten Fortdauer in der universellen Zeit; und somit ist der Zweifel eine bezogene *Verhaltensweise*, die einen Modus des In-der-Welt-seins der menschlichen Wirklichkeit darstellt. Sich zweifelnd zu entdecken, heißt, sich selbst schon voraus in der Zukunft zu sein, die den Zweck, das Aufhören und die Bedeutung des Zweifels enthält, und hinter sich selbst in der Vergangenheit, die den konstitutiven Anlaß des Zweifels und seine Entwicklungsstufen enthält, außerhalb seiner selbst in der Welt zu sein als Anwesenheit bei dem Gegenstand, den man bezweifelt. Die gleichen Bemerkungen würden für jedwede andere Feststellung der Reflexion gelten: ich lese, ich träume, ich nehme wahr, ich handle. Sie führen uns entweder dazu, der Reflexion jede apodiktische Gewißheit zu verweigern: in diesem Fall löst meine Selbsterkenntnis sich im bloß Wahrscheinlichen auf und wird meine Existenz selbst zur bloßen Wahrscheinlichkeit, denn mein Im-Augenblick-sein ist kein Sein – oder wir haben hingegen den Anspruch der Reflexion auf die menschliche Totalität auszudehnen, das heißt, auf die Vergangenheit, die Zukunft, die Anwesenheit und den Gegenstand. Haben wir aber richtig gesehen, so ist die Reflexion das Für-sich, das sich selbst als Totalität in dauernder Unvollständigkeit zurückzugewinnen sucht. Sie ist die Behauptung der Seinsenthüllung, die sich selbst ihre eigene Enthüllung ist. Da das Für-sich sich zeitigt, folgert daraus: 1. daß die Reflexion als Seinsmodus des Für-sich als Zeitigung sein muß und selber ihre Vergangenheit und ihre Zukunft ist; 2. daß sie von Natur aus ihre Rechte und ihre Gewißheit bis auf die Möglichkeiten, die ich *bin*, und die Vergangenheit, die ich *war*, ausdehnt. Das Reflexive ist nicht Erfassen eines momentanen Reflektierten und ist selbst ebensowenig Augenblicklichkeit. Das bedeutet nicht, daß das Reflexive *mit* seiner Zukunft auch die Zukunft des Reflektierten erkennt und *mit* seiner Vergangenheit auch die Vergangenheit des zu erkennenden Bewußtseins. Im Gegenteil, eben durch ihre Zukunft und Vergangenheit unterscheiden sich das Reflexive und das Reflektierte in der Einheit ihres Seins. Die Zukunft des Reflexiven ist in der Tat das Insgesamt der ihm eigenen Möglichkeiten, die das Reflexive als solches zu sein hat. Es kann als solches nicht auch ein Bewußtsein der reflektierten Zukunft einschließen. Dasselbe gilt von der reflexiven Vergangenheit, obwohl diese letztlich in der Vergangenheit des ursprünglichen Für-sich gründet. Und wenn die Reflexion auch aus ihrer Zukunft und ihrer Vergangenheit ihre Bedeutung erhält, so befindet sie sich doch als entfliehende Anwesenheit bei einer Flucht ek-statisch auf dem ganzen Wege dieser Flucht. Anders gesagt, das Für-sich, das im Modus der reflexiven Verdoppelung existiert, gewinnt als Für-sich seinen Sinn aus seinen Möglichkeiten und seiner Zukunft; in diesem Sinn ist die Reflexion ein diasporisches Phänomen; als *Anwesenheit bei sich* hingegen ist es eine allen ihren ekstatischen Dimensionen gegenwärtige Anwesenheit. Wie man sagen wird, bleibt zu erklären, wieso der angeblich apodiktischen Reflexion so viele Irrtümer unterlaufen können, besonders hinsichtlich der Vergangenheit, die sie unserer Ansicht nach zu erkennen befähigt ist. Wir antworten, daß sie sich niemals irrt, und zwar in eben dem Maße, wie sie die Vergangenheit als dasjenige erfaßt, was die Gegenwart in nichtthematisierter Form beunruhigt. Wenn ich sage: «Ich lese, ich zweifele, ich hoffe usw.», so gehe ich bereits, wie wir zeigten, über meine Gegenwart hinaus zur Vergangenheit hin. In keinem dieser Fälle kann ich mich täuschen. Das Apodiktische der Reflexion steht außer Zweifel, in dem Maße, in dem sie die Vergangenheit geradeso erfaßt, wie sie für das reflektierte Bewußtsein ist, das sie zu sein hat. Unterläuft mir hingegen so mancher Irrtum, sooft ich mich im Modus der Reflexion an meine vergangenen Empfindungen und Gedanken erinnere, so befinde ich mich hier eben in der Dimension der Erinnerung: in diesem Augenblick *bin* ich meine Vergangenheit nicht mehr, sondern thematisiere sie. Und hier haben wir es nicht mehr mit dem reflexiven Akt zu tun.

Die Reflexion ist somit Bewußtsein *der drei* ek-statischen Dimensionen. Sie ist nichtsetzendes Bewußtsein (des) Verfließens und setzendes Bewußtsein *der* Dauer. Die Vergangenheit und Gegenwart des reflektierten Bewußtseins fangen an, für sie beinahe wie etwas Äußerliches zu existieren; sie sind nämlich nicht nur in der Einheit eines Für-sich festgehalten, das ihr Sein erschöpft, indem es sie zu sein hat, sondern sind zugleich *für* ein Für-sich, das durch ein Nichts von ihnen getrennt ist und das ihr Sein nicht zu sein hat, obwohl es in der Einheit eines Seins mit ihnen existiert. Durch die Reflexion sucht auch das Verfließen zu *sein,* wie ein in der Immanenz umrissenes Äußeres. Jedoch entdeckt die reine Reflexion die Zeitlichkeit wiederum nur in ihrer ursprünglichen Substanzlosigkeit, ihrer Weigerung, an-sich zu sein; sie entdeckt die Möglichkeiten *als Möglichkeiten,* die durch die Freiheit des Für-sich ihre Schwere verloren, sie enthüllt die Gegenwart als transzendent, und wenn ihr die Vergangenheit als An-sich erscheint, so ist sie doch wieder in der Anwesenheit gegründet. Sie enthüllt schließlich das Für-sich in seiner entganzheitlichten Ganzheit als die unvergleichbare Individualität, die sie *selbst ist* in der Weise, daß sie sie zu sein hat; sie enthüllt das Für-sich als das im besonderen Sinn Reflektierte, das Sein, das nur als *Sich* ist und dieses «Sich» stets im Abstand von ihm selbst, in der Zukunft, der Vergangenheit, in der Welt ist. Die Reflexion erfaßt somit die Zeitlichkeit, sofern sie sich als der einzigartige und unvergleichbare Seinsmodus einer Selbstheit enthüllt, das heißt, als Geschichtlichkeit.

Im genauen Gegensatz zur Geschichtlichkeit steht jedoch jene Dauer, die wir als Aufeinanderfolge gestalteter zeitlicher Form kennen und alltäglich im Munde führen. Diese ist nur der konkrete Stoff psychischer Zeiteinheiten. Jene Freude ist zum Beispiel eine solche gestaltete Form, die nach einer Trauer erscheint, vor der wiederum jene Demütigung liegt, die ich gestern empfunden habe. Zwischen solchen Einheiten des Ablaufs, Zuständen, Beschaffenheiten, Handlungen werden gewöhnlich die Beziehungen des Vorher und Nachher hergestellt, sie werden auch zum *Datieren* verwandt. Das reflexive Bewußtsein des Menschen-in-der-Welt befindet sich somit in seiner alltäglichen Existenz psychischen Objekten gegenüber, die sind, was sie sind, die in dem fortlaufenden Gewebe unserer Zeitlichkeit wie Bilder und Figuren auf einer Tapete erscheinen und die aufeinanderfolgen wie die Dinge in der Weltzeit, das heißt, indem sie sich wechselseitig ersetzen, ohne untereinander andere Beziehungen als die rein äußerlichen der Aufeinanderfolge zu unterhalten. So spricht man von einer Freude, die ich *habe* oder *gehabt habe*, man spricht von *meiner* Freude, wie wenn ich deren Träger wäre und sie sich von mir ablösen würde, wie die endlichen Modi sich bei Spinoza von dem Grund des Attributs ablösen. Man sagt sogar, *ich empfinde* eine Freude, wie wenn sie sich wie ein Siegel in den Stoff meiner Zeitlichkeit eindrücken würde, besser gesagt, wie wenn die Anwesenheit solcher Gefühle, Gedanken und Zustände in mir eine Art *Besuch* wäre. Diese psychische Dauer, die aus dem konkreten Ablauf autonomer Zusammenhänge gebildet wird, das heißt eigentlich, aus der Aufeinanderfolge psychischer *Fakten*, dürfen wir dennoch nicht als Illusion betrachten; ihre Wirklichkeit ist in der Tat der Gegenstand der Psychologie; praktisch stellen sich auf der Ebene der psychischen Fakten die konkreten mitmenschlichen Beziehungen her, die wechselseitigen Ansprüche, Eifersüchteleien, Rachegefühle, Beeinflussungen, Kämpfe, Listen usw. Andererseits ist nicht vorstellbar, daß das unreflektierte Für-sich, das seine Geschichtlichkeit in seinem Auftauchen zeitigt, *selbst* diese Beschaffenheiten, Zustände, Handlungen wäre. Seine Seinseinheit würde sich in die Mannigfaltigkeit von einander äußerlichen Dingheiten auflösen, von neuem erschiene das ontologische Problem der Zeitlichkeit, aber jetzt hätten wir nicht mehr die Möglichkeit zu seiner Lösung, denn das Für-sich kann zwar seine Vergangenheit sein, jedoch wäre es absurd, zu verlangen, daß meine Freude auch die ihr vorausgegangene Trauer sein soll, sei es auch im Modus des «Nicht-seins». Die Psychologen geben uns ein unvollständiges Bild dieser ek-statischen Existenz, wenn sie behaupten, daß die psychischen Fakten zueinander bezüglich seien und der Donnerschlag, den man nach einem langen Schweigen hört, als «Donnerschlag-nach-einem-langen-Schweigen» wahrgenommen werde. Sie machen ihre Sache sehr schön, nur haben sie sich selbst davon suspendiert, diese Bezüglichkeit in der Aufeinanderfolge zu erklären, indem sie ihr jede ontologische Grundlage genommen haben. Erfaßt man aber das Für-sich in seiner Geschichtlichkeit, so verflüchtigt sich die psychische Dauer; die Zustände, Beschaffenheiten und Handlungen verschwinden und machen dem Für-sich-sein als solchem Platz, das nur als einzigartige Individualität ist und dessen Geschichtlichkeit in ihrem Verlauf unteilbar ist. Das Für-sich ist dasjenige, das verfließt, aus dem Grund der Zukunft sich ruft, sich mit der Vergangenheit, die es war, beschwert; es gibt seiner Selbstheit ihre Geschichtlichkeit, und wir wissen, daß es in seinem primären oder unreflektierten Seinsmodus Bewußtsein der Welt ist und nicht *von* sich. Die Zustände und Beschaffenheiten können daher keine Seienden in seinem Sein sein (in dem Sinn, daß die Ablaufseinheit *Freude* ein «Inhalt» oder eine «Tatsache» des Bewußtseins wäre), es gibt sie nur als seine inneren, nicht-setzenden Färbungen, die nichts anderes als es selbst sind, insofern es für-sich ist, und nicht außerhalb seiner wahrzunehmen sind.

Wir befinden uns somit zwei Arten von Zeitlichkeit gegenüber: der ursprünglichen Zeitlichkeit, deren Zeitigung wir *sind*, und der psychischen Zeitlichkeit, die unvereinbar mit dem Seinsmodus unseres Seins erscheint und zugleich als eine zwischenmenschliche Realität, als wissenschaftlicher Gegenstand und Ziel der menschlichen Handlungen (in dem Sinn, wie ich etwa alles daran setze, um «mich für Anni liebenswert zu machen» und ihr *«Liebe einzuflößen»*). Die psychische, wie sich versteht, *abgeleitete* Zeitlichkeit kann nicht direkt aus der ursprünglichen Zeitlichkeit hervorgehen; diese konstituiert nur sich selbst. Die psychische Zeitlichkeit ist dagegen unfähig, *sich* zu konstituieren, da sie nur die Ordnung einer faktischen Aufeinanderfolge ist. Übrigens kann die psychische Zeitlichkeit dem unreflektierten Für-sich, das reine ek-statische Anwesenheit bei der Welt ist, nicht erscheinen: sie erscheint nur der Reflexion, und die Reflexion muß sie konstituieren. Wieso ist aber die Reflexion dazu fähig, wenn sie doch bloße Enthüllung der Geschichtlichkeit ist, die sie ist?

Hier ist es nun angezeigt, die reine Reflexion von der unreinen oder konstituierenden zu unterscheiden: die unreine Reflexion konstituiert nämlich die Aufeinanderfolge der psychischen Fakten oder *Psyche*. Was alltäglich zunächst gegeben ist, ist die unreine oder konstituierende Reflexion, obschon diese in sich die reine Reflexion als ihre ursprüngliche Struktur umfaßt. Die unreine Reflexion kann nur infolge einer Veränderung erreicht werden, die sie an sich selbst bewirkt und die die Form einer Katharsis hat. Es ist hier nicht der Ort, die Veranlassung und die Struktur dieser Katharsis zu beschreiben. Uns geht es nur um die Beschreibung der unreinen Reflexion, insofern sie die psychische Zeitlichkeit konstituiert und enthüllt.

Wie wir sahen, ist die Reflexion ein Seinstypus, in dem das Für-sich ist, um für sich selbst zu sein, was es ist. Die Reflexion ist somit kein launisches Auftauchen in der reinen Gleichgültigkeit des Seins, sondern vollzieht sich in der Perspektive eines *Für*. Wir konnten in der Tat zeigen, daß das Für-sich das Sein ist, das in seinem Sein der Grund eines Für ist. Die Bedeutung der Reflexion ist somit ihr Sein-für. Im einzelnen ist das Reflexive das sich selbst *für* seine Rückgewinnung nichtende Reflektierte. Insoweit es das Reflektierte zu sein hat, entweicht in diesem Sinn das Reflexive dem Für-sich, das es als Reflexives ist in der Weise, «es zu sein zu haben». Wäre es jedoch nur, um das Reflektierte zu sein, das es zu sein hat, so würde es dem Für-sich nur entfliehen, um es sogleich wiederzufinden; überall und wie es sich auch immer berühren läßt, stets ist das Für-sich dazu verdammt, für-sich-zu-sein. Eben das entdeckt in der Tat die reine Reflexion. Die unreine Reflexion hingegen, die die erste, spontane (aber nicht *ursprüngliche*) reflexive Bewegung ist, sucht das Reflektierte als An-sich zu sein. Ihre Veranlassung verläuft in sich selbst in der beschriebenen doppelten Bewegung der Verinnerlichung und der Objektivierung: das Reflektierte als An-sich erfassen, um sich zu dem An-sich zu machen, das man erfaßt. Ein Erfassen des Reflektierten als solchen ist somit die unreine Reflexion nur in einem Zirkel der Selbstheit, in dem sie sich unmittelbar auf ein An-sich, das sie zu sein hat, bezieht. Andererseits ist jedoch das An-sich, das sie zu sein hat, das *Reflektierte,* insoweit es das Reflexive als an-sich seiend zu ergreifen sucht. Das heißt, daß es in der unreinen Reflexion drei verschiedene Formen gibt: das Reflexive, das Reflektierte und ein An-sich, das das Reflexive zu sein hat, insoweit es das Reflektierte wäre, und das nichts anderes ist als das *Für* des reflexiven Phänomens. Dieses An-sich wird hinter dem Für-sich-Reflektierten von einer Reflexion umrissen, die das Reflektierte durchdringt, um es zurückzuholen und zu gründen; es ist wie die Projektion des Für-sich-Reflektierten in das An-sich als Bedeutung; sein Sein ist nicht, zu sein, sondern *gewesend zu sein* wie das Nichts. Es ist das Reflektierte als reiner Gegenstand für das Reflexive. Sobald die Reflexion einen Blickpunkt gegenüber dem Reflexiven einnimmt, sobald sie die blitzartige undifferenzierte Intuition verläßt, in der das Reflektierte ohne Blickpunkt dem Reflexiven gegeben ist, sobald sie sich als das Reflektierte *nicht seiend* setzt und bestimmt, *was es ist,* läßt die Reflexion hinter dem Reflektierten ein An-sich erscheinen, das determiniert und qualifiziert werden kann. Dieses transzendente An-sich, dieser Schatten, den das Reflektierte ins Sein trägt, ist dasjenige, was das Reflexive zu *sein* hat, insofern es das ist, was das Reflektierte *ist.* Es ist nicht gleichzusetzen mit dem *Wert* des Reflektierten, wie er der Reflexion in der ganzheitlichen und undifferenzierten Intuition gegeben ist – und ebensowenig mit jenem *Wert,* der dem Reflexiven als nicht-setzende Abwesenheit vorschwebt und als das Für des reflexiven Bewußtseins, insofern es nichtsetzendes Bewußtsein (von) sich ist. Es ist der notwendige Gegenstand jeder Reflexion; zu seinem Auftauchen genügt es, daß die Reflexion das Reflektierte als Gegenstand betrachtet: eben der Entschluß, in dem die Reflexion sich dazu entscheidet, das Reflektierte als Gegenstand anzusehen, läßt das An-sich als die transzendente

Objektivierung des Reflektierten erscheinen. Der Akt aber, durch den die Reflexion sich dazu entscheidet, das Reflektierte als Gegenstand zu nehmen, ist selber: 1. Setzung des Reflexiven als das Reflektierte *nicht seiend,* 2. Einnehmen eines Blickpunktes in Beziehung zum Reflektierten. In Wahrheit bilden diese beiden Momente nur einen, da die konkrete Verneinung, zu der sich das Reflexive bezüglich des Reflektierten macht, sich eben *in* der Einnahme eines Standpunktes und *durch* sie bekundet. Wie man sieht, bildet der vergegenständlichende Akt eine genaue Fortsetzung der reflexiven Verdoppelung, da diese Verdoppelung durch die Vertiefung jenes Nichts vollzogen wird, das den Reflex vom Reflektierenden trennt. Die Objektivierung nimmt die reflexive Bewegung wieder auf als das Reflektierte nicht seiend, *damit* das Reflektierte als Gegenstand für das Reflektierte erscheint. Jedoch ist diese Reflexion unaufrichtig; sie scheint nämlich das Band zu zerschneiden, das Reflektiertes und Reflexives verbindet, sie scheint zu erklären, daß das Reflexive das Reflektierte *nicht ist* im Modus des Nicht-Seins, was man nicht ist, während im ursprünglichen Auftauchen der Reflexion das Reflexive das Reflektierte nicht ist, aber im Modus des Nicht-seins, was man ist, jedoch nur, um in der Folge die Identitätsbehauptung wieder aufzunehmen und von diesem An-sich zu behaupten, daß «ich *es* bin». In einem Wort, die Reflexion ist unwahrhaftig, insoweit sie sich konstituiert als Enthüllung des *Objekts, das ich mir bin.* Andererseits ist jedoch diese entschiedenere Nichtung kein wirkliches und metaphysisches Ereignis: das wirkliche Ereignis, der dritte Vollzug der Nichtung ist das *Für-Andere-sein.* Die unreine Reflexion ist ein mißlungener Versuch des Für-sich, der *Andere* zu *sein* und zugleich es *selbst* zu *bleiben.* Das hinter dem Reflektierten erschienene transzendente Objekt ist das einzige Sein, von dem das Reflexive, in diesem Sinn, sagen könnte, daß es *es nicht ist.* Aber das ist nur ein Schatten des Seins. Es ist gewesend, und das Reflexive hat es zu sein, um es nicht zu sein. Diesen Schatten des Seins, das notwendige und beständige Korrelat der unreinen Reflexion, erforscht die Psychologie unter dem Namen einer *psychischen Tatsache.* Die psychische Tatsache ist somit der Schatten des Reflektierten, insofern das Reflexive sie ekstatisch zu sein hat im Modus des Nicht-seins. Die Reflexion ist also unrein, wenn sie sich als «Intuition des Für-sich im An-sich» darstellt; was sich ihr enthüllt, ist nicht die zeitliche und nichtsubstantielle Geschichtlichkeit des Reflektierten; es ist vielmehr, jenseits des Reflektierten, die Substantialität selbst gegliederter Ablaufsformen. Die Einheit dieser virtuellen Formen nennt man *das psychische Leben* oder die *Psyche,* ein virtuelles und transzendentes An-sich, das die Verzeitlichung des Für-sich umspannt. Die reine Reflexion ist stets nur eine Quasi-Erkenntnis;

von der Psyche gibt es jedoch allein eine reflexive Erkenntnis. In jedem psychischen Objekt findet man natürlich die Besonderheiten des wirklichen Reflektierten wieder, jedoch zum An-sich degradiert. Eine kurze Beschreibung *a priori* der Psyche wird uns darüber aufklären.

1. Unter Psyche versteht man einmal das *Ego*, seine Zustände, seine Eigenschaften und Handlungen. Das *Ego* stellt unter der zweifachen grammatischen Form des Ich (Je) und Ich (Moi) die *Person* dar als transzendente psychische Einheit. Wir haben anderswo von ihm gehandelt. Als *Ego* sind wir de facto und de jure Subjekte, aktiv und passiv, Willensträger und mögliche Objekte eines Wert- oder Verantwortungsurteils.

Die Eigenschaften des *Ego* bilden das Insgesamt der Wirkungsvermögen, der Latenzen und Potenzen, die unseren Charakter und unsere Gewohnheiten (im griechischen Sinn der ἕξις) ausmachen. Jähzornig, fleißig, eifersüchtig, ehrgeizig, sinnlich zu sein, ist eine «Eigenschaft». Daneben gibt es Eigenschaften einer anderen Klasse, die ihren Ursprung in unserer Geschichte haben und die man *Gewohnheiten* nennt: ich kann gealtert, müde, verbittert, benachteiligt, erfolgreich sein; ich kann mir als einer erscheinen, der «durch einen Erfolg Selbstvertrauen erworben hat», oder hingegen als einer, der «allmählich bestimmte Neigungen und Gewohnheiten, eine krankhafte Sexualität angenommen hat» (infolge einer langen Krankheit).

Im Gegensatz zu den Eigenschaften, die «potentiell» existieren, sind die *Zustände* als aktuell existierend gegeben. Der Haß, die Liebe, die Eifersucht sind Zustände. Eine Krankheit ist ein Zustand, insoweit sie von dem Kranken als psychophysiologische Wirklichkeit erfaßt wird. Eine Anzahl von Eigentümlichkeiten, die von außen mit meiner Person verknüpft sind, können, insoweit ich sie lebe, in gleicher Weise *Zustände* werden: so sind die Abwesenheit (im Hinblick auf eine ganz bestimmte Person), die Verbannung, die Entehrung, der Triumph Zustände. Man sieht, wodurch die Eigenschaft sich vom Zustand unterscheidet: nach meinem gestrigen Zorn bleibt meine «Reizbarkeit» übrig als bloße latente Veranlagung zum Jähzorn. Nach Peters Handlungsweise und der Rachsucht, die sie mir eingeflößt hat, lebt mein Haß hingegen weiter als eine *aktuelle* Wirklichkeit, obwohl ich mich in Gedanken mit etwas anderem beschäftige. Die Eigenschaft ist zudem eine angeborene oder erworbene Gemütsanlage, die dazu beiträgt, meine Person des näheren zu *bestimmen*. Der Zustand ist hingegen in weit höherem Maße zufällig: er ist *etwas, das mir zustößt*. Jedoch gibt es Übergänge zwischen Zuständen und Eigenschaften: so war zum Beispiel der Haß des Pozzo di Borgo gegen Napoleon konstitutiv für die

Person des Pozzo, obwohl er faktisch existierte und die zufällige gefühlsmäßige Beziehung zwischen Pozzo und Napoleon darstellte.

Unter *Handlungen* ist jede synthetische Aktivität der Person zu verstehen, das heißt, jede Vorkehrung im Hinblick auf ein Ziel, aber nicht insofern das Für-sich seine eigenen Möglichkeiten ist, sondern nur insofern die Handlung eine transzendierende psychische Synthese darstellt, die es erleben muß. So ist zum Beispiel das Training eines Boxers eine Handlung, weil es das Für-sich übergreift und stützt, das sich andererseits in diesem und durch dieses Training verwirklicht. Das gleiche gilt für die Forschung des Gelehrten, die Arbeit des Künstlers, die Wahlkampagne des Politikers. In all diesen Fällen stellt die Handlung als psychisches Sein eine transzendierende Existenz und die objektive Seite der Beziehung des Für-sich zur Welt dar.

2. Das «Psychische» ist nur für eine besondere Art von Erkenntnisakten gegeben: für die der Reflexion des Für-sich. Auf der unreflektierten Ebene ist in der Tat das Für-sich seine eigenen Möglichkeiten in nicht-setzendem Modus, und da die Möglichkeit jeweils mögliche Anwesenheit bei der Welt jenseits des gegebenen Weltzustandes ist, ist dasjenige, was sich thetisch, aber nicht thematisch in ihr entdeckt, ein mit dem gegebenen Zustand synthetisch verbundener Weltzustand. Die Veränderungen, die in der Welt zu bewirken sind, stellen sich somit thetisch in den anwesenden Dingen dar als objektive Potentialitäten, die sich zu verwirklichen haben, indem sie unseren Körper als Instrument ihrer Verwirklichung entlehnen. Derart erblickt der Jähzornige im Gesicht seines Partners die objektive Eigenschaft, die seinen Faustschlag herbeiruft. Daher die entsprechenden Ausdrücke wie «Ohrfeigengesicht», «Maul zum Draufschlagen» usw. usw. Unser Körper erscheint hier nur wie ein Medium im Trancezustand. Durch ihn soll sich nur eine bestimmte Möglichkeit der Dinge verwirklichen (das zu-trinkende-Getränk, die zuleistende-Hilfe, der zu-vernichtende-Schädling usw.), die mittlerweile aufgetauchte Reflexion erfaßt dann die ontologische Beziehung des Für-sich zu seinen Möglichkeiten, jedoch als ein *Objekt*. Und somit taucht die *Handlung* auf, und zwar als virtuelles Objekt des reflexiven Bewußtseins. Es ist mir folglich unmöglich, zur gleichen Zeit und in der gleichen Dimension ein Bewußtsein *von* Peter zu haben und ein Bewußtsein *von* meiner Freundschaft zu ihm: diese beiden Existenzen sind stets durch eine Dichte des Für-sich voneinander getrennt. Und dieses Für-sich ist selbst eine verborgene Wirklichkeit: im Fall des nicht-reflektierten Bewußtseins ist es zwar, aber nicht thetisch, es verschwindet vor dem Gegenstand der Welt und seinen Potentialitäten. Im Fall des reflexiven Auftauchens ist es überschritten auf das virtuelle Objekt hin, wel-

ches das Reflexive zu sein hat. Nur ein *reines* reflexives Bewußtsein kann das reflektierte Bewußtsein in seiner Wirklichkeit entdecken. *Psyche* nennen wir daher die gegliederte Ganzheit jener virtuellen und transzendenten Existierenden, die das dauernde Geleit der unreinen Reflexion bilden und das natürliche Objekt der *psychologischen* Untersuchungen darstellen.

3. Diese Objekte sind zwar virtuell, aber keine Abstrakta; sie werden vom Reflexiven nicht im Leeren aufgesucht, sondern stellen sich als das konkrete An-sich dar, das das Reflexive jenseits des Reflektierten zu sein hat. Wir nennen *Evidenz* die unmittelbare, «persönliche» Anwesenheit des Hasses, der Verbannung, des methodischen Zweifels beim reflexiven Für-sich. Um sich davon zu überzeugen, daß diese Anwesenheit existiert, braucht man nur an die Erfahrungen zu denken, die man macht, wenn man versucht, sich an eine frühere Liebe, an eine bestimmte geistige Atmosphäre zu erinnern, die man einmal erlebt hat. Bei solchen Versuchen haben wir sehr genau das Bewußtsein, die verschiedenen Gegenstände *im Leeren* anzuvisieren. Wir können uns bestimmte Begriffe von ihnen bilden, ihre literarische Beschreibung versuchen, aber wir wissen, daß sie nicht da sind. Auch bei einer bestehenden Liebe gibt es ähnlich Perioden der Unterbrechung, in denen wir zwar *wissen*, daß wir lieben, aber es nicht *fühlen*. Diese «Unterbrechungen des Herzens» sind von Proust sehr gut beschrieben worden. Andererseits ist es aber auch möglich, eine Liebe in ihrer Fülle zu erfassen und zu betrachten. Jedoch ist dafür ein besonderer Seinsmodus des reflektierten Für-sich erforderlich: *durch* meine augenblickliche Sympathie *hindurch*, die das Reflektierte eines reflexiven Bewußtseins geworden ist, kann ich meine Freundschaft zu Peter erfassen. Mit einem Wort, es gibt kein anderes Mittel, diese Eigenschaften, Zustände oder Handlungen zu vergegenwärtigen, als sie durch ein reflektiertes Bewußtsein hindurch zu ergreifen, dessen Schatten und Objektivierung im An-sich sie sind.

Die Möglichkeit, eine Liebe zu vergegenwärtigen, beweist jedoch besser als jedes Argument die Transzendenz des Psychischen. Wenn ich meine Liebe plötzlich entdecke, sie mit einem Mal *sehe*, so erfasse ich zugleich, daß sie *vor* meinem Bewußtsein ist. Ich kann ihr gegenüber verschiedene Standpunkte einnehmen, sie beurteilen und bin nicht in sie eingelassen wie das Reflexive in das Reflektierte. Schon deshalb allein erfasse ich sie als *nicht* das Für-sich *seiend*. Sie ist unendlich schwerer, undurchsichtiger und beständiger als diese absolute Durchsichtigkeit. Daher ist die *Evidenz*, mit der das Psychische der unreinen Reflexion gegeben ist, nicht apodiktisch. Die Zukunft des reflektierten Für-sich, die dauernd von meiner Freiheit zersetzt und entlastet wird, deckt sich in der Tat nicht mit der dichten und bedrohlichen Zukunft meiner Liebe, die ihr eben die Bedeutung der *Liebe* gibt. Würde ich die Zukunft der Liebe in dem psychischen Objekt nicht wie aufgehalten erfassen, wäre es dann noch Liebe? Wäre es dann nicht bloße *Laune*? Aber selbst die Laune bezieht die Zukunft ein, in dem Maße, wie sie eben bloße Laune bleiben soll, ohne jemals zur Liebe zu werden. Die stets genichtete Zukunft des Für-sich verhindert somit jede Determination an sich des Für-sich als eines liebenden oder hassenden Für-sich; und der Schatten, den das reflektierte Für-sich wirft, besitzt natürlicherweise eine zum An-sich verfallene Zukunft, die eine Einheit mit ihm bildet und seinen Sinn bestimmt. In Wechselwirkung mit der dauernden Nichtung des reflektierten Zukünftigen bleibt jedoch die gegliederte psychische Ganzheit samt ihrer Zukunft nur *wahrscheinlich*. Hierunter ist keine äußerliche Bestimmung zu verstehen, die sich aus der Beziehung zu meiner Erkenntnis ergäbe und die gegebenenfalls in Gewißheit verwandelt werden könnte, sondern eine ontologische Wesenseigentümlichkeit.

4. Als Schatten des reflektierten Für-sich besitzt das psychische Objekt auf tieferer Stufe die Eigenschaften des Bewußtseins. Insbesondere erscheint es dann als eine fertige und wahrscheinliche Ganzheit, wenn das Für-sich sich in der diasporischen Einheit einer entganzheitlichten Ganzheit existieren läßt. Das bedeutet, daß das durch die drei ekstatischen Dimensionen der Zeitlichkeit hindurch erfaßte Psychische in der Weise erscheint, daß es sich als synthetisches Gebilde aus Vergangenheit, Gegenwart und Zukunft darstellt. Eine Liebe, ein Unternehmen ist die gegliederte Einheit dieser drei Dimensionen. Es genügt in der Tat nicht, zu sagen, daß eine Liebe Zukunft «hat», wie wenn die Zukunft in nur äußerlicher Beziehung zu dem Objekt stünde, das sie charakterisiert: die Zukunft gehört vielmehr zu der gegliederten Ablaufsform «Liebe», da das zukünftige Sein der Liebe ihr ihren Sinn von Liebe gibt. Weil jedoch das Psychische An-sich ist, kann seine Gegenwart nicht Flucht, noch seine Zukunft reine Möglichkeit sein. Wir finden, daß in diesen Ablaufsformen ein wesentlicher Vorrang der Vergangenheit eingeräumt wird, die ist, was das Für-sich *war*, und die bereits die Verwandlung des Für-sich in An-sich voraussetzt. Das Reflexive projiziert ein mit den drei zeitlichen Dimensionen ausgestattetes Psychisches, jedoch konstituiert es diese Dimensionen nur mit dem, was das Reflektierte *war*. Auch die Zukunft *ist* bereits: wie wäre meine Liebe sonst Liebe? Nur ist sie noch nicht *gegeben*: sie ist ein «Jetzt», das noch nicht enthüllt ist. Sie verliert somit die Eigentümlichkeit einer *Möglichkeit-die-ich-zu-sein-habe:* meine Liebe, meine Freude *haben* ihre Zukunft *nicht zu sein*, sie *sind* sie in der ruhigen Unbeteiligtheit des Nebeneinanders, ähnlich wie der Füllfederhalter unten Feder

und oben Kappe ist. Gleicherweise wird die Gegenwart in ihrer wirklichen Eigenschaft des *Da-seins* erfaßt. Dabei ist dieses Da-sein als Da-gewesen-sein konstituiert. Die Gegenwart ist schon vollständig hergestellt und vom Scheitel bis zur Sohle gewappnet, sie ist ein «Jetzt», das der Augenblick wie einen Maßanzug bringt und wieder mitnimmt, wie eine Karte, die aus dem Spiel herausfliegt und wieder hineingenommen wird. Der Übergang eines «Jetzt» aus der Zukunft in die Gegenwart und aus der Gegenwart in die Vergangenheit läßt es keine Veränderung erleiden, da es in jedem Fall, als zukünftig oder nicht, immer schon vergangen ist. Das zeigt sehr deutlich der naive Rückgriff der Psychologen auf das Unbewußte zur Unterscheidung eines dreifachen «Jetzt» des Psychischen: als *gegenwärtig* wird man alsdann das Jetzt bezeichnen, das dem Bewußtsein gegenwärtig ist. Die als zukünftig vergangenen «Jetzt» haben genau die gleichen Eigenschaften, nur warten sie noch in der Vorhölle des Unbewußten; nimmt man sie so, wie sie sich in diesem undifferenzierten Milieu befinden, so ist es unmöglich, in ihnen die Vergangenheit von der Zukunft zu unterscheiden: eine Erinnerung, die im Unbewußten weiterlebt, ist ein vergangenes «Jetzt» und zugleich, insofern sie darauf wartet, wachgerufen zu werden, ein zukünftiges «Jetzt». Die psychische Form ist somit nicht *«zu sein»*, sondern bereits *fertig;* sie ist schon ganz Vergangenheit, Gegenwart, Zukunft im Modus des «Gewesen-seins». Für die «Jetzt», die sie bilden, handelt es sich nur noch darum, eines nach dem anderen vom Bewußtsein getauft zu werden, bevor sie wieder in die Vergangenheit zurückkehren.

Es ergibt sich hieraus, daß in der psychischen Form zwei gegensätzliche Seinsmodalitäten nebeneinander bestehen, da sie sowohl *bereits fertig* ist und in der zusammenhängenden Einheit eines Organismus erscheint, zugleich aber auch nur in der Aufeinanderfolge verschiedener «Jetzt» existieren kann, von denen ein jedes dazu tendiert, sich im An-sich zu isolieren. Zum Beispiel geht jene Freude von dem einen Augenblick in den andern über, weil ihre Zukunft bereits als Endpunkt und *gegebener* Sinn ihrer Entwicklung besteht, und zwar nicht als das, was sie zu sein hat, sondern was sie in der Zukunft schon «gewesen ist».

Der innere Zusammenhang des Psychischen ist in der Tat nichts anderes als die ins An-sich hypostasierte Seinseinheit des Für-sich. Ein Haß hat keine einzelnen Teile: er ist keine Summe von Weisen des Verhaltens und des Bewußtseins, sondern stellt sich durch die Verhaltensweisen und das Bewußtsein hindurch dar als die ungeteilte zeitliche Einheit seiner Erscheinungen. Die Seinseinheit des Für-sich erklärt sich indessen aus dem ek-statischen Charakter seines Seins: es hat in voller Spontaneität das zu sein, was es sein wird. Das Psychische hingegen «wird gewesen». Das bedeutet, es ist unfähig, sich durch sich selbst zur Existenz zu bestimmen. Dem Reflexiven gegenüber wird es durch eine Art Beharrungsvermögen aufrechterhalten; und die Psychologen haben des öfteren seinen «pathologischen» Charakter hervorgehoben. In diesem Sinn kann Descartes von den «Leidenschaften der Seele» sprechen; und obwohl das Psychische nicht auf derselben Seinsebene besteht wie das weltlich Vorhandene, kann es doch auf Grund dieses Beharrungsvermögens in Beziehung zu dem Vorhandenen gesehen werden. Eine Liebe stellt sich dar als «verursacht» von dem geliebten Gegenstand. Infolgedessen wird der vollständige Zusammenhang der psychischen Form unverständlich, da sie ja diesen Zusammenhang nicht *zu sein* hat, da sie nicht ihre eigene Synthese ist und ihre Einheit den Charakter einer Gegebenheit hat. In dem Maße, wie ein Haß eine gegebene Aufeinanderfolge von fertigen und bewegungslosen «Jetzt» ist, finden wir in ihm den Keim zu unendlicher Teilbarkeit. Und doch ist diese Teilbarkeit maskiert und verneint, insoweit das Psychische die Objektivierung der ontologischen Einheit des Für-sich ist. Daher rührt eine Art *magischer* Zusammenhalt zwischen den aufeinanderfolgenden «Jetzt» des Hasses, die sich als *Teile* darstellen, nur um sogleich ihre Äußerlichkeit zu verneinen. Diese Zweideutigkeit wird in Bergsons Theorie des Bewußtseins herausgestellt, derzufolge das Bewußtsein Dauer hat und zugleich «Mannigfaltigkeit wechselseitiger Durchdringung» ist. Was Bergson in Wahrheit erfaßt, ist das Psychische und nicht das als Für-sich verstandene Bewußtsein. Was heißt in der Tat «wechselseitige Durchdringung»? Gewiß nicht die rechtmäßige Abwesenheit jeder Teilbarkeit. Denn, wenn es wechselseitige Durchdringung geben soll, so müssen Teile dasein, die sich wechselseitig durchdringen. Die Teile jedoch, die eigentlich in ihre Absonderung zurückfallen müßten, gleiten kraft eines magischen und völlig unerklärten Zusammenhangs ineinander, und diese vollständige Verschmelzung trotzt schließlich jeder Analyse. Bergson denkt nicht daran, diese Eigentümlichkeit des Psychischen in einer absoluten Struktur des Für-sich zu begründen: er stellt sie nur wie eine Gegebenheit fest; eine bloße «Intuition» enthüllt ihm, daß das Psychische eine verinnerlichte Mannigfaltigkeit ist. Ihr Trägheitscharakter, ihre Passivität wird noch dadurch unterstrichen, daß sie existieren soll, ohne *für* ein setzendes oder nichtsetzendes Bewußtsein zu *sein*. Sie ist, ohne Bewußtsein (zu) sein zu sein, da der Mensch sie in seinem natürlichen Verhalten völlig verkennt und der Rückgriff auf eine Intuition zu ihrer Erfassung notwendig ist. So kann dann ein Gegenstand der Welt existieren, ohne gesehen zu werden, und sich hinterher erst enthüllen, nachdem wir uns die Instrumente für seine Entdeckung verfertigt haben. Die Eigentümlichkeiten der psychischen Dauer sind für Bergson ein reines kontingentes, empirisches Faktum: sie sind so, weil man sie so vorfindet, das ist alles. Die psychische Zeitlichkeit ist ein bewegungsloses *Datum*, das der Dauer Bergsons ziemlich nahe kommt: sie *erträgt* ihren inneren Zusammenhang, ohne ihn zu schaffen, sie wird dauernd gezeitigt, ohne *sich* zu zeitigen, und die faktische, irrationale und magische, wechselseitige Durchdringung von Elementen, die nicht durch eine ekstatische Seinsbeziehung geeint *sind*, kann hier nur mit einer von fern geübten magischen Behexung verglichen werden und verschleiert nur eine Mannigfaltigkeit von bereits fertigen «Jetzt». Jedoch entstehen diese Eigentümlichkeiten nicht durch einen Irrtum der Psychologen oder eine mangelhafte Erkenntnis, sondern sind konstitutiv für die psychische Zeitlichkeit als Hypostase der ursprünglichen Zeitlichkeit. Die absolute Einheit des Psychischen ist in der Tat die Projektion der ontologischen und ek-statischen Einheit des Für-sich. Da diese Projektion jedoch im An-sich, das ist, was es ist, und in der abstandslosen Nähe der Identität geschieht, zerbröckelt die ek-statische Einheit zu einer Unendlichkeit von «Jetzt», die alle sind, was sie sind, und eben deshalb dazu tendieren, sich in ihre Identität-an-sich einzuschließen. Indem somit die psychische Zeitlichkeit Anteil hat sowohl am An-sich wie am Für-sich, enthält sie einen unüberwindlichen Widerspruch. Das darf uns jedoch nicht verwundern: da sie von der unreinen Reflexion erzeugt wurde, ist es natürlich, daß sie das, was sie nicht ist, *«gewesen wird»*, und nicht ist, was sie «gewesen wird».

Das wird noch deutlicher bei der Untersuchung der Beziehungen, in denen die psychischen Formen innerhalb der psychischen Zeit zueinander stehen. Zunächst sei bemerkt, daß in der Tat die wechselseitige Durchdringung die Verbindung der Gefühle beispielsweise innerhalb einer komplexen psychischen Form regelt. Ein jeder kennt jene Gefühle der Freundschaft, die vom Neid «nuanciert» werden, des Hasses, der trotz allem von Achtung «durchdrungen» ist, oder jene zärtlichen Kameradschaften, die in Romanen so oft beschrieben werden. Gewiß ist auch, daß wir eine mit Neid gemischte Freundschaft in der Weise erfassen wie eine Tasse Kaffee mit einem Schimmer Milch. Zweifellos ist der Vergleich sehr grob. Und doch ist sicher, daß eine liebevolle Freundschaft sich uns nicht wie eine bloße Sonderart der Gattung Freundschaft darstellt, wie das gleichschenklige Dreieck eine Art der Gattung Dreieck ist. Die Freundschaft erscheint hier als ganz von Liebe durchdrungen und ist trotzdem keine Liebe, sie «macht sich nicht» zur Liebe: sonst würde sie ihre Eigengesetzlichkeit einer Freundschaft verlieren. Es bildet sich vielmehr ein bewegungsloses Objekt an sich, das die Sprache kaum bezeichnen kann, in dem sich die eigengesetzliche Liebe an-sich magisch durch die ganze Freundschaft dehnt, wie das Bein sich in der stoischen σύγχυσις durch das ganze Meer erstreckt.

Die psychischen Prozesse enthalten jedoch auch die Fernwirkung früherer Formen auf spätere. Wir können diese Fernwirkung nicht in der Art einer einfachen Kausalität begreifen, wie man sie beispielsweise in der klassischen Mechanik findet und die eine völlig bewegungslose Existenz eines in den Augenblick eingeschlossenen beweglichen Körpers voraussetzt; ebensowenig nach Stuart Mills Konzeption einer physischen Kausalität, die definiert ist durch die ständige und unbedingte Aufeinanderfolge zweier Zustände, die sich in ihrem eigenen Sein wechselseitig ausschließen. Sofern das Psychische Objektivierung des Für-sich ist, besitzt es eine Spontaneität niederen Grades, die als innere, gegebene Eigenschaft seiner Form und übrigens auch als unzertrennlich von seiner verbindenden Kraft erfaßt wird. Es kann sich daher nicht streng als von einer früheren Form *erzeugt* darstellen. Andererseits kann diese Spontaneität sich nicht selbst zur Existenz bestimmen, da sie nur als eine Bestimmung unter anderen eines Gegebenen erfaßt wird. Hieraus folgt, daß die frühere Form über die Entfernung hin eine Form gleicher Natur entstehen lassen muß, die sich spontan als Ablaufsform bildet. Es gibt hier kein Seiendes, das seine Zukunft und seine Vergangenheit *zu sein hat,* sondern nur Aufeinanderfolgen von vergangenen, gegenwärtigen und zukünftigen Formen, die aber alle im Modus des «Gewesen-seins» existieren und sich aus der Entfernung wechselseitig beeinflussen. Dieser Einfluß zeigt sich entweder in der Durchdringung oder der Motivierung. Im ersten Fall erfaßt das Reflexive als ein einziges Objekt zwei psychische Objekte, die zunächst getrennt gegeben waren. Daraus entsteht entweder ein neues psychisches Objekt, dessen Merkmale jeweils die Synthese von zwei anderen sein werden, oder ein an sich selbst unverständliches Objekt, das sich gleichzeitig als ganz das eine und ganz das andere darstellt, ohne daß das eine oder andere irgendwie verändert wäre. In der Motivierung hingegen bleiben beide Objekte an ihrer jeweiligen Stelle. Als gestaltete Form und Mannigfaltigkeit wechselseitiger Durchdringung kann jedoch ein psychisches Objekt nur ganz auf ein anderes ebenso ganzes Objekt einwirken. Daraus ergibt sich eine totale Fernwirkung durch den magischen Einfluß des einen auf das andere. Meine ganze gestrige Beschämung motiviert beispielsweise heute morgen meine Stimmung, usw. Daß diese Fernwirkung völlig magisch und irrational ist, beweisen besser als jede Analyse die vergeblichen Versuche der intellektualistischen Schriftsteller, sie innerhalb der Dimension des Psychischen auf eine Kausalität zurückzuführen, die durch intellektuelle Analyse verständlich würde. Durch seine intellektualistische Zerlegung sucht Proust derart beständig, in der zeitlichen Aufeinanderfolge psychischer Zustände rationale kausale Beziehungen zwischen diesen Zuständen aufzufinden. Am Ende seiner Analysen liefert er uns jedoch nur Ergebnisse, die dem folgenden gleichen:

«Sobald Swann sie (Odette) sich wieder ohne Grauen vorzustellen vermochte, sobald er von neuem das Lächeln der Güte auf ihrem Antlitz im Geiste vor sich sah, und *nicht durch Eifersucht der Wunsch, sie jedem anderen wegzunehmen, seiner Liebe beigemischt war, wurde* diese Liebe vor allem *wieder* zu einem gewissen Vergnügen an den Aufregungen, die Odettes Person ihm schuf, an dem Reiz, der darin bestand, das Heben ihres Blicks, die Art ihres Lächelns und den Tonfall ihrer Stimme wie ein Schauspiel zu bewundern und wie ein Naturphänomen zu erforschen. Dies Vergnügen, das sich von allen anderen so sehr unterschied, *hatte schließlich in ihm ein Bedürfnis nach ihr geschaffen,* das sie allein durch ihre Gegenwart oder ihre Briefe befriedigen konnte ... So fing er, *jener merkwürdigen Alchimie seines Leidens gehorchend,* durch die er *Eifersucht aus Liebe hergestellt* hatte, nun an, Zärtlichkeit und *Mitleid* für Odette *zu produzieren.*»[1]

Dieser Text betrifft offensichtlich das Psychische. Man findet in ihm individualisierte und von Natur aus getrennte Gefühle, die aufeinander einwirken. Proust sucht jedoch ihre Wirkungen zu erhellen und zu klassifizieren, in der Hoffnung, dadurch die Alternativen, die Swann durchschreiten muß, verständlich zu machen. Er beschränkt sich nicht darauf, die Feststellungen, die er selber hat machen können (etwa das «Pendeln» zwischen haßerfüllter Eifersucht und zärtlicher Liebe), nur zu beschreiben, sondern will sie erklären.

Was sind die Ergebnisse dieser Analyse? Ist die Unverständlichkeit des Psychischen aufgehoben? Man sieht leicht, daß die ein wenig willkürliche Rückführung der großen psychischen Formen auf einfachere Elemente im Gegenteil nur die magische Irrationalität der Beziehungen hervorhebt, in denen die psychischen Objekte zueinander stehen. Inwiefern wird der «Wunsch, sie jedem anderen wegzunehmen» der Liebe von der Eifersucht «beigemischt»? Und nachdem der Wunsch einmal zu der Liebe hinzugefügt wurde (stets finden wir das Bild des dem Kaffee «beigemischten» Tropfens Milch wieder), wieso hindert er sie in der Folge daran, *wieder* «ein Vergnügen an den Aufregungen, die Odettes Person ihm schuf» zu *werden?* Wie kann das Vergnügen ein Bedürfnis *schaffen?* Und wie kann die Liebe jene Eifersucht *herstellen,* die dann ihrerseits wiederum ihr den Wunsch *beimischen* wird, Odette jedem anderen wegzunehmen?

1 Marcel Proust. In Swanns Welt II, deutsch von E. Rechel-Mertens, 1953, S. 448 (Hervorhebungen von J.-P. Sartre).

Proust versucht hier, eine symbolische «Alchimie» herzustellen, jedoch sind die chemischen Bilder, die er verwendet, nur dazu fähig, Motivierungen und irrationale Handlungen zu maskieren. Man bemüht sich, uns zu einer mechanistischen Deutung des Psychischen zu verführen, die dessen Natur vollständig entstellt, ohne selber verständlicher zu sein. Jedoch kann man andererseits nicht umhin, zwischen den Zuständen merkwürdige und fast zwischenmenschliche Beziehungen (schaffen, herstellen, beimischen) zu zeigen, die fast vermuten lassen, die psychischen Objekte seien belebte Kräfte. In Prousts Beschreibungen steht die intellektualistische Analyse in jedem Augenblick an ihrer Grenze: sie kann ihre Zerlegungen und Klassifikationen nur an der Oberfläche und auf dem Grund völliger Irrationalität vornehmen. Man muß somit darauf verzichten, das Irrationale der psychischen Kausalität einzuschränken: diese Kausalität ist der Verfall ins Magische, in ein An-sich, das an seinem Ort ist, was es ist, eines ek-statischen Für-sich, das sein Sein im Abstand von sich ist. Die magische Fernwirkung und Beeinflussung ist das notwendige Ergebnis dieser Lockerung der Seinsbeziehungen. Diese irrationalen Beziehungen hat der Psychologe zu beschreiben und als die primäre Gegebenheit der psychischen Welt hinzunehmen.

Das reflexive Bewußtsein konstituiert sich somit als Bewußtsein *der* Dauer, und damit erscheint die psychische Dauer dem Bewußtsein. Als Projektion der ursprünglichen Zeitlichkeit ins An-sich, ist diese psychische Zeitlichkeit ein virtuelles Sein, dessen geisterhafter Ablauf nicht aufhört, die ek-statische Zeitigung des Für-sich zu begleiten, soweit diese von der Reflexion erfaßt wird. Sie verschwindet jedoch vollständig, wenn das Für-sich auf der unreflektierten Ebene verweilt oder wenn die unreine Reflexion sich reinigt. Die psychische Zeitlichkeit ist der ursprünglichen insofern ähnlich, als auch sie wie eine Seinsweise konkreter Objekte erscheint und nicht wie ein Rahmen oder eine prästabilierte Regel. Die psychische Zeit ist nur die gebundene Sammlung der zeitlichen Objekte. Ihre wesentliche Verschiedenheit von der ursprünglichen Zeitlichkeit ist jedoch, daß sie *ist*, während diese sich zeitigt. Als solche kann sie nur mit der Vergangenheit gebildet werden, und auch die Zukunft kann hier nur eine Vergangenheit sein, die nach der gegenwärtigen Vergangenheit kommen wird, das heißt, daß die leere Form Vorher-Nachher hypostasiert wird und die Beziehungen zwischen gleichermaßen vergangenen Objekten regelt. Zugleich muß diese psychische Dauer, die nicht durch sich sein kann, dauernd *gewesen werden*. Zwischen der Mannigfaltigkeit des Nebeneinander und dem absoluten Zusammenhang des ek-statischen Für-sich hin- und herpendelnd, bildet diese Zeitlichkeit sich aus «Jetzt», die gewesen sind, die an ihrem bestimmten Orte verbleiben, sich aber aus der Entfernung in ihrer Ganzheit beeinflussen; insofern kommt sie der magischen Dauer Bergsons sehr nahe. Sobald man sich auf die Ebene der unreinen Reflexion begibt, das heißt, der Reflexion, die das Sein, das ich bin, zu bestimmen sucht, erscheint eine ganze Welt, die diese Zeitlichkeit bevölkert. Diese Welt, die virtuelle Anwesenheit und das wahrscheinliche Objekt meiner reflexiven Intention, ist die psychische Welt oder Psyche. In einem Sinn ist ihre Existenz rein ideal; in einem anderen ist sie, weil sie *gewesen-wird*, weil sie sich dem Bewußtsein entdeckt; sie ist «mein Schatten», sie ist das, was sich mir entdeckt, wenn ich *mich sehen* will; da sie zudem das sein kann, von dem aus sich das Für-sich das zu sein bestimmt, was es zu sein hat (ich gehe nicht zu dieser oder jener Person «wegen» der Antipathie, die ich ihr gegenüber empfinde, ich entscheide mich zu dieser oder jener Handlung in Rücksicht auf meinen Haß oder meine Liebe, ich lehne es ab, über Politik zu diskutieren, weil ich mein jähzorniges Temperament kenne und mich nicht reizen lassen will), existiert diese geisterhafte Welt als *wirkliche Situation* des Für-sich. Mit dieser transzendenten Welt, die das unendliche Werden ungeschichtlicher Unbeteiligtheit bewohnt, bildet sich eben als virtuelle Seinseinheit die sog. «innere» oder «qualitative» Zeitlichkeit, welche die Objektivierung zum An-sich der ursprünglichen Zeitlichkeit ist. Hier finden wir die erste Abzeichnung eines «Äußeren»: das Für-sich sieht beinahe, wie ihm vor seinen eigenen Augen ein Äußeres verliehen wird; jedoch ist dieses Äußere rein virtuell. Wir werden später sehen, daß das Für-Andere-sein das umrissene «Äußere» *verwirklicht.*

DRITTES KAPITEL

DIE TRANSZENDENZ

Um zu einer möglichst vollständigen Beschreibung des Für-sich zu gelangen, hatten wir als Leitfaden die Untersuchung der negativen Verhaltensweisen gewählt. Die beständige Möglichkeit des Nichtseins außer uns und in uns bedingt in der Tat, wie wir sahen, die Fragen, die wir stellen können, und die Antworten, die man auf sie geben kann. Unser erster Zweck war jedoch nicht nur, die negativen Strukturen des Für-sich zu enthüllen. In unserer Einleitung waren wir auf ein Problem gestoßen, das wir zu lösen gedachten: Was ist die ursprüngliche Beziehung der menschlichen Wirklichkeit zu dem Sein der Phänomene oder An-sich-sein? Schon dort haben wir in der Tat die realistische und die idealistische Lösung zurückweisen müssen. Wir waren der Ansicht, daß das transzendente Sein durchaus nicht auf das Bewußtsein einwirken kann und daß andererseits das Bewußtsein das Transzendente nicht «konstruieren» kann, indem es seiner Subjektivität entliehene Elemente objektiviert. Wir haben alsdann begriffen, daß die ursprüngliche Beziehung zum Sein nicht jene äußerliche Beziehung sein kann, die zwei ursprünglich abgesonderte Substanzen vereinen würde. Wir schrieben: «Die Beziehung der Seinsbereiche untereinander ist eine ursprüngliche Selbstbestimmung, die zur Struktur dieser Seienden selbst gehört.» Das Konkrete hat sich uns enthüllt als diejenige synthetische Ganzheit, von der das Bewußtsein wie das Phänomen nur Glieder bilden. Wenn aber auch das abgesondert betrachtete Bewußtsein in einem Sinn eine Abstraktion ist, wenn die Phänomene – und sogar das Seinsphänomen – gleichfalls abstrakt sind, insofern sie als Phänomene nicht existieren können, ohne einem Bewußtsein zu *erscheinen*, so kann doch das Sein der Phänomene, als An-sich, das ist, was es ist, nicht als eine Abstraktion betrachtet werden. Es benötigt, um zu sein, nur sich selbst, es verweist nur auf sich. Andererseits hat unsere Beschreibung uns das Für-sich hingegen als so entfernt wie nur möglich von einer Substanz oder dem An-sich gezeigt; wir haben gesehen, daß es seine eigene Nichtung ist und nur in der ontologischen Einheit seiner Ekstasen sein kann. Wenn somit die Beziehung des Für-sich zum An-sich ursprünglich konstitutiv für das Sein selbst sein soll, das sich in Beziehung setzt, so ist nicht zu verstehen, daß sie jemals konstitutiv für das An-sich sein könnte, wohl aber für das Für-sich. Allein im Für-sich ist der Schlüssel jener Seinsbeziehung zu suchen, die man zum Beispiel Erkenntnis nennt. Das Für-sich ist in seinem Sein verantwortlich für seine Beziehung zum An-sich oder, wenn man so will, es erzeugt sich ursprünglich auf dem Boden einer Beziehung zum An-sich. Das haben wir bereits geahnt, als wir das Bewußtsein bezeichneten als das «Seiende, dem es in seinem Sein um dieses selbst geht, insofern dieses Sein ein Sein in sich einbezieht, das ein anderes als es selbst ist». Seit wir diese Definition formulierten, haben wir jedoch neue Erkenntnisse gewonnen. Besonders haben wir den tieferen Sinn des Für-sich als Grund seines eigenen Nichts erfaßt. Ist es nunmehr nicht an der Zeit, diese Erkenntnisse zu benutzen, um die ek-statische Beziehung des Für-sich zum An-sich zu bestimmen und zu erklären, auf deren Grund im allgemeinen das *Erkennen* und das *Handeln* erscheinen können? Sind wir jetzt nicht in der Lage, unsere erste Frage zu beantworten? Um nichtsetzendes Bewußtsein (von) sich zu sein, muß das Bewußtsein setzendes Bewußtsein (von) etwas sein, das haben wir schon festgestellt. Nun, was wir bisher untersucht haben, war das Für-sich als ursprünglicher Seinsmodus des nichtsetzenden Bewußtseins (von) sich. Ist damit nicht schon die Beschreibung des Für-sich in seinen Beziehungen zum An-sich angebahnt, insofern diese konstitutiv für sein Sein sind? Können wir nicht schon jetzt Fragen von der Art der folgenden beantworten: da das An-sich ist, was es ist, wie und warum hat das Für-sich in seinem Sein Erkenntnis des An-sich zu sein? Und was ist im allgemeinen Erkenntnis?

I

Die Erkenntnis als Typus der Beziehung zwischen dem Für-sich und An-sich

Es gibt nur intuitive Erkenntnis. Die fälschlich Erkenntnis genannte Deduktion und Erörterung sind nur Instrumente, die zur Intuition hinführen. Hat man diese erreicht, so verschwinden die dazu verwandten Mittel; in den Fällen, wo sie nicht erreicht werden kann, verbleiben die Überlegung und Erörterung wie Wegweiser, die auf eine Intuition außer Reichweite hinzeigen; ist sie schließlich erreicht worden, ohne noch ein gegenwärtiger Modus meines Bewußtseins zu sein, so sind die Grundsätze, deren ich mich bediene, wie die Ergebnisse früher vollzogener Operationen, die Descartes «Andenken an Gedanken» genannt hätte. Fragt man, was die Intuition ist, so wird Husserl in Übereinstimmung mit der Mehrzahl der Philosophen antworten, sie sei die Anwesenheit in persona der «Sache» beim Bewußtsein. Somit hat die Erkenntnis den Seinstypus, den wir im vorstehenden Kapitel unter dem Namen der «Anwesenheit bei ...» beschrieben haben. Indessen hatten wir festgestellt, daß das An-sich niemals von sich aus *Anwesenheit* sein kann. Anwesend-sein ist in der Tat ein ek-statischer Seinsmodus des Für-sich. Wir sind somit gezwungen, die Begriffe unserer Definition umzukehren: die Intuition ist die Anwesenheit des Bewußtseins bei der Sache. Und wir haben folglich zu der Natur und zu dem Sinn dieser Anwesenheit des Für-sich beim Sein zurückzukehren.

Indem wir uns des noch ungeklärten Begriffs des «Bewußtseins» bedienten, hatten wir in unserer Einleitung festgestellt, daß das Bewußtsein notwendig Bewußtsein *von* etwas sein muß. Durch dasjenige, dessen es sich bewußt ist, unterscheidet es sich für sich selbst und kann Bewußtsein (von) sich sein; ein Bewußtsein, das nicht Bewußtsein *von* etwas wäre, wäre Bewußtsein (von) nichts. Nunmehr haben wir jedoch den ontologischen Sinn des Bewußtseins oder Für-sich erhellt. Wir können das Problem daher präziser stellen und uns fragen: was kann die für das Bewußtsein bestehende Notwendigkeit bedeuten, Bewußtsein *von* etwas zu sein, wenn sie auf ontologischer Ebene betrachtet wird, das heißt, in der Perspektive des Für-sich-seins? Wir wissen, daß das Für-sich Grund seines eigenen Nichts ist in Gestalt der gespenstischen Dyade: Reflektierendes-Reflex. Das Reflektierende ist nur, um den Reflex zu reflektieren, und der Reflex ist nur insofern Reflex, als er auf das Reflektierende verweist. Die angedeuteten Pole der Dyade weisen somit aufeinander hin, und ein jeder bindet sein Sein an das Sein des anderen. Wenn aber das Reflektierende nichts weiter als das Reflektierende *dieses* Reflexes ist, wenn der Reflex nur dadurch zu charakterisieren ist, daß «er *ist, um* sich in diesem Reflektierenden zu reflektieren», und die beiden Pole der Quasi-Dyade, indem sie ihre beiden Nichts einander anlehnen, sich zusammen vernichten, so muß das Reflektierende *etwas* reflektieren, damit sich das Ganze nicht in Nichts auflöst. Wäre aber andererseits der Reflex *etwas,* und zwar unabhängig von seinem Reflektierend-Sein, so müßte er nicht mehr als Reflex, sondern als An-sich bestimmt werden. Damit wäre in das System «Reflektierendes-Reflex» die Undurchsichtigkeit eingeführt, und vor allem wäre die angedeutete fortgesetzte Spaltung zum Ende gekommen. Im Für-sich *ist* nämlich der Reflex *auch* das Reflektierende. Ist aber der Reflex bestimmt, so trennt er sich vom Reflektierenden, und seine Erscheinung trennt sich von seiner Wirklichkeit; das *cogito* ist dann unmöglich. Der Reflex kann «etwas zu Reflektierendes» und zugleich *nichts* nur dann sein, wenn er sich von einem anderen als ihm selbst bestimmen läßt oder, wenn man so will, wenn er sich als Beziehung zu einem Äußeren, das er nicht ist, reflektiert. Was den Reflex für das Reflektierende determiniert, ist stets *dasjenige, bei dem er Anwesenheit ist.* Selbst eine auf der Ebene des Unreflektierten erfaßte Freude ist nichts anderes als «reflektierte» Anwesenheit bei einer offenen, lachenden Welt voller glücklicher Aussichten. Das wenige vorstehend Gesagte läßt uns jedoch bereits voraussehen, daß das *Nicht-sein* eine wesentliche Struktur der Anwesenheit ist. Die Anwesenheit umfaßt eine radikale Verneinung als Anwesenheit bei dem, was man nicht ist. Bei mir ist anwesend, was ich nicht bin. Man wird übrigens bemerken, daß dieses «Nicht-sein» a priori in jeder Erkenntnistheorie enthalten ist. Es ist unmöglich, den Begriff des Gegenstands zu bilden, wenn wir ursprünglich keine negative Beziehung haben, die den Gegenstand als das, was das Bewußtsein *nicht ist,* bezeichnen läßt. Das gab der Ausdruck «Nicht-Ich» ziemlich gut wieder, der eine Zeitlang Mode war, ohne daß man bei denjenigen, die ihn gebrauchten, das geringste Bemühen erkennen kann, das «Nicht», das ursprünglich die Außenwelt bezeichnete, zu begründen. In der Tat, weder die Verbindung der Vorstellungen noch die Notwendigkeit gewisser subjektiver Ganzheiten, noch die zeitliche Irreversibilität oder der unendliche Regreß können dazu dienen, das Objekt als solches zu konstituieren, das heißt, die Grundlage einer weiteren Verneinung zu sein, die das Nicht-Ich zerschneiden und es als solches dem Ich entgegensetzen würde, wenn diese Verneinung nicht *zunächst* gegeben wäre und nicht die Grundlage a priori jeder Erfahrung darstellte. Vor jedem Vergleich, vor jeder Begriffsbildung ist die Sache dasjenige, was dem Bewußtsein gegenwärtig ist als das Bewußtsein *nicht seiend.* Als Grundlage der Erkenntnis ist die ursprüngliche Beziehung der Anwesenheit negativ. Da aber die Verneinung durch das Für-sich in die Welt kommt, während die Sache in der absoluten Indifferenz der Identität ist, was sie ist, kann nicht die Sache sich als das Für-sich nicht seiend setzen. Die Verneinung kommt vom Für-sich selbst. Diese Verneinung darf nicht in der Art eines Urteils betrachtet werden, das sich auf die Sache selbst beziehen und verneinen würde, daß sie das Für-sich wäre: eine solche Art der Verneinung wäre nur denkbar, wenn das Für-sich eine fertige Substanz wäre, und selbst in diesem Fall könnte sie nur von einem Dritten ausgehen, der von außen eine negative Beziehung zwischen zwei Seienden feststellen würde. Durch die ursprüngliche Verneinung konstituiert sich hingegen das Für-sich als die Sache *nicht seiend.* Die Definition, die wir zuvor von dem Bewußtsein gegeben haben, läßt sich somit in der Perspektive des Für-sich folgendermaßen formulieren: «Das Für-sich ist ein Seiendes, dem es in seinem Sein um dieses selbst geht, insofern dieses Sein wesentlich eine bestimmte Weise ist, ein Sein *nicht zu sein,* das es zugleich als ein anderes als es selbst setzt.» Somit erscheint die Erkenntnis als eine Seinsweise. Das Erkennen ist keine nachträglich hergestellte Beziehung zwischen zwei Seienden noch eine Aktivität des einen von beiden Seienden, ebensowenig eine Qualität, eine Eigenschaft oder eine

Tugend. Es ist das Sein selbst des Für-sich, insofern es Anwesenheit bei ... ist, das heißt, insofern es sein Sein in der Weise zu sein hat, daß es sich ein bestimmtes Sein, bei dem es anwesend ist, nicht zu sein macht. Das bedeutet, daß das Für-sich nur im Modus eines Reflexes sein kann, der sich als ein bestimmtes Seiendes nicht seiend reflektieren läßt. Das «etwas», das das Reflektierte bestimmen muß, damit sich das Paar «Reflektierendes-Reflex» nicht im Nichts auflöst, ist reine Verneinung. Das Reflektierte läßt sich außerhalb, bei einem bestimmten Seienden als dieses *nicht seiend* bestimmen; das ist genau das, was man nennt: Bewußtsein *von* etwas zu sein.

Wir haben jedoch zu verdeutlichen, was wir unter dieser ursprünglichen Verneinung verstehen. Es sind in der Tat zwei Arten der Verneinung zu unterscheiden: die äußere und die innere Verneinung. Die erste erscheint als die rein äußerliche Beziehung, die ein Zeuge zwischen zwei Seienden herstellt. Wenn ich zum Beispiel sage: «Die Tasse ist nicht das Tintenfaß», so ist klar, daß der Ursprung dieser Verneinung weder in der Tasse noch in dem Tintenfaß liegt. Beide Gegenstände sind, was sie sind, das ist alles. Die Verneinung ist wie eine kategoriale und ideale Beziehung, die ich zwischen ihnen herstelle, ohne sie im geringsten zu verändern, ohne sie um eine Eigenschaft reicher oder ärmer zu machen: sie werden von dieser negativen Synthese nicht einmal berührt. Da sie nicht dazu dient, sie zu bereichern oder zu konstituieren, bleibt sie rein äußerlich. Man kann indessen den Sinn der anderen Verneinung schon erraten, wenn man Sätze betrachtet wie etwa: «ich bin nicht reich» oder «ich bin nicht schön». Spricht man sie ein wenig melancholisch aus, so bedeuten sie nicht nur, daß einem eine bestimmte Eigenschaft verweigert ist, sondern daß die Verweigerung selbst das positive Seiende, dem man sie verweigert hat, in seiner inneren Struktur beeinflußt. Wenn ich sage: «Ich bin nicht schön», so beschränke ich mich nicht darauf, für mich als konkretes Ganzes genommen eine bestimmte Eigenschaft zu verneinen, die damit ins Nichts übergeht, die positive Ganzheit meines Seins jedoch intakt läßt (wie es der Fall ist, wenn ich sage: «Die Vase ist nicht weiß, sie ist grau» – «Das Tintenfaß ist nicht auf dem Tisch, es ist auf dem Kamin»): ich bedeute vielmehr damit, daß «nicht schön zu sein» eine bestimmte negative Eigenschaft meines Seins ist, die mich von innen her charakterisiert; als Negativität ist es eine meiner wirklichen Eigenschaften, nicht schön zu sein, und diese negative Eigenschaft erklärt beispielsweise meine Melancholie ebensowohl wie meine gesellschaftlichen Mißerfolge. Unter der inneren Verneinung verstehen wir eine so beschaffene Beziehung zwischen zwei Seienden, daß dasjenige, was vom anderen verneint wird, das andere auch noch durch seine Abwesenheit im Herzen seines Wesens qualifiziert. Die Verneinung wird somit zu einer wesentlichen Seinsverbindung, da zumindest das eine der Seienden, auf die sie sich erstreckt, so beschaffen ist, daß es auf das andere hinzeigt, daß es das andere wie eine Abwesenheit in seinem Herzen trägt. Es ist indessen klar, daß dieser Typus der Verneinung nicht auf das An-sich-sein anzuwenden ist. Er gehört seiner Natur nach zum Für-sich. Allein das Für-sich kann in seinem Sein durch ein Seiendes, das es nicht ist, bestimmt sein. Kann aber die innere Verneinung in der Welt erscheinen – wenn man z. B. von einer Perle sagt, sie sei falsch, von einer Frucht, sie sei nicht reif, von einem Ei, es sei nicht frisch, usw. –, so ist sie wie jede Verneinung im allgemeinen durch das Für-sich in die Welt gekommen. Gehört also die Erkenntnis allein dem Für-sich an, so deshalb, weil es ihm allein angehört, sich zu erscheinen als das nicht seiend, was es erkennt. Und da hier Erscheinen und Sein dasselbe sind – weil ja das Für-sich das Sein seiner Erscheinung hat –, so ist zu verstehen, daß das Für-sich in sein Sein das Sein des Gegenstandes, der es nicht ist, einschließt, insofern es ihm in seinem Sein um dieses geht, als *jenes* Sein nicht seiend.

Man muß sich hier von einer Illusion frei machen, die folgendermaßen auszudrücken wäre: um sich selbst als jenes Seiende *nicht seiend* zu konstituieren, muß man zunächst auf irgendeine Weise eine Erkenntnis dieses Seins haben, da ich meine Verschiedenheit von einem Seienden, das ich nicht kenne, nicht beurteilen kann. Gewiß können wir in unserer empirischen Existenz nicht wissen, inwiefern wir von einem Japaner, einem Engländer, einem Arbeiter oder einem Prinzen verschieden sind, bevor wir nicht irgendeinen Begriff von diesen bestimmten Wesen haben. Jedoch können uns solche empirischen Unterscheidungen hier nicht als Grundlage dienen, da wir die Untersuchung einer ontologischen Beziehung in Angriff nehmen, die jede Erfahrung möglich machen muß und die festzustellen bezweckt, wie ein Gegenstand im allgemeinen für das Bewußtsein existieren kann. Es geht somit nicht, daß ich irgendeine Erfahrung von dem Objekt habe als einem Objekt, das ich nicht bin, bevor es überhaupt als Objekt konstituiert ist. Was hingegen jede Erfahrung möglich macht, ist das Auftauchen a priori des Objekts für ein Subjekt oder vielmehr, da das Auftauchen das ursprüngliche Faktum des Für-sich ist, ein ursprüngliches Auftauchen des Für-sich als Anwesenheit bei dem Gegenstand, der es nicht ist. Die Glieder der vorstehenden Formel sind daher umzukehren: der fundamentale Bezug, durch den das Für-sich zu sein hat als jenes besondere Seiende, bei dem es anwesend ist, nicht seiend, ist die Grundlage jeder Erkenntnis dieses Seienden. Eine Beschreibung dieser ersten Beziehung empfiehlt sich, wenn wir sie einsichtig machen wollen.

An der intellektualistischen Illusion, die wir im vorstehenden

Absatz angeprangert haben, bleibt wahr, daß ich mich nicht dazu bestimmen kann, ein Objekt nicht zu sein, das ursprünglich gar keine Verbindung mit mir hat. Ich kann nicht verneinen, daß ich *dieses* Seiende bin *im Abstand* zu diesem Seienden. Denke ich mir ein völlig in sich geschlossenes Seiendes, so wird dieses in sich ganz einheitlich sein, was es ist, und es wird daher in ihm keinen Platz weder für eine Verneinung noch eine Erkenntnis geben. Nur von dem Seienden aus, das es nicht ist, kann in der Tat ein Seiendes *sich ankündigen lassen,* was es nicht ist. Das bedeutet im Fall der inneren Verneinung, daß das Für-sich dort unten im und auf dem Sein, das es nicht ist, sich als das nicht seiend, was es nicht ist, erscheint. In diesem Sinn ist die innere Verneinung eine konkrete ontologische Verbindung. Es handelt sich hier durchaus nicht um eine empirische Verneinung, bei der die verneinten Eigenschaften sich zunächst durch ihre Abwesenheit oder sogar ihr Nicht-sein unterscheiden. In der inneren Verneinung wird das Für-sich auf dem, was es verneint, zerdrückt. Die verneinten Eigenschaften sind genau das, was dem Für-sich im höchsten Grad gegenwärtig ist, aus ihnen zieht es seine negative Kraft und erneuert sie beständig. In diesem Sinn sind sie als ein konstitutiver Faktor seines Seins zu betrachten, denn es muß außerhalb seiner dort unten in ihnen sein, es muß *sie* sein, um zu verneinen, daß es sie ist. Mit einem Wort, Ziel-Ursprung der inneren Verneinung ist das *An-sich,* die Sache, die *da ist;* und außerhalb ihrer gibt es nichts, nur ein Leeres, ein Nichts, das sich von der Sache nur durch eine reine Verneinung unterscheidet, deren Gehalt *diese* Sache selbst liefert. Die Schwierigkeit, vor der der Materialismus bei der Ableitung der Erkenntnis aus dem Objekt steht, ergibt sich daraus, daß er eine Substanz aus einer anderen Substanz erzeugen will. Uns kann diese Schwierigkeit nicht aufhalten, da wir behaupten, daß es außer dem An-sich *nichts* gibt, ausgenommen den Widerschein dieses Nichts, der selbst vom An-sich polarisiert und bestimmt wird, insofern er eben das Nichts *dieses* An-sich ist, das individualisierte Nichts, das nichts ist, weil es das An-sich *nicht ist.* In dem ek-statischen Bezug, der für die innere Verneinung und die Erkenntnis konstitutiv ist, ist somit das An-sich in seiner Fülle der konkrete Pol, und das Für-sich nichts anderes als das Leere, in dem sich das An-sich ablöst. Das Für-sich ist außerhalb seiner im An-sich, da es sich durch das, was es nicht ist, bestimmen läßt; die erste Verbindung des An-sich mit dem Für-sich ist somit eine Seinsverbindung. Jedoch ist diese Verbindung weder ein *Mangel* noch eine *Abwesenheit.* Im Fall der Abwesenheit lasse ich mich in der Tat durch ein Sein bestimmen, das ich nicht bin und das nicht ist oder nicht da ist: das heißt, was mich bestimmt, ist wie ein Hohles inmitten dessen, was ich meine empirische Fülle nenne. In der als ontologische Seinsverbindung verstandenen Erkenntnis hingegen stellt das Sein, das ich nicht bin, die absolute Fülle des An-sich dar. Hingegen bin ich das Nichts, die Abwesenheit, die sich von diesem Vollen ausgehend zur Existenz bestimmt. Das bedeutet, daß in dem Erkennen genannten Seinstypus das einzige Seiende, das man antreffen kann und das dauernd *da* ist, das *Erkannte* ist. Das Erkennende ist nicht, ist nicht faßbar. Es ist nur dasjenige, das macht, daß es ein *Da-sein* des Erkannten gibt, eine Anwesenheit – denn von sich aus ist das Erkannte weder anwesend noch abwesend, es ist ganz einfach. Diese Anwesenheit des Erkannten ist jedoch Anwesenheit bei *nichts,* da das Erkennende reiner Reflex eines Nicht-seins ist, sie erscheint daher in der vollständigen Durchsichtigkeit des Erkennenden-Erkannten als *absolute* Anwesenheit. Die psychologische und empirische Exemplifizierung dieser ursprünglichen Beziehung liefern uns die Fälle der *Faszination.* In diesen Fällen, die die unmittelbare Tatsache des Erkennens verkörpern, ist das Erkennende in der Tat überhaupt nichts weiter als eine reine Verneinung, es befindet sich nirgends, und nirgends fängt es sich wieder, es *ist nicht*; die einzige Bezeichnung, die es tragen kann, ist, daß es eben jener faszinierende Gegenstand *nicht ist.* In der Faszination gibt es nichts mehr als ein riesiges Objekt in einer verlassenen Welt. Trotzdem ist die faszinierte Intuition keineswegs *Verschmelzung* mit dem Gegenstand. Die Bedingung der Faszination ist nämlich, daß das Objekt sich mit einem absoluten Relief von einem leeren Untergrund abhebt, das heißt, daß ich genauestens unmittelbare Verneinung des Objekts bin und nichts weiter. Diese reine Verneinung finden wir auch als Grundlage jener pantheistischen Intuitionen wieder, die Rousseau manchmal wie konkrete psychische Ereignisse seiner Geschichte beschrieben hat. Er erklärt uns dann, daß er mit dem Universum «verschmolz», daß plötzlich nurmehr die Welt gegenwärtig war als absolute Anwesenheit und unbedingte Totalität. Gewiß können wir diese totale, einsame Anwesenheit der Welt verstehen, ihr reines «Da-sein»; wir räumen ein, daß es in einem solchen ausgezeichneten Augenblick nichts anderes mehr gibt als die Welt. Das bedeutet jedoch nicht, wie Rousseau glauben machen will, daß es eine Verschmelzung des Bewußtseins mit der Welt gab. Eine solche Verschmelzung würde die Erstarrung des Für-sich zum An-sich bedeuten und das Entschwinden der Welt und des An-sich als Anwesenheit. Zugegeben, in der pantheistischen Intention gibt es nichts mehr als nur die Welt, mit Ausnahme desjenigen, das bewirkt, daß das An-sich als Welt gegenwärtig ist, das heißt, einer reinen Verneinung, die nichtsetzendes Bewußtsein (von) sich als Verneinung ist. Und eben weil die Erkenntnis nicht *Abwesenheit,* sondern *Anwesenheit* ist, gibt es *nichts,* was das Erkennende vom Erkannten trennt. Man hat die Intuition des öfteren als unmittelbare Anwesenheit des Erkannten beim Erkennenden bestimmt, selten hat man jedoch über die Postulate des Begriffs *unmittelbar* nachgedacht. Die Unmittelbarkeit ist die Abwesenheit jedes Vermittelnden: das ist selbstverständlich, da sonst nur das Vermittelnde bekannt wäre und nicht das Vermittelte. Wenn wir aber kein Vermittelndes ansetzen dürfen, so müssen wir die Kontinuität und die Diskontinuität als Typus der Anwesenheit des Erkennenden beim Erkannten gleichermaßen ablehnen. In der Tat können wir nicht einräumen, daß es eine Kontinuität des Erkennenden zum Erkannten gäbe, da diese ein Zwischenglied voraussetzt, das zugleich Erkennendes und Erkanntes wäre, womit die Eigengesetzlichkeit des Erkennenden gegenüber dem Erkannten aufgehoben und das Sein des Erkennenden in das Sein des Erkannten hineingezogen wäre. Dann verschwindet aber auch die Objektstruktur, da das Objekt verlangt, als Sein des Für-sich absolut vom Für-sich verneint zu werden. Ebensowenig können wir jedoch die ursprüngliche Beziehung des Für-sich zum An-sich als eine Beziehung der *Diskontinuität* betrachten. Die Trennung zwischen zwei diskontinuierlichen Elementen ist zwar ein Leeres, das heißt, ein *Nichts,* jedoch ein *realisiertes* Nichts, das heißt *An-sich.* Dieses substanzialisierte Nichts ist als solches eine nichtleitende Dichtung, es zerstört das Unmittelbare der Anwesenheit, da es als Nichts zu *etwas* geworden ist. Die Anwesenheit des Für-sich beim An-sich, die weder in Begriffen der Kontinuität noch in denen der Diskontinuität auszudrücken ist, ist reine *verneinte Identität.* Gebrauchen wir, um sie besser zu erfassen, einen Vergleich: Wenn zwei Kurven sich gegenseitig berühren, so stellen sie einen Typus der unvermittelten Anwesenheit dar. Daher erfaßt das Auge auf der ganzen Länge ihrer Berührung denn auch nur *eine einzige Linie.* Würde man die beiden Kurven verdecken und nur die Länge AB, auf der sie sich miteinander berühren, sehen lassen, so wäre es unmöglich, sie voneinander zu unterscheiden. Was sie nämlich trennt, ist in der Tat *nichts:* es gibt hier keine Kontinuität oder Diskontinuität, sondern reine Identität. Decken wir plötzlich die beiden Kurven wieder auf, so erfassen wir sie von neuem als zwei verschiedene auf ihrer ganzen Länge: das rührt aber nicht von einer plötzlichen faktischen Trennung her, die mit einem Male zwischen ihnen stattgefunden hätte, sondern allein daher, daß die beiden Bewegungen, durch die wir die beiden Kurven *ziehen,* um sie wahrzunehmen, jeweils eine Verneinung als konstitutiven Akt einschließen. Was somit die beiden Kurven selbst am Ort ihrer Berührung voneinander trennt, ist *nichts,* nicht einmal ein Abstand: es ist eine reine Negativität als Gegenwert einer konstitutiven Synthese. Dieses Bild läßt uns die Beziehung der Unmittelbarkeit besser erfassen, die das

Erkennende ursprünglich mit dem Erkannten vereinigt. Gewöhnlich bezieht sich eine Verneinung in der Tat auf «etwas», das vor der Verneinung besteht und ihren Stoff bildet: wenn ich zum Beispiel sage, das Tintenfaß ist nicht der Tisch, so sind Tisch und Tintenfaß bereits bestehende Objekte, deren Sein an sich die Stütze des verneinenden Urteils bildet. Im Fall der Beziehung «Erkennendes-Erkanntes» gibt es jedoch nichts auf seiten des Erkennenden, das den Träger der Verneinung bilden könnte: es «gibt» keine Verschiedenheit und kein Unterscheidungsprinzip, um das Erkennende *an-sich* vom Erkannten zu trennen. In der totalen Ungeschiedenheit des Seins gibt es vielmehr nichts als eine Verneinung, die nicht einmal ist, die *zu sein* hat und sich nicht einmal als Verneinung setzt. Die Erkenntnis und das Erkennende selbst sind derart schließlich nichts weiter als die Tatsache, daß es das Sein «gibt», daß sich das Sein an sich *hergibt* und sich auf dem Hintergrund dieses Nichts abhebt. Die Erkenntnis können wir in diesem Sinn bezeichnen als: die reine Einsamkeit des Erkannten. Damit ist deutlich genug gesagt, daß das ursprüngliche Phänomen der Erkenntnis dem Sein nichts *hinzufügt* und auch nichts erschafft. Durch es wird das Sein nicht bereichert, da die Erkenntnis reine Negativität ist. Sie bewirkt nur, daß es Sein *gibt.* Indessen ist das Faktum, «daß es Sein gibt», keine innere Bestimmung des Seins – das ist, was es ist –, sondern der Negativität. Jede positive Enthüllung des Seins ist in diesem Sinne das Gegenstück einer ontologischen Seinsbestimmung des Für-sich als reiner Negativität. Wie wir später genauer sehen werden, ist zum Beispiel die Enthüllung der Räumlichkeit des Seins gleichbedeutend mit der nichtsetzenden Erfassung seiner selbst, in der sich das Für-sich als *unausgedehnt* erfaßt. Und die unausgedehnte Beschaffenheit des Für-sich ist keineswegs eine mysteriöse positive Tugend der Geistigkeit, die sich unter einer negativen Bezeichnung verbergen würde: sondern eine von Natur aus ek-statische Beziehung, denn nur durch die Ausdehnung des transzendenten An-sich und in ihr läßt sich das Für-sich seine eigene Unausgedehntheit anzeigen und realisiert sie. Das Für-sich kann nicht zunächst unausgedehnt sein, um alsdann in Beziehung zu einem ausgedehnten Sein zu treten, denn, wie wir ihn auch immer betrachten mögen, der Begriff des Unausgedehnten hat in sich selbst keinen Sinn, er ist nur die Verneinung der Ausdehnung. Könnte man die Ausdehnung der enthüllten Bestimmungen des An-sich aufheben, so bliebe das Für-sich nicht *unräumlich,* sondern wäre weder ausgedehnt noch unausgedehnt, es wäre ganz einfach unmöglich, es auf irgendeine Weise in Beziehung zur Ausdehnung zu charakterisieren. In diesem Sinn ist die Ausdehnung eine transzendente Bestimmung, die das Für-sich in eben dem Maße zu erfassen hat, wie es sich selbst als ausgedehnt verneint. Der Begriff, der uns daher die innere Beziehung von Erkennen und Sein am besten zu bezeichnen scheint, ist das oben verwandte «realisieren» in seiner zweifachen ontologischen und erkenntnismäßigen Bedeutung. Ich realisiere einen Plan, insofern ich ihm das Sein gebe; ich *realisiere* aber auch meine Lage, insofern ich sie erlebe, sie mit meinem Sein sein mache; ich «realisiere» das Ausmaß einer Katastrophe, die Schwierigkeiten eines Unternehmens. Es ist bewiesen, daß es Sein gibt, indem man die widergespiegelte Verneinung dieses Seins zu sein hat: das *Wirkliche* ist *Realisierung*. Diese innere, realisierende Verneinung, die das An-sich enthüllt, indem sie das Für-sich in seinem Sein bestimmt, nennen wir Transzendenz.

II

Über die Bestimmung als Verneinung

Bei *welchem* Sein ist das Für-sich Anwesenheit? Es ist sofort zu bemerken, daß diese Frage falsch gestellt ist: das Sein ist, was es ist, es kann in sich selbst nicht die Bestimmung «dieses» enthalten, die auf die Frage «welches?» antwortet. Mit einem Wort, die Frage hat nur Sinn, wenn sie in einer Welt gestellt wird. Folglich kann auch das Für-sich nicht eher bei *diesem* als bei *jenem* anwesend sein, da erst seine Anwesenheit bewirkt, daß es ein *«Dieses»* eher als ein «Jenes» *gibt*. Indessen haben unsere Beispiele uns ein Für-sich gezeigt, das konkret verneint, dieses *bestimmte* einzelne Seiende zu sein. Wir beschrieben die Erkenntnisbeziehung jedoch nur insoweit, als wir uns vor allem bemühten, an ihr die Struktur einer Negativität hervorzuheben. Schon allein, weil sie an Beispielen enthüllt wurde, war diese Negativität sekundär. Als ursprüngliche Transzendenz bestimmt sich die Negativität nicht im Hinblick auf ein *Dieses*, sondern sie macht, daß ein *Dieses* existiert. Die ursprüngliche Anwesenheit des Für-sich ist *Anwesenheit* beim Sein. Ist deshalb zu sagen, daß sie Anwesenheit bei dem *ganzen* Sein ist? Aber damit würden wir wieder den vorigen Irrtum begehen. Auch die Ganzheit kann nur durch das Für-sich zum Sein kommen. Eine Ganzheit setzt in der Tat eine innere Seinsbeziehung zwischen den Gliedern einer Quasi-Vielheit voraus, in der gleichen Weise wie eine Vielheit, um diese Vielheit zu sein, eine innere ganzheitlichende Beziehung zwischen ihren Elementen voraussetzt; in diesem Sinn ist auch eine Addition ein synthetischer Akt. Die Ganzheit kann zu den Seienden nur durch ein Seiendes kommen, das in ihrer Anwesenheit seine eigene Ganzheit zu sein hat. Eben diese Bedingung erfüllt das Für-sich, die entganzheitlichte Ganzheit, die sich in dauernder Unvollständigkeit zeitigt. In seiner Anwesenheit beim Sein macht das Für-sich, daß es *das ganze Sein* gibt. Es darf nicht vergessen werden, daß *dieses* Seiende als *dieses* nur auf der Grundlage der Anwesenheit des *ganzen* Seins zu bezeichnen ist. Das heißt nicht, daß *ein* Seiendes das *ganze* Sein braucht, um zu existieren, sondern daß das Für-sich sich realisiert als realisierende Anwesenheit bei diesem Seienden auf dem ursprünglichen Grund einer realisierenden Anwesenheit beim *Ganzen.* Die Ganzheit aber, als innere ontologische Beziehung der «Dieses», kann sich nur in und durch die einzelnen «Dieses» enthüllen. Das bedeutet, daß das Für-sich sich realisiert als realisierende Anwesenheit bei dem ganzen Sein, insofern es realisierende Anwesenheit bei den «Dieses» ist – und als Anwesenheit bei den einzelnen «Dieses», insofern es realisierende Anwesenheit bei dem ganzen Sein ist. Mit anderen Worten, die Anwesenheit des Für-sich bei der *Welt* kann sich nur durch seine Anwesenheit bei einer oder mehreren einzelnen Sachen realisieren, und umgekehrt kann seine Anwesenheit bei einer einzelnen Sache sich nur auf dem Grund einer Anwesenheit bei der Welt realisieren. Die Wahrnehmung bildet sich nur auf dem ontologischen Grund der Anwesenheit bei der Welt, und die Welt enthüllt sich konkret als Grund jeder einzelnen Wahrnehmung. Zu erklären bleibt somit, wie das Auftauchen des Für-sich im Sein bewirken kann, daß es ein *Ganzes* und einzelne *Dieses* gibt.

Die Anwesenheit des Für-sich beim Sein als *Ganzem* rührt daher, daß das Für-sich in dem Modus, zu sein, was es nicht ist, und nicht zu sein, was es ist, seine eigene Ganzheit zu sein hat als entganzheitlichte Ganzheit. Insofern es sich in der Tat in der Einheit desselben Auftauchens als das *Ganze* sein macht, das das Sein nicht ist, steht das Sein ihm gegenüber als das *Ganze,* das das Für-sich nicht ist. Die ursprüngliche Verneinung ist in der Tat radikale Verneinung. Das Für-sich, das als seine eigene Gänze vor dem Sein steht, ist Verneinung des Ganzen, indem es das Ganze der Verneinung ist. Die vollständige Ganzheit oder Welt enthüllt sich somit als konstitutiv für das Sein der unvollständigen Ganzheit, durch welche das Sein der Ganzheit im Sein auftaucht. Das Für-sich läßt sich von der *Welt* sich selbst als entganzheitlichte Ganzheit anzeigen, und das bedeutet, daß das Für-sich allein durch sein Auftauchen Enthüllung des Seins als Ganzheit ist, insofern das Für-sich seine eigene Ganzheit in entganzheitlichter Weise zu sein hat. Somit ist der Sinn des Für-sich selbst draußen im Sein, aber durch das Für-sich erscheint der Sinn des Seins. Diese Gänzung des Seins *fügt* dem Sein *nichts hinzu,* sie ist nichts als die Weise, in der das Sein sich als das Für-sich nicht seiend enthüllt, die Weise, in der es Sein *gibt;* sie erscheint *außerhalb des Für-sich,* jedem Zugriff unerreichbar, als das, was das Für-sich in seinem Sein bestimmt. Die Enthüllung des Seins als Ganzheit trifft jedoch das Sein selber nicht, ebensowenig wie das Zählen von *zwei* Tassen auf dem Tisch jede dieser Tassen in ihrer Existenz oder ihrer Natur treffen würde. Sie ist auch keine bloß subjektive Veränderung des Für-sich, da im Gegenteil erst durch es jede Subjektivität möglich wird. Wenn aber das Für-sich das Nichts sein muß, durch das es Sein «gibt», so kann es ursprünglich Sein nur als Ganzheit geben. Somit ist die Erkenntnis *die Welt*; mit Heidegger zu reden: die Welt ist und außerdem *nichts*. Indessen ist dieses «nichts» ursprünglich nicht dasjenige, in dem die menschliche Wirklichkeit auftaucht. Dieses *nichts* ist die menschliche Wirklichkeit selbst als die radikale Verneinung, durch welche die Welt sich enthüllt. Sicher, die Erfassung der Welt als Ganzheit läßt allein schon *auf seiten der Welt* ein Nichts erscheinen, das diese Ganzheit trägt und umgibt. Dieses Nichts bestimmt sogar die Ganzheit als solche, insofern es das absolute Nichts ist, das in die Ganzheit nicht eingeht; eben deshalb fügt die Gänzung dem Sein nichts hinzu, da sie nur das Ergebnis der Erscheinung des Nichts als Grenze des Seins ist. Aber dieses Nichts *ist* nichts, außer der menschlichen Wirklichkeit, die sich selbst als ausgestoßen aus dem Sein erfaßt, als beständig jenseits des Seins, in Verbindung mit dem Nichts. Man kann daher ebensowohl sagen: die menschliche Wirklichkeit ist dasjenige, durch das das Sein sich als Ganzheit enthüllt, – wie: die menschliche Wirklichkeit ist dasjenige, das bewirkt, daß es nichts außer dem Sein «gibt». Als die Möglichkeit, daß es ein Jenseits der Welt gibt, insofern 1. diese Möglichkeit das Sein als Welt enthüllt und 2. die menschliche Wirklichkeit diese Möglichkeit zu sein hat – konstituiert dieses Nichts zusammen mit der ursprünglichen Anwesenheit den Zirkel der Selbstheit.

Die menschliche Wirklichkeit macht sich jedoch nur zur unvollendeten Ganzheit der Verneinungen, insofern sie über eine konkrete Verneinung hinausgeht, die sie als aktuelle Anwesenheit beim Sein zu sein hat. Wäre sie in der Tat bloßes Bewußtsein, eine synkretische und undifferenzierte Verneinung (zu) sein, so könnte sie sich nicht selbst bestimmen und könnte daher auch keine konkrete, wenn auch entganzheitlichte Ganzheit ihrer Bestimmungen sein. Jedoch ist sie Ganzheit nur insofern, als sie durch alle ihre sonstigen Verneinungen der konkreten Verneinung entgeht, die sie gegenwärtig ist: ihr Sein kann seine eigene Ganzheit nur in dem Maße *sein*, wie es auf das Ganze hin, das es zu sein hat, Überstieg der partiellen Struktur ist, die es ist. Anderenfalls wäre es das, was einfach ist, und könnte weder als Ganzheit noch als Nicht-Ganzheit betrachtet werden. In dem Sinn, wie eine partielle negative Struktur auf dem Grund der undifferenzierten Verneinungen, die ich bin und zu denen sie gehört, erscheinen muß, lasse ich mir vom An-sich-sein eine bestimmte konkrete Wirklichkeit anzeigen, die ich nicht zu sein habe. Das Sein, das ich gegenwärtig *nicht bin*, insoweit es auf dem Grund der Gänze des Seins erscheint, ist das *Dieses*. Dieses ist das, was ich gegenwärtig nicht bin, insofern ich nichts vom Sein zu sein habe; es ist das, was sich auf einem undifferenzierten Seinsgrund enthüllt, um mir die konkrete Verneinung anzuzeigen, die ich auf dem ganzheitlichenden Grund meiner Verneinungen zu sein habe. Diese ursprüngliche Beziehung des Ganzen und des «Dieses» ist die Wurzel jener Beziehung zwischen Grund und Form, welche die *Gestalttheorie* aufgedeckt hat. Das «Dieses» erscheint stets auf einem Grund, das heißt, auf der undifferenzierten Ganzheit des Seins, insofern das Für-sich dessen radikale und synkretische Verneinung ist. Jedoch kann es sich stets in dieser undifferenzierten Ganzheit auflösen, sobald ein anderes Dieses erscheint. Da die Erscheinung des Dieses oder der Form auf dem Grund in Wechselbeziehung steht zur Erscheinung meiner eigenen konkreten Verneinung auf dem synkretischen Grund einer radikalen Verneinung, impliziert sie, daß ich diese totale Verneinung bin und zugleich nicht bin, oder, anders gesagt, daß ich sie in der Weise des «Nicht-seins» bin und sie in der Weise des Seins nicht bin. Nur so kann in der Tat die gegenwärtige Verneinung auf dem Grunde der radikalen Verneinung erscheinen, die sie ist. Anderenfalls wäre sie vollkommen von ihr abgeschnitten oder würde mit ihr verschmelzen. Die Erscheinung des *Dieses* auf dem *Ganzen* steht in Wechselbeziehung zu einer bestimmten Weise des Für-sich, die Verneinung seiner selbst zu sein. Es gibt ein *Dieses*, weil ich meine künftigen Verneinungen noch nicht und meine vergangenen nicht mehr bin. Die Enthüllung des *Dieses* setzt voraus, daß eine bestimmte Verneinung «akzentuiert wird», während andere im synkretischen Verschwinden des Grundes zurücktreten, das heißt, daß das Für-sich nur als eine Verneinung existieren kann, die sich im Zurücktreten der radikalen Negativität in seiner Ganzheit herstellt. Das Für-sich *ist nicht* die Welt, die Räumlichkeit, die Dauer, die Materie, kurz, das An-sich im allgemeinen; seine Weise jedoch, all dies-nicht-zu-sein, ist, auf dem totalen Grund der Negativität dieser Tisch, dieses Glas, dieses Zimmer nicht zu sein. Das *Dieses* setzt somit eine Verneinung der Verneinung voraus – eine Verneinung jedoch, die die radikale Verneinung zu sein hat, die sie verneint, die nicht aufhört, sich mit einem ontologischen Faden an sie zu knüpfen, und bereit ist, sich beim Auftauchen eines anderen Dieses in ihr aufzulösen. Das «Dieses» enthüllt sich derart als solches durch «Zurücktreten auf den Grund der Welt» aller anderen «dieses», seine Bestimmung – die Ursprung aller Bestimmungen ist – ist eine Verneinung. Wohlverstanden, diese Verneinung ist – von seiten des «Dieses» gesehen – völlig ideal. Sie fügt dem Sein nichts hinzu und nimmt ihm nichts weg. Das als «Dieses» betrachtete Seiende ist, was es ist, und hört nicht auf, es zu sein, es hat kein Werden. Als solches kann es nicht außerhalb seiner *in* dem Ganzen als Struktur des Ganzen sein, und ebensowenig außerhalb seiner in dem Ganzen, um von sich aus seine Identität mit dem Ganzen zu verneinen. Die Verneinung kann zum *Dieses* nur durch ein Sein kommen, das zugleich Anwesenheit beim Ganzen des Seins und beim Dieses zu sein hat, das heißt, durch ein ek-statisch Seiendes. Und da sie das Dieses als an sich Seiendes intakt läßt, da sie keine wirkliche Synthese aller Dieses in einer Ganzheit vollzieht, ist die für das *Dieses* konstitutive Verneinung eine *äußerliche*, ebenso wie die Beziehung des Dieses zum Ganzen eine äußerliche Beziehung ist. Die Bestimmung sehen wir somit erscheinen als äußerliche Verneinung, die das Korrelat der inneren, radikalen und ekstatischen Verneinung ist, die *ich* bin. Daraus erklärt sich der zweideutige Charakter der *Welt*, die sich als synthetische Ganzheit enthüllt und zugleich als rein additive Sammlung aller «Dieses». Insofern in der Tat die Welt eine Ganzheit ist, die sich als dasjenige enthüllt, auf dessen Grund das Für-sich entschlossen sein eigenes Nichts zu sein hat, stellt sie sich als Synkretismus der Nichtunterscheidung dar. Insofern aber diese radikale Nichtung stets über eine konkrete und gegenwärtige Nichtung hinausgeht, erscheint die Welt ständig bereit, sich wie eine Schachtel zu öffnen, um ein oder mehrere «*Dieses*» erscheinen zu lassen, die auf dem Grund der Nichtunterscheidung *schon waren*, was sie jetzt als unterschiedene Form sind. Indem wir uns allmählich einem Landschaftsbild nähern, das uns bereits in groben Umrissen gegeben war, sehen wir in der gleichen Weise Gegenstände erscheinen, die als Elemente einer diskontinuierlichen Sammlung von «*Dieses*» bereits dagewesen sind; in den Experimenten der Gestalttheorie zerbricht ähnlich ein kontinuierlicher Grund, sobald er als Form wahrgenommen wird, in eine Vielheit diskontinuierlicher Elemente. Als Korrelat einer entganzheitlichten Ganzheit erscheint somit die Welt als sich verflüchtigende Ganzheit, und zwar insofern, als sie niemals eine wirkliche Synthese ist, sondern ideale Abgrenzung durch das Nichts einer Sammlung von *Dieses*. Das *Kontinuierliche* als formale Eigenschaft des Grundes läßt somit das *Diskontinuierliche* erscheinen als Typus der äußerlichen Beziehung zwischen dem *Dieses* und der Ganzheit. Eben diese fortwährende Verflüchtigung der Ganzheit zur Sammlung, des Kontinuierlichen zum Diskontinuierlichen, bezeichnen wir als *Raum*. Der Raum kann in der Tat kein *Seiendes* sein. Er ist eine bewegliche Beziehung zwischen Seienden, die überhaupt keine Beziehung haben. Er ist die völlige Unabhängigkeit der An-sich-seienden, soweit sie sich einem Seienden, das Anwesenheit beim «ganzen» An-sich ist, als *deren wechselseitige Unabhängigkeit* enthüllt; er ist die einzige Weise, in der irgendwelche Seiende sich als ohne jede Beziehung zueinander demjenigen Seienden enthüllen können, durch das die Beziehung zur Welt kommt, das heißt, reine Äußerlichkeit. Und da diese Äußerlichkeit weder dem einen noch dem anderen der betrachteten *Dieses* zugehören kann und da sie andererseits als bloß örtliche Negativität sich selbst zerstört, kann sie weder von sich aus sein, noch «gewesen werden». Das räumlichende Sein ist das Für-sich, insofern es dem Ganzen und dem Dieses mitgegenwärtig ist; der Raum ist nicht die Welt, sondern die Labilität der als Ganzheit aufgefaßten Welt, insofern sie sich stets in eine äußerliche Vielheit zersetzen kann. Der Raum ist weder Grund noch Form, sondern die Idealität des Grundes, insofern er sich stets in Formen zersetzen kann; er ist weder das Kontinuierliche noch das Diskontinuierliche, sondern der beständige Übergang des Kontinuierlichen zum Diskontinuierlichen. Die Existenz des Raumes ist der Beweis dafür, daß das Für-sich, indem es macht, daß es Sein *gibt*, dem Sein *nichts* hinzufügt, er ist die Idealität der Synthese. In diesem Sinn ist er sowohl Ganzheit, in dem Maße, wie er seinen Ursprung in der Welt hat, als auch *nichts,* insofern er zu dem Gewimmel der *Dieses* führt. Er kann von der konkreten Intuition nicht erfaßt werden, weil er nicht ist, sondern beständig geräumlicht wird. Er hängt von der Zeitlichkeit ab und erscheint in der Zeitlichkeit, insofern er nur durch ein Seiendes in die Welt kommen kann, dessen Seinsweise die Zeitigung ist, da er nämlich die Weise ist, in der dieses Seiende sich ek-statisch verliert, um das Sein zu realisieren. Die räumliche Beschaffenheit des *Dieses* wird ihm nicht synthetisch beigefügt, sondern ist nur sein «Platz», das heißt, seine äußerliche Beziehung zum Grunde, insofern diese Beziehung sich in die Vielheit äußerer Beziehungen zu anderen *Dieses* auflösen kann, sobald der Grund selbst sich in eine Vielheit von Formen zersetzt. Daher wäre es vergebliche Mühe, den Raum als eine Form aufzufassen, die den Phänomenen von der apriorischen Struktur unserer Empfindungsvermögen aufgezwungen wird: der Raum kann keine Form sein, denn er ist *nichts;* er ist im Gegenteil das Zeichen dafür, daß vom Für-sich nichts zum An-sich hinzukommen kann außer der Verneinung – und auch diese nur als eine Art äußerer Beziehung, die das, was sie verbindet, unberührt läßt. Wiederum ist auch das Für-sich nicht der Raum, eben weil es sich als das An-sich-sein nicht seiend erfaßt, insofern sich ihm das An-sich im Modus der Äußerlichkeit, die man Ausdehnung nennt, enthüllt. Eben insofern es seine eigene Äußerlichkeit verneint, indem es sich als ek-statisch erfaßt, räumlicht es den Raum. Denn das Für-sich steht zum An-sich nicht in einer Beziehung des Nebeneinanders oder der indifferenten Äußerlichkeit: als Grund aller Beziehungen ist seine Beziehung zum An-sich die innere Verneinung, und es ist im Gegenteil dasjenige, wodurch das An-sich-sein in Beziehung zu anderem in der Welt existierenden Seiendem seine indifferente Äußerlichkeit erhält. Wird diese zu einer an sich und durch sich seienden Substanz hypostasiert – was nur auf einer niederen Stufe der Erkenntnis geschehen kann –, so bildet sie den Gegenstand von Studien eigener Art, der Geometrie, und wird eine reine Besonderung der abstrakten Mengentheorie.

Zu bestimmen bleibt, welchen Seinstypus die äußere Verneinung besitzt, insofern sie durch das Für-sich zur Welt kommt. Wir wissen, daß sie nicht zum *Dieses* gehört: die Zeitung verneint nicht von sich, der Tisch zu sein, von dem man sie wegnimmt, anderenfalls sie ekstatisch außerhalb ihrer in dem verneinten Tisch und ihre Beziehung zu ihm eine innere Verneinung wäre; damit würde sie aber aufhören, an-sich zu sein, um für-sich zu werden. Die bestimmende Beziehung des *Dieses* kann somit weder zum *Dieses* noch zum *Jenes* gehören; sie umfaßt sie, ohne sie zu berühren, ohne ihnen irgendein neues Merkmal zu verleihen; sie bleiben, was sie sind. Die berühmte Formel Spinozas: «Omnis determinatio est negatio», von der noch Hegel sagte, ihr Reichtum sei unendlich, müssen wir somit abwandeln und erklären, daß jede Bestimmung, die nicht dem Seienden zugehört, das seine eigenen Bestimmungen zu sein hat, eine ideale Verneinung ist. Anders kann es übrigens auch gar nicht sein. Selbst wenn wir in der Weise eines empirio-kritizistischen Psychologismus die Sachen als bloß subjektive Inhalte ansehen würden, so wäre das Faktum, daß das Subjekt innere synthetische Verneinungen zwischen diesen Inhalten realisiert, trotzdem nur vorstellbar, wenn es *sie ist,* und zwar in einer grundlegenden ek-statischen Immanenz, die jeden Übergang zur Objektivität aussichtslos machen würde. Noch weniger können wir uns vorstellen, das Für-sich vollziehe deformierende synthetische Verneinungen zwischen Transzendenzen, die es nicht ist. Die äußere, für das Dieses konstitutive Verneinung kann in diesem Sinn nicht als ein *objektives* Merkmal der Sache erscheinen, wenn wir unter «objektiv» das verstehen, was von Natur aus zum An-sich gehört – oder das, was auf irgendeine Weise *wirklich* das Objekt, wie es ist, konstituiert. Hieraus ist jedoch nicht zu schließen, daß die äußere Verneinung als bloßer Seinsmodus des Für-sich eine subjektive Existenz habe. Die Existenzart des Für-sich ist reine innere Verneinung; die Existenz einer äußeren Verneinung in ihm würde seine Existenz selbst aufheben. Sie [die äußere Verneinung] kann folglich weder eine Weise sein, die Phänomene, insoweit sie bloße subjektive Phantasiegebilde wären, anzuordnen und zu klassifizieren, noch kann sie das Sein «subjektivieren», insoweit seine Enthüllung für das Für-sich konstitutiv ist. Ihre Äußerlichkeit selbst erfordert somit, daß sie «in der Luft» bleibt, *äußerlich* sowohl in Beziehung zum Für-sich wie zum An-sich. Eben weil sie Äußerlichkeit ist, kann sie andererseits nicht durch sich selbst sein und hat keine Träger, sie ist von Natur aus «unselbständig» und kann sich trotzdem auf keine Substanz beziehen. Sie ist *nichts.* Gerade weil das Tintenfaß nicht der Tisch ist – und ebenso nicht die Pfeife, nicht das Glas, usw. –, können wir es als Tintenfaß begreifen. Indessen, wenn ich sage: das Tintenfaß ist nicht der Tisch, so *denke* ich *nichts.* Die Bestimmung ist somit ein *nichts,* das als innere Struktur weder der Sache noch dem Bewußtsein zugehört, dessen Sein jedoch ist, vom Für-sich *angegeben zu werden,* und zwar durch ein System innerer Verneinungen hindurch, in denen das An-sich sich enthüllt in seiner Indifferenz für alles, was nicht es ist. Insofern das Für-sich sich im Modus innerer Verneinung vom An-sich das, was es nicht ist, anzeigen läßt, enthüllt sich in der Welt die Indifferenz des An-sich, insofern das Für-sich sie nicht-zu-sein hat, als Bestimmung.

III

Qualität und Quantität, Potentialität, Verwendbarkeit

Die Qualität ist nichts anderes als das Sein des *Dieses,* sobald es im Absehen von jeder äußeren Beziehung zur Welt oder zu anderen *Dieses* betrachtet wird. Nur zu oft wurde sie als eine bloß subjektive Bestimmung angesehen, und dann wurde ihr Qualität-Sein mit der Subjektivität des Psychischen gleichgesetzt. Das Problem war alsdann, die Herstellung eines Objekt-Pols zu erklären, den man als transzendente Einheit der Qualitäten auffaßte. Wir zeigten, daß dieses Problem unlösbar ist. Eine Qualität kann nicht objektiviert werden, wenn sie subjektiv ist. Angenommen, wir hätten die Einheit eines Objekt-Pols jenseits der Qualitäten entworfen, so würde sich jede Qualität bestenfalls als die subjektive Wirkung des Einwirkens der Dinge auf uns darstellen. Das Gelb der Zitrone ist jedoch kein subjektiver Modus ihrer Wahrnehmung: es *ist* die Zitrone. Und ebensowenig ist wahr, daß das x-Objekt als die leere Form erscheint, die verschiedenartige Qualitäten zusammenhielte. In Wahrheit erstreckt die Zitrone sich durch alle ihre Qualitäten hindurch, und jede ihrer Qualitäten erstreckt sich durch alle anderen. Das Saure der Zitrone ist gelb, und ihr Gelb ist sauer; man ißt die Farbe eines Kuchens, und der Geschmack des Kuchens ist das Instrument, das seine Form und seine Farbe dem enthüllt, was wir die Ernährungs-Intuition nennen; stecke ich meinen Finger in einen Topf Marmelade, so ist entsprechend die klebrige Kälte der Marmelade für meinen Finger Enthüllung ihres süßen Geschmacks. Die Flüssigkeit, die Lauheit, die bläuliche Farbe, die wellenartige Bewegtheit des Wassers in einem Schwimmbecken sind alle zusammen in ihrer gegenseitigen Durchdringung mit einem Male gegeben, und diese vollständige Durchdringung heißt das *Dieses*. Die Experimente der Maler und besonders Cézannes haben uns deutlich gezeigt: es ist nicht wahr, daß eine synthetische Notwendigkeit, wie Husserl glaubt, die Farbe und die Form unbedingt vereint; die Form ist vielmehr Farbe und Licht; variiert der Maler irgendeinen dieser Faktoren, so ändern sich die andern auch, und zwar nicht, weil sie durch man weiß nicht welches Gesetz miteinander verknüpft wären, sondern weil sie im Grund nur ein und dasselbe Sein sind. In diesem Sinn ist jede Qualität des Seienden das ganze Seiende; sie ist die Anwesenheit seiner absoluten Kontingenz, seine indifferente Irreduzierbarkeit; die Erfassung der Qualität fügt dem Seienden nichts hinzu, außer der Tatsache, daß *es ein Seiendes wie dieses gibt*. In diesem Sinn ist die Qualität auch kein äußerer Aspekt des Seins: da das Sein kein «Inneres» hat, kann es auch kein «Äußeres» haben. Damit es Qualität gibt, ist nur notwendig, daß es Sein *gibt*, und zwar für ein Nichts, das von Natur aus das Sein *nicht ist*. Jedoch ist das Sein nicht *an sich* Qualität, obschon es nicht mehr und nicht weniger ist. Die Qualität ist vielmehr *das ganze Seiende*, wie es sich in den Grenzen des «Es gibt» enthüllt. Sie ist nicht das *Äußere* des Seienden, sondern das ganze Seiende, insofern es Sein nicht *für* das Sein geben kann, sondern allein für dasjenige, das sich dazu macht, es nicht zu sein. Die Beziehung des Für-sich zur Qualität ist ontologisch. Die Intuition der Qualität ist keine passive Betrachtung einer Gegebenheit, und der Verstand ist kein An-sich, das in dieser Betrachtung bleibt, was es ist, das heißt, in bezug zu dem betrachteten *Dieses* im Modus der Teilnahmslosigkeit verbleibt. Das Für-sich läßt sich vielmehr von der Qualität das ankündigen, was es nicht ist. Das Rot als Farbe dieses Heftes wahrnehmen, heißt, sich selbst als innere Verneinung dieser Qualität widerspiegeln. Die Wahrnehmung der Qualität ist somit keine «Erfüllung», wie Husserl will, sondern Ermittlung eines Leeren als eines *von* dieser Qualität bestimmten Leeren. In diesem Sinn ist die Qualität eine dauernd unerreichbare Anwesenheit. Die Beschreibungen des Erkennens entstammen noch allzu oft der Nahrungsaufnahme. Die erkenntnistheoretische Philosophie enthält noch zu viel Praelogisches, und wir haben uns noch nicht von jener primitiven Illusion befreit, (die wir später zu erklären haben werden), derzufolge Erkennen gleich Essen ist, das heißt, das erkannte Objekt zu sich nehmen, sich mit ihm «erfüllen» und es verdauen («assimilieren»). Das ursprüngliche Phänomen der Wahrnehmung läßt sich besser erklären, wenn man das Faktum beachtet, daß die Qualität in bezug zu uns in einer Beziehung absoluter Nähe steht – sie *«ist da»*, drängt sich auf –, ohne sich zu geben oder zu verweigern, jedoch ist hinzuzusetzen, daß diese Nähe einen Abstand impliziert. Sie ist das, was unmittelbar außer Reichweite ist, was uns per definitionem uns selbst als ein Leeres anzeigt; dasjenige, dessen Anblick unseren Durst nach Sein nur erhöhen kann, wie der Anblick der unerreichbaren Nahrung Tantalus' Hunger vermehrt. Die Qualität ist Anzeige dessen, was wir nicht sind, und der Seinsweise, die uns verwehrt ist. Die Wahrnehmung des Weißen ist Bewußtsein der prinzipiellen Unmöglichkeit, daß das Für-sich als Farbe existiere, das heißt, als das, was es ist. Das Seiende unterscheidet sich in diesem Sinn nicht von seinen Qualitäten, ja, jede Wahrnehmung einer Qualität ist Wahrnehmung eines *Dieses*, und jedwede Qualität enthüllt sich uns als ein Seiendes. Der Geruch, den ich plötzlich einatme, mit geschlossenen Augen und ohne ihn noch auf eine riechenden Gegenstand bezogen zu haben, ist schon ein *Geruch-Sein* und nicht nur subjektiver Eindruck; das Licht, das am Morgen durch meine geschlossenen Lider meine Augen trifft, ist schon ein Licht-Sein. Das wird evident erscheinen, sobald man nur bedenkt, daß Qualitäten *sind*. Als Seiendes, das ist, was es ist, kann die Qualität zwar einer Subjektivität *erscheinen*, kann sich jedoch nicht in das Gefüge dieser Subjektivität einreihen, die das ist, was sie nicht ist, und nicht ist, was sie ist. Sagen wir, die Qualität ist ein Qualitätsein, so begaben wir sie keineswegs mit einem mysteriösen, der Substanz analogen Träger, sondern bemerken nur, daß ihre Seinsweise grundsätzlich von der Seinsweise des «Für-sich» verschieden ist. Das Sein des Weißen oder des Sauren kann keineswegs als ekstatisch erfaßt werden. Fragt man nun, wieso das «Dieses» Qualitäten haben kann, so antworten wir, daß in Wirklichkeit das *Dieses* sich als Ganzheit vom Grund der Welt abhebt und als undifferenzierte Einheit darstellt. Nur das Für-sich kann sich von verschiedenen Gesichtspunkten aus angesichts des *Dieses* verneinen und die Qualität als ein neues *Dieses* auf dem Grund der Sache enthüllen. Jedem verneinenden Akt, durch den die Freiheit des Für-sich spontan ihr Sein herstellt, entspricht eine vollständige Enthüllung des Seins «durch eine Profilierung». Diese Profilierung ist nichts anderes als eine vom Für-sich selbst realisierte Beziehung der Sache zum Für-sich. Sie ist absolute Bestimmung der Negativität: es genügt nämlich nicht, daß das Für-sich durch eine ursprüngliche Verneinung das Sein nicht *ist,* und auch nicht, daß es *dieses* Seiende nicht ist, sondern, damit seine Bestimmung als Nichts des Seins vollkommen ist, muß sich das Für-sich realisieren als eine bestimmte unersetzbare Weise, *dieses* Sein nicht zu sein; und diese absolute Bestimmung, die Bestimmung der Qualität als Profil des Dieses ist, ist Sache der Freiheit des Für-sich; denn sie *ist nicht:* sie ist als «zu sein»; das ist leicht einzusehen, wenn man nur berücksichtigt, in welchem Maße die Enthüllung *einer* Qualität einer Sache stets eine *durch* eine Freiheit *hindurch* erfaßte faktische Willkür zu sein scheint; ich kann nicht verhindern, daß diese Rinde grün ist, jedoch hängt es von mir ab, ob ich sie als rauhes-Grün oder als grüne-Rauheit erfasse. Die Beziehung Form-Grund ist hier jedoch völlig verschieden von der Beziehung des *Dieses* zur Welt. Statt daß die Form auf einem undifferenzierten Grund erscheint, ist sie hier nämlich völlig von dem Grund durchdrungen, sie behält ihn in sich als ihre eigene undifferenzierte Dichte. Erfasse ich die Rinde als grün, so enthüllt sich ihre «Helligkeit-Rauheit» als innerer undifferenzierter Grund und Seinsfülle des Grüns. Es liegt hier keine Abstraktion vor, in dem Sinn, daß die Abstraktion das Vereinte trennt, denn das Seiende erscheint stets ganz in seinem Profil. Die Realisierung des Seienden bedingt jedoch die Abstraktion, denn die Abstraktion ist keine Wahrnehmung einer Qualität «in der Luft», sondern einer Dieses-Qualität, in der die Ungeschiedenheit des inneren Grundes zu einem absoluten Gleichgewicht neigt. Das abstrakte Grün verliert seine Seinsdichte nicht – sonst wäre es nur ein subjektiver Modus des Für-sich –, sondern die Helligkeit, Form, Rauheit usw., die durch es hindurch gegeben sind, lösen sich in dem nichtenden Gleichgewicht der bloßen *Massivität* auf. Indessen ist die Abstraktion ein Phänomen der Anwesenheit beim Sein, da das abstrahierte Sein seine Transzendenz bewahrt. Jedoch kann sie sich nur als Anwesenheit beim Sein jenseits des Seins verwirklichen: sie ist Überstieg. Diese Anwesenheit des Seins kann nur auf der Ebene der Möglichkeit verwirklicht werden und insofern das Für-sich seine eigenen Möglichkeiten zu sein hat. Das Abstrakte enthüllt sich als der Sinn, den die Qualität zu sein hat, insofern sie bei der Anwesenheit eines künftigen Für-sich mitanwesend ist. So ist das abstrakte Grün der künftige-Sinn des konkreten *Dieses,* insoweit es sich mir durch sein «grünes-helles-graues» Profil enthüllt. Sie ist die diesem Profil eigene Möglichkeit, insofern sie sich durch die Möglichkeiten, die ich bin, hindurch enthüllt; das heißt, insofern sie *gewesen wird.* Damit sind wir jedoch bereits auf die Verwendbarkeit und die Weltzeit hingewiesen, auf die wir zurückkommen werden. Im Augenblick möge die Bemerkung genügen, daß das Abstrakte das Konkrete wie eine im An-sich erstarrte Möglichkeit, die das Konkrete zu sein hat, heimsucht. Was auch immer unsere Wahrnehmung als ursprüngliche Berührung mit dem Sein sei, stets ist das Abstrakte *da*, jedoch als *zu-künftig*, und ich erfasse es mit meiner Zukunft in der Zukunft: es ist das Korrelat der eigenen Möglichkeit meiner gegenwärtigen und konkreten Verneinung, und zwar als die Möglichkeit, diese Verneinung *nicht mehr zu sein*. Das Abstakte ist der Sinn des *Dieses*, insofern es sich der Zukunft enthüllt durch meine Möglichkeit hindurch, die Verneinung, die ich zu sein habe, zum An-sich zu fixieren. Will man uns an die klassischen Aporien der Abstraktion erinnern, so antworten wir, daß sie aus dem Umstand hervorgegangen sind, daß man die Konstitution des Dieses und den Akt der Abstraktion als voneinander verschieden vorausgesetzt hatte. Wenn aber das *Dieses* seine eigenen Abstrakta nicht enthält, so gibt es gewiß keinerlei Möglichkeit, sie nachträglich aus ihm herauszuziehen. In der Konstituierung des *Dieses* als *Dieses* selbst wird daher die Abstraktion vorgenommen als Enthüllung des Profils für meine Zukunft. Das Für-sich ist «abstrahierend», nicht weil es den psychologischen Prozeß der Abstraktion vollziehen kann, sondern weil es mit einer Zukunft als Anwesenheit beim Sein auftaucht, das heißt, mit einem Jenseits des Seins. An-sich ist das Sein weder konkret, noch abstrakt, weder gegenwärtig, noch zukünftig: es ist, was es ist. Die Abstraktion bereichert indessen das Sein nicht, sie ist nur die Enthüllung eines Nichts des Seins jenseits des Seins. Wir würden wetten, daß es unmöglich ist, die klassischen Einwände gegen die Abstraktion zu formulieren, ohne sie implizit von der Betrachtung des Seins als eines *Dieses* abgeleitet zu haben.

Die ursprüngliche Beziehung der *Dieses* untereinander kann keine Wechselwirkung und keine Kausalität sein, ebensowenig wie ein Auftauchen auf demselben Weltgrund. Nehmen wir an, ein Für-sich sei bei einem *Dieses* anwesend, so existieren zwar die anderen Dieses «in der Welt», jedoch in Ungeschiedenheit: sie bilden jenen Grund, auf dem das betrachtete *Dieses* sich abhebt. Soll sich irgendeine Beziehung zwischen einem *Dieses* und einem anderen herstellen, so muß das zweite sich dadurch enthüllen, daß es vom Weltgrund auftaucht gelegentlich einer ausdrücklichen Verneinung, die das Für-sich zu sein hat. Zugleich muß jedes *Dieses* vom anderen als dieses andere nicht *seiend* im Abstand gehalten werden, und zwar durch eine Verneinung rein äußerlicher Art. Die ursprüngliche Beziehung zwischen *Diesem* und *Jenem* ist somit eine äußerliche Verneinung. *Jenes* erscheint als *Dieses* nicht seiend. Und diese äußere Verneinung erscheint dem Für-sich als ein Transzendentes, sie ist außerhalb, sie ist *an-sich*. Wie ist sie zu verstehen?

Die Erscheinung *Dieses-Jenes* kann sich nur als Ganzheit ereignen. Die erste Beziehung ist hier die Einheit einer auflösbaren Ganzheit; das Für-sich bestimmt sich im ganzen, «Dieses-Jenes» auf dem Weltgrund nicht zu sein. Das «Dieses-Jenes» ist etwa mein ganzes Zimmer, insofern ich gegenwärtig in ihm bin. Diese konkrete Verneinung verschwindet nicht, wenn das konkrete Ganze sich in Dieses *und* Jenes auflöst. Sie ist im Gegenteil die Bedingung dieser Auflösung. Auf dem Grund und durch den Grund der Anwesenheit läßt aber das Sein seine indifferente Äußerlichkeit erscheinen: sie enthüllt sich mir darin, daß die Verneinung, die ich bin, eher eine Einheit-Vielheit ist als eine undifferenzierte Ganzheit. Mein negatives Auftauchen im Sein zerbröckelt sich zu unabhängigen Verneinungen, die keine andere Verbindung haben als Verneinungen zu sein, die ich zu sein habe, das heißt, die ihre innere Einheit von mir und nicht vom Sein erhalten. Ich bin bei diesem Tisch, jenen Stühlen anwesend und konstituiere mich derart synthetisch als mehrwertige Verneinung, jedoch ist diese rein innere Verneinung, insofern sie Verneinung *des* Seienden ist, von Zonen des Nichts durchdrungen; sie nichtet sich als Verneinung, sie ist entganzheitlichte Verneinung. Die Indifferenz des Seins erscheint durch jene Streifen des Nichts hindurch, die ich als mein eigenes Nichts der Verneinung zu sein habe. Jedoch habe ich diese Indifferenz zu realisieren durch jenes Nichts der Verneinung, das ich zu sein habe, und zwar nicht insofern ich ursprünglich beim Dieses anwesend bin, sondern insofern ich auch beim Jenes anwesend bin. In und durch meine Anwesenheit beim Tisch realisiere ich die Indifferenz des Stuhls – den ich gleichfalls gegenwärtig nicht zu sein habe – wie die Abwesenheit eines Sprungbretts, ein Aufhalten meines Schwunges zum Nicht-sein hin, eine Unterbrechung des Zirkels. *Jenes* erscheint neben diesem in einer ganzheitlichen Enthüllung als dasjenige, das ich bei meiner Bestimmung, dieses nicht zu sein, durchaus nicht benutzen kann. Der Spalt kommt somit vom Sein, jedoch *gibt es* Spalt und Trennung nur durch die Anwesenheit des Für-sich beim ganzen Sein. Die Verneinung der Einheit der Verneinungen, insofern sie Enthüllung der Indifferenz des Seins ist und die Indifferenz von Diesem an Jenem und von Jenem an *Diesem* erfaßt, ist Enthüllung der ursprünglichen Beziehung der *Dieses* als äußere Verneinung. Das Dieses ist nicht Jenes. Diese äußere Verneinung in der Einheit einer auflösbaren Ganzheit wird durch das Wort «und» ausgedrückt. «Dieses ist nicht Jenes» heißt soviel wie «dieses *und* jenes». Die äußere Verneinung hat die doppelte Beschaffenheit des An-sich und der reinen Idealität. Sie ist An-sich, da sie das Für-sich nirgendwie betrifft; eben durch die absolute Innerlichkeit seiner eigenen Verneinung (da ich in der ästhetischen Intuition ja ein imaginäres Objekt erfasse) entdeckt das Für-sich sogar die Indifferenz des Seins als Äußerlichkeit. Dabei handelt es sich andererseits durchaus nicht um eine Verneinung, die das Sein zu sein hat: sie gehört keinem der betrachteten *Dieses* an; sie *ist* ganz einfach; sie ist, was sie ist. Zugleich ist sie jedoch auch kein Merkmal des *Dieses*, sie ist nicht so, wie eine seiner Qualitäten. Sie ist sogar völlig unabhängig von den *Dieses*, da sie dem einen so wenig wie dem anderen zukommt. Die Indifferenz des Seins ist nämlich *nichts*, wir können sie nicht denken und nicht einmal wahrnehmen. Sie bedeutet ganz einfach nur, daß die Nichtung oder die Veränderungen des *Jenes* auf keine Weise die *Dieses* betreffen können; in diesem Sinn ist sie nur ein die *Dieses* trennendes *Nichts* an-sich, und dieses Nichts ist die einzige Weise, in der das Bewußtsein den Identitätszusammenhang erfassen kann, der das Sein kennzeichnet. Dieses ideale und an-sich seiende Nichts ist die *Quantität*. In der Tat ist die Quantität reine Äußerlichkeit; sie ist unabhängig von den zusammengezählten Elementen und ist nur die Behauptung ihrer Unabhängigkeit. Zählen heißt, im Inneren einer auflösbaren und schon gegebenen Ganzheit eine ideale Unterscheidung machen. Die beim Summieren erhaltene Zahl gehört zu keinem der gezählten *Dieses* und ebensowenig zu der auflösbaren Ganzheit, insofern sie sich als Ganzheit enthüllt. Jene drei Männer, die mir gegenüber miteinander reden, zähle ich nicht, wenn ich sie zunächst als «konversierende Gruppe» erfasse; und die Tatsache, daß ich *drei* zähle, läßt die konkrete Einheit der Gruppe völlig intakt. Eine «Gruppe von dreien» zu sein, ist keine konkrete Eigenschaft der Gruppe. Es ist ebensowenig eine Eigenschaft ihrer Mitglieder. Von keinem kann man sagen, er sei drei, und nicht einmal, er sei *der dritte* – die Qualität des Dritten ist nämlich nur der Widerschein der Freiheit des zählenden Für-sich; jeder von ihnen kann der dritte sein, und keiner ist es. Die Beziehung der Quantität ist somit eine Beziehung an-sich, aber eine rein negative Beziehung der Äußerlichkeit. Und eben weil sie weder zu den Dingen noch den Ganzheiten gehört, isoliert sie sich und hebt sich von der Oberfläche der Welt ab als ein Widerschein des Nichts auf dem Sein. Als reine Beziehung der Äußerlichkeit zwischen den Dieses ist sie diesen selbst äußerlich und schließlich auch sich selbst. Sie ist unfaßbare Indifferenz des Seins – die nur erscheinen kann, wenn es Sein *gibt*, und die, obwohl sie zum Sein gehört, ihm nur von einem Für-sich zukommen kann, insofern diese Indifferenz sich nur enthüllen kann durch die unendliche Veräußerlichung einer Beziehung der Äußerlichkeit, die äußerlich für das Sein und sich selbst sein muß. Raum und Quantität sind somit ein und derselbe Typus der Verneinung. Allein dadurch, daß *Dieses* und *Jenes* sich als ohne Beziehung zu mir enthüllen, der ich meine eigene Beziehung bin, kommen Raum und Quantität in die Welt, denn sie sind beide die Beziehung der Dinge, die keine Beziehung haben, oder, anders gesagt, das Nichts der Beziehung, das als Beziehung von dem Seienden erfaßt wird, das seine eigene Beziehung ist. Man sieht somit, daß das, was Husserl die *Kategorien* nennt (Einheit-Vielheit – Beziehung des Ganzen zum Teil – mehr und weniger – um herum – neben – in Folge von – erster, zweiter usw. – eins, zwei, drei usw. – in und außerhalb von – usw., usw.), nur ideale Vermischungen der Dinge sind, die sie selbst völlig unberührt lassen, ohne sie um ein Jota zu bereichern oder zu mindern, und daß sie nur die unendliche Verschiedenheit der Weisen anzeigen, in denen die Freiheit des Für-sich die Indifferenz des Seins realisieren kann.

Wir haben das Problem der ursprünglichen Beziehung des Für-sich zum Sein erörtert, als ob das Für-sich ein nur augenblickliches Bewußtsein wäre, wie es sich dem cartesischen *cogito* enthüllen kann. In Wahrheit hatten wir aber bereits von dem Sichselbstentgleiten des Für-sich gesprochen, insofern es die notwendige Bedingung für das Erscheinen der *Dieses* und der Abstrakta ist. Der ek-statische Charakter der Für-sich war dabei jedoch nur implizit geblieben. Mußten wir um der Klarheit der Darstellung willen in dieser Weise verfahren, so ist daraus nicht zu schließen, daß das Sein sich einem Seienden enthüllt, das zunächst Anwesenheit wäre, um sich nachträglich eine Zukunft zu konstituieren. Vielmehr enthüllt sich das An-sich-sein einem Seienden, das als sich selbst zu-künftig auftaucht. Das bedeutet, daß die Verneinung, zu der sich das Für-sich in Anwesenheit des Seins macht, eine ek-statische Dimension der Zukunft besitzt: insofern ich nicht bin, was ich bin (ekstatische Beziehung zu meinen eigenen Möglichkeiten), habe ich das An-sich-sein als enthüllende Realisierung des *Dieses* nicht zu sein. Das bedeutet, daß ich Anwesenheit beim Dieses in der Unvollendetheit einer entganzheitlichten Ganzheit bin. Was folgt hieraus für die Enthüllung des *Dieses*?

Insofern ich stets jenseits dessen bin, was ich bin, auf mich selbst zu-künftig, erscheint mir das Dieses, bei dem ich anwesend bin, als etwas, das ich auf mich selbst hin übersteige. Das Wahrgenommene ist ursprünglich das Überschrittene, es ist wie ein Leiter in dem Kreislauf der Selbstheit und erscheint in den Grenzen dieses Zirkels. In dem Maße, wie ich mich zur Verneinung des *Dieses* mache, entfliehe ich dieser Verneinung zu einer ergänzenden Verneinung hin, deren Verschmelzung mit der ersteren das An-sich, das ich bin, erscheinen lassen soll; diese mögliche Verneinung steht in Seinsverbindung mit der ersteren, sie ist nicht irgendeine, sondern eben die meine Anwesenheit bei der Sache ergänzende Verneinung. Da das Für-sich als Anwesenheit sich jedoch als nichtsetzendes Bewußtsein (*von*) sich konstituiert, läßt es sich außerhalb seiner von dem Sein ankündigen, was es nicht ist; es gewinnt sein Sein außen im Modus des «Reflektierendes-Reflex»; die ergänzende Verneinung, die es als seine eigene Möglichkeit ist, ist somit Anwesenheit-Verneinung, das heißt, daß das Für-sich sie zu sein hat als nichtsetzendes Bewußtsein (von) sich und als thetisches Bewußtsein des Seins-jenseits-des-Seins. Und das Sein-jenseits-des-Seins ist mit dem gegenwärtigen *Dieses* verbunden, nicht etwa durch irgendeine Beziehung der Äußerlichkeit, sondern durch eine bestimmte Verbindung der Ergänzung, die in genauer Korrelation mit der Beziehung des Für-sich zu seiner Zukunft steht. Das *Dieses* enthüllt sich nämlich in der Verneinung eines Seienden, das sich dieses nicht zu sein macht, und zwar nicht als bloße Anwesenheit, sondern als Verneinung, die sich selbst zu-künftig ist, die jenseits ihrer Gegenwart ihre eigene Möglichkeit ist. Und diese Möglichkeit, die die reine Anwesenheit als ihr unerreichbarer Sinn beunruhigt und als das, was ihr fehlt, um *an sich* zu sein, ist zunächst wie eine Projektion der gegenwärtigen Verneinung mit dem Sinn eines Engagements. Jede Verneinung, die nicht jenseits ihrer selbst, in der Zukunft, als Möglichkeit, die auf sie zukommt und zu der sie hinflieht, den Sinn eines Engagements hätte, würde in der Tat ihre Bedeutung einer Verneinung verlieren. Was das Für-sich verneint, verneint es «mit der Dimension der Zukunft», ob es sich dabei um eine äußere Verneinung handele: dieses ist nicht jenes, dieser Stuhl ist kein Tisch – oder um eine innere, es selbst betreffende. Zu sagen: «dieses ist nicht jenes», heißt, die Äußerlichkeit des Dieses in Beziehung zu Jenem feststellen, sei es für den Augenblick und für die Zukunft – oder sei es innerhalb des strikten «Jetzt», wo jedoch die Verneinung nur einen *provisorischen* Charakter hat, der wiederum die Zukunft in ein rein äußerliches Verhältnis zu der gegenwärtigen Bestimmung «Dieses *und* Jenes» setzt. In beiden Fällen erhält die Verneinung ihren Sinn von der Zukunft; jede Verneinung ist ek-statisch. Insofern das Für-sich sich in der Zukunft verneint, enthüllt das *Dieses*, zu dessen Verneinung es sich macht, sich als zu sich selbst aus der Zukunft kommend. Die Möglichkeit, die das Bewußtsein nichtsetzend als Bewußtsein, Dieses nicht sein zu können, ist, entdeckt sich als die *Potentialität* des Dieses, das zu sein, was es ist. Als das Korrelat des Engagements, der ontologischen Struktur der Verneinung, ist die erste Potentialität des Objekts die *Beständigkeit*, die dauernd aus dem Grund der Zukunft zu ihm kommt. Die Enthüllung des Tisches als Tisch erfordert eine Beständigkeit des Tischseins, die ihm aus der Zukunft kommt und die keine bloß festgestellte Gegebenheit ist, sondern Potentialität. Im übrigen kommt die Beständigkeit zu dem Tisch nicht etwa aus einer in der zeitlichen Unendlichkeit gelegenen Zukunft: die unendliche Zeit existiert noch nicht; und der Tisch enthüllt sich nicht so, als hätte er die Möglichkeit, ewig Tisch zu sein. Die Zeit, um die es sich hier handelt, ist weder endlich noch unendlich: die Potentialität läßt ganz einfach die Dimensionen der Zukunft erscheinen.

Der zu-künftige Sinn der Verneinung ist jedoch, das zu sein, was der Verneinung des Für-sich ermangelt, um Verneinung *an sich* zu werden. In diesem Sinn ist die Verneinung in der Zukunft Präzisierung der gegenwärtigen Verneinung. In der Zukunft enthüllt sich der genaue Sinn dessen, was ich nicht-zu-sein habe, als Korrelat der genauen Verneinung, die ich zu sein habe. Die mehrförmige Verneinung des *Dieses*, in der das Grün aus einer Ganzheit «Rauheit-Licht» gebildet ist, erhält ihren Sinn erst, wenn sie eine Verneinung *des* Grüns zu sein hat, das heißt, eines Grün-Seins, dessen Untergrund zum Gleichgewicht der Ungeschiedenheit neigt: mit einem Wort, der abwesende-Sinn meiner mehrförmigen Verneinung ist eine verengte Verneinung eines Grüns, das noch reineres Grün auf undifferenziertem Grund wäre. So kommt das reine Grün zu dem «Grün-Rauheit-Licht» als dessen Sinn aus dem Grund der Zukunft. Hier erfassen wir den Sinn dessen, was wir *Abstraktion* nannten. Das Existierende *besitzt* nicht sein Wesen wie eine gegenwärtige Eigenschaft. Es ist sogar Verneinung des Wesens: das Grün *ist niemals* grün. Jedoch kommt das Wesen aus dem Hintergrund der Zukunft zu dem Existierenden als ein Sinn, der niemals gegeben ist und es beständig heimsucht. Es ist das reine Korrelat der reinen Idealität meiner Verneinung. In diesem Sinn gibt es überhaupt keinen Abstraktionsprozeß, falls man darunter einen psychologischen und behauptenden Akt der Auslese versteht, den ein konstituiertes geistiges Wesen vollzieht. Man abstrahiert nicht, indem man von den Sachen ausgeht, bestimmte Qualitäten; im Gegenteil ist zu sehen, daß die Abstraktion als ursprünglicher Seinsmodus der Für-sich notwendig ist, damit es überhaupt Dinge und eine Welt gibt. Das Abstrakte ist eine Struktur der Welt, die notwendig für das Auftauchen des Konkreten ist, und das Konkrete ist nur insofern konkret, als es auf das Abstrakte zugeht, als es sich vom Abstrakten ankündigen läßt, was es ist: das Für-sich ist in seinem Sein enthüllend-abstrahierend. Wie man sieht, sind die Beständigkeit und das Abstrakte in dieser Hinsicht dasselbe. Wenn der Tisch als Tisch eine Potentialität der Beständigkeit hat, so hat er sie in dem Maße, wie er Tisch zu sein hat. Die Beständigkeit ist reine Möglichkeit für ein «Dieses», seinem Wesen konform zu sein.

Wir haben im zweiten Kapitel gesehen, daß das Mögliche, das ich bin, und die Gegenwart, die ich fliehe, zueinander in der Beziehung dessen, was fehlt, und dessen, was ermangelt, stehen. Die ideale Verschmelzung dessen, was fehlt, mit demjenigen, das des Fehlenden ermangelt, sucht als irrealisierbare Ganzheit das Für-sich heim und konstituiert es in seinem Sein selbst als Nichts an Sein. Wir nannten sie das An-sich-für-sich oder Wert. Auf der unreflektierten Ebene wird jedoch der Wert vom Für-sich nicht thetisch erfaßt, sondern ist nur Seinsbedingung. Sind unsere Deduktionen zutreffend, so muß diese dauernde Anzeige einer irrealisierbaren Verschmelzung sich nicht als Struktur des unreflektierten Bewußtseins erscheinen, sondern als transzendente Anzeige einer idealen Struktur des Objekts. Diese Struktur ist leicht zu enthüllen; in Korrelation zur Anzeige einer Verschmelzung der mehrförmigen Verneinung mit der abstrakten Verneinung, die ihr Sinn ist, muß sich eine transzendente und ideale Anzeige enthüllen: die Anzeige einer Verschmelzung des existierenden Dieses mit seinem zu-künftigen Wesen. Und diese Verschmelzung muß derart sein, daß das Abstrakte Grundlage des Konkreten und zugleich das Konkrete Grundlage des Abstrakten ist; mit anderen Worten, die konkrete Existenz «in Fleisch und Blut» muß das Wesen *sein*, das Wesen muß sich selbst als totale Konkretion hervorbringen, das heißt, mit dem vollen Reichtum des Konkreten, ohne daß wir trotzdem in ihm etwas anderes als es selbst in seiner vollkommenen Reinheit finden. Oder, anders gesagt, die Form muß sich selbst – und vollständig – ihr eigener Stoff sein. Umgekehrt muß sich auch der Stoff als absolute Form hervorbringen. Diese unmögliche und dauernd angedeutete Verschmelzung von Wesen und Existenz gehört weder der Gegenwart noch der Zukunft, sie zeigt vielmehr die Verschmelzung von Vergangenheit, Gegenwart und Zukunft an und stellt sich als eine *zu vollziehende* Synthese der zeitlichen Totalität dar. Sie ist der Wert, insoweit er Transzendenz ist; sie ist das, was man *Schönheit* nennt. Die Schönheit stellt somit einen idealen Zustand der Welt dar, der das Korrelat zu einer idealen Realisierung des Für-sich ist, in dem das Wesen und die Existenz sich als identisch einem Seienden enthüllen würden, das sich in dieser Enthüllung selbst in der absoluten Einheit des An-sich gründen würde. Eben weil das Schöne nicht nur eine zu vollziehende transzendente Synthese ist, sondern sich nur durch eine Vervollständigung unser selbst verwirklichen kann, eben deshalb *wollen* wir das Schöne und erfassen das Universum als des Schönen *ermangelnd*, in dem Maße, wie wir uns selbst als Mangel erfassen. Jedoch ist das Schöne ebensowenig eine Potentialität der Dinge, wie das An-sich-für-sich eine eigene Möglichkeit des Für-sich ist. Es sucht die Welt als Irrealisierbares heim. In dem Maß aber, wie der Mensch das Schöne in der Welt realisiert, geschieht es im Modus der Vorstellung. Das heißt, in der ästhetischen Intuition erfasse ich einen imaginären Gegenstand durch eine imaginäre Realisierung meiner selbst als an und für sich seiende Ganzheit hindurch. Das Schöne als Wert wird gewöhnlich nicht thematisch als Wert-außer-Reichweite-der-Welt verdeutlicht. Es wird an den Dingen implizit als Abwesenheit erfaßt; es enthüllt sich implizit durch die *Unvollkommenheit* der Welt hindurch.

Diese ursprünglichen Potentialitäten sind nicht die einzigen, die das *Dieses* kennzeichnen. In dem Maße, wie das Für-sich sein Sein jenseits seiner Gegenwart zu sein hat, ist es in der Tat Enthüllung eines Jenseits des qualifizierten Seins, das vom Hintergrund des Seins zum Dieses kommt. Insoweit das Für-sich jenseits der Mondsichel bei einem Sein-jenseits-des-Seins ist, das der zukünftige Vollmond ist, wird der Vollmond Potentialität der Mondsichel; insoweit das Für-sich jenseits der Knospe bei der Blume ist, ist die Blume Potentialität der Knospe. Die Enthüllung dieser neuen Potentialitäten beinhaltet eine ursprüngliche Beziehung zur Vergangenheit. In der Vergangenheit hat sich nämlich die Verbindung der Mondsichel mit dem Mond, der Knospe mit der Blüte allmählich enthüllt. Und die Vergangenheit des Für-sich besteht für es selbst als Wissen. Jedoch bleibt dieses Wissen keine bewegungslose Gegebenheit. Gewiß ist es hinter dem Für-sich und als solches unerkennbar und unerreichbar. In der ek-statischen Einheit seines Seins läßt sich jedoch das Für-sich von dieser Vergangenheit ausgehend das ankündigen, was es in der Zukunft ist. Mein den Mond betreffendes Wissen entgleitet mir als thematische Erkenntnis. Aber ich bin *es*, und meine Weise, es zu sein, besteht darin – zumindest in bestimmten Fällen –, das, was ich nicht mehr bin, auf mich zukommen zu lassen in Gestalt dessen, was ich noch nicht bin. Diese Verneinung des *Dieses* – das ich gewesen bin – bin ich auf doppelte Weise: im Modus des Nicht-mehr-seins und des Noch-nicht-seins. Ich bin jenseits der Mondsichel als Möglichkeit einer radikalen Verneinung des Mondes als voller Scheibe, und in Korrelation mit der Rückkehr meiner künftigen Verneinung zu meiner Gegenwart kehrt der Vollmond zur Mondsichel zurück, um sie im *Diesen* als Verneinung zu bestimmen: er ist das, was ihm mangelt, und das, dessen Mangel ihn als Mondsichel sein läßt. In der Einheit der gleichen ontologischen Verneinung erkenne ich somit der Mondsichel als Mondsichel die Dimension der Zukunft zu – in Gestalt der Beständigkeit und des Wesens – und konstituiere sie als Mondsichel durch die determinierende Rückkehr dessen, was ihr mangelt. Auf diese Weise wird die Skala der Potentialitäten konstituiert, die von der Beständigkeit bis zu den *Potenzen* reicht. Indem die menschliche Wirklichkeit sich auf ihre eigene Möglichkeit zur Verneinung hin übersteigt, veranlaßt sie sich, dasjenige zu sein, durch das die Verneinung durch Überstieg in die Welt kommt; durch die menschliche Wirklichkeit kommt somit der *Mangel* zu den Dingen in Gestalt der «Potenz», der «Unvollständigkeit», des «Aufschubs», der «Potentialität».

Das transzendente Sein des Mangels kann indessen in der Immanenz nicht die Natur des ek-statischen Mangels haben. Sehen wir genauer zu. Das An-sich hat seine eigene Potentialität nicht in der Weise des Noch-nicht zu sein. Die Enthüllung des An-sich ist ursprünglich Enthüllung der indifferenten Identität. Das An-sich ist das, was es ist, ohne jede ek-statische Zerstreuung seines Seins. Es hat daher seine Beständigkeit, sein Wesen oder das Mangelnde, das ihm mangelt, nicht *zu sein,* wie ich meine Zukunft zu sein habe. Mein Auftauchen in der Welt macht, daß in Wechselwirkung Potentialitäten auftauchen. Jedoch erstarren diese Potentialitäten in ihrem Auftauchen selbst, sie werden von der *Äußerlichkeit* zersetzt. Wir finden hier den doppelten Aspekt des Transzendenten wieder, das gerade in seiner Zweideutigkeit den Raum entstehen ließ: eine Ganzheit, die sich in äußerliche Beziehungen zersplittert. Die Potentialität kehrt aus dem Grund der Zukunft zu dem *Dieses* zurück, um es zu determinieren, jedoch ist die Beziehung des *Dieses* als An-sich zur Potentialität eine Beziehung der Äußerlichkeit. So ist die Mondsichel als *ermangelnd* oder *entbehrend* determiniert – in Beziehung zum Vollmond. Zugleich enthüllt sie sich aber als das, was sie ist, vollständig seiend, nämlich jenes konkrete Zeichen am Himmel, das nichts braucht, um zu sein, was es ist. Das gleiche gilt von jener Knospe oder diesem Streichholz, das ist, was es ist, dem sein Sinn des Streichholz-Seins äußerlich bleibt, das sich zwar entzünden *kann,* gegenwärtig aber dieses Stück weißes Holz mit einem schwarzen Kopf ist. Obwohl die Potentialitäten des *Dieses* in genauem Zusammenhang mit ihm stehen, stellen sie sich als An-sich dar und sind in Beziehung zu ihm in einem Zustand der Indifferenz. Dieses Tintenfaß *kann* zerschlagen, auf die Marmorplatte des Kamins geworfen werden, wo es zerbrechen wird. Jedoch ist diese Potentialität gänzlich von ihm getrennt, denn sie ist nur das transzendente Korrelat *meiner* Möglichkeit, es auf die Marmorplatte des Kamins zu werfen. An sich selbst ist es weder zerbrechlich noch unzerbrechlich: es *ist.* Das heißt nicht, daß ich ein *Dieses* außerhalb seiner Potentialitäten betrachten kann: allein weil ich meine eigene Zukunft bin, enthüllt sich das *Dieses* als mit Potentialitäten versehen; erfasse ich das Streichholz als ein Stück weißes Holz mit einem schwarzen Kopf, so entziehe ich ihm seine Potentialitäten nicht, sondern verleihe ihm nur andere (eine andere Beständigkeit, ein anderes Wesen). Sollte das Dieses von seinen Potentialitäten völlig entblößt sein, so müßte ich reine Gegenwart sein, was undenkbar ist. Jedoch hat das *Dieses* verschiedene Potentialitäten, die *gleichwertig* sind, das heißt, in einem Zustand der Gleichwertigkeit in Beziehung zu ihm selbst. Denn es hat sie ja in der Tat nicht *zu sein.* Außerdem sind meine Möglichkeiten nicht, sondern ermöglichen sich, da sie von innen her durch meine Freiheit zersetzt werden. Das heißt, daß, was auch immer meine Möglichkeit sei, deren Gegenteil im gleichen Maße möglich ist. Ich kann dieses Tintenfaß zerbrechen, kann es aber auch in eine Schublade stellen; ich kann jenseits der Mondsichel den Vollmond ins Auge fassen und mich ebensogut auf die Beständigkeit der Sichel als solcher berufen. Folglich ist das Tintenfaß mit gleichwertigen Möglichkeiten ausgestattet: in eine Schublade gestellt zu werden, zerbrochen zu werden. Die Mondsichel kann ein offener Bogen am Himmel sein oder eine noch nicht fertige Scheibe. Diese Potentialitäten, die zum *Dieses* zurückkommen, ohne von ihm gewesen zu werden und ohne es sein zu müssen, nennen wir *Wahrscheinlichkeiten*, um damit auszudrücken, daß sie im Seinsmodus des An-sich existieren. Meine Möglichkeiten sind nicht, sondern ermöglichen sich. Die Wahrscheinlichkeiten hingegen «wahrscheinlichen» sich nicht: sie *sind an sich* als wahrscheinlich. In diesem Sinn *ist* das Tintenfaß, und doch ist sein *Tintenfaß-Sein* etwas Wahrscheinliches, denn das «Tintenfaß-zu-sein-haben» des Tintenfasses ist eine reine Erscheinung, die augenblicklich in einer Beziehung der Äußerlichkeit zergeht. Diese Potentialitäten oder Wahrscheinlichkeiten sind jenseits des Seienden der Sinn des Seienden, eben weil sie *jenseits des Seienden an-sich sind,* weil sie *nichts* sind. Das Wesen des Tintenfasses *wird gewesen* als Korrelat der möglichen Verneinung des Für-sich, aber es ist nicht das Tintenfaß und ist nicht das Seiende: insofern es an sich ist, ist es hypostasierte, verdinglichte Verneinung, und das heißt eben, daß es nichts ist, daß es zu der Hülse von Nichts gehört, die die Welt umgibt und determiniert. Das Für-sich entdeckt das Tintenfaß als Tintenfaß. Jedoch vollzieht diese Entdeckung sich jenseits des Seins des Tintenfasses, in der Zukunft, die nicht ist; alle Potentialitäten des Seienden, von der Beständigkeit bis zur qualifizierten Potentialität, bestimmen sich als dasjenige, was das Seiende *noch nicht ist,* ohne daß es sie jemals wirklich *zu sein* hätte. Auch hier fügt die Erkenntnis dem Sein nichts hinzu und nimmt ihm nichts weg, sie schmückt es mit keiner neuen Qualität. Sie bewirkt nur, daß es Sein gibt, indem sie es auf ein Nichts hin überschreitet, das mit ihm nur negative Beziehungen der Äußerlichkeit unterhält: dieser Charakter eines reinen Nichts geht deutlich genug aus den Verfahrensweisen der Naturwissenschaft hervor, die nur Beziehungen bloßer Äußerlichkeit festzustellen bezweckt und deshalb das Potentielle, das heißt, das Wesen und die Potenzen, grundsätzlich übergeht. Andererseits ist seine Notwendigkeit als Bedeutungsstruktur der Wahrnehmung deutlich genug, als daß wir sie noch besonders hervorheben müßten: auch die wissenschaftliche Erkenntnis kann in der Tat die potentialisierende Struktur der Wahrnehmung weder überwinden noch aufheben; sie setzt sie im Gegenteil voraus.

Wir suchten zu zeigen, wie die Anwesenheit des Für-sich beim Sein dieses als *Sache* enthüllt; um der Klarheit der Darstellung willen mußten wir die verschiedenen Strukturen der Sache nacheinander zeigen: das Dieses und die Räumlichkeit, die Beständigkeit, das Wesen und die Potentialitäten. Es versteht sich, daß die Reihenfolge der Darstellung keineswegs einem wirklichen Vorrang bestimmter Elemente über andere entspricht: das Auftauchen des Für-sich läßt die Sache sich mit der Gesamtheit ihrer Strukturen enthüllen. Eine jede von ihnen impliziert alle anderen: das *Dieses* hat nicht einmal einen logischen Vorrang gegenüber dem Wesen, das es im Gegenteil voraussetzt, wie das Wesen umgekehrt Wesen *des* Dieses ist. Entsprechend kann das Dieses als Qualität-Sein nur auf dem Untergrund der Welt erscheinen, die Welt hingegen ist die Sammlung der *Dieses;* und die zersetzende Beziehung der Welt zu den *Dieses* und der Dieses zur Welt ist die Räumlichkeit. Es gibt hier somit keine substantielle Form, kein Einheitsprinzip, das *hinter* den Erscheinungsweisen des Phänomens stünde: alles ist mit einem Male gegeben ohne irgendeinen Vorrang. Aus den gleichen Gründen wäre es falsch, dem *Vorstellenden* irgendeinen Vorrang zu geben. Unsere Beschreibungen haben uns zwar dazu veranlaßt, die *Sache in der Welt* hervorzuheben, und wir könnten daher zu der Annahme neigen, daß Welt und Sache sich dem Für-sich in einer Art kontemplativer Intuition enthüllen würden: erst nachträglich würden die Gegenstände alsdann in Beziehung zueinander geordnet und in ein praktisches Schema der Benutzbarkeit gebracht. Ein solcher Irrtum wird vermieden, wenn man bedenkt, daß die Welt im Inneren des Zirkels der Selbstheit erscheint. Sie ist das, was das Für-sich von sich selbst trennt oder, um einen Heideggerschen Ausdruck zu gebrauchen: dasjenige, von dem aus die menschliche Wirklichkeit sich anzeigen läßt, was sie ist. Der Entwurf zum Sich des Für-sich, der die Selbstheit konstituiert, ist keineswegs eine kontemplative Ruhe. Er ist Mangel, wie wir sagten, jedoch kein *gegebener* Mangel: ein Mangel vielmehr, der für sich selbst sein eigener Mangel zu sein hat. Es gilt in der Tat zu verstehen, daß ein *festgestellter* Mangel oder Mangel an-sich sich in Äußerlichkeit auflöst; das war auf den vorstehenden Seiten zu zeigen. Ein Seiendes jedoch, das sich selbst als Mangel konstituiert, kann sich nur dort unten an *jenem,* das ihm fehlt und das es *ist,* determinieren, kurz, durch ein dauerndes Sichlosreißen von sich zu dem Sich hin, das es zu sein hat. Das bedeutet, daß der Mangel sich selbst sein eigener Mangel nur sein kann als *verweigerter Mangel*: die einzige wirklich *innere* Verbindung zwischen demjenigen, das ermangelt, und dem, was fehlt, ist die Weigerung. In dem Maße in der Tat, wie das Ermangelnde *nicht* das *ist,* was ihm mangelt, erfassen wir eine Verneinung in ihm. Soll diese

Verneinung sich jedoch nicht in reine Äußerlichkeit auflösen – und damit jede Möglichkeit der Verneinung im allgemeinen –, so muß sie ihre Grundlage in der Notwendigkeit finden, die für das Ermangelnde besteht, *das zu sein,* was ihm fehlt. Die Grundlage der Verneinung ist somit Verneinung der Verneinung. Diese Verneinungs-Grundlage ist jedoch ebensowenig eine Gegebenheit wie der Mangel, von dem sie ein wesentliches Element ist: sie ist als zu sein habend; das Für-sich veranlaßt sich in der gespenstischen Einheit «Reflektierendes-Reflex» sein eigener Mangel zu sein, das heißt, es wirft sich auf ihn zu, indem es ihn verweigert. Allein als ein *aufzuhebender* Mangel kann der Mangel für das Für-sich innerer Mangel sein, und das Für-sich kann seinen eigenen Mangel nur realisieren, indem es ihn zu sein hat, das heißt, indem es Entwurf zu seiner Aufhebung ist. Die Beziehung des Für-sich zu seiner Zukunft ist somit niemals statisch oder gegeben; vielmehr kommt die Zukunft zur Gegenwart des Für-sich, um es in seinem Innersten zu bestimmen, insofern das Für-sich schon dort unten in der Zukunft als ihre Aufhebung ist. Das Für-sich kann *hier* nur Mangel sein, wenn es *dort unten* Aufhebung des Mangels ist; eine Aufhebung jedoch, die es in der Weise des Nicht-seins zu sein hat. Diese ursprüngliche Beziehung erlaubt in der Folge, empirisch einzelne Mängel als *erlittene* oder *ertragene* zu konstatieren. Sie ist die allgemeine Grundlage des Gefühlslebens, und sie sucht man immer wieder psychologisch zu erklären, indem man in die Psyche die Götzen und Gespenster einziehen läßt, die man *Neigungen* und *Begierden* nennt. Die gewaltsam in die Psyche gebrachten Neigungen oder Kräfte sind selbst nicht verstehbar, da der Psychologe sie uns als an sich existierend darstellt, und das heißt, daß ihrer Beschaffenheit von *Kräften* ihre innere Ruhe der Indifferenz widerspricht und ihre Einheit zur Beziehung reiner Äußerlichkeit zerfällt. Zu erfassen sind sie aber nur als Projektion ins An-sich einer immanenten Seinsbeziehung des Für-sich zu sich, und diese ontologische Beziehung ist eben der *Mangel.*

Indessen kann dieser Mangel von dem unreflektierten Bewußtsein nicht thetisch erfaßt oder erkannt werden (wie er auch der unreinen und mitschuldigen Reflexion nicht erscheint, die ihn nur als psychisches Objekt, das heißt, als Neigung oder Gefühl erfaßt). Er ist allein der reinigenden Reflexion zugänglich, mit der wir uns hier nicht zu befassen haben. Auf der Ebene des Bewußtseins *der* Welt kann er sich nur in seiner Projektion erscheinen, als transzendente und ideale Beschaffenheit. Wenn in der Tat dasjenige, was dem Für-sich fehlt, ideale Anwesenheit bei einem Sein-jenseits-des-Seins ist, dann wird das Sein-jenseits-des-Seins ursprünglich als des-Seins-Ermangeln erfaßt. Die Welt enthüllt sich somit als beunruhigt von

Abwesenheiten, die zu verwirklichen sind, und jedes *Dieses* erscheint mit einem Gefolge von Abwesenheiten, die es andeuten und bestimmen. Eigentlich unterscheiden diese Abwesenheiten sich nicht von den Potentialitäten. Nur erfassen wir ihre Bedeutung besser. Die Abwesenheiten zeigen somit das *Dieses* als *Dieses* an, und umgekehrt zeigt das *Dieses* auf Abwesenheiten. Da jede Abwesenheit ein Sein-jenseits-des-Seins ist, das heißt, abwesendes An-sich, deutet jedes *Dieses* auf einen anderen Zustand seines Seins oder auf andere Seiende. Selbstverständlich erstarrt dieses Gebilde aus Verweisungskomplexen und versteinert zum An-sich, da es sich ja um An-sich-seiendes handelt, und all diese stummen und versteinerten Andeutungen, die im Augenblick ihres Auftauchens bereits wieder in die Isolierung der Indifferenz zurückfallen, ähneln einem steinernen Lächeln, den leeren Augen einer Statue. Die Abwesenheiten, die hinter den Sachen erscheinen, erscheinen somit nicht als solche, die von den Dingen zu *gegenwärtigen* wären. Man kann ebensowenig sagen, sie enthüllten sich so, als ob sie *durch mich* zu realisieren wären, da das Ich eine transzendente Struktur der Psyche ist, die allein dem reflexiven Bewußtsein erscheint. Es sind vielmehr reine Forderungen, die als «auszufüllende Leerstellen» inmitten des Zirkels der Selbstheit auftauchen. Ihr Charakter von «durch das Für-sich auszufüllenden Leerstellen» manifestiert sich indessen dem unreflektierten Bewußtsein in einer direkten und persönlichen Dringlichkeit, die als solche *erlebt* wird, ohne daß sie auf *irgendwen* bezogen oder thematisiert würde. Indem sie als Ansprüche erlebt werden, enthüllt sich das, was wir in einem früheren Kapitel ihre Selbstheit genannt haben. Es sind *Aufgaben;* und diese Welt ist eine Welt von *Aufgaben.* Das Dieses, das die Aufgaben anzeigen, ist sowohl «Dieses *dieser* Aufgaben» – das heißt, das besondere An-sich, das durch sie bestimmt wird und das sie als dasjenige anzeigen, das sie *erfüllen* kann – und zugleich das, was diese Aufgaben nicht *zu sein* hat, da es in der absoluten Einheit der Identität ist. Diese Verbundenheit in der Isolierung, diesen bewegungslosen Bezug im Dynamischen nennen wir die Beziehung des Mittels zum Zweck. Diese ist ein abgeschwächtes Sein-für, das von der Äußerlichkeit abgeschliffen ist und dessen transzendente Idealität nur als Korrelat des Seins-für denkbar ist, das das Für-sich zu sein hat. Die Sache aber ist Instrument oder Werkzeug, insofern sie einmal im ruhigen Glück der Indifferenz ruht, zugleich jedoch jenseits ihrer selbst Aufgaben anzeigt, die ihr ankündigen, was sie zu sein hat. Die ursprüngliche Beziehung der Sachen untereinander, die auf der Grundlage der quantitativen Beziehung des Dieses erscheint, ist somit die *Verwendbarkeit.* Und diese Verwendbarkeit ist den zuvor genannten Strukturen nicht nachstehend oder untergeordnet: in einem Sinn setzt sie diese voraus, in einem anderen wird sie von ihnen vorausgesetzt. Die Sache ist nicht zunächst Sache, um alsdann Werkzeug zu sein; sie ist auch nicht zunächst Werkzeug, um sich in der Folge als Sache zu enthüllen: sie ist *Werkzeug-Sache.* Es stimmt indessen, daß sie sich der weiteren wissenschaftlichen Forschung als bloße *Sache* entdecken wird, das heißt, aller Verwendbarkeit entblößt. Jedoch bemüht die Wissenschaft sich auch nur darum, reine Beziehungen der Äußerlichkeit festzustellen; das Ergebnis dieser wissenschaftlichen Forschung ist übrigens, daß die Sache, indem sie von jeder Instrumentalität abgelöst wird, selber verschwindet, um in absoluter Äußerlichkeit zu enden. Man sieht, inwieweit die Formel Heideggers zu berichtigen ist: gewiß erscheint die Welt im Zirkel der Selbstheit, da jedoch der Zirkel nicht-thetisch ist, kann die Ankündigung dessen, was ich bin, selber nicht thetisch sein. In der Welt sein bedeutet nicht, der Welt zu sich selbst hin entgehen, sondern heißt, der Welt auf ein Jenseits der Welt hin entgehen, das die zukünftige Welt ist. Was die Welt mir ankündigt, ist nur «weltlich». Aber wenn die Verweisung auf die Unendlichkeit der Werkzeuge auch niemals auf ein Für-sich verweist, das ich bin, so ist die Gesamtheit der Werkzeuge dennoch das genaue Korrelat meiner Möglichkeiten. Und da ich meine Möglichkeiten *bin,* ist die Ordnung der Werkzeuge in der Welt das ins An-sich projizierte Bild meiner Möglichkeiten, das heißt, dessen, was ich bin. Jedoch kann ich dieses weltmäßige Bild niemals entziffern: ich passe mich ihm an in meinem Handeln und durch es; es bedarf der fortgesetzten Teilung in der Reflexion, damit ich für mich selbst ein Objekt sein kann. Die menschliche Wirklichkeit verliert sich daher nicht durch die Uneigentlichkeit in der Welt; In-der-Welt-sein bedeutet vielmehr für sie, sich grundsätzlich in der Welt zu verlieren und zwar durch eben die Enthüllung, die bewirkt, daß es eine Welt gibt; es bedeutet, unaufhörlich und sogar ohne die Möglichkeit eines «ist ja doch zwecklos» von einem Werkzeug auf das andere verwiesen zu sein, ohne andere Zuflucht als die reflexive Revolution. Umsonst würde man einwenden, daß die Kette der «Wozu» an die «Für wen» geknüpft ist. Gewiß verweist das «Für wen» auf eine Seins-struktur, die wir noch nicht erhellt haben: das Für-Andere. Und das «Für wen» erscheint beständig hinter den Instrumenten. Aber dieses *Für wen,* dessen Konstitution vom «Wozu» verschieden ist, unterbricht die Kette nicht. Es ist nur ein Glied und erlaubt nicht, sobald es in der Perspektive der Instrumentalität gesehen wird, dem An-sich zu entgehen. Gewiß, dieser Arbeitsanzug ist für den Arbeiter. Und zwar, damit der Arbeiter das Dach ausbessern kann, ohne sich zu beschmutzen. Und warum soll er sich nicht beschmutzen? Damit er nicht den größten Teil seines Lohns für den Kauf von Kleidern ausgibt. Der Lohn wird ihm nämlich zugestanden als das Minimum an Geld, das ihm ermöglicht, für seinen Unterhalt aufzukommen; und er «unterhält sich», um eben seine Arbeitskraft an die Ausbesserung von Dächern zu wenden. Und wozu muß er das Dach reparieren? Damit es nicht in das Büro regnet, in dem Angestellte eine Buchhaltung führen, usw. Das bedeutet wiederum nicht, daß wir den Mitmenschen stets als ein Instrument besonderer Art erfassen müßten, sondern nur, daß wir, sobald wir den Anderen von der Welt her betrachten, der Verweisung auf die Unendlichkeit von Zeugkomplexen durchaus nicht entgehen.

In dem Maße, wie das Für-sich als Verweigerung sein eigener Mangel ist, und korrelativ zu seinem Lauf zu sich, enthüllt sich ihm somit das Seiende auf dem Grund der Welt als Zeug-Sache und taucht die Welt auf als undifferenzierter Grund von Anzeigekomplexen der Verwendbarkeit. Die Gesamtheit dieser Verweisungen ist bedeutungslos, jedoch gibt es in diesem Sinne nicht einmal die Möglichkeit, auf dieser Ebene das Problem der Bedeutung zu stellen. Man arbeitet, um zu leben, und man lebt, um zu arbeiten. Die Frage nach dem *Sinn* der Ganzheit «Leben-Arbeit»: «Warum arbeite ich, da ich doch lebe? Warum leben, wenn es nur um zu arbeiten ist?» kann nur auf der Ebene der Reflexion gestellt werden, da sie eine Entdeckung des Für-sich durch sich selbst impliziert.

Zu erklären bleibt, inwiefern die Verwendbarkeit als Korrelat der reinen Verneinung, die ich bin, in der Welt auftauchen kann. Wieso bin ich nicht nur eine sterile und unendlich wiederholte Verneinung des *Dieses* als reines *Dieses?* Wie kann diese Verneinung eine Vielfalt von Aufgaben enthüllen, die mein Bild sind, wenn ich doch nur das reine Nichts bin, das ich zu sein habe? Zur Beantwortung dieser Frage muß man sich daran erinnern, daß das Für-sich nicht bloß eine Zukunft ist, die zur Gegenwart kommt. Es hat auch seine Vergangenheit in der Form des «war» zu sein. Und die ekstatische Verwicklung der drei zeitlichen Dimensionen ist von der Art, daß das Für-sich, als ein Seiendes, das sich den Sinn dessen, was es war, von seiner Zukunft anzeigen läßt, im gleichen Auftauchen auch ein Seiendes ist, das sein *wird* zu sein hat in der Perspektive eines bestimmten «war», dem es entflieht. In diesem Sinn ist die Bedeutung einer zeitlichen Dimension stets *anderswo* zu suchen, in einer anderen Dimension; wir nannten das die *Diaspora;* die diasporische Seinseinheit ist nämlich keine bloß *gegebene* Zugehörigkeit: sie ist vielmehr die Notwendigkeit, die Diaspora zu realisieren, indem sie sich dort unten, außerhalb, in der Einheit des Sich bedingt sein läßt. Die Verneinung, die ich bin und die das «Dieses» enthüllt, hat somit im Modus des «war» *zu sein.* Diese reine Verneinung, die als bloße *Anwesenheit* nicht ist, hat ihr Sein hinter sich als Vergangenheit oder Faktizität. Man muß zugeben, daß sie als solche niemals ohne Wurzeln ist. Sie ist vielmehr *qualifizierte* Verneinung, falls man darunter verstehen will, daß sie ihre Qualifizierung hinter sich herzieht als das Sein, das sie in der Form des «war» nicht zu sein hat. Die Verneinung tritt auf als nicht-thetische Verneinung der Vergangenheit und im Modus der inneren Bestimmung, insoweit sie sich zur thetischen Verneinung des *Dieses* macht. Und ihr Auftauchen vollzieht sich in der Einheit eines doppelten «Seins umzu», da die Verneinung sich im Modus Reflektierendes-Reflex zur Existenz bringt als Verneinung *von* Diesem, *um* der Vergangenheit, die sie ist, *zu* entgehen, und da sie der Vergangenheit entgeht, *um* sich von dem *Dieses* abzulösen, indem sie ihm in ihrem Sein auf die Zukunft zu entflieht. Wir sprechen hier von dem *Blickpunkt* des Für-sich auf die Welt. Dieser Blickpunkt, der mit der Faktizität vergleichbar ist, ist eine ek-statische Qualifikation der Verneinung als der ursprünglichen Beziehung zum An-sich. Wie wir andererseits jedoch sahen, ist das Für-sich alles, was es ist, im Modus des «war» als ek-statische Zugehörigkeit zur Welt. In der Zukunft finde ich *meine* Anwesenheit nicht wieder, da die Zukunft mir die Welt als das Korrelat eines zu-künftigen Bewußtseins liefert; in der Vergangenheit hingegen erscheint mir mein Sein, wenn auch nichtthematisch, im Rahmen des An-sich-seins, das heißt, inmitten der Welt aufragend. Gewiß ist auch dieses Sein noch Bewußtsein von ..., das heißt, Für-sich; jedoch ist es ein zum An-sich erstarrtes Für-sich und folglich ein in die Welt gefallenes Bewußtsein *der* Welt. Der Sinn des Realismus, des Naturalismus und Materialismus liegt in der Vergangenheit: diese drei Arten der Philosophie sind Beschreibungen der Vergangenheit, wie wenn sie Gegenwart wäre. Das Für-sich ist somit doppelte Flucht der Welt: es entflieht dem eigenen Inmitten-der-Welt-sein als Anwesenheit bei einer Welt, der es entflieht. Das Mögliche ist das freie Ziel dieser Flucht. Das Für-sich kann nicht zu einem Transzendenten fliehen, das es nicht ist, sondern nur zu einem Transzendenten, das es ist. Daher ist dieser andauernden Flucht jede Möglichkeit des Einhaltens genommen; ist es erlaubt, ein vulgäres Bild zu gebrauchen, das jedoch meinen Gedanken besser erfassen läßt, so erinnere man sich an jenen Esel, der einen Karren zieht und eine Karotte erreichen will, die am Ende eines an der Deichsel befestigten Stockes aufgespießt ist. Jeder Versuch des Esels, die Karotte zu erwischen, bewirkt, daß das ganze Gespann sich vorwärtsbewegt mitsamt der Karotte, die stets in gleicher Entfernung von dem Esel bleibt. In gleicher Weise laufen wir einer Möglichkeit nach, die unser Lauf selber erst erscheinen läßt, die nichts anderes als unser Lauf ist und sich eben dadurch als unerreichbar bestimmt. Wir laufen auf uns selbst zu und sind eben deshalb das

Wesen, das sich selbst nicht einholen kann. In einem Sinn hat dieser Lauf keine Bedeutung, da das Ziel niemals gegeben, sondern nur erfunden ist, und da es uns in dem Maße entrückt ist, wie wir auf es zulaufen. Andererseits können wir ihm aber die Bedeutung, die er selbst zurückweist, auch nicht absprechen, da das Mögliche trotz allem der Sinn des Für-sich ist: eigentlich gibt es einen Sinn dieser Flucht und zugleich gibt es ihn nicht.

In dieser Flucht aus der Vergangenheit, die ich bin, zu einer Zukunft, die ich ebenso bin, deutet sich nun die Zukunft im Verhältnis zur Vergangenheit an, während sie zugleich der Vergangenheit erst ihren ganzen Sinn gibt. Die Zukunft ist die Vergangenheit, die als gegebenes An-sich überschritten ist auf ein An-sich hin, das sein eigener Grund wäre, das heißt, das insofern wäre, als ich es zu sein hätte. Meine Möglichkeit ist die freie Wiederaufnahme meiner Vergangenheit, insofern diese Wiederaufnahme sie retten kann, indem sie sie gründet. Ich entfliehe dem Sein ohne Grund, das ich war, zu dem gründenden Akt hin, der ich nur im Modus des «würde» sein kann. Das Mögliche ist somit der Mangel, zu dem sich das Für-sich macht, das heißt, dasjenige, das der gegenwärtigen Verneinung fehlt, insofern sie *qualifizierte* Verneinung ist (das heißt, eine Verneinung, die ihre Qualität außerhalb ihrer in der Vergangenheit hat). Als solches ist es selbst qualifiziert. Jedoch nicht wie eine *Gegebenheit,* die ihre eigene Qualität an der Welt des An-sich wäre, sondern als Anzeige der Wiederaufnahme, die die ek-statische Qualifizierung, die das Für-sich *war,* begründen würde. So ist der Durst dreidimensional: er ist gegenwärtige Flucht aus einem Zustand der Leere, den das Für-sich war. Eben diese Flucht verleiht aber dem *gegebenen* Zustand die Eigenart des Leeren oder Mangels: der Mangel kann nicht in der Vergangenheit Mangel sein, denn das *Gegebene* kann nur «mangeln», wenn es hin auf... überschritten wird von einem Seienden, das seine eigene Transzendenz ist. Diese Flucht ist jedoch Flucht nach..., und eben dieses «nach» gibt ihr ihren Sinn. Als solche ist sie selbst *sich schaffender Mangel,* das heißt, Herstellung des Gegebenen in der Vergangenheit als Mangel oder Potentialität und freie Wiederaufnahme des Gegebenen von einem Für-sich, das sich in der Form «Reflektierendes-Reflex», das heißt, als Bewußtsein des Mangels, zum Mangel macht. Und dieses *Nach, zu dem* der Mangel sich entflieht, insofern er sich in seinem Mangel-sein durch das bedingen läßt, dessen er ermangelt, ist die Möglichkeit, die er ist, Durst zu sein, der nicht mehr Mangel wäre, das heißt, Durst-Füllung. Das Mögliche ist Anzeige der Füllung, und der Wert, der als geisterhaftes Sein das Für-sich von allen Seiten umgibt und durchdringt, ist die Anzeige eines Durstes, der *gegeben* wäre – wie er «es war» – und Wiederaufnahme – so wie ihn das Spiel des «Reflektierenden-

Reflexes» ek-statisch konstituiert. Wie man sieht, handelt es sich um eine Fülle, die sich selbst als Durst bestimmt. Die ek-statische Beziehung Vergangenheit-Gegenwart liefert der Andeutung dieser Fülle die Struktur «Durst» als ihren Sinn, und das Mögliche, das ich bin, muß die Dichte, den Leib der Fülle als Reflexion liefern. Meine Anwesenheit beim Sein, die es als *Dieses* bestimmt, ist somit Verneinung des Dieses, *insofern* ich zugleich *qualifizierter Mangel bei Diesem* bin. Und in dem Maße, wie mein Mögliches mögliche Anwesenheit beim Sein jenseits des Seins ist, enthüllt die Qualifizierung meines Möglichen ein Sein-jenseits-des-Seins als dasjenige Sein, dessen Mitanwesenheit strengstens an eine zu-künftige Füllung gebunden ist. Derart enthüllt sich in der Welt die *Abwesenheit* als zu realisierendes Sein, insofern dieses Sein das Korrelat des Möglich-seins ist, *dessen ich ermangele*. Das Glas Wasser erscheint als zu-trinkendes, das heißt, als Korrelat eines Durstes, der nicht-thetisch und in seinem Sein als zu erfüllend erfaßt ist. Diese Beschreibungen, die alle eine Beziehung zur Zukunft der Welt implizieren, werden jedoch klarer, wenn wir nunmehr zeigen, wie sich auf dem Grund der ursprünglichen Verneinung die Weltzeit oder universelle Zeit dem Bewußtsein enthüllt.

IV

Die Weltzeit

Die universelle Zeit kommt durch das Für-sich in die Welt. Das An-sich verfügt nicht über Zeitlichkeit, eben weil es an-sich ist und die Zeitlichkeit der einheitliche Seinsmodus eines Seienden ist, das für sich dauernd im Abstand zu sich ist. Das Für-sich ist hingegen Zeitlichkeit, jedoch ist es nicht Bewußtsein *von* Zeitlichkeit, ausgenommen, wenn es sich selbst in der Beziehung «Reflexives-Reflektiertes» erzeugt. Im unreflektierten Modus entdeckt es die Zeitlichkeit *an* dem Sein, das heißt, außen. Die universelle Zeitlichkeit ist *objektiv*.

A) *Die Vergangenheit*

Das «Dieses» erscheint nicht als eine Gegenwart, die in der Folge Vergangenheit werden müßte und vorher Zukunft war. Sobald ich jenes Tintenfaß wahrnehme, hat es schon in seiner Existenz die drei zeitlichen Dimensionen. Und insoweit ich es als Beständiges, das heißt, als Wesen erfasse, ist es schon in der Zukunft, obschon ich ihm nicht in meiner aktuellen Anwesenheit gegenwärtig bin, sondern als Auf-mich-zu-kommen. Zugleich kann ich es nur als schon in der

Welt dagewesen seiend erfassen, insofern ich schon selbst als Anwesenheit dagewesen bin. Es gibt in diesem Sinn keine «Synthese des Wiedererkennens», falls man darunter einen Vollzug fortschreitender Identifizierung versteht, der durch die reihenweise Gliederung der «Jetzt» der wahrgenommenen Sache *Dauer* verleihen würde. Das Für-sich stellt vielmehr seine aufgebrochene Zeitlichkeit am ganzen enthüllten An-sich entlang wie längs einer riesigen, einförmigen Mauer, deren Ende es nicht sieht. Ich bin die ursprüngliche Verneinung, die ich zu sein habe, im Modus des Noch-nicht und des Schon bei einem Sein, das ist, was es ist. Nehmen wir also an, daß in einer unbeweglichen Welt ein Bewußtsein auftaucht nahe bei einem einzigen Sein, das unveränderlich ist, was es ist, so wird dieses Sein sich mit einer Vergangenheit und Zukunft der Unveränderlichkeit enthüllen, die keinen synthetischen «Vollzug» benötigen und eins sind mit seiner Enthüllung selbst. Ein solcher *Vollzug* wäre nur notwendig, wenn das Für-sich seine eigene Vergangenheit zugleich festhalten und konstituieren müßte. Allein weil es aber seine eigene Vergangenheit wie auch seine eigene Zukunft *ist,* kann die Enthüllung des An-sich nur gezeitlicht sein. Das «Dieses» enthüllt sich zeitlich, nicht etwa weil es in einer *apriorischen* Form des inneren Sinns refraktiert würde, sondern weil es sich einer Enthüllung, deren Sein selbst Zeitlichkeit ist, enthüllt. Die Un-zeitlichkeit des Seins wird jedoch selbst in seiner Enthüllung noch *dargestellt:* insofern es in und durch eine Zeitlichkeit, die sich zeitigt, erfaßt wird, erscheint das *Dieses* ursprünglich als zeitlich; insofern es aber ist, was es ist, verweigert es, seine eigene Zeitlichkeit zu *sein, reflektiert* es nur die Zeit; zudem wirft es die innere ek-statische Beziehung – die am Ursprung der Zeitlichkeit ist – wie eine bloß objektive Relation der Äußerlichkeit zurück. Als Kompromiß zwischen der unzeitlichen Identität und der ek-statischen Einheit der Zeitlichkeit erscheint die Beständigkeit somit wie ein bloßes Gleiten von Augenblicken an-sich, von kleinen Nichtsen, die voneinander getrennt sind und zugleich verbunden durch eine Beziehung reiner Äußerlichkeit, auf der Oberfläche eines Seins, das eine außerzeitliche Unveränderlichkeit bewahrt. Es trifft somit nicht zu, daß die Unzeitlichkeit des Seins uns entginge: sie ist im Gegenteil *in der Zeit gegeben,* sie gründet die Seinsweise der universellen Zeit.

Insofern somit das Für-sich «war», was es ist, erscheint ihm das Werkzeug oder die Sache als *schon* dagewesen seiend. Das Für-sich kann nur als Anwesenheit, die *war,* Anwesenheit beim *Dieses* sein; jede Wahrnehmung ist an sich und ohne irgendeinen «Vollzug» ein Wiedererkennen. Was sich nun durch die ek-statische Einheit der Vergangenheit und der Gegenwart hindurch enthüllt, ist ein identisches Sein. Es wird nicht als *dasselbe* in der Vergangenheit und Gegenwart seiend erfaßt, sondern als *es* seiend. Die Zeitlichkeit ist nur ein Organ des Sehens. Jedoch, dieses *es*, das es *ist*, *war* das Dieses *schon*. Es erscheint somit als eine Vergangenheit habend. Nur verweigert es, diese Vergangenheit zu *sein*, es *hat* sie bloß. Insofern die Zeitlichkeit objektiv erfaßt wird, ist sie somit ein bloßes Phantom, da sie sich derart weder als Zeitlichkeit des Für-sich noch als eine Zeitlichkeit, die das An-sich zu sein hat, darstellt. Da die transzendierende Vergangenheit als Transzendenz An-sich ist, kann sie zugleich nicht als das sein, was die Gegenwart zu sein hat, und isoliert sich in einer gespenstischen «Selbständigkeit». Und da jeder Augenblick der Vergangenheit eine «gewesene Gegenwart» ist, setzt diese Isolierung sich sogar im Inneren der Vergangenheit fort. Das unveränderliche *Dieses* enthüllt sich somit durch ein unendliches Zerbröckeln und Zerstückeln von geisterhaften An-sich hindurch. Auf diese Weise enthüllt sich mir dieses Glas oder jener Tisch: sie dauern nicht, sondern *sind*, und die Zeit gleitet über sie hinweg. Man wird sagen wollen, daß ich ihre Veränderungen nur nicht *sehe*. Jedoch darf hier nicht an falscher Stelle ein wissenschaftlicher Gesichtspunkt geltend gemacht werden. Dieser unberechtigte Gesichtspunkt wird von unserer Wahrnehmung selbst widerlegt: *die* Pfeife, *der* Bleistift, all diese Seienden, die sich in jedem ihrer «Umrisse» ganz darstellen und deren Beständigkeit gänzlich indifferent gegenüber der Vielheit ihrer Umrisse ist, sind jede Zeitlichkeit transzendierend, obwohl sie sich in der Zeitlichkeit enthüllen. Die «Sache» existiert mit einem Mal, und zwar als «Form», das heißt, als ein Ganzes, das von keiner der oberflächlichen und parasitären Veränderungen, die wir an ihm feststellen können, angegriffen wird. Jedes *Dieses* enthüllt sich mit einem Seinsgesetz, das seine *Schwelle* bestimmt, das heißt, den Stand der Veränderung, an dem es aufhört zu sein, was es ist, um überhaupt nicht mehr zu sein. Und dieses Seinsgesetz, durch das die «Beständigkeit» ausgedrückt wird, ist eine unmittelbar enthüllte Struktur seines Wesens, es determiniert die Grenz-Potentialität des Dieses – nämlich die, aus der Welt zu verschwinden. Wir werden darauf zurückkommen. Das Für-sich erfaßt somit die Zeitlichkeit *am* Sein als bloßen Reflex, der auf der Oberfläche des Seins spielt ohne alle Möglichkeit, es zu verändern. Diese absolute und gespenstische Nichtigkeit der Zeit wird in der Wissenschaft unter dem Namen der Homogeneität auf einen Begriff gebracht. Die transzendente Erfassung am An-sich der ek-statischen Einheit des zeitigenden Für-sich vollzieht sich jedoch im Ergreifen einer leeren Form zeitlicher Einheit, ohne daß irgendein Seiendes durch sein Sein diese Einheit gründet. Auf diese Weise erscheint auf der Ebene Gegenwart-Vergangenheit jene merkwürdige Einheit der absoluten Zerstreuung, die die äußerliche Zeitlichkeit ist, wo jedes Vorher und jedes Nachher ein von den anderen durch seine Äußerlichkeit der Indifferenz abgetrenntes «An-sich» ist und diese Augenblicke trotzdem in der Seinseinheit desselben Seins miteinander vereinigt sind, wobei dieses gemeinsame Sein oder die Zeit nichts anderes ist als die notwendig und substantiell gedachte Zerstreuung selbst. Diese Widersprüchlichkeit kann nur auf dem doppelten Boden des Für-sich und des An-sich *erscheinen.* Insoweit die wissenschaftliche Reflexion die Beziehung der Äußerlichkeit zu hypostasieren sucht, wird auf dieser Grundlage das An-sich von ihr nicht als eine durch die Zeit hindurch anvisierte Transzendenz begriffen – das heißt, leer gedacht –, sondern wie ein Inhalt, der von einem Augenblick in den anderen übergeht; ja, sogar wie eine Mannigfaltigkeit von Inhalten, die einander äußerlich und dennoch völlig *gleichartig* sind.

Unsere Beschreibung der universellen Zeitlichkeit setzte bisher die Annahme voraus, daß vom Sein selbst nichts kommt, mit Ausnahme seiner unzeitlichen Unveränderlichkeit. Und doch kommt *etwas* vom Sein: das, was wir in Ermangelung eines besseren Ausdrucks Aufhebungen und Erscheinungen nennen wollen. Diese Erscheinungen und Aufhebungen bilden den Gegenstand einer rein metaphysischen und nicht der ontologischen Erhellung, da ihre Notwendigkeit nicht auf der Grundlage der Seinsstrukturen des Fürsich und des An-sich begriffen werden kann: sie haben die Existenzweise einer kontingenten und metaphysischen Tatsache. Wir wissen nicht genau, was im Phänomen der Erscheinung vom Sein kommt, da dieses Phänomen bereits das Ergebnis eines gezeitlichten Dieses ist. Die Erfahrung lehrt uns indessen, daß es das Auftauchen und die Vernichtung verschiedener *«Dieses»* gibt, und da wir nunmehr wissen, daß die Wahrnehmung das An-sich und außer ihm *nichts* enthüllt, können wir das An-sich als den Grund ihres Auftauchens und ihrer Vernichtung ansehen. Zudem ist klar, daß das Prinzip der Identität als Seingesetz des An-sich erfordert, daß die Aufhebung und Erscheinung rein äußerlich zu dem erschienenen oder aufgehobenen An-sich bleiben müssen: anderenfalls würde das An-sich sein und zugleich nicht sein. Die Aufhebung kann jedoch nicht ein Seinsverfall wie der eines *Zweckes* sein. Nur das Für-sich kennt ein solches Verfallen, da es sich selbst sein eigener Zweck ist. Als Quasi-Behauptung, in der das Behauptende vom Behaupteten überdeckt wird, existiert das Sein ohne innere Zweckmäßigkeit in der eigenen Spannung seiner «Sich-Behauptung». Sein «Bis dann» ist für es selbst vollkommen äußerlich. Die Aufhebung bedeutet somit nicht die Notwendigkeit eines *Nachher,* das nur in einer Welt und einem Für-sich erscheinen kann, sondern eines *Quasi-Nachher.* Dieses Quasi-Nachher kann folgendermaßen ausgedrückt werden: das An-sich-sein kann die Mediation zwischen ihm selbst und seinem Nichts nicht vollziehen. Ebenso sind auch die Erscheinungen nicht Ereignisse des erscheinenden Seins. Eine solche Vorzeitigkeit zu sich, wie das Ereignis sie voraussetzt, finden wir nur im Für-sich, dessen Erscheinen und dessen Ende innere Ereignisse sind. Das Sein ist, was es ist. Es ist, ohne «zu sein anzufangen», ohne Kindheit oder Jugend: das Erschienene ist nicht seine eigene Neuheit, es ist mit einem Male ganz Sein, ohne Beziehung zu einem Vorher, das es im Modus des *Nichtseins* zu sein hätte und in dem es als reine Abwesenheit sein müßte. Auch hier finden wir eine Quasi-Aufeinanderfolge wieder, das heißt, vollständige Äußerlichkeit des Erschienenen in bezug zu seinem Nichts.

Damit jedoch diese absolute Äußerlichkeit in der Form des «Es gibt» gegeben sein kann, ist bereits eine Welt notwendig, das heißt, das Auftauchen eines Für-sich. Die absolute Äußerlichkeit des An-sich in Beziehung zum An-sich bewirkt, daß auch das Nichts, welches das Quasi-Vorher der Erscheinung oder das Quasi-Nachher der Aufhebung ist, keinen Platz in der Fülle seines Seins finden kann. Allein in der Einheit einer Welt und auf dem Grunde einer Welt kann ein *Dieses,* das *nicht war,* erscheinen und kann die Beziehung-der-Abwesenheit-der-Beziehung enthüllt werden, welche die Äußerlichkeit ist; das Nichts an Sein, das die Vorzeitigkeit in Beziehung zu einem Erschienenen, das «nicht war», darstellt, kann nur nachträglich zu einer Welt kommen, und zwar durch ein Für-sich, das sein eigenes Nichts und seine eigene Vorzeitigkeit ist. Das Auftauchen und die Vernichtung des *Dieses* sind somit zweideutige Phänomene: was durch ein Für-sich auch hier zum Sein kommt, ist ein reines Nichts, das Noch-nicht-sein und das Nicht-mehr-sein. Das betrachtete Sein ist nicht deren Grund und ebensowenig die als Totalität *vorher* oder *nachher* erfaßte Welt. Insofern das Auftauchen in der Welt durch ein Für-sich enthüllt wird, das sein eigenes Vorher und sein eigenes Nachher ist, stellt sich andererseits das Erscheinen zunächst wie ein Ereignis dar; wir erfassen das erschienene *Dieses* als schon in der Welt in Gestalt seiner eigenen Abwesenheit da seiend, insoweit wir schon selbst anwesend waren bei einer Welt, in der es abwesend war. Derart kann die Sache aus ihrem eigenen Nichts entstehen. Und hierbei handelt es sich nicht um eine begriffliche Betrachtungsweise des Geistes, sondern um eine ursprüngliche Struktur der Wahrnehmung. Die Experimente der Gestalttheorie zeigen klar, daß die reine Erscheinung stets als ein dynamisches Auftauchen erfaßt wird, das Erschienene *läuft* zum Sein vom Grund des Nichts. Zugleich fassen wir hier den Ursprung des «Kausalitätsprinzips». Das Ideal der Kausalität ist nicht die Verneinung des Erschienenen als solches, wie Meyerson will, und ebensowenig die Feststellung einer fortdauernden Beziehung der Äußerlichkeit zwischen zwei Phänomenen. Die ursprüngliche Kausalität ist die Erfassung des Erschienenen, bevor es erscheint, als schon in seinem eigenen Nichts daseiend, um sein Erscheinen vorzubereiten. Die Kausalität ist ganz einfach die ursprüngliche Erfassung der Zeitlichkeit des Erschienenen als ek-statischer Seinsweise. Der *ereignismäßige* Charakter des Geschehens und die ek-statische Konstitutierung der Erscheinung lösen sich jedoch in der Wahrnehmung selbst auf, das Vorher und Nachher erstarren in ihrem Nichts-an-sich, das Erschienene in seiner indifferenten Identität, das Nicht-sein des Erschienenen im vorhergehenden Augenblick enthüllt sich als indifferente Fülle des in diesem Augenblick bestehenden Seins, die Beziehung der Kausalität löst sich auf zu einer bloßen Beziehung der Äußerlichkeit zwischen den dem Erschienenen vorhergehenden «Dieses» und dem Erschienenen selbst. Die Zweideutigkeit des Erscheinens und des Verschwindens rührt somit daher, daß sie wie die Welt, wie der Raum, die Potentialität und Verwendbarkeit, wie die universelle Zeit selbst in der Gestalt von dauernd sich zersetzenden Ganzheiten gegeben sind.

Gebildet aus homogenen Augenblicken, die miteinander durch eine bloße Beziehung der Äußerlichkeit verbunden sind, so stellt sich uns die Weltvergangenheit dar. Wir bemerkten schon, daß das Für-sich durch seine Vergangenheit mit dem An-sich verschmilzt. Das zum An-sich gewordene Für-sich enthüllt sich in der Vergangenheit als mitten in der Welt seiend: dort *ist* es und hat seine Transzendenz verloren. Und in der Tat vergänglicht sich sein Sein *in* der Zeit: zwischen der Vergangenheit des Für-sich und der Vergangenheit der Welt, die mit ihm mit-gegenwärtig war, gibt es nur die Verschiedenheit, daß das Für-sich seine eigene Vergangenheit zu sein hat. Daher gibt es nur *eine* Vergangenheit, welche Vergangenheit des Seins ist oder *objektive* Vergangenheit, *in* der ich war. Meine Vergangenheit ist Vergangenheit in der Welt, Zugehörigkeit zur Ganzheit des vergangenen Seins, die ich bin und der ich entfliehe. Das bedeutet, daß es hinsichtlich einer der zeitlichen Dimensionen eine Koinzidenz gibt zwischen der ek-statischen Zeitlichkeit, die ich zu sein habe, und der Weltzeit als bloßem gegebenem Nichts. Durch die Vergangenheit gehöre ich der universellen Zeitlichkeit an, durch die Gegenwart und die Zukunft entgehe ich ihr.

B) *Die Gegenwart*

Die Gegenwart des Für-sich ist Anwesenheit beim Sein und als solche ist sie nicht. Sie ist vielmehr Enthüllung *des* Seins. Das Sein, das der Anwesenheit erscheint, stellt sich als *in der Gegenwart seiend* dar. Aus diesem Grund ist die Gegenwart antinomisch gegeben einmal als nicht seiend, wenn sie erlebt wird, und als einziges Maß des Seins, insofern dieses sich als das seiend enthüllt, was es in der Gegenwart ist. Zwar überragt das Sein die Gegenwart, jedoch kann diese Überfülle an Sein nur durch das Wahrnehmungsorgan, das die Vergangenheit ist, erfaßt werden, das heißt, als das, was nicht mehr ist. Derart *ist* das Buch auf meinem Tisch in der Gegenwart und *war* (identisch mit sich selbst) in der Vergangenheit. Die Gegenwart enthüllt sich somit durch die ursprüngliche Zeitlichkeit hindurch als das universelle Sein, und ist zugleich Nichts – nichts mehr als das Sein –, sie ist reines Gleiten längs des Seins, reines Nichts.

Die vorstehenden Überlegungen scheinen anzudeuten, daß vom Sein nichts zur Gegenwart kommt außer seinem Sein. Aber das hieße vergessen, daß das Sein sich dem Für-sich als unbeweglich oder als in Bewegung befindlich enthüllt und daß die beiden Begriffe der Bewegung und der Ruhe in dialektischer Beziehung zueinander stehen. Nun kann aber die Bewegung ontologisch nicht aus der Natur des Für-sich, noch aus seiner fundamentalen Beziehung zum An-sich abgeleitet werden und ebensowenig aus dem, was wir ursprünglich im Phänomen des Seins zu entdecken vermögen. Eine Welt ohne Bewegung wäre denkbar. Aber die Möglichkeit einer Welt ohne Veränderung ist gewiß nicht vorstellbar, es sei denn eine rein formale Möglichkeit, nur ist die Veränderung wiederum nicht die Bewegung. Die Veränderung ist Qualitätsänderung des *Dieses*; sie vollzieht sich, wie wir sahen, mit einem Male durch das Auftauchen oder die Zersetzung einer Form. Die Bewegung setzt hingegen die Beständigkeit der Quiddität voraus. Wenn ein *Dieses* von einem Ort zum anderen bewegt werden sollte und während dieser Bewegung eine radikale Veränderung seines Seins erlitte, so würde diese Veränderung die Bewegung nichten, da es *nichts* mehr gäbe, das sich bewegt. Die Bewegung ist reine Ortsveränderung eines *Dieses*, das im übrigen unverändert bleibt, wie es ja das Postulat der Homogeneität des Raumes klar genug zeigt. Die Bewegung, die man aus keinem Wesensmerkmal des anwesenden Seienden ableiten kann, die von der Eleatischen Ontologie verneint wurde und in der Cartesischen Ontologie den bekannten Rückgriff auf den «Anstoß» benötigte, hat somit den genauen Wert eines Faktums; sie hat Teil an der ganzen Kontingenz des Seins und muß als eine Gegebenheit hingenommen werden. Gewiß ist, wie wir sehen werden, ein Für-sich erforderlich, damit es Bewegung «gibt», weshalb die genaue Bestimmung dessen, was in der reinen Bewegung vom Sein kommt, besonders schwierig ist; jedoch steht dennoch außer Frage, daß das Für-sich hier wie auch sonst dem Sein *nichts hinzufügt;* hier wie sonst ist es das reine Nichts, auf dessen Grund sich die Bewegung abhebt. Obschon uns aber die Natur der Bewegung selbst verbietet, ihre *Ableitung* zu versuchen, ist doch zumindest ihre *Beschreibung* möglich und sogar notwendig. Was dürfen wir somit als den *Sinn* der Bewegung betrachten?

Man glaubt, die Bewegung sei eine bloße *Affizierung* des Seins, da das Bewegliche sich *nach* der Bewegung in der gleichen Beschaffenheit wie vorher wiederfindet. Des öfteren wurde zum Prinzip erhoben, daß der Transport die bewegte Gestalt nicht verändert, weil es völlig evident erschien, daß die Bewegung sich zum Sein hinzufügt, ohne es zu modifizieren: in der Tat ist gewiß, daß die Quiddität des Dieses, wie wir sahen, unverändert bleibt. Für diese Auffassung ist nichts bezeichnender als der Widerstand, auf den Theorien wie die von Fitzgerald über die «Kontraktion» und die Einsteins über die «Veränderlichkeit der Masse» gestoßen sind, weil sie das, was das Sein des Beweglichen ausmacht, besonders anzugreifen schienen. Daher rührt natürlich auch das Prinzip der Realität der Bewegung, das vollkommen einleuchtet, falls diese eine äußerliche Eigenschaft des Seins ist und keine Veränderung der inneren Struktur sie determiniert. Die Bewegung wird alsdann eine in solchem Maße *äußerliche* Beziehung des Seienden zu seiner Umgebung, daß es gleichbedeutend ist, zu sagen, das Seiende sei in Bewegung und seine Umgebung im Ruhezustand, oder umgekehrt, die Umgebung sei bewegt und das betrachtete Seiende in Ruhe. In solcher Hinsicht erscheint die Bewegung weder als ein Sein noch ein Seinsmodus, sondern als eine völlig entsubstanzialisierte Beziehung.

Die Tatsache, daß das Bewegte zu Beginn und bei seiner Ankunft mit sich selbst identisch ist, das heißt, an den beiden Haltepunkten, die seine Bewegung umschließen, besagt jedoch nichts bezüglich dessen, was es *in Bewegung* war. Sonst könnte man ebenso sagen, daß das Wasser, das in einem Autoklaven kocht, während seines Siedens keine Veränderung erfährt, unter dem Vorwand, daß es im warmen und kalten Zustand die gleichen Eigenschaften aufweist. Die Tatsache, daß man während der Bewegung verschiedene aufeinanderfolgende Stellungen des Bewegten bestimmen kann und daß es in jeder dieser Stellungen sich selbst gleich erscheint, darf uns ebensowenig aufhalten, da diese Positionen den durchlaufenen Raum bezeichnen und nicht die Bewegung selbst. Im Gegenteil, eben diese mathematische Tendenz, das Bewegte wie ein Seiendes im Ruhezustand zu behandeln, das man auf einer Linie verschiebt, ohne es aus seiner Ruhe zu ziehen, eben diese Neigung ist der Ursprung der Eleatischen Aporien.

Die Behauptung, daß das Seiende in seinem Sein unverändert bleibt, ob es sich nun im Ruhezustand oder in Bewegung befinde, muß uns somit als ein bloßes Postulat erscheinen, das wir nicht kritiklos annehmen dürfen. Kehren wir, um es der Kritik zu unterwerfen, zu den Argumenten der Eleaten zurück und besonders zu dem

Argument des Pfeils. Man sagt uns, wenn der Pfeil durch die Stelle AB fliegt, «ist» er dort genauso, wie ein Pfeil im Ruhezustand, mit seiner Vorderspitze in A und seinem Endpunkt in B. Das scheint evident, wenn man annimmt, daß die Bewegung sich über das Sein legt und folglich nichts da ist, um aufzudecken, ob das Seiende in Bewegung oder in Ruhe ist. Mit einem Wort, ist die Bewegung ein Akzidens des Seins, so sind Bewegung und Ruhe nicht voneinander zu unterscheiden. Die Argumente, die man gewöhnlich der berühmtesten Aporie der Eleaten, der von Achill und der Schildkröte, entgegenhält, sind hier wirkungslos. Wozu soll man in der Tat einwenden, daß die Eleaten mit der unendlichen Teilbarkeit des Raums gerechnet haben, ohne in gleicher Weise die der Zeit zu berücksichtigen? Es handelt sich hier ja nicht um *Position* oder Augenblick, sondern um das *Sein*. Wir nähern uns einer korrekten Lösung des Problems, indem wir den Eleaten antworten, daß sie nicht die Bewegung, sondern den Raum, der die Bewegung umfaßt, betrachtet haben. Wir beschränken uns indessen darauf, die Frage, die alsdann zu stellen wäre, nur anzudeuten, ohne sie zu lösen: Wie muß das Sein des Bewegten beschaffen sein, wenn seine Quiddität unverändert bleibt und es trotzdem in seinem Sein von einem Sein im Ruhezustand verschieden ist?

Versuchen wir, unsere Bedenken gegen die Argumente Zenos zu klären, so stellen wir fest, daß sie einer bestimmten natürlichen Auffassung der Bewegung entstammen: wir geben zu, daß der Pfeil in AB «durchkommt», es scheint uns jedoch, daß einen Ort *passieren* nicht gleichbedeutend ist mit dort *verharren*, das heißt, *dort sein*. Zumeist unterläuft hier eine schwerwiegende Verwechslung, da wir einerseits urteilen, daß das Bewegte AB nur durchläuft (das heißt, dort niemals *ist)*, und zugleich setzen wir dennoch voraus, daß es an sich *ist*. Auf diese Weise wäre es zugleich an sich und wäre nicht in AB. Hier liegt der Ursprung der Aporie der Eleaten: inwiefern *wäre* der Pfeil nicht in AB, da er doch, in AB, *ist*? Anders gesagt, um die eleatische Aporie zu vermeiden, muß man auf das allgemein angenommene Postulat verzichten, demzufolge das in Bewegung befindliche Seiende sein An-sich-sein bewahrt. In AB nur durchkommen, heißt im-Übergang-sein. Was heißt durchkommen? Es bedeutet zugleich, an einem Ort sein und nicht dort sein. In keinem Augenblick kann man sagen, daß das im Durchgang Seiende hier *ist*, wenn man es nicht plötzlich anhalten will; aber ebensowenig kann man sagen, daß es nicht ist, noch, daß es *dort* nicht ist oder *anderswo* ist. Seine Beziehung zu dem Ort ist keine Beziehung des *Bewohnens*. Wir haben indessen gesehen, daß der *Platz* eines in Ruhe befindlichen *«Dieses»* seine Äußerlichkeitsbeziehung zum Grund ist, insofern diese Beziehung sich in die Vielfalt äußerer Beziehungen zu anderen «Dieses» auflösen kann, sobald der Grund selbst sich in eine Vielfalt von Formen zersetzt [1]. Die Grundlage des Raums ist somit die wechselseitige Äußerlichkeit, die durch das Für-sich zum Sein kommt und deren Ursprung ist, daß das Sein ist, was es ist. Mit einem Wort, das Sein selbst bestimmt seinen Ort, indem es sich einem Für-sich als indifferent gegenüber anderen Seienden enthüllt. Und diese Indifferenz ist nichts anderes als seine Identität selber, die Abwesenheit einer ek-statischen Realität, insofern sie von einem Für-sich erfaßt wird, das bereits Anwesenheit bei anderen «Dieses» ist. Allein weil das *Dieses* ist, was es ist, *nimmt* es somit einen Platz *ein, ist* es an einem Ort, das heißt, wird es vom Für-sich in Beziehung zu den anderen Dieses gesetzt als *keine Beziehung zu ihnen habend.* Der Raum ist das Nichts der Beziehung, das als Seinsbeziehung von einem Seienden erfaßt wird, das seine eigene Beziehung ist. An einem Ort *durchzukommen,* statt an ihm zu sein, kann somit nur in Seinsbegriffen interpretiert werden. Das bedeutet, daß der Ort zwar vom Sein gegründet wird, das Sein jedoch nicht mehr genügt, um auch seinen Ort zu gründen: es umreißt ihn nur; seine Beziehungen der Äußerlichkeit zu anderen «Dieses» können vom Für-sich nicht hergestellt werden, weil es sie auf der Grundlage eines Dieses, das *ist,* herstellen muß. Jedoch können diese Beziehungen nicht vernichtet werden, weil das Sein, auf dessen Grund sie sich herstellen, kein bloßes Nichts ist. Allein, in dem «Jetzt», in dem man sie herstellt, ist es schon äußerlich zu ihnen, das heißt, gleichzeitig mit ihrer Enthüllung enthüllen sich *schon neue Beziehungen* der Äußerlichkeit, deren Grundlage das betrachtete Dieses ist und die zu den ersteren wiederum in einer Beziehung der Äußerlichkeit stehen. Die fortdauernde Äußerlichkeit der räumlichen Beziehungen, die den Ort des Seins bestimmen, kann aber ihre Grundlage nur in der Tatsache finden, daß das betrachtete *Dieses* äußerlich zu sich ist. Und in der Tat, zu sagen, das *Dieses* durchlaufe einen Ort, bedeutet, daß es schon nicht mehr dort ist, wenn es dort noch ist, das heißt, daß es in Beziehung zu sich selbst nicht in einem ek-statischen Seinsbezug steht, sondern in einem Bezug reiner Äußerlichkeit. Somit gibt es einen «Ort» in dem Maße, wie das «Dieses» sich als äußerlich zu anderen «Dieses» enthüllt. Und es gibt einen *Durchgang* durch diesen Ort in dem Maße, wie das Seiende sich nicht in dieser Äußerlichkeit zusammenfassen läßt, sondern ihr im Gegenteil wiederum äußerlich ist. So ist die Bewegung das Sein eines Seienden, das sich selbst äußerlich ist. Die einzige metaphysische Frage, die hinsichtlich der Bewegung zu stellen ist, ist somit die nach der Äußerlichkeit zu sich. Was haben wir darunter zu verstehen?

1 Vgl. Seite 249 ff.

In der Bewegung ändert sich das Seiende *um nichts,* wenn es von A nach B übergeht. Das bedeutet, daß seine *Qualität,* insofern sie das Sein darstellt, das sich dem Für-sich als *Dieses* enthüllt, sich nicht in eine andere Qualität verwandelt. Die Bewegung ist dem Werden keineswegs vergleichbar; sie verändert die Qualität nicht in ihrem *Wesen,* ebensowenig wie sie sie *aktualisiert.* Die Qualität bleibt genau das, was sie ist: nur ihre Seinsweise wird verändert. Diese rote Kugel, die auf dem Billard rollt, hört nicht auf, rot zu *sein,* aber sie ist das Rot, das sie *ist,* nicht in der gleichen Weise wie im Ruhezustand: es bleibt in der Schwebe zwischen Aufhebung und Beständigkeit. Insofern es in B schon äußerlich zu dem ist, was es in A war, gibt es eine Vernichtung des Rots; insofern es sich aber, jenseits von B, in C wiederfindet, ist es selbst wieder äußerlich zu dieser Vernichtung. Es entgeht somit dem Sein durch die Aufhebung und der Aufhebung durch das Sein. Es findet sich somit eine Kategorie von «Dieses» in der Welt, deren Eigenheit ist, niemals zu sein, ohne daß sie deshalb Nichts wären. Die einzige Beziehung, die das Für-sich ursprünglich an solchen *Dieses* erfassen kann, ist die der Äußerlichkeit zu sich. Denn, da die Äußerlichkeit *Nichts* ist, muß es ein Seiendes geben, das für sich selbst seine eigene Beziehung ist, damit es eine «Äußerlichkeit zu sich» geben kann. Mit einem Wort, es ist unmöglich, rein in den Begriffen des An-sich dasjenige zu bestimmen, was sich einem Für-sich als Äußerlichkeit-zu-sich enthüllt. Diese Äußerlichkeit kann sich aber nur einem Seienden entdecken, das für sich selbst *dort unten* schon ist, was es *hier* ist, das heißt, einem Bewußtsein. Diese Äußerlichkeit-zu-sich, die wie eine Krankheit des Seins erscheint, das heißt, wie die Unmöglichkeit gewisser Dieses, zugleich sich und ihr eigenes Nichts zu sein, muß durch etwas ausgedrückt werden, das wie ein *Nichts in der Welt* ist, das heißt, ein substantifiziertes Nichts. Da die Äußerlichkeit-zu-sich durchaus nicht ek-statisch ist, muß in der Tat die Beziehung des Bewegten zu sich bloße Beziehung der Indifferenz sein, die sich allein einem Zeugen enthüllt. Sie ist eine Aufhebung, die sich nicht vollziehen kann, und eine Erscheinung, die sich nicht vollziehen kann. Jenes Nichts, das die Äußerlichkeit-zu-sich abmißt und bezeichnet, ist die *Bewegungsbahn* als Konstituierung der Äußerlichkeit in der Einheit desselben Seins. Die Bewegungsbahn ist die Linie, die man zieht, das heißt, die plötzliche Erscheinung einer synthetischen Einheit im Raum, eine Täuschung, die sich sogleich in der unendlichen Vielheit der Äußerlichkeit auflöst. Wenn das *Dieses* im Ruhezustand ist, *ist* der Raum; ist es in Bewegung, so *erzeugt sich oder wird* der Raum. Die Bewegungsbahn *ist* niemals, da sie *nichts* ist: sie verflüchtigt sich sogleich zu bloßen Relationen der Äußerlichkeit zwischen verschiedenen Orten, das heißt, zur bloßen Äußerlichkeit der Indifferenz oder Räumlichkeit. Die Bewegung *ist* ebensowenig; sie ist das Geringer-sein eines Seienden, das nicht dazu gelangt, sich aufzuheben oder aber vollständig zu sein; sie ist das Auftauchen der Äußerlichkeit der Indifferenz im Schoße des An-sich. Dieses bloße Flackern des Seins ist ein kontingentes Ereignis des Seins. Das Für-sich kann es nur erfassen durch eine zeitliche Ek-stase hindurch und in einer ek-statischen und fortgesetzten Identifizierung des Bewegten mit sich. Diese Identifizierung setzt keinen Vollzug und vor allem keine «Synthese des Wiedererkennens» voraus, sondern ist beim Für-sich nichts anderes als die ek-statische Seinseinheit der Vergangenheit mit der Gegenwart. Die *zeitliche* Identifizierung des Bewegten mit sich, durch die konstante Position seiner eigenen Äußerlichkeit hindurch, läßt die Bewegungsbahn entdecken, das heißt, läßt den Raum in Gestalt eines sich verflüchtigenden Werdens auftauchen. Durch die Bewegung erzeugt sich der Raum in der Zeit; die Bewegung zieht die Linie wie einen Aufriß der Äußerlichkeit zu sich. Die Linie entschwindet zur gleichen Zeit wie die Bewegung, und dieses Phantom einer zeitlichen Einheit des Raums löst sich dauernd im unzeitlichen Raum auf, das heißt, in der reinen Vielfalt der Zerstreuung, die ohne Werden *ist*.

Das Für-sich ist in der Gegenwart Anwesenheit beim Sein. Die ewige Identität des Beständigen erlaubt jedoch nicht, diese Anwesenheit wie einen Reflex an den Dingen zu erfassen, weil nichts in der Beständigkeit das, was ist, von dem, was war, unterscheiden läßt. Die *gegenwärtige* Dimension der Weltzeit wäre somit unerfaßbar, wenn es die Bewegung nicht gäbe. Die Bewegung bestimmt nämlich die Weltzeit zur reinen Gegenwart. Und zwar, weil sie sich als *gegenwärtiges* Flackern enthüllt: in der Vergangenheit ist sie schon nichts mehr als eine verschwindende Linie, eine Spur, die verschwimmt; in der Zukunft ist sie überhaupt nicht, da sie ja nicht ihr eigener Entwurf ist; sie ist wie das beständige Fortschreiten eines Risses in der Wand. Ihr Sein hat im übrigen die unfaßbare Zweideutigkeit des Augenblicks, da man weder sagen kann, daß es ist, noch daß es nicht ist; sie erscheint kaum, so ist sie bereits überholt und äußerlich zu sich selbst. Sie entspricht daher völlig der Gegenwart des Für-sich: die Äußerlichkeit zu sich eines Seienden, das weder sein noch nicht sein kann, präsentiert dem Für-sich das – auf die Ebene des An-sich projizierte – Bild eines Seienden, das zu sein hat, was es nicht ist, und nicht zu sein hat, was es ist. Der ganze Unterschied ist derjenige, der die Äußerlichkeit zu sich – in der das Seiende seine eigene Äußerlichkeit nicht zu sein hat, sondern im Gegenteil durch die Identifizierung eines ek-statischen Zeugen «gewesen wird» – von der reinen zeitlichenden Ek-stase trennt, in der das Seiende das zu sein hat, was es nicht ist. Das Für-sich läßt sich vom Bewegten seine Gegenwart ankündigen; es ist seine eigene Gegenwart in der Gleichzeitigkeit mit der aktuellen Bewegung, und eben die Bewegung hat den Auftrag, die universelle Zeit zu *realisieren,* insofern sich das Für-sich seine eigene Gegenwart von der Gegenwart des Beweglichen ankündigen läßt. Diese Realisierung bringt erst die wechselseitige Äußerlichkeit der Augenblicke zur Geltung, da die Gegenwart des Beweglichen sich – auf Grund der Natur der Bewegung selbst – als Äußerlichkeit zur eigenen Vergangenheit und Äußerlichkeit zu dieser Äußerlichkeit bestimmt. In dieser absoluten Äußerlichkeit gründet die unendliche Teilbarkeit der Zeit.

C) *Die Zukunft*

Die ursprüngliche Zukunft ist die Möglichkeit der Anwesenheit, die ich jenseits des Seins bei einem An-sich zu sein habe, das jenseits des wirklichen An-sich ist. Meine Zukunft zieht als zukünftige Mit-Anwesenheit den Entwurf einer zukünftigen Welt nach sich, und wie wir sahen, enthüllt sich diese zukünftige Welt dem Für-sich, das ich sein werde, nicht aber die Möglichkeiten des Für-sich selbst, die nur durch den reflexiven Blick erkennbar werden. Da meine Möglichkeiten als der Sinn dessen, was ich bin, zugleich als ein Jenseits des An-sich, bei dem ich Anwesenheit bin, auftauchen, steht die Zukunft des An-sich, das sich meiner Zukunft enthüllt, in direkter und enger Beziehung zu dem Wirklichen, bei dem ich Anwesenheit bin. Sie ist das veränderte gegenwärtige An-sich, denn meine Zukunft ist nichts anderes als meine Möglichkeit, bei einem An-sich anwesend zu sein, das ich verändert haben werde. Derart enthüllt sich die Zukunft der Welt meiner Zukunft. Sie besteht aus der Skala der Potentialitäten, die von der bloßen Beständigkeit und dem reinen Wesen der Sache bis zu den Potenzen reicht. Sobald ich das Wesen der Sache abgrenze, sie als Tisch oder Tintenfaß begreife, bin ich schon dort unten in der Zukunft, und zwar einmal, weil ihr Wesen nur eine Mit-Anwesenheit mit meiner letzten Möglichkeit diese-Verneinung-nicht-mehr-zu-sein ist, und sodann weil ihre Beständigkeit und ihre Verwendbarkeit als Tisch oder Tintenfaß uns bereits auf die Zukunft verweisen. In den vorstehenden Abschnitten wurden diese Gedanken genügend entwickelt, als daß wir noch weiter auf sie einzugehen brauchten. Es sei nur bemerkt, daß jede Sache seit dem Augenblick ihres Erscheinens als Zeug-Sache bestimmte Strukturen und Eigenschaften von vornherein in die Zukunft hineinstellt. Von der Erscheinung der Welt und der «Dieses» an *gibt es* eine universelle Zukunft. Indessen konnten wir oben anmerken, daß jeder zukünftige «Zustand» der Welt ihr selbst fremd in voller wechselseitiger Äußerlichkeit der Indifferenz bleibt. Es gibt *Zukunften* der Welt, die durch bestimmte *Chancen* definiert sind und zu autonomen Wahrscheinlichkeiten werden, die sich nicht wahrscheinlichen, sondern als Wahrscheinlichkeiten *sind*, als ganz konstituierte «Jetzt» mit genau bestimmtem Inhalt, die nur noch nicht realisiert sind. Diese Zukunften gehören jedem «Dieses» oder jeder Sammlung von «Dieses» an, nur sind sie *draußen*. Was ist also das universelle Künftig-sein? Wir haben dieses als den abstrakten Rahmen jener Hierarchie von Gleichwertigkeiten anzusehen, welche die *einzelnen* Zukunften darstellen, als den Behälter wechselseitiger Äußerlichkeiten, der selbst Äußerlichkeit ist, die Summe von An-sich, die selbst an sich ist. Das heißt, daß es ein Künftig-sein gibt und geben wird, gleich welche Wahrscheinlichkeit sich auch durchsetzt, daß jedoch eben deshalb dieses zur Gegenwart äußerliche und indifferente Künftig-sein, das aus einander indifferenten «Jetzt» besteht, die durch die substantifizierte Beziehung Vorher-Nachher vereinigt werden (insofern diese Beziehung ohne ihren ek-statischen Charakter nur den Sinn einer äußeren Negation hat), eine Reihe von leeren Behältern darstellt, die miteinander nur durch die Einheit der Zerstreuung verbunden sind. In diesem Sinn erscheint das Künftig-sein bald wie ein dringender Notstand und eine Drohung, sofern ich im Entwurf meiner eigenen Möglichkeiten über das Mit-gegenwärtige hinaus die Zukunft eines *Dieses* eng mit seiner Gegenwart verbinde; dann wieder löst diese Drohung sich zur reinen Äußerlichkeit auf und erfasse ich das Künftig-sein nur im Hinblick darauf, daß es ein bloßer formaler Behälter ist, der indifferent zu seinem Inhalt und dem Raum als dem bloßen Gesetz des Äußerlichseins homogen ist, und bald ist es bloße Zerstreuung jenseits des Seins.

Die zeitlichen Dimensionen, in denen uns das unzeitliche *Dieses* in seiner Außerzeitlichkeit selbst gegeben ist, erhalten somit neue Qualitäten, sobald sie an dem Gegenstand erscheinen: das An-sich-sein, die Objektivität, die Äußerlichkeit der Indifferenz, das absolute Zerstreutsein. Sofern die Zeit sich einer sich zeitigenden ek-statischen Zeitlichkeit entdeckt, ist sie überall Transzendenz ihrer selbst und Verweis des Vorher auf das Nachher und des Nachher auf das Vorher. Sofern aber die Zeit am An-sich erfaßt wird, hat sie diese Transzendenz ihrer selbst nicht *zu sein*, sondern sie wird in ihr gewesen. Der Zusammenhang der Zeit ist ein bloßes Phantom, der objektive Widerschein des ek-statischen Entwurfs des Für-sich auf sich selbst zu und des bewegten Zusammenhangs der menschlichen Wirklichkeit. Jedoch hat dieser Zusammenhang *keinen Seinsgrund*, wenn man die Zeit für sich genommen betrachtet; sie löst sich alsbald in eine absolute Vielheit von Augenblicken auf, die, sobald man sie getrennt betrachtet, jeden zeitlichen Charakter verlieren und sich bloß auf die vollständige Außerzeitlichkeit des *Dieses* reduzieren. Die Zeit ist somit reines Nichts an-sich, das ein *Sein* nur durch den Akt zu haben scheint, in dem das Für-sich es überschreitet, um es zu benutzen. Zudem hat dieses Sein eine sonderbare Form, die sich von dem undifferenzierten Zeitgrund abhebt und die wir Zeit*spanne* nennen wollen. In der Tat ist unsere erste Wahrnehmung der objektiven Zeit *praktisch*: indem ich meine Möglichkeiten jenseits des mit-gegenwärtigen Seins bin, entdecke ich die objektive Zeit als das Korrelat des Nichts in der Welt, das mich von meinem Möglichen trennt. In dieser Hinsicht erscheint die Zeit als endliche, im Schoße einer unbestimmten Zerstreuung organisierte Form; die Zeitspanne ist Zeitdichte im Schoße einer absoluten Entdichtung, und eben der Entwurf unser selbst auf unsere Möglichkeiten hin realisiert diese Verdichtung. Die Zeitdichte ist aber eine Form der Zerstreuung und der Trennung, da sie in der Welt den Abstand bezeichnet, der mich von mir selbst trennt. Da ich mich jedoch stets auf ein Mögliches nur innerhalb der gegliederten Reihe von abhängigen Möglichkeiten entwerfe, die das sind, was ich zu sein habe, um ... zu sein, und da deren nicht-thematische und nichtsetzende Enthüllung in der nichtsetzenden Enthüllung des übergeordneten Möglichen, auf das hin ich mich entwerfe, inbegriffen ist, enthüllt sich mir andererseits die Zeit als objektive zeitliche Form, als gegliederte Staffelung der Wahrscheinlichkeiten: diese objektive Form oder *Spanne* ist wie die *Bewegungslinie* meines Tuns.

Die Zeit erscheint somit in *Bewegungslinien*. Ebenso wie die räumlichen Bewegungslinien sich entdichten und in bloße statische Räumlichkeit auflösen, löst sich indessen auch die zeitliche Bewegungslinie auf, sobald sie nicht mehr als dasjenige erlebt wird, was unser Warten auf uns selbst objektiv umfaßt. Die Wahrscheinlichkeiten, die sich mir enthüllen, tendieren in der Tat von Natur aus dazu, sich zu *Wahrscheinlichkeiten an sich* abzusondern und einen genau abgegrenzten Bruchteil der objektiven Zeit aufzufüllen; die Zeit*spanne* verflüchtigt sich alsdann, und die Zeit enthüllt sich als das Schillern des Nichts auf der Oberfläche eines streng außerzeitlichen Seins.

V

Die Erkenntnis

Unsere Skizzierung, wie die Welt sich dem Für-sich enthüllt, erlaubt uns, folgendermaßen zu schließen. Wir gestehen dem Idealismus zu, daß das Sein des Für-sich Erkennen des Seins ist, indem wir jedoch hinzufügen, daß es ein Sein dieses Erkennens gibt. Die Identität des Seins des Für-sich und der Erkenntnis rührt nicht daher, daß das Erkennen das Maß des Seins ist, sondern daher, daß sich das Für-sich, was es ist, vom An-sich anzeigen läßt, das heißt, in seinem Sein Seinsbeziehung ist. Die Erkenntnis ist nichts anderes als die Anwesenheit des Seins beim Für-sich, und das Für-sich ist nur das *Nichts,* das diese Anwesenheit realisiert. Die Erkenntnis ist somit von Natur aus ek-statisch und ist deshalb gleichbedeutend mit dem ek-statischen Sein des Für-sich. Das Für-sich ist nicht zunächst, um alsdann zu erkennen, und man kann ebensowenig sagen, daß es nur insoweit ist, als es erkennt oder erkannt wird, da damit das Sein in einer geordneten Unendlichkeit von einzelnen Erkenntnissen verschwinden würde. Das absolute Auftauchen des Für-sich inmitten des Seins und jenseits des Seins, auf dem Grund des Seienden, das es nicht ist, und als Negation dieses Seienden und Nichtung seiner selbst, dieses absolute und ursprüngliche Ereignis ist die Erkenntnis. Mit einem Wort, in einer absoluten Umkehrung der idealistischen Position läßt die Erkenntnis sich im Sein aufgehen: sie ist weder ein Attribut, noch eine Funktion, noch ein Akzidens des Seins; vielmehr *gibt es nur Sein.* Von diesem Gesichtspunkt aus erscheint es notwendig, die idealistische Position völlig aufzugeben, vor allem, da es nunmehr möglich ist, die Beziehung des Für-sich zum An-sich als eine fundamentale ontologische Beziehung zu betrachten; am Schluß unseres Buches werden wir diese Ausgliederung des Für-sich in Beziehung zum An-sich sogar als den sich ständig bewegenden Umriß einer Quasi-Totalität betrachten können, die wir *das Sein* nennen dürfen. Im Hinblick auf diese Totalität ist das Auftauchen des Für-sich nicht allein für es selbst das absolute Ereignis, sondern auch *etwas, was dem An-sich widerfährt,* das einzig mögliche Abenteuer des An-sich: alles ereignet sich in der Tat so, wie wenn das Für-sich eben durch seine Nichtung sich zum «Bewußtsein von . . .» konstituierte, das heißt, eben durch seine Transzendenz dem Gesetz des An-sich entginge, in dem die Behauptung vom Behaupteten überdeckt wird. Durch die Verneinung seiner selbst wird das Für-sich Behauptung *des* An-sich. Die intentionale Behauptung ist wie die Umkehrung der inneren Verneinung; es kann eine Behauptung nur durch ein Seiendes geben, das sein eigenes Nichts ist, und von einem Seienden, das nicht das behauptende Seiende ist. In der Quasi-Totalität des Seins *widerfährt* die Behauptung somit dem An-sich: das Abenteuer des An-sich ist, *behauptet zu werden.* Dem An-sich widerfährt, daß diese Behauptung, die vom An-sich als Behauptung *von* sich nicht vollzogen werden konnte, ohne sein An-sich-sein zu zerstören, vom Für-sich realisiert wird; sie ist wie eine passive Ek-stase des An-sich, die es unverändert läßt, und dennoch in ihm und auf seiner Grundlage durchgeführt wird. Alles geschieht, wie wenn es eine Leidenschaft des Für-sich gäbe, die sich selbst zugrunde richtet, damit die Behauptung «Welt» zum An-sich kommt. Gewiß besteht diese Behauptung nur *für* das Für-sich, sie ist das Für-sich selbst und verschwindet mit ihm. Jedoch ist sie nicht *in* dem Für-sich, denn sie ist die Ek-stase selbst, und wenn das Für-sich das eine ihrer Glieder (das Behauptende) ist, so ist ihm das andere, nämlich das An-sich, doch *wirklich* gegenwärtig; außen, am Sein gibt es eine Welt, die sich mir entdeckt.

Dem Realisten räumen wir andererseits ein, daß das Sein selbst dem Bewußtsein in der Erkenntnis gegenwärtig ist und das Für-sich dem An-sich *nichts* hinzufügt, ausgenommen die Tatsache selbst, *daß es* das An-sich *gibt,* das heißt, die bejahende Verneinung. Wir suchten in der Tat zu zeigen, daß die Welt und die Zeug-Sache, der Raum und die Qualität wie die universelle Zeit bloße substanzialisierte Nichtse sind und das reine Sein, das sich durch sie hindurch enthüllt, überhaupt nicht verändern. In dieser Hinsicht ist alles gegeben, ist alles mir ohne Abstand und in seiner ganzen Wirklichkeit gegeben; *nichts* von dem, was ich sehe, kommt von mir, es gibt *nichts* außerhalb dessen, was ich sehe oder sehen könnte. Das Sein ist überall um mich her, und es scheint so, als könne ich es berühren und erfassen; die *Vorstellung* als psychisches Ereignis ist eine reine Erfindung der Philosophen. Jenes Sein aber, das mich von allen Seiten «einschließt» und von dem *nichts* mich trennt, ist gerade durch *nichts* von mir getrennt, und weil dieses das Nichts ist, ist es unüberschreitbar. «Es gibt» Sein, weil ich Negation des Seins bin, und die Weltlichkeit, Räumlichkeit, Quantität, Verwendbarkeit und Zeitlichkeit kommen nur zum Sein, weil ich Negation des Seins bin, sie fügen dem Sein nichts hinzu, sondern sind bloße genichtete Bedingungen des «Es gibt», sie realisieren nur das *Es gibt.* Diese Bedingungen jedoch, die *nicht sind,* trennen mich grundsätzlicher vom Sein, als prismatische Verzerrungen es tun würden, durch die hindurch ich es noch zu entdecken hoffen könnte. Zu sagen, daß es Sein gibt, bedeutet nichts, und dennoch wird damit eine vollständige Veränderung vollzogen, da es Sein nur für ein Für-sich *gibt.* Das Sein ist nicht in seiner Eigenheit *relativ* zum Für-sich und ebenso wenig in seinem Sein, insofern entgehen wir dem Kantischen Relativismus; aber es ist es in seinem «Es gibt», da das Für-sich in seiner inneren Verneinung behauptet, was sich nicht selbst behaupten kann, und das Sein kennt, *so wie es ist*, während das «so wie es ist» dem Sein nicht zugehören kann. In diesem Sinn ist das Für-sich unmittelbare Anwesenheit beim Sein, und zugleich schiebt es sich wie ein unendlicher Abstand zwischen sich und das Sein. Das Erkennen hat nämlich als Ideal, das was-man-kennt-zu-sein und als ursprüngliche Struktur, was-erkannt-ist-nicht-zu-sein. Die Weltlichkeit, Räumlichkeit usw. drücken nur dieses Nicht-sein aus. So finde ich mich selbst überall zwischen mir und dem Sein als das Nichts wieder, das das Sein *nicht ist*. Die Welt ist menschlich. Damit wird die sehr eigenartige Stellung des Bewußtseins sichtbar: überall ist Sein, neben mir, um mich herum, es lastet auf mir, belagert mich, und dauernd bin ich von Seiendem zu Seiendem verwiesen, der Tisch, der da ist, ist Sein und weiter *nichts*, dieser Felsen, dieser Baum, diese Landschaft: Sein und sonst *nichts*. Ich will dieses Sein ergreifen und finde nur noch *mich*. Die zwischen Sein und Nicht-sein stehende Erkenntnis verweist mich nämlich auf das absolute Sein, wenn sie nur subjektiv sein soll, und verweist mich auf mich selbst, wenn ich das Absolute zu erfassen glaube. Der Sinn der Erkenntnis selbst ist das, was er nicht ist, und ist nicht, was er ist, denn, um das Sein, so wie es ist, zu erkennen, müßte man das Sein sein, jedoch gibt es ein «so wie es ist» nur, weil ich das Sein, das ich erkenne, nicht bin und, wenn ich es würde, das «so wie es ist» entschwinden würde und nicht einmal mehr gedacht werden könnte. Es handelt sich hier nicht um einen Skeptizismus – der gerade voraussetzt, daß das *So wie es ist* dem Sein zugehört – und ebensowenig um einen Relativismus. Die Erkenntnis stellt uns vor ein Absolutes, und es gibt eine Wahrheit der Erkenntnis. Obschon uns diese Wahrheit nicht mehr und nicht weniger als das Absolute liefert, bleibt sie dennoch rein menschlich.

Man wird sich vielleicht darüber verwundern, daß wir das Problem des Erkennens behandelt haben, ohne nach dem Körper und den Sinnen zu fragen und uns ein einziges Mal auf sie zu beziehen. Es liegt nicht in unserer Absicht, die Bedeutung des Körpers zu verkennen oder zu vernachlässigen. In der Ontologie wie auch sonst kommt es aber vor allem darauf an, eine strenge Ordnung der Darstellung einzuhalten. Nun erscheint jedoch der Körper, welche Funktion er auch haben mag, zunächst als etwas *Erkanntes*. Wir können somit die Erkenntnis nicht auf ihn beziehen, noch von ihm handeln, bevor wir das Erkennen definiert haben, ebensowenig wie wir auf irgendeine Weise von ihm das Erkennen in seiner fundamentalen Struktur ableiten können. Zudem hat der Körper – der menschliche Körper – die Besonderheit, wesentlich das *von einem anderen*

Erkannte zu sein: ich kenne stets nur den Körper anderer, und das Wesentliche, was ich von meinem Körper *weiß*, entstammt der Art, wie andere ihn sehen. Die Natur *meines* Körpers weist mich somit auf die Existenz anderer hin und auf mein Für-Andere-sein. Mit ihm entdecke ich eine neue Seinsweise der menschlichen Wirklichkeit, die ebenso fundamental ist wie das Für-sich-sein und die ich das Für-Andere-sein nenne. Suche ich die Beziehung des Menschen zum Sein erschöpfend zu beschreiben, so muß ich nunmehr die Untersuchung dieser neuen Struktur meines Seins in Angriff nehmen: das Für-Andere. Denn die menschliche Wirklichkeit muß in ihrem Sein im einen und demselben Auftauchen Für-sich-für-Andere sein.

DRITTER TEIL

Das Für-andere

ERSTES KAPITEL

DIE FREMDEXISTENZ

I

Das Problem

Wir haben die menschliche Realität von den negativen Verhaltensweisen und vom cogito aus dargestellt. Wir haben, indem wir diesem Leitgedanken folgten, entdeckt, daß die menschliche Realität Für-sich war. Ist das *alles,* was sie ist? Ohne unsere Einstellung einer reflexiven Beschreibung aufzugeben, können wir Bewußtseinsweisen antreffen, die, obwohl sie in sich selbst durchaus Für-sich bleiben, auf einen von Grund aus andersartigen ontologischen Strukturtypus hinzuweisen schienen. Diese ontologische Struktur ist *meine,* um *meine* Person sorge ich mich, und dennoch enthüllt mir dieses «Für-mich»-sorgen ein Sein, das *mein* Sein ohne Für-mich-sein ist.

Betrachten wir zum Beispiel das Schamgefühl. Es handelt sich um eine Bewußtseinsweise, deren Struktur mit allen denen übereinstimmt, die wir bisher beschrieben haben. Es ist nichtsetzendes Bewußtsein (von) sich als Schamgefühl und ist als solches ein Beispiel für das, was die Deutschen «Erlebnis» nennen, es ist für die Reflexion zugängig. Außerdem ist seine Struktur intentional, sie ist schamerfülltes Ergreifen *von* etwas, und dieses etwas bin *ich.* Ich schäme mich dessen, was ich *bin.* Das Schamgefühl realisiert also eine innige Beziehung meiner selbst zu mir: durch das Schamgefühl habe ich einen Aspekt *meines* Seins entdeckt. Und dennoch ist das Schamgefühl, obwohl gewisse umfassende und abgeleitete Formen des Schamgefühls auf der Ebene der Reflexion sichtbar werden können, ursprünglich kein Reflexionsphänomen. Welche Ergebnisse man auch immer für sich allein durch gewissenhaft registrierte *Erfahrung* des Schamgefühls erhalten mag, in seiner Urstruktur ist das Schamgefühl ein Sichschämen *vor jemandem.* Ich habe mich ungeschickt oder gewöhnlich benommen: dieses Benehmen haftet an mir, ich verurteile und tadle es nicht, ich sehe es einfach, ich realisiere es in der Weise des Für-sich. Aber plötzlich stutze ich: jemand war da und hat mich gesehen. Mit einem Male sehe ich die ganze Gewöhnlichkeit meines Benehmens anschaulich vor mir und schäme mich. Sicher ist mein Schamgefühl nicht reflexiv, denn die in meinem Bewußtsein gegebene Gegenwart Anderer, sei sie auch nur in der Weise eines Katalysators gegeben, ist unvereinbar mit der reflexiven

Haltung: auf dem Felde meiner Reflexion kann ich immer nur dem Bewußtsein begegnen, das meins ist. Also sind Andere die unentbehrlichen Mittler zwischen mir und mir selbst: ich schäme mich über mich, soweit ich Anderen *sichtbar werde*. Andererseits werde ich durch das Sichtbarwerden Anderer in die Lage versetzt, über mich selbst ein Urteil wie über einen Gegenstand zu fällen, denn wie ein Gegenstand erscheine ich Anderen. Indessen ist dieser einem Anderen erscheinende Gegenstand nicht etwa ein nichtssagendes Abbild im Geiste eines Anderen. Denn ein solches Abbild würde vollständig dem Anderen zuzuschreiben sein und mich nicht «berühren». Ich könnte ihm gegenüber gereizt oder wütend werden wie vor einem schlechten Porträt, das mir einen häßlichen oder niedrigen Gesichtsausdruck verleiht, wie ich ihn nicht habe; aber ich würde nicht bis ins Mark davon getroffen werden: das Schamgefühl ist seiner Natur nach *Anerkenntnis*. Ich erkenne an, daß ich *bin*, wie Andere mich sehen. Es handelt sich jedoch nicht um eine Vergleichung dessen, was ich für mich bin, mit dem, was ich für Andere bin, wie wenn ich in mir, und zwar in der Seinsweise des Für-sich, ein Äquivalent für das fände, was ich für Andere bin. Zunächst wird eine solche Vergleichung als konkrete psychische Operation in uns nicht angetroffen: das Schamgefühl ist ein unvermittelter Schauder, der mich von Kopf bis Fuß durchläuft, ohne jede begriffliche Vorbereitung. Ferner ist die Vergleichung überhaupt unmöglich: ich kann das, was ich im Innersten (ohne vom Für-sich Abstand, ohne vor ihm Spielraum zu haben und ohne es in den Blick zu bekommen) bin, nicht in Beziehung setzen zu jenem rechtfertigungslosen und An-sich-Sein, das ich für andere bin. Es gibt hier weder ein Normalmaß noch ein Verzeichnis von Entsprechungen. Der Begriff *Gewöhnlichkeit* beinhaltet bereits eine zwischenmonadische Beziehung. Für sich allein ist man nicht gewöhnlich. So hat der Andere mir nicht allein enthüllt, was ich war: er hat mich auf einem neuen Seinstyp konstituiert, der zum Träger neuer Eigenschaften werden muß. Dieses Sein war in mir vor dem Erscheinen Anderer nicht in Kraft, denn es hätte in dem Für-sich keinen Platz gefunden; und sogar wenn man sich darin gefällt, mir einen Leib zuzuschreiben, der doch vollkommen fertig war, *bevor* er für die Anderen da war, so könnte man darin doch nicht meine Gewöhnlichkeit oder meine Ungeschicklichkeit wirksam unterbringen, denn es sind Bedeutungen, und sie überschreiten als solche den Leib und verweisen auf einen Zeugen, der fähig ist, sie zu verstehen, gleichzeitig auch auf die Ganzheit meiner menschlichen Realität. Aber dieses neue Sein, das *für* Andere erscheint, hält sich nicht *in* Anderen auf; ich bin dafür verantwortlich, wie jenes Erziehungssystem deutlich zeigt, das darin besteht, die Kinder sich dessen «schämen zu lassen», was sie sind. So ist das Schamgefühl ein

Sichschämen *über sich vor Anderen;* diese beiden Strukturen sind untrennbar. Aber gleichzeitig brauche ich Andere, um alle Strukturen meines Seins voll erfassen zu können; das Für-sich verweist auf das Für-Andere. Wenn wir also die Beziehung des Seins des Menschen zum An-sich-sein in ihrer Ganzheit erfassen wollen, dürfen wir uns nicht mit den umrißhaften Beschreibungen in den vorhergehenden Kapiteln dieses Buches zufriedengeben: wir müssen auf zwei besonders gefürchtete Fragen antworten: zuerst auf die nach der Fremdexistenz und dann auf die nach meinem *Seinszusammenhang* mit dem Sein Anderer.

II

Die Klippe des Solipsismus

Es ist seltsam, daß das Problem der Anderen die Realisten niemals ernstlich beunruhigt hat. In dem Maße, in dem der Realist sich «alles gegeben sein läßt», erscheint es ihm unbezweifelbar, das der Andere ihm gegeben ist. Denn was gibt es inmitten des Realen realeres als Andere. Das ist eine denkende Substanz vom gleichen Wesen wie ich, die sich nicht in sekundäre und primäre Qualitäten auflösen kann und deren wesentliche Strukturen ich in mir wiederfinde. In dem Maße jedenfalls, in dem der Realismus versucht, dem Bewußtsein durch die Tatsache gerecht zu werden, daß die Welt auf die denkende Substanz einwirkt, hat er sich nicht darum gekümmert, eine unmittelbare und wechselseitige Einwirkung der denkenden Substanzen aufeinander zu begründen: sie stehen über das Mittelglied Welt in Verbindung; zwischen dem Fremdbewußtsein und meinem bilden mein Leib als Ding der Welt und die Leiber der Anderen die notwendigen Mittelglieder. Die Seele Anderer ist also von der meinen durch den ganzen Abstand geschieden, der von vornherein meine Seele von meinem Leibe scheidet, dann meinen Leib von den Leibern Anderer, endlich den Leib Anderer von deren Seelen. Und wenn es auch nicht ganz sicher ist, ob die Beziehung des Für-sich zum Leibe eine außenweltliche Beziehung ist (wir werden dieses Problem später zu behandeln haben), so ist doch zum mindesten die Tatsache evident, daß die Beziehung meines Leibes zu den Leibern Anderer von reiner, indifferenter Außenweltlichkeit ist. Wenn die Seelen durch ihre Leiber getrennt sind, so sind sie voneinander unterschieden, wie dieses Tintenfaß von diesem Buche unterschieden ist, das heißt, daß man keinerlei unmittelbare Gegenwart der einen bei der anderen begreifen kann. Und auch wenn man eine unmittelbare Gegenwart meiner Seele bei einem fremden Leibe gelten läßt, so hindert mich noch die ganze Dichtigkeit eines Leibes daran, daß ich seine Seele erreiche. Wenn daher der Realismus seine Gewißheit auf die «persönliche» Gegenwart der raum-zeitlichen Sache bei meinem Bewußtsein gründet, so kann er die gleiche Evidenz nicht für die Wirklichkeit der fremden Seele in Anspruch nehmen, da ja, wie er selbst zugibt, diese Seele nicht persönlich der meinen gegeben ist: sie ist Abwesenheit, Bedeutung, der Leib deutet auf sie hin, ohne sie auszuliefern; kurz, in einer auf die unmittelbare Erkenntnis gegründeten Philosophie gibt es keine unmittelbare Erkenntnis der fremden Seele. Wenn man nicht mit Worten spielen will, so bedeutet das, daß der Realismus der unmittelbaren Erkenntnis *Anderer* keinen Platz einräumt: es würde nichts nützen, einzuwenden, daß uns doch zum mindesten der Leib des Anderen gegeben ist und daß dieser Leib eine gewisse Gegenwart des Anderen oder ein Teil des Anderen ist: es ist richtig, daß der Leib als eine ihrer Strukturen zu jener Ganzheit gehört, die wir «menschliche Realität» nennen. Aber gerade nur insoweit er innerhalb der unauflöslichen Einheit dieser Ganzheit existiert, ist er *Leib des Menschen*, so wie das Organ lebendes Organ nur innerhalb der Ganzheit des Organismus ist. Indem die Setzung des Realismus uns den Leib keineswegs in die menschliche Ganzheit eingehüllt liefert, sondern abgesondert wie einen Stein, einen Baum oder ein Stück Wachs, hat er ebenso sicher den Leib getötet, wie es das Messer des Physiologen macht, wenn es ein Stück Fleisch von der lebenden Ganzheit abtrennt. Nicht der *Leib des Anderen* ist der unmittelbaren realistischen Erkenntnis gegenwärtig; sondern *ein* Leib. Ein Leib, der ohne Zweifel besondere Aspekte hat und eine besondere «ἕξις», der indessen der großen Familie der Körper angehört; wenn es zutrifft, daß für einen geistig orientierten Realismus die Seele leichter zu erkennen ist als der Leib, so wird doch der Leib leichter zu erkennen sein als die fremde Seele.

In Wirklichkeit kümmert sich der Realist um dieses Problem sehr wenig: weil er die Existenz Anderer für gewiß hält. Deshalb beschäftigt sich der realistische und positivistische Psychologe des 19. Jahrhunderts, der die Existenz meines Nächsten als zugestanden annimmt, ausschließlich damit, die Mittel festzustellen, die ich habe, um diese Existenz zu erkennen und um auf dem Leibe die Abschattungen eines mir fremden Bewußtseins zu entziffern. Der Leib, sagt man, ist ein Gegenstand, dessen «ἕξις» eine besondere Deutung erfordert. Die Hypothese, die seinem Sichverhalten am besten gerecht wird, ist die eines Bewußtseins analog dem meinen, dessen verschiedene Gemütsbewegungen er widerspiegelt. Es muß noch geklärt werden, *wie* wir zu dieser Hypothese kommen: bald wird man uns sagen, es geschehe in Analogie zu dem, was ich von mir selbst weiß, bald, es sei die Erfahrung, die uns lehrt, zum Beispiel das plötzliche

Rotwerden eines Gesichtes zu deuten als die Ankündigung von Faustschlägen und wütendem Geschrei. Man wird zugeben, daß derartige Vorgänge uns vom Anderen nur eine *wahrscheinliche* Erkenntnis verschaffen können: es bleibt stets wahrscheinlich, daß der Andere weiter nichts als ein Leib ist. Wenn die Tiere Maschinen sind, warum kann da der Mensch, den ich auf der Straße vorbeigehen sehe, nicht eine sein? Warum kann die Grundhypothese der Behavioristen nicht zutreffen? Was ich auf diesem Gesicht erfasse, ist nur die Wirkung gewisser Muskelkontraktionen, und diese sind ihrerseits nur die Wirkungen eines nervösen Einflusses, dessen Weg ich kenne. Warum nicht das Insgesamt solcher Reaktionen auf einfache und bedingte Reflexe zurückführen? Aber die meisten Psychologen bleiben von der Fremdexistenz als von einer ganzheitlichen Realität, die die gleiche Struktur wie ihre eigene hat, überzeugt. Für sie ist die Fremdexistenz gewiß und die Kenntnis, die wir von ihr haben, wahrscheinlich richtig. Man durchschaut den Sophismus des Realismus. In der Tat muß man die Glieder dieser Versicherung vertauschen und anerkennen, daß, wenn Andere für uns nur durch die Kenntnis zugängig sind, die wir von ihnen haben, und wenn diese Kenntnis nur auf Vermutungen beruht, auch die Fremdexistenz nur auf Vermutungen beruht und daß es die Aufgabe kritischen Nachdenkens ist, ihren genauen Wahrscheinlichkeitsgrad zu bestimmen. So wird der Realist, weil er die Realität der Außenwelt gesetzt hat, durch eine merkwürdige Umkehrung genötigt, plötzlich Idealist zu werden, wenn er die Fremdexistenz ins Auge faßt. Wenn der Leib ein realer Gegenstand ist, der auf die denkende Substanz real einwirkt, wird der Andere eine bloße Vorstellung, deren *esse* ein bloßes *percipi* ist, d. h. deren Existenz durch die Erkenntnis bemessen wird, die wir von ihr haben. Die modernsten Theorien der *Einfühlung*, der *Sympathie* und der *Gestalten* vervollständigen nur die Darstellung unserer Mittel, Andere uns zu vergegenwärtigen, aber sie eröffnen den Meinungskampf nicht auf dem ihm angemessenen Gelände: ob nun der Andere zunächst *erfühlt* sei oder ob er in der Erfahrung, bevor man ihn gewohnt wird und ohne jedes analogische Schließen, als eine besondere Gestalt erscheine, es gilt nichtsdestoweniger, daß der etwas bedeutende und erfühlte Gegenstand und daß die ausdruckhaltige Gestalt ausschließlich auf eine menschliche Realität verweisen, deren Existenz einzig und allein auf Vermutungen beruht.

Wenn der Realismus uns dergestalt auf den Idealismus verweist, wäre es dann nicht gescheiter, wir stellten uns gleich auf den idealistischen und kritischen Standpunkt? Wenn Andere «meine Vorstellung» sind, ist es dann nicht besser, diese Vorstellung im Rahmen eines Systems zu befragen, das das Insgesamt der Gegenstände auf eine durch Vorstellungen verbundene Gruppierung zurückführt und jede Existenz durch die Erkenntnis beurteilt, die ich von ihr gewinne?

Wir werden indessen bei einem Kant nur wenig Hilfe finden: denn er ist hauptsächlich damit beschäftigt, die allgemeinen Gesetze der Subjektivität, die für alle die gleichen sind, aufzustellen und hat die Frage der *Personen* nicht erörtert. Das Subjekt ist nur das gemeinsame Wesen dieser Personen, und Kant kann die Determinierung ihrer Vielheit ebensowenig zulassen, wie es das menschliche Wesen im Sinne Spinozas zuläßt, das Wesen der konkreten Menschen zu bestimmen. Es sieht also zunächst so aus, als hätte Kant das Problem des Anderen unter diejenigen eingereiht, die nicht zur Zuständigkeit seiner Kritik gehören. Wir wollen indessen genauer zusehen: der Andere als solcher ist in unserer Erfahrung gegeben, er ist ein Objekt, und zwar ein besonderes Objekt. Kant nimmt den Standpunkt des reinen Subjektes ein, um die Bedingungen der Möglichkeit nicht nur eines Objektes überhaupt, sondern der verschiedenen Objektskategorien zu bestimmen: das physikalische, das mathematische, das schöne oder häßliche Objekt und das, was teleologische Merkmale aufweist. Von diesem Standpunkt aus hat man seinem Werke Lücken zum Vorwurf machen können und hat zum Beispiel, im Gefolge von Dilthey, die Bedingungen der Möglichkeit eines geschichtlichen Gegenstandes festsetzen, das heißt eine Kritik der historischen Vernunft versuchen wollen. Wenn es wahr ist, daß der Andere einen besonderen Objektstypus darstellt, der sich unserer Erfahrung entdeckt, so ist es gleichfalls und gerade vom Standpunkt eines rigorosen Kantianismus aus notwendig, sich die Frage vorzulegen, wie die Erkenntnis des Anderen möglich ist, das heißt also, die Bedingungen der Möglichkeit, die Anderen zu erfahren, festzulegen.

Es würde tatsächlich einen Irrweg bedeuten, wenn man das Problem der Anderen mit dem der noumenalen Wirklichkeiten gleichsetzte. Wenn «Andere» existieren und wenn sie mir ähneln, kann sich die Frage ihrer intelligiblen Existenz sicher für sie so stellen, wie sich die Frage meiner noumenalen Existenz für mich stellt; für sie und für mich würde sicher auch dieselbe Antwort gelten: diese noumenale Existenz kann nur gedacht, aber nicht in Begriffe gefaßt werden. Aber wenn ich den Anderen in meiner alltäglichen Erfahrung beobachte, so beobachte ich durchaus keine noumenale Wirklichkeit, ebensowenig wie ich meine intelligible Wirklichkeit erfasse oder beobachte, wenn ich von meinen Gemütsbewegungen oder von meinen empirischen Gedanken Kenntnis nehme. Der Andere ist ein Phänomen, das auf andere Phänomene verweist: auf ein Zorn-Phänomen, wenn er gegen mich zornig ist, auf eine Reihe von Gedanken, die als die Phänomene seines inneren Sinnes erscheinen: das, was ich am Anderen beobachte, ist nichts weiter, als was ich in mir selbst vorfinde. Nur sind diese Phänomene von allen anderen grundlegend verschieden.

In erster Linie gibt sich die Erscheinung Anderer in meiner Erfahrung durch die Anwesenheit gegliederter Gestalten kund, wie durch Mimik und Ausdruck, Handlungs- und Verhaltensweisen. Diese gegliederten Gestalten verweisen auf eine gestaltende Einheit, die sich grundsätzlich außerhalb unserer Erfahrung befindet. Der Zorn des Anderen, soweit er seinem inneren Sinne erscheint und sich von Natur meiner Wahrnehmung verweigert, macht die Bedeutung aus und ist vielleicht die Ursache für die Reihe von Phänomenen, die ich bei meiner Erfahrung unter der Bezeichnung Ausdruck oder Mimik erfasse. Der Andere gestaltet als synthetische Einheit seiner Erfahrungen und als Wille ebensogut wie als Affekt *meine* Erfahrung. Es handelt sich nicht um die bloße Einwirkung eines unerkennbaren Noumenons auf meine Empfindungsfähigkeit, sondern um die Konstituierung einer Gruppe verbundener Phänomene im Felde meiner Erfahrung durch ein Sein, das nicht Ich ist. Im Unterschied zu allen anderen verweisen diese Phänomene nicht auf mögliche Erfahrungen, sondern auf Erfahrungen, die grundsätzlich außerhalb meiner Erfahrung liegen und zu einem System gehören, das mir unzugänglich ist. Andererseits ist es die Bedingung der Möglichkeit jeder Erfahrung, daß das Subjekt seine Eindrücke zu einem verbundenen System gestaltet. Deshalb finden wir in den Dingen «nur, was wir in sie hineingelegt haben«. Der Andere kann uns also nicht ohne Widerspruch als der erscheinen, der unsere Erfahrung gestaltet: es würde sich eine Überdetermination des Phänomens ergeben. Können wir hier noch von der Kausalität Nutzen ziehen? Diese Frage ist sehr geeignet, um auf den zweideutigen Charakter des Anderen in einer Kantischen Philosophie aufmerksam zu machen. Tatsächlich kann die Kausalität nur Phänomene aneinanderketten. Aber gerade der Zorn, den ein Anderer empfindet, ist ein Phänomen, und der wütende Gesichtsausdruck, den ich wahrnehme, ist ein zweites. Kann es zwischen ihnen eine kausale Verbindung geben? Es würde zu ihrer phänomenalen Eigenart passen: und in diesem Sinne kann ich es mir leisten, die Röte von Pauls Gesicht als die Wirkung seines Zornes zu betrachten: das gehört zu meinen gewöhnlichen Behauptungen. Andererseits hat die Kausalität nur Sinn, wenn sie Phänomene *ein und derselben* Erfahrung verknüpft und dazu beiträgt, diese Erfahrung zu bilden. Kann sie als Brücke zwischen zwei von Grund aus verschiedenen Erfahrungen dienen? Hier ist anzumerken, daß, wenn ich sie in dieser Weise benutze, ich ihr Wesen, nämlich das einer *idealen* Vereinigung von empirischen Erscheinungen, vernichte: die Kantische Kausalität ist die Vereinigung der Momente *meiner* Zeit in Gestalt der Unumkehrbarkeit. Wie soll man zugeben, daß sie meine Zeit mit der des Anderen vereinigt? Welche zeitliche Beziehung soll man herstellen zwischen dem Entschluß, sich auszudrücken (einem im Gewebe der Erfahrung des Anderen erschienenen Phänomen), und des Ausdruck selbst (einem Phänomen *meiner* Erfahrung)? Die der Gleichzeitigkeit? Die der Aufeinanderfolge? Aber wie kann ein Zeitpunkt *meiner* Zeit in Gleichzeitigkeits- oder Aufeinanderfolge-Beziehung stehen zu einem Zeitpunkt der Zeit eines Anderen? Selbst wenn eine prästabilierte und von Kants Standpunkt aus übrigens unbegreifliche Harmonie Augenblick für Augenblick die beiden betreffenden Zeiten einander entsprechen ließe, würden nichtsdestoweniger *zwei* Zeiten ohne Beziehung bleiben, denn für beide ist die vereinigende Synthese der Momente ein Akt der Subjektivität. Die Universalität der Zeiten ist bei Kant nur die Universalität eines Begriffes, sie bedeutet nur, daß jede Zeitlichkeit eine endliche Struktur haben muß und daß die Bedingungen der Möglichkeit einer Zeiterfahrung für alle Zeitlichkeiten gültig sind. Aber diese Identität des Wesens der Zeit verhindert die unzusammenhängende Unterschiedenheit der Zeiten ebensowenig, wie die Identität des menschlichen Wesens die unzusammenhängende Unterschiedenheit der menschlichen Bewußtseinsindividuen verhindert. Wenn so die Beziehung zwischen den Bewußtseinsindividuen von Natur aus unfaßbar ist, kann der Begriff des *Anderen* nicht unsere Erfahrung *ausmachen:* man muß ihn zusammen mit den teleologischen Begriffen unter die *regulativen* Begriffe einordnen. Der Andere gehört also zur Kategorie des «als ob», ist *a priori* eine Hypothese, die keine andere Rechtfertigung hat, als daß sie in unserer Erfahrung eine Einheit herzustellen ermöglicht, und die nicht ohne Widerspruch gedacht werden kann. Wenn es nämlich möglich ist, die Einwirkung einer intelligiblen Wirklichkeit auf unsere Empfindungsfähigkeit als nur durch die Erkenntnis ermöglicht zu begreifen, dann ist es hinwiederum nicht denkbar, daß ein Phänomen, dessen Realität zu seinem Erscheinen in der Erfahrung Anderer streng relativ ist, auf ein Phänomen *meiner Erfahrung realiter* einwirkt. Und selbst wenn wir annehmen, daß die Wirkung von etwas Intelligiblem sich gleichzeitig auf meine Erfahrung und auf die Anderer erstreckt (in dem Sinne, in dem die intelligible Wirklichkeit einen Anderen in demselben Maße wie mich affiziert), würde es trotzdem absolut unmöglich sein, einen Parallelismus und ein Verzeichnis von Entsprechungen zwischen zwei Systemen aufzustellen oder auch nur zu postulieren, die sich aus eigenem Antrieb bilden [1].

1 Selbst wenn wir die Kantische Metaphysik der Natur und das Verzeichnis der Prinzipien anerkennen, das Kant aufgestellt hat, wäre es mög-

Aber paßt denn andererseits die Eigenschaft eines regulativen Begriffes richtig zum Begriff des Anderen? Es handelt sich nämlich nicht darum, eine stärkere Einheitlichkeit unter den Phänomenen meiner Erfahrung mittels eines ganz formalen Begriffes herzustellen, der mir nur Entdeckungen von Einzelheiten in den mir erscheinenden Gegenständen ermöglichen würde. Es handelt sich nicht um eine Art Apriori-Hypothese, die das Feld meiner Erfahrung nicht überschreitet und nur zu neuen Nachforschungen gerade innerhalb der Grenzen dieses Feldes anreizt. Die Wahrnehmung des Anderen als Objekt verweist auf ein zusammenhängendes System von Vorstellungen, und dieses System *ist nicht das meine*; das bedeutet, daß der Andere in meiner Erfahrung kein Phänomen ist, das auf meine Erfahrung verweist, sondern das sich grundsätzlich auf Phänomene bezieht, die außerhalb jeder für mich möglichen Erfahrung liegen. Wohl läßt der Begriff des Anderen Entdeckungen und Voraussichten im Rahmen meines Vorstellungssystems zu, also eine Verdichtung des Gewebes der Phänomene: dank der Hypothese der *Anderen* kann ich *diese* Geste von *diesem* Gesichtsausdruck aus voraussehen. Aber dieser Begriff stellt sich nicht wie einer jener wissenschaftlichen Erkenntnisgegenstände dar (zum Beispiel die imaginären Zahlen), die im Laufe einer physikalischen Berechnung als Hilfsmittel, ohne in der empirischen Fassung des Problems enthalten zu sein, auftreten und aus den Ergebnissen wieder ausgeschieden werden. Der Begriff des Anderen ist kein bloßes Hilfsmittel: weit davon entfernt, daß er vorhanden ist, *um* der Einswerdung der Phänomene zu dienen, muß im Gegenteil betont werden, daß gewisse Phänomenkategorien nur *für* ihn dazusein scheinen. Das Vorhandensein eines Systems von Bedeutungen und Erfahrungen, was von meinem eigenen von Grund aus verschieden ist, bildet den festen Rahmen, auf den die verschiedenen Phänomenreihen in ihrem Ablauf hinweisen. Und dieser Rahmen, der grundsätzlich außerhalb meiner Erfahrung liegt, wird nach und nach ausgefüllt. Jenen Anderen, dessen Verhältnis zu mir wir nicht erfassen können und das uns nie gegeben ist, konstituieren wir nach und nach als konkreten Gegenstand: er ist nicht das Hilfsmittel, das dazu dient, ein Ereignis meiner Erfahrung vorauszuberechnen, sondern die Ereignisse meiner Erfahrung dienen dazu, den Anderen als solchen, das heißt als ein System von Vorstellungen, zu konstituieren, das außer Reichweite ist wie ein konkretes und erkennbares Objekt. Auf was ich ständig durch meine Erfahrungen *hindurch* hinziele, das sind die Gefühle des Anderen, die Vorstellungen des Anderen, die Wol-

lich, von diesen Prinzipien aus gänzlich verschiedene Physiken zu entwerfen.

lungen des Anderen, der Charakter des Anderen. Der Andere ist nämlich in der Tat nicht nur der, den ich sehe, sondern auch der, *der mich sieht.* Ich beobachte den Anderen, insofern er ein außer Reichweite liegendes System von Erfahrungen ist, in dem ich die Rolle eines Gegenstandes unter anderen spiele. Aber in dem Maße, in dem ich mich bemühe, die konkrete Wesenheit dieses Systems von Vorstellungen zu bestimmen sowie den Platz, den ich dort als Gegenstand einnehme, transzendiere ich vollkommen das Feld meiner Erfahrung: ich beschäftige mich mit einer Reihe von Phänomenen, die grundsätzlich von meiner unmittelbaren Erkenntnis niemals erreicht werden können, und ich überschreite infolgedessen die Rechte meiner Erkenntnis; ich versuche, Erfahrungen zu verknüpfen, die niemals meine Erfahrungen sein werden, und infolgedessen kann diese Gestaltungs- und Vereinheitlichungsarbeit in keiner Weise der Einswerdung meiner eigenen Erfahrung dienen: in dem Maße, in dem der Andere etwas Abwesendes ist, entzieht er sich der Eigenschaft, ein Stück Natur zu sein. Man kann dem Anderen also nicht die Eigenschaft eines regulativen Begriffes beilegen. Zwar entgehen auch Ideen, wie zum Beispiel die Welt, grundsätzlich meiner Erfahrung: aber wenigstens beziehen sie sich auf sie und bekommen nur von ihr ihren Sinn. Im Gegensatz dazu stellt sich der Andere in gewissem Sinne als radikale Verneinung meiner Erfahrung dar, denn er ist derjenige, für den ich nicht Subjekt, sondern Objekt bin. Ich als Erkenntnissubjekt bemühe mich also, dasjenige Subjekt als Objekt zu bestimmen, das meinen Subjektcharakter leugnet und mich selbst als Objekt bestimmt.

Also kann der Andere vom idealistischen Standpunkt aus weder ein regulativer noch ein konstitutiver Begriff meiner Erkenntnis sein. Er wird als *real* begriffen, und dennoch kann ich seinen realen Zusammenhang mit mir nicht begreifen; ich gestalte ihn wie einen Gegenstand, und dennoch wird er durch unmittelbare Erkenntnis nicht ergriffen; ich setze ihn als *Subjekt,* und dennoch betrachte ich ihn als Gegenstand meines Denkens. Für den Idealisten bleiben also nur zwei Lösungen übrig: entweder muß er sich des Begriffes des Anderen vollkommen entledigen und nachweisen, daß er für die Konstituierung meiner Erfahrung unnötig ist, oder er muß die reale Existenz des Anderen bejahen, das heißt, er muß eine reale und außerempirische Kommunikation zwischen den Bewußtseinsindividuen setzen.

Die erste Lösung ist unter der Bezeichnung Solipsismus bekannt: wenn sie indessen ihrer Benennung gemäß als Behauptung meiner ontologischen *Einsamkeit* formuliert wird, ist sie eine rein metaphysische Hypothese, vollkommen ungerechtfertigt und unbegründet, denn sie läuft auf die Aussage hinaus, daß außerhalb meiner *nichts* existiert, und überschreitet so das eigentliche Feld meiner Erfahrung. Aber wenn sie sich bescheidener als eine Weigerung darstellt, den festen Boden der Erfahrung zu verlassen, als einen positiven Versuch, vom Begriff des Anderen keinen Gebrauch zu machen, ist sie vollkommen logisch, bleibt auf der Ebene des kritischen Positivismus und erhält, obwohl sie mit den tiefsten Trieben unseres Seins in Widerspruch steht, ihre Rechtfertigung von den Widersprüchen im Begriff der *Anderen*, wie dieser sich in idealistischer Perspektive darstellt. Eine Psychologie, die, wie der «Behaviorismus» Watsons, exakt und objektiv sein will, tut im großen und ganzen weiter nichts, als daß sie den Solipsismus als Arbeitshypothese übernimmt. Es handelt sich nicht darum, im Felde meiner Erfahrung die Anwesenheit von Gegenständen zu leugnen, die wir «psychische Seiende» nennen können, sondern nur um die Ausübung einer Art von «ἐποχή», die sich auf das Vorhandensein von Vorstellungssystemen erstreckt, die von einem Subjekt gestaltet wurden und außerhalb meiner Erfahrung liegen.

Angesichts dieser Lösung haben Kant und die Mehrzahl der Nachkantianer die Fremdexistenz immer bejaht. Aber sie können sich nur auf den gesunden Menschenverstand oder auf unsere tief eingewurzelten Triebe berufen, um ihre Aussage zu rechtfertigen. Bekanntlich nennt Schopenhauer den Solipsisten einen «in einem uneinnehmbaren Blockhaus verschanzten Irren». Hier haben wir ein Eingeständnis des Unvermögens. Durch die Setzung der Existenz des Anderen sprengt man nämlich plötzlich den Rahmen des Idealismus und fällt in einen metaphysischen Realismus zurück. Von vornherein stellen wir implizite den Substanzbegriff wieder her, wenn wir eine Vielheit geschlossener Systeme setzen, die nur mittels der Außenseite miteinander in Verbindung treten können. Ohne Zweifel sind diese Systeme nicht-substantiell, da es ja einfache Vorstellungssysteme sind. Aber ihre wechselseitige Außenweltlichkeit ist Außenweltlichkeit *an sich;* sie ist, ohne erkannt zu sein; wir erfassen nicht einmal sicher ihre Wirkungen, da ja die solipsistische Hypothese immer möglich bleibt. Wir beschränken uns darauf, dieses nichtseiende An-sich als ein absolutes Faktum zu setzen: in der Tat ist es nicht relativ zu unserer Erkenntnis Anderer, sondern ist im Gegenteil ihre Bedingung. Selbst wenn also die Bewußtseinsindividuen nur rein begriffliche Phänomenverbindungen sind, auch wenn das Gesetz ihrer Existenz das «percipere» und das «percipi» ist, so würde sich doch nichts daran ändern, daß die *Vielheit* dieser Beziehungssysteme Vielheit-an-sich ist und sie sofort in Systeme-an-sich verwandelt. Setze ich überdies, daß meine Erfahrung des Zornes des Anderen als Korrelat eine subjektive Erfahrung von Zorn in einem anderen System hat, so stelle ich das System der wahren

Abbilder wieder her, von dem loszukommen Kant sich so viel Mühe gegeben hat. Zwar handelt es sich um eine Übereinstimmungsbeziehung zwischen zwei Phänomenen, nämlich um den in Gesten und Mimik wahrgenommenen Zorn und um den als phänomenale Wirklichkeit des inneren Sinnes aufgefaßten Zorn – und nicht um eine Beziehung zwischen einem Phänomen und einem Ding an sich. Nichtsdestoweniger ist in diesem Falle das Kriterium der Wahrheit die Übereinstimmung des Denkens mit seinem Gegenstand, nicht aber die der Vorstellungen miteinander. Gerade weil hier ein Rückgriff auf das Noumenon ausgeschlossen ist, verhält sich das Phänomen des selbst erlebten Zornes zu dem des beobachteten Zornes wie das *objektiv Reale* zu seinem Abbild. Das Problem ist eben das der adäquaten Vorstellung, da *ein Reales* vorhanden ist und eine Auffassungsweise dieses Realen. Wenn es sich um meinen eigenen Zorn handelte, könnte ich nämlich seine subjektiven sowie seine physiologischen und objektiv aufweisbaren Bekundungen als zwei Wirkungsreihen der gleichen Ursache betrachten, ohne daß eine der beiden Reihen die *Wahrheit* des Zornes oder seine *Realität* darstellte, die andere dagegen nur seine Wirkung oder sein Abbild. Aber wenn die eine der beiden Phänomenreihen im Anderen ihren Sitz und die andere ihn in mir hat, dann funktioniert die eine als die Realität der anderen, und das Wahrheitsschema des Realismus ist das einzige, was hier angewendet werden kann.

Wir haben also die realistische Stellung des Problems nur aufgegeben, weil sie notwendigerweise in den Idealismus einmündete; wir hatten uns absichtlich auf den Standpunkt des Idealisten gestellt, aber nichts dabei gewonnen, weil dieser in dem Maße, in dem er die solipsistische Hypothese abweist, umgekehrt bei einem dogmatischen und völlig ungerechtfertigten Realismus endet. Wir wollen nun zusehen, ob wir diese jähe Richtungsänderung der Lehrmeinungen begreifen und ob wir aus diesem Paradox irgendeine Einsicht gewinnen können, die uns eine korrekte Fragestellung erleichtert.

Am Anfang des Problems der Fremdexistenz steht eine Grundvoraussetzung: der Fremde ist tatsächlich der *Andere* [autrui, en effet, c'est l'autre], das heißt das Ich, was *nicht ich ist;* wir erfassen hier also eine Negation als konstitutive Struktur des ein Fremder-Seins. Die für Idealismus und Realismus gemeinsame Voraussetzung ist, daß die konstituierende Negation Negation von Außenweltlichkeit ist. Der Fremde ist der, der nicht ich ist und der ich nicht bin. Dieses *nicht* zeigt ein Nichts als *gegebenes* Element der Trennung zwischen dem Fremden und mir an. Zwischen dem Fremden und mir *gibt es* ein Trennungs-Nichts. Dieses Nichts leitet seinen Ursprung nicht von mir her, auch nicht vom Fremden oder von einer wechselseitigen Beziehung zwischen dem Fremden und mir, sondern es ist im

Gegenteil als Ur-Abwesenheit von Beziehung ursprünglich die Grundlage jeder Beziehung zwischen dem Fremden und mir. Der Fremde erscheint mir nämlich empirisch bei Gelegenheit der Wahrnehmung eines Leibes und dieser Leib ist ein An-sich, das zur Außenwelt meines Leibes gehört; der Beziehungstypus, der die beiden Leiber vereint und trennt, ist die räumliche Beziehung als Bezug von Dingen, die untereinander nicht zusammenhängen, als die reine Außenweltlichkeit, insofern sie gegeben ist. Der Realist, der den *Fremden* durch dessen Leib hindurch zu erfassen glaubt, ist also der Meinung, daß er von jenem getrennt ist wie ein Leib vom anderen, was bedeutet, daß der ontologische Sinn der in dem Urteil: «Ich bin nicht Paul» enthaltenen Verneinung demselben Typus angehört wie dem der in dem Urteil: «Der Tisch ist nicht der Stuhl» enthaltenen Verneinung. Da nun die Trennung der Bewußtseinsindividuen [consciences] den Leibern zuzuschreiben ist, gibt es so etwas wie einen ursprünglichen Zwischenraum zwischen den verschiedenen Bewußtseinsindividuen, das heißt genau, ein *gegebenes* Nichts, eine absolute und passiv erduldete Entfernung. Es ist bekannt, daß der Idealismus meinen Leib und den fremden Leib auf objektive Vorstellungs-Systeme zurückführt. Für Schopenhauer ist mein Leib weiter nichts als das «unmittelbare Objekt». Aber deswegen schafft man die absolute Entfernung zwischen den Bewußtseinsindividuen nicht aus der Welt. Da ein ganzheitliches Vorstellungssystem – das heißt, jede Monade – nur von sich selbst begrenzt sein kann, vermag es keine Beziehung zu etwas zu unterhalten, das es nicht selbst ist. Das erkennende Subjekt kann weder ein anderes Subjekt begrenzen, noch sich von ihm begrenzen lassen. Es wird durch seine positive Vollkommenheit abgesondert, und infolgedessen erhält sich zwischen ihm und jedem anderen ebenso abgesonderten System ein *räumliches* Getrenntsein als der eigentliche Typus der Außenweltlichkeit. So ist es also wieder der *Zwischenraum*, der implizite mein Bewußtsein vom fremden trennt. Man muß auch noch erwähnen, daß der Idealist, ohne es zu merken, auf einen «dritten Mann» zurückgreift, um jene Verneinung von Außenweltlichkeit sichtbar zu machen. Denn wie wir sahen, erfordert jedes äußerliche Verhältnis, insoweit es nicht durch seine eigenen Glieder gebildet wird, einen Zeugen, der es setzt. So drängt sich für den Idealisten wie für den Realisten diese Folgerung auf: auf Grund der Tatsache, daß der Fremde in einer räumlichen Welt von uns entdeckt wird, trennt uns von ihm ein realer bzw. idealer Zwischenraum.

Diese Voraussetzung hat eine ernste Konsequenz: wenn ich nämlich angesichts des Fremden in der Weise indifferenter Außenweltlichkeit sein soll, kann ich in meinem Sein vom Auftauchen oder Verschwinden des Fremden nicht stärker beeinflußt werden als ein

An-sich vom Auftauchen oder Verschwinden eines anderen An-sich. Infolgedessen gibt es für den Fremden, der nun doch einmal durch sein Sein auf mein Sein nicht einwirken kann, nur eine einzige Art und Weise, sich mir zu entdecken, nämlich meiner Erkenntnis als *Objekt* zu erscheinen. Darunter ist aber zu verstehen, daß ich den Fremden als die Einswerdung konstituieren muß, die meine Spontaneität einer Mannigfaltigkeit von Eindrücken auferlegt, das heißt, daß ich derjenige bin, der im Felde seiner Erfahrung den Fremden konstituiert. Der Fremde kann für mich also nur *Abbild* sein, auch wenn im übrigen die ganze, von mir aufgebaute Erkenntnistheorie darauf hinzielt, diesen Abbildbegriff zurückzuweisen; und nur ein Zeuge, der gleichzeitig außerhalb meiner selbst und des fremden wäre, könnte das Abbild mit dem Modell vergleichen und entscheiden, ob es wahrheitsgetreu ist. Um dazu ermächtigt zu sein, dürfte übrigens der Zeuge seinerseits nicht zu mir und zu dem Fremden in einer außenweltlichen Beziehung stehen, denn sonst würde er uns nur durch Abbilder kennenlernen. Nötig wäre, daß er in der ekstatischen Einheit seines Seins zu gleicher Zeit *hier* wäre, bei mir als *innere* Verneinung meiner selbst, und *dort* beim Fremden als *innere* Verneinung des Fremden. So ist die Zuflucht zu Gott, die man bei Leibniz finden kann, einzig und allein eine Zuflucht zur Verneinung von Innenweltlichkeit: denn der theologische Begriff der *Schöpfung* verheimlicht folgendes: gleichzeitig ist Gott und ist Gott nicht Ich und der Fremde, da er uns erschafft. Er muß nämlich ich *sein*, um meine Realität ohne Vermittlung und in einer apodiktischen Evidenz erfassen zu können, und er darf nicht ich sein, um seine Unparteilichkeit als Zeuge zu wahren und um dort der Fremde sein und nicht sein zu können. Das Abbild der Schöpfung ist in diesem Falle das adäquateste, denn im Schöpfungsakt durchschaue ich bis zum Grunde, was ich erschaffe – denn was ich erschaffe, das bin ich –, und trotzdem stellt sich, was ich erschaffe, mir entgegen und verschließt sich bei sich in der Behauptung, es habe Gegenständlichkeit. So läßt uns die verräumlichende Voraussetzung keine Wahl: man muß seine Zuflucht zu Gott nehmen oder einem Probabilismus verfallen, der dem Solipsismus die Tür offenläßt. Aber dieser Begriff von einem Gotte, der seine Kreaturen *ist*, stürzt uns in eine neue Verlegenheit: nämlich in die, von der das Substanzproblem im nachkartesianischen Denken Kunde gibt. Wenn Gott ich ist und wenn er der Fremde ist, wer verbürgt mir dann mein eigenes Dasein? Wenn die Schöpfung *fortgesetzt* werden muß, bleibe ich immer in der Schwebe zwischen einer deutlich erkennbaren Existenz und einer pantheistischen Verschmelzung mit dem schöpferischen Wesen. Wenn die Schöpfung ein einmaliger Akt ist und wenn ich mich gegen Gott abgeschlossen habe, kann nichts mehr Gott mein

Dasein verbürgen, denn er ist mit mir nur noch durch eine außenweltliche Beziehung verbunden, so wie der Bildhauer mit der fertigen Plastik, und abermals kann er mich nur durch Abbilder erkennen. Unter diesen Umständen läßt der Gottesbegriff, wenn er uns auch die innenweltliche Verneinung als die einzig mögliche Verbindung zwischen den Bewußtseinsindividuen enthüllt, seine ganze Unzulänglichkeit sichtbar werden: als Bürge für das Dasein des Anderen ist Gott weder notwendig noch hinreichend; außerdem setzt die Existenz Gottes als eines Vermittlers zwischen mir und dem Fremden schon die Gegenwart eines Fremden bei mir, und zwar als innenweltliche Verbindung, voraus, da ja Gott, der mit den wesentlichen Eigenschaften eines Geistes ausgestattet ist, als die Quintessenz des Fremden erscheint, und da er ja schon in innenweltlicher Verbindung mit mir stehen muß, damit eine reale Begründung von Fremdexistenz für mich annehmbar ist. Anscheinend müßte also eine positive Theorie der Fremdexistenz gleichzeitig den Solipsismus vermeiden und auf die Zuflucht zu Gott verzichten können, wenn sie meine ursprüngliche Beziehung zum Fremden als eine innenweltliche Verneinung betrachtet, das heißt als eine Verneinung, die die ursprüngliche Unterschiedenheit des Anderen von mir selbst in genau dem Maße setzt, in dem sie mich durch den Anderen bestimmt und in dem sie den Anderen durch mich bestimmt. Ist es möglich, die Frage von dieser Seite her ins Auge zu fassen?

III

Husserl, Hegel, Heidegger

Anscheinend hat die Philosophie des 19. und 20. Jahrhunderts eingesehen, daß man dem Solipsismus nicht entrinnen konnte, wenn man das Ich-Selbst und den Anderen zunächst unter dem Gesichtswinkel zweier getrennter Substanzen betrachtete: jede Vereinigung dieser Substanzen muß nämlich für unmöglich gehalten werden. Deshalb zeigt uns eine Überprüfung der modernen Theorien das Bestreben, mitten im Innern der Bewußtseinsindividuen eine fundamentale und transzendentale Verbindung zum Anderen zu erfassen, die für jedes Bewußtsein schon bei seiner Entstehung konstitutiv wäre. Aber wenn man auch das Postulat der äußeren Verneinung aufzugeben scheint, so behält man doch seine wesentliche Konsequenz bei, das heißt, die Behauptung, meine fundamentale Verbindung zum Anderen werde durch die *Erkenntnis* realisiert.

Wenn Husserl sich nämlich in den «Méditations cartésiennes» und in «Formale und transzendentale Logik» alle Mühe gibt, den

Solipsismus zu widerlegen, so glaubt er zum Ziele zu gelangen, wenn er nachweist, daß der Rückgriff auf den Anderen die unentbehrliche Bedingung für die Konstituierung einer Welt ist. Wir werden uns mit den Einzelheiten dieser Lehre nicht befassen und uns beschränken, auf ihr Hauptanliegen hinzudeuten: für Husserl ist die Welt, so wie sie sich dem Bewußtsein enthüllt, intermonadisch. Der andere ist in ihr nicht nur anwesend, wie eine konkrete und empirische Erscheinung, sondern wie die ständige Bedingung der Einheit und des Reichtums der Welt. Ob ich diesen Tisch oder diesen Baum oder dieses Stück Mauer allein oder in Gesellschaft betrachte, immer ist der Andere da als eine Schicht konstitutiver Bedeutungen, die dem von mir betrachteten Gegenstand selbst angehören; kurz, als der wirkliche Bürge seiner Gegenständlichkeit. Und da unser psychophysisches Ich ein Zeitgenosse der Welt ist, ein Teil von ihr ist und zusammen mit der Welt unter den Streichen der phänomenologischen Reduktion dahinfällt, erscheint der Andere als notwendig sogar für die Konstituierung dieses Ich. Wenn ich an der Existenz von Peter, meinem Freunde, zweifeln soll – oder überhaupt an der Anderer –, insofern diese Existenz grundsätzlich außerhalb meiner Erfahrung liegt, dann muß ich auch an meinem konkreten Sein zweifeln, an meiner empirischen Realität als Lehrer mit diesen und jenen Neigungen, jenen Gewohnheiten, jenem Charakter. Es gibt kein Vorrecht für *mein* Ich: mein empirisches Ego und das empirische Ego Anderer erscheinen zu gleicher Zeit in der Welt, und die allgemeine Bedeutung «Anderer» ist notwendig für die Konstituierung des einen wie des anderen dieser «ego». So erscheint jeder Gegenstand – weit davon entfernt, wie bei Kant durch ein einfaches Verhältnis zum *Subjekt* konstituiert zu werden – in meiner konkreten Erfahrung als vielwertig, er ist ursprünglich gegeben als Träger der Systeme von Verweisungen auf eine unendliche Vielheit von Bewußtseinsindividuen; *bei* dem Tische und *bei* der Mauer entdeckt sich mir der Andere als das, worauf sich der betrachtete Gegenstand fortwährend beruft, und zwar genauso, wie wenn Peter oder Paul konkret in Erscheinung treten.

Sicher stellen diese Einsichten einen Fortschritt gegenüber den klassischen Lehrmeinungen dar. Es ist nicht zu bestreiten, daß das Zeug [chose-ustensile], sobald es entdeckt ist, auf eine Vielheit von Für-sich verweist. Wir kommen noch darauf zurück. Es steht auch fest, daß die Bedeutung «Anderer» nicht aus der Erfahrung stammen kann, auch nicht aus einem anläßlich der Erfahrung vollzogenen Analogieschluß: sondern im Gegenteil, im Lichte des Begriffes *Anderer* wird die Erfahrung gedeutet. Heißt das, daß der Begriff des Anderen *a priori* ist? Wir werden im folgenden versuchen, ihn zu bestimmen. Aber trotz ihrer unbestreitbaren Vorzüge scheint uns die Theorie Husserls von derjenigen Kants nicht fühlbar abzuweichen. Wenn nämlich mein empirisches Ego nicht stärker gesichert ist als das des Anderen, so hat Husserl doch das transzendentale Subjekt beibehalten, das vom Ego des Anderen radikal verschieden ist und dem Subjekt Kants stark ähnelt. Was man also nachweisen müßte, ist nicht der Parallelismus der empirischen «Ego», den niemand bezweifelt, sondern der der transzendentalen Subjekte. Der Andere ist nämlich *niemals* jene empirische Persönlichkeit, die in meiner Erfahrung vorgefunden wird: vielmehr verweist diese Persönlichkeit von Natur aus auf das transzendentale Subjekt. Das eigentliche Problem ist also das der Verbindung der transzendentalen Subjekte jenseits der Erfahrung. Wenn man erwidert, daß das transzendentale Subjekt von Anfang an *um der Konstituierung* des noematischen Insgesamts *willen* auf andere Subjekte verweist, so fällt es nicht schwer zu antworten, daß es dorthin als auf *Bedeutungen* verweist. Der Andere wäre dann so etwas wie eine ergänzende Kategorie, die es ermöglicht, eine Welt zu konstituieren, nicht aber so etwas wie ein reales Sein, das jenseits der Welt existiert. Und zweifellos beinhaltet die «Kategorie» des Anderen in ihrer eigenen Bedeutung eine Verweisung von der anderen Seite der Welt her auf ein Subjekt, aber diese Verweisung kann nur hypothetisch sein, sie ist bloß die Geltung des Inhalts eines Einigungsbegriffes; sie gilt in der und für die Welt, ihre Rechte sind auf die Welt beschränkt, und der Andere ist von Natur außerhalb der Welt. Husserl hat sich übrigens selbst der Möglichkeit beraubt, zu verstehen, was das außerweltliche *Sein* des Anderen bedeuten kann, denn er definiert das *Sein* als den bloßen Hinweis auf eine unendliche Reihe durchzuführender Operationen. Mittels der Erkenntnis kann man über das Sein auch nichts Besseres ausmachen. Denn selbst wenn man zugibt, daß das Sein überhaupt von der Erkenntnis beurteilt wird, so wird das Sein des Anderen in seiner Realität doch von derjenigen Erkenntnis beurteilt, die der Andere von sich selbst gewinnt, und nicht von der, die ich von ihm gewinne. Was ich von mir aus erreichen soll, das ist der Andere, nicht insoweit ich von ihm Kenntnis nehme, sondern insoweit er von sich Kenntnis nimmt, was aber unmöglich ist: denn das würde eine innenweltliche Identifizierung meiner selbst mit dem Anderen voraussetzen. Wir finden hier also jene prinzipielle Unterschiedenheit zwischen dem Anderen und mir selbst wieder, die nicht von der Außenweltlichkeit unserer Leiber herrührt, sondern von der einfachen Tatsache, daß jeder von uns innenweltlich existiert und daß eine gültige Erkenntnis der Innenweltlichkeit nur innenweltlich zustande kommen kann, wodurch prinzipiell jede *Erkenntnis* des Anderen so, wie er sich selbst erkennt, das heißt, wie er ist, ausgeschlossen ist. Husserl hat das übrigens eingesehen, denn er definiert «Anderer», so wie er sich unserer konkreten Erfahrung entdeckt, als etwas *Abwesendes.* Aber wie kann man, wenigstens in der Philosophie Husserls, eine vollständige unmittelbare Erkenntnis von etwas Abwesendem gewinnen? Der Andere ist Gegenstand leerer Intentionen, er entzieht sich der Erkenntnis grundsätzlich und entflieht: die einzige Realität, die dableibt, ist also die *meiner* Intention: der Andere ist das leere Noema, das meinem Hinzielen nach dem Anderen in dem Maße entspricht, in dem er in meiner Erfahrung konkret sichtbar wird; er ist ein Insgesamt von Einigungs- und Konstituierungsoperationen meiner Erfahrung, insoweit er als ein transzendentaler Begriff erscheint. Husserl hält dem Solipsismus entgegen, daß die Existenz des Anderen ebenso sicher ist wie die der Welt – wobei er meine psychophysische Existenz in die Welt einbezieht; aber der Solipsist behauptet nichts anderes: sie ist ebenso sicher, sagt er, aber nicht sicherer. Die Existenz der Welt, fügt er hinzu, wird beurteilt von der Erkenntnis, die ich von ihr gewinne; hinsichtlich der Fremdexistenz kann er nicht anders vorgehen.

Ich habe früher einmal geglaubt, dem Solipsismus entgehen zu können, indem ich Husserl die Existenz seines transzendentalen «Ego» verweigerte [1]. Mir wollte es dann scheinen, daß nichts mehr in meinem Bewußtsein verblieb, was in bezug auf den anderen bevorrechtigt gewesen wäre, da ich ja aus meinem Bewußtsein das Subjekt herausgenommen hatte. Aber obwohl ich nach wie vor davon überzeugt bin, daß die Hypothese eines transzendenten Subjektes unnötig und schädlich ist, hat doch ihre Preisgabe die Frage der Fremdexistenz keinen Schritt vorwärts gebracht. Auch wenn es außerhalb des empirischen Ego *nichts anderes* gäbe als das Bewußtsein *von* diesem Ego – das heißt ein transzendentales Feld ohne Gegenstand –, so würde es doch dabei bleiben, daß meine Bejahung des Anderen die Existenz eines ähnlichen transzendentalen Feldes jenseits der Welt annimmt und verlangt; und folglich bestünde auch jetzt die einzige Art, dem Solipsismus zu entgehen, in dem Nachweis, daß mein transzendentales Bewußtsein in seinem Sein betroffen wird von der außerweltlichen Existenz anderer Bewußtseinsindividualitäten desselben Typs. Weil Husserl das Sein auf eine Reihe von Bedeutungen eingeschränkt hat, ist nun die einzige Verbindung, die er zwischen meinem Sein und dem des Anderen herstellen konnte, die der *Erkenntnis;* er kann ebensowenig wie Kant dem Solipsismus entrinnen.

Wenn wir die zeitliche Aufeinanderfolge außer acht lassen und eine Art von zeitloser Dialektik benutzen, dann scheint uns die Lö-

1 «La transcendance de L'Ego» in *Recherches philosophiques*, 1937.

sung, die Hegel dem Problem im ersten Bande seiner *Phänomenologie des Geistes* gibt, einen erheblichen Fortschritt gegenüber der von Husserl vorgeschlagenen darzustellen. Nicht mehr für die Konstituierung der Welt und meines empirischen «ego» ist nämlich die Erscheinung des Anderen unentbehrlich, sondern für die Existenz meines Bewußtseins selbst als Selbstbewußtsein. Denn soweit es Selbstbewußtsein ist, ergreift das Ich sich selbst. Die Gleichung «Ich = Ich» [moi = moi] oder «Ich bin ich» [Je suis je] [1] ist der Ausdruck dieses Tatbestandes. Von vornherein ist dieses Selbstbewußtsein reine Identität mit sich selbst, reines Für-sich-dasein. Es besitzt die Gewißheit seiner selbst, aber diese Gewißheit enthält noch keine Wahrheit. Diese Gewißheit wäre nämlich nur in dem Maße wahr, in dem sein eigenes Für-sich-dasein ihm als unabhängiges Objekt erschiene. Also ist das Selbstbewußtsein zunächst so etwas wie ein synkretistisches und wahrheitsloses Verhältnis zwischen einem Subjekt und einem noch nicht objektivierten Objekt, das dieses Subjekt selbst ist. Da es danach drängt, seinen Begriff zu realisieren und in jeder Hinsicht sich seiner selbst bewußt zu werden, zielt es darauf ab, äußerlich gültig zu werden, indem es sich Gegenständlichkeit und offenbare Existenz beilegt: es handelt sich darum, das «Ich bin ich» [je suis je] auszulegen und sich selbst als Objekt hervorzubringen, um das letzte Stadium der Entfaltung zu erreichen – ein Stadium, das, anders aufgefaßt, natürlich der erste Antrieb dazu ist, Bewußtsein zu werden –, nämlich das Selbstbewußtsein überhaupt, das sich in anderen Selbstbewußtseinsindividuen wiedererkennt und identisch ist mit ihnen und mit sich selbst. Der Mittler ist der *Andere*. Der Andere erscheint mit mir zusammen, da ja das Selbstbewußtsein durch den Ausschluß jedes Anderen mit sich selbst identisch ist. Die Grundtatsache ist also die Vielheit der Bewußtseinsindividuen, und diese Vielheit wird in Gestalt eines zweifachen und wechselseitigen Ausschließungsverhältnisses realisiert. Hier haben wir das Band aus Negation durch Innenweltlichkeit, nach dem wir vorhin verlangten. Kein äußerliches Nichts und kein An-sich trennt mein Bewußtsein vom Fremdbewußtsein, sondern durch die Tatsache, Ich zu sein, schließe ich den Anderen aus: der Andere ist das, was mich ausschließt, indem es es [soi] ist, und was ich aus-

1 Der im Deutschen nicht wiederzugebende Unterschied zwischen Je und Moi wird von Le Senne («Introduction à la philosophie») folgendermaßen charakterisiert: «Sicherlich fühlt der Mensch, daß er vor jedem Philosophieren als Bewußtsein existiert. Dieses des Leids und der Buße fähige Bewußtsein nennen wir Ich (Je). Diesem Ich steht das Ich (Moi) gegenüber so wie der Gedanke über das Ich (Je) diesem selbst . . . Wenn ich mich zu erkennen trachte, finde ich das Moi, das immer nur ein Aspekt dessen ist, was ich bin.» (Anmerkung des Übersetzers)

schließe, indem ich Ich bin. Die Bewußtseinsindividuen ruhen mit ihrem Sein direkt aufeinander, wie Dachziegel. Das gibt uns gleichzeitig die Möglichkeit, die Art zu bestimmen, in der der Andere mir erscheint: er ist das, was anders ist als ich, er ist also als ein wesenloser Gegenstand mit einem Kennzeichen von Negativität gegeben. Aber dieser Andere ist auch ein Selbstbewußtsein. So wie er ist, erscheint er mir als ein gewöhnlicher Gegenstand, eingetaucht in das Sein des Lebens. Und genauso erscheine ich dem Anderen: als konkrete, empfindungsfähige und unmittelbare Existenz. Hegel stellt sich hier auf den Boden nicht des einsinnigen Verhältnisses, das von mir (der ich mich durch das *cogito* erfasse) zum Anderen geht, sondern des wechselseitigen Verhältnisses, das er definiert als «die Selbstergreifung des einen im Anderen». Tatsächlich ist jeder nur insoweit absolut für sich, als er sich dem Anderen entgegenstellt; er betont entgegen und gegenüber dem Anderen sein Recht, Individualität zu sein. So kann auch das *cogito* selbst kein Ausgangspunkt für die Philosophie sein; es kann nämlich nur als Folge davon entstehen, daß ich mir als Individualität sichtbar werde, und dieses Sichtbarwerden ist bedingt durch die Anerkennung des Anderen. Weit entfernt, daß das Problem des Anderen sich vom *cogito* aus stellt, ist es im Gegenteil die Existenz des Anderen, die das *cogito* als das abstrakte Moment, in dem das Ich sich als Gegenstand erfaßt, möglich macht. So ist dasjenige «Moment», das Hegel das *Sein für den Anderen* nennt, ein notwendiges Stadium der Entfaltung des Selbstbewußtseins; der Weg zur Innenweltlichkeit geht durch den Anderen. Aber der Andere ist für mich nur in dem Maße interessant, in dem er anderes Ich ist, ein Objekt-Ich für mich, und umgekehrt in dem Maße, in dem er mein Ich widerspiegelt, das heißt insoweit, als ich für ihn Objekt bin. Zufolge dieser Zwangslage, nur dort, im Anderen, für mich Objekt sein zu können, muß ich vom Anderen die *Anerkennung* meines Seins erlangen. Aber wenn mein *Für-sich*-Bewußtsein durch ein anderes Bewußtsein zu sich selbst vermittelt werden muß, dann hängt sein Für-sich-sein – und infolgedessen sein Sein im allgemeinen – vom Anderen ab. So, wie ich dem Anderen erscheine, bin ich. Da überdies der Andere so ist, wie er mir erscheint, und mein Sein vom Anderen abhängt, so hängt die Art, in der ich mir erscheine – das heißt das Moment der Entfaltung meines Selbstbewußtseins –, von der Art ab, in der der Andere mir erscheint. Der Wert meines Anerkanntwerdens durch den Anderen hängt ab von dem der Anerkennung des Anderen durch mich. In diesem Sinne und in dem Maße, in dem der Andere mich als an einen Leib gefesselt und in das *Leben* eingetaucht ergreift, bin ich selbst nur ein *Anderer*. Um mich von dem Anderen anerkennen zu lassen, muß ich mein eigenes Leben aufs Spiel setzen.

Sein Leben aufs Spiel setzen heißt nämlich, sich als nichtgebunden an die objektive Gestalt oder an irgendeine bestimmte Existenz erweisen; als nichtgebunden an das Leben. Aber zugleich suche ich den *Tod* des Anderen herbeizuführen. Das bedeutet, daß ich mich von einem Anderen vermitteln lassen will, der nur anders sein soll, das heißt von einem abhängigen Bewußtsein, dessen wesentliches Kennzeichen es ist, nur für ein anderes Bewußtsein zu existieren. Das wird in genau dem Augenblicke vor sich gehen, in dem ich mein Leben aufs Spiel setze, denn ich habe bei meinem Kampfe gegen den Anderen keine Rücksicht auf mein empfindungsfähiges Sein genommen, als ich es *aufs Spiel setzte;* im Gegensatz dazu zieht der Andere sein Leben und die Freiheit vor und zeigt damit, daß er sich nicht als nichtgebunden an die objektive Gestalt hat setzen können. Er bleibt also an die äußerlichen Dinge überhaupt gebunden; er erscheint mir und erscheint sich selbst als *wesenlos.* Er ist der *Knecht* und ich bin der *Herr;* für ihn bin ich das Wesen. Hier wird das berühmte Verhältnis «Herr-Knecht» sichtbar, was so tiefgreifend Marx beeinflussen sollte. Wir haben uns mit den Einzelheiten nicht zu befassen. Es mag genügen, darauf hinzuweisen, daß der Knecht die Wahrheit des Herrn ist; aber diese einseitige und ungleiche Anerkennung ist ungenügend, denn die Wahrheit seiner Selbstgewißheit ist für den Herrn wesenloses Bewußtsein; er ist also des *Für-sich-seins,* soweit dieses *Wahrheit* ist, nicht sicher. Um diese Wahrheit zu erlangen, ist erforderlich «das Moment, daß, was der Herr gegen den Andern tut, er auch gegen sich selbst, und was der Knecht gegen sich, er auch gegen den Andern tue»[1]. In diesem Augenblick wird das Selbstbewußtsein überhaupt in Erscheinung treten, das sich in anderen Selbstbewußtseinsindividuen wiedererkennt und mit ihnen und sich selbst identisch ist.

Der geniale Einfall Hegels besteht also darin, mich *in meinem Sein* vom Anderen abhängig sein zu lassen. Ich bin, sagt er, ein Sein für sich, das nur durch einen Anderen für sich ist. Sogar in mein Herz dringt der Andere ein. Er kann nicht bezweifelt werden, ohne daß ich an mir selbst zweifle, da ja «das Selbstbewußtsein nur real ist, insofern es seinen Widerschein in Anderen weiß.[2]» Und da der Zweifel ein Bewußtsein beinhaltet, das für sich da ist, bedingt die Existenz des Anderen meinen Versuch, an ihr zu zweifeln, und zwar aus demselben Rechtsgrund, aus dem bei Descartes meine Existenz den methodischen Zweifel bedingt. So scheint also der Solipsismus endgültig außer Gefecht gesetzt worden zu sein. Als wir von Husserl zu Hegel übergingen, haben wir einen ungeheuren Schritt nach vor-

1 *Phänomenologie des Geistes,* Seite 147, hrsg. v. Joh. Schulze, 1832.
2 *Philos. Propädeutik,* Zweiter Kursus, 1. Abt., § 39.

wärts gemacht: zunächst ist die Negation, die den Anderen konstituiert, direkt, innerlich und wechselseitig; ferner klagt sie und greift sie jedes Bewußtsein in der tiefsten Tiefe seines Seins an; das Problem stellt sich auf der Ebene des innerlichen Seins, des universalen und transzendentalen Ich [Je]; in meinem wesenhaften Sein hänge ich vom wesenhaften Sein des Anderen ab, und weit davon entfernt, daß man mein Sein für mich meinem Sein für Andere gegenüberstellen muß, erscheint das Für-Andere-Sein als eine notwendige Bedingung meines Seins für mich.

Und trotzdem: gelingt es dieser Lösung ungeachtet ihrer Weite, ungeachtet des Reichtums und der Tiefe von Einzelbeobachtungen, die die Theorie von Herrn und Knecht im Überfluß enthält, uns zufriedenzustellen?

Sicher hat Hegel die Frage nach dem Sein der Bewußtseinsindividuen gestellt. Er untersucht das Für-sich-sein und das Für-Andere-sein, und er stellt jedes Bewußtsein so dar, als ob es die *Realität* des Anderen in sich einschlösse. Es ist aber nicht weniger sicher, daß dieses ontologische Problem durchweg mit Ausdrücken der Erkenntnislehre formuliert wurde. Der große Antrieb für den Kampf der Bewußtseinsindividuen ist das Bemühen jedes einzelnen, seine Selbstgewißheit in *Wahrheit* umzuwandeln. Und wir wissen, daß diese Wahrheit nur insoweit erlangt werden kann, als mein Bewußtsein im selben Augenblick für den Anderen *Objekt* wird, in dem der Andere *Objekt* für mein Bewußtsein wird. So beantwortet Hegel die vom Idealismus gestellte Frage – wie kann der Andere für mich zum Objekt werden? –, indem er auf dem Boden des Idealismus bleibt: wenn es in Wahrheit ein Ich gibt, für das der *Andere* Objekt ist, so deshalb, weil es einen *Ander*en gibt, für den das Ich Objekt ist. Der Maßstab des Seins ist hier immer noch das Bewußtsein, und Hegel will nicht einsehen, daß es ein Für-Andere-sein geben kann, was schließlich nicht doch auf ein «Objekt-Sein» zurückführbar ist. Deshalb kann das Selbstbewußtsein überhaupt, das sich durch alle diese dialektischen Phasen hindurch frei zu machen sucht, einer, wie er selbst zugibt, reinen leeren Form gleichgesetzt werden, dem: «Ich bin ich» [je suis je]. «Dieser Satz des Selbstbewußtseins», schreibt er, «ist ohne allen Inhalt.[1]» Und an anderer Stelle: «(Es ist) der Prozeß absoluter Abstraktion, der darin besteht, jede unmittelbare Existenz zu überschreiten, und der in dem rein negativen Sein des mit sich selbst identischen Bewußtseins einmündet.» Der Ausdruck dieses dialektischen Streites, das Selbstbewußtsein überhaupt, ist inmitten seiner verschiedenen Umwandlungen nicht reicher geworden: es hat sich im Gegenteil völlig ent-

1 *Philos. Propädeutik*, Zweiter Kursus, 1. Abt., §§ 22 u. 23.

blößt und ist nur noch das «Ich weiß, daß Andere mich als mich selbst wissen» [1]. Ohne Zweifel kommt das daher, daß für den absoluten Idealismus das Sein und das Erkennen identisch sind. Aber wohin führt diese Gleichsetzung?

Zunächst einmal hat dieses «Ich bin ich», eine rein universale Identitätsformel, nichts mit dem konkreten Bewußtsein zu tun, das wir in der Einleitung zu beschreiben versuchten. Wir hatten festgestellt, daß das Sein des Bewußtseins (von) sich sich nicht in Ausdrücken der Erkenntnislehre definieren läßt. Die Erkenntnis beginnt mit der *Reflexion*, aber das Spiel «Widergespiegeltes-Widerspiegelndes» ist nicht Subjekt-Objekt-Paar, nicht einmal implizite, es hängt *in seinem Sein* von keinem transzendenten Bewußtsein ab, sondern seine Seinsweise ist genau das für sich selbst in Frage Stehen. Wir haben im ersten Kapitel des zweiten Teils ferner gezeigt, daß das Verhältnis des Widergespiegelten zum Widerspiegelnden keineswegs ein Identitätsverhältnis ist und nicht auf das «Ich = Ich» oder auf das «Ich *bin* ich» Hegels zurückgeführt werden kann. Das Widergespiegelte gibt sich nicht dafür aus, das Widerspiegelnde zu sein; es handelt sich hier um ein Sein, daß sich in seinem Sein nichtet und das vergeblich versucht, sich für sich als *Selbst* zu begründen. Wenn es zutrifft, daß diese Darstellung die einzige ist, die die Urtatsache des Bewußtseins zu verstehen ermöglicht, dann wird man zu dem Schlusse kommen, daß es Hegel nicht gelingt, über jene abstrakte Verdoppelung des Ich Rechenschaft abzulegen, die er als mit dem Selbstbewußtsein gleichwertig hinstellt. Schließlich sind wir dazu gelangt, das reine, unreflektierte Bewußtsein von dem transzendentalen Ich [Je], das es verdunkelte, zu befreien, und wir haben gezeigt, daß die Selbstheit, die Grundlage der persönlichen Existenz, ganz verschieden von einem Ego war oder von einer Verweisung des Ego auf es selbst. Es kann also nicht die Rede davon sein, das Bewußtsein mit Ausdrücken einer transzendentalen Ichlehre zu definieren. Kurz, das Bewußtsein ist ein konkretes Sein *sui generis* und nicht ein abstraktes Identitätsverhältnis ohne Rechtfertigung, es ist Selbstheit und nicht Sitz eines undurchschaubaren und unnötigen Ego, sein Sein ist dafür empfänglich, von einer transzendentalen Reflexion erreicht zu werden, und es gibt eine *Wahrheit* des Bewußtseins, die nicht von Anderen abhängt, sondern das *Sein* des Bewußtseins, das unabhängig von der Erkenntnis ist, existiert früher als seine *Wahrheit;* auf diesem Boden, wie auch für den naiven Realismus, ist das Sein das Maß der Wahrheit; denn die Wahrheit einer reflexiven unmittelbaren Erkenntnis bemißt sich nach ihrer Übereinstimmung mit dem Sein: das Bewußtsein *war da,* bevor es

1 *Philos. Propädeutik,* a. a. O., § 39.

erkannt wurde. Wenn also das Bewußtsein gegenüber Anderen auf sich besteht, so deshalb, weil es die Anerkennung seines Seins und nicht die einer abstrakten Wahrheit verlangt. Man versteht in der Tat nicht gut, wieso der heiße und gefahrvolle Kampf zwischen Herr und Knecht als einzigen Preis die Anerkennung einer ebenso armseligen wie abstrakten Formel, nämlich «Ich bin ich», haben soll. Übrigens würde es bei einem solchen Kampf nicht ehrlich zugehen, denn das schließlich erreichte Ziel wäre das Selbstbewußtsein überhaupt, «die unmittelbare Erkenntnis des Selbst, das durch sich selbst existiert». Hier wie überall muß man Hegel Kierkegaard gegenüberstellen, der die Ansprüche des Individuums als solchen vertritt. Das Individuum verlangt seine Erfüllung als Individuum, die Anerkennung seines konkreten Seins, nicht aber die objektive Ausdeutung einer universalen Struktur. Ohne Zweifel setzen die *Rechte*, die ich beim Anderen geltend mache, die Universalität des *Selbst:* die Achtbarkeit der Person verlangt die Anerkennung meiner Person als etwas Universales. Aber es ist mein konkretes und individuelles Sein, was sich in diesem Universalen ausbreitet und es ausfüllt; für dieses *Da*-Sein mache ich Rechte geltend, das Besondere ist hier Träger und Grundlage des Universalen; das Universale kann in diesem Falle keine andere Bedeutung haben, als daß es *in der Absicht* auf das Individuelle existiert.

Aus jener Gleichsetzung von Sein und Erkennen ergibt sich noch eine stattliche Anzahl weiterer Irrtümer und Unmöglichkeiten. Wir werden sie hier unter zwei *Haupt-Anklagepunkten* zusammenfassen, das heißt, wir richten gegen Hegel eine zweifache Anklage wegen Optimismus.

Zum ersten scheint Hegel der Sünde des erkenntnistheoretischen Optimismus schuldig zu sein. Er hält in der Tat dafür, daß die *Wahrheit* des Selbstbewußtseins sichtbar werden kann, das heißt, daß eine objektive Übereinstimmung zwischen den Bewußtseinsindividuen realisiert werden kann, und zwar unter der Bezeichnung einer Anerkennung meiner selbst durch Andere und Anderer durch mich. Diese Anerkennung kann gleichzeitig und wechselseitig sein: «Ich weiß, daß Andere mich als mich selbst wissen», sie bringt *in Wahrheit* die Universalität des Selbstbewußtseins hervor. Aber eine korrekte Fassung des Problems des Anderen macht diesen Übergang zum Universalen unmöglich. Denn wenn der Andere mir mein «Selbst» zurückspiegeln soll, so muß es wenigstens am Schluß der dialektischen Entwicklung ein gemeinsames Maß geben für das, was ich für ihn bin, das, was er für mich ist, das, was ich für mich bin und das, was er für sich ist. Sicher besteht diese Homogenität am Anfang nicht, und Hegel gibt es zu: das Verhältnis «Herr – Knecht» ist nicht wechselseitig. Aber er behauptet, daß die Wechselseitigkeit hergestellt werden kann. Gleich zu Anfang bewerkstelligt er nämlich eine Vermischung – die so geschickt gemacht ist, daß sie beabsichtigt scheint – der *Objektivität* mit dem *Leben*. Der Andere, so sagt er, erscheint mir als Objekt. Das Objekt aber bin *Ich* im Anderen. Und wenn er diese Objektivität noch genauer definieren will, unterscheidet er drei Elemente[1]: «Die Selbstanschauung des einen im andern ist 1. das abstrakte Moment der Diesselbigkeit; 2. Jedes hat aber auch die Bestimmung, für das andere als ein äußerliches Objekt und insofern unmittelbares, sinnliches und konkretes Dasein zu erscheinen; 3. Jedes ist absolut für sich und einzeln gegen das andere...» Wie man sieht, ist das abstrakte Moment der Identität mit sich selbst [der «Diesselbigkeit»] im Erkennen des Anderen gegeben. Es ist mit zwei anderen Momenten der Grundstruktur gegeben. Aber – und das ist seltsam bei einem Philosophen der Synthese – Hegel hat sich nicht die Frage vorgelegt, ob diese drei Elemente nicht in einer Weise aufeinander reagieren, daß daraus eine neue, der Analyse sich entziehende Gestalt entsteht. Er präzisiert seinen Standpunkt in der *Phänomenologie des Geistes* und erklärt, daß der Andere zunächst als etwas Unwesentliches erscheint (das ist der Sinn des oben zitierten dritten Moments) und als «in das Sein des Lebens eingetauchtes Bewußtsein». Aber dabei handelt es sich um eine bloße Koexistenz des abstrakten Moments und des *Lebens*. Es genügt also, wenn ich mein Leben aufs Spiel setze oder wenn der Andere es tut, damit wir durch den Akt, mit dem wir uns der Gefahr darbieten, die analytische Trennung von Leben und Bewußtsein realisieren: «Was der Andere für jedes Bewußtsein ist, ist dieses für den Anderen; jedes vollbringt in sich durch sein eigenes Tun als auch durch das Tun des Anderen diese reine Abstraktion des Für-sich-seins... Die Darstellung seiner aber als der reinen Abstraktion des Selbstbewußtseins besteht darin, sich als reine Negation seiner gegenständlichen Weise zu zeigen, oder es zu zeigen an kein bestimmtes Dasein geknüpft, an die allgemeine Einzelnheit des Daseins, nicht an das Leben geknüpft zu sein.[2]» Weiter erklärt Hegel, das Selbstbewußtsein lerne durch die Erfahrung des Risikos und der Lebensgefahr, daß das Leben ihm ebenso wesentlich ist wie das reine Selbstbewußtsein; aber das gehört unter einen ganz anderen Gesichtspunkt, und es wird sich nichts daran ändern, daß ich immer die reine *Wahrheit* des Selbstbewußtseins im Anderen trennen kann von seinem *Leben*. So erfaßt der Knecht das Selbstbewußtsein des Herrn, er ist dessen *Wahrheit*, wenn auch, wie wir gesehen haben, diese Wahrheit noch keineswegs adäquat ist.

1 *Philos. Propädeutik*, Zweiter Kursus, Abt. 1, § 31.
2 *Phänomenologie des Geistes*, a. a. O., Seite 143.

Aber ist es dasselbe, wenn man sagt, der Andere erscheine mir grundsätzlich als Gegenstand, und wenn man sagt, er erscheine mir gebunden an irgendein besonderes Dasein, als eingetaucht in das *Leben*? Wenn wir jetzt auf der Ebene der rein logischen Hypothesen bleiben, so bemerken wir sogleich, daß der Andere einem Bewußtsein sehr wohl in Objektgestalt gegeben sein kann, ohne daß dieses Objekt nun gerade an jenes kontingente Objekt gebunden zu sein braucht, das man einen lebenden Körper nennt. *Faktisch* stellt unsere Erfahrung nur bewußte und lebende Individuen vor uns hin; aber billigerweise muß man bemerken, daß der Andere für mich Objekt ist, weil er ein anderer ist, und nicht, weil er beim Erscheinen eines Objekt-Körpers sichtbar wird; andernfalls würden wir in die verräumlichende Täuschung zurückfallen, von der wir sprachen. Was wesentlich am Anderen als solchem ist, das ist die Objektivität und nicht das Leben. Hegel war übrigens von dieser logischen Feststellung ausgegangen. Aber wenn es zutrifft, daß die Verbindung eines Bewußtseins mit dem Leben keineswegs «das abstrakte Moment des Selbstbewußtseins» in seiner Natur entstellt, das darin eingetaucht bleibt und immer dort entdeckt werden kann – verhält es sich dann mit der Objektivität ebenso? Anders ausgedrückt: da wir wissen, daß ein Bewußtsein *ist*, bevor es erkannt ist, wird dann ein erkanntes Bewußtsein nicht gerade durch die Tatsache vollkommen verändert, daß es erkannt wird? Als Objekt für ein Bewußtsein erscheinen, heißt das noch, Bewußtsein sein? Auf diese Frage findet man leicht eine Antwort: das Sein des Selbstbewußtseins ist so beschaffen, daß es ihm in seinem Sein um sein Sein geht; das bedeutet, daß es reine Innenweltlichkeit ist. Es ist fortwährender Hinweis auf ein *Selbst*, das es zu sein hat. Sein Sein wird dadurch bestimmt, daß es dieses Sein *ist* in der Weise, zu sein, was es nicht ist, und nicht zu sein, was es ist. Sein Sein ist also radikale Ausschließung jeder Objektivität: ich bin derjenige, der für mich nicht Objekt sein kann, der sich ein Dasein in Objektgestalt nicht einmal ausdenken kann (außer auf der Ebene der reflexiven Verdoppelung – aber wir haben gesehen, daß die Reflexion das Drama des Seienden ist, das für diese selbst nicht Objekt sein kann). Das alles nicht infolge eines Mangels an Abstand oder einer verstandesmäßigen Voreingenommenheit oder einer meinem Bewußtsein gesetzten Grenze, sondern weil die Objektivität eine ausdrückliche Negation verlangt: das Objekt ist das, was nicht zu sein ich mich zwinge, wogegen ich selbst derjenige bin, der zu sein ich mich zwinge. Ich folge mir überallhin, ich kann mir nicht entgehen, ich ergreife mich wieder von hinten, und selbst wenn ich es versuchen könnte, Objekt zu werden, dann wäre ich schon Ich im Herzen des Objekts, das ich bin, und gerade vom Mittelpunkt dieses Objektes aus hätte ich das Subjekt zu sein, das es ansieht. Das sah

Hegel übrigens voraus, als er sagte, die Existenz des Anderen sei notwendig dafür, daß ich für mich Objekt sein kann. Aber als er den Satz aufstellte, daß das Selbstbewußtsein durch das «Ich bin» ausgedrückt werde, das heißt, als er es der Selbsterkenntnis gleichsetzte, verfehlte er die sich aus jener ersten Feststellung ergebenden Folgen, da er ja gerade in das Bewußtsein so etwas wie ein potentielles Objekt einführte, das der Andere nur freizulegen hätte, ohne es zu verändern. Aber wenn das Objektsein gerade darin besteht, *nicht ich zu sein*, so verändert die Tatsache, Objekt für ein Bewußtsein zu sein, von Grund aus das Bewußtsein, und zwar nicht in dem, was es für sich ist, sondern in seinem Erscheinen für den Anderen. Das Fremdbewußtsein kann ich einfach betrachten, und auf Grund dieser Tatsache erscheint es mir als reine Gegebenheit, anstatt das zu sein, was Ich zu sein hat. Es bietet sich mir innerhalb der universalen Zeit dar, das heißt innerhalb der ursprünglichen Zerstreuung der Augenblicke, anstatt mir in der Einheit seiner eigenen Zeitigung zu erscheinen. Denn das einzige Bewußtsein, das mir in seiner eigenen Zeitigung erscheinen kann, ist *das meine*, und es kann das nur, indem es auf jede Objektivität verzichtet. Kurz, das Für-sich kann vom Anderen als für-sich nicht erkannt werden. Das Objekt, das ich unter dem Namen «Anderer» ergreife, erscheint mir in einer von Grund aus *anderen* Gestalt; der Andere ist *für sich* nicht so, wie er mir erscheint, und ich erscheine mir nicht so, wie ich *für den Anderen* bin; ich bin ebenso unfähig, mich für mich so zu ergreifen, wie ich für den Anderen bin, wie dasjenige, was der Andere für sich ist, an dem mir erscheinenden Anderer-Objekt zu ergreifen. Wie kann man also einen Allgemeinbegriff prägen, der unter dem Namen Selbstbewußtsein sowohl mein *Bewußtsein* für mich und (von) mir als auch meine *Erkenntnis* des Anderen in sich begreift? Aber es geht noch weiter: nach Hegel ist der Andere Objekt, und ich begreife mich als Objekt im Anderen. Eine dieser Behauptungen zerstört aber die andere: damit ich mir als Objekt im Anderen erscheinen kann, müßte ich den Anderen ergreifen, soweit er Subjekt ist, das heißt, ich müßte ihn in seiner Innenweltlichkeit erfassen. Aber insoweit der Andere mir als Objekt erscheint, kann meine für ihn bestehende Objektivität mir nicht erscheinen: ohne Zweifel erfasse ich, daß das der-Andere-Objekt sich durch Intentionen und Akte *auf mich bezieht;* aber eben auf Grund der Tatsache, daß er Objekt ist, wird der Anderer-Spiegel trübe und spiegelt nichts mehr zurück; denn diese Intentionen und Akte sind Dinge der Welt, aufgefaßt innerhalb der Zeit der Welt, festgestellt, betrachtet, von denen nur die Bedeutung Objekt für mich ist. So kann ich mir nur als transzendente Qualität erscheinen, auf die die Akte des Anderen und seine Intentionen sich beziehen; aber gerade weil die Objektivität des Anderen meine für ihn bestehende Subjektivität zerstört, ergreife ich mich, soweit ich innerliches Subjekt bin, als das, worauf sich diese Intentionen und Akte beziehen. Man muß dieses Ergreifen meiner selbst durch mich selbst in reinen Ausdrücken der Bewußtseins- und nicht der Erkenntnislehre verstehen: da ich zu sein habe, was ich in der Weise ek-statischen Bewußtseins (von) mir bin, ergreife ich den Anderen als ein Objekt, das auf mich hindeutet. So endet Hegels Optimismus mit einem Mißerfolg: zwischen dem Anderer-Objekt und dem Ich-Subjekt gibt es kein gemeinsames Maß, ebensowenig wie zwischen dem Bewußtsein (von) sich und dem Bewußtsein *vom* Anderen. Ich kann mich nicht *im* Anderen erkennen, wenn der Andere zunächst für mich Objekt ist, und ich kann den Anderen auch nicht in seinem wahren Sein, das heißt in seiner Objektivität, ergreifen. Keine allgemeine Erkenntnis kann aus dem Verhältnis der Bewußtseinsindividuen hergeleitet werden. Wir nennen das ihre ontologische Getrenntheit.

Aber es gibt bei Hegel noch eine andere, grundlegendere Art von Optimismus. Es ist das, was man ontologischen Optimismus nennen muß. Für ihn ist die Wahrheit nämlich die Wahrheit des Ganzen. Er stellt sich auf den Standpunkt der Wahrheit, also den des Ganzen, um das Problem des Anderen ins Auge zu fassen. Wenn also der Hegelsche Monismus das Verhältnis der Bewußtseinsindividuen betrachtet, so versetzt er sich in kein Einzelbewußtsein. Obwohl das Ganze realisiert werden soll, ist es doch schon da als die Wahrheit von allem, was wahr ist; auch wenn Hegel schreibt, daß jedes Bewußtsein, da mit sich selbst identisch, anders als das andere ist, befindet er sich im Ganzen, außerhalb der Bewußtseinsindividuen, und betrachtet sie vom Gesichtspunkt des Absoluten aus. Denn *die* Bewußtseinsindividuen sind Momente des Ganzen, Momente, die durch sich selbst «unselbständig» sind, und das Ganze ist Mittler zwischen den Bewußtseinsindividuen. So gibt es nun einen mit dem erkenntnistheoretischen Optimismus gleichlaufenden ontologischen: die Vielheit kann und soll in Richtung auf die Ganzheit überschritten werden. Aber wenn Hegel die Realität dieses Überschreitens zusichern kann, so deshalb, weil er sie sich von Anfang an gegeben hat. Faktisch hat er sein eigenes Bewußtsein vergessen, er *ist* das Ganze, und wenn er in diesem Sinne das Problem *der* Bewußtseinsindividuen so leicht löst, so deshalb, weil es für ihn niemals ein wirkliches Problem in dieser Angelegenheit gegeben hat. In der Tat stellt er sich nicht die Frage nach dem Verhältnis des eigenen Bewußtseins zu dem Anderer, sondern er läßt das seine gänzlich unberücksichtigt und untersucht einzig und allein den Zusammenhang der anderen Bewußtseinsindividuen untereinander, das heißt der Bewußtseinsindividuen, die für ihn schon Objekte sind, deren

Natur seiner Meinung nach gerade darin besteht, ein besonderer Objektstyp zu sein – das Subjekt-Objekt – und die vom Ganzheitsstandpunkt aus, den er einnimmt, miteinander streng gleichwertig sind, geschweige denn, daß eins von den anderen durch ein besonderes Vorrecht geschieden wäre. Aber wenn Hegel sich vergißt, so können wir nicht Hegel vergessen. Das bedeutet, daß wir auf das *cogito* zurückverwiesen werden. Wenn nämlich, wie wir festgestellt haben, das Sein meines Bewußtseins keinesfalls auf die Erkenntnis zurückgeführt werden kann, dann kann ich mein Sein nicht in Richtung auf ein wechselseitiges und allgemeines Verhältnis transzendieren, von wo aus ich gleichzeitig mein Sein und das der Anderen als gleichwertig sehen könnte: ich muß im Gegenteil *in meinem Sein* Fuß fassen und das Problem der Anderen von meinem Sein aus stellen. Kurz, der einzig sichere Ausgangspunkt ist die Innenweltlichkeit des *cogito.* Darunter hat man zu verstehen, daß jeder, von seiner Innenweltlichkeit ausgehend, das Sein des Anderen als eine Transzendenz wiederfinden können muß, die gerade das Sein dieser Innenweltlichkeit bedingt, was notwendigerweise in sich begreift, daß die Vielheit der Bewußtseinsindividuen grundsätzlich unüberschreitbar ist, denn ich kann mich zwar zweifellos *in Richtung auf* ein Ganzes transzendieren, aber nicht mich in diesem Ganzen niederlassen, um mich zu betrachten und Andere zu betrachten. Kein logischer oder erkenntnistheoretischer Optimismus kann diesem Skandal der Vielheit der Bewußtseinsindividuen ein Ende machen. Wenn Hegel das geglaubt hat, so deshalb, weil er niemals das Wesen dieser besonderen Seinsdimension, die das Bewußtsein (von) sich ist, erfaßt hat. Die Aufgabe, die eine Ontologie sich stellen kann, besteht darin, diesen Skandal darzustellen und ihn auf die Natur des Seins zu gründen: aber sie ist unvermögend, ihn zu überschreiten. Es ist möglich – wir werden es gleich deutlicher sehen –, den Solipsismus zu widerlegen und zu zeigen, daß die Fremdexistenz für uns evident und gewiß ist. Aber selbst wenn wir die Fremdexistenz an der apodiktischen Gewißheit des *cogito* hätten teilnehmen lassen – das heißt an der meiner eigenen Existenz –, so hätten wir deswegen den Anderen nicht in Richtung auf irgendeine intermonadische Ganzheit «überschritten». Die Zerstreuung und der Kampf der Bewußtseinsindividuen würden bleiben, was sie sind: wir hätten bloß ihre Grundlage und ihren eigentlichen Bereich entdeckt.

Was hat uns diese lange Kritik eingetragen? Bloß dieses: meine Beziehung zum Anderen ist zunächst und von Grund aus ein Verhältnis zwischen Sein und Sein, nicht zwischen Erkennen und Erkennen, wenn anders der Solipsismus soll widerlegt werden können. Wir haben ja den Mißerfolg Husserls gesehen, der innerhalb dieses besonderen Bereiches die Erkenntnis das Maß des Seins sein läßt, und den Hegels, der Erkenntnis mit Sein identifiziert. Aber wir haben auch anerkannt, daß Hegel es verstanden hat, die Auseinandersetzung auf der richtigen Ebene zu führen, wenn auch seine Einsicht durch das Postulat des absoluten Idealismus verdunkelt worden ist. Anscheinend hat Heidegger in *Sein und Zeit* aus den Überlegungen seiner Vorgänger Nutzen gezogen und ist von folgender zweifachen Notwendigkeit tief durchdrungen: 1. das Verhältnis zwischen den «menschlichen Realitäten» muß ein Seinsverhältnis sein; 2. dieses Verhältnis muß die «menschlichen Realitäten» in ihrem wesenhaften Sein voneinander abhängig machen. Wenigstens seine Theorie entspricht diesen beiden Erfordernissen. In seiner ungestümen und ein wenig barbarischen Weise, die Gordischen Knoten lieber zu durchhauen, als zu versuchen, sie zu entwirren, antwortet er auf die gestellte Frage mit einer reinen und einfachen *Definition.* Er hat mehrere – übrigens nur auf dem Wege der Abstraktion trennbare – Momente im «In-der-Welt-sein», das die menschliche Realität kennzeichnet, entdeckt. Diese Momente sind «Welt», «In-sein» und «Sein». Er hat die *Welt* beschrieben als «das, wodurch die menschliche Realität sich verkünden läßt, was sie ist»; das «In-Sein» hat er definiert als «Befindlichkeit» und «Verstehen»; es bleibt das *Sein* zu besprechen, das heißt die Weise, in der die menschliche Realität ihr In-der-Welt-sein ist. Es ist das «Mit-Sein», sagt er. So besteht der Seinscharakter der menschlichen Realität darin, daß sie ihr Sein *mit* den Anderen ist. Es handelt sich nicht um etwas Zufälliges; ich bin nicht zunächst, damit dann irgendein Ereignis den Anderen mir begegnen läßt: hier liegt eine Wesensstruktur meines Seins vor. Aber diese Struktur wurde nicht von außen her und unter ganzheitlichem Gesichtspunkt festgelegt, wie bei Hegel: bestimmt geht Heidegger nicht vom *cogito* aus im kartesianischen Sinne einer Entdeckung des Bewußtseins durch dieses selbst; sondern die menschliche Realität, die sich ihm enthüllt und die er durch Strukturbegriffe festzulegen sucht, ist seine eigene. «Dasein ist je *meines*», schreibt er. Indem ich das vorontologische Verständnis, das ich von mir habe, auslege, ergreife ich das Mit-Anderen-Sein als eine wesentliche Eigentümlichkeit meines Seins. Kurz, ich entdecke das transzendente Verhältnis zum Anderen als mein eigenes Sein konstituierend, genauso wie ich entdeckt habe, daß mein In-der-Welt-sein das Maß für meine menschliche Realität ist. Von nun an ist das Problem des Anderen nur noch ein Scheinproblem: der Andere ist von vornherein nicht mehr jene besondere Existenz, der ich in der Welt begegne – und die für meine Existenz nicht unentbehrlich wäre, da ich ja existiere, bevor ich ihr begegne –, sondern er ist das ex-zentrische Element, das zur Konstituierung meines Seins beiträgt. Die Prüfung meines Seins, insofern sie mich von mir weg und zu Strukturen hinführt, die sich mir entziehen und zugleich mich bestimmen, diese Prüfung enthüllt mir ursprünglich den Anderen. Nebenbei wollen wir anmerken, daß der Typus der Verbindung zum Anderen gewechselt hat: bei Realismus, Idealismus, Husserl und Hegel war der Typus des Verhältnisses zwischen den Bewußtseinsidividuen das *Sein-für:* der Andere erschien mir und konstituierte mich sogar, insofern er *für* mich oder ich *für* ihn war; problematisch war das gegenseitige Erkennen der Bewußtseinsindividuen, die sich einander gegenüber standen, die einander *in der Welt* sichtbar wurden und die Stirn boten. «Das Mit-Sein» hat eine davon ganz abweichende Bedeutung: «mit» bedeutet nicht den wechselseitigen Erkenntnisbezug und den Kampf, der sich daraus ergibt, daß *mitten in* der Welt eine menschliche Realität erscheint, die anders ist als die meine. Vielmehr drückt es eine Art ontologischer Solidarität zum Zwecke der Ausbeutung dieser Welt aus. Der Andere ist mit mir nicht wie eine ontische Realität ursprünglich verbunden, die mitten in der Welt wie ein besonderer Gegenstandstypus unter dem «Zeug» erscheint: in diesem Falle wäre er schon im Wert vermindert, und die Beziehung, die ihn mit mir vereinigt, könnte niemals Wechselseitigkeit erlangen. Der Andere ist nicht *Gegenstand.* Er bleibt in seiner Verbindung mit mir eine menschliche Realität; das Sein, durch das er mich in meinem Sein bestimmt, ist sein reines Sein, ergriffen als «In-derWelt-sein» – und es ist bekannt, daß «in» verstanden werden muß im Sinne von «colo» oder «habito», nicht von «insum». In-der-Welt-sein heißt, mit der Welt umgehen, nicht in ihr verfangen [englué; wörtlich, «ihr auf den Leim gekrochen»] sein – und in meinem «In-der-Welt-sein» determiniert er mich. Unsere Beziehung ist nicht ein sich *frontal Gegenüberstehen,* sondern vielmehr die einer *seitlichen* Abhängigkeit: insoweit ich bewirke, daß eine Welt als Zeugkomplex existiert, dessen ich mich gemäß den Absichten meiner menschlichen Realität bediene, lasse ich mich in meinem Sein von einem Seienden bestimmen, welches bewirkt, daß dieselbe Welt gemäß den Absichten seiner Realität als Zeugkomplex vorhanden ist. Man darf übrigens dieses *Mit-Sein* nicht als ein bloßes, von meinem Sein passiv hingenommenes Seite-an-Seite-stehen begreifen. «Sein» bedeutet für Heidegger, seine eigenen Möglichkeiten sein, sich sein lassen. Es ist also eine Seinsweise, die zu sein ich mich veranlasse. Und das ist so wahr, daß ich für mein Für-Andere-sein verantwortlich bin, insofern ich es aus freien Stücken in Eigentlichkeit oder Uneigentlichkeit verwirkliche. In voller Freiheit und durch eine ursprüngliche Wahl verwirkliche ich zum Beispiel mein Mit-Sein in Gestalt des «Man». Und wenn man fragt, wie denn mein «Mit-Sein» für mich vorhanden sein kann, so ist zu antworten, daß ich mir durch die Welt verkünden lasse, was ich bin. Insbesondere wirft mich die Welt, wenn ich in der Weise der Uneigentlichkeit oder des «Man» bin, zurück als eine unpersönliche Widerspiegelung meiner uneigentlichen Möglichkeiten, diese mit dem Aspekt von Zeug und Zeugkomplexen, die «Jedermann» gehören und die mir gehören, sofern ich «Jedermann» bin: Anzüge von der Stange, öffentliche Verkehrsmittel, Parks, öffentliche Gärten und Anlagen, Bunker, dazu bestimmt, daß irgendeiner in ihnen Schutz suchen kann usw. So lasse ich mich als *irgendeiner* von dem auf mich weisenden Zeugenkomplex verkünden, der mich als «Worumwillen» bezeichnet, und der Zustand der Uneigentlichkeit – der mein gewöhnlicher Zustand ist, insoweit ich nicht die Bekehrung zur Eigentlichkeit vollzogen habe – enthüllt mir mein «Mit-Sein» nicht als das Verhältnis einer einzigartigen Persönlichkeit zu anderen, ebenso einzigartigen Persönlichkeiten, nicht als eine gegenseitige Bindung der «unersetzbarsten aller Wesen», sondern als die vollkommene Vertauschbarkeit der Glieder eines Verhältnisses. Die Bestimmtheit der Glieder fehlt noch, ich bin dem Anderen nicht entgegengestellt, denn ich bin nicht ich: wir haben die soziale Gemeinsamkeit des Man. Das Problem auf der Ebene der Kommunikationsunfähigkeit individueller Subjekte stellen, hieße ein « ὕστερον πρότερον » begehen, die Welt auf den Kopf stellen: Eigentlichkeit und Individualität überholen sich: ich kann meine eigene Eigentlichkeit nur sein, wenn ich unter dem Einfluß des *Rufes des Gewissens mit Entschlossenheit* in den Tod vorlaufe als in meine eigenste Möglichkeit. In diesem Augenblick enthüllte ich mich mir in Eigentlichkeit und hebe die Anderen mit mir zur Eigentlichkeit empor.

Das empirische Bild, das die Heideggersche Auffassung am besten symbolisieren würde, ist nicht das des Kampfes, sondern das der *Mannschaft.* Die ursprüngliche Beziehung des Anderen zu meinem Bewußtsein ist nicht das *Du und Ich*, sondern das Wir, und das Heideggersche Mit-Sein ist nicht die klare und deutliche Position eines Individuums gegenüber einem anderen, ist nicht *Erkenntnis,* es ist die dumpfe Existenz in Gemeinschaft, wie ein Mann sie in der Mannschaft führt, jene Existenz, die durch den Rhythmus der Riemen oder die rhythmischen Bewegungen des Steuermannes den Ruderern spürbar wird, und die durch das gemeinsam zu erreichende Ziel, das zu überholende Boot und durch die ganze Welt (Zuschauer, sportliche Leistung der anderen Boote usw.), die sich am Horizont abzeichnet, ihnen *kundgetan* wird. Auf dem gemeinsamen Hintergrunde diese Koexistenz hebt mich die plötzliche Entdeckung meines Seins-zum-Tode im Rahmen einer absoluten «gemeinsamen Einsamkeit» heraus und erhebt zugleich die Anderen auf die Höhe dieser Einsamkeit.

Diesmal hat man uns wirklich gegeben, wonach wir verlangten:

ein Seiendes, das in seinem Sein das Sein Anderer beinhaltet. Indessen können wir uns nicht als zufriedengestellt betrachten. Zunächst einmal bietet uns die Theorie Heideggers eher einen Hinweis auf die zu findende Lösung, als die Lösung selbst. Auch wenn wir ohne Vorbehalte jene Ersetzung des «Seins-für» durch das «Mit-Sein» gelten ließen, würde sie für uns doch nur eine einfache, unbegründete Behauptung sein. Ohne Zweifel begegnen wir gewissen empirischen Zuständen unseres Seins – insbesondere solchen, die die Deutschen mit dem unübersetzbaren Ausdruck *Stimmung* bezeichnen –, die eher eine Koexistenz von Bewußtseinsindividuen zu enthüllen scheinen als ein Entgegenstellungsverhältnis. Aber gerade diese Koexistenz müßte man erklären. Warum wird sie zur einzigen Grundlage unseres Seins, wieso ist sie der Grundtypus unserer Beziehung zu den Anderen, wieso hielt sich Heidegger für berechtigt, von dieser empirischen und ontischen Feststellung des Mit-Seins zur Setzung der Koexistenz als einer ontologischen Struktur meines «In-der-Welt-Seins» überzugehen? Und welchen Seinstypus besitzt diese Koexistenz? In welchem Ausmaße wird die Negation, die aus dem Fremden *einen Anderen* macht und ihn als wesenlos konstituiert, aufrechterhalten? Wenn man sie vollständig unterdrückt, geraten wir dann nicht in einen Monismus? Und wenn man sie als Wesensstruktur der Beziehung zum Anderen beibehalten muß, welche Abänderung muß man ihr angedeihen lassen, damit sie den Charakter *von Entgegenstellung* verliert, den sie in dem Für-Andere-Sein hatte, und damit sie den Charakter einer solidarisch machenden Bindung annimmt, die ja die Struktur des Mit-Seins ist? Und wie können wir von da aus zur konkreten Erfahrung des Anderen in der Welt gelangen, wenn ich z. B. von meinem Fenster aus jemanden auf der Straße vorbeigehen sehe? Sicher ist es verlockend, mich als einen zu verstehen, der sich von dem gleichförmigen Hintergrund des Menschlichen durch den Schwung seiner Freiheit und die Wahl seiner einzigartigen Möglichkeiten abhebt – und vielleicht enthält die Anschauung einen bedeutenden Teil der Wahrheit. Aber sie fordert, wenigstens in ihrer vorliegenden Gestalt, beträchtliche Einwände heraus.

Zunächst einmal verbindet sich hier der ontologische Gesichtspunkt mit dem abstrakten Gesichtspunkt des Kantischen Subjekts. Zu behaupten, daß die menschliche Realität – auch wenn es *meine* menschliche Realität ist – kraft ontologischer Struktur «mit ist», bedeutet, daß sie von Natur aus, das heißt wesentlich und allgemein «mit ist». Auch wenn diese Behauptung bewiesen wäre, würde das noch nicht gestatten, irgendein konkretes Mit-Sein zu erklären; anders ausgedrückt, die ontologische Koexistenz, die als Struktur meines «In-der-Welt-Seins» erscheint, kann in keiner Weise als Begründung für ein ontisches Mit-Sein dienen, wie zum Beispiel für die Koexistenz, die in meiner Freundschaft zu Peter sichtbar wird oder in dem Paar, das ich mit Anni bilde. Tatsächlich müßte gezeigt werden, daß «das Mit-Peter-Sein» oder «das Mit-Anni-Sein» eine konstitutive Struktur meines Konkret-Seins ist. Aber das ist von dem Standpunkt aus, auf den Heidegger sich gestellt hat, unmöglich. Der Andere kann in dem «mit»-Verhältnis, wenn es auf der ontologischen Ebene erfaßt wird, tatsächlich nicht konkreter determiniert werden, denn als die direkt ins Auge gefaßte menschliche Realität, deren alter ego er ist: er ist ein abstraktes und daher *unselbständiges* Element, das in sich keineswegs das Vermögen hat, dieser Andere zu werden, Peter oder Anni. So kann uns das Verhältnis des «Mit-Seins» in keiner Weise dazu dienen, das psychologische und konkrete Problem der Erkenntnis Anderer zu lösen. Es gibt da zwei Ebenen, die nicht miteinander in Verbindung gebracht werden können, und zwei Probleme, die getrennte Lösungen verlangen. Das ist, wird man einwenden, nur einer der Aspekte der Schwierigkeit, die auch Heidegger empfindet, wenn es sich, allgemein gesprochen, darum handelt, von der ontologischen auf die ontische Ebene überzugehen, vom «In-der-Welt-Sein» im allgemeinen zu meinem Verhältnis mit *diesem* besonderen Gerät, von meinem Sein-zum-Tode, das aus meinem Tode meine wesentlichste Möglichkeit macht, zu *diesem* «ontischen» Tode, den ich bei der Begegnung mit diesem oder jenem äußeren Daseienden erleiden werde. Aber diese Schwierigkeit kann in allen anderen Fällen zur Not verborgen bleiben, da es zum Beispiel die menschliche Realität ist, die es bewirkt, daß eine Welt existiert, in der eine Todesdrohung, die sie selbst betrifft, sich verbirgt; mehr noch: wenn die Welt ist, dann deshalb, weil sie in dem Sinne «tödlich» ist, in dem man sagt, eine Wunde sei tödlich. Aber die Unmöglichkeit, von einer Ebene auf die andere überzugehen, springt geradezu in die Augen, wenn es sich um das Problem des Anderen handelt. Wenn nämlich die menschliche Realität bei dem ek-statischen Auftauchen ihres In-der-Welt-Seins bewirkt, daß eine Welt existiert, so kann man deshalb von ihrem Mit-Sein noch nicht sagen, daß es das Auftauchen einer anderen menschlichen Realität bewirkt. Wohl bin ich das Seiende, durch das es Sein «gibt». Wird man aber auch sagen können, ich sei das Seiende, durch das es eine andere menschliche Realität «gibt»? Wenn man darunter versteht, daß ich das Seiende bin, durch das es *für mich* eine andere menschliche Realität gibt, so ist das eine schlichte Banalität. Wenn man aber damit sagen will, ich sei das Seiende, durch das es überhaupt Andere «gibt», dann fallen wir in den Solipsismus zurück. Denn jene menschliche Realität, «mit der» ich bin, ist selbst «mit-mir-in-der-Welt», sie ist die freie Begründung einer Welt (wie geht es zu, daß dies die *meine* ist? Man kann vom Mit-Sein nicht die Identität der Welten herleiten, «in denen» die menschlichen Realitäten sind), sie ist ihre eigenen Möglichkeiten. Sie ist also «für sich» und wartet nicht ab, daß ich ihr Sein in Form des «es gibt» existieren lasse. So kann ich eine Welt als «tödlich» konstituieren, aber nicht eine menschliche Realität als konkretes Sein, das seine eigenen Möglichkeiten ist. Mein Mit-Sein, von «meinem» Sein aus aufgefaßt, kann nur als ein reines, in *meinem* Sein begründetes Erfordernis aufgefaßt werden, das nicht den leisesten Beweis für die Fremdexistenz bildet, nicht die schwächste Brücke zwischen mir und dem Anderen.

Mehr noch: dieses ontologische Verhältnis zwischen mir und einem abstrakten Anderen macht auf Grund der Tatsache, daß es meine Beziehung zu Anderen im allgemeinen bestimmt – weit davon entfernt, ein besonderes und ontisches Verhältnis zwischen mir und Peter zu erleichtern –, jede konkrete Verbindung meines Seins mit einem einzelnen, in meiner Erfahrung gegebenen Anderen radikal unmöglich. Wenn nämlich mein Zusammenhang mit Anderen *a priori* ist, dann erschöpft er jede Möglichkeit von Beziehung zu Anderen. Empirische und kontingente Verhältnisse können weder Spezifizierungen noch Einzelfälle von ihm sein. Von einem Gesetz gibt es Spezifizierungen nur unter zwei Umständen: entweder ist das Gesetz induktiv aus einzelnen, empirischen Tatbeständen abgeleitet; das ist hier aber nicht der Fall; oder es ist a priori und vereinheitlicht die Erfahrung, wie die Begriffe Kants. Aber gerade in diesem Falle ist es nur innerhalb der Grenzen der Erfahrung von Bedeutung: ich finde in den Dingen nur das, was ich in sie hineingelegt habe. Also kann die Inbezugsetzung von zwei konkreten «In-der-Welt-Sein» nicht zu *meiner* Erfahrung gehören; sie entgeht dem Herrschaftsbereich des *Mit-Seins.* Aber da das Gesetz gerade seinen eigenen Herrschaftsbereich *konstituiert,* schließt es *a priori* jeden realen Tatbestand davon aus, der nicht von ihm gestaltet wurde. Die Existenz einer Zeit als a priori-Form meiner Empfindungsfähigkeit würde mich a priori von jeder Verbindung mit einer noumenalen Zeit ausschließen, die die Kennzeichen eines Seienden hätte. So macht die Existenz eines ontologischen und, infolgedessen, *apriorischen* «Mit-Seins» jede ontische Verbindung mit einer konkreten menschlichen Realität, die *für sich* als ein absolutes Transzendentes auftauchen würde, unmöglich. Das als Struktur meines Seins begriffene «Mit-Sein» vereinzelt mich ebenso sicher wie die Argumente des Solipsismus. Die Heideggersche *Transzendenz* ist nämlich ein unwahrhaftiger Begriff: wohl beabsichtigt sie, über den Idealismus hinauszugelangen, und es glückt ihr auch in dem Maße, in dem dieser uns eine in sich ruhende und ihre eigenen Abbilder betrachtende Subjektivität vor Augen hält. Aber der so überwundene Idealismus ist nur eine bastardisierte Form des Idealismus, eine Art von empiriokritizistischem Psychologismus. Ohne Zweifel existiert die Heideggersche menschliche Realität «sich vorweg». Aber gerade diese Existenz sich vorweg ist in der Lehre Heideggers die Definition des *Selbst*. Sie ähnelt weder der Platonischen Ek-stase, bei der die Existenz tatsächlich ein Außer-sich-sein ist, eine Existenz bei etwas anderem, noch der Gottesschau eines Malebranche, noch unserer eigenen Auffassung der Ek-stase und der inneren Negation. Heidegger entrinnt dem Idealismus nicht: seine Flucht von sich weg als eine apriorische Struktur seines Seins vereinzelt ihn ebenso sicher, wie es die Betrachtung Kants über die Bedingungen *a priori* unserer Erfahrung tut; was nämlich die menschliche Realität am unerreichbaren Ende dieser Flucht von sich weg tatsächlich vorfindet, das ist immer noch das Selbst: die Flucht von sich weg ist eine Flucht auf sich zu, und die Welt erscheint als der bloße Abstand von Selbst zu Selbst. Folglich würde man in *Sein und Zeit* vergebens nach der gleichzeitigen Überwindung jedes Idealismus und jedes Realismus suchen. Und die Schwierigkeiten, denen der Idealismus im allgemeinen begegnet, wenn es darum geht, die Existenz konkreter, uns ähnlich Seiender zu begründen, die als solche unserer Erfahrung entgehen und gerade in ihrer Beschaffenheit nicht von unserem *a priori* abhängen, diese Schwierigkeiten erheben sich besonders vor dem Versuch Heideggers, die «menschliche Realität» aus ihrer Einsamkeit herauszuholen. Scheinbar wird er mit ihnen fertig, weil er das «sich-vorweg» bald als ein «sich-vorweg-zu-sich-hin» auffaßt, bald als ein «sich-vorweg-im-Anderen». Aber diese zweite Bedeutung des «sich-vorweg», die er in die verschlungenen Wege seiner Beweisführungen heimlich aufnimmt, ist völlig unvereinbar mit der ersten: denn im Innern ihrer Ek-stasen bleibt die menschliche Realität allein. Die Fremdexistenz hat nämlich – und dies wird der neue Gewinn sein, den wir aus der kritischen Prüfung der Heideggerschen Lehre ziehen – die Natur eines kontingenten, irreduziblen Faktums. Man *begegnet* dem Anderen, man konstituiert ihn nicht. Und wenn uns diese Tatsache schon unter dem Gesichtswinkel der Notwendigkeit erscheinen soll, so kann diese Notwendigkeit doch nicht die sein, die zu den «Bedingungen der Möglichkeit unserer Erfahrung» gehört, oder, wenn man lieber will, nicht die ontologische Notwendigkeit sein: die Notwendigkeit der Fremdexistenz muß, wenn es sie gibt, eine «kontingente Notwendigkeit» sein, das heißt zum Typus der *faktischen Notwendigkeit*, mit der das *cogito* sich aufdrängt, gehören. Wenn der Andere uns muß gegeben sein können, so nur mittels einer direkten Ergreifung, die der Begegnung ihren Faktizitäts-Charakter beläßt (so wie das *cogito* selbst meinem eigenen Denken seine ganze Faktizität beläßt), die indessen an der Unwiderleglichkeit des *cogito* selbst teilnimmt, das heißt an seiner Unbezweifelbarkeit.

Dieser lange Bericht über eine Lehrmeinung wird dennoch nicht unnütz gewesen sein, wenn er es uns ermöglicht, die notwendigen und hinreichenden Bedingungen genau anzugeben, unter denen eine Theorie der Fremdexistenz brauchbar ist.

1. Eine solche Theorie muß keinen neuen *Beweis* der Fremdexistenz herbeischaffen, oder ein Argument gegen den Solipsismus, das besser ist als die anderen. Wenn nämlich der Solipsismus verworfen werden muß, so kann das nur geschehen, weil er unmöglich ist oder, wenn man lieber will, weil niemand wirklicher Solipsist ist. Die Fremdexistenz kann immer in Zweifel gezogen werden, aber eben nur dann, wenn man am Anderen bloß mit Worten und abstrakt zweifelt, so wie ich schreiben kann, daß «ich an meiner eigenen Existenz zweifle», ohne das auch nur gedanklich fassen zu können. Kurz, die Fremdexistenz darf keine *Wahrscheinlichkeit* sein. Die Wahrscheinlichkeit kann nämlich nur Gegenstände betreffen, die in unserer Erfahrung sichtbar werden oder von denen neue Wirkungen in unserer Erfahrung erscheinen können. Wahrscheinlichkeit gibt es nur, wenn ihre Bestätigung oder Entkräftung jeden Augenblick möglich sein kann. Wenn der Andere sich grundsätzlich in seinem «Für-sich» außerhalb meiner Erfahrung befindet, wird die Wahrscheinlichkeit seiner Existenz als eines *anderen Selbst* niemals bestätigt oder entkräftet werden können, sie kann weder zunehmen noch abnehmen, es gibt für sie nicht einmal einen Maßstab: sie verliert also gerade ihr Wahrscheinlichkeit-Sein und wird zu einer rein romanhaften Annahme. In derselben Weise bleibt, wie Lalande gezeigt hat [1], eine Hypothese über die Lebewesen auf dem Mars so lange eine bloße Annahme und ohne irgendeine «Aussicht», wahr oder falsch zu sein, als wir nicht über Instrumente oder naturwissenschaftliche Theorien verfügen, die es uns ermöglichen, Tatsachen sichtbar werden zu lassen, die jene Hypothese bestätigen oder entkräften. Aber die Struktur des Anderen ist grundsätzlich eine solche, daß irgendeine neue Erfahrung niemals gemacht werden kann, daß keine neue Theorie die Hypothese von seiner Existenz bestätigen oder entkräften wird, daß kein Hilfsmittel neue Tatsachen aufdekken wird, die mich veranlassen, jene Hypothese zu bejahen oder zu verwerfen. Wenn also der Andere mir nicht unmittelbar gegenwärtig ist und wenn seine Existenz nicht ebenso sicher ist wie meine, so ist jede Vermutung über sie völlig bar jeden Sinnes. Aber ich vermute ja die Fremdexistenz gar nicht: ich bejahe sie. Eine Theorie

1 *Les théories de l'induction et de l'expérimentation.*

der Fremdexistenz muß mich also einfach in meinem Sein befragen, und muß vor allem – weit davon entfernt, einen Beweis zu ersinnen – die Grundlage dieser Gewißheit explizit machen. Anders ausgedrückt: Descartes hat seine Existenz nicht *bewiesen*. Ich habe nämlich in der Tat immer schon gewußt, daß ich existiere, ich habe niemals aufgehört, das cogito zu praktizieren. Ebenso beweisen meine Einwendungen gegen den Solipsismus – die ebenso lebhaft sind wie diejenigen, die der Versuch, am cogito zu zweifeln, hervorrufen könnte –, daß ich immer gewußt habe, der Andere existiere, und daß ich immer ein vollständiges, wenn auch implizites *Verständnis* seiner Existenz gehabt habe, daß dieses «vorontologische» Verständnis eine zuverlässigere und tiefere Einsicht in die Natur des Anderen und in seine Seinsbeziehung zu meinem Sein in sich schließt als alle Theorien, die man außerhalb dieses Verständnisses hat aufstellen können. Wenn die Fremdexistenz keine müßige Annahme, kein bloßer Roman ist, so deshalb, weil es so etwas wie ein *cogito* gibt, das sie betrifft. Dieses cogito muß ans Licht gezogen werden, seine Strukturen müssen explizit gemacht, seine Tragweite und seine Rechtsansprüche müssen bestimmt werden.

2. Aber andererseits hat der Mißerfolg Hegels uns gezeigt, daß der einzig mögliche Ausgangspunkt das kartesianische cogito ist. Außerdem stellt uns nur dieses auf die Ebene jener faktischen Notwendigkeit, die die der Fremdexistenz ist; was wir also, in Ermanglung eines Besseren, das cogito der Fremdexistenz nennen, verschmilzt mit meinem eigenen cogito. Noch einmal geprüft, muß mich das cogito aus sich heraus und auf den Anderen werfen, so wie es mich aus sich heraus und auf das An-sich geworfen hat; und dies nicht, indem es mir eine Struktur *a priori* meiner selbst enthüllt, die auf einen ebenso apriorischen Anderen gerichtet wäre, sondern indem es mir die konkrete und unzweifelbare Anwesenheit *dieses* oder *jenes* konkreten Anderen entdeckt, so wie es mir schon meine unvergleichbare, kontigente und trotzdem notwendige, konkrete Existenz enthüllt hat. Also muß man das Für-sich bitten, uns das Für-Andere auszuliefern, muß man die absolute Immanenz bitten, uns in die absolute Transzendenz zu versetzen: in der tiefsten Tiefe meiner selbst muß ich nicht Gründe finden, an den Anderen zu *glauben*, sondern muß ich den Anderen selbst finden als den, der nicht ich ist.

3. Und was das cogito uns enthüllen soll, ist kein Anderer-Objekt. Man hätte längst einmal darüber nachdenken sollen, daß, wer *Objekt* sagt, *wahrscheinlich* sagt. Wenn der Andere für mich Objekt ist, verweist er mich auf die Wahrscheinlichkeit. Aber die Wahrscheinlichkeit gründet sich ausschließlich auf die ins Unendliche gehende Kongruenz unserer Vorstellungen. Da der Andere weder eine

Vorstellung, noch ein System von Vorstellungen, noch ein notwendiges Gemeinsames unserer Vorstellung ist, kann er nicht *wahrscheinlich* sein; er kann *zunächst* nicht Objekt sein. Wenn er also *für uns* ist, so kann er dies weder als Bildungsfaktor unserer Welterkenntnis noch als Bildungsfaktor unserer Selbsterkenntnis sein, sondern insoweit, als er unser Sein «interessiert», und dies wiederum nicht insoweit, als er *a priori* dazu beitragen würde, es zu konstituieren, sondern insoweit, als er es konkret und «ontisch» unter den empirischen Umständen unserer Faktizität interessiert.

4. Wenn es sich darum handelt, beim Andern etwa das zu versuchen, was Descartes bei Gott mit jenem außerordentlichen «Beweis durch die Vollkommenheitsidee» versucht hat, der ganz erfüllt ist von der unmittelbaren Erkenntnis der Transzendenz, dann sind wir genötigt, bei unserer Auffassung des Anderen als solchen einen bestimmten Negationstyp zurückzuweisen, den wir äußere Negation genannt haben. Der Andere muß dem cogito als *nicht ich seiend* erscheinen. Diese Verneinung kann auf zweierlei Weise verstanden werden: entweder ist sie rein äußerliche Verneinung und scheidet den Anderen von mir wie eine Substanz von der anderen – in diesem Falle ist jede Ergreifung Anderer auf Grund der Begriffsbestimmung unmöglich –, oder aber sie ist innere Verneinung, was eine synthetische und aktive Verbindung der beiden Elemente bedeutet, von denen jedes sich konstituiert, indem es sich vorm anderen verleugnet. Diese negative Beziehung ist also wechselseitig und von zweifacher Innenweltlichkeit. Das bedeutet zunächst, daß die Vielheit der «Anderen» nicht eine *Ansammlung*, sondern eine *Ganzheit* ist – in dieser Hinsicht geben wir Hegel recht –, da ja der eine sein Sein im anderen findet; aber das bedeutet auch, daß diese Ganzheit so beschaffen ist, daß es grundsätzlich unmöglich ist, einen «Standpunkt gegenüber dem Ganzen» einzunehmen. Wir haben ja gesehen, daß kein abstrakter Bewußtseinsbegriff aus der Vergleichung meines Für-mich-selbst-Seins mit meiner Objektivität für Andere hervorgehen kann. Überdies ist diese Ganzheit, so wie die des Für-sich, eine unganze Ganzheit, denn das Für-Andere-da-sein bedeutet eine radikale Abweisung *des* Anderen, und keine ganzheitliche und vereinheitlichende Synthese der «Anderen» ist möglich.

Von diesen wenigen Bemerkungen ausgehend, werden wir versuchen, unsererseits die Frage des Anderen in Angriff zu nehmen.

IV

Der Blick

Diese Frau, die ich auf mich zukommen sehe, dieser Mann, der auf der Straße vorübergeht, dieser Bettler, den ich vor meinem Fenster singen höre, sind für mich *Objekte*, daran besteht kein Zweifel. Also ist es richtig, daß wenigstens eine der Modalitäten der Anwesenheit Anderer die *Objektheit* ist. Aber wir haben gesehen, daß die Fremdexistenz eine reine Annahme bleibt, solange dieses Objektheitsverhältnis das Grundverhältnis Anderer zu mir ist. Es ist aber nicht nur eine Annahme, sondern *wahrscheinlich*, daß diese Stimme, die ich höre, die eines Menschen und nicht der Gesang aus einem Grammophon ist, es ist unendlich *wahrscheinlich*, daß der Vorübergehende, den ich wahrnehme, ein Mensch ist und nicht ein vollendeter Roboter. Das bedeutet, daß meine Auffassung des Anderen als Objekt, ohne dabei die Grenzen der Wahrscheinlichkeit zu überschreiten und gerade wegen dieser Wahrscheinlichkeit wesenhaft auf eine grundlegende Ergreifung des Anderen hinweist, bei der der Andere sich nicht mehr als Objekt, sondern als «Anwesenheit in Person» entdecken wird. Kurz, damit ein Anderer wahrscheinliches und nicht traumartiges Objekt sei, darf seine Objektheit nicht auf ein ursprüngliches, außerhalb meiner Reichweite liegendes Alleinsein hinweisen, sondern auf eine grundlegende Verbindung, in der sich der Andere in ganz anderer Weise offenbart als durch die Erkenntnis, die ich von ihm gewinne. Die klassischen Theorien haben recht mit ihrer Ansicht, daß jeder wahrgenommene menschliche Organismus auf etwas *verweist* und daß das, worauf er verweist, die Grundlage und Gewähr für seine Wahrscheinlichkeit ist. Aber ihr Irrtum besteht in dem Glauben, daß diese Verweisung auf eine abgesonderte Existenz hinweist, auf ein Bewußtsein, das hinter seinen wahrnehmbaren Bekundungen steht, so wie bei Kant das Noumenon hinter der *Empfindung*. Ob nun dieses Bewußtsein in abgesondertem Zustand existiert oder nicht, jedenfalls verweist das Gesicht, das ich sehe, nicht auf dieses Bewußtsein, und dieses ist auch nicht die *Wahrheit* des wahrscheinlichen Objektes, das ich wahrnehme. Die faktische Verweisung auf ein zwillingsartiges Auftauchen, in dem der Andere für mich etwas Anwesendes wird, ist außerhalb der eigentlichen Erkenntnis gegeben – werde sie auch nur in einer dunklen und unaussagbaren Gestalt vom Typus der Intuition verstanden –, kurz, sie verweist auf ein «Mit-dem-Anderen-verkoppelt-Sein». Mit anderen Worten: man hat für gewöhnlich das Problem des Anderen so betrachtet, als wenn das Urverhältnis, in dem der Andere entdeckt wird, die Objektheit wäre, das heißt, als wenn der Andere sich zunächst – direkt oder indirekt – unserer Wahrnehmung enthüllte. Aber da diese Wahrnehmung sich auf Grund ihrer Eigentümlichkeit auf etwas anderes als auf sich selbst *bezieht*, und da sie weder auf eine unendliche Reihe von Erscheinungen gleichen Typs verweisen kann – wie es, für den Idealismus, die Wahrnehmung des Tisches oder des Stuhles tut –, noch auf eine abgegrenzte, grundsätzlich außerhalb meiner Reichweite liegende Entität, muß ihr Wesen darin bestehen, sich auf ein Urverhältnis meines Bewußtseins zu dem des Anderen zu beziehen, in welchem der Andere mir direkt als Subjekt, wenn auch als ein mit mir verbundenes, gegeben sein muß, und welches das Grundverhältnis, ja der Typus meines Für-Andere-Seins ist.

Indessen kann hier keine Rede davon sein, daß wir uns auf irgendeine mystische Erfahrung oder auf etwas Unaussagbares berufen wollen. Der Andere erscheint uns in der alltäglichen Wirklichkeit, und seine Wahrscheinlichkeit bezieht sich auf diese alltägliche Wirklichkeit. Das Problem präzisiert sich also: gibt es in der alltäglichen Wirklichkeit ein ursprüngliches Verhältnis zum Anderen, das ständig beobachtet werden und das sich infolgedessen mir entdekken kann, und zwar außerhalb jeder Beziehung auf etwas religiös oder mystisch Unerkennbares? Um das zu wissen, muß man genauer jene banale Erscheinung des Anderen im Felde meiner Wahrnehmung befragen: da *sie* es ist, die sich auf jenes Grundverhältnis bezieht, so muß sie fähig sein, uns das Verhältnis, auf das sie sich bezieht – wenigstens als beobachtete Wirklichkeit – aufzudecken.

Ich befinde mich in einem öffentlichen Park. Nicht weit von mir sehe ich einen Rasen und am Rande des Rasens Stühle. Ein Mensch geht an den Stühlen vorbei. Ich sehe diesen Menschen, ich erfasse ihn als Objekt, gleichzeitig auch als Menschen. Was bedeutet das? Was will ich damit sagen, wenn ich von diesem Objekt behaupte, daß es ein Mensch ist?

Wenn ich denken müßte, daß es weiter nichts als eine Puppe ist, würde ich ihm jene Kategorien beilegen, die mir gewöhnlich dazu dienen, die raum-zeitlichen «Dinge» zu gruppieren. Das heißt, ich würde ihn als etwas auffassen, das «neben» den Stühlen ist, 2,20 m vom Rasen weg einen gewissen Druck auf den Erdboden ausübt usw. Seine Beziehung zu den anderen Objekten würde von einem rein additiven Typus sein; das bedeutet, daß ich ihn verschwinden lassen könnte, ohne daß die gegenseitigen Beziehungen der anderen Objekte dadurch merklich geändert würden. Kurz, es würde *durch ihn* kein neues Verhältnis zwischen den Gegenständen meines Mikrokosmos in Erscheinung treten: *von meiner Seite aus* zu werkzeughaften Komplexen gruppiert und synthetisiert, würden sie *von seiner Seite aus* zu einer Vielheit indifferenter Verhältnisse auseinanderfallen. Ihn *dagegen als Menschen* wahrnehmen, heißt ein nicht additives Verhältnis des Stuhles zu ihm erfassen, heißt ein *entfernungsloses* Gebilde aus den Dingen meines Mikrokosmos um dieses bevorrechtigte Objekt herum zur Kenntnis nehmen. Wohl bleibt der Rasen 2,20 m von ihm entfernt; aber er ist *als Rasen* mit ihm auch im Rahmen eines Verhältnisses verbunden, das die Entfernung transzendiert und zugleich in sich enthält. Anstatt daß die beiden Endpunkte der Entfernung ununterschieden und vertauschbar sind und in einer wechselseitigen Beziehung stehen, *entfaltet sich* die Entfernung *von dem Menschen aus*, den ich sehe, *bis zu* dem Rasen als das synthetische Auftauchen eines einsinnigen Verhältnisses. Es handelt sich um ein Verhältnis *ohne Glieder*, das mit einem Male gegeben ist und in dessen Innerem sich eine Räumlichkeit entfaltet, die nicht *meine* Räumlichkeit ist, denn anstatt eine Gruppierung der Dinge *auf mich hin* zu sein, liegt eine *vor mir fliehende* Gerichtetheit vor. Wohl ist dieses entfernungs- und gliederlose Verhältnis keineswegs das von mir gesuchte ursprüngliche Verhältnis des Anderen zu mir: es betrifft zunächst nur den Menschen und die Dinge der Welt. Ferner ist es noch Gegenstand der Erkenntnis; ich drücke das zum Beispiel aus, indem ich sage, daß dieser Mensch den Rasen *sieht* oder daß er dabei ist, den Rasen trotz der Verbotstafeln zu betreten usw. Schließlich behält dieses Verhältnis den Charakter bloßer Wahrscheinlichkeit bei: zunächst ist es *wahrscheinlich*, daß dieses Objekt ein Mensch ist; und dann, angenommen es sei einer, ist es nur wahrscheinlich, daß er den Rasen in dem Augenblick, in dem ich ihn gewahre, *sieht:* er kann über irgendein Vorhaben nachdenken, ohne daß ihm seine Umgebung deutlich bewußt wird, er kann blind sein usw. Indessen hat dieses neue Verhältnis des Menschenobjektes zum Rasenobjekt eine besondere Eigentümlichkeit: es ist mir als Ganzes gegeben, denn es ist da, in der Welt, als ein Objekt, das ich erkennen kann (tatsächlich drücke ich ein objektives Verhältnis aus, wenn ich sage: Peter hat einen Blick auf seine Uhr geworfen, Johanna hat zum Fenster hinausgesehen usw.) und gleichzeitig entgeht es mir ganz und gar; in dem Maße, in dem das Menschenobjekt zum grundlegenden Element in diesem Verhältnis wird, in dem Maße, in dem dieses *nach dem Menschenobjekt tendiert,* entgeht es mir, ich kann mich nicht zu seinem Mittelpunkt machen; die Entfernung, die sich zwischen dem Rasen und dem Menschen entfaltet, und zwar durch das synthetische Auftauchen dieses Urverhältnisses hindurch, ist eine Negation der Entfernung, die ich – als eine typisch äußerliche Negation – zwischen diesen beiden Objekten herstelle. Sie erscheint als eine reine *Auflösung* der Verhältnisse, die ich zwischen den Dingen meines Mikrokosmos auffasse. Aber nicht von mir wird diese Auflösung realisiert; sie erscheint mir wie ein Verhältnis, das ich durch die Entfernungen hindurch, die ich ursprünglich zwischen den Dingen hergestellt habe, beobachte, das aber leer ist. Sie ist wie ein Hintergrund der Dinge, den ich grundsätzlich nicht zu fassen bekomme und der ihnen von außen her beigegeben wird. So ist also dasjenige, was ich die Erscheinung *eines* Menschen in meinem Mikrokosmos nenne, die Erscheinung eines Elementes der Auflösung *meines* Mikrokosmos zwischen den Dingen dieses Mikrokosmos. Der Andere, das ist zunächst die beständige Flucht der Dinge auf ein Ziel hin, was ich in einer gewissen Entfernung von mir als Objekt erfasse, was mir aber gleichzeitig insoweit entgeht, als es um sich herum seine eigenen Entfernungen entfaltet. Und diese Auflösung schreitet immer weiter fort; wenn zwischen dem Rasen und dem Anderen eine Beziehung ohne Entfernung und ohne Schöpfer von Entfernungen besteht, so besteht notwendigerweise eine Beziehung zwischen dem Anderen und der Statue, die auf ihrem Sockel *inmitten* des Rasens steht, sowie zwischen dem Anderen und den großen Kastanienbäumen entlang der Allee; ein ganzer Raum ordnet sich um den Anderen herum an, und dieser Raum wird *aus meinem Raum* gebildet; er ist eine Neuanordnung aller meinen Mikrokosmos anfüllenden Dinge, der ich beiwohne und die sich mir entzieht. Und diese Neuanordnung wird fortgesetzt; der Rasen ist ein Ding mit Eigenschaften: es ist *dieser* grüne Rasen, der für den Anderen da ist; in diesem Sinne steht sogar die Eigenschaft des Gegenstandes, sein tiefes und saftiges Grün, in direktem Verhältnis zu jenem Menschen; dieses Grün wendet dem Anderen eine Seite zu, die mir entgeht. Ich erfasse das *Verhältnis* des Grün zum Anderen als eine objektive Beziehung, aber ich kann das Grün nicht so erfassen, *wie* es dem Anderen erscheint. So ist plötzlich ein Gegenstand sichtbar geworden, der mir die Welt gestohlen hat. Alles ist an seinem Platz, alles ist immer für mich da, aber alles ist von einem unsichtbaren und regungslosen Ausrinnen auf einen neuen Gegenstand hin durchwaltet. Die Erscheinung des Anderen in der Welt entspricht also einem regungslosen Entgleiten des ganzen Mikrokosmos, einer Dezentrierung der Welt, die die Zentrierung unterminiert, die ich zur selben Zeit erwirke.

Aber der *Andere* ist auch noch Objekt für mich. Er gehört zu *meinen Entfernungen*: der Mensch ist dort, zwanzig Schritte von mir entfernt, er dreht *mir* den Rücken zu; als solcher ist er wiederum 2,20 m vom Rasen und 6 m von der Statue entfernt; demzufolge geht die Auflösung meines Mikrokosmos innerhalb der Grenzen dieses Mikrokosmos vor sich, es handelt sich nicht um ein Ausrinnen in Richtung auf das Nichts oder von sich weg. Eher sieht es so aus, als sei mitten in sein Sein ein Abflußloch gebohrt worden und als fließe es fortwährend durch dieses Loch ab. Der Mikrokosmos, das

Ausfließen und das Abflußloch – abermals ist alles wieder in meinem Besitz, wieder ergriffen und zum Objekt verfestigt: das alles ist *für mich* da wie eine Teilstruktur der Welt, obwohl es sich faktisch um die gänzliche Auflösung des Mikrokosmos handelt. Oft kann ich übrigens diese Auflösungen in noch engeren Grenzen halten: hier haben wir zum Beispiel einen Menschen, der beim Gehen liest. Die Auflösung des Mikrokosmos, die er vorstellt, ist bloß virtuell: er hat Ohren, die nichts hören, und Augen, die nur sein Buch sehen. Zwischen seinem Buch und ihm erfasse ich eine unleugbar entfernungslose Beziehung, von demselben Typus wie die, die vorhin den Spaziergänger mit dem Rasen verband. Aber in diesem Falle ist die Gestalt in sich geschlossen: ich kann ein vollständiges Objekt erfassen. Ich bin inmitten der Welt und kann sagen «lesender Mensch», so wie ich sagen würde «kalter Stein», «Nieselregen»; ich ergreife eine geschlossene «Gestalt», deren wesentliche Eigenschaft das *Lesen* bildet, die im übrigen aber blind und taub ist, sich wie ein schlechthin raum-zeitlicher Gegenstand erkennen und wahrnehmen läßt und sich zur übrigen Welt in einem Verhältnis rein indifferenter Außenweltlichkeit befindet. Freilich ist gerade die Eigenschaft «lesender Mensch» als Beziehung des Menschen zum Buch ein eigentümlicher kleiner Riß in meinem Mikrokosmos; im Innern dieser zuverlässigen und sichtbaren Formung bildet sich ein eigentümlicher Abfluß, sie ist nur anscheinend fest, ihr eigentlicher Sinn ist es, inmitten meines Mikrokosmos, zehn Schritt von mir weg, im Inneren dieser Festigkeit ein durchaus eingedämmtes und lokalisiertes Ausrinnen zu sein.

Mit alledem haben wir keineswegs das Gebiet verlassen, in dem der Andere *Objekt* ist. Höchstens haben wir es hier mit einem besonderen Typus von Gegenständlichkeit zu tun, ziemlich eng demjenigen benachbart, den Husserl mit dem Wort *Abwesendes* bezeichnet, ohne daß er jedoch darauf aufmerksam macht, daß der Andere nicht als die Abwesenheit eines Bewußtseins in bezug auf den von mir gesehenen Leib definiert wird, sondern durch die Abwesenheit der Welt, die ich gerade in der Tiefe meiner Wahrnehmung dieser Welt wahrnehme. Auf dieser Ebene ist der Andere ein Objekt der Welt, das sich selbst durch die Welt definieren läßt. Aber dieses Verhältnis von Ausrinnen und Abwesenheit der Welt in bezug auf mich ist nur wahrscheinlich. Wenn es die Gegenständlichkeit des Anderen definiert, auf welche ursprüngliche Anwesenheit des Anderen bezieht es sich dann? Wir können nunmehr antworten: wenn der Objekt-Andere in Verbindung mit der Welt als das Objekt definiert wird, was das *sieht,* was ich sehe, muß meine Grundbeziehung zum Subjekt-Anderen zurückgeführt werden können auf meine ständige Möglichkeit, vom Anderen *gesehen zu werden.* In und mittels der Enthüllung meines Objektseins für den Anderen muß ich die Anwesenheit seines Subjektseins erfassen können. Denn ebenso wie der Andere für mich als Subjekt ein wahrscheinliches Objekt ist, kann ich mich auf dem Wege, ein wahrscheinliches Objekt zu werden, nur entdecken, wenn dies für ein bestimmtes Subjekt geschieht. Diese Enthüllung kann sich nicht aus dem Umstand ergeben, daß *mein* Mikrokosmos für den Objekt-Anderen Objekt ist, so als ob der Blick des Anderen erst über den Rasen und die Dinge der Umgebung schweifte und sich dann, eine bestimmte Richtung einschlagend, auf mich heftete. Ich habe darauf hingewiesen, daß ich nicht Objekt für ein Objekt sein kann: es bedarf einer radikalen Verwandlung des Anderen, die ihn aus der Gegenständlichkeit entläßt. Ich kann also den Blick, den der Andere auf mich wirft, nicht als eine der möglichen Bekundungen seines objektiven Seins betrachten: der Andere kann *mich* nicht so ansehen, wie er den Rasen ansieht. Außerdem kann gerade meine Gegenständlichkeit sich *für mich* nicht aus der Gegenständlichkeit der Welt ergeben, da ja ich es bin, durch den es eine Welt *gibt*; das heißt, da ich der bin, der grundsätzlich für sich selbst nicht Objekt sein kann. Diese Beziehung, die ich «Vom-Anderen-gesehen-werden» nenne, stellt also – weit davon entfernt, eins der auch durch das Wort *Mensch* bezeichneten Verhältnisse zu sein – ein irreduzibles Faktum dar, was man weder vom Wesen des Objekt-Anderen noch von meinem Subjektsein ableiten kann. Sondern wenn der Begriff des Objekt-Anderen überhaupt einen Sinn haben soll, so kann er ihn im Gegenteil nur von der Umwandlung und Wertminderung dieses ursprünglichen Verhältnisses haben. Kurz, das, worauf sich meine Auffassung des Anderen in der Welt als *wahrscheinlich ein Mensch seiend* bezieht, ist meine ständige Möglichkeit, *von-ihm-gesehen-zu-werden*, das heißt, die ständige Möglichkeit für ein Subjekt, das mich sieht, sich an die Stelle des von mir gesehenen Objektes zu setzen. Das «Vom-Anderen-gesehen-werden» ist die *Wahrheit* des «den-Anderen-Sehens». Demnach kann der Begriff des Anderen unter keinen Umständen ein allein seiendes und außerweltliches Bewußtsein meinen, das ich nicht einmal denken kann: der Mensch wird in bezug auf die Welt und in bezug auf mich selbst definiert: er ist jenes Objekt der Welt, durch das ein inneres Ausfließen des Mikrokosmos determiniert wird, eine innere Blutung; er ist das Subjekt, das sich nur in jener Flucht meiner selbst zur Vergegenständlichung hin entdeckt. Aber das ursprüngliche Verhältnis von mir zum Anderen ist nicht nur eine abwesende, durch die konkrete Abwesenheit eines Objektes in meinem Mikrokosmos hindurch beobachtete Wahrheit; – es ist auch eine konkrete und alltägliche Beziehung, die ich alle Augenblicke erfahre: jeden Augenblick *sieht* der Andere *mich an:* es fällt uns also nicht schwer, eine mit Beispielen belegte Beschreibung dieser Grundverbindung zu versuchen, die die Basis jeder Theorie des Anderen bilden muß; wenn der Andere grundsätzlich der ist, *der mich ansieht*, müssen wir den Sinn dieses Blickes des Anderen explizit machen können.

Jeder auf mich gerichtete Blick offenbart sich in Verbindung mit dem Sichtbarwerden einer empfindungsfähigen Gestalt in unserem Wahrnehmungsfeld, aber im Gegensatz zu dem, was man glauben sollte, ist er mit keiner bestimmten Gestalt verbunden. Ohne Zweifel ist das Sichrichten zweier Augen auf mich dasjenige, was *am häufigsten* einen Blick offenbart. Aber er würde ebensogut gelegentlich eines Raschelns von Zweigen, eines von Stille gefolgten Geräusches von Schritten, eines halb offenstehenden Fensterladens, der leichten Bewegung einer Gardine gegeben sein. Bei einem Handstreich erfassen die Männer, die durch das Gebüsch kriechen, als einen *zu vermeidenden Blick* nicht zwei Augen, sondern ein ganzes weißes Bauernhaus, das sich oben auf einem Hügel gegen den Himmel abzeichnet. Es versteht sich von selbst, daß ein so beschaffenes Objekt den Blick erst nur als wahrscheinlich offenbart. Es ist nur wahrscheinlich, daß hinter dem Gebüsch, das sich eben bewegt hat, jemand versteckt ist, der mich belauert. Aber diese Wahrscheinlichkeit soll uns im Augenblick nicht aufhalten: wir kommen noch darauf zurück; zunächst ist wichtig, den Blick an und für sich zu definieren. Das Gebüsch und das Bauernhaus sind also nicht der Blick: sie stellen nur das *Auge* dar, denn das Auge wird zunächst nicht als Sinnesorgan für das Sehen aufgefaßt, sondern als Träger des Blicks. Sie verweisen also nie auf die körperlichen Augen des hinter dem Gebüsch, hinter einem Fenster des Bauernhauses versteckten Aufpassers: für sich allein sind es schon Augen. Andererseits ist der Blick weder eine der verschiedenen Eigenschaften des Objektes, das als Auge tätig ist, noch die ganzheitliche Gestalt dieses Objektes, noch eine «weltliche» Beziehung, die zwischen dem Objekt und mir entsteht. Ganz im Gegenteil: weit davon entfernt, den Blick *an* jenen Objekten, die ihn offenbaren, wahrzunehmen, erscheint meine Auffassung eines auf mich gerichteten Blickes auf dem Grunde einer Zerstörung der Augen, die «mich erblicken»: wenn ich den Blick erfasse, nehme ich die Augen nicht mehr wahr: sie sind da, sie verbleiben in meinem Wahrnehmungsfelde als reine *Darbietungen*, aber ich mache von ihnen keinen Gebrauch, sie sind neutralisiert, nicht mit im Spiele, sie sind nicht mehr Gegenstand einer Setzung, sie verbleiben im Zustand des «Ausgeschaltetseins», in dem sich die Welt für ein Bewußtsein befindet, das die von Husserl vorgeschriebene phänomenologische Reduktion ausgeführt hat. Niemals kann man Augen, die einen ansehen, schön oder häßlich finden, kann man ihre Farbe feststellen. Der Blick des Anderen verbirgt seine Augen, er scheint *vor ihnen* zu stehen. Die Täuschung kommt daher, daß die Augen als Gegenstände meiner Wahrnehmung in einer bestimmten Entfernung verharren, die sich von mir zu ihnen entfaltet – kurz, ich bin bei den Augen ohne Entfernung anwesend, aber die Augen sind von dem Orte entfernt, an dem ich «mich befinde» –, während der Blick ohne Entfernung auf mir ruht und mich zugleich entfernt hält, das heißt, daß seine für mich unmittelbare Gegenwart eine Entfernung entfaltet, die mich von ihm fernhält. Ich kann also meine Aufmerksamkeit nicht auf den Blick lenken, ohne daß meine Wahrnehmung sich im gleichen Augenblick auflöst und in den Hintergrund tritt. Es geschieht hier etwas demjenigen Analoges, was ich an anderer Stelle zum Thema das Eingebildeten [1] zu zeigen versucht habe; wir können, sagte ich dort, nicht gleichzeitig wahrnehmen und einbilden, es kann nur eins oder das andere sein. Hier würde ich gern sagen: wir können nicht die Welt wahrnehmen und gleichzeitig einen auf uns gehefteten Blick erfassen; es kann nur das eine oder das andere geschehen. Wahrnehmen ist nämlich *erblicken*, und einen Blick erfassen ist nicht ein Blick-Objekt in der Welt auffassen (es sei denn, dieser Blick wäre nicht auf uns gerichtet), es ist vielmehr Bewußtsein davon erlangen, *erblickt zu werden*. Der Blick, den die *Augen* offenbaren, von welcher Art sie auch sein mögen, ist reine Verweisung auf mich selbst. Was ich unmittelbar wahrnehme, wenn ich die Zweige hinter mir brechen höre, ist nicht, daß *irgendjemand da ist*, sondern ist vielmehr, daß ich verletzlich bin, daß ich einen Leib habe, der verwundet werden kann, daß ich mich an einer bestimmten Stelle befinde und daß ich auf keinen Fall von dort entweichen kann, wo ich ohne Verteidigungsmittel bin, kurz, daß ich *gesehen werde*. So ist der Blick zunächst ein Mittelglied, das von mir auf mich verweist. Von welcher Beschaffenheit ist dieses Mittelglied? Was bedeutet für mich: gesehen werden?

Nehmen wir an, ich sei aus Eifersucht, aus Neugier oder lasterhafterweise so weit gekommen, mein Ohr an eine Tür zu legen oder durch ein Schlüsselloch zu spähen. Ich bin allein und befinde mich auf der Ebene des nichtsetzenden Bewußtseins (von) mir. Das bedeutet zunächst, daß es kein Ich gibt, das mein Bewußtsein bewohnen könnte. Es gibt also nichts, zu was ich meine Akte in Beziehung setzen könnte, um sie näher zu bestimmen. Sie werden in keiner Weise *erkannt*, aber *ich bin sie*, und auf Grund dieser Tatsache tragen sie ihre vollkommene Rechtfertigung in sich. Ich bin reines Bewußtsein *der* Dinge und die in den Umkreis meiner Selbstheit hineingenommenen Dinge bieten mir ihre Wirkfähigkeiten dar als Antwort meines nichtsetzenden Bewußtseins (von) meinen eigenen Möglich-

1 *L'Imaginaire*, Nouvelle Revue Française, 1939.

keiten. Das bedeutet, daß hinter dieser Tür ein Schauspiel als «zu sehen» geboten wird, eine Unterhaltung als «zu hören». Die Tür und das Schloß sind Hilfsmittel und Hindernisse zugleich: sie stellen sich dar als «mit Vorsicht zu handhaben»; das Schloß bietet sich als etwas an, «was man von der Nähe und etwas von der Seite zu betrachten hat» usw. Nunmehr «tue ich, was ich tun muß»; keine transzendente Schau verleiht meinen Akten den Charakter des *Gegebenen,* über das ich ein Urteil fällen könnte: mein Bewußtsein haftet an meinen Akten, es *ist* meine Akte, sie werden nur von dem zu erreichenden Ziel und von den anzuwendenden Hilfsmitteln geleitet. Meine Haltung zum Beispiel hat keine «Außenseite», sie ist reine Inbezugsetzung des Hilfsmittels (Schlüsselloch) zu dem zu erreichenden Ziel (Schauspiel, das zu sehen ist), eine reine Art und Weise, mich in der Welt zu verlieren, mich von den Dingen aufsaugen zu lassen wie die Tinte von einem Löschblatt, damit sich ein auf ein Ziel hingeordneter Zeugkomplex synthetisch von dem Grunde der Welt abheben kann. Die Reihenfolge ist umgekehrt wie bei der Kausalreihe: das zu erreichende Ziel ordnet die Momente zusammen, die ihm vorhergehen; das Ziel rechtfertigt die Mittel, die Mittel bestehen nicht für sich selbst und nicht außerhalb des Zieles. Das Ganze existiert übrigens nur in bezug auf einen freien Entwurf meiner Möglichkeiten: gerade die Eifersucht als eine Möglichkeit, die ich *bin,* gestaltet jenen Zeugkomplex, indem sie ihn auf sich selbst hin transzendiert. Aber diese Eifersucht *bin* ich nur, ich erkenne sie nicht. Nur der weltliche Zeugkomplex könnte mich über sie belehren, wenn ich ihn betrachtete, anstatt ihn zu gestalten. Dieses Ganze in der Welt mit seiner zweifachen und umgekehrten Bestimmtheit – es gibt nur deshalb ein Schauspiel hinter der Tür *zu seh*en, weil ich eifersüchtig bin, aber meine Eifersucht ist nichts, sie sei denn der einfache objektive Tatbestand, daß es hinter der Tür ein Schauspiel *zu sehen gibt* – nennen wir *Situation.* Diese Situation spiegelt mir meine Faktizität und zugleich meine Freiheit wider; bei Gelegenheit einer bestimmten objektiven Struktur der mich umgebenden Welt wirft sie meine Freiheit auf mich zurück, und zwar in Gestalt freiwillig durchzuführender Aufgaben; es gibt da keinen Zwang, denn meine Freiheit frißt an meinen Möglichkeiten, und die Wirkfähigkeiten der Welt zeigen sich an und bieten sich dar nur in Wechselwirkung zu ihr. Deshalb kann ich mich in Wirklichkeit nicht definieren als in Situation *seiend:* erstens weil ich kein setzendes Bewußtsein meiner selbst bin, zweitens weil ich mein eigenes Nichts bin. In diesem Sinne – und weil ich ja bin, was ich nicht bin, und nicht bin, was ich bin – kann ich mich nicht einmal definieren als einer, der wirklich auf dem Wege *ist,* an Türen zu lauschen, ich entziehe mich einer solchen vorläufigen Definition meiner selbst mittels meiner ganzen Transzendenz; hier liegt, wie wir gesehen haben, der Ursprung der Unwahrhaftigkeit; so kann ich mich also nicht nur nicht *erkennen*, sondern mein Sein selbst entgeht mir – obwohl ich ja dieses meinem Sein Entgehen *bin* –, und ich bin nichts ganz; es gibt *da* weiter nichts als ein reines Nichts, das ein bestimmtes objektives, sich in der Welt abzeichnendes Ganzes, ein reales System, eine Anordnung von Mitteln in Hinblick auf ein Ziel umgibt und entstehen läßt.

Jetzt habe ich Schritte im Vorsaal gehört: man sieht mich. Was soll das heißen? Das soll heißen, daß ich in meinem Sein plötzlich von etwas betroffen werde und daß in meinen Strukturen wesentliche Veränderungen auftreten – Veränderungen, die ich erfassen und durch das reflexive *cogito* begrifflich festlegen kann.

Zunächst bin ich hier und existiere als Ich für mein unreflektiertes Bewußtsein. Gerade diesen Einbruch des Ich hat man sehr häufig beschrieben: ich sehe *mich*, weil *man* mich sieht, so sagte man. Das ist in dieser Form nicht ganz richtig. Aber wir wollen genauer prüfen: solange wir das Für-sich in seinem Alleinsein betrachteten, haben wir die These stützen können, daß das unreflektierte Bewußtsein nicht von einem Ich bewohnt sein könnte: das Ich war, als Objekt, nur dem reflexiven Bewußtsein gegeben. Aber jetzt sehen wir, daß das Ich das unreflektierte Bewußtsein heimsucht. Das unreflektierte Bewußtsein ist aber Bewußtsein *der* Welt. Das Ich existiert für dieses also auf der Ebene der Objekte der Welt; jene Rolle, die nur dem reflexiven Bewußtsein zufiel, nämlich die Vergegenwärtigung des Ich, gehört jetzt dem unreflektierten Bewußtsein. Allerdings hat das reflexive Bewußtsein das Ich direkt zum Objekt. Das unreflektierte Bewußtsein ergreift die *Person* nicht direkt und nicht als *sein* Objekt: die Person ist dem Bewußtsein gegenwärtig, *insofern sie Objekt für Andere ist.* Das bedeutet, daß ich mit einem Male Bewußtsein meiner selbst habe, soweit ich mir entgehe, und zwar nicht, insoweit ich die Grundlage meines eigenen Nichts bin, sondern insoweit ich meine Grundlage außerhalb meiner selbst habe. Für mich bin ich nur als reine Verweisung auf Andere. Indessen darf man das hier nicht so verstehen, als ob der Andere das Objekt sei und als ob das meinem Bewußtsein gegenwärtige ego eine nebensächliche Struktur oder eine Bedeutung des Anderer-Objektes sei; der Andere ist hier nicht Objekt und kann auch, wie wir gezeigt haben, nicht Objekt sein, ohne daß im selben Augenblick das Ich aufhört, Objekt-für-Andere zu sein, und sich auflöst. So beobachte ich nicht den Anderen als Objekt, auch nicht mein *ego* als Objekt für mich selbst, ich kann nicht einmal eine leere Intention auf dieses *ego* als auf ein gegenwärtig außerhalb meiner Reichweite befindliches Objekt richten; denn es ist von mir durch ein Nichts geschieden, das ich nicht ausfüllen kann, weil ich das ego ja ergreife, *insofern es nicht für mich ist* und grundsätzlich für den *Anderen* existiert; ich ziele also nicht darauf hin, insofern es mir eines Tages gegeben sein könnte, sondern, im Gegenteil, insofern es grundsätzlich vor mir flieht und mir niemals erscheinen wird. Und dennoch *bin* ich es, ich weise es nicht zurück wie ein befremdendes Bild, sondern es ist mir gegenwärtig wie ein Ich, das ich *bin*, ohne es zu *erkennen*, denn nur in der Scham (in anderen Fällen im Hochmut) entdecke ich es; die Scham oder der Stolz enthüllen mir den Blick des Anderen und mich selbst am Ziele dieses Blickes, sie bewirken, daß ich die Situation eines Erblickten *erlebe*, nicht *erkenne*. Die Scham aber ist, wie wir zu Beginn dieses Kapitels anmerkten, Scham über *sich selbst*, sie ist *Anerkennung* des Tatbestandes, daß ich wirklich jenes Objekt *bin*, das der Andere ansieht und aburteilt. Ich kann mich nur über meine Freiheit schämen, insofern sie mir entgeht und ein *gegeben*es Objekt wird. So ist ursprünglich das Band zwischen meinem unreflektierten Bewußtsein und meinem erblickten ego ein Band nicht des Erkennens, sondern des Seins. Ich bin, jenseits aller Erkenntnis, die ich haben kann, jenes Ich, das ein Anderer erkennt. Und dieses Ich, das ich bin, bin ich in einer Welt, die der Andere mir entfremdet hat; denn der Blick des Anderen umfaßt mein Sein und, in Wechselwirkung dazu, die Wände, die Tür, das Schloß; alle diese Zeug-Dinge, in deren Mitte ich bin, wenden dem Anderen eine Seite zu, die mir grundsätzlich entgeht. So bin ich mein *ego* für den Anderen inmitten einer Welt, die in Richtung auf den Anderen abfließt. Aber vorhin haben wir das Abfließen *meiner* Welt in Richtung auf den Objekt-Anderen eine innere Blutung nennen können: die Blutung wurde nämlich durch den Umstand aufgehalten und lokalisiert, daß ich diesen Anderen, auf den hin meine Welt blutete, zu einem Gegenstand *meiner* Welt erstarren ließ; so war nicht ein Tropfen Blut verlorengegangen, alles war zurückgewonnen, eingekreist, lokalisiert, wenn daraus auch ein Sein wurde, in das ich nicht eindringen konnte. Jetzt aber hat im Gegenteil das Ausrinnen kein Ende, es verliert sich in die Außenwelt, die Welt fließt aus der Welt fort, und ich fließe aus mir fort; der Blick des Anderen bewirkt, daß ich jenseits meines In-dieser-Welt-Seins bin, inmitten einer Welt, die *diese hier* und zugleich über diese Welt hier hinaus ist. Was für Beziehungen kann ich zu diesem Sein, das ich bin und das die Scham mir entdeckt, unterhalten?

Erstens eine Seinsbeziehung. Ich *bin* dieses Sein. Keinen Augenblick denke ich daran, es zu leugnen; meine Scham ist ein Geständnis. Später könnte ich die Unwahrhaftigkeit dazu benutzen, mich zu verkleiden, aber auch die Unwahrhaftigkeit ist ein Geständnis, denn sie ist ein Bemühen, dem Sein zu entfliehen, das ich bin. Aber dieses Sein, das ich bin, bin ich nicht in der Weise des «zu sein Habens», auch nicht in der Weise des «ich war», ich gründe es nicht in seinem Sein; ich kann es nicht direkt hervorbringen, aber es ist auch nicht die indirekte und doch unvermeidliche Wirkung meiner Akte, so wie mein Schatten auf der Erde oder mein Bild im Spiegel sich bewegen in Verbindung mit den Bewegungen, die ich mache. Dieses Sein, das ich bin, bewahrt eine gewisse Unbestimmtheit, eine gewisse Unberechenbarkeit. Und diese neuen Eigentümlichkeiten kommen nicht nur daher, daß ich den Anderen nicht *erkennen* kann, sie kommen auch und vor allem daher, daß der Andere frei ist; oder, um genauer zu sein und dabei die Glieder zu vertauschen, die Freiheit des Anderen enthüllt sich mir durch die beunruhigende Bestimmtheit des Seins hindurch, das ich für ihn bin. So ist dieses Sein nicht mein Mögliches, es steht im Innern meiner Freiheit nicht immer in Frage: es ist im Gegenteil die Grenze meiner Freiheit, ihre «Bildseite» in dem Sinne, in dem man von den «Bildseiten der Spielkarten» spricht, die die Mitspielenden nicht sehen können, es ist mir als eine Last aufgebürdet, die ich trage, ohne mich jemals, um sie kennenzulernen, nach ihr umwenden zu können, ohne auch nur ihr Gewicht fühlen zu können; wenn es mit meinem Schatten vergleichbar ist, dann mit einem Schatten, der auf eine bewegliche und unberechenbare Substanz fällt, die so beschaffen ist, daß keine Formelsammlung es ermöglichen würde, diese Verzerrungen zu berechnen, die sich aus jenen Bewegungen ergeben. Und dennoch handelt es sich um *mein* Sein und nicht um ein Abbild meines Seins. Es handelt sich um mein Sein, so wie es in der und durch die Freiheit des Anderen geschrieben steht. Alles geht so vor sich, als ob ich eine Seinsdimension hätte, von der ich durch ein tiefgreifendes Nichts getrennt bin: und dieses Nichts ist eben die Freiheit des Anderen; der Andere hat mein Für-ihn-Sein insoweit sein zu lassen, als er sein Sein zu sein hat, und so spannt mich jede meiner freien Verhaltensweisen in eine Umgebung ein, in der die Substanz meines eigenen Seins die unberechenbare Freiheit eines Anderen ist. Und dennoch erhebe ich gerade durch meine Scham Anspruch auf diese Freiheit eines Anderen als auf die meine, ich behaupte eine tiefe Gemeinsamkeit der Bewußtseinsindividuen, nicht jene Harmonie der Monaden, die man bisweilen als Gewähr für Objektivität angesehen hat, sondern eine Gemeinsamkeit des Seins, denn ich bin damit einverstanden und ich wünsche, daß die Anderen mir ein Sein zuteilen, das ich anerkenne.

Die Scham enthüllt mir aber, daß ich dieses Sein *bin.* Nicht in der Weise des «ich war» oder des «zu sein Habens», sondern an-sich. Allein kann ich mein «Sitzend-sein» nicht realisieren; höchstens kann man sagen, daß ich es bin und gleichzeitig nicht bin. Es genügt, daß der Andere mich ansieht, damit ich das bin, was ich bin. Gewiß nicht für mich selbst: ich werde niemals dahin gelangen, jenes Sitzend-sein zu realisieren, was ich im Blick des Anderen erfasse, ich werde immer Bewußtsein bleiben; wohl aber für den Anderen. Wieder einmal erstarrt das nichtende Entweichen des Für-sich, wieder einmal bildet sich das An-sich neu auf dem Für-sich. Aber wieder einmal geht diese Umwandlung *in Entfernung* vor sich: für den Anderen *sitze ich*, wie dieses Tintenfaß auf dem Tische *steht;* für den Anderen *beuge ich mich* über das Schlüsselloch, so wie jener Baum vom Winde *gebeugt* ist. So habe ich für den Anderen meine Transzendenz abgeworfen. Denn für jeden, der Zeuge wird, das heißt für jeden, der als diese Transzendenz *nicht seiend* determiniert ist, wird sie tatsächlich zu einer rein festgestellten, rein gegebenen Transzendenz, das heißt, sie wird ein Stück Natur schon auf Grund der Tatsache, daß der *Andere* ihr eine Außenseite verleiht, und zwar nicht mittels irgendeiner Verunstaltung oder einer durch seine Kategorien hindurch bewirkten Verzerrung, sondern durch sein Sein selbst. Wenn es einen Anderen gibt, wer er auch sei, wo er auch sei, auch wenn er auf mich nicht anders als durch das bloße Auftauchen seines Seins einwirkt – so habe ich eine Außenseite, bin ich ein Stück Natur; mein eigentlicher Sündenfall ist die Existenz des Anderen; die Scham ist – wie der Stolz – die Erfassung meiner selbst als Natur, wenn auch diese Natur mir entgeht und als solche unerkennbar ist. Es ist genaugenommen nicht so, als ob ich das Gefühl hätte, meine Freiheit einzubüßen und eine *Sache* zu werden, sondern meine Freiheit ist dort, außerhalb meiner erlebten Freiheit, sie ist wie ein von jenem Sein, das ich für den Anderen bin, verliehenes Attribut. Ich ergreife den Blick des Anderen im Innern meines *Aktes* als eine Verhärtung und Entfremdung meiner eigenen Möglichkeiten. Diese Möglichkeiten, die ich *bin*, sind in der Tat die Bedingung meiner Transzendenz, und in der Furcht, bei dem ängstlichen oder vorsichtigen Warten fühle ich, daß sie anderswo und einem Anderen gegeben sind, so als müßten sie ihrerseits durch dessen eigene Möglichkeiten transzendiert werden. Der Andere ist als Blick weiter nichts als: meine transzendierte Transzendenz. Ohne Zweifel *bin* ich stets meine Möglichkeiten in der Weise des nichtsetzenden Bewußtseins (von) diesen Möglichkeiten; aber gleichzeitig entfremdet sie mir der Blick: bis dahin ergriff ich diese Möglichkeiten, die ich in bezug auf die Welt und in der Welt habe, setzend und als Wirkfähigkeit von Zeug; die düstere Ecke im Korridor spiegelt mir die Möglichkeit wider, mich als eine einfache potentielle Eigenschaft ihres Halbdunkels, als ein Trumpfblatt ihrer Dunkelheit zu verstecken. Diese Eigenschaft oder dieser Zeugcharakter eines Objektes gehörte nur ihr selbst an und war als objektive und ideale Eigentümlichkeit gegeben, die ihre reale Zugehörigkeit zu jenem Komplex betonte, den wir *Situation* genannt haben. Aber mit dem Blick des Anderen prägt sich eine neue Gliederung von Komplexen der ersteren auf. Mich als gesehen ergreifen heißt nämlich, mich als *in der* Welt gesehen und von der Welt aus ergreifen. Der Blick schneidet mich nicht aus dem Universum heraus, er sucht mich in der Tiefe meiner Situation auf und erfaßt von mir nur unzerstörbare Beziehungen zum Zeug: wenn ich als sitzend gesehen werde, muß ich als «auf-einem-Stuhle-sitzend» gesehen werden, wenn ich als gekrümmt gesehen werde, dann als «über-das-Schlüsselloch-gekrümmt» usw. Aber zugleich beinhaltet die Entfremdung meiner selbst, die das *Gesehenwerden* ist, die Entfremdung der Welt, die ich gestalte. Ich werde auf diesem Stuhle sitzend gesehen, insofern ich ihn nicht sehe, insofern es unmöglich ist, daß ich ihn sehe, insofern er mir entgeht, um sich mit anderen Beziehungen und anderen Entfernungen und inmitten anderer Gegenstände, die gleichfalls für mich eine geheime Seite haben, zu einem neuen und anders orientierten Komplex zu organisieren. Ich, der ich – als meine Möglichkeiten – dasjenige bin, was ich nicht bin, und nicht dasjenige bin, was ich bin – ich *bin* also irgendeiner. Und was ich bin – und was sich mir grundsätzlich entzieht –, bin ich *innerhalb der Welt*, insofern sie sich mir entzieht. Auf Grund dieser Tatsache zerfällt mein Bezug zum Gegenstand oder zur Wirkfähigkeit des Gegenstandes unter dem Blick des Anderen und erscheint für mich in der Welt als meine Möglichkeit, den Gegenstand zu benutzen, insoweit diese Möglichkeit sich mir grundsätzlich entzieht, das heißt, insoweit sie vom Anderen auf seine eigenen Möglichkeiten hin überschritten wird. Zum Beispiel wird die Wirkfähigkeit des dunklen Winkels zu einer gegebenen Möglichkeit, mich in dem Winkel zu verstecken, und zwar allein auf Grund der Tatsache, daß der Andere sie auf seine Möglichkeit hin, in den Winkel mit seiner Taschenlampe hinein zu leuchten, überschreiten kann. Diese Möglichkeit ist da, ich erfasse sie, aber als ob sie abwesend wäre, *im Anderen,* und zwar infolge meiner Angst und meines Entschlusses, auf dieses Versteck zu verzichten, das *«nur wenig sicher»* ist. Auf diese Weise stellen sich meine Möglichkeiten für mein unreflektiertes Bewußtsein insoweit dar, als der Andere *mich belauert.* Wenn ich seine zu allem bereite Haltung sehe, seine Hand in der Tasche, wo er eine Waffe hat, seinen Finger auf dem Klingelknopf, um «bei der geringsten Bewegung meinerseits» die Wache zu alarmieren, dann lerne ich meine Möglichkeiten, zur selben Zeit, wo ich sie *bin,* von außen her und durch ihn kennen, beinahe so, wie man seinen Gedanken objektiv durch die Sprache kennenlernt, und zwar in dem Augenblick, in dem man ihn denkt, *um* ihn in Worte zu fassen. Dieses Bestreben, zu entfliehen, das mich beherrscht und erfüllt und das ich *bin*, lese ich im Blick des Aufpassers und noch in jenem anderen Blick: der auf mich gerichteten Waffe. Der Andere lehrt mich das Bestreben, insofern er es vorausgesehen hat und vereitelt. Er lehrt es mich, insofern er es überschreitet und unwirksam macht. Aber ich erfasse nicht dieses Überschreiten selbst, ich erfasse einfach den Tod meiner Möglichkeit. Ein spitzfindiger Tod: denn meine Möglichkeit, mich zu verstecken, ist immer noch *meine* Möglichkeit; insofern ich sie *bin*, lebt sie immer noch; unaufhörlich macht die dunkle Ecke mir Zeichen, strahlt sie ihre Wirkfähigkeit auf mich zurück. Aber wenn die Zeugbeschaffenheit definiert wird durch den Umstand, *«überschritten werden zu können in Richtung auf...»*, dann wird meine Möglichkeit selber zum Zeug. Meine Möglichkeit, mich in dem Winkel zu verstecken, wird zu dem, was der Andere auf seine Möglichkeit hin überschreiten kann, mich zu entlarven, zu identifizieren, festzunehmen. *Für den Anderen* ist sie, wie alles Zeug, ein Hindernis und zugleich ein Mittel. Ein Hindernis, denn sie zwingt ihn zu gewissen neuen Akten (auf mich zugehen, seine Taschenlampe anknipsen). Ein Mittel, denn einmal in dieser Sackgasse entdeckt, «hat man mich». Anders ausgedrückt: jeder gegen den Anderen gerichtete Akt kann grundsätzlich für den Anderen ein Werkzeug werden, das er gegen mich benutzt. Und ich erfasse gerade den Anderen nicht in der klaren Sicht dessen, was er aus meinem Akt machen kann, sondern in einer Furcht, die alle meine Möglichkeiten als zweischneidig *sieht.* Der Andere ist der heimliche Tod meiner Möglichkeiten insofern, als ich diesen Tod inmitten der Welt verborgen erlebe. Die Verbindung meiner Möglichkeit zum Zeug ist nur noch die zweier Werkzeuge, die außerhalb von mir einander zugeordnet sind, und zwar in Hinblick auf ein Ziel, das ich nicht sehe. Die Dunkelheit der düsteren Ecke und meine Möglichkeit, mich dort zu verstecken, werden *gleichzeitig* vom Anderen überschritten, wenn er in den Winkel mit seiner Lampe hineinleuchtet, bevor ich habe eine Bewegung machen können, mich dorthin zu flüchten. In dem plötzlichen Stoß, der mich erschüttert, wenn ich den Blick des Anderen gewahr werde, ist enthalten, daß ich mit einem Male eine durchgreifende Entfremdung aller meiner Möglichkeiten erlebe, die weit weg von mir inmitten der Welt mit den Dingen der Welt zusammengeordnet werden.

Hieraus ergeben sich aber zwei wichtige Folgerungen. Die erste ist, daß meine Möglichkeit außerhalb meiner selbst zur *Wahrscheinlichkeit* wird. Insofern sie der Andere als von einer Freiheit angefressen erfaßt, die er nicht ist, von der er aber Zeuge ist und deren Auswirkungen er berechnet, ist sie reine Unbestimmtheit im Spiel der Möglichkeiten, und gerade dadurch weiß ich von ihnen. Später, wenn wir mit dem Anderen durch die Sprache in direkter Verbindung stehen und allmählich erfahren, was er von uns denkt, kann uns so etwas zugleich bezaubern und erschrecken: «Ich schwöre dir, ich werde es tun!» – «Das kann leicht sein. Du sagst es, und ich will es gern glauben; es ist tatsächlich möglich, daß du es tust.» Der Sinn dieses Gespräches ist es, daß der Andere ursprünglich vor meiner Freiheit steht wie vor einer gegebenen Eigenschaft von etwas Undeterminiertem, so wie vor meinen Möglichkeiten, als seien sie das für mich Wahrscheinliche. Ursprünglich empfinde ich mich nämlich dort, *für den Anderen,* und dieser skizzenhafte Schemen meines Seins trifft mich im Herzen, denn aus Scham, Wut und Furcht nehme ich mich immer wieder als solchen auf mich. Nehme ich mich blindlings auf mich, denn *ich erkenne nicht,* was ich auf mich nehme: ich *bin* es einfach.

Andererseits erscheint mir das Insgesamt, das einerseits aus Zeug und andererseits aus der Möglichkeit meiner selbst gegenüber dem Zeug besteht, als vom Anderen überschritten und zu Welt gestaltet. Unter dem Blick des Anderen weicht die «Situation» von mir oder, um eine banale, aber unseren Gedanken gut wiedergebende Wendung zu benutzen: *ich bin nicht Herr der Situation.* Oder genauer, ich bleibe zwar ihr Herr, aber sie bekommt eine reale Dimension, durch die sie sich mir entzieht, mit deren Hilfe unvorhergesehene Wendungen sie eine andere *sein lassen,* als sie mir erscheint. Gewiß kann es vorkommen, daß ich in völliger Einsamkeit etwas tue, dessen Folgen meinen Berechnungen und Wünschen genau entgegengesetzt sind: langsam ziehe ich ein Brettchen mit einer zerbrechlichen Vase an mich heran. Aber diese meine Bewegung hat zur Folge, daß eine Bronzefigur umfällt, die die Vase in tausend Stücke zerschlägt. Immerhin gibt es hierbei nichts, was ich nicht hätte voraussehen können, wenn ich besser aufgepaßt hätte, wenn ich die Anordnung der Gegenstände beachtet hätte usw.: es gibt hierbei *nichts, was mir grundsätzlich entgeht.* Im Gegensatz dazu läßt die Erscheinung des Anderen in meiner Situation eine Seite sichtbar werden, die ich nicht gewollt habe, deren ich nicht Herr bin und die mir grundsätzlich entgeht, weil sie *für den Anderen* ist. Das hat Gide sehr glücklich «den Anteil des Teufels» [1] genannt. Es ist die unberechenbare und doch reale *Kehrseite.* Diese Unberechenbarkeit darzustellen hat die Kunst eines Kafka sich in «Der Prozeß» und «Das Schloß» zur Aufgabe gemacht: in gewissem Sinne gehört alles, was K. und der Feldmesser machen, ihnen eigentümlich zu, und insoweit sie auf ihre Welt einwirken, entsprechen die Ergebnisse genau ihren Erwartungen: es sind erfolgreiche Handlungen. Aber gleichzeitig entgeht ih-

1 Vgl. Anmerkung des Übersetzers Seite 653.

nen ständig die *Wahrheit* dieser Handlungen; sie haben grundsätzlich einen Sinn, der nicht ihr *wahrer* Sinn ist und den weder K. noch der Feldmesser jemals kennenlernen werden. Ohne Zweifel will Kafka damit an die Transzendenz des Göttlichen herankommen; um des Göttlichen willen konstituiert sich das menschliche Tun zu Wahrheit. Aber Gott ist hier nur der bis an die Grenze vorgetriebene Begriff des Anderen. Wir kommen noch darauf zurück. Diese schmerzvolle und bedrückte Stimmung des «Prozeß», diese Unwissenheit, die gleichwohl als Unwissenheit erlebt wird, diese vollkommene Undurchschaubarkeit, die durch eine vollkommene Durchschaubarkeit hindurch nur geahnt werden kann, alles das ist nichts anderes als die Beschreibung unseres Inmitten-der-Welt-für-Andere-sein. So verfestigt und gliedert sich also die Situation, in ihrem und durch ihr Sichüberschreiten um Anderer willen, um mich herum zur *Gestalt* in dem Sinne, in dem die Gestaltpsychologen diesen Ausdruck benutzen: es liegt da etwas synthetisch Gegebenes vor, dessen Wesensstruktur ich bin; und dieses Synthetische besitzt den ekstatischen Zusammenhalt und zugleich den Charakter des An-sich. Meine Verbindung zu jenen Leuten, die da reden und die ich belaure, ist plötzlich außerhalb von mir selbst gegeben als ein unerkennbares Substrat der Verbindung, die ich hergestellt habe. Insbesondere ist mein eigener *Blick* oder meine eigene entfernungslose Verbindung zu jenen Leuten seiner Transzendenz entkleidet, und zwar auf Grund der Tatsache, daß er *erblickter Blick* ist. Denn die Leute, die ich *sehe,* lasse ich zu Objekten erstarren, ich bin in bezug auf sie wie ein Anderer in bezug auf mich; indem ich sie ansehe, ermesse ich meine Macht. Aber wenn ein Anderer sie und mich ansieht, verliert mein Blick seine Kraft: er kann diese Leute nicht in Objekte *für den Anderen* verwandeln, denn sie sind ja schon Objekte seines Blickes. Mein Blick offenbart einfach eine inmitten der Welt bestehende Beziehung des Ich-Objektes zum erblickten Objekt, so etwas wie die Anziehung, die zwei Massen über eine Entfernung hinweg aufeinander ausüben. Um diesen Blick herum ordnen sich einerseits die Objekte an – die Entfernung zwischen mir und den Erblickten *besteht* gegenwärtig, aber sie ist durch meinen Blick beschränkt, umgrenzt und zusammengedrückt, das Insgesamt «Entfernung-Objekte» ist wie ein Hintergrund, von dem der Blick sich abhebt wie ein «dies-da» vom Hintergrund der Welt – andererseits meine Haltungen, die wie eine Reihe von Mitteln gegeben sind, um den Blick «aufrechtzuerhalten». In diesem Sinne bilde ich ein gegliedertes Ganzes, das Blick *ist;* ich bin ein Blick-Objekt, das heißt ein Zeugkomplex, der mit innerer Zielstrebigkeit begabt ist und sich in einen Zusammenhang von zielgerichteten Mitteln einfügen kann, um eine Anwesenheit bei einem anderen Objekt über die Entfernung hinweg zu realisieren. Aber die Entfernung *ist mir gegeben.* Soweit ich erblickt werde, entfalte ich die Entfernung nicht, ich beschränke mich darauf, sie zu *überwinden.* Der Blick des Anderen teilt mir die Räumlichkeit zu. Sich als Erblickten erfassen heißt, sich als Verräumlicht-Verräumlichenden erfassen.

Aber der Blick des Anderen wird nicht nur als verräumlichend erfaßt: er ist auch *zeitigend.* Das Sichtbarwerden des Blickes eines Anderen offenbart sich mir durch ein «Erlebnis», das ich für mich allein grundsätzlich nicht haben konnte: das der Gleichzeitigkeit. Eine Welt für ein einziges Für-sich kann keine Gleichzeitigkeit begreifen, sondern nur Zusammenanwesende können es, denn das Für-sich verliert sich außerhalb von ihr überall in der Welt und verbindet alles Seiende durch die Einheit seiner alleinigen Anwesenheit. Die Gleichzeitigkeit aber setzt die zeitliche Verbindung zweier Seiender, die durch keine andere Beziehung verbunden sind, voraus. Zwei Seiende, die aufeinander einen wechselseitigen Einfluß ausüben, sind nicht gleichzeitig, eben deshalb, weil sie zum gleichen System gehören. Die Gleichzeitigkeit gehört also nicht den Seienden der Welt an, sie setzt die Zusammenanwesenheit bei der Welt von zwei ins Auge gefaßten Anwesenheiten voraus als *Anwesenheiten-bei.* Gleichzeitig ist die Anwesenheit Peters *in* der Welt *mit* meiner Anwesenheit. In diesem Sinne ist es das Urphänomen der Gleichzeitigkeit, daß dieses Glas für Paul *zur selben Zeit* da ist, wie es für mich da ist. Das setzt also eine Grundlage aller Gleichzeitigkeit voraus, die notwendigerweise die Anwesenheit eines Anderen sein muß, die sich bei meiner eigenen Zeitigung zeitigt. Aber gerade insoweit der Andere *sich zeitigt,* zeitigt er mich mit sich: insoweit er sich seiner eigenen Zeit zuwendet, werde ich für ihn in der universalen Zeit sichtbar. Soweit ich den *Blick des Anderen* erfasse, verleiht er *meiner* Zeit eine neue Dimension. Als Gegenwart, die vom Anderen als *meine* Gegenwart erfaßt wird, hat meine Anwesenheit eine Außenseite; diese Anwesenheit, die sich *für mich* vergegenwärtigt, entfremdet sich mir zu Gegenwart, bei der der Andere gegenwärtig wird; ich bin in die universale Gegenwart geworfen, insoweit der Andere zu Anwesenheit bei mir wird. Aber die universale Gegenwart, in der ich meinen Platz einnehme, ist reine Entfremdung meiner universalen Gegenwart, die physikalische Zeit läuft in Richtung auf eine reine und freie Zeitigung davon, die ich nicht bin; was sich am Horizont dieser Gleichzeitigkeit, die ich erlebe, abzeichnet, ist eine absolute Zeitigung, von der ein Nichts [néant] mich scheidet.

Soweit ich raum-zeitliches Objekt der Welt bin, soweit ich Wesensstruktur einer raum-zeitlichen Situation in der Welt bin, biete ich mich den Beurteilungen Anderer dar. Auch das erfasse ich durch bloße Ausübung des *cogito:* angesehen werden heißt, sich als unbekanntes Objekt unerkennbarer Beurteilungen erfassen, insbesondere von Wert-Beurteilungen. Aber in derselben Zeit, in der ich aus Scham oder Stolz diese Beurteilungen als begründet anerkenne, fahre ich fort, sie als das zu nehmen, was sie sind: ein freies Überschreiten des Gegebenen auf Möglichkeiten hin. Ein Urteil ist der transzendentale Akt eines freien Wesens. So konstituiert mich das Gesehenwerden als ein wehrloses Wesen für eine Freiheit, die nicht meine Freiheit ist. In diesem Sinne können wir uns, soweit wir Anderen sichtbar werden, als «Knechte» betrachten. Aber diese Knechtschaft ist nicht das – geschichtliche und überwindbare – Ergebnis eines *Lebens* in der abstrakten Form des Bewußtseins. Ich bin in dem Maße Knecht, in dem ich in der Tiefe meines Seins von einer Freiheit abhängig bin, die nicht die meine ist und die doch die Bedingung meines Seins ist. Soweit ich Gegenstand von Wertungen bin, die mich qualifizieren, ohne daß ich auf diese Qualifikation Einfluß nehmen oder sie auch nur kennenlernen kann, bin ich in Knechtschaft. Zugleich bin ich aber *in Gefahr*, soweit ich Hilfsmittel für Möglichkeiten bin, die nicht meine Möglichkeiten sind, deren bloße Anwesenheit jenseits meines Seins ich nur vermuten kann, die meine Transzendenz verneinen und mich zu einem Mittel für Zwecke machen, die ich nicht kenne. Und diese Gefahr ist kein unangenehmer Zufall, sondern die dauernde Struktur meines Für-Andere-Seins.

Wir sind am Ende dieser Darstellung. Bevor wir sie benutzen können, um den Anderen für uns zu entdecken, muß darauf hingewiesen werden, daß sie sich *ausschließlich auf der Ebene des cogito bewegte.* Wir haben weiter nichts gemacht, als den Sinn jener subjektiven Reaktionen unter dem Blicke des Anderen explizit zu machen, die die Furcht sind (Gefühl, angesichts der Freiheit Anderer in Gefahr zu sein), der Stolz oder die Scham (Gefühl, am Ende doch das zu sein, was ich bin, aber anderswo, dort, für den Anderen), die Anerkennung meiner Knechtschaft (Gefühl der Entfremdung aller meiner Möglichkeiten). Außerdem bedeutet diese Explizitmachung in keiner Weise eine begriffliche Festlegung mehr oder weniger unklarer *Erkenntnisse.* Jeder mag sich an seine eigene Erfahrung wenden: es gibt niemanden, der nicht eines Tages in einer verfänglichen oder auch nur lächerlichen Haltung überrascht worden ist. Die jähe Verwandlung, die wir dann erfahren, wird keineswegs durch den Einbruch einer Erkenntnis hervorgerufen. An sich ist sie vielmehr eine plötzliche schichtenweise Verfestigung meiner selbst, die meine Möglichkeiten und meine «für-mich»-Strukturen unberührt läßt, die mich aber mit einem Male in eine neue Daseinsdimension hineinstößt: in die Dimension des *Nicht-Entdeckten.* So wird von mir der Blick des Anderen als das Auftauchen einer ek-statischen Seinsbeziehung aufgefaßt, deren eines Glied das Ich ist, soweit es Für-sich ist – das ist, was es nicht ist, und nicht ist, was es ist –, und deren anderes Glied noch einmal das Ich ist, aber außerhalb meiner Reichweite, außerhalb meines Aktionsbereiches, außerhalb meiner Erkenntnis. Und gerade dieses Glied, das in Verbindung mit den unendlichen Möglichkeiten eines freien Anderen steht, ist in sich selbst die unendliche und unerschöpfliche Synthese nichtentdeckter Eigenschaften. Unter dem Blick des Anderen *erlebe* ich mich wie erstarrt inmitten der Welt, wie in Gefahr, wie einen, dem nicht zu helfen ist. Aber ich *weiß* weder, *was für einer* ich bin, noch *welches* mein Platz in der Welt ist, noch welche Seite diese Welt, in der ich bin, dem Anderen zuwendet.

Nunmehr können wir den Sinn dieses Auftauchens des Anderen in seinem und durch seinen Blick genauer erkennen. In keiner Weise ist der Andere uns als Gegenstand gegeben. Die Vergegenständlichung des Anderen wäre gleichbedeutend mit dem Zusammenbruch seines Blick-Seins. Außerdem bedeutet der Blick des Anderen, wie wir gesehen haben, das Verschwinden gerade der *Augen* des Anderen als der Gegenstände, die den Blick offenbaren. Der Andere kann auch nicht das am Horizont meines Für-Andere-Seins beobachtete inhaltsleere Objekt sein. Die Vergegenständlichung des Anderen ist, wie wir sehen werden, ein Verteidigungsmittel meines Seins, das mich gerade von meinem Für-Andere-Sein befreit, indem es dem Anderen ein Sein-für-mich zuteilt. Im Phänomen des Blickes ist der Andere grundsätzlich das, was nicht Objekt sein kann. Zugleich sehen wir, daß der Andere kein *Glied* jener Beziehung zwischen mir und mir sein kann, die für mich selbst das *Nicht-Entdeckte* auftauchen läßt. Der Andere kann auch nicht von meiner *Aufmerksamkeit* anvisiert werden: wenn beim Auftauchen des Blikkes des Anderen ich auf den Blick oder auf den Anderen *aufmerksam werde*, dann nur wie auf *Gegenstände*, denn die Aufmerksamkeit ist intentionale Gerichtetheit auf Gegenstände. Aber daraus darf man nicht schließen, daß der Andere eine abstrakte Bedingung, eine begriffliche Struktur des ek-statischen Bezugs ist: es gibt hier nämlich kein wirklich gedachtes Objekt, von dem er eine allgemeine und formale Struktur sein könnte. Wohl ist der Andere die Bedingung meines Nicht-entdeckt-Seins. Aber er ist dessen konkrete und individuelle Bedingung. Er ist nicht in mein Sein inmitten der Welt als eines seiner integrierenden Teile eingesetzt, da er ja eben der ist, der diese Welt transzendiert, in deren Mitte ich als Nicht-Entdeckter bin, und als solcher kann er weder Objekt noch formales und konstituierendes Element eines Objektes sein. Er kann mir, wie wir gesehen haben, da er mir begegnet, nur als eine vereinheitlichende oder regulative Kategorie meiner Erfahrung erscheinen. Was ist er also?

Zunächst einmal ist er das Seiende, dem ich meine Aufmerksamkeit nicht zuwende. Er ist der, der mich ansieht und den ich nicht ansehe; er ist derjenige, der mich mir als *nicht-entdeckt* preisgibt, aber ohne sich selbst zu enthüllen; er ist derjenige, der mir gegenwärtig ist, soweit er mich beobachtet, und nicht, soweit er beobachtet wird; er ist der konkrete und unerreichbare Richtungspunkt meines Ausrinnens, der Entfremdung meiner Möglichkeiten und des Abfließens der Welt nach einer anderen Welt hin, die *die gleiche* ist und trotzdem mit jener nicht in Verbindung treten kann. Aber er kann von dieser Entfremdung und von diesem Abfließen nicht unterschieden werden, er ist deren Sinn und Richtung, er gehört zu diesem Abfließen, und zwar nicht wie ein *kategoriales* oder *reales* Element, sondern wie etwas Anwesendes, das erstarrt und verweltlicht, wenn ich versuche, es zu «vergegenwärtigen», und das nie stärker gegenwärtig und andrängender ist, als wenn ich es nicht beachte. Wenn ich zum Beispiel ganz in meine Scham versunken bin, ist der Andere das unermeßliche und unsichtbare Anwesende, das diese Scham aufrechterhält und von allen Seiten umfängt, er ist das, was mein Nicht-entdeckt-Sein stützt. Wir wollen sehen, was sich am Anderen als *nicht*-entdeckbar kundgibt, wenn ich mich als einen Nicht-Entdeckten erlebe und erfahre.

Zunächst einmal ist der *Blick des Anderen* als notwendige Bedingung meiner Gegenständlichkeit die Vernichtung jeder für mich bestehenden Gegenständlichkeit. Der Blick des Anderen erreicht mich durch die Welt hindurch und ist nicht nur Veränderung meiner selbst, sondern vollkommene Verwandlung der *Welt*. Ich werde in einer erblickten Welt erblickt. Insbesondere vernichtet der Blick des Anderen – der blickender Blick, und nicht erblickter Blick ist – meine Entfernungen zu den Gegenständen und entfaltet seine eigenen Entfernungen. Dieser Blick des Anderen ist unmittelbar als dasjenige gegeben, durch das im Innern von etwas entfernungslos Anwesendem die Entfernung in die Welt kommt. Ich weiche zurück, ich werde meiner entfernungslosen Anwesenheit bei der Welt beraubt und mit einer Entfernung zum Anderen hin ausgestattet. Hier bin ich, fünfzehn Schritt von der Tür und sechs Meter vom Fenster entfernt. Aber der Andere kommt zu mir und konstituiert mich in einer gewissen Entfernung von sich. Insofern der Andere mich sechs Meter von sich konstituiert, muß er mir ohne Entfernung gegenwärtig sein. So empfinde ich gerade in der Erfahrung meiner Entfernung zu den Dingen und zum Anderen die entfernungslose Gegenwart des Anderen bei mir. Jeder wird in dieser abstrakten Beschreibung jene unmittelbare und versengende Gegenwart des Blikkes Anderer wiedererkennen, die ihn oft mit Scham erfüllt hat. Anders ausgedrückt: insoweit ich mich als erblickt empfinde, realisiert sich für mich eine weltjenseitige Gegenwart Anderer: nicht insofern er «inmitten» *meiner* Welt ist, erblickt mich der Andere, sondern insofern er auf die Welt und auf mich in seiner ganzen Transzendenz zukommt, insofern er von mir durch keine Entfernung getrennt ist, durch keinen – weder realen noch idealen – Gegenstand der Welt, durch keinen Körper der Welt, sondern allein durch seine Anderer-Natur. So ist die Erscheinung des Blickes Anderer keine Erscheinung *in der Welt,* weder in der *meinigen,* noch in der *der Anderen;* und die Beziehung, die mich mit Anderen vereint, kann nicht eine Beziehung der Außenweltlichkeit zum Inneren der Welt sein, sondern durch den Blick des Anderen mache ich die konkrete Erfahrung, daß es ein Jenseits der Welt gibt. Der Andere ist mir ohne ein Mittelglied gegenwärtig, und zwar als eine Transzendenz, *die nicht die meinige ist.* Diese Gegenwart ist aber nicht wechselseitig: es bedarf der ganzen Undurchdringlichkeit der Welt, damit ich selbst dem Anderen gegenwärtig sein kann. Allgegenwärtige und ungreifbare Transzendenz, mir als meinem Nichtentdeckt-Sein unmittelbar auferlegt, und von mir getrennt durch die Unendlichkeit des Seins, insofern ich durch diesen Blick in die Tiefe einer vollständigen Welt samt ihren Entfernungen und ihrem Zeug eingesenkt werde: das ist der Blick des Anderen, wenn ich ihn zuerst als Blick empfinde.

Außerdem aber enthüllt mir der Andere, indem er meine Möglichkeiten erstarren läßt, die Unmöglichkeit für mich, Gegenstand zu sein, es sei denn für eine andere Freiheit. Ich kann für mich selbst nicht Gegenstand sein, denn ich bin, was ich bin; die auf ihre eigenen Hilfsmittel angewiesene Bemühung der Reflexion, mich zu verdoppeln, endet mit einem Mißerfolg, denn immer werde ich wieder von mir selbst ergriffen. Und wenn ich naiverweise setze, es sei möglich, daß ich, ohne mir darüber Rechenschaft zu geben, ein objektives Sein sei, so setze ich gerade dadurch implizite die Fremdexistenz voraus, denn wie wäre ich Objekt, wenn nicht für ein Subjekt? Also ist der Andere zunächst für mich das Sein, für das ich Gegenstand bin, das heißt das Sein, *durch das* ich meine Gegenständlichkeit gewinne. Wenn ich nur eine meiner Eigenschaften in objektiver Weise begreifen können soll, ist der Andere schon gegeben. Er ist nicht als Seiendes meines Mikrokosmos gegeben, sondern als reines Subjekt. Demnach ist dieses reine Subjekt, das ich auf Grund seiner Begriffsbestimmung nicht *erkennen,* das heißt nicht als Objekt setzen kann, immer *da,* außer Reichweite und entfernungslos, sobald ich versuche, mich als Objekt zu erfassen. Und wenn ich den Blick erfahre und mich als nichtentdecktes Gegenstand-sein empfinde, erfahre ich direkt und mit meinem Sein die unfaßbare Subjektivität Anderer.

Gleichzeitig erfahre ich ihre unendliche Freiheit. Denn nur für und durch eine Freiheit, und nur für und durch sie, können meine Möglichkeiten begrenzt werden und erstarren. Ein materielles Hindernis kann meine Möglichkeiten nicht erstarren lassen, es ist für mich nur der Anlaß, mich auf andere Möglichkeiten hin zu entwerfen, es kann ihnen keine *Außenseite* zuteilen. Es ist nicht dasselbe, zu Hause zu bleiben, weil es regnet, oder weil es einem verboten worden ist, wegzugehen. Im ersten Falle bestimme ich mich selbst dazu, dazubleiben, und zwar in Ansehung der Folgen meiner Handlung; ich überschreite das Hindernis «Regen» auf mich selbst hin und mache aus ihm ein Hilfsmittel. Im zweiten Falle stellen sich mir meine Möglichkeiten, wegzugehen oder dazubleiben, als überschritten und erstarrt dar; eine Freiheit sieht sie voraus und kommt ihnen gleichzeitig zuvor. Es ist keine bloße Laune, wenn wir oft ganz selbstverständlich und zufrieden tun, was uns ärgerlich machen würde, wenn ein Anderer es uns befehlen würde. Denn der Befehl und das Verbot erfordern, daß wir die Freiheit Anderer durch unsere eigene Knechtschaft hindurch erfahren. So läßt mich im Blick der Tod meiner Möglichkeiten die Freiheit Anderer erfahren; er wird nur in der Tiefe dieser Freiheit realisiert, ich aber bin Ich, für mich selbst unerreichbar und dennoch ich selbst, hineingeworfen in die Tiefe der Freiheit Anderer und dort im Stiche gelassen. In Verbindung mit dieser Erfahrung kann mir meine Zugehörigkeit zur universalen Zeit nur erscheinen als enthalten in und realisiert durch eine autonome Zeitigung: nur ein Für-sich, das sich zeitigt, kann mich in die Zeit werfen.

So erfahre ich durch den Blick den Anderen konkreterweise als freies und bewußtes Subjekt, welches, indem es sich auf seine eigenen Möglichkeiten hin zeitigt, bewirkt, daß es eine Welt gibt. Und die unvermittelte Gegenwart dieses Subjektes ist die notwendige Bedingung jedes Gedankens, den ich mir über mich selbst zu machen versuche. Der Andere ist dieses Ichselbst, von dem nichts mich trennt, absolut nichts, außer seine reine und vollkommene Freiheit, das heißt aber, jene Undeterminiertheit seiner selbst, die allein er, für und durch sich, zu sein hat.

Wir wissen nun genug, um den Versuch machen zu können, jene unerschütterlichen Widerstände zu erklären, die der gesunde Menschenverstand den solipsistischen Argumenten immer entgegengesetzt hat. Diese Widerstände gründen nämlich in der Tatsache, daß der Andere mir als etwas konkret und evident Anwesendes gegeben ist, das ich in keiner Weise von mir ableiten kann und das in keiner Weise in Zweifel gezogen, zum Gegenstand einer phänomenologischen Reduktion oder irgendeiner anderen «ἐποχή» gemacht werden kann.

Wenn man mich ansieht, habe ich tatsächlich das Bewußtsein, Objekt *zu sein.* Dieses Bewußtsein kann aber nur in der und durch die Existenz des Anderen entstehen. Insoweit hatte Hegel recht. Freilich sind mir jenes *andere* Bewußtsein und jene *andere* Freiheit niemals *gegeben,* denn wenn sie es wären, dann wären sie erkannt, also Objekte, und ich würde aufhören, Objekt zu sein. Ich kann auch nicht den Begriff oder die Vorstellung meines eigenen Wesenskernes von ihnen herleiten. Einmal, weil ich sie nicht «begreife» und sie mir nicht «vorstelle»: derartige Ausdrücke würden uns wieder zum «*Erkennen*» zurückführen, das grundsätzlich aus dem Spiele bleiben soll. Außerdem aber ist jede konkrete Erfahrung von Freiheit, die ich von mir aus machen kann, Erfahrung *meiner* Freiheit; jede konkrete Erfassung von Bewußtsein ist Bewußtsein (von) *meinem* Bewußtsein, der Bewußtseinsbegriff selbst verweist nur auf *meine* möglichen Bewußtseinsweisen: tatsächlich haben wir in der Einleitung festgestellt, daß die *Existenz* der Freiheit und des Bewußtseins deren *Wesen* vorangeht und es bedingt: infolgedessen können diese Wesenheiten nur konkrete Exemplifikationen *meines* Bewußtseins und *meiner* Freiheit subsumieren. Drittens können Freiheit und Bewußtsein Anderer auch keine der Vereinheitlichung meiner Vorstellungen dienenden Kategorien sein. Wohl hat Husserl gezeigt, die ontologische Struktur «meiner» Welt verlange, daß sie auch *Welt für Andere* sei. Aber in dem Maße, in dem der Andere einen besonderen Typus von Gegenständlichkeit den Objekten *meiner* Welt verleiht, ist er schon in der Eigenschaft eines Objektes in dieser Welt. Wenn es zutrifft, daß Peter, der mir gegenüber liest, derjenigen Seite des Buches, die ihm zugekehrt ist, einen besonderen Typus von Gegenständlichkeit verleiht, so verleiht er ihn einer Seite, die ich prinzipiell sehen kann (noch entzieht sie sich mir, wie wir gesehen haben, gerade insofern sie gelesen wird), die der Welt angehört, in der ich bin, und die sich infolgedessen über die Entfernung hinaus und durch ein magisches Band mit dem Peter-Objekt verbindet. Unter diesen Umständen kann der Begriff des Anderen in der Tat festgelegt werden als leere Form, die beständig als Verstärkung der Gegenständlichkeit für die Welt benutzt wird, die die meinige ist. Aber die Gegenwart des Anderen in seinem erblickenden Blick kann nicht dazu beitragen, die Welt zu verstärken, sie entweltet sie im Gegenteil, denn gerade sie bewirkt, daß die Welt mir entgeht. Das Mirentgehen der Welt verstärkt, wenn es *relativ* und ein Entgehen auf das Anderer-Objekt hin ist, die Gegenständlichkeit; das Mirentgehen der Welt und meiner selbst ist, wenn es absolut ist und sich auf eine Freiheit hin vollzieht, die nicht die meinige ist, eine Auflösung meines Bewußtseins: die Welt zerfällt, um sich dort hinten wieder zu Welt zusammenzufügen, aber dieser Zerfall ist mir nicht gegeben, ich kann ihn weder erkennen, noch auch nur denken. Die

Gegenwart des Blickes Anderer ist also weder eine Erkenntnis, noch eine Projektion meines Seins, noch eine Form von Vereinheitlichung oder eine Kategorie. Sie *ist*, und ich kann sie nicht von mir ableiten.

Gleichzeitig kann ich sie auch nicht unter dem Streiche der phänomenologischen «ἐποχή» fallen lassen. Denn diese hat zum Ziel, die Welt einzuklammern, um das transzendentale Bewußtsein in seiner absoluten Realität aufzudecken. Ob diese Operation überhaupt möglich ist oder nicht, darüber wollen wir uns hier nicht auslassen. Aber sie kann in dem Falle, der uns beschäftigt, den *Anderen* nicht aus dem Spiele bringen, denn als erblickender Blick gehört er gerade nicht der Welt an. Ich schäme mich *über* mich, *vor* Anderen, so sagten wir. Die phänomenologische Reduktion soll zur Folge haben, daß der Gegenstand der Scham aus dem Spiele gebracht wird, um die Scham selbst, in ihrer absoluten Subjektivität, um so deutlicher hervorzuheben. Aber der Andere ist nicht der *Gegenstand* der Scham: mein Tun oder meine Situation in der Welt sind ihre Gegenstände. Sie allein könnten höchstens «reduziert» werden. Der Andere ist nicht einmal eine objektive Bedingung meiner Scham. Indessen ist er sie als ihr Sein selbst. Die Scham ist Enthüllung des Anderen, aber nicht in der Weise, in der ein Bewußtsein einen Gegenstand enthüllt, sondern in der Weise, in der ein Bewußtseinsmoment nebenbei ein anderes Moment als seine Motivation beinhaltet. Hätten wir das reine Bewußtsein durch das *cogito* erreicht, und wäre dieses Bewußtsein nur Bewußtsein, Scham (zu sein), so würde doch das Bewußtsein Anderer es als unfaßliche Gegenwart noch heimsuchen und sich so jeder Reduktion entziehen. Das zeigt uns deutlich genug, daß man den Anderen zunächst nicht in der Welt zu suchen hat, sondern auf seiten des Bewußtseins, und zwar als ein Bewußtsein, in dem und durch das das Bewußtsein zu dem wird, was es ist. Ebenso wie mein vom *cogito* ergriffenes Bewußtsein unbezweifelbares Zeugnis ablegt von sich selbst und seiner eigenen Existenz, so legen gewisse besondere Bewußtseinsweisen, zum Beispiel das «Schambewußtsein», dem *cogito* gegenüber Zeugnis ab sowohl von sich selbst als auch von der Fremdexistenz, und zwar unbezweifelbar.

Aber, wird man einwenden, ist es denn nicht einfach so, daß der Blick des Anderen der *Sinn* meiner Gegenständlichkeit-für-mich ist? Auf diese Weise würden wir in den Solipsismus zurückfallen: nur wenn ich mich als einen Gegenstand für das konkrete System meiner Vorstellungen zusammensetze, wäre der Sinn der Vergegenständlichung außerhalb von mir entworfen und als *die Anderen* hypostasiert.

An dieser Stelle ist folgendes festzuhalten:

1. Meine Objektheit für mich ist keineswegs die Explizitmachung

des «Ich bin Ich» Hegels. Es handelt sich keineswegs um eine formale Identität, und mein Objekt-Sein oder Für-Andere-Sein unterscheidet sich zutiefst von meinem Für-mich-Sein. In der Tat erfordert der Begriff der *Objektheit,* wie wir im ersten Teil dieses Buches hervorgehoben haben, eine ausdrückliche Verneinung. Das Objekt ist das, was mein Bewußtsein nicht ist, und folglich auch das, was nicht die Merkmale des Bewußtseins hat, da das einzige Seiende, was für mich die Merkmale des Bewußtseins hat, dasjenige Bewußtsein ist, das das *meinige* ist. Also ist das Objekt-Ich-für-mich ein Ich, was *nicht Ich ist,* das heißt, was nicht die Merkmale des Bewußtseins trägt. Es ist *degradiertes* Bewußtsein; die Vergegenständlichung ist eine radikale Verwandlung, und auch wenn ich mich klar und deutlich als Gegenstand sehen könnte, so wäre doch das, was ich sähe, nicht die adäquate Vorstellung von dem, was ich in mir und für mich bin, von diesem «unvergleichlichen und allem vorzuziehenden Monstrum», von dem Malraux spricht, sondern wäre die Ergreifung meines für den Anderen Außer-mir-Seins, das heißt die objektive Ergreifung meines Etwas-anderes-Seins, das radikal verschieden ist von meinem Für-mich-Sein und das nicht dorthin verweist. Mich selbst zum Beispiel als *schlecht* aufzufassen kann nicht die Bedeutung haben, mich auf das zu beziehen, was ich für mich bin, denn für mich bin ich nicht schlecht und kann ich nicht schlecht sein. Zunächst, weil ich für mich schlechter nicht mehr *bin,* als ich Beamter oder Arzt *«bin».* Ich bin ja in der Weise, nicht zu sein, was ich bin, und zu sein, was ich nicht bin. Die Qualifikation als schlecht kennzeichnet mich hingegen als ein *An-sich.* Ferner weil ich, wenn ich für mich schlecht *sein* müßte, ich es in der Weise sein müßte, *es zu sein zu haben,* das heißt, daß ich mich als Schlechten ergreifen und wollen müßte. Aber das würde bedeuten, daß ich mir als ein Wollender das entdecken müßte, was mir als das Gegenteil meines Guten erscheint, und zwar gerade darum, weil es das Böse oder das Gegenteil meines Guten ist. Ich müßte also absichtlich das Gegenteil von dem wollen, was ich im selben Augenblick und innerhalb desselben Zusammenhanges will, das heißt, ich müßte mich gerade insofern selbst hassen, als ich ich selbst bin. Und um auf der Ebene des Für-sich dieses Wesens eines Schlechten vollkommen realisieren zu können, müßte ich mich als Schlechten auf mich nehmen, das heißt, mich mit dem gleichen Akt loben, der bewirkt, daß ich mich tadle. Man sieht deutlich, daß dieser Schlechtigkeitsbegriff seinen Ursprung keinesfalls von mir, soweit ich Ich bin, herleiten kann. Vergeblich würde ich die Ekstase bis zu ihren äußersten Grenzen treiben, bis zu einem Michlosreißen von mir selbst, das mich als Für-mich konstituiert, niemals würde ich dazu gelangen, mir die Schlechtigkeit beizulegen oder auch nur ihren Begriff für mich zu bilden, wenn ich auf meine eigenen

Mittel angewiesen bin. Denn ich *bin* mein Michlosreißen von mir selbst, ich *bin* mein eigenes Nichts. Es genügt, daß ich zwischen mir und mir mein eigener Mittler bin, damit jede Gegenständlichkeit verschwindet. Dieses Nichts, das mich von dem Ich-Objekt scheidet, brauche ich nicht zu *sein*; denn es muß für mich eine *Vorstellung* von dem Objekt geben, das ich bin. Also kann ich mir keine Eigenschaft beilegen ohne die Vermittlung einer objektivierenden Kraft, die nicht meine eigene Kraft ist und die ich weder erheucheln noch erdichten kann. Ohne Zweifel gilt das als ausgemacht: man sagt schon lange, daß der Andere mich lehrt, was ich bin. Aber dieselben Leute, die diese These unterstützten, behaupteten andererseits, ich leitete den Begriff des Anderen von mir selbst ab, und zwar durch Reflexion über meine eigenen Kräfte und mittels Projektion oder Analogie. Sie verharrten also inmitten eines circulus vitiosus, aus dem sie nicht heraus konnten. In der Tat kann der Andere nicht der Sinn meiner Gegenständlichkeit sein, vielmehr ist er ihre konkrete und transzendente Bedingung. Solche Eigenschaften wie «schlecht», «eifersüchtig», «sympathisch oder unsympathisch» usw. sind nämlich keine eitlen Traumgebilde: wenn ich einen Anderen damit kennzeichne, so bin ich mir darüber im klaren, daß ich ihn in seinem Sein treffen will. Ich kann sie indessen nicht als meine eigenen Wirklichkeiten erleben: wenn aber ein Anderer sie mir beilegt, verweigern sie sich nicht dem, was ich für mich bin; wenn ein Anderer mir meinen Charakter schildert, «erkenne» ich mich nicht wieder und weiß doch, «das bin ich». Diesen Fremdling, den man mir da vorstellt, nehme ich sofort auf mich, ohne daß er aufhört, ein Fremdling zu sein. Er ist nämlich keine einfache Zusammenfassung meiner subjektiven Vorstellungen, auch kein «Ich», was ich im Sinne von «Ich bin Ich» bin, auch kein bloßes Bild, das der Andere sich von mir macht und wofür er allein die Verantwortung trüge: dieses Ich, das mit dem Ich, das ich zu sein habe, nicht verglichen werden kann, ist zwar noch Ich, aber es wurde durch eine neue Umgebung verwandelt und dieser Umgebung angepaßt, es ist ein Sein, das *mein* Sein ist, aber mit ganz neuen Seinsdimensionen und Modalitäten, es ist ein von mir durch ein unübersteigbares Nichts geschiedenes Ich, denn ich *bin* dieses Ich, aber ich bin nicht dieses Nichts, das mich von mir trennt. Es ist das Ich, das ich durch eine äußerste, alle *meine Ek-stasen* transzendierende Ek-stase bin, denn was ich zu sein habe, ist nicht die Ek-stase. Mein Für-Andere-Sein ist ein Sturz durch die absolute Leere hindurch auf die Gegenständlichkeit zu. Und da dieser Sturz *Entfremdung* ist, kann ich mich für mich selbst nicht zum Gegenstand werden lassen, denn in keinem Falle kann ich mich mir selbst entfremden.

2. Übrigens konstituiert der Andere mich nicht als Gegenstand für mich, sondern *für sich*. Mit anderen Worten: er dient nicht als regu-

lativer oder konstitutiver Begriff für die *Erkenntnisse*, die ich von mir haben kann. Die Gegenwart des Anderen läßt also das Ich-Objekt nicht «erscheinen»: ich erfasse weiter nichts, als ein Mirentgehen in Richtung auf... Auch wenn das Gespräch mir enthüllt hat, daß der Andere mich für schlecht oder eifersüchtig hält, werde ich niemals eine unmittelbare, konkrete Erkenntnis meiner Schlechtigkeit oder Eifersucht haben. Das werden immer nur flüchtige Begriffe sein, deren Eigenart es ist, mir zu entgehen: ich werde meine Schlechtigkeit nicht erfassen, aber gelegentlich dieser oder jener Handlung werde ich mir selbst entrinnen, werde ich mein Mirfremdwerden und mein Ausfließen auf ein... Sein hin spüren, das ich nur formal als schlecht denken kann und von dem ich dennoch *fühle*, daß ich es sein werde, das nämlich, was ich in der Entfernung bei Scham oder Furcht erleben werde.

So ist mein Objekt-Ich also weder Erkenntnis noch Erkenntniseinheit, sondern Unbehagen, erlebtes Losgerissensein von der ek-statischen Einheit des Für-sich, Grenze, die ich nicht erreichen kann und dennoch bin. Und der Andere, durch den dieses Ich *mir widerfährt*, ist weder Bewußtsein, noch Kategorie, sondern *Faktum* der Gegenwart einer fremden Freiheit. In der Tat sind das Mirentrissenwerden und das Auftauchen der Freiheit Anderer nur eins, ich kann sie nur zusammen empfinden und erleben, ich kann nicht einmal den Versuch machen, eins ohne das andere zu begreifen. Die Tatsache, daß es den Anderen gibt, ist unbestreitbar und trifft mich mitten ins Herz. Ich realisiere sie durch das *Unbehagen*; durch sie bin ich beständig *in* Gefahr in einer Welt, die *diese* Welt ist und die ich dennoch nur ahnen kann; und der Andere erscheint mir nicht wie ein Seiendes, was zunächst konstituiert wird, um mir dann zu begegnen, sondern wie ein Seiendes, das innerhalb eines ursprünglichen Seinsbezuges zu mir auftaucht und dessen Unbezweifelbarkeit und *faktische Notwendigkeit* die meines eigenen Bewußtseins sind.

Indessen bleiben zahlreiche Schwierigkeiten übrig. Insbesondere legen wir dem Anderen durch die Scham eine unbezweifelbare Gegenwart bei. Wir haben aber gesehen, daß es nur *wahrscheinlich* ist, daß der Andere mich erblickt. Jenes Bauernhaus oben auf dem Hügel, das die Soldaten des Freikorps zu erblicken *scheint*, ist sicher vom Feind besetzt; aber es ist nicht sicher, daß die feindlichen Soldaten gerade jetzt zu seinen Fenstern hinaussehen. Von diesem Manne, dessen Schritte ich hinter mir höre, ist es nicht sicher, daß er mich erblickt, sein Gesicht kann abgewendet sein, sein Blick kann auf die Erde oder auf ein Buch geheftet sein; schließlich ist es von den auf mich gerichteten Augen ganz im allgemeinen nicht sicher, daß es Augen sind, sie können auch wirklichen Augen bloß «nachgemacht» sein. Kurz: wird der Blick nicht seinerseits *wahrscheinlich*, und zwar auf Grund der Tatsache, daß ich fortwährend glauben kann, erblickt zu werden, ohne es zu sein? Und gewinnt unsere ganze Gewißheit von der Fremdexistenz dadurch nicht einen rein hypothetischen Charakter?

Die Schwierigkeit läßt sich so in Worte fassen: gelegentlich gewisser Erscheinungen in der Welt, die mir von einem Blick Kunde zu geben scheinen, erfasse ich in mir ein gewisses «Erblickt-Sein» mit eigenen Strukturen, die mich auf die reale Existenz Anderer hinweisen. Es ist aber möglich, daß ich mich getäuscht habe: sei es, daß die Dinge der Welt, die ich für Augen hielt, keine Augen waren, sei es, daß nur der Wind das Gebüsch hinter mir bewegte, sei es – kurz –, daß diese konkreten Dinge nicht *in Wirklichkeit* von einem Blick Kunde gaben. Was wird in diesem Falle aus meiner Gewißheit, erblickt zu werden? Meine Scham war tatsächlich *Scham vor jemandem*: aber nun ist niemand da. Wird sie nicht auf Grund dieser Tatsache *Scham vor niemandem*, das heißt – da sie dort jemanden gesetzt hat, wo es niemanden gab – *falsche* Scham?

Diese Schwierigkeit kann uns nicht lange aufhalten und wir hätten sie nicht einmal erwähnt, wenn sie nicht das für sich hätte, daß sie unsere Untersuchung vorwärts schreiten läßt und daß sie die Eigenart unseres Für-Andere-Seins besonders rein aufzeichnet. Sie verwechselt nämlich zwei unterscheidbare Erkenntnisordnungen und zwei unvergleichbare Seinstypen. Wir haben immer gewußt, daß das In-der-Welt-Objekt nur wahrscheinlich sein kann. Das kommt eben von seinem Objektcharakter. Es ist wahrscheinlich, daß der Vorübergehende ein Mensch ist; und wenn er die Augen auf mich richtet, so kann ich doch, obwohl ich sofort und mit Gewißheit das Erblicktwerden empfinde, diese Gewißheit nicht in meine Erfahrung vom Objekt-Anderen übergehen lassen. Sie entdeckt mir nämlich nur den Subjekt-Anderen, eine transzendente Gegenwart bei der Welt und eine reale Bedingung meines Objekt-Seins. Unter keinen Umständen ist es also möglich, meine Gewißheit vom Subjekt-Anderen auf den Objekt-Anderen, der der Anlaß für diese Gewißheit war, zu übertragen, und umgekehrt die Evidenz der Erscheinung des Subjekt-Anderen von der konstitutionellen Wahrscheinlichkeit des Objekt-Anderen aus abzuschwächen. Mehr noch, der *Blick* erscheint, wie wir gesehen haben, auf dem Hintergrunde der Vernichtung des Objektes, das von ihm Kunde gibt. Wenn dieser dicke und häßliche Passant, der sich tänzelnd auf mich zu bewegt, mich plötzlich ansieht, ist es mit seiner Häßlichkeit, seiner Fettleibigkeit und seinen Tänzelschritten vorbei; solange ich mich erblickt fühle, ist er reine vermittelnde Freiheit zwischen mir und mir. Das Erblicktwerden kann also nicht von dem Objekt *abhängen*, das den Blick kundtut. Und da meine Scham als reflexiv erfaßbares «Erlebnis» vom Anderen mit demselben Rechte Zeugnis ablegt wie von sich selbst, kann ich sie nicht gelegentlich eines Dinges der Welt in Frage stellen, das grundsätzlich bezweifelt werden kann. Ebensoviel Wert hätte es, an meiner eigenen Existenz zu zweifeln, weil die Wahrnehmungen, die ich von meinem eigenen Körper habe (wenn ich zum Beispiel meine Hand sehe), dem Irrtum unterworfen sind. Wenn also das in völliger Reinheit freigelegte *Erblicktwerden* nicht stärker an den *Leib des Anderen* gebunden ist, als in der reinen Realisation des cogito mein Bewußtsein, Bewußtsein zu sein, an *meinen eigenen Leib* gebunden ist, muß man das Auftreten gewisser Objekte im Felde meiner Erfahrung, insbesondere die Konvergenz der Augen eines Anderen in meiner Richtung, als eine bloße *Ermahnung* auffassen, als eine bloße Gelegenheit, mein *Erblicktwerden* zu realisieren, in der Weise, in der für einen Platon die Widersprüche der empfindungsfähigen Welt die Gelegenheit dafür sind, eine philosophische Bekehrung vorzunehmen. Es ist, kurz gesagt, sicher, daß *ich erblickt werde;* nur wahrscheinlich ist, daß der Blick an dieses oder jenes innerweltlich Anwesende gebunden ist. Das hat übrigens für uns nichts Überraschendes, denn wir haben ja gesehen, daß es niemals *Augen* sind, die uns ansehen: der Andere als Subjekt ist es. Es bleibt indessen dabei, wird man einwenden, daß ich entdecken kann, mich getäuscht zu haben: hier bin ich über das Schlüsselloch gebeugt; plötzlich höre ich Schritte. Ein schauderhaftes Schamgefühl nimmt von mir Besitz: jemand hat mich gesehen. Ich richte mich auf, ich suche den Korridor mit den Augen ab: es war ein blinder Alarm. Ich atme auf. Hat sich hier nicht eine Erfahrung ergeben, die von sich selbst zerstört worden ist?

Sehen wir genauer zu. Ist das, was sich als Irrtum erwiesen hat, etwa mein Objektiv-Sein für Andere? Keineswegs. Die Fremdexistenz ist so weit davon entfernt, in Zweifel gezogen zu werden, daß dieser blinde Alarm sehr wohl die Folge haben kann, mich auf mein Unterfangen verzichten zu lassen. Wenn ich dagegen daran festhalte, werde ich doch mein Herz klopfen hören, werde ich auf das geringste Geräusch, auf das leiseste Knacken der Treppenstufen spannen. Weit davon entfernt, daß der Andere nach meiner ersten Alarmierung verschwunden wäre: er ist jetzt überall, unter mir, über mir, in den benachbarten Zimmern, und ich spüre weiter zutiefst mein Für-Andere-Sein; es kann sogar sein, daß meine Scham nicht verschwindet: mit geröteter Stirn beuge ich mich jetzt zu dem Schlüsselloch hinunter, ich höre nicht mehr auf, mein Für-Andere-Sein zu *erfahren*; meine Möglichkeiten hören nicht auf, «abzusterben», auch die Entfernungen hören nicht auf, sich auf mich hin zu entfalten, und zwar von der Treppe her, wo jemand sein «könnte», von jener dunklen Ecke her, wo etwas anwesend Menschliches sich verstecken «könnte». Mehr noch: wenn ich beim leisesten Geräusch zittere, wenn jedes Knacken mir einen Blick ankündigt, so deshalb, weil ich mich schon im Zustand des Erblickt-Seins befinde. Kurz: wer ist als bloßes Trugbild erschienen, und was ist bei dem blinden Alarm von sich selbst zerstört worden? Nicht der Subjekt-Andere, auch nicht seine Gegenwart bei mir: vielmehr die *Faktizität* des Anderen, das heißt die zufällige Verbindung des Anderen mit einem Objekt-Sein in *meiner* Welt. Was zweifelhaft ist, ist also nicht der Andere selbst, es ist das Da-Sein des Anderen, das heißt jenes historische und konkrete Ereignis, das wir mit den Worten ausdrücken können: «Es ist jemand in diesem Zimmer.»

Diese Feststellungen ermöglichen uns, noch weiter zu gehen. Die Anwesenheit Anderer in der Welt kann sich nämlich nicht analytisch aus der Anwesenheit eines Subjekt-Anderen bei mir ergeben, denn diese ursprüngliche Anwesenheit ist transzendent, das heißt, ein Über-die-Welt-hinaus-Sein. Ich habe geglaubt, der Andere sei in dem Raume anwesend, aber ich habe mich getäuscht: er war nicht *da*; er war «abwesend». Was ist also *Ab*wesenheit?

Nimmt man den Ausdruck Abwesenheit in seiner empirischen und alltäglichen Bedeutung, so ist klar, daß ich ihn nicht benutze, um jede beliebige Art von «Nicht-da-sein» damit zu bezeichnen. Einerseits würde ich, wenn ich mein Tabakpaket nicht an seinem gewöhnlichen Platz finde, nicht sagen, es sei *abwesend*; obwohl ich erklären könnte, daß es «da sein müßte». Denn der Platz eines materiellen Gegenstandes oder eines Werkzeuges leitet sich nicht aus seiner *Natur* her, obwohl er manchmal ganz genau angegeben werden kann. Seine Natur kann ihm einen genau passenden Ort zuteilen; aber durch mich wird der *Platz* eines Werkzeugs realisiert. Die menschliche Realität ist das Seiende, durch das den Dingen ein Platz zukommt. Nur die menschliche Realität kann, insofern sie ihre eigenen Möglichkeiten ist, ursprünglicherweise einen Platz einnehmen. Aber andererseits würde ich auch nicht sagen, Aga-Khan oder der Sultan von Marokko seien von dieser Wohnung abwesend, wohl aber, daß Peter, der sich dort für gewöhnlich aufhält, für eine Viertelstunde abwesend ist. Kurz, die Abwesenheit wird als eine Seinsweise der menschlichen Realität in bezug auf Orte und Plätze, die sie selbst durch ihre Anwesenheit bestimmt hat, definiert. Die Abwesenheit ist kein Nichts an Verbundenheit mit einem Platz, sondern ich bestimme Peter – im Gegenteil – in bezug auf einen bestimmten Platz, indem ich erkläre, er sei von ihm abwesend. Schließlich würde ich auch nicht von der Abwesenheit Peters in bezug auf einen Ort in der freien Natur sprechen, selbst wenn er die Gewohnheit hat, dorthin zu gehen. Aber seine Abwesenheit bei einem Picknick könnte ich bedauern, das in einer Gegend «stattfindet», wo er niemals gewesen ist. Die Abwesenheit Peters wird in bezug auf einen Platz definiert, an dem zu sein er sich selbst bestimmen müßte, aber dieser Platz selbst wird als Platz nicht durch die Lage oder gar durch einzelne Beziehungen des Ortes zu Peter abgegrenzt, sondern durch die Anwesenheit anderer menschlicher Realitäten. In bezug auf *andere Menschen* ist Peter abwesend. Die Abwesenheit ist eine konkrete Seinsweise Peters in bezug auf Therese; sie ist ein Band zwischen den menschlichen Realitäten, nicht aber zwischen der menschlichen Realität und der Welt. Mit Bezug auf Therese ist Peter *von diesem Orte* abwesend. Die Abwesenheit ist also eine Seinsverbundenheit zwischen zwei oder mehreren menschlichen Realitäten, die eine grundlegende Anwesenheit dieser Realitäten füreinander erheischt und die außerdem nur eine der besonderen Konkretisierungen dieser Anwesenheit ist. Abwesend sein ist für Peter in bezug auf Therese eine besondere Art, ihr gegenwärtig zu sein. Die Abwesenheit bedeutet nämlich nur dann etwas, wenn alle Beziehungen Peters zu Therese gewahrt bleiben: er liebt sie, er ist ihr Gatte, er sorgt für ihren Unterhalt usw. Insbesondere setzt die Abwesenheit die Aufrechterhaltung der *konkreten* Existenz Peters voraus: der Tod ist keine Abwesenheit. Auf Grund dieser Tatsache ändert die *Entfernung* zwischen Peter und Therese nichts an der grundlegenden Tatsache ihrer wechselseitigen Gegenwart. Denn wenn wir diese Gegenwart vom Standpunkt Peters aus betrachten, so sehen wir, daß sie *entweder* bedeutet, Therese existiere inmitten der Welt als Anderer-Objekt, *oder* daß er das Gefühl habe, für Therese als für ein Anderer-Subjekt zu existieren. Im ersteren Fall ist die Entfernung zufällig und ohne Bedeutung angesichts der grundlegenden Tatsache, daß Peter derjenige ist, durch den es eine Welt als Ganzheit «gibt», und daß Peter entfernungslos bei dieser Welt als derjenige gegenwärtig ist, durch den die Entfernung existiert. Im zweiten Falle hat Peter, wo er sich auch befinden mag, das Gefühl, für Therese entfernungslos zu existieren: sie ist *in Entfernung* von ihm in dem Maße, in dem sie ihn von sich fernhält und zwischen sich und ihm eine Entfernung entfaltet; die ganze Welt trennt ihn dann von ihr. Aber er ist für sie insoweit ohne Entfernung, als er Gegenstand in derjenigen Welt ist, die sie ins Sein treten läßt. Infolgedessen kann in keinem Falle das Sichentfernen diese wesentlichen Beziehungen verändern. Sei nun die Entfernung klein oder groß, es liegt zwischen dem Objekt-Peter und der Subjekt-Therese, ebenso wie zwischen der Objekt-Therese und dem Subjekt-Peter die unendliche Mächtigkeit einer Welt; zwischen dem Subjekt-Peter und der Objekt-Therese, ebenso zwischen der Subjekt-Therese und dem Objekt-Peter besteht gar keine Entfernung. So sind also die empirischen Begriffe von Abwesenheit und Anwesenheit zwei Spezifikationen für eine grundlegende Gegenwart Peters bei Therese und Thereses bei Peter; sie drücken dies nur auf die eine oder die andere Art aus und bekommen ihren Sinn nur von ihr. In London, in Indien, in Amerika, auf einer einsamen Insel ist Peter der Therese, die in Paris geblieben ist, gegenwärtig, erst bei seinem Tode hört er auf, ihr gegenwärtig zu sein. Denn ein Menschenwesen wird nicht durch seine Beziehungen zu den Orten *situiert*, durch seinen Längen- und Breitengrad: es situiert sich in einem menschlichen Raum, zwischen der «Guermantes-Seite» und der «Swanns Zuhause-Seite», und es ist die unmittelbare Gegenwart von Swann und der Herzogin von Guermantes, welche die Entfaltung jenes «hodologischen» Raumes ermöglicht, in dem es sich situiert. Diese Gegenwart aber hat in der Transzendenz ihren Sitz; das in der Transzendenz Mirgegenwärtigsein meines Vetters in Marokko erlaubt es mir, zwischen mir und ihm den Weg zu entwickeln, der mich in der Welt situiert und den man die Straße nach Marokko nennen könnte. Diese Straße ist tatsächlich nichts anderes, als die Entfernung zwischen dem Objekt-Anderen, den ich in Verbindung mit meinem «sein-für» *wahrnehmen* könnte, und dem Subjekt-Anderen, der mir ohne Entfernung gegenwärtig ist. So werde ich durch die unendliche Verschiedenheit der Straßen *situiert*, die mich in Korrelation zu der unmittelbaren Gegenwart der transzendenten Subjekte zu Objekten *meiner* Welt führen. Und da mir die ganze Welt auf einmal gegeben ist, samt allen ihren Seienden, stellen diese Straßen nur das Insgesamt der Werkzeugkomplexe dar, die es ermöglichen als «dies-da» ein Anderer-Objekt auf dem Hintergrund der Welt erscheinen zu lassen, das darin schon implicite und realiter enthalten ist. Diese Beobachtungen können aber verallgemeinert werden: nicht nur Peter, René und Lucien sind in bezug zu mir auf dem Untergrund ursprünglicher Gegenwart abwesend oder anwesend; denn nicht sie allein tragen dazu bei, mich zu situieren: ich situiere mich auch als Europäer in bezug auf die Asiaten oder die Neger, als alter Mann in bezug auf die jungen Leute, als Richter in bezug auf die Gesetzesübertreter, als Bürger in bezug auf die Arbeiter usw. Kurz, in bezug auf jeden lebenden Menschen ist jede menschliche Realität auf dem Untergrund ursprünglicher Gegenwart anwesend oder abwesend. Und diese ursprüngliche Gegenwart kann nur den Sinn eines Erblickt-Seins oder eines Erblickend-Seins haben, je nachdem ob der Andere für mich Objekt ist oder ich selbst Objekt für den Anderen bin. Das Für-Andere-Sein ist ein ständiges Faktum meiner menschlichen Realität, und ich erfasse es samt seiner faktischen Notwendigkeit beim kleinsten Gedanken, den ich mir über mich mache. Wohin ich auch gehe, was ich auch tue, ich verändere damit nur meine Entfernungen zum Objekt-Anderen, bediene mich nur der Straßen, die zu Anderen führen. Mich entfernen, mich nähern, jenes besondere Anderer-Objekt entdecken, das ist nichts anderes, als empirische Variationen über das Grundthema meines Für-Andere-Seins gestalten. Der Andere ist mir überall als das gegenwärtig, durch das ich Objekt werde. Dies vorausgesetzt, kann ich mich natürlich über die empirische Gegenwart eines Anderer-Objektes, dem ich gerade auf der Straße begegne, täuschen. Ich kann natürlich glauben, es sei Anni, die auf mich zukommt, und entdecken, daß es eine mir unbekannte Person ist: die grundlegende Gegenwart Annis bei mir wird dadurch nicht verändert. Ich kann natürlich glauben, es sei ein Mensch, der im Halbdunkel auf mich lauert, und entdecken, daß es ein Baumstumpf ist, den ich für ein menschliches Wesen hielt: meine grundlegende Gegenwart bei allen Menschen und die Gegenwart aller Menschen bei mir wird nicht davon betroffen. Denn das Sichtbarwerden eines Menschen als Gegenstand im Felde meiner Erfahrung ist es nicht, was mich lehrt, daß es Menschen *gibt*. Meine Gewißheit von der Fremdexistenz ist von solchen Erfahrungen unabhängig und macht diese vielmehr erst möglich. Was mir dann erscheint und über was ich mich täuschen kann, das ist nicht der Andere und auch nicht eine reale und konkrete Verbindung des Anderen mit mir, sondern das ist ein *dies-da*, das einen Objekt-Menschen ebensogut vorstellen wie nicht vorstellen *kann*. Was lediglich wahrscheinlich ist, das ist die reale Entfernung und Nähe des Anderen, das heißt, es ist wahrscheinlich, daß sein Objekt-Charakter und seine Zugehörigkeit zur Welt, die sich zu enthüllen ich veranlasse, nicht zweifelhaft sind, und zwar einfach insofern, als ich gerade durch mein Auftauchen bewirke, daß ein Anderer erscheint. Allerdings gründet diese Objekthaftigkeit in der Welt als «Andere irgendwo in der Welt»: der Objekt-Andere ist gewiß als Erscheinung, die zum Wiederauftreten meiner Subjektivität korrelativ ist, aber es ist niemals gewiß, daß der Andere *dieses* Objekt ist. Ebenso besitzt die Grundtatsache, nämlich mein Objekt-Sein für ein Subjekt, eine Evidenz vom gleichen Typus wie die reflexive Evidenz, nicht aber ist in dieser Weise die Tatsache evident, daß ich mich genau in diesem Augenblick und für einen bestimmten Anderen als ein «*dies-da*» vom Hintergrund der Welt abzeichne, anstatt in der Ununterschiedenheit eines Hintergrundes unterzugehen. Daß ich gegenwärtig als Objekt für einen Deutschen, wer er auch sein mag, existiere, ist nicht zu bezweifeln. Aber existiere ich nun in der Eigenschaft eines Europäers, eines Franzosen, eines Parisers und in der Ununterschiedenheit dieser Kollektive, oder in der Eigenschaft *des* Parisers, um den herum sich die Pariser Bevölkerung und das französische Kollektiv plötzlich zusammenordnen, um ihm als Hintergrund zu dienen? Über diesen Punkt kann ich immer nur wahrscheinliche Erkenntnisse gewinnen, wenn sie auch unendlich wahrscheinlich sein können.

Wir können jetzt das Wesen des Blickes erfassen: in jedem Blick findet die Erscheinung eines Objekt-Anderen als konkrete und wahrscheinliche Anwesenheit in meinem Erfahrungsfeld statt, und gelegentlich gewisser Haltungen dieses Anderen bestimme ich mich selbst als einen, der von Scham, Angst usw. ergriffen werden muß, bestimme ich mein «Erblickt-werden». Dieses «Erblickt-werden» stellt sich als reine Wahrscheinlichkeit dafür dar, daß ich gegenwärtig jenes konkrete *dies-da* bin – eine Wahrscheinlichkeit, die ihren Sinn und ihr Wesen als wahrscheinliche nur von der grundlegenden Gewißheit herleiten kann, daß der Andere mir immer gegenwärtig ist, und zwar insoweit, als ich immer *für Andere* bin. Die Erfahrung meiner Lebensbedingungen als Mensch, der ich ein Objekt für *alle* anderen lebenden Menschen bin, der ich unter Millionen von Blikken in die Arena gestoßen wurde und mir selbst millionenmal entrinne, diese Erfahrung realisiere ich konkreterweise gelegentlich des Auftauchens eines Objektes in *meinem* Mikrokosmos, und zwar wenn dieses Objekt mir anzeigt, daß ich wahrscheinlich gegenwärtig als *unterscheidbares dies-da* Gegenstand für ein Bewußtsein bin. Dieses Insgesamt des Phänomens nennen wir *Blick*. Jeder Blick läßt uns konkret – und in der unbezweifelbaren Gewißheit des *cogito* – empfinden, daß wir für alle lebenden Menschen existieren, das heißt, daß es (irgendwelche) Bewußtseinsindividuen gibt, für die ich existiere. Wir setzen «irgendwelche» in Klammern, um damit recht deutlich zu machen, daß der in diesem Blick mir gegenwärtige Subjekt-Andere nicht in Form einer Vielheit gegeben ist, übrigens auch nicht einer Einheit (außer in seiner konkreten Beziehung zu *einem* besonderen Objekt-Anderen). Tatsächlich gehört die Vielheit nur zu den Objekten, sie kommt ins Sein durch die Erscheinung eines weltschaffenden Für-sich. Das Erblickt-werden läßt für uns (irgendwelche) Subjekte auftauchen und stellt uns vor die Gegenwart einer unbezifferten Realität. Sobald ich aber *hinblicke*, grenzen sich die, die mich anblicken, die *anderen* Bewußtseinsindividuen, zu einer Vielheit voneinander ab. Wenn ich dagegen den Blick als die Gelegenheit zu konkreter Erfahrung beiseite lasse und versuche, die unendliche Ununterschiedenheit der menschlichen Gegenwart *rein formal* zu denken und sie unter dem Begriff des unendlichen Subjektes, das niemals Objekt ist, zusammenzufassen, so erhalte ich einen inhaltslosen Begriff, der sich auf eine unendliche Reihe mystischer Erfahrungen der Gegenwart Anderer bezieht, einen Begriff von Gott als dem allgegenwärtigen und unendlichen Subjekt, *für das* ich existiere. Aber diese beiden Vergegenständlichungen, die konkrete und abzählende sowie die zusammenfassende und abstrakte, verfehlen beide die erfahrene Realität, das heißt die vornumerische Gegenwart Anderer. Diese wenigen Anmerkungen werden gewichtiger durch eine Beobachtung, die jeder selbst anstellen kann: wenn es sich so trifft, daß wir «in der Öffentlichkeit» erscheinen, um eine Rolle zu spielen oder einen Vortrag zu halten, so vergessen wir nie, daß wir angeblickt werden, und führen das Insgesamt der Akte, um derentwillen wir gekommen sind, *in Gegenwart* des Blickes aus, mehr noch, wir versuchen, ein Seiendes und ein Insgesamt von Objekten *für* diesen Blick zu konstituieren. Aber wir beziffern diesen Blick nicht. Solange wir reden und nur an die Ideen denken, die wir entwickeln wollen, bleibt die Gegenwart Anderer undifferenziert. Es wäre falsch, sie unter den Rubriken «Schulklasse», «Zuhörerschaft» usw. zu einer Einheit zu machen: wir haben nämlich kein Bewußtsein von einem konkreten und individuellen Seienden mit Kollektivbewußtsein; es handelt sich da um Bilder, die hinterher dazu dienen können, unsere Erfahrung wiederzugeben, und die von ihr doch mehr als die Hälfte unterschlagen. Aber wir erfassen auch keinen Blick «in Mehrzahl». Vielmehr handelt es sich um eine unspürbare, flüchtige und allgegenwärtige Realität, die uns gegenüber unser nicht entdecktes Ich realisiert und die mit uns bei der Hervorbringung dieses Ich, das uns entgeht, zusammenarbeitet. Wenn ich mich hingegen davon überzeugen will, daß meine Gedanken richtig begriffen worden sind, und wenn ich nun meinerseits die Zuhörerschaft anblicke, so werde ich plötzlich sehen, wie *irgendwelche* Köpfe und *irgendwelche* Augen erscheinen. Indem sie sich vergegenständlicht, zerfällt die pränumerische Realität der Anderen und wird zur Vielheit. Aber auch der Blick ist verschwunden. Dieser pränumerischen und konkreten Realität wird die Bezeichnung «Man» passenderweise eher vorbehalten als einem Zustand der Uneigentlichkeit menschlicher Realität. Ununterbrochen, wo ich auch sein mag, sieht *man* mich an. *Man* wird niemals als Objekt ergriffen, es löst sich augenblicklich auf.

So hat uns der Blick auf die Spur unseres *Für-Andere-Seins* gesetzt und hat uns die unbezweifelbare Existenz dieser Anderen, für die wir sind, enthüllt. Aber weiter kann er uns nicht geleiten: wir müssen nunmehr die Grundbeziehung des Ich zum Anderen prüfen, so, wie sie sich uns entdeckt hat, oder, wenn man lieber will, wir müssen nunmehr alles das thematisch explizit machen und festlegen, was innerhalb der Grenzen dieses ursprünglichen Bezuges enthalten ist, und wir müssen uns fragen, was das *Sein* dieses Für-Andere-Seins ist.

Eine Überlegung, die sich aus den vorhergehenden Bemerkungen ergibt, kann uns bei unserer Aufgabe helfen, nämlich die, daß das Für-Andere-Sein keine ontologische Struktur des Für-sich ist: wir können in der Tat nicht daran denken, das Für-Andere-Sein wie die Konsequenz eines Prinzips vom Für-Sich-Sein abzuleiten, oder umgekehrt das Für-sich-Sein vom Für-Andere-Sein. Ohne Zweifel erfordert unsere menschliche Realität, gleichzeitig Für-sich und Für-Andere zu sein, aber unsere gegenwärtigen Untersuchungen zielen nicht darauf ab, eine Anthropologie zu schaffen. Es wäre vielleicht nicht unmöglich, ein von jedem Für-Andere freies Für-sich zu begreifen, das bestünde, ohne die Möglichkeit, ein Objekt zu sein, auch nur zu vermuten. Aber dieses Für-sich wäre eben kein «Mensch». Das *cogito* enthüllt uns hier ganz einfach eine faktische Notwendigkeit: es findet sich – und das ist unbezweifelbar –, daß unser Sein in Verbindung mit seinem Für-sich-Sein auch für Andere ist; das Sein, das sich unserem reflexiven Bewußtsein enthüllt, ist Für-sich-für-Andere; das kartesianische *cogito* bestätigt nur die absolute Wahrheit eines *Faktums*: dessen meiner Existenz; ebenso enthüllt das etwas weiter gefaßte *cogito*, dessen wir uns hier bedienen, als Fakten die Fremdexistenz und meine Existenz für andere. Weiter können wir nichts sagen. Auch mein Für-Andere-Sein hat, ebenso wie das Auftauchen meines Bewußtseins zum Sein, den Charakter eines absoluten Ereignisses. Und da dieses Ereignis gleichzeitig Geschichte machend – denn ich zeitige mich als Gegenwart bei Anderen – und Bedingung jeder Geschichte ist, nennen wir es antehistorische Geschichtsbildung [historialisation antéhistorique]. In dieser Eigenschaft, in der Eigenschaft antehistorischer Zeitigung der Gleichzeitigkeit, werden wir jenes Ereignis hier betrachten. Unter antehistorisch verstehen wir nicht, daß es in einer Zeit, früher als die Geschichte, wäre – was keinen Sinn hätte –, sondern daß es an jener ursprünglichen Zeitigung teilnimmt, die Geschichte wird, indem sie Geschichte möglich macht. Als Faktum – als erstes und ständiges Faktum –, nicht als Wesensnotwendigkeit werden wir das Für-Andere-Sein untersuchen.

Wir haben oben gesehen, welcher Unterschied die Negation vom Typus des Innerlichen trennt von der äußerlichen Negation. Insbesondere haben wir festgehalten, daß die Grundlage für jede Erkenntnis eines bestimmten Seienden die ursprüngliche Beziehung ist, durch die schon beim Auftauchen das Für-sich so zu sein hat, als wäre es nicht *dieses* Seiende. Die Negation, die das Für-sich in dieser Weise realisiert, ist innerliche Negation; das Für-sich realisiert sie in voller Freiheit, mehr noch, es *ist* diese Negation insoweit, als es sich als ein Endliches erwählt. Die Negation aber verbindet das Für-sich unauflöslich mit dem Sein, das das Für-sich nicht ist, und wir konnten daher den Satz aussprechen, daß das Für-sich in seinem Sein das Sein des Objektes einhüllt, das es nicht ist, und zwar insofern, als es in seinem Sein als nicht *dieses* Sein seiend in Frage steht. Diese Beobachtungen können ohne wesentliche Änderungen auf das Urverhältnis des Für-sich zu Anderen ausgedehnt werden. Wenn es einen Anderen überhaupt gibt, so muß ich vor allem derjenige sein, der der Andere nicht ist, und eben in dieser von mir und in bezug auf mich vollzogenen Verneinung veranlasse ich mich, zu sein, und taucht der Andere als Anderer auf. Diese Negation, die mein Sein konstituiert und die mich, wie Hegel es ausdrückt, als *das Selbige* angesichts des Anderen erscheinen läßt, konstituiert mich auf der Ebene der nichtsetzenden Selbstheit zu einem «Ich-selbst». Darunter darf man nicht verstehen, daß ein *Ich* in unserem Bewußtsein Wohnung nimmt, sondern daß die Selbstheit stärker wird, wenn sie als Negation einer anderen Selbstheit auftaucht, und daß diese Verstärkung positiv ergriffen wird als das fortgesetzte Sich-selbsterwählen der Selbstheit als *dieselbe* Selbstheit und als *diese Selbstheit selbst.* Ein Für-sich [pour-soi], was sein «sich» [soi] zu sein hätte, ohne *es-selbst* [soi-même] zu sein, wäre denkbar. Allerdings hat das Für-sich, was ich bin, zu sein, was es ist, und zwar in Gestalt einer Abweisung des Anderen, das heißt als es-selbst. Indem wir die auf das Bewußtsein vom Nicht-Ich überhaupt angewendeten Formulierungen benutzen, können wir also sagen, daß das Für-sich als es-selbst in sein Sein das Sein Anderer einhüllt, insofern es in seinem Sein, als nicht Andere seiend, in Frage steht. Mit anderen Worten: damit das Bewußtsein Andere nicht sein kann, damit es also einen Anderen «geben» kann, ohne daß das «nicht sein» (die Bedingung seiner Selbst) einzig und allein zum Gegenstand der Feststellung eines Zeugen, eines «dritten Mannes» wird, muß es selber und spontan dieses «nicht-sein» sein, muß es sich freiwillig vom Anderen frei machen und losreißen, indem es sich als ein Nichts erwählt, das einfach der Andere des Anderen ist und daher im «es-selbst» wieder mit sich zusammentrifft. Und gerade dieses Sichlosreißen, das das Sein des Für-sich ist, bewirkt, daß es seinen Anderen gibt. Das bedeutet durchaus nicht, daß es dem Anderen das Sein schenkt, sondern bloß, daß es ihm das ein *Anderer-Sein* oder die wesentliche Bedingung des «es gibt» schenkt. Und es versteht sich von selbst, daß für das Für-sich die Weise des Sein-was-nicht-der-Andere-ist vollkommen erstarrt ist vor Nichts, und daß das Für-sich das, was der Andere nicht ist, in der nichtenden Weise der «widerspiegelnden Widerspiegelung» ist; das Nicht-Andere-Sein ist niemals *gegeben,* sondern wird in einem ununterbrochenen Wiederaufleben ununterbrochen gewählt; das Bewußtsein kann Andere *nicht sein,* insofern es Bewußtsein (von) sich als Andere nicht seiend ist. So ist die innerliche Verneinung hier wie im Falle der Gegenwart bei der Welt eine vereinheitlichende Seinsverbindung: der Andere muß überall dem Bewußtsein gegenwärtig sein und muß es sogar als Ganzes überschreiten, damit das Bewußtsein, eben *indem es nichts ist,* sich diesem Anderen, der es zu «leimen» droht, entziehen kann. Wenn plötzlich das Bewußtsein etwas *wäre,* würde die Unterschiedenheit seiner selbst von Anderen in der Tiefe einer vollkommenen Undifferenziertheit verschwinden.

Allerdings muß sich diese Darstellung eine wesentliche Hinzufügung gefallen lassen, die ihre Geltung radikal ändern wird. Da nämlich das Bewußtsein sich realisierte als nicht dies oder jenes «dies-da» in der Welt seiend, so war das negative Verhältnis nicht wechselseitig: das betreffende «dies-da» sah sich nicht veranlaßt, nicht das Bewußtsein zu sein; das Bewußtsein bestimmte sich in sich und durch sich dazu, es nicht zu sein, aber jenes «dies-da» verharrte in bezug auf das Bewußtsein in einer ganz indifferenten Außenweltlichkeit; es bewahrte nämlich seine Natur eines *An-sich*, und als *An-sich* enthüllte es sich dem Bewußtsein gerade in der Verneinung, durch die das Für-sich sich veranlaßte, zu sein, indem es vor sich selbst ableugnete, daß es An-sich sei. Wenn es sich dagegen um den Anderen handelt, dann ist das innerlich negative Verhältnis wechselseitig. Das Sein, das das Bewußtsein nicht zu sein hat, wird als ein Sein definiert, was nicht dieses Bewußtsein zu sein hat. Im Zeitpunkt der Wahrnehmung des «dies-da» in der Welt unterschied sich nämlich das Bewußtsein vom «dies-da» nicht nur durch seine eigene Individualität, sondern auch durch seine Seinsweise. Es war *Für-sich* gegenüber dem *An-sich*. Dagegen unterscheidet es sich beim Auftauchen Anderer in keiner Weise vom Anderen, soweit es seine Seinsweise betrifft: der Andere ist, was es ist, er ist Für-sich und Bewußtsein, er verweist auf Möglichkeiten, die seine Möglichkeiten sind, er ist durch Ausschluß Anderer er selbst; es kommt für ein Bewußtsein nicht in Frage, sich dem Anderen mittels einer rein zahlenmäßigen Determination des Anderen entgegenzustellen. Es gibt hier nicht *zwei* oder *mehrere* Bewußtseinsindividuen: die Aufzählung setzt nämlich einen äußerlichen Zeugen voraus und ist reine und bloße Feststellung von Außenweltlichkeit. Für das Für-sich kann es Andere nur in einer spontanen und vornumerischen Negation geben. Der Andere existiert für das Bewußtsein nur als das *abgewiesene es-selbst*. Aber gerade weil der Andere ein er-selbst ist, kann er für mich und durch mich als er selbst nur insofern abgewiesen werden, als *er selbst es ist, der mich abweist*. Ich kann ein Bewußtsein, das mich nicht ergreift, weder ergreifen noch begreifen. Ein einziges Bewußtsein gibt es, das mich weder ergreift noch abweist und das ich selbst begreifen kann; das ist aber nicht ein irgendwo außerhalb der Welt vereinzeltes Bewußtsein, sondern mein eigenes. So ist der Andere, den ich anerkenne, um mich weigern zu können, er zu sein, vor allem *derjenige, für den mein Für-sich ist*. Derjenige, der zu sein ich mich nicht veranlasse, ist nämlich nicht nur insoweit nicht Ich, als ich ihn vor mir verleugne, sondern ich lasse mich absichtlich nicht ein Sein sein, daß sich nicht Ich sein läßt. Allerdings ist diese doppelte Verneinung in gewissem Sinne selbstvernichtend: entweder nämlich lasse ich mich ein bestimmtes Sein nicht sein, dann ist es für mich Objekt, und ich verliere es für meine Objektheit; in diesem Falle hört der Andere auf, der Ich-Andere zu sein, das heißt das Subjekt zu sein, das mich durch die Weigerung, Ich zu sein, zum Objekt macht; oder aber dieses Sein ist wirklich der Andere und läßt sich nicht Ich sein, aber in diesem Falle werde ich für ihn Objekt, und er verliert seine eigene Objektheit. So ist der Andere ursprünglich das Nicht-Ich-nicht-Objekt. Welches auch die späteren Prozesse der Dialektik des Anderen sein mögen, wenn der Andere zunächst der Andere sein soll, so ist er grundsätzlich derjenige, der sich gerade nicht in dem Auftauchen enthüllen kann, durch das ich leugne, er zu sein. In diesem Sinne kann meine grundlegende Verneinung nicht unmittelbar sein, denn es gibt nichts, auf das sie sich erstrecken kann. Was ich mich schließlich zu sein weigere, kann nichts anderes sein als jene Weigerung, ein Ich zu sein, durch das der Andere mich zum Objekt macht; oder, wenn man lieber will, ich lehne mein abgelehntes Ich ab; ich bestimme mich als Ich-selbst durch Ablehnung des abgelehnten Ich; ich setze dieses abgelehnte Ich als entfremdetes Ich, und zwar in dem Auftauchen selbst, durch das ich mich vom Anderen losreiße. Aber dadurch erkenne und bejahe ich nicht nur den Anderen, sondern auch die Existenz meines Ich-für-Andere; ich kann nämlich nicht der Andere *nicht sein*, wenn ich nicht mein *Objekt-Sein-für-Andere* auf mich nehme. Das Verschwinden des entfremdeten Ich würde das Verschwinden des Anderen durch den Zusammenbruch des Ich-selbst nach sich ziehen. Ich entziehe mich dem Anderen, indem ich ihm mein entfremdetes Ich in den Händen lasse. Aber da ich mich als Losreißung vom Anderen erwähle, übernehme und anerkenne ich dieses entfremdete Ich als das meinige. Mein Michlosreißen vom Anderen, das heißt mein Ich-selbst, ist infolge seiner Wesensstruktur Annahme dieses vom Anderen zurückgewiesenen Ich als das *meinige*; es ist sogar *nur das*. So ist das entfremdete und zurückgewiesene Ich gleichzeitig meine Verbindung mit dem Anderen und Symbol unserer vollständigen Geschiedenheit. In dem Maße nämlich, in dem ich derjenige bin, der durch Behauptung seiner Selbstheit bewirkt, daß es einen Anderen *gibt*, ist das Objekt-Ich das meinige, und ich beanspruche es, denn die Trennung des Anderen von mir ist niemals gegeben, und ich bin in meinem Sein fortwährend dafür verantwortlich. Insoweit der Andere aber mitverantwortlich für unsere ursprüngliche Getrenntheit ist, entgeht mir dieses Ich, denn es ist das, was der Andere zu sein sich nicht veranlaßt. So beanspruche ich als des *meinigen* und für mich ein Ich, das mir entgeht, und da ich mich ein Anderer zu sein nicht veranlasse, und zwar insofern der Andere eine der meinen gleiche freie Spontaneität ist, so beanspruche ich gerade als ein mir entgehendes Ich dieses Objekt-Ich. Dieses Objekt-Ich ist das Ich, das ich in dem Maße *bin*, indem es mir entgeht, aber ich würde es als das meinige zurückweisen, wenn es mit mir zu reiner Selbstheit zusammenfallen könnte. So ist mein Für-Andere-Sein, das heißt mein Objekt-Ich, kein von mir abgetrenntes und in einem fremden Bewußtsein wesendes Bild: es ist ein völlig reales Sein, *mein* Sein als Bedingung meiner Selbstheit gegenüber dem Anderen und der Selbstheit des Anderen mir gegenüber. Es ist mein *Außenseite-Sein:* nicht ein erlittenes Sein, das selbst von außen gekommen wäre, sondern eine als *meine* Außenseite übernommene und anerkannte Außenseite. Es ist mir nämlich nicht möglich, den Anderen vor mir abzuleugnen, insofern er selbst Subjekt ist. Wenn ich den Anderen unmittelbar als reines Objekt zurückwiese – das heißt als etwas inmitten der Welt Vorhandenes –, so würde ich nicht den Anderen zurückweisen, sondern in Wirklichkeit einen Gegenstand, der mit Subjektivität grundsätzlich nichts zu tun hätte; ich wäre ohne Gegenwehr gegen eine vollkommene Gleichsetzung meiner selbst mit dem Anderen, weil ich mich nicht gehütet hätte, den wahren Bereich des Anderen, die Subjektivität, zu verlassen, die auch *mein* Bereich ist. Ich kann den Anderen nur von mir entfernt halten, wenn ich mit einer Grenze für meine Subjektivität einverstanden bin. Aber diese Grenze kann weder von mir stammen, noch von mir gedacht werden, weil ich sonst eine endliche Ganzheit wäre. Andererseits kann das Denken, wie Spinoza es ausdrückt, nur vom Denken begrenzt werden. Das Bewußtsein kann nur von meinem Bewußtsein begrenzt werden. Die Grenze zwischen zwei Bewußtseinsindividuen ist, insofern sie vom begrenzenden Bewußtsein hervorgebracht und vom begrenzten Bewußtsein übernommen wird, eben mein Objekt-Ich. Und zwar müssen wir das in dem zweifachen Sinne des Wortes «Grenze» verstehen. Von seiten des begrenzenden wird die Grenze nämlich als der Inhalt aufgefaßt, der mich enthält und umgrenzt, die leere Hülse, die mich als Ganzheit zu einer Ausnahme macht und mich so aus dem Spiel bringt; von seiten des begrenzten ist sie für jedes Selbstheit-Phänomen das, was die mathematische Grenze für die Reihe ist, die nach ihr tendiert, ohne sie jemals zu erreichen; jedes Sein, das ich zu sein habe, ist an seiner Grenze wie eine asymptotische Kurve an einer Geraden. So bin ich eine unganze und unbegrenzte Ganzheit, enthalten in einer begrenzten Ganzheit, die sie in der Ferne abgrenzt und die ich außerhalb von mir bin, ohne sie jemals realisieren oder erreichen zu können. Ein brauchbares Sinnbild meiner Bemühungen, *mich* zu ergreifen, und ihrer Vergeblichkeit ist jene Kugel, von der Poincaré spricht, deren Temperatur vom Mittelpunkt nach der Oberfläche zu abnimmt: Lebewesen versuchen, bis zur Oberfläche der Kugel zu gelangen und brechen vom Mittelpunkt aus auf, aber die Abnahme der Temperatur ruft bei ihnen eine ständig größer werdende Zusammenziehung hervor; in dem Maße, in dem sie sich dem Ziele nähern, neigen sie dazu, unendlich klein zu werden, so daß sie vom Ziele durch eine unendliche Entfernung getrennt sind. Indessen ist diese unerreichbare Grenze, die mein Objekt-Ich ist, nicht ideal: sie ist ein reales Sein. Dieses Sein ist keineswegs *an-sich,* denn es ist nicht in der reinen indifferenten Außenweltlichkeit entstanden; aber es ist auch nicht *für-sich,* denn es ist nicht das Sein, das ich, indem ich es nichte, zu sein habe. Es ist genau mein *Für-Andere -Sein,* dieses zwischen zwei Negationen von entgegengesetztem Ursprung und umgekehrtem Sinn zerteilte Sein; denn der Andere *ist nicht* dieses Ich, von dem er eine unmittelbare Erkenntnis hat, und ich *habe nicht die unmittelbare Erkenntnis* von diesem Ich, das ich bin. Indessen leitet dieses Ich, das vom einen hervorgebracht und vom anderen übernommen wird, seine absolute Realität davon ab, daß es die einzig mögliche Trennung zweier durchaus identischer Seiender, was ihre Seinsweise anlangt, ist, die außerdem einander unmittelbar gegenwärtig sind, da ja nur das Bewußtsein das Bewußtsein begrenzen und zwischen ihnen kein Mittelglied begriffen werden kann.

Ausgehend von dieser Anwesenheit Subjekt-Anderer bei mir, in meiner und durch meine übernommene Gegenständlichkeit, können wir die Vergegenständlichung Anderer als ein zweites Moment meiner Beziehung zum Anderen verstehen. In der Tat kann die Gegenwart Anderer jenseits meiner nicht entdeckten Grenze dazu dienen, mein Wiederergreifen meiner selbst, insofern es freie Selbstheit ist, zu begründen. In dem Maße, in dem ich leugne, der andere zu sein, und in dem der Andere sich zunächst offenbart, kann er sich nur als der Andere offenbaren, das heißt als Subjekt jenseits meiner Grenze, das heißt als das, was mich begrenzt. Nichts außer dem Anderen kann mich begrenzen. Dieser erscheint also als das, was in voller Freiheit und in freiem Sichentwerfen auf seine Möglichkeiten hin mich aus dem Spiele bringt und mich meiner Transzendenz entkleidet, in dem er sich weigert, «mitzumachen». So muß ich zunächst und allein diejenige der beiden Verneinungen ergreifen, für die ich nicht verantwortlich bin, diejenige, die nicht durch mich zu mir kommt. Aber gerade in der Ergreifung dieser Verneinung taucht das Bewußtsein (von) mir als einem Ich-selbst auf, das heißt, ich kann ein explizites Bewußtsein (von) mir gewinnen, insofern ich auch für eine Verneinung des Anderen, die meine eigene Möglichkeit ist, verantwortlich bin. Das ist die Explizitmachung der zweiten Negation, derjenigen, die von mir zum Anderen geht. In Wirklichkeit war sie schon dort, aber vom Anderen versteckt, da sie unterging, um den Anderen erscheinen zu lassen. Aber gerade der Andere ist Anlaß dafür, daß die neue Verneinung erscheint: denn wenn es einen Anderen gibt, der mich nicht dadurch aus dem Spiel bringt, daß er meine Transzendenz als etwas bloß Geschautes setzt, so deshalb, weil ich mich vom Anderen losreiße, indem ich meine Grenze auf mich nehme. Und das Bewußtsein (von) diesem Michlosreißen *oder* das Bewußtsein, in bezug auf den Anderen *derselbe* (zu sein), ist Bewußtsein (von) meiner freien Spontaneität. Und eben durch dieses Michlosreißen, das den Anderen in den Besitz meiner Grenze setzt, werfe ich den Anderen schon aus dem Spiel. Insoweit ich als (von) mir selbst als (von) einer meiner freien Möglichkeiten Bewußtsein erlange und insoweit ich mich auf mich selbst hin entwerfe, um diese Selbstheit zu realisieren, insoweit bin ich für Fremdexistenz verantwortlich: ich selbst bewirke durch die Behauptung meiner freien Spontaneität, daß es einen Anderen *gibt* und nicht bloß eine unendliche Verweisung des Bewußtseins auf sich selbst. Der Andere findet sich also aus dem Spiel gesetzt als etwas, bei dem es von mir abhängt, ob es nicht ist, und dadurch ist seine Transzendenz keine Transzendenz mehr, die *mich* in Richtung auf ihn selbst *transzendiert*, sie ist vielmehr eine bloß geschaute Transzendenz, ein einfach *gegebener* Umkreis von Selbstheit. Und da ich die beiden Verneinungen nicht gleichzeitig realisieren kann, verbirgt die neue Verneinung, obwohl sie die andere zum Anlaß hat, nun diese: der Andere erscheint mir als degradierte Anwesenheit. Faktisch sind nämlich der Andere und ich für die Existenz des Anderen zusammen verantwortlich, dies aber infolge von zwei Verneinungen, die so beschaffen sind, daß ich die eine nicht erfahren kann, ohne daß sie die andere sofort verbirgt. So wird der Andere nunmehr das, was ich in dem Michentwerfen auf das Nicht-Andere-Sein hin begrenze. Natürlich muß man sich hier darüber im klaren sein, daß der Anlaß zu diesem Wechsel gefühlsmäßiger Art ist. Nichts würde zum Beispiel verhindern können, daß ich von jenem Nicht-Entdeckten samt seinem Jenseits gefesselt bliebe, wenn ich diesen Nicht-Entdeckten nicht gerade in der Furcht, der Scham oder im Stolz realisierte. Und gerade der gefühlsmäßige Charakter dieser Anlässe legt Rechenschaft ab von der empirischen Kontingenz dieser Vertauschung der Standpunkte. Aber diese Gefühle sind selbst nichts anderes, als unsere Art, unser Für-Andere-Sein gefühlsmäßig zu erfahren. Tatsächlich beinhaltet die Furcht, daß ich mir bedroht vorkomme, und zwar in meiner Eigenschaft als etwas Anwesendes inmitten der Welt, nicht als ein Für-sich, das bewirkt, daß es eine Welt gibt. Das Objekt, das *ich* bin, ist in der Welt in Gefahr und kann als solches wegen seiner unauflöslichen Seinseinheit mit dem Sein, das ich zu sein habe, den Untergang des Für-sich, das ich zu sein habe, samt seinem eigenen Untergang nach sich ziehen. Die Furcht ist also Entdeckung meines Objekt-Seins gelegentlich der Erscheinung eines anderen Objektes in meinem Wahrnehmungsfeld. Sie verweist auf den Ursprung jeder Furcht, der die furchtsame Entdeckung meiner Objektheit schlechthin ist, insofern sie von Möglichkeiten überschritten und transzendiert wird, die nicht meine Möglichkeiten sind. Nur wenn ich mich auf meine eigenen Möglichkeiten hin entwürfe, würde ich der Furcht in dem Maße entgehen, indem ich meine Objektheit als unwesentlich ansähe. Das kann nur geschehen, wenn ich mich ergreife, insofern ich für das Sein des Anderen verantwortlich bin. Der Andere wird dann *das, was zu sein ich mich nicht veranlasse,* und seine Möglichkeiten sind Möglichkeiten, die ich abweise und einfach anschauen kann, also abgestorbene Möglichkeiten. Dadurch überschreite ich meine gegenwärtigen Möglichkeiten, insoweit ich sie als von den Möglichkeiten des Anderen stets überschreitbar ansehe, aber ich überschreite auch die Möglichkeiten des Anderen, indem ich sie unter dem Gesichtspunkt der einzigen Eigenschaft betrachte, die er hat, ohne daß sie seine eigene Möglichkeit ist – nämlich seines Anderer-Charakters, insofern ich bewirke, daß es einen Anderen gibt –, und indem ich sie als Möglichkeiten, mich zu überschreiten, betrachte, die ich immer auf neue Möglichkeiten hin überschreiten kann. So habe ich mir mein Für-sich-Sein zurückerobert, und zwar durch mein Bewußtsein (von) mir als einem beständigen Brennpunkte unbegrenzter Möglichkeiten, und zugleich habe ich die Möglichkeiten des Anderen in tote Möglichkeiten verwandelt, indem ich sie alle mit dem Charakter des *Von-mir-nicht-Erlebten* affizierte, das heißt mit dem eines *bloß Gegebenen.*

Ebenso ist die Scham nur das ursprüngliche Gefühl, mein Sein *draußen* zu haben, verstrickt in einem anderen Sein und als solches schutzlos, gelichtet durch das absolute Licht, das von einem reinen Subjekt ausgeht; es ist das Bewußtsein, unwiderruflich das zu sein, was ich immer war: *«befristet»*, das heißt in der Weise eines «noch nicht» oder eines «schon nicht mehr». Die reine Scham ist nicht das Gefühl, dieser oder jener tadelnswerte Gegenstand zu sein; sondern überhaupt *ein* Gegenstand zu sein, das heißt, mich in jenem degradierten, abhängigen und starr gewordenen Gegenstand, der ich für Andere geworden bin, *wiederzuerkennen.* Die Scham ist das Gefühl des *Sündenfalles,* nicht deshalb, weil ich diesen oder jenen Fehler begangen hätte, sondern einfach deshalb, weil ich in die Welt «gefallen» bin, mitten in die Dinge hinein, und weil ich der Vermittlung des Anderen bedarf, um zu sein, was ich bin. Die Schamhaftigkeit und im besonderen die Furcht, im Zustande der Nacktheit überrascht zu werden, sind nur eine besondere symbolhafte Spezifikation der ursprünglichen Scham: der Leib versinnbildlicht dabei unsere schutzlose Objektheit. Sich ankleiden heißt, seine Objektheit verbergen, heißt das Recht in Anspruch nehmen, zu sehen, ohne gesehen zu werden, also reines Subjekt zu sein. Deshalb ist das biblische Symbol des Falles nach der Ursünde die Tatsache, daß Adam und Eva «erkennen, daß sie nackt sind». Die Reaktion auf die Scham besteht eben darin, denjenigen als Objekt zu ergreifen, der *meine* eigene Objektheit ergriffe. Von da an erscheint mir der Andere tatsächlich als Objekt, seine Subjektivität wird zu einer einfachen *Eigenschaft* des Objektes. Sie wird degradiert, und wird als «Insgesamt *objektiver* Eigenschaften, die sich mir grundsätzlich entziehen», definiert. Der Objekt-Andere «hat» eine Subjektivität, so wie diese leere Schachtel «ein Inneres» hat. Und auf diese Weise *komme ich wieder zu mir selbst*: denn ich kann nicht *Objekt für ein Objekt* sein. Ich leugne nicht, daß der Andere durch sein «Inneres» mit mir in Verbindung bleibt, aber das Bewußtsein, das er von mir hat, ist Objekt-Bewußtsein und erscheint mir als reine, wirkungslose Innenweltlichkeit; diese ist eine Eigenschaft dieser «Innenwelt» neben anderen, vergleichbar einer lichtempfindlichen Schicht im dunklen Innenraum eines Fotoapparates. Insofern ich bewirke, daß es einen Anderen gibt, erfasse ich mich als den freien Ursprung der Erkenntnis, die der Andere von mir hat, und der Andere erscheint mir in seinem Sein von dieser Erkenntnis, die er von meinem Sein hat, *affiziert* zu sein, insoweit ich ihn mit dem Charakter des Anderen *affiziert* habe. Diese Erkenntnis nimmt dann einen *subjektiven* Charakter an, und zwar in dem neuen Sinne von «relativ», das heißt, sie verbleibt im Objekt-Subjekt als eine zum Anderer-Sein *relative* Eigenschaft, mit dem ich es affiziert habe. Sie *berührt* mich nicht mehr; sie ist ein Abbild *in ihm von mir*. So wird die Subjektivität degradiert zu Innenweltlichkeit, das freie Bewußtsein zu bloßer Abwesenheit von Grundsätzen, die Möglichkeiten zu Eigenschaften und die Erkenntnis, durch die der Andere mich in meinem Sein erreicht, zu einem bloßen *Abbild* von mir im «Bewußtsein» des Anderen. Die Scham ruft die Reaktion hervor, die diese überschreitet und beseitigt, insofern sie ein implizites und nicht thematisiertes Verständnis enthält für das Objekt-sein-Können für dasjenige Subjekt, für das ich Objekt bin. Und dieses implizite Verständnis ist nichts anderes, als das Bewußtsein (von) meinem «Ich-selbst-Sein», das heißt von meiner stärker gewordenen Selbstheit. Tatsächlich setzt die Scham in der Struktur, die das «Ich schäme mich meiner» ausdrückt, ein Objekt-Ich für den Anderen voraus, aber auch eine Selbstheit, die sich schämt und von dem «Ich» der Formel unvollkommen ausgedrückt wird. So ist die Scham eine vereinheitlichende Erfassung dreier Dimensionen: *«Ich* schäme mich *meiner* vor *Anderen».*

Wenn eine dieser Dimensionen verschwindet, verschwindet auch die Scham. Wenn ich indessen das «man» als das Subjekt begreife, vor dem ich mich schäme, insofern es nicht Objekt werden kann, ohne sich in eine Vielheit Anderer zu zerstreuen, wenn ich es als absolute Einheit des Subjektes setze, das in keiner Weise Objekt werden kann, dann setze ich damit die Verewigung meines Objekt-Seins und mache meine Scham zu etwas Unaufhörlichem. Es ist die Scham vor Gott, das heißt die Anerkennung meiner Gegenständlichkeit vor einem Subjekt, das niemals Objekt werden kann; zugleich *realisiere* ich meine Gegenständlichkeit im Absoluten und hypostasiere sie: die Setzung Gottes ist von einer Verdinglichung meiner Objektheit begleitet; mehr noch, ich setze mein Für-Gott-Objekt-Sein als realer als mein Für-sich; ich existiere mir entfremdet, und ich lasse mich von meinem Draußen darüber unterrichten, was ich sein soll. Das ist der Ursprung der Furcht vor Gott. Die schwarzen Messen, die Entweihungen von Hostien, die Versammlungen unter dem Zeichen des Teufels sind lauter Bemühungen, dem absoluten Subjekt den Charakter eines Objektes beizulegen. Indem ich das Böse um des Bösen willen will, versuche ich, die göttliche Transzendenz – deren eigene Möglichkeit das Gute ist – als eine bloß gegebene Transzendenz, die ich auf das Böse hin transzendiere, zu betrachten. Also «beleidige» ich Gott, ich «erzürne ihn» usw. Diese Versuche, die in sich die absolute *Anerkennung* Gottes als eines Subjektes einschließen, das nicht Objekt sein kann, tragen ihren Widerspruch in sich und befinden sich in einem fortwährenden Scheitern.

Auch der Stolz schließt die ursprüngliche Scham nicht aus. Gerade auf dem Boden der grundlegenden Scham oder der Scham, Objekt zu sein, richtet er sich auf. Er ist ein Gefühl mit zwei Seiten: im Stolz erkenne ich den Anderen als das Subjekt an, durch das meinem Sein die Objektheit zukommt, aber außerdem erkenne ich mich als für meine Objektheit verantwortlich an; ich betone meine Verantwortlichkeit und nehme sie auf mich. In gewissem Sinne ist der Stolz also zunächst ein Verzicht: um stolz darauf sein zu können, *dieses zu sein*, muß ich mich zunächst damit begnügt haben, *nur dieses zu sein*. Es handelt sich also um eine erste Reaktion auf die Scham, und er ist schon eine Reaktion des Fliehens und der Unwahrhaftigkeit, denn ich versuche mich als einen zu erfassen, der den Anderen mit seiner Objektheit *affiziert*, ohne dabei aufzuhören, den Anderen für ein Subjekt zu halten. Kurz, es gibt zwei echte Haltungen: eine, durch die ich den Anderen als das Subjekt anerkenne, durch das ich zur Objektheit komme – das ist die Scham; die andere, mit der ich mich als den freien Entwurf erfasse, durch den der Andere zum Anderer-Sein kommt – das ist der Hochmut oder die Behauptung meiner Freiheit gegenüber dem Objekt-Anderen. Aber der Stolz – oder die Eitelkeit – ist ein unwahrhaftiges Gefühl ohne inneres Gleichgewicht: in der Eitelkeit versuche ich, auf den Anderen einzuwirken, insofern ich Objekt bin; diese Schönheit oder diese Stärke oder diesen Geist, den er mir beilegt, insoweit er mich als Objekt konstituiert, beanspruche ich, mittels einer Art von Rückstoß dazu benutzen zu können, ihn mit einem passiven Gefühl von Bewunderung oder Liebe zu affizieren. Darüber hinaus verlange ich vom Anderen, daß er dieses Gefühl, das eine Wiedergutmachung meines Objekt-Seins ist, als Subjekt fühlt, das heißt als Freiheit. Es ist dies in der Tat die einzige Art, um meiner Stärke oder meiner Schönheit absolute Gegenständlichkeit zu verleihen. So trägt das Gefühl, das ich vom Anderen verlange, in sich seinen eigenen Widerspruch, denn ich muß den Anderen damit affizieren, insofern er frei ist. Das Gefühl wird in der Weise der Unwahrhaftigkeit gefühlt, und seine innere Entwicklung führt es zur Auflösung. Ich versuche nämlich, um mein durch mich übernommenes Objekt-Sein zu genießen, es *als Objekt* wiederzuerlangen; und da der Andere der Schlüssel dazu ist, versuche ich, mich des Anderen zu bemächtigen, damit er mir das Geheimnis meines Seins ausliefert. So treibt mich die Eitelkeit an, mich des Anderen zu bemächtigen und ihn als ein Objekt zu konstituieren, um im Inneren dieses Objektes herumwühlen und dort meine eigene Objektheit entdecken zu können. Das heißt aber, die Henne umbringen, die die goldenen Eier legen soll. Wenn ich den Anderen als Objekt konstituiere, konstituiere ich mich als Abbild im Herzen des Objekt-Anderen; daher kommt die Enttäuschung der Eitelkeit: dieses Abbild, das ich erfassen wollte, um es wiederzuerlangen und meinem Sein einzuschmelzen, in ihm *erkenne ich mich nicht mehr,* ich muß es wohl oder übel dem Anderen als eine seiner subjektiven Eigenschaften anrechnen; gegen meinen Willen von meiner Objektheit befreit, bleibe ich gegenüber dem Objekt-Anderen allein in meiner unqualifizierbaren Selbstheit, die ich zu sein habe, ohne jemals von meiner Funktion entbunden werden zu können.

Scham, Furcht und Stolz sind also meine ursprünglichen Reaktionsweisen, sie sind weiter nichts als die verschiedenen Arten, in denen ich den Anderen als unerreichbares Subjekt anerkenne, und sie hüllen sich in ein Verstehen meiner Selbstheit ein, die mir zum Anlaß dienen kann und muß, den Anderen als Objekt zu konstituieren.

Dieser Objekt-Andere, der mir plötzlich erscheint, bleibt keine rein objektive Abstraktion. Er taucht vor mir mit seinen einzelnen Bedeutungen auf. Er ist nicht nur das Objekt, dessen Freiheit als transzendierte Transzendenz eine *Eigenschaft* ist. Er ist außerdem «wütend» oder «vergnügt» oder «aufmerksam», er ist «sympathisch» oder «unsympathisch», er ist «geizig», «aufbrausend» usw. Indem ich mich als Ich-selbst erfasse, bewirke ich ja, daß der Objekt-Andere inmitten der Welt existiert. Ich erkenne seine Transzendenz an, aber nicht als transzendierende, sondern als transzendierte. Sie erscheint also als Überschreiten des Zeugs auf bestimmte Ziele hin, und zwar genau in dem Maße, in dem ich in einem vereinheitlichenden Entwurf meiner selbst diese Ziele und dieses

Zeug überschreite, sowie jenes Überschreiten des Zeugs seitens des Anderen auf diese Ziele hin. Ich ergreife mich nämlich niemals abstrakt als reine Möglichkeit, ich selbst zu sein, sondern ich erlebe meine Selbstheit in ihrer konkreten Projektion auf dieses oder jenes Ziel hin: ich existiere nur als *eingesetzt* [engagé] und ich gewinne Bewußtsein (von) Sein nur als ein solcher. In dieser Eigenschaft erfasse ich den Anderen nur in einem konkreten Überschreiten und als in seiner Transzendenz *verhaftet* [engagé]. Umgekehrt aber erscheint mir das Verhaftetsein des Anderen – das seine Seinsweise ist –, insoweit es von meiner Transzendenz transzendiert wird, als reales Verhaftetsein, als *Verwurzelung*. Kurz: insoweit ich *für mich* existiere, muß mein in einer Situation «Eingesetztsein» [engagement] in dem Sinne verstanden werden, in dem man sagt: «Ich bin gegen den und den eingesetzt, ich habe mich verpflichtet [engagé], dieses Geld zurückzugeben» usw. Und dieses Eingesetztsein kennzeichnet den Subjekt-Anderen, da er ein anderes Ich-selbst ist. Wenn ich aber den Anderen als Objekt erfasse, so wird dieses Eingesetztsein objektiviert und degradiert und zu seinem Objekt-Eingesetztsein in dem Sinne, in dem man sagt: «Das Messer wurde tief in die Wunde eingeführt [engagé]; die Truppe war in einen Engpaß einmarschiert [engagée].» Man muß begreifen, daß das «Inmitten-der-Welt-Sein», das *durch mich* zum Anderen gelangt, ein reales Sein ist. Was es mich erkennen läßt als inmitten der Welt Seiendes, ist keine rein subjektive Notwendigkeit. Der Andere ist nicht von allein in der Welt verloren. Sondern ich bewirke, daß er sich inmitten der Welt verliert, die allein auf Grund der Tatsache die meinige ist, daß er für mich derjenige ist, der ich nicht zu sein habe, das heißt allein auf Grund der Tatsache, daß ich ihn außerhalb von mir halte als bloß geschaute und auf meine eigenen Ziele hin überschrittene Realität. So ist die Gegenständlichkeit nicht bloß eine Art strahlenmäßige Brechung des Anderen beim Durchgang durch mein Bewußtsein: sie kommt durch mich zum Anderen als eine reale Qualifikation: ich bewirke, daß der Andere inmitten der Welt ist. Was ich also als reale Charaktere des Anderen erfasse, ist ein In-Situation-Sein: ich gestalte ihn nämlich inmitten der Welt, insofern er die Welt auf sich hingestaltet; ich erfasse ihn als objektive Einheit von Werkzeugen und Hindernissen. Wir haben im zweiten Teil dieses Buches[1] dargelegt, daß die Ganzheit der Werkzeuge das genaue Korrelat zu meinen Möglichkeiten ist. Da ich meine Möglichkeiten *bin*, ist die Anordnung der Werkzeuge in der Welt das auf das An-sich geworfene Bild meiner Möglichkeiten, das heißt dessen, was ich bin. Aber dieses weltmäßige Bild kann ich niemals

1 Vgl. Seite 256 ff.

deuten, ich passe mich ihm im und durch das Tun an. Insoweit der Andere Subjekt ist, befindet er sich gleichfalls *in sein Bild verhaftet* [engagé]. Insoweit ich ihn aber als Objekt erfasse, springt mir folgendes weltmäßige Bild in die Augen: der Andere wird das Hilfsmittel, das durch seinen Bezug zu allen anderen Hilfsmitteln definiert wird, er ist eine Anordnung *meiner* Werkzeuge, die in der Ordnung, die ich diesen Werkzeugen aufzwinge, eingeschlossen ist: den Anderen erfassen heißt, diese Ordnungs-Enklave erfassen und sie zu einer zentralen Abwesenheit oder «Innenweltlichkeit» in Bezug setzen; heißt, diese Abwesenheit definieren als erstarrtes Ausfließen der Objekte *meiner* Welt in Richtung auf ein bestimmtes Objekt *meines* Mikrokosmos. Und der Sinn dieses Ausfließens wird mir von diesen Objekten selbst geliefert: die Anordnung des Hammers und der Nägel, des Meißels und des Marmors, insofern ich diese Anordnung überschreite, ohne ihre Grundlage zu sein, dies ist es, was den Sinn jener innerweltlichen Blutung bestimmt. So verkündet mir die Welt den Anderen in seiner Ganzheit und als Ganzheit. Wohl bleibt diese Ankündigung doppelsinnig. Aber nur darum, weil ich die Geordnetheit der Welt auf den Anderen hin als undifferenzierte Ganzheit erfasse, auf deren Grund aber einige explizite Strukturen erscheinen. Wenn ich alle Zeugkomplexe insoweit explizit machen könnte, als sie dem Anderen zugekehrt sind, das heißt wenn ich nicht nur die Stelle in diesem Zeugkomplex erfassen könnte, die von Hammer und Nägeln eingenommen wird, sondern auch die Straße, die Stadt, das Volk usw., dann hätte ich das Sein des Anderen als Objekt explizit und vollständig definiert. Wenn ich mich über eine Absicht des Anderen täusche, so keineswegs deshalb, weil ich sein Gebaren auf eine mir unerreichbare Subjektivität beziehe: diese Subjektivität, die an sich und durch sich ist, hat mit diesem Gebaren nichts gemein, denn sie ist Transzendenz für sich, unüberschreitbare Transzendenz. Sondern deshalb, weil ich die ganze Welt um diese Gebaren herum anders gestalte, als sie sich faktisch gestaltet. So ist mir der Andere schon auf Grund der Tatsache, daß er mir als Objekt erscheint, grundsätzlich als Ganzheit gegeben, er erstreckt sich durch die ganze Welt als eine weltmäßige Kraft zu synthetischer Bildung dieser Welt. Nur kann ich eben diese synthetische Bildung ebensowenig explizit machen, als ich es mit der Welt selbst, soweit sie *meine* Welt ist, machen kann. Und der Unterschied zwischen dem Subjekt-Anderen, das heißt dem Anderen, so wie er für sich ist, und dem Objekt-Anderen, ist kein Unterschied zwischen dem Ganzen und dem Teil oder zwischen dem Verborgenen und dem Entdeckten: denn der Objekt-Andere ist grundsätzlich ein Ganzes, das mit der subjektiven Ganzheit zusammenexistiert; nichts ist verborgen, und soweit die Objekte auf andere Objekte verweisen, kann ich meine Erkenntnis des Anderen unbegrenzt erweitern, indem ich seine Beziehungen zu anderen Werkzeugen der Welt unbegrenzt explizitiere; und das Ideal der *Erkenntnis* Anderer ist immer die erschöpfende Explizitmachung des Sinnes des Ausfließens der Welt. Der grundsätzliche Unterschied zwischen Objekt-Anderem und Subjekt-Anderem beruht allein darauf, daß der Subjekt-Andere als solcher in keiner Weise erkannt oder auch nur begriffen werden kann: es gibt kein Problem der Erkenntnis des Subjekt-Anderen, und die Gegenstände der Welt verweisen nicht auf seine Subjektivität; sie beziehen sich nur auf seine Objektheit in der Welt als auf den – auf meine Selbstheit hin überschrittenen – Sinn des innerweltlichen Ausfließens. So wird die Gegenwart Anderer bei mir, also das, was meine Objektheit ausmacht, als eine Subjekt-Ganzheit erfahren; und wenn ich mich dieser Ganzheit zuwende, um sie zu ergreifen, so erfasse ich wiederum die Anderen als Ganzheit: und zwar als eine Objekt-Ganzheit, die mit der Ganzheit der Welt zusammenexistiert. Und diese Erfahrung vollzieht sich mit einem Male: von der ganzen Welt aus gelange ich zum Objekt-Anderen. Aber immer treten nur einzelne Beziehungen reliefartig auf dem Grunde der Welt als *Gestalten* hervor. Um diesen Menschen herum, den ich nicht kenne und der in der Untergrundbahn liest, ist die ganze Welt gegenwärtig. Und es ist nicht allein sein Leib – als Objekt in der Welt –, der ihn in seinem Sein definiert: es ist auch seine Kennkarte, es ist auch die Richtung des Untergrundbahnzuges, in den er eingestiegen ist, auch der Ring an seinem Finger. Und zwar nicht in der Eigenschaft von *Zeichen* für das, was er ist – ein solcher Zeichen-Begriff würde uns tatsächlich auf eine Subjektivität hinweisen, die ich nicht einmal begreifen kann und in der eben eigentlich nichts ist, da er ist, was er nicht ist, und nicht ist, was er ist –, sondern in der Eigenschaft realer Kennzeichnungen seines Seins. Wenn ich auch *weiß*, daß er inmitten der Welt ist, in Frankreich, in Paris beim Lesen, kann ich, da ich seine Kennkarte nicht sehe, nur *vermuten*, daß er ein Ausländer ist (was bedeutet: vermuten, daß er einer Kontrolle untersteht, daß sein Name sich auf so einer Liste bei der Polizei befindet, daß man mit ihm Niederländisch oder Italienisch sprechen muß, um ihn zu diesem oder jenem Gebaren zu veranlassen, daß die internationale Post ihm auf diesem oder jenem Wege Briefe bringt, die diese oder jene Briefmarken tragen usw.). Indessen ist mir diese Kennkarte grundsätzlich inmitten der Welt gegeben. Sie entgeht mir nicht – seit sie geschaffen wurde, hat sie sich darangemacht, für mich dazusein. Nur existiert sie in implizitem Zustand, so wie jeder Punkt eines Kreises, den ich sehe, als vollendete Gestalt; und man müßte die gegenwärtige Ganzheit meiner Beziehungen zur Welt ändern, um sie als explizites *dies-da* auf dem Hintergrund des Mikrokosmos sichtbar werden zu lassen. In derselben Weise ist die Wut des Objekt-Anderen, so wie sie sich mir durch sein Schreien, sein Aufstampfen mit den Füßen und seine drohenden Gesten hindurch offenbart, nicht das *Zeichen* einer subjektiven und verborgenen Wut; sie verweist auf weiter nichts als auf andere Gesten und auf anderes Geschrei. Sie definiert den Anderen, sie *ist* der Andere. Wohl kann ich mich täuschen, und für echte Wut halten, was nur geheuchelte Gereiztheit ist. Aber nur in bezug auf andere Gesten und andere objektiv erfaßbare Akte kann ich mich täuschen: ich täusche mich, wenn ich die Bewegung der Hand als eine *reale* Absicht, zu schlagen, auffasse. Das heißt, ich täusche mich, wenn ich sie als Funktion einer objektiv erschließbaren Geste deute, die nicht zustande kommt. Kurz, die objektiv erfaßte Wut ist eine Anordnung der Welt rings um ein innerweltliches Abwesend-Anwesendes. Bedeutet das, daß wir den Behavioristen beinahe recht geben? Sicherlich nicht: denn die Behavioristen haben, wenn sie den Menschen von seiner Situation aus deuten, sein Hauptmerkmal aus den Augen verloren, nämlich die transzendierte Transzendenz. In der Tat ist der Andere das Objekt, daß für sich allein nicht begrenzt werden kann, er ist das Objekt, das nur von seinem Ziele her verstanden werden kann. Und zweifellos werden der Hammer und die Säge auch nicht anders verstanden. Beide werden mittels ihrer Funktionen erfaßt, das heißt mittels ihrer Zwecke. Aber das ist eben deshalb so, weil sie schon vermenschlicht sind. Ich kann sie nur insoweit verstehen, als sie mich auf ein Werkzeug-Gebilde, dessen Mittelpunkt der Andere ist, hinweisen, und zwar insofern, als sie einen Teil eines im ganzen auf einen Zweck hin – den ich meinerseits transzendiere – transzendierten Komplexes bilden. Wenn man also den Anderen mit einer Maschine vergleichen kann, dann insofern, als die Maschine – als menschliches Faktum – schon die Spur einer transzendierten Transzendenz aufweist, so wie die Arbeitsgänge in einer Weberei nur mittels der Gewebe erklärt werden können, die sie hervorbringen; der behavioristische Gesichtspunkt muß umgekehrt werden, und diese Umkehrung wird außerdem die Gegenständlichkeit des Anderen unberührt lassen, denn das, was zunächst gegenständlich ist – was wir nach Art der französischen und englischen Psychologen «Bedeutung» nannten, was bei den Phänomenologen die «Intention» ist, bei Heidegger die «Transzendenz» und bei den Gestaltspsychologen die «Gestalt» –, ist die Tatsache, daß der Andere nicht anders definiert werden kann als durch eine ganzheitliche, um ihn herum erfolgende Gestaltung der Welt und dadurch, daß er der Schlüssel zum Verständnis dieser Gestaltung ist. Wenn ich also von der Welt zum Anderen zurückkehre, um ihn zu definieren, so nicht etwa deshalb, weil die Welt mich den Anderen verstehen läßt, sondern weil der Objekt-Andere weiter nichts ist, als ein selbständiger und innerweltlicher Beziehungsmittelpunkt *meiner* Welt. So ist die objektive Furcht, die wir empfinden können, wenn wir den Objekt-Anderen wahrnehmen, nicht das Insgesamt physiologischer Symptome von Verwirrung, die wir sehen und mit dem Sphygmographen oder dem Stethoskop messen können: die Furcht ist Flucht, Verschwinden. Und diese Phänomene selbst bieten sich uns nicht als Reihe bloßer *Gesten* dar, sondern als transzendierte Transzendenz: Flucht oder Verschwinden, das ist nicht nur jener verzweifelte Lauf durch die Stacheldrahtverhaue, nicht nur jener schwere Sturz auf das Straßenpflaster; das ist ein vollkommener Umsturz des Werkzeug-Gebildes, das den Anderen zum Mittelpunkt hatte. Der Soldat, der flieht, hatte eben noch den Feind-Anderen vor seinem Gewehr. Die Entfernung vom Feinde zu ihm war durch die Flugbahn seiner Kugel bemessen, und auch ich konnte diese Entfernung erfassen und transzendieren als Entfernung, die sich um den Mittelpunkt «Soldat» bildete. Jetzt aber wirft er sein Gewehr in den Graben und haut ab. Sofort umgibt ihn die Gegenwart des Feindes und drückt auf ihn; der Feind, der durch die Flugbahn der Kugeln in Entfernung gehalten wurde, springt in demselben Augenblick auf ihn los, in dem die Flugbahn zu nichts wird; gleichzeitig dreht sich jenes Hinterland, das er verteidigte und an das er sich anlehnte wie an eine Mauer, plötzlich um, entfaltet sich wie ein Fächer und wird Vordergrund, wird der ihm winkende Horizont, auf den hin er flüchtet. Alles das ist, wie ich objektiv feststelle, genau *dasjenige,* was ich als *Furcht* erfasse. Die Furcht ist nichts anderes als ein magisches Sichverhalten, das danach strebt, die erschreckenden Dinge, die wir nicht in Entfernung halten können, durch Beschwörung aus der Welt zu schaffen [1]. Eben durch ihre Auswirkungen hindurch erfassen wir die Furcht, denn sie wird uns als neuer Typus der innerweltlichen Blutung der Welt gegeben: als Übergang der Welt zu einem Typus magischer Existenz.

Indessen muß man darauf achten, daß der Andere für mich nur in dem Maße ein qualifiziertes Objekt ist, in dem ich es für ihn sein kann. Er wird sich als ein nicht individualisiertes Teilstück des «Man» oder als «abwesend» objektivieren, lediglich vertreten durch seine Briefe und Berichte, oder aber als *dieser* faktisch hier Gegenwärtige, je nachdem ich selbst für ihn ein Element des «Man» bin oder ein «lieber Abwesender» oder ein konkreter *Dieser-hier.* Was in jedem Falle über den Objektivationstypus des Anderen und seine Eigenschaften entscheidet, ist meine Situation in der Welt und gleichzeitig seine Situation, das heißt, es sind Werkzeug-Komplexe, die

1 Vgl. unsere *Esquisse d'une Théorie phénoménologique des Emotions.*

wir beide gestaltet haben, und die verschiedenen *dies-da*, die uns beiden auf dem Hintergrunde der Welt erscheinen. Das alles führt uns natürlich zur Faktizität zurück. Meine Faktizität und die des Anderen entscheiden darüber, ob der Andere mich *sehen* kann oder ob ich *den* Anderen sehen kann. Aber das Problem der Faktizität überschreitet den Rahmen dieser allgemeinen Darstellung: wir werden es im Verlauf des nächsten Kapitels ins Auge fassen.

So erfahre ich die Gegenwart Anderer als eine Schein-Ganzheit der Subjekte in meinem Für-Andere-Sein und auf dem Hintergrund dieser Ganzheit kann ich genauer die Gegenwart eines konkreten Subjektes erfahren, ohne es jedoch als *den* Anderen näher bezeichnen zu können. Meine Abwehrreaktion gegen meine Objektheit läßt den Anderen vor mir als *dieses* oder *jenes* Objekt erscheinen. In dieser Eigenschaft erscheint er mir als ein *Dieser*, das heißt, seine subjektive Scheinganzheit wird degradiert und wird Objekt-Ganzheit, die mit der Ganzheit der Welt zusammen existiert. Diese Ganzheit enthüllt sich mir ohne Bezug auf die Subjektivität des Anderen: die Beziehung des Subjekt-Anderen zum Objekt-Anderen ist keineswegs mit der vergleichbar, die man zum Beispiel zwischen dem physikalischen und dem Wahrnehmungsgegenstand herzustellen pflegt. Der Objekt-Andere enthüllt sich mir um deswillen, was er *ist*, er verweist nur auf sich selbst. Der Objekt-Andere ist einfach derjenige, der mir auf der Ebene der allgemeinen Objektheit und in seinem Objekt-Sein erscheint; es ist nicht einmal denkbar, daß ich irgendeine Erkenntnis, die ich von ihm habe, seiner Subjektivität zuschreibe, so wie ich sie gelegentlich des Blickes erfahre. Der Objekt-Andere ist nur Objekt, aber meine Auffassung von ihm umschließt das Verständnis dafür, daß ich immer und grundsätzlich mit ihm eine andere *Erfahrung* machen kann, wenn ich mich auf eine andere Seinsebene stelle; dieses Verständnis besteht einerseits aus dem *Wissen* um meine vergangene Erfahrung, das übrigens, wie wir gesehen haben, nur die Vergangenheit (die außer Reichweite liegt und die ich zu sein habe) dieser Erfahrung ist, und andererseits aus einer impliziten Erfassung der Dialektik des Anderen: der Andere ist gegenwärtig das, was zu sein ich mich nicht veranlasse. Aber obwohl ich mich für den Augenblick von ihm befreie und ihm entgehe, bleibt um ihn herum die ständige Möglichkeit bestehen, daß er jemand anderes *wird*. Indessen ist diese in einer Art von Bedrängnis und Gezwungenheit, die die Besonderheit meines Verhaltens gegenüber dem Objekt-Anderen ausmacht, vorausgefühlte Möglichkeit genaugenommen *unbegreifbar*, zunächst weil ich keine Möglichkeit begreifen kann, die nicht *meine* Möglichkeit ist, weil ich auch Transzendenz nur erfassen kann, indem ich sie transzendiere, das heißt indem ich sie als transzendierte Transzendenz ergreife; sodann, weil diese vorausgefühlte Möglichkeit nicht die Möglichkeit des Objekt-Anderen ist: die Möglichkeiten des Objekt-Anderen sind tote Möglichkeiten, die auf andere objektive Seitenansichten des Anderen verweisen; die eigentliche Möglichkeit, mich als ein eine Möglichkeit von Subjekt-Anderen seiendes Objekt zu ergreifen, ist für mich augenblicklich die Möglichkeit von niemandem: sie ist absolute Möglichkeit – und sie leitet ihren Ursprung aus sich selbst her – des Auftauchens eines Subjekt-Anderen (auf dem Grunde einer vollkommenen Vernichtung des Objekt-Anderen), den ich durch mein Für-ihn-Objekt-Sein hindurch erfahren würde. So ist der Andere ein mit Sprengstoff geladenes Instrument, was ich mit Sorgfalt handhabe, weil ich um dasselbe herum die ständige Möglichkeit spüre, daß *man* es platzen läßt und daß ich zugleich mit diesem Platzen plötzlich die Flucht der Welt von mir weg und die Entfremdung meines Seins erfahren würde. Meine beständige Sorge ist es also, den Anderen in seiner Gegenständlichkeit zusammenzuhalten, und meine Beziehungen zum Objekt-Anderen bestehen im wesentlichen aus Listen, die den Zweck haben, zu bewirken, daß er Objekt bleibt. Aber ein Blick des Anderen genügt, damit alle diese Kunstgriffe zuschanden werden und ich wiederum den Gestaltwandel des Anderen erfahre. So werde ich vom Gestaltwandel auf die Degradierung und von dieser auf jenen verwiesen, ohne daß ich jemals diese beiden Seinsweisen des Anderen zusammen in den Blick bekommen kann – denn jede von beiden ist sich selbst genug und verweist nur auf sich – und ohne daß ich mich fest an eine der beiden halten kann –; denn jede hat ihre eigentümliche Unbeständigkeit und bricht zusammen, damit die andere aus ihren Trümmern auftauchen kann: nur die Toten sind es, die fortwährend Objekte sind, ohne jemals zu Subjekten zu werden – denn Sterben heißt nicht, seine Gegenständlichkeit inmitten der Welt verlieren: alle Toten sind da, in der Welt um uns herum; sondern es heißt, jede Möglichkeit verlieren, sich einem Anderen gegenüber als Subjekt zu enthüllen.

An dieser Stelle unserer Untersuchung, wo nun die wesentlichen Strukturen des Für-Andere-Seins aufgehellt sind, sind wir offenbar versucht, die metaphysische Frage zu stellen: «Warum gibt es Andere?» Die Existenz der Anderen ist, wie wir gesehen haben, keine Folge, die sich aus der ontologischen Struktur des Für-sich ergeben könnte. Sicher ist es ein Urereignis, aber von *metaphysischem* Range, das heißt, es gehört zur Kontingenz des Seins. Bezüglich solcher metaphysischer Seiender wird im wesentlichen die Frage nach dem *Warum* gestellt.

Wir wissen allzu genau, daß die Frage nach dem Warum uns nur auf eine ursprüngliche Kontingenz verweisen kann, aber es gilt noch nachzuweisen, daß das von uns betrachtete metaphysische Phänomen von einer irreduziblen Kontingenz ist. In diesem Sinne scheint die Ontologie definiert werden zu können als die Explizitmachung der Seinsstrukturen des als Ganzheit aufgefaßten Daseienden, und wir definieren lieber die Metaphysik als die Infragestellung des Daseins alles Daseienden. Dank der absoluten Kontingenz des Daseienden sind wir deshalb sicher, daß jede Metaphysik mit einem «dieses ist» enden muß, das heißt mit einer direkten und unmittelbaren Erkenntnis dieser Kontingenz.

Ist es möglich, die Frage nach der Existenz der Anderen zu stellen? Ist diese Existenz ein irreduzibles Faktum, oder muß sie von einer grundlegenden Kontingenz hergeleitet werden? Das sind Vorfragen, die wir von uns aus an den Metaphysiker richten können, der über die Existenz der Anderen Fragen stellt.

Prüfen wir nun etwas genauer die Möglichkeit der metaphysischen Frage. Dabei tritt uns zunächst der Umstand vor Augen, daß das Für-Andere-Sein die dritte Ek-stase des Für-sich darstellt. Die erste Ek-stase ist ja das dreidimensionale Sichentwerfen des Für-sich auf ein Sein hin, das es in der Weise, es nicht zu sein, zu sein hat. Sie stellt die erste Spaltung dar, die Nichtung, die das Für-sich selbst zu sein hat, das Sichlosreißen des Für-sich von allem, was es ist, insofern dieses Sichlosreißen für sein Sein konstitutiv ist. Die zweite oder reflexive Ek-stase ist ein Sichlosreißen von eben diesem Sichlosreißen. Die reflexive Zweiteilung [scissiparité] entspricht einer vergeblichen Anstrengung, einen Standpunkt über der Nichtung einzunehmen, die das Für-sich zu sein hat, damit diese als Phänomen einfach gegebene Nichtung eine Nichtung sei, *welche ist*. Gleichzeitig will aber die Reflexion dieses Losgerissensein, das sie als bloße Gegebenheit zu betrachten versucht, wieder in ihre Gewalt bringen und behauptet von sich, daß sie diese Nichtung *sei*, welche ist. Der Widerspruch ist offenkundig: um meine Transzendenz erfassen zu können, müßte ich sie transzendieren. Aber gerade meine eigene Transzendenz kann nur transzendieren, ich *bin* sie, ich kann mich ihrer nicht bedienen, um sie als transzendierte Transzendenz zu konstituieren: ich bin verurteilt, fortwährend meine eigene Nichtung zu sein. Kurz, die Reflexion *ist* das Reflektierte. Indessen wird die reflexive Nichtung weiter vorgetrieben als die des reinen Für-sich, als des bloßen Bewußtseins (von) sich. Im Bewußtsein (von) sich waren die beiden Glieder der Zweiheit «Widergespiegeltes-Widerspiegelndes» tatsächlich dermaßen unfähig, getrennt aufzutreten, daß die Zweiheit eine beständig verschwindende blieb und daß jedes Glied, indem es sich an die Stelle des anderen setzte, das andere *wurde*. Aber im Falle der Reflexion geht es anders vor sich, denn das reflektierte «Widergespiegelte-Widerspiegelnde» existiert für ein reflexives «Widergespiegeltes-Widerspiegelndes». Reflektiertes und Reflexives zielen also beide auf Unabhängigkeit ab, und das *nichts* [rien], das sie trennt, zielt darauf ab, sie noch tiefer zu trennen, als das Nichts [néant], das das Für-sich zu sein hat, das Widergespiegelte vom Widerspiegelnden trennt. Indessen können weder das Reflexive noch das Reflektierte jenes trennende Nichts verheimlichen, es sei denn, die Reflexion wäre ein selbständiges Für-sich und richtete sich auf das Reflektierte, was bedeuten würde, eine außenweltliche Negation als vor-läufige Bedingung für eine innenweltliche Negation voraussetzen. Es kann keine Reflexion geben, wenn sie nicht ganz und gar ein *Sein* ist, ein Sein, das sein eigenes Nichts zu sein hat. So befindet sich die reflexive Ekstase auf dem Wege zu einer noch tiefer greifenden Ek-stase: zum Für-Andere-Sein. Das äußerste Ende der Nichtung, der ideale Angelpunkt, müßte in der Tat die äußerste Negation sein, das heißt eine Zweiteilung an sich oder eine indifferente räumliche Außenweltlichkeit. In bezug auf diese außenweltliche Negation ordnen sich die drei Ek-stasen zu der Ordnung, die wir eben dargestellt haben, aber sie können sie auf keine Weise erreichen, sie bleibt grundsätzlich ideal: das Für-sich kann nämlich keine Negation von sich in bezug auf irgendein Sein realisieren, die an sich wäre, und zwar bei Strafe des gleichzeitigen Verlustes seines Für-sich-Seins. Die konstitutive Negation des Für-Andere-Seins ist also eine *innere Negation,* eine Nichtung, die das Für-sich zu sein hat, ganz so wie die reflexive Nichtung. Aber hier wagt sich die Zweiteilung an die Negation selbst heran: sie ist nicht mehr nur die Negation, die das Sein zu einem widergespiegelten und einem widerspiegelnden verdoppelt und dann wiederum das Paar Widergespiegeltes-Widerspiegelndes in widergespiegeltes Widergespiegeltes-Widergespiegelndes und widerspiegelndes Widergespiegeltes-Widerspiegelndes. Sondern die Negation verdoppelt sich zu einer inneren und einer umgekehrten Negation, von denen jede eine Negation von Innenweltlichkeit ist, die indessen voneinander durch ein unfaßbares Nichts an Außenweltlichkeit getrennt sind. Tatsächlich erschöpft sich jede von ihnen darin, von einem Für-sich zu leugnen, daß die andere es sei, und ist ganz eingespannt in jenes Sein, das sie zu sein hat; daher hat sie nicht mehr die Kraft, zu leugnen, daß sie die umgekehrte Negation ist. Hier erscheint plötzlich das *Gegebene,* nicht als Erfolg eines identischen An-sich-Seins, sondern als eine Art Schattenbild von Außenweltlichkeit, das keine der beiden Negationen zu sein hat und das sie dennoch trennt. In Wirklichkeit fanden wir die Anfänge dieser negativen Umkehrung schon im reflexiven Sein. Tatsächlich wird das Reflexive als Zeuge in der Tiefe seines Seins von seiner Reflexivität betroffen und zielt auf Grund dieser Tatsache, soweit es reflexiv wird, darauf ab, nicht das Reflektierte zu sein. Umgekehrt ist aber das Reflektierte Bewußtsein (von) sich als reflektiertem Bewußtsein *von* diesem oder jenem transzendenten Phänomen. Wir sagten von ihm, daß es sich erblickt wisse. In diesem Sinne zielte es von seiner Seite aus darauf ab, nicht das Reflexive zu sein, da jedes Bewußtsein durch seine Negativität definiert wird. Aber diese Tendenz zu einer zweifachen Trennung wurde zurückgenommen und erstickt durch die Tatsache, daß trotz allem das Reflexive das Reflektierte zu sein hatte und umgekehrt. Die zweifache Negation befand sich im Zustande des Verschwindens. Im Falle der dritten Ek-stase haben wir eine noch weiter getriebene reflexive Zweiteilung. Die Folgen sind überraschend: einerseits können, da sich die Negationen innenweltlich vollziehen, der Andere und ich selbst nicht von außen her zueinander kommen. Es muß ein «Anderer-Ich»-*Sein* geben, was die wechselseitige Zweiteilung des Für-Andere zu sein hat, gerade so wie die «reflexiv-reflektierte» Ganzheit ein Sein ist, das sein eigenes Nichts zu sein hat, das heißt, daß meine Selbstheit und die des Anderen Strukturen ein und derselben Seinsganzheit sind. So scheint Hegel recht zu haben: der Gesichtspunkt der Ganzheit ist der Gesichtspunkt des Seins, der *wahre* Gesichts*punkt*. Alles geht so vor sich, als ob meine Selbstheit gegenüber der des Anderen durch eine Ganzheit hervorgebracht und aufrechterhalten werde, die ihre eigene Nichtung bis zum Äußersten vorwärts triebe; das Sein für Andere scheint die Verlängerung der reinreflexiven Zweiteilung zu sein. In diesem Sinne geht alles so vor sich, als ob die Anderen und ich die vergebliche Anstrengung einer Für-sich-Ganzheit sichtbar machten, sich wiederzuergreifen und das zu umschließen, was sie in der Weise des reinen und einfachen An-sich *zu sein hat;* diese Anstrengung, sich als Objekt wiederzuergreifen, wird hier bis zur Grenze getrieben, das heißt weit über die reflexive Spaltung hinaus, und würde einen Erfolg haben, der dem Zweck direkt widerspräche, auf den hin jene Ganzheit sich entwerfen müßte: durch seine Anstrengung, Bewußtsein *von* «sich» zu werden, würde sich die Für-sich-Ganzheit gegenüber *dem* «sich» als sich-Bewußtsein konstituieren, was dasjenige «sich» nicht zu sein hat, wovon es Bewußtsein ist; und umgekehrt müßte das Objekt-sich, um sein zu können, sich als *gewesenes* durch und für ein Bewußtsein erfahren, das es nicht sein darf, wenn es es sein will. So würde die Spaltung des Für-Andere entstehen; und diese Trennung in zwei Teile würde sich unendlich wiederholen und *die* Bewußtseinsindividuen als Trümmer einer vernichtenden Explosion konstituieren. Es würde *irgendwelche Andere* «geben» infolge eines Scheiterns, das umgekehrt wie das reflexive Scheitern verläuft. Wenn ich nämlich in der Reflexion nicht dahin gelange, mich als Objekt, sondern nur dahin, mich als

Scheinobjekt zu ergreifen, so deshalb, weil ich das Objekt bin, das ich ergreifen will; ich habe das Nichts zu sein, das mich von mir scheidet: ich kann meiner Selbstheit nicht entrinnen und kann mir selbst gegenüber keinen Standpunkt einnehmen; so gelingt es mir nicht, mich als Sein zu realisieren und mich in Gestalt des «es gibt» zu ergreifen; die Zurückgewinnung mißlingt, weil der Zurückgewinnende selbst das Zurückgewonnene ist. Dagegen geht im Falle des Für-Andere-Seins die Zweiteilung noch weiter, die widergespiegelte Widerspiegelnde-Widerspiegelung unterscheidet sich radikal von der widerspiegelnden Widerspiegelnden-Widerspiegelung und kann somit selbst Objekt für diese sein. Aber diesmal mißlingt die Zurückgewinnung, weil das Zurückgewonnene *nicht* das Zurückgewinnende *ist.* So würde die Ganzheit – die nicht ist, was sie ist, indem sie das ist, was sie nicht ist – durch eine Anstrengung, sich von sich radikal loszureißen, überall ihr Sein als ein Anderswo hervorbringen: ein aus einer zerbrochenen Ganzheit stammendes, umherfliegendes An-sich-sein, immer anderswo, immer weit weg, niemals in sich selbst, immer indessen im Sein gehalten durch das sich verewigende Auffliegen dieser Ganzheit – das wäre das Sein der Anderen und meiner selbst als eines Anderen.

Andererseits leugnet der Andere aber, und zwar *in Gleichzeitigkeit* mit meiner Verneinung meiner selbst, daß er ich sei. Diese beiden Verneinungen sind für das Für-Andere-Sein gleich unentbehrlich und können durch keine Synthese vereinigt werden. Nicht etwa, weil ein Nichts an Außenweltlichkeit sie ursprünglich getrennt hätte, sondern vielmehr, weil das An-sich die eine in Ansehung der anderen wiederergreifen würde, und zwar schon auf Grund der Tatsache, daß jede die andere *nicht ist,* ohne die Verpflichtung zu haben, sie nicht zu sein. Es gibt hier so etwas wie eine Grenze des Für-sich, die vom Für-sich selbst kommt, die als solche aber vom Für-sich unabhängig ist: wir finden so etwas wie die *Faktizität* wieder, und wir können nicht begreifen, wieso die Ganzheit, von der wir eben sprachen, gerade in der Tiefe des radikalsten Sichlosreißens in ihrem Sein ein Nichts hervorbringen konnte, das sie in keiner Weise zu sein hat. Es sieht tatsächlich so aus, als habe es sich in diese Ganzheit eingeschlichen, um sie zu zerbrechen, so wie im Atomismus Leukipps das Nicht-Sein in die Seinsganzheit des Parmenides schlüpft, um sie in Atome zu zersprengen. Das Nichts stellt also die Verneinung jeder synthetischen Ganzheit dar, von der ausgehend man vorgeben könnte, die Vielheit der Bewußtseinsindividuen zu verstehen. Ohne Zweifel ist dieses Nichts unfaßbar, denn es wird weder von mir noch vom Anderen hervorgebracht, aber auch nicht von einem Mittelglied, denn wir haben festgestellt, daß die Bewußtseinsindividuen sich gegenseitig ohne Mittelglied erfahren. Ohne

Zweifel werden wir, wohin wir auch unsere Blicke richten, als Gegenstand der Darstellung nur eine reine und einfache Negation von Innenweltlichkeit antreffen. Und dennoch ist das Nichts *da*, und zwar in dem irreduziblen Faktum, daß es eine *Zweiheit* von Negationen gibt. Es ist sicher nicht die *Grundlage* für die Vielheit der Bewußtseinsindividuen, denn wenn es vor dieser Vielheit gewesen wäre, hätte es jedes *Sein-für-Andere* unmöglich gemacht; man muß es vielmehr als Ausdruck dieser Vielheit verstehen; es erscheint mit ihr. Aber da es *nichts* gibt, das es begründen könnte, weder das einzelne Bewußtsein noch die auseinanderfliegende Ganzheit der Bewußtseinsindividuen, so erscheint es als reine und irreduzible Kontingenz, als *die Tatsache, daß es für die Existenz des Anderen nicht genügt, wenn ich ihn verneine, sondern daß der Andere gleichzeitig mit meiner eigenen Verneinung mich verneinen muß.* Das Nichts ist die *Faktizität* des Für-Andere-Seins.

So gelangen wir zu folgendem widerspruchsvollem Schluß: das Für-Andere-Sein kann nur sein, wenn es *zu einem gewesenen wurde* durch eine Ganzheit, die zugrunde geht, damit es auftauchen kann, was uns dazu führen würde, die Existenz und das Pathos des *Geistes* zu postulieren. Andererseits kann aber dieses Für-Andere-Sein nur existieren, wenn es ein unfaßbares Nicht-Sein an Außenweltlichkeit beinhaltet, das keine Ganzheit, sei sie selbst der *Geist*, hervorbringen oder begründen kann. In gewissem Sinne kann die Existenz einer Vielheit von Bewußtseinsindividuen keine Urtatsache sein und verweist uns auf ein ursprüngliches Faktum des Sichlosreißens von sich selber, was das Faktum des Geistes sein würde; so würde die metaphysische Frage: «Warum gibt es *irgendwelche* Bewußtseinsindividuen?» eine Antwort erhalten. In einem anderen Sinne scheint aber die Faktizität jener Vielheit nicht weiter zurückführbar zu sein, und wenn man Geist vom *Faktum* der Vielheit aus betrachtet, löst er sich auf; die metaphysische Frage hat dann keinen Sinn mehr: wir sind auf die grundlegende Kontingenz gestoßen und können nur mit einem «es ist so» antworten. So vertieft sich die ursprüngliche Ek-stase: scheinbar kann man das Nichts nicht in Anschlag bringen. Das Für-sich ist uns als ein Sein erschienen, das insofern existiert, als es nicht ist, was es ist, und als es ist, was es nicht ist. Die ek-statische Ganzheit des Geistes ist nicht bloß eine unganze Ganzheit [totalité détotalisée], sondern erscheint uns als ein zerbrochenes Sein, von dem man nicht sagen kann, daß es existiert oder daß es nicht existiert. So hat es unsere Darstellung ermöglicht, den vor-läufigen Bedingungen zu genügen, die wir für jede Theorie einer Fremdexistenz aufgestellt hatten; die Vielheit der Bewußtseinsindividuen erscheint uns als eine *Synthese* und nicht als eine *Sammlung;* aber es ist eine Synthese, deren Ganzheit nicht begriffen werden kann.

Soll das heißen, daß der antinomische Charakter der Ganzheit selbst irreduzibel ist? Oder können wir ihn von einem höheren Standpunkt aus zum Verschwinden bringen? Müssen wir statuieren, der Geist sei *das Sein, welches ist und nicht ist,* so wie wir statuiert haben, daß das Für-sich ist, was es nicht ist, und nicht ist was es ist? Die Frage hat keinen Sinn. Sie würde nämlich voraussetzen, daß wir die Möglichkeit haben, über der Ganzheit *einen Standpunkt* einzunehmen, das heißt sie von außen her zu betrachten. Aber das ist unmöglich, denn ich als Ich-selbst existiere ja gerade auf der Grundlage dieser Ganzheit und in dem Maße, in dem ich in sie eingefügt bin. Kein Bewußtsein, sei es selbst das göttliche, kann «die Rückseite» sehen, das heißt die Ganzheit als solche erfassen. Denn wenn Gott Bewußtsein ist, bildet er mit der Ganzheit ein Ganzes. Und wenn er auf Grund seines Wesens ein Sein *über das Bewußtsein hinaus* ist, das heißt ein An-sich, das die Grundlage seiner selbst ist, kann die Ganzheit ihm nur als ein Objekt erscheinen – dann verfehlt er ihre innere Auflösung als das objektive Bemühen, sich selbst wiederzuerfassen, oder als *Subjekt* – dann kann er aber, da er dieses Subjekt *nicht ist*, es nicht erfahren, ohne es zu erkennen. Also ist über der Ganzheit kein Standpunkt verstehbar: die Ganzheit hat keine «Außenseite», und die Frage nach ihrer «Rückseite» ist bedeutungslos. Wir können nicht weiter darauf eingehen.

Wir sind am Ende dieser Darstellung angelangt. Wir haben vernommen, daß die Fremdexistenz in der und durch die Tatsache meiner Gegenständlichkeit in evidenter Weise erfahren wird. Und wir haben auch gesehen, daß meine Reaktion auf die Entfremdung meiner selbst für Andere durch die Erfassung des Anderen als Gegenstand zum Ausdruck kommt. Kurz gesagt kann der Andere für uns nur in zwei Formen vorhanden sein: wenn ich ihn in evidenter Weise erfahre, dann verfehle ich es, ihn zu erkennen; wenn ich ihn erkenne, wenn ich auf ihn wirke, dann erreiche ich nur sein Objekt-Sein und sein wahrscheinliches Vorhandensein inmitten der Welt; eine Synthese dieser beiden Formen ist ausgeschlossen. Aber wir können hier nicht stehenbleiben: dieser Gegenstand, der der Andere für mich ist, und jener Gegenstand, der ich für den Anderen bin, offenbaren sich *als Leiber.* Was ist also mein Leib? Was ist der Leib des Anderen?

DER LEIB

Das Problem des Leibes und seiner Beziehungen zum Bewußtsein wird oft dadurch verdunkelt, daß man zuerst den Leib setzt, als ein bestimmtes *Ding*, das seine eigenen Gesetze habe und sich von außen her definieren lasse, während man an das Bewußtsein durch die ihm selbst eigene innere Anschauung herankommt. Wenn ich aber zunächst «mein» Bewußtsein in seiner absoluten Innerlichkeit durch eine Reihe reflexiver Akte erfaßt habe und es dann zu vereinigen suche mit einem bestimmten lebenden Gegenstand, bestehend aus einem Nervensystem, einem Hirn, Drüsen, Verdauungs-, Atmungs- und Kreislauforganen, deren Materie selbst chemisch in Wasserstoff-, Kohlenstoff-, Stickstoff- und Phosphoratome usw. analysierbar ist, dann begegne ich unüberwindlichen Schwierigkeiten: aber diese Schwierigkeiten kommen lediglich davon her, daß ich mein Bewußtsein nicht mit *meinem* Leib, sondern mit dem Leib der *Anderen* zu verbinden suche. Denn der Leib, dessen Beschreibung ich soeben skizziert habe, ist nicht *mein* Leib, so wie er *für mich* ist. Ich habe mein Hirn und meine endokrinen Drüsen nie gesehen und werde sie nie sehen. Vielmehr ziehe ich, der ich ein Mensch bin, ganz einfach aus dem, was ich bei Sektionen gesehen habe und in Physiologieabhandlungen gelesen habe, den Schluß, mein Leib sei genauso gebaut wie alle diejenigen, die man mir auf dem Sektionstisch gezeigt hat oder deren farbige Darstellung ich in den Büchern betrachtet habe. Zweifellos wird man mir sagen, daß die Ärzte, die mich behandelt haben, daß die Chirurgen, die mich operiert haben, die unmittelbare Erfahrung dieses Leibes machen konnten, den ich aus mir selbst nicht kenne. Ich leugne das nicht und behaupte auch nicht, ich hätte kein Hirn, kein Herz, keinen Magen. Aber das Wichtigste ist die *Folgeordnung* unserer Erkenntnisse: ein Ausgehen von den Erfahrungen der Ärzte an meinem Leib bedeutet ein Ausgehen von meinem Leib, wie er ein Stück in der Welt und Gegenstand für Andere ist. So, wie mein Leib *für mich* ist, erscheint er mir nicht als Stück in der Welt. Zweifellos habe ich selbst bei einer Röntgendurchleuchtung meine Wirbelsäule auf dem Schirm abgebildet gesehen, aber da war ich eben genau *außen*, ein Stück in der Welt. Ich erfaßte einen völlig konstituierten Gegenstand als ein «*Da*» inmitten von anderen «Da», und nur durch einen Vernunftschluß setzte ich ihn als *meinen*: er war viel mehr bloß mein *Eigentum* als mein *Sein*.

Freilich kann ich meine Beine und meine Hände sehen und berühren. Und nichts hindert mich, mir ein Gerät zu denken, welches es ermöglicht, daß ein lebendes Wesen eines seiner Augen sehen kann, während dieses gesehene Auge seinen Blick auf die Welt richtet. Aber es ist zu beachten, daß ich selbst noch in diesem Falle im Verhältnis zu meinem Auge *der Andere* bin: ich erfasse es als Sinnesorgan von der und der Beschaffenheit und in der Welt konstituiert, aber ich kann es nicht «sehen sehen», d. h. es erfassen, insofern es mir einen Aspekt der Welt enthüllt. Entweder ist es Ding unter Dingen, oder aber es ist das, wodurch sich mir die Dinge entdecken. Aber beides gleichzeitig kann es nicht sein. In ähnlicher Weise *sehe* ich auch meine Hand die Gegenstände berühren, aber in diesem ihrem Akte des Gegenstandsberührens *erkenne* ich sie *nicht*. Das ist der Hauptgrund, warum es die berühmte «sensation d'effort» Maine de Biran's nicht gibt. Denn was mir meine Hand enthüllt, das ist nicht *sie selbst*, sondern der Widerstand der Gegenstände, deren Härte oder Weichheit. Daher sehe ich auch meine Hand nicht anders wie dieses Tintenfaß hier. Ich lege einen Abstand zwischen sie und mich, und dieser Abstand fügt sich ein in das Ganze der Abstände, die ich zwischen alle Gegenstände der Welt lege. Wenn ein Arzt mein krankes Bein in die Hand nimmt und untersucht, während ich halb in meinem Bett aufgerichtet ihm zusehe, dann gibt es keinen Wesensunterschied zwischen der Sehwahrnehmung, die ich vom Leib des Arztes, und der, die ich von meinem eigenen Bein habe. Sie unterscheiden sich vielmehr nur hinsichtlich verschiedener Strukturen der einen nämlichen Gesamtwahrnehmung. Es gibt keinen Wesensunterschied zwischen der Wahrnehmung, die der Arzt von *meinem* Bein hat, und der, die ich in dieser Situation selbst von ihm habe. Wenn ich mein Bein mit meinem Finger berühre, dann empfinde ich natürlich, daß mein Bein berührt wird. Aber dieses Phänomen der Doppelempfindung ist nichts Wesentliches: die Kälte oder eine Morphiuminjektion können sie verschwinden lassen; das beweist, daß es sich um zwei wesenhaft verschiedene Realitätsordnungen handelt. Berühren und berührt werden, empfinden, daß man berührt, und empfinden, daß man berührt wird, das sind zwei Arten von Phänomenen, die man vergeblich unter dem Titel «Doppelempfindung» zu vereinigen sucht. In Wahrheit sind sie radikal verschieden und existieren sie auf zwei unvereinbaren Ebenen. Wenn ich übrigens mein Bein berühre, oder es ansehe, dann überschreite ich es auf meine eigenen Möglichkeiten hin: etwa, um meine Hose anzuziehen oder um meine Wunde neu zu verbinden. Und ich kann dabei natürlich mein Bein so legen, daß ich bequemer an ihm «arbeiten» kann. Aber das ändert nichts an der Tatsache, daß ich das Bein überschreite auf die reine Möglichkeit «meiner Heilung» hin. Und daß ich folglich bei ihm bin, ohne daß es *ich ist* und ohne daß ich *es bin.* Was ich auf diese Weise setze, das ist das *Ding* «Bein», aber nicht das Bein als *Möglichkeit* zu gehen, zu laufen oder Fußball zu spielen, *die ich selbst bin.* Daher bedeutet denn auch, im Maße mein Leib meine Möglichkeiten in der Welt indiziert, das Sehen und Berühren dieses Leibes eine Verwandlung dieser meiner ureigenen Möglichkeiten in «tote Möglichkeiten». Diese Metamorphose muß notwendigerweise eine vollständige Blindheit für den Leib als lebendige Möglichkeit zu laufen, zu tanzen usw. nach sich ziehen. Gewiß ist die Entdeckung meines Leibes als Gegenstand eine Offenbarung seines Seins. Aber das Sein, das mir so geoffenbart wird, ist sein *Sein-für-Andere.* Daß es zu Absurditäten führt, wenn man hier nicht genügend auseinander hält, zeigt klar das berühmte Problem des «Aufrechtsehens». Man kennt die physiologische Frage: «Wie können wir die Dinge aufrecht stellen, die sich auf unserer Netzhaut umgekehrt abbilden?» Man kennt auch die Antwort der Philosophen: «Da liegt kein Problem vor. Ein Gegenstand ist aufrecht oder umgekehrt nur mit Bezug auf die übrige Welt. Die ganze Welt umgekehrt wahrnehmen, besagt gar nichts, denn sie müßte in bezug auf etwas anderes umgekehrt stehen.» Was uns hier interessiert, ist der Ursprung dieses falschen Problems: man hat dabei *mein* Gegenstandsbewußtsein mit dem Leib des *Anderen* verbinden wollen. Da ist die Kerze, der Glaskörper, der als Linse dient, und das umgekehrte Bild auf dem Bildschirm der Netzhaut. Aber gerade damit tritt die Netzhaut in einen physikalischen Aufbau ein, sie ist dann Bildschirm und nichts anderes; und der Glaskörper ist Linse und nichts als Linse, und beide sind genau von derselben Seinsart wie die Kerze, die ebenfalls zu diesem Aufbau gehört. Wir haben uns also für den physikalischen Gesichtspunkt entschieden, d. h. für die Außenbetrachtung, um das Problem des Sehens zu studieren; wir haben ein totes Auge inmitten der sichtbaren Welt betrachtet, um die Sichtbarkeit dieser Welt zu erklären. Was Wunder, wenn sich dann das Bewußtsein, diese absolute Innerlichkeit, mit diesem Gegenstande nicht vereinigen läßt? Die Beziehungen, die ich zwischen einem fremden Leib und dem äußeren Gegenstand stifte, sind *real* existierende Beziehungen, aber sie haben als Sein das Sein des Für-Andere; sie setzen ein innerweltliches Ausflußzentrum voraus, dessen Erkenntnis eine *magische* Eigenschaft von der Art der «Fernwirkung» ist. Von Anfang an stehen sie in der Perspektive des Anderen-als-Gegenstandes. Wenn wir also über die Natur des Leibes nachdenken wollen, müssen wir eine mit der Ordnung des Seins übereinstimmende Ordnung unserer Überlegungen treffen: wir dürfen nicht weiterhin die ontologischen Ebenen durcheinanderbringen und müssen den Leib erst als Für-sich-Sein und dann als Für-Andere-Sein prüfen; um Absurditäten von der Art des «Aufrechtsehens» zu vermeiden, werden wir diesen Gedanken festhalten, daß diese zwei Aspekte des Leibes auf zwei verschiedenen und unvereinbaren Seinsebenen liegen und nicht aufeinander rückführbar sind. Das Für-sich-Sein muß als ganzes Leib und als ganzes Bewußtsein sein: es kann mit einem Leibe nicht bloß *vereinigt* sein. Ebenso ist auch das Für-Andere-Sein ganz Leib; es gibt da keine «seelischen Phänomene», die mit dem Leib erst zu vereinigen wären; es gibt nichts *hinter* dem Leib, sondern der Leib ist ganz und gar «seelisch». Diese zwei Seinsarten des Leibes müssen wir jetzt betrachten.

I

Der Leib als Für-sich-Sein: Die Faktizität

Auf den ersten Blick scheinen unsere vorstehenden Ausführungen den Gegebenheiten des kartesianischen *cogito* zu widersprechen. «Die Seele ist leichter zu erkennen als der Leib», sagte *Descartes.* Und damit führte er eine radikale Unterscheidung durch zwischen den der Reflexion zugänglichen Fakten des Denkens und den Tatsachen des Leibes, deren Erkenntnis durch die göttliche Güte gewährleistet werden muß. Und zunächst hat es ja wirklich den Anschein, als ob die Reflexion uns nur reine Bewußtseinsstatsachen enthülle. Ohne Zweifel stößt man zwar in diesem Bereich auf Phänomene, die in sich eine Verbindung mit dem Leib zu beinhalten scheinen: der «physische» Schmerz, das Unangenehme, die Lust usw. Aber diese Phänomene sind ebensosehr auch reine *Bewußtseinsfakten;* man wird sie infolgedessen zu Zeichen machen wollen, zu Affektionen des Bewußtseins bei *Gelegenheit* des leiblichen Vorgangs, wobei man sich nicht klarmacht, daß man eben damit den Leib unwiderruflich aus dem Bewußtsein ausgeschlossen hat und daß kein Band mehr diesen Leib, der damit bereits Leib-für-Andere ist, mit dem Bewußtsein wird verbinden können, von dem man doch behauptet, es würde von jenem Kunde geben.

Man darf aber nicht von hier ausgehen, sondern von unserer ursprünglichen Beziehung zum An-sich: von unserem In-der-Welt-Sein. Es gibt das nicht: auf der einen Seite ein Für-sich, auf der anderen Seite eine Welt, sozusagen zwei geschlossene Ganze, für die man dann die Weise ihres Verbundenseins erst suchen müßte. Vielmehr ist das Für-sich an ihm selbst Beziehung zur Welt; indem es von sich selbst verneint, das Sein zu sein, stiftet es eine Welt und, indem es dann diese Verneinung auf seine eigenen Möglichkeiten hin überschreitet, entdeckt es die «Da» als Zeugdinge.

Wenn wir sagen, das Für-sich sei In-der-Welt-Sein und das Bewußtsein sei Bewußtsein *von* der Welt, dann darf man dies doch nicht so auffassen, als ob die Welt dem Bewußtsein gegenüberstehe als eine unendliche Mannigfaltigkeit reziproker Relationen, über der es frei von jeder perspektivischen Hinsicht schwebe und die es frei von allem Standpunkt betrachten könne. *Für mich* ist dieses Glas hier links vom Kruge, etwas hinter ihm; *für Peter* ist es rechts und etwas vor dem Krug. Es ist nicht einmal denkbar, daß ein Bewußtsein dergestalt über der Welt schweben könnte, daß ihm das Glas *gleichzeitig* rechts und links vom Kruge, vor und hinter ihm gegeben wäre. Und das keineswegs etwa auf Grund einer strengen Anwendung des Identitätsprinzips, sondern weil ein solches Zusammen von rechts und links, von vorne und hinten zu einem vollständigen Verschwinden der «*Da*» in einer uranfänglichen Unterschiedslosigkeit führen würde. Oder wenn der Tischfuß das Muster des Teppichs vor meinen Augen verdeckt, so ist das wiederum nicht in irgendeiner Endlichkeit und Unvollkommenheit meiner Sehorgane begründet; vielmehr hätte ein Teppich, der weder vom Tisch verdeckt würde, noch unter ihm, noch über ihm, noch neben ihm wäre, keinerlei Art von Beziehung mehr zu ihm und gehörte nicht mehr zur «Welt», in der es den Tisch *gibt*: das An-sich, das sich unter dem Aspekt des *Da* kundtut, würde zu unterschiedsloser Identität zurückkehren; selbst der Raum als reine Äußerlichkeitsrelation würde verschwinden. Die Konstitution des Raumes als einer Mannigfaltigkeit reziproker Relationen kann sich nur vom abstrakten Standpunkt der Wissenschaft aus vollziehen: aber wirklich erlebt kann sie nicht werden, sie ist nicht einmal vorstellbar. Das Dreieck, das ich zur Unterstützung meiner abstrakten Überlegungen an die Tafel zeichne, ist notwendigerweise rechts von dem Kreis, der eine seiner Seiten tangiert, so gewiß es auf der Tafel *ist*. Meine Bemühung aber geht dahin, die konkreten Eigenschaften der Kreidefigur zu überwinden, indem ich ebensowenig auf ihre Lage im Verhältnis zu mir, wie auf die Dicke der Linien oder die Unvollkommenheit der Zeichnung achte.

So kann also auf Grund der bloßen Tatsache, daß es eine Welt *gibt*, diese Welt nicht ohne eindeutige Lagebeziehung zu mir existieren. Der Idealismus hat mit vollem Recht die Tatsache betont, daß die Relation das Prinzip der Welt ist. Aber da er sich auf den Boden der Newtonschen Wissenschaft stellte, faßte er diese Relation als reziproke Relation. Er erreichte auf diese Weise lediglich die abstrakten Begriffe reiner Äußerlichkeit, von Wirkung und Gegenwirkung usw., und schon allein dadurch verfehlte er die Welt und erreichte er nichts als die Entfaltung des Grenzbegriffes absoluter Objektivität. Dieser Begriff lief letzten Endes auf den einer «leeren Welt» oder einer «Welt ohne Menschen» hinaus, d. h. auf einen Widerspruch, denn eine Welt gibt es nur dank dem Menschenwesen.

So zerstört sich der Objektivitätsbegriff, der das An-sich der dogmatischen Wahrheit durch eine reine Beziehung reziproker Übereinstimmung zwischen den Vorstellungen ersetzen wollte, selbst, sobald man ihn völlig durchführt. Übrigens haben die Fortschritte der Wissenschaft zur Verwerfung dieses Begriffs absoluter Objektivität geführt. Was etwa *Broglie* «Erfahrung» nennt, ist ein System eindeutiger Relationen, aus dem der Beobachter nicht ausgeschlossen ist. Und wenn die Mikrophysik den Beobachter wieder in das wissenschaftliche System einbeziehen muß, so nicht als reine Subjektivität – dieser Begriff hätte ebensowenig Sinn wie der der reinen Objektivität –, sondern als ursprüngliche Beziehung zur Welt, als eine Stelle, als einen Punkt, auf den hin sich alle ins Auge gefaßten Beziehungen richten. Darum kann z. B. auch das Unbestimmtheitsprinzip *Heisenbergs* weder als Einschränkung noch als Bestätigung des deterministischen Postulats betrachtet werden. Anstatt eine reine Verbindung zwischen den Dingen darzustellen, besagt es ganz einfach die ursprüngliche Beziehung des Menschen zu den Dingen und seinen Platz in der Welt. Das wird z. B. durch die Tatsache belegt, daß man die Ausmessungen von Körpern in Bewegung nicht um proportionale Größen wachsen lassen kann, ohne daß man dabei ihre Geschwindigkeitsbeziehungen ändert. Wenn ich erst mit bloßem Auge, dann im Mikroskop die Bewegung eines Körpers auf einen anderen hin beobachte, dann erscheint sie mir im zweiten Falle hundertmal schneller, denn obgleich der in Bewegung befindliche Körper sich seinem Ziele um nichts mehr genähert hat, hat er doch in derselben Zeit einen hundertmal größeren Raum durchlaufen. Darum bedeutet der Begriff der Geschwindigkeit nichts mehr, wenn sie nicht Geschwindigkeit ist mit Bezug auf gegebene Ausmessungen bewegter Körper. Vielmehr entscheiden wir selbst über diese Ausmessungen durch unser bloßes Auftreten in der Welt, und wir müssen wohl darüber entscheiden, denn sonst würden sie überhaupt *nicht sein.* Darum sind sie relativ nicht auf unsere Erkenntnis von ihnen, sondern auf unsere Urbindung an die Welt. Das ist genau das, was die Relativitätstheorie zum vollkommenen Ausdruck bringt: ein Beobachter innerhalb eines Systems kann durch kein Experiment bestimmen, ob das System in Ruhe oder in Bewegung ist. Aber diese Relativität ist kein «Relativismus»: sie betrifft nicht die *Erkenntnis,* sie schließt sogar das dogmatische Postulat geradezu in sich, daß die Erkenntnis uns erschließt, *was ist.* Die Relativität der modernen Wissenschaft zielt auf *das Sein.* Der Mensch und die Welt *sind* relative Wesen und das Prinzip ihres Seins *ist* die Relation. Daraus folgt, daß die Urrelation vom Menschen zur Welt geht: daß für mich etwas auftritt, besagt, daß ich meine Entfernungen zu den Dingen entfalte und eben dadurch Dinge sein lasse. Aber infolgedessen sind auch die Dinge in aller Strenge «Dinge-die-in-Entfernung-von-mir-existieren». Auf diese Weise schenkt mir die Welt diese eindeutige Relation, die mein Sein ist und durch welche ich sie mir erschließe. Der Standpunkt der reinen Erkenntnis ist widerspruchsvoll: es gibt nur den Standpunkt der *weltgebundenen* Erkenntnis. Das besagt, daß Erkenntnis und Handeln nur zwei Seiten einer ursprünglichen und konkreten Relation sind. Der wirkliche Weltraum ist der Raum, den *Lewin* als «hodologisch» bezeichnet. Eine reine Erkenntnis wäre wirklich standpunktfreie Erkenntnis, also eine grundsätzlich außerhalb der Welt liegende Erkenntnis. Aber eine solche ist sinnlos: das erkennende Wesen wäre dann nur Erkenntnis, weil es sich durch seinen Gegenstand definieren würde und weil sein Gegenstand in der totalen Unterschiedslosigkeit reziproker Beziehungen verschwände. Darum kann die Erkenntnis nur ein an einen bestimmten Standpunkt gebundenes Auftreten sein, und zwar gebunden an den Standpunkt, der man *ist.* Daß etwas für den Menschen ist, besagt: es *ist da;* d. h. «da auf diesem Stuhl», «da auf diesem Tisch», «da auf dem Gipfel dieses Berges, mit diesen Ausmessungen, dieser Lage usw.». Das ist eine ontologische Notwendigkeit.

Aber das bedarf noch einer Klärung. Denn diese Notwendigkeit erscheint zwischen zwei Zufälligkeiten: wenn es einerseits notwendig ist, daß ich in der Weise des Daseins bin, ist es gleichwohl zufällig, daß ich überhaupt bin, denn ich bin nicht der Grund meines Seins; wenn es andererseits notwendig ist, daß ich an diesen oder jenen Standpunkt gebunden bin, so ist es doch zufällig, daß ich genau an diesen und keinen anderen gebunden bin. Wir haben diese doppelte Zufälligkeit, die eine Notwendigkeit einschließt, die *Faktizität* des Für-sich genannt. Wir haben sie in unserem zweiten Teil behandelt. Wir haben dort gezeigt, daß das genichtete und in das absolute Ereignis versunkene An-sich (in jenes absolute Ereignis, welches die Erscheinung des Grundes oder das Auftreten des Für-sich ist) im Für-sich als seine ursprüngliche Zufälligkeit erhalten bleibt. Darum wird das Für-sich von einer ständigen Zufälligkeit getragen, welche das Für-sich auf sich nimmt und sich einverleibt, ohne sie je überwinden zu können. In nichts anderem als im reflexiven cogito findet das Für-sich diese Zufälligkeit und kann es sie fassen und erkennen, denn es überschreitet sie ständig auf seine eigenen Möglichkeiten zu und begegnet in sich nichts anderem als dem Nichts, das es zu sein hat. Und dennoch sucht diese Zufälligkeit das Für-sich unaufhörlich heim und bewirkt, daß ich mich zugleich ebenso als für mein Sein total verantwortlich wie als total rechtfertigungslos erfasse. Aber die Welt vermittelt mir das Abbild dieser Rechtfertigungslosigkeit in Gestalt der synthetischen Einheit ihrer eindeutigen Beziehungen zu mir. Mit absoluter Notwendigkeit erscheint mir die Welt als *geordnete*. In diesem Sinne *bin ich* diese Ordnung und ist sie das Bild meiner selbst, wie wir es im letzten Kapitel unseres zweiten Teiles behandelten. Es ist jedoch völlig zufällig, daß gerade *diese* Ordnung ist. Daher erscheint sie als notwendige und rechtfertigungslose Aufbaugliederung der Allheit des Seienden. Diese absolut notwendige und völlig rechtfertigungslose Ordnung der Dinge der Welt, diese Ordnung, die ich selbst bin, insofern mein Auftreten sie notwendig ins Sein bringt, und die sich mir entzieht, insofern ich Grund weder meines Seins noch eines *derartigen* Seins bin – diese Ordnung ist der Leib auf der Ebene des Für-sich. In diesem Sinne könnte man den Leib als die *zufällige Form* definieren, *welche die Notwendigkeit meiner Zufälligkeit annimmt*. Er ist nichts anderes als das Für-sich selbst; er ist kein An-sich *im* Für-sich, denn sonst würde er alles zum Erstarren bringen. Vielmehr ist er die Tatsache, daß das Für-sich nicht sein eigener Grund ist, insofern diese Tatsache sich in der Notwendigkeit ausdrückt, als zufälliges Wesen unter die zufälligen Wesen hineingebunden existieren zu müssen. In dieser Rolle unterscheidet sich der Leib nicht von der *Situation* des Für-sich, da Existieren und In-Situation-Sein für das Für-sich dasselbe sind; andererseits ist er identisch mit der ganzen Welt, insofern die Welt Gesamtsituation des Für-sich und Maß seiner Existenz ist. Aber eine Situation ist nicht ein rein zufälliges Gegebenes: im Gegenteil, sie enthüllt sich nur, im Maße das Für-sich sie auf sich selbst zu überschreitet. Dementsprechend ist der Leib-für-mich nie ein Gegebenes, das ich erkennen könnte: er ist da, und zwar in jedem Falle als der Überschrittene, er existiert nur, insofern ich mich ihm durch Nichtung meiner selbst entziehe; er ist Gegenstand meiner Nichtung. Er ist das vom Für-sich überschrittene An-sich, wobei das Für-sich sich eben in diesem Überschreiten des An-sich selbst nichtet und wieder erfaßt. Er ist die Tatsache, daß ich meine eigene Motivation, aber nicht mein eigener Grund bin; er ist die Tatsache, daß ich nichts bin außer dem, sein zu müssen, was ich bin, und daß ich doch, insofern ich zu sein habe, was ich bin, bin, ohne sein zu müssen. In einem Sinne also ist der Leib eine notwendige Auszeichnung des Für-sich: er ist keineswegs das Produkt eines willkürlichen Beschlusses eines Demiurgen, und keineswegs auch ist die Verbindung von Leib und Seele das zufällige Zusammenkommen zweier grundverschiedener Substanzen; vielmehr ist es eine notwendige Folge der Natur des Für-sich, daß es Leib ist, d. h. daß sein nichtender Selbstentzug dem Sein gegenüber sich in der Weise einer Bindung in die Welt vollzieht. Und dennoch legt in einem anderen Sinne wiederum der Leib meine Zufälligkeit klar, er ist überhaupt *nur* diese Zufälligkeit; die kartesianischen Rationalisten waren mit vollem Recht von dieser Eigenart des Leibes betroffen; er stellt wirklich die Vereinzelung meiner Bindung in die Welt dar. Und mit ebensoviel Recht bezeichnete Platon den Leib als *das, was die Seele individuiert.* Nur wäre die Annahme eitel, die Seele könne sich durch ihre Trennung vom Leibe, sei es im Tode, sei es im reinen Denken, dieser Vereinzelung entziehen: denn die Seele *ist* der Leib, insofern das Für-sich seine eigene Vereinzelung *ist.*

Wir werden die Tragweite dieser Bemerkungen besser erfassen, wenn wir nun ihre Anwendung auf das Problem der sinnlichen Erkenntnis versuchen.

Das Problem der Sinneserkenntnis tauchte anläßlich des Erscheinens gewisser Weltstücke auf, die wir als *Sinne* bezeichnen. Zunächst stellten wir fest, daß der Andere Augen hat, und in der Folge lernten Techniker bei Leichensektionen die Struktur dieser Gegenstände kennen; sie unterschieden die Hornhaut vom Glaskörper und diesen von der Netzhaut. Sie stellten fest, daß das Objekt Glaskörper zu einer Klasse bestimmter Objekte gehört: zu den Linsen, und daß man auf diesen Gegenstand ihrer Forschung die Gesetze der geometrischen Optik, welche die Linsen überhaupt betreffen, anwenden kann. Im Maße die chirurgischen Instrumente sich weiter verbesserten, erkannten wir aus genaueren Sektionen, daß ein Nervenbündel von der Netzhaut ausgeht und im Hirn endigt. Wir untersuchten im Mikroskop die Nerven der Leichen und stellten genau ihre Bahn, ihren Ausgangspunkt und ihren Endpunkt fest. Das Insgesamt dieser Erkenntnisse betraf also ein bestimmtes räumliches Objekt, Auge genannt; sie setzten die Existenz des Raumes und der Welt voraus; sie setzten aber weiterhin auch dies voraus, daß wir dieses Auge *sehen* und berühren können, d. h. daß wir über einen Standpunkt verfügen, der uns die Dinge sehen und empfinden läßt. Schließlich schoben sich zwischen unsere Erkenntnis des Auges und das Auge selbst alle unsere technischen Kenntnisse (die Kunst der Herstellung des Skalpells usw.) und wissenschaftlichen Erkenntnisse (z.B. die geometrische Optik, welche Bau und Verwendung der Mikroskope gestattet). Zwischen mich und das Auge, das ich seziere, schiebt sich, kurz gesagt, die ganze Welt, wie sie dank meinem bloßen Auftreten zur Erscheinung kommt. In der Folge erlaubte uns ein weiteres Eindringen die Feststellung der Existenz von Nervenendigungen an der ganzen Oberfläche unseres Leibes. Es gelang uns sogar, Einzelversuche an diesen Nervenendigungen durchzuführen und an Lebenden entsprechende Experimente zu machen. Wir standen dabei zwei Weltgegenständen gegenüber: einerseits der Reizquelle; andererseits der sensiblen Zelle oder der freien Nervenendigung, die wir erregten. Die Reizquelle war ein physikalisch-chemisches Objekt, elektrischer Strom, ein mechanisches oder chemisches Agens, dessen Eigenschaften wir genau kannten und das wir in ganz bestimmter Weise nach Intensität oder Dauer variieren lassen konnten. Es handelte sich also um zwei weltzugehörige Gegenstände, und die innerweltliche Beziehung zwischen ihnen ließ sich durch unsere eigenen Sinne oder mit Hilfe von Instrumenten feststellen. Die Erkenntnis dieser Beziehung setzte indes hinwiederum ein ganzes System von wissenschaftlichen und technischen Erkenntnissen voraus, kurz, die Existenz einer Welt und unser ursprüngliches Auftreten in der Welt. Unsere Erfahrungen erlaubten uns weiterhin auch eine Beziehung zwischen dem «Inneren» des Anderen-als-Gegenstands und der Gesamtheit dieser objektiven Feststellungen zu denken. Wir sahen, daß wir durch Einwirkung auf gewisse Sinne im Bewußtsein des Anderen «eine Modifikation hervorriefen». Wir erfuhren es *auf dem Wege über die Sprache*, d. h. durch bedeutungtragende und objektive Reaktionen des Anderen. Ein physikalisches Objekt – die Reizquelle; ein physiologisches Objekt – der Sinn; ein psychisches Objekt – der Andere; objektive Bedeutungsäußerungen – die Sprache: das sind die Glieder der objektiven Relation, welche wir mit alledem aufstellen wollten. Keines von ihnen konnte uns ein Herausgehen aus der Welt der Objekte ermöglichen. Wir wurden auch Forschungsgegenstände für die Physiologen und die Psychologen. Wenn wir uns für ein solches Experiment hergaben, befanden wir uns plötzlich in einem Laboratorium vor einem mehr oder weniger erhellten Schirm oder empfanden schwache elektrische Schläge oder wurden von einem Objekt gestreift, das wir zwar nicht genau bestimmen konnten, dessen weltzugehörige und auf uns gerichtete Gegenwart aber jedenfalls feststand. Keinen Augenblick waren wir von der Welt getrennt, der gesamte Vorgang spielte sich für uns in einem Laboratorium mitten in Paris, im Südbau der Sorbonne ab; wir standen dauernd dem Anderen gegenüber, und schon der bloße Sinn des Experiments forderte die Möglichkeit einer sprachlichen Verständigung mit diesem Anderen. Von Zeit zu Zeit fragte uns der Versuchsleiter, ob uns der Schirm heller oder dunkler vorkomme, ob der Druck auf unsere Hand uns stärker oder schwächer scheine, und wir gaben Antwort – d. h., wir gaben gegenständliche Auskünfte über Dinge, die in unserer Welt sich zeigten. Möglicherweise fragte uns ein ungeschickter Versuchsleiter, ob «unsere Lichtempfindung schwächer oder stärker, von größerer oder geringerer Intensität sei». Diese Frage hätte für uns, da wir ja mitten unter Objekten waren und diese Objekte beobachteten, keinerlei Sinn gehabt, wenn man uns nicht von lange her beigebracht hätte, für das objektive Licht, das sich uns in der Welt in einem gegebenen Moment zeigt, einfach «Lichtempfindung» zu sagen. Wir antworteten also z. B., die Lichtempfindung sei schwächer, meinten damit aber nur, der Schirm sei *unseres Erachtens* dunkler. Weil wir aber *wirklich* dies erfaßten, daß der Schirm dunkler war, entsprach unserer Floskel «unseres Erachtens» gar nichts Wirkliches, außer der Bemühung, die sich in ihr ausdrückte, die bloße Gegenständlichkeit der Welt *für uns* nicht mit einer Objektivität im strengeren Sinne zu verwechseln, welche erst das Resultat experimenteller Messungen und bestimmter gemeinsamer geistiger Überzeugungen sein kann. Was wir aber jedenfalls nicht *erkennen* konnten, das war ein ganz bestimmtes Objekt, das jedoch umgekehrt der Versuchsleiter unterdessen beobachtete, nämlich unser Sehorgan bzw. gewisse Endigungen der Tastnerven. Das Resultat am Ende des Experimentes konnte folglich nur die Inbeziehungsetzung zweier Reihen von *Objekten* sein: derjenigen, die sich während des Experimentes *uns* offenbarten, und jener anderen, die sich in derselben Zeit *dem Versuchsleiter* kundtaten. Die Beleuchtung des Schirmes gehörte zu *meiner* Welt; meine Augen gehörten als gegenständliche Organe zur Welt des Versuchsleiters. Die Verbindung zwischen diesen beiden Reihen wollte also so etwas wie eine Brücke zwischen zwei Welten sein; auf keinen Fall aber konnte sie die Tabelle einer Entsprechung zwischen dem Subjektiven und dem Objektiven darstellen.

Warum auch sollte man diese Gruppe von erleuchteten, schweren oder auch riechenden Gegenständen, die sich mir *in diesem Laboratorium*, in Paris, an einem Tag im Februar usw. zeigten, Subjektivität nennen? Und wenn es trotz alledem notwendig wäre, diese Gruppe als subjektiv zu bezeichnen, wieso dann jenem Gefüge der Gegenstände, die sich gleichzeitig im selben Laboratorium am selben Februartag dem Versuchsleiter kundtaten, auf einmal Objektivität zuerkennen? Es gibt da nicht zweierlei Maß und Gewicht: wir begegnen nirgends etwas, das lediglich *empfunden*, ohne jede Objektivierung von mir erlebt würde. Hier wie immer bin ich mir der Welt bewußt, und, auf dem Hintergrund der Welt, bestimmter Objekte; hier wie immer überschreite ich das sich mir Enthüllende auf die Möglichkeit zu, die ich zu sein habe, z.B. auf die Möglichkeit zu, dem Versuchsleiter sachgemäß zu antworten und dem Experiment zum Erfolg zu verhelfen. Natürlich können diese Vergleiche gewisse objektive Resultate liefern: ich kann z.B. feststellen, daß lauwarmes Wasser mir kalt scheint, wenn ich meine Hand erst in warmem Wasser gehabt habe. Aber diese Feststellung, die den großartigen Namen «Gesetz der Empfindungsrelativität» trägt, hat mit den Empfindungen gar nichts zu tun. Es handelt sich vielmehr um eine Eigenschaft des Gegenstands, die sich mir enthüllt: das lauwarme Wasser *ist* kalt, wenn ich meine erwärmte Hand hineinhalte. Nur enthüllt mir ein Vergleich dieser objektiven Qualität des Wassers mit einer ebenso objektiven Angabe (derjenigen des Thermometers) einen Widerspruch. Dieser Widerspruch veranlaßt dann bei mir eine Entscheidung in der Frage, was hier die wahre Objektivität sein soll. Und diejenige Objektivität, für die ich mich nicht als die wahre entscheide, nenne ich dann Subjektivität. Was aber die *Gründe* der «Empfindungsrelativität» angeht, so lehrt mich eine eindringlichere Prüfung, sie in gewissen objektiven und synthetischen Strukturen zu sehen, die ich *Gestalten* nenne. Die Wahrnehmungstäuschung von *Müller-Lyer*, die Sinnesrelativität usw. sind ebenso viele Namen für objektive Gesetze der Gestaltstrukturen. Diese Gesetze sagen nichts über *Erscheinungen*, sondern betreffen synthetische Strukturen. Ich spiele dabei überhaupt nur insoweit eine Rolle, als mein Auftreten in der Welt die *Bezogenheit* der Objekte untereinander entspringen läßt. Als solche enthüllen sie sich nur, insofern sie *Gestalten* sind. Naturwissenschaftliche Objektivität ist isolierende Betrachtung dieser Gestalten für sich: und dann erscheinen sie mit anderen Eigenschaften. In keinem Falle aber verlassen wir die existierende Welt. In gleicher Weise könnte man zeigen, daß das, was man «Reizschwelle» oder was man spezifische Sinnesenergie nennt, auf reine Bestimmungen der Objekte als solcher zurückgeht.

Man meinte indessen, die objektive Beziehung der Reizquelle auf das Sinnesorgan werde zu einer Beziehung des *Objektiven* (Reizquelle – Sinnesorgan) auf das Subjektive (pure Empfindung), wobei das Subjektive durch die Wirkung definiert wäre, welche die Reizquelle auf dem Weg über das Sinnesorgan auf uns selbst ausüben würde. Das Sinnesorgan scheint durch die Reizquelle affiziert zu werden: die physikalisch-chemischen Veränderungen im Protoplasma des Sinnesorgans sind nicht durch dieses Sinnesorgan selbst hervorgerufen: dieses erfährt sie vielmehr *von außen her*. Zumindest behaupten wir es, um dem Trägheitsgesetz treu zu bleiben, welches die gesamte äußere Welt beherrscht. Wenn wir also eine Korrelation aufstellen zwischen dem objektiven System (Reizquelle – Sinnesorgan), das wir gerade wahrnehmen, und dem subjektiven System, das für uns der Inbegriff der inneren Eigenschaften des Anderen-als-Objekts darstellt, so müssen wir zugeben, daß die neue Modalität, die in dieser Subjektivität soeben in Verbindung mit der Erregung des Sinnes aufgetreten ist, genauso durch ein Fremdes hervorgerufen worden ist. Wäre sie spontan aufgetreten, so hätte sie ja keinerlei Verbindung mit dem erregten Organ, oder, anders ausgedrückt: die Beziehung, die man zwischen ihnen aufstellen könnte, bliebe *irgendeine beliebige*. Infolgedessen denken wir uns eine objektive Einheit, die der kleinsten und kürzesten wahrnehmbaren Erregung entspricht, und nennen sie Empfindung. Wir statten diese Einheit mit *Trägheit* aus, d. h., sie ist eine reine Äußerlichkeit, da sie vom «Da» aus gedacht wird und an der Äußerlichkeit des Ansich teilnimmt. Diese in ihr liegende Äußerlichkeit betrifft die Empfindung beinahe auch noch in ihrer bloßen Existenz: ihr Seinsgrund und ihr Daseinsanlaß liegt ja außerhalb ihrer. Sie ist also selbst *ihr eigenes Außen.* Gleichzeitig liegt ihr Seinsgrund nicht in irgendeinem «inneren» Faktum, das gleicher Natur wie sie selbst wäre, sondern in einem realen Objekt, der Reizquelle, und in der Veränderung eines anderen realen Objektes, des Sinnesorgans. Da es indes unbegreiflich bleibt, wieso ein Seiendes, das auf einer bestimmten Seinsebene existiert, sich aber nicht selbst allein im Sein erhalten kann, durch etwas, was auf einer völlig verschiedenen Seinsebene existiert, zum Dasein soll bestimmt werden können, führe ich nun, einfach um der Empfindung Sein und Halt zudenken zu können, ein ihr gleichartiges Medium ein, das genauso in Äußerlichkeit konstituiert ist. Und dieses Medium nenne ich *Geist* und manchmal sogar *Bewußtsein.* Dabei aber muß ich dieses Bewußtsein nunmehr als Bewußtsein des *Anderen*, d. h. als Objekt, denken. Da jedoch die Relationen, die ich zwischen dem Sinnesorgan und der Empfindung aufstellen will, universell sein müssen, setze ich allem Vorausgehenden zum Trotz das so gedachte Bewußtsein gleichwohl auch als *mein* Bewußtsein, und zwar nicht nach dem, was es *für den Anderen* ist, sondern nach dem, was es *an sich* ist. Auf diese Weise habe ich eine Art Innenraum angesetzt, in dem gewisse, Empfindung genannte, Gestalten anläßlich äußerer Reize auftreten. Da dieser Raum reine Passivität ist, erkläre ich, er *erleide* seine Empfindungen. Aber damit meine ich nicht nur, daß er das innere Medium ist, das ihnen als Matrize dient. Ich nehme nunmehr zu meiner objektivistischen Auffassung des betrachteten Sinnesorgans auch noch eine biologische Weltansicht hinzu und behaupte jetzt, dieser Innenraum *erlebe* seine Empfindung. Damit lasse ich das «Leben» ein magisches Band zwischen einem passiven Medium und einem passiven Modus dieses Mediums sein. Der Geist bringt seine Empfindungen nicht hervor, und deswegen bleiben sie ihm *äußerlich*: aber andererseits eignet er sie sich doch an, indem er sie erlebt. Die Einheit zwischen dem «Erlebten» und dem «Erlebenden» ist kein räumliches Nebeneinander mehr, auch keine Beziehung eines Inhalts auf ein Beinhaltendes mehr, sondern ein magisches Ineinander. Der Geist *ist* seine eigenen Empfindungen und bleibt dabei doch von ihnen verschieden. Damit wird die Empfindung ein besonderer Objektstypus: träge, passiv und lediglich erlebt. Und wir sind so weit, daß wir ihm jetzt absolute Subjektivität zuschreiben müssen. Aber man muß darauf achten, was hier Subjektivität nur noch bedeuten kann. Dieser Titel bedeutet hier nicht Zugehörigkeit zu einem Subjekt, d. h. zu einem Selbst, das sich spontan (aus sich selbst) motiviert. Die Subjektivität des Psychologen ist völlig anderer Art: sie verkörpert gerade Trägheit und Fehlen jeglicher Transzendenz. Subjektiv ist, was aus sich selbst nicht herauskommt. Genau im Maße, als die Empfindung, als reine Äußerlichkeit, nur Eindruck im Geiste sein kann und nur sie selbst ist (diese im Seelenraum erstehende Gestalt), ist sie nicht etwa Transzendenz, sondern das einfach Erlittene, die pure Bestimmung unserer Rezeptivität: ist sie Subjektivität, gerade weil sie weder *gegenwärtigend* noch *vergegenwärtigend* ist. Das Subjektive des Anderen-als-Objekts ist schlicht und einfach ein geschlossener Kasten. Und die Empfindung ist in diesem Kasten.

Das ist der Begriff der *Empfindung*. Seine Absurdität ist ersichtlich. Zunächst einmal ist er eine reine Erfindung. Er entspricht nichts von dem, was ich im Experiment in mir oder am Anderen erfahre. Nie haben wir etwas anderes als die gegenständliche Welt erfaßt; alle Bestimmungen, die unsere Person erfährt, setzen die Welt voraus und entspringen als Beziehungen zur Welt. Die Empfindung setzt als solche voraus, daß der Mensch schon in der Welt ist, da er ja Sinnesorgane hat, und gleichzeitig erscheint sie in ihm als purer Wegfall seiner Beziehungen zur Welt. Und nochmals gleichzeitig stellt diese reine «Subjektivität» die unerläßliche Basis dar, auf der alle jene transzendenten Relationen wieder errichtet werden sollen, die doch gerade durch das Auftreten dieser «Subjektivität» eben erst zum Verschwinden gebracht wurden. Wir haben also drei gedankliche Momente vor uns: 1. Um von Empfindung überhaupt sprechen zu können, muß man von einem gewissen Realismus ausgehen: man setzt unsere Wahrnehmung des Anderen, der Sinne des Anderen und der Versuchsinstrumente als gültig. 2. Einmal bei der Empfindung angelangt, verschwindet aber dieser ganze Realismus: die Empfindung ist pure erlittene Modifikation und gibt uns Auskunft ausschließlich über uns selbst, sie ist pur «Erlebtes». 3. Und doch nehme ich sie als Basis für meine Erkenntnis der äußeren Welt. Sie kann aber kein Fundament für einen *wirklichen* Kontakt mit den Dingen sein: sie erlaubt uns nicht, eine intentionale Struktur des Geistes zu denken. Als *Objektivität* können wir dann nicht mehr eine unmittelbare Verbindung mit dem Sein bezeichnen, sondern nur noch gewisse Weisen des Zusammenbestehens von Empfindungen, welche größere Dauer oder höhere Regelmäßigkeit aufweisen oder sich besser in den Kontext unserer Vorstellungen einfügen. Insbesondere können wir unsere Wahrnehmung des Anderen, der Sinnesorgane des Anderen und der Versuchsgeräte nur noch auf diese Weise definieren: es handelt sich bei ihr nur noch um subjektive Bildungen von besonderer Kohärenz. Es ist auf diesem Standpunkt ausgeschlossen, daß ich meine Empfindung durch das Sinnesorgan erkläre, das ich beim Anderen oder bei mir wahrnehme, sondern ich erkläre jetzt, ganz im Gegenteil, das Sinnesorgan selbst nur mehr als eine bloße Assoziation meiner Empfindungen. Der unvermeidliche Zirkel ist ersichtlich. Meine Wahrnehmung der Sinne des Anderen dient mir als Fundament für eine Erklärung der Empfindungen, speziell *meiner* Empfindungen; aber umgekehrt stellen meine so verstandenen Empfindungen doch auch wieder die einzige *Realität* in meiner Wahrnehmung der Sinne des Anderen dar. Und dasselbe Objekt, das Sinnesorgan des Anderen, behält in diesem Zirkel bei seinen verschiedenen Erscheinungen keineswegs sein identisches Wesen und seine identische Wahrheit. Es ist zunächst *Realität* und gerade, weil es Realität ist, begründet es eine Lehre, die ihm dann widerspricht. Die klassische Theorie der Empfindung hat *anscheinend* dieselbe Struktur wie das kynische Argument vom kretischen Lügner, in dem der Kreter genau deswegen lügt, weil er die Wahrheit sagt. Aber darüber hinaus ist, wie wir eben sahen, die Empfindung pure Subjektivität. Wie aber will man aus Subjektivität ein Objekt zuwege bringen? Keine synthetische Gruppierung kann dem, was prinzipiell bloß Erlebtes ist, den Charakter der Objektivität geben. Soll es Wahrnehmung von Objekten in der Welt geben, so müssen wir schon mit unserem Auftreten bei der Welt und bei den Objekten sein. Die Empfindung, dieser Begriffsmischling zwischen dem Subjektiven und dem Objektiven, im Ausgang vom Objekt erdacht und auf das Subjekt übertragen, diese Bastardexistenz dunkelster Herkunft – die Empfindung ist eine reine Phantasiegestalt des Psychologen; man muß sie entschlossen aus jeder ernsthaften Theorie der Beziehungen zwischen Bewußtsein und Welt verbannen.

Aber was wird aus den *Sinnen,* wenn die Sinnesempfindung nur ein bloßes Wort ist? Man wird zweifellos anerkennen, daß wir niemals in uns diesem absolut subjektiven und gehaltlosen Eindruck begegnen, der Sinnesempfindung heißen soll; man wird zugeben, daß ich immer nur auf *das Grün* dieses Heftes, dieses Laubwerks und niemals auf eine Grünempfindung oder auch nur auf das «Quasi-Grün» stoße, welches *Husserl* als die hyletische Materie in Ansatz bringt, welche dann von der Intention zum Grün-als-Objekt gestaltet wird; man wird sich auch gerne einverstanden damit erklären, daß die phänomenologische Reduktion, sofern sie überhaupt möglich ist, was erst zu beweisen wäre, uns vor in Klammer gesetzte Objekte bringt (als Korrelate positionaler Akte), niemals aber vor Eindrucksresiduen. Die Sinne aber behalten trotz alledem ihren Platz. *Ich sehe* das Grüne, *ich berühre* diesen glatten und kalten Marmor. Ein Unfall kann mir einen Sinn völlig nehmen: ich kann das Augenlicht verlieren, taub werden usw. Was aber ist ein Sinn, wenn er uns nicht Empfindung vermittelt?

Die Antwort ist leicht. Stellen wir zunächst fest, daß der *Sinn* überall ist und überall unerfaßbar ist. Dieses Tintenfaß auf dem

Tisch ist mir unmittelbar als *Ding* gegeben und ist mir dennoch *durch den Gesichtssinn* gegeben. Das besagt, daß seine Anwesenheit sichtbare Anwesenheit ist und daß ich ein Bewußtsein davon habe, daß es mir als sichtbares gegenwärtig ist, d. h.: daß ich ein präreflexives Bewußtsein davon habe, es zu sehen. Aber gleichzeitig damit, daß das Sehen *Erkenntnis* des Tintenfasses ist, entzieht sich eben dieses Sehen jeglicher Erkenntnis: es gibt keine Erkenntnis des Sehens. Selbst die Reflexion gibt uns diese Erkenntnis nicht. Mein reflexives Bewußtsein gibt mir zwar sehr wohl eine Erkenntnis *von* meinem reflektierten Bewußtseins des Tintenfasses, aber keineswegs eine Erkenntnis von einer Sinnestätigkeit. So muß man auch das berühmte Wort Auguste *Comtes* verstehen: «Das Auge kann sich selbst nicht sehen». Es wäre recht wohl denkbar, daß ein anderer organischer Bau, eine zufällig andere Anlage unseres Sehapparates es einem dritten Auge gestatten würde, unseren beiden Augen beim Sehen *zuzusehen*. Und kann ich nicht meine Hand, während sie etwas berührt, sehen und berühren? Aber ich würde dann mit Bezug auf mein Sinnesorgan den Standpunkt des Anderen einnehmen: ich würde Augen-als-Objekte sehen; ich kann nicht das Auge sehen sehen, ich kann nicht die Hand, insofern sie berührt, berühren. So ist also der Sinn, insofern er für-mich-ist, ein Unerfaßbares: er ist nicht die unendliche Sammlung meiner Empfindungen, da ich ja immer nur auf Weltobjekte stoße; andererseits stoße ich bei der Reflexion auf mein Bewußtsein wiederum nur auf ein Bewußtsein *von* dem oder dem Weltstück, nicht auf meinen Gesichts- oder Tastsinn; und wenn ich schließlich meine Sinnesorgane sehen oder berühren kann, dann erhalte ich dabei Kunde von puren Gegenständen in der Welt, nicht aber von irgendeiner enthüllenden oder konstruktiven Leistung dieser Sinne. Und doch ist der Sinn da: es *gibt* das Sehen, das Berühren, das Hören.

Wenn ich jedoch andererseits das System der *gesehenen* Objekte betrachte, die mir erscheinen, so stelle ich fest, daß sie sich mir nicht in einer beliebigen Ordnung darstellen: sie sind *lagebezogen*. Da sich also der Sinn weder durch einen erfaßbaren Akt noch durch eine Folge erlebter Zustände definieren läßt, bleibt uns nur die Möglichkeit einer Definition durch seine Objekte. Wenn das Sehen nicht die Summe der Sehempfindungen ist, kann es dann nicht wenigstens das System der gesehenen Objekte sein? In diesem Fall ist auf die Idee der *Lagebeziehung*, die soeben angedeutet wurde, zurückzugehen, und eine Bestimmung ihrer Bedeutung zu versuchen.

Stellen wir zunächst fest, daß sie eine konstitutive Struktur des Dinges ist! Das Objekt erscheint auf dem Welthintergrund und zeigt sich in Äußerlichkeitsbeziehung mit anderen «Da», die sich schon gezeigt haben. Deshalb setzt seine Enthüllung die ergänzende

Konstitution eines undifferenzierten Hintergrundes voraus, der das Gesamtwahrnehmungsfeld oder die Welt ist. Die formale Struktur dieser Bezogenheit der jeweiligen Gestalt auf den Hintergrund ist folglich unerläßlich; die Existenz eines Seh-, Tast- oder Hörfeldes ist mit einem Wort eine Notwendigkeit: die Stille z. B. ist das akustische Feld undifferenzierter Geräusche, in das der besondere Ton, welcher Gegenstand unserer Aufmerksamkeit wird, hereinfällt. Aber die inhaltliche Bindung eines *bestimmten* «Da» an den Hintergrund ist gleichzeitig gewählt und gegeben. Sie ist gewählt, insofern das Auftreten des Für-sich ausdrückliche und innere Negation eines *bestimmten* «Da» auf dem Welthintergrunde ist: ich *betrachte* die Tasse oder das Tintenfaß. Gegeben aber ist sie, insofern meine Wahl sich im Ausgang von einer ursprünglichen Verteilung der «Da» vollzieht,worin sich gerade die Faktizität meines Auftretens verrät. Daß das Buch mir links *oder aber* rechts vom Tisch erscheint, das ist notwendig. Zufällig aber ist dies, daß es mir gerade links erscheint, und schließlich bin ich frei darin, ob ich *das Buch*, das auf dem Tisch liegt, oder *den Tisch*, auf dem das Buch liegt, betrachte. Und genau diese Zufälligkeit zwischen der Notwendigkeit und der Freiheit meiner Wahl heißt *Sinn*. Sie involviert dies, daß das Objekt mir je in seiner Ganzheit erscheint – ich sehe *den Würfel, das Tintenfaß, die Tasse* – aber auch dies, daß diese Erscheinung sich immer in einer bestimmten, besonderen Perspektive ereignet, welche die Beziehungen dieser Erscheinung zum Welthintergrund und zu den anderen «Da» zum Ausdruck bringt. Ich höre jeweils *den Geigenton*. Aber es ist notwendig, daß ich ihn höre *durch die Tür, durch das offene Fenster* oder *im Konzertsaal*: sonst wäre das Objekt kein Weltstück mehr und würde sich nicht mehr einem in der Welt Auftretenden und Existierenden kundtun. Aber wenn es auch wahr ist, daß nicht alle «Da» *gleichzeitig* auf dem Welthintergrund erscheinen können und daß die Erscheinung einzelner aus ihnen das Zurücktreten anderer in diesen Hintergrund zur Folge hat; wenn es auch wahr ist, daß sich jedes «Da» *jeweils* nur in einer einzigen Weise kundtun kann, obwohl es für es eine Unendlichkeit von Erscheinungsweisen gibt, so dürfen doch diese Erscheinungsregeln keineswegs als psychologisch und subjektiv angesehen werden: sie sind in aller Strenge objektiv und fließen aus der Natur der Dinge. Wenn das Tintenfaß mir einen Teil des Tisches verbirgt, so liegt das nicht in der Natur meiner Sinne, sondern in der Natur des Tintenfasses und des Lichts. Wenn der Gegenstand beim Abrücken kleiner wird, so ist das nicht zu erklären aus Gott weiß welcher Wahrnehmungstäuschung des Beobachters, sondern aus den streng äußeren Gesetzen der Perspektive. Deshalb ist durch diese objektiven Gesetze ein streng objektives Beziehungszentrum definiert: z. B. das Auge, insofern es in einem Perspektivenschema den Konvergenzpunkt für alle gegenständlichen Linien darstellt. Darum ist das Wahrnehmungsfeld auf ein Zentrum bezogen, welches durch eben diese Bezogenheit objektiv definiert ist und *innerhalb dieses Feldes selbst liegt*, das sich nun seinerseits um dieses Zentrum herum in seiner Lagestruktur aufbaut. Nur daß wir dieses Zentrum, welches die Struktur des jeweiligen Wahrnehmungsfeldes darstellt, selbst nicht sehen: wir sind es. Darum wirft die Ordnung der Weltobjekte ständig das Bild eines Gegenstandes zurück, der *für uns* prinzipiell nicht Gegenstand werden kann, denn er ist das, was wir zu sein haben. Auf diese Weise impliziert die Struktur der Welt, daß wir nicht *sehen* können, ohne selbst *sichtbar zu sein*. Die innerweltlichen Beziehungen können nur auf Weltobjekte gehen, und die gesehene Welt definiert ständig ein sichtbares Objekt, auf das ihre Perspektiven und Ordnungen verweisen. Dieser Gegenstand tritt inmitten der Welt und zusammen mit ihr auf. Er ist immer mit jedweder Gegenstandsgruppierung mitgegeben, denn er ist durch die Lagebeziehung dieser Gegenstände untereinander definiert: ohne ihn gäbe es keine Lagebeziehung, denn alle Lagebeziehungen wären dann gleichwertig; er ist das zufällige Auftreten einer bestimmten Lagebeziehung inmitten der Unendlichkeit möglicher Lagebeziehungen; er ist *diese bestimmte* absolut gesetzte Lagebeziehung. Aber auf dieser Ebene existiert dieser Gegenstand für uns nur in abstrakter Anzeige: alles zeigt ihn mir an, aber ich kann ihn grundsätzlich nicht erfassen, weil er das ist, was ich *bin*. Und was ich bin, kann grundsätzlich, insofern ich *es* bin, für mich nicht Objekt werden. Der Gegenstand, den mir die Dinge der Welt anzeigen und den sie umstehen, ist für sich selbst prinzipiell Nicht-Objekt. Aber indem das Auftreten meines Seins die Entfernungen *von einem Zentrum aus* entfaltet, bestimmt es gerade durch diese Entfaltung einen Gegenstand, der es selbst ist, insofern er sich durch die Welt anzeigen läßt, von dem ich jedoch, da ich er selbst bin, keine Anschauung als von einem Objekt haben kann, ich, der ich mir als das Sein gegenwärtig bin, das sein eigenes Nichts ist. Durch die bloße Tatsache, das es eine Welt *realisiert*, läßt sich also mein In-der-Welt-sein durch die Welt, die es realisiert, für sich selbst als ein Weltstück anzeigen, und dies kann auch nicht anders sein, denn es gibt nur eine Möglichkeit, Verbindung mit der Welt zu erhalten: das eigene *Weltlichsein*. Eine Welt, in der ich nicht selber wäre und die reines Objekt freischwebenden Zuschauens wäre, könnte ich unmöglich realisieren. Vielmehr muß ich mich an die Welt verlieren, damit die Welt existieren und ich sie überschreiten kann. Darum ist es eines und dasselbe, ob ich sage: ich bin zur Welt gekommen, oder: es gibt eine Welt, oder: ich habe einen Leib. In diesem Sinne ist mein Leib überall auf der Welt: er ist ebensowohl dort unten, wo die Straßenlaterne die Hecke am Bürgersteig verdeckt, wie dort oben, wo die Mansarde über den Fenstern des 6. Stockwerkes liegt, oder dort, wo hinter dem Lastwagen das Auto von rechts kommend nach links weiterfährt, oder dort, wo die Frau, die über die Straße geht, viel kleiner erscheint als jener Mann, der auf der Terrasse vor dem Café sitzt. Mein Leib dehnt sich einerseits so weit aus wie die ganze Welt, über alle Dinge hinweg, und ist gleichzeitig auf diesen einzigen Punkt versammelt, den alle Dinge anzeigen und der ich bin, ohne ihn erkennen zu können. Dies nun muß uns ein Verständnis dafür ermöglichen, was die Sinne sind.

Ein Sinn ist nicht vor den Sinnesobjekten gegeben; kann er etwa nicht einem anderen als Objekt erscheinen? Er ist ebensowenig *nach* diesen gegeben: man müßte denn eine Welt unbeziehbarer Bilder, einfache Kopien der Realität, voraussetzen, deren Erscheinen völlig unbegreiflich wäre. Die Sinne sind gleichzeitig mit den Objekten; sie sind sogar die Dinge in aller Leibhaftigkeit, so wie diese sich uns perspektivisch enthüllen. Sie stellen ganz einfach eine objektive Regel dieser Enthüllung dar. Darum *bringt* das Sehorgan keine *Sehempfindungen hervor*; es wird ebensowenig von Lichtstrahlen *affiziert,* vielmehr ist das Sehen die Sammlung aller Sehobjekte, insofern sich deren objektive und reziproke Relationen alle auf bestimmte – gleichzeitig gewählte und erlittene – Größen als Maße und auf ein bestimmtes Perspektivenzentrum beziehen. Von dieser Betrachtungsweise aus läßt sich der Sinn in gar keiner Weise auf die Seite der Subjektivität stellen. Alle Variationen, die in einem Wahrnehmungsfeld feststellbar sind, sind ja *gegenständliche* Variationen. Insbesondere ist die Möglichkeit, durch «Schließen der Augen» das Sehen zu verhindern, eine *äußere* Tatsache, die nicht auf die Subjektivität des Bewußtseins verweist. Das Lid ist ja ein wahrgenommenes Objekt unter den anderen Objekten und verbirgt mir die anderen Objekte auf Grund seiner objektiven Beziehung zu diesen: bei geschlossenen Augen die Gegenstände *nicht mehr sehen* ist nichts anderes als den Vorhang meines Lides *sehen*; genauso auch: wenn ich meine Handschuhe auf eine Tischdecke gelegt habe, dann ist das *Nicht-mehr-Sehen* des Tischdeckenmusters genau dasselbe wie das *Sehen* der Handschuhe. In gleicher Weise gehören auch die *Schädigungen*, die einem Sinn zustoßen, stets dem Feld der Objekte zu: «Ich sehe gelb», weil ich die Gelbsucht habe oder weil ich gelbe Brillen trage. In beiden Fällen liegt der Grund des Phänomens nicht in einer subjektiven Modifikation des Sinnes, nicht einmal in einer organischen Veränderung, sondern in einer objektiven Beziehung zwischen Weltstücken: beide Male sehen wir durch etwas «hindurch» und die *Wahrheit* unseres Sehens ist objektiv. Wenn schließlich, so oder so, das Sehfeldzentrum zerstört wird (wobei die Zerstörung notwendigerweise eine Folge des eigengesetzlichen Gangs der Welt und damit Ausdruck meiner Faktizität ist), dann werden deswegen nicht etwa gleichzeitig auch die sichtbaren Gegentände vernichtet. Sie existieren *für mich* weiter, aber sie existieren nunmehr als *sichtbares Insgesamt* ohne ein Bezugszentrum, ohne Auftreten irgendeines besonderen «Da», d. h. in der absoluten Umkehrbarkeit aller ihrer Relationen. Das Auftreten des Für-sich in der Welt läßt also gleichzeitig die Welt als Inbegriff der Dinge und die Sinne als die objektive Weise existieren, in der die Eigenschaften der Dinge sich darstellen. Das Fundament also ist mein Bezug zur Welt, und dieser Bezug definiert gleichzeitig die Welt und die Sinne, je nach dem Standpunkt, auf den man sich stellt. Blindheit, Daltonismus, Kurzsichtigkeit stellen ursprünglich *die Weise* dar, *in der es* für mich eine Welt gibt, d. h., sie definieren meinen Gesichtssinn, insofern er die Faktizität meines Auftretens ist. Darum kann mein Sinn von mir unter Ausgang von der Welt, wenn freilich auch *bloß leer*, gegenständlich erkannt und definiert werden: es genügt dafür, daß mein rationales und verallgemeinerndes Denken im Abstrakten die Anzeigungen verlängert, welche mir die Sinne über *meinen* Sinn geben, und daß dieses Denken den Sinn von diesen Anzeigungen aus *rekonstituiert*, so wie der Historiker eine geschichtliche Persönlichkeit nach den Spuren rekonstruiert, die jene anzeigen. Aber dann habe ich die Welt auf dem Boden der reinen Rationalität rekonstruiert und mich dabei im Gedanken selbst aus der Welt weggenommen: ohne Verbindung mit ihr schwebe ich über der Welt, ich setze mich in die Haltung absoluter Objektivität, und der Sinn wird Objekt unter Objekten, ein selbst *bezogenes* Beziehungszentrum, das damit seinerseits Koordinaten voraussetzt. Und damit setze ich aber auch im Denken die absolute Relativität der Welt, d. h. die absolute Gleichwertigkeit aller Bezugszentren. Ohne es auch nur zu ahnen, zerstöre ich damit die Weltlichkeit der Welt. Indem mir daher die Welt unablässig den Sinn anzeigt, der ich bin, und mich zu dessen Rekonstitution auffordert, regt sie mich dazu an, die persönliche Gleichung, die ich selbst bin, dadurch auszuschalten, daß ich der Welt das weltliche Bezugszentrum zurückgebe, mit Bezug auf welches es allein eine Ordnung in der Welt gibt. Aber gleichzeitig entziehe ich mich – und zwar im abstrakten Denken – diesem Sinn, der ich bin, d. h., ich durchtrenne meine Bande zur Welt, schwebe bloß über der Welt, und die Welt verschwindet in der absoluten Gleichwertigkeit aller ihrer unendlich vielen möglichen Relationen. Der Sinn ist also unser In-der-Welt-Sein, insofern wir dieses in der Weise des Inmitten-der-Welt-Seins zu sein haben.

Diese Ausführungen können verallgemeinert werden, sie lassen sich auf *meinen gesamten Leib* anwenden, insofern er das Gesamtbeziehungszentrum ist, das alle Dinge anzeigen. Insbesondere ist unser Leib nicht bloß der «Sitz der fünf Sinne», als was man ihn lange Zeit bezeichnete; er ist ebenso auch Werkzeug und Ziel unseres Handelns. Gerade im Sinne der Terminologie der klassischen Psychologie lassen sich «Empfindung» und «Handeln» gar nicht voneinander unterscheiden: wir deuteten es in einem früheren Zusammenhang an, als wir sagten, daß die Realität sich uns weder als *Ding* noch als *Zeug*, sondern als Zeug-Ding darstelle. Aus diesem Grunde werden wir unsere Überlegungen, die uns die wirkliche Natur der Dinge enthüllten, nunmehr als Leitfaden für die Untersuchung des Leibes, insofern er Handelnszentrum ist, verwenden können.

Sobald man das Problem des Handelns stellt, droht eine folgenschwere Verwechslung. Wenn ich diesen Federhalter nehme und in das Tintenglas tauche, handle ich. Aber wenn ich Peter im selben Augenblick einen Stuhl an den Tisch rücken sehe, sage ich auch, daß er handle. Es liegt also dieselbe Gefahr des Irrtums, den wir schon mit Hinblick auf die Sinne bloßgestellt haben, auch hier wieder sehr nahe, nämlich die, mein Handeln, wie es *für mich ist*, vom Handeln des Anderen aus zu interpretieren. Nur das Handeln Peters kann ich in derselben Zeit, in der es statthat, auch *erkennen.* Ich sehe sein Tun und bestimme gleichzeitig sein Ziel: er rückt den Stuhl an den Tisch, *um* an diesem den Brief schreiben zu können, den er, wie er mir eben sagte, schreiben will. Daher kann ich alle Zwischenphasen in der Bewegung von Stuhl und Leib als absichtsvolle Maßnahmen erfassen: sie sind Mittel zum gesetzten Zweck. Der Leib des Anderen erscheint mir hier also als Instrument inmitten von Instrumenten. Nicht etwa bloß als ein Werkzeug zum Werkzeugmachen, sondern auch als ein Werkzeug zum Werkzeugeinsatz, mit einem Wort, als eine Werkzeugmaschine. Interpretiere ich nun im Lichte meiner Erkenntnisse vom Leib des Anderen die Rolle, die *mein* Leib bei *meinem* Handeln spielt, so sehe ich mich folgerichtig als ein Wesen, das über ein Werkzeug verfügt, welches es beliebig einsetzen kann und das seinerseits in Verfolgung eines bestimmten Zieles noch wieder weitere Werkzeuge einzusetzen vermag. Und damit sind wir bei der klassischen Unterscheidung zwischen Seele und Leib: die Seele benützt das Werkzeug Leib. Die Parallele zur Theorie der Empfindung ist vollkommen: wir sahen, wie diese Theorie von der Erkenntnis der Sinne des Anderen ausging und mich dann mit genau solchen Sinnesorganen ausstattete, wie ich sie am Anderen beobachte. Wir sahen auch die Schwierigkeit, der eine solche Theorie begegnet: ich nehme dann die Welt und speziell das Sinnesorgan des Anderen durch meinen Sinn hindurch wahr, wobei dieser jedoch die Stellung eines deformierenden Organs und eines verzerrenden Mediums innehat, das mir nur über seine eigenen Affektionen etwas zu sagen vermag. Die Konsequenzen der Theorie zerstören also die objektive Geltung eben jenes Prinzips, das zu ihnen führte. Die Theorie des Handelns, die eine analoge Struktur hat, stößt auf analoge Schwierigkeiten; wenn ich vom Leib des Anderen ausgehe, so erfasse ich diesen als ein Werkzeug und insoweit, als ich selbst mich seiner als eines Werkzeuges bediene: ich kann ihn zur Erreichung von Zwecken *benützen*, die ich allein nicht durchsetzen könnte; mit Bitten und Befehlen *führe* ich seine Tätigkeiten *herbei*; ich kann sie auch durch eigenes Tun auslösen, wie ich gleichzeitig auch ihm gegenüber die Vorsicht walten lassen muß wie vor einem Werkzeug, dessen Handhabung besonders gefahrenreich und heikel ist. Mein Verhältnis zu ihm ist so kompliziert wie das des Arbeiters zu seiner Werkzeugmaschine, wenn er gleichzeitig ihr Arbeiten dirigiert und ein Erfaßtwerden durch sie verhütet. Und zur bestmöglichen Ausnützung des Leibes des Anderen brauche ich genauso ein Werkzeug, nämlich meinen Leib, wie ich zur Wahrnehmung der Sinnesorgane des Anderen Sinnesorgane brauche, nämlich meine eigenen. Wenn ich meinen Leib nach dem Bild des Leibes des Anderen denke, dann muß ich ein Werkzeug in der Welt, das gleichsam der Bedienungsschlüssel für die anderen Werkzeuge ist, mit aller Kunst bedienen. Aber mein Verhältnis zu diesem ausgezeichneten Werkzeug muß selbst ein technisches sein, und so brauche ich zu seiner Bedienung wieder ein Werkzeug, und so weiter ins Unendliche. Wenn ich also meine Sinnesorgane nach der Weise der Sinnesorgane des Anderen denke, dann fordern sie ein Sinnesorgan zu ihrer Wahrnehmung – und wenn ich meinen Leib als ein Werkzeug nach der Art des Leibes des Anderen auffasse, dann fordert auch er zu seiner Bedienung ein Werkzeug – und falls wir dem Fortgang ins Unendliche ausweichen wollen, müssen wir das Paradox eines durch eine Seele *gehandhabten* physischen Werkzeuges zulassen, was bekanntlich in unauflösbare Aporien führt. Sehen wir lieber zu, ob es nicht möglich ist, hier wie dort dem Leibe sein Wesen-für-uns zurückzugeben. Die Gegenstände enthüllen sich uns in einem Zeugzusammenhang in dem sie ihren bestimmten Platz haben. Dieser Platz ist definiert nicht durch rein räumliche Koordinaten, sondern mit Bezug auf Bezugsachsen des Handelns. «Das Glas steht auf dem Tablett», das besagt, daß man achtgeben muß, das Glas nicht auszugießen, wenn man das Tablett wegrückt. Das Päckchen Tabak *liegt auf* dem Kamin: das besagt, daß ich drei Meter zu gehen habe, wenn ich von der Pfeife zum Tabak hinüberkommen will, wobei ich bestimmten Hindernissen, Tischchen, Sesseln usw., auszuweichen habe, die zwischen Kamin und Tisch stehen. In diesem Sinne unterscheidet sich die Wahrnehmung in keiner Weise von der praktischen Organisation der in der

Welt existierenden Dinge. Alles Zeug verweist auf anderes Zeug: auf solches, das *Schlüssel* zu ihm, und auf solches, wozu es *Schlüssel* ist. Aber diese Verweisungen würden von einem bloß kontemplativen Bewußtein nicht erfaßt; für ein solches Bewußtsein würde der Hammer keineswegs auf die Nägel verweisen; er wäre lediglich *neben* ihnen; und selbst dieser Ausdruck «neben» verliert allen Sinn, wenn er nicht einen Weg andeutet zwischen dem Hammer und den Nägeln, der zurückgelegt werden *soll*. Der sich mir entdeckende ursprüngliche Raum ist der hodologische; er ist von Wegen und Straßen durchfurcht, er ist instrumental und ist der *Ort* der Werkzeuge. Darum enthüllt sich die Welt beim bloßen Auftreten meines Für-sich als Anzeige auszuführender Handlungen und verweisen diese Handlungen auf andere, die wieder auf andere und so fort. Wenn indes unter diesem Betracht Wahrnehmung und Handlung ununterscheidbar sind, so stellt sich doch die Handlung als eine gewisse Wirksamkeit der Zukunft dar, welche über das bloß Wahrgenommene hinausgeht und es transzendiert. Indem mein Fürsich Gegenwart beim Wahrgenommenen ist, enthüllt sich mir dieses als Mit-Gegenwart, ist es unmittelbarer Kontakt, gegenwärtiges Dabei, streift es an mich. Aber weil es das ist, bietet es sich so dar, daß ich es nicht *gegenwärtig* fassen kann. Das wahrgenommene Ding ist verheißend und verlockend, und jede Eigenschaft, die es mir zu enthüllen verspricht, jede Selbstpreisgabe, die es mir stillschweigend gewährt, jeder Bedeutungsverweis auf die anderen Gegenstände bindet die Zukunft. Darum stehe ich *in der Gegenwart* von Dingen, die nur Verheißungen sind, jenseits einer unaussprechlichen Gegenwart, welche ich nicht in Besitz nehmen kann und die das reine «Dasein» der Dinge ist, mein Dasein also, meine Faktizität, mein Leib. Die Tasse steht da, auf der Untertasse, sie ist mir gegenwärtig gegeben mitsamt ihrem Boden, der *da ist*, von allem angezeigt, aber von mir nicht gesehen. Und wenn ich ihn sehen, d.h. auslegen, ihn «auf dem Hintergrund der Tasse erscheinen» lassen will, dann muß ich die Tasse am Henkel fassen und umdrehen: der Boden der Tasse steht am Ende meiner Entwürfe, und es ist gleichgültig, ob ich sage, die übrigen Strukturen der Tasse zeigten mir den Boden als unerläßliches Element der Tasse, oder ob ich sage, sie zeigten mir ihn als die Handlung, durch welche ich mir die Tasse in ihrem Sinngehalt am besten zueignen werde. Darum erscheint die Welt, dieses Korrelat der Möglichkeiten, die ich *bin*, durch mein bloßes Auftreten als die Riesenskizze aller meiner möglichen Handlungen. Wesensnotwendig geht die Wahrnehmung über sich selbst hinaus auf das Handeln zu; noch besser, sie kann sich nur in und durch Handelsentwürfe enthüllen. Die Welt enthüllt sich als ein «immer zukünftiges Loch», denn wir sind uns selbst immer zukünftig.

Diese Zukünftigkeit der Welt, die sich uns dergestalt enthüllt, ist indes streng gegenständlich. Die Werkzeug-Dinge verweisen auf andere Werkzeuge oder auf objektive Weisen des Umgangs mit ihnen: der Nagel ist so und so «einzuschlagen», der Hammer «am Stiel zu fassen», die Tasse «am Henkel zu fassen» usw. Alle diese Eigenschaften der Dinge enthüllen sich unmittelbar, und die Gerundiva des Lateinischen bringen sie wunderbar zum Ausdruck. Freilich sind sie Korrelate nicht-thetischer Entwürfe, die wir selbst sind, aber sie enthüllen sich ausschließlich als Strukturen der Welt: als Potentialitäten, Zeugcharaktere. So erscheint mir die Welt als gegenständlich gegliedert: sie verweist nie auf eine schöpferische Subjektivität, sondern auf die Unendlichkeit der Zeugzusammenhänge.

Während jedes Werkzeug auf ein anderes und dieses wiederum auf ein anderes verweist, verweisen sie zuletzt doch alle auf ein Werkzeug, das zu ihnen allen den *Schlüssel* darstellt. Dieser Beziehungspunkt ist notwendig, sonst würde infolge des Gleichwertigwerdens aller Werkzeugbezüge die Welt in der totalen Unterschiedslosigkeit der Gerundiva verschwinden. Karthago ist «delenda» für die Römer, aber «servanda» für die Karthager. Ohne Beziehung auf diese Bezugspunkte ist es überhaupt nichts mehr, kehrt es zur Gleichgültigkeit des An-sich zurück, weil sich die beiden Gerundiva wechselseitig aufheben. Indes ist zu beachten, daß mir der *Schlüssel* nie *gegeben*, sondern immer bloß «als Schlüsselloch angezeigt» ist. Im Handeln erfasse ich objektiv eine Welt von Werkzeugen, die aneinanderhängen, und jedes von ihnen verweist, insofern es in eben dem Akte, durch den ich mich ihm anpasse und es überschreite, erfaßt ist, auf ein anderes Werkzeug, das mir seine Handhabung gestattet. In diesem Sinne verweist der Nagel auf den Hammer und der Hammer auf Hand und Arm, die ihn handhaben. Aber solche Werkzeuge, die ich benütze und die ich auf ihre Potentialität hin überschreite, werden Hand und Arm nur, sofern ich *durch einen Anderen* Nägel einschlagen lasse. Dann verweist mich die Hand dieses Anderen auf das Mittel, das mir den Einsatz dieser Hand ermöglicht (auf Drohungen, Versprechungen, Arbeitslohn usw.). Das Urglied ist überall gegenwärtig, aber immer bloß *angezeigt*: beim Schreiben erfasse ich nicht meine Hand, sondern nur den schreibenden Federhalter; das besagt, daß ich zwar den Federhalter zum Hinschreiben der Buchstaben, nicht aber etwa *meine Hand* zur Führung des Federhalters benütze. Meine Stellung zur Hand ist nicht dieselbe wie die zum Federhalter; ich *bin* meine Hand. D. h.: sie ist Ende und Abschluß der Verweisungen. Meine Hand ist nichts als die Handhabung des Federhalters. In diesem Sinne ist sie einmal das unerkennbare und nicht handhabbare, vom letzten Werkzeug angezeigte Endglied der Reihe: «zu schreibendes Buch – auf das Papier hinzuschreibende Buchstaben – Federhalter», aber gleichzeitig auch das stellenbestimmende Gesetz der ganzen Reihe: auf sie geht das gedruckte Buch zurück. Erfassen aber kann ich sie – mindestens insofern sie tätig ist – nur als den ständigen, selbst verschwindenden Verweis der ganzen Reihe. Darum ist es bei einem Duell die Waffe, die ich im Auge behalte und führe; ist es beim Schreiben die Federspitze, auf die ich in synthetischer Verbindung mit der eingedruckten Zeile oder Karierung schaue. Meine Hand aber ist verschwunden, untergegangen in dem umfassenden Zeugzusammenhang, auf daß dieser sei. Sie ist ganz einfach sein Sinn und seine Orientierung.

So stehen wir denn anscheinend vor zwei einander widersprechenden Notwendigkeiten: da jedes Werkzeug nur mittels eines anderen handhabbar – ja selbst erfaßbar – ist, stellt die Welt einen objektiven, offen unendlichen Verweis von Werkzeug zu Werkzeug dar. In diesem Sinne besagt die Struktur der Welt, daß wir uns nur, insofern wir selbst Zeug sind, in das Zeugfeld einfügen können, daß wir nur *handeln* können, wenn man auch *mit uns handelt*. Nur kann sich andererseits ein Zeugzusammenhang ausschließlich durch die Bestimmung eines Hauptsinns dieses Zusammenhangs enthüllen, und diese Bestimmung ist ihrerseits praktisch und aktiv – einen Nagel einschlagen, Korn säen. So verweist die bloße Existenz des Zusammenhangs unmittelbar auf ein Bezugszentrum. Dieses aber ist einmal ein durch das Zeugfeld, welches sich auf es bezieht, gegenständlich definiertes Werkzeug, gleichzeitig aber auch das Werkzeug, das wir nicht *handhaben* können, da wir sonst ins Unendliche weiterverwiesen würden. Dieses letzteren Werkzeugs bedienen wir uns nicht, wir *sind* es. Es ist uns nur durch die zeughafte Ordnung der Welt gegeben, durch den hodologischen Raum, durch die ein- und gegenseitigen Beziehungen der Maschinen, aber es könnte meiner Handlung nicht *gegeben* sein: ich muß mich ihm nicht anpassen, noch ein anderes Werkzeug ihm anpassen, sondern es ist meine Anpassung selbst an Werkzeuge, – die Anpassung, die ich bin. Wenn wir daher die analogische Rekonstruktion meines Leibes nach dem Leib des Anderen beiseite lassen, bleiben zwei Weisen der Erfassung des Leibes; einmal die: er ist gegenständlich *erkannt* und definiert von der Welt aus, aber *leer*; dafür reicht hin, daß das rationalisierende Denken das Werkzeug, das ich bin, von den Anzeigungen aus rekonstituiert, welche das von mir gehandhabte Zeug erteilt, aber dann wird das fundamentale Werkzeug ein bloß relatives Bezugszentrum, das seinerseits zu seiner Handhabung anderes Werkzeug voraussetzt, und gleichzeitig verschwindet der Werkzeugcharakter der Welt, denn dieser braucht zu seiner Enthüllung die Beziehung auf ein entsprechendes Bezugszentrum; aus der Welt des Handelns wird die Welt eines bloßen Geschehens im Sinne der klassischen Naturwissenschaft, das Bewußtsein schwebt über einem Universum der Äußerlichkeit und kann in keiner Weise mehr *in die Welt eintreten.* Die zweite noch mögliche Weise der Erfassung des Leibes ist die: Der Leib ist konkret und voll *gegeben* als die Verteilungsordnung der Dinge, insofern das Für-sich diese auf eine neue Verteilungsordnung hin überschreitet; er ist hier in jeglichem Handeln, wenn auch unsichtbar, gegenwärtig – denn das Handeln enthüllt Hammer und Nägel, Bremse und Gangschaltung, nicht aber den bremsenden Fuß und die hämmernde Hand – der Leib ist *gelebt*, aber nicht *erkannt.* Hier liegt auch die Erklärung dafür, warum die berühmte «sensation d'effort», mit welcher Maine de Biran Hume entgegnen wollte, ein psychologischer Mythos ist. Nie haben wir eine Empfindung von unserer Anstrengung, aber ebensowenig haben wir Oberflächen-, Muskel-, Knochen-, Sehnen-, Hautempfindungen, womit man jene ersetzen wollte; was wir allein wahrnehmen, ist der *Widerstand* der Dinge. Wenn ich dieses Glas an den Mund führen will, nehme ich nicht meine Anstrengung, sondern seine *Schwere* wahr, d. h. den Widerstand, den es seiner Einbeziehung in einen Zeugzusammenhang entgegensetzt, welchen ich in der Welt auftreten ließ. *Bachelard*[1] wirft der Phänomenologie mit Recht eine ungenügende Berücksichtigung dessen vor, was er die «Gegenspielereigenschaft» der Dinge nennt. Das gilt in gleicher Weise für die Transzendenz *Heideggers* wie für *Husserls* Intentionalität. Aber es ist wohl zu beachten, daß der Zeugcharakter immer das Ursprüngliche ist: nur mit Bezug auf einen ursprünglichen Zeugzusammenhang offenbaren die Dinge Widerstand und Gegenspiel. Die Schraube erweist sich als zu dick – gegenüber der Mutter, der Träger als zu schwach – angesichts der Last, die er tragen soll, der Stein als zu schwer – gegenüber der Mauer, zu der er emporgehoben werden soll usw. Andere Objekte erscheinen bedrohlich für einen schon gestifteten Zeugzusammenhang, Gewitter und Hagel für die Ernte, die Reblaus für die Rebe, das Feuer für das Haus. Darum breitet sich ihre Drohung weiter und weiter aus über die schon gestifteten Zeugzusammenhänge hinweg bis zum Bezugsmittelpunkt, den alle dieses Zeug anzeigt, und sie zeigt ihn einerseits noch einmal durch diese Zeugzusammenhänge hindurch an. In diesem Sinne ist jegliches *Mittel* gleichzeitig fördernd und hemmend, immer jedoch in den Grenzen des mit dem Auftreten des Für-sich in der Welt getätigten Urentwurfs. Darum ist mein Leib ursprünglich durch die Zeugzusammenhänge, vermittelt aber durch die Zerstörungsmächte angezeigt. Ich *erlebe* meinen Leib als gefährdet ebenso von seiten des Bedrohlichen wie von seiten des Ge-

1 Bachelard: L'Eau et les Rêves, 1942, Edition José Corti.

fügigen. Er ist überall: die Bombe, die *mein* Haus zerstört, trifft auch meinen Leib, insofern schon das Haus eine Anzeige meines Leibes war. Immer erstreckt sich mein Leib über das in meinem Dienst stehende Werkzeug hin: er ist am Ende des Stockes, mit dem ich mich auf die Erde stütze; am Ende des Fernrohrs, das mir die Gestirne zeigt; auf dem Stuhl, im ganzen Hause; denn er ist meine Anpassung an all dies Gerät.

Zusammenfassend also: Empfindung und Handeln haben sich vereinigt und machen nur noch eins aus. Wir haben nicht etwa *zunächst* uns einen Leib zugesprochen, um *erst dann* die Weise zu studieren, wie wir durch ihn hindurch Welt erfassen oder verändern, wir haben vielmehr im Gegenteil als Grundlage für die Enthüllung des Leibes als solchen unsere ursprüngliche Beziehung zur Welt, d. h. unser bloßes Auftreten inmitten des Seienden, angesetzt. Anstatt daß der Leib *für uns* das Erste und Dingenthüllende wäre, zeigen uns umgekehrt die Zeugdinge in ihrem ursprünglichen Erscheinen unseren Leib an. Der Leib ist kein Projektionsschirm zwischen den Dingen und uns: was er manifestiert, ist lediglich die Individualität und die Zufälligkeit unseres ursprünglichen Bezugs zu den Zeugdingen. In diesem Sinne haben wir den Sinn und das Sinnesorgan ganz allgemein als unser In-der-Welt-Sein definiert, insofern wir dies zu sein haben in der Weise des Weltstück-Seins. Genauso können wir das *Handeln* als unser In-der-Welt-Sein definieren, insofern wir dies zu sein haben in der Weise des Werkzeug-inmitten-der-Welt-Seins. Aber wenn ich ein Stück inmitten der Welt bin, dann nur deshalb, weil ich eine Welt habe sein lassen in der Überschreitung des Seienden auf mich selbst hin; und wenn ich Werkzeug in der Welt bin, so nur deshalb, weil ich dank dem Entwurfe meiner selbst auf meine Möglichkeiten hin überhaupt Werkzeug habe sein lassen. Nur *in einer Welt* kann es einen Leib geben, und ohne eine Urbeziehung gibt es diese Welt nicht. In einem Sinne ist der Leib das, was ich unmittelbar bin, in einem anderen Sinne bin ich von ihm durch die unendliche Dichte der Welt getrennt, ist er mir durch ein Rückströmen der Welt auf meine Faktizität zu gegeben, und die Bedingung dieses ständigen Rückströmens ist ein ständiges Überschreiten.

Jetzt können wir die *Natur-für-uns* unseres Leibes präzisieren. Das Vorausgehende hat uns den Schluß ermöglicht: der Leib ist ständig der *Überschrittene*. Als Sinnesbezugszentrum ist der Leib das, *jenseits dessen* ich bin, insofern ich unmittelbar bei dem Glas, bei dem Tisch oder bei dem fernen Baum, den ich wahrnehme, bin. Die Wahrnehmung ereignet sich immer an dem Orte des wahrgenommenen Gegenstandes selbst, *fernelos*. Gleichzeitig entfaltet sie die Entfernungen, und das, mit Bezug worauf das wahrgenommene Objekt seine Entfernung wie eine absolute Eigenschaft seines Seins anzeigt, ist der Leib. Genauso kann der Leib auch als instrumentales Zentrum der Zeugzusammenhänge immer nur das *Überschrittene* sein: er ist das, was ich auf eine neue Gestalt der Zeugzusammenhänge hin überschreite und ständig werde zu überschreiten haben, wie auch immer der neuerreichte Zeugzusammenhang aussehen möge; denn jede seiner neuen Gestalten zeigt, sobald mein Überschreiten sie in ihrem Sein erstarren läßt, den Leib als das Bezugszentrum ihrer starren Unbeweglichkeit an. Indem der Leib das ist, worüber hinausgegangen wird, ist er das Vergangene. Er ist die unmittelbare Gegenwart der Sinnendinge für das Für-sich, insofern diese Gegenwart ein Bezugszentrum anzeigt und *bereits überschritten* ist, sei es auf das Erscheinen eines neuen *Da* hin, sei es auf eine neue Gestalt des Zeugzusammenhangs hin. In jedem Entwurf des Für-sich, in jeder Wahrnehmung ist der Leib da, ist er das unmittelbar Vergangene, insofern sich an ihn bereits die Gegenwart anschließt, die vor ihm her ist. Das bedeutet, daß er gleichzeitig *Standpunkt* und *Ausgangspunkt* ist: ein Standpunkt, ein Ausgangspunkt, der ich selbst *bin* und den ich gleichzeitig auf das hin überschreite, was ich zu sein habe. Aber dieser ständig überschrittene und sich ständig inmitten der Überschreitung neu erzeugende Standpunkt, dieser Ausgangspunkt, über den ich ständig hinausgehe und der ich selbst bin, insofern er hinter mir zurückbleibt – er ist die Notwendigkeit meiner Zufälligkeit. In einem doppelten Sinne ist er notwendig. Zunächst deswegen, weil er das unaufhörliche Wiedererfaßtwerden des Für-sich durch das An-sich und die ontologische Tatsache ist, daß das Für-sich nur sein kann als das Seiende, das nicht sein eigener Grund ist: einen Leib haben heißt, Grund seines eigenen Nichts sein und Grund seines eigenen Seins nicht sein: ich *bin* mein Leib, im Maße ich *bin*; ich bin mein Leib nicht, im Maße ich das, was ich bin, nicht bin; durch meine Nichtung entziehe ich mich ihm. Aber deswegen mache ich ihn nicht etwa zu einem Objekt: denn gerade dem, was ich *bin*, entziehe ich mich ständig. Und weiterhin ist der Leib notwendig als das um des In-der-Welt-Seins willen zu überschreitende Hindernis, d. h. als das Hindernis, das ich mir selbst bin. Insoweit ist er von der absoluten Ordnung der Welt nicht verschieden, von dieser Ordnung, die ich dem Sein geschehen lasse, insofern ich es überschreite auf ein zukommendes Sein, auf das Sein-jenseits-des-Seins zu. Wir können die Einheit dieser beiden Notwendigkeiten klar erfassen: Für-sich-Sein heißt: Welt überschreiten und im Überschritt über sie eine Welt sein lassen. Welt überschreiten besagt aber genau: nicht über ihr schweben, sondern sich in sie binden, um aus ihr aufzutauchen, sich notwendig gerade *diese* Überschreitungsperspektive schaffen. In diesem Sinne ist die *Endlichkeit* notwendige Bedingung des Urentwurfs des Für-sichs. Die notwendige Bedingung dafür, daß ich jenseits einer

Welt, die ich zum Sein kommen lasse, sein kann, was ich nicht bin, und daß ich, was ich bin, nicht sein kann, ist dieses, daß es in dieser unendlichen Jagd, die ich selbst bin, ständig ein nichtfaßbares Gegebenes gibt. Dieses Gegebene, das ich selbst bin, ohne daß ich es zu sein habe – es sei denn in der Weise des Nichtseins –, kann ich weder erfassen noch erkennen, denn es ist überall mitaufgenommen und überschritten, für meine Entwürfe benützt, übernommen. Andererseits aber wird es mir von allem angezeigt, alles Transzendente gibt mir durch seine bloße Transzendenz von ihm einen leeren Umriß, ohne daß ich mich jedoch jemals zu dem hinwenden könnte, was mir angezeigt wird, und dies deshalb, weil ich das Angezeigte selbst *bin*. Insbesondere darf man das angezeigt Gegebene nicht als bloßes Bezugszentrum einer statischen Ordnung der Zeugdinge verstehen: vielmehr bezieht sich nach festen Regeln gerade ihre dynamische Ordnung darauf (hänge die letztere nun von meinem Handeln ab oder nicht), und gerade dadurch ist das Bezugszentrum in seinem Wandel wie in seiner Identität definiert. Es kann auch nicht anders sein, denn erstens lasse ich dadurch, daß ich mich nicht gleich dem Sein setze, die Welt zum Sein kommen, und zweitens kann ich gerade im Ausgang von meiner Vergangenheit, d. h. durch den Entwurf meiner selbst über mein eigenes Sein hinaus, in Abrede stellen, ich sei dies oder jenes Seiende. Von hier aus erweist sich der Leib, dieses unfaßbare Gegebene, als eine notwendige Bedingung meines Handelns: ließen sich meine Zwecke schon durch ein bloßes willkürliches Wünschen erreichen, wäre ein Wunsch schon seine Erfüllung, würden nicht wohlbestimmte Regeln den Umgang mit dem Zeug bestimmen, so würde ich nie in mir den Wunsch vom Willen, das Erträumen vom Handeln, das Mögliche vom Wirklichen unterscheiden können. Kein Ent-Wurf meiner selbst wäre dann möglich, denn der bloße Plan führte dann schon zu seiner eigenen Ausführung, und die Folge wäre die Vernichtung meines Für-sich-seins in der Unterschiedslosigkeit von Gegenwart und Zukunft. Eine Phänomenologie des Handelns würde zeigen, daß die Tat eine Unterbrechung der Kontinuität zwischen dem bloßen Plan und seiner Ausführung voraussetzt, d. h. zwischen einem allgemeinen und abstrakten Gedanken einerseits («der Vergaser des Autos *darf nicht verölt sein*») und einem technischen und konkreten Gedanken andererseits, der sich auf *diesen* Vergaser richtet in seinen absoluten Ausmaßen und seiner absoluten Lage. Die Bedingung für diesen technischen Gedanken, der sich von der Handlung, die er leitet, nicht unterscheidet, ist meine Endlichkeit, meine Zufälligkeit, meine Faktizität. Nun bin ich *faktisch* genau insofern, als ich eine Vergangenheit habe und mich diese unmittelbare Vergangenheit auf das Ur-an-sich verweist, aus dessen Nichtung ich in der *Geburt* entsprang. Darum ist der Leib als Faktizität das Vergangene, insofern er ursprünglich auf eine *Geburt*, d. h. auf die Urnichtung, verweist, die mich aus dem An-sich entspringen läßt, das ich faktisch bin, ohne daß ich es zu sein habe. Geburt, Vergangenheit, Zufälligkeit, Notwendigkeit eines Standpunktes, faktische Bedingung jedes möglichen Einwirkens auf die Welt: das ist der *Leib*, das ist er *für mich*. Er ist also in keiner Weise eine zufällige Beigabe zu meiner Seele, sondern im Gegenteil eine Dauerstruktur meines Seins und die bleibende Bedingung der Möglichkeit meines Bewußtseins als Weltbewußtseins und als in meine Zukunft gehenden Entwurfs. Von hier aus müssen wir anerkennen, daß es völlig zufällig und absurd ist, daß ich krank, Beamten- oder Arbeitersohn, jähzornig und faul bin, und daß es gleichzeitig gleichwohl *notwendig* ist, daß ich *dies* oder etwas anderes, Franzose, Deutscher oder Engländer usw., Proletarier, Bürgerlicher oder Aristokrat usw., krank und schwächlich oder kräftig, jähzornig oder gutmütig bin, und dies genau deswegen, weil ich nicht *über* der Welt *schweben* kann, ohne daß dadurch die Welt verschwindet. *Meine Geburt*, insofern sie die Weise bedingt, in der sich mir die Objekte enthüllen, (die Luxusgegenstände oder die Gegenstände des dringendsten Bedarfs sind mir mehr oder minder *zugänglich*, gewisse soziale Wirklichkeiten erscheinen mir als *versagt*, es gibt Sperren und Hindernisse in meinem hodologischen Raum); *meine Rasse*, insofern sie durch das Verhalten der Anderen mir gegenüber angezeigt wird (die Anderen zeigen sich voll Verachtung oder Bewunderung, voll Vertrauen oder Mißtrauen); *meine Klasse*, insofern sie sich durch die Enthüllung der sozialen Gemeinschaft, der ich angehöre, offenbart, und zwar dadurch, daß die Orte, die ich besuche, auf sie Bezug haben; *meine Nationalität;* meine *physiologische Struktur*, insofern die Werkzeuge sie mit ihrer Widerständigkeit oder Gefügigkeit und durch ihre bloße Gegenspielerqualität faßbar machen; *mein Charakter;* meine Vergangenheit, insofern alles, was ich erlebt habe, durch die Welt selbst als mein Standpunkt für die Weltbetrachtung angezeigt wird: – all dies ist, insofern ich es in der synthetischen Einheit meines In-der-Welt-Seins überschreite, *mein Leib*, als notwendige Bedingung der Existenz einer Welt und als zufällige Verwirklichung dieser Bedingung. Wir erfassen jetzt in aller Klarheit die Definition, die wir oben vom Leib in seinem Sein-für-uns gaben: der Leib ist die zufällige Form, welche die Notwendigkeit meiner Zufälligkeit annimmt. Wir können diese Zufälligkeit als solche niemals erfassen, insofern unser Leib *für uns* ist: wir sind Wahl, und Sein heißt für uns: uns wählen. Selbst diese Kränklichkeit, an der ich leide, habe ich einfach damit, daß ich lebe, übernommen, ich überschreite sie auf meine eigenen Entwürfe hin, ich mache aus ihr das für mein Sein notwendige Hindernis, ich kann nur kränklich sein, wenn ich mich als kränklich wähle, d. h. wenn ich die Weise wähle, in der ich meine Kränklichkeit konstituiere (als «unerträglich», «demütigend», «zu verheimlichen», «allen zu offenbaren», «Gegenstand des Stolzes», «Rechtfertigung meiner Mißerfolge» usw. usw.). Aber dieser unerfaßbare Leib ist genau die Notwendigkeit, daß *es eine Wahl geben muß*, d. h. daß ich nicht *gleichzeitig* alles sein kann. In diesem Sinne ist meine Endlichkeit Bedingung meiner Freiheit, denn es gibt ohne Wahl keine Freiheit, und ebenso, wie der Leib das Bewußtsein als bloßes Weltbewußtsein bedingt, macht er es auch in seiner Freiheit möglich.

Bleibt noch zu begreifen, was der Leib *für mich* ist, denn eben, weil er unerfaßbar ist, gehört er nicht zu den Gegenständen der Welt, d. h. zu den Gegenständen, die ich erkenne und mit denen ich umgehe; und doch muß er andrerseits, da ich nichts sein kann, ohne von dem, was ich bin, zu wissen, in irgendeiner Form meinem Bewußtsein gegeben sein. Zwar ist er das, was von allem Zeug, das ich erfasse, angezeigt wird, und zwar erfasse ich ihn, freilich ohne ihn zu erkennen, in diesen Anzeigungen, die ich am Zeug wahrnehme. Würden wir uns aber darauf beschränken, so könnten wir den Leib z. B. nicht von einem Fernrohr unterscheiden. Wenn wir den Leib als zufälligen Standpunkt für die Weltbetrachtung definieren, so ist achtzugeben darauf, daß der Begriff des Standpunkts eine Doppelbeziehung voraussetzt: eine Beziehung auf die Dinge, welche von ihm aus betrachtet werden, und eine Beziehung auf den Beobachter, der auf ihm steht. Die zweite Beziehung ist von der ersten radikal verschieden, wenn es sich um den Leib-als-Standpunkt handelt. Sie unterscheidet sich nicht wirklich von der ersten, wenn es sich um einen Aussichts-Standpunkt in der Welt handelt (Aussichtsturm, Feldstecher, Lupe usw.), der ein gegenständliches, vom Leib verschiedenes Gerät ist. Ein Spaziergänger, der von einem Aussichtsturm aus eine Landschaft betrachtet, sieht ebensowohl den Aussichtsturm wie die Landschaft: er sieht die Bäume zwischen den Säulen des Aussichtsturms, das Dach des Aussichtsturms verdeckt ihm den Himmel usw. Indes, die Entfernung zwischen ihm und dem Aussichtsturm ist per definitionem geringer als die zwischen seinen Augen und der Landschaft. Und der Standpunkt, von dem der Blick ausgeht, kann sich bis zur Verschmelzung dem Leib nähern, wie etwa im Fall der Brille, des Lorgnons, des Monokels usw., die sozusagen ein Vorsatz-Sinnesorgan werden. Im Grenzfall – und wenn wir einen absoluten Standpunkt ersinnen – wird die Entfernung zwischen dem Standpunkt und demjenigen, für den er Standpunkt ist, zu Null. Das bedeutet, daß es unmöglich werden würde, zurückzutreten, um «Blickfeld zu bekommen» und zwecks Ausblicks auf den Standpunkt einen neuen Standpunkt zu beziehen. Das ist aber genau charakteristisch für den Leib. Er ist kein Werkzeug, dessen ich mich noch mittels eines anderen Werkzeugs bedienen könnte, kein Standpunkt mehr, auf den ich noch von einem anderen aus hinblicken könnte. Auf der Höhe des Hügels, den ich ausdrücklich deswegen als einen «schönen Aussichts-Standpunkt» bezeichne, nehme ich einen Standpunkt ein, wenn ich ins Tal hinunterschaue, und *der Standpunkt, vor dem der Standpunkt* (der Aussichtspunkt) *liegt,* ist mein Leib. Aber einen Standpunkt, von dem aus ich meinen Leib vor mir hätte, kann ich nicht mehr einnehmen, es sei denn in einem unsinnigen Regreß ins Unendliche. Schon deswegen kann der Leib nicht transzendenter Gegenstand der Erkenntnis *für mich* sein; das spontane und unreflektierte Bewußtsein ist nicht mehr Bewußtsein *vom* Leib. Eher schon müßte man, indem man das Verbum existieren transitiv gebraucht, sagen, das Bewußtsein *existiere seinen Leib.* Darum ist die Beziehung des Leibs-als-Standpunkts zu den Dingen eine *gegenständliche* Relation und die Beziehung des Bewußtseins zum Leib eine *existentielle* Relation. Was sollen wir unter letzterer Relation verstehen?

Zunächst einmal ist evident, daß mein Bewußtsein seinen Leib nur als Bewußtsein existieren kann. Darum also ist *mein* Leib eine bewußte Struktur meines Bewußtseins. Aber, weil er kein Standpunkt ist, auf den man von einem anderen Standpunkt aus noch blicken könnte, gibt es innerhalb des unreflektierten Bewußtseins keinerlei Bewußtsein *vom* Leib. Der Leib gehört also zu den Strukturen des nichtthetischen Selbstbewußtseins. Können wir ihn jedoch schlicht und einfach als mit diesem nichtthetischen Bewußtsein identisch setzen? Das ist ebensowenig möglich, denn das nichtthetische Bewußtsein ist präreflexives Selbstbewußtsein als freier Entwurf auf eine Möglichkeit, die seine eigene ist, d. h. ist präreflexives Selbstbewußtsein, insofern es Grund seines eigenen Nichts ist. Das nichtpositionale Bewußtsein ist präreflexives Bewußtsein vom Leib als von dem, was es, indem es Bewußtsein wird, überschreitet und nichtet, d. h. als von etwas, das es ist, ohne daß es dasselbe zu sein hat und *worüber es hinausgeht*, um das zu sein, was es zu sein hat. Mit einem Wort, das präreflexive Bewußtsein vom Leib ist lateral und retrospektiv. Der Leib ist das *Übergangene*, das *«stillschweigend Geschehene»*, dennoch ist er das, was dieses Bewußtsein *ist*: es ist gar nichts anderes als Leib, der Rest ist nichts und Schweigen. Das Bewußtsein vom Leib ist mit dem Bewußtsein, das wir von einem *Zeichen* haben, vergleichbar. Übrigens gehört das Zeichen in den Bereich des Leibes, es ist eine der wesentlichen Strukturen des Leibes. Nun existiert das Bewußtsein vom Zeichen, sonst könnten wir die Bedeutung nicht verstehen. Aber das Zeichen ist das *auf die Bedeutung hin Überschrittene*, das zugunsten des Sinnes Übergangene, das niemals für sich selbst Erfaßte, das, worüber der Blick immer hinausgeht. Das präreflexive Bewußtsein vom Leibe ist laterales und retrospektives Bewußtsein von dem, was ist, ohne daß es dies zu sein hat, d. h. von seiner unfaßbaren Zufälligkeit, von dem, wovon es ausgeht, wenn es Wahl wird, und ist deshalb nichtthetisches Bewußtsein von der Weise, in der es *affiziert wird*. Das Bewußtsein vom Leibe verbindet sich mit der ursprünglichen Affektivität. Doch ist der Sinn dieser Affektivität wohl zu erfassen, und dazu ist eine Unterscheidung erforderlich. So, wie uns die Introspektion die Affektivität zeigt, ist sie schon *konstituierte* Affektivität: sie ist Bewußtsein *von* der Welt. Alles Hassen ist Haß *gegen* jemand; jeder Zorn ist Erfassung von jemand als einem Hassenswerten, Ungerechten oder Fehlerhaften; für jemand Sympathie haben heißt ihn «sympathisch finden» usw. In diesen Beispielen geht eine transzendente «Intention» auf die Welt und erfaßt sie als solche. Es liegt also schon Überschreitung, innere Negation vor; wir sind im Bereich der Transzendenz und der Wahl. Aber *Scheler* hat richtig bemerkt, daß diese «Intention» sich von den reinen Affektivqualitäten unterscheiden muß. Wenn ich z. B. «Kopfweh» habe, so kann ich in mir eine auf meinen Schmerz gerichtete intentionale Affektivität entdecken, die den Sinn hat, den Schmerz resigniert hinzunehmen oder ihn abzulehnen, ihn zu werten (als ungerecht, als verdient, als läuternd, als demütigend usw.), ihn zu fliehen. Hier ist schon die bloße Intention Affektion, sie ist reiner Akt und schon Entwurf, reines Bewußtsein *von* etwas. *Sie* kann nicht als präreflexives Bewußtsein vom Leib betrachtet werden.

Doch kann diese Intention nicht die ganze Affektivität sein. Da sie Überschreitung ist, setzt sie ein Überschrittenes voraus. Dies wird übrigens auch durch die Existenz dessen belegt, was *Baldwin* nicht ganz passend «emotionale Abstrakta» nennt. Dieser Autor hat festgestellt, daß wir in uns affektiv gewisse Emotionen vollziehen können, ohne sie konkret zu empfinden. Wenn man mir z. B. ein unangenehmes Erlebnis erzählt, das Peter soeben widerfuhr, werde ich ausrufen: «Was wird er gelitten haben.» Ich *erkenne* dieses Leiden nicht und doch empfinde ich es auch nicht. Diese Zwischengebilde zwischen reiner Erkenntnis und wirklicher Affektion nennt *Baldwin* «Abstrakta». Aber das entsprechende Geschehen bleibt sehr dunkel. Wer abstrahiert? Wenn nach der Definition *Laportes* Abstrahieren ein Absehen von den Strukturen ist, die doch getrennt nicht existieren können, dann müssen wir entweder die emotionalen Abstrakta den bloßen abstrakten Begriffen von den Emotionen gleichsetzen oder zugeben, daß diese Abstrakta als solche nicht in Form von wirklichen Modalitäten des Bewußtseins *existieren* können. In Wahrheit sind diese «emotionalen Abstrakta» Leerintentionen, bloße Emotionsentwürfe. D. h., wir richten uns auf den Schmerz und auf die Scham, das Bewußtsein überschreitet sich, nur eben *leer*. Der Schmerz ist da, gegenständlich und transzendent, aber es fehlt ihm die konkrete Existenz. Man sollte diese inhaltsfreien Bedeutungen besser affektive *Bilder* nennen; ihre Bedeutung für das künstlerische Schaffen und das psychologische Verstehen ist nicht zu leugnen. Aber worauf es hier ankommt: was sie von der wirklichen Scham trennt, ist das Fehlen des «Erlebtseins». Es gibt also reine Affektivqualitäten, die durch affektive Entwürfe überschritten und transzendiert werden. Wir machen daraus nicht wie *Scheler* eine im Bewußtseinsfluß dahingetragene «Hyle»: für uns handelt es sich hier einfach um die Weise, in welcher das Bewußtsein seine Zufälligkeit *existiert*; es ist die bloße Textur des Bewußtseins, insofern dieses seine Textur auf seine eigenen Möglichkeiten hin überschreitet, es ist die Weise, in der das Bewußtsein spontan und nichtthetisch dasjenige *existiert*, was es thetisch, aber unausdrücklich als Standpunkt für den Blick auf die Welt *konstituiert*. Das kann der reine Schmerz sein, aber auch die Stimmung, als affektive, nichtthetische Tönung, das reine Angenehme, das reine Unangenehme; allgemein, all das, was man als das «Coenästhetische» bezeichnet. Dies tritt ja selten auf, ohne daß es von einem transzendierenden Entwurf des Für-sich auf die Welt hin überschritten wird; und darum ist es schwer in Abtrennung erforschbar. Es gibt jedoch einige ausgezeichnete Erfahrungen, an denen es in seiner Reinheit greifbar ist, speziell die Erfahrung des sog. «physischen Schmerzes». An dieser wollen wir die Strukturen des präreflexiven Leibbewußtseins begrifflich herausarbeiten.

Mir tun die Augen weh, aber ich muß noch heute abend ein philosophisches Werk zu Ende lesen. Ich lese. Gegenstand meines Bewußtseins ist das Buch und durch das Buch hindurch die Wahrheiten, die es bedeutet. In keiner Weise ist der Leib für sich selbst erfaßt, er ist Standpunkt und Ausgangspunkt: Wort um Wort gleitet vor mir vorbei, ich *lasse* sie vorübergleiten, die Wörter auf der Seite unten, die ich noch nicht sehe, gehören noch einem relativen Hintergrund an («Seiten-Hintergrund»), der sich auf dem «Buch-Hintergrund» und auf dem absoluten Hintergrund oder Welthintergrund aufbaut; aber von ihrem undifferenzierten Hintergrund aus rufen sie mich bereits, besitzen sie schon den Charakter eines *auflösbaren Ganzen*, geben sie sich schon als etwas, was «vor meinen Augen vorübergleiten soll». Bei alldem ist der Leib nur *implizit* gegeben: nur dem Blick eines Beobachters würde sich die Bewegung meiner Augen zeigen. Ich für mich erfasse thetisch lediglich dieses Kommen und Gehen der festdastehenden Wörter. Dennoch ist die Abfolge der Wörter in der objektiven Zeit durch meine eigene Zeitigung hindurch gegeben und erkannt. Ihre bewegungslose Bewegung ist durch eine «Bewegung» meines Bewußtseins hindurch gegeben; und diese Bewußtseins«bewegung», eine bloße Metapher, die ein zeitliches Fortschreiten bedeutet, ist für mich genau die Bewegung meiner Augen: ich kann unmöglich die Bewegung meiner Augen vom synthetischen Fortgang meines Bewußtseins unterscheiden, es sei denn, ich rekurrierte auf den Standpunkt des Anderen. Aber während ich lese, tun mir *die Augen weh*. Zunächst einmal kann dieser Schmerz durch die Weltgegenstände, d. h. durch das Buch, das ich lese, *angezeigt* werden: die Wörter können sich von dem undifferenzierten Hintergrunde, den sie konstituieren, mit größerer Schwierigkeit ablösen; sie können zittern, flimmern, ihr Sinn kann sich nur mühsam erschließen, der Satz, den ich gelesen habe, kann sich zweimal, dreimal als «unverstanden», als «nochmals zu lesen» herausstellen. Aber diese Anzeigungen können auch ausbleiben – wenn mich z. B. meine Lektüre «absorbiert» oder wenn ich meinen Schmerz «vergesse» (was ja keineswegs bedeutet, daß er verschwunden ist, denn wenn er mir in einem späteren *reflexiven* Akte bewußt wird, gibt er sich mir als schon die ganze Zeit dagewesen); und jedenfalls liegt dasjenige, was uns interessiert, nicht hier; wir wollen die Weise zu fassen bekommen, in welcher das Bewußtsein seinen Schmerz *existiert*. Aber, wird man sagen, wie gibt sich denn überhaupt der Schmerz als *Augen*schmerz? Liegt da nicht ein intentionaler Verweis vor auf ein transzendentes Objekt, auf meinen Leib, insofern er draußen, in der Welt, existiert? Zweifellos erteilt der Schmerz eine Auskunft über sich selbst. Man kann einen Augenschmerz nicht mit einem Schmerz am Finger oder im Magen verwechseln. Trotzdem ist der Schmerz völlig ohne Intentionalität. Wohlgemerkt: wenn sich der Schmerz als Augenschmerz gibt, so liegt weder ein mysteriöses Lokalisierungszeichen noch Erkenntnis vor. Der Schmerz ist *lediglich die Augen selbst*, insofern das Bewußtsein «diese existiert». Und als solcher hebt er sich lediglich durch seine Existenz, nicht durch ein Kriterium oder irgend etwas zusätzliches von jedem anderen Schmerz ab.

Gewiß setzt die Bezeichnung, *Augen*schmerz eine ganze konstitutive Leistung voraus, die wir werden beschreiben müssen. Aber vorläufig kann sie zurückgestellt bleiben: der Schmerz interessiert noch nicht von einem reflexiven Standpunkt aus, er wird noch nicht auf einen Leib-für-den-Anderen bezogen. Er ist Schmerz-Auge oder Schmerz-Sehen; er unterscheidet sich nicht von der Weise, in der ich die transzendenten Wörter erfasse. Lediglich wir haben um der Verständlichkeit willen ihn bereits als Augenschmerz bezeichnet; aber im Bewußtsein hat er noch keinen Namen, denn er ist noch gar nicht *erkannt*. Da unterscheidet er sich lediglich in einer noch nicht bezeichenbaren Weise durch sein Sein selbst von den anderen möglichen Schmerzen.

Indes, unter den wirklichen Objekten der Welt existiert dieser Schmerz jedenfalls nicht. Er ist weder rechts noch links vom Buche, noch auch unter den Wahrheiten, die sich durch das Buch hindurch enthüllen, noch auch in meinem Leib-als-Objetkt (in dem, den der Andere sieht und den ich teilweise berühren und teilweise sehen kann), noch in meinem Leib-als-Standpunkt, insofern er durch die Welt unausdrücklich angezeigt wird. Ebensowenig darf man sagen, der Schmerz «überlagere» die Dinge, die ich sehe, als ein Zusatzeindruck oder wie eine Musik. All das sind sinnlose Bilder. Er ist ja nicht im Raume. Aber ebensowenig auch gehört er der objektiven Zeit an: er zeitigt sich, und in dieser Zeitigung und durch diese Zeitigung kann allererst die Weltzeit erscheinen. Was ist er also? Lediglich die durchsichtige Materie des Bewußtseins, sein *Dasein*, seine Bindung an die Welt, mit einem Wort die Zufälligkeit des Lesevorganges. Er existiert jenseits aller Aufmerksamkeit und aller Erkenntnis, denn er schlüpft in jeden Aufmerksamkeits- und Erkenntnisakt hinein und ist dieser Akt selbst, insofern dieser ist, ohne daß er Grund seines eigenen Seins ist.

Und doch kann selbst auf dieser reinen Seinsebene der Schmerz als zufällige Bindung an die Welt vom Bewußtsein nichtthematisch nur dann existiert werden, wenn er überschritten wird. Das Schmerzbewußtsein ist innere Negation der Welt; aber gleichzeitig existiert es seinen Schmerz – d. h. sich selbst – als Selbstentzug. Als schlicht Erlebtes läßt sich der reine Schmerz nicht fassen: er würde zum Undefinierbaren und Unbeschreibbaren gehören, das lediglich ist, was es ist. Aber das Schmerzbewußtsein ist Entwurf auf ein ferneres und schmerzfreies Bewußtsein hin. Dieses Ausbrechen *nach der Seite*, dieses Sich-selbst-Entziehen, welches das Schmerzbewußtsein auszeichnet, konstituiert den Schmerz gleichwohl nicht als psychisches Objekt: er ist ein nichtthetischer Entwurf des Für-sich; wir lernen ihn nur durch die Welt kennen, er ist z. B. in der Weise gegeben, in der das Buch als «Schleunigst zu lesen» erscheint, in der sich Wort an Wort in einem höllischen Aufundabtanzen drängt, in der die ganze Welt voller *Unruhe* ist. Übrigens – und das ist das Eigentümliche der leiblichen Existenz – trifft man dieses Unbenennbare, dem man entgehen will, mitten in diesem Sich-selbst-Entziehen wieder, gerade es konstituiert die Bewußtseinsvollzüge, die es überschreiten, es ist genau die Zufälligkeit selbst und das Sein der Flucht, die ihm zu entgehen sucht. Nirgends stoßen wir übrigens derartig auf diese Nichtung des An-sich durch das Für-sich und auf die Wiedererfassung des Für-sich durch das An-sich, die ihrerseits jene Nichtung selbst speist.

Gut, wird man sagen, aber Sie machen es sich zu leicht, wenn Sie einen Fall wählen, in welchem der Schmerz Schmerz genau des Organs ist, das eben an der Arbeit ist, etwa Schmerz des Auges, während es blickt, oder Schmerz der Hand, während sie greift. Es kann mir doch auch eine Wunde am Finger weh tun, während ich lese. Und hier wäre es doch wohl schwierig, zu behaupten, mein Schmerz sei einfach die Zufälligkeit meines «Lesens».

Nun, zunächst: Wie absorbiert ich auch durch meine Lektüre sein mag, ich lasse doch immer die Welt zum Sein kommen; besser noch: mein Leben involviert in seiner bloßen Natur die Existenz der Welt als eines notwendigen Hintergrundes. Das besagt keineswegs, daß ich ein minderes Weltbewußtsein hätte, sondern eher dies, daß die Welt mir *als Hintergrund* bewußt ist. Mir entgehen nicht die Farben und die Bewegungen um mich herum, ich höre die Klänge, nur verliert sich das alles in dem undifferenzierten Insgesamt, das den Hintergrund meines Lesens bildet. Korrelativ dazu bleibt auch mein Leib durch die Welt als der Gesamtstandpunkt angezeigt, von dem aus das Weltgesamt vor mir liegt, aber das Anzeigende ist hier eben die Welt *als Hintergrund*. Darum *bleibt* mein Leib auch als Ganzes *existiert*, im Maße er die Gesamtzufälligkeit meines Bewußtseins ist. Völlig gleichzeitig ist er einerseits das, was vom Insgesamt der Welt als Hintergrund angezeigt wird, aber andererseits auch die Ganzheit, die ich in Verbindung mit der gegenständlichen Erfassung der Welt existiere. Aber im Maße sich ein einzelnes «Da» als Gestalt auf dem Welthintergrund abhebt, weist es korrelativ dazu auf eine funktionale Spezifikation des Leibgesamts, und gleichzeitig existiert mein Bewußtsein eine leibliche Gestalt, die sich auf der von ihr existierten Leibtotalität abhebt. Das Buch wird gelesen und, im Maße ich existiere und die Zufälligkeit des Sehens oder auch Lesens überschreite, erscheinen die *Augen* als Gestalt auf dem Hintergrund der leiblichen Ganzheit. Wohlgemerkt, auf dieser Existenzebene sind die Augen nicht das vom Anderen gesehene Sinnesorgan, sondern lediglich die Verfassung meines sehenden Bewußtseins, insofern dieses eine Struktur meines umfassenderen Bewußtseins von der Welt ist. Bewußtsein ist immer Weltbewußtsein, und darum sind meinem Bewußtsein die Welt und der Leib stets, wenn auch nicht in gleichem Sinne, gegenwärtig. Aber dieses Gesamtweltbewußtsein ist Bewußtsein von der Welt als des Hintergrundes für das oder jenes einzelne «Da», und darum gibt es genauso, wie das Bewußtsein sich in seinem Nichtungsakte spezifiziert, auch eine Anwesenheit einer einzelnen Leibstruktur auf dem Gesamthintergrunde der Leiblichkeit. Ich bleibe also, während ich lese, ein Leib, der in diesem Stuhl hier sitzt, drei Meter vom Fenster weg, unter den gegebenen Bedingungen von Luftdruck und Temperatur. Und ich höre auch nicht auf, diesen Schmerz an meinem linken Zeigefinger als meinen Leib überhaupt *zu existieren*. Nur existiere ich ihn, insofern er im Leiblichkeitshintergrund als eine der Leibganzheit untergeordnete Struktur verschwindet. Er ist weder abwesend noch unbewußt, sondern er gehört einfach zu dieser für sich selbst fernelosen Existenz des positionalen Bewußtseins. Wenn ich jetzt umblättere, wird der Schmerz meines Zeigefingers, ohne deswegen etwa Gegenstand der Erkenntnis zu werden, zu einem Zufälligen, das als Gestalt auf einer neuen Verfassung meines Leibes, die dabei als Gesamtzufälligkeitshintergrund fungiert, existiert wird. Diese Ausführungen entsprechen übrigens folgender empirischer Beobachtung: es ist leichter, sich während des Lesens von einem Schmerz am Zeigefinger oder in den Nieren abzulenken als von einem Schmerz in den Augen. Denn der Augenschmerz *ist ganz genau mein Lesen,* und die Worte, die ich lese, verweisen mich jeden Augenblick auf ihn, während mein Finger- oder Nierenweh, durch welches ich die Welt als Hintergrund erfasse, als partielle Struktur im Leib als der Grunderfassung des Welthintergrundes untergeht.

Und nun höre ich plötzlich zu lesen auf und versenke mich in die *Erfassung* meines Schmerzes. Das besagt: ich richte auf mein bisheriges Bewußtsein (Bewußtsein-als-Sehen) ein reflexives Bewußtsein. Dadurch wird die augenblickliche Textur meines reflektierten Bewußtseins – speziell mein Schmerz – erfaßt und durch mein reflexives Bewußtsein *gesetzt.* Man muß sich hier an das über die Reflexion Gesagte erinnern: sie ist eine ganzheitliche Erfassung ohne Standpunktbindung, eine über sich hinausdrängende Erkenntnis mit dem Ziel, sich zu vergegenständlichen, das Erkannte in die Ferne zu entwerfen, um es zu betrachten und bedenken zu können. Die Urbewegung der Reflexion zielt also darauf, die reine Bewußtseinsqualität Schmerz auf ein *Objekt Schmerz* hin zu überschreiten. In Anknüpfung an das, was wir psychologische Reflexion genannt haben [1], können wir sagen, die Reflexion wolle den Schmerz zu etwas *Psychischem* machen. Dieses psychische, durch den Schmerz hindurch erfaßte Objekt heißt Übel. Es hat alle Eigenschaften des Schmerzes, aber es ist transzendent und passiv. Es ist eine Realität, die ihre eigene Zeit hat – nicht die der äußeren Welt, auch nicht die des Bewußtseins: die psychische Zeit. Sie kann unterschiedliche Wertschätzungen und Bestimmungen erfahren. Vom Bewußtsein selbst ist sie als solche verschieden und zeigt sich durch dasselbe hindurch; sie hat Dauer, während sich das Bewußtsein entfaltet, und gerade dieses Dauern ist Bedingung der Dumpfheit und Passivität des Übels. Andererseits aber besitzt dieses Übel, durch das Bewußtsein hindurch erfaßt, alle Charaktere der Einheit, Innerlichkeit und

1 Diese Reflexionsart bezeichnet *Sartre* auch als: impure, constituante, complice.

Spontaneität, die dem Bewußtsein eignen, auch, nur in geringerem Grade. Diese Minderung verleiht ihm psychische Individualität. Das besagt zunächst: es besitzt absolute und teillose Kohärenz. Es hat weiterhin seine eigene Dauer, denn es liegt außerhalb des Bewußtseins und besitzt eine Vergangenheit und eine Zukunft. Aber diese Dauer ist lediglich Projektion der ursprünglichen Zeitigung und Mannigfaltigkeit von wechselseitiger Durchdringung. Dieses Übel ist «durchdringend», «von zärtlicher Anhänglichkeit» usw. Diese Eigenschaften wollen lediglich die Weise wiedergeben, in der dieses Übel sich in seiner Dauer gestaltet: sie sind melodische Qualitäten. Ein Schmerz, der einmal anschwillt und dann wieder aussetzt, wird in der Reflexion nicht als bloßes Abwechseln schmerzhaften und schmerzfreien Bewußtseins erfaßt: für die organisierende Reflexion *gehören* die kurzen Atempausen *zum Übel dazu,* wie die Pausen zu einer Melodie. Sie bilden miteinander den *Rhythmus* und den Verlauf des Übels. Ist das Übel passives Objekt, so ist es doch gleichzeitig auch, insofern es durch eine absolute Spontaneität (das Bewußtsein) hindurch gesehen wird, Projektion dieser Spontaneität in das An-sich. Als passive Spontaneität ist es etwas Magisches: es gibt sich den Anschein, als habe es seine Dauer aus sich selbst, als habe es seine zeitliche Gestalt völlig in der Hand. Sein Erscheinen und Verschwinden ist anders als das der raumzeitlichen Objekte: wenn ich den Tisch nicht mehr sehe, so deswegen, weil ich den Kopf wegwandte; aber wenn ich mein Übel nicht mehr empfinde, dann deswegen, weil es «vergangen ist». Es ereignet sich hier etwas Analoges zu dem, was die Gestaltspsychologen stroboskopische Täuschungen nennen. Das Verschwinden des Übels führt die Entwürfe des reflexiven Für-sich hinters Licht und gibt sich als ein Zurückweichen, fast als ein Willensvorgang. Es gibt einen Animismus des Übels: es gibt sich wie ein lebendiges Wesen mit eigener Gestalt, Dauer und eigenen Gewohnheiten. Die Kranken haben zu ihm eine Art persönliches Verhältnis: wenn es kommt, dann ist das gar nichts Neues, es ist «mein Nachmittagsanfall», sagt der Kranke. So verbindet die Reflexion die einzelnen Augenblicke eines und desselben Anfalls nicht miteinander, aber sehr wohl verbindet sie, und zwar über einen ganzen Tag hinweg, die Anfälle miteinander. Aber immerhin hat diese Synthesis der Rekognition hier eine besondere Gestalt: sie will keineswegs ein Objekt konstituieren, das weiterexistierte, auch wenn es dem Bewußtsein nicht gegeben ist (nach Art eines Hasses, der «eingeschlafen» ist oder «im Unterbewußtsein» ruht). Wenn das Übel weicht, verschwindet es für immer, es «ist weg». Aber daraus ergibt sich die kuriose Folge, daß es, wenn es wiederkommt, gerade in seiner Passivität durch eine Art generatio spontanea aufersteht. Man empfindet z. B. leise «sein Kommen», da ist es «wieder», «das ist es». Die ersten Schmerzen werden ebensowenig wie die anderen für sich selbst als einfache und nackte Textur des reflektierten Bewußtseins erfaßt: sie sind die «Ankündigungen» des Übels, oder noch besser, das Übel selbst, das langsam kommt, einer Lokomotive ähnlich, die sich langsam in Bewegung setzt. Aber andererseits ist darauf zu achten, wie ich das Übel *mit* Schmerz konstituiere. Das bedeutet in keiner Weise, daß ich das Übel als Ursache des Schmerzes erfasse, es steht vielmehr mit jedem konkreten Schmerz so, wie mit einer Note in einer Melodie: sie ist gleichzeitig die ganze Melodie und bloß ein Stück der Melodie. Durch jeden Schmerz hindurch erfasse ich das ganze Übel, und dennoch transzendiert es alle Schmerzen, denn es ist ihrer aller synthetische Ganzheit, das Thema, das sich in ihnen und durch sie hindurch entfaltet. Aber das Material des Übels ist ein anderes als das einer Melodie: zunächst ist es rein erlebtes, es gibt keinen Abstand des reflektierten Bewußtseins vom Schmerz, auch keinen Abstand des reflexiven Bewußtseins vom reflektierten Bewußtsein. Daraus folgt, daß das Übel zwar transzendent, aber fernelos ist. Es ist außerhalb meines Bewußtseins als synthetische Ganzheit und schon beinahe *anderswo*, aber andererseits ist es wiederum in ihm, es tritt durch alle Verzahnungen hindurch, durch alle seine Noten hindurch, die *mein Bewußtsein sind*, in dasselbe ein.

Was ist auf dieser Ebene *der Leib* geworden? Es hat im Moment der reflexiven Projektion eine Art Spaltung stattgefunden: für das reflektierte Bewußtsein *war* der Schmerz der Leib; für das reflexive Bewußtsein ist das Übel vom Leib verschieden, hat es seine eigene Gestalt, kommt es und geht es. Auf der reflexiven Ebene, auf der wir stehen, d. h. vor der Zwischenkunft des Für-den-Anderen, ist der Leib dem Bewußtsein nicht ausdrücklich und thematisch gegeben. Das reflexive Bewußtsein ist Bewußtsein *vom* Übel. Nur hängt das Übel, wenn es eine eigentümliche Gestalt und einen melodischen Rhythmus besitzt, der ihm eine transzendente Individualität verleiht, mit seiner Materie am Für-sich, denn es wird durch den Schmerz hindurch als die Einheit aller meiner Schmerzen gleicher Art enthüllt. Es gehört *mir* in dem Sinne, daß ich ihm seine Materie gebe. Ich erfasse es als getragen und gespeist durch ein bestimmtes passives Medium, dessen Passivität die genaue Projektion der zufälligen Faktizität der Schmerzen, als welche meine Passivität ist, in das An-sich darstellt. Dieses Medium wird nicht für sich selbst ergriffen, sondern so wie das Material der Statue, wenn ich ihre Gestalt wahrnehme, und doch ist es da: es ist *die Passivität, an der das Übel nagt* und die diesem auf magische Weise neue Kräfte verleiht, wie die Erde dem Antäus. Es ist mein Leib auf einer neuen Existenzebene, d. h. als bloßes noematisches Korrelat eines reflexiven Bewußtseins.

Wir wollen es *psychischen* Leib nennen. Es ist noch keineswegs erkannt, denn die Reflexion, die das Schmerzbewußtsein zu fassen sucht, ist noch nicht kognitiv. Sie ist in ihrem ursprünglichen Auftreten Affektivität. Sie erfaßt das Übel zwar als ein Objekt, aber als ein affektives Objekt. Man richtet sich auf den Schmerz zunächst nur, um ihn zu hassen, ihn mit Geduld zu ertragen, ihn als unerträglich zu erfassen, gelegentlich auch um ihn zu lieben, sich seiner zu freuen (wenn er die Erlösung, die Heilung ankündigt), um ihn irgendwie zu werten. Wohlgemerkt, man wertet das Übel, oder besser: das Übel tritt auf als das notwendige Korrelat der Wertung. Das Übel wird also keinesfalls erkannt, es wird *erlitten,* und der Leib enthüllt sich durch das Übel, und auch ihn erleidet das Bewußtsein. Soll der Leib, wie er sich der Reflexion darstellt, kognitive Strukturen dazu erhalten, dann bedarf es des Rekurses auf den *Anderen;* davon können wir noch nicht sprechen, dazu braucht es erst noch die Freilegung der Strukturen des Leibs-für-den-Anderen. Doch können wir schon jetzt darauf hinweisen, daß der psychische Leib, diese Projektion des Innenbaus des Bewußtseins auf die Ebene des An-sich, die unausdrückliche Materie *aller* Phänomene der Psyche bildet. Ebenso wie der ursprüngliche Leib von jeglichem Bewußtsein als seine eigene Zufälligkeit existiert wurde, wird der psychische Leib als die Zufälligkeit des Hasses oder der Liebe, der Akte oder der Qualitäten *erlitten, aber diese Zufälligkeit hat nun* einen neuen Charakter: als durch das Bewußtsein existierte war sie die Wiederergreifung des Bewußtseins durch das An-sich; als *im* Übel, *im* Haß oder *im* Handeln von der Reflexion erlitten wird sie *in* das An-sich *projiziert.* Sie stellt deshalb die Tendenz jedes psychischen Objektes dar, über seine magische Kohärenz hinaus in äußerliche Stücke zu zerfallen, sie stellt über die magischen Beziehungen hinweg, welche die psychischen Objekte untereinander verbinden, die Tendenz eines jeden von ihnen dar, sich in einer unterschiedslosen Vereinzelung zu vereinzelen: sie ist also wie ein unausdrücklicher, die melodische Dauer des Psychischen unterspannender Raum. Insofern der Leib das zufällige und unterschiedslose Material aller psychischen Ereignisse ist, bestimmt er einen *psychischen Raum.* Dieser Raum kennt weder ein Oben noch Unten, weder ein Rechts noch Links, er ist noch ohne Teile, insofern die magische Kohärenz des Psychischen seine genannte Auflösungstendenz bekämpft. Dennoch ist er eine reale Auszeichnung der *Psyche*: nicht als ob die Psyche mit einem Leib *vereint* wäre, vielmehr ist der Leib unter der Einwirkung ihrer melodischen Gestaltungskraft ihre Substanz und ihre ständige Möglichkeitsbedingung. Stets erscheint der Leib, wenn wir vom Psychischen *sprechen*; er ist die Grundlage für jenen metaphorischen Mechanismus und Chemismus, deren wir uns zum Zwecke der Klassifikation und Auslegung des psychischen Geschehens bedienen; auf ihn geht unser Absehen und Gestalten in den Bildern (im bildgebenden Bewußtsein), die wir hervorbringen, um abwesende Gefühle ins Auge zu fassen und zu gegenwärtigen; schließlich ist es auch er, der psychologische Theorien wie die des Unterbewußtseins und Probleme wie das der Erinnerungserhaltung motiviert und in einem gewissen Maße sogar rechtfertigt.

Selbstverständlich haben wir den physischen Schmerz lediglich als Beispiel gewählt, es gibt tausend andere ebenso zufällige Weisen, unsere Zufälligkeit zu existieren. Insbesondere entwirft sich das Für-sich auch dann, wenn vom Bewußtsein kein bestimmter Schmerz, kein bestimmtes Behagen oder Mißbehagen «existiert» wird, über eine reine und sozusagen qualitätslose Zufälligkeit hinaus. Das Bewußtsein «hat» immer einen Leib. Die coenästhetische Affektivität ist dann bloße nichtpositionale Erfassung einer farblosen Zufälligkeit, bloße Erfassung ihrer selbst als faktischer Existenz. Dies, daß mein Für-sich ständig einen faden und fernelosen Geschmack erfaßt, der mich sogar in meiner Bemühung noch, mich von ihm zu befreien, begleitet und der *mein* Geschmack ist, dies haben wir anderswo unter dem Titel des *Ekels* beschrieben. Ständig offenbart meinem Bewußtsein ein leiser, aber unüberwindlicher Ekel meinen Leib: es kann geschehen, daß wir, um uns von ihm zu befreien, das physisch Angenehme oder den physischen Schmerz aufsuchen, aber da der Schmerz und das Angenehme durch das Bewußtsein existiert werden, belegen sie ihrerseits seine Faktizität und Zufälligkeit und enthüllen sie sich gerade auf dem Hintergrund des Ekels. Dieser Titel *Ekel* ist so wenig als eine aus physiologischem Widerwillen genommene Metapher zu verstehen, daß vielmehr umgekehrt alle konkreten und empirischen Ekelerlebnisse (vor faulem Fleische, frischem Blut, Exkrementen usw.), die unser Erbrechen herbeiführen, überhaupt erst auf seinem Boden möglich sind.

II

Der Leib-für-den-Anderen

Bisher haben wir das Für-mich-Sein meines Leibes beschrieben. Innerhalb dieser ontologischen Ebene ist mein Leib so, wie wir ihn beschrieben haben, und er ist *nichts als das.* Vergeblich würde man da die Spuren eines physiologischen Organs, einer anatomischen und räumlichen Konstitution suchen. Entweder ist er das durch die Zeugdinge der Welt leer angezeigte Beziehungszentrum, oder aber er ist *die vom Für-sich existierte Zufälligkeit*; genauer: diese zwei Seinsweisen ergänzen sich. Aber der Leib kennt dieselben Erscheinungsweisen wie auch das Für-sich selbst: er hat noch andere Existenzebenen. Er existiert auch *für den Anderen.* In dieser neuen ontologischen Perspektive müssen wir ihn jetzt studieren. Dabei läuft es auf dasselbe hinaus, ob man die Art studiert, in der *mein* Leib dem Anderen erscheint oder diejenige, in der der Leib des Anderen mir erscheint. Wir haben klargelegt, daß die Strukturen meines Seins für-den-Anderen mit denjenigen des Seins des Anderen für mich identisch sind. Der Einfachheit halber gehen wir also von diesen letzteren aus, wenn wir nun die Natur des Leibs-für-den-Anderen (d. h. des Leibes des Anderen) darlegen.

Wir haben im vorausgehenden Kapitel gezeigt, daß der Leib nicht das erste ist, was mir den Anderen kundgibt. Würde ich die fundamentale Beziehung meines Seins zum Sein des Anderen auf das Verhältnis meines Leibes zum Leib des Anderen beschränken, so wäre sie reine Äußerlichkeitsbeziehung. Vielmehr ist meine Verbindung mit dem Anderen nur begreifbar, wenn sie eine innere Negation ist. Ich muß den Anderen zuerst als das erfassen, wofür ich als Objekt existiere. Die Wiederergreifung meiner Selbstheit läßt dann den Anderen in einem zweiten Moment der vorgeschichtlichen Vergeschichtlichung als Gegenstand erscheinen. Das Erscheinen des Leibes des Anderen ist also nicht die erste Begegnung, sondern sie ist im Gegenteil lediglich eine Episode in meinen Beziehungen zum Anderen, und noch genauer, in dem, was wir Vergegenständlichung des Anderen genannt haben; oder, wenn man so will: zunächst existiert der Andere für mich, und *erst dann* erfasse ich ihn in seinem Leib; der Leib des Anderen ist für mich eine sekundäre Struktur.

Im fundamentalen Phänomen der Vergegenständlichung des Anderen erscheint mir der Andere als transzendierte Transzendenz. D. h.: schon dadurch, daß ich mich auf meine Möglichkeiten hin entwerfe, überschreite und transzendiere ich seine Transzendenz, ist seine Transzendenz außer Kraft gesetzt. Sie ist eine Transzendenz-als-Gegenstand. Ich erfasse diese Transzendenz in der Welt, und zwar ursprünglich als eine bestimmte Anordnung der Zeugdinge *meiner* Welt, insofern sie *darüber hinaus* ein sekundäres Beziehungszentrum anzeigen, das inmitten der Welt ist und das nicht ich ist. Diese Anzeigungen sind im Unterschied zu den Anzeigungen, die *mich anzeigen,* keineswegs konstitutiv für das anzeigende Ding: sie sind laterale Eigenschaften des Objekts. Wie wir gesehen haben, kann der Andere nicht ein für die Welt konstitutiver Begriff sein. Sie haben also eine ursprüngliche Zufälligkeit und den Charakter eines *Ereignisses.* Vielmehr ist das Beziehungszentrum, das sie anzeigen, der *Andere* als schlicht betrachtete oder transzendierte Transzendenz. Die sekundäre Anordnung der Objekte verweist mich auf den Anderen als auf den, der diese Anordnung schafft oder sich ihrer bedient, kurz, als auf ein Werkzeug, das das Zeug angesichts eines Zieles, das es selbst schafft, anordnet. Aber ich überschreite und nütze meinerseits dieses Ziel, es ist ein Weltstück, und ich kann es für meine eigenen Ziele gebrauchen. Deshalb wird der Andere von den Dingen zunächst als ein Werkzeug angezeigt. Auch mich zeigen die Dinge als Werkzeug an, und ich bin Leib genau insofern, als ich mich von den Dingen anzeigen lasse. Die Dinge zeigen also durch ihre lateralen und sekundären Anordnungen den Anderen als *Leib* an. Es ist sogar so, daß ich keinerlei Zeug kenne, das sich nicht sekundär auf den Leib des Anderen bezöge. Eben erst machte ich mir klar: ich kann keinen Standpunkt meinem Leib gegenüber einnehmen, insofern er von den Dingen bezeichnet wird. Er ist der Standpunkt, dem gegenüber ich keinen Standpunkt einnehmen kann, das Werkzeug, das ich nicht mittels irgendeines Werkzeugs gebrauchen kann. Als ich versuchte, ihn durch das universalisierende Denken leer als reines Werkzeug inmitten der Welt zu denken, ergab sich dadurch der Zusammenbruch der Welt als solcher. Aus der bloßen Tatsache, daß *ich der Andere nicht bin,* erscheint mir nun aber umgekehrt dieser sein Leib ursprünglich als ein Standpunkt, demgegenüber ich einen Standpunkt einnehmen kann, als ein Werkzeug, das ich mittels anderer Werkzeuge gebrauchen kann. Er wird von der Runde der Zeugdinge angezeigt, aber er zeigt seinerseits andere Objekte an, und schließlich fügt er sich in *meine* Welt ein und zeigt *meinen* Leib an. Deshalb ist der Leib des Anderen radikal verschieden von meinem Leib-für-mich: er ist das Werkzeug, das ich nicht bin und das ich gebrauche (oder das mir Widerstand leistet, was auf dasselbe hinausläuft). Er stellt sich mir ursprünglich dar mit einer bestimmten gegenständlichen Nützlichkeits- und Gegenspielerqualität. Der Leib des Anderen ist also der Andere selbst, insofern er Transzendenz-als-Werkzeug ist. Dies gilt auch für den Leib des Anderen als synthetisches Ganzes von Sinnesorganen. Wir *entdecken* nicht in und durch den Leib des Anderen die Möglichkeit des Anderen, uns zu erkennen. Sie enthüllt sich vielmehr fundamental in und durch mein *Objekt-Sein für* den Anderen, d. h.: sie ist die wesentliche Struktur unserer ursprünglichen Beziehung zum Anderen. Und in dieser ursprünglichen Beziehung ist die Flucht *meiner* Welt auf den Anderen hin gleichfalls gegeben. Durch die Wiederergreifung meiner Selbstheit transzendiere ich dann die Transzendenz des Anderen, insofern diese Transzendenz beständig Möglichkeit ist, mich als Objekt zu erfassen. Dadurch wird sie rein gegebene und auf meine eigenen Ziele hin überschrittene Transzendenz, eine Transzendenz, die schlicht «da ist», und die Erkenntnis, die der Andere von mir und der Welt hat, wird Erkenntnis-als-Objekt. D. h.: sie ist eine gegebene Eigenschaft des Anderen, eine Eigenschaft, die ich meinerseits *erkennen* kann. Allerdings bleibt diese meine Erkenntnis von ihr leer, in dem Sinn, daß ich niemals den *Erkenntnisakt* erkennen werde: als reine Transzendenz kann dieser Akt nur von ihm selbst erfaßt werden, und zwar in der Weise nichtthetischen Bewußtseins oder durch die aus ihm hervorgehende Reflexion. Was ich erkenne, ist allein die Erkenntnis als *Da-Sein* oder, meinetwegen, *das Da-Sein der Erkenntnis.* Darum erfasse ich jene Relativität des Sinnesorgans, die sich zwar meiner universalisierenden Vernunft enthüllte, aber, solange es sich um meinen eigenen Sinn handelte, nicht gedacht werden konnte, ohne daß dabei die Welt zusammenbrach – jetzt zum ersten Mal erfasse ich sie, wenn ich den Anderen-als-Objekt erfasse, und jetzt erfasse ich sie *ohne jedes Risiko,* denn da der Andere zu meiner Welt gehört, kann seine Relativität nicht mehr den Zusammenbruch dieser meiner Welt herauf führen. Dieser Sinn des Anderen ist *als erkennend erkannter Sinn.* Auf diese Weise also erklärt sich einmal der Irrtum der Psychologen, die *meinen Sinn* durch den Sinn des Anderen definieren und die dem Sinnesorgan, wie es für mich ist, eine Relativität verleihen, die nur seinem Sein-für-den-Anderen zukommt, und gleichzeitig damit auch wird dieser Irrtum Wahrheit, wenn wir ihn nach Festlegung der wahren Seins- und Erkenntnisordnung nunmehr auf seine wirkliche Seinsebene rückversetzen. So zeigen die Gegenstände meiner Welt lateral ein Beziehungszentrum-als-Objekt an, das der Andere ist. Aber dieses Zentrum erscheint mir seinerseits von einem standpunktlosen Standpunkt aus, der der meine ist, der mein Leib oder meine Zufälligkeit ist. Mit einem Wort, was freilich ein geläufiger, aber ungenauer Ausdruck ist: ich *erkenne den Anderen durch die Sinne.* Wie der Andere das Werkzeug ist, welches ich mittels desjenigen Werkzeugs benutze, das ich selbst bin und das von keinem weiteren Werkzeug mehr benutzt werden kann, genauso ist er auch das Gesamt der Sinnesorgane, die sich meiner *Sinneserkenntnis* enthüllen, d. h., er ist eine Faktizität, die einer Faktizität erscheint. Darum kann es am rechten Orte in der Erkenntnis- und Seinsordnung sehr wohl eine Erforschung der Sinnesorgane des Anderen geben, wie sie von mir sinnlich erkannt werden. Und diese Erforschung richtet sich durchaus mit Vorzug auf die Funktion dieser Sinnesorgane, *welche Erkenntnisfunktion ist.* Aber diese Erkenntnis ist ihrerseits bloßes Objekt für mich: daher, beispielsweise, das falschgestellte Problem des «Aufrechtsehens». Ursprünglich ist das Sinnesorgan des Anderen in keiner Weise ein Erkenntniswerkzeug für den Anderen, es ist einfach das Erkennen des Anderen, sein bloßer Akt des Erkennens, insofern diese Erkenntnis in der Weise des Objekts in meiner Welt existiert.

Indes haben wir bisher den Leib des Anderen nur insofern definiert, als er lateral durch die Zeugdinge meiner Welt angezeigt wird. Das liefert uns noch nicht wirklich sein Da-Sein in «Fleisch und Blut». Zwar ist der Leib des Anderen in der bloßen Anzeigung, die die Zeugdinge von ihm geben, insofern überall gegenwärtig, als sich diese als von ihm benutzt und von ihm erkannt zeigen. Dieses Zimmer, in dem ich den Hausherrn erwarte, offenbart mir in seiner Gesamtheit den Leib des Besitzers: dieser Sessel ist Sessel-in-den-er-sich-setzt, dieser Schreibtisch ist Schreibtisch-an-dem-er-schreibt, dieses Fenster ist Fenster, durch welches das-die-von-ihm-gesehenen-Gegenstände-beleuchtende-Licht hereindringt. So wird er von allen Seiten skizziert und diese Skizze ist ein Gegenstands-Umriß; ein Objekt kann ihn im nächsten Augenblick mit seinem Inhalt erfüllen. Aber noch ist es so, daß der Hausherr «nicht da ist». Er ist *anderswo*, er ist *abwesend.*

Nun haben wir aber doch gesehen, daß die Abwesenheit eine Struktur des *Da-Seins* ist. Abwesend sein heißt Anderswo-in-meiner-Welt-Sein; heißt bereits für mich gegeben sein. Wenn ich einen Brief von meinem Vetter aus Afrika erhalte, ist mir sein Anderswo-Sein durch die bloßen Anzeigungen dieses Briefes konkret gegeben, und dieses Anderswo-Sein ist ein Irgendwo-Sein: es ist bereits sein Leib. Sonst könnte man auch nicht erklären, wieso der bloße Brief der geliebten Frau ihren Liebhaber sinnlich erregen kann: der ganze Leib der Geliebten ist in diesen Zeilen und auf diesem Papier als Abwesenheit anwesend. Aber da das Anderswo-Sein in einer *konkreten Situation* mit Bezug auf ein konkretes Ganzes von Zeugdingen ein *Da-Sein* ist, ist es bereits Faktizität und Zufälligkeit. Nicht nur mein heutiges *Zusammentreffen* mit Peter definiert seine und meine Zufälligkeit: seine gestrige Abwesenheit definierte unsere Zufälligkeit genauso. Und diese Faktizität des Abwesenden ist in diesen Zeugdingen, die ihn anzeigen, implizit gegeben; sein plötzliches Erscheinen fügt hier nichts hinzu. Darum ist der Leib des Anderen seine *Faktizität* als Werkzeug und als Gefüge von Sinnesorganen, insofern sie sich meiner Faktizität enthüllt. Sobald der Andere in der Welt für mich existiert, ist sie mir gegeben, die Anwesenheit des Anderen oder seine Abwesenheit ändern nichts daran.

Aber nun erscheint Peter, er tritt in mein Zimmer. Dieses Erscheinen ändert nichts an der fundamentalen Struktur meiner Beziehung zu ihm: er ist Zufälligkeit, genauso wie seine Abwesenheit Zufälligkeit war. Die Gegenstände zeigen ihn mir an: die Tür, die er öffnet, zeigt, wenn sie vor ihm aufgeht, eine menschliche Gegenwart an, ebenso der Sessel, auf den er sich setzt, usw.; aber genauso hatten ihn die Gegenstände auch während seiner Abwesenheit angezeigt. Sicher, ich existiere für ihn, er spricht mit mir; aber ich existierte auch gestern, als er mir diesen Brief mit der Ankündigung seines Kommens schickte, der jetzt hier auf meinem Tisch liegt. Trotzdem liegt etwas Neues vor: jetzt erscheint er auf dem Hintergrund der Welt als ein *Da,* das ich unmittelbar betrachten, ergreifen und nützen kann. Was bedeutet das? Zunächst dies, daß die Faktizität des Anderen, d. h. die Zufälligkeit seines Seins, jetzt *explizit* ist, anstatt bloß implizit in den lateralen Anzeigungen der Zeugdinge enthalten zu sein. Das ist genau diejenige Faktizität, welche er in und durch sein Für-sich *existiert,* diejenige, welche er ständig im Ekel erlebt, wobei dieser Ekel nichts anderes ist als die nichtpositionale Erfassung einer Zufälligkeit, die er ist, oder auch die pure Erfassung seiner selbst als faktische Existenz. Mit einem Wort, sie ist seine *Coenästhesie.* Das Erscheinen des Anderen ist Enthüllung des Geschmacks seines Seins als unmittelbare Existenz. Nur erfasse ich diesen Geschmack nicht, wie er ihn erfaßt. Der Ekel ist für ihn nicht Erkenntnis, er ist nichtthetisches Erfassen der Zufälligkeit, die er *ist*; er ist Überschreitung dieser Zufälligkeit auf eigene Möglichkeiten des Für-sich hin; er ist existierte Zufälligkeit, auf sich genommene und zurückgewiesene Zufälligkeit. Und genau diese Zufälligkeit – und sonst nichts – erfasse ich jetzt. Nur *bin* ich diese Zufälligkeit nicht. Ich überschreite sie auf meine eigenen Möglichkeiten hin, aber diese Überschreitung ist Transzendenz *eines Anderen.* Sie ist mir vollständig und rückhaltlos gegeben, sie ist unwiderruflich. Das Für-sich des Anderen entzieht sich dieser Zufälligkeit und überschreitet sie ständig. Insofern ich aber die Transzendenz des Anderen transzendiere, bringe ich sie zum Erstarren; sie ist kein Rückhalt mehr gegen die Faktizität; sie nimmt im Gegenteil an der Faktizität ihrerseits teil, sie geht daraus hervor. Darum tritt nichts zwischen die reine Zufälligkeit des Anderen als *Geschmack für sich selbst* und mein Bewußtsein. Und *diesen* Geschmack, ganz wie er existiert, erfasse ich nun. Nur erscheint eben auf Grund meiner Andersheit dieser Geschmack als ein inmitten der Welt erkanntes und gegebenes *Da.* Dieser Leib des Anderen ist mir als das reine Ansich seines Seins gegeben – ein An-sich unter anderem An-sich, das ich auf meine Möglichkeiten hin überschreite. Dieser Leib des Anderen offenbart sich also durch zwei gleich zufällige Charakteristika: er ist hier, könnte aber auch anderswo sein, d. h. die Zeugdinge könnten sich mit Bezug auf ihn auch anders anordnen, ihn anders anzeigen, die Entfernungen des Stuhles von ihm könnten andere sein – er ist dieses Da, könnte aber auch anders sein, d. h.: ich erfasse seine ursprüngliche Zufälligkeit in Form einer gegenständlichen und zufälligen Konfiguration. In Wirklichkeit freilich bilden die zwei Charaktere nur einen einzigen. Der zweite ist lediglich eine Darstellung und Entfaltung des ersteren für mich. Dieser Leib des

Anderen ist das reine Faktum der Gegenwart des Anderen in *meiner* Welt, als eines Da-Seins, das sich als solches durch ein Eben-dieses-Da-Sein verrät. Darum hat die bloße Existenz des Anderen als eines Anderen-für-mich zur Folge, daß er sich als ein mit der Eigenschaft des Erkennens ausgestattetes Werkzeug enthüllt und daß diese Eigenschaft des Erkennens mit einer beliebigen gegenständlichen Existenz verbunden ist. Wir wollen das die dem Anderen eigene Notwendigkeit, für mich zufällig zu sein, nennen. Sobald es einen Anderen gibt, muß man also den Schluß ziehen, daß er ein Werkzeug mit irgendwelchen Sinnesorganen ist. Aber diese Betrachtungen bezeichnen lediglich die abstrakte Notwendigkeit für den Anderen, einen Leib zu haben. Insofern ich diesem Leib des Anderen begegne, ist er die Enthüllung der zufälligen Gestalt, die die Notwendigkeit dieser Zufälligkeit annimmt, als eines Objekts-für-mich. Jeder Andere muß Sinnesorgane haben, aber keineswegs notwendig *diese* Sinnesorgane, keineswegs *ein Gesicht* und schließlich keineswegs *dieses Gesicht.* Aber Gesicht, Sinnesorgane, Gegenwart: alles das ist lediglich die zufällige Gestalt der Notwendigkeit für den Anderen, *sich* als zu einer Rasse, einer Klasse, einer Umgebung usw. zugehörig *zu existieren,* insofern diese zufällige Gestalt von einer Transzendenz überschritten wird, *welche diese Gestalt nicht zu existieren hat.* Was für den Anderen *Geschmack seiner selbst* ist, wird für mich *Fleisch des Anderen.* Das Fleisch ist reine Zufälligkeit der Gegenwart. Gewöhnlich ist es durch Kleidung, Schminke, Haar- oder Bartschnitt, Ausdruck usw. maskiert. Jedoch im Verlauf eines langen Zusammenlebens mit einer Person kommt stets der Moment, wo alle diese Masken fallen und ich der *reinen Zufälligkeit seiner Gegenwart* gegenüberstehe; dann gewinne ich in einem Gesicht oder an den anderen Teilen eines Leibes die reine Anschauung des Fleisches. Diese Anschauung ist nicht bloß Erkenntnis; sie ist affektives Erfassen einer absoluten Zufälligkeit, und dieses Erfassen ist eine besondere Spielart des *Ekels.*

Der Leib des Anderen ist also die Faktizität der Transzendenz-als-transzendierter, insofern sie sich auf meine Faktizität bezieht. Ich erfasse niemals den Anderen als Leib, ohne auch unausdrücklich meinen Leib als den vom Anderen angezeigten Beziehungsmittelpunkt zu erfassen. Aber ebensowenig kann man einen fremden Leib, *insofern er Fleisch ist,* als isoliertes Objekt wahrnehmen, das zu den anderen *Da* lediglich in Äußerlichkeitsbeziehungen stünde. Das gilt ausschließlich für den *Leichnam.* Der Leib des Anderen als Fleisch ist mir unmittelbar als Beziehungsmittelpunkt einer Situation gegeben, die sich synthetisch um ihn herum aufbaut, und er ist unabtrennbar von dieser Situation; man darf also nicht fragen, wie der Leib des Anderen zunächst Leib für mich sein kann, um anschließend erst in Situation zu stehen. Vielmehr ist mir der Andere ursprünglich als *Leib-in-Situation* gegeben. Es gibt also z. B. nicht erst den Leib und erst dann das Handeln, sondern der Leib ist die gegenständliche Zufälligkeit des Handelns des Anderen. So finden wir denn, aber auf einer anderen Ebene, eine ontologische Notwendigkeit wieder, auf die wir im Zusammenhang der Existenz meines Leibes für mich hingewiesen haben: die Zufälligkeit des Für-sich, sagten wir, kann nur in und durch eine Transzendenz existiert werden, sie ist die ständig überschrittene und ständig wiederergreifende Wiederergreifung des Für-sich durch das An-sich auf dem Hintergrund ursprünglicher Nichtung. Und ganz ähnlich kann *sich* hier ein Leib des Anderen als Fleisch nicht in eine vorgängig definierte Situation *einfügen.* Er ist vielmehr genau der Ausgangspunkt für die Möglichkeit von Situation. Auch hier kann er nur in und durch eine Transzendenz existieren. Nur ist diese Transzendenz zunächst transzendiert; sie ist selbst Objekt. Deshalb ist der Leib Peters nicht etwa zuerst eine Hand, die dann anschließend dieses Glas ergreifen könnte: eine solche Auffassung würde den lebendigen Leib vom Leichnam aus verstehen wollen. Vielmehr ist er der Hand-Glas-Zusammenhang, insofern das *Fleisch* der Hand die ursprüngliche Zufälligkeit dieses Zusammenhangs bezeichnet. Die Beziehung des Leibes zu den Objekten ist so wenig ein Rätsel, daß wir im Gegenteil den Leib überhaupt außerhalb dieser Beziehung niemals erfassen. Deshalb ist denn auch der Leib des Anderen *bedeutung-tragend.* Die Bedeutung ist nichts anderes als eine erstarrte Transzendenzbewegung. Ein Leib ist Leib, insofern sich diese Fleischmasse, die er *ist,* durch den Tisch, den er betrachtet, den Stuhl, nach dem er greift, das Trottoir, auf dem er geht usw., definiert. Aber für unsere gegenwärtigen Zwecke ist es nicht erforderlich, die Bedeutungen zu erschöpfen, welche den Leib durch die Beziehung auf das planvolle Handeln, auf rationelle Nutzung der Zeugzusammenhänge konstituieren. Der Leib ist die Gesamtheit der Bedeutungsbeziehungen zur Welt: in diesem Sinne definiert er sich ebenso auch durch Beziehung zur Luft, die er atmet, zum Wasser, das er trinkt, zum Fleisch, das er ißt. Der Leib kann nicht erscheinen, ohne mit der Gesamtheit des Seienden in Bedeutungsbeziehungen zu stehen. Als *Handeln* ist das *Leben* transzendierte Transzendenz und Bedeutung. Es gibt keinen Wesensunterschied zwischen dem als Gesamtheit verstandenen Leben und dem Handeln. Das Leben stellt das Insgesamt der Bedeutungen dar, die sich auf Objekte hin transzendieren, welche nicht als *Da* auf dem Hintergrund der Welt gesetzt sind. Das *Leben* ist im Gegensatz zum Leib-als-Gestalt der *Fremdleib-als-Hintergrund,* insofern dieser Leib-als-Hintergrund (zwar nicht mehr implizit und nichtpositional durch das Für-sich des Anderen, aber) durch *mich* in aller Strenge ausdrücklich und gegenständlich erfaßt werden kann: er erscheint dann als bedeutungtragende Gestalt auf dem Hintergrund der Welt, bleibt dabei aber für den Anderen Hintergrund, und zwar genau *insofern er solcher Hintergrund ist.* Aber hier ist eine wichtige Unterscheidung nötig: der Leib des Anderen erscheint «meinem Leib». Das besagt: von meinem Standpunkt aus dem Anderen gegenüber gibt es eine Faktizität. In diesem Sinne darf man meine Möglichkeit, auf dem Hintergrund der leiblichen Ganzheit ein Organ (einen Arm, eine Hand) zu erfassen, nicht mit meiner ausdrücklichen Erfassung des Leibs des Anderen oder bestimmter Strukturen dieses Leibs verwechseln, insofern sie vom Anderen als *Leib-als-Hintergrund* gelebt werden. Nur im zweiten Falle erfassen wir den Anderen als *Leben.* Im ersten Falle erfassen wir möglicherweise das, was für ihn Gestalt ist, als Hintergrund. Wenn ich seine Hand betrachte, verschwimmt der Rest des Leibes im Hintergrund. Aber seine Stirn oder seine Brust existieren vielleicht gerade nichtthetisch als Gestalt auf einem Hintergrund, in dem seine Arme und Hände verschwimmen.

Daraus folgt, daß das Sein des Leibes des Anderen eine synthetische Ganzheit für mich ist. Das bedeutet: 1. Ich kann den Leib des Anderen immer nur von einer Gesamtsituation aus erfassen, die ihn anzeigt. 2. Ich kann kein Organ des Anderen isoliert für sich wahrnehmen, und ich lasse mir stets jedes Einzelorgan von der Gesamtheit des *Fleisches* oder des *Lebens* aus anzeigen. Auf diese Weise ist meine Wahrnehmung des Leibs des Anderen von meiner Wahrnehmung der Dinge radikal verschieden.

1. Der Andere bewegt sich innerhalb von Grenzen, die in unmittelbarer Verbindung mit seinen Bewegungen erscheinen und von welchen aus ich mir die Bedeutung dieser seiner Bewegungen anzeigen lasse. Diese Grenzen sind gleichzeitig räumlich und zeitlich. Räumlich gesehen, ist das Glas, das *in einiger Entfernung* von Peter steht, die Bedeutung seines gegenwärtigen Tuns. Deshalb gehe ich in meiner Wahrnehmung von dem Ganzen «Tisch-Glas-Flasche usw.» aus über zur Bewegung des Armes, um mir durch jenes Ganze sagen zu lassen, was diese Bewegung ist. Wenn nur der Arm sichtbar, das Glas aber verdeckt ist, dann nehme ich die Bewegung Peters in der Weise wahr, daß mir als Ausgangspunkt für die Deutung seines Tuns die reine *Situations*idee und die Stücke dienen, die ich hinter dem, was mir das Glas verdeckt, leer anziele. Zeitlich gesehen: ich erfasse das Tun Peters stets insofern, als es mir gegenwärtig von den künftigen Gliedern aus enthüllt wird, auf die es zustrebt. So lasse ich mir die Gegenwart des Leibes durch seine Zukunft, und noch allgemeiner, durch die Zukunft der Welt sagen. Man wird nie das psychologische Problem der Wahrnehmung des Leibs des Ande-

ren begreifen, wenn man nicht zuerst diese wesentliche Wahrheit erfaßt, daß der Leib des Anderen ganz anders als die anderen Körper wahrgenommen wird: denn man geht bei seiner Wahrnehmung immer von dem aus, was in Raum und Zeit außerhalb seiner ist, und zu ihm über; man erfaßt sein Tun «wider den Strich» durch eine Art zeitlicher und räumlicher Umkehrung. Den Anderen wahrnehmen heißt sich durch die Welt sagen lassen, was er ist.

2. Ich nehme niemals einen Arm wahr, der sich an einem unbeweglichen Leib entlang hochhebt: ich nehme Peter-der-die-Hand-hebt wahr. Damit ist jedoch nicht gemeint, daß ich die Bewegung der Hand urteilsmäßig auf ein «Bewußtsein» bezöge, das sie auslösen würde; vielmehr kann ich die Bewegung der Hand oder des Armes nur als eine zeitliche Struktur des Gesamtleibes erfassen. Hier bestimmt das Ganze die Ordnung und die Bewegungen der Teile. Um sich davon zu überzeugen, daß es sich hier wirklich um eine ursprüngliche Wahrnehmung des Leibs des Anderen handelt, genügt es, sich an den Schauder zu erinnern, den der Anblick eines gebrochenen Armes hervorrufen kann, der «aussieht, als gehöre er nicht zum Leib», oder an eine jener flüchtigen Wahrnehmungen, wenn wir z. B. eine Hand (deren Arm verdeckt ist) wie eine Spinne den Türstock hinauftasten sehen. In solchen Fällen liegt eine Desintegration des Leibes vor, und diese Desintegration fällt auf. Andererseits kennt man die positiven Beweise, mit denen die Gestaltspsychologen oft gearbeitet haben. Es ist auffällig, wie das Foto eine riesige Vergrößerung von Peters Händen verzeichnet, wenn er diese nach vorne streckt (das Foto erfaßt sie in ihren eigentlichen Dimensionen ohne synthetische Verbindung mit der leiblichen Ganzheit), während wir dieselben Hände ohne sichtliche Vergrößerung wahrnehmen, wenn wir sie mit dem bloßen Auge betrachten. In diesem Sinne erscheint der Leib von der Situation aus als synthetische Ganzheit des *Lebens* und des *Handelns*.

Selbstverständlich unterscheidet sich damit der Leib Peters in nichts von Peter-für-mich. Für mich existiert allein der Leib des Anderen mit seinen verschiedenen Bedeutungen; Objekt-für-den-Anderen-Sein oder Leib-Sein, diese beiden ontologischen Modalitäten sind streng gleichwertige Ausdrücke für das Sein-für-den-Anderen des Für-sich. Daher verweisen die Bedeutungen denn auch nicht auf irgendein mysteriöses Seelenleben: sie *sind* dieses Seelenleben, insofern es transzendierte Transzendenz ist. Zweifellos gibt es eine Kryptologie des Seelenlebens: bestimmte Phänomene sind «verdeckt». Das bedeutet aber keineswegs, daß sich die Bedeutungen auf ein «Leibes-Jenseits» bezögen. Sie beziehen sich auf die Welt und auf sich selbst. Inbesonders zeigen uns diese Gemütskundgebungen, oder allgemeiner, die nicht ganz treffend als Ausdruckserscheinungen bezeichneten Phänomene in keiner Weise eine verborgene und von irgendeinem Seelenleben gelebte Erregung an, die der immaterielle Gegenstand psychologischer Untersuchungen wäre: dieses Stirnrunzeln, dieses Rotwerden, dieses Stottern, dieses leichte Zittern der Hände, diese von unten herauf messenden Blicke, die gleichzeitig wie angstvoll und drohend aussehen, *drücken* den Zorn *nicht aus,* sie *sind* der Zorn. Wohlgemerkt: An sich selbst ist eine geballte Faust nichts und bedeutet sie nichts. Aber wir nehmen auch niemals eine geballte Faust wahr: wir nehmen einen Menschen wahr, der in einer bestimmten Situation die Faust ballt. Dieses bedeutungtragende Tun *ist,* in Verbindung mit der Vergangenheit und den Möglichkeiten betrachtet und von der synthetischen Ganzheit des «Leibes-in-Situation» aus verstanden, der Zorn. Er verweist auf nichts anderes als auf Handlungen in der Welt (schlagen, beleidigen usw.), d. h. auf neues bedeutungtragendes Verhalten des Leibes. Wir kommen darüber nicht hinweg: «das psychische Objekt» ist der Wahrnehmung völlig zugänglich, außerhalb leiblicher Strukturen ist es gänzlich undenkbar. Wenn man sich das bisher nicht klargelegt hat oder wenn diejenigen, die wie die Behavioristen darauf zwar hinwiesen, selbst aber nicht wirklich begriffen, was sie sagen wollten und sich der Kritik aussetzten, dann nur deshalb, weil man allzu gerne glaubt, alle Wahrnehmungen gehörten demselben Typus an. Gewiß muß uns die Wahrnehmung das räumlich-zeitliche Objekt unmittelbar geben. Seine fundamentale Struktur ist innere Negation; sie gibt mir das Objekt *so wie es ist,* nicht bloß irgendein Bild von einer unerreichbaren Wirklichkeit. Aber gerade deswegen entspricht einer jeden Wirklichkeitsart eine neue Wahrnehmungsstruktur. Der Leib ist das psychische Objekt schlechthin, *das einzige psychische Objekt.* Aber wenn man bedenkt, daß er transzendierte Transzendenz ist, muß seine Wahrnehmung *wesenhaft* von anderem Typus sein als die von unbelebten Gegenständen. Das heißt aber nicht, daß sie bloß inhaltlich reicher geworden wäre, sondern daß sie von Anfang an anderer Struktur ist. Daher bedarf es zur Erklärung der Tatsache, daß wir das Ausdrucksverhalten *verstehen,* keines Rekurses auf die Gewöhnung oder auf den Analogieschluß: dieses Verhalten gibt sich der Wahrnehmung schon von Anfang an als verstehbar dar; sein Sinngehalt gehört zu seinem Sein wie die Farbe des Papiers zu dessen Sein. Es bedarf also ebensowenig eines Rückgriffs auf anderes Verhalten, um ein Verhalten zu verstehen, wie es auch keines Rückgriffs auf die Farbe des Tisches, des Laubwerks oder anderen Papieres bedarf, um die Farbe des vor mir liegenden Blattes Papier wahrzunehmen.

Nun ist uns doch der Leib des Anderen unmittelbar als das, was der Andere *ist,* gegeben. In diesem Sinne erfassen wir ihn als das, was durch jegliche besondere Bedeutung ständig auf ein Ziel hin überschritten wird. Nehmen wir als Beispiel einen Mann, der geht. Von Anfang an verstehe ich sein Gehen von einem räumlich-zeitlichen Ganzen her (Straße – Fahrbahn – Trottoir – Geschäfte – Autos usw.), dessen bestimmte Strukturen den zukünftigen Sinn des Gehens darstellen. Ich nehme dieses Gehen wahr, indem ich die Gegenwart von der Zukunft aus verstehe – obwohl die fragliche Zukunft doch der universalen Zeit angehört und ein reines «Jetzt» ist, das noch nicht da ist. Das Gehen selbst, dieses bloße unfaßbare und nichtende Werden, ist die *Gegenwart*. Aber diese Gegenwart ist Überschreitung auf ein Künftiges von *etwas* hin, das da geht: jenseits der reinen und unfaßbaren Gegenwart der Armbewegung suchen wir das Substrat der Bewegung zu erfassen. Dieses Substrat, das wir niemals so, wie *es ist*, erfassen, es sei denn am Leichnam, ist jedoch immer als das Überschrittene, *das Vergangene*, da. Wenn ich von einem Arm-in-Bewegung spreche, betrachte ich diesen Arm, der *in Ruhe war*, als Substanz der Bewegung. Wir haben in unserem zweiten Teil darauf hingewiesen, daß eine solche Auffassung unhaltbar ist: was sich bewegt, kann nicht der unbewegliche Arm sein, die Bewegung ist eine Krankheit des Seins. Ebenso gewiß bezieht sich die physische Bewegung auf zweierlei, auf das künftige Glied ihres *Abschlusses* und auf das vergangene Glied: das von ihr veränderte und überschrittene unbewegliche Organ. Und ich nehme gerade die Bewegung-des-Armes als einen ständigen und unfaßbaren Verweis auf ein vergangenes-Sein wahr. Dieses vergangene-Sein (den Arm, das Bein, den Leib, die sich in Ruhe befinden) sehe ich nicht, ich kann es immer nur *durch* die es überschreitende Bewegung *hindurch*, bei der ich anwesend bin, erblicken, so wie man auf dem Grund des Flusses durch die Bewegung des Wassers hindurch einen Kiesel erblickt. Jedoch ist diese immer *überschrittene* und niemals *realisierte* Seinsunbeweglichkeit, auf die ich mich zur Bezeichnung *dessen, was* in Bewegung *ist*, ständig beziehe, nichts als die reine Faktizität, das bloße *Fleisch*, das bloße *An-sich* als ständig vergangen gemachte Vergangenheit der transzendierten Transzendenz.

Dieses bloße An-sich, das nur als *Überschrittenes* existiert, wird in und durch diese Überschreitung zum *Leichnam*, wenn es durch die transzendierte Transzendenz nicht mehr gleichwertig enthüllt und maskiert wird. Es ist als *Leichnam*, d. h. als *bloße Vergangenheit eines Lebens*, als *bloße Spur*, erst von jener Überschreitung aus wirklich verstehbar, von der es nicht mehr überschritten wird: es ist *das, was (bisher) auf ständig erneuerte Situationen hin überschritten worden ist*. Insofern es aber andererseits dem Gegenwärtigen als reines An-sich erscheint, existiert es mit Bezug auf die anderen «Da» in der einfachen Relation gleichgültiger Äußerlichkeit:

der Leichnam *ist nicht mehr in Situation.* Gleichzeitig zerfällt es auch in sich selbst in eine Mannigfaltigkeit von Gliedern, die untereinander nur noch in reinen Äußerlichkeitsbeziehungen stehen. Das Studium dieser die Faktizität immer unterspannenden Äußerlichkeit heißt, insofern diese Äußerlichkeit immer nur am Leichnam wahrnehmbar ist, Anatomie. Die synthetische Rekonstitution des Lebendigen von der Leiche aus heißt *Physiologie.* Sie hat sich von Anfang an dazu verurteilt, vom Leben nichts zu verstehen, da sie dieses einfach als besondere Modalität des Todes begreift, da sie die unendliche Teilbarkeit der Leiche als ursprünglich ansieht und die synthetische Einheit des «Überschreitens auf» nicht erkennt, für die die unendliche Teilbarkeit pure *Vergangenheit* ist. Selbst das Studium des Lebens am Lebendigen, selbst die Vivisektionen, selbst das Studium des Lebens des Protoplasmas, selbst die Embryologie oder das Studium des Eies können das Leben nicht wiederfinden: das beobachtete Organ ist zwar lebendig, aber es ruht nicht organisch in der synthetischen Einheit *eines Lebens,* es wird von der Anatomie, d. h. vom Tod, aus begriffen. Es wäre also ein Riesenirrtum zu glauben, der Leib des Anderen, der sich uns ursprünglich enthüllt, sei der Leib der Anatomie und Physiologie. Der Fehler ist genauso schwer wie der, den man macht, wenn man unsere Sinne «für uns» mit unseren Sinnesorganen-für-den-Anderen verwechselt. Vielmehr ist der Leib des Anderen die Faktizität der transzendierten Transzendenz, insofern diese Faktizität ständig *Geburt* ist, d. h. sich auf die gleichgültige Äußerlichkeit eines ständig überschrittenen An-sich bezieht.

Diese Überlegungen gestatten eine Erklärung dessen, was man als *Charakter* bezeichnet. Es ist darauf hinzuweisen, daß der Charakter nur als Gegenstand der Erkenntnis für den Anderen eine bestimmte Existenz hat. Das Bewußtsein erkennt seinen Charakter nicht – es sei denn, es bestimme sich reflexiv vom Standpunkt des Anderen aus –, es existiert ihn (in reiner Unbestimmtheit und weder thematisch noch thetisch) in der Erfahrung seiner eigenen Zufälligkeit und in der Nichtung, durch welche es seine Faktizität erkennt und überschreitet. Deshalb ergibt die reine introspektive Selbstdarstellung niemals einen Charakter: Prousts Held «hat keinen» unmittelbar greifbaren Charakter; er bietet sich zunächst, insofern er sich seiner selbst bewußt ist, als eine Gefüge allgemein menschlicher Reaktionen dar («Mechanismen» der Leidenschaft, der Gefühle, Abfolgeordnung der Erinnerungen usw.), in welchem sich jeder beliebige erkennen kann: denn diese Reaktionen gehören zur allgemeinen «Natur» des Seelischen. Wenn uns (wie es *Abraham* in seinem Buch über Proust versucht hat) eine Bestimmung des Charakters des Proustschen Helden gelingt (in seiner Schwäche zum Beispiel, in seiner Passivität, in der einzigartigen Verbindung zwischen Liebe und Geld bei ihm), dann *interpretieren* wir die nackten Gegebenheiten: wir nehmen ihnen gegenüber einen Außenstandpunkt ein, wir vergleichen sie und versuchen eine Heraushebung fester und objektiver Beziehungen aus ihnen. Aber das erfordert ein Abstandnehmen: solange der Leser völlig in der Sehweise des Buches bleibt und sich mit dem Helden des Romans identifiziert, entzieht sich ihm der Charakter «Marcels»; besser gesagt, auf dieser Ebene existiert gar kein Charakter. Er erscheint erst, wenn ich mich von dem Standpunkt des Schriftsteller loslöse und das Buch nicht mehr als Gesinnungsfreund, sondern als ein Gesinnungszeugnis, besser noch: als ein *Dokument* betrachte. Dieser Charakter existiert also nur auf der Ebene des Für-den-Andern, und das ist der Grund dafür, warum die Maximen und Beschreibungen der «Moralisten», d. h. jener französischen Schriftsteller, die eine objektive Gesellschaftspsychologie versuchten, sich niemals mit der erlebten Erfahrung des Subjektes decken. Wenn der Charakter wesenhaft nur *für den Andern* existiert, so kann er sich aber vom Leib, wie wir diesen beschrieben haben, nicht unterscheiden. Die Meinung etwa, das Temperament sei *Ursache* des Charakters und das «sanguinische Temperament» sei *Ursach*e der Iraszibilität, bedeutet eine Deutung des Charakters als eine zwar alle Aspekte der Objektivität aufweisende, aber dennoch subjektive und vom Subjekt *erlittene* psychische Entität. Die Iraszibilität des Anderen wird von außen her erkannt und von Anfang an von meiner Transzendenz transzendiert. In diesem Sinne unterscheidet sie sich z. B. nicht vom «sanguinischen Temperament». In beiden Fällen erfassen wir dasselbe apoplektische Rotwerden, dasselbe leibliche Aussehen, aber wir transzendieren diese Gegebenheiten je nach unseren Entwürfen verschieden: wir haben es mit dem *Temperament* zu tun, wenn wir dieses Rotwerden als Kundgebung des *Leibs-als-Hintergrundes* betrachten, d. h. unter Absehen von den Verbindungen, in welchen dieses Rotwerden mit der Situation steht; wenn wir es hingegen *vom Leichnam aus* zu begreifen suchen, dann können wir es physiologisch und medizinisch studieren; wenn wir es schließlich umgekehrt im Ausgang von der Gesamtsituation ins Auge fassen, so ist dieses Rotwerden der Zornausbruch selbst, oder doch eine Ankündigung desselben, noch besser ein Zornausburch im Ankündigungsstadium, d. h. ein ständiges und festes Verhältnis zu den Zeugdingen, eine Potentialität. Zwischen dem Temperament und dem Charakter gibt es also nur einen begrifflichen Unterschied, Charakter und Leib sind realidentisch. Das rechtfertigt die Versuche zahlreicher Autoren, als Grundlage charakterologischer Studien eine Physiognomik einzuführen, und insbesondere die schönen Untersuchungen *Kretsch-*

mers über Körperbau und Charakter. Dieser Charakter des Anderen ist der Anschauung unmittelbar als synthetisches Ganzes gegeben. Das besagt nicht, daß wir ihn sofort *beschreiben* könnten. Es braucht Zeit, bis wir differenzierte Strukturen erfassen, gewisse affektiv sofort erfaßte Gegebenheiten auseinanderlegen und den ungegliederten Gesamteindruck, der der Leib des Anderen ist, in organisierte Gestalt verwandeln können. Wir können uns täuschen, zur *Interpretation* dessen, was wir sehen, ist ein Rückgriff gestattet auf allgemeine und diskursive Erkenntnisse (auf an anderen Subjekten empirisch oder statistisch aufgestellte Gesetze). Aber immer handelt es sich lediglich um eine Auseinanderlegung und Gliederung des Inhalts unserer ursprünglichen Anschauung im Hinblick auf Voraussicht und Handeln. Das ist ja zweifellos auch der Sinn der Alltagsmeinung: «Der erste Eindruck ist immer richtig.» Schon bei der ersten Begegnung ist der Andere ohne Schleier und Geheimnis ganz und unmittelbar gegeben. Einen Fortschritt in der Einsicht gibt es hier nur in der Weise eines zusätzlichen Verstehens, Auseinanderlegens und Würdigens.

Aber auf diese Weise ist uns der Andere nach dem gegeben, was er *ist*. Der Charakter unterscheidet sich nicht von der Faktizität, d. h. von der ursprünglichen Zufälligkeit. Nun aber erfassen wir den Anderen als *frei*; wir haben oben darauf hingewiesen, daß die *Freiheit* als unbedingtes Vermögen, die Situationen zu verändern, eine gegenständliche Eigenschaft des Anderen darstellt. Dieses Vermögen unterscheidet sich nicht von demjenigen, das den Anderen ursprünglich konstituiert und überhaupt eine Situation existieren läßt: eine Situation verändern können ist genau dasselbe wie eine Situation existieren lassen. Die gegenständliche Freiheit des Anderen ist nur transzendierte Transzendenz; sie ist, wir haben es festgestellt, Freiheit-als-Gegenstand. In diesem Sinne erscheint uns der Andere als das, was sich von einer ständig veränderten Situation aus verstehen muß. Er ist das, was bewirkt, daß der Leib immer das *Vergangene* ist. In diesem Sinne gibt sich uns der Charakter des Anderen als das *Überschrittene*. Selbst die Iraszibilität als Ankündigung des Zornausbruchs ist immer überschrittene Ankündigung. Darum gibt sich der Charakter als die Faktizität des Anderen dar, insofern sie meiner Anschauung zugänglich ist, aber auch insofern sie nur da ist, um überschritten zu werden. In diesem Sinne heißt «zornig werden» allein dadurch, daß man der Iraszibilität freien Lauf läßt, sie bereits überschreiten und ihr einen Sinn geben; der Zornausbruch erscheint also als die Wiedergewinnung der Iraszibilität durch die Freiheit-als-Gegenstand. Das besagt nicht, daß wir hier auf eine Subjektivität verwiesen würden, sondern daß das, was wir hier transzendieren, nicht etwa bloß die Faktizität des Anderen, sondern seine Transzendenz, nicht etwa bloß sein Sein, d. h. seine Vergangenheit, sondern seine Gegenwart und seine Zukunft ist. Obwohl mir der Zorn des Anderen immer als freier-Zorn erscheint (was evident ist aus der bloßen Tatsache, daß ich über ihn *urteile*), kann ich ihn immer transzendieren, d. h. ihn schüren oder dämpfen, besser gesagt: *indem* ich ihn überschreite, und *nur* dadurch kann ich ihn überhaupt erfassen. Darum ist der Leib als Faktizität der transzendierten Transzendenz immer Leib-der-über-sich-hinaus-weist: hinaus gleichzeitig in den Raum – d. h. die Situation – und in die Zeit – d. h. Freiheit-als-Gegenstand. Der Leib-für-den-Anderen ist der magische Gegenstand schlechthin. Darum ist der Leib des Anderen immer «Leib-mehr-als-Leib», denn der Andere ist mir in der ständigen Überschreitung seiner Faktizität unmittelbar und vollständig gegeben. Aber diese Überschreitung verweist mich nicht auf eine Subjektivität: sie ist die gegenständliche Tatsache, daß mir der Leib – sei es als Organismus, als Charakter oder als Werkzeug – niemals ohne *Umgebung* erscheint und immer von dieser Umgebung aus bestimmt werden muß. Der Leib des Anderen darf nicht mit seiner Gegenständlichkeit verwechselt werden. Die Gegenständlichkeit des Anderen ist seine Transzendenz als transzendierte. Der Leib ist die Faktizität dieser Transzendenz. Aber Leiblichkeit und Gegenständlichkeit des Anderen sind streng untrennbar voneinander.

III

Die dritte ontologische Dimension des Leibes

Ich existiere meinen Leib: das ist seine erste Seinsdimension. Mein Leib wird vom Anderen gebraucht und erkannt: das ist seine zweite Dimension. Insofern *ich* jedoch *für den Anderen bin,* enthüllt sich mir der Andere als das Subjekt, für das ich Objekt bin. Es handelt sich auch hier, wie wir gesehen haben, um meine fundamentale Beziehung zum Anderen. Ich existiere also für mich als vom Anderen Erkannter – insbesondere gerade auch in meiner Faktizität. Ich existiere für mich als vom Anderen als Leib Erkannter. Das ist die dritte ontologische Dimension meines Leibes. Diese wollen wir jetzt betrachten; mit ihr werden wir die Frage der Seinsweisen des Leibes erschöpft haben.

Mit dem Erscheinen des Blickes des Anderen enthüllt sich mir mein Objekt-Sein, d. h. meine Transzendenz als transzendierte. Ein Ich-als-Objekt enthüllt sich mir als das unerkennbare Sein, als die Flucht in den Anderen, die ich in voller Verantwortlichkeit bin. Aber wenn ich dieses Ich nicht in seiner Realität erkennen noch auch bloß denken kann, so bin ich doch nicht, ohne daß ich bestimmte seiner formalen Strukturen erfaßte. Insbesondere fühle ich mich vom Anderen in meiner faktischen Existenz betroffen; ich bin für mein Da-Sein-für-den-Anderen verantwortlich. Dieses *Da-Sein* ist genau der Leib. Darum werde ich durch die Begegnung mit dem Anderen nicht nur in meiner Transzendenz betroffen: in und durch die Transzendenz, die der Andere überschreitet, existiert die von meiner Transzendenz genichtete und transzendierte Faktizität für den Anderen und, im Maße ich mir meines Existierens für den Anderen bewußt bin, erfasse ich meine eigene Faktizität nicht mehr bloß in ihrer nichtthetischen Nichtung, nicht mehr bloß, indem ich *sie existiere*, sondern in ihrer Flucht auf ein Weltstück-Sein hin. Der Schrecken der Begegnung mit dem Anderen besteht darin, daß diese mir in leer anzeigender Weise enthüllt, wie sehr die Existenz meines Leibes im Außenaspekt für den Anderen ein An-sich ist. So gibt sich mein Leib nicht einfach als das rein und schlicht Erlebte dar: sondern dieses Erlebte selbst verlängert sich in und durch die zufällige und absolute Tatsache des Anderen nach außen in einer mir entgehenden Fluchtdimension. Die Seinstiefe meines Leibs-für-mich ist dieses ständige «Außen» meines intimsten «Innen». Im Maße die Allgegenwart des Anderen die fundamentale Tatsache ist, ist die Gegenständlichkeit meines Da-Seins eine konstante Dimension meiner Faktizität; ich existiere meine Zufälligkeit, indem ich sie auf meine Möglichkeiten hin überschreite und sie tückisch auf ein Unwiderrufliches hin vor mir wegflieht. Mein Leib ist nicht nur da als der Standpunkt, der ich bin, sondern auch als ein Standpunkt, dem gegenüber jetzt Standpunkte eingenommen werden, die ich nie werde einnehmen können; er entzieht sich mir nach allen Seiten. Das bedeutet zunächst, daß dieses Gesamt der *Sinne*, die sich selbst nicht erfassen können, sich als von anderswoher und von Anderen erfaßt zeigt. Dieses Erfaßtwerden, das sich dergestalt in Leeranzeigung kundtut, hat nicht den Charakter einer ontologischen Notwendigkeit, man kann es nicht von der Existenz meiner Faktizität ableiten, sondern es ist eine evidente und absolute Tatsache; es hat den Charakter einer Tatsachennotwendigkeit. Da meine Faktizität reine Zufälligkeit ist und sich mir als Tatsachennotwendigkeit nichtthetisch enthüllt, vervielfältigt das Sein-für-den-Anderen dieser Faktizität die Zufälligkeit dieser Faktizität: sie verliert sich und flieht vor mir in eine sich mir entziehende Unendlichkeit von Zufälligkeit. Sobald ich daher meine Sinne als den intimen Standpunkt *erlebe*, dem gegenüber ich keinen Standpunkt einnehmen kann, überfällt mich ihr Sein-für-den-Anderen: sie *sind*. Sie sind für den Anderen wie dieser Tisch oder dieser Baum für mich ist, sie sind ein Stück *irgendeiner Welt*; sie sind in und durch das absolute Abfließen *meiner* Welt auf den Anderen hin. Darum ist mir die Relativität meiner Sinne, die ich abstrakt nicht denken kann, ohne *meine* Welt zu zerstören, gleichzeitig ständig durch die Existenz des Anderen vergegenwärtigt; aber das ist eine bloße und unerfaßbare Appräsentation. Ebenso ist mein Leib für mich das Werkzeug, das ich bin und das von keinem Werkzeug gebraucht werden kann; aber im Maße der Andere in der ursprünglichen Begegnung mein Da-Sein auf seine Möglichkeiten hin transzendiert, ist mir dieses Werkzeug, das ich bin, als in einer unendlichen Werkzeugreihe stehendes Werkzeug vergegenwärtigt, obwohl ich keinen Standpunkt einzunehmen vermag, von dem aus ich diese Reihe überschauen könnte. In seiner Entfremdung entzieht sich mir mein Leib in ein Werkzeug-unter-Werkzeugen-Sein, in ein Von-Sinnesorganen-als-Sinnesorgan-Erfaßtwerden, und zwar mit einer entfremdenden Zerstörung und einem konkreten Zerfall *meiner* Welt, die auf den Anderen zu abfließt und von diesem in *seine* Welt aufgenommen wird. Wenn mich z. B. ein Arzt auskultiert, *nehme ich sein Ohr wahr* und, im Maße die Gegenstände der Welt mich als absolutes Beziehungszentrum anzeigen, zeigt dieses wahrgenommene Ohr gewisse Strukturen als Gestalten an, die ich auf meinem Leib-als-Hintergrund existiere. Diese Strukturen sind genau – und zwar im bloßen Auftreten meines Seins – rein Erlebtes, das, was ich existiere und was ich nichte. Darum haben wir hier zunächst die ursprüngliche Verbindung zwischen der Bezeichnung und dem Erlebten: die wahrgenommenen Dinge bezeichnen das, was ich subjektiv «existiere». Sobald ich jedoch über dem Zusammenbruch des sinnlichen Gegenstandes «Ohr» den Arzt erfasse, wie er die Geräusche meines Leibes hört und mit seinem Leib meinen Leib empfindet, wird das bezeichnete Erlebte Bezeichnetes in der Weise eines *Dinges außerhalb meiner Subjektivität,* eines Stückes in der Welt, die nicht meine ist. Mein Leib wird als entfremdeter bezeichnet. Die Erfassung meiner Entfremdung vollzieht sich in und durch affektive Strukturen, wie es etwa die *Schüchternheit* ist. Die «Empfindung, rot zu werden», die «Empfindung, in Schweiß zu geraten» usw. sind uneigentliche Ausdrücke, deren sich der Schüchterne zur Darstellung seines Zustandes bedient: was er damit meint, ist ein lebhaftes und ständiges Bewußtsein seines Leibes, so wie dieser nicht für ihn, sondern *für den Anderen* ist. Dieses ständige Unbehagen, das eine Erfassung der Entfremdung meines Leibes als von etwas Unwiderruflichem darstellt, kann Psychosen herbeiführen wie etwa die Ereuthophobie; diese sind nichts anderes wie das metaphysische und schreckerfüllte Erfassen der Existenz meines Leibes für den Anderen. Es gibt die häufige Wendung, den Schüchternen «bringe sein eigener Leib in Verlegenheit». In Wahrheit ist das aber ein uneigentlicher Ausdruck: von meinem Leib, wie ich ihn existiere, kann ich nicht in Verlegenheit gebracht werden. Was mich in Verlegenheit bringen kann, ist mein Leib, so wie er für den Anderen ist. Und selbst so ist der Ausdruck nicht glücklicher, denn in Verlegenheit bringen kann mich nur etwas Konkretes, innerhalb meiner Welt Liegendes, das mich im Gebrauch anderer Werkzeuge hindert. Hier liegt die Verlegenheit tiefer, denn das, was mich stört, ist abwesend; niemals begegne ich meinem Leib-für-den-Anderen als einem Hindernis, im Gegenteil, weil er niemals da ist, weil er unerfaßbar bleibt, nur deswegen kann er *störend* werden. Ich suche ihn zu erreichen, zu beherrschen, mich seiner als eines Werkzeugs zu bedienen – denn er gibt sich ja auch als *Werkzeug in einer Welt* –, um ihm die angebrachte Gestalt und Haltung zu geben: aber er ist grundsätzlich unerreichbar, auch alle meine Versuche, ihn mir anzueignen, entziehen sich mir ebenso und erstarren, abgerückt von mir, zum Leib-für-den-Anderen. Darum muß ich, ständig «im Finstern tappend», handeln und auf bloße Mutmaßung hin schießen, ohne je den Erfolg meines Schießens kennenlernen zu können. Eben deswegen bemüht sich ja auch der Schüchterne, sobald er die Vergeblichkeit seiner Versuche erkennt, darum, seinen Leib-für-den-Anderen zum Verschwinden zu bringen. Wenn er wünscht, «keinen Leib mehr zu haben», «unsichtbar» zu sein usw., dann will er nicht seinen Leib-für-sich vernichten, sondern diese unerfaßbare Dimension des entfremdeten Leibes.

Tatsächlich sprechen wir dem Leib-für-den-Anderen ebensoviel Realität zu wie dem Leib-für-uns. Noch besser: der Leib-für-den-Anderen ist der Leib-für-uns, aber als unerreichbarer und entfremdeter. Es sieht dann so aus, als erfülle der Andere für uns eine Funktion, die wir selbst nicht erfüllen können und doch erfüllen sollten: *uns zu sehen, wie wir sind.* Dadurch, daß uns die Sprache – in Leeranzeige – die Hauptstrukturen unseres Leibes-für-den-Anderen enthüllt (der existierte Leib selbst bleibt unaussprechlich), verleitet sie uns dazu, unsere vorgebliche Aufgabe vollständig dem Anderen aufzuhalsen. Wir geben uns damit zufrieden, uns mit den Augen des Anderen zu sehen; das besagt: wir suchen die Erkenntnis unseres Seins auf dem Wege über die Enthüllungen der Sprache. Auf diese Weise erscheint ein ganzes System von Wortentsprechungen, durch das wir unseren Leib, so wie er für den Anderen ist, bezeichnen lassen, wobei wir diese Bezeichnung dann gleichzeitig auch für unseren Leib, wie er für uns ist, verwenden. Auf dieser Ebene bildet sich dann die Analogiegleichung zwischen dem Leib des Anderen und meinem Leib aus. Und um denken zu können: «mein Leib ist für den Anderen dasselbe, was der Leib des Anderen für mich ist», muß ich ja wirklich dem Anderen erst in seiner vergegenständlichenden Subjektivität, dann in seiner Gegenständlichkeit begegnet sein; um den Leib des Anderen als einen mit meinem Leib gleichgearteten Gegenstand beurteilen zu können, muß er mir als Gegenstand gegeben gewesen sein und muß mir mein Leib seinerseits eine Gegenstandsdimension enthüllt haben. Niemals kann die Analogie oder Ähnlichkeit *zuerst* den Leib des Anderen als Gegenstand und die Gegenständlichkeit meines Leibes konstituieren, vielmehr müssen diese beiden Gegenständlichkeiten schon existieren, wenn ein Analogieprinzip seine Rolle soll spielen können. Hier hat also die Sprache ihre Stelle, die mir die Strukturen kundgibt, die mein Leib für den Anderen besitzt. Aber wohlgemerkt, nicht auf der unreflektierten Ebene kann die Sprache mit ihren Bedeutungen zwischen meinen Leib und mein Bewußtsein, das diesen existiert, treten. Auf dieser Ebene können die Entfremdung des Leibes und seine dritte Seinsdimension nur leer erlebt werden, sie sind lediglich eine Verlängerung der gelebten Faktizität. Kein Begriff, keine erkennende Anschauung kann sich damit verbinden. Das Gegenstandsein meines Leibs für den Anderen ist nicht Gegenstand für mich und kann meinen Leib nicht als Gegenstand konstituieren: es wird erlebt als Flucht des Leibes, den ich existiere. Damit die Erkenntnisse, die der Andere von meinem Leib hat und die er mir durch die Sprache mitteilt, meinem Leib-für-mich eine Struktur besonderer Art geben können, müssen sie sich auf einen Gegenstand beziehen und muß mein Leib bereits Gegenstand für mich sein. Auf der Ebene des reflexiven Bewußtseins also können sie ins Spiel treten: was sie bestimmen, ist nicht die Faktizität als bloß *Existiertes* des nichtthetischen Bewußtseins, vielmehr die Faktizität als durch die Reflexion erfaßter Quasi-Gegenstand. Indem diese begriffliche Schicht zwischen den Quasi-Gegenstand und das reflexive Bewußtsein tritt, vollendet sie die Vergegenständlichung des psychischen Quasi-Leibs. Die Reflexion erfaßt, wie wir gesehen haben, die Faktizität und überschreitet sie auf ein Irreelles hin, dessen *esse* ein reines *percipi* ist und das wir als *psychisch* bezeichnet haben. Dieses Psychische ist konstituiert. Die begrifflichen Erkenntnisse, die wir in unserer Geschichte erwerben und die alle aus unserem Umgang mit dem Anderen stammen, erzeugen eine konstitutive Schicht des psychischen Leibes. Mit einem Wort: insofern wir unseren Leib reflexiv erleiden, konstituieren wir ihn durch die konstituierende Reflexion als Quasi-Gegenstand – darum stammt die Beobachtung aus uns selbst. Aber sobald wir ihn *erkennen*, d. h. ihn in einer rein erkenntnismäßigen Anschauung erfassen, konstituieren wir ihn gerade durch diese Anschauung mittels der Erkenntnisse des Anderen, d. h. so, wie er von sich aus nie für uns sein könnte. Die erkennbaren Strukturen unseres psychischen Leibes zeigen also schlicht und leer seine ständige Entfremdung an. Anstatt diese Entfremdung zu leben, konstituieren wir sie in Leerform durch Überschreitung der gelebten Faktizität auf den Quasi-Gegenstand hin, der der Leib-als-psychischer ist, und durch Überschreitung hinwiederum dieses *erlittenen* Quasi-Gegenstandes auf Seinscharaktere hin, die mir grundsätzlich nicht gegeben sein können und die lediglich bezeichnet sind.

Kommen wir beispielsweise auf unsere Beschreibung des «psychischen» Schmerzes zurück! Wir sahen, wie ihn die Reflexion, indem sie ihn «erlitt», als Übel konstituierte. Aber wir mußten dann in unserer Beschreibung innehalten, da uns die Mittel zur Weiterführung fehlten. Jetzt können wir weitergehen: das Übel, das ich erleide, kann ich in seinem An-sich betrachten, genauer: in seinem Sein-für-den-Anderen. In diesem Augenblick *erkenne* ich es, d. h. betrachte ich es in seiner Seinsdimension, die sich mir entzieht, nach der Seite, die es dem Anderen zuwendet, und meine Betrachtung wird vom Wissen durchdrungen, das mir die Sprache vermittelt hat, d. h.: ich gebrauche Instrumentalbegriffe, die mir vom Anderen her zufließen, die ich keinesfalls hätte allein bilden und auf deren Anwendung auf *meinen* Leib ich aus mir selbst hätte gar nicht kommen können. *Erkennen* kann ich meinen Leib nur mittels der Begriffe des Anderen. Aber daraus folgt: in der Reflexion nehme ich meinem Leib gegenüber den Standpunkt des Andern ein, ich suche meinen Leib zu erfassen, als wäre ich ihm gegenüber der Andere. Natürlich konstituieren die Kategorien, die ich dann auf das Übel anwende, dieses Übel in *Leerform*, d. h. in einer sich mir entziehenden Dimension. Warum aber dann von Anschauung sprechen? Weil trotz alledem der *erlittene Leib* als Kern, als Material für die entfremdenden Bedeutungen dient, die ihn überschreiten: dieses *Übel* entzieht sich mir auf neue Charakteristika hin, die ich als Aufbaugrenzen und Aufbauleerschemata auffasse. Darum erscheint mir z. B. mein als psychisch erlittenes Übel reflexiv als *Magen*weh. Selbstverständlich *ist* der «Magen»schmerz der Magen selbst, insofern er schmerzhaft erlebt wird. Als solcher ist er vor dem Dazutreten der entfremdenden erkenntnismäßigen Schicht weder Ortszeichen noch Identifikation. Das Magenweh ist der dem Bewußtsein als reine Schmerzqualität gegenwärtige Magen. Als solches unterscheidet sich das Übel, wie wir gesehen haben, durch sich selbst – ohne verstandesmäßige Identifikation oder Unterscheidung – von jedem anderen Schmerz und jedem anderen Übel. Nur daß auf dieser Ebene der Magen etwas Unaussprechliches, Unbenennbares und Undenkbares ist: er ist ausschließlich diese erlittene Gestalt, die sich von dem Hintergrund des existierten Leibs abhebt. Das vergegenständlichende Wissen, das jetzt das erlittene Übel auf den nun mit einem Namen versehenen *Magen* hin überschreitet, ist Wissen um eine gegenständliche Natur des Magens: ich weiß, daß er wie ein Dudelsack aussieht, eine Art

Tasche ist, Säfte, Diastasen erzeugt, von einem glatten Muskel umgeben ist usw. Ich kann auch wissen, – und zwar weil es mir der Arzt gesagt hat –, daß er von einem Geschwür befallen ist. Und wiederum kann ich mir auch dieses Geschwür mehr oder weniger deutlich vorstellen. Ich kann es betrachten als etwas, das an meinem Magen nagt, als eine leichte innere Fäulnis, ich kann es mir denken nach Analogie von Abszessen, Fieberpusteln, Eiter, Krebsbildungen usw. All dies stammt prinzipiell von den Erkenntnissen her, die ich über die Anderen erworben habe, oder aber von den Erkenntnissen, die die Anderen von mir haben. Jedenfalls kann dies mein Übel nicht konstituieren, insofern es mir *lebendig zugehört*, sondern insofern es sich mir entzieht. Der Magen und das Geschwür werden zu Fluchtrichtungen, zu Entfremdungsperspektiven jenes Gegenstands, der mir lebendig zugehört. Damit erscheint eine neue Daseinsschicht: erst überschritten wir den erlebten Schmerz auf das erlittene *Übel* zu, nun überschreiten wir das Übel auf die *Krankheit* zu. Als *psychische* ist die Krankheit von der dem Arzt bekannten und vom Arzt beschriebenen Krankheit grundlegend verschieden: sie ist ein Zustand. Hier ist nicht die Rede von Mikroben oder Gewebeschäden, sondern von einer synthetischen Zerstörungsgestalt. Diese Gestalt *entzieht sich mir grundsätzlich*; sie offenbart sich von Zeit zu Zeit durch Schmerz«anfälle», durch «Krisen» meines Übels, aber in der Zwischenzeit bleibt sie, ohne zu verschwinden, unfaßbar. *Für die Anderen* ist sie dann gegenständlich enthüllbar: von den Anderen habe ich mein Wissen um sie, die Anderen können sie diagnostizieren; für die Anderen ist sie gegenwärtig, selbst wenn sie mir nicht bewußt ist. Sie ist also in der Tiefe ihres Wesens schlicht und einfach ein *Sein-für-den-Anderen*. Wenn ich nicht leide, spreche ich von ihr und benehme mich ihr gegenüber wie mit Bezug auf einen Gegenstand, der prinzipiell außer meiner Reichweite liegt und sich in den Händen der Anderen befindet. Wenn ich Gallenkoliken habe, trinke ich keinen Wein, um nicht neue Leberschmerzen zu bekommen. Aber mein Wille, nicht neue Leberschmerzen zu bekommen, unterscheidet sich in nichts von dem Willen, den Verboten des Arztes zu gehorchen, der mir diese Leberschmerzen enthüllt hat. Darum ist ein Anderer an *meiner Krankheit* schuld. Und deswegen behält dieser Gegenstand, der mir von den Anderen her zukommt, Eigenschaften verminderter Spontaneität, die davon herrühren, daß ich ihn durch mein Übel hindurch erfasse. Ich will diesen neuen Gegenstand nicht lange beschreiben, auch nicht mich bei seinen Eigenschaften magischer Spontaneität, zerstörerischer Finalität, bösartiger Kraft aufhalten, noch auch dabei, wie er sich bei mir einnistet und konkrete Beziehungen mit meinem Sein unterhält (er ist ja vor allem *meine* Krankheit). Ich will nur darauf hinweisen, daß in der Krankheit als solcher der Leib gegeben ist; ebenso wie er der Träger des Übels war, so ist er jetzt der Träger der Krankheit, der Gegenstand ihrer Zerstörung, dasjenige, in dem sich diese zerstörerische Gestalt ausbreitet. Darum ist der kranke Magen im Magenschmerz als das Material gegenwärtig, woraus dieser Magenschmerz gemacht ist. Er ist da, er ist der Anschauung zugänglich, und ich erfasse ihn durch den erlittenen Schmerz hindurch mit seinen Eigenschaften. Ich erfasse ihn als *das, an dem es nagt,* als «eine Tasche wie ein Dudelsack» usw. Ich sehe ihn nicht, gewiß, aber ich weiß, daß er *mein Schmerz* ist. Hier liegt der Grund für jene, oft fälschlicherweise als «Endoskopie» bezeichneten Phänomene. In Wahrheit sagt mir – im Gegensatz zu dem, was *Sollier* behauptet – der Schmerz als solcher gar nichts über meinen Magen. Vielmehr konstituiert mein Wissen in und durch den Schmerz einen *Magen-für-den-Anderen,* der mir selbst als konkrete und durch genauso viele gegenständliche Eigenschaften definierte Abwesenheit erscheint, als ich davon habe erkennen können. Prinzipiell aber ist der so definierte Gegenstand der Entfremdungspol meines Schmerzes; er ist prinzipiell das, was ich bin, ohne daß ich es zu sein habe und ohne daß ich es auf Anderes hin zu transzendieren vermag. Wie daher ein Sein-für-den-Anderen meine nichtthetisch erlebte Faktizität heimsucht, genauso sucht ein Objekt-Sein-für-den-Anderen als Entzugsdimension meines psychischen Leibes die für die konstituierende Reflexion als Quasi-Objekt konstituierte Faktizität heim. Genauso kann der reine Ekel auf eine Entfremdungsdimension hin überschritten werden; dann gibt er mir meinen Leib-für-den-Anderen in seiner «Haltung», seiner «Physiognomie» dar; und er selbst gibt sich mir dann als *Abscheu* vor meinem Gesicht, als Abscheu vor meiner zu weißen Haut, vor meinem zu unlebendigen Ausdruck usw. Nur muß man das Verhältnis umstellen; ich habe nicht *vor* alldem Abscheu. Vielmehr *ist* der Ekel all das als nichtthetisch Existiertes. Und meine Erkenntnis verlängert ihn auf das hin, was er für den Anderen ist. Denn der Andere eben erfaßt meinen Ekel genau als *Haut und Fleisch,* in der Ekelhaftigkeit jeglichen Fleisches.

Mit den vorausgegangenen Ausführungen haben wir die Beschreibung der Erscheinungen meines Leibes noch nicht erschöpft. Zu beschreiben bleibt uns noch etwas, was wir als einen *Abweichungstyp* seiner Erscheinung bezeichnen wollen. Ich kann ja doch meine Hände sehen, meinen Rücken berühren, den Geruch meines Schweißes empfinden. Dann erscheint mir z. B. meine Hand als ein Gegenstand unter anderen Gegenständen. Sie wird von der Umgebung nicht mehr als Beziehungszentrum *angezeigt;* sie bildet mit dieser Umgebung ein Ganzes in der Welt und zeigt nun genauso wie die Umgebung meinen Leib als Beziehungszentrum an. Sie gehört zur Welt. Ebenso ist sie auch nicht mehr das Werkzeug, das ich mit Werkzeugen nicht handhaben kann; sie gehört im Gegenteil zu den Zeugdingen, die ich als Weltstücke entdecke; ich kann sie mittels meiner anderen Hand *gebrauchen*, wenn ich z. B. mit meiner rechten Hand auf meine linke Faust schlage, die eine Mandel oder eine Nuß umschließt. Meine Hand fügt sich dann in das unendliche System des gebrauchten Zeugs. Es gibt in diesem neuen Erscheinungstyp nichts, was uns beunruhigen oder zu einer Neuaufnahme der früheren Betrachtungen veranlassen könnte. Trotzdem mußte er erwähnt werden. Er läßt sich leicht erklären, unter der Bedingung, daß man ihm *seinen Platz* in der Ordnung der Erscheinungen des Leibes zuweist, d. h. unter der Bedingung, daß man ihn an letzter Stelle als eine Kuriosität unserer Konstitution betrachtet. Dieses Erscheinen meiner Hand bedeutet einfach, daß wir in bestimmten, wohl definierten Fällen unserem Leib gegenüber den Standpunkt des Anderen einnehmen können, oder, wenn man so will, daß unser eigener Leib als der Leib des Anderen erscheinen kann. Die Denker freilich, die, um eine allgemeine Theorie des Leibes aufzustellen, von dieser Erscheinungsweise ausgingen, stellten damit das Problem völlig auf den Kopf und versperrten sich das Verständnis der Fragestellung. Es ist immer festzuhalten, daß diese Möglichkeit, unseren eigenen Leib zu *sehen*, eine pure, absolut zufällige Tatsachengegebenheit ist. Sie kann weder von der Notwendigkeit des Für-sich, einen Leib zu «haben», noch von den faktischen Strukturen des Leibs-für-den-Anderen abgeleitet werden. Man könnte sich leicht Leiber denken, die sich nicht selbst sehen könnten; es scheint sogar, als gelte dies für gewisse Insekten, die, obwohl sie mit einem differenzierten Nervensystem und Sinnesorganen ausgestattet sind, dieses System und diese Organe nicht zum Selbsterkennen gebrauchen können. Es handelt sich also hier um eine Strukturbesonderheit, die wir erwähnen müssen, ohne ihre Ableitung versuchen zu können. Hände, und Hände, die einander berühren können: das sind zwei Fakten völlig gleicher Zufälligkeit, die entweder in die Anatomie oder in die Metaphysik gehören. Als Grundlage für eine Studie über die Leiblichkeit können wir sie nicht gebrauchen.

Überdies gibt uns diese Erscheinung des Leibes den Leib nicht, insofern er handelt und wahrnimmt, sondern als Gegenstand für das Handeln und Wahrnehmen. Man könnte, mit einem Wort, wie schon am Anfang dieses Kapitels betont, eine Anlage der Sehorgane ersinnen, die dem einen Auge ein Erblicken des anderen Auges gestatten würde. Aber das gesehene Auge würde dann als Ding gesehen, nicht als Beziehungszentrum, genauso wird eine erfaßte Hand nicht als erfassende Hand erlebt, sondern als erlebbarer Gegenstand. Darum entzieht sich uns die Natur *unseres Leibs-für-uns* vollständig, im

Maße wir ihm gegenüber den Standpunkt des Anderen einnehmen können. Übrigens wird selbst dann, wenn die Anordnung der Sinnesorgane es gestattet, den eigenen Leib so zu sehen, wie er dem Anderen erscheint, der Leib vom Kind erst sehr spät als Zeugding erlebt; jedenfalls erst, nachdem sich bereits das eigentliche Leibbewußtsein und das Bewußtsein von der Welt als einem Zeugzusammenhang gebildet hat; erst nach der Wahrnehmung der Leiber der Anderen. Lange schon kann das Kind greifen, an sich ziehen, wegstoßen, festhalten, bevor es seine Hand anfassen und sehen lernt. Häufige Beobachtungen haben gezeigt, daß das zwei Monate alte Kind seine Hand nicht als *seine* Hand sieht. Es betrachtet sie, und wenn es sie aus seinem Blickfeld entfernt, dreht es den Kopf und sucht sie mit den Augen, als hinge es nicht von ihm ab, ob die Hand wieder in sein Blickfeld zurückkehrt. Durch eine Reihe seelischer Operationen und Identifikations- und Erkennungssynthesen gelingt es ihm schließlich, Beziehungstabellen zwischen dem existierten Leib und dem gesehenen Leib aufzustellen. Aber auch dazu bedarf es erst einer vorgängigen Erfahrung am Leib des Anderen. Darum kommt es zur Wahrnehmung meines Leibes zeitlich erst nach der Wahrnehmung des Leibs des Anderen.

Betrachtet man sie also an ihrem Ort und an ihrer Zeitstelle, in ihrer ursprünglichen Zufälligkeit, so sieht man, daß sie kein neues Problem stellt. Der Leib ist das Werkzeug, das ich bin. Er ist meine Seinsfaktizität als «Weltstück», insofern ich diese Faktizität auf mein In-der-Welt-Sein hin überschreite. Gewiß ist es mir völlig unmöglich, dieser Faktizität gegenüber einen Gesamtstandpunkt einzunehmen, ich müßte denn aufhören, sie zu sein. Was ist erstaunliches dabei, daß sich gewisse Strukturen meines Leibes, ohne aufzuhören, Beziehungszentrum für die Gegenstände der Welt zu sein, von einem radikal verschiedenen Standpunkt aus mit anderen Gegenständen verbinden, um mit ihnen zusammen dieses oder jenes meiner Sinnesorgane als partielles Beziehungszentrum anzuzeigen, das sich vom Leib-als-Hintergrund als Gestalt abhebt? Daß sich mein Auge selbst sieht, ist von Natur aus unmöglich. Aber was ist Erstaunliches daran, daß meine Hand meine Augen berüht? Man könnte darüber nur erstaunt sein, wenn man die Notwendigkeit des Fürsich, als konkreter Standpunkt der Welt gegenüber aufzutreten, im Sinne einer idealen, streng auf erkennbare Beziehungen zwischen den Gegenständen und auf einfache Regeln der Entfaltung meiner Erkenntnisse rückführbaren Verpflichtung aufgefaßt hätte, anstatt darin die Notwendigkeit einer konkreten und zufälligen Existenz zu erblicken, die selbst Weltstück ist.

DRITTES KAPITEL

DIE KONKRETEN VERBINDUNGEN MIT ANDEREN

Wir haben bisher nur von unserer grundlegenden Verbindung mit dem Anderen gesprochen. Diese Verbindung hat es uns möglich gemacht, die drei Seinsdimensionen unseres Leibes explizit zu machen. Und obwohl der ursprüngliche Zusammenhang mit dem Anderen der erste ist in bezug auf die Verbindung meines Leibes mit dem Leib des Anderen, ist uns klargeworden, daß die Erkenntnis der Natur des Leibes unentbehrlich für jedes Wissen von den besonderen Verbindungen meines Seins mit dem des Anderen ist. Diese setzen nämlich auf beiden Seiten die Faktizität voraus, das heißt unser Dasein als Leib inmitten der Welt. Nicht als ob der Leib das Hilfsmittel und die Ursache meiner Verbindungen mit Anderen sei. Aber er schafft ihre Bedeutung, er markiert ihre Grenzen: ich ergreife die transzendierte Transzendenz des Anderen als Leib-in-Situation und ich erfahre mich in meiner Entfremdung zugunsten des Anderen auch als Leib-in-Situation. Diese konkreten Verbindungen können wir jetzt prüfen, da wir ja wissen, was es mit unserem Leib auf sich hat. Sie sind nicht bloße Besonderungen der Grundverbindung: obwohl jede in sich die ursprüngliche Verbindung mit Anderen als ihre Wesensstruktur und ihre Grundlage enthält, sind sie ganz neue Seinsweisen des Für-sich. Tatsächlich stellen sie die verschiedenen Haltungen des Für-sich in einer Welt dar, in der es den Anderen gibt. Jede von ihnen bietet also auf ihre Weise die zweiseitige Verbindung dar: Für-sich-für-Andre, An-sich. Wenn es uns also gelingt, die Strukturen unserer einfachsten Verbindungen mit dem Anderen-in-der-Welt explizit zu machen, haben wir unsere Aufgabe erfüllt; zu Beginn dieser Arbeit befragten wir uns nämlich über die Zusammenhänge des Für-sich mit dem An-sich; jetzt aber haben wir erfahren, daß unsere Aufgabe umfassender ist: es gibt eine Verbindung des Für-sich mit dem An-sich *in Gegenwart des Anderen*. Wenn wir dieses konkrete Faktum beschrieben haben, werden wir imstande sein, über die grundlegenden Zusammenhänge dieser drei Seinsweisen etwas Schlüssiges auszusagen und werden vielleicht eine metaphysische Theorie des Seins überhaupt aufstellen können.

Das Für-sich als Nichtung des An-sich zeitigt sich als *Flucht nach*. Es überschreitet nämlich seine Faktizität – Gegebenheit, Vergangenheit oder Leib zu sein – auf das An-sich hin, was es sein würde, wenn es seine eigene Grundlage sein könnte. Das drückt man mit bereits psychologischen Wendungen aus – die deshalb unzutreffend, wenn vielleicht auch klarer sind –, indem man sagt, das Für-sich versuche, seiner faktischen Existenz, das heißt seinem Da-Sein, zu entgehen, und zwar als einem An-sich, dessen Grundlage es in keiner Weise ist, und diese Flucht finde in Richtung auf eine unmögliche, aber dauernd verfolgte Zukunft statt, in der das Für-sich An-und-für-sich sein würde, das heißt ein An-sich, daß für sich selbst seine eigene Grundlage wäre. So ist das Für-sich Flucht und Verfolgung zugleich; zugleich flieht und verfolgt es das An-sich; das Für-sich ist verfolgt-verfolgend. Um aber die Gefahr einer psychologischen Deutung der vorhergehenden Bemerkung zu verringern, erinnern wir daran, daß das Für-sich nicht *zunächst* ist, um *dann* zu versuchen, zum Sein zu gelangen: kurz, wir dürfen es nicht als ein Daseiendes verstehen, das mit Bestrebungen ausgestattet wäre, so wie dieses Glas mit gewissen besonderen Eigenschaften ausgestattet ist. Diese verfolgende Flucht ist nichts Gegebenes, das dem Sein des Für-sich obendrein hinzugefügt wird, sondern das Für-sich *ist* eben diese Flucht; sie unterscheidet sich nicht von der ursprünglichen Nichtung, und die Aussagen, das Für-sich sei verfolgt-verfolgend oder es sei in der Weise, daß es sein Sein zu sein hat oder daß es nicht ist, was es ist, und ist, was es nicht ist, meinen ein und dieselbe Sache. Das Für-sich ist nicht das An-sich und kann es nicht sein; aber es verhält sich zum An-sich; es ist sogar das einzig mögliche Verhältnis zum An-sich, ringsherum vom An-sich eingeschlossen; es entgeht ihm nur, weil es *nichts* [rien] ist und weil es von ihm durch *nichts* getrennt ist. Das Für-sich ist die Grundlage jeder Negativität und jeder Verbindung, *es ist die Verbindung*.

Da das so ist, wird das Für-sich vom Auftauchen Anderer mitten ins Herz getroffen. Durch und für Andere erstarrt die verfolgende Flucht zu An-sich. Schon wird sie vom An-sich soweit als möglich wieder ergriffen, schon ist sie gleichzeitig radikale Verneinung der Tatsache, absolute Setzung des Wertes und durch und durch erstarrt vor Faktizität: wenigstens würde sie mit Hilfe der Zeitigung entrinnen; wenigstens würde ihr Charakter einer unganzen Ganzheit ihr ein fortwährendes «Anderswo» zuteilen. Aber es ist ja jene Ganzheit, die der Andere vor sich erscheinen läßt und die er in Richtung auf sein eigenes Anderswo transzendiert. Es ist jene Ganzheit, die sich ganzmacht: für Andre bin ich unabänderlich das, was ich bin, und sogar meine Freiheit ist ein gegebenes Merkmal meines Seins. So ergreift mich das An-sich bis in die Zukunft hinein und läßt mich gerade in meiner Flucht gänzlich erstarren, die zu einer berechneten und betrachteten Flucht wird, zu einer *gegebenen* Flucht. Aber diese erstarrte Flucht ist niemals die Flucht, die ich für mich bin: sie ist *draußen* erstarrt. Diese Gegenständlichkeit meiner Flucht erfahre ich als eine Entfremdung, die ich weder transzendieren noch erkennen kann. Und doch muß ich mich schon auf Grund der Tatsache, daß ich die Gegenständlichkeit erfahre und daß sie meiner Flucht jenes An-sich verleiht, vor dem sie flieht, ihr zuwenden und ihr gegenüber *Haltungen* einnehmen. Der Ursprung meiner konkreten Zusammenhänge mit Anderen ist folgender: sie werden ausschließlich durch meine Haltungen gegenüber dem Objekt veranlaßt, das ich für Andere bin. Und da die Fremdexistenz mir das Sein enthüllt, das ich bin, ohne daß ich mir dieses Sein aneignen oder es auch nur verstehen kann, so verursacht diese Existenz zwei einander entgegengesetzte Haltungen: der Andere *erblickt* mich und hat auf diese Weise das Geheimnis meines Seins in Besitz, er weiß, was ich *bin*; demnach liegt der tiefere Sinn meines Seins außerhalb von mir, eingekerkert in etwas Abwesendem; der Andere steuert mich. Ich kann also, insoweit ich das An-sich fliehe, das ich bin, ohne es zu begründen, den Versuch machen, dieses Sein abzuleugnen, das mir von außen beigelegt wird; das heißt, ich kann mich dem Anderen zuwenden und ihm meinerseits Objektheit beilegen, da ja die Objektheit des Anderen meine Gegenständlichkeit für den Anderen zerstört. Andererseits kann ich aber, insofern der Andere als Freiheit die Begründung meines An-sich-Seins ist, versuchen, diese Freiheit zu erlangen und mich ihrer zu bemächtigen, ohne ihn seines Freiheitscharakters zu berauben: wenn ich nämlich diese Freiheit, die die Begründung meines An-sich-Seins ist, mir assimilieren könnte, dann würde ich für mich selbst meine eigene Begründung werden. Die Transzendenz des Anderen transzendieren oder aber sie mir einzuverleiben, ohne sie dabei ihres Transzendenzcharakters zu berauben, dies sind die beiden elementaren Haltungen, die ich dem Anderen gegenüber einnehme. Und auch in diesem Falle ist es angebracht, die Worte vorsichtig abzuwägen: es stimmt nicht, daß ich zunächst sei und daß ich dann danach «trachte», den Anderen zu objektivieren oder mir anzugleichen; sondern in dem Maße, in dem das Auftauchen meines Seins Auftauchen in Gegenwart Anderer ist, in dem Maße, in dem ich verfolgende Flucht und verfolgter Verfolgender bin, bin ich an der Wurzel meines Seins pro-jectum von Vergegenständlichung oder Angleichung Anderer. Ich bin das Andere-Erfahren: das ist die Urtatsache. Aber dieses Erfahren Anderer ist selber eine Haltung gegenüber Anderen, das heißt, ich kann nicht *in Gegenwart Anderer sein*, ohne dieses «in-Gegenwart» zu sein, und zwar in der Form, daß ich es zu sein habe. Wir beschreiben also noch immer Seinsstrukturen des Für-sich, wenn auch die Anwesenheit Anderer in der Welt eine absolute und durch sich selbst evidente Tatsache, aber eine kontingente Tatsache ist, das heißt, wenn es auch unmöglich ist, ontologische Strukturen des Für-sich von ihr abzuleiten.

Diese beiden Versuche, die ich bin, sind einander entgegengesetzt. Jeder von ihnen ist der Tod des anderen, das heißt, das Scheitern des einen bewirkt, daß ich den anderen Versuch mache. Es gibt also keine Dialektik meiner Beziehungen zu Anderen, sondern einen Kreislauf – wenn auch jeder Versuch durch das Scheitern des anderen bereichert wird. Wir werden also beide nacheinander prüfen. Aber es ist nützlich festzuhalten, daß im Inneren des einen der andere immer gegenwärtig bleibt, eben weil keiner von beiden widerspruchslos durchgehalten werden kann. Mehr noch: jeder ist im anderen und erzeugt den Tod des anderen; demnach können wir niemals aus dem Kreislauf herauskommen. Es ist ratsam, diese wenigen Hinweise nicht aus den Augen zu verlieren, wenn man sich an das Studium dieser Grundhaltungen gegenüber Anderen begibt. Da diese Haltungen innerhalb eines Kreislaufes hervorgebracht und zerstört werden, ist es ebenso willkürlich, mit der einen wie mit der anderen zu beginnen. Da man indessen eine Wahl treffen muß, werden wir zunächst diejenigen Verhaltensweisen ins Auge fassen, mit denen das Für-sich versucht, die Freiheit Anderer sich anzugleichen.

I

Die erste Einstellung zum Anderen: Liebe, Sprache, Masochismus

Alles, was für mich von Wert ist, ist auch für Andere von Wert. Während ich versuche, mich vom Zugriff des Anderen zu befreien, versucht der Andere, sich von meinem zu befreien; während ich danach strebe, den Anderen zu unterwerfen, strebt der Andere danach, mich zu unterwerfen. Es handelt sich hier keineswegs um einseitige Verbindungen mit einem Objekt-an-sich, sondern um gegenseitige und störende Beziehungen. Die Beschreibungen, die nun folgen, müssen also unter dem Gesichtswinkel des *Konflikts* betrachtet werden. Der Konflikt ist der ursprüngliche Sinn des Für-Andere-Seins.

Wenn wir von der ersten Enthüllung des Anderen als *Blick* ausgehen, müssen wir zugeben, daß wir unser unfaßliches Für-Andere-Sein in Gestalt einer *Besessenheit* erfahren. Ich bin vom Anderen besessen; der Blick des Anderen formt meinen Leib in seiner Nacktheit, läßt ihn entstehen, modelliert ihn, bringt ihn hervor, wie er *ist*, sieht ihn, wie ich ihn nie sehen werde. Der Andere besitzt ein Geheimnis: das Geheimnis dessen, was ich bin. Er bewirkt, daß ich bin, und besitzt mich gerade dadurch, und jener Besitz ist nichts anderes als das Bewußtsein, mich zu besitzen. Und ich, der ich meine Objektheit anerkenne, fühle, daß er dieses Bewußtsein hat. Als Bewußtsein ist der Andere für mich der, der mir mein Sein gestohlen hat, und zugleich der, der es bewirkt, daß es ein Sein «gibt», welches mein Sein ist. So habe ich ein Verständnis für folgende ontologische Struktur: ich bin verantwortlich für mein Für-Andre-Sein, aber ich bin nicht seine Grundlage; es erscheint mir in Gestalt einer kontingenten Gegebenheit, für die ich indessen verantwortlich bin, und der Andere begründet mein Sein, insofern es in Form des «es gibt» da ist; aber er ist nicht dafür verantwortlich, obwohl er es in voller Freiheit, in seiner und durch seine freie Transzendenz begründet. In dem Maße, in dem ich mich mir selbst als verantwortlich für mein Sein enthülle, *beanspruche ich* also dieses Sein, das ich bin; das heißt, daß ich es wieder in Besitz nehmen will, oder, genauer ausgedrückt, daß ich der Entwurf der Wiederinbesitznahme meines Seins bin. Nach diesem Sein, das als *mein Sein* vor mich hingehalten wird, aber entfernt von mir, wie eine Speise des Tantalus, will ich die Hand ausstrecken, um mich seiner zu bemächtigen und um es durch meine Freiheit selbst zu begründen. Denn wenn in einer Hinsicht mein Objekt-Sein eine unerträgliche Kontingenz und eine reine «Besessenheit» meiner durch einen Anderen ist, so ist in anderer Hinsicht dieses Sein wie eine Anzeige dessen, was ich wiedererlangen und begründen müßte, um die Grundlage meiner selbst zu werden. Aber das ist nur zu begreifen, falls ich die Freiheit des Anderen mir angleichen kann. So ist mein Entwurf einer Wiederinbesitznahme meiner Selbst im Grunde genommen der Entwurf einer Aufsaugung des Anderen. Trotzdem muß dieser Entwurf die Natur des Anderen intakt lassen. Das heißt also: 1. Ich höre deswegen nicht auf, den Anderen zu bejahen, das heißt zu leugnen, ich sei der Andere: da der Andere die Grundlage meines Seins ist, kann er sich nicht in mir auflösen, ohne daß mein Für-Andere-Sein verschwindet. Wenn ich mich also daraufhin entwerfe, die Einheit mit dem Anderen zu realisieren, so bedeutet das, daß ich mich daraufhin entwerfe, die Andersheit des Anderen als solche mir als meine eigene Möglichkeit anzugleichen. Mir geht es nämlich darum, mich sein zu lassen und dabei die Möglichkeit zu gewinnen, mir gegenüber den Standpunkt des Anderen einzunehmen. Es handelt sich indessen nicht darum, eine bloß abstrakte Fähigkeit des Erkennens zu gewinnen. Nicht die bloße *Kategorie* des Anderen habe ich vor, mir anzueignen: diese Kategorie wird weder begriffen noch ist sie zu begreifen. Sondern gelegentlich der konkreten, erlittenen und empfundenen Erfahrung des Anderen will ich diesen konkreten Anderen als absolute Realität mir in seiner Andersheit einverleiben. 2. Der Andere, den ich assimilieren will, ist keineswegs der Objekt-Andere. Oder, wenn man so will, mein Entwurf einer Einverleibung des Anderen entspricht ganz und gar nicht einer Wiederergreifung meines Für-sich als eines Ich-selbst und einer Überschreitung der Transzendenz des Anderen auf meine eigenen Möglichkeiten hin. Es geht mir nicht darum, meine Gegenständlichkeit auszulöschen und den Anderen zum Gegenstand zu machen, was einem mich *Befreien* von meinem Für-Andere-Sein entsprechen würde, sondern ich will im Gegenteil den Anderen mir angleichen, insofern er ein Blickend-Anderer ist, und dieser Entwurf einer Angleichung enthält eine gesteigerte Anerkennung meines Erblickt-Seins. Kurz, ich identifiziere mich völlig mit meinem Erblickt-Sein, um mir gegenüber die erblickende Freiheit des Anderen aufrechterhalten zu können, und da mein Objekt-Sein die einzig mögliche Beziehung von mir zum Anderen ist, kann nur dieses Objekt-Sein mir als Hilfsmittel dienen, die Angleichung der *anderen Freiheit* an mich selbst durchzuführen. So will sich das Für-sich als Reaktion auf das Scheitern der dritten Ek-stase mit der Freiheit des Anderen als der Begründerin seines An-sich-Seins identifizieren. Für sich selbst ein Anderer sein – das konkret immer angestrebte Ziel in Gestalt eines Für-sich-selbst-*dieser*-Andere-Seins ist das Wertvollste an den Zusammenhängen mit Anderen; das bedeutet, daß mein Für-Andere-Sein von dem Sichmelden eines Absolut-Seins heimgesucht wird, das es selbst wäre, insoweit es ein anderes ist, und ein anderes, insoweit es es selbst ist, und das, indem es sich sein Selbst-Sein als ein anderes und sein Anders-Sein als sein Selbst frei gegeben sein läßt, das Sein des ontologischen Beweises selbst wäre, das heißt Gott. Dieses Ideal kann nicht verwirklicht werden, ohne daß ich die ursprüngliche Kontingenz meiner Beziehungen zu Anderen, das heißt die Tatsache überwinde, daß es keine Beziehung innerer Negativität gibt zwischen der Negation, durch die der Andere sich zu etwas anderem macht, als ich bin, und der Negation, durch die ich mich zu etwas anderem, als er ist, mache. Wir haben gesehen, daß diese Kontingenz unüberwindlich ist: sie ist das *Faktum* meiner Verbindungen mit Anderen, so wie mein Leib das *Faktum* meines In-der-Welt-Seins ist. Die Einheit mit dem Anderen ist also de facto nicht zu verwirklichen. Sie ist es auch *de jure* nicht, denn die Gleichmachung des Für-sich und des Anderen innerhalb derselben Transzendenz würde notwendigerweise das Verschwinden des Andersheits-Charakters des Anderen nach sich ziehen. So ist es die Bedingung für meinen Entwurf einer Identifizierung des Anderen mit mir, daß ich daran festhalte, zu leugnen, daß ich der Andere bin. Schließlich ist dieser Entwurf zu einer Vereinigung die Quelle des *Konfliktes*, denn solange ich mich als Objekt für den Anderen erfahre und ihn in dieser und durch diese Erfahrung zu assimilieren vorhabe, erfaßt der Andere mich als Gegenstand inmitten der Welt und nimmt sich keineswegs vor, mich zu assimilieren. Es wäre also notwendig – da das Sein für Andere eine zweifache innere Negation beinhaltet –, auf die innere Negation einzuwirken, mit der Andere meine Transzendenz transzendieren, und mich für den Anderen dazusein lassen, das heißt, *auf die Freiheit der Anderen einzuwirken.*

Dieses unrealisierbare Ideal kann, soweit es in meinem Entwurf meiner selbst in Gegenwart Anderer eine Rolle spielt, nicht mit der Liebe in eins gesetzt werden, insofern die Liebe ein Inswerksetzen ist, das heißt ein gegliedertes Insgesamt von Entwürfen auf meine eigenen Möglichkeiten hin. Aber es ist das Ideal der Liebe, ihr Beweggrund und ihr Ziel, ihr eigentlicher Wert. Die Liebe, als das Urverhältnis zu Anderen, ist das Insgesamt der Entwürfe, mit denen ich diesen Wert zu verwirklichen strebe.

Diese Entwürfe setzen mich in direkte Verbindung mit der Freiheit Anderer. In diesem Sinne ist die Liebe Konflikt. Wir haben ja betont, daß die Freiheit Anderer die Grundlage meines Seins ist. Aber gerade weil ich durch die Freiheit Anderer existiere, bin ich ohne Sicherheit, bin ich in dieser fremden Freiheit in Gefahr; sie formt mein Sein und *läßt mich sein*, sie verleiht und raubt mir Werte, und mein Sein hat ihr ein fortwährendes, passives Sichentrinnen zu verdanken. Diese vielgestaltige, verantwortungslose und unangreifbare Freiheit, an die ich mich gebunden habe, kann mich ihrerseits an tausend verschiedene Seinsweisen binden. Mein Vorhaben, mein Sein wiederzuerlangen, kann nur verwirklicht werden, wenn ich mich dieser Freiheit bemächtige und wenn ich sie darauf reduziere, eine meiner Freiheit unterworfene Freiheit zu sein. Gleichzeitig ist sie die einzige Art, mit der ich auf die freie innenweltliche Negation einwirken kann, durch die der Andere mich als Anderen konstituiert, das heißt, mit der ich die Wege zu einer künftigen Identifikation des Anderen mit mir bereiten kann. Das wird vielleicht noch klarer, wenn man über dieses Problem unter einem rein psychologischen Gesichtspunkt nachdenkt: warum will der Liebende *geliebt* werden? Wenn die Liebe nämlich bloßes Verlangen nach physischem Besitz wäre, könnte sie in ziemlich vielen Fällen leicht befriedigt werden. Prousts Held zum Beispiel, der seine Geliebte bei sich unterbringt, kann sie zu jeder Stunde des Tages sehen und besitzen, er hat es verstanden, sie von sich materiell vollständig abhängig zu machen, und müßte frei von jeder Unruhe sein. Indessen weiß man, daß er im Gegenteil von Sorge gepeinigt wird. Mittels ihres Bewußtseins entzieht sich ihm Albertine, selbst wenn er bei ihr ist, und deshalb kommt Marcel nur zur Ruhe, wenn er sie in ihrem Schlafe betrachtet. Es ist also sicherlich so, daß die Liebe das «Bewußtsein» für sich einnehmen will. Aber warum will sie es? Und auf welche Weise?

Das Wissen um das «Eigentum», mit dem man so oft die Liebe erklärt, kann tatsächlich nicht an erster Stelle stehen. Warum möchte ich mir den Anderen zu eigen machen, wenn nicht eben deswegen, weil der Andere bewirkt, daß ich bin? Aber das beinhaltet eben eine bestimmte Weise der Aneignung: der Freiheit des Anderen als solcher wollen wir uns bemächtigen. Und nicht mit Hilfe von Macht: der Tyrann pfeift auf die Liebe; ihm genügt die Furcht. Wenn er die Liebe seiner Untertanen sucht, dann aus Gründen der Politik, und wenn er ein sparsameres Mittel findet, sie zu unterwerfen, so wendet er es sofort an. Im Gegensatz dazu wünscht derjenige, der geliebt sein will, nicht die Unterwerfung des geliebten Wesens. Er legt keinen großen Wert darauf, der Gegenstand einer sklavischen und bewußtlosen Leidenschaft zu werden. Er will keinen Liebesautomaten besitzen, und wenn man ihn demütigen will, so genügt es, ihm die Leidenschaft des geliebten Wesens als das Ergebnis eines psychologischen Determinismus hinzustellen: der Liebende kommt sich in seiner Liebe und in seinem Sein entwertet vor. Wenn Tristan und Isolde durch einen Liebestrank betört werden, interessieren sie uns nicht sehr; und es kommt vor, daß eine vollkommene Unterwerfung des geliebten Wesens die Liebe des Liebenden tötet. Das Ziel ist dann überschritten: der Liebende ist mit sich allein, wenn das geliebte Wesen sich in einen Automaten verwandelt. Also wünscht der Liebende nicht, den Geliebten zu besitzen, wie man eine Sache besitzt; er sucht nach einem besonderen Typus von Aneignung. Er will eine Freiheit als Freiheit besitzen.

Andererseits kann er sich aber auch nicht mit jener erhabenen Form von Freiheit zufriedengeben, die eine ungezwungene und freiwillige Verpflichtung ist. Wer würde sich mit einer Liebe begnügen, die sich als reine, dem Vertrauen geschworene Treue darbietet? Wem wäre es recht, wenn er hören müßte: «Ich liebe dich, weil ich mich freiwillig verpflichtet habe, dich zu lieben, und weil ich mein Wort nicht brechen will; ich liebe dich aus Treue zu mir selbst?» So verlangt der Liebende den Schwur und ist über den Schwur unglücklich. Er will von einer Freiheit geliebt werden und verlangt, daß diese Freiheit als solche nicht mehr frei sei. Er will, daß die Freiheit des Anderen sich selbst dazu bestimmt, Liebe zu werden – und dies nicht nur zu Beginn des Abenteuers, sondern jeden Augenblick –, und gleichzeitig will er, daß diese Freiheit *von sich selbst* in Fesseln gelegt werde, daß sie, wie in der Verrücktheit oder im Traume, sich gegen sich selbst wendet und ihre eigene Fesselung will. Und diese Fesselung soll freiwillige Abdankung sein, und gleichzeitig wollen wir die Ketten in der Hand behalten. In der Liebe wünschen wir beim Anderen nicht den Determinismus der Leidenschaft und auch nicht eine unangreifbare Freiheit: sondern eine Freiheit, die die Determiniertheit durch Leidenschaft *spielt* und von ihrem Spiel mitgerissen wird. Und für sich selbst verlangt der Liebende nicht, die *Ursache* dieser radikalen Veränderung der Freiheit zu sein, sondern ihre einzige und bevorrechtigte Gelegenheit. Er kann nämlich nicht wollen, ihre Ursache zu sein, ohne den Geliebten sofort mitten in die Welt hineinzustoßen als ein Werkzeug, das man transzendieren kann. Dort liegt nicht das Wesen der Liebe. In der Liebe will der Liebende im Gegenteil für den Geliebten «alles in der Welt» sein: das bedeutet, daß er sich auf die Seite der Welt stellt; er ist das, was die Welt zusammenfaßt und versinnbildlicht, er ist ein *dies-da,* was alle anderen «dies-da» in sich enthält, er ist *Objekt* und damit einverstanden, es zu sein. Andererseits will er aber das Objekt sein, in das sich zu verlieren die Freiheit des Anderen einwilligt, das Objekt, in dem sein Sein und seinen Seinsgrund als seine zweite Freiheit vorzufinden der Andere einverstanden ist; das Objekt als Grenze der Transzendenz, auf das hin die Transzendenz des Anderen alle anderen Objekte transzendiert, das selbst aber von ihr in keiner Weise transzendiert werden kann. Und überall wünscht er den Umkreis der Freiheit des Anderen zu sehen; das heißt, daß in jedem Augenblick, in dem die Freiheit des Anderen jene Grenze für ihre Transzendenz gelten läßt, dieses Geltenlassen *schon* wirksam sein soll als Triebfeder dieses Geltenlassens. Als bereits gewähltes Ziel will er als Ziel gewählt werden. Das gestattet uns, das, was der Liebende vom Geliebten verlangt, in der Tiefe zu erfassen: er will nicht auf die Freiheit des Anderen *einwirken,* sondern *a priori* als objektive Grenze dieser Freiheit vorhanden sein, das heißt, zugleich mit ihr und in ihrem Auftauchen selbst als die Grenze gegeben sein, die sie akzeptieren muß, um frei zu sein. Daher ist das, was er verlangt, ein Klebrig- und Zähflüssigwerden der Freiheit durch sie selbst: diese strukturelle Grenze ist tatsächlich etwas *Gegebenes,* und schon die Erscheinung des Gegebenen als Grenze der Freiheit bedeutet, daß die Freiheit nur im Innern des Gegebenen *zu existieren sich veranlaßt,* indem sie ihr eigenes Verbot, sie zu überschreiten, ist. Und dieses Verbot wird vom Liebenden als erlebt angesehen, das heißt als erduldet – kurz: als eine Faktizität – und *gleichzeitig* als frei gebilligt. Es muß frei gebilligt werden können, da es mit dem Auftauchen einer Freiheit, die sich als Freiheit wählt, eine Einheit bilden soll. Allerdings muß es auch erlebt werden, da es immer als unmöglich gegenwärtig sein soll, als eine Faktizität, die in die Freiheit des Anderen bis zu ihrem Herzen zurückflutet; das wird psychologisch durch die Forderung ausgedrückt, daß der freie Entschluß, mich zu lieben, den der Geliebte vorher gefaßt hat, wie eine zauberkräftige Triebkraft *in das Innere* seines gegenwärtigen freien Sichverpflichtens eindringt.

Man erfaßt nun den Sinn dieser Forderung: jene Faktizität, die bei der Forderung, geliebt zu werden, die faktische Grenze für den Anderen bilden und schließlich *seine eigene* Faktizität werden muß, ist *meine* Faktizität. Insofern ich das Objekt bin, das der Andere in sein Sein treten läßt, muß ich die seiner Transzendenz inhärierende Grenze sein; und zwar so, daß der Andere, wenn er zum Sein auftaucht, bewirkt, daß ich das Unüberschreitbare und Absolute bin, nicht insofern ich nichtendes Für-sich bin, sondern als Mitten-in-der-Welt-für-Andere-Sein. Geliebt werden wollen heißt also, den Anderen mit der eigenen Faktizität infizieren, heißt ihn zwingen wollen, mich fortwährend neu zu erschaffen als die Bedingung für eine Freiheit, die sich unterwirft und verpflichtet; heißt den Wunsch haben, daß die Freiheit den Tatbestand begründet und daß gleichzeitig der Tatbestand den Vorrang vor der Freiheit hat. Wenn dieses Resultat erreicht werden könnte, würde sich daraus in erster Linie ergeben, daß ich im Bewußtsein des Anderen *in Sicherheit* wäre. Zunächst, weil es der Anlaß meiner Unruhe und meiner Scham ist, daß ich mich auffasse und in meinem Für-Andere-Sein erfahre als das, was immer auf etwas anderes hin überschritten werden kann, was bloßer Gegenstand eines Werturteils ist, bloßes Mittel, bloßes Werkzeug. Meine Unruhe kommt daher, daß ich jenes Sein, das der Andere mich in seiner absoluten Freiheit zu sein bewirkt, notwendigerweise und freiwillig auf mich nehme: «Gott weiß, was ich für ihn bin! Gott weiß, wie er über mich denkt.» Das bedeutet: «Gott weiß, wie er mich sein läßt», und ich werde von diesem «sein» heimgesucht, dem ich eines Tages an einer Wegbiegung zu begegnen fürchte, das mir so fremd und trotzdem *mein Sein* ist, und von dem ich auch weiß, daß ich ihm trotz aller Anstrengungen nie begegnen werde. Aber wenn der Andere mich liebt, werde ich das *Unüberschreitbare*, und das bedeutet, daß ich das absolute Ziel sein muß; in dieser Hinsicht bin ich vor der *Zeugbeschaffenheit* gerettet; mein Dasein inmitten der Welt wird zum genauen Korrelat meiner Für-sich-Transzendenz, denn meine Unabhängigkeit bleibt vollkommen gewahrt. Der Gegenstand, den der Andere mich sein lassen muß, ist ein Transzendenz-Gegenstand, ein absoluter Beziehungsmittelpunkt, um den herum sich alles Zeug der Welt als bloße *Mittel* ordnet. Zu gleicher Zeit bin ich die absolute Grenze für die Freiheit, das heißt für die absolute Quelle aller Werte, gegen jede mögliche Abwertung geschützt; ich bin der absolute Wert. Und in dem Maße, in dem ich mein Für-Andere-Sein auf mich nehme, nehme ich mich als Wert auf mich. Geliebt werden wollen heißt also, sich jenseits jedes von Anderen aufgestellten Wertsystems stellen wollen, und zwar als die Bedingung jeder Wertung und als die objektive Grundlage aller Werte. Diese Forderung bildet das gewöhnliche Gesprächsthema zwischen Liebenden, sei es, wie in der «Porte Etroite»[1], daß diejenige, die geliebt werden will, sich eine asketische Moral von Selbstüberwindung zu eigen macht und die ideale Grenze dieser Überwindung verkörpern will –, sei es daß, wie es häufiger der Fall ist, der Liebende fordert, daß der Geliebte ihm bei seinen Handlungen die traditionelle Moral opfert; der Liebende fragt sich zweifelnd, ob der Geliebte seine Freunde für ihn verraten würde, «für ihn stehlen würde», «für ihn töten würde» usw. Von diesem Standpunkt aus betrachtet, muß mein Sein dem *Blick* des Geliebten entgehen; oder vielmehr, es muß der Gegenstand eines Blickes von anderer Struktur werden: ich darf nicht mehr auf dem Hintergrund der Welt als ein «dies-da» unter anderen *dies-da* gesehen werden, sondern die Welt muß sich von mir aus enthüllen. In dem Maße nämlich, in dem das Auftreten der Freiheit die Existenz einer Welt bewirkt, muß ich, als Grundbedingung dieses Auftauchens, die Bedingung des Auftauchens der Welt selbst sein. Ich muß derjenige sein, dessen Funktion es ist, die Bäume und das Wasser, die Städte und die Felder und die anderen Menschen existieren zu lassen, um sie dann dem Anderen zu geben, der sie zur Welt anordnet, so wie die Mutter in den mutterrechtlichen Gesellschaften die Rechtsansprüche und Namen bekommt, nicht um sie zu behalten, sondern um sie unmittelbar an ihre Kinder weiterzugeben. In gewisser Hinsicht bin ich, wenn ich geliebt sein soll, der Gegenstand, durch dessen Vollmacht die Welt für den Anderen existieren wird; in anderer Hinsicht bin ich die Welt. Anstatt ein dies-da zu sein, das sich vom Grunde der Welt abhebt, bin ich der Grundgegenstand, von dem die Welt sich abhebt. Folglich bin ich beruhigt: der Blick des Anderen läßt mich nicht mehr vor Endlichkeit starr werden; er läßt mein Sein nicht mehr zu dem erstarren, was ich einfach *bin;* ich kann nicht mehr als häßlich *erblickt* werden, als klein, als feige, denn diese Merkmale stellen notwendigerweise eine faktische Begrenzung meines Seins und eine Erfassung meiner Endlichkeit als Endlichkeit dar. Wohl bleiben meine Möglichkeiten transzendierte Möglichkeiten, tote Möglichkeiten; aber ich besitze alle Möglichkeiten; ich bin alle toten Möglichkeiten der Welt; dadurch höre ich auf, das Seiende zu sein, das von anderen Seienden her oder von deren Akten aus verstanden wird; vielmehr muß ich in der unmittelbaren, mich liebenden Erkenntnis, die ich verlange, als eine absolute Ganzheit gegeben sein, von der aus alle Seienden und alle ihre Akte verstanden werden müssen. Man könnte unter geringfügiger Abänderung einer berühmten Formel der Stoiker sagen, daß «der Geliebte drei Purzelbäume schießen kann». Das Ideal des Weisen stimmt

1 Roman von André Gide, erschienen 1909. (Anmerkung des Übersetzers)

nämlich mit dem Ideal dessen, der geliebt werden will, darin überein, daß beide eine Objekt-Ganzheit sein wollen, zugängig für eine unmittelbare Gesamterkenntnis, die die Handlungen des Geliebten und des Weisen in der Welt als Teilstrukturen auffaßt, die von der Ganzheit aus gedeutet werden. Und wie die Weisheit sich als einen durch eine vollkommene Umwandlung zu erreichenden Zustand darbietet, ebenso muß die Freiheit des Anderen sich vollkommen umwandeln, um mich in den Zustand eines Geliebten gelangen zu lassen.

Die Darstellung stimmt bis jetzt mit der berühmten Hegelschen Darstellung der Beziehungen zwischen Herr und Knecht ziemlich überein. Was der Hegelsche Herr für den Knecht ist, will der Liebende für den Geliebten sein. Aber hier hört die Analogie schon auf, denn der Herr beansprucht bei Hegel die Freiheit des Knechtes nur nebenbei und sozusagen implizite, während der Liebende *zunächst* die Freiheit des Geliebten beansprucht. In diesem Sinne muß ich, wenn ich von Anderen geliebt werden soll, frei als Geliebter gewählt werden. Bekanntlich wird in der gebräuchlichen Liebesterminologie der Geliebte mit dem Ausdruck *Erwählter* bezeichnet. Aber diese Wahl darf nicht relativ und kontingent sein: es stört den Liebenden, und er kommt sich entwertet vor, wenn er daran denkt, daß der Geliebte ihn *unter anderen* ausgewählt hat. «Wenn ich also nicht in diese Stadt gekommen wäre und wenn ich bei Herrn Soundso nicht verkehrt hätte, dann hättest du mich nicht kennengelernt und hättest mich nicht liebgewonnen?» Dieser Gedanke quält den Liebenden: seine Liebe wird Liebe unter anderen, begrenzt durch die Faktizität des Geliebten und durch seine eigene, gleichzeitig noch durch die Kontingenz der Begegnungen: sie wird *Liebe in der Welt*, ein etwas, das die Welt voraussetzt und seinerseits für Andere dasein kann. Was er verlangt, übersetzt er in ungeschickte und durch «Verdinglichungen» entstellte Worte; er sagt: «Wir waren füreinander geschaffen» oder er benutzt sogar den Ausdruck «Schwesterseele». Aber man muß sich klarmachen: er weiß wohl, daß «Füreinander-geschaffensein» sich auf eine ursprüngliche Wahl bezieht. Diese Wahl kann diejenige Gottes sein, des Seins, das absolute Wahl ist; aber Gott stellt hier, bei der absoluten Forderung, nur den Übergang zur Grenze dar. Was der Liebende tatsächlich fordert, ist, daß der Geliebte aus ihm etwas absolut Erwähltes gemacht habe. Das bedeutet, daß das In-der-Welt-Sein des Geliebten ein Liebender-Sein sein muß. Dieses Auftauchen des Geliebten muß freies Wählen des Liebenden sein. Und da der Andere Begründung meines Objekt-Seins ist, verlange ich von ihm, daß das freie Auftauchen seines Seins als einzigen und absoluten Zweck seine Wahl *meiner selbst* hat, das heißt, daß er gewählt hat, zu sein, um meine Objektheit und meine Faktizität zu begründen. So ist meine Faktizität *«gerettet»*. Sie ist nicht mehr das unausdenkbare und unüberwindliche Gegebene, vor dem ich fliehe: sie ist das, für das der Andere sich freiwillig existieren läßt; sie ist wie ein Ziel, das er sich setzt. Ich habe ihn mit meiner Faktizität angesteckt, aber da er davon nur insofern angesteckt worden ist, als er Freiheit ist, schickt er sie als neu gemachte und gebilligte Faktizität zurück: er ist ihre Begründung, damit sie sein Ziel sei. Von dieser Liebe ausgehend, fasse ich also meine Entfremdung und meine eigene Faktizität anders auf. Sie ist – soweit sie Für-Andere ist – nicht mehr ein Faktum, sondern ein Recht. Mein Dasein ist, weil *es herbeigerufen* wird. Dieses Dasein wird, soweit ich es auf mich nehme, reine Freigebigkeit. Ich bin, weil ich mich verschwende. Diese geliebten Adern auf meinen Händen, sie sind infolge meiner Güte vorhanden. Wie gut bin ich doch, Augen zu haben, Haare, Augenbrauen, und sie unablässig zu verschwenden in einer überströmenden Freigebigkeit für jenes unablässige Verlangen, zu dem der Andere sich freiwillig macht. Während wir, bevor wir geliebt wurden, beunruhigt waren von jenem ungerechtfertigten und nicht zu rechtfertigenden Auswuchs, der unser Dasein war, während wir uns vorher «überzählig» vorkamen, fühlen wir jetzt, daß dieses Dasein bis in seine geringsten Einzelheiten neu gemacht und gewollt ist von einer absoluten Freiheit, die gleichzeitig seine Bedingung ist – und daß wir uns selbst samt unserer eigenen Freiheit wollen. Dies ist der Grund für die Freude der Liebe, wenn sie vorhanden ist: uns in unserem Dasein gerechtfertigt zu fühlen.

Wenn der Geliebte uns lieben kann, ist er gleichzeitig bereit, durch unsere Freiheit assimiliert zu werden: denn dieses Geliebtwerden, das wir wünschen, ist schon der auf unser Für-Andere-Sein angewendete ontologische Beweis. Unser objektives Wesen beinhaltet die Existenz des *Anderen*, und umgekehrt ist es die Freiheit des Anderen, die unser Wesen begründet. Wenn wir das ganze System in unser Inneres verlegen könnten, wären wir die Begründung von uns selbst.

So beschaffen ist also das reale Ziel des Liebenden, insofern seine Liebe ein Inswerksetzen ist, das heißt ein pro-jectum seiner selbst. Dieser Entwurf muß einen Konflikt hervorrufen. Der Geliebte faßt den Liebenden nämlich als einen Objekt-Anderen zwischen den Anderen auf, das heißt, er nimmt ihn auf dem Hintergrund der Welt wahr, er transzendiert und benutzt ihn. Der Geliebte ist *Blick*. Er kann also seine Transzendenz nicht dazu benutzen, für ihre Überschreitungen eine äußerste Grenze festzusetzen, und seine Freiheit nicht dazu, sich selbst in Fesseln zu legen. Der Geliebte kann nicht lieben wollen. Der Liebende muß den Geliebten also verführen; und seine Liebe unterscheidet sich nicht von diesem Inswerksetzen der Verführung. In der Verführung versuche ich keineswegs, dem Anderen meine Subjektivität zu enthüllen: ich könnte das übrigens auch nur machen, indem ich den Anderen *anblicke;* aber durch diesen Blick würde ich die Subjektivität des Anderen zum Verschwinden bringen, und sie ist es doch, die ich mir angleichen will. Verführen heißt, meine Objektheit für Andere ganz und gar und als ein Risiko auf mich nehmen, heißt, mich dem Blick des Anderen aussetzen, heißt, die Gefahr laufen, *gesehen zu werden,* um dann einen neuen Anlauf zu nehmen und mir den Anderen in meiner und durch meine Objektheit anzueignen; ich weigere mich, das Gelände zu verlassen, wo ich meine Objektheit erfahre; auf diesem Gelände will ich den Kampf beginnen, in dem ich mich zum *bezaubernden Objekt* mache. Wir haben im zweiten Teil des Buches die Bezauberung als *Zustand* definiert: sie ist, sagten wir, das nichtsetzende Bewußtsein, das *Nichts* [rien] in Gegenwart des Seins zu sein. Die Verführung zielt darauf ab, beim Anderen das Bewußtsein seiner Nichtigkeit angesichts des bezaubernden Objektes wachzurufen. Mittels der Verführung beabsichtigte ich, mich als eine Seinsfülle zu konstituieren und mich *als solche anerkennen zu lassen.* Um dessentwillen konstituiere ich mich als bedeutungsvollen Gegenstand. Meine Handlungen müssen in zwei Richtungen *weisen.* Einerseits auf das, was man zu Unrecht Subjektivität nennt und was vielmehr objektive und verborgene Seinstiefe ist; eine Handlung wird nicht nur um ihrer selbst willen ausgeführt, sondern sie zeigt eine unendliche und undifferenzierte Reihe von anderen realen und möglichen Handlungen an, die ich darbiete als konstituierend für mein objektives und nicht wahrgenommenes Sein. So versuche ich, die Transzendenz, die mich transzendiert, zu lenken und sie auf die Unendlichkeit meiner toten Möglichkeiten zu verweisen, eben um das Unüberschreitbare zu werden, und zwar gerade in dem Maße, in dem das einzig Unüberschreitbare das Unendliche ist. Andererseits versucht jede meiner Handlungen auf die größte Mächtigkeit von Möglichkeitswelt hinzuweisen und soll mich hinstellen als verbunden mit den weitesten Gebieten der Welt, sei es, daß ich für den Geliebten die Welt *vorstelle* und versuche, mich als notwendiges Zwischenglied zwischen ihm und der Welt zu konstituieren, sei es, daß ich durch meine Handlungen einfach die unendlich verschiedenen Kräfte auf der Welt offenbare (Geld, Macht, Beziehungen usw.). Im ersteren Falle versuche ich, mich als eine Unendlichkeit an Tiefe zu konstituieren; im zweiten Falle identifiziere ich mich mit der Welt. Mittels dieser verschiedenen Verfahren *biete ich mich* als unüberschreitbar *an.* Dieses Angebot kann sich selbst nicht genug sein, es ist nur eine Belagerung des Anderen, es kann keinen faktischen Wert gewinnen ohne die Zustimmung der Freiheit des Anderen, die sich in Ketten legen muß, indem sie sich als Nichts [néant] anerkennt angesichts meiner absoluten Seinsfülle.

Man wird darauf hinweisen, daß diese verschiedenen Ausdrucksversuche die Sprache *voraussetzen.* Wir stellen das nicht in Abrede; wir gehen noch weiter und sagen: sie *sind* die Sprache oder, wenn man so will, eine grundlegende Weise des Sprechens. Es gibt zwar psychologische und geschichtliche Probleme, die das Vorhandensein, die Erlernung und die Benutzung einer *einzelnen* Sprache betreffen, aber es gibt kein Einzelproblem, was dasjenige betrifft, was man die Erfindung der Sprache nennt. Die Sprache ist kein dem Für-Andere-Sein obendrein beigelegtes Phänomen: sie *ist* ursprünglich das Für-Andere-Sein, das heißt das Faktum, daß eine Subjektivität sich als Objekt für den Anderen erfährt. In einer Welt bloßer Objekte kann die Sprache in keinem Falle «erfunden» werden, da sie ursprünglich eine Beziehung zu einem anderen Subjekt voraussetzt; und bei der Intersubjektivität der Für-sich ist es nicht nötig, sie zu erfinden, denn sie ist in der Erkenntnis des Anderen schon gegeben. Allein auf Grund der Tatsache, daß, was ich auch tun mag, meine frei ersonnenen und ausgeführten Handlungen, meine pro-jecta auf meine Möglichkeiten hin draußen einen Sinn haben, der mir entgeht und den ich erfahre, *bin* ich Sprache, in dieser und nur in dieser Hinsicht hat Heidegger recht, wenn er erklärt, daß *ich bin, was ich sage*[1]. Die Sprache ist nämlich kein Instinkt der durchgeformten menschlichen Kreatur, sie ist auch keine Erfindung unserer Subjektivität; man darf sie aber auch nicht auf das reine «Außer-sich-Sein» des «Daseins» zurückführen. Sie ist ein Teil der menschlichen Seinsstellung, sie ist ursprünglich die Erfahrung, die ein Für-sich mit seinem Für-Andere-Sein machen kann, und später die Überschreitung dieser Erfahrung und ihre Nutzbarmachung auf Möglichkeiten hin, die meine Möglichkeiten sind, das heißt auf meine Möglichkeiten hin, dies oder jenes für den Anderen zu sein. Die Sprache unterscheidet sich also nicht von der Anerkennung der Fremdexistenz. Das Auftauchen des Anderen als Blick mir gegenüber läßt die Sprache als Bedingung meines Seins auftauchen. Diese anfängliche Sprache ist nicht notwendigerweise die Verführung; wir werden andere ihrer Formen kennenlernen; wir haben übrigens darauf aufmerksam gemacht, daß es angesichts des Anderen keine Anfangshaltung gibt und daß die Haltungen sich im Kreise folgen, indem die eine die andere beinhaltet. Umgekehrt aber setzt die Verführung keine frühere Form der Sprache voraus: sie ist ganz und

1 Die Wendung stammt aus A. de Waehlens, *La philosophie de Martin Heidegger*, Löwen 1942, Seite 99. Vgl. auch den Heideggerschen Text, den er zitiert: «Die Bezeichnung meint hier nicht einen nachträglichen und nebenher laufenden Ausdruck des Menschseins, sondern sie macht das Dasein des Menschen mit» usw. (Hölderlin und das Wesen der Dichtung, Seite 6).

gar Realisierung der Sprache; das bedeutet, daß die Sprache sich gänzlich und mit einem Male durch die Verführung als anfängliche Seinsweise des Ausdrucks offenbaren kann. Selbstverständlich verstehen wir unter Sprache alle Ausdrucksphänomene und nicht das gesprochene Wort, das eine abgeleitete und untergeordnete Ausdrucksweise ist, deren Auftreten den Gegenstand einer geschichtlichen Untersuchung bilden kann. Insbesondere zielt bei der Verführung die Sprache nicht darauf ab, *zu erkennen zu geben*, sondern empfinden zu lassen.

Aber bei diesem ersten Versuch, eine bezaubernde Sprache zu benutzen, tappe ich im dunkeln, denn ich halte mich dabei nur an die abstrakte und leere Form meiner Objektheit für den Anderen. Ich kann nicht einmal übersehen, welche Wirkung mein Gebaren und meine Haltungen haben werden, da sie ja stets von einer Freiheit zurechtgemacht und begründet werden, die sie überschreitet, und da sie ja nur dann eine Bedeutung haben können, wenn diese Freiheit ihnen eine beilegt. So entgeht mir der «Sinn» meiner Ausdrucksbewegungen immer; ich weiß niemals genau, ob ich das bedeute, was ich bedeuten will und ob ich überhaupt bedeutsam *bin;* gerade in diesem Augenblick müßte ich im Anderen das lesen können, was grundsätzlich nicht verstanden werden kann. Und da ich nicht weiß, was ich faktisch für den Anderen ausdrücke, gestalte ich meine Sprache als ein unvollständiges Phänomen der Flucht von mir weg. Solange ich mich ausdrücke, kann ich den Sinn dessen, was ich ausdrücke, nur vermuten, das heißt im ganzen genommen, den Sinn dessen, was ich bin, denn so gesehen sind Ausdrücken und Sein eins. Der Andere ist immer da, gegenwärtig und erfahren als das, was der Sprache den Sinn verleiht. Jeder Ausdruck, jede Gebärde, jedes Wort ist, von mir aus gesehen, konkretes Erfahren der entfremdenden Realität Anderer. Nicht nur der Psychopath kann sagen – wie zum Beispiel im Falle von Einflußpsychosen –[1]: «Man stiehlt mir meinen Gedanken.» Aber gerade der Tatbestand des Ausdrucks ist ein Gedankendiebstahl, da der Gedanke die Hilfeleistung einer entfremdenden Freiheit benötigt, um sich als Objekt zu konstituieren. Deshalb ist dieser erste Aspekt der Sprache – insofern ich es bin, der sie um des Anderen willen benutzt – *heilig*. Der heilige Gegenstand ist nämlich ein Gegenstand der Welt, der eine Transzendenz über die Welt hinaus anzeigt. Die Sprache enthüllt mir die

1 Übrigens ist die Einflußpsychose, wie die Mehrzahl der Psychosen, die ausschließliche und durch Mythen ausgedrückte Erfahrung einer großen metaphysischen Tatsache: hier der Tatsache der Entfremdung. Ein Verrückter tut niemals etwas anderes, als auf seine Weise die Seinsstellung des Menschen zu realisieren.

Freiheit dessen, der mir schweigend zuhört, das heißt, sie enthüllt mir seine Transzendenz.

Aber im gleichen Augenblick bin ich für den Anderen ein bedeutsamer Gegenstand – bin ich das, was ich immer gewesen bin. Es gibt keinen Weg, der von meiner Objektheit aus den Anderen zu meiner Transzendenz hinleiten kann. Die Haltungen, die Ausdrucksbewegungen und die Worte können ihn immer nur auf andere Haltungen, andere Ausdrucksbewegungen und andere Worte hinweisen. So bleibt für den Anderen die Sprache eine bloße Eigenschaft eines magischen Gegenstandes – und der magische Gegenstand selbst: sie ist ein Handeln auf Entfernung, von dem der Andere nichts als die Wirkung kennt. So ist das Wort *heilig*, wenn ich es bin, der es benutzt, und magisch, wenn der Andere es hört. Demnach kenne ich meine Sprache nicht besser als meinen Leib, wie er für den Anderen ist. Ich kann mich nicht reden hören und mich nicht lächeln sehen. Das Problem der Sprache ist dem der Liebe parallel, und die Darstellungen, die in dem einen Falle gelten, gelten im anderen.

Indessen gelingt es der Bezauberung von sich aus nicht, selbst wenn sie im anderen ein Bezaubert-Sein hervorbringen mußte, die Liebe hervorzubringen. Man kann von einem Redner, einem Schauspieler, einem Seiltänzer bezaubert sein: das bedeutet nicht, daß man ihn liebt. Wohl kann man die Augen nicht von ihm losreißen, aber er erhebt sich noch auf dem Grund der Welt, und die Bezauberung setzt den bezaubernden Gegenstand nicht als äußerste Grenze der Transzendenz; im Gegenteil, sie *ist* Transzendenz. Wann wird also der Geliebte seinerseits Liebender?

Die Antwort ist einfach: wenn er sich daraufhin entwirft, geliebt zu werden. An sich hat der Objekt-Andere niemals Kraft genug, um Liebe hervorzubringen. Wenn das Ideal der Liebe die Aneignung des Anderen ist, und zwar soweit er ein Anderer, das heißt blickende Subjektivität ist, so kann dieses Ideal nur entworfen werden von meiner Begegnung mit einem Subjekt-Anderen aus, nicht mit einem Objekt-Anderen. Die Verführung kann den Objekt-Anderen, der mich zu verführen versucht, nur mit dem Merkmal eines *wertvollen* Gegenstandes schmücken, den man «besitzen muß»; vielleicht wird sie mich dazu bestimmen, viel aufs Spiel zu setzen, um ihn zu erobern; aber dieses Verlangen nach Aneignung eines Gegenstandes inmitten der Welt darf nicht mit Liebe verwechselt werden. Die Liebe kann also beim Geliebten nur aus der Erfahrung erwachsen, die er mit seiner Entfremdung und mit seiner Flucht zum Anderen hin macht. Aber wiederum, wenn das der Fall ist, wird sich der Geliebte nur dann in einen Liebenden verwandeln, wenn er sich daraufhin entwirft, geliebt zu werden, das heißt, wenn das, was er erobern will, kein Leib ist, sondern die Subjektivität des

Anderen als solche. Das einzige Mittel nämlich, das er sich ausdenken kann, um jene Aneignung zu realisieren, besteht darin, sich lieben zu lassen. So scheint es uns so zu sein, daß das Lieben in seinem Wesen der Entwurf ist, sich lieben zu lassen. Daher folgender neue Widerspruch und folgender neue Konflikt: jeder der beiden Liebenden ist gänzlich der Gefangene des Anderen, insofern er sich von ihm unter Ausschluß jedes Anderen lieben lassen will; gleichzeitig aber verlangt jeder vom Anderen eine Liebe, die sich keineswegs auf einen «Entwurf, geliebt zu werden» beschränkt. Er verlangt nämlich, daß der Andere, ohne ursprünglich danach zu trachten, sich lieben zu lassen, eine gleichzeitig kontemplative und affektive unmittelbare Erkenntnis von seinem Geliebten hat als von der objektiven Grenze seiner Freiheit, als von der unvermeidlichen und erwählten Grundlage seiner Transzendenz, als von der Seinsganzheit und dem obersten Wert. Die so vom Anderen geforderte Liebe kann nichts *erbitten:* sie ist reine Verpflichtung ohne Gegenseitigkeit. Aber gerade diese Liebe kann nicht bestehen, es sei denn in der Eigenschaft einer Forderung des Liebenden; und in ganz anderer Weise wird der Liebende nun gefangengenommen: er ist Gefangener seiner eigenen Forderung gerade in dem Maße, in dem die Liebe die Forderung ist, geliebt zu werden, er ist eine Freiheit, die Leib werden will und nach einer Außenseite verlangt; also eine Freiheit, die die Flucht zum Anderen nimmt, eine Freiheit, die als solche ihre Entfremdung verlangt. Die Freiheit des Liebenden wird gerade bei ihrer Bemühung, sich vom Anderen wie einen Gegenstand lieben zu lassen, sich selbst entfremdet, indem sie sich in den Leib-für-den-Anderen ergießt, das heißt sich zum Dasein hervorbringt mit einer Dimension des Ausrinnens zum Anderen hin; sie ist andauernde Weigerung, sich als reine Selbstheit zu setzen, denn diese Bejahung ihrer selbst als eines Ich-selbst würde den Zusammenbruch des Anderen als Blick nach sich ziehen sowie das Auftauchen des Objekt-Anderen, also einen Sachverhalt, bei dem gerade die Möglichkeit, geliebt zu werden, verschwindet, da ja der Andere auf seine Gegenständlichkeits-Dimensionen eingeschränkt wird. Diese Weigerung konstituiert also die Freiheit als vom Anderen abhängig, und der Andere als Subjektivität wird wirklich zur unüberschreitbaren Grenze des Für-sich, zum Ende und zum obersten Ziel, insofern er den Schlüssel seines Seins in Händen hat. Wir finden hier tatsächlich das Ideal des liebenden Inswerksetzens wieder: die entfremdete Freiheit. Aber wer geliebt sein will, ist eben derjenige, der – insofern er will, daß man ihn liebt – seine Freiheit sich entfremdet. Meine Freiheit wird sich selbst fremd in Gegenwart der reinen Subjektivität des Anderen, die meine Objektivität begründet; sie kann keinesfalls gegenüber einem Objekt-Anderen sich fremd werden. In dieser Gestalt würde nämlich die Entfremdung des Geliebten, die der Liebende ersehnt, widerspruchsvoll sein, da der Liebende das Sein des Geliebten nur begründen kann, indem er es grundsätzlich auf andere Dinge der Welt hin transzendiert; diese Transzendenz kann aber das Objekt, das sie überschreitet, nicht als transzendiertes Objekt und gleichzeitig als ein Objekt konstituieren, das die Grenze jeder Transzendenz ist. So will im Liebespaar jeder das Objekt sein, um deswillen die Freiheit des Anderen sich in einer Ur-Intuition entfremdet; aber diese Intuition, die die Liebe im eigentlichen Sinne sein würde, ist nur ein widerspruchsvolles Ideal des Für-sich; folglich wird sich jeder nur in genau dem Ausmaße fremd, in dem er die Entfremdung des Anderen verlangt. Jeder will, daß der Andere ihn liebt, ohne sich darüber klarzuwerden, daß lieben heißt, geliebt sein wollen, und daß er bei seinem Wunsche, der Andere möge ihn lieben, nur will, der Andere möge wollen, daß er ihn liebt. So bilden die Liebesbeziehungen ein System unendlicher Verweisungen analog der reinen «widergespiegelten Widerspiegelung» des Bewußtseins, aber mit dem idealen Merkmal des *Wertes* «Liebe», das heißt einer Verschmelzung der Bewußtseinsindividuen, bei der jedes Bewußtsein seine Andersheit bewahrt, um das andere begründen zu können. Das kommt daher, daß die Bewußtseinsindividuen durch ein Nichts [néant] geschieden sind, welches unübersteigbar ist, da es gleichzeitig innere Verneinung des einen durch das andere und faktisches Nichts zwischen den zwei inneren Verneinungen ist. Die Liebe ist eine widerspruchsvolle Bemühung, die faktische Verneinung zu überwinden und dabei doch die innere Verneinung unangetastet zu lassen. Ich wünsche, daß der Andere mich liebt, und ich tue alles, um meinen Wunsch in Erfüllung gehenzulassen; aber wenn der Andere mich liebt, enttäuscht er mich gründlich gerade durch seine Liebe: ich verlangte von ihm, er möge mein Sein als einen bevorzugten Gegenstand begründen und sich mir gegenüber als reine Subjektivität behaupten; und sobald er mich liebt, empfindet er mich als Subjekt und versinkt in seiner Gegenständlichkeit angesichts meiner Subjektivität. Das Problem meines Für-Andere-Seins bleibt also ungelöst, die Liebenden verharren jeder für sich in einer vollkommenen Subjektivität; nichts entbindet sie von ihrer Pflicht, sich existieren zu lassen, und zwar jeder für sich; nichts befreit sie von ihrer Kontingenz oder rettet sie vor ihrer Faktizität. Wenigstens hat jeder erreicht, in der Freiheit des Anderen nicht mehr in Gefahr zu sein – aber in ganz anderer Weise, als er glaubt: nämlich nicht etwa, weil der Andere ihn zum Grenzgegenstand seiner Transzendenz macht, sondern weil der Andere ihn als Subjektivität empfindet und ihn nur als solche empfinden will. Außerdem ist dieser Gewinn fortwährend gefährdet: erstens kann sich jederzeit jedes der Bewußtseinsindividuen von seinen Ketten frei machen und den Anderen plötzlich als *Objekt* betrachten. Dann hört die Verzauberung auf, jeder wird Mittel unter anderen Mitteln, er ist wirklich, wie er es wünscht, für den Anderen ein Gegenstand, aber ein Gebrauchsgegenstand, ein ständig transzendierter Gegenstand; die Täuschung, das Spiegelbild, das die konkrete Wirklichkeit der Liebe ausmacht, ist plötzlich zu Ende. Ferner strebt in der Liebe jedes Bewußtsein danach, sein Für-Andere-Sein in der Freiheit des Anderen *in Sicherheit* zu bringen. Das setzt voraus, daß der Andere als reine Subjektivität über die Welt hinaus ist, als das Absolute, durch das die Welt zum Sein kommt. Aber es genügt, daß die Liebenden gemeinsam von einem Dritten *erblickt* werden, damit jeder die Vergegenständlichung erfährt, nicht nur die von sich, sondern auch die des Anderen. Gleichzeitig ist der Andere für mich nicht mehr die absolute Transzendenz, die mich in meinem Sein begründet, sondern er ist transzendierte Transzendenz, nicht von mir transzendiert, sondern von einem Anderen; und mein ursprünglicher Bezug zu ihm, das heißt mein Verhältnis des Geliebtwerdens zum Liebenden, erstarrt zu toter Möglichkeit. Das ist nicht mehr die erfahrene Beziehung eines jede Transzendenz begrenzenden Objektes zu der Freiheit, die es begründet: sondern es ist eine Liebe-als-Objekt, die sich ganz und gar in Richtung auf den Dritten entfremdet. Das ist der wahre Grund, warum die Liebenden die Einsamkeit suchen. Denn das Sichtbarwerden eines Dritten, wer es auch sei, ist Vernichtung ihrer Liebe. Aber die Einsamkeit de facto (wir sind allein in meinem Zimmer) ist keineswegs Einsamkeit de jure. Tatsächlich sind wir, auch wenn uns niemand sieht, für *all*e Bewußtseinsindividuen vorhanden, und wir sind uns bewußt, für alle vorhanden zu sein: daraus folgt, daß die Liebe als Grundweise des Für-Andere-Seins die Wurzel ihrer Vernichtung birgt. Damit haben wir die dreifache Vernichtbarkeit der Liebe aufgewiesen: in erster Linie und ihrem Wesen nach ist sie eine Betrügerei und nicht eine Verweisung auf die Unendlichkeit, denn Liebe ist wollen, daß man mich liebt, also wollen, der Andere möge wollen, daß ich ihn liebe. Und ein vorontologisches Verständnis für diese Betrügerei ist im Liebesdrang selbst gegeben: daher das ewige Unbefriedigtsein des Liebenden. Es kommt nicht, wie man allzu oft behauptet, von der Unwürdigkeit, geliebt zu werden, sondern von einem impliziten Verständnis dafür, daß die unmittelbare liebende Erkenntnis – als grundlegende unmittelbare Erkenntnis überhaupt – ein unerreichtes Ideal ist. Je mehr man mich liebt, um so mehr büße ich mein *Sein* ein, um so mehr bin ich meinen eigenen Verantwortlichkeiten, meinem eigenen Seinkönnen überlassen. Zweitens ist das Erwachen des Anderen jederzeit möglich, von einem Augenblick zum anderen kann er mich als Objekt auftreten lassen: daher die ewige Unsicherheit des Liebenden. Drittens ist die Liebe ein von den Anderen fortwährend *relativiertes* Absolutes. Man müßte mit seinem Geliebten allein auf der Welt sein, damit die Liebe ihren Charakter als absolute Beziehungsachse bewahren könnte. Daher die ewige Scham (oder der ewige Stolz – was hier auf dasselbe hinausläuft) des Liebenden.

So habe ich also vergeblich versucht, mich im Objektiven zu verlieren: meine Leidenschaft hat dabei zu nichts gedient; der Andere hat mich – sei es durch sich, sei es durch die Anderen – auf meine rechtfertigungslose Subjektivität zurückverwiesen. Diese Feststellung kann eine vollständige Verzweiflung hervorrufen und einen neuen Versuch, die Angleichung des Anderen an mich zu realisieren. Hier wäre das Ideal das Umgekehrte von dem, das wir eben beschrieben haben: anstatt sich vorzunehmen, den Anderen einzusaugen und ihm doch seine Andersheit zu erhalten, würde ich mir vornehmen, mich vom Anderen aufsaugen zu lassen und mich in seiner Subjektivität zu verlieren, um mich von der meinen zu befreien. Dieses Unterfangen äußert sich auf der Ebene des Konkreten durch die *masochistische* Haltung: da der Andere die Grundlage meines Für-Andere-Seins ist, so wäre ich, wenn ich meine Sorge, mich existieren zu lassen, auf ihn abwälzte, nur ein in meinem Sein durch eine Freiheit begründetes An-sich-Sein. Hier ist es meine eigene Subjektivität, die als Hindernis für den uranfänglichen Akt zu betrachten ist, durch den der Andere mich in meinem Sein begründen würde; sie ist es, die vor allem zusammen mit *meiner eigenen Freiheit* verneint werden muß. Ich versuche also, mich ganz in mein Objekt-Sein zu verspinnen, ich weigere mich, irgend etwas mehr als ein Objekt zu sein, ich ruhe mich im Anderen aus, und da ich dieses Objekt-Sein im Schamgefühl erfahre, so will und liebe ich meine Scham als zuverlässiges Zeichen meiner Gegenständlichkeit; und da der Andere mich als Objekt mittels der *aktuellen Begierde* erfaßt[1], so will ich begehrt werden, so mache ich mich in meiner Scham zu einem begehrten Gegenstand. Diese Haltung würde der Liebe ziemlich ähnlich sein, wenn ich, anstatt für den Anderen als Grenzobjekt seiner Transzendenz zu existieren zu suchen, mich nicht im Gegenteil darein verbisse, mich wie einen Gegenstand unter anderen, wie ein zu benutzendes Instrument behandeln zu lassen: es ist nämlich *meine* Transzendenz, die es zu verneinen gilt, nicht seine. Diesmal habe ich mir nicht vorzunehmen, seine Freiheit in Fesseln zu legen, sondern ich wünsche im Gegenteil, daß diese Freiheit durchaus frei sei und sich frei wolle. Je mehr ich mich auf andere Ziele hin überschritten fühle, desto mehr würde ich die Abdankung meiner Transzen-

1 Vgl. den folgenden Abschnitt.

denz genießen. Im äußersten Falle nehme ich mir vor, weiter nichts als ein *Objekt* zu sein, daß heißt bloß noch ein *An-sich*. Aber insofern eine Freiheit, die die meine ausgesogen hat, die Grundlage dieses An-sich sein wird, wird mein Sein wieder Grund seiner selbst. Der Masochismus ist, ebenso wie der Sadismus[1], Übernahme von Schuldhaftigkeit. Ich bin nämlich schon auf Grund der Tatsache schuldig, daß ich Objekt bin. Schuldig mir gegenüber, da ich meiner absoluten Entfremdung zustimme, schuldig dem Anderen gegenüber, da ich ihm die Gelegenheit verschaffe, schuldig zu werden, das heißt, meine Freiheit als solche gänzlich außer acht zu lassen. Der Masochismus ist ein Versuch, nicht den Anderen mit meiner Gegenständlichkeit zu bezaubern, sondern mich selbst von meiner Für-Andere-Gegenständlichkeit bezaubern zu lassen, das heißt, mich vom Anderen als Gegenstand konstituieren zu lassen, so zwar, daß ich meine Subjektivität nichtsetzend als ein *nichts* [rien] erfasse, dies in Anwesenheit des An-sich, das ich in den Augen Anderer vorstelle. Er kennzeichnet sich als eine Art Schwindelgefühl: das Schwindelgefühl nicht vor dem Abgrund aus Fels und Erde, sondern vor dem Abgrund der Fremdsubjektivität.

Aber der Masochismus ist zum Scheitern verurteilt und muß es an sich sein: um mich von meinem Objekt-Ich bezaubern lassen zu können, müßte ich die intuitive Erfassung dieses Objektes, so wie es *für den Anderen* ist, realisieren können, was aber grundsätzlich unmöglich ist. So bleibt das entfremdete Ich grundsätzlich unfaßbar, geschweige denn, daß ich auch nur damit beginnen könnte, mich damit zu bezaubern. Umsonst rutscht der Masochist auf den Knien herum, zeigt sich in lächerlichen Stellungen, läßt sich wie ein lebloses Instrument benutzen, denn *für den Anderen* ist er obszön oder einfach passiv, für den Anderen *erduldet* er diese Stellungen; für sich selbst, da ist er für alle Zeiten verurteilt, *sie sich zu geben*. In seiner und durch seine Transzendenz gestaltet er sich zu einem Sein, das transzendiert werden soll; und je mehr er versucht, seine Gegenständlichkeit zu genießen, um so tiefer wird er von seinem Bewußtsein in seine Subjektivität eingesenkt, bis zur Angst. Insbesondere benutzt der Masochist, der eine Frau bezahlt, um sich von ihr peitschen zu lassen, sie als Instrument und setzt sich auf Grund dieser Tatsache in bezug auf sie als Transzendenz. So endet der Masochist damit, den Anderen als Gegenstand zu behandeln und ihn auf seine eigene Gegenständlichkeit hin zu transzendieren. Man erinnert sich zum Beispiel der Drangsale eines Sacher Masoch, der, um sich verachten, beschimpfen und in eine demütigende Lage bringen lassen zu können, gezwungen war, dazu die große Liebe zu be-

1 Vgl. den folgenden Abschnitt.

nutzen, die die Frauen ihm entgegenbrachten, das heißt auf sie insofern einzuwirken, als sie sich als ein Objekt-für-ihn empfanden. Seine Gegenständlichkeit entgeht dem Masochisten demnach auf alle Fälle, und es kann vorkommen, ja es kommt am häufigsten vor, daß er die Gegenständlichkeit des Anderen findet, wenn er seine zu erfassen sucht, was wider seinen Willen seine Subjektivität frei setzt. Der Masochist scheitert also grundsätzlich. Daran kann uns nichts in Erstaunen setzen, wenn wir daran denken, daß der Masochismus ein «Laster» und daß das Laster grundsätzlich die Liebe zum Mißerfolg ist. Aber wir haben hier nicht die dem Laster eigenen Strukturen zu beschreiben. Für uns genügt es, darauf aufmerksam zu werden, daß der Masochismus ein fortwährendes Bemühen ist, die Subjektivität des Subjektes dadurch zu vernichten, daß man sie vom Anderen assimilieren läßt, und daß dieses Bemühen von dem erschöpfenden und köstlichen Bewußtsein des Scheiterns begleitet ist, was so weit geht, daß es schließlich das Scheitern selbst ist, was das Subjekt als sein hauptsächlichstes Ziel sucht[1].

II

Zweite Haltung gegenüber Anderen: Gleichgültigkeit, Begierde, Haß, Sadismus

Das Scheitern der ersten Haltung gegenüber Anderen kann für mich der Anlaß sein, die zweite anzunehmen. Aber genaugenommen ist keine von beiden wirklich die erste: jede ist eine grundlegende Reaktion auf das Für-Andere-Sein als auf die ursprüngliche Situation. Es kann also geschehen, daß ich gerade infolge der Unmöglichkeit, mir das Bewußtsein des Anderen durch das Mittelglied meiner Objektheit-für-ihn anzugleichen, dazu komme, mich absichtlich dem Anderen zuzuwenden und ihn *anzublicken*. In diesem Falle bedeutet das Anblicken des Blickes Anderer, sich selbst in seiner eigenen Freiheit setzen und versuchen, vom Boden dieser Freiheit aus der Freiheit des Anderen die Stirn zu bieten. So wäre es der Sinn des fraglichen Konfliktes, den Kampf der beiden sich gegenüberstehenden Freiheiten als solcher ins volle Licht zu rücken. Aber diese Absicht muß sogleich zunichte werden, denn schon auf Grund der Tatsache, daß ich mich dem Anderen gegenüber in meiner Frei-

1 Im Sinne dieser Darstellung gibt es wenigstens eine Form des Exhibitionismus, die zu den masochistischen Haltungen gerechnet werden muß. Zum Beispiel, wenn Rousseau den Wäscherinnen «nicht das obszöne, sondern das lächerliche Objekt» zeigt. Vgl. *Confessions,* Kap. III.

heit behaupte, mache ich aus dem Andern eine transzendierte Transzendenz, das heißt ein Objekt. Die Geschichte dieses Scheiterns werden wir aufzuzeichnen versuchen. Wir wählen dazu folgendes Leitschema: auf den Anderen, der mich anblickt, richte ich meinerseits meinen Blick. Aber ein Blick kann nicht erblickt werden: sobald ich nach dem Blick hinblicke, verschwindet er, und ich sehe nur noch Augen. In diesem Moment wird der Andere ein Seiendes, das ich besitze und das meine Freiheit anerkennt. Anscheinend ist mein Ziel erreicht, denn ich besitze das Seiende, das den Schlüssel zu meiner Objektheit hat, und ich kann ihm meine Freiheit auf tausend Arten fühlbar machen. Aber in Wirklichkeit ist alles mißlungen, denn das Seiende, das mir zwischen den Händen bleibt, ist ein Objekt-Anderer. Als solcher hat er den Schlüssel zu meinem Objekt-Sein verloren, und er besitzt von mir weiter nichts als ein Abbild, was nichts anderes ist als eine seiner objektiven Zustandsänderungen und mich nicht mehr berührt; und wenn er die Auswirkungen meiner Freiheit empfindet, wenn ich auf tausend Arten auf sein Sein einwirken und seine Möglichkeiten mit allen meinen Möglichkeiten transzendieren kann, dann eben nur insoweit, als er Gegenstand in der Welt und als solcher außerstande ist, meine Freiheit anzuerkennen. Meine Enttäuschung ist vollständig, denn ich suche ja mir die Freiheit des Anderen anzueignen und merke plötzlich, daß ich auf den Anderen nur insoweit einwirken kann, als diese Freiheit unter meinem Blick zusammengebrochen ist. Diese Enttäuschung wird zum Antrieb für meine späteren Versuche, nach der Freiheit des Anderen durch das Objekt hindurch zu forschen, das er für mich ist, und besonders brauchbare Verhaltensweisen ausfindig zu machen, die mir diese Freiheit durch eine vollständige Aneignung des fremden Leibes zu eigen machen könnten. Diese Versuche sind, woran man nicht zweifeln wird, grundsätzlich zum Scheitern verurteilt.

Aber es kann auch geschehen, daß das «den Blick anblicken» meine ursprüngliche Reaktion auf mein Für-Andere-Sein ist. Das bedeutet, daß ich mich bei meinem Auftauchen in der Welt als den Blick des Anderen anblickend wählen und meine Subjektivität auf dem Zusammenbruch der des Anderen aufbauen kann. Das ist die Haltung, die wir *Gleichgültigkeit gegen Andere* nennen. Es handelt sich dabei um eine *Blindheit* gegenüber Anderen. Aber der Ausdruck «Blindheit» darf uns nicht irreführen: ich erleide diese Blindheit nicht wie einen Zustand; ich *bin* meine eigene Blindheit hinsichtlich der Anderen und diese Blindheit umschließt ein implizites Verständnis für das Für-Andere-Sein, das heißt für die Transzendenz des Anderen als Blick. Dieses Verständnis ist einfach dasjenige, was zu verbergen ich mich selbst bestimme. Ich betreibe also eine Art von faktischem Solipsismus; die Anderen, das sind jene Gestalten, die auf der Straße vorbeigehen, jene magischen Objekte, die imstande sind, in die Ferne zu wirken und auf die ich mittels bestimmter Verhaltensweisen einwirken kann. Ich achte kaum auf sie, ich tue, als ob ich allein auf der Welt wäre; ich streife an «die Leute» an, wie ich an Mauern anstreife, ich gehe ihnen aus dem Wege, wie ich Hindernissen aus dem Wege gehe, ihre Objekt-Freiheit ist für mich nur ihr «Feindseligkeits-Koeffizient»; ich stelle mir nicht einmal vor, daß sie mich *anblicken* könnten. Ohne Zweifel haben sie von mir irgendeine Erkenntnis. Aber diese Erkenntnis berührt mich nicht: es handelt sich um reine Abwandlungen ihres Seins, die nicht von ihnen bis zu mir reichen und die mit dem belastet sind, was wir «erlittene Subjektivität» oder «Objekt-Subjektivität» nennen, das heißt, sie drücken aus, was sie sind, nicht was ich bin, und sie sind der Erfolg meiner Einwirkung auf sie. Diese «Leute» sind Funktionen: der Billettknipser ist nichts als Knipsfunktion, der Kaffeehauskellner ist nichts als eine Funktion, die Gäste zu bedienen. Von da aus ist es möglich, sie meinen Interessen am besten dienstbar zu machen, falls ich nämlich ihre *Schlüssel* und jene «Worte» kenne, die ihren Mechanismus auszulösen vermögen. Von da stammt jene «Moralisten»-Psychologie, die uns das französische 17. Jahrhundert beschert hat; von da auch jene Abhandlungen des 18. Jahrhunderts: *Mittel zum Erfolg* von Beroalde de Verville, *Gefährliche Liebschaften* von Laclos, *Abhandlung über den Ehrgeiz* von Hérault de Séchelles, die uns eine *praktische* Menschenkenntnis und die Kunst, auf den Anderen einzuwirken, bieten. In diesem Zustand von Blindheit weiß ich dementsprechend nichts von der absoluten Subjektivität des Anderen als von der Grundlage meines An-sich-Seins, meines Für-Andere-Seins und insbesondere meines «Leibes für den Anderen». In gewissem Sinne bin ich beruhigt; ich habe «Schneid», das heißt, ich bin mir in keiner Weise des Umstandes bewußt, daß der Blick des Anderen meine Möglichkeiten und meinen Leib erstarren lassen kann; ich bin in einem Zustand, der demjenigen entgegengesetzt ist, den man *Schüchternheit* nennt. Ich fühle mich wohl, ich werde nicht von mir selbst belästigt, denn ich bin nicht *draußen,* ich fühle mich nicht mir entfremdet. Dieser Zustand von Blindheit kann lange anhalten, je nach Wunsch meiner grundlegenden Unwahrhaftigkeit, er kann sich mit Unterbrechungen über mehrere Jahre erstrecken, über ein ganzes Leben: es gibt Menschen, die sterben, ohne jemals – mit Ausnahme kurzer und erschreckender Erleuchtungen – geahnt zu haben, was der *Andere* ist. Aber wenn man auch ganz in diesem Zustand aufgegangen ist, man empfindet doch andauernd seine Unzulänglichkeit. Und wie jede Unwahrhaftigkeit, so ist auch er es, der uns die Anlässe liefert, ihn aufzugeben: denn die Blindheit hinsichtlich des Anderen macht dementsprechend jede tiefere Auffassung meiner *Gegenständlichkeit* unmöglich. Indessen, der Andere als Freiheit und meine Gegenständlichkeit als entfremdetes Ich *sind da,* unbemerkt, nicht thematisiert, aber in meinem Verständnis für die Welt und für mein Sein in der Welt doch gegeben. Auch wenn der Billettknipser als reine Funktion betrachtet wird, weist er mich doch durch diese seine Funktion auf ein Draußen-Sein hin, wenn auch dieses Draußen-Sein weder ergriffen wird noch ergreifbar ist. Von dort stammt ein ständiges Gefühl von Mangel und Unbehagen. Denn mein Grundvorhaben gegen den Anderen – welche Haltung ich auch einnehmen mag – ist ein zweifaches: einerseits geht es mir darum, mich vor der Gefahr zu schützen, in die mich mein Draußen-in-der-Freiheit-Anderer-Sein bringt, andererseits darum, den Anderen zu benutzen, um endlich die unganze Ganzheit, die ich bin, ganz zu machen, um den offenen Kreis zu schließen und endlich zu erreichen, daß ich die Grundlage meiner selbst werde. Einerseits wirft mich also das Verschwinden des Anderen als Blick in meine rechtfertigungslose Subjektivität zurück und reduziert mein Sein auf jene fortwährend verfolgte Verfolgung in Richtung auf ein ungreifbares An-und-für-sich; ohne den Anderen erfasse ich vollständig und hüllenlos jene schreckliche Notwendigkeit, frei zu sein, die mein Los ist, das heißt die Tatsache, daß ich mich nur auf mich selbst verlassen kann betreffs der Sorge, mich sein zu lassen, wenn ich auch nicht zu sein gewählt habe und wenn ich auch *geboren* bin. Aber wenn auch die Blindheit gegen Andere mich offensichtlich von der Furcht befreit, in der Freiheit des Andern in Gefahr zu geraten, umschließt sie andererseits trotz allem ein implizites Verständnis für diese Freiheit. Sie stellt mich also auf die höchste Stufe von Gegenständlichkeit, und zwar gerade in dem Augenblick, in dem ich mich für absolute und einmalige Subjektivität halten kann, da ich ja gesehen werde, ohne auch nur erfahren zu können, daß ich gesehen werde, und ohne mich mittels einer solchen Erfahrung gegen mein «Gesehen-Werden» verteidigen zu können. Ich bin besessen, ohne mich gegen den wenden zu können, der mich besitzt. Bei der direkten Erfahrung des Anderen als Blick verteidige ich mich, indem ich den Anderen erfahre, und mir bleibt die Möglichkeit, den Anderen in ein Objekt zu verwandeln. Aber wenn der Andere für mich Objekt ist, *während er mich anblickt,* dann bin ich in Gefahr, ohne es zu wissen. So ist meine *Blindheit* Unruhe, weil sie vom Bewußtsein eines «umherschweifenden Blickes» begleitet wird, der unfaßbar ist und die Gefahr bedeutet, daß ich mir ohne mein Wissen entfremdet werde. Dieses Unbehagen muß einen neuen Versuch veranlassen, mich der Freiheit des Anderen zu bemächtigen. Aber das bedeutet, daß ich mich nach dem Objekt-Anderen, der mich streift, umwende und versuche, ihn als Werkzeug zu benutzen, um seine Freiheit zu erlangen. Allerdings kann ich, eben weil ich mich an das *Objekt* mit dem Merkmal «Anderer» wende, von ihm nicht über seine Transzendenz Rechenschaft verlangen, und da ich selbst auf der Ebene der Vergegenständlichung des Anderen weile, kann ich nicht einmal begreifen, was ich mir aneignen will. So befinde ich mich in einer verwirrenden und widerspruchsvollen Haltung gegenüber dem Gegenstand, den ich betrachte: nicht nur kann ich von ihm nicht erlangen, was ich will, sondern außerdem verursacht schon der Versuch ein Verschwinden des Wissens in bezug auf das, was ich will; ich verwickle mich in eine verzweifelte Suche nach der Freiheit des Anderen, und unterdessen *finde ich mich verwikkelt* in eine Suche, die ihren Sinn verloren hat; alle meine Bemühungen, der Suche ihren Sinn zurückzugeben, haben nur die Folge, ihn noch gründlicher verlorengehen zu lassen und meine Verwunderung und mein Unbehagen zu wecken, gerade wie wenn ich versuchte, die Erinnerung an einen Traum zurückzurufen, und wie wenn mir diese Erinnerung zwischen den Fingern zerginge, in mir einen unbestimmten und verwirrenden Eindruck von vollständigem, aber gegenstandslosem Wissen um diesen Traum zurücklassend; gerade wie wenn ich versuchte, den Inhalt einer Erinnerungstäuschung explizit zu machen und dieser Versuch sie zu Durchschaubarkeit sich auflösen ließe.

Mein ursprünglicher Versuch, mich der freien Subjektivität des Anderen durch seine Für-mich-Gegenständlichkeit hindurch zu bemächtigen, ist die *sexuelle Begierde.* Man wird sich vielleicht wundern, unter den Grundhaltungen, die doch einfach unsere ursprüngliche Art offenbaren, das Für-Andere-Sein zu realisieren, ein Phänomen erwähnt zu sehen, das gewöhnlich in die «psycho-physiologischen Reaktionen» eingereiht wird. Für die Mehrzahl der Psychologen steht nämlich die Begierde als Bewußtseinstatsache in enger Wechselbeziehung zur Natur unserer Sexualorgane und kann man sie nur mittels eines vertieften Studiums dieser Organe verstehen. Da aber die differenzierte Struktur des Leibes (Säuger, Lebendgebärender usw.) und demgemäß die besondere Struktur des Geschlechtes (Gebärmutter, Eileiter, Eierstöcke usw.) zum Bereich der absoluten Kontingenz und keineswegs zu dem der Ontologie des «Bewußtseins» oder des «Daseins» gehören, scheint für die sexuelle Begierde das gleiche zu gelten. Geradeso wie die Sexualorgane eine kontingente und besondere Bildung unseres Leibes sind, wäre die ihnen entsprechende Begierde eine kontingente Modalität unseres Seelenlebens, das heißt, sie könnte nur im Rahmen einer empirischen, auf die Biologie gestützten Psychologie dargestellt werden. Das offenbart hinreichend der Name *sexueller Instinkt,* den man der Begierde und allen psychischen, damit in Zusammenhang stehenden

Strukturen vorbehält. Dieser Ausdruck Instinkt bezeichnet nämlich stets kontingente Gebilde des Seelenlebens, die zwei Merkmale haben: sie sind während der ganzen Dauer des Lebens zusammen vorhanden – oder sie ergeben sich doch auf jeden Fall nicht aus unserer «Geschichte» –, und sie können trotzdem nicht vom Wesen des Psychischen aus abgeleitet werden. Deshalb haben die Existenzphilosophien nicht geglaubt, sich um die Sexualität kümmern zu müssen. Heidegger insbesondere deutet in seiner existentiellen Analytik nicht im mindesten auf sie hin, so daß sein «Dasein» uns wie geschlechtslos vorkommt. Und zweifellos kann man wirklich der Meinung sein, daß es für die «menschliche Realität» kontingent ist, ob sie sich als «männliche» oder als «weibliche» spezifiziert; zweifellos kann man sagen, daß das Problem der sexuellen Differenzierung nichts mit dem der *Existenz* zu tun hat, da der Mann ebenso wie die Frau «existiert», weder mehr noch weniger.

Diese Gründe sind nicht ganz überzeugend. Daß die sexuellen Unterschiede in den Bereich der Faktizität gehören, geben wir allenfalls zu. Aber muß das bedeuten, daß das «Für-sich» «zufällig» sexuell ist, und zwar auf Grund der Kontingenz einen *solchen* Leib zu haben? Können wir zugeben, daß diese ungeheure Angelegenheit, die das sexuelle Leben ist, wie eine Draufgabe zur menschlichen Seinsstellung noch hinzukommt? Auf den ersten Blick sehen wir vielmehr, daß die Begierde und ihr Gegenteil, der sexuelle Abscheu, Grundstrukturen des Für-Andere-Seins sind. Wenn die Sexualität ihren Ursprung vom *Geschlecht* als von einer physiologischen und kontingenten Determination des Menschen herleitet, dann kann sie offenbar für das Sein des Für-Andere nicht unentbehrlich sein. Aber muß man sich nicht fragen, ob das Problem nicht etwa in die gleiche Gruppe gehört wie das, dem wir anläßlich der Empfindungen und der empfindungsfähigen Organe begegnet sind? Man sagt, der Mensch sei ein sexuelles Wesen, weil er ein Geschlecht besitzt. Und wenn es nun umgekehrt wäre? Wenn das Geschlecht nur das Werkzeug und gleichsam das *Bild* einer grundlegenden Sexualität wäre? Wenn der Mensch ein Geschlecht nur besäße, weil er ursprünglich und von Grund aus ein sexuelles Wesen ist, insofern er in der Welt in Verbindung mit anderen Menschen existiert? Die kindliche Sexualität geht der physiologischen Reife der Sexualorgane voraus; die Eunuchen hören nicht auf, zu begehren. Auch viele Greise nicht. Die Tatsache, über ein Sexualorgan *verfügen* zu können, das fähig ist, zu befruchten und Genuß zu verschaffen, stellt nur eine Phase und einen Aspekt unseres sexuellen Lebens dar. Es gibt eine Weise der Sexualität «mit Befriedigungsmöglichkeit», und das ausgestaltete Geschlecht stellt dar und konkretisiert diese Möglichkeit. Aber es gibt andere Weisen der Sexualität, vom Typus der Unbefriedigung, und wenn man diese Weisen berücksichtigt, so muß man anerkennen, daß die Sexualität, die mit der Geburt in Erscheinung tritt, erst mit dem Tode erlischt. Niemals können übrigens das Anschwellen des Penis oder ein anderes physiologisches Phänomen die sexuelle Begierde erklären oder hervorrufen – ebensowenig wie die Gefäßverengung oder die Pupillenerweiterung (aber auch nicht das bloße Bewußtsein dieser physiologischen Veränderungen) die Furcht erklären oder hervorrufen können. Hier wie da muß man sich, obwohl der Leib eine wichtige Rolle zu spielen hat, zum richtigen Verständnis an das In-der-Welt-Sein und das Für-Andere-Sein erinnern: ich begehre ein menschliches Wesen und nicht ein Insekt oder ein Weichtier, und ich begehre es insofern, als es in der Welt in Situation ist und ich es auch bin, und als es für mich ein Anderer ist und ich für ihn ein *Anderer* bin. Das Grundproblem der Sexualität kann also folgendermaßen formuliert werden: ist die Sexualität ein kontingentes Ereignis und an unsere physiologische Beschaffenheit gebunden, oder ist es eine notwendige Struktur des Für-Andere-für-sich-Seins? Schon auf Grund der Tatsache, daß die Frage in solchen Termini gestellt werden kann, kommt es der Ontologie zu, über sie zu entscheiden. Sie kann das allerdings nur tun, wenn sie sich vor allem damit beschäftigt, die Bedeutung der sexuellen Existenz für den Anderen zu bestimmen und festzulegen. Geschlechtlich sein bedeutet nämlich – im Sinne der Beschreibung des Leibes, die wir im vorigen Kapitel versucht haben –, sexuell für einen Anderen existieren, der sexuell für mich existiert –, wobei wir uns darüber einig sind, daß zunächst weder dieser Andere *für mich* (noch ich für ihn) notwendigerweise ein *andersgeschlechtliches* Daseiendes ist, sondern ein geschlechtliches Wesen überhaupt. Vom Standpunkt des Für-sich aus betrachtet, kann diese Erfassung der Sexualität Anderer nicht eine bloß uninteressierte Betrachtung seiner primären oder sekundären Geschlechtsmerkmale sein. Der Andere ist für mich *zunächst* nicht deshalb geschlechtlich, weil ich aus der Verteilung seiner Behaarung, der Härte seiner Hände, dem Klang seiner Stimme und aus seiner Kraft schließe, daß er männlichen Geschlechts ist. Es handelt sich um abgeleitete Schlüsse, die sich auf einen Urzustand beziehen. Die ursprüngliche Erfassung der Sexualität des Anderen kann nur, insofern diese erlebt und erlitten wird, die *Begierde* sein; indem ich den Anderen begehre (oder entdecke, daß ich unfähig bin, ihn zu begehren) oder indem ich sein Mich-Begehren erfasse, entdecke ich sein Geschlechtlich-Sein; und die Begierde enthüllt mir *gleichzeitig mein* Geschlechtlich-Sein und *sein* Geschlechtlich-Sein, *meinen* Leib und *seinen* Leib. So sind wir also, um über die Natur und den ontologischen Rang des Geschlechtes entscheiden zu können, auf das Studium der Begierde verwiesen. Was ist also die Begierde?

Und zunächst: *auf was* richtet sich die Begierde?

Von vornherein muß man auf die Vorstellung verzichten, die Begierde könnte Begierde nach Wollust sein oder danach, einen Schmerz aufhören zu lassen. Man versteht nicht, wie das Subjekt aus diesem immanenten Zustand herauskommen könnte, um seine Begierde an ein Objekt «zu heften». Jede subjektivistische oder immanentistische Theorie wird scheitern, wenn sie erklären soll, warum wir *eine* Frau begehren und nicht einfach unsere Befriedigung. Es ist also ratsam, die Begierde mit Hilfe ihres transzendenten Objektes zu definieren. Es wäre jedoch völlig falsch, zu sagen, die Begierde sei Begierde nach «physischem Besitz» des begehrten Objektes, wenn man dabei unter besitzen versteht: einander Liebesgenuß verschaffen. Zweifellos befreit der sexuelle Akt für einen Augenblick von der Begierde, und es kann sein, daß er in gewissen Fällen ausdrücklich als der wünschenswerte Zielpunkt der Begierde gesetzt wird –, wenn diese zum Beispiel schmerzhaft oder ermüdend ist. Aber dann muß die Begierde selbst das Objekt sein, das man als ein «zu beseitigendes» setzt, und das kann nur mit Hilfe eines reflexiven Bewußtseins geschehen. Nun ist aber die Begierde durch sich selbst unreflektiert: sie kann sich also nicht selbst als ein zu beseitigendes Objekt setzen. Nur ein Wüstling führt sich seine Begierde vor Augen, behandelt sie als ein Objekt, reizt sie an, schwächt sie ab, verschiebt ihre Befriedigung usw. Und es ist bemerkenswert, daß dann die Begierde zum Begehrenswerten wird. Der Irrtum kommt in diesem Falle daher, daß man gelernt hat, der sexuelle Akt beseitige die Begierde. Man hat also etwas Gewußtes mit der Begierde selbst in Verbindung gebracht und hat aus Gründen, die mit ihrem Wesen (Zeugung, Heiligkeitscharakter der Mutterschaft, außergewöhnliche Stärke des durch den Erguß hervorgerufenen Lustgefühls, Symbolwert des sexuellen Aktes) nichts zu tun haben, ihr die Wollust als ihre normale Befriedigung von außen angeheftet. Deshalb kann sich der Durchschnittsmensch aus Trägheit des Geistes und aus Widerspruchslosigkeit kein anderes Ziel für seine Begierde vorstellen als den Erguß. So ist es möglich geworden, die Begierde als einen Instinkt zu verstehen, dessen Ursprung und Ziel durchaus physiologisch sind, da er zum Beispiel beim Manne als Ursache die Erektion und als Endziel den Samenerguß habe. Aber die Begierde an sich beinhaltet keineswegs den sexuellen Akt, sie setzt ihn auch nicht als eines ihrer Themen, sie deutet ihn nicht einmal an, wie man sieht, wenn es sich um die Begierde sehr junger Kinder oder Jugendlicher handelt, die von der Liebes-«Technik» nichts wissen. Ebenso ist die Begierde nicht Begierde nach irgendeinem besonderen Verfahren beim Lieben; das beweist deutlich die Verschiedenheit dieser Verfahren, die je nach den sozialen Schichten wechseln. Im allgemeinen ist die Begierde nicht Begierde, etwas zu *tun.* Das «tun» kommt erst hinterher, verbindet sich von außen her mit der Begierde und macht eine Lehrzeit notwendig: es gibt eine Liebestechnik, die ihre eigenen Zwecke und Mittel hat. Da also die Begierde weder ihre eigene Beseitigung als oberstes Ziel setzen, noch einen besonderen Akt als Endzweck wählen kann, ist sie einzig und allein Begierde nach einem transzendenten Objekt. Wir finden hier jene affektive Intentionalität wieder, von der wir in den vorhergehenden Kapiteln gesprochen und die Scheler und Husserl beschrieben haben. Aber auf welches Objekt richtet sich die Begierde? Kann man sagen, die Begierde sei Begierde nach einem Leib? In gewissem Sinne kann man das nicht bestreiten. Aber wir wollen uns nicht mißverstehen. Sicher ist es der Leib, der Verwirrung stiftet: ein Arm oder ein zufällig sichtbar werdender Busen, vielleicht ein Fuß. Aber man muß zunächst im Auge behalten, daß wir den Arm oder den entblößten Busen nur auf dem Hintergrunde der Gegenwart des ganzen Leibes als eines organischen Ganzen begehren. Der Leib selbst, als Ganzheit, kann verborgen sein; ich kann nur einen nackten Arm sehen. Aber er ist da; er ist dasjenige, von dem aus ich den Arm als Arm auffasse; der Leib ist ebenso gegenwärtig und ebenso zu dem Arm, den ich sehe, gehörig, wie die Muster des Teppichs, die von den Tischbeinen verdeckt werden, gegenwärtig sind und zu den Mustern gehören, die ich sehe. Und meine Begierde läßt sich nicht täuschen: sie wendet sich nicht an eine Summe physiologischer Einzelelemente, sondern an eine vollkommene Gestalt; mehr noch: an eine Gestalt *in Situation.* Wie wir später sehen werden, trägt die Haltung viel dazu bei, die Begierde zu wecken. Denn mit der Haltung sind auch die Nebenumstände gegeben und schließlich die Welt. Und mit einem Male befinden wir uns beim genauen Gegenteil der einfachen physiologischen Geilheit: die Begierde setzt die Welt und begehrt den Leib von der Welt aus und die schöne Hand vom Leibe aus. Sie geht genauso vor, wie wir es im vorigen Kapitel beschrieben haben, als wir den Leib des Anderen von seiner Situation in der Welt aus erfaßten. Daran ist schließlich nichts Erstaunliches, denn die Begierde ist nichts anderes als eine der großen Formen, die die Enthüllung des fremden Leibes annehmen kann. Aber gerade deswegen begehren wir den Leib nicht als rein materiellen Gegenstand: der rein materielle Gegenstand ist nämlich nicht in *Situation.* So ist diese organische Ganzheit, die der Begierde unmittelbar gegenwärtig ist, nur insofern begehrenswert, als sie nicht nur das Leben, sondern auch das ihm angepaßte Bewußtsein enthüllt. Wie wir jedoch sehen werden, ist dieses In-der-Welt-Sein des Anderen, das die Begierde enthüllt, von einem völlig einzigartigen Typus. Das betreffende Bewußtsein ist außerdem nichts anderes als eine *Eigenschaft* des begehrten Gegenstandes, das heißt nichts anderes als der Sinn des Abfließens der Gegenstände der Welt, und zwar genau insoweit, als dieses Abfließen eingegrenzt, lokalisiert ist und einen Teil *meiner* Welt ausmacht. Wohl kann man eine Frau begehren, die schläft, aber nur in dem Maße, in dem dieser Schlaf auf dem Hintergrund von Bewußtsein erscheint. Das Bewußtsein bleibt also immer am Horizont des begehrten Leibes: es macht seinen *Sinn* und seine Einheit aus. Ein lebendiger Leib als organische Ganzheit in Situation mit dem Bewußtsein am Horizont: das ist der Gegenstand, auf den sich die Begierde *richtet*. Und was will die Begierde von diesem Gegenstand? Wir können das nicht bestimmen, ohne eine Vorfrage beantwortet zu haben: *wer* begehrt?

Zweifellos ist der, welcher begehrt, ich, und die Begierde ist eine besondere Weise meiner Subjektivität. Die Begierde ist Bewußtsein, denn sie kann nur als nichtsetzendes Bewußtsein ihrer selbst sein. Indessen darf man nicht glauben, daß sich das begehrende zum Beispiel vom erkennenden Bewußtsein nur durch die Natur seines Gegenstandes unterschiede. Sich als Begierde erwählen bedeutet für das Für-sich nicht, eine Begierde erzeugen und dabei gleichgültig und unbeteiligt bleiben, so wie bei den Stoikern die Ursache ihre Wirkung erzeugt: das bedeutet, sich auf eine bestimmte Existenzebene stellen, die zum Beispiel nicht die gleiche wie bei einem Für-sich ist, das sich als metaphysisches Sein erwählt. Jedes Bewußtsein unterhält, wie wir gesehen haben, eine gewisse Beziehung zu seiner eigenen Faktizität. Aber diese Beziehung kann von einer Seinsweise zur anderen wechseln. Die Faktizität des Schmerzbewußtseins ist zum Beispiel die in einer immerwährenden Flucht entdeckte Faktizität. Etwas anderes ist es mit der Faktizität der Begierde. Der Mensch, der begehrt, existiert seinen Leib auf eine besondere Weise und stellt sich dadurch auf eine besondere Existenzebene. Jeder wird nämlich dem zustimmen, daß die Begierde nicht nur *Lust* ist, klare und durchsichtige *Lust*, die durch unseren Leib hindurch auf einen bestimmten Gegenstand zielt. Die Begierde wird als *Trübsein* definiert. Und dieser Ausdruck Trübsein kann uns dazu dienen, ihre Natur genauer zu bestimmen: man stellt ein trübes Wasser einem durchscheinenden Wasser gegenüber, einen trüben Blick einem klaren Blick. Das trübe Wasser ist immer noch Wasser; es bewahrt sein Flüssigsein und seine wesentliche Merkmale; aber seine Durchsichtigkeit ist von einem ungreifbaren Etwas «getrübt», das mit ihm verschmilzt, das überall und nirgends ist und das sich zu erkennen gibt als ein Dickflüssigerwerden des Wassers durch sich selbst. Wohl kann man das durch die Anwesenheit feiner, fester, in der Flüssigkeit schwebender Teilchen erklären: aber eine solche Erklärung ist die eines *Gelehrten*. Unsere ursprüngliche Auffassung trüben Wassers bietet es uns dar als beeinträchtigt durch die Anwesenheit von *etwas* Unsichtbarem, was sich von ihm selbst nicht unterscheidet und sich als rein faktischer Widerstand offenbart. Wenn das begehrende Bewußtsein Trübsein ist, so deshalb, weil es eine Analogie zum trüben Wasser darstellt. Um diese Analogie noch einleuchtender zu machen, ist es zweckmäßig, die sexuelle Begierde mit einer anderen Form der Begierde zu vergleichen, zum Beispiel mit dem Hunger. Der Hunger setzt, wie die sexuelle Begierde, einen bestimmten körperlichen Zustand voraus, der in diesem Falle als Verschlechterung des Blutes definiert wird, als reichliche Speichelabsonderung, Kontraktionen der Tunika usw. Diese verschiedenen Phänomene werden vom Standpunkt Anderer aus beschrieben und klassifiziert. Für das Für-sich offenbaren sie sich als reine Faktizität. Aber diese Faktizität zieht das Wesen des Für-sich *nicht in Mitleidenschaft,* denn das Für-sich flieht vor ihr unverzüglich auf seine Möglichkeiten hin, das heißt auf einen gewissen Zustand des gestillten Hungers, von dem wir im zweiten Teil dieses Buches angemerkt haben, daß er das An-und-Für-sich des Hungers ist. So ist der Hunger reine Überschreitung der körperlichen Faktizität, und in dem Maße, in dem das Für-sich sich dieser Faktizität in nichtsetzender Form bewußt wird, wird es sich ihrer unmittelbar als einer überschrittenen [dépassée] Faktizität bewußt. Der Leib ist hier wirklich das *Vergangene* [le passé], das *Übergangene* [le dé-passé]. Sicher kann man in der sexuellen Begierde diese allen Gelüsten gemeinsame Struktur wiederfinden: einen körperlichen Zustand. Der andere kann verschiedene physiologische Veränderungen notieren (Steifwerden des Penis, Hartwerden der Brustspitzen, Veränderungen im Blutumlauf, Temperaturerhöhung usw.). Und das begehrende Bewußtsein existiert diese Faktizität; *von ihr aus* – wir würden gern sagen: *durch sie hindurch* – erscheint der begehrte Leib als begehrenswert. Indessen würde die sexuelle Begierde, wenn wir uns darauf beschränkten, sie in dieser Weise zu beschreiben, als eine *unvermischte und klare Begierde* erscheinen, vergleichbar der Begierde nach Trinken und Essen. Sie wäre reine Flucht vor der Faktizität auf andere Möglichkeiten hin. Aber jeder weiß, daß ein Abgrund die sexuelle Begierde von den anderen Gelüsten trennt. Man kennt jenen allzu berühmten Spruch: «Die Liebe mit einer hübschen Frau genießen, wenn man auf sie Lust hat, wie man ein Glas eiskaltes Wasser trinkt, wenn man Durst hat», und man weiß auch, wie unbefriedigend, ja anstößig er für den Geist ist. Denn man begehrt keine Frau, indem man sich ganz und gar außerhalb des Begehrens hält, die Begierde *zieht mich in Mitleidenschaft;* ich bin der Komplice meiner Begierde. Oder vielmehr ist die Begierde ganz und gar Sturz in die Mitschuld mit dem Leibe. Jeder braucht sich nur an seine eigene Erfahrung zu wenden: man weiß, daß in der Begierde das Bewußtsein wie verklebt ist, anscheinend läßt man sich von der Faktizität überfallen, hört man auf, vor ihr zu fliehen und gleitet in ein *passives* Einverstandensein mit der Begierde. Es gibt andere Augenblicke, in denen anscheinend die Faktizität das Bewußtsein gerade bei seiner Flucht überfällt und es für sich selbst undurchschaubar macht. Es ist, als ob das *Faktum* schwerfällig die Initiative ergriffe. Auch lassen die Ausdrücke, die man zur Charakterisierung der Begierde benutzt, ihre Eigentümlichkeit ziemlich gut erkennen. Man sagt, daß sie *einen packt,* daß sie *einen versinken läßt,* daß sie *einem durch und durch geht.* Kann man sich vorstellen, daß die gleichen Ausdrücke benutzt werden, um den Hunger zu kennzeichnen? Kann man sich einen Hunger vorstellen, der «versinken lassen» würde? Das könnte allenfalls einen Sinn haben, wenn man über die Empfindung von Schwäche Rechenschaft geben will. Aber schon die schwächste Begierde läßt einen, im Gegensatz dazu, versinken. Man kann sie nicht, wie den Hunger, von sich weghalten und «an etwas anderes denken» und dabei im nicht setzenden Bewußtsein eine undifferenzierte Spannung genau wie irgendein Merkmal der leiblichen Basis aufrechterhalten, die dann die Begierde wäre. Sondern *die Begierde ist Zustimmung zur Begierde.* Das betäubte und ohnmächtige Bewußtsein gleitet in eine Erschlaffung hinein, dem Schlaf vergleichbar. Jeder hat schon dieses Auftreten der Begierde bei Anderen beobachten können: der Mensch, der begehrt, wird plötzlich zum Bild einer trägen Ruhe, die erschreckend ist; seine Augen werden starr und scheinen halb geschlossen, seine Bewegungen haben das Gepräge müder und zögernder Sanftheit; viele scheinen einzuschlafen. Und wenn man «gegen die Begierde ankämpft», so leistet man gerade dieser Erschlaffung Widerstand. Wenn es gelingt, zu widerstehen, wird die Begierde, bevor sie verschwindet, ganz unvermischt und ganz deutlich, ähnlich dem Hunger; und dann gibt es ein «Erwachen»; man fühlt sich innerlich klar, aber mit schwerem Kopf und klopfendem Herzen. Natürlich sind alle diese Beschreibungen unzulänglich. Aber sie weisen dennoch auf die Grundtatsache der Begierde hin: in der Begierde wählt es das Bewußtsein, seine Faktizität auf einer anderen Ebene zu existieren. Es flieht nicht mehr vor ihr, es versucht, sich seiner eigenen Kontingenz insoweit unterzuordnen, als es einen anderen Leib – das heißt eine andere Kontingenz – als begehrenswert erfaßt. In diesem Sinne ist die Begierde nicht nur die Entdeckung des fremden Leibes, sondern auch die Enthüllung meines eigenen Leibes. Und dies nicht insofern, als dieser Leib *Hilfsmittel* oder Aussichtspunkt ist, sondern insoweit, als er reine Faktizität ist, das heißt eine bloß kontingente Form der Notwendigkeit meiner Kontingenz. Ich *spüre* meine Haut und meine Muskeln und meinen

Atem, und ich spüre sie nicht, um sie, wie bei der Gemütsbewegung oder beim Gelüst, *auf* irgend etwas hin zu transzendieren, sondern ich spüre sie als etwas lebendiges und doch bewegungslos Gegebenes, nicht einfach wie ein geschmeidiges und unauffälliges Werkzeug für mein Handeln in der Welt, sondern wie ein *Pathos*, durch das ich in die Welt verwickelt und in der Welt in Gefahr bin. Das Für-sich *ist nicht* diese Kontingenz, es existiert weiter, aber es erleidet ein Schwindelgefühl vor seinem eigenen Leibe oder, wenn man lieber will, dieses Schwindelgefühl ist seine Art, seinen Leib zu existieren. Das nichtsetzende Bewußtsein läßt sich zum Leibe gehen, es *will* Leib und nichts als Leib sein. In der Begierde wird der Leib, anstatt nur die Kontingenz zu sein, vor der das Für-sich nach den ihm eigenen Möglichkeiten flieht, zugleich das unmittelbarste Mögliche des Für-sich; die Begierde ist nicht nur Begierde nach dem fremden Leibe; sie ist innerhalb des gleichen einheitlichen Aktes das nichtsetzend erlebte projectum, im eigenen Leib zu versinken. So kann die letzte Stufe der Begierde das Vergehen der Begierde als letzte Stufe des Zusammenstimmens mit dem Leibe sein. Nur in diesem Sinne kann die Begierde Begierde eines Leibes nach einem anderen Leibe genannt werden. Tatsächlich ist es ein Gelüst *nach* dem fremden Leibe, was als Schwindelgefühl des Für-sich vor seinem eigenen Leibe erlebt wird: und das Seiende, das begehrt, ist das Bewußtsein, *das sich zu Leib macht.*

Aber wenn es wahr ist, daß die Begierde ein Bewußtsein ist, das sich zu Leib macht, um sich den fremden Leib aneignen zu können, der als organische Ganzheit in Situation mit dem Bewußtsein am Horizont ergriffen wurde, welche Bedeutung hat dann die Begierde? Das soll heißen: warum macht sich das Bewußtsein zu Leib – oder warum versucht es dies vergeblich –, und was erwartet es vom Gegenstand seiner Begierde? Die Antwort fällt leicht, wenn man sich überlegt, daß ich mich in der Begierde zu Fleisch mache *in Gegenwart des Anderen, um mir das Fleisch des Anderen anzueignen.* Das bedeutet, daß es sich nicht nur darum handelt, an die Schultern oder an die Hüften zu fassen oder einen Leib an mich heranzuziehen: man muß sie auch mit jenem besonderen Werkzeug fassen, das der Leib ist, insofern er das Bewußtsein verklebt. In diesem Sinne könnte man, wenn ich diese Schultern anfasse, nicht nur sagen, daß mein Leib ein Mittel ist, um die Schultern zu berühren, sondern daß die Schultern des Anderen für mich ein Mittel sind, um meinen Leib als bezaubernde Enthüllung meiner Faktizität, das heißt als Fleisch, zu entdecken. Demnach ist die Begierde Begierde nach Aneignung eines Leibes, insofern diese Aneignung mir meinen Leib als Fleisch enthüllt. Aber jenen, den ich mir aneignen will, will ich mir *als Fleisch* aneignen. Das ist er zunächst für mich nicht: der fremde Leib erscheint als synthetische, agierende Gestalt; wie wir gesehen haben, kann man den fremden Leib nicht als bloßes Fleisch wahrnehmen, das heißt in der Eigenschaft eines abgegrenzten Gegenstandes, der mit anderen *dies-da* außenweltliche Beziehungen unterhält. Der fremde Leib ist ursprünglich Leib in Situation; das Fleisch erscheint im Gegensatz dazu als *reine Kontingenz von etwas Anwesendem.* Es ist für gewöhnlich hinter Schminke, Kleidern usw. verborgen; vor allem ist es durch die *Bewegungen* verborgen; nichts ist weniger «aus Fleisch» als eine Tänzerin, auch wenn sie nackt ist. Die Begierde ist ein Versuch, den Leib seiner Bewegungen, als seien es seine Kleider, zu entkleiden, und ihn als bloßes Fleisch existieren zu lassen; es ist ein Versuch, die Fleischwerdung [incarnation] des fremden Leibes herbeizuführen. In diesem Sinne sind Liebkosungen eine Aneignung des Leibes des Anderen: es ist offensichtlich, daß, wenn die Liebkosung nur eine leichte Berührung oder ein Anstreifen sein sollte, es keine Beziehung zwischen ihr und der mächtigen Begierde geben könnte, die zu stillen sie vorgibt; sie würde an der Oberfläche bleiben, wie ein Blick, und könnte nicht den Anderen *mir zueignen.* Man weiß, wie verlockend jenes berühmte Wort aussieht: «Berührung zweier Epidermen». Die Liebkosung will aber nicht bloße Berührung sein; anscheinend kann nur der Mann sie zu einer Berührung reduzieren und wird dann ihren eigentlichen Sinn verfehlen. Denn die Liebkosung ist nicht einfach ein leichtes Anstreifen: sie ist *Formgebung.* Wenn ich den Anderen liebkose, lasse ich sein Fleisch durch meine Liebkosung unter meinen Fingern entstehen. Die Liebkosung ist das Insgesamt der Zeremonien, die den Anderen *zu Fleisch werden lassen.* Aber, wird man einwenden, war er denn nicht schon Fleisch? Eben *nicht.* Das Fleisch des Anderen existierte nicht ausdrücklich für mich, denn ich erfaßte den Leib des Anderen in Situation; es existierte auch nicht für ihn, denn er transzendierte es auf seine Möglichkeiten und auf das Objekt hin. Die Liebkosung läßt den Anderen für mich und für ihn als Fleisch entstehen. Und unter Fleisch verstehen wir nicht einen *Teil* des Leibes, so wie Lederhaut, Bindegewebe oder eben die Oberhaut; es handelt sich auch nicht notwendigerweise um den Leib «in Ruhelage» oder schlummernd, wenn er auch oft auf diese Art sein Fleisch besser als sonst zu erkennen gibt. Sondern die Liebkosung enthüllt das Fleisch, indem sie den Leib des Anderen seines Tätigseins entkleidet, indem sie ihn von den Möglichkeiten abtrennt, die ihn umgeben: sie ist dazu geschaffen, unter seinem Tun das Gewebe aus Trägheit – das heißt das reine «Da-Sein» – zu entdecken, von dem das Tun getragen wird: wenn ich zum Beispiel die Hand des Anderen *ergreife* und *liebkose,* so entdecke ich unter dem *Ergriffensein,* das diese Hand *zunächst* ist, ein Ausgedehntes aus Fleisch und Knochen, was ergriffen werden kann;

und ebenso liebkost mein Blick, wenn er unter dem Hochspringen, das die Beine der Tänzerin zunächst sind, die mondgleiche Fläche der Oberschenkel entdeckt. Also unterscheidet sich die Liebkosung keineswegs von der Begierde: mit den Augen liebkosen ist dasselbe wie begehren. *Die Begierde drückt sich durch die Liebkosung aus wie der Gedanke durch die Sprache.* Und die Liebkosung enthüllt das Fleisch des Anderen als Fleisch für mich und *für den Anderen.* Aber sie enthüllt dieses Fleisch auf eine ganz besondere Weise: wenn ich den Anderen anpacke, so enthüllt das ihm gut seine Trägheit und seine Passivität, weil er transzendierte Transzendenz ist; aber das heißt nicht, ihn liebkosen. In der Liebkosung liebkost nicht mein Leib als synthetische Gestalt in Tätigkeit den Anderen: sondern mein Leib aus Fleisch läßt das Fleisch des Anderen erstehen. Die Liebkosung ist dazu geschaffen, durch das Lustgefühl den Leib des Anderen für den Anderen und für mich erstehen zu lassen, und zwar als *angerührte* Passivität in dem Maße, in dem mein Leib Fleisch wird, um ihn mit seiner eigenen Passivität anrühren zu können, das heißt indem er mehr sich an ihm liebkost, als daß er ihn liebkost. Deshalb sind die Bewegungen Liebender von einer Mattigkeit, die man beinahe einstudiert nennen könnte: es handelt sich eben nicht darum, einen Teil des anderen Leibes zu *nehmen,* als vielmehr seinen Leib an den anderen heranzu*bringen.* Nicht darum, im Sinne einer Handlung zu drängen oder zu berühren, sondern zu *legen.* Anscheinend *bringe* ich meinen eigenen Arm wie eine leblose Sache und *lege* ihn an die Hüfte der begehrten Frau; anscheinend sind meine Finger, die ich auf ihrem Arm *herumführe,* ohne Leben. So geschieht die Enthüllung des Fleisches des Anderen durch mein eigenes Fleisch; in der Begierde und in der Liebkosung, die sie ausdrückt, werde ich zu Fleisch, um die Fleischwerdung des Anderen zu verwirklichen; und indem die Liebkosung die Fleischwerdung des Anderen *realisiert,* entdeckt sie mir meine eigene Fleischwerdung; das heißt, ich mache mich zu Fleisch, um den Anderen dafür zu gewinnen, *für sich* und *für mich* sein eigenes Fleisch zu realisieren, und meine Liebkosungen lassen mein Fleisch für mich erstehen, insofern es für den Anderen *Fleisch ist, das ihn zum Fleische geboren werden läßt;* ich lasse ihn sein Fleisch durch mein Fleisch genießen, um ihn zu nötigen, sich als Fleisch zu fühlen. Und auf diese Weise erscheint wirklich die *Inbesitznahme* als ein *zweifaches gegenseitiges Zufleischwerdenlassen.* Demnach steckt in der Begierde ein Versuch, das Bewußtsein zu Fleisch werden zu lassen (was wir vorhin Verklebung des Bewußtseins, getrübtes Bewußtsein usw. nannten), um die Fleischwerdung des Anderen zu verwirklichen.

Es bleibt noch zu untersuchen, was das *Motiv* der Begierde ist oder, wenn man lieber will, ihr Sinn. Denn wenn man den Darstellungen gefolgt ist, die wir hier versucht haben, so wird man schon längst verstanden haben, daß für das Für-sich das Sein gleichbedeutend ist mit dem Wählen seiner Seinsart auf dem Hintergrund einer absoluten Kontingenz seines Da-Seins. Die Begierde *kommt* also nicht zum Bewußtsein wie die Wärme zu dem Stück Eisen *kommt,* das ich in die Nähe der Flamme bringe. Das Bewußtsein erwählt sich als Begierde. Deshalb muß sie bestimmt ein Motiv haben: ich begehre nicht irgend jemanden irgendwann. Aber wir haben im ersten Teil dieses Buches gezeigt, daß das Motiv von der Vergangenheit aus entsteht und daß das Bewußtsein ihm seine Gewichtigkeit und seinen Wert verleiht, indem es sich auf jene *zurückwendet.* Es besteht also kein Unterschied zwischen der Wahl des Motives der Begierde und dem Sinn des Auftauchens – in den drei ek-statischen Dimensionen der Dauer – eines Bewußtseins, das sich zu einem begehrenden macht. Wie die Gemütsbewegungen oder die Haltung des Einbildens oder überhaupt alle Haltungen des Für-sich, so hat diese Begierde eine Bedeutung, von der sie konstituiert und überschritten wird. Die Darstellung, die wir gerade versucht haben, wäre ohne Interesse, wenn sie uns nicht veranlassen sollte, folgende Frage zu stellen: *warum* nichtet sich das Bewußtsein in Gestalt von Begierde?

Ein oder zwei Vorbemerkungen werden uns helfen, diese Frage zu beantworten. Erstens muß man festhalten, daß das begehrende Bewußtsein seinen Gegenstand nicht auf dem Hintergrund einer unveränderten Welt begehrt. Anders ausgedrückt, es handelt sich nicht darum, das Begehrenswerte als ein gewisses «dies-da» auf dem Hintergrunde einer Welt erscheinen zu lassen, die ihre Werkzeugverbindungen mit uns und ihren Aufbau aus Zeugkomplexen wahrt. Es ist dabei mit der Begierde wie mit der Gemütsbewegung: wir haben an anderer Stelle[1] darauf hingewiesen, daß die Gemütsbewegung nicht die Erfassung eines das Gemüt bewegenden Gegenstandes in einer unveränderten Welt ist: da sie einer umfassenden Umgestaltung des Bewußtseins und seiner Beziehungen zur Welt entspricht, bekundet sie sich vielmehr durch eine bis in die Tiefe gehende Veränderung der Welt. Die Begierde ist gleichfalls eine bis in die Tiefe gehende Umgestaltung des Für-sich, denn das Für-sich läßt sich nun auf einer anderen Seinsebene sein, es bestimmt sich dazu, seinen Leib in anderer Weise zu existieren, sich von seiner Faktizität verkleben zu lassen. In Wechselwirkung damit muß die Welt für das Für-sich auf eine andere Weise zum Sein kommen: es gibt eine Welt der Begierde. Wenn nämlich mein Leib nicht mehr

1 Vgl. unseren «Entwurf einer phänomenologischen Theorie der Gemütsbewegungen».

als das Werkzeug empfunden wird, was von jedem Werkzeug benutzt werden kann, das heißt als synthetisches Gebilde aus meinen Handlungen in der Welt; wenn er vielmehr als Fleisch erlebt wird, dann ergreife ich die Gegenstände dieser Welt als Verweisungen auf mein Fleisch. Das bedeutet, daß ich mich in bezug auf sie passiv verhalte, und vom Standpunkt dieser Passivität aus, in ihr und durch sie enthüllen sie sich mir (denn die Passivität ist der Leib und der Leib hört nicht auf, Aussichtspunkt zu sein). Die Gegenstände sind dann das transzendente Insgesamt, durch das mir meine Fleischwerdung enthüllt wird. Eine Berührung ist nun *Liebkosung*, das heißt, meine Wahrnehmung ist nicht *Benutzung* des Gegenstandes und seine Überschreitung in Hinblick auf ein Ziel; vielmehr bedeutet, in der begehrenden Haltung einen Gegenstand wahrnehmen: mich an ihm liebkosen. So bin ich also nicht so sehr für die Gestalt des Gegenstandes oder für seine Benutzbarkeit, als vielmehr für seine Beschaffenheit (uneben, glatt, warm, fettig, rauh usw.) empfänglich, und ich entdecke in meiner begehrenden Wahrnehmung so etwas wie ein *Fleisch* der Gegenstände. Mein Hemd reibt sich auf meiner Haut, und ich spüre es: was für mich für gewöhnlich der entfernteste Gegenstand ist, wird unmittelbar spürbar, die Wärme der Luft, der Hauch des Windes, die Sonnenstrahlen usw., alles ist mir auf eine bestimmte Weise gegenwärtig, wie entfernungslos auf mich gelegt und mein Fleisch durch sein Fleisch enthüllend. Von diesem Standpunkt aus ist die Begierde nicht nur die Verklebung eines Bewußtseins durch seine Faktizität, sie ist in Wechselwirkung damit das Sichverfangen eines Leibes in der Welt; und die Welt wird *verfangend;* das Bewußtsein versinkt in einen Leib, der in der Welt versinkt[1]. So ist das Ideal, das sich hier zeigt, das Inmitten-der-Welt-Sein; das Für-sich versucht, ein Inmitten-derWelt-Sein als einen äußersten Entwurf seines In-derWelt-Seins zu realisieren; deshalb ist die Wollust so oft an den Tod gebunden – der auch eine Verwandlung oder ein «Inmitten-derWelt-Sein» ist –; man kennt zum Beispiel das Thema der «wie tot daliegenden Frau», das in allen Literaturen so reichlich behandelt worden ist.

Aber die Begierde ist weder zunächst noch vor allem eine Beziehung zur Welt. Die Welt erscheint hier nur als Hintergrund der expliziten Verbindungen mit dem *Anderen.* Für gewöhnlich wird anläßlich der *Gegenwart* des Anderen die Welt als Welt der Begierde

1 Wohlgemerkt muß man hier wie überall mit dem Feindseligkeitskoeffizienten der Dinge rechnen. Diese Dinge sind nicht nur «liebkosend», sondern sie können unter dem allgemeinen Gesichtswinkel der Liebkosung auch als «Gegen-Liebkosungen» erscheinen, das heißt von einer Roheit, einem Mißklang, einer Härte, die uns, gerade weil wir im Zustand des Begehrens sind, auf eine unerträgliche Weise verletzen.

entdeckt. Nebenher kann sie als eine solche anläßlich der *Abwesenheit* eines *gewissen* Anderen oder auch anläßlich der *Abwesenheit jedes* Anderen entdeckt werden. Aber wir haben schon angemerkt, daß die Abwesenheit ein konkreter existentieller Bezug des Anderen zu mir ist, der auf dem Urgrund des Für-Andere-Seins zum Vorschein kommt. Wohl kann ich meinen Leib entdecken, wenn ich allein bin, mich plötzlich als Fleisch fühlen, vor Begierde «ersticken» und die Welt als «erstickend» auffassen. Aber diese einsame Begierde ist ein Ruf nach *einem* Anderen oder nach der Anwesenheit des undifferenzierten Anderen. Ich begehre, mich durch und für ein anderes Fleisch als Fleisch zu enthüllen. Ich versuche, den Anderen in seinem Abbild zu behexen und erscheinen zu lassen; und die Welt der Begierde zeigt mir als leere Gußform den *Anderen*, den ich rufe. So ist die Begierde keineswegs ein physiologisches Ereignis, eine Geilheit unseres Fleisches, die uns zufällig an das Fleisch des Anderen heften könnte. Sondern damit es mein Fleisch und das des Anderen *geben* kann, ist es im Gegenteil notwendig, daß das Bewußtsein sich zunächst einmal in der Gußform der Begierde abformt. Die Begierde ist eine anfängliche Weise der Verbindungen mit Anderen, die den Anderen als begehrenswertes Fleisch auf dem Untergrunde einer Begierdewelt konstituiert.

Wir können jetzt den tieferen Sinn der Begierde explizit machen. In der ersten Reaktion auf den Blick des Anderen konstituiere ich mich tatsächlich als Anblick. Aber wenn ich den Blick anblicke, um mich gegen die Freiheit des Anderen zu verteidigen und sie als solche zu transzendieren, brechen die Freiheit und der Blick des Anderen zusammen: ich sehe *Augen*, ich sehe ein Inmitten-der-Welt-Sein. Von nun an entgeht mir der Andere: ich möchte auf seine Freiheit einwirken, sie mir aneignen oder mich wenigstens von ihr als Freiheit anerkennen lassen. Aber jene Freiheit ist tot, sie ist absolut nicht mehr *in der Welt,* in der ich dem Objekt-Anderen begegne, denn ihre Eigenart ist es, transzendent zur Welt zu sein. Wohl kann ich den anderen *anfassen,* packen, schütteln; ich kann, wenn ich Macht besitze, ihn zu diesen oder jenen Handlungen, zu diesen oder jenen Worten zwingen; aber alles geht so vor sich, als wollte ich mich eines Menschen bemächtigen, der vor mir flieht und mir seinen Mantel in den Händen läßt. Es ist der Mantel, es ist die äußere Hülle, die ich besitze; immer werde ich mich nur eines Leibes bemächtigen, eines psychischen Gegenstandes inmitten der Welt; und obwohl alle Handlungen dieses Leibes in Worten der Freiheit gedeutet werden können, habe ich doch den Schlüssel zu dieser Deutung vollkommen verloren: ich vermag nur auf eine Faktizität einzuwirken. Wenn ich das *Wissen* um eine transzendente Freiheit des Anderen bewahrt habe, so reizt dieses Wissen mich vergeblich, wenn es mich auf eine Realität hinweist, die für mich grundsätzlich unerreichbar ist, und wenn es mir jeden Augenblick klarmacht, daß ich sie *verfehle*, daß alles, was ich tue, «blindlings» getan wird und seinen Sinn anderswo erhält, in einer Daseins-Sphäre, aus der ich grundsätzlich ausgeschlossen bin. Ich kann um Gnade flehen lassen oder um Pardon bitten lassen, aber ich werde niemals wissen,was diese Unterwerfung für die und in der Freiheit des Anderen bedeutet. Gleichzeitig wird übrigens mein *Wissen* beeinträchtigt: ich verliere das genaue Verständnis für das *Erblickt-Werden*, das bekanntlich die einzige Art ist, in der ich die Freiheit des Anderen an mir erfahren kann. So habe ich mich in ein Unternehmen eingelassen, von dem ich sogar den Sinn vergessen habe. Ich bin in Verwirrung angesichts dieses Anderen, den ich sehe und den ich berühre und von dem ich nicht weiß, was ich mit ihm machen soll. Geradeso ist es, wenn ich die unbestimmte Erinnerung an ein gewisses *Jenseits* dessen bewahrt habe, den ich sehe und berühre, an ein Jenseits, von dem ich weiß, daß es genau dasjenige ist, was ich mir aneignen will. Dann aber *mache ich mich zu Begierde*. Die Begierde ist eine zauberische Verhaltensweise. Da ich den Anderen nur in seiner objektiven Faktizität erfassen kann, kommt es darauf an, in dieser Fakizität seine Freiheit sich verfangen zu lassen: man muß erreichen, daß sie dort «gerinnt», wie man von einer Rahmspeise sagt, daß sie geronnen ist, so zwar, daß das Für-sich des Anderen mit der Oberfläche seines Leibes in Berührung kommt, daß es sich durch seinen ganzen Leib hindurch erstreckt und daß ich, indem ich diesen Leib berühre, schließlich die freie Subjektivität des Anderen berühre. Das ist der eigentliche Sinn des Wortes *Besitz*. Zweifellos will ich den Leib des Anderen *besitzen;* aber ich will ihn insofern besitzen, als er selbst ein «Besessener» ist, das heißt insofern, als das Bewußtsein des Anderen sich mit ihm identifiziert hat. So sieht das unmögliche Ideal der Begierde aus: die Transzendenz des Anderen als reine Transzendenz und dennoch als *Leib* besitzen; den Anderen auf seine einfache *Faktizität* reduzieren, weil er dann inmitten der Welt ist, aber doch erreichen, daß diese Faktizität eine fortwährende Vergegenwärtigung seiner nichtenden Transzendenz ist.

Genau genommen kann aber die Faktizität des Anderen (sein reines Da-Sein) meiner unmittelbaren Erkenntnis nur im Rahmen einer tiefgehenden Umwandlung meines Selbst-Seins gegeben werden. Insoweit ich meine persönliche Faktizität auf meine eigenen Möglichkeiten hin überschreite, insoweit ich meine Faktizität in einer Fluchtbewegung existiere, überschreite ich auch die Faktizität des Anderen als das reine *Vorhandensein der Dinge*. In meinem eigenen Auftauchen lasse ich sie zum Werkzeugdasein emportauchen, ihr Sein schlechthin wird maskiert mit den Komplexen hinweisender Verweisungen, die ihre *Zuhandenheit* und ihre *Zeugbeschaffenheit* ausmachen. Einen Federhalter in die Hand nehmen bedeutet schon, mein Da-Sein auf die Möglichkeit hin überschreiten, zu schreiben, aber es bedeutet auch, den Federhalter als einen einfach daseienden überschreiten auf seine Wirkfähigkeiten hin und diese wiederum auf gewisse zukünftige Daseiende hin, die die «zu schreibenden Worte» und schließlich das «zu schreibende Buch» sind. Deshalb ist das Sein der Daseienden gewöhnlich durch ihre Funktion verhüllt. Dasselbe gilt für das Sein des Anderen: wenn der Andere mir als Diener erscheint, als Angestellter, als Beamter, oder einfach als Straßenpassant, dem ich aus dem Wege gehen muß, oder als jene Stimme, die im Nebenzimmer spricht und die ich zu *verstehen* suche (oder die ich im Gegenteil überhören will, weil sie mich «am Einschlafen hindert»), so entgeht mir nicht nur seine außerweltliche Transzendenz, sondern auch sein «Da-Sein» als ein rein kontingentes Vorhandensein inmitten der Welt. Gerade nämlich insofern ich ihn als Diener oder als Büroangestellten behandle, überschreite ich ihn auf seine Wirkfähigkeiten hin (transzendierte Transzendenz, tote Möglichkeiten), und zwar durch den gleichen Entwurf, durch den ich meine eigene Faktizität überschreite und nichte. Wenn ich auf seine einfache Gegenwart zurückkommen und sie *als Gegenwart* verspüren will, muß ich versuchen, mich auf meine eigene zu reduzieren. Jedes Überschreiten meines Da-Seins ist nämlich ein Überschreiten des Da-Seins des Anderen. Und wie die Welt um mich herum als die Situation ist, die ich auf mich selbst hin überschreite, so erfasse ich den Anderen von *seiner Situation* aus, das heißt, bereits als Beziehungsmittelpunkt. Wohl muß auch der begehrte Andere in Situation erfaßt werden; was ich begehre, ist eine Frau *in der Welt, neben dem Tische* stehend, nackt *auf einem Bett* oder *mir zur Seite* sitzend. Aber wenn die Begierde von der Situation auf das Wesen, das in Situation ist, zurückströmt, so mit dem Erfolge, die Situation aufzulösen und die Beziehungen, die der Andere in der Welt hat, wegzubeizen: die Bewegung des Begehrens, die von den «Nebenumständen» aus auf die begehrte Person gerichtet ist, ist eine sie isolierende Bewegung, die die Nebenumstände zerstört und die betreffende Person einkreist, um ihre reine Faktizität hervortreten zu lassen. Aber gerade das ist nur möglich, wenn jeder Gegenstand, der mich auf die Person verweist, in seiner reinen Kontingenz erstarrt, und zwar im gleichen Augenblick, in dem er mich auf die Person hinweist; und folglich ist jene Bewegung zurück zum Sein des Anderen eine Bewegung zurück zu mir als reinem Da-Sein. Ich zerstöre meine Möglichkeiten, um die Welt zu zerstören und die Welt als «Welt der Begierde» zu konstituieren, das heißt eine strukturlose Welt, die ihren Sinn verloren hat, und aus der Dinge herausragen wie Bruchstücke bloßer Materie, wie rohe Qualitäten. Und da das Für-sich Wahl ist, so ist so etwas nur möglich, wenn ich mich auf eine neue Möglichkeit hin pro-jektiere: auf diejenige, «von meinem Leib wie die Tinte vom Löschblatt aufgesogen» zu werden, auf diejenige, mich zum Inbegriff meines reinen Da-Seins zu machen. Insofern dieser Entwurf nicht bloß konzipiert und zum Thema gemacht, sondern erlebt wird, das heißt, insofern sich seine Realisierung nicht von seiner Konzipierung unterscheidet, ist er das Trübsein. Man darf nämlich die vorangegangenen Darstellungen nicht so verstehen, als ob ich mich freiwillig in den Zustand des Trübseins versetzte mit der Absicht, das reine «Da-Sein» des Anderen wiederzufinden. Die Begierde ist ein erlebter Entwurf, der keine vor-läufige Überlegung voraussetzt, sondern seinen Sinn und seine Deutung in sich trägt. Sobald ich mich auf die Freiheit des Anderen werfe, sobald ich seine Akte und seine Funktionen beiseite schieben will, um ihn in seinem Fleische zu erreichen, werde ich selbst zu Fleisch, denn ich kann die Fleischwerdung des Anderen weder wollen noch auch nur verstehen, es sei denn innerhalb und mittels meiner eigenen Fleischwerdung; und auch die gegenstandslose Skizze zu einer Begierde (wenn man z. B. «zerstreut eine Frau mit dem Blick entkleidet») ist eine gegenstandslose Skizze zum Trübsein, denn ich begehre nur mit meinem Trübsein, ich entblöße im Geiste den Anderen nur, indem ich mich selbst entblöße, ich entwerfe und skizziere im Geist das Fleisch des Anderen nur, indem ich mein Fleisch skizziere.

Aber meine Fleischwerdung ist nicht nur die Vorbedingung dafür, daß der Andere *meinen Augen* als Fleisch erscheint. Mein Ziel ist, ihn zu veranlassen, sich *in seinen eigenen Augen* zu Fleisch zu verwandeln, ich muß ihn auf die Ebene der reinen Faktizität schleppen, er muß sich für sich selbst der Inbegriff dafür werden, nichts als Fleisch zu sein. Auf diese Weise wäre ich über die ständigen Möglichkeiten einer Transzendenz beruhigt, die mich jeden Augenblick von allen Seiten her transzendieren kann: sie *wäre nur noch* dies-da; sie würde innerhalb der Begrenzungen eines Gegenstandes bleiben; außerdem könnte ich sie gerade auf Grund dieser Tatsache berühren, anfassen, in Besitz nehmen. Der zweite Sinn meiner Fleischwerdung – das heißt meines Trübseins – ist der, daß sie eine Bildzaubersprache ist. Ich mache mich zu Fleisch, um den Anderen durch meine Nacktheit zu bezaubern und um in ihm die Begierde nach meinem Fleisch hervorzurufen, eben weil diese Begierde im Anderen nichts anderes sein würde, als eine der meinen ähnliche Fleischwerdung. So ist die Begierde eine Aufforderung zur Begierde. Mein Fleisch allein weiß den Weg zum Fleische des Anderen zu finden, und ich lege mein Fleisch an sein Fleisch, um ihn dazu zu erwecken, den Sinn des Fleisches zu verstehen. Denn in der Liebkosung, wenn ich meine reglose Hand leise an die Hüfte des Anderen lege, lasse ich ihn mein Fleisch verspüren, wozu er aber nur dann fähig ist, wenn er sich regungslos verhält; der Lustschauer, der ihn dann durchläuft, ist eben das Erwachen seines Fleischbewußtseins. Mit einer Hand spielen, sie zur Seite schieben oder sie festhalten heißt, wieder Leib in Tätigkeit werden; gleichzeitig heißt das, meine Hand als Fleisch verschwinden lassen. Wenn ich sie fast unmerklich seinen Leib entlanggleiten lasse, wenn ich sie zu einem zarten, beinahe unsinnlichen Anstreifen werden lasse, zu einem reinen Vorhandensein, zu einer bloßen Sache, die nur ein wenig weich, ein wenig glatt, ein wenig rauh ist, so verzichte ich für mich selbst darauf, derjenige zu sein, der Merkzeichen errichtet und Entfernungen entfaltet, ich werde zu nichts als heißer, feuchter Haut. In diesem Augenblick ist die Begierdengemeinschaft verwirklicht: jedes Bewußtsein hat, indem es Fleisch wurde, die Fleischwerdung des anderen verwirklicht, jedes Trübsein hat das Trübsein des Anderen entstehen lassen und ist dadurch um so größer geworden. Bei jeder Liebkosung spüre ich mein eigenes Fleisch und, durch mein eigenes Fleisch hindurch, das Fleisch des Anderen, und ich habe Bewußtsein davon, daß dieses Fleisch, das ich spüre und mir mit Hilfe meines Fleisches aneigne, Vom-Anderen-gespürtes-Fleisch ist. Nicht zufällig erreicht die Begierde den Leib, obwohl sie ihn als Ganzes will, vor allem durch jene Fleischpartien hindurch, die am wenigsten gegliedert sind, die die wenigsten motorischen Nerven enthalten, die am wenigsten zu Willkürbewegungen fähig sind, also durch die Brüste hindurch, die Backen, die Oberschenkel, den Unterleib: sie sind wie das Abbild der reinen Faktizität. Aus diesem Grunde ist auch die wirkliche Liebkosung ein Berühren der beiden Leiber mit ihren fleischigsten Teilen, die Berührung der Unterleibs- und Brustpartien: die Hand, welche liebkost, ist trotz allem noch zu beweglich, steht einem vollendeten Werkzeug noch zu nahe. Vielmehr ist das Erblühen des Fleisches, eins gegen das andere gedrückt, das wirkliche Ziel der Begierde.

Indessen ist diese Begierde selbst zum Scheitern verurteilt. Wir haben ja gesehen, daß der Koitus, der sie für gewöhnlich beendet, nicht ihr eigentliches Ziel ist. Sicherlich sind mehrere Elemente unserer geschlechtlichen Struktur der notwendige Ausdruck der Natur der Begierde. Insbesondere die Erektion des Penis und der Klitoris. Sie ist in der Tat nichts anderes als die Bejahung des Fleisches durch das Fleisch. Es ist also notwendigerweise so, daß sie nicht *willentlich* herbeigeführt wird, das heißt, daß wir sie nicht wie ein Instrument benutzen können, sondern daß es sich im Gegenteil um ein biologisches und eigengesetzliches Phänomen handelt, dessen eigengesetzliches und unwillkürliches Aufblühen das Versinken des Bewußtseins im Leib begleitet und bedeutet. Man muß begreifen, daß kein bewegliches, zum Greifen eingerichtetes und mit gestreiften Muskeln verbundenes Organ ein Geschlechtsorgan sein kann, ein *Geschlecht;* wenn das Geschlecht als Organ erscheinen sollte, so konnte es nur eine Bekundung des vegetativen Lebens sein. Aber die Kontingenz kommt wieder zum Vorschein, wenn wir bedenken, daß es Geschlechtsorgane aller Art und daß es *solche Geschlechtsorgane gibt.* Insbesondere bleibt das Eindringen des Männchens in das Weibchen eine durchaus kontingente Modalität unseres Geschlechtslebens, obwohl es jener radikalen Fleischwerdung entspricht, die die Begierde sein will (und obwohl man tatsächlich die Passivität der Geschlechtsorgane beim Koitus bemerkt: der ganze Leib bewegt sich vor- und rückwärts, er *trägt* das Geschlecht nach vorn oder zieht es zurück; die Hände helfen bei der Einführung des Penis; der Penis selbst erscheint wie ein Instrument, das man handhabt, das man einbohrt, das man herauszieht, das man benutzt, und das Sichöffnen und Schlüpfrigwerden der Scheide kann gleichfalls nicht willentlich herbeigeführt werden). Und die sexuelle Wollust im eigentlichen Sinne ist auch eine reine Kontingenz. Genaugenommen ist es meistens so, daß das Sichverfangen des Bewußtseins im Leibe damit sein Ende findet, das heißt, die Wollust ist eine Art von besonderer Ekstase, in der das Bewußtsein nur noch Bewußtsein (des) Leibes ist und infolgedessen reflexives Bewußtsein *von* der Leiblichkeit wird. Die Lust nämlich verursacht – wie ein zu lebhafter Schmerz – das Auftreten eines reflexiven Bewußtseins, das ein «Achthaben auf die Lust» ist. Nur ist eben die Lust der Tod und das Scheitern der Begierde. Sie ist der Tod der Begierde, weil sie nicht nur ihre Vollendung ist, sondern auch ihr Ende und Ziel. Sie ist übrigens eine nur organische Kontingenz: es *ereignet sich,* daß die Fleischwerdung sich durch die Erektion offenbart und daß die Erektion mit dem Erguß endet. Überdies bedeutet die Lust den Stillstand der Begierde, weil sie das Auftreten eines reflexiven Bewußtseins *von* Lust, deren Gegenstand der Genuß wird, veranlaßt, das heißt eines reflexiven Bewußtseins, das ein *Achthaben auf die Fleischwerdung des reflexiven Für-sich* ist, zugleich aber das Vergessen der Fleischwerdung des Anderen. Dies gehört nicht mehr zum Bereich der Kontingenz. Ohne Zweifel bleibt es kontingent, daß der Übergang zur bezauberten Reflexion aus Anlaß dieser besonderen Weise von Fleischwerdung geschieht, die die Lust ist – ohnehin gibt es zahlreiche Fälle von Übergängen zum Reflexiven ohne Dazwischentreten der Lust –, aber es ist doch eine ständige Gefahr für die Begierde, soweit sie ein Versuch zur Fleischwerdung ist, daß das Bewußtsein, indem es Fleisch wird, die Fleischwerdung des

Anderen aus den Augen verliert und daß seine eigene Fleischwerdung sie in sich einsaugt, bis sie selbst ihr letztes Ziel wird. In diesem Falle verwandelt sich die Lust, zu liebkosen, in die Lust, geliebkost zu werden; was das Für-sich verlangt, ist, in sich seinen Leib aufblühen zu fühlen bis zum Ekel. Mit einem Male gibt es eine Kontaktunterbrechung, und die Begierde verfehlt ihr Ziel. Es kommt sogar oft vor, daß dieses Scheitern der Begierde der Anlaß wird zu einem Übergang zum Masochismus, das heißt, daß das Bewußtsein, das sich in seiner Faktizität erfaßt, vom Bewußtsein des Anderen als Leib-für-Andere ergriffen und transzendiert zu werden verlangt; in diesem Falle verschwindet der Objekt-Andere, und der Blick-Andere erscheint und mein Bewußtsein ist ein in seinem Fleische unter dem Blick des Anderen ohnmächtig gewordenes Bewußtsein.

Umgekehrt ist aber die Begierde einer der Anfänge ihres eigenen Scheiterns insofern, als sie Begierde ist zu *nehmen* und *sich anzueignen.* Es genügt ihr nämlich nicht, daß das Trübsein die Fleischwerdung des Anderen entstehen läßt: die Begierde ist Begierde, sich dieses fleischgewordene Bewußtsein anzueignen. Normalerweise wird sie also auch nicht durch *Liebkosungen* verlängert, sondern durch Akte des Nehmens und des Eindringens. Die Liebkosung hatte nur den Zweck, den Leib des Anderen mit Bewußtsein und Freiheit zu sättigen. Nunmehr muß der gesättigte Leib genommen und gepackt werden, in ihn muß eingedrungen werden. Aber schon auf Grund der Tatsache, daß ich nun versuche anzufassen, an mich zu ziehen, anzupacken, zu beißen, hört mein Leib auf, Fleisch zu sein, und wird das synthetische Werkzeug, *das ich bin;* gleichzeitig hört der Andere auf, nur Fleisch zu sein: er wird wieder ein Werkzeug inmitten der Welt, das ich, von seiner Situation ausgehend, auffasse. Sein Bewußtsein, das schon die Oberfläche seines Fleisches berührte und das ich mit meinem Fleisch zu *schmecken* versuchte[1], vergeht unter meinen Augen: von ihm bleibt nichts übrig als ein Gegenstand mit Gegenstandsbildern in seinem Inneren. Im gleichen Augenblick verschwindet mein Trübsein: das bedeutet nicht, daß ich aufhöre, ihn zu begehren, sondern die Begierde hat ihre Substanz eingebüßt, sie ist *abstrakt* geworden; sie ist Begierde nach Betasten und Nehmen, ich verbeiße mich in das Nehmen, aber dieses Michverbeißen läßt mein Fleischsein verschwinden: nunmehr überschreite ich wiederum meinen Leib auf meine eigenen Möglichkeiten hin (hier auf die Möglichkeit des Nehmens hin), und der auf seine Wirkfähigkeiten hin überschrittene Leib des Anderen sinkt gleich-

1 Doña Prouhèze (in Paul Claudels *Der seidene Schuh, 2. Tag*): «Er wird niemals wissen, wie ich schmecke.»

falls vom Range *Fleisch* zu dem eines bloßen Gegenstandes herab. Diese Situation beinhaltet den Abbruch der Gegenseitigkeit der Fleischwerdung, die gerade das eigentliche Ziel der Begierde war: der Andere kann getrübt bleiben; er kann *für sich* Fleisch bleiben; und ich kann ihn verstehen: aber er ist ein Fleisch, das ich nicht mehr mit meinem Fleische erfasse, ein Fleisch, das nur noch die *Eigenschaft* eines Objekt-Anderen ist und nicht das Fleischsein eines Bewußtseins-Anderen. So bin ich dann *Leib* (synthetische Ganzheit in Situation) angesichts eines *Fleisches.* So finde ich mich beinahe in derjenigen Situation wieder, aus der ich mittels der Begierde gerade herauszukommen suchte, das heißt, ich versuche, den Objekt-Anderen zu benutzen, um von ihm Rechenschaft über seine Transzendenz fordern zu können, und er entgeht mir mit seiner *ganzen* Transzendenz, eben weil er *ganz* Objekt ist. Wiederum habe ich sogar das deutliche Verständnis für das eingebüßt, was ich suche, und trotzdem stecke ich in der Suche drin. Ich nehme, und dabei entdecke ich, daß ich im Begriffe bin, zu nehmen, aber was ich in meine Hände nehme, ist *etwas anderes,* als was ich nehmen wollte; ich fühle es und leide darunter, aber ohne sagen zu können, was ich erlangen wollte, denn zusammen mit meinem Trübsein verschwindet in mir auch gerade das Verständnis für meine Begierde; ich bin wie ein Schläfer, der beim Aufwachen findet, daß er dabei ist, seine Hände auf der Randleiste seines Bettes zusammenzukrampfen, ohne sich an den quälenden Traum zu erinnern, der diese Bewegung hervorgerufen hat. Eine derartige Situation ist einer der Anfänge des *Sadismus.*

Der Sadismus ist Leidenschaft, Trockenheit und Verbissenheit. Er ist Verbissenheit, weil er ein Zustand des Für-sich ist, das sich als eingesetzt erfährt, ohne zu begreifen, *wofür* es sich einsetzt, und das auf seinem Sicheinsetzen besteht, ohne ein klares Bewußtsein von dem Ziel zu haben, das es sich gesetzt hat, und eine deutliche Erinnerung an den Wert zu haben, den es diesem Sicheinsetzen beigemessen hat. Er ist Trockenheit, weil er auftritt, wenn die Begierde sich ihres Trübseins entledigt hat. Der Sadist hat seinen Leib als synthetische Ganzheit und Aktionsmittelpunkt zurückgenommen; er hat sich wieder in die ständige Flucht vor seiner eigenen Faktizität eingestellt, er erfährt sich angesichts des Anderen als reine Transzendenz; er verabscheut das *für sich* Trübsein, er betrachtet es als einen demütigenden Zustand; es kann auch vorkommen, daß er ihn in sich einfach nicht *realisieren* kann. In dem Maße, in dem er sich kühlen Herzens in etwas verbeißt, in dem er gleichzeitig Verbissenheit und Trockenheit ist, ist der Sadist ein von Leidenschaft Ergriffener. Sein Ziel ist, wie das des Begehrenden, den Anderen zu ergreifen und zu unterwerfen, nicht nur, soweit er Objekt-Anderer ist, sondern soweit er reine fleischgewordene Transzendenz ist. Aber der Schwerpunkt liegt beim Sadismus auf der Aneignung des fleischgewordenen Anderen als Werkzeug. Dieses «Moment» des Sadismus innerhalb der Sexualität ist nämlich dasjenige, bei dem das fleischgewordene Für-sich sein Fleischsein überschreitet, um sich das Fleischsein des Anderen anzueignen. Daher ist der Sadismus Weigerung, Fleisch zu werden, und Flucht vor jeder Faktizität, und gleichzeitig Kraftaufwand, um sich der Faktizität des Anderen zu bemächtigen. Aber da er die Fleischwerdung des Anderen durch seine eigene Fleischwerdung weder realisieren kann noch will, da er auf Grund dieser Tatsache kein anderes Hilfsmittel hat, als den Anderen als Zeug zu behandeln, sucht er den Leib des Anderen wie ein Werkzeug zu benutzen, um den Anderen zu veranlassen, sein Fleischdasein zu realisieren. Der Sadismus ist ein Bemühen, durch Vergewaltigung den Anderen zu Fleisch werden zu lassen, und diese Herbeiführung einer Fleischwerdung «mit Gewalt» ist schon die Aneignung und Benutzung des Anderen. Der Sadist sucht – wie der Begehrende – den Anderen seiner Akte, die ihn verbergen, zu entblößen. Er sucht unter dem Tun das Fleisch zu entdecken. Aber während das Für-sich der Begierde sich in sein eigenes Fleisch verliert, um dem Anderen zu entdecken, daß er Fleisch ist, weist der Sadist sein eigenes Fleisch in demselben Augenblick von sich, in dem er sich der Hilfsmittel bedient, mit denen er dem Anderen dessen Fleisch mit Gewalt enthüllt. Der Gegenstand des Sadismus ist die unmittelbare Aneignung. Aber der Sadismus ist zweideutig, denn er genießt nicht nur das Fleisch des Anderen, sondern, in direkter Verbindung mit diesem Fleisch, auch sein eigenes Nicht-Fleisch-sein. Er will sexuelle Beziehungen, die nicht auf Gegenseitigkeit beruhen, er genießt es, Besitz ergreifende Macht und frei zu sein angesichts einer durch das Fleisch gefesselten Freiheit. Deshalb will der Sadismus dem fremden Bewußtsein das Fleisch *auf andere Weise* vergegenwärtigen: er will es vergegenwärtigen, indem er den Anderen wie ein Instrument benutzt; er vergegenwärtigt es durch den Schmerz. Beim Schmerz nämlich überschwemmt die Faktizität das Bewußtsein, und am Ende ist das reflexive Bewußtsein bezaubert von der Faktizität des unreflektierten Bewußtseins. Es gibt also wirklich eine Fleischwerdung durch den Schmerz. Aber gleichzeitig wird der Schmerz *durch Instrumente* herbeigeführt; der Leib des folternden Für-sich ist nichts als ein Instrument, um Schmerz zu verursachen. So kann sich das Für-sich von Anfang an der Täuschung hingeben, es bemächtigte sich der Freiheit des Anderen in instrumentaler Weise, das heißt, es lasse die Freiheit des Anderen sich in Fleisch abformen, ohne dabei aufzuhören, dasjenige zu sein, das *anreizt*, anpackt, anfaßt usw.

Was nun den Typus von Fleischwerdung betrifft, den der Sadismus realisieren will, so handelt es sich um genau das, was man das *Obszöne* nennt. Das Obszöne ist eine *Art* des Für-Andere-Seins, die zur *Gattung* des Anmutlosen gehört. Aber nicht jedes Anmutlose ist obszön. Bei der *Anmut* erscheint der Leib als etwas Psychisches in Situation. Er enthüllt vor allem seine Transzendenz als transzendierte Transzendenz; er ist Akt und versteht sich von der Situation und von dem verfolgten Ziel aus. Jede Bewegung wird innerhalb eines Wahrnehmungsprozesses erfaßt, der sich von der Zukunft in Richtung auf die Gegenwart bewegt. In dieser Hinsicht besitzt das anmutige Tun einerseits die Genauigkeit einer dem Zweck gut angepaßten Maschine und andererseits die vollkommene Unberechenbarkeit des Psychischen, denn das Psychische ist, wie wir gesehen haben, für den Anderen *der unberechenbare Gegenstand.* Das anmutige Tun ist also zu jeder Zeit vollkommen verstehbar, insoweit man das betrachtet, was an ihm *verflossen* ist. Mehr noch, dieser verflossene Teil des Tuns wird von einer Art ästhetischer Notwendigkeit getragen, die von seiner vollkommenen Angepaßtheit kommt. Gleichzeitig erhellt das zu-künftige Ziel das Tun in seiner Ganzheit; aber der ganze zukünftige Teil des Tuns bleibt unberechenbar, wenn man es auch dem in Tätigkeit befindlichen Leib anmerkt, daß auch der zukünftige Teil als notwendig und passend sichtbar werden wird, sobald er verflossen ist. Aus diesem beweglichen Bild von Notwendigkeit und Freiheit (als Eigenschaft des Objekt-Anderen) besteht die Anmut im eigentlichen Sinne. Bergson hat eine gute Darstellung von ihr gegeben. In der Anmut ist der Leib das Werkzeug, das die Freiheit offenbart. Das anmutige Tun liefert dem Leib, insoweit es ihn als Präzisionswerkzeug enthüllt, jeden Augenblick seine Daseinsberechtigung: die Hand *ist, um zu* greifen und offenbart zunächst ihr *Um-zu-greifen-Sein.* Soweit sie von einer Situation aus aufgefaßt wird, die das Greifen erfordert, erscheint sie selbst in ihrem Sein *erfordert,* wird sie *gerufen.* Insofern sie durch die Unberechenbarkeit ihrer Bewegung von ihrer Freiheit Kunde gibt, scheint sie eine der Anfänge ihres Seins zu sein: anscheinend bringt sie sich unter dem rechtfertigenden Anruf der Situation selbst hervor. Die Anmut gestaltet also das objektive Bild eines Seins, das *Begründung seiner selbst, um zu ...* ist. Die Faktizität wird von der Anmut umhüllt und verborgen: die Nacktheit des Fleisches ist ganz gegenwärtig, aber sie kann nicht *gesehen* werden. Dergestalt, daß der höchste Grad von Koketterie und der höchste Grad von Herausforderung seitens der Anmut darin bestehen, seinen unverhüllten Leib den Blicken darzubieten, ohne ein anderes Kleidungsstück und ohne eine andere Hülle als die Anmut selbst. Der anmutigste Leib ist ein nackter Leib, den seine Bewegungen mit einem unsichtbaren Kleid umhüllen, wobei sie sein Fleisch gänzlich den Blicken entziehen, obwohl es für die Augen der Zuschauer vollkommen gegenwärtig ist. Im Gegensatz dazu tritt der anmutlose Leib in Erscheinung, wenn eins der Elemente der Anmut in seiner Realisierung behindert wird. Die Bewegung kann dann *mechanisch* werden. In diesem Falle bildet der Leib immer noch den Teil eines Insgesamts, das ihn rechtfertigt, aber bloß in seiner Eigenschaft eines Instrumentes; seine transzendierte Transzendenz verschwindet und mit ihr die *Situation* als Neben- und Überdeterminierung des Zeugs *meines* Mikrokosmos. Es kann auch geschehen, daß das Tun stoßartig und gewaltsam vor sich geht: in welchem Falle die Angepaßtheit an die Situation zerstört wird; die Situation bleibt, wie sie war, aber zwischen sie und den in Situation befindlichen *Anderen* schiebt sich etwas wie eine Leere, ein Hiatus. Auch in diesem Falle bleibt der Andere frei, aber diese Freiheit wird nur als reine *Unberechenbarkeit* erfaßt und ähnelt dem *Klinamen* der epikureischen Atome[1], kurz, etwas Undeterminiertem. Gleichzeitig bleibt das Ziel gesetzt, und immer noch nehmen wir die Bewegung des Anderen von der Zukunft aus wahr. Aber ihre Unangepaßtheit hat zur Folge, daß die von der Zukunft ausgehende Deutung immer zu weit oder zu eng ist: es ist eine *annähernd richtige* Deutung. Infolgedessen wird die Rechtfertigung der Bewegung und des Seins des Anderen nur unvollkommen realisiert; im Grenzfall ist der Ungeschickte ohne Rechtfertigung; seine ganze Faktizität, die in die Situation eingespannt war, die von ihr aufgesogen wurde, flutet auf ihn zurück. Der Ungeschickte setzt seine Faktizität unpassenderweise in Freiheit und bringt sie uns plötzlich vor Augen: dort, wo wir erwarteten, eine Aufklärung über die Situation zu erhalten – eine Aufklärung, die spontan aus der Situation selbst hervorgeht –, begegnen wir plötzlich der nicht zu rechtfertigenden Kontingenz von etwas Anwesendem, das nicht zu ihr paßt, wir befinden uns gegenüber dem Dasein eines Daseienden. Wenn aber der Leib auch ganz und gar im Tun steckt, ist seine Faktizität noch nicht Fleisch. Das *Obszöne* wird sichtbar, wenn der Leib Stellungen einnimmt, die ihn seines Tuns völlig entkleiden und die Trägheit seines Fleisches enthüllen. Der Anblick eines nackten Leibes von hinten ist nicht obszön. Aber manche unwillkürlichen Bewegungen des Hinterteils sind obszön. Das ist dann der Fall, wenn bei dem, der da geht, die Beine allein in Tätigkeit sind und das Hin-

1 *Klinamen*, im System Epikurs eine spontane Richtungsänderung der Atome, die im Leeren auf Grund ihres Gewichtes und mit gleichbleibender Geschwindigkeit fallen; das Klinamen ermöglicht es ihnen, aufeinanderzutreffen und sich zusammenzuballen. (Anmerkung des Übersetzers)

terteil einem Kissen ähnelt, das sie tragen und dessen Hin- und Herschwanken reine Unterwerfung unter die Gesetze der Schwere ist. Durch die Situation kann so ein Hinterteil nicht gerechtfertigt werden; es zerstört im Gegenteil jede Situation vollständig, da es passiv wie eine Sache ist und sich wie eine Sache von den Beinen tragen läßt. Zugleich enthüllt es sich als nicht zu rechtfertigende Faktizität, es ist «überzählig», wie jedes kontingente Seiende. Es isoliert sich in diesem Leib, dessen augenblicklicher Sinn das Gehen ist, es ist nackt, auch wenn irgendwelcher Stoff es bedeckt, denn es nimmt nicht mehr an der transzendierten Transzendenz des tätigen Leibes teil; seine Bewegung, ähnlich der eines Waagebalkens, wird, anstatt von der Zukunft aus gedeutet zu werden, von der Vergangenheit aus gedeutet und erkannt, wie ein physikalisches Faktum. Diese Bemerkungen treffen natürlich auch auf Fälle zu, in denen der ganze Leib Fleisch wird, sei es infolge von irgendeiner seltsamen Weichheit seiner Bewegungen, die aus der Situation heraus nicht erklärt werden kann, sei es infolge einer Mißbildung seiner Struktur (Sprossung von Fettzellen, zum Beispiel), die uns eine Faktizität sehen läßt, die überreichlich ist im Vergleich mit der realen, von der Situation geforderten Anwesenheit von Faktizität. Wird ein solches Fleisch enthüllt, dann ist es in besonderer Weise obszön, denn es entdeckt sich einem, der nicht imstande ist, zu begehren, und *ohne seine Begierde zu reizen.* Eine besondere Unangepaßtheit, von der die Situation im selben Augenblick zerstört wird, in dem ich sie gewahr werde, und die mir das träge Aufblühen des Fleisches als eine jähe Erscheinung unter der dünnen, sie verhüllenden Bekleidung aus Bewegungen darbietet, während ich selbst in bezug auf dieses Fleisch nicht imstande bin, zu begehren: das nenne ich das Obszöne.

Von hier aus begreift man den Sinn des sadistischen Verlangens: die Anmut enthüllt die Freiheit als Eigenschaft des Objekt-Anderen und verweist unmerklich – wie es die Widersprüche der sinnlichen Welt im Falle der platonischen Anamnesis tun – auf ein transzendentes Jenseits, an das wir nur eine verworrene Erinnerung bewahren und das wir nur mittels einer radikalen Umwandlung unseres Seins erreichen können, das heißt, indem wir entschlossen unser Für-Andere-Sein auf uns nehmen. Gleichzeitig enthüllt und verhüllt uns die Anmut das Fleisch des Anderen, oder, wenn man lieber will, sie enthüllt es, um es sogleich zu verhüllen: das Fleisch ist in der Anmut der unzugängliche Andere. Der Sadist zielt darauf ab, die Anmut zu zerstören, um eine andere Synthese des Anderen *realiter* zustande bringen zu können: er will das Fleisch des Anderen in Erscheinung treten lassen; bei seinem Erscheinen wird das Fleisch die Anmut zerstören, und die Faktizität wird die Objekt-Freiheit des

Anderen aufsaugen. Diese Aufsaugung ist nicht Vernichtung: für den Sadisten ist es der *freie Andere*, der sich als Fleisch offenbart; die Identität des *Objekt-Anderen* wird durch diese Umwandlungen hindurch nicht zerstört; aber die Beziehungen des Fleisches zur Freiheit werden auf den Kopf gestellt: in der Anmut enthielt und verhüllte die Freiheit die Faktizität; in der neu zu schaffenden Synthese enthält und verbirgt die Faktizität die Freiheit. Der Sadist zielt also darauf ab, das Fleisch plötzlich und durch Zwang erscheinen zu lassen, das heißt unter Mitwirkung nicht seines eigenen Fleisches, sondern seines Leibes als eines Instrumentes. Er zielt darauf ab, den Anderen solche Haltungen und Stellungen einnehmen zu lassen, daß dessen Leib unter dem Aspekt des *Obszönen* sichtbar wird; so verharrt er auf der Ebene der werkzeughaften Aneignung, da er das Fleisch erscheinen läßt, indem er mit Gewalt auf den Anderen einwirkt – und der Andere wird in seinen Händen zum Werkzeug. Der Sadist *handhabt* den Leib des Anderen, er drückt auf seine Schultern, um ihn nach unten zu biegen und sein Kreuz hervortreten zu lassen usw., und andererseits steckt der Zweck dieser werkzeughaften Benutzung in der Benutzung selbst: der Sadist behandelt den Anderen wie ein Werkzeug, um das Fleisch des Anderen sichtbar werden zu lassen; der Sadist ist das Wesen, das den Anderen als das Werkzeug auffaßt, dessen Funktion es ist, diesen selbst zu Fleisch werden zu lassen. Das Ideal des Sadisten ist es also, den Augenblick herbeizuführen, wo der Andere schon Fleisch ist, ohne aufzuhören, Werkzeug zu sein, also Fleisch, um Fleisch entstehen zu lassen; wo zum Beispiel die Oberschenkel sich bereits in obszöner und blühender Passivität darbieten und doch noch Werkzeuge sind, die man handhabt, die man auseinanderspreizt und beugt, um die Hinterbacken mehr hervortreten und sie dadurch zu Fleisch werden zu lassen. Aber wir wollen uns hier keiner Täuschung hingeben: was der Sadist mit soviel Verbissenheit sucht, was er mit seinen Händen kneten und unter seiner Faust biegen will, ist die Freiheit des Anderen: sie ist da, in diesem Fleisch, dieses Fleisch ist sie, da es ja eine Faktizität des Anderen gibt; die Freiheit also versucht der Sadist sich zu eigen zu machen. So wendet der Sadist alle Kraft auf, um durch die Gewalt und den Schmerz den Anderen in dessen Fleisch zu verfangen, indem er sich den Leib des Anderen auf Grund der Tatsache aneignet, daß er ihn als Fleisch behandelt, das Fleisch entstehen zu lassen hat; aber diese Aneignung überschreitet den Leib, den sie sich aneignet, denn sie will ihn nur insoweit besitzen, als er in sich die Freiheit des Anderen verfangen hat. Deshalb wünscht der Sadist offenkundige Beweise für diese Versklavung der Freiheit des Anderen durch das Fleisch: er zielt darauf ab, sich um Gnade bitten zu lassen, er zwingt den Anderen durch Folter und Drohung, sich zu demütigen und das zu verleugnen, was ihm das Teuerste ist. Man hat behauptet, das täte er aus Herrschsucht, aus Willen zur Macht. Aber diese Erklärung ist unbestimmt oder widersinnig. Zunächst müßte man die Herrschsucht erklären. Und gerade diese Sucht kann nicht früher als der Sadismus und kann nicht seine Grundlage sein, denn sie entsteht wie er und auf der gleichen Ebene wie er, aus der Unruhe angesichts des Anderen. Wenn der Sadist sich darin gefällt, durch die Folter dem Anderen eine Verleugnung der Freiheit zu entreißen, so geschieht das faktisch aus einem Grunde, der jenem analog ist, der die Deutung des Sinnes der *Liebe* ermöglicht. Wir haben ja gesehen, daß die Liebe nicht das Verschwinden der Freiheit des Anderen verlangt, sondern ihre Unterwerfung als Freiheit, das heißt ihre Unterwerfung durch sie selbst. Ebenso sucht der Sadismus nicht, die Freiheit dessen, den er foltert, zu unterdrücken, sondern diese Freiheit zu zwingen, sich freiwillig mit dem gepeinigten Fleisch zu identifizieren. Deshalb ist für den Peiniger ein Augenblick der Lust gekommen, wenn das Opfer verleugnet oder sich demütigt. Denn welcher Art auch der auf das Opfer ausgeübte Druck sein mag, die Verleugnung ist immer *frei*, sie geschieht aus eigenem Antrieb, sie ist eine Antwort auf die Situation; sie offenbart die menschliche Realität; welches auch der Widerstand des Opfers gewesen sein und wie lange es auch gezögert haben mag, bevor es um Gnade flehte, es hätte trotz allem noch zehn Minuten, eine Minute, eine Sekunde länger zögern können. Es hat über den Augenblick *entschieden*, an dem der Schmerz unerträglich wurde. Und der Beweis dafür ist, daß es in der Folgezeit seiner Verleugnung in Reue und Scham gedenkt. Also muß sie ihm vollkommen zugerechnet werden. Andererseits betrachtet sich der Sadist als ihre Ursache. Wenn das Opfer Widerstand leistet und sich weigert, um Gnade zu flehen, ist das Spiel nur um so lustvoller: noch eine Schraubendrehung mehr, noch eine zusätzliche Verrenkung, und die Widerstände werden schließlich nachlassen. Der Sadist setzt sich als einer, «der beliebig viel Zeit hat». Er ist gelassen, er beeilt sich nicht, er verfügt über seine Werkzeuge wie ein Techniker, er probiert sie eins nach dem anderen, wie der Schlosser verschiedene Schlüssel an einem Schloß ausprobiert; er genießt seine doppelsinnige und widerspruchsvolle Situation: einerseits spielt er nämlich den, der, in einen umfassenden Determinismus eingespannt, geduldig Mittel in Hinblick auf ein Ziel einsetzt, das *automatisch* erreicht werden wird – so wie das Schloß sich automatisch öffnen wird, wenn der Schlosser den «passenden» Schlüssel gefunden hat –, andererseits kann dieses vorgesetzte Ziel nur mittels einer freien und vollständigen Zustimmung des Anderen verwirklicht werden. Die Erreichung des Zieles bleibt also bis zum Schluß berechenbar und zugleich unberechenbar. Auch das realisierte Ziel ist für den Sadisten doppelsinnig, widerspruchsvoll und unausgewogen, da es die unerbittliche Auswirkung einer technischen Anwendung des Determinismus ist, gleichzeitig aber die Bekundung einer unbedingten Freiheit. Und das Schauspiel, das sich dem Sadisten bietet, ist das einer Freiheit, die gegen das Emporblühen des Fleisches kämpft und schließlich freiwillig wählt, sich von dem Fleisch überfluten zu lassen. Im Augenblick der Verleugnung ist das erstrebte Ergebnis erreicht: der Leib ist ganz und gar zuckendes und obszönes Fleisch, er behält die Stellung bei, die die Peiniger ihm gegeben haben, nicht die, die er selbst eingenommen haben würde, die Stricke die ihn binden, halten ihn wie eine leblose Sache, und eben dadurch hat er aufgehört, ein Gegenstand zu sein, der sich spontan bewegt. Und eine Freiheit wählt es, sich durch die Selbstverleugnung gerade mit diesem Leib zu identifizieren; der entstellte und keuchende Leib ist das Bild der zerbrochenen und unterworfenen Freiheit.

Diese wenigen Hinweise beabsichtigen nicht, das Problem des Sadismus zu erschöpfen. Wir wollten bloß zeigen, daß er keimhaft in der Begierde selbst als Scheitern der Begierde liegt: sobald ich nämlich danach trachte, den Leib des Anderen zu *nehmen,* den ich durch meine Fleischwerdung dazu gebracht habe, Fleisch zu werden, zerbreche ich die Gegenseitigkeit der Fleischwerdung, überschreite ich meinen Leib auf seine eigenen Möglichkeiten hin und stelle mich auf den Sadismus ein. So sind der Sadismus und der Masochismus die beiden Klippen für die Begierde, sei es, daß ich das Trübsein in Richtung auf eine Aneignung des Fleisches des Anderen überschreite, sei es daß ich, von meinem eigenen Trübsein berauscht, nur noch auf mein Fleisch achte und vom Anderen weiter nichts verlange, als daß er der Blick sein möge, der mir hilft, mein Fleisch zu realisieren. Wegen dieser Unbeständigkeit der Begierde und wegen ihres fortwährenden Hin und Her zwischen diesen beiden Klippen bezeichnet man die «normale» Sexualität als «sadiko-masochistisch».

Indessen trägt auch der Sadismus, ebenso wie die blinde Gleichgültigkeit und wie die Begierde, das Prinzip seines Scheiterns in sich. Von Anfang an liegt eine tiefgehende Unvereinbarkeit der Auffassung des Leibes als Fleisch mit seiner werkzeughaften Benutzung vor. Wenn ich aus dem Fleisch ein Werkzeug mache, verweist es mich auf andere Werkzeuge und auf Wirkfähigkeiten, kurz auf etwas Künftiges, es ist durch die Situation, die ich um mich herum erschaffe, teilweise gerechtfertigt, *dazusein,* so wie die Anwesenheit von Nägeln und der an die Wand zu nagelnden Matte das Dasein des Hammers rechtfertigt. Zugleich weicht seine Fleischnatur, das heißt seine Natur einer unbenutzbaren Faktizität, der Natur eines Zeugs. Der Komplex «Fleisch – Zeug», den der Sadist zu schaffen versucht hatte, löst sich auf. Diese Auflösung am Grunde kann verborgen bleiben, solange das Fleisch ein Werkzeug ist, um das Fleisch zu enthüllen, denn ich habe ja ein Zeug mit einem immanenten Zweck konstituiert. Aber wenn die Fleischwerdung vollendet ist, wenn ich wirklich einen zuckenden Leib vor mir habe, weiß ich nicht mehr, wie ich dieses Fleisch *benutzen* soll: kein Zweck kann ihm mehr zugeteilt werden, denn ich habe gerade seine absolute Kontingenz zur Erscheinung gebracht. Es *«ist da»*, und es ist da *«für nichts»*. So gesehen, kann ich mich seiner nur bemächtigen, insoweit es Fleisch ist, ich kann es nicht in ein umfassendes System von Werkzeughaftigkeit einbauen, ohne daß seine Fleischstofflichkeit, sein «Fleischton» sich mir sogleich entzieht. Ich kann nur bestürzt vor ihm verweilen, in einem Zustand betrachtenden Erstauntseins, oder ich muß meinerseits zu Fleisch werden, mich vom Trübsein ergreifen lassen, um mich wenigstens in das Gelände zu begeben, wo das Fleisch sich in seinem vollen Fleischton dem Fleische entdeckt. So macht der Sadismus gerade in dem Augenblick, in dem sein Zweck erreicht wird, der Begierde Platz. Der Sadismus ist das Scheitern der Begierde, und die Begierde ist das Scheitern des Sadismus. Man kommt aus diesem Zirkel nur mittels der Befriedigung durch den sogenannten «physischen Besitz» heraus. Mit diesem ist in der Tat eine neue Synthese aus Sadismus und Begierde gegeben: das Anschwellen der Geschlechtsorgane offenbart die Fleischwerdung, die Tatsache des «Eindringens in ...» oder des «ihn drin Habens» verwirklicht symbolisch den Versuch sadistischer bzw. masochistischer Aneignung. Aber wenn die Lust es ermöglicht, aus dem Zirkel herauszukommen, so deshalb, weil sie zu gleicher Zeit die Begierde und die sadistische Leidenschaft tötet, ohne beides zu befriedigen.

Gleichzeitig und auf einer ganz anderen Ebene verbirgt der Sadismus in sich noch einen anderen Anlaß zum Scheitern. Er trachtet ja danach, sich die transzendente Freiheit des Opfers anzueignen. Aber gerade diese Freiheit bleibt grundsätzlich unerreichbar. Und je mehr der Sadist sich darin verbeißt, den Anderen als Werkzeug zu behandeln, desto mehr entgeht ihm diese Freiheit. Er kann auf die Freiheit nur als auf eine objektive Eigenschaft des Objekt-Anderen einwirken. Das heißt auf eine Freiheit inmitten der Welt samt ihren toten Möglichkeiten. Das Ziel, sein Für-Andere-Sein wieder in Besitz zu bekommen,verfehlt er grundsätzlich, denn der einzige Andere, mit dem er zu tun hat, ist der Andere in der Welt, der von dem Sadisten, der sich in ihn verbeißt, nur «Abbilder in seinem Kopfe» trägt.

Der Sadist entdeckt seinen Irrtum, wenn sein Opfer ihn *anblickt,* das heißt, wenn er die absolute Entfremdung seines Seins in der Freiheit des Anderen erfährt: er muß sich dann nicht nur davon überzeugen, daß er sein «Draußen-Sein» nicht zurückerlangt hat, sondern daß auch die Betriebsamkeit, mit der er es wiederzuerlangen sucht, selbst transzendiert wird und zu «Sadismus» erstarrt als zu einem *Habitus* und einer Eigenschaft mit ihrem Gefolge von toten Möglichkeiten, und daß diese Umwandlung durch und für den Anderen geschieht, den er unterwerfen will. Er entdeckt dann, daß er auf die Freiheit des Anderen nicht einwirken kann, selbst dann nicht, wenn er den Anderen zwingt, sich zu demütigen und um Gnade zu bitten, denn eben in der und durch die absolute Freiheit des Anderen gelangt eine Welt zum Dasein, in der es einen Sadisten gibt und Folterinstrumente und hundert Vorwände, sich zu demütigen und zu verleugnen. Niemand hat die Macht des Blickes, den das Opfer auf seine Peiniger richtet, besser wiedergegeben, als Faulkner auf einer der letzten Seiten seines Romans «Licht im August». «Gutgesinnte» haben sich auf den Neger Christmas gestürzt und ihn entmannt. Christmas liegt im Sterben:

«Der Mann auf dem Boden aber hatte sich nicht geregt. Er lag bloß da, seine weit offenstehenden Augen verrieten nichts anderes als Bewußtsein, und um seinen Mund lag ein Etwas, ein Schatten. Einen Augenblick lang sah er aus friederfüllten, unergründlichen und unerträglichen Augen zu ihnen auf. Dann schienen Gesicht, Körper, alles zusammenzubrechen, in sich selbst zusammenzufallen, und aus den zerschlitzten Kleidungsstücken um Hüften und Lenden schien das aufgestaute schwarze Blut zu entweichen wie losgelassener Atem ..., und auf diesem finsteren Sturmeshauch schien der Mann aufzuschweben und für immer und ewig in ihr Gedächtnis einzutauchen. Niemals werden sie es daraus verlieren, wo immer sie sein werden, in friedlichen Tälern, an den sanften und Ruhe spendenden Strömen des hohen Alters – wo immer sie vor den Gesichtern ihrer Kinder, gleichwie vor Spiegeln, alte Katastrophen und jüngere Hoffnungen überdenken werden. *Es wird dasein, bedachtsam, still beständig, nimmer verblassend und nicht dräuend, vielmehr in erhabener Ruhe vom eignen Triumph verklärt*[1]. Wieder war aus der Stadt, durch die Wände ein wenig gedämpft, das Gellen der Sirene zu hören, das in seinem unglaubhaften Crescendo anschwoll und über das Bereich des Gehörs emporstieg.[2]» So bringt dieser Blick des Anderen, wenn er in der Welt des Sadisten aufstrahlt, den Sinn und den Zweck des Sadismus zum Einsturz. Gleichzeitig entdeckt der Sadismus, daß er *diese Freiheit hier* unterwerfen wollte, und gleichzeitig wird er sich über die Nichtigkeit seiner Bemühungen

1 Hervorhebung von mir.

2 *Licht im August*, deutsch von Franz Fein, Hamburg 1949, Seite 418 bis 419.

klar. Damit werden wir noch einmal vom *Erblickend-Sein* auf das *Erblickt-Werden* verwiesen; wir kommen aus diesem Zirkel nicht heraus.

Wir wollten mit diesen wenigen Bemerkungen weder die sexuelle Frage, noch vor allem die nach den Haltungen gegenüber Anderen erschöpfen. Wir wollten einfach darauf aufmerksam machen, daß die sexuelle Haltung ein ursprüngliches Sichverhalten gegen den Anderen ist. Es versteht sich von selbst, daß dieses Sichverhalten notwendigerweise die ursprüngliche Kontingenz des Für-Andere-Seins sowie die unserer eigenen Faktizität umschließt. Aber daß es von seiner Entstehung an einer physiologischen und empirischen Verfassung unterworfen sein soll, können wir nicht zugeben. Seit es den Leib «gibt» und seit es den *Anderen* «gibt», reagieren wir mit der *Begierde*, mit der *Liebe* und mit den daraus abgeleiteten Haltungen, die wir erwähnt haben. Unsere physiologische Struktur bringt nur symbolisch und auf dem Boden der absoluten Kontingenz die ständige Möglichkeit, die wir sind, zum Ausdruck, nämlich: die eine oder die andere dieser Haltungen anzunehmen. Daher können wir sagen, daß das Für-sich sexuell ist gerade in seinem Auftauchen gegenüber dem Anderen und daß durch das Für-sich die Sexualität zur Welt kommt.

Offensichtlich behaupten wir nicht, daß die Haltungen gegenüber Anderen sich auf diese sexuellen Haltungen beschränken, die wir eben beschrieben haben. Wenn wir uns lange über sie verbreitet haben, dann aus zwei Gründen: vor allem weil sie grundlegend sind und weil schließlich alle komplexen Verhaltensweisen der Menschen zueinander nur Anreicherungen dieser beiden ursprünglichen Haltungen (und einer dritten, des Hasses, den wir weiter unten darstellen werden) sind. Zweifellos sind die konkreten Verhaltensweisen (Zusammenarbeit, Kampf, Rivalität, Wetteifer, Sicheinsetzen, Gehorsam usw.)[1] unendlich viel schwieriger zu beschreiben, denn sie hängen von der geschichtlichen Situation ab und von den konkreten Besonderheiten jeder Verbindung des Für-sich mit dem Anderen: aber sie alle enthalten in sich die sexuellen Beziehungen wie ihre Knochengerüste. Und zwar nicht wegen der Existenz einer gewissen *«Libido»*, die sich überall einschleicht, sondern einfach weil die Haltungen, die wir beschrieben haben, die grundlegenden Entwürfe sind, durch die das Für-sich sein Für-Andere-Sein *realisiert* und diese faktische Situation zu transzendieren versucht. Hier ist nicht der Ort, zu zeigen, was das Mitleid, die Bewunderung, der Abscheu, der Neid, die Dankbarkeit usw. an Liebe und Begierde enthalten können. Aber jeder kann das selbst feststellen, indem er seine eigene

1 Man denke auch an Mutterliebe, Mitleid, Güte usw.

Erfahrung zu Hilfe nimmt, ebenso auch die eidetische Schau dieser verschiedenen Wesenheiten. Das bedeutet natürlich nicht, daß die unterschiedlichen Haltungen bloß von der Sexualität entliehene Verkleidungen sind. Sondern man hat darunter zu verstehen, daß die Sexualität sich in sie als ihre Grundlage einfügt und daß jene Haltungen sie umhüllen und überschreiten, so wie der Kreisbegriff den einer Strecke umhüllt und überschreitet, die sich um einen ihrer Endpunkte, welcher fest bleibt, dreht. Diese Grundhaltungen können verhüllt bleiben, so wie ein Knochengerüst durch das Fleisch, das es umgibt: das geschieht sogar für gewöhnlich; die Kontingenz der Leiber, die Struktur des ursprünglichen Entwurfes, der ich bin, die Geschichte, die ich durchlebe, können die sexuelle Haltung dazu bestimmen, in den meisten Fällen implizit zu bleiben, im Inneren komplexerer Verhaltensweisen: insbesondere kommt es nicht oft vor, daß man die Anderen «des gleichen Geschlechts» explizite begehrt. Aber hinter den Verboten der Moral und den Tabus der Gesellschaft bleibt die ursprüngliche Struktur der Begierde bestehen, mindestens in jener besonderen Gestalt von Trübsein, die man den sexuellen Widerwillen nennt. Und man darf dieses Andauern des sexuellen Entwurfes nicht so verstehen, als ob er «in uns» im Zustand des Unbewußten bleiben müßte. Ein Entwurf des Für-sich kann nur in bewußter Form existieren. Allerdings existiert er als in eine besondere Struktur eingefügt, mit der er verschmilzt. Das haben die Psychoanalytiker gemeint, als sie aus der sexuellen Erregbarkeit eine «tabula rasa» machten, die alle ihre Determinationen von der Geschichte des Individuums erhält. Nur darf man nicht glauben, die Sexualität sei ursprünglich *undeterminiert:* faktisch enthält sie alle ihre Determinationen seit dem Auftauchen des Für-sich in einer Welt, wo es Andere «gibt». Was undeterminiert ist und was durch die Geschichte jedes einzelnen festgelegt werden muß, ist der Typus der Verbindung mit dem Anderen, anläßlich dessen die sexuelle Haltung (Begierde – Liebe, Masochismus – Sadismus) sich in ihrer Reinheit explizite offenbart.

Gerade weil diese Haltungen ursprüngliche sind, haben wir sie gewählt, um die *Kreisförmigkeit* der Zusammenhänge mit Anderen aufzuzeigen. Da sie nämlich in *alle* Haltungen dem Anderen gegenüber eingefügt sind, ziehen sie die unverletzte Ganzheit der Verhaltensweisen gegenüber Anderen in ihre Kreisförmigkeit mit hinein. So wie die Liebe ihr Scheitern in sich trägt und wie die Begierde aus dem Tode der Liebe entsteht, um selbst zusammenzubrechen und der Liebe Platz zu machen, so beinhalten alle Verhaltensweisen gegenüber dem Objekt-Anderen eine implizite und verborgene Beziehung zu einem Subjekt-Anderen, und diese Beziehung ist ihr Tod; auf dem Tode der Verhaltensweise gegenüber dem Objekt-Anderen erhebt sich eine neue Haltung, die darauf abzielt, sich des Subjekt-Anderen zu bemächtigen, und die dabei selbst ihre Unbeständigkeit enthüllt, und die zusammenbricht, um der entgegengesetzten Haltung Platz zu machen; die Bewegung hört nie auf, und diese Bewegung mit ihren plötzlichen Richtungsänderungen ist das, was unsere Beziehung zu Anderen konstituiert. In welchem Zeitpunkt man uns auch betrachten mag, wir befinden uns in der einen oder in der anderen von diesen Haltungen – unbefriedigt von der einen wie von der andern; wir können uns mehr oder weniger lange in der einmal angenommenen Haltung festhalten gemäß unserer Unwahrhaftigkeit oder gemäß den besonderen Gegebenheiten unserer Geschichte; aber niemals ist sie sich selbst genug; sie deutet immer leise auf die andere hin. Wir können nämlich nur dann eine beständige Haltung Anderen gegenüber einnehmen, wenn dieser uns *gleichzeitig* als Subjekt und als Objekt enthüllt wird, als transzendierende Transzendenz und als transzendierte Transzendenz, was aber grundsätzlich unmöglich ist. In dieser Weise unaufhörlich vom Blick-Sein ins Erblickt-Werden und durch rückläufige Bewegungen von diesem in jenes geratend, befinden wir uns immer, welches die angenommene Haltung auch sein mag, in einem Zustand von Unbeständigkeit in bezug auf Andere; wir verfolgen das unmögliche Ideal einer gleichzeitigen Erfassung seiner Freiheit und seiner Gegenständlichkeit; um Formulierungen von Jean Wahl zu benutzen: in bezug auf den Anderen befinden wir uns bald im Zustand von Transdeszendenz (wenn wir ihn als Objekt auffassen und in die Welt einbauen), bald im Zustand von Transaszendenz (wenn wir ihn als Transzendenz erfahren, die uns transzendiert); aber keiner dieser beiden Zustände ist sich selbst genug; und wir können uns niemals konkret auf den Boden der Gleichberechtigung stellen, das heißt auf einen Boden, wo die Anerkennung der Freiheit Anderer die Anerkennung unserer Freiheit durch den Anderen nach sich ziehen würde. Der Andere ist grundsätzlich ungreifbar: er flieht mich, wenn ich ihn suche, und besitzt mich, wenn ich ihn fliehe. Selbst wenn ich nach den Vorschriften der Kantischen Moral handeln und die Freiheit des Anderen für ein unbedingtes Ziel halten wollte, würde diese Freiheit zu einer transzendierten Transzendenz werden, und zwar allein auf Grund der Tatsache, daß ich sie zu meinem Ziel mache; andererseits kann ich zu ihren Gunsten nur tätig sein, wenn ich den Objekt-Anderen als ein Werkzeug zur Realisierung dieser Freiheit benutze. Ich müßte nämlich den in Situation befindlichen Anderen als ein Werkzeug-Objekt erfassen; und ich könnte folglich weiter nichts tun, als die Situation in bezug auf den Anderen und den anderen in bezug auf die Situation zu ändern. So gelange ich zu jenem Paradox, das die Klippe für jede liberale Politik ist und für das Rousseau den Ausdruck gefunden hat: ich muß den Anderen «zwingen», frei zu sein. Wenn dieser Zwang auch nicht immer und auch nicht am häufigsten in Form von Gewalttätigkeit ausgeübt wird, so regelt er nichtsdestoweniger die Beziehungen der Menschen untereinander. Wenn ich tröste, wenn ich beruhige, so geschieht das, um die Freiheit des Anderen von den Befürchtungen oder den Schmerzen zu befreien, die sie verdunkeln; aber der Trost oder der beruhigende Hinweis bedeuten die Organisierung eines Systems von Mitteln zu dem ausdrücklichen Zweck, auf den Anderen *einzuwirken* und ihn – infolgedessen – seinerseits als Zeug in das System einzufügen. Mehr noch: der Tröster macht einen willkürlichen Unterschied zwischen der Freiheit des Anderen, die er für den Gebrauch durch dessen Vernunft und für dessen Suche nach dem Guten bestimmt, und dem Kummer des Anderen, der ihm das Ergebnis eines psychischen Determinismus zu sein scheint. Er betätigt sich also, um die Freiheit vom Kummer zu trennen, so wie man die beiden Komponenten eines chemischen Erzeugnisses voneinander trennt. Allein dadurch, daß er die Freiheit als etwas betrachtet, das ausgesondert werden kann, transzendiert er sie und tut ihr Gewalt an und kann auf dem Boden, auf den er sich stellt, folgende Wahrheit nicht fassen: daß es die Freiheit selbst ist, die sich Kummer *macht,* und daß folglich ein Handeln mit dem Ziele, die Freiheit von Kummer zu befreien, gleichbedeutend ist mit einem Handeln gegen die Freiheit.

Man muß indessen nicht glauben, daß eine Moral des «Laissez-faire» und der Toleranz die Freiheit des Anderen mehr achte: sobald ich existiere, setze ich der Freiheit eine faktische Grenze, ich *bin* diese Grenze, und jeder meiner Entwürfe zieht diese Grenze um den Anderen: die Nächstenliebe, das Laissez-faire, die Toleranz – oder irgendeine andere durch Verzicht bestimmte Haltung – ist ein Entwurf meiner selbst, der mich verpflichtet und der den Anderen verpflichtet, wenn er damit einverstanden ist. Um den Anderen herum die Toleranz realisieren, heißt bewirken, daß der Andere mit Gewalt in eine tolerante Welt geworfen wird. Heißt, ihm grundsätzlich jene freien Möglichkeiten des mutigen Widerstandes, der Ausdauer, der Selbstbehauptung nehmen, die zu entwickeln er in einer intoleranten Welt Gelegenheit gehabt hätte. Das wird noch deutlicher, wenn man das Erziehungsproblem ins Auge faßt: eine strenge Erziehung behandelt das Kind als Werkzeug, da sie versucht, es mit Gewalt für Werte zurechtzubiegen, die es nicht anerkannt hat; eine liberale Erziehung geht zwar anders vor, aber wählt deshalb nicht weniger *a priori* die Prinzipien und Werte aus, in deren Namen das Kind behandelt werden wird. Das Kind mit Überredung und mit Sanftmut behandeln, steht dazu nicht weniger in Gegensatz. So ist die Achtung vor der Freiheit des Anderen ein leeres Wort: auch wenn wir uns vornehmen könnten, diese Freiheit zu achten, wäre doch jede Haltung, die wir dem Anderen gegenüber einnähmen, eine Verletzung dieser Freiheit, die zu achten wir vorgeben. Auch eine extreme Haltung, die sich als vollkommene Gleichgültigkeit gegenüber dem Anderen darstellen würde, wäre kein Ausweg: wir sind schon in die Welt dem Anderen gegenüber geworfen, unser Auftauchen ist freie Begrenzung seiner Freiheit, und nichts, nicht einmal der Selbstmord, kann an dieser ursprünglichen Situation etwas ändern; welches auch unsere Akte sein mögen, wir vollziehen sie eben in einer Welt, wo es den Anderen schon gibt und wo ich in bezug auf den Anderen *überzählig* bin.

Aus dieser seltsamen Situation leiten anscheinend die Begriffe Schuld und Sünde ihren Ursprung her. Angesichts des Anderen bin ich *schuldig*. Schuldig zunächst, wenn ich unter seinem Blick meine Entfremdung empfinde und meine Nacktheit als einen Verlust, den ich auf mich nehmen muß; das ist der Sinn des berühmten: «Sie erkannten, daß sie nackt waren» der Heiligen Schrift. Schuldig ferner, wenn ich meinerseits den Anderen anblicke, weil ich ihn auf Grund meiner Selbstbejahung als Gegenstand und Werkzeug konstituiere und weil ich ihm jene Entfremdung zukommen lasse, die er auf sich nehmen muß. So ist die Erbsünde mein Auftauchen in einer Welt, wo es den Anderen gibt, und welches auch meine sonstigen Verbindungen mit dem Anderen sein mögen, sie sind nur Variationen über das Originalthema meiner Schuld.

Aber diese Schuld wird von Ohnmacht begleitet, ohne daß diese Ohnmacht imstande ist, mich von meiner Schuld reinzuwaschen. Was ich auch *für* die Freiheit des Anderen tun mag, meine Kräfte reichen, wie wir gesehen haben, nur dazu aus, den Anderen als Werkzeug zu behandeln und seine Freiheit als transzendierte Transzendenz zu setzen; andererseits aber erreiche ich den Anderen immer nur in seinem Objekt-Sein, welches auch die zwingende Macht sein mag, über die ich verfüge. Ich kann seiner Freiheit immer nur Gelegenheiten verschaffen, sich zu offenbaren, ohne daß es mir jemals gelingt, sie zu steigern oder zu vermindern, sie zu lenken oder mich ihrer zu bemächtigen. So bin ich sogar in meinem Sein dem Anderen gegenüber schuldig, weil das Auftauchen meines Seins ihn gegen seinen Willen mit einer neuen Seinsdimension ausstattet, und bin andererseits unfähig, aus meinem Fehler Nutzen zu ziehen oder ihn zu verbessern.

Ein Für-sich, das, indem es Geschichte wird, mit seinen verschiedenen Umwandlungen Erfahrungen gemacht hat, kann sich, in voller Erkenntnis der Eitelkeit seiner früheren Bemühungen, dazu bestimmen, den Tod des Anderen zu betreiben. Diese freie Selbstbestimmung heißt Haß. Er beinhaltet eine grundlegende Verzichtleistung: das Für-sich läßt seinen Anspruch, mit dem Anderen vereinigt zu werden, fallen: es verzichtet darauf, den Anderen als Werkzeug zu benutzen, um sein An-sich-Sein zurückzuerlangen. Es verlangt einfach nach einer faktischen unbegrenzten Freiheit; das heißt, es will sich seines unfaßlichen Objekt-für-den-Anderen-Seins entledigen und seine Dimension des Entfremdetseins abschaffen. Das ist gleichbedeutend mit dem Entwurf, eine Welt zu realisieren, in der es den Anderen nicht gibt. Das Für-sich, welches haßt, ist damit einverstanden, nichts als ein Für-sich zu sein; von seinen verschiedenen Erfahrungen über die Unmöglichkeit belehrt, sein Für-Andere-Sein für diesen Zweck zu benutzen, zieht es vor, nur eine freie Nichtung seines Seins zu sein, eine unganze Ganzheit, eine Verfolgung, die sich ihre Ziele selber zuteilt. Wer haßt, nimmt sich vor, keinesfalls mehr Objekt zu sein; und der Haß stellt sich dar als eine Absolutsetzung der Freiheit des Für-sich gegenüber dem Anderen. Vor allem erniedrigt deshalb der Haß das gehaßte Objekt nicht. Denn er stellt die Auseinandersetzung auf ihre richtige Ebene: was ich im Anderen hasse, ist nicht jene Miene, jene Verkehrtheit, jene besondere Handlungsweise. Es ist überhaupt sein Dasein als transzendierte Transzendenz. Deshalb beinhaltet der Haß eine Anerkennung der Freiheit des Anderen. Allerdings ist diese Anerkennung abstrakt und negativ: der Haß kennt nur den Objekt-Anderen und richtet sich auf dieses Objekt. Dieses Objekt will er vernichten, um gleichzeitig die Transzendenz, die mit diesem verbunden ist, zu beseitigen. Diese Transzendenz wird nur erahnt, als ein unzugängliches, zugänglichen Jenseits, als beständige Möglichkeit einer Entfremdung des Für-sich, das haßt. Sie wird also niemals *um ihrer selbst willen ergriffen*: das könnte übrigens auch nicht geschehen, ohne daß sie Objekt würde, vielmehr empfinde ich sie als ein Merkmal des Objekt-Anderen, das fortwährend flüchtig ist, als einen «nicht gegebenen», «nicht faktischen» Aspekt seiner empirischen, am leichtesten zugängigen Eigenschaften, als eine Art ständige Mahnung, die mich darauf hinweist, daß «es nicht darum geht». Deshalb haßt man durch das enthüllte Psychische hindurch, und nicht dieses Psychische selbst; deshalb ist es auch einerlei, ob wir die Transzendenz des Anderen durch das hindurch hassen, was wir empirisch Laster nennen, oder ob durch seine Tugenden hindurch. Was ich hasse, ist die psychische Ganzheit im Ganzen, insofern sie mich auf die Transzendenz des Anderen verweist: ich erniedrige mich nicht dazu, eine objektive besondere Eigenschaft zu hassen. Darin liegt der Unterschied zwischen Hassen und Verabscheuen. Und der Haß tritt auch nicht notwendigerweise bei Gelegenheit eines Übels auf, das ich erlitten habe. Er kann im Gegenteil dort entstehen, wo man mit Recht Erkenntlichkeit erwartet hätte, das heißt bei Gelegenheit einer Wohltat: der Anlaß, der den Haß hervorruft, ist einfach der Akt des Anderen, durch den ich in einen

Zustand versetzt werde, in welchem ich seine Freiheit *erleide*. Dieser Akt als solcher ist demütigend: er ist demütigend, insofern er die konkrete Enthüllung meiner werkzeughaften Objektheit gegenüber der Freiheit des Anderen ist. Diese Enthüllung wird sofort verdunkelt, versinkt in der Vergangenheit und wird undurchschaubar. Aber sie läßt eben in mir das Gefühl zurück, daß es «etwas» gibt, das vernichtet werden muß, damit ich frei werde. Deswegen steht auch die Erkenntlichkeit dem Haß so nahe: für eine Wohltat erkenntlich sein, heißt anerkennen, daß der Andere vollkommen frei war, als er handelte, wie er es getan hat. Kein Zwang, selbst der der Pflicht nicht, hat ihn dazu bestimmt. Er ist völlig verantwortlich für seinen Akt und für die Werte, die bei dessen Durchführung leitend waren. Ich selbst bin nur der Vorwand gewesen; die Materie, auf die sein Akt sich erstreckt hat. Von jener Anerkennung an kann das Für-sich – nach seiner Wahl – sich auf Liebe oder Haß hin entwerfen: es kann den Anderen nicht mehr ignorieren.

Die zweite Folgerung aus diesen Bemerkungen ist, daß der Haß ein Haß in einem Einzelnen gegen alle Anderen ist. Was ich symbolisch erreichen will, indem ich den Tod eines bestimmten Anderen betreibe, ist das allgemeine Prinzip der Fremdexistenz. Der Andere, den ich hasse, repräsentiert faktisch *die* Anderen. Und mein Vorhaben, ihn zu beseitigen, ist das Vorhaben, überhaupt die Anderen zu beseitigen, das heißt meine unsubstantielle Für-sich-Freiheit zurückzuerobern. Im Haß ist ein Verständnis dafür enthalten, daß meine Entfremdet-Seins-Dimension eine *reale* Knechtschaft ist, die ich den Anderen verdanke. Eben die Beseitigung dieser Knechtschaft ist beabsichtigt. Deshalb ist der Haß ein *düsteres* Gefühl, das heißt ein Gefühl, das auf die Beseitigung eines Anderen abzielt und das, als Vorhaben, bewußt ungeachtet der Mißbilligung der Anderen entworfen wird. Den Haß, den der Andere gegen einen Anderen hegt, mißbillige ich, er beunruhigt mich, und ich suche ihn zu beseitigen, weil – wenn er sich auch nicht ausdrücklich gegen mich richtet – ich weiß, daß er mich betrifft und daß er gegen mich real wird. Und tatsächlich zielt er darauf ab, mich zu vernichten, nicht insofern er mich zu beseitigen sucht, sondern insofern er grundsätzlich meine Mißbilligung verlangt, um sie unbeachtet lassen zu können. Der Haß verlangt, gehaßt zu werden, und zwar in dem Maße, in dem den Haß hassen einer beunruhigenden Anerkennung der Freiheit des Hassenden gleichkommt.

Aber der Haß ist seinerseits ein Mißerfolg. Sein Anfangsvorhaben ist es nämlich, die anderen Bewußtseinsindividuen zu beseitigen. Aber selbst wenn ihm das gelänge, das heißt, wenn er den Anderen im gegenwärtigen Augenblick vernichten könnte, so könnte er doch nicht bewirken, daß der Andere nicht gewesen ist. Mehr noch:

damit die Vernichtung des Anderen als der Triumph des Hasses erlebt werden kann, muß sie die ausdrückliche Anerkennung der Tatsache beinhalten, daß der Andere *existiert hat.* Folglich wird mein Für-Andere-Sein, indem es in die Vergangenheit gleitet, zu einer unabänderlichen Dimension meiner selbst. Es ist das, was ich als Gewesen-Seiender zu sein habe. Ich kann mich also nicht von ihm befreien. Wenigstens, wird man einwenden, entgehe ich ihm für den Augenblick und auch für die Zukunft: auch das nicht. Wer einmal für Andere gewesen ist, ist in seinem Sein für den Rest seiner Tage verseucht, auch wenn der Andere vollständig beseitigt wurde: er wird auch weiterhin seine Dimension des Für-Andere-Seins als eine ständige Möglichkeit seines Seins auffassen. Er kann nicht das zurückerobern, was er sich entfremdet hat; er hat sogar jede Hoffnung eingebüßt, auf diese Entfremdung einzuwirken und sie zu seinem Vorteil wenden zu können, denn der vernichtete Andere hat den Schlüssel zu dieser Entfremdung mit ins Grab genommen. Was ich für den Anderen war, ist durch den Tod des Anderen zu etwas Festem geworden, und ich werde es für die Vergangenheit unabänderlich sein; auf die gleiche Art werde ich es auch in der Gegenwart sein, wenn ich die Haltung, die Entwürfe und die Lebensweise beibehalte, die vom Anderen beurteilt wurde. Der Tod des Anderen konstituiert mich, genau wie mein eigener Tod, als unabänderliches Objekt. So verwandelt sich der Triumph des Hasses schon bei seinem Auftauchen in Scheitern. Der Haß bietet nicht die Möglichkeit, aus dem Zirkel herauszukommen. Er stellt einfach einen letzten Versuch dar, den Versuch der Verzweiflung. Nach dem Scheitern dieses Versuches bleibt dem Für-sich nichts weiter übrig, als in den Zirkel zurückzutreten und bis in alle Ewigkeit zwischen den beiden Grundhaltungen hin- und herzutaumeln [1].

III

Das «Mitsein» und das «Wir»

Man wird uns sicherlich darauf aufmerksam machen wollen, daß unsere Darstellung unvollständig ist, daß sie für gewisse konkrete Erfahrungen keinen Raum bietet, bei denen wir uns mit Anderen nicht in Konflikt, sondern in Gemeinschaft befinden. Es ist wahr, daß wir oft «wir» sagen. Das Vorhandensein und der Gebrauch die-

1 Diese Betrachtungen schließen die Möglichkeit einer Erlösungs- und Heilsmoral nicht aus. Zu einer solchen gelangt man aber erst am Schluß einer radikalen Umkehr, von der wir hier nicht sprechen können.

ser grammatikalischen Form verweisen notwendigerweise auf eine reale Erfahrung des *Mitseins.* «Wir» kann Subjekt sein, und in dieser Form ist es einer Mehrzahl von «Ich» [je] gleichsetzbar. Sicherlich ist dieser Parallelismus von Grammatik und Denken in manchen Fällen mehr als unsicher; vielleicht müßte man diese Frage vollkommen neu aufgreifen und die Beziehung der Sprache zum Denken in einer vollkommen anderen Form untersuchen. Nicht weniger wahr ist es, daß das Subjekt-«Wir» nicht verstehbar zu sein scheint, wenn es sich nicht wenigstens gedanklich auf eine Mehrzahl von Subjekten bezieht, die sich gleichzeitig und gegenseitig als Subjektivitäten erfassen, das heißt als transzendierende Transzendenzen und nicht als transzendierte Transzendenzen. Wenn das Wort «wir» nicht bloß ein *flatus vocis* sein soll, deutet es auf einen Begriff hin, der eine unendliche Vielfalt möglicher Erfahrungen in sich einbezieht. Und diese Erfahrungen scheinen *a priori* in Widerspruch damit zu stehen, wie ich mein Für-Andere-Objekt-Sein erfahre, oder mit der Erfahrung Anderer, daß sie für mich Objekte sind. In dem Subjekt-«Wir» ist niemand Objekt. Das *Wir* umschließt eine Mehrzahl von Subjektivitäten, die sich gegenseitig als Subjektivitäten anerkennen. Indessen bildet diese Anerkennung nicht den Gegenstand einer expliziten Setzung: explizit gesetzt wird nur eine gemeinsame Handlung oder der Gegenstand einer gemeinsamen Wahrnehmung. «Wir» leisten Widerstand, «wir» gehen zum Angriff vor, «wir» verurteilen den Schuldigen, «wir» betrachten dieses oder jenes Schauspiel. So ist die Anerkennung der Subjektivitäten analog zu derjenigen des nichtsetzenden Bewußtseins durch sich selbst; oder besser, sie muß *nebenher* von einem nichtsetzenden Bewußtsein vollzogen werden, dessen Setzungsobjekt dieses oder jenes Schauspiel der Welt ist. Das beste Beispiel für das *Wir* kann uns der Zuschauer bei einer Theatervorstellung bieten, dessen Bewußtsein völlig damit beschäftigt ist, das imaginäre Spiel zu erfassen, die Ereignisse mittels antizipatorischer Denkschemata vorauszuberechnen, imaginäre Wesen zu setzen wie den Helden, den Verräter, die Gefangene usw.; dieses Bewußtsein konstituiert sich indessen – und zwar bei dem Auftauchen selbst, das es zu einem Bewußtsein *des* Schauspiels macht – nichtsetzend als das Bewußtsein, ein *Mit-Zuschauer* beim Schauspiel (zu) sein. Jeder kennt ja jene heimliche Qual, die uns in einem halbleeren Zuschauerraum bedrückt, und, im Gegensatz dazu, jene Begeisterung, die in einem mit begeisterten Menschen gefüllten Raum entfesselt und immer stärker wird. Im übrigen steht es fest, daß die Erfahrung des Subjekt-Wir unter beliebigen Umständen gemacht werden kann. Ich befinde mich auf der Terrasse eines Kaffeehauses: ich beobachte die anderen Gäste und weiß, daß ich beobachtet werde. Wir haben hier den alltäglichsten Fall des Konfliktes mit Anderen (das Objekt-Sein des Anderen für mich, mein Objekt-Sein für den Anderen). Aber plötzlich passiert irgend etwas auf der Straße: zum Beispiel eine leichte Karambolage zwischen einem Lieferdreirad und einem Taxi. Sofort, in demselben Augenblick, in dem ich Zuschauer bei dem Vorfall werde, empfinde ich mich nichtsetzend in ein *Wir* verstrickt. Die Rivalitäten, die vorherigen leichten Konflikte sind verschwunden, und die Bewußtseinszustände, die das Material für das Wir liefern, sind für alle Gäste genau die gleichen: *wir* erblicken das Ereignis, *wir* ergreifen Partei. Das ist jene Einstimmigkeit, die ein Romains schildern wollte in «Vie unanime» oder in «Vin blanc de la Villette». Da sind wir wieder beim *Mitsein* Heideggers. Lohnte es also die Mühe, es weiter oben[1] kritisiert zu haben?

Hier möchten wir nur darauf aufmerksam machen, daß wir nicht daran gedacht haben, die *Erfahrung* des Wir in Zweifel zu ziehen. Wir haben uns darauf beschränkt zu zeigen, daß diese Erfahrung nicht die Grundlage für unser Andere-Bewußtsein bilden konnte. Es ist nämlich klar, daß sie keine ontologische Struktur der menschlichen Realität bilden kann: wir haben bewiesen, daß das Dasein des Für-sich inmitten der Anderen ursprünglich ein metaphysisches und kontingentes Faktum ist. Ferner ist klar, daß das *Wir* kein intersubjektives Bewußtsein ist, auch kein neues Sein, das wie ein synthetisches Ganzes seine Bestandteile überschreitet und sich einverleibt nach Art des Kollektivbewußtseins der Soziologen. Das *Wir* wird mittels eines besonderen Bewußtseins erfahren; es ist nicht nötig, daß *alle* Gäste auf der Terrasse sich dessen bewußt sind, daß sie *wir* sind, damit ich mich als mit ihnen in ein *Wir* verstrickt empfinde. Man kennt jenes alltägliche Unterhaltungsschema: «*Wir* sind sehr unzufrieden» – «Nein, Verehrtester, sprechen Sie bitte nur im eigenen Namen». Darin ist enthalten, daß es sich verirrende Bewußtseinszustände des Wir gibt – die als solche nichtsdestoweniger vollkommen normale Bewußtseinszustände sind. Wenn es sich so verhält, dann ist es, damit ein Bewußtsein sich seines Verstricktseins in einem Wir bewußt werden kann, notwendig, daß die anderen Bewußtseinsindividuen, die mit ihm zu einer Gemeinschaft zusammentreten, ihm zunächst auf irgendeine andere Weise gegeben sind; das heißt in der Eigenschaft von transzendierender Transzendenz oder von transzendierter Transzendenz. Das Wir ist eine gewisse besondere Erfahrung, die auf der Grundlage des Für-den-Anderen-Seins überhaupt in speziellen Fällen gemacht wird. *Das Sein-für*-den-Anderen geht *dem Sein-mit*-dem-Anderen voraus und begründet es.

1 Vgl. Seite 299 ff.

Außerdem muß der Philosoph, der das *Wir* untersuchen will, Vorsichtsmaßregeln ergreifen und wissen, wovon er redet. Es gibt nämlich nicht nur ein Subjekt-Wir: die Grammatik lehrt, daß es auch ein Wir als Prädikat-Ergänzung gibt, das heißt ein Objekt-Wir. Dann ist nach allem bisher Gesagten leicht einzusehen, daß das Wir in «wir erblicken sie» nicht auf der selben ontologischen Ebene stehen kann wie das Wir in «wir werden von ihnen erblickt». Es kann sich also nicht um Subjektivitäten *qua* Subjektivitäten handeln. Mit dem Satz: «Sie blicken *mich* an» will ich anzeigen, daß ich mich als Objekt für Andere empfinde, als entfremdetes Ich, als transzendierte Transzendenz. Wenn der Satz «Wir werden von ihnen erblickt» eine reale Erfahrung anzeigen soll, so muß ich bei dieser Erfahrung empfinden, daß ich mit Anderen in eine Gemeinschaft transzendierter Transzendenzen von entfremdeten «Ichen» verstrickt bin. Das *Wir* verweist hier auf eine Erfahrung *gemeinsam Objekt-Seiender.* So gibt es zwei vollkommen verschiedene Formen von Wir-Erfahrung, und diese beiden Formen entsprechen genau dem Erblickend-Sein und Erblickt-Werden, die die grundlegenden Verbindungen des Für-sich mit dem Anderen schaffen. Diese beiden Formen des Wir müssen wir jetzt untersuchen.

A) *Das Objekt-«Wir»*

Wir werden damit beginnen, die zweite dieser beiden Erfahrungen zu prüfen; es ist nämlich leichter, ihre Bedeutung zu erfassen, und sie wird uns vielleicht als Zugang zur Untersuchung der anderen dienen. Zunächst muß man darauf hinweisen, daß das Objekt-Wir uns in die Welt stürzt; wir empfinden das mittels der Scham als ein gemeinschaftliches Unsentfremdetwerden. Darauf deutet jene bezeichnende Episode hin, wo Galeerensträflinge vor Wut und und Scham ersticken, weil eine schöne geschmückte Frau ihr Schiff besuchen kommt, ihre Lumpen sieht, ihre Mühsal und ihr Elend. Es handelt sich hierbei wirklich um eine gemeinsame Scham und ein gemeinsames Sichentfremdetwerden. Wie ist es also möglich, sich in Gemeinsamkeit mit Anderen als Objekt zu empfinden? Um das zu ermitteln, müssen wir zu den Grundmerkmalen unseres Für-den-Anderen-Seins zurückkehren.

Bisher haben wir den einfachen Fall ins Auge gefaßt, wo ich einem einzelnen Anderen allein gegenüberstehe. In diesem Falle blicke ich ihn an, oder er blickt mich an, ich suche seine Transzendenz zu transzendieren, oder ich empfinde die meine als transzendiert und fühle meine Möglichkeiten als abgestorbene Möglichkeiten. Mittels gegenseitiger Beziehung bilden wir ein *Paar* und sind wir in *Situation.* Aber diese Situation existiert nur für den einen oder für den anderen objektiv. Es gibt nämlich keine *Rückseite* unserer gegenseitigen Beziehung. Allerdings haben wir bei unserer Darstellung nicht die Tatsache berücksichtigt, daß meine Verbindung mit dem Anderen auf dem unendlichen Hintergrund *meiner* Beziehung und *seiner* Beziehung zu *allen Anderen* erscheint. Das heißt, zu der Quasi-Gesamtheit der Bewußtseinindividuen. Allein auf Grund dieser Tatsache können meine Verbindung mit *diesem* Anderen, die ich eben noch als Grundlage meines Für-Andere-Seins empfand, oder die Verbindung des Anderen mit mir jeden Augenblick und je nach den wirksam werdenden Anlässen als *Objekt für die Anderen* erfahren werden. Das zeigt sich klar im Falle der Erscheinung eines *Dritten*. Nehmen wir zum Beispiel an, daß der Andere mich anblickt. In diesem Augenblick empfinde ich mich als vollständig *entfremdet* und übernehme mich in dieser Gestalt. Da taucht der Dritte auf. Wenn er mich anblickt, empfinde ich durch mein Mirentfremdetsein hindurch beide zusammen als «Sie» (Subjekt-Sie). Dieses «Sie» tendiert, wie wir wissen, nach dem *Man*. Es ändert nichts an der Tatsache, daß ich angeblickt werde, es verstärkt nicht – oder nur sehr wenig – meine ursprüngliche Entfremdung. Aber wenn der Dritte den Anderen anblickt, welcher mich anblickt, ist das Problem verwickelter. Ich kann nämlich den Dritten *nicht direkt* ergreifen, sondern nur als getragen vom Anderen, der ein (durch den Dritten) Erblickt-Anderer wird. So transzendiert die dritte Transzendenz jene Transzendenz, die mich transzendiert, und trägt dadurch dazu bei, sie unwirksam zu machen. Es bildet sich hier ein mittelfester Zustand, der sich bald auflösen wird, sei es, daß ich mich mit dem Dritten verbinde, um den Anderen anzublicken, der sich alsdann in *unser* Objekt verwandelt – und hierbei mache ich eine Erfahrung mit einem Subjekt-Wir, von dem wir weiter unten reden werden –, sei es, daß ich den Dritten anblicke und auf diese Weise jene dritte Transzendenz transzendiere, die den Anderen transzendiert. In diesem Falle wird der Dritte ein Gegenstand in meinem Mikrokosmos, seine Möglichkeiten sind abgestorbene Möglichkeiten, er kann mich vom Anderen nicht befreien. Indessen blickt er den Anderen an, der mich anblickt. Es ergibt sich eine Situation, die wir undeterminiert und nichtschlüssig nennen, denn ich bin Objekt für den Anderen, der Objekt für den Dritten ist, der Objekt für mich ist. Die Freiheit allein kann dieser Situation eine Struktur geben, indem sie eine dieser Beziehungen betont.

Aber es kann auch vorkommen, daß der Dritte den Anderen anblickt, *den ich anblicke*. In diesem Falle kann ich sie alle beide anblicken und so den Blick des Dritten unwirksam machen. Der Dritte und der Andere erscheinen mir dann als Objekte-Sie. Ich kann auf dem Anderen auch den Blick des Dritten erfassen, und zwar in dem Maße, in dem ich, ohne den Dritten zu sehen, an den Verhaltensweisen des Anderen die Tatsache erfasse, daß er sich angeblickt weiß. In diesem Falle *bemerke ich an dem Anderen und betreffs des Anderen* die transzendierende Transzendenz des Dritten. Ich empfinde sie als tiefgreifende und absolute Entfremdung des Anderen. Er flieht aus meiner Welt; er gehört nicht mehr mir, er ist Gegenstand für eine andere Transzendenz. Er büßt also nicht seinen Objektcharakter ein, aber er wird zweideutig; er entgeht mir nicht mittels seiner eigenen Transzendenz, sondern durch die des Dritten. Was ich auch an ihm und von ihm erfassen mag, jetzt ist er immer ein *Anderes,* und zwar so viele Male ein Anderes, als es Andere gibt, die ihn wahrnehmen und denken können. Um mir den Anderen wieder anzueigenen, muß ich den Dritten anblicken und ihm Objektheit beilegen. Das ist einesteils nicht immer möglich, und andernteils kann der Dritte selbst von anderen Dritten angeblickt werden, das heißt, er kann ein unbegrenzt Anderes sein, als wie ich ihn sehe. Daraus folgt eine ursprüngliche Unbeständigkeit des Objekt-Anderen und ein Lauf ins Unendliche seitens des Für-sich, das sich jene Objektheit wieder anzueignen sucht. Das ist der Grund dafür, wie wir gesehen haben, daß die Liebenden sich absondern. Ich kann mich als von dem Dritten angeblickt empfinden, während ich den Anderen anblicke. In diesem Falle empfinde ich nichtsetzend meine Entfremdung im selben Augenblick, in dem ich die Entfremdung des Anderen setze. Meine Möglichkeiten, den Anderen als Werkzeug zu benutzen, empfinde ich als tote Möglichkeiten, und meine Transzendenz, die sich anschickt, den Anderen auf meine eigenen Ziele hin zu transzendieren, fällt in transzendierte Transzendenz zurück. Ich lasse die Beute fahren. Deswegen wird der Andere noch nicht Subjekt, ich aber fühle mich nicht mehr für die Objektheit qualifiziert. Der Andere wird ein *Neutrum;* etwas, was schlechthin da ist und mit dem ich nichts anstelle. Das ist zum Beispiel der Fall, wenn man mich dabei überrascht, wie ich einen schwachen Menschen schlage und demütige. Das Auftauchen des Dritten «koppelt mich ab»; der schwache Mensch ist nicht mehr «zu schlagen» oder «zu demütigen», er ist weiter nichts mehr, als reines Vorhandensein, nichts sonst, auch nicht mehr «ein schwacher Mensch»; oder, wenn er es wieder wird, dann mittels der Verdolmetschung durch den Dritten, *ich erfahre vom Dritten,* daß das ein schwacher Mensch *war* («Du hast keine Scham im Leibe, du fällst über einen Schwachen her usw.»), die Eigenschaft, schwach zu sein, wird ihm, von mir aus gesehen, vom Dritten beigelegt; sie bildet keinen Teil *meiner* Welt mehr, sondern eines Mikrokosmos, in dem ich zusammen mit dem Schwachen für den Dritten da bin.

Das führt uns schließlich zu dem Fall, der uns angeht: ich bin in einen Konflikt mit dem Anderen verwickelt. Der Dritte kommt dazu und umfängt uns beide mit seinem Blick. Ich empfinde meine Entfremdung und korrelativ dazu meine Objektheit. Ich bin draußen, für Andere, wie ein Gegenstand inmitten einer Welt, die nicht «die meine» ist. Aber der Andere, den ich anblickte oder der mich anblickte, erleidet dieselben Veränderungen, und ich entdecke, daß diese Veränderung des Anderen gleichzeitig mit der erfolgt, die ich empfinde. Der Andere ist Gegenstand inmitten der Welt des Dritten. Diese Objektheit ist übrigens keine einfache Veränderung seines Seins, die *parallel* zu der von mir erlittenen wäre, sondern die beiden Objektheiten gelangen zu mir und zum Anderen im Rahmen einer umfassenden Veränderung der *Situation*, in der ich bin und in der der Andere sich befindet. Vor dem Blick des Dritten war eine Situation vorhanden, die von den Möglichkeiten des Anderen umschrieben war und in der ich in meiner Eigenschaft als Werkzeug war, sowie eine umgekehrte Situation, die von meinen eigenen Möglichkeiten umschrieben war und den Anderen in sich begriff. Jede dieser Situationen war der Tod der anderen, und wir konnten die eine nur erfassen, indem wir die andere zum Objekt machten. Beim Sichtbarwerden des Dritten erfahre ich, daß mir meine Möglichkeiten entfremdet sind, und gleichzeitig entdecke ich, daß die Möglichkeiten des Anderen tote Möglichkeiten sind. Die Situation verschwindet deswegen noch nicht, aber sie rinnt aus meiner Welt und aus der des Anderen aus, sie konstituiert sich inmitten einer dritten Welt in objektiver Gestalt: in dieser dritten Welt wird sie gesehen, beurteilt, transzendiert, benutzt, aber gleichzeitig werden die beiden entgegengesetzten Situationen niveaugleich: es gibt keine Prioritäts-Struktur mehr, die von mir zum Anderen reicht, oder umgekehrt vom Anderen zu mir, da unsere Möglichkeiten in gleicher Weise *für den Dritten*, also tote Möglichkeiten sind. Das bedeutet für mich die plötzliche Erfahrung, daß es in der Welt des Dritten eine objektive Situationsform gibt, in der der Andere und ich als *gleichwertige* und *solidarische* Strukturen auftreten. In dieser objektiven Situation entsteht der Konflikt nicht aus dem freien Auftauchen unserer Transzendenzen, sondern er wird vom Dritten wie eine faktische Gegebenheit festgestellt und transzendiert, eine Gegebenheit, die uns definiert und uns miteinander zusammenhält. Die Möglichkeit, mich zu schlagen, die der Andere hat, und die, mich zu wehren, die ich habe, schließen einander keineswegs aus, ergänzen sich vielmehr und haben einander zur Folge, beinhalten sich einander für den Dritten als tote Möglichkeiten, und eben das empfinde ich nicht-setzend ohne davon *Kenntnis* zu haben. Was ich empfinde, ist somit ein Draußen-Sein, wo ich zusammen mit dem Anderen zu einem unauflöslichen und objektiven Ganzen gestaltet werde, einem Ganzen, in dem ich mich vom Anderen ursprünglich *nicht mehr* unterscheide, das zu konstituieren ich aber, mit dem Anderen solidarisch, beitrage. Und in dem Maße, in dem ich mein Draußen-Sein für den Dritten grundsätzlich auf mich nehme, muß ich in gleicher Weise das Draußen-Sein des Anderen auf mich nehmen; was ich da auf mich nehme, ist die Gleichwertigkeits-Gemeinschaft, durch die ich in eine Gestalt eingesetzt existiere, die ich, wie auch der Andere, zu konstituieren beitrug. Kurz, ich übernehme mich als *draußen* im Anderen verstrickt, und ich übernehme den Anderen als *draußen* in mir verstrickt. Und diese grundlegende Übernahme dieses Verstricktseins, das ich vor mir her trage, ohne es zu erfassen, ist die freie Anerkenntnis meiner Verantwortlichkeit, insofern sie diejenige Verantwortlichkeit für den Anderen einschließt, die die Erfahrung des Objekt-*Wir* ist. So wird das Objekt-Wir niemals in dem Sinne *erkannt*, in dem uns die Reflexion zum Beispiel eine Erkenntnis unseres Ich liefert; es wird niemals in dem Sinne *gefühlt*, in dem das Gefühl uns ein konkretes Objekt enthüllt wie das Unsympathische, das Hassenswerte, das Verwirrende usw. Es wird auch nicht einfach *erfahren*, denn was erfahren wird, ist bloß die Situation einer Solidarität mit dem Anderen. Das Objekt-Wir wird nur dadurch entdeckt, daß ich jene Situation übernehme, das heißt durch die Notwendigkeit – in der ich mich in der Tiefe meiner übernehmenden Freiheit befinde –, *auch* den Anderen zu übernehmen, und zwar wegen der Wechselwirkungen im Inneren der Situation. So kann ich also in Abwesenheit eines Dritten sagen: *«Ich schlage auf den Anderen los.»* Sobald der Dritte aber sichtbar wird, werden die Möglichkeiten des Anderen und meine eigenen als tote Möglichkeiten einander gleich, die Beziehung wird gegenseitig, und ich bin genötigt zu erfahren, daß «wir uns schlagen». Tatsächlich wäre die Wendung: «Ich schlage ihn, *und* er schlägt mich» schlechterdings unzulänglich: in Wirklichkeit schlage ich ihn, weil er mich schlägt, und umgekehrt; die Absicht, zu kämpfen, keimte in seinem Geiste wie in meinem, aber für den Dritten vereinigte sie sich zu *einer einzigen*, jenem Objekt-*Sie* gemeinsamen Absicht, jenem Objekt-*Sie*, das er mit seinem Blick umfängt, der die vereinigende Synthese dieses «Sie» ausmacht. Ich muß mich also insoweit selbst übernehmen, als ich von dem Dritten als integrierender Bestandteil des «Sie» aufgefaßt werde. Und dieses von einer Subjektivität als ihr Für-Andere-Sein übernommene «Sie» wird das Wir. Das reflexive Bewußtsein kann dieses Wir nicht erfassen; seine Erscheinung fällt vielmehr mit dem Verschwinden des Wir zusammen; das Für-sich macht sich frei und stellt seine Selbstheit gegen *die Anderen*. Man muß nämlich verstehen, daß die Zugehörigkeit zum Objekt-Wir ursprünglich als eine noch tiefer gehende Entfremdung des Für-sich empfunden wird, da dieses nicht nur gezwungen ist, das zu übernehmen, was es für Andere ist, sondern auch noch eine Ganzheit, die es nicht ist, obwohl es einen ihrer integrierenden Bestandteile bildet. In diesem Sinne ist das Wir die rauhe Erfahrung der menschlichen Seinsstellung als eingesetzt zwischen den Anderen, insofern sie ein objektiv festgestelltes *Faktum* ist. Das gelegentlich einer konkreten Solidarität erfahrene Objekt-Wir, das auf diese Solidarität zentriert ist (ich schäme mich sehr, eben weil *wir* dabei überrascht worden sind, als *wir* uns gerade schlugen), hat eine Bedeutung, die über die besonderen Umstände, unter denen es erfahren wurde, hinausgeht und darauf abzielt, meine Zugehörigkeit zur menschlichen Gesamtheit (ohne das reine Bewußtsein von einem Dritten), die gleichfalls als Gegenstand erfaßt wird, dieser als einen Gegenstand einzuverleiben. Das Objekt-Wir entspricht also der Erfahrung von Demütigung und Machtlosigkeit: wer die Erfahrung macht, daß er mit den Anderen ein *Wir* bildet, fühlt sich in eine Unendlichkeit fremder Existenzen verfangen, ist sich selbst radikal entfremdet und hat keine Zuflucht mehr.

Gewisse Situationen erscheinen geeigneter als andere, die Wir-Erfahrung zu vermitteln. Insbesondere ist es die gemeinsame Arbeit: wenn mehrere Personen sich als von einem Dritten geistig erfaßt empfinden, während sie gemeinsam an demselben Gegenstand arbeiten, verweist gerade der Sinn des bearbeiteten Gegenstandes auf das Arbeitskollektiv als auf ein Wir. Die Bewegung, die ich mache und die von der auszuführenden Montage gefordert wird, hat nur Sinn, wenn ihr eine gewisse Bewegung meines Nachbarn vorausgeht und wenn ihr eine gewisse andere eines anderen Arbeiters folgt. Daraus ergibt sich eine Form des «Wir», die leichter zugänglich ist, weil es das Erfordernis des Gegenstandes selbst und seine Wirkfähigkeiten – als sein Feindseligkeitskoeffizient – sind, die auf das Objekt-Wir der Arbeiter verweisen. Wir empfinden uns also als in der Eigenschaft eines Wir erfaßt durch einen «zu schaffenden» stofflichen Gegenstand *hindurch.* Die Stofflichkeit drückt ihr Siegel auf unsere solidarische Gemeinschaft, und *wir* erscheinen uns als eine werkzeughafte und technische Anordnung von Mitteln, deren jedes seinen ihm durch einen Zweck angewiesenen Platz hat. Aber wenn manche Situationen in dieser Weise empirisch günstiger für das Auftauchen des Wir zu sein scheinen, darf man doch nicht übersehen, daß *jede* menschliche Situation, da sie ein Eingesetztsein inmitten der Anderen ist, als Wir erfahren wird, sobald der Dritte erscheint. Wenn ich auf der Straße hinter jenem Manne her gehe, von dem ich nur den Rücken sehe, habe ich zu ihm das Mindestmaß technischer und praktischer Beziehungen, das man sich vorstellen kann. Hingegen genügt es, daß ein Dritter *mich* anblickt, auf das Trottoir blickt, *ihn* anblickt, damit ich an ihn durch die Solidarität des Wir gebunden werde: wir gehen an einem Julimorgen einer hinter dem anderen die Blomet-Straße hinunter. Es gibt stets einen Standpunkt, von dem aus verschiedene Für-sich durch einen Blick zum Wir vereint werden können. Und umgekehrt: gleichwie der Blick nur die konkrete Bekundung der ursprünglichen Tatsache meiner Existenz für den Anderen ist, gleichwie ich mich also auch abgesehen von jeder besonderen Erscheinung eines Blickes als für den Anderen daseiend empfinde, ebenso ist es nicht erforderlich, daß ein konkreter Blick uns erstarren läßt und durchbohrt, damit wir uns als außerhalb von uns selbst zu einem Wir zusammengeschlossen empfinden können. Es genügt, daß die unganze Ganzheit «Menschheit» existiert, damit irgendeine Vielheit von Individuen sich als *wir* empfindet, und zwar in bezug auf den ganzen Rest oder auf einen Teil des Restes der Menschen, ob nun diese Menschen «in Fleisch und Blut» anwesend sind oder ob sie real, aber *abwesend* sind. Also kann ich mich, in Anwesenheit oder Abwesenheit Dritter, immer als reine Selbstheit oder aber als zu einem Wir zusammengeschlossen auffassen. Das führt uns zu einigen speziellen «Wir», insbesondere zu dem, das man «Klassenbewußtsein» nennt. Das Klassenbewußtsein ist offenbar die Übernahme eines besonderen Wir, und zwar bei Gelegenheit einer viel schärfer als gewöhnlich strukturierten kollektiven Situation. Es hätte für uns keinen großen Wert, diese Situation zu definieren; uns interessiert nur die Eigenart des übernommenen *Wir*. Wenn eine Gesellschaft auf Grund ihrer ökonomischen oder politischen Struktur in unterdrückte und unterdrückende Klassen zerfällt, so bieten die unterdrückenden Klassen den unterdrückten Klassen den Anblick eines ständigen Dritten, der sie betrachtet und durch seine Freiheit transzendiert. Keineswegs machen die Härte der Arbeit, die Niedrigkeit des Lebens-Standards oder die ausgestandenen Leiden aus dem unterdrückten Kollektiv eine Klasse; die Verbundenheit durch die Arbeit könnte nämlich – wir werden es im nächsten Abschnitt sehen – das Arbeitskollektiv als «Subjekt-Wir» konstituieren, insofern das Kollektiv – was im übrigen der Feindseligkeitskoeffizient der *Dinge* auch immer sein mag – sich als etwas empfindet, das die innerweltlichen Gegenstände auf seine eigenen Ziele hin transzendiert; ein bestimmter Lebensstandard ist eine ganz relative Angelegenheit, die je nach den Umständen unterschiedlich gewürdigt wird (im Namen eines gemeinsamen Ideals kann er *ertragen* oder *hingenommen* oder *gefordert* werden); die ausgestandenen Leiden haben, wenn man sie für sich allein betrachtet, eher den Erfolg, die leidenden Personen zu vereinzeln, als sie zu vereinen, denn das Leid ist im allgemeinen eine Quelle von Konflikten. Der bloße Vergleich, den die Mitglieder des unterdrückten Kollektives zwischen der Härte ihrer Lebensbedingungen und den Vorrechten ziehen können, die die unterdrückenden Klassen genießen, kann schließlich in keinem Falle dazu ausreichen, ein Klassenbewußtsein zu schaffen; höchstens erzeugt er individuelle Eifersüchte oder einzelne Fälle von Verzweiflung; er hat nicht die Möglichkeit, zu vereinen und zu bewirken, daß jeder das Vereinigtwerden übernimmt. Aber das Insgesamt dieser Merkmale, insofern es die *Lebensbedingungen* der unterdrückten Klasse konstituiert, wird nicht einfach ertragen oder hingenommen. Ebenso irrig wäre jedoch die Behauptung, jenes Insgesamt werde von der unterdrückten Klasse ursprünglich als von der unterdrückenden Klasse *auferlegt* erfaßt; es gehört ziemlich viel dazu, um eine *Theorie* der Unterdrückung aufzustellen und zu vertreten. Und eine solche Theorie würde außerdem nur einen *explikativen* Wert haben. Die oberste Tatsache ist, daß das Mitglied der unterdrückten Klasse, insoweit es einfach Person ist, in grundlegende Konflikte mit anderen Mitgliedern dieses Kollektivs verwickelt ist (Liebe, Haß, Widerstreit der Interessen usw.) und seine Lebensbedingungen sowie die der anderen Mitglieder dieses Kollektivs auffaßt als angeblickt und gedacht von Bewußtseinsindividuen, die sich ihm entziehen. Der «Herr», der «Lehnsherr», der «Bourgeois» oder der «Kapitalist» erscheinen nicht nur als Mächte mit Befehlsgewalt, sondern auch und vor allem als die *Dritten*, das heißt als diejenigen, die außerhalb der unterdrückten Gemeinschaft stehen und *für welche* diese Gemeinschaft vorhanden ist. Also *für sie* und *in ihrer Freiheit* besteht die Realität der unterdrückten Klasse. Sie lassen sich durch ihren Blick entstehen. Ihnen und durch sie enthüllt sich die Identität meiner Lebensbedingungen mit denen der anderen Unterdrückten; für sie existiere ich in einer aus mir und Anderen gestalteten Situation, für sie sind meine Möglichkeiten – als tote Möglichkeiten – genau ebensoviel wert wie die der Anderen; für sie bin ich *ein* Arbeiter, mittels und in ihrer Enthüllung als Blick-Andere erfahre ich mich als einer unter Anderen. Das bedeutet, daß ich das *Wir*, mit dem ich zusammengefügt bin, oder «die Klasse» *draußen* entdecke, im Blicke der Dritten, und dieses kollektive Sichentfremdetwerden ist es, das ich auf mich nehme, wenn ich «wir» sage. Unter diesem Gesichtspunkt haben die Vorrechte des Dritten und «unsere» Lasten, «unser» Elend, zunächst nur einen *Bedeutungs*wert; sie bedeuten die Unabhängigkeit des Dritten in bezug auf uns; sie halten uns deutlicher unsere Entfremdung vor Augen; da sie deswegen nicht weniger *existiert* werden, da insbesondere unsere Arbeit und unsere Müdigkeit *erlitten* werden, so erfahre ich durch diese erduldeten Leiden hindurch mein Erblicktwerden-als-Sache,-die-verstrickt-ist-in-eine-Ganzheit-von-Sachen. Von meinem Leiden, von meinem Elend aus werde ich zusammen mit den Anderen vom Dritten kollektiv erfaßt, das heißt von der Feindseligkeit der Welt aus, von der Faktizität meiner Seinsstellung aus. Ohne den Dritten würde ich mich, trotz aller Feindseligkeit der Welt, als eine triumphierende Transzendenz erfassen; mit dem Sichtbarwerden des Dritten erfahre *ich uns* als von den Sachen aus aufgefaßt und als durch die Welt besiegte Sachen. So findet die unterdrückte Klasse ihre Klasseneinheit in der Kenntnis, die die unterdrückende Klasse von ihr nimmt, und die Erscheinung des Klassenbewußtseins beim Unterdrückten entspricht der Übernahme eines Objekt-Wir in der Scham. Im nächsten Abschnitt werden wir sehen, was das «Klassenbewußtsein» bei einem Mitglied der unterdrückenden Klasse sein kann. Hier ist für uns jedenfalls wichtig, was auch das von uns gewählte Beispiel hinreichend verdeutlicht, daß die Erfahrung des Objekt-Wir die des Für-Andere-Seins voraussetzt, von dem sie nur eine umfassendere Modalität ist. Sie gehört also als Sonderfall in den Rahmen unserer vorangegangenen Darstellungen. Sie enthält übrigens in sich eine auflösende Kraft, da sie sich mittels der Scham erfährt und da das Wir zusammenbricht, sobald das Für-sich angesichts des Dritten Anspruch auf seine Selbstheit erhebt und ihn seinerseits anblickt. Diese individuelle Inanspruchnahme von Selbstheit ist übrigens nur eine der möglichen Arten, das Objekt-Wir zu beseitigen. Die Übernahme des Wir beinhaltet in gewissen stark strukturierten Fällen, wie zum Beispiel in dem des Klassenbewußtseins, das Vorhaben, nicht nur sich selbst durch eine individuelle Wiederaufnahme der Selbstheit vom Wir zu befreien, sondern das ganze Wir von der Objektheit, indem ich es in ein Subjekt-Wir verwandle. Es handelt sich im Grunde genommen um eine Abart des schon beschriebenen Vorhabens, den Erblickenden in einen Erblickten zu verwandeln; das ist der gewöhnliche Übergang von einer der beiden großen grundlegenden Haltungen des Für-Andere zur anderen. Die unterdrückte Klasse kann sich nämlich als Subjekt-Wir nur in bezug auf die unterdrückende Klasse und auf deren Kosten betätigen, das heißt indem sie ihrerseits sie in «Objekte-Sie» verwandelt. Die in die Klasse objektiv eingesetzte *Person* zielt einfach darauf ab, die ganze Klasse in und durch ihren Plan einer Umkehrung der Verhältnisse mitzureißen. In diesem Sinne verweist das Erfahren des Objekt-Wir auf das Subjekt-Wir, so wie das Erfahren meines Objekt-für-Andere-Seins mich auf die Erfahrung des Objekt-Seins-Anderer-für-mich verweist. Gleicherweise finden wir in dem, was man «Massenpsychologie» nennt, kollektive Schwärmereien (Boulangismus u. ä.), die eine besondere Form der Liebe darstellen: die Person, die «wir» sagt, nimmt dann aus der Masse heraus das ursprüngliche Liebesvorhaben auf, aber nicht mehr für eigene Rechnung; sie verlangt vom Dritten, das ganze Kollektiv gerade in seiner Objektheit in Obhut zu nehmen, indem sie ihre Freiheit dafür opfert. Hier, wie auch oben geschildert, führt enttäuschte Liebe zum Masochismus. Das sieht man in dem Falle, wo das Kollektiv sich in die Sklaverei begibt und als Gegenstand behandelt zu werden verlangt. Auch hierbei handelt es sich um eine Vielheit individueller Vorhaben der Menschen in der Masse: die Masse wurde durch den Blick des Oberhauptes oder des Redners *als Masse* konstituiert; ihre Einheit ist eine Objekt-Einheit, die jedes ihrer Mitglieder im Blick des Dritten, der sie beherrscht, liest, und jeder nimmt sich dann vor, sich in diese Objektheit zu verlieren, gänzlich auf seine Selbstheit zu verzichten, um nur noch ein Werkzeug in der Hand des Oberhauptes zu sein. Aber dieses Werkzeug, in dem er aufgehen will, ist nicht mehr sein persönliches Für-Andere schlechthin, sondern die objektive Massenganzheit. Die ungeheure Stofflichkeit der Masse und ihre tiefe Realität sind (obwohl nur empfunden) für jedes ihrer Mitglieder bezaubernd; jeder verlangt, vom Blick des Oberhauptes in die Werkzeugmasse eingesenkt zu werden [1].

Bei diesen verschiedenen Fällen haben wir stets gesehen, wie das Objekt-Wir sich von einer konkreten Situation aus konstituierte, in die ein Teil der unganzen Ganzheit «Menschheit» mit Ausnahme des Anderen sich eingesenkt fand. Wir sind nur *wir* in den Augen der Anderen und vom Blick der Anderen aus übernehmen wir uns als Wir. Dazu gehört aber, daß ein abstrakter und nicht zu verwirklichender Entwurf des Für-sich auf eine absolute Ganzwerdung seiner selbst mit *allen* Anderen hin vorhanden sein kann. Dieses Bemühen um eine Zurückgewinnung der menschlichen Ganzheit kann nicht stattfinden, ohne die Existenz eines Dritten zu setzen, der sich grundsätzlich von der Menschheit unterscheidet und in dessen Augen sie ganz und gar Objekt ist. Dieser nicht zu verwirklichende Dritte ist einfach der Gegenstand des Grenzbegriffs der Andersheit. Es ist das, was Drittes ist in bezug auf alle möglichen Gruppierungen, was in keinem Fall mit irgendeiner menschlichen Gruppe eine Gemeinschaft bilden kann, es ist das Dritte, mit bezug auf welches kein Anderer sich als Dritter konstituieren kann; dieser Begriff fällt zusammen mit dem des Erblickend-Seins, das niemals erblickt werden kann, das heißt mit der Gottesidee. Aber da Gott als etwas rein Abwesendes zu kennzeichnen ist, so wird die Anstrengung, die Menschheit als die *unsrige* zu verwirklichen, unablässig wiederholt und endet unablässig bei einem Mißerfolg. So stellt sich das Menschheits-«Wir» – soweit es Objekt-Wir ist – jedem individuellen Bewußtsein als ein unmöglich zu erreichendes Ideal dar, wenn sich auch jeder der Täuschung hingibt, er könne zu ihm gelangen, indem er

1 Vgl. die zahlreichen Fälle von Zurückweisung von Selbstheit. Das Für-sich *weigert sich, in die Angst außerhalb des Wir emporzutauchen.*

Schritt für Schritt den Kreis der Gemeinschaften, denen er angehört, erweitert; dieses Menschheits-«Wir» bleibt ein inhaltloser Begriff, eine bloße Anzeige einer möglichen Ausdehnung des gewöhnlichen Gebrauchs von Wir. Jedes Mal, wenn wir das «Wir» in diesem Sinne benutzen (um die leidende Menschheit, die sündige Menschheit zu bezeichnen, um einen objektiven Sinn der Geschichte zu bestimmen, bei der Betrachtung des Menschen als eines Gegenstandes, der seine Wirkfähigkeiten entwickelt), beschränken wir uns darauf, eine gewisse konkrete Erfahrung anzuzeigen, die *in Gegenwart* des absoluten Dritten, das heißt Gottes, erduldet werden muß. So beinhalten sich der Grenzbegriff einer Menschheit (als Ganzheit des Objekt-Wir) und der Gottes gegenseitig und sind zueinander korrelativ.

B) *Das Subjekt-Wir*

Die Welt kündet uns unsere Zugehörigkeit zu einer Subjekt-Gemeinschaft an, insbesondere das Dasein in einer Welt von angefertigten Gegenständen. Diese Gegenstände sind von den Menschen für Subjekt-Sie's erarbeitet worden, das heißt für eine nicht individualisierte und nicht abgezählte Transzendenz, welche mit dem undifferenzierten Blick zusammenfällt, den wir weiter oben das »Man« nannten; denn der Arbeiter – der ein Knecht ist oder nicht – arbeitet in Gegenwart einer undifferenzierten und abwesenden Transzendenz, deren freie Möglichkeiten er nur als versenkte Reliefs auf dem gearbeiteten Gegenstand andeuten kann. In diesem Sinne erfährt der Arbeiter, was für einer er auch sein mag, in der Arbeit sein Werkzeug-Sein für den Anderen; die Arbeit ist, falls sie nicht ausschließlich für die eigenen Zwecke des Arbeiters bestimmt ist, eine Weise des Sichentfremdetwerdens. Die entfremdende Transzendenz ist hierbei der Verbraucher, das heißt das «Man», dessen Absichten der Arbeiter nur einkalkulieren kann. Wenn ich also einen angefertigten Gegenstand benutze, treffe ich auf ihm die Umrisse meiner eigenen Transzendenz an; er zeigt mir die Bewegung an, die ich zu machen habe, ich muß drehen, stoßen, ziehen oder andrücken. Übrigens handelt es sich dabei um einen hypothetischen Imperativ; er verweist mich auf einen Zweck, der gleichfalls der Welt angehört: *wenn* ich mich setzen, *wenn* ich die Schachtel aufmachen will usw. Und dieser Zweck selbst wurde bei der Erschaffung des Gegenstandes als ein von irgendeiner Transzendenz gesetzter Zweck einkalkuliert. Er gehört nun zum Gegenstand als dessen eigenste Wirkfähigkeit. So stimmt es also, daß der angefertigte Gegenstand mir-selbst mich als «Man» ankündigt, das heißt mir das Bild meiner Transzendenz zurückwirft als dasjenige irgendeiner Transzendenz. Und wenn ich meine Möglichkeiten durch das so beschaffene Ding einengen lasse, erfahre ich mich auch als irgendeine Transzendenz: um von der U-Bahn-Station «Trocadéro» zur Station «Sèvres-Babylone» zu gelangen, steigt «man» in «La Motte-Picquet» um. Dieses Umsteigen ist vorgesehen, in den Fahrplänen angegeben usw.; wenn ich in La Motte-Picquet umsteige, bin ich das «Man», das umsteigt. Wohl unterscheide ich mich von jedem U-Bahn-Benutzer sowohl durch das Auftauchen meines individuellen Seins, als auch durch die fernen Ziele, die ich verfolge. Aber diese letzten Ziele stehen nur am Horizont meines Tuns. Meine nächsten Ziele sind die des «Man», und ich erfasse mich als auswechselbar mit irgendeinem meiner Nachbarn. In diesem Sinne büßen wir unsere reale Individualität ein, denn der Entwurf, der wir sind, ist genau der Entwurf, der die Anderen sind. In diesem U-Bahn-Tunnel gibt es nur ein und denselben, seit langer Zeit der Sache aufgeprägten Entwurf, in den eine lebende und undifferenzierte Transzendenz sich ergießt. In dem Maße, in dem ich mich, wenn ich allein bin, als irgendeine Transzendenz realisiere, habe ich nur die Empfindung eines Undifferenziertseins (wenn ich, allein in meinem Zimmer, eine Konservendose mit dem passenden Büchsenöffner aufmache); aber wenn diese undifferenzierte Transzendenz sich irgendwelche Vorhaben in Verbindung mit anderen Transzendenzen – die als reale Anwesenheiten und als gleichfalls von irgendwelchen, den meinen gleichenden, Vorhaben in Anspruch genommen, erfahren werden – vornimmt, dann realisiere ich mein Vorhaben als eins unter tausend identischer Vorhaben, die von einer gleichen undifferenzierten Transzendenz entworfen wurden, dann mache ich die Erfahrung von einer gemeinsamen und auf ein einziges Ziel gerichteten Transzendenz, von der ich nur eine sehr vergängliche Besonderung bin; ich versinke in dem großen menschlichen Strom, der unablässig und seit es die U-Bahn gibt in den Gängen der Station «La Motte-Picquet-Grenelle» dahinfließt. Aber man muß festhalten: 1. daß diese Erfahrung psychologischer und nicht ontologischer Art ist. Sie entspricht keineswegs einer realen Einswerdung der fraglichen Für-Siche. Sie entspringt auch nicht einem unmittelbaren Innewerden ihrer Transzendenz als solcher (wie beim Erblickt-Werden), sondern sie ist verursacht von der objektivierenden Erfassung des gemeinsam transzendierten Gegenstandes und der Leiber, die den meinen umgeben. Insbesondere ist die Tatsache, daß ich mit den Anderen in einen gemeinsamen, von mir selbst mit hervorgebrachten Rhythmus eingesetzt bin, ein besonders wirksames Motiv dafür, daß ich mich als in ein Subjekt-Wir eingesetzt erfasse. Das ist der Sinn des Gleichschritts der Soldaten, das ist auch der Sinn der rhythmischen Arbeit der Arbeitsgruppen. Man muß nämlich darauf aufmerksam machen, daß in diesem Falle der Rhythmus frei aus mir hervorgeht; er ist ein Entwurf, den ich durch meine Transzendenz verwirkliche; er schließt ein Zukünftiges mit einem Gegenwärtigen und einem Vergangenen zusammen, und zwar unter dem Gesichtswinkel einer regelmäßigen Wiederholung; ich bin es, der diesen Rhythmus erzeugt; aber gleichzeitig verschmilzt er mit dem allgemeinen Arbeitsrhythmus oder mit dem Schritt der konkreten Gemeinschaft, die mich umgibt; seinen Sinn erhält er nur von ihr; das empfinde ich zum Beispiel, wenn der von mir benutzte Rhythmus «nicht im Takt» ist. Indessen wird die Einhüllung meines Rhythmus in und durch den Rhythmus der Anderen nur «nebenbei» erfaßt; ich benutze den kollektiven Rhythmus nicht als Instrument, ich betrachte ihn auch nicht – in dem Sinne, in dem ich zum Beispiel Tänzer auf einer Bühne betrachten würde –, er umgibt mich und nimmt mich mit sich, ohne *Objekt* für mich zu sein; ich transzendiere ihn nicht auf meine eigenen Möglichkeiten hin, sondern ich lasse meine Transzendenz in seine Transzendenz einfließen und mein eigenes Ziel – jene Arbeit auszuführen, an jenen Ort zu gelangen – wird ein Ziel des «Man», das sich von dem eigenen Ziel des Kollektivs nicht unterscheidet. So entsteht der Rhythmus, den ich entstehen lasse, in Verbindung mit mir und nebenher als kollektiver Rhythmus; er ist *mein* Rhythmus in dem Maße, in dem er ihr Rhythmus ist, und umgekehrt. Hier eben liegt der Anlaß zur Erfahrung des Subjekt-Wir: es ist schließlich und endlich *unser Rhythmus*. Wie man sieht, kann das aber nur geschehen, wenn ich mich durch Annahme eines gemeinschaftlichen Zieles und gemeinschaftlicher Hilfsmittel vorher als undifferenzierte Transzendenz konstituiere, indem ich meine persönlichen Ziele über die gegenwärtig verfolgten kollektiven Ziele hinaus verschiebe. An Stelle des Innewerdens des Für-Andere-Seins ist so das Auftauchen einer konkreten und realen Seinsdimension die Bedingung des Innewerdens selbst; die Erfahrung des Subjekt-Wir ist ein rein psychologischer und subjektiver Vorgang in einem einzelnen Bewußtsein, der einer tiefgehenden Strukturveränderung dieses Bewußtseins entspricht, aber nicht auf dem Untergrunde einer konkreten ontologischen Verbindung mit den Anderen erscheint und kein «Mitsein» realisiert. Es handelt sich nur um eine Art und Weise, mich inmitten der Anderen zu fühlen. Und ohne Zweifel kann diese Erfahrung als Symbol einer absoluten und metaphysischen Einheit aller Transzendenzen betrachtet werden; anscheinend beseitigt sie nämlich den Urkonflikt der Transzendenzen und läßt sie auf die Welt hin konvergieren; so gesehen, wäre das ideale Subjekt-Wir das Wir einer Menschheit, die sich zur Herrin der Erde gemacht hat. Aber die Wir-Erfahrung bleibt auf dem Boden der individuellen Psychologie und ist auch weiterhin nur ein Symbol für die wünschenswerte Einheit der Transzendenzen; sie ist nämlich keineswegs die nebenher gemachte und reale Erfassung von Subjektivitäten als solchen durch eine einzelne Subjektivität; die Subjektivitäten bleiben unerreichbar und voneinander radikal getrennt. Aber die Gegenstände und die Leiber, die materiellen Einengungen meiner Transzendenz, machen es mir möglich, sie als von den anderen Transzendenzen her verlängert und unterstützt aufzufassen, ohne daß ich aus mir heraustrete oder daß die anderen aus sich heraustreten; ich überzeuge mich davon, daß ich durch die Welt zu einem Bestandteil eines *Wir* geworden bin. Deshalb beinhaltet meine Erfahrung des Subjekt-Wir keinesfalls eine ähnliche und zu ihr korrelative Erfahrung seitens der Anderen; deshalb ist sie auch so unbeständig, denn sie setzt besondere Gebilde inmitten der Welt voraus und verschwindet mit diesen Gebilden. In Wirklichkeit gibt es in der Welt eine Menge von Gestaltungen, die mich als *irgendeiner angeben;* zunächst alles Zeug, dann die eigentlichen Gebrauchsgegenstände bis zu den Mietshäusern mit ihren Fahrstühlen, ihren Gas- und Wasserleitungen, ihrer elektrischen Einrichtung, ganz zu schweigen von den Transportmitteln, Läden usw. Jedes Schaufenster, jeder Schaukasten gibt mir mein Bild als eine undifferenzierte Transzendenz zurück. Außerdem verkünden mich die beruflichen und technischen Verbindungen der Anderen mit mir mich als irgendeinen: für den Kaffeehauskellner bin ich *der* Gast; für den Billettknipser bin ich *der* U-Bahn-Benutzer. Endlich zeigt mir der Straßenunfall, der vor der Kaffeehausterrasse, wo ich sitze, plötzlich passiert, mich als namenlosen Zuschauer an und als bloßen «Blick, der diesen Unfall als eine Außenseite von etwas existieren läßt». Ebenso zeigt die Theatervorstellung, in der ich bin, die Namenlosigkeit des Zuschauers an, oder die Gemäldeausstellung die ich besuche. Wohl mache ich mich auch zu irgendeinem, wenn ich Schuhe anprobiere oder eine Flasche entkorke oder in einen Fahrstuhl trete oder im Theater lache. Aber das Innewerden dieser undifferenzierten Transzendenz ist ein intimer und kontingenter Vorgang, der nur mich betrifft. Gewisse besondere Umstände, die aus der Welt stammen, können den Eindruck hinzufügen, ein *Wir* zu sein. Aber es kann sich in jedem Falle nur um einen rein subjektiven Eindruck handeln, der nur für mich verbindlich ist.

2. Die Erfahrung des Subjekt-Wir kann keine erste sein, sie kann keine ursprüngliche Haltung den Anderen gegenüber konstituieren, da sie zu ihrer Verwirklichung im Gegenteil eine zweifache vorläufige Anerkennung der Fremdexistenz voraussetzt. Zunächst einmal ist nämlich der angefertigte Gegenstand nur dann ein solcher, wenn er auf Hersteller verweist, die ihn gemacht haben, und auf Gebrauchsanweisungen, die von Anderen verfaßt worden sind. Angesichts einer unbelebten und nicht bearbeiteten Sache, deren Ge-

brauchsanweisung ich selbst verfasse und der ich selbst eine neue Benutzungsart beilege (wenn ich zum Beispiel einen Stein als Hammer benutze), habe ich ein nichtsetzendes Bewußtsein meiner *Person*, das heißt meiner Selbstheit, meiner eigenen Ziele und meiner freien Erfindungsgabe. Die Gebrauchsanweisungen, die «Verwendungsarten» der angefertigten Gegenstände sind wie *Tabus* gleichzeitig nüchtern und ideal, sie versetzen mich durch ihre Wesensstruktur in die Gegenwart des Anderen: weil der Andere mich als undifferenzierte Transzendenz behandelt, kann ich mich selbst als eine solche realisieren. Als Beispiele nenne ich nur jene großen Wandflächen über den Türen in einem Bahnhof, der Tür zu einem Wartesaal, auf die man die Worte «Ausgang» oder «Eingang» gemalt hat, oder jene Zeigefinger auf den Anschlägen, die nach einem Haus oder in eine Richtung weisen. Es handelt sich auch hier um hypothetische Imperative. Aber hier läßt die Formulierung des Imperativs den Anderen, der das spricht und sich direkt an mich wendet, klar hindurchscheinen. Der hingemalte Satz ist wirklich *für mich* bestimmt, er stellt wirklich eine unmittelbare Kommunikation des Anderen mit mir dar: ich bin *gemeint*. Aber wenn der Andere mich meint, dann insoweit, als ich undifferenzierte Transzendenz bin. Wenn ich mich, um hinauszugehen, der als «Ausgang» bezeichneten Tür bediene, so benutze ich sie nicht in der absoluten Freiheit meiner *persönlichen* Vorhaben: ich schaffe kein Werkzeug mittels *Erfindung*, ich überschreite nicht die reine Stofflichkeit der Sache auf meine Möglichkeiten hin; sondern zwischen den Gegenstand und mich hat sich bereits eine menschliche Transzendenz eingeschoben, die die meine führt; der Gegenstand ist schon *vermenschlicht*, er bedeutet das «Menschenreich». Der «Ausgang» – als bloße Öffnung, die nach der Straße geht, betrachtet – ist mit dem Eingang streng gleichwertig; nicht sein Feindseligkeitskoeffizient oder seine sichtbare Benutzbarkeit machen ihn als Ausgang kenntlich. Ich füge mich nicht dem Gegenstand selbst, wenn ich ihn als «Ausgang» benutze: ich passe mich der menschlichen Ordnung an; ich *anerkenne* durch mein Tun selbst die Existenz des Anderen, ich trete in einen Dialog mit dem Anderen. Alles das hat Heidegger ausgezeichnet gesagt. Aber er vergißt, daraus die Schlußfolgerung zu ziehen, nämlich daß der Andere, damit der Gegenstand als hergestellt erscheinen kann, zunächst auf irgendeine andere Art gegeben sein muß. Wer den Anderen nicht schon erfahren hätte, könnte auf keine Weise den hergestellten Gegenstand von der bloßen Stofflichkeit eines nicht bearbeiteten Gegenstandes unterscheiden. Auch wenn er ihn gemäß den vom Hersteller vorgesehenen Verwendungsarten benutzte, würde er diese Verwendungsart neu erfinden und so eine freie Aneignung eines Naturgegenstandes vollziehen. Durch die mit

«Ausgang» bezeichnete Tür hinausgehen, ohne die Aufschrift gelesen zu haben oder ohne die Sprache zu verstehen, heißt wie der Narr bei den Stoikern sein, der mitten am Tage sagt «es ist Tag», nicht infolge einer objektiven Feststellung, sondern kraft der inneren Antriebe seiner Narrheit. Wenn also der angefertigte Gegenstand auf Andere verweist und dadurch auf meine undifferenzierte Transzendenz, so deshalb, weil ich die Anderen schon kenne. So wird das Erfahren des Subjekt-Wir auf dem ursprünglichen Innewerden der Anderen errichtet und kann nur eine zweitrangige und untergeordnete Erfahrung sein.

Außerdem aber heißt, wie wir gesehen haben, sich als undifferenzierte Transzendenz erfassen im Grunde genommen, sich als bloßes Exemplar der «menschlichen Art» erfassen, heißt aber noch nicht, sich als Teilstruktur eines Subjekt-Wir ergreifen. Um das zu erreichen, muß man sich mitten in *irgend-einem* Menschenstrome als *irgendeiner* entdecken. Man muß also von den Anderen umgeben sein. Wir haben auch gesehen, daß die Anderen bei dieser Erfahrung in keiner Weise als Subjekte empfunden und auch nicht als Objekte erfaßt werden. Sie werden *überhaupt nicht* gesetzt: wohl gehe ich von ihrer faktischen Existenz in der Welt aus und von der Wahrnehmung ihrer Akte. Aber ich erfasse ihre Faktizität oder ihre Bewegungen nicht *setzend:* ich habe ein nichtsetzendes Nebenbewußtsein ihrer zu meinem Leib korrelativen Leiber, ihrer Akte, die sich in Verbindung mit meinen Akten entwickeln, so zwar, daß ich nicht entscheiden kann, ob es meine Akte sind, die ihre Akte entstehen lassen, oder ob das Umgekehrte gilt. Diese wenigen Hinweise genügen, um begreiflich zu machen, daß die Wir-Erfahrung mir die Anderen, die am Wir Anteil haben, nicht ursprünglich zu erkennen geben kann. Ganz im Gegenteil muß es zunächst ein Wissen davon geben, was Andere sind, damit eine Erfahrung meiner Verbindungen mit Anderen in Form von «Mitsein» realisiert werden kann. Das Mitsein für sich allein wäre *unmöglich* ohne vorläufige Anerkennung dessen, was der Andere ist: Ich «bin mit ...», meinetwegen; aber mit wem? Außerdem wäre aber, selbst wenn diese Erfahrung ontologisch die erste wäre, nicht einzusehen, wie man, auch wenn jene Erfahrung einer völlig undifferenzierten Transzendenz radikal umgestaltet würde, zum Gewahrwerden einzelner Personen gelangen könnte. Wenn der Andere nicht auf anderem Wege gegeben wäre, würde die Wir-Erfahrung zerbrechen und nur eine Erfassung bloßer Werkzeug-Dinge ins Leben rufen, in der von meiner Transzendenz umschriebenen Welt.

Diese wenigen Beobachtungen erheben nicht den Anspruch, die Frage nach dem *Wir* auszuschöpfen. Sie wollen nur darauf hinweisen, daß das Erfahren des Subjekt-Wir nicht etwa den Wert einer metaphysischen Enthüllung besitzt; sie hängt unbeschränkt von den verschiedenen Formen des Für-Andere ab und ist nur eine empirische Anreicherung einiger von ihnen. Diesem Umstand muß offenbar die außerordentliche Unbeständigkeit jener Erfahrung zugeschrieben werden. Unvermutet kommt und verschwindet sie und läßt uns angesichts von Objekt-Anderen allein, oder doch wenigstens eines «Man», das uns anblickt. Sie erscheint als eine vorläufige Beschwichtigung, die sich im Inneren des Konfliktes selbst bildet, nicht als eine endgültige Lösung dieses Konfliketes. Vergeblich würde man nach einem menschlichen Wir verlangen, in welchem die intersubjektive Ganzheit sich ihrer selbst als einer einsgewordenen Subjektivität bewußt würde. Ein solches Ideal kann nur eine Träumerei sein, hervorgebracht von einem Hinübergehen zur Grenze und zum Absoluten, und zwar von bruchstückhaften und durchaus psychologischen Erfahrungen aus. Übrigens beinhaltet auch dieses Ideal die Anerkennung des Konfliktes der Transzendenzen als des Urzustandes des Für-Andere-Seins. Ein offenkundiges Paradox findet dadurch seine Erklärung: da die Einheit der unterdrückten Klasse dadurch hergestellt wird, daß sie sich als Objekt-Wir gegenüber einem undifferenzierten *Man* erfährt, das der Dritte oder die unterdrückende Klasse ist, wäre man versucht zu glauben, daß die unterdrückende Klasse sich dementsprechend als Subjekt-Wir gegenüber der unterdrückten Klasse auffaßt. Aber die Schwäche der unterdrückenden Klasse ist es, daß sie in sich selbst zutiefst anarchisch ist, wenn sie auch über genau und unerbittlich funktionierende Zwangsmittel verfügt. Der «Bourgeois» ist nicht nur als ein gewisser «homo oeconomicus» zu definieren, der im Rahmen einer Gesellschaft von bestimmtem Typus über Macht und deutlich umschriebene Vorrechte verfügt: von innen her gesehen, muß er als ein Bewußtsein beschrieben werden, das seine Zugehörigkeit zu einer Klasse nicht anerkennt. Seine Situation ermöglicht es ihm nämlich nicht, sich als gemeinsam mit anderen Gliedern der bürgerlichen Klasse in ein Objekt-Wir eingesetzt zu erfassen. Andererseits gehört es aber gerade zur Eigenart des Subjekt-Wir, daß der Bürger damit nur flüchtige Erfahrungen macht, die ohne metaphysische Tragweite sind. Der «Bourgeois» leugnet in der Regel, daß es Klassen gibt, die Existenz eines Proletariats schiebt er der Tätigkeit von Agitatoren in die Schuhe, bedauerlichen Zwischenfällen, Ungerechtigkeiten, die durch Einzelmaßnahmen wiedergutgemacht werden können: er behauptet die Existenz einer Interessengemeinschaft von Kapital und Arbeit; er stellt der Klassensolidarität eine größere Solidarität gegenüber, die Solidarität der Nation, in der der Arbeitnehmer und der Arbeitgeber zu einem Mitsein zusammengefügt werden, das den Konflikt beseitigt. Dabei handelt es sich nicht, wie man allzu oft behauptet, um Manöver oder um eine törichte Weigerung, die Situation zu sehen, wie sie wirklich ist: sondern das Mitglied der unterdrückenden Klasse sieht vor sich als ein objektives, «Subjekt-Sie» genanntes Insgesamt die Ganzheit der unterdrückten Klasse, ohne korrelativ dazu seine Seinsgemeinschaft mit den anderen Gliedern der unterdrückenden Klasse zu realisieren: die beiden Erfahrungen sind in keiner Weise komplementär zueinander; es genügt tatsächlich, allein gegenüber einem unterdrückten Kollektiv zu sein, um es als Werkzeugding und sich als innere Verneinung dieses Kollektivs, das heißt einfach als den unbeteiligten Dritten, zu erfassen. Erst wenn die unterdrückte Klasse sich durch einen Aufstand oder durch eine plötzliche Vergrößerung ihrer Machtmittel den Mitgliedern der unterdrückenden Klasse als «Blick-Man» gegenüberstellt, nur dann empfinden sich die Unterdrücker als *Wir*. Das wäre aber dann in Furcht und Scham und als Objekt-Wir.

So besteht also zwischen dem Gewahrwerden des Objekt-Wir und der Erfahrung des Subjekt-Wir keine Symmetrie. Das erstere ist die Enthüllung einer realen Daseinsdimension und entspricht einer einfachen Anreicherung des ursprünglichen Gewahrwerdens des Für-Andere. Die zweite ist eine psychologische Erfahrung, die von einem geschichtlichen Menschen gemacht wird, der in eine bearbeitete Welt und in eine Gesellschaft von bestimmtem ökonomischem Typ eingetaucht ist. Sie enthüllt nichts Besonderes, sie ist ein rein subjektives «Erlebnis».

Anscheinend hat also die Wir-Erfahrung, obwohl sie real ist, nicht die Eigenschaft, die Ergebnisse unserer vorangegangenen Untersuchungen zu verändern. Wird nach dem Objekt-Wir gefragt? Es ist direkt vom *Dritten* abhängig, das heißt von meinem Für-den-Anderen-Sein, und auf dem Untergrund meines Draußen-für-den-Anderen-Seins konstituiert es sich. Wird nach dem Subjekt-Wir gefragt? Das ist eine psychologische Erfahrung, die auf die eine oder die andere Weise voraussetzt, daß die Existenz des Anderen als solche uns schon enthüllt worden ist. Die menschliche Realität würde also vergeblich versuchen, diesem Dilemma zu entrinnen: entweder den Andern zu transzendieren oder sich von ihm transzendieren zu lassen. Das Wesen der Beziehungen zwischen Bewußtseinsindividuen ist nicht das Mitsein, sondern der Konflikt.

Am Schlusse dieser langen Darstellung der Verbindungen des Für-sich mit dem Anderen haben wir also folgende Gewißheit gewonnen: das Für-sich ist nicht nur ein Sein, das als Nichtung auftaucht des An-sich, das es ist, und als innere Verneinung des An-sich, das es nicht ist. Dieses nichtende Ausrinnen wird vom An-sich ganz und gar wieder abgefangen, und erstarrt zu An-sich, sobald der Andere erscheint. Das Für-sich allein ist zur Welt transzendent, es ist das nichts [rien], durch das es Dinge *gibt.* Der Andere verleiht bei seinem Auftauchen dem Für-sich ein An-sich-inmitten-der-Welt-Sein wie eine Sache unter Sachen. Diese Versteinerung des Für-sich durch den Blick des Anderen ist der tiefere Sinn des Mythos von der Medusa. Wir sind also bei unserer Untersuchung vorwärts gekommen: tatsächlich wollten wir die ursprüngliche Beziehung des Für-sich zum An-sich bestimmen. Zunächst haben wir gelernt, daß das Für-sich Nichtung und radikale Verneinung des An-sich ist; nunmehr stellen wir fest, daß es allein auf Grund der Tatsache der Mitwirkung des Anderen und ohne jeden Widerspruch auch völlig An-sich ist, gegenwärtig inmitten von An-sich. Aber dieser zweite Aspekt des Für-sich stellt seine *Außenseite* dar: das Für-sich ist von Natur das Sein, das mit seinem An-sich-Sein nicht zusammenfallen kann.

Diese Hinweise könnten als Grundlage für eine allgemeine Theorie des Seins dienen, die ja das von uns verfolgte Ziel ist. Es ist indessen noch zu früh, um damit zu beginnen: es genügt nämlich nicht, das Für-sich so zu beschreiben, als ob es einfach seine Möglichkeiten über das An-sich-Sein hinaus entwürfe. Ein solcher Entwurf solcher Möglichkeiten determiniert nicht eine statische Gestaltung der Welt: er verändert die Welt jeden Augenblick. Wenn wir zum Beispiel unter diesem Gesichtspunkt Heidegger lesen, staunen wir über die Unzulänglichkeit seiner hermeneutischen Beschreibungen. Unter Benutzung seiner Terminologie würden wir sagen, er habe das «Dasein» als das Seiende beschrieben, das die Seienden auf ihr *Sein* hin überschreitet. Und Sein bedeutet dabei den Sinn oder die Seinsart des Seienden. Es ist zwar richtig, daß das Für-sich das Sein ist, durch das die Seienden ihre Seinsart enthüllen. Aber Heidegger übergeht mit Stillschweigen die Tatsache, daß das Für-sich nicht nur das Sein ist, das eine Ontologie der Seienden konstituiert, sondern daß es auch noch das Sein ist, von dem aus dem Seienden als solchem ontische Umgestaltungen zustoßen. Diese ständige Möglichkeit, zu *wirken,* das heißt, das An-sich in seiner ontischen Stofflichkeit, in der «Tiefe seines Seins» zu verändern, muß offenbar als ein wesentliches Charakteristikum des Für-sich betrachtet werden; als solches muß es seine Grundlegung in einer ursprünglichen Beziehung des Für-sich zum An-sich finden, die wir noch nicht ans Licht befördert haben. Was heißt *wirken?* Warum wirkt das Für-sich? Wie *kann es* wirken? Solche Fragen sind es, auf die wir nun antworten müssen. Wir haben alles, was zu einer Antwort gehört, in Händen: die Nichtung, die Faktizität und den Leib, das Für-Andere-Sein, die eigentümliche Natur des An-sich. Es empfiehlt sich, dieses alles nochmals zu befragen.

VIERTER TEIL

Haben, Machen und Sein

Haben, Machen und Sein sind die hauptsächlichsten Kategorien der menschlichen Realität. Sie subsumieren alle Verhaltensweisen des Menschen. Das *Erkennen* zum Beispiel ist eine Modalität des *Habens.* Diese Kategorien sind nicht ohne Verbindung miteinander, und mehrere Autoren haben auf diese Beziehungen besonderes Gewicht gelegt. Eine Beziehung dieser Art fördert Denis de Rougemont zu Tage, wenn er in seinem Artikel über Don Juan schreibt: «Er war nicht Manns genug, um zu haben.» Und auf eine ähnliche Beziehung weist man auch hin, wenn man jemanden vorführt, der moralisch handelt, um sich zu einem moralischen Menschen zu machen, und der sich dazu macht, um zu sein.

Da indessen die antisubstanzialistische Richtung in der Philosophie gesiegt hat, hat die Mehrzahl der Denker versucht, auf dem Gebiet der menschlichen Verhaltensweisen sich denjenigen ihrer Vorgänger anzuschließen, die im Bereich des Physischen die Substanz durch die bloße Bewegung ersetzt hatten. Das Ziel der Moral war es lange Zeit, dem Menschen die Mittel zu liefern, zu *sein.* Das war die Bedeutung der stoischen Moral oder der Ethik Spinozas. Aber wenn das Sein des Menschen in der Aufeinanderfolge seiner Akte aufgehen soll, dann besteht das letzte Ziel der Moral nicht mehr darin, den Menschen zu einer ontologisch höchsten Würde zu erheben. In diesem Sinne ist die Kantische Moral das erste große ethische System, das die Ausführung als höchsten Wert der Handlung an die Stelle des Seins setzt. Die Helden von «Espoir» bewegen sich in der Mehrzahl auf dem Boden des *Tuns,* und Malraux erzählt uns vom Konflikt der alten spanischen Demokraten, die noch Demokraten zu sein versuchten, mit den Kommunisten, deren Moral in eine Reihe bestimmter und sich aus den Umständen ergebender Verpflichtungen zerfällt, deren jede auf ein besonderes *Tun* hinzielt. Wer hat recht? Ist der höchste Wert der menschlichen Tatkraft ein Tun oder ein *Sein*? Und was wird, abgesehen von der Antwort auf diese Frage, aus dem *Haben*? Die Ontologie muß uns über dieses Problem Aufschluß geben können; übrigens ist das eine ihrer wesentlichsten Aufgaben, wenn das Für-sich das Sein ist, das durch *Tätigkeit* definiert wird. Wir dürfen also dieses Buch nicht beenden, ohne in ihren großen Zügen eine Untersuchung der Tätigkeit überhaupt vorzunehmen sowie der wesentlichen Beziehungen des *Machens,* des *Seins* und des *Habens.*

ERSTES KAPITEL

SEIN UND MACHEN: DIE FREIHEIT

I

Die erste Bedingung der Tätigkeit ist die Freiheit

Es ist seltsam, daß man unabsehbar über den Determinismus und die Wahlfreiheit diskutieren, daß man Beispiele für beide Thesen anführen konnte, ohne vorher zu versuchen, die in der Idee der *Tätigkeit* selbst enthaltenen Strukturen explizit zu machen. Der Aktbegriff umfaßt nämlich zahlreiche Unterbegriffe, die wir in Verbindung und in eine Rangordnung zu bringen haben: tätig sein heißt, das *Antlitz* der Welt verändern, heißt über Mittel im Hinblick auf einen Zweck verfügen, heißt ein werkzeug- und gebildeartiges Insgesamt hervorbringen, dergestalt, daß in der Reihe von Verkettungen und Verbindungen die Veränderung eines Kettengliedes Veränderungen in der ganzen Reihe herbeiführt, um schließlich das gewollte Resultat hervorzubringen. Aber das ist für uns noch nicht wichtig. Zunächst muß man nämlich darauf aufmerksam machen, daß eine Tätigkeit grundsätzlich *intentional* ist. Der ungeschickte Raucher, der aus Unachtsamkeit ein Pulvermagazin in die Luft fliegen ließ, war nicht *tätig*. Dagegen war der Arbeiter, der in einem Steinbruch eine Sprengung ausführen sollte und den Auftrag ausführte, tätig, als er die vorgesehene Explosion herbeiführte: er wußte nämlich, was er machte, oder wenn man lieber will, er realisierte intentional ein bewußtes Vorhaben. Das bedeutet gewiß nicht, daß man alle Folgen seines Tuns voraussehen müßte: als Kaiser Konstantin sich in Byzanz niederließ, sah er nicht voraus, daß er eine Stätte griechischer Kultur und Sprache schaffen werde, deren Erscheinen schließlich ein Schisma der christlichen Kirche herbeiführen und zur Schwächung des Römischen Reiches beitragen würde. Er hat indessen in dem Maße eine Tat getan, in dem er sein Vorhaben, für die Kaiser eine neue Residenz im Orient zu schaffen, verwirklichte. Die Übereinstimmung des Ergebnisses mit der Absicht ist in diesem Falle hinreichend, um von Tätigkeit reden zu können. Wenn das aber zutreffen soll, so stellen wir fest, daß die Tätigkeit als ihre Bedingung notwendigerweise die Anerkennung eines «Desideratums» beinhaltet, das heißt eines objektiven Mangels oder aber einer *Negiertheit*. Die Absicht, für Rom eine Rivalin zu schaffen, kann Konstantin nur dadurch in den Sinn gekommen sein, daß er einen objektiven Mangel erfaßte: Rom fehlt ein Gegengewicht; dieser noch tief heidnischen Stadt müßte man eine christliche Stadt gegenüberstellen, an der es im Augenblick noch fehlt. Konstantinopel zu schaffen kann nur dann als *Tat* verstanden werden, wenn der Tätigkeit selbst die Konzeption einer neuen Stadt vorausgegangen ist oder wenn diese Konzeption wenigstens allen späteren Maßnahmen als Gestaltungsprinzip dient. Aber diese Konzeption kann nicht eine reine Vorstellung von der Stadt als von etwas *Möglichem* sein. Sie erfaßt die Stadt bei ihrem wesentlichen Kennzeichen, das darin besteht, ein *wünschenswertes* und nicht verwirklichtes Mögliches zu sein. Das bedeutet, daß das Bewußtsein sich von der Konzeption der Tat an hat von der vollständigen Welt zurückziehen können, von der es Bewußtsein ist, und den Bereich des Seins hat verlassen können, um sich dem des Nichtseins entschlossen zu nähern. Solange das, was ist, ausschließlich in seinem Sein betrachtet wird, wird das Bewußtsein unaufhörlich von Sein auf Sein verwiesen und kann in dem Sein keinen Anlaß finden, das Nichtsein entdecken zu sollen. Das kaiserliche Regierungssystem funktioniert, insoweit Rom die Hauptstadt ist, positiv und auf eine gewisse reale Art und Weise, die leicht zu überblicken ist. Will man einwenden, daß die Steuern schlecht eingehen, daß Rom nicht in Sicherheit vor Invasionen ist, daß Rom nicht die geographische Lage hat, die für die Hauptstadt eines mittelmeerischen, von den Barbaren bedrohten Reiches richtig ist, daß ihre Sittenverderbnis die Verbreitung der christlichen Religion erschwert? Man kann nicht übersehen, daß alle diese Erwägungen *negativ* sind, das heißt, daß sie auf das abzielen, was nicht ist, nicht auf das, was ist. Die Aussage, daß 60 % der berechneten Steuererträge eingetrieben wurden, kann zur Not als eine positive Einschätzung der Lage *als solcher* gelten. Die Aussage, daß sie *schlecht* eingehen, heißt die Situation durch eine Situation hindurch betrachten, die als absolutes Ziel gesetzt ist und die eben *nicht ist*. Die Aussage, daß die Sittenverderbnis in Rom die Ausbreitung des Christentums behindert, bedeutet nicht, diese Ausbreitung für das zu halten, was sie ist, das heißt für eine Verbreitung in einem gewissen Tempo, von dem die Berichte der kirchlichen Würdenträger Nachricht geben: es bedeutet, sie als an sich unzulänglich setzen, das heißt, als unter einem geheimen Nichts leidend. Aber so erscheint sie eben nur, wenn man sie auf eine *a priori* als Wert gesetzte Grenzsituation hin überschreitet – zum Beispiel auf ein bestimmtes Tempo der religiösen Bekehrungen hin, auf eine bestimmte sittliche Verfassung der Masse hin –, und diese Grenzsituation kann nicht von der einfachen Betrachtung des realen Sachverhalts aus begriffen werden, denn auch das schönste Mädchen der Welt kann nur geben, was es *hat*, und ebenso kann auch die elendeste Situation sich von sich aus ohne irgendeine Bezugnahme auf ein ideales Nichts nur so kenntlich machen, wie sie *ist.* Sofern der Mensch in die geschichtliche Situation eingesenkt ist, passiert es ihm, daß er die Fehler und Mängel einer bestimmten politischen oder wirtschaftlichen Situation nicht einmal begreift, nicht etwa, wie man törichterweise sagt, weil er daran «gewöhnt ist», sondern weil er die Situation in ihrer ganzen Seinsfülle erfaßt und sich nicht vorstellen kann, daß etwas daran anders sein könnte. Denn hier muß man die allgemeine Ansicht umkehren und sich darüber klarwerden, daß nicht die Härte einer Situation oder die von ihr auferlegten Leiden Anlässe dafür sind, daß man sich einen anderen Sachverhalt ausdenkt, bei dem es aller Welt besser ginge; im Gegenteil: von dem Tage an, an welchem man sich einen anderen Sachverhalt ausdenken kann, fällt ein neues Licht auf unsere Mühsale und Leiden und *entscheiden* wir, daß sie unerträglich sind. Der Arbeiter von 1830 ist fähig, sich zu empören, wenn man seinen Lohn kürzt, denn er kann sich unschwer eine Situation vorstellen, bei der sein elender Lebensstandard trotz allem weniger niedrig sein würde als der, den man ihm auferlegen will. Aber er hält sich seine Leiden nicht als unerträgliche vor, er paßt sich ihnen an, nicht etwa aus Resignation, sondern weil ihm die notwendige Bildung und Denkfähigkeit fehlt, um sich einen sozialen Zustand vorzustellen, wo es solche Leiden nicht geben würde. Folglich wird er *nicht tätig.* Als die Arbeiter des Stadtteils Croix-Rousse zufolge eines Aufstands die Herren von Lyon geworden sind, wissen sie nicht, was sie aus ihrem Siege machen sollen, gehen verwirrt nach Hause, und die regulären Truppen hatten wenig Mühe, sie zu überrumpeln. Ihre unglücklichen Schicksale erscheinen ihnen nicht «gewohnt», sondern vielmehr *natürlich*: sie *sind,* und weiter nichts, sie konstituieren die Lebensbedingungen des Arbeiters; sie stehen nicht für sich da, sie werden nicht in vollem Lichte gesehen und werden infolgedessen vom Arbeiter in sein Sein eingegliedert, er leidet, ohne sein Leiden zu betrachten und ohne ihm einen Wert beizumessen: leiden und *sein* sind für ihn eins; sein Leiden ist der rein gefühlsmäßige Tenor seines nichtsetzenden Bewußtseins, aber er *betrachtet* es nicht. Es kann also von sich aus kein *Antrieb* für seine Taten werden. Sondern es ist genau umgekehrt: wenn er den Plan gefaßt hat, an seinem Leiden etwas zu ändern, erscheint es ihm unerträglich. Das bedeutet, daß er erst einen Aktionsraum, daß er Spielraum gewonnen haben muß in bezug auf das Leid, daß er erst eine zweifache Nichtung ausgeführt haben muß: einerseits muß er nämlich einen idealen Sachverhalt als reines *gegenwärtiges* Nichts setzen, andererseits muß er die augenblickliche Situation in bezug auf jenen Sachverhalt als Nichts setzen. Er muß sich ein an seine Klasse gebundenes Glück als reine Möglichkeit vorstellen – das heißt gegenwärtig als ein gewisses Nichts –, andererseits muß er auf die jetzige Situation zurückkommen, um sie im Lichte jenes Nichts aufzuhellen und sie ihrerseits zu nichten, indem er erklärt: «Ich *bin nicht* glücklich.» Daraus ergeben sich zwei wichtige Folgerungen: 1. kein faktischer Zustand, welcher Art er auch sei (politisch, wirtschaftliche Struktur der Gesellschaft, psychologischer «Zustand» usw.), ist fähig, von sich aus irgendeinen Akt zu motivieren. Denn ein Akt ist ein Entwurf des Für-sich auf das hin, was es nicht ist; und das, was ist, kann in keiner Weise von sich aus das bestimmen, was nicht ist; 2. kein faktischer Zustand kann das Bewußtsein dazu bestimmen, ihn selbst als Negiertheit oder Mangel zu ergreifen. Mehr noch, kein faktischer Zustand kann das Bewußtsein dazu bestimmen, ihn zu definieren und zu umschreiben, da ja, wie wir gesehen haben, der Satz Spinozas: «Omnis determinatio est negatio» eine tiefe Wahrheit enthält. Also hat jede Tätigkeit zur ausdrücklichen Bedingung nicht nur die Entdeckung eines Sachverhaltes als eines «Mangels an...», das heißt als einer Negiertheit, sondern auch – und dem vorhergehend – die Konstituierung des betreffenden Sachverhalts als abgesondertes System. Es *gibt* einen faktischen Zustand – befriedigend oder nicht – nur infolge der nichtenden Kraft des Für-sich. Aber diese nichtende Kraft kann sich nicht damit begnügen, einfach *Spielraum* in bezug auf die Welt zu gewinnen. Insofern nämlich das Bewußtsein von Sein «belagert» ist, insofern es einfach erleidet, was es ist, muß es dem Sein einverleibt sein: die gegliederte Gestalt «sein-Leiden-natürlich-findender-Arbeiter» muß überwunden und verneint werden, damit das Bewußtsein daraus den Gegenstand einer enthüllenden Betrachtung machen kann. Das bedeutet offensichtlich, daß der Arbeiter durch ein pures Sichlosreißen von sich selbst und von der Welt sein Leiden als unerträgliches Leiden setzen und infolgedessen *es zum Antrieb machen* kann für seine revolutionäre Tat. Für das Bewußtsein beinhaltet das die ständige Möglichkeit, mit seiner eigenen Vergangenheit zu brechen und sich von ihr loszureißen, um sie im Lichte eines Nicht-Seins zu betrachten und ihr die Bedeutung verleihen zu können, die sie *hat* vom Entwurf eines Sinnes aus betrachtet, den *sie nicht hat*. In keinem Falle und auf keine Weise kann die Vergangenheit von sich aus *einen Akt* herbeiführen, das heißt die Setzung eines Zieles, das sich auf sie zurückwendet, um sie aufzuhellen. Das hatte Hegel gemeint, als er schrieb: «Der Geist ist das Negative», wenn er sich anscheinend auch nicht daran erinnert, als es soweit war, seine Theorie der Tätigkeit und der Freiheit zu entwickeln. Sobald man nämlich dem Bewußtsein diese verneinende Kraft sich selbst und der Welt gegenüber zuschreibt, sobald die Nichtung einen integrierenden Bestandteil der *Setzung* eines Zieles bildet, muß man anerkennen, daß die unerläßliche und grundlegende Bedingung jeder Tätigkeit die Freiheit des handelnden Wesens ist.

So können wir gleich zu Anfang den Fehler in jenen langweiligen Auseinandersetzungen zwischen Deterministen und Anhängern einer undifferenzierten Freiheit erfassen. Die letzteren beschäftigen sich vor allem damit, Fälle von Entscheidungen der Freiheit ausfindig zu machen, für die es keinen weiter zurückliegenden Anlaß gibt, oder Fälle, die zwei entgegengesetzte und gleich mögliche Akte betreffen, deren Anlässe (und Antriebe) von genau gleichem Gewicht sind. Mit so etwas haben die Deterministen leichtes Spiel und entgegnen, daß es keine Tätigkeit ohne Anlaß gibt und daß die unbedeutendste Bewegung (lieber die rechte anstatt die linke Hand zu heben usw.) auf Anlässe und Antriebe verweist, die ihr ihre Bedeutung verleihen. Es kann auch nicht anders sein, denn jede Tätigkeit muß *intentional* sein: sie muß nämlich ein Ziel haben, und das Ziel bezieht sich seinerseits auf einen Anlaß. Denn darin besteht die Einheit der drei zeitlichen Ek-stasen: das Ziel oder die Zeitigung meiner Zukunft beinhaltet einen Anlaß (oder einen Antrieb), das heißt, sie deutet auf meine Vergangenheit hin, und die Gegenwart ist Auftauchen des Aktes. Von einem Akt ohne Anlaß reden, heißt von einem Akt reden, dem die intentionale Struktur jedes Aktes fehlen würde, und die Anhänger der Freiheit würden, wenn sie nach ihr erst auf der Ebene des sich vollziehenden Aktes suchten, weiter nichts erreichen, als sie unverständlich zu machen. Aber die Deterministen machen es sich ihrerseits zu leicht, wenn sie es in ihren Untersuchungen beim bloßen Nachweis eines Anlasses oder eines Antriebes bewenden lassen. Die wesentliche Frage liegt nämlich jenseits des komplexen Gebildes «Anlaß-Intention-Akt-Ziel»: tatsächlich müssen wir uns fragen, wie ein Anlaß (oder ein Antrieb) als solcher zustande kommen kann. Wir haben ja soeben gesehen, daß, wenn auch kein Akt ohne Anlaß ist, dies keineswegs in dem Sinne der Fall ist, in dem man sagen kann, kein Phänomen sei ohne Ursache. Um nämlich Anlaß zu sein, muß der Anlaß als solcher *empfunden* werden. Zwar bedeutet das nicht, daß er, wie im Falle der Überlegung thematisch erfaßt und explizit gemacht werden muß. Aber es bedeutet wenigstens, daß das Für-sich ihm den Wert eines Anlasses oder eines Antriebes beilegen muß. Und, wie wir gesehen haben, dieses Zustandekommen des Anlasses als solchen kann nicht auf ein anderes reales und positives Daseiendes verweisen, das heißt auf einen noch früheren Anlaß. Andernfalls würde die Natur des Aktes als von etwas in das Nichtsein intentional Eingesetztem verschwinden. Der Antrieb kann nur vom Ziel aus verstanden werden, das heißt von etwas Nichtexistierendem aus; der Antrieb ist also an sich eine Negiertheit. Wenn ich mit einem Hungerlohn einverstanden bin, dann zweifellos aus Furcht – und die Furcht ist ein Antrieb. Aber es ist die *Furcht, Hungers zu sterben*; das heißt, daß diese Furcht nur außerhalb ihrer selbst Sinn hat, und zwar in einem ideell gesetzten Ziel, nämlich der Erhaltung eines Lebens, das ich als «in Gefahr» erfasse. Und diese Gefahr versteht sich ihrerseits nur durch den Bezug auf den *Wert,* den ich implizite diesem Leben beimesse, das heißt, sie bezieht sich auf jenes dem Range nach geordnete System idealer Objekte, das die Werte sind. So erfahren wir vom Antrieb, daß er zufolge des Insgesamts der Seienden ist, die *«nicht sind»*, zufolge ideeller Existenzen und zufolge des Zukünftigen. Geradeso, wie die Zukunft auf die Gegenwart und die Vergangenheit zurückkommt, um sie aufzuhellen, ebenso kommt das Insgesamt meiner Vorhaben zurück, um dem Antrieb seine Antriebsstruktur zu verleihen. Nur weil ich, indem ich mich auf meine Möglichkeiten hin nichte, dem Ansich entgehe, kann dieses An-sich den Wert eines Anlasses oder eines Antriebes annehmen. Anlässe und Antriebe haben Sinn nur im Innern eines pro-jektierten Insgesamts, das eben ein Insgesamt von Nichtexistierendem ist. Und dieses Insgesamt ist schließlich ich-selbst als Transzendenz, ich, sofern ich außerhalb meiner ich-selbst zu sein habe. Wenn wir uns an den Grundsatz erinnern, den wir vorhin aufgestellt haben, daß nämlich die Erfassung einer Revolution als etwas Mögliches dem Leid des Arbeiters den Wert eines Antriebes beilegt, so müssen wir daraus schließen, daß wir eine Situation zu einem Anlaß- und Antriebskomplex ausgestalten, indem wir vor ihr auf unsere Möglichkeit hin, sie zu verändern, fliehen. Die Nichtung, durch die wir in bezug auf die Situation Spielraum gewinnen, ist eins mit der Ek-stase, durch die wir uns auf eine Veränderung dieser Situation hin pro-jektieren. Es ergibt sich, daß es tatsächlich unmöglich ist, einen Akt ohne Antrieb zu finden, daß man daraus aber nicht schließen darf, der Antrieb sei die Ursache des Aktes: er ist ihr integrierender Bestandteil. Denn da das zum Zwecke einer Veränderung beschlossene Vorhaben sich von dem Akt nicht unterscheidet, konstituieren sich in einem einzigen Auftauchen der Antrieb, der Akt und das Ziel. Jede dieser drei Strukturen erfordert die beiden anderen als ihre Bedeutung. Aber die gegliederte Ganzheit aller drei wird nicht mehr durch eine Einzelstruktur expliziert, und ihr Auftauchen als reine zeitigende Nichtung des An-sich bildet eine Einheit mit der Freiheit. Der Akt entscheidet über seine Ziele und Antriebe, und der Akt ist der Ausdruck der Freiheit.

Wir können indessen bei diesen oberflächlichen Betrachtungen nicht stehenbleiben: wenn die Grundbedingung des Aktes die Freiheit ist, müssen wir versuchen, die Freiheit genauer zu beschreiben. Aber wir begegnen zunächst einer gewaltigen Schwierigkeit: Beschreiben ist für gewöhnlich eine verdeutlichende Tätigkeit, die sich auf die Strukturen einer einzelnen Wesenheit richtet. Die Freiheit hat aber kein Wesen. Sie ist keiner logischen Notwendigkeit unterworfen; von ihr gilt, was Heidegger über das *Dasein* überhaupt sagt: «In ihr geht die Existenz voraus und hat Vorrang vor der Essenz.» Die Freiheit wird Akt, und wir erreichen sie für gewöhnlich durch den Akt hindurch, den sie zusammen mit den Anlässen, den Antrieben und den Zielen, die er enthält, gestaltet. Aber weil nun dieser Akt ein Wesen hat, erscheint er uns als *konstituiert*; wenn wir auf die konstituierende Kraft zurückgehen wollen, müssen wir alle Hoffnung fahrenlassen, für sie ein Wesen zu finden. Dieses Wesen würde nämlich eine neue konstituierende Kraft erfordern und so weiter bis ins Unendliche. Wie soll man also eine Existenz beschreiben, die ununterbrochen wird und die sich weigert, in einer Definition eingeschlossen zu werden? Schon der Name «Freiheit» ist gefährlich, wenn er den Nebensinn haben soll, daß ein Wort auf einen Begriff verweist, wie es die Worte für gewöhnlich tun. Muß die Freiheit nicht, wenn sie undefinierbar und unbenennbar ist, auch unbeschreibbar sein?

Ähnlichen Schwierigkeiten sind wir begegnet, als wir das Sein des Phänomens und das Nichts beschreiben wollten. Sie haben uns nicht aufhalten können. In der Tat sind Beschreibungen möglich, die nicht auf das Wesen, sondern auf das Dasein selbst in seiner Einzigartigkeit abzielen. Zwar kann ich nicht eine Freiheit beschreiben, die dem Anderen und mir gemeinsam ist; ich kann also kein Wesen der Freiheit in Betracht ziehen. Die Freiheit ist im Gegenteil die Grundlage aller Wesenheiten, weil der Mensch die innerweltlichen Wesenheiten enthüllt, indem er die Welt auf seine eigenen Möglichkeiten hin überschreitet. Faktisch handelt es sich aber um *meine* Freiheit. Übrigens handelte es sich, als ich das Bewußtsein beschrieb, auch nicht um eine gewissen Individuen gemeinsame Eigentümlichkeit, sondern wirklich um *mein* einzigartiges Bewußtsein, was, wie meine Freiheit, über das Wesen hinaus ist oder – wie wir wiederholt gezeigt haben – für welches *Sein* soviel wie gewesen sein ist. Um dieses Bewußtsein gerade in seiner Existenz zu erreichen, verfüge ich über eine besondere Erfahrung: das *cogito*. Husserl und Descartes verlangen vom *cogito*, wie Gaston Berger gezeigt hat[1], ihnen eine *Wesenswahrheit* zu liefern: bei dem einen gelangen wir zu einer Verbindung zweier einfacher Naturen, beim anderen erfassen wir die eidetische Struktur des Bewußtseins. Wenn aber das Bewußtsein seinem Wesen als Dasein vorausgehen soll, haben beide geirrt. Was man vom *cogito* verlangen kann, ist nur, uns eine faktische Notwendig-

1 Gaston Berger, *Le Cogito chez Husserl et chez Descartes, 1940.*

keit zu entdecken. An das *cogito* werden auch wir uns wenden, um die Freiheit als die *unsrige* zu bestimmen, als bloß faktische Notwendigkeit, das heißt als ein kontingentes Daseiendes, dessen ich aber *unvermeidlich* innewerde. Ich bin nämlich ein Daseiendes, das seine Freiheit mittels seiner Akte *erfährt*; aber ich bin auch ein Daseiendes, dessen individuelle und einmalige Existenz sich als Freiheit zeitigt. Als solches bin ich notwendigerweise Bewußtsein (von) Freiheit, denn im Bewußtsein ist nichts vorhanden, es sei denn als nichtsetzendes Bewußtsein von Vorhandensein. So geht es in meinem Sein fortwährend um meine Freiheit; sie ist keine nachträglich zugefügte Qualität oder eine *Eigenschaft* meiner Natur; sie ist ganz genau der Stoff meines Seins; und da es in meinem Sein um mein Sein geht, muß ich notwendigerweise ein gewisses Verständnis für Freiheit besitzen. Dieses Verständnis explizit zu machen, ist gegenwärtig unsere Absicht.

Was uns helfen kann, zum Kern der Freiheit vorzudringen, sind die verschiedenen Hinweise, die wir zu diesem Gegenstande an verschiedenen Stellen unseres Buches gegeben haben und die wir nun hier zusammenfassen müssen. Vom ersten Kapitel an haben wir nachgewiesen, daß, wenn die Verneinung durch die menschliche Realität zur Welt kommt, diese ein Sein sein muß, das einen nichtenden Bruch mit der Welt und mit sich selbst herbeiführen kann; und wir haben ferner nachgewiesen, daß die beständige Möglichkeit dieses Bruches mit der Freiheit eins ist. Andererseits haben wir aber festgestellt, daß diese beständige Möglichkeit, das zu nichten, was ich in Gestalt des «es gewesen seins» bin, für den Menschen einen besonderen Daseinstypus beinhaltet. Dann haben wir, von Analysen wie der der Unwahrhaftigkeit ausgehend, ermitteln können, daß die menschliche Realität ihr eigenes Nichts ist. «Sein» heißt für das Für-sich, das An-sich, das es ist, nichten. Unter diesen Umständen kann die Freiheit nichts anderes sein als diese Nichtung. Durch sie entrinnt das Für-sich seinem Sein als seinem Wesen, durch sie ist es immer etwas anderes, als man von ihm *aussagen* kann, denn bestimmt ist es dasjenige, was sich eben einer Benennung entzieht, was sich schon jenseits des Namens befindet, den man ihm gibt, der Eigenschaft, die man ihm zuerkennt. Die Aussage, daß das Für-sich zu sein hat, was es ist, die Aussage, daß es ist, was es nicht ist, indem es nicht ist, was es ist, die Aussage, daß in ihm das Dasein dem Wesen vorausgeht und es bedingt, oder daß umgekehrt, gemäß dem Worte Hegels, für es «Wesen ist, was gewesen ist», betrifft ein und denselben Tatbestand, den nämlich, daß der Mensch frei ist. Schon auf Grund der Tatsache, daß ich Bewußtsein der meine Tätigkeit in Gang bringenden Anlässe habe, sind diese Anlässe für mein Bewußtsein transzendente Objekte, sind sie draußen; vergeblich würde ich versuchen, mich wieder an sie anzuhängen: ich entziehe mich ihnen gerade durch mein Dasein. Ich bin dazu verurteilt, für immer jenseits meines Wesens zu existieren, jenseits der Antriebe und Anlässe meines Tuns: ich bin dazu verurteilt, frei zu sein. Das bedeutet, daß wir für unsere Freiheit keine anderen Grenzen als sie selbst finden können oder, wenn man lieber will, daß wir nicht die Freiheit haben, aufzuhören, frei zu sein. In dem Maße, in dem sich das Für-sich sein eigenes Nichts zu verheimlichen und sich das An-sich als seine wahre Seinsweise einzuverleiben sucht, versucht es auch, seine Freiheit vor sich zu verbergen. Der tiefere Sinn des Determinismus besteht darin, in uns eine lückenlose Kontinuität von Existenz an sich herzustellen. Der als psychisches Faktum, das heißt als volle und gegebene Realität verstandene Antrieb, gliedert sich in den Augen des Deterministen – und zwar ohne Störung der Kontinuität – in Entschluß und Akt, die gleichfalls als psychische Gegebenheiten verstanden werden. Das An-sich hat sich aller dieser «Daten» bemächtigt, der Antrieb ruft den Akt hervor wie die Ursache ihre Wirkung, alles ist real, alles ist vollständig. So kann die Ableugnung der Freiheit nur als der Versuch verstanden werden, sich als An-sich-Sein aufzufassen; eins ist dann so viel wert wie das andere; die menschliche Realität ist ein Sein, bei dem es sich um die Freiheit in seinem Sein handelt, weil es fortwährend sich zu weigern versucht, sie anzuerkennen. Psychologisch gesehen, läuft das bei jedem von uns auf den Versuch hinaus, die Antriebe und Anlässe als *Sachen* zu behandeln. Man sucht ihnen Fortdauer beizulegen; man versucht, sich zu verheimlichen, daß ihre Beschaffenheit und ihr Gewicht in jedem Augenblick von dem Sinn abhängen, den ich ihnen gebe; man hält sie für Konstanten: das läuft darauf hinaus, nur den Sinn in Betracht zu ziehen, den ich ihnen jetzt eben oder gestern – dieser ist unabänderlich, weil er *vergangen* ist – gab, und daraus das bis zur Gegenwart unverändert gebliebene Merkmal zu extrapolieren. Ich versuche, mich davon zu überzeugen, daß der Anlaß so *ist*, wie er *war*. Dann würde er ohne Bruch von meinem vergangenen Bewußtsein in mein gegenwärtiges übergehen: er würde darin einziehen. Das läuft auf den Versuch hinaus, dem Für-sich ein Wesen zu verleihen. Auf dieselbe Art setzt man Zwecke als Transzendenzen, was an sich kein Fehler ist. Aber anstatt darin gesetzte und von meiner eigenen Transzendenz in ihrem Sein gehaltene Transzendenzen zu erblicken, nimmt man an, daß ich ihnen bei meinem Auftauchen in der Welt begegne: sie kommen von Gott, aus der Natur, aus «meiner» Natur, aus der Gesellschaft. Diese fix und fertigen, vormenschlichen Ziele sollen also den Sinn meines Aktes definieren, noch bevor ich ihn verstehe, desgleichen sollen die Anlässe als rein psychische Gegebenheiten den Akt hervorrufen, ohne daß ich etwas von ihnen merke. Anlaß,

Akt und Ziel bilden ein «Kontinuum», etwas *Vollständiges.* Diese Versuche, die Freiheit unter der Last des Seins zu ersticken – sie brechen zusammen, wenn plötzlich die Angst vor der Freiheit auftaucht –, zeigen deutlich genug, daß die Freiheit in ihrem Grunde mit dem Nichts zusammenfällt, das im Menschen drinsteckt. Weil die menschliche Realität *nicht genug* ist, ist sie frei; weil sie fortwährend sich selbst entrissen wird und weil das, was sie gewesen ist, durch ein Nichts von dem getrennt ist, was sie ist und sein wird. Schließlich, weil ihr gegenwärtiges Sein selber Nichtung ist in Gestalt des «Widerspiegelnden-Widergespiegelten». Der Mensch ist frei, weil er nicht er selbst, sondern weil er Anwesenheit bei sich selbst ist. Das Sein, das ist, was es ist, kann nicht frei sein. Die Freiheit ist eben das Nichts, das im Herzen des Menschen *zu einem gewesenen geworden ist* und die menschliche Realität zwingt, *sich zu machen,* anstatt *zu sein.* Wir haben gesehen, daß für die menschliche Realität Sein soviel wie *sich wählen* ist: nichts kommt zu ihr von außen, aber auch von innen nicht, was sie *empfangen* oder *annehmen* könnte. Sie ist völlig, ohne Hilfe irgendwelcher Art, preisgegeben der untragbaren Notwendigkeit, bis in die kleinste Kleinigkeit hinein sich sein zu machen. Also ist die Freiheit nicht *ein* Sein: sie ist das Sein des Menschen, das heißt sein Nichts an Sein [son néant d'être]. Wenn man den Menschen erst als etwas Komplettes verstand, würde es unsinnig sein, hinterher in ihm psychische Momente oder Bezirke zu suchen, in denen er frei wäre: ebensogut könnte man Leeres in einem Behälter suchen, den man vorher bis zum Rand gefüllt hat. Der Mensch kann nicht bald frei und bald Sklave sein: er ist gänzlich und immer frei, oder er ist es nicht.

Diese Hinweise können uns, wenn wir sie zu benutzen wissen, zu neuen Entdeckungen führen. Sie geben uns zunächst die Möglichkeit, die Verbindungen der Freiheit mit dem ans Licht zu ziehen, was man den «Willen» nennt. Eine ziemlich verbreitete Richtung zielt nämlich darauf ab, die freien Akte den Willensakten gleichzusetzen und die deterministische Erklärungsweise der Welt der Affekte vorzubehalten. Das ist im großen und ganzen der Standpunkt Descartes'. Der kartesianische Wille ist frei, aber es gibt «Leidenschaften der Seele». Außerdem versucht Descartes eine physiologische Deutung dieser Leidenschaften. Später hat man dann versucht, einen rein psychologischen Determinismus einzuführen. Die intellektualistischen Analysen, die zum Beispiel ein Proust über die Eifersucht oder den Snobismus gemacht hat, können als Illustrationen für jene Auffassung eines «Mechanismus» der Affekte dienen. Man müßte also den Menschen gleichzeitig als frei und als determiniert verstehen; und das wesentliche Problem wäre das der Zusammenhänge einer bedingungslosen Freiheit mit den determinierten Abläufen des psychischen

Lebens: wie beherrscht sie die Leidenschaften, wie benutzt sie sie zu ihrem Vorteil? Eine Weisheit, die von weit her kommt – die stoische Weisheit – lehrt, sich mit seinen Leidenschaften abzufinden, um sie beherrschen zu können, kurz, man gibt den Rat, sich in bezug auf die Erregbarkeit so zu verhalten, wie es der Mensch gegenüber der Natur im allgemeinen macht, wenn er ihr gehorcht, um sie um so besser zu beherrschen. Die menschliche Realität erscheint also als ein freies Können, das von einem Insgesamt determinierter Abläufe umzingelt ist. Man unterscheidet völlig freie Akte, ferner determinierte Akte, über die der freie Wille etwas vermag, endlich Abläufe, die sich dem menschlichen Willen grundsätzlich entziehen.

Man sieht sogleich, daß wir uns einer derartigen Auffassung keinesfalls anschließen können. Aber wir wollen versuchen, die Gründe für unsere Ablehnung besser kennenzulernen. Ein Einwand versteht sich von selbst, und wir wollen keine Zeit damit verlieren, ihn zu entwickeln: daß nämlich eine solche, durch einen Schnitt herbeigeführte Dualität im Innern der psychischen Einheit unverstehbar ist. Wie soll man denn ein Seiendes begreifen, das *eins* ist und sich dennoch einerseits als eine Reihe von sich gegenseitig determinierenden und folglich außenweltlich existierenden Tatsachen konstituiert, und andererseits als eine Spontaneität, die sich dazu bestimmt, zu sein, und nur von sich selbst abhängt? *A priori* würde diese Spontaneität zu keiner Einwirkung auf einen bereits *konstituierten* Determinismus fähig sein: auf was könnte sie einwirken? Auf den Gegenstand selbst (den gegenwärtigen psychischen Tatbestand)? Aber wie könnte sich ein An-sich verändern, das auf Grund seiner Begriffsbestimmung nur ist und sein kann, was es ist? Könnte sie auf die Gesetzmäßigkeit des Ablaufes selbt einwirken? Das wäre kontradiktatorisch. Oder auf das, was dem Ablauf folgt? Aber es kommt auf dasselbe hinaus, auf den gegenwärtigen psychischen Tatbestand einzuwirken, um ihn in sich zu verändern, oder auf ihn einzuwirken, um seine Folgen zu ändern. Und in beiden Fällen stoßen wir auf die gleiche Unmöglichkeit, auf die wir oben aufmerksam machten. Über welches Hilfsmittel würde diese Spontaneität übrigens verfügen? Wenn die Hand greifen kann, so deshalb, weil sie ergriffen werden kann. Die Spontaneität, die auf Grund ihrer Begriffsbestimmung *unerreichbar* ist, kann ihrerseits nicht *erreichen*: sie kann sich nur selbst hervorbringen. Und wenn sie über ein besonderes Hilfsmittel verfügen soll, so müßte man das als eine vermittelnde Wesenheit zwischen dem freien Willen und den determinierten Affekten auffassen, was aber unzulässig ist. Im Unterschied hierzu könnten aber die Affekte beim Willen nichts ausrichten. Einem determinierten Ablauf ist es nämlich nicht möglich, auf eine Spontaneität einzuwirken, genauso, wie es den Objekten nicht möglich ist, auf das Bewußtsein einzuwirken. Auch ist jede Synthese dieser beiden Typen von Daseiendem unmöglich: sie sind nicht gleichartig, jeder verbleibt in seiner unzugängigen Einsamkeit. Die einzige Verbindung, die eine nichtende Spontaneität mit den mechanischen Abläufen haben könnte, besteht darin, sich selbst durch *innere Negation von diesen Daseienden aus* hervorbringen. Aber gerade dann wird sie nur insoweit sein, als sie ableugnet, diese Affekte zu sein. Von da an wird das Insgesamt des determinierten πάθος von der Spontaneität notwendigerweise als etwas rein Transzendentes aufgefaßt, das heißt, als dasjenige, was notwendigerweise *draußen ist,* als das, was sie *nicht ist.* Diese innere Negation hätte also nur die Folge, das πάθος *mit der Welt* zu verschmelzen, und für eine freie Spontaneität, die gleichzeitig Wille und Bewußtsein ist, würde es als irgendein Gegenstand inmitten der Welt vorhanden sein. Diese Erörterung zeigt, daß zwei und nur zwei Lösungen möglich sind: entweder ist der Mensch vollkommen determiniert (was nicht angenommen werden kann, insbesondere weil ein determiniertes, das heißt außenweltlich motiviertes, Bewußtsein selbst zu reiner Außenweltlichkeit wird und aufhört, Bewußtsein zu sein) oder der Mensch ist vollkommen frei.

Aber diese Hinweise sind noch nicht das, was für uns in erster Linie wichtig ist. Sie haben eine nur negative Bedeutung. Die Untersuchung des Willens soll aber dazu dienen, unser Verständnis für die Freiheit zu vertiefen. Und deshalb fällt uns sofort auf, daß, wenn die Freiheit autonom sein soll, es unmöglich ist, sie als einen *gegebenen* psychischen Tatbestand zu betrachten, das heißt an sich. Sie kann nicht zur Kategorie der vom Psychologen definierten «Bewußtseinszustände» gehören. Hier, wie überall sonst, stellen wir fest, daß der Bewußtseinszustand ein bloßes Idol der positiven Psychologie ist. Der Wille ist notwendigerweise Negativität und nichtende Kraft, wenn er Freiheit sein soll. Aber dann können wir nicht mehr einsehen, warum man ihm die Autonomie vorbehält. Man versteht nämlich nicht jene Nichtungslöcher, die die Wollungen sein würden und die in dem sonst dichten und vollkommenen Gewebe aus Affekten und dem πάθος überhaupt auftreten würden. Wenn der Wille Nichtung ist, muß das Insgesamt des Psychischen gleichfalls Nichtung sein. Übrigens – und wir werden bald darauf zurückkommen –, woher weiß man denn, daß der «Tatbestand» des Affekts oder die schlichte Begierde nicht nichtend sind? Ist denn der Affekt nicht zunächst Entwurf und Unterfangen, setzt er nicht gerade einen Sachverhalt als unerträglich und ist er daher nicht genötigt, in bezug auf ihn Spielraum zu gewinnen und ihn zu nichten, indem er ihn absondert und im Lichte eines Zieles, das heißt eines Nichtseins, betrachtet? Und hat der Affekt nicht seine eigenen Ziele, die gerade in dem Augenblick erkannt werden, wo er sie als nichtexistierende setzt? Und wenn die Nichtung gerade das Sein der Freiheit ist, wie will man da den Affekten die Autonomie verweigern und sie dem Willen zubilligen?

Aber es geht noch weiter: weit davon entfernt, daß der Wille die einzige oder wenigstens bevorzugte Bekundung der Freiheit ist, er setzt vielmehr, wie jedes Ereignis des Für-sich, die Grundlage einer ursprünglichen Freiheit voraus, um sich als Wille konstituieren zu können. Der Wille setzt sich nämlich als reflektierten Entschluß in bezug auf bestimmte Ziele. Aber diese Ziele erschafft er nicht. Er ist vielmehr eine Seinsart in bezug auf sie: er ordnet an, daß die Verfolgung dieser Ziele reflektiert und überlegt sein muß. Der Affekt kann dieselben Ziele setzen. Ich kann zum Beispiel vor einer Drohung in Todesangst aus Leibeskräften fliehen. Dieses Faktum ist affektiv, setzt aber nichtsdestoweniger implizite als oberstes Ziel den Wert des Lebens. Ein Anderer wird hingegen der Meinung sein, daß man an Ort und Stelle ausharren soll, auch wenn der Widerstand zunächst gefährlicher zu sein scheint als die Flucht; er «hält durch». Aber sein Ziel ist, wenn auch besser begriffen und explizite gesetzt, das gleiche wie im Falle der gefühlsmäßigen Reaktion. Bloß die Mittel, es zu erreichen, werden klarer erfaßt, die einen werden als zweifelhaft oder wirkungslos verworfen, die anderen werden fester zusammengefügt. Der Unterschied erstreckt sich hier auf die Wahl der Mittel und auf Stärke der Reflexion und der Explikation, nicht aber auf das Ziel. Dennoch wird die Flucht «affektiv» genannt, und wir behalten das Beiwort «freiwillig» dem Manne vor, der Widerstand leistet. Es handelt sich also um einen Unterschied in der subjektiven Haltung in bezug auf ein transzendentes Ziel. Aber wenn wir nicht denselben Fehler, den wir oben anzeigten, machen und jene transzendenten Ziele als vormenschlich und als *apriorische* Grenze unserer Transzendenz betrachten wollen, sind wir wirklich gezwungen, anzuerkennen, daß sie der zeitigende Entwurf unserer Freiheit sind. Die menschliche Realität kann ihre Ziele, wie wir gesehen haben, nicht empfangen, weder von außen, noch von einer angeblichen inneren «Natur». Sie wählt sie, und gerade durch diese Wahl verleiht sie ihnen eine transzendente Existenz, und zwar als äußere Grenze ihrer Entwürfe. Von diesem Standpunkt aus betrachtet – und wenn man richtig versteht, daß die Existenz des Daseins seiner Essenz vorausgeht und vor ihr Vorrang hat –, beschließt die menschliche Realität in ihrem und durch ihr Auftauchen selbst, ihr eigenes Sein durch ihre Ziele zu definieren. Also wird mein Sein durch die Setzung meiner letzten Ziele gekennzeichnet und identifiziert sich mit dem ursprünglichen Hervorbrechen der Freiheit, die die meine ist. Und dieses Hervorbrechen ist eine *Existenz*, es hat nichts von einer Essenz oder von der Eigenschaft eines Seienden, das in Verbindung mit einer Idee erzeugt worden wäre. So ist die Freiheit, da sie meiner Existenz gleichsetzbar ist, die Grundlage der Ziele, die ich zu erreichen suche, sei es durch den Willen, sei es durch affektive Kraftanwendungen. Sie kann also nicht auf die Willensakte beschränkt werden. Sondern die Wollungen sind, im Gegenteil, wie die Affekte gewisse subjektive Haltungen, durch die wir die von der ursprünglichen Freiheit gesetzten Ziele zu erreichen suchen. Unter ursprünglicher Freiheit darf man, wohlgemerkt, nicht eine Freiheit verstehen, die *früher* als der willentliche oder affektive Akt wäre, sondern eine streng gleichzeitige Begründung des Willens oder des Affekts, welche von diesen beiden, je nach ihrer Art, *offenbart* wird. Man darf auch nicht die Freiheit dem Willen oder dem Affekt gegenüberstellen, so wie das «Tiefen-Ich» Bergsons dem Oberflächen-Ich: das Für-sich ist ganz und gar Selbstheit und kann kein «Tiefen-Ich» haben, außer wenn man darunter gewisse transzendente Strukturen der Psyche versteht. Die Freiheit ist nichts anderes als die *Existenz* unseres Willens oder unserer Affekte, insofern diese Existenz die Nichtung der Faktizität ist, das heißt die eines Seienden, das sein Sein in der Weise ist, daß es zu sein hat. Wir kommen noch darauf zurück. Auf jeden Fall wollen wir festhalten, daß der Wille im Rahmen von Antrieben und Zielen determiniert wird, die vom Für-sich bereits gesetzt sind, und zwar in einem transzendenten Entwurf seiner selbst auf seine Möglichkeiten hin. Wenn es nicht so wäre, wie könnte man eine Überlegung verstehen, die eine Einschätzung der Mittel in bezug auf schon bestehende Ziele ist?

Wenn aber diese Ziele bereits gesetzt sind, so ist das, was in jedem Augenblick zu entscheiden übrigbleibt, die Art und Weise, in der ich mich ihnen gegenüber verhalte, mit anderen Worten die Haltung, die ich einnehme. Werde ich freiwillig oder affektiv handeln? Wer außer mir kann das entscheiden? Wenn wir nämlich zugeben, daß darüber die Umstände für mich entscheiden (ich könnte zum Beispiel angesichts einer geringen Gefahr freiwillig handeln, aber wenn die Gefahr wächst, in Affekt geraten), würden wir damit jede Freiheit aufheben: es wäre tatsächlich widersinnig, zu erklären, die Freiheit sei bei ihrem Erscheinen autonom, aber die äußeren Umstände bestimmten unerbittlich den Zeitpunkt ihres Erscheinens. Aber wie kann man andererseits die These unterstützen, daß eine Freiheit, die noch nicht existiert, plötzlich beschließen kann, die Verkettung der Affekte zu zerbrechen und über den Bruchstücken dieser Verkettung plötzlich aufzutauchen? Eine solche Auffassung würde dazu führen, den Willen als ein *Können* zu betrachten, das sich bald dem Bewußtsein offenbart, bald versteckt bleibt, das aber in jedem Falle die Fortdauer und das Dasein «an sich» einer Eigenschaft hätte. Aber gerade das ist unannehmbar: es ist indessen sicher, daß die allgemeine Meinung das sittliche Dasein als einen Kampf zwischen einem dinghaften Willen und substanzhaften Affekten versteht. Dabei gibt es eine Art von psychologischem Manichäismus, der völlig unhaltbar ist. In Wirklichkeit genügt es nicht, zu wollen: man muß den Willen haben, zu wollen. Irgendeine Situation sei beispielsweise gegeben: ich kann darauf gefühlsmäßig reagieren. Wir haben an anderer Stelle gezeigt, daß die Gemütsbewegung kein physiologisches Gewitter ist[1]: sie ist eine der Situation angepaßte Antwort; sie ist eine Verhaltensweise, deren Sinn und Form Gegenstände einer Intention des Bewußtseins sind, welches ein besonderes Ziel durch besondere Mittel zu erreichen strebt. Bei der Furcht zielen Ohnmacht und Katalepsie darauf ab, die Gefahr zu beseitigen, indem sie das Bewußtsein von Gefahr beseitigen. Es gibt eine *Intention,* das Bewußtsein zu verlieren, um die furchtbare Welt zum Verschwinden zu bringen, in die das Bewußtsein verstrickt ist und die durch dasselbe zum Sein gelangt. Es handelt sich also um magische Verhaltensweisen, die symbolische Befriedigungen unserer Wünsche hervorbringen und gleichzeitig eine magische Schicht der Welt enthüllen. Im Gegensatz zu diesen Verhaltensweisen faßt die willentliche und rationale Verhaltensweise die Situation von der technischen Seite her ins Auge, weist das Magische zurück und macht sich daran, die determinierten Reihen und die werkzeughaften Komplexe zu erfassen, die eine Lösung des Problems ermöglichen. Sie gestaltet ein System von Mitteln, indem sie sich auf den Determinismus der Werkzeuge stützt. Zugleich entdeckt sie eine technische Welt, das heißt eine Welt, in der jeder Zeugkomplex auf einen anderen, umfänglicheren Komplex verweist, und so fort. Aber was bestimmt mich dazu, den magischen oder den technischen Aspekt der Welt zu wählen? Das kann nicht die Welt selbst sein, – die, um sich zu offenbaren, darauf wartet, entdeckt zu werden. Also muß das Für-sich bei seinem Sichentwerfen wählen, das zu sein, durch das die Welt sich als magische bzw. als rational enthüllt, das heißt, es muß sich, als freier Entwurf seiner selbst, das magische oder das rationale Dasein zulegen. Für beide ist es *verantwortlich*; denn beides kann nur sein, wenn es gewählt wurde. Das erwählte Dasein erscheint also als die freie Grundlegung seiner Gemütsbewegungen, wie auch seiner Wollungen. Meine Furcht *ist* frei und bekundet meine Freiheit, ich habe meine ganze Freiheit in meine Furcht verlegt und habe mich unter diesen oder jenen Umständen als einen sich Fürchtenden gewählt; unter anderen

1 J.-P. Sartre, *Esquisse d'une théorie phénoménologique des émotions,* 1939.

Umständen würde ich als ein Freiwollender und Mutiger existieren und würde meine ganze Freiheit in meinen Mut gelegt haben. In bezug auf die Freiheit gibt es kein bevorzugtes psychisches Phänomen. Alle meine «Seinsarten» geben von ihr in gleicher Weise Kunde, da sie sämtlich Art und Weisen sind, mein eigenes Nichts zu sein.

Das wird noch deutlicher erkennbar werden durch eine Beschreibung dessen, was man die «Anlässe und Antriebe» des Handelns nennt. Wir haben auf den vorhergehenden Seiten diese Beschreibung bereits in groben Strichen durchgeführt: jetzt müssen wir darauf zurückkommen und sie mit mehr Genauigkeit wieder aufnehmen. Sagt man denn nicht, daß der Affekt der *Antrieb* des Tuns ist – oder auch, daß der affektive Akt derjenige ist, der den Affekt zum Antrieb hat? Und erscheint der Wille nicht als die Entscheidung, die der Überlegung betreffs der Antriebe und Anlässe folgt? Was ist denn nun ein Anlaß? Was ist ein Antrieb?

Man versteht unter *Anlaß* gewöhnlich den *Grund* eines Aktes, das heißt das Insgesamt der rationalen Erwägungen, die ihn rechtfertigen. Wenn die Regierung eine Konvertierung der Staatsanleihen beschließt, gibt sie die *Anlässe* bekannt: Verminderung der öffentlichen Schuld, Gesundung der Finanzen. Gleichfalls mit Hilfe von *Anlässen* pflegen die Geschichtsschreiber die Taten der Minister oder Monarchen zu erläutern; für eine Kriegserklärung sucht man nach Anlässen: die Gelegenheit ist günstig, das angegriffene Land ist von inneren Wirren zerrissen, es wird Zeit, einen wirtschaftlichen Konflikt zu beenden, der sich womöglich verewigt. Wenn Chlodwig sich zum Katholizismus bekehrt, während so viele Barbarenkönige Arianer sind, so deshalb, weil er da eine Gelegenheit sieht, sich die Gewogenheit des in Gallien allmächtigen Episkopats zu verschaffen usw. Man kann bemerken, daß der Anlaß sich dadurch als eine objektive Einschätzung der Situation kennzeichnet. Der Anlaß für die Bekehrung [conversion] Chlodwigs ist der politische und kirchliche Zustand Galliens, ist das Kräfteverhältnis zwischen dem Episkopat, den großen Grundeigentümern und dem niederen Volk; was die Konvertierung [conversion] der Staatsanleihen veranlaßt, ist der Zustand der öffentlichen Verschuldung. Jedoch kann diese objektive Einschätzung nur im Lichte eines vorausgesetzten Zieles geschehen und innerhalb der Grenzen eines Sichentwerfens des Für-sich auf dieses Ziel hin. Damit die Macht des Episkopats sich Chlodwig als Anlaß für eine Bekehrung enthüllt, das heißt, damit er die objektiven Folgen übersehen kann, die diese Bekehrung haben könnte, muß er zunächst die Eroberung Galliens als Ziel gesetzt haben. Wenn wir Chlodwig andere Ziele unterschieben, so kann er in der Situation des Episkopats Anlässe dafür finden, Arianer zu werden oder Heide zu bleiben. Er kann bei der Betrachtung des Zustands der Kirche überhaupt keinen Anlaß finden, so oder so zu handeln: er wird nichts Diesbezügliches entdecken, er wird die Situation des Episkopats in «nichtenthülltem» Zustand lassen, in völliger Dunkelheit. Wir nennen also *Anlaß* die objektive Erfassung einer determinierten Situation, insofern diese Situation sich im Lichte eines bestimmten Zieles als Mittel enthüllt, dieses Ziel zu erreichen.

Der Antrieb hingegen wird gewöhnlich als ein subjektives Faktum angesehen. Er ist das Insgesamt der Begierden, Gemütsbewegungen und Affekte, die mich drängen, einen bestimmten Akt auszuführen. Die Geschichtsschreiber suchen die Antriebe nicht und erwähnen sie nur im äußersten Notfall, wenn nämlich die Anlässe nicht ausreichen, um den fraglichen Akt zu erklären. Zum Beispiel schreibt Ferdinand Lot, nachdem er gezeigt hat, daß die Gründe, die man gewöhnlich der Bekehrung Konstantins unterlegt, unzulänglich oder irrtümlich sind: «Da es sich herausgestellt hat, daß Konstantin alles zu verlieren und offensichtlich nichts zu gewinnen hatte, wenn er das Christentum annahm, so kann man daraus nur einen möglichen Schluß ziehen, daß er nämlich einem plötzlichen Impuls nachgegeben hat, einem pathologischen oder göttlichen Impuls, ganz wie man will»[1]; damit gibt er die Erklärung durch Anlässe auf, die ihm nichts zu erklären scheint, und zieht die Erklärung durch Antriebe vor. Die Erklärung muß dann also im psychischen Zustand – sogar im «geistigen» Zustand – der geschichtlichen Gestalt gesucht werden. Daraus folgt natürlich, daß das betreffende Ereignis völlig kontingent wird, da ein anderes Individuum mit anderen Leidenschaften und anderen Begierden anders gehandelt hätte. Im Gegensatz zum Geschichtsschreiber sucht der Psychologe mit Vorliebe nach Antrieben: gewöhnlich setzt er nämlich voraus, daß sie «enthalten sind in» dem Bewußtseinszustand, der die Handlung hervorgerufen hat. Der ideale rationale Akt wäre demnach derjenige, für den die Antriebe praktisch Null wären und der allein von einer objektiven Einschätzung der Situation geleitet wäre. Der irrationale oder affektive Akt würde durch das entgegengesetzte Verhältnis gekennzeichnet sein. Es bleibt noch die Beziehung der Anlässe zu den Antrieben für den alltäglichen Fall zu erklären, wo beide vorhanden sind. Zum Beispiel kann ich Anhänger der sozialistischen Partei sein, weil ich der Ansicht bin, daß diese Partei den Interessen der Gerechtigkeit und der Menschlichkeit dient, oder weil ich glaube, daß sie in den Jahren, die meinem Beitritt folgen, die wichtigste geschichtliche Kraft werden wird: das sind Anlässe. Und zu gleicher

1 Ferdinand Lot, *La fin du monde antique et le début du moyen âge*, Seite 35, 1927.

Zeit kann ich Antriebe haben: das Gefühl des Mitleids oder der Nächstenliebe für gewisse unterdrückte Klassen, die Scham darüber, auf der «guten Seite der Barrikade» zu stehen, wie Gide sagt, oder auch ein Minderwertigkeitskomplex, der Wunsch, meine Angehörigen zu ärgern usw. Was hätte man einzuwenden, wenn ich versichere, ich sei wegen dieser Anlässe *und* wegen dieser Antriebe der sozialistischen Partei beigetreten? Es handelt sich offenbar um zwei Schichten von durchaus unterschiedlicher Bedeutung. Wie sie vergleichen, wie den Anteil bestimmen, den jede an der fraglichen Entscheidung hat? Diese Schwierigkeit, die sicher die größte von allen ist, die durch übliche Unterscheidung von Anlaß und Antrieb entstehen, ist nie überwunden worden; wenige haben sie auch nur gesehen. Diese Unterscheidung läuft nämlich darauf hinaus, in anderer Form das Bestehen eines Konfliktes zwischen dem Willen und den Affekten anzunehmen. Aber wenn sich die klassische Theorie als unfähig erweist, dem Anlaß und dem Antrieb ihren jeweiligen Einfluß in dem einfachen Fall zuzuschreiben, wo sie beide an der gleichen Entscheidung mitwirken, so ist es ihr doch durchaus möglich, einen Konflikt der Anlässe und Antriebe, bei welchem jede Gruppe eine besondere Entscheidung hervorrufen würde, zu erklären und sogar *begreiflich* zu machen. Mit allem muß also wieder von vorn angefangen werden.

Sicherlich ist der Anlaß objektiv: er ist der Zustand der mit uns gleichzeitigen Dinge, so wie er sich einem Bewußtsein enthüllt. Es ist *objektiv*, daß der römische Plebs und die römische Aristokratie zur Zeit Konstantins verderbt sind oder daß die katholische Kirche bereit ist, einen Herrscher zu unterstützen, der, zur Zeit Chlodwigs, ihr hilft, den Arianismus zu unterdrücken. Indessen kann sich ein solcher Sachverhalt nur einem Für-sich enthüllen, denn das Für-sich ist überhaupt das Sein, durch das es eine Welt «gibt». Mehr noch, er kann sich nur einem Für-sich enthüllen, das sich in dieser oder jener Weise wählt, das heißt einem Für-sich, das sich seine Individualität geschaffen hat. Man muß sich in dieser oder jener Weise entworfen haben, um die werkzeughaften Verflechtungen des Zeugs entdecken zu können. Objektiv betrachtet, ist das Messer ein Werkzeug, bestehend aus Klinge und Heft. Ich kann es objektiv auffassen als Werkzeug zum Abschneiden, zum Zerschneiden; wenn mir aber gerade ein Hammer fehlt, kann ich es hinwiederum als Werkzeug zum Hämmern auffassen: ich kann mich seines Griffes bedienen, um einen Nagel einzuschlagen, und diese Auffassung ist nicht weniger *objektiv*. Wenn Chlodwig die Hilfe schätzt, die die Kirche ihm leisten kann, so ist es nicht sicher, ob eine Gruppe von Prälaten oder auch ein einzelner Bischof ihm Eröffnungen gemacht hat, auch nicht, ob ein Mitglied des Klerus ernstlich an eine Allianz mit einem katholischen Herrscher gedacht hat. Die einzig wirklich objektiven Tatsachen, die irgendein Für-sich feststellen kann, sind die große Macht der Kirche über die Bevölkerung Galliens und die Sorge der Kirche wegen der arianischen Ketzerei. Damit diese Dinge sich zu einem Anlaß für die Bekehrung zusammenfügen, muß man sie vom Insgesamt absondern – und um deswillen nichten – und sie auf ihre Wirkfähigkeiten hin transzendieren: die von Chlodwig objektiv erfaßte Wirkfähigkeit der Kirche besteht darin, einen bekehrten König zu unterstützen. Aber diese Wirkfähigkeit kann sich nur enthüllen, wenn man die Situation auf einen Sachverhalt hin überschreitet, der noch nicht ist, also auf ein Nichts hin. Kurz gesagt, gibt die Welt nur Ratschläge, wenn man sie fragt, und man kann sie nur wegen eines ganz bestimmten Zieles fragen. Weit davon entfernt also, daß der Anlaß die Handlung bestimme, erscheint er vielmehr nur in dem und durch den Entwurf einer Handlung. In dem und durch den Plan, seine Herrschaft über ganz Gallien auszudehnen, erscheint der Zustand der abendländischen Kirche dem Chlodwig objektiv als ein Anlaß, sich zu bekehren. Anders ausgedrückt hat das Bewußtsein, das den Anlaß aus dem Insgesamt der Welt heraushebt, bereits seine eigene Struktur, hat sich seine Ziele gegeben, hat sich auf seine Möglichkeiten hin entworfen und hat seine eigene Art, sich an seine Möglichkeiten anzuklammern: diese eigene Art, auf seine Möglichkeiten Wert zu legen, ist in diesem Falle die Erregbarkeit. Und dieses innerliche Gebilde, das das Bewußtsein sich in Gestalt eines nichtsetzenden Bewußtseins (von) sich gegeben hat, ist streng korrelativ zur Heraushebung der Anlässe aus der Welt. Wenn man also darüber nachdenkt, muß man anerkennen, daß die innere Struktur des Für-sich, durch die es in der Welt Anlässe zum Handeln auftauchen läßt, ein im historischen Sinne des Ausdrucks «irrationales» Faktum ist. Wir können nämlich rational den technischen Nutzen der Bekehrung Chlodwigs begreifen, und zwar mittels einer Hypothese, wonach er die Absicht gehabt hätte, Gallien zu erobern. Aber es gelingt uns nicht in bezug auf seinen Eroberungsplan. Hat man ihn als eine Auswirkung des *Ehrgeizes* Chlodwigs zu deuten? Aber was ist denn der Ehrgeiz, wenn nicht die Absicht, Eroberungen zu machen? Wie kann dieser Ehrgeiz von dem fertigen Plan, Gallien zu erobern, unterschieden werden? Es würde also zu nichts führen, wenn man den ursprünglichen Eroberungsplan auffaßte als «hervorgetrieben» von einem schon vorher existierenden *Antrieb*, nämlich dem Ehrgeiz. Es stimmt schon, daß der Ehrgeiz ein Antrieb ist, denn er ist ganz Subjektivität. Aber da er sich vom Eroberungsplan nicht unterscheidet, so sagen wir, daß dieser erste Entwurf seiner Möglichkeiten, in dessen Lichte Chlodwig einen Anlaß entdeckt, sich zu bekehren, eben der *Antrieb* ist. Nun wird alles klar, und wir können die Beziehungen der drei Ausdrücke, Anlässe, Antriebe und Ziele, erkennen. Wir haben es hier mit einem besonderen Fall des In-der-Welt-Seins zu tun: geradeso, wie das Auftauchen des Für-sich bewirkt, daß es eine Welt gibt, ist es in diesem Falle das Sein des Für-sich – insofern dieses Sein reiner Entwurf auf ein Ziel hin ist –, das bewirkt, daß es eine bestimmte objektive Struktur der Welt *gibt*, die im Lichte dieses Zieles den Namen Anlaß verdient. Das Für-sich ist also Bewußtsein *von* diesem Anlaß. Aber dieses setzende Bewußtsein *des* Anlasses ist grundsätzlich nichtsetzendes Bewußtsein von sich selbst als von einem Sichentwerfen auf ein Ziel hin. In diesem Sinne ist es Antrieb, das heißt, es erfährt sich nicht setzend als einen mehr oder weniger ungeglätteten, mehr oder weniger affektiven Entwurf auf ein Ziel hin, und zwar in demselben Augenblick, in dem es sich als Bewußtsein konstituiert, welches entdeckt, daß die Welt aus Anlässen gebildet wird.

So sind Anlaß und Antrieb zueinander korrelativ, genau so wie das nichtsetzende Bewußtsein (von) sich das ontologische Korrelat zum setzenden Bewußtsein *vom* Objekt ist. Geradeso wie das Bewußtsein *von* etwas Bewußtsein (von) sich ist, geradeso ist der Antrieb nichts anderes als die Erfassung des Anlasses, insofern diese Erfassung Bewußtsein (von) sich hat. Aber daraus folgt offensichtlich, daß der Anlaß, der Antrieb und das Ziel drei untrennbare Ausdrücke für das Hervorbrechen eines lebendigen und freien Bewußtseins sind, das sich auf seine Möglichkeiten hin entwirft und sich von ihnen bestimmen läßt.

Woher kommt es dann, daß der Antrieb dem Psychologen als affektiver Inhalt einer Bewußtseinstatsache erscheint, insofern dieser Inhalt eine andere Bewußtseinstatsache, nämlich eine Entscheidung, determiniert? Das kommt daher, daß der Antrieb, der nichts anderes als das nichtsetzende Bewußtsein von sich selbst ist, mit diesem Bewußtsein in die Vergangenheit gleitet und, zur selben Zeit wie dieses, aufhört, lebendig zu sein. Sobald ein Bewußtsein zu einem gewesenen geworden ist, ist es das, was ich in Gestalt des «ich war» zu sein habe. Wenn ich nun auf mein gestriges Bewußtsein zurückkomme, so bewahrt es noch seine intentionale Bedeutung und seinen Sinn einer Subjektivität, aber es ist, wie wir gesehen haben, erstarrt, es ist draußen wie eine Sache, denn die Vergangenheit ist an sich. Der Antrieb wird dann das, *von dem* es Bewußtsein gibt. Er kann mir in Gestalt von «Wissen» erscheinen; wir haben ja oben gesehen, daß die tote Vergangenheit die Gegenwart unter dem Aspekt eines *Wissens* heimsucht; es kann auch geschehen, daß ich mich zu dem Antrieb zurückwende, um ihn explizit zu machen und in Worte zu fassen, wobei ich mich nach dem Wissen richte, das er gegenwärtig für mich ist. In diesem Falle ist er Bewußtseinsgegenstand, ist er dieses Bewußtsein selbst, *von dem* ich Bewußtsein *habe.* Er erscheint also – wie meine Erinnerungen im allgemeinen – gleichzeitig als *meiner* und als transzendent. Wir sind für gewöhnlich von solchen Antrieben umgeben, auf die wir «nicht mehr eingehen», weil wir nicht nur konkret zu beschließen haben, diese oder jene Tat zu vollbringen, sondern weil wir auch Taten zu vollbringen haben, die wir am Tage vorher beschlossen haben, oder weil wir Unternehmungen fortzuführen haben, in die wir eingesetzt sind; auf eine ganz allgemeine Art und Weise erfährt sich das Bewußtsein, wann auch immer es sich selbst ergreift, als eingesetzt, und diese Erfahrung beinhaltet ein Wissen um die Antriebe zu dem Sicheinsetzen oder gar eine thematische und setzende Erklärung dieser Anlässe. Selbstverständlich verweist die Erfassung des Antriebes sofort auf den zu ihm korrelativen Anlaß, denn der Antrieb behält, auch wenn er ein gewesener geworden ist und zu An-sich erstarrt ist, wenigstens die Bedeutung, Bewußtsein eines Anlasses gewesen zu sein, das heißt Entdeckung einer objektiven Struktur der Welt. Aber da der Antrieb nun *an sich* und der Anlaß objektiv ist, stellen sie sich als ein Paar ohne ontologischen Unterschied dar; wir haben ja gesehen, daß unsere Vergangenheit sich inmitten der Welt verliert. Deshalb behandeln wir beide als gleichberechtigt, und deshalb können wir von den Anlässen *und* Antrieben einer Handlung sprechen, so als ob sie in einem für den Beschluß bestimmenden Ausmaß in Konflikt geraten oder einander unterstützen könnten.

Wenn allerdings der Antrieb transzendiert ist, wenn er nur das unabänderliche Sein ist, das wir in der Weise des «ich war» zu sein haben, wenn er, wie unsere ganze Vergangenheit, von uns durch eine Undurchdringlichkeit von Nichts geschieden ist, dann kann er nur wirksam werden, wenn er *wieder aufgenommen* wird; von sich aus ist er ohne Kraft. Also werden gerade durch das Hervorbrechen des in Situationen eingesetzten Bewußtseins den früheren Antrieben und Anlässen Wert und Gewicht verliehen. Es hängt nicht vom Bewußtsein ab, daß sie gewesen sind, und seine Aufgabe ist es, ihnen die Existenz in der Vergangenheit zu erhalten. Ich habe dieses oder jenes gewollt: das bleibt unabänderlich so, es konstituiert sogar mein Wesen, da mein Wesen ist, was ich gewesen bin. Aber über den Sinn, den jene Begierde, jene Befürchtung, jene objektiven Erwägungen über die Welt für mich haben, wenn ich mich gegenwärtig auf mein Zukünftiges hin entwerfe, darüber kann nur ich allein entscheiden. Und ich entscheide darüber eben nur mittels des Aktes selbst, durch den ich mich auf meine Ziele hin pro-jektiere. Die Wiederaufnahme der alten Antriebe – oder ihre Verwerfung, oder ihre neue Bewertung – unterscheidet sich nicht von dem Entwurf, durch den ich mir neue Ziele beilege und durch den ich mich im Lichte dieser Ziele als einen erfasse, der einen Anlaß entdeckt, in der Welt Halt zu suchen. Vergangene Antriebe, vergangene Anlässe, gegenwärtige Anlässe und Antriebe, künftige Ziele, alles fügt sich zu einer unauflöslichen Einheit zusammen, und zwar durch das Auftauchen einer Freiheit, die, über die Anlässe hinaus, die Antriebe und Ziele ist.

Daraus ergibt sich, daß die willentliche Überlegung immer verfälscht ist. Wie soll ich denn Anlässe und Antriebe einschätzen, denen ich vor jeder Überlegung und durch die Wahl, die ich mit mir selbst anstelle, gerade ihren Wert verliehen habe? Die Täuschung kommt daher, daß man sich bemüht, die Anlässe und Antriebe für völlig transzendente Dinge zu halten, die ich wie Gewichte abwägen kann und die ein Gewicht wie eine ständige Eigenschaft besitzen. Indessen will man hier andererseits Bewußtseinsinhalte sehen; das widerspricht sich. Tatsächlich haben Anlässe und Antriebe nur das Gewicht, das mein Entwurf, das heißt die freie Hervorbringung des Zieles und des als zu realisierend erkannten Aktes, ihnen beilegt. Wenn ich anfange zu überlegen, ist alles schon entschieden [les jeux sont faits]. Und wenn ich mich darauf einlassen muß, zu überlegen, so einfach deshalb, weil es zu meinem ursprünglichen Plan gehört, mir lieber *durch die Überlegung* über die Antriebe klarzuwerden, als durch diese oder jene andere Form der Entdeckung (durch den Affekt zum Beispiel, oder ganz einfach durch die Handlung, die das Insgesamt der Anlässe und Ziele enthüllt, so wie mein Sprechen mich von meinem Denken unterrichtet). Ich kann also die Überlegung als das Verfahren wählen, das mir verkündet, was ich vorhabe und was ich infolgedessen bin. Und *die Wahl* der Überlegung wird durch die freie Spontaneität mit dem Insgesamt aus Anlässen, Antrieben und dem Ziele zusammengefügt. Wenn der Wille auftritt, ist der Entschluß schon gefaßt, und jener hat keinen anderen Wert als den eines Ankündigers.

Der Willensakt unterscheidet sich von der nicht willensmäßigen Spontaneität dadurch, daß diese rein unreflektiertes Bewußtsein von den Anlässen ist, und zwar durch den bloßen Aktentwurf hindurch. Was den Antrieb im unreflektierten Akt betrifft, so ist er nicht von sich aus Objekt, sondern nur ein einfaches nichtsetzendes Bewußtsein (von) sich. Dagegen erfordert die Struktur des Willensaktes die Erscheinung eines reflexiven Bewußtseins, das den Antrieb als Quasi-Objekt erfaßt oder das ihn sogar intentional als psychisches Objekt durch das reflektierte Bewußtsein hindurch erfaßt. Für jene Struktur ist der Anlaß, der durch das Mittelglied des reflektierten Bewußtseins erfaßt wird, gleichsam abgetrennt; um die berühmte Wendung Husserls zu benutzen: die einfache willentliche Reflexion nimmt auf Grund ihrer reflexiven Struktur die ἐποχή im Hinblick auf den Anlaß vor, sie hält ihn in der Schwebe, sie klammert ihn ein. Auf diese Weise kann so etwas Ähnliches wie ein bewertendes Nachdenken über die Tatsache anheben, daß eine tiefere Nichtung das reflexive Bewußtsein vom reflektierten Bewußtsein oder dem Antrieb trennt, und über die Tatsache, daß der Anlaß in der Schwebe ist. Wenn jedoch das Ergebnis der Reflexion, wie man weiß, darin besteht, die Kluft zu erweitern, die das Für-sich von sich selbst trennt, so ist das deswegen nicht ihr *Zweck*. Der Zweck der reflexiven Zweiteilung ist es, wie wir gesehen haben, das Reflektierte in der Weise *wiederzuerlangen*, daß jene nicht realisierbare Ganzheit «An-und-für-sich» konstituiert wird, die der vom Für-sich beim Auftauchen seines Seins gesetzte Grundwert ist. Wenn also der Wille wesentlich reflexiv ist, ist es sein Zweck nicht so sehr, zu entscheiden, welches Ziel erreicht werden soll – da ja in jeder Weise alles entschieden ist –, vielmehr erstreckt sich die tiefere Absicht des Willens auf die *Art und Weise*, in der dieses bereits gesetzte Ziel erreicht werden soll. Das Für-sich, das auf willentliche Weise existiert, will sich selbst wiedergewinnen, insofern es entscheidet und handelt. Es will nicht nur auf ein Ziel hin getragen werden und will auch nicht das sein, was sich als ein auf dieses Ziel hin Getragenes wählt: es will auch sich selbst wiedergewinnen, insofern es spontanes Sichentwerfen auf dieses oder jenes Ziel hin ist. Das Ideal des Willens ist es, ein «An-und-für-sich» zu sein, insofern es Sich-entwerfen auf ein bestimmtes Ziel hin ist: das ist offenbar ein rein reflexives Ideal und zugleich der Sinn der Befriedigung, die wir aus einem Urteil schöpfen wie: «Ich habe getan, was ich wollte.» Aber es leuchtet ein, daß die reflexive Zweiteilung im allgemeinen ihre Grundlage in einem Entwurf hat, der noch tiefer liegt als sie selbst und den wir im 3. Kapitel des zweiten Teils unseres Buches mangels eines besseren Ausdrucks «Motivation» nannten. Wir müssen nunmehr, wo wir Anlaß und Antrieb definiert haben, diesen Entwurf, der den Nebensinn der Reflexion hat, eine *Intention* nennen. In dem Maße also, in dem der Wille zu einem Fall von Reflexion wird, verlangt die Tatsache, daß die Reflexion sich, um handeln zu können, auf die Ebene des Willens begibt, als Begründung eine noch tiefere Intention. Für den Psychologen genügt es nicht, ein Subjekt zu beschreiben, wie es sein Vorhaben in der Weise willentlicher Reflexion verwirklicht; er muß auch in der Lage sein, uns jene *tiefe Intention* aufzuweisen, die bewirkt, daß das Subjekt sein Vorhaben lieber in der Weise der Wollung verwirklicht als auf irgendeine andere Weise, wobei wir uns übrigens darüber einig sind, daß irgendeine andere Bewußtseinsweise die gleiche Verwirklichung herbeigeführt hätte, da die Ziele durch einen ursprünglichen Entwurf einmal gesetzt waren. So sind wir zu einer Freiheit gelangt, die tiefer liegt als der Wille, einfach indem wir uns *anspruchsvoller* erwiesen, als die Psychologen es sind, das heißt, indem wir die Frage nach dem *Warum* dort stellten, wo jene sich damit begnügen, die Bewußtseinsweise als eine willentliche zu konstatieren.

Diese kurze Studie beabsichtigt nicht, die Frage nach dem Willen auszuschöpfen: es wäre vielmehr erforderlich, eine phänomenologische Beschreibung des Willens um seiner selbst willen zu versuchen. Das ist nicht unsere Absicht: wir hoffen aber gezeigt zu haben, daß der Wille keine bevorrechtigte Bekundung der Freiheit, sondern daß er ein psychisches Ereignis mit eigener Struktur ist, das sich auf derselben Ebene wie die anderen konstituiert und das, nicht mehr und nicht weniger als die anderen, von einer ursprünglichen und ontologischen Freiheit getragen wird.

Gleichzeitig erscheint die Freiheit als eine unanalysierbare Ganzheit: die Anlässe, Antriebe und Ziele, ebenso wie die Art und Weise, die Anlässe, Antriebe und Ziele zu erfassen, sind im Rahmen dieser Freiheit zu einer Einheit zusammengefügt und müssen von ihr aus verstanden werden. Heißt das, daß man sich die Freiheit als eine Reihe diskontinuierlicher Bewegungen vorzustellen hat, die völlig unvermutet auftreten und dem Klinamen der Epikureer[1] ähnlich sind? Habe ich die Freiheit, irgend etwas zu irgendeinem Zeitpunkt zu wollen? Und muß ich immer, wenn ich dieses oder jenes Vorhaben erläutern will, auf das Irrationale einer freien und kontingenten Wahl treffen? Solange es so aussah, als ob die Anerkennung der Freiheit diese gefährlichen und der Erfahrung völlig widersprechenden Ansichten zur Folge habe, haben sich gute Köpfe vom Glauben an die Freiheit abgewendet: man hat sogar behaupten können, daß der Determinismus – falls man sich davor hütet, ihn mit dem Fatalismus zu vermengen – «menschlicher» sei als die Theorie von der Wahlfreiheit: wenn er nämlich die strenge Bedingtheit unserer Akte hervorhebt, so verleiht er wenigstens einem jeden einen *Grund*, und wenn er sich streng auf das Psychische beschränkt und darauf verzichtet, nach einer Bedingtheit im Insgesamt der Welt zu suchen, so zeigt er, daß der Grund unserer Akte in uns selbst liegt: wir handeln, wie wir sind, und unsere Handlungen tragen dazu bei, uns zu gestalten.

Indessen wollen wir nun die wenigen gesicherten Ergebnisse, die unsere Untersuchung uns geliefert hat, von größerer Nähe betrachten. Wir haben gezeigt, daß die Freiheit mit dem Sein des Für-sich eine Einheit bildet: die menschliche Realität ist genau in dem Maße frei, in dem sie ihr eigenes Nichts zu sein hat. Dieses Nichts hat sie, wie wir gesehen haben, in mehrfacher Hinsicht zu sein: zunächst, in-

1 Vgl. die Anmerkung auf Seite 513. (Anmerkung des Übersetzers)

dem sie sich zeitigt, das heißt, indem sie immer von sich selbst entfernt ist, wozu auch gehört, daß sie sich niemals von ihrer Vergangenheit zu diesem oder jenem Akt bestimmen lassen kann – ferner, indem sie als Bewußtsein von etwas und (von) sich selbst auftaucht, das heißt, indem sie Anwesenheit bei sich und nicht einfach sie ist, wozu auch gehört, daß im Bewußtsein nichts existiert, das nicht Existenzbewußtsein wäre, und daß infolgedessen nichts außerhalb des Bewußtseins Liegendes es motivieren kann – endlich, indem die menschliche Realität Transzendenz ist, das heißt nicht irgend etwas, das *zunächst* vorhanden wäre, um sich *dann* mit diesem oder jenem Ziel in Verbindung zu setzen, sondern daß sie im Gegenteil ein Sein ist, das ursprünglich pro-jectum ist, das heißt, das durch sein Ziel definiert wird.

So denken wir keineswegs daran, hier von etwas Willkürlichem oder Launenhaftem zu reden: sondern wir nennen ein freies Daseiendes ein solches, das, wie das Bewußtsein, notwendigerweise von allen anderen geschieden ist, denn diese stehen nur in dem Maße mit ihm in Verbindung, in dem sie *für es* sind, das über seine in Gestalt der Überlieferung auftretende Vergangenheit im Lichte seiner Zukunft entscheidet, anstatt seine Gegenwart ganz einfach von ihr determinieren zu lassen, und das sich das, was es ist, durch *etwas anderes als es selbst* verkünden läßt, nämlich durch sein Ziel, das es nicht ist und das es von der anderen Seite der Welt her entwirft. Das bedeutet in keiner Weise, daß ich die Freiheit habe aufzustehen oder mich hinzusetzen, einzutreten oder fortzugehen, zu fliehen oder der Gefahr standzuhalten, wenn man nämlich unter Freiheit eine rein launenhafte, gesetzlose, grundlose und unverstehbare Kontingenz versteht. Wohl ist jeder meiner Akte, auch der geringfügigste, völlig frei in dem Sinne, den wir eben angegeben haben; aber das bedeutet nicht, daß dieser Akt *irgendeiner* sein kann oder daß er auch nur unvorhersehbar ist. Wenn man ihn indessen, so wird man einwenden, *weder* vom Zustand der Welt aus verstehen kann, *noch* vom Insgesamt meiner als unabänderliche Sache aufgefaßten Vergangenheit aus, wie wäre es dann möglich, daß er nicht grundlos ist? Sehen wir genauer zu.

Für die landläufige Meinung bedeutet frei sein nicht nur, sich wählen. Die Wahl heißt frei, wenn sie so ist, daß sie auch anders ausfallen kann, als sie ausfällt. Ich befinde mich mit Kameraden auf einem Ausflug. Nachdem wir mehrere Stunden marschiert sind, wächst meine Müdigkeit und wird mir sehr lästig. Zunächst kämpfe ich dagegen an, und dann lasse ich mich plötzlich gehen, gebe nach, werfe meinen Rucksack an den Straßenrand und lasse mich daneben ins Gras fallen. Man tadelt meine Handlungsweise, und man denkt dabei daran, daß ich frei war, das heißt nicht nur, daß nichts und niemand mein Tun determiniert hat, sondern auch, daß ich gegen meine Müdigkeit noch weiter hätte ankämpfen können, daß ich es hätte machen können wie meine Weggenossen und bis zum Rastplatz warten, um mich auszuruhen. Ich verteidige mich und erkläre, daß ich *zu* müde war. Wer hat recht? Oder vielmehr, geht die Auseinandersetzung nicht auf der falschen Ebene vor sich? Es herrscht kein Zweifel darüber, daß ich hätte anders handeln können, aber darum dreht es sich gar nicht. Das Problem ist vielmehr folgendes: konnte ich anders handeln, ohne die gegliederte Ganzheit der Entwürfe, die ich bin, spürbar zu verändern, oder aber kann nicht das Faktum eines Widerstandes gegen meine Müdigkeit, statt eine bloß begrenzte und zufällige Abwandlung meines Verhaltens zu sein, nur mit Hilfe einer radikalen Umbildung meines In-der-Welt-Seins entstehen – einer übrigens *möglichen* Umbildung? Anders ausgedrückt: ich hätte anders handeln können, zugegeben; aber *um welchen Preis?*

Auf diese Frage werden wir zunächst mit einer *theoretischen* Darstellung antworten, die es uns ermöglichen wird, das Prinzipielle an unserer These zu erfassen. Wir werden dann sehen, ob die konkrete Wirklichkeit sich nicht als verwickelter erweist und ob sie, ohne den Ergebnissen unserer theoretischen Untersuchung zu widersprechen, uns nicht dazu führen wird, diese Ergebnisse geschmeidiger zu machen und reicher auszugestalten.

Zunächst wollen wir zur Kenntnis nehmen, daß die Müdigkeit als solche nicht meinen Entschluß herbeiführen kann. Sie ist – wie wir anläßlich des physischen Schmerzes gesehen haben – nur die Art und Weise, in der ich meinen Leib existiere. Sie bildet zunächst nicht den Gegenstand eines setzenden Bewußtseins, sondern ist die Faktizität meines Bewußtseins. Wenn ich also durch das Land wandere, so enthüllt sich mir die Welt um mich herum, sie ist der Gegenstand meines Bewußtseins, sie transzendiere ich auf Möglichkeiten hin, die meine eigenen sind – zum Beispiel die, heute abend in dem Orte anzukommen, den ich mir vorgenommen habe. Allein in dem Maße, in dem ich diese Landschaft mit meinen Augen, die die Entfernungen entfalten, erfasse, mit meinen Beinen, die mich die Steigungen hinauftragen und dadurch neue Landschaften und neue Hindernisse auftauchen und verschwinden lassen, mit meinem Rücken, der den Rucksack trägt, habe ich in Form von Müdigkeit ein nichtsetzendes Bewußtsein (von) diesem Leib, der meine Zusammenhänge mit der Welt regelt und mein Eingesetztsein in der Welt bedeutet. Objektiv und in Korrelation zu diesem nichtsetzenden Bewußtsein enthüllen sich die Straßen als endlos, die Abhänge als *steiler,* die Sonne als heißer usw. Aber ich *denke* meine Müdigkeit noch nicht, ich erfasse sie nicht als Quasi-Objekt meiner Reflexion. Es kommt indessen ein Augenblick, wo ich sie zu betrachten und in meinen Besitz zu bringen suche: gerade von dieser Intention muß eine Deutung gegeben werden. Inzwischen wollen wir die Intention als das nehmen, was sie ist. Sie ist keine kontemplative Erfassung meiner Müdigkeit: sondern – anläßlich des Schmerzes haben wir es gesehen – ich *erleide* meine Müdigkeit. Das heißt, daß ein reflexives Bewußtsein sich auf meine Müdigkeit richtet, um sie zu erleben und ihr einen Wert und eine praktische Beziehung zu mir selbst zu verleihen. Nur auf dieser Ebene scheint mir die Müdigkeit erträglich oder unerträglich. Niemals wird sie etwas dergleichen an sich sein, sondern das auftauchende reflexive Für-sich erleidet die Müdigkeit als eine unerträgliche. Hier erhebt sich die wesentliche Frage: meine Weggenossen sind gesund und kräftig wie ich, sie sind auch ungefähr so trainiert wie ich, so daß ich, auch wenn es unmöglich ist, psychische, in verschiedenen Subjektivitäten ablaufende Ereignisse zu *vergleichen,* ohne weiteres zu dem Schluß komme – und die Zeugen schließen gemäß einer objektiven Betrachtung unserer Für-Andere-Körper –, daß sie ungefähr «ebenso müde sind wie ich». Woher kommt es also, daß sie ihre Müdigkeit anders als ich erleiden? Man wird sagen, der Unterschied komme daher, daß «ich verweichlicht bin» und daß sie es nicht sind. Aber diese Bewertung kann uns in unserem Falle nicht befriedigen, wenn sie auch eine unleugbar praktische Bedeutung hat und man sie heranziehen kann, falls es um die Entscheidung geht, ob man mich zu einem anderen Ausflug einladen soll oder nicht. Wir haben ja gesehen: ehrgeizig sein heißt, sich vornehmen, einen Thron oder Ehren zu erobern; nicht eine *Gegebenheit* treibt zu der Eroberung, vielmehr diese Eroberung selbst. Ebenso kann «verweichlicht sein» nicht eine faktische Gegebenheit sein, sondern sie ist nur ein Name für die Art und Weise, in der ich meine Müdigkeit erleide. Wenn man also verstehen will, unter welchen Bedingungen ich eine Müdigkeit als unerträglich erleiden kann, darf man sich nicht an angeblich faktische Gegebenheiten wenden, die sich als weiter nichts als Inhalte einer Wahl erweisen, sondern man muß versuchen, diese Wahl selbst zu prüfen und zuzusehen, ob sie sich nicht unter dem Gesichtswinkel einer umfassenderen Wahl erklärt, in die sie sich als eine Unterstruktur einfügt. Wenn ich nämlich einen jener Kameraden befrage, so wird er mir erklären, daß er zwar müde sei, daß er aber seine Müdigkeit liebe: er überläßt sich ihr wohlig, sie scheint ihm in gewisser Beziehung das geeignetste Instrument zu sein, um die ihn umgebende Welt zu entdecken, um sich der steinigen Rauheit der Wege anzupassen, um den «Gebirgs»-Wert der Abhänge zu entdecken; dasselbe ist es mit jenem leichten Sonnenbrand in seinem Nacken und mit jenem leichten Ohrensausen, die es ihm möglich machen, eine direkte Verbindung mit der Sonne herzustellen. Und schließlich bedeutet für ihn das Gefühl der Anstrengung das der überwundenen Müdigkeit. Aber da seine Müdigkeit nichts anderes ist als seine Passion, die er erträgt, damit der Staub der Wege, die Verbrennungen durch die Sonne, die Rauheit der Straßen in ihren höchsten Graden existieren können, ist seine Anstrengung (d. h. jene sanfte Vertrautheit mit seiner Müdigkeit, die er liebt, der er sich hingibt und die er dennoch in der Hand hat) ihm als eine Weise gegeben, sich das Gebirge anzueignen, sie bis zum Äußersten zu ertragen und sie zu besiegen. Im nächsten Kapitel werden wir sehen, welchen Sinn das Wort «haben» hat und in welchem Ausmaße *machen* das Mittel ist, *sich etwas anzueignen.* So wird die Müdigkeit meines Kameraden erlebt innerhalb eines ausgedehnteren Sichentwerfens zu einer vertrauensvollen Hingabe an die Natur, einer willkommenen Passion, damit jene um so stärker existieren kann, und gleichzeitig zu ihrer Beherrschung und Aneignung. Nur innerhalb und mittels dieses Entwurfes kann sie verstanden werden und hat sie für ihn Bedeutung. Aber diese Bedeutung und dieser ausgedehntere und tiefere Entwurf sind von sich aus noch «unselbständig». Sie genügen sich nicht. Denn sie setzen eben eine besondere Beziehung meines Kameraden einerseits zu seinem Leib, andererseits zu den Dingen voraus. Es ist tatsächlich leicht einzusehen, daß es ebensoviel Weisen gibt, seinen Leib zu existieren, wie es Für-sich gibt, obwohl natürlich gewisse ursprüngliche Strukturen unveränderlich sind und in jedem einzelnen die menschliche Realität konstituieren: wir werden uns an anderer Stelle mit dem beschäftigen, was man ungenau die Beziehung des Individuums zur Art genannt hat, sowie mit den Bedingungen einer allgemeingültigen Wahrheit. Vorläufig können wir schon auf Grund tausender bedeutungsvoller Vorfälle verstehen, daß es zum Beispiel einen gewissen Typus von Flucht vor der Faktizität gibt, der gerade darin besteht, sich dieser Faktizität hinzugeben, das heißt, im großen und ganzen zu ihr Vertrauen zu fassen und sie zu lieben, um zu versuchen, sie in Besitz zu bekommen. Dieser ursprüngliche Entwurf einer Inbesitznahme ist also gewissermaßen eine Wahl, die das Für-sich in Gegenwart des Seinsproblems mit sich selbst anstellt. Sein Entwurf bleibt eine Nichtung, aber diese Nichtung kommt auf das von ihr genichtete An-sich zurück und gibt sich durch eine eigenartige Wertsteigerung der Faktizität zu erkennen. Das drücken namentlich jene Tausende von Verhaltensweisen aus, die man *Hingabe* nennt. Sich der Müdigkeit, der Hitze, dem Hunger und dem Durst hingeben, sich mit Wollust in einen Sessel oder auf ein Bett fallen lassen, sich entspannen, versuchen, sich vom eigenen Leib aufsaugen zu lassen, aber nicht, wie beim Masochismus, unter den Augen des Anderen, sondern in der ursprünglichen Einsamkeit des Für-sich, alle diese Verhaltensweisen lassen sich nie für sich allein betrachten, und wir fühlen das auch deutlich, denn auf einen Anderen wirken sie je nachdem aufreizend oder anziehend: ihre Voraussetzung ist ein erster Entwurf zu einer Inbesitznahme des Leibes, das heißt ein Versuch, das Problem des Absoluten (des An-und-für-sich) zu lösen. Diese erste Form eines Entwurfes kann sich selbst auf eine tiefgehende Duldung der Faktizität beschränken: der Entwurf, sich «zu Leib werden zu lassen» würde dann die Bedeutung einer glücklichen Hingabe an tausend kleine vorübergehende Genüsse haben, an tausend Begierden, an tausend Schwächen. Man möge sich an Mister Bloom in «Ulysses» von Joyce erinnern, der, während er seinen natürlichen Bedürfnissen nachkommt, mit Vergnügen «den intimen Geruch, der unter ihm aufsteigt», in die Nase zieht. Aber es kann auch vorkommen – und dies ist der Fall bei meinem Kameraden –, daß das Für-sich danach strebt, mittels des Leibes und mittels der Willfährigkeit dem Leibe gegenüber die Ganzheit des Nicht-Bewußten wiederzuerlangen, das heißt die Welt als solche, die das Insgesamt der materiellen *Dinge* ist. In diesem Falle ist die in Rede stehende Synthese des An-sich mit dem Für-sich die gleichsam pantheistische Synthese der Ganzheit des An-sich mit dem Für-sich, das dieses An-sich wieder in Besitz nimmt. Der Leib ist dabei das Werkzeug der Synthese: er verliert sich zum Beispiel in die Müdigkeit, damit dieses An-sich so stark wie möglich existiere. Und da das Für-sich den Leib als den *seinigen* existiert, fällt für das Für-sich jene Passion des Leibes zusammen mit dem Entwurf, das An-sich «existieren zu lassen». Diese Haltung – die diejenige eines meiner Weggenossen ist – kann als Ganzes durch das dunkle Gefühl einer Art Mission zum Ausdruck kommen: er macht diesen Ausflug, weil das Gebirge, in dem er herumklettern, und die Wälder, in denen er herumstreifen wird, *existieren*, und er hat die Mission, der zu sein, durch den ihr Sinn offenbar wird. Und dadurch versucht er, der zu sein, der sie in ihrer Existenz überhaupt begründet. Wir werden im nächsten Kapitel auf die Aneignungsbeziehung des Für-sich zur Welt zurückkommen, aber jetzt verfügen wir noch nicht über die notwendigen Kenntnisse, um sie völlig aufhellen zu können. Auf Grund unserer Untersuchung scheint es aber auf jeden Fall evident zu sein, daß die Art und Weise, in der mein Kamerad seine Müdigkeit *erleidet*, um begriffen zu werden notwendigerweise eine regressive Analyse erfordert, die uns bis zu einem ersten Entwurf führt. Ist dieser Entwurf, den wir angedeutet haben, diesmal «selbständig»? Sicher – und es ist leicht, sich davon zu überzeugen: wir haben nämlich, immer weiter rückwärts schreitend, denjenigen ursprünglichen Zusammenhang des Für-sich mit seiner Faktizität und der Welt erreicht, den das Für-sich wählt. Aber dieser ursprüngliche Zusammenhang ist nichts anderes als eben das In-der-Welt-Sein des Für-sich, insofern dieses In-der-Welt-Sein

Wahl ist, das heißt, wir haben den Typus der ursprünglichen Nichtung erreicht, mit deren Hilfe das Für-sich sein eigenes Nichts zu sein hat. Von da aus kann keine weitere Deutung versucht werden, denn sie müßte das In-der-Welt-Sein des Für-sich implizite voraussetzen, so wie alle Versuche, den Satz des Euklid zu beweisen, die Gültigkeit dieses Satzes implizite vorausgesetzt haben.

Demzufolge würde sich, wenn ich zur Deutung der Art und Weise, in der ich meine Müdigkeit erleide, die gleiche Methode benutze, in mir zunächst ein Mißtrauen gegen meinen Leib vorfinden – zum Beispiel – eine Art von «mit ihm nichts zu schaffen haben» wollen, nichts von ihm halten, was für mich einfach eine der vielen möglichen Weisen ist, *meinen Leib zu existieren.* Ich würde ohne Mühe ein analoges Mißtrauen gegenüber dem An-sich entdecken und, zum Beispiel, einen ursprünglichen Entwurf, das An-sich, das ich nichte, *durch Vermittlung der Anderen* zurückzuerlangen, was mich auf einen der ersten Entwürfe verweist, wie wir sie im vorhergehenden Teil des Buches aufgezählt haben. Demzufolge würde meine Müdigkeit, anstatt «anschmiegsam» ertragen zu werden, als «hart» ergriffen werden, wie ein unwillkommenes Phänomen, das ich mir vom Halse schaffen will – und dies einfach deshalb, weil sie meinen Leib und meine naturhafte Kontingenz «inmitten» der Welt verkörpert, während es doch meine Absicht ist, meinen Leib und meine Anwesenheit «in der» Welt durch die Blicke der Anderen in Sicherheit bringen zu lassen. Ich selbst werde also auch auf meinen ursprünglichen Entwurf verwiesen, das heißt auf mein In-der-Welt-Sein, sofern dieses Sein Wahl ist.

Wir verheimlichen uns nicht, wieviel die Methodik dieser Analyse zu wünschen übrigläßt. Auf diesem Gebiet ist nämlich alles noch zu tun: tatsächlich kommt es darauf an, die von einem Akt – von *jedem* Akt – mit ins Spiel gebrachten Bedeutungen herauslösen und von da zu reicheren und tieferen Bedeutungen überzugehen, bis man auf eine Bedeutung trifft, die keine andere Bedeutung in sich begreift und nur auf sich selbst verweist. Diese rückwärts schreitende Dialektik wird von der Mehrzahl der Menschen spontan vorgenommen, man kann sogar feststellen, daß im Bewußtsein von sich selbst oder vom Anderen ein spontanes Verstehen der Rangordnung dieser Deutungen gegeben ist. Eine Geste verweist auf eine «Weltanschauung», und wir *fühlen* sie. Aber niemand hat versucht, systematisch die von einem Akt ins Spiel gebrachten Bedeutungen freizulegen. Eine einzige Schule ist von demselben, von vorn herein evidenten Tatbestand ausgegangen, wie wir: das ist die Schule Freuds. Für Freud kann, wie für uns, ein Akt nicht für sich allein untersucht werden: er verweist unmittelbar auf tiefer liegende Strukturen. Und die Psychoanalyse ist die Methode, die es ermöglicht, diese Strukturen explizit zu machen. Freud fragt sich wie wir: unter welchen Bedingungen ist es möglich, daß diese Person diese besondere Tat vollbracht hat? Und wie wir weigert er sich, die Tat mittels des vorhergehenden Momentes zu deuten, das heißt einen horizontalen psychischen Determinismus anzunehmen. Der Akt scheint ihm *symbolisch* zu sein, das heißt einem tiefer liegenden Begehren Ausdruck zu geben, das selber nur auf dem Boden einer anfänglichen Determinierung des Subjektes durch die Libido gedeutet werden kann. Allerdings gelangt Freud auf diese Weise dazu, einen vertikalen Determinismus zu schaffen. Außerdem aber verweist seine Auffassung mit Notwendigkeit, und zwar infolge dieses Kunstgriffes, auf die Vergangenheit des Subjektes. Für ihn bildet die Erregbarkeit die Basis des Aktes in Gestalt psycho-physiologischer Triebe. Aber diese Erregbarkeit ist ursprünglich bei jedem von uns eine tabula rasa: es sind die äußeren Umstände, und es ist, um gleich alles zu sagen, die *Geschichte* des Subjektes, die darüber entscheidet, ob dieses oder jenes Begehren sich an dieses oder jenes Objekt heftet. Die Situation des Kindes inmitten seiner Angehörigen bestimmt in diesem die Entstehung des Ödipuskomplexes: in anderen Gesellschaften, die aus Familien eines anderen Typs zusammengesetzt sind – und, wie man beobachtet hat, bei den Naturvölkern der Koralleninseln im Stillen Ozean –, kann sich dieser Komplex nicht bilden. Darüber hinaus sind es auch äußere Umstände, die darüber entscheiden, ob dieser Komplex im Pubertätsalter «liquidiert wird» oder ob er nicht der Pol des Sexuallebens bleibt. In dieser Weise und wegen der Zuhilfenahme der Geschichte verläuft die Achse des vertikalen Determinismus Freuds weiterhin horizontal. Gewiß drückt so ein symbolischer Akt ein darunterliegendes, gleichzeitiges Begehren aus, ebenso wie das Begehren von einem noch tiefer liegenden Komplex Kunde gibt, und zwar innerhalb der Einheit ein und desselben psychischen Ablaufs; aber der Komplex ist deswegen doch vor seiner symbolischen Offenbarung vorhanden, und die Vergangenheit ist es, die ihn als solchen gemäß den klassischen Verknüpfungen (Übertragung, Verdichtung usw.) konstituiert hat, was wir nicht nur in der Psychoanalyse, sondern in allen Versuchen, das psychische Leben deterministisch wiederzugeben, erwähnt finden. Infolgedessen existiert die Dimension des Zukünftigen in der Psychoanalyse nicht. Die menschliche Realität büßt eine ihrer Ekstasen ein und soll allein durch Rückgang zum Vergangenen von der Gegenwart aus gedeutet werden. Gleichzeitig haben die Grundstrukturen des Subjekts, die durch seine Akte ihre Bedeutung erhalten, nicht *für dieses* ihre Bedeutung, sondern für einen objektiven Zeugen, der eine diskursive Methode benutzt, um diese Bedeutungen explizit zu machen. Dem Subjekt wird kein vorontologisches Verständnis des Sinnes seiner Akte zugestanden. Und das ist ziemlich leicht zu verstehen, denn diese Akte sind trotz allem nur eine Auswirkung des Vergangenen – was grundsätzlich unerreichbar ist – und versuchen nicht, ihren Zweck in die Zukunft zu verlegen.

Deshalb müssen wir uns damit begnügen, uns von der psychoanalytischen *Methode* leiten zu lassen, das heißt, wir müssen versuchen, die Bedeutungen eines Aktes freizulegen, indem wir dabei von dem Grundsatz ausgehen, daß jede Handlung, auch die unbedeutendste, nicht bloße Auswirkung des vorhergehenden psychischen Zustands ist und zu einem linearen Determinismus gehört, sondern daß sie sich, im Gegenteil, als Nebenstruktur in umfassende Strukturen einfügt und schließlich in die Ganzheit, die ich bin. Andernfalls müßte ich mich nämlich als einen horizontalen Strom von Phänomenen begreifen, von denen jedes außenweltlich durch das vorhergehende bedingt ist – oder als eine Substanz, die das Abfließen trägt, das nun aber jedes Sinnes seiner Modi beraubt wäre. Diese beiden Auffassungen würden uns dahin zurückbringen, das Für-sich mit dem An-sich zu vermengen. Aber wenn wir uns die Methode der Psychoanalyse zu eigen machen – und wir kommen im nächsten Kapitel ausführlich auf sie zurück –, so müssen wir sie *im umgekehrten Sinne* anwenden. Wir fassen jeden Akt als ein *verstehbares* Phänomen auf, und ebensowenig wie Freud lassen wir den deterministischen «Zufall» gelten. Aber statt das betreffende Phänomen von der Vergangenheit aus zu begreifen, fassen wir den verstehbaren Akt als eine Rückkehr des Zukünftigen zum Gegenwärtigen auf. Die Art und Weise, in der ich meine Müdigkeit erleide, hängt keineswegs davon ab, daß der Abhang, den ich hinaufklettere, zufällig steil ist oder daß ich zufällig eine mehr oder weniger bewegte Nacht hinter mir habe: diese Dinge können zur Entstehung meiner Müdigkeit beitragen, aber nicht zu der Art und Weise, in der ich unter ihr leide. Wir weigern uns auch, in ihr, wie ein Schüler Adlers es tut, zum Beispiel den Ausdruck eines Minderwertigkeitskomplexes zu sehen, sofern dieser sich in früherer Zeit gebildet hätte. Wir bestreiten nicht, daß es eine gewisse wütende und trotzige Art gibt, gegen die Müdigkeit zu kämpfen, und daß eine solche Art das ausdrücken kann, was man Minderwertigkeitskomplex nennt. Aber dieser Minderwertigkeitskomplex selbst ist ein Sichentwerfen meines eigenen Für-sich in der Welt in Gegenwart des Anderen. Als solcher ist er immer Transzendenz, als solcher ist er auch eine Art, sich zu wählen. Diese Minderwertigkeit, gegen die ich kämpfe und die ich trotzdem anerkenne, habe ich von Anfang an *gewählt;* ohne Zweifel erhält sie durch meine verschiedenen «scheiternden Verhaltensweisen» ihre Bedeutung, aber sie ist eben doch nichts anderes als die gegliederte Ganzheit meiner scheiternden Verhaltensweisen als entworfener Plan, als allgemeine Devise meines Seins, und jede scheiternde Verhaltensweise ist selbst Transzendenz, da ich jedesmal das Reale auf meine Möglichkeiten hin überschreite: der Müdigkeit nachgeben bedeutet zum Beispiel, den noch zurückzulegenden Weg transzendieren und für ihn den Sinn eines «Weges, den zurückzulegen zu schwer ist», erschaffen. Unmöglich kann man über das Minderwertigkeitsgefühl ernsthafte Erwägungen anstellen, ohne es von der Zukunft und von meinen Möglichkeiten aus zu bestimmen. Auch Feststellungen wie «ich bin häßlich», «ich bin dumm» usw. sind von Natur aus Antizipationen. Es handelt sich nicht um die reine Feststellung meiner Häßlichkeit, sondern um die Erfassung des Feindseligkeitskoeffizienten, den die Frauen darstellen oder die Gesellschaft für meine Unternehmungen. Und das kann mir nur durch die und in der Auswahl dieser Unternehmungen aufgedeckt werden. Also ist der Minderwertigkeitskomplex freies und umfassendes Sichentwerfen meiner selbst als eines, der dem Anderen unterlegen ist, er ist die Art, in der ich es erwähle, mein Für-Andere-Sein auf mich zu nehmen, er ist die frei gewählte Lösung, die ich dem Problem der Existenz des Anderen, diesem unüberbietbaren Skandal, gebe. Demnach hat man also meine Minderwertigkeitsreaktionen und meine scheiternden Verhaltensweisen zu verstehen von dem freien Entwurf meiner Minderwertigkeit als einer Wahl meiner selbst in der Welt aus. Wir gestehen den Psychoanalytikern zu, daß jede menschliche Reaktionsweise *a priori* verstehbar ist. Aber wir werfen ihnen vor, gerade diese anfängliche «Verstehbarkeit» verkannt zu haben, wenn sie versuchen, die in Frage stehende Reaktion durch eine frühere Reaktion zu erklären, was den kausalen Mechanismus wiederherstellt: das Verständnis muß in anderer Weise definiert werden. Verstehbar ist jede Handlung als Entwurf ihrer selbst auf ein Mögliches hin. Sie ist zunächst verstehbar, insoweit sie einen rationalen, unmittelbar erfaßbaren Inhalt zeigt – ich lege meinen Rucksack auf die Erde, *um* mich einen Augenblick auszuruhen –, das heißt, insoweit wir unmittelbar das Mögliche erfassen, das sie plant, und das Ziel, das sie anvisiert. Sie ist ferner dadurch verstehbar, daß das betreffende Mögliche auf andere Möglichkeiten verweist, diese wieder auf andere und so fort bis auf die äußerste Möglichkeit, die ich bin. Und das Verstehen geschieht in zwei entgegengesetzten Richtungen: mittels einer regressiven Psychoanalyse geht man vom fraglichen Akt zurück bis zu meiner äußersten Möglichkeit – mittels einer synthetischen Progression gelangt man von dieser äußersten Möglichkeit wieder hinauf zum fraglichen Akt und erfaßt sein Eingefügtsein in der ganzheitlichen Gestalt.

Diese Gestalt, die wir unsere äußerste Möglichkeit nennen, ist nicht *ein* Mögliches unter anderen – sei es auch, wie Heidegger will, die Möglichkeit, zu sterben, oder «des Nicht-mehr-dasein-Könnens». Jede besondere Möglichkeit bildet nämlich ein Glied in einem Insgesamt. Man muß daher jene äußerste Möglichkeit als vereinigende Synthese aller unserer aktuellen Möglichkeiten verstehen; jede dieser Möglichkeiten ruht im Zustand der Undifferenziertheit in der äußersten Möglichkeit, bis ein besonderer Umstand sie heraushebt, ohne deswegen ihre Zugehörigkeit zur Ganzheit zu beseitigen. Wir haben ja im zweiten Teil unseres Buches[1] darauf hingewiesen, daß die wahrnehmende Erfassung irgendeines Gegenstandes auf dem *Hintergrunde der Welt* erfolgt. Dadurch wurde klar, daß dasjenige, was die Psychologen «Wahrnehmung» zu nennen pflegen, nicht auf die in einem bestimmten Zeitpunkt eigentlich «gesehenen», «gehörten» usw. Gegenstände beschränkt werden kann, sondern daß die fraglichen Gegenstände durch Verflechtungen und verschiedenartige Bedeutungen auf diejenige Ganzheit des Seienden an sich verweisen, *von der aus sie* erfaßt wurden. Es stimmt also nicht, daß ich von diesem Tisch aus nach und nach zu dem Zimmer gelange, in dem ich bin, dann, beim Hinausgehen, in den Vorsaal, auf die Treppe, auf die Straße, um schließlich als das Ergebnis eines Übergangs zur Grenze die Welt als Summe alles Seienden zu begreifen. Ganz im Gegenteil kann ich irgendein Zeug nur von der absoluten Ganzheit alles Seienden aus wahrnehmen, denn mein erstes Sein ist mein In-der-Welt-Sein. Daher finden wir in den Sachen, sofern es *Sachen «gibt»*, einen fortwährenden Ruf nach Integration vor, der es bewirkt, daß wir, um die Sachen zu erfassen, von der totalen und unmittelbar realisierten Integration herabsteigen zur besonderen Struktur, die nur in Beziehung zu jener Totalität gedeutet werden kann. Aber wenn es andererseits eine Welt *gibt,* so deshalb, weil wir zur Welt mit einem Male und als Ganzheit auftauchen. Wir haben ja in dem der Transzendenz gewidmeten Kapitel darauf aufmerksam gemacht, daß das An-sich von sich allein aus unfähig ist, mit irgend etwas in der Welt eins zu werden. Unser Auftauchen aber ist eine Passion deswegen, weil wir uns in der Nichtung verlieren, auf daß eine Welt existiere. Daher ist das Urphänomen des Seins in der Welt die ursprüngliche Beziehung zwischen der Ganzheit des An-sich bzw. der Welt zu meiner eigenen Ganzheit: ich erwähle mich als ganzen in einer ganzen Welt. Und ebenso gelange ich *von* der Welt *zu* einem besonderen «dies-da», ich gelange von mir als unganzer Ganzheit zum Entwurf einer meiner besonderen Möglichkeiten, da ich ein besonderes «dies-da» auf dem Hintergrunde der Welt nur gelegentlich eines besonderen Sichentwerfens meiner selbst

1 Vgl. Seite 249 ff.

erfassen kann. Ebenso aber wie ich in diesem Falle jenes «dies-da» auf dem Hintergrunde der Welt nur erfassen kann, indem ich es auf diese oder jene Möglichkeit hin überschreite, kann ich mich über das «dies-da» hinaus auf diese oder jene Möglichkeit hin nur auf dem Hintergrunde meiner äußersten und ganzen Möglichkeit entwerfen. So sind also meine äußerste und ganze Möglichkeit als ursprüngliche Integration aller meiner besonderen Möglichkeiten einerseits, die Welt als die Ganzheit, die durch mein Zum-Sein-Auftauchen zu den Seienden kommt andererseits, zwei streng korrelative Begriffe. Nur auf dem Hintergrunde der Welt kann ich den Hammer wahrnehmen (das heißt, das «Hämmern» entwerfen); umgekehrt kann ich diesen Akt des «Hämmerns» nur auf dem Hintergrund der Ganzheit meiner selbst und nur von ihr aus entwerfen.

So haben wir nun den grundlegenden Akt der Freiheit gefunden; er gibt dem besonderen Tun, das zu betrachten ich veranlaßt sein kann, seinen Sinn: dieser ständig wiederholte Akt unterscheidet sich nicht von meinem Sein; er ist Wahl meiner selbst in der Welt und gleichzeitig Entdeckung der Welt. Dies ermöglicht es uns, der Klippe des Unbewußten auszuweichen, auf die die Psychoanalyse bei Beginn ihrer Arbeit stieß. Wenn nichts im Bewußtsein ist, was nicht Seinsbewußtsein ist – so könnte man uns tatsächlich entgegenhalten –, muß diese grundlegende Wahl *bewußte* Wahl sein; aber kann einer denn, wenn er der Müdigkeit nachgibt, behaupten, daß er aller der Verflechtungen bewußt ist, die jener Akt voraussetzt? Wir antworten, daß wir ihrer vollkommen bewußt sind. Allerdings muß dieses Bewußtsein selbst die Struktur des Bewußtseins überhaupt und der Wahl, die wir treffen, zur Grenze haben.

Was diese letztere betrifft, so ist die Tatsache zu betonen, daß es sich keineswegs um eine überlegte Wahl handelt. Und zwar nicht, weil sie *weniger* bewußt oder *weniger* explizit wäre als eine Überlegung, sondern weil sie im Gegenteil die Grundlage jeder Überlegung ist und weil eine Überlegung, wie wir gesehen haben, eine Deutung von einer ursprünglichen Wahl aus erfordert. Man muß sich also vor einer Täuschung hüten, die aus der ursprünglichen Freiheit eine *Setzung* von Anlässen und Antrieben, als seien es *Objekte*, macht und dann einen *Beschluß*, der auf diesen Anlässen und Antrieben beruht. Ganz im Gegenteil liegt, sobald Anlaß und Antrieb, das heißt Einschätzung von Dingen und Weltstrukturen, vorhanden sind, bereits Setzung von Zielen vor und infolgedessen Wahl. Aber das bedeutet nicht, daß die grundlegende Wahl deshalb unbewußt wäre. Sie ist eins mit dem Bewußtsein, das wir von uns selbst haben. Dieses Bewußtsein kann bekanntlich nur nichtsetzend sein: es ist Wirbewußtsein, denn es unterscheidet sich nicht von unserem Sein. Und da unser Sein eben unsere ursprüngliche Wahl ist, ist das Bewußtsein (von) Wahl identisch mit dem Bewußtsein, das wir (von) uns haben. Man muß bewußt sein, um wählen, und man muß wählen, um bewußt sein zu können. Wahl und Bewußtsein sind ein und dasselbe. Das haben viele Psychologen gefühlt, wenn sie erklärten, das Bewußtsein sei «Auswahl». Aber da sie diese Auswahl nicht auf ihre ontologische Grundlage zurückführten, blieben sie auf einer Ebene stehen, wo die Auswahl als eine grundlose Funktion eines im übrigen substantiellen Bewußtseins erschien. Das könnte man besonders Bergson zum Vorwurf machen. Aber wenn es feststeht, daß das Bewußtsein Nichtung ist, begreift man, daß Bewußtsein von uns selbst haben und uns wählen eins sind. Das erklärt die Schwierigkeiten, denen Moralphilosophen wie Gide begegneten, wenn sie die reinen Gefühle definieren wollten. Welchen Unterschied gibt es, so fragt Gide [1], zwischen einem gewollten und einem *empfundenen* Gefühl? In Wirklichkeit gibt es keinen; «lieben wollen» und lieben sind eins, denn lieben heißt, sich als Liebenden wählen und sich dabei des Liebens bewußt werden. Wenn das πάθος frei ist, ist es Wahl. Wir haben oft genug darauf aufmerksam gemacht – insbesondere in dem Kapitel über die Zeitlichkeit –, daß das cartesianische cogito erweitert werden muß. Tatsächlich bedeutet, wie wir gesehen haben, Bewußtsein (von) sich gewinnen niemals, Bewußtsein vom gegenwärtigen Augenblick gewinnen, denn dieser wird nur vom Geiste gesehen, und ein Bewußtsein, das sich im gegenwärtigen Augenblick, wenn es ihn geben sollte, ergriffe, würde weiter *nichts* ergreifen. Ich kann Bewußtsein von mir nur als von einem *bestimmten* Menschen gewinnen, der in diese oder jene Unternehmung verwickelt ist, der mit diesem oder jenem Erfolg rechnet, der dieses oder jenes Ende fürchtet und der durch das Insgesamt dieser Antizipationen sein ganzes *Gesicht* entwirft. Und so ergreife ich mich auch in diesem Augenblick, wo ich schreibe; ich bin nicht bloß das wahrnehmende Bewußtsein meiner Hand, die auf das Papier Zeichen malt, ich bin dieser Hand weit voraus, weile beim fertigen Buch, bei der Bedeutung dieses Buches – und der philosophischen Betätigung überhaupt – für mein Leben; und in den Rahmen dieses Entwurfes, das heißt in den Rahmen dessen, was ich bin, sind gewisse Entwürfe auf beschränktere Möglichkeiten hin eingefügt, wie zum Beispiel, jenen Gedanken auf diese oder jene Weise darzustellen oder eine Weile mit Schreiben aufzuhören oder in einem Buch zu blättern, wo ich diesen oder jenen Hinweis suche usw. Allerdings wäre es ein Irrtum, zu glauben, daß jene umfassende Wahl einem zergliedernden oder differenzierten Bewußtsein entspräche. Mein letzter und erster Entwurf – denn er ist diese beiden zugleich –

1 *Journal des faux monnayeurs.*

ist immer, wie wir sehen werden, der Entwurf zu einer Lösung des Seinsproblems. Aber diese Lösung wird nicht erst konzipiert und dann realisiert: wir *sind* diese Lösung, wir lassen sie durch unseren Selbsteinsatz existieren, und wir können sie nur erfassen, indem wir sie erleben. So sind wir immer ganz uns selbst gegenwärtig, aber gerade deshalb können wir nicht hoffen, ein zergliederndes und detailliertes Bewußtsein dessen zu haben, was wir sind. Dieses Bewußtsein kann übrigens nur nichtsetzend sein.

Andererseits wirft die Welt aber gerade durch ihr Gegliedertsein das Bild dessen auf uns zurück, was wir sind. Nicht als ob wir – wie wir oft genug gesehen haben – dieses Bild entziffern, das heißt in Einzelzüge zerlegen und einer Analyse unterwerfen könnten, sondern weil die Welt uns notwendigerweise so erscheint, wie wir sind; denn indem wir sie auf uns selbst hin überschreiten, lassen wir sie in Erscheinung treten, wie sie ist. Wir wählen die Welt – nicht in ihrem Aufbau als solchem, sondern in ihrer Bedeutung –, indem wir uns wählen. Denn die innere Nichtung – durch die wir, indem wir leugnen, die Welt zu sein, sie als Welt erscheinen lassen – kann nur bestehen, wenn sie gleichzeitig ein Entwurf auf ein Mögliches hin ist. Es ist eben die Art und Weise, in der ich mich dem Unbelebten anvertraue, in der ich mich meinem Leib überlasse – oder in der ich, im Gegenteil, beiden Trotz biete –, die meinen Leib und die unbelebte Welt mit ihren Eigenwerten erscheinen läßt. Folglich habe ich auch hierbei ein volles Bewußtsein meiner selbst und meiner grundlegenden Entwürfe, und in diesem Falle ist das Bewußtsein setzend. Nur ist eben, gerade weil es setzend ist, was es mir bietet, das transzendente Bild dessen, was ich bin. Der Wert der Dinge, ihre werkzeughafte Rolle, ihr reales Nahebei- und Entferntsein (was ohne Zusammenhang mit ihrem räumlichen Nahebei- und Entferntsein ist) tun nichts anderes, als mein Bild zu entwerfen, das heißt meine Wahl. Meine vernachlässigte oder gepflegte, gesuchte oder gewöhnliche Kleidung (Uniform oder Straßenanzug, weiches oder gestärktes Hemd), meine Möbel, die Straße und die Stadt, in der ich wohne, die Bücher in meinem Zimmer, die Zerstreuungen, die ich mir leiste, alles, was mir gehört, das heißt schließlich die Welt, deren ich ständig bewußt bin – wenigstens in ihrer Eigenschaft einer Bedeutung, die der von mir betrachtete oder benutzte Gegenstand in sich begreift –, alles das unterrichtet mich über meine Wahl, das heißt über mein Sein. Aber die Struktur des setzenden Bewußtseins ist so beschaffen, daß ich diese Erkenntnis nicht auf eine subjektive Erfassung meiner selbst zurückführen kann und daß sie mich auf andere Gegenstände verweist, die ich hervorbringe oder mit vorhandenen Gegenständen zusammenordne, ohne gewahr werden zu können, daß ich auf diese Weise mein Gesicht mehr und mehr in die

Welt einpräge. So besitzen wir volles Bewußtsein der Wahl, die wir sind. Und wenn man einwendet, daß man entsprechend diesen Darlegungen Bewußtsein haben müßte nicht nur von uns als *Gewähltsein,* sondern auch als *Wählen,* so entgegnen wir, daß dieses Bewußtsein ja durch das zweifache «Gefühl» der Angst und der Verantwortlichkeit zum Ausdruck kommt. Angst, Hilflosigkeit, Verantwortlichkeit bilden, teils gedämpft, teils in voller Stärke tatsächlich die *Qualität* unseres Bewußtseins, insofern dasselbe ausschließlich Freiheit ist.

Wir stellten vorhin eine Frage: ich habe meiner Müdigkeit nachgegeben, sagten wir, und ich *hätte* ohne Zweifel anders handeln können, aber *um welchen Preis?* Wir sind nunmehr imstande, zu antworten. Unsere Untersuchung hat uns nämlich gezeigt, daß jene Handlungsweise nicht *grundlos* war. Allerdings läßt sie sich nicht durch einen Anlaß oder Antrieb erklären, der als Inhalt eines vorhergehenden Bewußtseins-«zustandes» zu begreifen wäre; sondern sie muß von einem ursprünglichen Entwurf aus, dessen integrierender Bestandteil sie ist, gedeutet werden. Dann wird es klar, daß man nicht annehmen kann, der Akt hätte abgeändert werden können, ohne gleichzeitig eine tiefgehende Abänderung meines ursprünglichen Michselbstwählens anzunehmen. Diese Art und Weise, der Müdigkeit nachzugeben und mich am Straßenrand zu Boden fallen zu lassen, verrät ein gewisses anfängliches Trotzbieten meinem Leib und dem unbelebten An-sich gegenüber. Sie liegt im Rahmen einer bestimmten Weltanschauung, wo die Schwierigkeiten so auftreten können, als ob sie «nicht die Mühe lohnten, ertragen zu werden», und wo gerade der Antrieb als bloß nichtsetzendes Bewußtsein und folglich als anfängliches Sichentwerfen auf ein absolutes Ziel hin (das ein bestimmter Aspekt des An-und-für-sich ist) in den Besitz der Welt (Hitze, Entferntsein von der Stadt, Vergeblichkeit der Anstrengung usw.) gesetzt und als Anlaß ergriffen wird, meinen Marsch zu stoppen. So erhält die *Möglichkeit,* stehenzubleiben, ihren *Sinn* in der *Theorie* nur aus der und durch die Rangordnung der Möglichkeiten, die ich, vom letzten und anfänglichen Möglichen aus gesehen, bin. Dazu gehört nicht, daß ich *notwendigerweise* stehenbleiben *muß,* sondern nur, daß ich mich nicht weigern kann, stehenzubleiben, es sei denn zufolge einer radikalen Veränderung meines In-der-Welt-Seins, das heißt mittels einer plötzlichen Umgestaltung meines anfänglichen Entwurfs, das heißt mittels einer anderen Wahl meiner selbst und meiner Ziele. Eine solche Abwandlung ist übrigens immer *möglich.* Die Angst, die, sobald sie enthüllt ist, unserm Bewußtsein unsere Freiheit offenbart, bezeugt jene ständige Wandelbarkeit unseres anfänglichen Sichentwerfens. In der Angst erfassen wir nicht bloß die Tatsache, daß die von uns entworfenen Möglichkeiten von unserer kommenden Freiheit beständig angenagt werden, wir erfahren außerdem unsere Wahl, das heißt uns selbst, als *ohne Rechtfertigung,* das heißt, wir erfassen unsere Wahl als nicht herleitbar von einer weiter zurückliegenden Realität, sondern im Gegenteil als etwas, das dem Insgesamt von Bedeutungen, die die Realität ausmachen, als Grundlage dienen muß. Das Ohne-Rechtfertigung-Sein ist nicht nur die subjektive Anerkennung der absoluten Kontingenz unseres Seins, sondern auch die Verinnerlichung dieser Kontingenz und das Sichverantwortlichmachen für sie. Denn die aus der Kontingenz des An-sich stammende Wahl, die dieses An-sich nichtet, stellt, wie wir sehen werden, die Kontingenz auf die Ebene einer grundlosen Determinierung des Für-sich durch es selbst. So sind wir beständig in unsere Wahl verstrickt und uns beständig des Umstandes bewußt, daß wir unsere Wahl plötzlich auf den Kopf stellen und Gegendampf geben können, denn wir entwerfen die Zukunft durch unser Selbstsein und untergraben sie beständig durch unsere existentielle Freiheit: wir verkünden uns selbst, was wir zufolge des Zukünftigen sind, und zwar ohne Zugriff auf dieses Zukünftige, das immer *möglich bleibt,* ohne jemals den Rang von *Realem* zu erreichen. So sind wir beständig von der Nichtung unserer aktuellen Wahl *bedroht,* beständig davon bedroht, daß wir uns als andere wählen – und folglich andere werden –, als wir sind. Schon auf Grund der Tatsache, daß unsere Wahl absolut ist, ist sie *zerbrechlich,* das heißt, wir setzen, indem wir durch sie unsere Freiheit setzen, gleichzeitig ihre beständige Möglichkeit, ein zu etwas Gewesenem gewordenes *Diesseits* zu werden, um eines Jenseits willen, das ich sein werde.

Indessen wollen wir uns darüber klar sein, daß unsere aktuelle Wahl so beschaffen ist, daß sie uns keinen *Anlaß* liefert, sie durch eine spätere Wahl zu etwas Gewesenem zu machen. Denn die Wahl schafft ursprünglich alle Anlässe und alle Antriebe, die uns zu einzelnen Handlungen führen können; die Wahl ordnet die Welt mit ihren Bedeutungen, ihren Zusammenhängen und ihrem Feindseligkeitskoeffizienten. Jene absolute Verwandlung, die uns von unserer Geburt an bis zu unserem Tode bedroht, bleibt dauernd unvorhersehbar und unverstehbar. Auch wenn wir andere Grundhaltungen als *möglich* ins Auge fassen, betrachten wir sie immer nur von außen her, wie das Sichverhalten des Anderen. Und wenn wir versuchen, unsere Verhaltensweisen damit in Beziehung zu setzen, so verlieren sie deshalb nicht ihr Merkmal von Außenweltlichkeit und von transzendierten Transzendenzen. Sie «verstehen» würde tatsächlich bereits heißen, sie gewählt haben. Wir kommen darauf zurück.

Außerdem dürfen wir uns die ursprüngliche Wahl nicht so vorstellen, als ob «sie von einem Augenblick zum anderen vollzogen würde»; das hieße, zur Auffassung des Bewußtseins als einer Jetztgegebenheit, von der ein Husserl nicht loskommt, zurückkehren. Da das Bewußtsein sich, im Gegenteil, zeitigt, so muß man begreifen, daß die ursprüngliche Wahl die Zeit entfaltet und mit der Einheit der drei Ek-stasen eins ist. Uns wählen heißt uns nichten, das heißt bewirken, daß ein Zukünftiges uns verkündet, was wir sind, indem es unserer Vergangenheit einen Sinn verleiht. So liegt also keine Aufeinanderfolge von durch Nichtse [par des néants] getrennten Jetztpunkten vor, wie bei Descartes, und von solcher Beschaffenheit, daß meine Wahl im Zeitpunkt t auf meine Wahl im Zeitpunkt t_1 nicht einwirken könnte. Wählen heißt bewirken, daß zusammen mit meinem Sicheinsetzen eine bestimmte, endliche Erstreckung konkreter und stetiger Dauer auftaucht, die eben jene ist, die uns von der Verwirklichung meiner ursprünglichen Möglichkeiten trennt. So sind Freiheit, Wahl, Nichtung und Zeitigung ein und dasselbe.

Indessen ist das *Jetzt* keine müßige Erfindung der Philosophen. Zwar gibt es, sobald ich mich an meine Aufgabe gemacht habe, keinen subjektiven Jetztpunkt; in diesem Augenblick zum Beispiel, wo ich schreibe und meine Gedanken festzuhalten und zu ordnen suche, gibt es für mich kein Jetzt, sondern nur eine verfolgende Verfolgung meiner selbst in Richtung auf Ziele, die mich bestimmen (Verdeutlichung der Ideen, die die Grundlage dieses Buches bilden sollen), und dennoch sind wir beständig *vom Jetzt bedroht.* Das heißt, wir sind infolge der Wahl seitens unserer Freiheit so beschaffen, daß wir jederzeit das Jetzt als Bruch unserer ek-statischen Einheit auftauchen lassen können. Was ist also das Jetzt? Das Jetzt kann nicht im Zeitigungsverlauf eines konkreten Entwurfes herausgehoben werden: das haben wir gezeigt. Aber es kann auch nicht mit dem Anfangs- oder Endpunkt dieses Verlaufes (wenn es einen Endpunkt geben soll) gleichgesetzt werden. Denn diese beiden Punkte werden innenweltlich mit der Ganzheit des Verlaufes vereinigt und bilden einen integrierenden Bestandteil von ihr. Sie haben also beide nur eins der Kennzeichen des Jetztpunktes: der Anfangspunkt wird nämlich mit dem Verlauf, dessen Anfangspunkt er ist, darin vereinigt, daß er *sein* Beginn ist. Andererseits ist er aber durch ein vorhergehendes Nichts darin begrenzt, daß er *ein* Beginn ist. Der Endpunkt wird mit dem Verlauf, den er beendet, darin vereinigt, daß er *sein* Ende ist: auch die letzte Note gehört zur Melodie. Aber ihm folgt ein Nichts, das ihn darin begrenzt, daß er *ein* Ende ist. Wenn der Jetztpunkt existieren können soll, muß er durch ein zweifaches Nichts in Schranken gesetzt werden. Das ist, wie wir gezeigt haben, gar nicht zu verstehen, wenn er früher als alle Zeitigungsverläufe gegeben sein soll. Aber innerhalb unserer Zeitigung können wir Jetztpunkte hervorbringen, wenn gewisse Verläufe über den Trümmern früherer Verläufe auftauchen. Der Jetztpunkt ist dann ein Beginn *und* ein Ende. Kurz: wenn das Ende eines Entwurfes mit dem Beginn eines anderen zusammenfällt, taucht eine zeitliche, doppelsinnige Realität auf, die von einem vorhergehenden Nichts darin begrenzt wird, daß sie Beginn ist und von einem nachfolgenden Nichts darin, daß sie Ende ist. Aber diese zeitliche Struktur ist nur konkret, wenn der Beginn sich selbst als das Ende des Verlaufes darbietet, den er zu einem gewesenen macht. Ein Beginn, der als Ende eines vorhergehenden Entwurfes gegeben ist – so beschaffen muß der Jetztpunkt sein. Er existiert also nur, wenn wir für uns selbst Beginn und Ende innerhalb einer Einheit des gleichen Aktes sind. Genau das geschieht aber im Falle einer radikalen Umgestaltung unseres grundlegenden Entwurfs. Durch die freie Erwählung dieser Umgestaltung zeitigen wir nämlich einen Entwurf, der wir sind, und wir lassen uns durch ein Zukünftiges das Sein verkünden, das wir gewählt haben; so gehört die reine Gegenwart zu der neuen Zeitigung als ihr Beginn und empfängt von der eben auftauchenden Zukunft ihre eigentümliche Beschaffenheit eines Beginns. Tatsächlich kann nur die Zukunft auf die reine Gegenwart zurückkommen, um sie als Beginn zu qualifizieren, andernfalls wäre diese Gegenwart weiter nichts als irgendein Gegenwärtiges. So gehört die Gegenwart der Wahl schon zu der neu anhebenden Ganzheit, und zwar als dort eingebaute Struktur. Aber andererseits geht es nicht an, daß diese Wahl nicht *in Verbindung* mit der Vergangenheit bestimmt wird, die sie zu sein hat. Grundsätzlich ist sie sogar Beschluß, die Wahl, an deren Stelle sie sich setzt, als vergangene zu erfassen. Ein bekehrter Atheist ist nicht bloß gläubig: er ist der Gläubige, der den Atheismus abgeleugnet hat, der seinen Entwurf, Atheist zu sein, in sich zu etwas Gewesenem gemacht hat. Demnach bietet sich die neue Wahl als Beginn insofern dar, als sie ein Ende ist, und als Ende insofern, als sie Beginn ist; sie wird von einem zweifachen Nichts in Schranken gesetzt und realisiert als solche einen Bruch in der ek-statischen Einheit unseres Seins. Indessen ist der Jetztpunkt selber nur ein Nichts, denn wohin wir auch blicken, wir erfassen nur eine stetige Zeitigung, die je nach der Blickrichtung entweder die fertige und abgeschlossene, eben vorübergegangene Reihe ist, die ihren Endpunkt mit sich zieht – oder die lebende Zeitigung, die beginnt und deren Anfangspunkt weggeschnappt und mit fortgezogen wird von der künftigen Möglichkeit.

So bestimmt jede grundlegende Wahl die Richtung der verfolgenden Verfolgung zur selben Zeit, in der sie sich zeitigt. Das bedeutet nicht, daß es einen *Anfangsschwung* [élan initial] *gibt*, auch nicht, daß so etwas wie eine Entlastung meines Bewußtseins vorliegt, aus der ich Nutzen ziehen kann, solange ich mich in den Grenzen dieser

Wahl halte. Die Nichtung entwickelt sich, im Gegenteil, stetig, und folglich ist die freie und stetige Wiederholung der Wahl nicht zu umgehen. Nur geschieht diese Wiederholung, solange ich meine Wahl frei treffe, nicht *von einem Jetztpunkt zum anderen:* dann gibt es kein Jetzt; die Wiederholung ist so eng mit dem Insgesamt des Verlaufes verbunden, daß sie keine jetztzeitliche Bedeutung hat und haben kann. Aber gerade weil sie frei ist und von der Freiheit beständig wiederholt wird, hat meine Wahl die Freiheit selbst zur Grenze; das heißt, sie wird von einem nur schemenhaften Jetzt heimgesucht. Insoweit ich meine Wahl *wiederhole,* vollzieht sich die Verwandlung des Verlaufes in etwas Gewesenes in vollkommener ontologischer Stetigkeit zusammen mit der Gegenwart. Der zu etwas Gewesenem gewordene Verlauf bleibt ein Glied der gegenwärtigen Nichtung in Getalt eines *Wissens,* das heißt einer erlebten und verinnerlichten Bedeutung, ohne jemals *Gegenstand* für das Bewußtsein zu werden, das sich auf seine eigenen Ziele hin entwirft. Aber gerade weil ich frei bin, habe ich stets die Möglichkeit, meine unmittelbare Vergangenheit als Objekt zu setzen. Das bedeutet, daß, wenn mein vorhergehendes Bewußtsein reines nichtsetzendes Bewußtsein (der) Vergangenheit war, insofern es sich selbst als innere Verneinung des mitanwesenden Realen konstituierte und insofern es sich seinen Sinn von gesetzten Zielen als von «Wieder-holungen» verkünden ließ – daß dann von der neuen Wahl an das Bewußtsein seine eigene Vergangenheit als Objekt setzt, das heißt, daß es sie *bewertet* und daß es sich nach ihr wie nach Richtpunkten richtet. Dieser Akt einer Vergegenständlichung der unmittelbaren Vergangenheit ist eins mit der neuen Wahl anderer Ziele: er trägt dazu bei, das Jetzt hervorbrechen zu lassen als nichtenden Bruch in der Zeitigung.

Das Verständnis für die durch diese Untersuchung erlangten Ergebnisse wird für den Leser leichter werden, wenn wir diese mit einer anderen Freiheitstheorie vergleichen, zum Beispiel der von Leibniz. Für Leibniz wie für uns wäre, als Adam den Apfel nahm, *möglich* gewesen, daß er ihn nicht nahm. Aber für ihn, wie auch für uns, sind die Verflechtungen dieser Geste so zahlreich und verzweigt, daß schließlich die Erklärung, es sei möglich gewesen, daß Adam den Apfel nicht nahm, auf die Behauptung hinausliefe, ein anderer Adam sei möglich gewesen. So ist die Kontingenz Adams eins mit seiner Freiheit, denn diese Kontingenz bedeutet, daß jener *reale* Adam von einer Unzahl möglicher Adame umgeben ist, von denen jeder in bezug auf den realen Adam gekennzeichnet ist durch eine oberflächliche oder tiefgehende Veränderung aller seiner Eigenschaften, letzten Endes also seiner Substanz. Für Leibniz ist also die von der menschlichen Realität geforderte Freiheit wie ein Gebilde aus drei verschiedenen Begriffen: frei ist, wer 1. sich rational dazu bestimmt, einen Akt zu vollziehen, 2. so beschaffen ist, daß dieser Akt vollständig durch die Natur dessen zu verstehen ist, der ihn vollzogen hat, 3. kontingent ist, das heißt, wer in der Weise existiert, daß andere Individuen, die anläßlich der gleichen Situation andere Akte vollziehen, möglich gewesen wären. Aber wegen der notwendigen Verknüpfung der Möglichkeiten wäre eine andere Geste Adams nur für und durch einen anderen Adam möglich gewesen, und die Existenz eines anderen Adams beinhaltet die einer anderen Welt. Wir erkennen mit Leibniz an, daß die Geste Adams die ganze Person Adams verpflichtet und daß eine andere Geste im Lichte und im Rahmen einer anderen Persönlichkeit Adams zu verstehen gewesen wäre. Leibniz aber fällt in einen der Freiheitsidee gänzlich entgegengesetzten Necessitarismus zurück, wenn er gerade den Satz von der Substanz Adams an den Anfang stellt wie eine Prämisse, die den Akt Adams als einen ihrer Teilschlüsse zur Folge hätte, das heißt, wenn er die chronologische Ordnung darauf reduziert, daß sie bloß ein symbolischer Ausdruck der logischen Ordnung sei. Daraus ergibt sich nämlich, daß einerseits der Akt zufolge des Wesens Adams streng notwendig ist und daß auch die Kontingenz, die die Freiheit möglich macht, nach Leibniz ganz und gar als im Wesen Adams enthalten vorgefunden wird. Und dieses Wesen wird nicht von Adam selbst erwählt, sondern von Gott. Deshalb ist es richtig, daß der von Adam vollzogene Akt sich notwendigerweise aus dem Wesen Adams ergibt und daß er insofern von Adam selbst und von niemand anderem abhängt, was sicherlich ein Zeichen von Freiheit ist. Aber das Wesen Adams ist für Adam selbst etwas Gegebenes: Adam hat es nicht erwählt, er hat nicht wählen können, Adam zu sein. Infolgedessen trägt er keineswegs die Verantwortung für sein Sein. Dann ist es nicht sehr wichtig, ob man ihm, wenn das Wesen einmal gegeben ist, die auf seinen Akt bezügliche Verantwortlichkeit beilegen kann. Für uns dagegen wird Adam nicht durch sein Wesen bestimmt, denn das Wesen ist für die menschliche Realität später als das Dasein. Er wird durch die Wahl seiner Ziele bestimmt, das heißt durch das Auftauchen einer ek-statischen Zeitigung, die mit der logischen Ordnung nichts gemein hat. So ist die beendete Wahl, die Adam in bezug auf sich selbst getroffen hat, Ausdruck seiner Kontingenz. Demzufolge ist aber das, was seine *Person* verkündet, Zukunft, und nicht Vergangenheit: er erwählt, sich über das, was er ist, durch die Ziele belehren zu lassen, auf die hin er sich entwirft – das heißt durch das Insgesamt seiner Geschmacksrichtungen, seiner Neigungen und Abneigungen usw., insoweit dieses Insgesamt ein thematisches Gebilde ist und einen ihm innewohnenden *Sinn* hat. Auf diese Weise kann man uns nicht vorhalten, was wir Leibniz vorhielten, als wir sagten: «Wohl hat Adam gewählt, den Apfel zu nehmen, aber er hat nicht gewählt, Adam zu sein.» Denn für uns erhebt sich das Freiheitsproblem auf der Ebene der Erwählung Adams durch ihn selbst, das heißt der Determinierung des Wesens durch das Dasein. Abgesehen davon erkennen wir mit Leibniz an, daß eine andere Geste Adams, die einen anderen Adam beinhaltet, eine andere Welt beinhaltet, aber wir verstehen unter «andere Welt» keine solche Zusammenordnung des gleichzeitig Möglichen, daß ein anderer möglicher Adam darin Platz fände: nur einem anderen In-der-Welt-Sein Adams würde eine andere Seitenansicht der Welt entsprechen. Endlich besteht für Leibniz die mögliche Geste eines anderen Adams, die in eine andere mögliche Welt eingegliedert ist, von aller Ewigkeit her – sofern eine solche möglich ist – vor der Verwirklichung des kontingenten und realen Adams. Auch hier ist für Leibnitz das Wesen früher als das Dasein, und die chronologische Ordnung hängt von der ewigen Ordnung des Logischen ab. Für uns ist dagegen das Mögliche weiter nichts als bloße und ungestaltete Möglichkeit, ein Anderer zu sein, insofern dieser als möglich – und zwar infolge eines Sichentwerfens Adams auf neue Möglichkeiten hin – nicht existiert wird. So bleibt das Mögliche Leibnizens ewig ein abstraktes Mögliches, während für uns das Mögliche nur erscheint, indem es sich ermöglicht, das heißt, indem es Adam verkündet, wer er ist. Infolgedessen geht die Reihenfolge der psychologischen Erläuterungen bei Leibniz von der Vergangenheit zur Gegenwart, und zwar in dem Maße, in dem diese Aufeinanderfolge der ewigen Ordnung der Wesenheiten Ausdruck verleiht; alles erstarrt schließlich in der logischen Ewigkeit, und die einzige Kontingenz ist die prinzipielle, was bedeutet, daß Adam ein Postulat der göttlichen Vernunft ist. Für uns dagegen ist die Reihenfolge der Deutungen streng *chronologisch*, sie sucht keineswegs die Zeit auf eine rein logische Verkettung *(Grund)* oder chronologisch-logische Verkettung (*Ursache*, Determinismus) *zurückzuführen.* Die Deutung erfolgt also von der Zukunft aus.

Vor allem aber muß nachdrücklich betont werden, daß unsere obige Untersuchung rein *theoretisch* ist. Nur *in der Theorie* ist eine andere Geste Adams lediglich innerhalb der Grenzen eines vollkommenen Umsturzes der Ziele möglich, durch die Adam sich als Adam erwählt. Wir haben die Dinge in dieser Weise dargestellt – und konnten deshalb Leibnizianer scheinen –, um unsere Ansichten zunächst mit größtmöglicher Einfachheit auszusprechen. Tatsächlich ist die Wirklichkeit bedeutend verwickelter. Denn die Deutungen müssen eine chronologische, und nicht eine logische Ordnung erhalten: das von den ursprünglichen, durch die Freiheit des Für-sich gesetzten Zielen ausgehende *Verständnis* für einen Akt ist keine *Ein-*

sicht. Und die absteigende Rangordnung der Möglichkeiten, vom letzten und anfänglichen Möglichen bis zum abgeleiteten Möglichen, das man verstehen will, hat nichts gemein mit der deduktiven Reihe, die von einem Prinzip zu seiner Folgerung führt. Zunächst einmal ist die Verbindung des abgeleiteten Möglichen (der Müdigkeit trotzen oder sich ihr hingeben) zum grundlegend Möglichen keine *Deduktions*-Verbindung. Es ist eine Ganzheitsverbindung mit Teilstruktur. Die Sicht auf den ganzen Entwurf ermöglicht, die betreffende besondere Struktur zu «verstehen». Aber die Gestaltpsychologen haben uns gezeigt, daß die Prägnanz vollkommener Gestalten die Veränderlichkeit bestimmter Nebenstrukturen nicht ausschließt. Es gibt gewisse Striche, die ich bei einer gegebenen Figur zufügen oder wegnehmen kann, ohne ihren spezifischen Charakter zu beeinträchtigen. Wiederum gibt es andere, deren Hinzufügung das sofortige Verschwinden der Figur und das Erscheinen einer anderen Figur nach sich zieht. Dasselbe gilt für die Verbindungen der Nebenmöglichkeiten mit der zugrunde liegenden Möglichkeit oder mit der gestalthaften Ganzheit meiner Möglichkeiten. Die Bedeutung der fraglichen Nebenmöglichkeit verweist zweifellos immer auf die ganze Bedeutung, die ich bin. Aber andere Möglichkeiten hätten jene ersetzen können, ohne daß die ganze Bedeutung beeinträchtigt worden wäre, das heißt, sie hätten jederzeit und ebensogut jene Ganzheit als diejenige Gestalt aufgezeigt, die es ermöglicht hätte, sie zu verstehen – oder sie hätten, in ontologischer Reihenfolge der Realisierung, ganz genausogut als Mittel projektiert werden können, zur Ganzheit zu gelangen, und zwar im Lichte dieser Ganzheit. Kurz, das Verständnis ist Deutung einer faktischen Verbindung und nicht Erfassung einer Notwendigkeit. So muß die psychologische Deutung unserer Akte häufig auf den stoischen Begriff der *Adiaphora* zurückgreifen. Um meine Müdigkeit zu lindern, ist es gleichgültig, ob ich mich an den Straßenrand setze oder ob ich noch hundert Schritte weitergehe und erst bei dem Wirtshaus haltmache, das ich in der Ferne sehe. Das besagt, daß die Erfassung der komplexen und umfassenden Gestalt, die ich als mein letztes Mögliches gewählt habe, *nicht genügt,* um Rechenschaft darüber abzulegen, warum das eine Mögliche eher als das andere gewählt wurde. Es liegt hier kein Akt ohne Antriebe und Anlässe vor, sondern eine spontane Erfindung von Antrieben und Anlässen, die, obwohl sie sich doch in den Rahmen meiner grundlegenden Wahl einfügt, diese dennoch entsprechend bereichert. Ebenso muß jedes «dies-da» auf dem Hintergrund der Welt und unter dem Gesichtswinkel meiner Faktizität erscheinen, aber weder meine Faktizität, noch die Welt ermöglichen es, zu verstehen, warum ich jetzt lieber nach diesem Glase wie nach diesem Tintenfaß als nach der Gestalt fasse, die sich auf dem Hintergrund abhebt. In bezug auf diese *Adiaphora* ist unsere Freiheit vollkommen und unbedingt. Dieser Umstand, ein gleichgültiges Mögliches zu wählen und es dann um eines anderen willen fallenzulassen, bewirkt übrigens nicht das Auftauchen des *Jetzt* als Zerschneidung der Dauer: sondern diese freien Wahlen fügen sich, im Gegenteil, alle – auch wenn sie einander folgen oder widersprechen – in die Einheit meines grundlegenden Entwurfes. Das besagt keineswegs, daß man sie als grundlos auffassen müsse: was für welche sie auch sein mögen, sie lassen sich tatsächlich immer von der ursprünglichen Wahl aus deuten und führen immer – in dem Maße, in dem sie diese bereichern und konkretisieren – ihren Antrieb mit sich, das heißt das Bewußtsein ihres Anlasses oder, wenn man lieber will, die Erfassung der Situation als einer in dieser oder jener Weise gegliederten.

Was die strenge Beurteilung der Verbindung des Nebenmöglichen mit dem Grundmöglichen außerdem besonders schwierig macht, ist der Umstand, daß es keine Formelsammlung gibt, die man benutzen könnte, um zu einem Urteil über diese Verbindungen zu gelangen. Sondern das Für-sich erwählt es, das Nebenmögliche als hindeutend auf das Grundmögliche zu betrachten. Dort, wo wir den Eindruck haben, das freie Subjekt wende sich von seinem grundlegenden Ziele ab, betonen wir oft den Irrtumskoeffizienten des Beobachters, das heißt, wir benutzen unsere eigene Unsicherheit, wenn wir den Zusammenhang des fraglichen Aktes mit den letzten Zielen beurteilen wollen. Aber das Für-sich erfindet in seiner Freiheit nicht nur seine Haupt- und Nebenziele: es erfindet gleichzeitig das ganze Deutungssystem, das es ermöglicht, die einen mit den anderen zu verknüpfen. Es kann also gar nicht in Frage kommen, ein allgemeines System des Verstehens der Nebenmöglichkeiten von den Hauptmöglichkeiten aus aufzustellen; sondern das Subjekt muß in jedem Falle seine Probiersteine und seine persönlichen Maßstäbe mitbringen.

Schließlich kann das Für-sich willentliche Entschlüsse fassen, die den von ihm gewählten grundlegenden Zielen entgegengesetzt sind. Diese Beschlüsse können nur willentlich sein, das heißt reflexiv. Sie können nämlich nur von einem Irrtum herstammen, in dem sich meine Echtheit oder Unwahrhaftigkeit in bezug auf die Ziele befindet, die ich verfolge, und ein solcher Irrtum ist nur möglich, wenn das Insgesamt der Antriebe, die ich bin, vom reflexiven Bewußtsein als Objekt entdeckt wird. Das unreflektierte Bewußtsein kann sich, da es spontaner Entwurf seiner selbst auf seine Möglichkeiten hin ist, nie über sich selbst täuschen: man muß sich nämlich hüten, Selbsttäuschung die Beurteilungsirrtümer zu nennen, die die objektive Situation betreffen – Irrtümer, die in der Welt Dinge zur Folge haben können, die denjenigen absolut entgegengesetzt sind, die man erreichen wollte, ohne daß dabei aber die vorgesetzten Ziele aus den Augen verloren würden. Dagegen zieht die reflexive Haltung tausend Irrtumsmöglichkeiten hinter sich her, nicht weil sie den reinen Antrieb – das heißt, das reflektierte Bewußtsein – wie ein Quasi-Objekt erfaßt, sondern insofern sie darauf abzielt, durch dieses reflektierte Bewußtsein hindurch richtige psychische Objekte zu konstituieren, die indessen nur wahrscheinliche Objekte sind – wie wir in Kapitel 3 des zweiten Teiles unseres Buches gesehen haben – und sogar Scheinobjekte sein können. Es ist also möglich, daß ich mir infolge von Selbsttäuschungen reflexiverweise, das heißt auf der Willensebene, Entwürfe zulege, die meinem Anfangsentwurf widersprechen, ohne dabei den Anfangsentwurf grundlegend zu verändern. Wenn zum Beispiel mein Anfangsentwurf darauf hinzielt, mich als Minderwertigen inmitten der Anderen zu erwählen (was man Minderwertigkeitskomplex nennt), und wenn zum Beispiel das Stottern ein Verhalten ist, das von diesem Anfangsentwurf aus sich verstehen und deuten läßt, so kann ich aus gesellschaftlichen Gründen und in Verkennung meiner eigenen Minderwertigkeitswahl den Entschluß fassen, mich von meinem Stottern zu heilen. Ich kann es sogar *erreichen*, ohne dabei aufzuhören, mich minderwertig zu fühlen und zu wollen. Es genügt mir nämlich, technische Mittel zu benutzen, um ein Resultat zu erreichen. Das nennt man gewöhnlich Willensschulung. Aber diese Resultate *verlagern* nur die Krankheit, unter der ich leide: an ihrer Stelle entsteht eine andere, die auf ihre Weise das Gesamtziel, das ich verfolge, zum Ausdruck bringen wird. Da diese tiefliegende Unwirksamkeit des gegen sich gerichteten Willensaktes überraschen kann, werden wir das gewählte Beispiel näher untersuchen.

Zunächst darf angemerkt werden, daß die Wahl von Gesamtzielen weder notwendigerweise noch häufig in freudiger Stimmung vorgenommen wird, obwohl sie vollkommen frei ist. Man darf die für uns bestehende Notwendigkeit, uns zu wählen, nicht mit dem Willen zur Macht verwechseln. Die Wahl kann im Zustand der Resignation oder des Mißbehagens vollzogen werden, sie kann eine Flucht sein, sie kann in der Unwahrhaftigkeit vor sich gehen. Wir können uns als Fliehenden, Ungreifbaren, Zögernden usw. wählen; wir können uns sogar dazu erwählen, uns nicht zu wählen: in diesen verschiedenen Fällen werden Ziele von jenseits der faktischen Situation gesetzt, und die Verantwortung für diese Ziele fällt uns zu: was auch unser Sein sein mag, es ist Wahl; und es hängt von uns ab, uns als «groß» und «edel» oder «klein» und «niedrig» zu erwählen. Aber wenn wir einmal die Erniedrigung zur Substanz unseres Seins erwählt haben, werden wir uns auch als Erniedrigte, Verbitterte,

Minderwertige usw. realisieren. Es handelt sich hier nicht um *Gegebenheiten* ohne weitere Bedeutung. Sondern wer sich als Erniedrigten realisiert, konstituiert sich dadurch zu einem *Mittel* zur Erreichung bestimmter Ziele: die gewählte Erniedrigung kann zum Beispiel, wie beim Masochismus, einem Werkzeug gleichgesetzt werden mit der Bestimmung, uns vom Für-sich-Dasein zu befreien, sie kann die Absicht sein, unsere uns ängstigende Freiheit zugunsten der Anderen loszuwerden; es kann unsere Absicht sein, unser Für-sich-Sein vollständig von unserem Für-Andere-Sein aufsaugen zu lassen. Jedenfalls kann der «Minderwertigkeitskomplex» nur auftauchen, wenn er auf einer freien Erfassung unseres Für-Andere-Seins gegründet ist. Dieses Für-Andere-Sein als *Situation* wirkt wie ein *Anlaß*, aber nur, wenn es von einem *Antrieb*, der nichts anderes als nur freies Sichentwerfen ist, endeckt wird. So ist die gefühlte und erlebte Minderwertigkeit das erwählte Werkzeug, um uns einer *Sache* ähnlich zu machen, das heißt, um uns als reines Draußen inmitten der Welt existieren zu lassen. Aber selbstverständlich muß sie in Übereinstimmung mit der *Beschaffenheit* gelebt werden, die wir ihr durch diese Wahl beigelegt haben, also in Scham, Wut und Bitterkeit. Die Minderwertigkeit *wählen* will also nicht heißen, sich sanftmütig mit einer *aurea mediocritas* begnügen, es bedeutet vielmehr, die Empörung und die Verzweiflung hervorbringen und auf sich nehmen, die die Enthüllung meiner Minderwertigkeit ausmachen. Ich kann mich zum Beispiel darauf versteifen, mich in einer bestimmten Arbeits- und Werksordnung zu zeigen, *weil* ich dort minderwertig bin, während ich auf jedem anderen Gebiet ohne Schwierigkeit den Durchschnitt hätte erreichen können. Diese unfruchtbare Anstrengung habe ich gewählt, weil sie unfruchtbar ist: sei es, daß ich es vorziehe, der Letzte zu sein – lieber, als in der Masse unterzugehen –, sei es, daß ich die Mutlosigkeit und die Scham als die besten Mittel gewählt habe, um zum *Sein* zu gelangen. Aber selbstverständlich kann ich das Gebiet, auf dem ich minderwertig bin, als Betätigungsfeld nur *wählen,* wenn diese Wahl den reflektierten *Willen* in sich schließt, dort überlegen zu sein. Wählen, ein minderwertiger Künstler zu sein, heißt notwendigerweise wählen, ein großer Künstler werden zu *wollen:* andernfalls würde die Minderwertigkeit weder erlitten, noch anerkannt: wählen, ein bescheidener Künstler zu sein, beinhaltet nämlich keineswegs die Suche nach Minderwertigkeit, es ist bloß ein Beispiel für die Wahl der Endlichkeit. Dagegen beinhaltet die Erwählung der Minderwertigkeit die dauernde Realisierung eines *Abstandes* zwischen dem vom Willen verfolgten Ziel und dem erreichten Ziel. Der Künstler, der sich groß will und sich minderwertig wählt, erhält diesen Abstand absichtlich aufrecht, er ist wie Penelope, die nachts zerstört, was sie bei Tage gemacht hat. In diesem Sinne hält er sich bei der Verwirklichung seiner künstlerischen Absichten ständig auf der Willensebene auf und entfaltet demzufolge eine verzweifelte Energie. Aber sein Wille ist *unwahrhaftig*, denn er flieht vor der Anerkennung der wirklichen, vom spontanen Bewußtsein gewählten Ziele, und er konstituiert physische Scheingebilde als *Antriebe*, um über diese Antriebe nachzudenken und sich, von ihnen (Ruhmsucht, Liebe zum Schönen usw.) ausgehend, entscheiden zu können. Der Wille ist hier keineswegs der grundlegenden Wahl entgegengesetzt, sondern er ist vielmehr in seinen Zwecken und seiner grundsätzlichen Unwahrhaftigkeit nur unter dem Gesichtswinkel der grundlegenden Minderwertigkeitswahl zu verstehen. Mehr noch: wenn er in der Eigenschaft eines reflexiven Bewußtseins unwahrhaftig psychische Scheinobjekte als Antriebe konstituiert, und zwar im Gegensatz zu deren Eigenschaft eines unreflektierten und nichtsetzenden Bewußtseins (von) sich, so ist er Bewußtsein (von) unwahrhaftigem Sein und folglich Bewußtsein (vom) grundlegenden, seitens des Für-sich betriebenen Sichentwerfens. So ist die Zwietracht zwischen spontanem Bewußtsein und Wille keine faktische, bloß festgestellte Gegebenheit. Sondern dieser Dualismus wird im Gegenteil von unserer grundlegenden Freiheit von Anfang an entworfen und realisiert; er wird nur in und mittels der tiefen Einheit unseres grundlegenden Entwurfes begriffen, der darin besteht, uns als Minderwertige zu erwählen. Aber gerade diese Zwietracht enthält die Tatsache, daß die willentliche Überlegung mit Unwahrhaftigkeit beschließt, unsere Minderwertigkeit durch Werke auszugleichen oder zu verbergen, deren eigentlicher Zweck es ist, es uns im Gegenteil zu ermöglichen, diese Minderwertigkeit zu *beurteilen*. Wie man sieht, erlaubt es uns unsere Untersuchung, die beiden Ebenen zu betreten, auf die Adler den Minderwertigkeitskomplex stellt: wie er halten wir eine in der Tiefe erfolgende Anerkennung dieser Minderwertigkeit für möglich, und wie er halten wir eine unübersichtliche und schlecht ausgewogene Entfaltung von Akten, Werken und Behauptungen für möglich, die dazu bestimmt sind, dieses tiefliegende Gefühl zu kompensieren oder zu verbergen. Aber: 1. wir sträuben uns, die in der Tiefe erfolgende Anerkennung als eine unbewußte zu verstehen: sie ist so weit davon entfernt, unbewußt zu sein, daß sie sogar die Unwahrhaftigkeit des Willens konstituiert. Auf Grund dieser Tatsache statuieren wir zwischen den beiden fraglichen Ebenen nicht den Unterschied von unbewußt und bewußt, sondern den, der das unreflektierte und in der Tiefe wesende Bewußtsein trennt von dem reflektierten, das von diesem abhängig ist. 2. Der Begriff der Unwahrhaftigkeit – wir haben ihn im ersten Teil unseres Buches formuliert – scheint uns die Begriffe der Zensurbehörde, der

Verdrängung und des Unbewußten, die Adler benutzt, ersetzen zu sollen. 3. Die Einheit des Bewußtseins, wie sie sich dem *cogito* enthüllt, ist zu tiefliegend, als daß wir diese Spaltung in zwei Ebenen gelten lassen können, falls sie nicht von einer noch tiefer liegenden synthetischen Intention wieder aufgenommen wird, die die eine Ebene zur anderen zurückbringt und beide vereinigt. So zwar, daß wir noch eine weitere Bedeutung im Minderwertigkeitskomplex erfassen: der Minderwertigkeitskomplex wird nicht nur anerkannt, sondern diese Anerkennung ist *Wahl,* der Wille strebt nicht nur danach, diese Minderwertigkeit durch ungesicherte und schwache Behauptungen zu verbergen, sondern ihn durchdringt eine tiefer liegende Intention, die die Schwäche und Ungesichertheit dieser Behauptungen gerade *wählt,* und zwar in der Absicht, diese Minderwertigkeit, die wir angeblich fliehen und die wir in der Scham und im Gefühl des Scheiterns empfinden, noch fühlbarer zu machen. Also hat, wer unter «Minderwertigkeit» leidet, *gewählt,* sein eigener Folterknecht zu sein. Er hat die Scham und das Leid gewählt, was hinwiederum nicht besagen will, daß er Freude empfinden muß, wenn sie mit größter Heftigkeit wirklich werden.

Aber wenn diese neuen Möglichkeiten auch unwahrhaftig von einem Willen gewählt werden, der in den Grenzen unseres Anfangsentwurfes hervorgebracht wird, so werden sie deswegen doch in einem gewissen Ausmaße *gegen* den Anfangsentwurf wirklich. In dem Maße, in dem wir unsere Minderwertigkeit vor uns verbergen wollen, eben um sie zu *schaffen,* können wir unsere Ängstlichkeit und unser Stottern unterdrücken wollen, die unseren anfänglichen Minderwertigkeitsentwurf auf der Ebene der Spontaneität bekunden. Wir machen dann eine systematische und durchdachte Anstrengung, um diese Bekundungen zum Verschwinden zu bringen. Wir machen diesen Versuch in einer Geistesverfassung, in der die Kranken sind, die einen Psychoanalytiker aufsuchen. Das heißt, daß wir uns einerseits eine Verwirklichung unseres Anfangsentwurfes angelegen sein lassen, andererseits sie abweisen: so entschließt sich der Kranke willentlich, einen Psychoanalytiker aufzusuchen, um von gewissen Störungen, die er sich nicht mehr verheimlichen kann, geheilt zu werden; und schon auf Grund der Tatsache, daß er sich in die Hände des Arztes gibt, läuft er Gefahr, geheilt zu werden. Aber wenn er sich in diese Gefahr begibt, so geschieht das andererseits, um sich davon zu überzeugen, daß er unheilbar ist. Er unterzieht sich der psychoanalytischen Behandlung also mit Unwahrhaftigkeit und schlechtem Willen. Alle seine Bemühungen haben den Zweck, sie scheitern zu lassen, während er willentlich fortfährt, sich ihr anzuvertrauen. In gleicher Weise *leiden* die Psychoastheniker, die Janet untersucht hat, unter einer Besessenheit, die sie absichtlich aufrechterhalten, und doch *wollen* sie von ihr geheilt werden. Aber ihr *Wille*, geheilt zu werden, hat eben den Zweck, diese Besessenheit als *Leiden* zu bestätigen und sie infogedessen in ihrer ganzen Heftigkeit zu realisieren. Man weiß, wie so etwas endet: der Kranke kann seine Besessenheit nicht eingestehen, er wälzt sich auf dem Boden herum, er schluchzt, aber er entschließt sich nicht dazu, die erforderliche Beichte abzulegen. Es wäre abwegig, hier von einem Kampf des Willens gegen die Krankheit zu reden: diese Prozesse laufen in der ek-statischen Einheit der Unwahrhaftigkeit ab, und zwar bei einem Sein, das ist, was es nicht ist, und das nicht ist, was es ist. Darum gibt der Kranke, wenn der Psychoanalytiker nahe daran ist, den Anfangsentwurf des Kranken zu erfassen, die Behandlung auf oder verlegt sich aufs Lügen. Es hätte keinen Zweck, diese Widerstände mit Auflehnung gegen den Arzt oder mit einer unbewußten Beunruhigung erklären zu wollen: wie könnte denn das Unbewußte über die Fortschritte der psychoanalytischen Untersuchung unterrichtet werden, außer wenn es eben ein Bewußtsein ist? Aber wenn der Kranke das Spiel bis zum Schluß spielt, muß er eine teilweise Heilung dulden, das heißt, es muß in ihm das Verschwinden von Krankheitserscheinungen anheben, die ihn veranlaßt haben, nach der Hilfe des Arztes zu verlangen. So hätte er dann das geringere Übel gewählt: er kam, um sich davon zu überzeugen, daß er unheilbar ist, und ist nun gezwungen – um zu vermeiden, seinen Entwurf in voller Klarheit zu erfassen und infolgedessen ihn zu nichten und aus freien Stücken ein Anderer zu werden –, wieder davonzugehen und den Geheilten zu spielen. In gleicher Weise können die Verfahren, die ich anwende, um mich vom Stottern und von der Ängstlichkeit zu kurieren, in Unwahrhaftigkeit probiert werden. Nichtsdestoweniger bin ich genötigt, ihre Wirksamkeit anzuerkennen. In diesem Falle werden Ängstlichkeit und Stottern verschwinden: es ist das geringere Übel. Eine künstliche, unbeständige Sicherheit wird beides ersetzen. Aber es geht mit diesen Heilungen wie mit der Heilung der Hysterie durch elektrische Behandlung. Bekanntlich kann dieses Heilverfahren eine hysterische Steifigkeit des Beins zum Verschwinden bringen, aber einige Zeit später sieht man die Steifigkeit am Arm wieder auftreten. Und zwar deshalb, weil die Heilung der Hysterie nur als ganzheitlicher Prozeß erfolgen kann, denn die Hysterie ist ein ganzheitlicher Entwurf des Für-sich. Die Teilverfahren verlagern nur die Erscheinungen. Die Heilung der Ängstlichkeit oder des Stotterns wird also gebilligt und gewählt innerhalb eines Entwurfes, der auf die Herbeiführung anderer Störungen aus ist, zum Beispiel gerade auf die Herbeiführung einer bedeutungslosen und ebenso schwankenden Sicherheit. Da nämlich das Auftauchen einer *willentlichen* Entscheidung ihren Antrieb in der freien, grundlegenden Wahl meiner Ziele hat, kann sie sich an diese Ziele selbst nicht heranwagen, es sei denn zum Schein; also nur im Rahmen meines grundlegenden Entwurfes kann der Wille etwas Wirksames an sich haben; ich kann mich von meinem «Minderwertigkeitskomplex» nur mittels einer radikalen Umgestaltung meines Entwurfs «befreien», die ihre Anlässe und Antriebe keinesfalls in dem vorhergehenden Entwurf finden kann, auch nicht in dem Leid und der Scham, die ich empfinde, denn deren ausdrückliche Bestimmung ist es, meinen Minderwertigkeitsentwurf zu *realisieren*. Deshalb kann ich, solange ich «im» Minderwertigkeitskomplex stecke, nicht einmal begreifen, daß ich ja aus ihm hinaus kann, denn wenn ich mir auch wünsche, hinauszukommen, so hat dieser Wunsch doch seine festumrissene Aufgabe, nämlich, mich in den Stand zu setzen, die Widerwärtigkeit meines Zustandes stärker zu empfinden, er kann also nur in und mittels der auf Minderwertigkeit gerichteten Intention gedeutet werden. Und dennoch erfasse ich jeden Augenblick diese anfängliche Wahl als kontingent und rechtfertigungslos, stehe ich jeden Augenblick dicht davor, sie plötzlich *objektiv* betrachten und sie infolgedessen überschreiten und zu etwas Gewesenem machen zu können, indem ich das befreiende *Jetzt* auftauchen lasse. Von da stammt meine Angst, meine Furcht, plötzlich wie ein böser Geist aus mir ausgetrieben, das heißt, ein gänzlich Anderer zu werden; aber von da stammt auch das häufige Auftreten von «Bekehrungen», die mich meinen ursprünglichen Entwurf vollkommen umgestalten lassen. Diese Bekehrungen, die von den Philosophen nicht untersucht wurden, haben dagegen oft die Schriftsteller beschäftigt. Man denke an den *Augenblick*, an dem Gides Philoktet seinen grundlegenden Entwurf, seinen Seinsgrund und sein Sein, derart preisgibt, daß er ihn hassen muß; man denke an den *Augenblick*, an dem Raskolnikoff beschließt, sich selbst anzuzeigen. Diese außergewöhnlichen und wunderbaren Augenblicke, wo der frühere Entwurf in die Vergangenheit zusammenstürzt im Lichte eines neuen Entwurfs, der sich auf dessen Trümmern erhebt und sich vorläufig nur in groben Linien abzeichnet, wo Erniedrigung, Angst, Freude, Hoffnung sich eng verschwistern, wo wir loslassen, um zu ergreifen, und wo wir ergreifen, um loszulassen, haben anscheinend oft das deutlichste und ergreifendste Bild unserer Freiheit gemalt. Aber sie sind nur eine ihrer Bekundungen unter anderen.

So dargestellt, erscheint das «Paradox» der Unwirksamkeit willentlicher Entschließungen weniger aufreizend: es läuft auf die Aussage hinaus, daß wir uns mit Hilfe des Willens vollständig *konstruieren* können, daß aber der Wille, der bei dieser Konstruktion vorwaltet, seinen Sinn in dem ursprünglichen Entwurf hat, den er widerlegen zu können scheint; daß infolgedessen diese Konstruktion eine ganz andere Aufgabe hat, als sie vorgibt; und daß der Wille sich schließlich nur auf Einzelstrukturen erstrecken kann und niemals den Anfangsentwurf ändern wird, aus dem er hervorgegangen ist, und daß die Schlußfolgerungen einer Theorie ihm nichts anhaben und ihn nicht ändern können.

Am Ende dieser langen Auseinandersetzung sieht es so aus, als sei es uns gelungen, unser ontologisches Verständnis der Freiheit ein wenig zu präzisieren. Nunmehr empfiehlt es sich, sich eine Übersicht über die von uns erzielten Ergebnisse zu verschaffen.

1. Schon ein erster Blick auf die menschliche Realität lehrt, daß für diese das Sein sich auf Tun reduziert. Die Psychologen des 19. Jahrhunderts, die die Bewegungsstrukturen der Triebe, der Aufmerksamkeit, der Wahrnehmung usw. aufzeigten, hatten recht. Allerdings ist Bewegung selbst ein psychischer Akt. Daher finden wir in der menschlichen Realität keine *Gegebenheit* in dem Sinne, daß das Temperament, die Affekte, die Prinzipien der Vernunft erworbene oder angeborene *Daten* wären, die in der Weise der Dinge vorhanden sind. Schon eine empirische Betrachtung des Menschseins zeigt dieses als eine gegliederte Einheit von Verhaltensweisen oder Weisen des «Benehmens». Ehrgeizig, feig oder jähzornig sein heißt einfach, sich unter den und den Umständen in dieser oder jener Art aufführen. Die Behavioristen hatten recht mit ihrer Meinung, daß die einzige positive psychologische Untersuchung die der Verhaltensweisen in genau definierten Situationen sein müsse. Ebenso haben uns die Arbeiten Janets und der Gestaltspsychologen die Mittel verschafft, die emotionalen Verhaltensweisen herauszufinden, und ebenso kann man von wahrnehmenden Verhaltensweisen reden, denn die Wahrnehmung kann stets nur innerhalb einer Einstellung zur Welt verstanden werden. Auch die interesselose Einstellung des Gelehrten ist, wie Heidegger gezeigt hat, eine interesselose Stellungnahme gegenüber dem Gegenstand und folglich eine Verhaltensweise unter anderen. So ist die menschliche Realität zunächst nicht da, um zu handeln, aber für sie heißt dasein handeln, und aufhören zu handeln heißt, aufhören zu sein.

2. Aber wenn die menschliche Realität Handeln ist, so bedeutet das offensichtlich, daß ihr Bestimmtwerden zum Handeln selbst Handlung ist. Wenn wir diesen Grundsatz verwerfen und wenn wir annehmen, daß sie zum Handeln durch einen vorhergehenden Zustand der Welt oder ihrer selbst bestimmt werden kann, so läuft dies darauf hinaus, an den Ursprung der Reihe etwas Gegebenes zu setzen. Dann verschwinden diese *Akte* als Akte, um einer Reihe von *Bewegungen* Platz zu machen. So zerstört der Begriff des Verhaltens bei Janet und den Behavioristen sich selbst. Die Existenz des Aktes beinhaltet seine Autonomie.

3. Wenn aber der Akt nicht reine *Bewegung* ist, muß er durch eine *Intention* begrifflich bestimmt werden. Auf welche Weise man diese Intention auch betrachtet, sie kann nur ein Überschreiten des Gegebenen auf ein zu erlangendes Ergebnis hin sein. Da dieses Gegebene nämlich reine Anwesenheit ist, kann es nicht aus sich heraustreten. Eben weil es ist, ist es völlig und einzig das, was es ist. Es kann also nicht den Grund für eine Erscheinung abgeben, die ihren ganzen Sinn von einem zu erreichenden Ergebnis herleitet, das heißt von einem Nichtseienden. Wenn die Psychologen zum Beispiel aus dem Trieb einen faktischen Zustand machen, so sehen sie nicht, daß sie ihm jedes Merkmal von *Appetit (ad-petitio)* nehmen. Wenn nämlich der sexuelle Trieb beispielsweise vom Schlaf unterschieden werden kann, so kann das nur mittels seines Zieles geschehen, und dieses Ziel «ist» eben nicht. Die Psychologen hätten sich fragen müssen, welches die ontologische Struktur einer Erscheinung sein könnte, die sich, was sie ist, durch etwas verkünden läßt, was noch nicht ist. Die Intention, die die Grundstruktur der menschlichen Realität ist, kann also in keinem Falle durch etwas Gegebenes erklärt werden, auch wenn man behauptet, sie gehe daraus hervor. Wenn man sie aber mittels ihres Zieles deuten will, so muß man sich davor hüten, diesem Ziele die Existenz eines *Gegebenen* beizulegen. Sobald man nämlich gelten ließe, daß das Ziel früher gegeben ist als der zu erreichende Erfolg, müßte man diesem Ziel eine Art An-sich-Sein in der Tiefe seines Nichts und eine geradezu magische Anziehungskraft zubilligen. Es würde uns übrigens auch nicht gelingen, die Verbindung einer menschlichen Realität mit einem gegebenen Ziele als etwas anderes zu verstehen als die des substanzartigen Bewußtseins mit der substanzartigen Realität, wie solche in den Lehren des Realismus vorkommen. Wenn der Trieb – oder der Akt – mittels seines Ziels gedeutet werden muß, so deshalb, weil die Intention so strukturiert ist, daß sie das Ziel außerhalb ihrer *setzt*. So veranlaßt sich die Intention zu sein, indem sie das Ziel wählt, durch das sie verkündet wird.

4. Wenn die Intention die Wahl des Zieles ist und wenn die Wahl sich durch unsere Verhaltensweisen hindurch enthüllt, dann enthüllt die intentionale Wahl des Zieles die Welt, und die Welt enthüllt sich, je nach dem gewählten Ziel, so oder so (in dieser oder jener Geordnetheit). Das Ziel, das die Welt erhellt, ist ein Zustand *der* zu erlangenden und noch nicht existierenden Welt. Die Intention ist setzendes Bewußtsein *des* Ziels. Aber sie kann das nur sein, indem sie sich zum nichtsetzenden Bewußtsein ihrer eigenen Möglichkeiten macht. So kann mein *Ziel* ein gutes Essen sein, wenn ich nämlich Hunger habe. Aber dieses Essen, das über die staubige Straße hinaus, auf der ich wandere, entworfen wird als der *Sinn* dieser Straße

(sie führt *nach* einem Gasthaus, wo der Tisch gedeckt ist, die Gerichte fertig sind, wo man mich erwartet usw.), kann nur korrelativ zu meinem nichtsetzenden Michentwerfen auf meine eigene Möglichkeit hin, dieses Essen zu essen, erfaßt werden. So erhellt die Intention durch ein zweimaliges, aber einheitliches Auftauchen die Welt von einem noch nicht existierenden Ziel aus und bestimmt sich selbst durch die Wahl des ihr Möglichen. Mein Ziel ist ein bestimmter objektiver Zustand der Welt, das mir Mögliche ist eine bestimmte Struktur meiner Subjektivität; das eine enthüllt sich dem setzenden Bewußtsein, das andere flutet auf das nichtsetzende Bewußtsein zurück und kennzeichnet es.

5. Wenn das Gegebene die Intention nicht erklären kann, so muß diese gerade durch ihr Auftauchen einen Bruch mit dem Gegebenen, was es auch immer sein mag, herbeiführen. Es kann auch nicht anders sein, denn sonst hätten wir eine vorhandene Fülle, die stetig einer vorhandenen Fülle folgt, und wir könnten uns das Zukünftige nicht veranschaulichen. Dieser Bruch ist außerdem notwendig für die *Beurteilung* des Gegebenen. Niemals nämlich könnte das Gegebene ein Anlaß zu einer Handlung sein, wenn es nicht beurteilt würde. Aber diese Beurteilung kann nur durch ein Abstandgewinnen zum Gegebenen verwirklicht werden, durch eine Einklammerung des Gegebenen, die eben einen Bruch der Stetigkeit voraussetzt. Außerdem muß die Beurteilung, wenn sie nicht grundlos sein soll, im Lichte von irgend etwas geschehen. Und dieses irgend etwas, das zur Beurteilung des Gegebenen dient, kann nur das Ziel sein. So setzt die Intention mit ein und demselben einheitlichen Auftauchen das Ziel, erwählt sich und beurteilt das Gegebene von diesem Ziele aus. Unter diesen Voraussetzungen wird das Gegebene in seiner Abhängigkeit von etwas beurteilt, was noch nicht existiert; im Lichte des Nicht-Seins wird das An-sich-Sein aufgehellt. Es ergibt sich eine zweifache nichtende Färbung des Gegebenen: einerseits ist es darin genichtet, daß der Bruch mit ihm jedes Wirken auf die Intention verlorengehen läßt; andererseits erleidet es eine neue Nichtung durch die Tatsache, daß man ihm dieses Wirken von einem Nichts aus, der Beurteilungsgrundlage, zurückgibt. Da die menschliche Realität Akt ist, kann sie nur als Bruch mit dem Gegebenen in ihrem Sein verstanden werden. Sie ist das Sein, welches bewirkt, daß es Gegebenes *gibt,* indem es mit ihm bricht und es im Lichte des Noch-nicht-Daseienden erhellt.

6. Diese für das Gegebene bestehende Notwendigkeit, nur im Rahmen einer es enthüllenden Nichtung zu erscheinen, ist eins *mit der* inneren *Verneinung*, die wir im zweiten Teil unseres Buches beschrieben haben. Es wäre abwegig, sich vorzustellen, das Bewußtsein könne ohne Gegebenes existieren: es wäre dann Bewußtsein

(von) sich selbst als (von) einem Bewußtsein von nichts [rien], das heißt, es wäre das absolute Nichts [néant]. Aber wenn das Bewußtsein vom Gegebenen her existiert, so bedeutet das keineswegs, daß es vom Gegebenen bedingt wird: es ist schlechthin Verneinung des Gegebenen, es existiert als Freigesetztsein von einem bestimmten daseienden Gegebenen und als Eingesetztsein auf ein bestimmtes, noch nicht daseiendes Ziel hin. Außerdem aber kann diese innere Verneinung nur für ein Sein zutreffen, das sich in fortwährendem Abstandgewinnen zu sich selbst befindet. Wenn es nicht seine eigene Verneinung wäre, so wäre es, was es ist, das heißt ein Gegebenes schlechthin; auf Grund dieser Tatsache hätte es keine Verbindung mit irgendeinem anderen *datum*, denn das von Natur Gegebene ist nur, was es ist. So wäre jede Möglichkeit des Erscheinens einer Welt ausgeschlossen. Um nicht ein Gegebenes zu *sein*, muß das Für-sich sich fortwährend als zu sich Abstandnehmen konstituieren, das heißt, es muß sich hinter sich lassen als ein *datum*, was schon nicht mehr ist. Diese Kennzeichnung des Für-sich beinhaltet, daß es das Sein ist, das *keine Hilfe* und *keinen Stützpunkt* in dem findet, was es *war*. Sondern das Für-sich ist, im Gegenteil, frei und kann bewirken, daß es eine Welt gibt, und zwar weil es *das Sein ist, das im Lichte dessen, was es sein wird, zu sein hat, was es war*. Die Freiheit des Für-sich erscheint also als sein *Sein*. Aber da diese Freiheit nichts Gegebenes ist, auch keine Eigenschaft, kann sie nur sein, indem sie sich wählt. Die Freiheit des Für-sich ist immer irgendwie *eingesetzt*; hier handelt es sich nicht um eine Freiheit, die ein undeterminiertes Können wäre, das vor seinem Wählen vorhanden ist. Wir erfassen uns immer nur als Wahl, die gerade geschieht. Und die Freiheit ist einfach die Tatsache, daß diese Wahl immer ohne Vorbedingungen ist.

7. Eine solche Wahl, die ohne Stützpunkt erfolgt und sich ihre Anlässe selbst vorschreibt, kann *absurd* erscheinen und ist es auch tatsächlich. Die Freiheit ist nämlich *Wahl* ihres Seins, aber nicht *Grundlage* ihres Seins. Wir werden auf diese Beziehung der Freiheit zur Faktizität noch in diesem Kapitel zurückkommen. Für den Augenblick genügt uns die Feststellung, daß die menschliche Realität sich wählen kann, wie sie es versteht, aber daß sie nicht sich nicht wählen kann, sie kann sich nicht einmal weigern, zu sein: der Selbstmord ist nämlich Wahl und Bejahung: des Seins. Durch dieses Sein, das ihr *gegeben* ist, nimmt sie an der allgemeinen Kontingenz des Seins teil und dadurch an dem, was wir Absurdheit nannten. Diese Wahl ist absurd, nicht weil sie ohne Grund ist, sondern weil es keine Möglichkeit gab, nicht zu wählen. Die Wahl wird, was sie auch sein mag, begründet und in Besitz genommen vom Sein, denn sie ist Wahl, welche ist. Es ist aber anzumerken, daß diese Wahl

nicht in dem Sinne absurd ist, in dem in einer rationalen Welt ein Phänomen auftauchen würde, das mit anderen nicht durch *Gründe* verbunden wäre: sie ist absurd in dem Sinne, daß sie das ist, wodurch alle Grundlagen und alle Gründe zum Sein kommen, das, wodurch auch der Begriff des Absurden einen Sinn erhält. Sie ist absurd, weil sie jenseits aller Gründe ist. So ist die Freiheit insofern nicht die Kontingenz schlechthin, als sie sich ihrem Sein zuwendet, um es im Lichte ihres Zieles aufzuhellen, sie ist ein beständiges der Kontingenz Entrinnen, sie ist Verinnerlichung, Nichtung und Subjektivierung der Kontingenz, die, derart verwandelt, gänzlich in die Grundlosigkeit der Wahl eingeht.

8. Das freie Sichentwerfen ist grundlegend, denn es ist mein Sein. Weder der Ehrgeiz, noch die Passion, geliebt zu werden, noch der Minderwertigkeitskomplex können als grundlegende Entwürfe betrachtet werden. Sie müssen im Gegenteil von einem ersten Entwurf aus verstanden werden, der daran erkannt wird, daß er nicht mehr von einem anderen aus gedeutet werden kann und daß er ganz ist. Eine besondere phänomenologische Methode ist notwendig, um diesen Anfangsentwurf deutlich zu machen. Wir nennen sie existentielle Psychoanalyse. Im nächsten Kapitel werden wir darüber sprechen. Aber jetzt schon können wir sagen, daß der grundlegende Entwurf, der ich bin, ein Entwurf ist, der nicht meine Zusammenhänge mit diesem oder jenem besonderen Gegenstand der Welt betrifft, sondern mein In-derWelt-Sein als Ganzheit, und daß – da die Welt selbst sich nur im Lichte eines Zieles enthüllt – dieser Entwurf als Ziel einen gewissen Typus von Beziehung zum Sein setzt, die das Für-sich unterhalten will. Dieser Entwurf ist nicht im jeweiligen Augenblick vorhanden, da er nicht «in» der Zeit sein kann. Er ist aber auch nicht zeitlos, um sich dann hinterher «Zeit zu nehmen». Deshalb weisen wir Kants «Wahl des intelligiblen Charakters» zurück. Die Struktur des Wählens beinhaltet notwendigerweise, daß es ein Wählen in der Welt ist. Ein Wählen, das ein Wählen *von nichts aus* ist, ein Wählen, das sich *auf nichts* richtet, wäre ein Wählen von nichts und würde sich als Wahl vernichten. Es gibt nur phänomenale Wahl, man muß indessen verstehen, daß das Phänomen hier das Absolute ist. Aber bei seinem Auftauchen selbst zeitigt es sich, denn es bewirkt, daß ein Zukünftiges das Gegenwärtige aufhellt und es als Gegenwart konstituiert, indem es den «Daten» an sich die Bedeutung von *Gewesenheit* gibt. Darunter darf man indessen nicht verstehen, daß der grundlegende Entwurf sich ebenso weit erstreckt wie das ganze «Leben» des Für-sich. Da die Freiheit Ohne-Stütze-Sein und Ohne-Schwungbrett-Sein ist, muß der Entwurf, um sein zu können, beständig erneuert werden. Ich erwähle mich fortwährend und kann nie in der Eigenschaft eines Gewählt-

worden-Seins sein, denn sonst würde ich in das schlechthinnige Vorhandensein des An-sich zurückfallen. Die Notwendigkeit, mich fortwährend zu erwählen, ist eins mit der verfolgten Verfolgung; die ich bin. Aber gerade weil es sich um eine *Wahl* handelt, weist diese Wahl in dem Maße, in dem sie vollzogen wird, ganz allgemein auf andere Wahlen als mögliche hin. Die Möglichkeit dieser anderen Wahlen wird weder explizit gemacht noch gesetzt, sondern sie wird in dem Gefühl erlebt, daß sie nicht gerechtfertigt werden kann, und wird durch die Tatsache der *Absurdheit* meiner Wahl und, infolgedessen, meines Seins ausgedrückt. So untergräbt meine Freiheit meine Freiheit. Da ich nämlich frei bin, entwerfe ich mein ganzes Mögliches, aber dadurch setze ich, daß ich frei bin und daß ich jenen ersten Entwurf jederzeit nichten und zu Gewesenem werden lassen kann. In dem Augenblick, in dem das Für-sich denkt, es erfasse sich und lasse sich von einem pro-jektierten Nichts verkünden, was es *ist*, entgeht es sich also, denn dadurch setzt es gerade, daß es etwas anderes sein kann, als es ist. Für das Für-sich genügt es, sich seine Rechtfertigungslosigkeit explizit zu machen, um das *Jetzt* auftauchen lassen zu können, das heißt die Erscheinung eines neuen Entwurfes über dem Zusammenbruch des alten. Da indessen dieses Auftauchen des neuen Entwurfes die Nichtung des alten zur ausdrücklichen Bedingung hat, kann das Für-sich sich kein neues Dasein zulegen: sobald es den erledigten Entwurf in die Vergangenheit zurückstößt, hat es dieser Entwurf in Gestalt des «ich war» zu sein – was bedeutet, daß der erledigte Entwurf von nun an zu seiner Situation gehört. Kein Seinsgesetz kann für die verschiedenen Entwürfe, die ich bin, *a priori* eine Zahl festlegen: das Dasein des Für-sich bedingt sein Sosein. Sondern man muß die Geschichte jedes einzelnen zu Rate ziehen, um sich, was jedes einzelne Für-sich betrifft, davon eine Vorstellung machen zu können. Unsere einzelnen Entwürfe, die die Verwirklichung eines einzelnen Zieles in der Welt betreffen, fügen sich in den umfassenden Entwurf ein, der wir sind. Aber eben weil wir ganz und gar Wählen und Handeln sind, werden diese Teilentwürfe nicht durch den umfassenden Entwurf determiniert: sie müssen selbst Erwählungen sein, und jedem von ihnen wird ein gewisser Spielraum an Kontingenz, Unberechenbarkeit und Absurdität gelassen, abgesehen davon, daß jeder Entwurf, insofern er entworfen wird, eine Spezifikation des umfassenden Entwurfs mit Rücksicht auf besondere Bestimmungsstücke der Situation ist und sich daher stets in bezug auf die Ganzheit meines In-der-Welt-Seins versteht.

Mit diesen wenigen Bemerkungen glauben wir die Freiheit des Für-sich in ihrer ursprünglichen Existenz beschrieben zu haben. Aber man wird gesehen haben, daß diese Freiheit etwas Gegebenes erfordert, nicht als ihre Bedingung, aber in mehreren anderen Hinsichten: zunächst einmal wird die Freiheit nur als Nichtung eines Gegebenen begriffen (Ziff. 5), und in dem Maße, in dem sie innere Verneinung und Bewußtsein ist, gilt auch für sie jene Notwendigkeit (Ziff. 6), die für das Bewußtsein besteht, nämlich, Bewußtsein *von* etwas zu sein. Außerdem ist die Freiheit Wahlfreiheit, nicht aber die Freiheit, nicht zu wählen. Nicht wählen heißt nämlich, wählen, nicht zu wählen. Es ergibt sich, daß die Wahl Grundlage des Gewähltseins ist, aber nicht Grundlage des Wählens. Daher die Absurdheit (Ziff. 7) der Freiheit. Auch hier verweist sie uns auf ein Gegebenes, das nichts anderes ist als eben die Faktizität des Fürsich. Schließlich kann sich der umfassende Entwurf, obwohl er die Welt in ihrer Ganzheit aufhellt, mit Rücksicht auf dieses oder jenes Bestimmungsstück der Situation und folglich der Kontingenz der Welt spezifizieren. Alle diese Beobachtungen weisen uns auf ein schwieriges Problem hin: auf das der Beziehung der Freiheit zur Faktizität (Geworfenheit). Übrigens begegnen sie sich wieder mit den konkreten Vorhaltungen, die man uns bestimmt machen wird: kann ich wählen, groß zu sein, wenn ich klein bin, zwei Arme zu haben, wenn ich einarmig bin usw.? Diese Vorhaltungen erstrecken sich eben auf die «Grenzen», die von meiner faktischen Situation meinem freien Michselbstwählen gesetzt werden. Es muß also der andere Aspekt der Freiheit geprüft werden, ihre «Rückseite»: ihre Verbindung mit der Geworfenheit.

II

Freiheit und Geworfenheit: Die Situation

Das entscheidende, vom gesunden Menschenverstand gegen die Freiheit benutzte Argument besteht darin, uns an unsere Ohnmacht zu erinnern. Weit entfernt, daß wir unsere Situation willkürlich ändern können, scheint es sogar, daß wir nicht einmal uns selbst ändern können. Ich bin weder «frei», dem Schicksal meiner Klasse, meines Volkes, meiner Familie zu entgehen, noch auch mir Einfluß oder ein Vermögen zu schaffen, noch meine unbedeutendsten Neigungen oder meine Gewohnheiten zu besiegen. Ich komme als Arbeiter zur Welt, als Franzose, mit Erbsyphilis oder Tuberkulose. Die Geschichte eines beliebigen Lebens ist die Geschichte eines Scheiterns. Der Feindseligkeitskoeffizient der Dinge ist ein solcher, daß es Jahre der Geduld bedarf, um den geringsten Erfolg zu erreichen. Außerdem muß man «der Natur gehorchen, um sie zu beherrschen», das heißt, ich muß mein Tun zwischen die Kettenglieder des Determinismus einfügen. Viel mehr als er «sich zu machen» scheint, wird der Mensch scheinbar «gemacht» vom Klima und der Erde, von der Rasse und der Klasse, der Sprache, der Geschichte des Kollektivs, dem er angehört, von der Erbmasse, den individuellen Umständen seiner Kindheit, den angenommenen Gewohnheiten, den großen und kleinen Ereignissen seines Lebens.

Dieses Argument hat die Verfechter der menschlichen Freiheit niemals ernstlich beunruhigt: Descartes erkannte als erster, daß der Wille unbegrenzt ist, gleichzeitig aber, daß man «trachten muß, lieber sich selbst, als das Glück zu besiegen». Deshalb muß man hier Unterscheidungen machen; viele der von den Deterministen vorgebrachten Tatsachen können nicht in Betracht gezogen werden. Insbesondere kann der Feindseligkeitskoeffizient der Dinge kein Argument gegen unsere Freiheit sein, denn *durch uns*, das heißt durch die vor-läufige Setzung eines Zieles taucht dieser Feindseligkeitskoeffizient auf. Jener Felsblock, der einen unermeßlichen Widerstand bekundet, wenn ich ihn fortbewegen will, ist dagegen eine wertvolle Hilfe, wenn ich hinaufklettern und die Landschaft betrachten will. An und für sich – falls es überhaupt möglich ist, das ins Auge zu fassen, was er an und für sich sein kann – ist er neutral, das heißt, er wartet darauf, durch ein Ziel erhellt zu werden, um sich als Gegner oder als Bundesgenosse bekunden zu können. Außerdem kann er sich auf die eine der beiden Arten nur im Inneren eines bereits bestehenden Zeugzusammenhanges bekunden. Ohne die Hacken und Eispickel, die bereits gebahnten Pfade, ohne die Bergsteigertechnik wäre der Felsen weder leicht noch schwierig zu erklimmen; die Frage würde gar nicht gestellt werden, er würde keinerlei Beziehung zur Technik des Alpinismus unterhalten. Obwohl die Naturdinge (die Heidegger die «Naturprodukte» nennt) von Anfang an unsere Handlungsfreiheit begrenzen können, muß doch unsere Freiheit selbst vorläufig den Rahmen, das Verfahren und die Ziele schaffen, in bezug auf welche sie sich als Begrenzungen kundgeben. Wenn der Felsen selbst sich als «zu schwer zu ersteigen» enthüllt und wenn wir auf die Besteigung verzichten müssen, so wollen wir daran denken, daß er sich nur darum als ein solcher enthüllt hat, weil er ursprünglich als «ersteigbar» aufgefaßt worden ist; unsere Freiheit konstituiert also die Grenzen, auf die sie in der Folge trifft. Wohl bleibt auch nach diesen Hinweisen ein unbenennbares und unausdenkbares *Residuum* übrig, das zu dem fraglichen An-sich gehört und das bewirkt, daß in einer durch unsere Freiheit erhellten Welt jener Felsen eine Ersteigung mehr begünstigt, dieser andere sie nicht begünstigt. Aber weit davon entfernt, daß dieses *Residuum* ursprünglich eine Grenze für die Freiheit sei, ist es ihm – das heißt dem naturhaften Ansich als solchem – zu danken, daß sie als Freiheit auftaucht. Der gesunde Menschenverstand wird uns nämlich darin beistimmen, daß das *frei* genannte Wesen dasjenige ist, das seine Pläne *verwirklichen* kann. Damit aber der Akt für eine *Verwirklichung* in Frage kommen kann, muß die einfache Entwerfung eines möglichen Zieles sich a priori von der Realisierung dieses Zieles unterscheiden. Wenn es genügte, etwas zu begreifen, um es zu realisieren, dann würde ich mich in einer Welt befinden, die der des Traumes ähnelt, wo das Mögliche sich in keiner Weise mehr vom Realen unterscheidet. Ich bin demzufolge dazu verurteilt, die Welt sich gemäß den Wandlungen meines Bewußtseins verändern zu sehen, ich kann in bezug auf meine Auffassung der Welt die «Einklammerung» nicht vollziehen, auch nicht die Aussetzung eines Urteils, das eine einfache Fiktion von einer realen Wahl unterscheidet. Das erscheinende Objekt wird, sofern es bloß erfaßt wird, weder gewählt noch auch nur gewünscht. Da die Unterscheidung zwischen dem einfachen *Wunsch*, der *Vorstellung*, die ich wählen könnte, und der *Wahl* beseitigt ist, verschwindet die Freiheit mit ihr. Wir sind frei, wenn das Letzte, durch das wir uns, was wir sind, verkünden lassen, ein *Ziel* ist, das heißt kein reales Daseiendes wie dasjenige, was bei den von uns gemachten Voraussetzungen unsern Wunsch erfüllen wird, sondern ein Objekt, das noch nicht existiert. Demzufolge kann aber dieses *Ziel* nur transzendent sein, wenn es von uns geschieden und gleichzeitig erreichbar ist. Nur ein Insgesamt realer Daseiender kann uns von diesem Ziele scheiden – ebenso wie dieses Ziel nur als zukünftiger Zustand der realen Daseienden, die mich von ihm scheiden, begriffen werden kann. Das Ziel ist nichts anderes als der Entwurf einer Ordnung der daseienden Dinge, das heißt der Entwurf einer Reihe von Anordnungen, die für diese Dinge auf der Grundlage ihrer aktuellen Beziehungen zu treffen sind. Durch die innere Verneinung erhellt nämlich das Für-sich die daseienden Dinge in ihren gegenseitigen Beziehungen mittels des Zieles, das es setzt, und entwirft dieses Ziel von den Determinationen aus, die es im Daseienden erfaßt. Hier liegt, wie wir gesehen haben, kein Zirkel vor, denn das Auftauchen des Für-sich geschieht auf einen Schlag. Wenn es aber so ist, dann ist gerade die Ordnung der daseienden Dinge für die Freiheit selbst unentbehrlich. Durch die daseienden Dinge ist sie geschieden und wieder vereinigt in bezug auf das Ziel, das sie verfolgt und das ihr verkündet, was sie ist. Dergestalt, daß die Widerstände, die die Freiheit im Seienden enthüllt, weit davon entfernt sind, eine Gefahr für die Freiheit zu sein, vielmehr es ihr erst ermöglichen, als Freiheit aufzutauchen. Es kann ein freies Für-sich nur als eingesetzt in eine Widerstand leistende Welt geben. Außerhalb dieses Eingesetztseins verlieren die Begriffe Freiheit, Determiniertheit, Notwendigkeit an Wert, sogar ihren Sinn.

Überdies muß man, entgegen dem gesunden Menschenverstand, feststellen, daß die Wendung «frei sein» nicht bedeutet «erreichen, was man gewollt hat», sondern «sich dazu bestimmen, durch sich selbst zu wollen (d. h. zu wählen im weiteren Sinne)». Anders ausgedrückt, der Erfolg ist für die Freiheit in keiner Weise wichtig. Die Auseinandersetzung, die den gesunden Menschenverstand den Philosophen gegenüberstellt, beruht auf einem Mißverständnis: der empirische und volkstümliche Begriff von «Freiheit», hervorgegangen aus geschichtlichen, politischen und geistigen Gegebenheiten, ist gleichbedeutend mit «Fähigkeit, die gewählten Ziele zu erreichen». Der fachphilosophische Begriff von Freiheit, den wir hier allein in Betracht ziehen, bedeutet nur: Autonomie des Wählens. Es ist indessen zu beachten, daß ein Wählen, welches mit dem Tun identisch ist, einen Beginn von Verwirklichung der Absicht voraussetzt, um vom Traum und vom Wunsch unterschieden werden zu können. So werden wir nicht behaupten, daß ein Gefangener immer die Freiheit hat, das Gefängnis zu verlassen, was eine absurde Behauptung wäre, auch nicht, daß er immer die Freiheit hat, seine Entlassung zu wünschen, was eine Selbstverständlichkeit ohne Bedeutung wäre, sondern daß er immer die Freiheit hat, zu entfliehen zu suchen (oder sich befreien zu lassen) – das heißt, welches seine Lebensbedingungen auch sein mögen, er kann seinen Ausbruch pro-jektieren und kann sich selbst über den Wert dieses Entwurfes dadurch unterrichten, daß er zu handeln beginnt. Unsere Darstellung der Freiheit, die zwischen Wählen und Handeln nicht unterscheidet, nötigt uns zugleich, auf die Unterscheidung zwischen Intention und Akt zu verzichten. Man kann die Intention vom Akt ebensowenig unterscheiden wie das Denken von der Sprache, die es ausdrückt, und wie es vorkommt, daß unsere Worte uns über unsere Gedanken belehren, so belehren uns unsere Akte über unsere Intentionen, das heißt, sie ermöglichen uns, sie aus dem Zusammenhang zu lösen, sie einem Schema zu subsumieren, aus ihnen Objekte zu machen, anstatt uns damit zu begnügen, sie zu erleben, das heißt, von ihnen ein nichtsetzendes Bewußtsein zu gewinnen. Dieser wesentliche Unterschied zwischen der Wahlfreiheit und der Freiheit, etwas zu erreichen, ist sicherlich von Descartes gesehen worden, und zwar im Anschluß an den Stoizismus. Er macht allen Auseinandersetzungen über «wollen» und «können», in denen sich noch heute die Anhänger und Gegner der Freiheit gegenüberstehen, ein Ende.

Nicht weniger wahr ist es, daß die Freiheit auf Grenzen trifft oder zu treffen scheint, und zwar auf Grund des tatsächlich *Gegebenen,* das sie überschreitet oder nichtet. Nachweisen, daß der Feindseligkeitskoeffizient der Sache und ihr *Hindernis*-Charakter (verbunden mit ihrem Zeugcharakter) für die Existenz einer Freiheit unentbehrlich ist, heißt, sich eines zweischneidigen Argumentes bedienen, denn wenn es auch ermöglicht darzutun, daß die Freiheit vom Gegebenen nicht aufgehoben wird, so weist es andererseits auf so etwas wie ein ontologisches Bedingtsein der Freiheit hin. Wäre man nicht berechtigt zu sagen, wie es gewisse zeitgenössische Philosophen machen: ohne Hindernis keine Freiheit? Und da wir nicht zugeben können, daß die Freiheit sich ihre Hindernisse selber schafft – was für jeden absurd ist, der begriffen hat, was eine Spontaneität ist –, gibt es hier anscheinend eine Art von ontologischem Vorrang des An-sich vor dem Für-sich. Man muß also die vorangegangenen Bemerkungen als einfache Versuche betrachten, den Weg zu bahnen, und muß die Frage nach der Geworfenheit von Anfang an wieder aufnehmen.

Wir haben festgestellt, daß das Für-sich frei ist. Aber das bedeutet nicht, daß es seine eigene Grundlage ist. Wenn frei sein bedeutete, seine eigene Grundlage zu sein, müßte die Freiheit über die *Existenz* ihres Seins entscheiden. Und diese Notwendigkeit kann auf zwei Arten verstanden werden. Zunächst müßte die Freiheit über ihr Frei-Sein entscheiden, das heißt nicht nur, daß sie Wahl eines Zieles wäre, sondern daß sie Wahl ihrer selbst als Freiheit wäre. Das würde voraussetzen, daß die Möglichkeit, frei zu sein, und die Möglichkeit, nicht frei zu sein, in gleicher Weise *vor* der freien Erwählung einer von beiden bestehen, das heißt vor der freien Wahl durch die Freiheit. Aber da es dazu einer vor-läufigen Freiheit bedürfte, die das frei Sein erwählte, das heißt im Grunde genommen, die zu sein wählte, was sie schon ist, würden wir ins Endlose geraten, denn sie hätte wieder eine andere, vorhergehende Freiheit nötig, um sie wählen zu können, und so fort. Tatsächlich sind wir eine Freiheit, die wählt, aber wir wählen nicht, frei zu sein: wir sind, wie wir oben sagten, zur Freiheit verurteilt, in die Freiheit geworfen oder, wie Heidegger sagt, in ihr «verlassen». Und wie man sieht, hat diese Verlassenheit keinen anderen Ursprung als eben die Existenz der Freiheit. Wenn man also die Freiheit definiert als ein dem Gegebenen, dem Faktum Entrinnen, so gibt es ein *Faktum* des dem Faktum Entrinnens. Das ist die Faktizität (Geworfenheit) der Freiheit.

Aber die Tatsache, daß die Freiheit nicht ihre eigene Grundlage ist, kann noch auf eine andere Art und Weise, die zu denselben Schlußfolgerungen führt, verstanden werden. Wenn nämlich die Freiheit über die Existenz ihres Seins entschiede, müßte dieses Sein nicht nur als nichtfrei möglich sein, auch meine absolute Nichtexistenz müßte möglich sein. Mit anderen Worten: wir haben gesehen, daß im Anfangsentwurf der Freiheit das Ziel auf die Anlässe zurückkam, um sie zu konstituieren; aber wenn die Freiheit ihre eigene Grundlage sein soll, muß das Ziel außerdem auf die Existenz selbst zurückkommen, um sie auftauchen zu lassen. Man sieht, was sich daraus ergeben würde: das Für-sich würde sich selbst vom Nichts herleiten, um das Ziel zu erreichen, das es sich setzt. Diese durch ihr Ziel legitimierte Existenz wäre Existenz *de jure*, nicht *de facto*. Und es ist richtig, daß unter den tausend Weisen, die dem Für-sich zur Verfügung stehen für den Versuch, sich von seiner ursprünglichen Kontingenz loszureißen, eine ist, die in dem Versuch besteht, sich von Anderen als Existenz de jure anerkennen zu lassen. Wir legen auf unsere individuellen Rechte nur Wert im Rahmen eines umfassenden Entwurfs, der darauf abzielt, uns selbst eine Existenz von der Aufgabe her zuzulegen, die wir erfüllen. Das ist der Grund, um deswillen der Mensch so oft versucht, sich mit seiner Arbeit zu identifizieren und danach trachtet, in sich selbst nur «den Präsidenten des Appellationsgerichtshofes», «den Departementalrentmeister» usw. zu sehen. Jede dieser Funktionen hat in der Tat ihre durch ihren Zweck gerechtfertigte Existenz. Mit einer von ihnen identisch zu sein heißt, seine eigene Existenz für gerettet vor der Kontingenz halten. Aber diese Bemühungen, der ursprünglichen Kontingenz zu entgehen, bewirken nur eine noch festere Begründung der Existenz dieser Kontingenz. Die Freiheit kann durch das Ziel, das sie setzt, nicht über ihre Existenz entscheiden. Ohne Zweifel existiert sie nur mittels der Wahl, die sie bezüglich eines Zieles trifft, aber sie ist nicht Herrin über die Tatsache, daß es eine Freiheit *gibt*, die sich, was sie ist, durch ihr Ziel verkünden läßt. Eine Freiheit, die sich selbst zur Existenz hervorbrächte, würde gerade ihren Sinn von Freiheit einbüßen. Die Freiheit ist nämlich kein bloßes, undeterminiertes Können. Wenn sie das wäre, wäre sie Nichts oder An-sich; und nur mit Hilfe einer unzulässigen Synthese aus An-sich und Nichts hat man die Freiheit als ein nacktes und vor ihren Wahlhandlungen existierendes Können verstehen können. Sie wird schon durch ihr Auftauchen zu einem «Tun» bestimmt. Aber «Tun» setzt, wie wir gesehen haben, die Nichtung eines Gegebenen voraus. Man macht etwas *aus* etwas. So ist die Freiheit Seinsmangel in bezug auf ein gegebenes Sein und nicht Auftauchen eines vollständigen Seins. Und wenn sie jenes Loch im Sein, jenes Nichts an Sein ist, von dem wir gesprochen haben, so setzt sie *das ganze Sein* voraus, um im Herzen des Seins wie ein Loch auftreten zu können. Sie kann sich also nicht vom Nichts aus zur Existenz bestimmen, denn eine jede Hervorbringung vom Nichts aus kann nur An-sich-Sein sein. Wir haben übrigens im ersten Teil dieses Buches nachgewiesen, daß das Nichts nirgendwo erscheinen kann, es sei denn im Herzen des Seins. Hier treffen wir wieder mit den Forderungen des gesunden Menschenverstandes zusammen: empirisch gesehen, können wir nur in bezug auf einen Zustand von Dingen und trotz dieses Zustandes frei sein. Man sagt dann, ich sei frei in bezug auf diesen Zustand der Dinge, wenn er mich nicht zu etwas zwingt. So ist die empirische und praktische Auffassung der Freiheit ganz negativ, sie geht von der Betrachtung einer Situation aus und stellt fest, daß diese Situation *mir die Freiheit läßt,* dieses oder jenes Ziel zu verfolgen. Man könnte sogar sagen, diese Situation bedinge meine Freiheit in dem Sinne, daß sie *da ist, um mich nicht zu zwingen.* Man beseitige das Verbot, nach Feierabend auf den Straßen herumzulaufen – welche Bedeutung hätte dann für mich die Freiheit (die mir zum Beispiel durch einen Passierschein verliehen wird), nachts spazierenzugehen?

So ist die Freiheit ein minderes Sein, das das Sein voraussetzt, um sich ihm zu entziehen. Sie ist weder frei, nicht zu existieren, noch, nicht frei zu sein. Wir werden sogleich den Zusammenhang dieser beiden Strukturen erfassen: da nämlich die Freiheit ein dem Sein Entrinnen ist, kann sie sich nicht *neben* dem Sein hervorbringen, gewissermaßen nebenher und in einem es «überfliegenden» Entwurf: man entweicht nicht aus einem Gefängnis, in dem man nicht eingesperrt war. Ein Sichentwerfen am Rande des Seins kann sich in keiner Weise als Nichtung dieses Seins konstituieren. Die Freiheit ist Entrinnen einem Eingesetztsein in das Sein, sie ist Nichtung eines Seins, das sie *ist.* Das bedeutet nicht, daß die menschliche Realität *zunächst einmal* vorhanden ist, um *dann* frei zu sein. Dann und zunächst sind Ausdrücke, die von der Freiheit selbst geschaffen wurden. Vielmehr vollzieht sich das Auftauchen der Freiheit mittels der zweifachen Nichtung des *Seins, das sie ist,* und des Seins, inmitten von welchem sie ist. Natürlich ist sie nicht dieses Sein im Sinne von An-sich-Sein. Sondern sie bewirkt, daß es jenes Sein *gibt,* das hinter ihr liegt und das ihre ist, indem sie es in seinen Unzulänglichkeiten im Lichte des von ihr gewählten Zieles aufhellt: sie hat dieses hinter ihr liegende Sein *zu sein,* das sie nicht gewählt hat, und zwar bewirkt sie genau in dem Maße, in dem sie auf dasselbe zurückkommt, um es aufzuhellen, daß dieses Sein, das das ihre ist, in Verbindung mit dem Seins-*Plenum* erscheint, das heißt inmitten der Welt existiert. Wir sagten, die Freiheit sei nicht frei, nicht frei zu sein, und sie sei nicht frei, nicht vorhanden zu sein. Die Tatsache, nicht frei sein zu können, ist die Faktizität der Freiheit, nicht mehr existieren zu können, ist ihre *Kontingenz.* Kontingenz und Geworfenheit sind eins: es gibt ein Sein, das die Freiheit in Gestalt des *nicht sein* (das heißt der Nichtung) zu sein hat. Als *Faktum* der Freiheit zu existieren und ein Seiendes inmitten der Welt sein müssen, ist ein und dasselbe und bedeutet, daß die Freiheit ursprünglich *Bezug zum Gegebenen* ist.

Aber welches ist dieser Bezug zum Gegebenen? Und muß man darunter verstehen, daß das Gegebene (das An-sich) die Freiheit bedingt? Sehen wir genauer zu: das Gegebene ist weder *Ursache* der Freiheit (denn es kann nichts als Gegebenes hervorbringen), noch *Grund* (denn jeder *Grund* kommt durch die Freiheit zur Welt). Es ist auch nicht *notwendige Bedingung* der Freiheit, denn wir befinden uns im Gebiet der reinen Kontingenz. Es ist auch nicht bloß *unentbehrliche Materie*, an der die Freiheit sich betätigen soll, denn das hieße voraussetzen, daß die Freiheit als aristotelische Form oder als ein Pneuma der Stoiker existiere, also vollkommen fertig, und daß sie nach einer zu verarbeitenden Materie sucht. Nichts davon geht in die Beschaffenheit der Freiheit ein, denn sie ist Innerlichkeit und innere Verneinung des Gegebenen. Es ist einfach die reine Kontingenz, die zu verleugnen die Freiheit trachtet, indem sie aus sich eine Wahl macht, es ist die Seinsfülle, die die Freiheit mit Unzulänglichkeit und Negiertheit einfärbt, indem sie sie im Lichte eines nicht existierenden Zieles erhellt, es ist *die Freiheit selbst*, insofern *sie existiert* – und insofern sie, was sie auch tun mag, ihrer Existenz nicht entrinnen kann. Der Leser hat verstanden, daß dieses Gegebene nichts anderes ist als das vom Für-sich genichtete An-sich, das dieses zu sein hat, und als der Leib als Aussichtspunkt zur Welt, und als die Vergangenheit als *Wesen*, das das Für-sich war: drei Bezeichnungen für die gleiche Realität. Durch ihr nichtendes Abstandgewinnen bewirkt die Freiheit, daß ein Beziehungssystem vom Standpunkt des Zieles aus entsteht zwischen «den» An-sich, das heißt zwischen dem Seins-*Plenum*, das sich dann als *Welt* enthüllt, und dem Sein, das sie inmitten dieses *Plenums* zu sein hat und das sich als *ein* Sein enthüllt, als *ein* dies-da, das sie zu sein hat. So konstituiert die Freiheit als Sein inmitten der Welt durch ihre Selbstentwerfung auf ein Ziel hin ein besonderes *datum*, das sie zu sein hat. Sie wählt es nicht, denn das hieße ihre eigene Existenz wählen, sondern durch die Wahl, die sie bezüglich ihres Zieles trifft, bewirkt sie, daß das *datum* sich auf diese oder jene Weise, in diesem oder jenem Licht enthüllt, und zwar in Verbindung mit der Entdeckung der Welt selbst. So erscheinen gerade die Kontingenz der Freiheit sowie die Welt, die diese Kontingenz mit ihrer eigenen Kontingenz umgibt, ihr nur im Lichte des Zieles, das sie gewählt hat, das heißt nicht als Naturprodukte, sondern in der Einheit der Beleuchtung durch eine gleiche Nichtung. Und die Freiheit kann dieses Insgesamt niemals als reines *datum* wieder in Besitz nehmen, denn das müßte außerhalb von jeder Wahl vor sich gehen, und sie würde alsdann aufhören, Freiheit zu sein. Wir nennen *Situation* die Kontingenz der Freiheit inmitten des Seins-*Plenums* der Welt, insofern dieses *datum*, das nur da ist, um der Freiheit *keinen Zwang anzutun,* sich dieser Freiheit nur enthüllt als *schon gelichtet* durch das Ziel, das sie wählt. So erscheint das *datum* dem Für-sich niemals als Naturprodukt und An-sich; es wird immer *als Anlaß* entdeckt, da es sich nur im Lichte eines Zieles, durch das es aufgehellt wird, enthüllt. Situation und Veranlassung sind eins. Das Für-sich enthüllt sich als in das Sein eingesetzt, als von Sein belagert, als vom Sein bedroht; es entdeckt den Zustand der Dinge, der es als Anlaß zu einer Verteidigungs- oder Angriffsreaktion umgibt. Aber es kann diese Entdeckung nur machen, weil es frei das Ziel setzt, in bezug auf welches der Zustand der Dinge bedrohlich oder günstig ist. Diese Hinweise sollen uns darüber belehren, daß die *Situation,* das gemeinsame Produkt der Kontingenz des An-sich und der Freiheit, ein zweiseitiges Phänomen ist, in welchem das Für-sich den Beitrag der Freiheit und den des Naturproduktes nicht zu unterscheiden vermag. Geradeso nämlich, wie die Freiheit das einer Kontingenz (die sie zu sein hat, um ihr entrinnen zu können) Entrinnen ist, ist die Situation freie Koordination und freie Qualifikation eines von der Natur Gegebenen, das sich nicht beliebig qualifizieren läßt. Hier stehe ich am Fuße jenes Felsens, der mir als «nicht ersteigbar» erscheint. Das bedeutet, daß der Felsen nur im Lichte einer geplanten Ersteigung erscheint – eines untergeordneten Planes, der seinen Sinn von einem Anfangsentwurf aus erhält, der mein In-der-Welt-Sein ist. So hebt sich der Felsen vom Hintergrunde der Welt ab durch die Auswirkung der anfänglichen Wahl seitens meiner Freiheit. Andererseits kann aber meine Freiheit nicht darüber entscheiden, ob der «zu ersteigende» Fels sich der Ersteigung darbietet oder nicht. Das ist ein Bestandteil des naturhaften Seins des Felsens. Jedenfalls kann der Felsen seinen Widerstand gegen die Besteigung nur bekunden, wenn er durch die Freiheit in eine «Situation» eingefügt wird, deren allgemeines Thema die Besteigung ist. Für den einfachen Spaziergänger, der auf der Straße vorbeigeht und dessen freies Sichentwerfen ein rein ästhetisches Ordnen der Landschaft ist, enthüllt sich der Felsen weder als ersteigbar noch als unersteigbar: er offenbart sich nur als schön oder häßlich. Daher ist es unmöglich, in jedem einzelnen Falle zu bestimmen, was daran Freiheit ist und was naturhaftes Sein des An-sich ist. Das Gegebene als solches enthüllt sich als *Widerstand* oder als *Hilfe* nur im Lichte der pro-jektierenden Freiheit. Aber die pro-jektierende Freiheit schafft eine solche Beleuchtung, daß das An-sich in ihm entdeckt wird, *wie es ist,* das heißt widerständig oder günstig, wobei wir uns darüber einig sind, daß der Widerstand des Gegebenen nicht direkt als Eigenschaft an sich des Gegebenen aufgefaßt werden kann, sondern nur als Anzeige eines unerfaßbaren *quid,* und zwar durch eine freie Erhellung und eine freie Strahlenbrechung hindurch.

Also nur innerhalb und mit Hilfe des freien Auftauchens einer Freiheit entwickelt und enthüllt die Welt ihre Widerstände, die das entworfene Ziel unrealisierbar machen können. Der Mensch begegnet Hindernissen nur auf dem Felde seiner Freiheit. Mehr noch: es ist unmöglich, *a priori* zu entscheiden, was an dem Hindernischarakter eines einzelnen Daseienden Naturprodukt und was Freiheit ist. Was nämlich für mich Hindernis ist, wird es für einen Anderen nicht sein. Es gibt kein absolutes Hindernis, sondern das Hindernis enthüllt seinen Feindseligkeitskoeffizienten durch die frei erfundenen und frei übernommenen Verfahren, es zu überwinden, hindurch; es enthüllt ihn auch in Abhängigkeit von dem Wert des von der Freiheit gesetzten Zieles. Dieser Felsen wird für mich kein Hindernis sein, wenn ich, koste es, was es wolle, zum Gipfel des Berges gelangen will; dagegen entmutigt er mich, wenn ich meinem Wunsche, den geplanten Anstieg durchzuführen, freiwillige Grenzen gesetzt habe. So enthüllt mir die Welt durch Feindseligkeitskoeffizienten das Ausmaß, in dem ich auf die Ziele, die ich mir setze, Wert lege, dergestalt, daß ich niemals wissen kann, ob sie mir einen Aufschluß über mich oder über sich gibt. Außerdem ist der Feindseligkeitskoeffizient des Gegebenen niemals einfacher Bezug zu meiner Freiheit als zu einem reinen, nichtenden Hervorbrechen: er ist eine durch die Freiheit erhellte Beziehung zwischen dem *datum*, das der Felsen ist, und dem *datum*, das meine Freiheit zu sein hat, das heißt zwischen dem Kontingenten, das sie nicht ist, und ihrer reinen Faktizität. Bei gleich großem Wunsch nach einer Kletterpartie ist der Felsen bequem zu ersteigen für einen athletischen Bergsteiger, schwierig für einen anderen, einen schlecht trainierten Anfänger schwächlichen Leibes. Aber der Leib seinerseits enthüllt sich als gut oder schlecht trainiert nur in bezug auf eine freie Wahl. Weil ich da bin und weil ich aus mir gemacht habe, was ich bin, enthüllt der Felsen in bezug auf meinen Leib einen Feindseligkeitskoeffizienten. Für den Rechtsanwalt, der in der Stadt geblieben ist, und der, den Leib unter seiner Robe verborgen, sein Plädoyer hält, ist der Felsen weder schwer noch leicht zu erklimmen: er ist in die Ganzheit «Welt» eingeschmolzen, ohne im geringsten aus ihr herauszuragen. Und in gewissem Sinne bin ich es, der seinen Leib als schwächlichen erwählt, indem ich ihn Schwierigkeiten gegenüberstelle, die ich schaffe (Alpinismus, Radfahren, Sport). Wenn ich nicht gewählt hätte, Sport zu treiben, wenn ich mich in Städten aufhalte und mich ausschließlich mit Handel oder Geistesarbeiten beschäftige, würde mein Leib in keiner Weise von jenem Standpunkt aus qualifiziert werden. Wir fangen nun an, das Paradoxe der Freiheit zu erkennen: es gibt Freiheit nur in *Situation*, und es gibt Situation nur durch Freiheit. Die menschliche Realität trifft überall auf Widerstände und Hindernisse, die sie nicht geschaffen hat; aber diese Widerstände und Hindernisse haben Sinn nur in der und durch die freie Wahl, die die menschliche Realität *ist.* Um aber den Sinn dieser Hinweise noch genauer erfassen und um daraus den Nutzen ziehen zu können, den sie enthalten, müssen wir nunmehr in ihrem Lichte einige scharf umrissene Beispiele untersuchen. Was wir die Geworfenheit der Freiheit genannt haben, ist das Gegebene, das sie *zu sein hat* und das sie mit ihrem Sichentwerfen aufhellt. Dieses Gegebene offenbart sich auf verschiedene Arten, wenn auch in der absoluten Einheit einer gleichen Erhellung. Es ist *mein Platz, mein Leib, meine Vergangenheit, meine Position,* insofern diese Dinge durch die Angaben der Anderen bereits determiniert sind, schließlich *meine grundlegende Beziehung zu Anderen.* Wir werden diese verschiedenen Strukturen der Situation nacheinander und mit genau umrissenen Beispielen belegt prüfen. Aber man darf niemals aus den Augen verlieren, daß keine von ihnen allein gegeben ist und daß man, wenn man sie isoliert betrachtet, weiter nichts tut, als sie auf dem synthetischen Hintergrunde der anderen erscheinen zu lassen.

A) *Mein Platz*

Er wird durch die räumliche Ordnung und durch die besondere Eigentümlichkeit der «dies-da» bestimmt, die sich mir auf dem Hintergrunde der Welt enthüllen. Es ist natürlich der Ort, wo ich «wohne» (mein «Land» mit seinem Boden, seinem Klima, seinen Bodenschätzen, seinen hydrographischen und orographischen Bildungen), aber er ist auch ganz einfach die Anordnung und Geordnetheit der Gegenstände, die mir gegenwärtig gehören (ein Tisch, an der anderen Seite des Tisches ein Fenster, links vom Fenster eine Truhe, rechts vom Fenster ein Stuhl, hinter dem Fenster die Straße und das Meer) und die mich sogar als den Grund ihrer Geordnetheit zeigen. Es kann nicht sein, daß ich keinen Platz habe, andernfalls würde ich mich, in bezug auf die Welt, im Zustande des «Überfliegens» befinden, und die Welt würde sich, wie wir vorher gesehen haben, auf keine Weise offenbaren. Andersherum, obwohl dieser aktuelle Platz mir von meiner Freiheit zugewiesen worden sein kann (ich bin hierher «gekommen»), habe ich ihn dennoch nur einnehmen können in Abhängigkeit von dem, den ich vorher einnahm, und indem ich den von den Gegenständen selbst vorgezeichneten Wegen folgte. Und dieser vorige Platz verweist mich auf einen anderen, dieser wieder auf einen anderen und so fort bis zur *reinen Kontingenz meines Platzes,* das heißt bis zu demjenigen meiner Plätze, der auf nichts weiter als auf *mich* verweist: dem Platz, den die Geburt mir anweist. Es würde nämlich nichts dabei herauskommen, wollte man diesen letzten Platz durch den erklären, den meine Mutter einnahm, als sie mich zur Welt brachte: die Kette ist gerissen, die von meinen Eltern frei gewählten Plätze können in keiner Weise als Erklärung *meiner* Plätze gelten; und wenn man einen von ihnen in seiner Verbindung mit meinem ursprünglichen Platz betrachtet – wie man zum Beispiel sagt: ich bin in Bordeaux geboren, weil mein Vater dort Beamter wurde – ich bin in Tours geboren, weil meine Großeltern dort Besitzungen hatten und weil meine Mutter bei ihnen Zuflucht suchte, als sie während der Schwangerschaft den Tod meines Vaters erfuhr –, so geschieht das, um stärker hervorzuheben, wie sehr die Geburt und der Platz, den sie mir anweist, *für mich* kontingente Dinge sind. So heißt geboren werden, neben anderen Merkmalen, *seinen Platz nehmen,* oder vielmehr, nach dem, was wir eben gesagt haben, ihn *erhalten.* Und da dieser ursprüngliche Platz derjenige ist, von dem aus ich nach feststehenden Regeln neue Plätze einnehmen werde, so liegt hier anscheinend eine starke Beschränkung meiner Freiheit vor. Die Frage wird übrigens verwickelt, sobald man über sie nachdenkt: die Anhänger der Wahlfreiheit zeigen nämlich, daß von jedem gegenwärtig eingenommenen Platz aus sich meiner Wahl eine Unendlichkeit anderer Plätze anbietet; die Gegner der Freiheit pochen darauf, daß eine Unendlichkeit von Plätzen mir auf Grund jener Tatsache verschlossen ist und daß im übrigen mir die Gegenstände eine Seite zuwenden, die ich nicht gewählt habe und die alle anderen ausschließt; sie fügen hinzu, daß *mein Platz* zu innig mit anderen Bedingungen meines Daseins (Ernährungsweise, Klima usw.) verbunden ist, als daß er nicht dazu beitrüge, mich zu gestalten. Zwischen Anhängern und Gegnern der Freiheit zu entscheiden, ist anscheinend unmöglich. Das kommt daher, daß die Auseinandersetzung nicht auf der richtigen Ebene vor sich geht.

Und tatsächlich müssen wir, wenn wir die Frage stellen wollen, wie es sich gehört, von folgender Antinomie ausgehen: die menschliche Realität erhält ursprünglich ihren Platz inmitten der Dinge – die menschliche Realität ist das, wodurch so etwas wie ein Platz den Dingen zu-kommt. Ohne menschliche Realität *gäbe es* weder Raum noch Platz – und trotzdem erhält diese menschliche Realität, durch die den Dingen ihr Platz zu-kommt, ihren Platz zwischen den Dingen, ohne diesen Vorgang im geringsten zu beherrschen. In Wirklichkeit gibt es dabei nichts Geheimnisvolles: sondern die Darstellung muß eben von der Antinomie ausgehen, sie wird uns die richtige Beziehung von Freiheit zu Geworfenheit liefern.

Der geometrische Raum, das heißt die reine Wechselseitigkeit der räumlichen Beziehungen ist, wie wir gesehen haben, ein reines Nichts. Die einzig konkrete Stelle, die sich mir entdecken kann, ist die absolute Erstreckung, das heißt, sie ist diejenige, die bestimmt wird durch meinen in Frage stehenden Platz als Mittelpunkt, und für die die Entfernungen absolut vom Gegenstand her nach mir zu, und zwar ohne Wechselseitigkeit, berechnet werden. Und die einzige absolute Erstreckung ist die, die sich von einem Ort aus entfaltet, der ich absolut *bin.* Kein anderer Punkt kann als absoluter Beziehungsmittelpunkt gewählt werden, ohne daß er sofort in die allgemeine Relativität einbezogen wird. *Wenn* es eine Erstreckung gibt, in deren Grenzen ich mich als frei oder unfrei erfasse, und die sich mir als hilfreich oder feindselig (trennend) darbietet, so kann das nur der Fall sein, weil ich vor allem *meinen Platz existiere,* ohne Wahl, auch ohne Notwendigkeit, als reine absolute Tatsache meines *Da-Seins.* Ich bin *da:* nicht hier, sondern *da.* Das ist das absolute und unverstehbare Faktum, das am Ursprung der Erstreckung und folglich meiner ursprünglichen Zusammenhänge mit den Dingen (eher mit diesen-hier, als mit diesen-da) steht.

Nur ist anderseits dieser Platz, *der ich bin,* ein Bezug. Ohne Zweifel eine einseitige Beziehung, aber trotzdem eine Beziehung. Wenn ich mich damit begnüge, meinen Platz *zu existieren,* kann ich nicht gleichzeitig anderswo sein, um jenen grundlegenden Bezug herzustellen, ich kann nicht einmal ein unklares Verständnis von dem Gegenstand haben, in bezug auf den mein Platz bestimmt wird. Ich kann nur die inneren Determiniertheiten existieren, die die unfaßbaren und unausdenkbaren Gegenstände in mir, ohne daß ich es weiß, hervorrufen können. Zugleich verschwindet sogar die Realität der absoluten Erstreckung, und ich bin von allem befreit, was einem Platze ähnelt. Andersherum, ich bin weder frei noch unfrei: reines Daseiendes, ungezwungen, aber auch ohne ein Mittel, den Zwang zu leugnen. Damit so etwas wie eine bestimmte Erstreckung ursprünglich als mein Platz zur Welt kommt und gleichzeitig mich streng definiert, ist es nicht nur nötig, daß ich meinen Platz existiere, das heißt, daß *ich da zu sein habe:* es ist außerdem nötig, daß ich nicht ganz und gar hier zu sein brauche, um nämlich auch dort sein zu können, beim Gegenstand, den ich zehn Meter von mir entfernt placiere und von dem aus ich mir meinen Platz anzeigen lasse. Der einseitige Bezug, der meinen Platz bestimmt, drückt sich nämlich aus als Bezug zwischen etwas, das ich bin, und etwas, das ich nicht bin. Damit dieser Bezug sich enthüllen kann, muß er hergestellt sein. Er setzt also voraus, daß ich imstande bin, folgendes auszuführen: 1. *dem, was ich bin, zu entrinnen und es zu nichten,* so zwar, daß das, was ich bin, obwohl es mittlerweile *existiert* wird, sich dennoch als Glied eines Bezuges enthüllen kann. Dieser Bezug ist nämlich unmittelbar gegeben, nicht bei der einfachen Betrachtung der Gegenstände (man könnte uns, wenn wir versuchten, den Raum von der reinen

Betrachtung herzuleiten, vorhalten, daß die Gegenstände mit absoluten *Dimensionen* gegeben sind, nicht mit absoluten *Abständen*), sondern aus unserem unmittelbaren Handeln («er kommt auf uns zu», «gehen wir ihm aus dem Wege», «ich laufe hinter ihm her», usw.), und er beinhaltet als solcher ein Verstehen dessen, was ich als Da-Sein bin. Gleichzeitig muß man aber das genau bestimmen, was ich vom Da-Sein anderer «dies-da» aus bin. Als Da-Sein bin ich derjenige, auf den man trifft, wenn man läuft, derjenige, der noch eine Stunde zu steigen hat, bevor er auf dem Gipfel des Berges ist usw. Wenn ich also zum Beispiel nach dem Berggipfel blicke, so handelt es sich um ein Mirentrinnen, begleitet von einem Zurückfluten, das ich vom Gipfel des Berges aus in Richtung auf mein Da-Sein bewerkstellige, um mich zu *placieren.* So muß ich sein, «was ich zu sein habe», und zwar gerade, weil ich ihm entrinne. Damit ich mich mittels meines Platzes definieren kann, muß ich zunächst mir selbst entrinnen, um dann die Koordinaten zu errichten, von denen aus ich mich noch genauer als Mittelpunkt der Welt definiere. Es muß angemerkt werden, daß mein *Da-Sein* in keiner Weise das Überschreiten determinieren kann, das die Dinge festlegt und placiert, denn es ist *reines Gegebenes,* unfähig, zu pro-jektieren, und daß im übrigen, um als dieses oder jenes Da-Sein genau definiert zu werden, das von dem Zurückfluten begleitete Überschreiten es bereits determiniert haben muß. 2. *Durch innere Verneinung den «dies-da» – inmitten – der Welt entrinnen, die ich nicht bin und durch die ich mir verkünden lasse, was ich bin.* Sie entdecken und ihnen entrinnen ist nämlich, wie wir gesehen haben, die Wirkung ein und derselben Verneinung. Auch hier ist die innere Verneinung die erste und spontan in bezug auf das *datum* als auf ein ent-decktes. Man kann nicht gelten lassen, daß es unsere Auffassungsweise *hervorruft;* sondern damit es ein «dies-da» *geben* kann, das dem Da-Sein, das ich *bin,* seine Entfernungen verkündet, ist es im Gegenteil gerade notwendig, daß ich ihm durch reine Verneinung entrinne. Nichtung, innere Verneinung, determinierende Rückkehr zum Da-Sein, das ich bin, diese drei Operationen sind eins. Sie sind nur Momente einer ursprünglichen Transzendenz, die, mich nichtend, in ein Ziel verläuft, um mir durch das Zukünftige verkünden zu lassen, was ich bin. So hat mir meine Freiheit *meinen* Platz zugeteilt und hat ihn als solchen bestimmt, indem sie mich placierte; ich kann nicht streng beschränkt sein auf *dieses* Da-Sein, das ich bin, weil meine ontologische Struktur darin besteht, nicht zu sein, was ich bin, und zu sein, was ich nicht bin.

Außerdem kann diese Bestimmung der Stelle, die die ganze Transzendenz voraussetzt, nur in bezug auf ein Ziel vor sich gehen. Im Lichte dieses Zieles wird mein Platz sinnvoll. Denn ich kann niemals *bloß da* sein. Sondern gerade mein Platz wird als ein *Exil* erfaßt oder, im Gegensatz dazu, als jener naturgegebene, Beruhigung bietende, beliebte Ort, den Mauriac, wenn er ihn mit dem Platz in der Arena verglich, an den der verwundete Stier immer wieder zurückkehrt, *Querencia* [1] nannte: in bezug auf das, was ich zu tun vorhabe – im Zusammenhange mit der Welt als Ganzheit und also mit meinem ganzen In-der-Welt-Sein –, erscheint mir mein Platz als eine Hilfe oder als eine Behinderung. Am Platze sein heißt zunächst, entfernt von ... oder nahe bei ... sein – das heißt, der Platz ist mit einem Sinn versehen in bezug auf ein noch nicht daseiendes Sein, was man erreichen will. Die Zugänglichkeit oder Unzugänglichkeit dieses Zieles bestimmt den Platz. Im Lichte des Nicht-Seins und der Zukunft kann also meine Stellung im jeweiligen Augenblick verstanden werden: Da-Sein heißt, nur einen Schritt zu machen brauchen, um die Teekanne zu erreichen, die Feder mit Ausstrecken des Armes ins Tintenfaß eintauchen zu können; den Rücken zum Fenster kehren zu müssen, wenn ich, ohne die Augen zu ermüden, lesen will; mich auf mein Rad klemmen und zwei Stunden lang die Anstrengungen eines glühheißen Nachmittags ertragen müssen, wenn ich meinen Freund Peter sehen, den Zug nehmen, und eine Nacht ohne Schlaf verbringen müssen, wenn ich Anni sehen will. Für einen Menschen in den Kolonien heißt Da-Sein, zwanzig Tagereisen von Frankreich weg sein – mehr noch: wenn er Beamter ist und auf seinen bezahlten Urlaub wartet, heißt es sechs Monate und sieben Tage von Bordeaux oder Etaples weg sein. Für einen Soldaten bedeutet es, noch 110–120 Tage lang dienen müssen können: die Zukunft – eine pro-jektierte Zukunft – tritt überall auf: mein zukünftiges Leben in Bordeaux, in Etaples, die zukünftige Entlassung des Soldaten, das Wort Zukunft, das ich mit einer tintennassen Feder hinschreibe, alles dies belädt meinen Plan mit Bedeutungen und läßt mich ihn mit Nervosität, Ungeduld oder Heimweh existieren. Wenn ich dagegen vor einer Gruppe von Leuten oder vor der öffentlichen Meinung fliehe, wird mein Platz durch die Zeit bestimmt, die diese Leute brauchen, um mich tief in dem Dorf, wo ich mich aufhalte, zu entdecken, um zu diesem Dorfe zu gelangen usw. In diesem Falle zeigt mir diese Absonderung meinen Platz als günstig an. Am Platze sein heißt hier, in Sicherheit sein.

Diese Wahl meines Zieles reicht bis in meine rein räumlichen Beziehungen hinein (hoch und niedrig, rechts und links usw.) und gibt ihnen eine existentielle Bedeutung. Der Berg ist «erdrückend», wenn ich an seinem Fuße verweile; wenn ich auf seinem Gipfel bin, wird er im Gegenteil in den Entwurf meines Stolzes hineingenommen und versinnbildlicht die Überlegenheit über die anderen Menschen,

1 Spanisch, «Lieblingsplatz der Tiere». (Anmerkung des Übersetzers)

die ich mir zuschreibe. Der Platz der Flüsse, die Entfernung zum Meer usw. werden wirksam und sind mit symbolischer Bedeutung versehen: im Lichte meines Zieles konstituiert, bringt mir mein Platz dieses Ziel mit allen Einzelheiten und mit seinen Verbindungen zum Insgesamt in Erinnerung. Wir kommen darauf zurück, wenn wir den Gegenstand und die Methoden der existentiellen Psychoanalyse genauer feststellen wollen. Die bloße Beziehung der *Entfernung* zu den Gegenständen kann niemals unabhängig von den Bedeutungen und Symbolen erfaßt werden, die unsere Art und Weise, jene Beziehung zu konstituieren, ausmachen. Geradeso wie diese Beziehung selbst nur Sinn hat in bezug auf die Wahl der Verfahren, welche es ermöglichen, die Entfernungen zu messen und zu durchlaufen. Eine Stadt, die zwanzig Kilometer von meinem Dorf entfernt und mit ihm durch eine Straßenbahn verbunden ist, ist viel näher bei mir als ein steiniger Gipfel in vier Kilometer Entfernung, der aber 2800 m hoch ist. Heidegger hat gezeigt, wie das alltägliche Besorgen dem Zeug seine Plätze anweist, die mit der rein geometrischen Entfernung nichts zu tun haben: meine Brille, sagt er, die ich auf der Nase habe, ist viel weiter von mir weg als der Gegenstand, den ich durch sie hindurch sehe.

Man muß also sagen, daß die Geworfenheit meines Platzes mir in und mittels der freien Wahl enthüllt wird, die ich über mein Ziel treffe. Die Freiheit ist unentbehrlich für die Entdeckung meiner Geworfenheit. Ich erfahre diese Geworfenheit von allen Punkten der Zukunft her, die ich entwerfe, von dieser erwählten Zukunft her erscheint sie mir mit ihren Merkmalen von Machtlosigkeit, Kontingenz, Schwäche, Absurdheit. In bezug auf meine Sehnsucht, New York zu sehen, ist es absurd und schmerzlich, in Mont-de-Marsan zu leben. Umgekehrt ist aber die Geworfenheit die einzige Realität, die die Freiheit entdecken kann, die einzige, die sie durch Setzung eines Zieles nichten kann, die einzige, von der aus eine Zielsetzung einen Sinn hat. Denn wenn das Ziel die Situation aufhellen kann, so deshalb, weil es als entworfene Umgestaltung dieser Situation konstituiert ist. Der Platz erscheint von den Veränderungen aus, die ich entwerfe. Aber zum *Verändern* gehört eben etwas zu Veränderndes, was eben mein Platz ist. So ist die *Freiheit die Ergreifung meiner Geworfenheit.* Es wäre vollkommen müßig, das «quid» dieser Geworfenheit zu bestimmen oder zu beschreiben zu suchen, *«bevor»* die Freiheit sich ihr zuwendet und sie als ein bestimmtes Mangelhaftes erfaßt. Mein Platz «ist», bevor die Freiheit meine Stelle als einen Mangel gewisser Sorte umschrieben hat, genaugenommen gar nichts, da die Erstreckung selbst, von der aus jeder Platz begriffen wird – nicht existiert. Andererseits ist die Frage selbst nicht zu verstehen, denn sie enthält ein «vorher», was keinen Sinn hat:

die Freiheit selbst zeitigt sich nämlich gemäß den beiden Richtungen «vorher» und «hinterher». Nichtsdestoweniger ist dieses schlichte und unentbehrliche «quid» dasjenige, ohne das die Freiheit nicht Freiheit sein kann. Es ist gerade die Geworfenheit meiner Freiheit.

Nur im Akt, durch den die Freiheit die Geworfenheit entdeckt und als *Platz* ergriffen hat, offenbart sich dieser so definierte Platz als *Fessel* für meine Wünsche, als *Hindernis* usw. Wie könnte es sonst möglich sein, daß er ein Hindernis wäre? Hindernis *für was*? Zwang, *was zu tun*? Man schreibt folgendes Wort einem Emigranten zu, der nach dem Mißerfolg seiner Partei Frankreich in Richtung Argentinien verlassen wollte: als man ihn darauf aufmerksam machte, daß Argentinien «sehr weit weg sei», fragte er: «Weit weg wovon?» Und wenn denen, die in Frankreich bleiben, Argentinien «weit weg» erscheint, so geschieht das ganz bestimmt in bezug auf einen impliziten nationalen Entwurf, der ihrem Franzosenplatz Wert verleiht. Für den internationalistischen Revolutionär ist Argentinien ein Mittelpunkt der Welt wie jedes beliebige andere Land. Aber gerade wenn wir zunächst das französische Land mittels eines ersten Entwurfes als unseren absoluten Platz konstituiert haben – und wenn irgendeine Katastrophe uns zwingt, ins Exil zu gehen –, dann erscheint Argentinien in bezug auf diesen Anfangsentwurf als «sehr weit weg», als «Exil-Land»; in bezug auf ihn fühlen wir uns expatriiert. So schafft die Freiheit selbst die Hindernisse, unter denen wir leiden. Sie selbst läßt, indem sie ihr Ziel setzt – und indem sie es als unzugänglich oder schwer zugänglich auswählt –, unsere Stelle als einen für unsere Entwürfe unüberwindbaren oder schwer überwindbaren Widerstand erscheinen. Und sie konstituiert auch ihre eigene *Beschränkung*, indem sie die räumlichen Verbindungen der Gegenstände als Urtyp der Zeugbeziehung festlegt, indem sie über die Verfahren entscheidet, die es erlauben, die Entfernungen zu messen und zu überwinden. Aber es kann ja nur *beschränkte* Freiheit geben, da die Freiheit Wahl ist. Jede Wahl setzt, wie wir sehen werden, Elimination und Auswahl voraus. So kann die Freiheit nur wirklich frei sein, indem sie die Geworfenheit als ihre eigene Beschränkung konstituiert. Es würde also nichts nützen, zu sagen, ich hätte auf Grund der Tatsache, daß ich ein kleiner Beamter in Mont-de-Marsan bin, *nicht die Freiheit*, nach New York zu fahren. Vielmehr *placiere* ich mich in bezug auf mein Vorhaben, nach New York zu fahren, in Mont-de-Marsan. Meine Stelle in der Welt, die Beziehungen Mont-de-Marsans zu New York und zu China wären ganz andere, wenn es zum Beispiel meine Absicht wäre, ein reicher Landwirt in Mont-de-Marsan zu werden. Im ersten Falle erscheint Mont-de-Marsan auf dem Hintergrund der Welt in lebendiger Verbindung mit New York, Melbourne und Schanghai; im zweiten

Falle ragt es aus dem Grunde einer undifferenzierten Welt heraus. Was die *reale* Bedeutsamkeit meiner Absicht, nach New York zu fahren, anlangt, so entscheide ich allein darüber: das kann ganz gut bloß eine Art und Weise sein, mich als mit Mont-de-Marsan unzufrieden zu erwählen; in diesem Falle wird alles auf Mont-de-Marsan hin zentriert, und ich empfinde einfach das Bedürfnis, meinen Platz fortwährend zu nichten, in fortwährendem Abstandnehmen in bezug auf die Gemeinde, in der ich wohne, zu leben – das kann aber auch ein Vorhaben sein, für das ich mich ganz und gar einsetze. Im ersten Fall würde ich meinen Platz als unüberwindbares Hindernis erfassen und hätte nur einen Kunstgriff benutzt, um ihn indirekt in der Welt zu bestimmen; im zweiten Fall gibt es dagegen keine Hindernisse, mein Platz ist kein Punkt, an den ich angekettet bin, sondern ein Abfahrtspunkt: denn um nach New York zu *fahren,* bedarf es eben eines Abfahrtspunktes, irgendeines. So würde ich mich zwar in jedem beliebigen Augenblick als eingesetzt in der Welt erfassen, und zwar an meinem kontingenten Platze. Aber gerade dieses Eingesetztsein verleiht meinem kontingenten Platze seinen Sinn und ist meine Freiheit. Wohl *nehme ich Platz,* indem ich geboren werde, aber ich bin für den Platz, den ich nehme, verantwortlich. Hier erkennt man deutlicher das unentwirrbare Verbundensein von Freiheit und Geworfenheit in der Situation, denn ohne die Geworfenheit gäbe es keine Freiheit – als Nichten- und Wählenkönnen –, und ohne Freiheit würde die Geworfenheit nicht entdeckt und hätte nicht einmal einen Sinn.

B) *Meine Vergangenheit*

Wir haben eine Vergangenheit. Ohne Zweifel haben wir deutlich machen können, daß diese Vergangenheit nicht unsere Akte bestimmt wie das vorhergehende Phänomen das nachfolgende, ohne Zweifel haben wir gezeigt, daß die Vergangenheit nicht die Kraft hat, die Gegenwart zu konstituieren und die Zukunft vorauszuentwerfen. Nichtsdestoweniger kann die Freiheit, die auf die Zukunft hin entweicht, sich nicht eine Vergangenheit nach Gutdünken zulegen, erst recht kann sie sich nicht ohne Vergangenheit hervorbringen. Sie hat ihre eigene Vergangenheit zu sein, und diese Vergangenheit ist unabänderlich; in erster Annäherung sieht es sogar so aus, als ob sie sie auf keine Weise verändern könne: die Vergangenheit ist das, was außer Reichweite liegt und was uns von fern her heimsucht, ohne das wir uns auch nur ihm voll zuwenden könnten, um es zu betrachten. Wenn es auch unser Handeln nicht bestimmt, so ist es wenigstens so beschaffen, daß wir keinen neuen Entschluß fassen können, es sei denn *von ihm aus.* Wenn ich mich auf die Seefahrtsschule vorbereitet habe und dann Marineoffizier geworden bin, immer bin ich eingesetzt, in welchem Augenblick ich mich auch ergreife und betrachte; gerade in dem Augenblick, in dem ich mich erfasse, bin ich Wachoffizier auf der Brücke des Schiffes, wo ich als Zweiter kommandiere. Wohl kann ich mich plötzlich gegen diese Tatsache auflehnen, meinen Abschied nehmen, meinen Selbstmord beschließen: diese äußersten Maßnahmen werden mit Rücksicht auf die Vergangenheit ergriffen, die die meine ist; wenn sie darauf abzielen, sie zu zerstören, so deshalb, weil sie existiert, und auch meine radikalsten Entschlüsse können nicht so weit gehen, gegenüber meiner Vergangenheit eine negative Stellung einzunehmen. Im Grunde genommen heißt das aber, ihre ungeheure Bedeutsamkeit als Plattform und Standpunkt anerkennen; jede Handlung, die dazu bestimmt ist, mich von meiner Vergangenheit loszureißen, muß zunächst von *dieser Vergangenheit aus* konzipiert werden, das heißt, diese Handlung muß vor allem anerkennen, daß sie von dieser besonderen Vergangenheit aus, die sie zerstören will, entsteht; unsere Taten, sagt das Sprichwort, folgen uns nach. Die Vergangenheit ist gegenwärtig und wird unmerklich in die Gegenwart eingeschmolzen: sie ist der Anzug, den ich vor sechs Monaten ausgewählt habe, das Haus, das ich bauen ließ, das Buch, das ich vorigen Winter in Angriff genommen habe, meine Frau, die Versprechungen, die ich ihr gemacht habe, meine Kinder; alles, was ich *bin*, habe ich in der Weise des Gewesen-Seins zu sein. So kann die Wichtigkeit der Vergangenheit gar nicht übertrieben werden, denn für mich gilt «Wesen ist, was gewesen ist», Sein ist gewesen sein. Aber wir finden hier das vorhin aufgewiesene Paradox wieder: ich könnte mich ohne Vergangenheit nicht verstehen, mehr noch, ich könnte ohne sie nichts mehr von mir *denken*, denn ich denke an das, was ich *bin* und was ich in der Vergangenheit bin; andererseits bin ich aber das Sein, durch das die Vergangenheit zu sich und zur Welt kommt.

Wir wollten dieses Paradox genauer prüfen: da die Freiheit Wahl ist, ist sie Veränderung. Sie wird durch das Ziel bestimmt, das sie pro-jektiert, das heißt durch die Zukunft, die sie zu sein hat. Aber gerade weil die Zukunft *der-noch-nicht-seiende-Zustand dessen, was ist,* ist, kann sie nur in einer Verbindung mit dem, was ist, begriffen werden. Und das, was noch nicht ist, kann nicht von dem ergriffen werden, was ist: denn was ist, ist *Mangel,* und kann folglich als solcher nur von dem aus erkannt werden, dem er mangelt. Vielmehr erhellt das Ziel das, was ist. Aber um das zu-künftige Ziel zu finden und sich von ihm verkünden zu lassen, was ist, muß man schon über das, was ist, hinaus sein, in einem nichtenden Abstandgewinnen, das es, im Zustande eines abgesonderten Systems, klar sichtbar werden läßt. Was ist, bekommt seinen Sinn nur, wenn es auf das Zukünftige hin *überschritten* wird. Was ist, ist also die Vergangenheit. Man sieht, wie die Vergangenheit für die Wahl des Zukünftigen unentbehrlich ist, und zwar in ihrer Eigenschaft als «das, was geändert werden muß», wie folglich kein freies Überschreiten stattfinden kann, es sei denn von einer Vergangenheit aus – und wie andererseits eben diese *Eigentümlichkeit* der Vergangenheit gleichzeitig der Vergangenheit der ursprünglichen Wahl einer Zukunft zu-kommt. Insbesondere kommt das Merkmal der Unabänderlichkeit der Vergangenheit meiner Wahl, selbst der der Zukunft, zu: wenn die Vergangenheit das ist, von dem aus ich einen neuen Zustand der Dinge begreife und entwerfe, ist sie auch dasjenige, was *auf dem Platz zurückgelassen wird,* dasjenige, was selbst folglich außerhalb jeder Aussicht auf Veränderung ist: damit also die Zukunft realisierbar ist, muß die Vergangenheit unabänderlich sein.

Ich kann sehr gut nicht existieren; wenn ich aber existiere, kann ich nicht ermangeln, eine Vergangenheit zu haben. So ist die Gestalt beschaffen, die hier die «Notwendigkeit meiner Kontingenz» annimmt. Andererseits aber qualifizieren, wie wir gesehen haben, vor allem zwei existentielle Charakteristika das Für-sich:

1. nichts ist im Bewußtsein, was nicht Seinsbewußtsein wäre;
2. in meinem Sein geht es um mein Sein – das soll heißen, daß nichts mir zu-kommt, das *nicht gewählt wäre.*

In der Tat haben wir gesehen, daß die Vergangenheit, die nur *Vergangenheit* wäre, zu einer Existenz ehrenhalber zusammenstürzen würde, wo sie jede Verbindung mit der Gegenwart verloren hätte. Damit wir eine Vergangenheit «haben», müssen wir sie eben mittels unseres Sichentwerfens auf die Zukunft hin bei der Existenz halten: wir bekommen unsere Vergangenheit nicht; aber die Notwendigkeit unserer Kontingenz beinhaltet, daß wir nicht sie nicht wählen können. Das ist die Bedeutung von «seine eigene Vergangenheit zu sein haben» – wie man sieht, unterscheidet sich diese, hier von einem rein zeitlichen Standpunkt aus betrachtete Notwendigkeit im Grunde genommen nicht von der Struktur der Freiheit, die eine Nichtung des Seins sein muß, das sie ist, und die gerade durch diese Nichtung bewirkt, daß es ein Sein *gibt,* das sie ist.

Aber wenn die Freiheit Wahl eines Zieles in Abhängigkeit von der Vergangenheit ist, ist umgekehrt die Vergangenheit nur das, was sie in bezug auf das gewählte Ziel ist. Es gibt in der Vergangenheit ein unveränderliches Element: ich habe mit fünf Jahren Keuchhusten gehabt – und ein hervorragend veränderliches: die Bedeutung der schlichten Tatsache in bezug auf die Ganzheit meines Seins. Da aber andererseits die Bedeutung der vergangenen Tatsache diese ganz und gar durchdringt (ich kann mich an meinen Kinderkeuchhusten nicht außerhalb eines genauen Entwurfes, der seine

Bedeutung festlegt, «erinnern»), ist es für mich schließlich doch unmöglich, die schlichte, unveränderliche Existenz von dem veränderlichen Sinn zu unterscheiden, den sie enthält. Die Ausage «Ich habe mit fünf Jahren Keuchhusten gehabt» setzt tausend pro-jecta voraus, insbesondere die Annahme des Kalenders als eines Systems von Merkzeichen in meiner individuellen Existenz – also eine ursprüngliche Stellungnahme gegenüber den Sozialen –, das feste Vertrauen zu Beziehungen, die die Dritten aus meiner Kindheit machen, und das sicherlich mit dem Respekt und mit der Liebe zu meinen Eltern, die ihr den Sinn verleihen, einhergeht usw. Die schlichte Tatsache selbst *ist*: aber abgesehen von den Bezeugungen Anderer, ihres Datums, der fachlichen Bezeichnung der Krankheit – des Insgesamts von Bedeutungen, die von meinen Entwürfen abhängen –, was könnte sie da wohl *sein*? So vertritt dieses schlichte Vorhandensein, *obwohl notwendigerweise daseiend und unveränderlich*, das ideale und unerreichbare Ziel einer systematischen Explizitierung aller in einer Erinnerung eingeschlossenen Bedeutungen. Ohne Zweifel gibt es eine «reine» Materie der Erinnerung, in dem Sinne, in dem Bergson von reiner Erinnerung spricht: aber wenn sie von sich Kunde gibt, dann immer in einem und durch einen Entwurf, der die Erscheinung dieser Materie in ihrer Reinheit enthält.

Die Bedeutung der Vergangenheit ist also direkt abhängig von meinem gegenwärtigen Michentwerfen. Das bedeutet keineswegs, daß ich den Sinn meiner früheren Taten nach Belieben sich ändern lassen kann; sondern es bedeutet im Gegenteil, daß der Grundentwurf, der ich bin, absolut über die Bedeutung entscheidet, die für mich und für die Anderen die Vergangenheit haben kann, die ich zu sein habe. Ich allein kann nämlich in jedem Augenblick über die *Tragweite* der Vergangenheit entscheiden: nicht indem ich in jedem Falle die Wichtigkeit dieses oder jenes früheren Ereignisses erörtere, erwäge, beurteile, sondern indem ich mich auf meine Ziele hin projektiere, nehme ich die Vergangenheit mit mir und *entscheide* durch das Handeln über ihre Bedeutung. Wer kann entscheiden, ob jene geheimnisvolle Krise in meinem fünfzehnten Lebensjahr reines Pubertätsereignis «gewesen ist» oder nicht vielmehr das erste Anzeichen eines zukünftigen Glaubenswechsels? Nur ich, je nachdem, ob oder ob nicht ich – mit zwanzig, dreißig Jahren – beschließe, meinen Glauben zu wechseln. Der Entwurf eines Glaubenswechsels verleiht mit einem Schlage einer Jugendkrise den Wert einer Ankündigung, die ich nicht ernst genommen hatte. Wer entscheidet, ob der Aufenthalt im Gefängnis, den ich nach einem Diebstahl durchgemacht habe, fruchtbringend oder beklagenswert war? Ich, je nachdem ob ich aufs Stehlen verzichte oder nun erst recht stehle. Wer kann über den Bildungswert einer Reise entscheiden, über die Ehrlichkeit eines Liebesschwures, über die Reinheit einer zurückliegenden Absicht usw.? Ich, immer ich, je nach den Zielen, durch die ich sie beleuchte.

So ist meine ganze Vergangenheit da, treibend, gewichtig, gebieterisch, aber durch den Entwurf meines Zieles wähle ich ihren Sinn und die Befehle, die sie mir gibt. Ohne Zweifel lasten jene übernommenen Verpflichtungen auf mir, ohne Zweifel begrenzen die einstmals eingegangene eheliche Verbindung, das im vorigen Jahr gekaufte und ausgestattete Haus meine Möglichkeiten und schreiben mir mein Verhalten vor: aber das geschieht eben, weil meine Entwürfe so beschaffen sind, daß ich die eheliche Verbindung wiederum eingehe, das heißt, weil ich die Verwerfung der ehelichen Verbindung nicht ins Auge fasse, weil ich aus ihr nicht eine «vergangene, überholte, tote eheliche Verbindung» mache, sondern weil meine Entwürfe im Gegenteil die Treue zu übernommenen Verpflichtungen oder den Entschluß beinhalten, das «ehrenvolle Leben» eines Gatten und Vaters zu führen usw. und weil sie deshalb mit Notwendigkeit den früheren ehelichen Schwur lebendig erhalten und ihm seinen stets aktuellen Wert verleihen. So kommt die Gewichtigkeit der Vergangenheit aus dem Zukünftigen. Wenn ich plötzlich, in der Weise des Helden bei Schlumberger [1], meinen grundlegenden Entwurf radikal änderte, wenn ich zum Beispiel mich von der Stetigkeit des Glückes frei zu machen suchte, würden meine früheren Verpflichtungen ihre Gewichtigkeit verlieren. Sie wären nur noch da, wie jene mittelalterlichen Türme und Bollwerke, die man zwar nicht ableugnen kann, die aber, wie eine früher durchlaufene Zeitstrecke, keinen anderen Sinn haben, als an einen Kulturzustand und an eine politische und ökonomische Daseinsstufe zu erinnern, die heute überholt und völlig tot sind. Denn die Zukunft entscheidet, ob die Vergangenheit lebendig oder tot ist. In der Tat ist die Vergangenheit als das jetztzeitliche Auftauchen meines Seins ursprünglich Entwurf. Und gerade in dem Maße, in dem sie Entwurf ist, ist sie Vorwegnahme; ihr Sinn kommt ihr von der Zukunft aus zu, die sie vorentwirft. Wenn die Vergangenheit ganz und gar in die Vergangenheit entgleitet, hängt ihr absoluter Wert von der Bestätigung oder Entkräftung der Vorwegnahme ab, die sie war. Aber von meiner aktuellen Freiheit hängt es eben ab, entweder den Sinn dieser Vorwegnahmen zu bestätigen, indem sie sie auf eigene Rechnung übernimmt (das heißt, indem sie, im Anschluß an sie, das Zukünftige vorwegnimmt, das sie vorwegnahmen), oder aber sie zu entkräften, indem sie einfach ein anderes Zukünftiges vorwegnimmt. In diesem Falle sinkt die Vergangenheit zurück wie eine unwirksam

1 Schlumberger, *Un homme heureux*, Nouvelle Revue Française.

gemachte und betrogene Erwartung; sie ist «kraftlos». Denn die Kraft der Vergangenheit kommt zu dieser allein von der Zukunft: in welcher Weise ich auch lebe oder meine Vergangenheit beurteile, ich kann das nur im Lichte eines pro-jectum meiner selbst auf die Zukunft hin tun. So bestimmt die Ordnung meiner Zukunftwahlen die Ordnung meiner Vergangenheit, und die Ordnung enthält nichts Chronologisches. Zunächst gibt es die *stets lebendige* und immer bestätigte Vergangenheit: meine Liebesverpflichtung, jene geschäftlichen Verträge, jenes Bild meiner selbst, dem ich treu bin. Dann die doppelseitige Vergangenheit, die mir nicht mehr gefällt, und die ich durch einen Kunstgriff niederhalte: zum Beispiel dieser Anzug, den ich trage – den ich zu einer gewissen Zeit kaufte, als ich gern nach der Mode gekleidet war –, mißfällt mir gegenwärtig über alle Maßen, und auf Grund dieser Tatsache ist die Vergangenheit, wo ich ihn «gewählt» habe, wirklich tot. Andererseits ist aber mein aktueller Sparsamkeitsentwurf so beschaffen, daß ich eher fortfahren muß, diesen Anzug zu tragen, als dafür einen anderen zu erstehen. Folglich gehört er einer gleichzeitig toten und lebenden Vergangenheit an, wie jene sozialen Einrichtungen, die für einen bestimmten Zweck begründet wurden und die Regierung überlebt haben, die sie geschaffen hatte, weil man sie ganz verschiedenen, bisweilen sogar einander widerstreitenden Zwecken dienstbar gemacht hat. Lebendige Vergangenheit, halbtote Vergangenheit, Überlebendes, Doppelsinnigkeiten, Antinomien: das Insgesamt dieser Gewesenheitsschichten wird durch die Einheit meines Entwurfes zusammengefügt. Denn mit Hilfe dieses Entwurfes organisiert sich jenes umfassende Verweisungssystem, daß irgendein Bruchstück meiner Vergangenheit in ein rangmäßig geordnetes und mehrwertiges Gebilde eingehen läßt, in welchem, wie beim Kunstwerk, jede Teilstruktur in je verschiedener Weise auf andere Teilstrukturen und auf die Gesamtstruktur hinweist.

Diese den Wert, die Ordnung und die Eigentümlichkeit unserer Vergangenheit betreffende Entscheidung ist ganz einfach die *geschichtliche Wahl* überhaupt. Wenn die menschlichen Gesellschaften geschichtlich sind, kommt das nicht bloß daher, daß sie eine Vergangenheit haben, sondern daher, daß sie aus ihr ein *Denkmal* machen und sie *wieder aufnehmen*. Wenn der amerikanische Kapitalismus beschließt, in den europäischen Krieg 1914–18 einzutreten, weil er darin die Gelegenheit für fruchtbringende Operationen erblickt, ist er nicht *geschichtlich:* er ist bloß utilitaristisch. Aber wenn er im Lichte seiner utilitaristischen Pläne die früheren Beziehungen der Vereinigten Staaten zu Frankreich wieder aufnimmt und ihnen den *Sinn* einer von den Amerikanern an die Franzosen zu zahlenden Ehrenschuld verleiht, wird er geschichtlich, und insbesondere wird er Geschichte durch das berühmte Wort: «La Fayette, da sind wir!» Selbstredend hätte es den Vereinigten Staaten, wenn eine hiervon abweichende Beurteilung ihrer aktuellen Interessen sie an die Seite Deutschlands geführt hätte, nicht an vergangenen Dingen gefehlt, die auf der Denkmalsebene wieder aufgenommen werden konnten: man hätte sich zum Beispiel eine sich auf die «Blutsverwandtschaft» stützende Propaganda vorstellen können, die dem deutschen Anteil an der Auswanderung nach Amerika im 19. Jahrhundert wesentlich Rechnung getragen hätte. Es wäre abwegig, solche Hinweise auf die Vergangenheit als reine Reklameunternehmungen zu betrachten: das Wesentliche dabei ist nämlich, daß sie *notwendig* sind, um die Zustimmung der Massen herbeizuführen, und daß also die Massen ein politisches pro-jectum verlangen, das ihre Vergangenheit aufhellt und rechtfertigt; selbstverständlich wird außerdem die Vergangenheit auf diese Weise *geschaffen:* so hat es die Konstituierung einer gemeinsam französisch-amerikanischen Vergangenheit *gegeben,* die einerseits *die Bedeutung* der großen wirtschaftlichen Interessen der Amerikaner, andererseits die der *aktuellen* Ähnlichkeiten der beiden demokratischen Kapitalismen ausmacht. Ebenso hat man gesehen, wie die neuen Generationen um 1938, in Sorge wegen der sich vorbereitenden internationalen Verwicklungen, plötzlich die Zeit von 1918 bis 1938 neu beleuchteten und sie, noch bevor der Krieg von 1939 ausgebrochen war, «die Zwischen-zwei-Kriegen» nannten. Mit einem Male war der Zeitabschnitt 1918–38 zu einer umgrenzten, überschrittenen und verleugneten Gestalt geworden, während die, die ihn erlebt hatten, ihn – indem sie sich auf ein mit ihrer Gegenwart und ihrer Vergangenheit zusammenhängendes Zukünftiges hin projektierten – als den Beginn eines stetigen und unbegrenzten Vorwärtsschreitens empfunden hatten. Das aktuelle Sichentwerfen entscheidet also darüber, ob ein bestimmter Abschnitt der Vergangenheit in fortlaufendem Zusammenhang mit der Gegenwart steht oder ob er ein zusammenhangloses Bruchstück ist, aus dem man emportaucht und das entschwindet. So bedürfte es einer *abgeschlossenen* Menschheitsgeschichte, damit ein bestimmtes Ereignis, zum Beispiel die Erstürmung der Bastille, einen endgültigen *Sinn* erhält. Tatsächlich leugnet niemand, daß die Bastille 1789 erstürmt worden ist: das ist der unveränderliche Tatbestand. Aber soll man in diesem Ereignis einen Aufruhr ohne weitere Folgen sehen, einen Wutausbruch des Volkes gegen eine halb wehrlose Festung, den der Konvent, weil er sich eine zu Reklamezwecken verwendbare Vergangenheit schaffen wollte, zu einer glanzvollen Tat umzuwandeln wußte? Oder muß man sie als die erste Bekundung der Stärke des Volkes betrachten, wodurch diese sich befestigte, Vertrauen zu sich selbst gewann und sich in die

Lage versetzte, in den «Oktobertagen» den Marsch auf Versailles durchzuführen? Wer heute darüber entscheiden wollte, würde vergessen, daß der Geschichtsschreiber selbst *geschichtlich* ist, das heißt, daß er zu Geschichte wird, während er «die Geschichte» im Lichte seiner und seiner Gesellschaft Entwürfe aufhellt. Also muß man sagen, daß der Sinn der sozialen Vergangenheit sich fortwährend «in Aufschub» befindet.

Genau wie die Gesellschaft hat die menschliche Person eine *denkmalhafte* und *in Aufschub* befindliche Vergangenheit. Dieses fortwährende Infragegestelltsein der Vergangenheit haben die Weisen bald gefühlt, und die griechischen Tragödiendichter drückten es zum Beispiel durch folgendes Sprichwort aus, das in allen ihren Stücken vorkommt: «Niemand kann vor seinem Tode glücklich genannt werden.» Das fortwährende Zu-Geschichte-werden des Für-sich ist aber die fortwährende Bestätigung seiner Freiheit.

Dies vorausgeschickt, darf man aber nicht glauben, daß das «in Aufschub»-Merkmal der Vergangenheit dem Für-sich in Gestalt eines ungewissen oder unvollständigen Aspektes seiner früheren Geschichte erschiene. Im Gegenteil: ganz so wie das Wählen des Für-sich, das die Vergangenheit auf ihre Weise ausdrückt, wird die Vergangenheit vom Für-sich jeden Augenblick als streng determiniert erfaßt. Ebenso erscheinen der Titusbogen oder die Trajanssäule, welches im übrigen auch die geschichtliche Entwicklung ihres Sinnes sein mag, dem Römer oder dem sie betrachtenden Touristen als vollkommen für sich bestehende Wirklichkeiten. Und im Lichte des Sichentwerfens, das den Sinn aufhellt, enthüllt sich dieser als vollkommen zwingend. Der in Aufschub befindliche Charakter der Vergangenheit ist nämlich keineswegs ein Wunder, er drückt nur auf der Ebene des Zu-Gewesenem-Machens und des An-sich den pro-jektierenden und «in Erwartung» befindlichen Aspekt aus, den die menschliche Realität *hatte,* bevor sie sich der Vergangenheit zuwendete. Weil nämlich diese menschliche Realität ein freies Sichentwerfen war, das von einer unberechenbaren Freiheit untergraben wurde, wird sie «in der Vergangenheit» den früheren Entwürfen des Für-sich tributpflichtig. Diese Bestätigung ihrer selbst, die sie von einer zukünftigen Freiheit erwartete, fortwährend zu erwarten, verurteilt sie sich, indem sie sich zu etwas Gewesenem macht. So ist die Vergangenheit unendlich in Aufschub, weil die menschliche Realität fortwährend in Erwartung «war» und «sein wird». Und die Erwartung wie der Aufschub bestätigen nur noch deutlicher die Freiheit als das, was ihnen ursprünglich ihre Verfassung gibt. Daß die Vergangenheit des Für-sich in Aufschub ist, daß seine Gegenwart Erwartung ist, daß seine Zukunft ein freies Sichentwerfen ist oder daß es nichts sein kann, ohne es sein zu müssen, oder daß es eine unganze Ganzheit ist, das ist alles ein und dasselbe. Aber gerade das beinhaltet keine Unbestimmtheit in meiner Vergangenheit, so wie sie sich mir gegenwärtig enthüllt: das will bloß die Berechtigung der aktuellen Entdeckung meiner Vergangenheit, endgültig zu sein, in Frage stellen. Aber geradeso wie meine Gegenwart Erwartung einer Bekräftigung oder Abschwächung ist, die nichts vorauszusehen erlaubt, ebenso ist die in diese Erwartung hineingerissene Vergangenheit in genau dem Maße *deutlich*, in dem die Erwartung *deutlich* ist. Aber ihr Sinn ist, obwohl streng individuell, völlig abhängig von jener Erwartung, die sich selbst von einem absoluten Nichts abhängig macht, das heißt von einem freien Entwurf, der noch nicht ist. Meine Vergangenheit ist also konkreter und genauer Vorschlag, der *als solcher* auf Ratifizierung wartet. Das ist ohne Zweifel eine der Bedeutungen, die «Der Prozeß» Kafkas ans Licht zu ziehen sucht, jener fortwährende *Prozeß*-Charakter der menschlichen Realität. Frei sein heißt, fortwährend auf *Freiheit klagen.* Außerdem ist die Vergangenheit – dadurch, daß sie sich an meine aktuelle freie Wahl hält –, wenn diese Wahl sie einmal determiniert hat, integrierender Bestandteil und notwendige Bedingung meines Entwerfens. Ein Beispiel wird das noch besser verständlich machen. Die Vergangenheit eines «Halbsold»-Mannes zur Zeit der Restauration bestand darin, ein Held des Rückzuges aus Rußland gewesen zu sein. Und was wir bisher auseinandergesetzt haben, läßt erkennen, daß auch diese Vergangenheit eine freie Zukunftswahl ist. Indem er wählte, sich der Regierung Ludwigs XVIII. und den neuen Sitten nicht anzuschließen, indem er wählte, bis zum Schluß die triumphale Rückkehr des Kaisers zu wünschen, indem er wählte, sogar an Verschwörungen teilzunehmen, um diese Rückkehr zu beschleunigen, und indem er wählte, den Halbsold einem ganzen Solde vorzuziehen, hat der alte Soldat Napoleons sich die Vergangenheit eines Helden der Beresina erwählt. Wer das pro-jectum gemacht hätte, sich der neuen Regierung anzuschließen, hätte sicher nicht die gleiche Vergangenheit gewählt. Wenn er aber hinwiederum nur einen Halbsold bezieht, wenn er in einem kaum verhüllten Elend lebt, wenn er verbittert wird und die Rückkehr des Kaisers herbeiwünscht, so deshalb, weil er ein Held des Rückzuges aus Rußland war. Wir wollen uns recht verstehen: diese Vergangenheit wird vor einer sie konstituierenden Wiederaufnahme nicht wirksam, und es handelt sich in keiner Weise um Determinismus: aber wenn die Vergangenheit «kaiserlicher Soldat» einmal *gewählt* wurde, dann *realisieren* die Verhaltensweisen des Für-sich diese Vergangenheit. Es besteht nicht einmal ein Unterschied zwischen dem Erwählen dieser Vergangenheit und dem sie Realisieren durch Verhaltensweisen. So bemüht sich das Für-sich, aus seiner ruhmvollen Vergangenheit eine intersubjektive Wirklichkeit zu machen und konstituiert diese für den Anblick der

Anderen als Für-Andere-Gegenständlichkeit (Beispiele sind die Berichte der Präfekten betreffend die Gefahr, die diese alten Soldaten darstellen). Da er von den Anderen als kaiserlicher Soldat behandelt wird, geht es nunmehr darum, sich einer Vergangenheit würdig zu erweisen, die er erwählt hat, um sein gegenwärtiges Elend und seine Erniedrigung auszugleichen. Er zeigt sich starrsinnig, er verliert jede Aussicht auf Pension: denn er «kann nicht» gegen seine Vergangenheit sündigen. Also wählen wir unsere Vergangenheit im Lichte eines bestimmten Zieles, aber von da an drängt sie sich auf und verschlingt uns: nicht als ob sie eine *Eigen*existenz hätte, verschieden von der, die wir zu sein haben, sondern einfach weil: 1. sie die aktuell enthüllte Materialisation des Zieles ist, das wir sind; 2. sie für uns und für Andere inmitten der Welt erscheint; sie ist niemals allein, sondern taucht in das allgemein Vergangene ein und bietet sich dadurch der Beurteilung durch Andere dar. Ebenso wie der Mathematiker die Freiheit hat, eine Figur nach seinem Belieben zu schaffen, wie er aber nur eine solche ersinnen kann, die sofort in eine Unendlichkeit von Beziehungen zu unendlich vielen anderen möglichen Figuren tritt, geradeso macht unsere freie Selbstwahl, indem sie unsere Vergangenheit in einer bestimmten, die Beurteilung ermöglichenden Geordnetheit auftauchen läßt, eine Unendlichkeit von Beziehungen dieser Vergangenheit zur Welt und zu Anderen sichtbar, und diese Unendlichkeit von Beziehungen stellt sich uns dar als *eine Unendlichkeit von innezuhaltenden Verhaltensweisen,* denn auch unsere eigene Vergangenheit beurteilen wir in Hinblick auf die Zukunft. Wir sind in dem Maße *gezwungen,* diese Verhaltensweisen innezuhalten, in dem unsere Vergangenheit im Rahmen unseres wesentlichen Entwurfes sichtbar wird. Diesen Entwurf wollen heißt nämlich, die Vergangenheit wollen, und diese Vergangenheit wollen heißt, sie mittels tausend untergeordneter Verhaltensweisen realisieren wollen. Logisch gesehen, sind die Ansprüche der Vergangenheit hypothetische Imperative: «Wenn du eine solche Vergangenheit haben willst, handle in dieser oder jener Weise.» Da aber das erste Glied konkrete und kategorische Wahl ist, verwandelt sich auch der Imperativ selbst in einen kategorischen.

Weil nun aber die zwingende Kraft meiner Vergangenheit von meiner freien und reflektierenden Wahl sowie von der Macht selbst entliehen wird, die dieser Wahl verliehen ist, ist es unmöglich *a priori* die zwingende Gewalt einer Vergangenheit zu bestimmen. Nicht nur über ihren Inhalt und die Geordnetheit dieses Inhaltes entscheidet meine freie Wahl, sondern auch über das Zusammenhängen meiner Vergangenheit mit meiner Aktualität. Wenn unter einem grundlegenden Gesichtswinkel, den wir hier noch nicht begrifflich zu bestimmen haben, es eines meiner hauptsächlichen Anliegen ist, *vor-*

wärts zu schreiten, das heißt, immer und um jeden Preis auf einem bestimmten Wege *weiter voran* zu sein, als ich es gestern oder vor einer Stunde war, so zieht dieser Entwurf, immer vorwärts zu schreiten, eine Reihe von *Loslösungen* in bezug auf meine Vergangenheit nach sich. Die Vergangenheit ist dann das, was ich von der Höhe meiner Fortschritte aus erblicke, und zwar mit einer Art von leicht verächtlichem Mitleid, sie ist das, was ganz genau *passiver Gegenstand* von moralischer Einschätzung und Aburteilung ist – «wie töricht war ich damals!» oder «wie schlecht ich war!» –, was nur existiert, weil ich mich nichtsolidarisch mit ihm erklären kann. Ich lasse mich nicht mehr darauf ein und will mich nicht mehr darauf einlassen. Bestimmt ist es nicht so, daß die Vergangenheit aufgehört hätte, vorhanden zu sein, aber sie ist nur vorhanden als *jenes Ich, das ich nicht mehr bin,* das heißt *jenes Sein, das ich als Ich (das ich nicht mehr bin) zu sein habe.* Seine Aufgabe ist es, das zu sein, was ich aus mir ausgewählt habe, um mich ihm gegenüberzustellen, das, was mir erlaubt, mich selbst zu messen. Ein solches Für-sich erwählt sich also ohne Solidarität mit sich, was nicht besagen will, daß es seine Vergangenheit abschafft, sondern daß es sie setzt, um mit ihr nicht solidarisch zu sein, um eben seine vollkommene Freiheit zu behaupten (was vergangen ist, ist eine bestimmte Art und Weise von Verpflichtetsein gegenüber der Vergangenheit und eine bestimmte Art von Überlieferung). Im Gegensatz dazu gibt es Für-siche, deren projectum die Zurückweisung der Zeit und die enge Solidarität mit der Vergangenheit beinhaltet. In ihrem Bestreben, eine feste Grundlage zu finden, haben sie die Vergangenheit als das erwählt, was sie *sind,* alles übrige ist für sie nur grenzenloses und unwürdiges Dahinschwinden von Tradition. Sie haben *zunächst* die Zurückweisung des Dahinschwindens gewählt, das heißt die Zurückweisung des Zurückweisens; infolgedessen hat die Vergangenheit zur Aufgabe, von ihnen Treue zu fordern. So sieht man die ersteren geringschätzig und leichtherzig einen von ihnen begangenen Fehler eingestehen, während den anderen dasselbe Geständnis nicht möglich wäre, außer wenn sie ihren grundlegenden Entwurf absichtlich änderten; sie benutzen dann die ganze Unwahrhaftigkeit der Welt und alle Ausflüchte, die sie erfinden können, um zu vermeiden, diesen Glauben an das, was ist, und der eine wesentliche Struktur ihres Sichentwerfens bildet, zu beeinträchtigen.

So wie der Platz fügt sich die Vergangenheit in die Situation ein, wenn das Für-sich durch seine Zukunftswahl seiner vergangenen Geworfenheit einen Wert verleiht, eine rangmäßige Ordnung und eine Gewichtigkeit, von denen aus sie dessen Akte und Verhaltensweisen *motiviert.*

C) *Meine Umgebung*

Man darf meine «Umgebung» nicht mit meinem Platz verwechseln, den ich besetzt halte und von dem wir vorhin gesprochen haben. Die Umgebung sind die Zeug-Dinge, die mich umgeben, samt ihren eigentümlichen Feindseligkeits- und Zeugkoeffizienten. Wohl begründe ich, indem ich meinen Platz besetzt halte, die Entdeckung der Umgebung, und wenn ich den Platz wechsle – eine Operation, die ich, wie wir gesehen haben, unschwer durchführe –, begründe ich das Sichtbarwerden einer neuen Umgebung. Umgekehrt aber kann die Umgebung wechseln oder durch Andere verändert werden, ohne daß ich mit ihrer Veränderung etwas zu tun habe. Gewiß hat Bergson in *Matière et Mémoire* deutlich darauf hingewiesen, daß eine Umwandlung meines Platzes die völlige Verwandlung meiner Umgebung nach sich zieht, so daß man eine vollständige und gleichzeitige Umwandlung meiner Umgebung ins Auge fassen müßte, damit man von einer Umwandlung meines Platzes reden könnte; eine solche umfassende Umwandlung der Umgebung ist indessen nicht zu verstehen. Nichtsdestoweniger wird mein Tätigkeitsfeld fortwährend vom Erscheinen und Verschwinden von Gegenständen gekreuzt, woran ich ohne mein Zutun beteiligt bin. Ganz im allgemeinen hängt der Feindseligkeits- oder Zeugkoeffizient der Dingkomplexe nicht einzig und allein von meinem Platze ab, sondern auch von der eigenen Wirkfähigkeit der Zeugdinge. So bin ich, sobald ich existiere, mitten hinein zwischen von mir verschiedene Existenzen geworfen, die um mich herum, für und gegen mich ihre Wirkfähigkeiten entfalten; ich will so schnell wie möglich mit meinem Fahrrad in die nächste Stadt gelangen. Dieses Vorhaben beinhaltet meine persönlichen Zwecke, die Beurteilung meines Platzes und der Entfernung der Stadt bis zu meinem Platze sowie die freie Anpassung der Mittel (Kräfte) an den verfolgten Zweck. Aber ein Pneu platzt, die Sonne brennt zu heiß, der Wind bläst von vorn usw., lauter Phänomene, die ich nicht vorausgesehen hatte: das ist die Umgebung. Zwar bekundet sie sich innerhalb und mittels meines hauptsächlichen Entwurfes; ihm zufolge kann der Wind als Gegenwind oder als «guter» Wind in Erscheinung treten, ihm zufolge zeigt sich die Sonne als angenehme oder lästige Wärme. Die synthetische Bildung aus diesen fortwährenden «Widerfahrnissen» konstituiert die Einheit dessen, was die Deutschen «Umwelt» nennen, und diese «Umwelt» kann nur innerhalb der Grenzen eines freien Sichentwerfens entdeckt werden, das heißt der Wahl der Ziele, die ich bin. Es wäre allerdings viel zu einfach, wenn wir es in unserer Darstellung hierbei bewenden ließen. Wenn es zutrifft, daß jeder Gegenstand meiner Umgebung sich in einer schon enthüllten Situation ankündigt und daß die Summe dieser Gegenstände für sich allein meine Situation konstituieren kann; wenn es zutrifft, daß jedes Zeug sich auf dem Hintergrund einer Situation in der Welt abhebt, so kann nichtsdestoweniger die plötzliche Verwandlung oder das plötzliche Erscheinen eines Zeugs zu einer radikalen Veränderung der Situation beitragen: mein Pneu platzt, und meine Entfernung zur nächsten Stadt ändert sich schlagartig; jetzt ist es eine Entfernung, die in Schritten und nicht in Radumdrehungen gemessen werden muß. Ich kann von dieser Tatsache her zu der Überzeugung gelangen, daß die Person, die ich besuchen will, sich schon in den Zug gesetzt hat, wenn ich bei ihr ankomme, und diese Überzeugung kann andere Entschlüsse meinerseits herbeiführen (Rückkehr nach Hause, Absendung eines Telegramms usw.). Ich kann mich sogar, da ich zum Beispiel überzeugt bin, das beabsichtigte Geschäft mit jener Person nicht abschließen zu können, an jemand anderen wenden und einen anderen Vertrag unterzeichnen. Vielleicht gebe ich meinen Versuch sogar gänzlich auf und muß ein vollständiges Scheitern meines Planes konstatieren? In diesem Falle würde ich sagen, daß ich Peter *nicht* beizeiten hätte benachrichtigen *können,* mich mit ihm nicht hätte verständigen *können* usw. Ist diese ausdrückliche Anerkennung meiner *Ohnmacht* nicht das klarste Eingeständnis der Begrenztheit meiner Freiheit? Ohne Zweifel darf man meine Freiheit, zu *wählen, nicht,* wie wir gesehen haben, verwechseln mit meiner Freiheit, etwas zu *erlangen.* Aber steht hier nicht meine Wahl selbst auf dem Spiele, da die Feindseligkeit der Umgebung in vielen Fällen gerade der Anlaß für den Wechsel meines Entwurfes ist?

Wir müssen, bevor wir der Sache auf den Grund gehen, sie genau fassen und abgrenzen. Wenn die Veränderungen, die der Umgebung zustoßen, Umwandlungen meiner Projekte nach sich ziehen können, so kann das nur unter zwei Vorbehalten angenommen werden. Der erste ist, daß sie nicht die Aufgabe meines Hauptentwurfes nach sich ziehen können, der ja dazu dient, ihre Bedeutsamkeit zu bemessen. Wenn sie nämlich als Anlässe, diesen oder jenen Entwurf aufzugeben, genommen werden, so kann das nur im Lichte eines grundlegenden Entwurfes geschehen; andernfalls könnten sie in keiner Weise Anlässe sein, denn der Anlaß wird von dem Antrieb-Bewußtsein erfaßt, was selbst freies Erwählen eines Zieles ist. Wenn die den Himmel bedeckenden Wolken mich dazu bewegen können, auf den geplanten Ausflug zu verzichten, so deshalb, weil sie innerhalb einer freien Planung erfaßt worden sind, bei der der Wert des Ausfluges an einen bestimmten Zustand des Himmels gebunden ist, was nach und nach auf den Wert eines Ausfluges im allgemeinen verweist, auf mein Verhältnis zur Natur und auf den Platz, den dieses Verhältnis im Insgesamt der Verhältnisse einnimmt, die ich mit der Welt unterhalte. Zweitens kann in keinem Falle der erschienene oder verschwundene Gegenstand einen Verzicht auf ein Vorhaben, selbst nicht auf einen Teil von ihm, *hervorrufen.* Ein solcher Gegenstand muß nämlich als ein *Mangel* innerhalb der ursprünglichen Situation aufgefaßt werden; also muß das *Gegebene* seines Erscheinens oder Verschwindens genichtet werden, muß ich «in bezug auf ihn» Abstand gewinnen und infolgedessen in seiner Gegenwart über mich selbst entscheiden. Wir haben es schon gezeigt: auch die Zangen des Folterknechtes entbinden uns nicht davon, frei zu sein. Das bedeutet nicht, daß es immer *möglich* ist, die Schwierigkeit zu umgehen, den Schaden zu beheben, sondern nur, daß auch die *Unmöglichkeit,* in einer bestimmten Richtung weiterzumachen, frei konstituiert werden muß; sie kommt den Dingen mittels unseres freien Verzichtes zu, anstatt daß unser Verzicht durch die Unmöglichkeit hervorgerufen würde, das Verhalten beizubehalten.

Auf Grund dieser Ausführungen muß anerkannt werden, daß die Anwesenheit des Gegebenen auch hier weit davon entfernt ist, ein Hindernis für unsere Freiheit zu sein, vielmehr gerade von ihrer Existenz gefordert wird. Diese Freiheit ist eine bestimmte Freiheit, die *ich* bin. Aber wer wäre ich, wenn nicht eine bestimmte innere Verneinung des An-sich? Ohne dieses An-sich, das ich verneine, würde ich mich in Nichts auflösen. Wir haben in der Einleitung darauf hingewiesen, daß das Bewußtsein als «ontologischer Beweis» für die Existenz eines Ansich dienen kann. Wenn es nämlich ein Bewußtsein *von* etwas gibt, muß dieses «etwas» ein ursprünglich *reales* Sein besitzen, das heißt ein *zum Bewußtsein nicht relatives.* Aber nunmehr sehen wir, daß dieser Beweis noch größere Tragweite hat: wenn ich überhaupt etwas *tun* können soll, muß ich mein Handeln auf Seiende erstrecken, deren Existenz von meiner Existenz überhaupt und insbesondere von meinem Handeln *unabhängig* ist. Mein Handeln kann mir jene Existenz *enthüllen*; es bedingt sie nicht. Frei sein bedeutet, frei-sein-um-zu-verändern. Die Freiheit beinhaltet also das Vorhandensein einer zu verändernden Umgebung: zu überwindende Hindernisse, zu benutzende Geräte. Wohl enthüllt sie sie als Hindernisse, aber den *Sinn* ihres Seins kann sie nur mittels ihrer freien Wahl deuten. Sie müssen einfach ganz schlicht dasein, damit es Freiheit gibt. Frei sein heißt, *frei sein, um etwas zu tun,* und das heißt, *frei-in-der-Welt-sein.* Wenn es aber so ist, erkennt und sieht die Freiheit, indem sie sich als Freiheit zum Verändern anerkennt, in ihrem ursprünglichen Sichentwerfen implizite die unabhängige Existenz des Gegebenen voraus, auf das sie einwirkt. Die innere Verneinung enthüllt das An-sich als unabhängig, und diese Unabhängigkeit konstituiert für das An-sich seinen *Sach*-Charakter. Nun ist aber das, was die Freiheit mittels des bloßen Auftauchens ihres Seins setzt, der Umstand, daß sie ist, *als hätte sie mit etwas anderem, als sich, zu schaffen.* Tun heißt eben, das verändern, was nichts als sich selbst benötigt, um vorhanden zu sein, heißt auf das einwirken, was grundsätzlich gegen das Handeln indifferent ist, was sein Dasein und sein Werden ohne dieses fortführen kann. Ohne diese außenweltliche Indifferenz des An-sich würde sogar der Begriff des *Tuns* seinen Sinn verlieren (wir haben es oben bei der Besprechung des Wunsches und des Entschlusses gezeigt), und die Freiheit selbst würde infolgedessen verschwinden. Demnach ist eben der Entwurf einer Freiheit überhaupt eine Wahl, zu der das Vorhersehen und die Duldung von – im übrigen irgendwelchen – Widerständen gehört. Nicht nur schafft die Freiheit den Rahmen, in dem die im übrigen indifferenten An-siche sich als Widerstände enthüllen, sondern ihr Entwerfen selbst ist ganz allgemein ein Vorhaben, in einer widerständigen Welt durch Besiegung ihrer Widerstände etwas zu tun. Jedes freie Entwerfen überblickt, indem es sich pro-jektiert, den Spielraum an Unberechenbarkeit, der der Unabhängigkeit der Dinge zu verdanken ist, und zwar gerade weil diese Unabhängigkeit das ist, von dem aus eine Freiheit sich konstituiert. Sobald ich pro-jektiere, in die nächste Stadt zu fahren, um Peter aufzusuchen, sind die geplatzten Pneus, der «Gegenwind», tausend vorhersehbare und unvorhersehbare böse Zufälle in meinem Entwurf gegeben und machen seinen Sinn aus. Auch das unvermutete Zerplatzen, das meine Pläne stört, *nimmt seinen Platz* ein in einer durch meine Wahl vorentworfenen Welt, denn ich habe niemals aufgehört, es als, wenn ich so sagen darf, *unvermutetes* zu erwarten. Und selbst wenn meine Reise durch etwas unterbrochen wird, an das ich nicht im entferntesten gedacht habe, wie etwa eine Überschwemmung oder einen Bergrutsch, so war in einem gewissen Sinne dieses Unvorhersehbare doch vorhergesehen: in meinem projectum war ein gewisser Spielraum von Undeterminiertheit «für das Unvorhersehbare» geschaffen worden (so wie die Römer in ihren Tempeln einen Platz den unbekannten Göttern vorbehielten), und dies nicht infolge einer Erfahrung «harter Schläge» oder aus empirischer Klugheit, sondern allein auf Grund der Eigenart meines Entwurfes. So kann man gewissermaßen sagen, die menschliche Realität werde durch nichts überrascht. Diese Hinweise ermöglichen es uns, ein neues Charakteristikum einer freien Wahl ans Licht zu ziehen: jeder Entwurf der Freiheit ist *offener Entwurf*, und nicht geschlossener Entwurf. Obwohl er völlig für sich dasteht, enthält er die Möglichkeit für seine späteren Abwandlungen. Jeder Entwurf beinhaltet in seiner Struktur das Verstehen der «Selbständigkeit» der Dinge der Welt. Dieses fortwährende Vorhersehen des Unvorhersehbaren als eines Spielraumes von Undeterminiertheit des Entwurfes, der ich bin, macht verständlich, daß der böse Zufall oder die Katastrophe mich immer, anstatt mich durch ihre Neuheit und Ungewöhnlichkeit zu überraschen, durch einen bestimmten Aspekt von «schon gesehen – schon vorausgesehen» bedrücken, ja durch ihre Evidenz und eine Art schicksalhafter Notwendigkeit, die wir durch ein «das mußte so kommen» in Worte fassen. Es gibt in der Welt niemals etwas, was in Erstaunen setzt, nichts, was überrascht, es sei denn, wir bestimmen uns selbst zu diesem Erstauntsein. Das Originalthema des Erstaunens ist es nicht, daß diese oder jene besondere Sache innerhalb der Grenzen der Welt vorhanden ist, sondern vielmehr, daß es überhaupt eine Welt gibt, das heißt, daß ich in eine Ganzheit von Daseienden hineingeworfen worden bin, die sich zu mir durchaus indifferent verhalten. Indem ich ein Ziel wähle, wähle ich nämlich, Beziehungen zu diesen Daseienden zu haben und daß diese Daseienden Beziehungen untereinander haben; ich wähle, daß sie in Verbindung treten, um mir verkünden zu können, was ich bin. Die Feindseligkeit, die die Dinge mir bezeugen, wird also von meiner Freiheit als eine ihrer Bedingungen vorgezeichnet und nur über einer frei entworfenen Feindseligkeitsbedeutung überhaupt kann dieser oder jener Dingkomplex seinen individuellen Feindseligkeitskoeffizienten offenbaren.

Aber wie jedesmal, wenn es um die Situation geht, muß man die Tatsache betonen, daß der von uns dargestellte Sachverhalt eine Kehrseite hat: wenn die Freiheit die Feindseligkeit überhaupt vorzeichnet, so ist das eine Art von Sanktionierung der indifferenten Außenweltlichkeit des An-sich. Ohne Zweifel kommt die Feindseligkeit den Dingen durch die Freiheit zu, aber nur insoweit, als die Freiheit ihre Geworfenheit als «Inmitten-eines-An-sich-von-Indifferenz-Sein» erhellt. Die Freiheit läßt sich die Dinge als feindselig gegeben sein, das heißt, sie legt ihnen eine Bedeutung bei, die sie zu Dingen macht; aber das geschieht nur, indem sie das Gegebene selbst, das bedeutungsvoll sein wird, auf sich nimmt, das heißt, indem sie, um die Bedeutung zu überschreiten, ihre Verbannung inmitten eines indifferenten An-sich auf sich nimmt. Umgekehrt kann aber das übernommene kontingente Gegebene diese Bedeutung von «Verbannungsort inmitten der Indifferenz», die die erste ist und alle anderen Bedeutungen trägt, nur innerhalb und mittels einer freien Übernahme seitens des Für-sich tragen. So ist nämlich die Urstruktur der Situation beschaffen; sie wird hier in voller Klarheit sichtbar: gerade durch ihr Überschreiten des Gegebenen auf ihre Ziele hin läßt die Freiheit das Gegebene als *dieses* Gegebene-*hier* existieren – vorher gab es weder ein Dies, noch ein Das, noch ein Hier –, und das so *bezeichnete* Gegebene ist nicht auf irgendeine Weise gestaltet, es ist rohes Daseiendes, übernommen, um überschritten zu werden. In der gleichen Zeit aber, in der die Freiheit Überschreiten *dieses* Gegebenen-hier ist, wählt sie sich als *dieses* Überschreiten-*hier* des Gegebenen. Die Freiheit ist nicht irgendein Überschreiten irgendwelches Gegebenen; sondern indem sie das schlicht Gegebene übernimmt und ihm seinen Sinn verleiht, wählt sie sich zugleich: ihr Ziel ist es eben, *dieses* Gegebene-hier zu verändern, obwohl das Gegebene im Lichte des gewählten Zieles als dieses Gegebene-hier erscheint. So ist das Auftauchen der Freiheit Festlegung eines Zieles *durch ein Gegebenes hindurch* und Entdeckung eines Gegebenen *im Lichte* eines Zieles; diese beiden Strukturen sind gleichzeitig und untrennbar. Tatsächlich werden wir weiter unten sehen, daß die allgemeinen Werte der gewählten Ziele nur durch die Analyse freigesetzt werden; jede Wahl ist Wahl einer konkreten Veränderung, die einem konkreten Gegebenen zugefügt werden soll. Jede Situation ist konkret.

So werden die Feindseligkeiten der Dinge und ihre Wirkfähigkeit überhaupt durch das gewählte Ziel aufgehellt. Aber ein Ziel gibt es nur für ein Für-sich, das sich als inmitten der Indifferenz verlassen übernimmt. Durch diese Übernahme fügt es jenem kontingenten und schlichten Verlassensein *nichts* Neues hinzu; abgesehen von der *Bedeutung;* es bewirkt, daß es fortan ein Verlassensein *gibt,* es bewirkt, daß dieses Verlassensein als Situation entdeckt wird.

Wir haben im vierten Kapitel des zweiten Teils gesehen, wie das Für-sich durch sein Auftauchen bewirkt, daß das An-sich zur Welt kommt; noch allgemeiner gesagt, ist es das Nichts, durch das es An-sich, das heißt Dinge «gibt». Wir haben auch gesehen, daß die An-sich-Realität da ist, unter meinen Händen, samt ihren *Qualitäten,* ohne daß etwas weggenommen oder zugefügt werden könnte. Wir sind von ihr bloß getrennt durch die verschiedenen Sorten von Nichtung, die wir eben durch unser Auftauchen schaffen: Welt, Raum und Zeit, Wirkfähigkeiten. Insbesondere haben wir gesehen, daß, obgleich wir von *Anwesendem* (dieses Glas, dieses Tintenfaß, dieser Tisch usw.) umgeben sind, dieses Anwesende als solches unerfaßbar ist, denn es gibt von sich, was es auch sein mag, nur am Ende einer Geste oder eines von uns projektierten Aktes preis, das heißt in der Zukunft. Nunmehr können wir den Sinn dieses Sachverhaltes verstehen: wir sind von den Dingen durch nichts, *außer durch unsere Freiheit* getrennt; sie bewirkt es, daß es Dinge mitsamt ihrer Indifferenz, ihrer Unberechenbarkeit und ihrer Feindseligkeit *gibt* und daß wir unvermeidlich von ihnen getrennt sind, denn auf dem Untergrunde von Nichtung erscheinen sie und enthüllen sie sich als miteinander verbunden. So fügt der Entwurf meiner Freiheit den Dingen *nichts* hinzu: er bewirkt, daß es Dinge *gibt,* das heißt eben, Realitäten gibt, die mit einem Feindseligkeits- oder Benutzbarkeitskoeffizienten versehen sind; er bewirkt, daß diese Dinge *in der Erfahrung* entdeckt werden, das heißt sich nach und nach auf dem Hintergrund der Welt im Verlauf eines Zeitigungsprozesses abheben; er bewirkt endlich, daß diese Dinge sich als unerreichbar erweisen, als unabhängig, als von mir gerade durch das Nichts getrennt, das ich aus mir absondere und das ich bin. Weil die Freiheit dazu verurteilt ist, frei zu sein, das heißt, weil sie sich nicht als Freiheit erwählen kann, gibt es Dinge, das heißt eine Fülle von Kontingenz, in deren Innerem sie selbst Kontingenz ist; durch Übernahme dieser Kontingenz und durch das sie Überschreiten kann es gleichzeitig eine Wahl und eine Zusammenordnung von Dingen zur *Situation* geben; und die Kontingenz der Freiheit sowie die des An-sich drücken sich *in Situation* durch die Unberechenbarkeit und die Feindseligkeit der Umgebung aus. So bin ich also völlig frei und für meine Situation verantwortlich. Aber ich bin auch niemals frei, *außer in Situation.*

D) *Mein Nächster*

In einer von meinem Nächsten heimgesuchten Welt leben, heißt nicht nur, dem Anderen an jeder Straßenecke begegnen können, sondern heißt auch, sich in einer Welt eingesetzt befinden, deren Zeugkomplexe eine Bedeutung haben können, die mein freier Entwurf ihnen zunächst nicht beigelegt hat. Und es heißt auch, inmitten einer *schon* mit Sinn versehenen Welt mit einer Bedeutung zu tun haben, die *die meinige* ist und die ich mir auch nicht beigelegt habe, die ich vielmehr an mir als «schon in meinem Besitz» entdecke. Wenn wir uns also fragen, was für unsere «Situation» die ursprüngliche und kontingente Tatsache zu bedeuten haben kann, daß wir in einer Welt existieren, wo es auch den Anderen «gibt», erfordert das so formulierte Problem, daß wir nacheinander drei Wirklichkeitsschichten untersuchen, die mitwirken, um meine konkrete Situation zu konstituieren: das *bereits* mit Bedeutung versehene Zeug (der Bahnhof, der Eisenbahnfahrplan, das Kunstwerk, die Bekanntmachung der Mobilmachung), die Bedeutung, die ich als *schon die meinige* entdecke (meine Staatsbürgerschaft, meine Rasse, mein körperlicher Aspekt) und endlich der Andere als Beziehungsmittelpunkt, auf den diese Bedeutungen verweisen.

Alles wäre in der Tat höchst einfach, wenn ich in eine Welt gehörte, deren Bedeutungen sich einfach im Lichte meiner eigenen Ziele enthüllten. Ich würde nämlich die Dinge in Zeugdinge oder in Zeugkomplexe innerhalb der Grenzen meiner eigenen Selbstwahl einteilen; diese Wahl würde aus dem Berge ein schwer zu überwindendes Hindernis oder einen Aussichtspunkt über dem flachen Lande machen usw.; es würde gar nicht das Problem auftauchen, zu wissen, welche Bedeutung dieser Berg *an sich* haben könnte, denn ich bin es ja, durch den die Bedeutungen der Wirklichkeit an sich zukommen. Dieses Problem wäre außerdem sehr einfach, wenn ich eine Monade ohne Türen und Fenster wäre und wenn ich lediglich irgendwie wüßte, daß andere Monaden vorhanden oder möglich sind, von denen jede den Dingen, die ich sehe, neue Bedeutungen verleiht. In diesem Falle, auf den die Philosophen ihre Untersuchungen allzuoft beschränkt haben, würde es für mich genügen, andere Bedeutungen für *möglich* zu halten, und schließlich würde die Vielheit der Bedeutungen, die der Vielheit der Bewußtseinsindividuen entspricht, für mich ganz einfach mit der immer offenen Möglichkeit zusammenfallen, über mich selbst eine *andere Wahl* zu treffen. Aber wir haben gesehen, daß diese monadische Auffassung einen heimlichen Solipsismus verbirgt, eben weil sie die Vielheit der Bedeutungen, die ich dem Realen anheften kann, mit der Vielheit der Bedeutungssysteme verwechselt, von denen jedes auf ein Bewußtsein verweist, das ich nicht bin. Übrigens erweist sich diese monadische Darstellung auch auf dem Gebiete der konkreten Erfahrung als unzulänglich; es gibt nämlich in «meiner» Welt noch anderes als eine Vielheit möglicher Bedeutungen; es gibt objektive Bedeutungen, die sich mir darbieten als nicht von mir ans Licht gezogen. Ich, durch den die Bedeutungen den Dingen zu-kommen, befinde mich eingesetzt in eine *schon mit Bedeutung versehene* Welt, die Bedeutungen auf mich zurückstrahlt, die ich nicht dorthin gesetzt hatte. Man denke zum Beispiel an die unzählbare Menge von Bedeutungen, die von *meiner* Wahl unabhängig sind und die ich entdecke, wenn ich in einer Stadt wahrnehme: Straßen, Häuser, Läden, Straßenbahnen und Autobusse, Richtungsschilder, Warnsignale, Radiomusik usw. In der Einsamkeit würde ich zwar das schlichte und unberechenbare Daseiende entdecken: *diesen* Felsen zum Beispiel, und ich würde mich im großen und ganzen darauf beschränken, zu bewirken, daß es einen Felsen *gäbe*, das heißt *dieses* Daseiende-*hier* und außer ihm nichts. Doch würde ich ihm wenigstens die Bedeutung «zu ersteigen», «zu umgehen», «zu betrachten» usw. verleihen. Wenn ich aber hinter einer Straßenbiegung ein Haus vorfinde, so ist das nicht nur ein schlichtes Daseiendes, das ich in der Welt entdecke, ich bewirke nicht nur, daß es ein auf diese oder jene Weise näher bestimmtes «dies-da» *gibt:* sondern die Bedeutung des Gegenstandes, die mir dann enthüllt wird, stellt sich mir entgegen und bleibt von mir unabhängig: ich entdecke, daß das Gebäude eine Mietskaserne ist oder das Bürohaus der Gasgesellschaft oder ein Gefängnis usw.; hier ist die Bedeutung kontingent, unabhängig von meiner Wahl, sie tritt mit derselben Indifferenz auf wie die Realität des An-sich selber: sie ist *Sache* geworden und unterscheidet sich nicht von der *Qualität* des *An-sich.* Ebenso entdeckt sich mir der Feindseligkeitskoeffizient der Dinge, bevor er von mir erfahren wird: Massen von Hinweisen warnen mich: «Langsam fahren, gefährliche Kurve», «Vorsicht, Schule», «Lebensgefahr», «Querrinne nach 100 m» usw. Aber obwohl diese Bedeutungen tief in die Dinge eingeprägt sind und an ihrer außenweltlichen Indifferenz teilnehmen – wenigstens anscheinend –, sind sie nichtsdestoweniger Hinweise auf das zu beobachtende Verhalten, die mich direkt angehen. Ich überschreite die Straße zwischen den beiden Reihen von Verkehrsnägeln; ich trete in *jenen* Laden, um *jenen* Gebrauchsgegenstand zu kaufen, dessen Benutzungsweise sehr genau auf einem Zettel angegeben ist, der den Käufern mitgegeben wird; ich benutze dann diesen Gebrauchsgegenstand, zum Beispiel einen Füllfederhalter, um dieses oder jenes Formular vorschriftsmäßig auszufüllen. Finde ich hier nicht enge Grenzen für meine Freiheit? Wenn ich nicht Punkt für Punkt den von den Anderen gegebenen Hinweisen folge, würde ich mich nicht mehr auskennen, würde ich mich in der Straße irren, meinen Zug verpassen usw. Übrigens haben diese Hinweise in den meisten Fällen Befehlsform: «Hier eintreten», «Dort hinausgehen», das bedeuten die Worte Eingang und Ausgang, die über die Türen gemalt sind. Ich unterwerfe mich; sie fügen dem Feindseligkeitskoeffizienten, den ich an den Dingen entstehen lasse, einen Koeffizienten eigentlich menschlicher Feindseligkeit hinzu. Außerdem werde ich, wenn ich mich dieser Organisation unterwerfe, von ihr abhängig: die Wohltaten, mit denen sie mich versieht, können aufhören: ein Aufruhr im Lande, ein Krieg genügen, und schon werden die lebensnotwendigen Erzeugnisse knapp, ohne daß ich etwas dafür kann. Ich werde enteignet, in meinen Plänen behindert, werde des zur Erreichung meiner Ziele Notwendigen beraubt. Und vor allem haben wir bemerkt, daß die Gebrauchsanweisungen, Bezeichnungen, Befehle, Verbote, Richtungsschilder sich an mich wenden, insofern ich *irgendeiner bin;* in dem Maße, in dem ich gehorche, in dem ich in die Reihe trete, unterwerfe ich mich den Zielen *irgendeiner* menschlichen Realität und realisiere sie durch *irgendwelche* Verfahren: ich werde also in meinem eigenen Sein verwandelt, da ich stets die Ziele *bin*, die ich gewählt habe, und die Verfahren, mit denen sie realisiert werden; zu irgendwelchen Zielen, zu irgendwelchen Verfahren gehört irgendeine menschliche Realität. Gleichzeitig wird, da die Welt für mich immer nur durch die Verfahren hindurch sichtbar wird, die ich benutze, auch die Welt selbst verwandelt. Diese Welt, die durch den Gebrauch hindurch erblickt wird, den ich vom Fahrrad, vom Auto, von der Eisenbahn mache, um auf ihr herumzureisen, enthüllt mir ein zu den von mir benutzten Mitteln streng korrelatives Gesicht, also *das Gesicht, das sie jedermann zeigt*. Daraus muß sich offenbar ergeben, so wird man meinen, daß meine Freiheit mir nach jeder Seite hin entrinnt: keine *Situation* als Bildung einer bedeutsamen Welt rings um die freie Wahl seitens meiner Spontaneität ist mehr vorhanden, es gibt nur einen *Zustand*, den man mir auferlegt. Das muß nunmehr geprüft werden.

Ohne Zweifel hat meine Zugehörigkeit zu einer bewohnten Welt den Wert eines *Faktums*. Sie verweist nämlich auf das ursprüngliche Faktum der Anwesenheit Anderer in der Welt, ein Faktum, das, wie wir gesehen haben, aus der ontologischen Struktur des Für-sich nicht gefolgert werden kann. Und obwohl dieses Faktum die Verwurzelung unserer Geworfenheit nur noch vertieft, geht es doch nicht aus unserer Geworfenheit hervor, insofern diese die Notwendigkeit der Kontingenz des Für-sich ausdrückt; sondern man muß vielmehr so sagen: das Für-sich *existiert faktisch*, das heißt, seine Existenz kann weder mit einer gesetzmäßig entstandenen Realität noch mit einer freien Wahl gleichgesetzt werden; und unter den faktischen Kennzeichen dieser «Faktizität», das heißt unter denen, die weder abgeleitet noch bewiesen werden können, die sich vielmehr bloß «sehen lassen», gibt es eins, das wir die Existenz-in-der-Welt-in-Gegenwart-von-Anderen nennen. Ob dieses faktische Kennzeichen, um auf irgendeine Weise wirksam zu werden, von meiner Freiheit wieder aufgenommen werden muß oder nicht, werden wir weiter unten erörtern. Nichtsdestoweniger steht fest, daß sich auf der Ebene der Verfahren zur Aneignung der Welt, und zwar eben auf Grund des *Faktums* der Existenz des Anderen, die Tatsache des Kollektiveigentums an diesen Verfahren ergibt. Auf dieser Ebene drückt sich also die Geworfenheit durch das Faktum meines Erscheinens in einer Welt aus, die sich mir nur mittels kollektiver und bereits ausgearbeiteter Verfahren enthüllt, welch letztere die Eigenschaft haben, mich die Welt unter einem Aspekt erfassen zu lassen, dessen Sinn außerhalb meiner selbst bestimmt worden ist. Diese Verfahren determinieren meine Zugehörigkeit zu den Kollektiven: zur *Spezies Mensch*, zum nationalen Kollektiv, zur Berufs- und Familiengruppe. Man muß sogar betonen: abgesehen von meinem Für-Andere-Sein – von dem wir weiter unten sprechen werden –, ist die einzige für mich vorhandene positive Art und Weise, *meine faktische Zugehörigkeit* zu diesen Kollektiven *zu existieren*, der Gebrauch, den ich beständig von den Verfahren mache, die von ihnen stammen. Die Zugehörigkeit zur *Spezies Mensch* wird in der Tat durch den Gebrauch sehr elementarer und sehr allgemeiner Verfahren bestimmt: gehen können, zugreifen können, aus dem Umriß und der scheinbaren Größe der wahrgenommenen Gegenstände Schlüsse ziehen können, reden können, überhaupt das Wahre vom Falschen unterscheiden können usw. Aber wir besitzen diese Verfahren nicht in dieser abstrakten und allgemeinen Form: reden können heißt nicht, die Worte im allgemeinen nennen und verstehen können, es heißt eine bestimmte Sprache sprechen können und dadurch seine Zugehörigkeit zur Menschheit *auf der Ebene* des nationalen Kollektivs offenbaren. Außerdem heißt eine Sprache sprechen nicht, eine abstrakte und reine Kenntnis der Sprache haben, so wie die wissenschaftlichen Wörterbücher und Grammatiken sie darstellen: es heißt, sie sich zu eigen machen durch die Verunstaltungen und Umfangsbeschränkungen hindurch, die landschaftlich oder berufsständisch bedingt oder Familieneigentümlichkeiten sind. So kann man sagen, daß die *Realität* unserer Zugehörigkeit zur Menschheit unsere *Nationalität* ist und daß die Realität unserer Nationalität unsere Zugehörigkeit zu Familie, Gegend, Berufsstand usw. ist, und zwar in dem Sinne, in dem die *Realität* des Sprechens die Sprache, und die Realität der Sprache der Dialekt, der Jargon, das Platt usw. ist. Und umgekehrt ist die *Wahrheit* des Dialekts die Sprache, die *Wahrheit* der Sprache das Sprechen; das bedeutet, daß die konkreten Verfahren, durch die sich unsere Zugehörigkeit zur Familie und Örtlichkeit bekundet, auf abstraktere und allgemeinere Strukturen verweisen, die in ihnen so etwas wie die Bedeutung und das Wesen ausmachen, diese wieder auf andere, noch allgemeinere, bis man zum allgemeinen und vollkommen einfachen Wesen *irgendeines* Verfahrens gelangt, durch das *irgendein* Seiendes sich die Welt aneignet.

So bedeutet zum Beispiel, Franzose sein, nur die *Wahrheit* des Savoyer Seins. Aber Savoyer sein heißt nicht bloß, in einem der Hochtäler Savoyens wohnen: das heißt, unter tausend anderen Dingen, im Winter Schi fahren, den Schneeschuh als Transportmittel benutzen. Und zwar heißt es Schi fahren in französischer Technik, nicht in Arlberg- oder Norweger-Technik[1]. Aber da das Gebirge und die verschneiten Hänge nur durch ein Verfahren hindurch erfaßt werden, heißt das eben, den *französischen* Sinn der Schi-Hänge entdecken; je nachdem nämlich, ob man die norwegische Technik benutzt, die bei sanften Hängen vorteilhafter ist, oder die französische, die bei steilen Hängen brauchbarer ist, wird ein und derselbe Abhang steiler oder sanfter erscheinen, genauso, wie eine Steigung dem Radfahrer mehr oder weniger steil erscheint, je nachdem, ob er «mittlere oder kleine Geschwindigkeit eingeschaltet hat». So verfügt der französische Schifahrer über eine französische «Geschwindigkeit», um die Schigelände hinunterzufahren, und diese Geschwindigkeit entdeckt ihm einen besonderen Typ von Abhängen, wo es auch sein mag, das heißt also, daß die Schweizerischen oder die

1 Wir vereinfachen hier: es gibt gegenseitige Beeinflussungen und Überschneidungen der Techniken; bei uns wurde die Arlberg-Technik lange Zeit bevorzugt. Der Leser wird sich die Tatsachen in ihrer richtigen Zusammengesetztheit leicht vergegenwärtigen können.

Bayrischen Alpen, die Landschaft Telemark oder der Jura ihm immer einen rein französischen Sinn, rein französische Schwierigkeiten und einen rein französischen Benutzbarkeits- oder Feindseligkeitskomplex darbieten. Ebenso könnte unschwer gezeigt werden, daß die meisten Versuche, die Arbeiterklasse zu definieren, darauf hinauslaufen, die Produktion, den Verbrauch oder einen gewissen, aus dem Minderwertigkeitskomplex sich ergebenden «Weltanschauungs»-Typus (Marx – Halbwachs – de Man), das heißt in allen Fällen gewisse Welt-Erarbeitungs- oder Aneignungsverfahren als Kriterien zu benutzen, durch die hindurch sich das darbietet, was wir das «proletarische Gesicht» der Arbeiterklasse nennen können, mit seinen heftigen Gegensätzen, seinen großen einförmigen und wüstenhaften Massiven, seinen dunklen Zonen und sonnigen Gestaden, seinen einfachen und drängenden Zielsetzungen, die es beleuchten.

Es ist also klar – obwohl meine Zugehörigkeit zu jener Klasse, zu jener Nation nicht aus meiner Geworfenheit als aus einer ontologischen Struktur meines Für-sich hervorgeht –, daß meine faktische Existenz, das heißt meine Geburt und mein Platz, die durch bestimmte Verfahren hindurch erfolgende Auffassung der Welt und meiner selbst nach sich zieht. Diese Verfahren, die ich nicht gewählt habe, verleihen der Welt ihre Bedeutungen. Anscheinend entscheide ich nicht mehr von meinen Zielen aus, ob die Welt mir mit den einfachen und scharfen Gegensätzen eines «proletarischen» Mikrokosmos erscheint oder mit den unzähligen, feinen Abschattungen der «bürgerlichen» Welt. Ich bin nicht nur angesichts des schlicht Daseienden geworfen, sondern ich bin in eine Arbeiterwelt, eine französische, lothringische oder südfranzösische Welt geworfen, die mir ihre Bedeutungen vor Augen hält, ohne daß ich etwas dazu getan hätte, sie zu entdecken.

Sehen wir genauer zu. Wir haben vorhin gezeigt, daß meine Nationalität nur die *Wahrheit* meiner Zugehörigkeit zu einer Landschaft, einer Familie, einer Berufsgruppe ist. Aber soll man dabei stehenbleiben? Wenn die Sprache nur die *Wahrheit* des Dialektes ist, ist dann der Dialekt die absolut konkrete Realität? Sind der Berufsjargon, wie «man» ihn spricht, oder das elsässische Platt, dessen Gesetzmäßigkeiten eine sprachwissenschaftliche und statistische Untersuchung ermittelt hat, Urphänomene, die ihre Grundlage im reinen Faktum, in der ursprünglichen Kontingenz haben? Die Forschungen der Sprachwissenschaftler können hier täuschen: ihre Statistiken fördern Konstanten, phonetische und Bedeutungsabweichungen eines gegebenen Typs zutage; sie ermöglichen, die Entwicklung eines Sprachlautes oder einer Sprachgestalt innerhalb eines gegebenen Zeitraumes zu rekonstruieren, so zwar, daß es aussieht, als ob das *Wort* oder die *syntaktische Regel* selbständige Realitäten seien mit eigener Bedeutung und Geschichte. Und tatsächlich scheinen die einzelnen Menschen wenig Einfluß auf die Entwicklung der Sprache zu haben. Soziale Fakten, wie die Invasionen, die großen Verkehrswege, die Handelsbeziehungen scheinen die wesentlichen Ursachen sprachlicher Veränderungen zu sein. Aber das kommt nur daher, daß man sich nicht auf das eigentliche Gebiet des Konkreten begibt: folglich wird man nur gemäß seinen eigenen Postulaten abgespeist. Schon längst haben die Psychologen darauf aufmerksam gemacht, daß das *Wort* nicht das konkrete Sprachelement ist – auch nicht das Dialektwort, auch nicht das Familienwort mit seinen besonderen Abweichungen –, vielmehr ist die Elementarstruktur des Sprechens die *Redewendung*. Nur innerhalb der Redewendung kann nämlich ein Wort eine reale Bedeutungsfunktion erhalten; außerhalb von ihr ist es eben nur eine Satzfunktion, wenn es nicht schlechtweg ein Titel ist, mit der Aufgabe, gänzlich unvereinbare Bedeutungen unter sich zusammenzufassen. Wo es vereinzelt im Gespräch erscheint, nimmt es einen «holophrastischen» Charakter an, auf den schon oft hingewiesen wurde; das bedeutet nicht, daß es sich von sich aus auf einen genau umschriebenen Sinn beschränken kann, sondern daß es, so wie eine Nebengestalt in eine Hauptgestalt, in einen Zusammenhang eingefügt ist. Das Wort hat also außerhalb der umfassenden und aktiven Gebilde, die es in sich einbeziehen, nur eine rein *virtuelle* Existenz. Es kann also nicht «in» einem Bewußtsein oder einem Unbewußten *vor* dem Gebrauch existieren, der von ihm gemacht wird: die Redewendung *wird nicht aus Worten gemacht.* Man kann es aber nicht dabei bewenden lassen: Paulhan hat in den «Fleurs de Tarbes» gezeigt, daß ganze Redewendungen, die «Gemeinplätze», genau wie die Worte nicht vor dem Gebrauch existieren, den man von ihnen macht. Gemeinplätze sind sie, wenn sie von außen her, vom Leser betrachtet werden, der den Sinn eines Abschnitts ausfindig macht, indem er von einer Redewendung zu anderen übergeht; diese Redewendungen verlieren aber ihren banalen und konventionellen Charakter, wenn man sich auf den Standpunkt des Autors stellt, der *die auszudrückende Sache* sah und zuerst das Dringendste erledigte, indem er einen Akt des Bezeichnens oder der Neuschöpfung vollzog und sich nicht damit aufhielt, die einzelnen Elemente dieses Aktes zu erwägen. Wenn sich das so verhält, existieren weder die Worte, noch die Syntax, noch die «fix und fertigen Redewendungen» vor dem Gebrauch, den man von ihnen macht. Da die Sprecheinheit die bedeutsame Redewendung ist, ist diese ein konstruktiver Akt, der nur mittels einer Transzendenz verstanden wird, die das Gegebene auf ein Ziel hin überschreitet und nichtet. Das Wort im Lichte der Redewendung verstehen ist *ganz genau* dasselbe, wie irgendwelches Gegebene von der Situation aus und die Situation im Lichte der ursprünglichen Ziele verstehen. Eine Redewendung meines Gesprächspartners verstehen heißt nämlich verstehen, was er «sagen will», das heißt seine Transzendierungsbewegung mitmachen, mich mit ihm den Möglichkeiten und den Zielen zuwenden und dann auf das Insgesamt der zusammengeordneten Mittel zurückkommen und sie durch ihre Aufgabe und ihren Zweck verstehen. Die Beziehungen zur Zeit, zur Stunde, zum Platz, zur Umgebung, zur Situation der Stadt, der Provinz, des Landes sind vor dem gesprochenen Wort gegeben. Es genügt, daß ich die Zeitungen gelesen habe und das gute Aussehen und die sorgenvolle Miene von Peter *sehe*, um das «Es klappt nicht» zu verstehen, mit dem er heute morgen auf mich zukam. Es ist nicht seine Gesundheit, mit der es «nicht klappt», denn er sieht blühend aus, auch nicht sein Geschäft oder seine Häuslichkeit: es ist die Situation unserer Stadt oder unseres Landes. Ich *wußte es schon*; als ich ihn fragte «Klappt's?», entwarf ich schon eine Deutung seiner Antwort, versetzte ich mich schon in alle vier Himmelsgegenden und war bereit, von dort auf Peter *zurückzukommen*, um ihn zu verstehen. Zuhören heißt «mitreden» nicht bloß, weil man so tut, um richtig zu interpretieren, sondern weil man sich ursprünglich auf das Mögliche hin entwirft und weil man *von der Welt aus* verstehen muß.

Wenn aber die Redewendung vor dem Wort existiert, werden wir auf den *Gesprächigen* als die konkrete Grundlage des Gesprächs verwiesen. Ein Wort kann anscheinend durch sich selbst «leben», wenn man in Redewendungen verschiedener Epochen nach ihm fischt; dieses entliehene Leben ähnelt dem des Messers in Zauberfilmen, das von selbst in die Birne eindringt; es besteht aus der Nebeneinandersetzung von Momenten, es ist kinematographisch und bildet sich innerhalb der allgemeinen Zeit. Aber obgleich die Worte zu leben scheinen, wenn man den bedeutungs- oder gestalthaften Film ablaufen sieht, kommen sie doch nicht dazu, Redewendungen zu bilden; sie sind nur die Spuren des Durchgangs der Redewendungen, so wie die Straßen nur die Spuren des Durchgangs der Pilgerscharen oder der Karawanen sind. Die Redewendung ist ein Entwurf, der nur von der Nichtung eines Gegebenen aus (und zwar desjenigen, das man *bezeichnen* will), von einem gesetzten Ziel aus (seiner *Bezeichnung*, die selbst wieder andere Ziele voraussetzt, mit Bezug auf welche sie nur ein Mittel ist) gedeutet werden kann. Wenn das Gegebene ebensowenig wie das Wort die Redewendung determinieren kann, wenn vielmehr die Redewendung notwendig ist, um das Gegebene aufzuklären und das Wort zu verstehen, dann ist die Redewendung ein Moment meiner freien Selbstwahl, und als solche wird sie von meinem Gesprächspartner verstanden. Wenn die Sprache die Realität des Sprechens ist, wenn der Dialekt oder

der Jargon die Realität der Sprache sind, dann ist die Realität des Dialektes der *freie* Bezeichnungs-*Akt*, durch den ich mich als *Bezeichnenden* erwähle. Und dieser freie Akt kann kein *Zusammenstellen* von Worten sein. Wenn er bloßes Zusammenstellen von Worten gemäß den Verfahrensvorschriften (den Gesetzen der Grammatik) wäre, könnten wir von faktischen, der Freiheit des Redenden gesetzten Grenzen sprechen; die Grenzen würden markiert von der materiellen und phonetischen Eigenart der Worte, vom Wortschatz der benutzten Sprache, vom persönlichen Wortschatz des Redenden (den Worten, über die er verfügt), dem «Sprachgefühl» usw. Aber wir haben soeben gezeigt, daß das nicht der Fall ist. Kürzlich hat man behauptet [1], es gäbe so etwas wie eine lebendige Geordnetheit der Worte, dynamische Gesetze des Sprechens, ein unpersönliches Leben des Logos, kurz, die Sprache sei eine Naturerscheinung und der Mensch müsse ihr dienen, um sie in einigen Stücken benutzen zu können, so wie er es mit der Natur macht. Aber das erklärt sich dadurch, daß man die Sprache *erst als sie tot war* betrachtet hat, das heißt, erst *als sie gesprochen worden war,* indem man ihr dabei ein unpersönliches Leben und eine Kraft einblies, Anziehungs- und Abstoßungskräfte, die man tatsächlich von der persönlichen Freiheit des redenden Für-sich geborgt hat. Man hat aus dem Sprechen *eine Sprache, die von allein spricht,* gemacht. Das ist der Irrtum, der bezüglich des Sprechens *und aller anderen Verfahren* vermieden werden muß. Wenn man den Menschen inmitten von Verfahren auftauchen läßt, die sich von allein anwenden, einer Sprache, die sich spricht, einer Wissenschaft, die sich betreibt, einer Stadt, die sich gemäß ihren eigenen Gesetzen erbaut, wenn man die Bedeutungen zum An-sich erstarren läßt, während man ihnen gleichzeitig eine menschliche Transzendenz zugesteht, dann reduziert man die Rolle des Menschen zu der eines Steuermannes, der die determinierten Kräfte der Winde, der Wellen, der Gezeiten benutzt, um ein Schiff zu lenken. Aber nach und nach erfordert jedes Verfahren, wenn es auf Erreichung menschlicher Ziele gerichtet werden soll, ein weiteres Verfahren: zum Beispiel muß man, um ein Schiff zu lenken, reden. So werden wir vielleicht zum Verfahren aller Verfahren – das sich seinerseits von allein anwendet – gelangen, aber dann hätten wir für immer die Möglichkeit eingebüßt, dem Fachmann für Verfahren (dem Techniker) zu begegnen.

Wenn wir auch durch das Sprechen bewirken, daß es Worte gibt, so beseitigen wir deswegen doch nicht die *notwendigen und sprachtechnischen* Verbindungen oder die faktischen Verbindungen, die im Inneren der Redewendung gliedhaft vorhanden sind. Mehr noch:

1 Brice-Parain, *Essai sur le logos platonicien.*

wir *begründen* diese Notwendigkeit. Aber gerade damit sie sichtbar wird, damit die Worte zueinander in Beziehung treten, damit sie sich aneinander anhängen – oder sich abstoßen –, müssen sie in einer Synthese vereint werden, die nicht aus ihnen stammt; fällt diese synthetische Einheit weg, zerbröckelt der Block «Sprechen»; jedes Wort kehrt in seine Vereinzelung zurück und verliert gleichzeitig seine Einheit, indem es sich zwischen verschiedene, unvereinbare Bedeutungen zerteilt. Also bilden sich im Inneren des freien Entwurfes der Redewendung die Gesetze des Sprechens; indem ich spreche, gestalte ich die Grammatik; die Freiheit ist die allein mögliche Grundlage der Sprachgesetze. Für *wen* gibt es übrigens Sprachgesetze? Paulahn hat die Bausteine zu einer Antwort geliefert: nicht für den, der redet, sondern für den, der zuhört. Wer redet, ist nur das Wählen einer *Bedeutung* und erfaßt die Ordnung der Worte nur insoweit, als er sie *gestaltet* [1]. Die einzigen Beziehungen, die er im Inneren dieses gegliederten Komplexes erfaßt, sind spezifisch diejenigen, die er hergestellt hat. Wenn man in der Folge entdeckt, daß zwei oder mehrere Worte nicht *eine* Beziehung, sondern mehrere bestimmte Beziehungen unterhalten, daß sich daraus eine Vielheit von Bedeutungen ergibt, die für ein und dieselbe Redewendung sich rangmäßig ordnen oder Gegensätze bilden, kurz, wenn man den «Anteil des Teufels» [2] entdeckt, so kann das nur unter den folgenden zwei Bedingungen geschehen: 1. die Worte müssen durch eine freie bedeutsame Annäherung vereinigt und in ihr dargeboten werden; 2. diese Synthese muß *von außen her* gesehen werden, das heißt von *Anderen* und im Verlaufe einer hypothetischen Deutung der möglichen Sinngehalte dieser Annäherung. In diesem Falle ist nämlich jedes, *zunächst* als Kreuzweg von Bedeutungen erfaßte Wort an ein anderes, ebenso erfaßtes Wort gebunden. Und die Annäherung wird *mehrdeutig*. Die Erfassung des *wahren* Sinnes, das heißt des vom Sprechenden ausdrücklich gewollten, kann die anderen Sinngehalte in den Schatten drängen oder sich unterordnen, sie wird sie aber nicht beseitigen. So hat das Sprechen, das *für mich* freier Entwurf ist, *für den Anderen* spezifische Gesetze. Und diese Gesetze selbst können nur im Inneren einer ursprünglichen Synthese wirksam werden. Man erfaßt also den ganzen Unterschied, der das Er-

1 Ich vereinfache hier: man kann auch seinen eigenen Gedanken durch seine Redewendung kennenlernen. Aber das geschieht, weil es möglich ist, ihm gegenüber in einem gewissen Ausmaß den Standpunkt des Anderen einzunehmen, geradeso wie gegenüber unserem eigenen Leibe.

2 Es handelt sich um die unübersetzbare Redensart: faire la part du diable (wörtlich etwa: dem Teufel seinen Anteil überlassen) in der Bedeutung von: der menschlichen Schwäche etwas zugute halten. (Anmerkung des Übersetzers)

eignis «Redewendung» von einem Naturereignis trennt. Das Naturereignis geschieht entsprechend einem Gesetz, von dem es Kunde gibt, das aber eine rein außenweltliche Entstehungsregel ist; der fragliche Vorfall ist nur ein Beispiel dafür. Die «Redewendung» als Ereignis enthält ihr Bildungsgesetz in sich, und nur im Inneren eines freien *Bezeichnungs*-Entwurfes können die gesetzmäßigen Verbindungen zwischen den Worten auftauchen. Es kann ja kein Sprachgesetz geben, bevor man spricht. Und jedes gesprochene Wort ist freier Bezeichnungsentwurf, der zur Wahl eines persönlichen Für-sich gehört und von der umfassenden Situation dieses Für-sich aus gedeutet werden muß. Das erste ist die Situation, von der aus ich den *Sinn* der Redewendung verstehe, denn dieser Sinn darf nicht in sich selbst, als eine Gegebenheit betrachtet werden, sondern als ein in einem freien Überschreiten der Mittel gewähltes Ziel. Das ist die einzige *Realität,* der die Arbeiten der Sprachwissenschaftler begegnen können. Von dieser Realität ausgehend, kann eine rückwärtsschreitende Untersuchung gewisse allgemeinere und einfachere Strukturen zutage fördern, die so etwas wie gesetzmäßige Schemata sind. Aber diese Schemata, die zum Beispiel die Geltung von Dialektgesetzen haben können, sind an sich Abstraktionen. Weit entfernt, die Bildung von Redewendungen zu leiten und die Form zu sein, in die sie sich ergießt, existieren sie nur innerhalb und mittels dieser Redewendung. In diesem Sinne erscheint die Redewendung als freie Erfinderin ihrer Gesetze. Wir finden hier einfach das ursprüngliche Kennzeichen jeder Situation wieder vor: gerade durch sein Überschreiten des Gegebenen als solchem (des sprachwissenschaftlichen Apparates) läßt der freie Entwurf der Redewendung das Gegebene als *dieses* Gegebene (diese Anordnungsgesetze und diese Aussprachegesetze für den Dialekt) erscheinen. Aber der freie Entwurf der Redewendung ist gerade die Absicht, *dieses Gegebene-hier* zu übernehmen, und er ist nicht irgendeine Übernahme, sondern diese wird von einem noch nicht vorhandenen Ziele aus durch die vorhandenen Mittel hindurch beabsichtigt, denen eben der Entwurf ihren Sinn, Mittel zu sein, verleiht. So ist die Redewendung Anordnung von Worten, die nur mittels ihres Angeordnetwerdens *diese Worte* werden. Das haben die Sprachwissenschaftler und die Psychologen deutlich gefühlt, und ihre Verlegenheit kann uns hier als Gegenprobe dienen: sie glaubten nämlich, bei der Untersuchung des gesprochenen Wortes einen Zirkel zu entdecken, denn um sprechen zu können, muß man seinen eigenen Gedanken kennen. Aber wie soll man diesen Gedanken in der Eigenschaft einer explizit gemachten und begrifflich festgelegten Realität kennen, es sei denn gerade, indem man ihn ausspricht? So verweist das Sprechen auf den Gedanken und der Gedanke auf das Sprechen. Aber wir sehen nun ein, daß da kein Zirkel vorliegt oder vielmehr daß dieser Zirkel – aus dem man herauszukommen glaubte durch Erfindung rein psychologischer Idole, wie das Wortbild oder den Gedanken ohne Bilder und Worte – nichts für das Sprechen eigentümliches ist: er ist das Kennzeichen der Situation überhaupt. Er bedeutet nichts anderes, als die ek-statische Verbindung von Gegenwart, Zukunft und Vergangenheit, das heißt die freie Bestimmung des Daseienden durch das Noch-nicht-daseiende und umgekehrt. Danach ist es möglich, abstrakte Vollzugsschemata aufzudecken, die so etwas wie die legale Wahrheit der Redewendung darstellen: das Dialektschema – das Schema der Nationalsprache –, das Sprachschema im allgemeinen. Aber diese Schemata sind weit davon entfernt, vor der konkreten Redewendung zu existieren, vielmehr sind sie von sich aus mit *Unselbständigkeit* behaftet und existieren immer nur verkörpert und aufrechterhalten in ihrer durch eine Freiheit herbeigeführten Verkörperung. Wohlgemerkt, das Sprechen ist hier nur das Beispiel für ein gesellschaftliches und allgemeingültiges Verfahren. Für jedes andere Verfahren würde dasselbe gelten: der Hieb mit der Axt enthüllt die Axt, das Hämmern enthüllt den Hammer. Es ist möglich, im Rahmen eines besonderen Schikurses die französische Schitechnik zu entdecken und in dieser Technik die Kunst des Schneeschuhlaufens im allgemeinen als menschliche Möglichkeit. Aber diese menschliche Kunst ist niemals etwas durch sich selbst, sie besteht nicht *als Fähigkeit,* sie verkörpert und bekundet sich vielmehr in der *aktuellen* und konkreten Kunst des Schiläufers. Das ermöglicht uns, eine Erklärung für die Beziehungen des Individuums zur Spezies zu versuchen. Ohne die Spezies Mensch gäbe es keine Wahrheit, das steht fest; es würde nur ein irrationales und kontingentes Gewimmel von individuellen Erwählungen vorhanden sein, denen kein Gesetz zugeschrieben werden könnte. Wenn so etwas wie eine Wahrheit existiert, die fähig ist, die individuellen Erwählungen abzuweisen, so kann nur die Spezies Mensch sie uns liefern. Aber wenn die Spezies die Wahrheit des Individuums ist, kann sie ein im Individuum *Gegebenes* nicht ohne tiefgehende Widersprüche sein. So wie die Sprachgesetze vom freien konkreten Entwurf der Redewendung aufrechterhalten und verkörpert werden, so ist auch die Spezies Mensch – als das Insgesamt von Verfahren, die geeignet sind, die Tätigkeit der Menschen zu definieren – weit davon entfernt, vor einem Individuum zu existieren, das von ihr Kunde gäbe (so wie ein einzelner Fall das Fallgesetz der Körper exemplifiziert); sie ist vielmehr das Insgesamt abstrakter Beziehungen, die vom freien individuellen Erwählen aufrechterhalten werden. Um sich als *Person* zu erwählen, bewirkt das Für-sich, daß ein innerliches Gebilde vorhanden ist, das es auf sich selbst hin überschreitet, und dieses innere, aus den Verfahren bestehende Gebilde ist das Nationale oder das Menschliche in ihm.

Mag sein, wird man sagen. Aber Sie haben um das Problem herumgeredet. Denn das Für-sich hat diese Sprach- und Verfahrengebilde nicht geschaffen, um zu sich selbst zu gelangen: es hat sie von Anderen übernommen. Die Regel von der Übereinstimmung der Partizipien existiert meinetwegen nicht außerhalb der freien Annäherung konkreter Partizipien angesichts eines besonderen Bezeichnungszweckes. Aber wenn ich diese Regel anwende, habe ich sie von den Anderen gelernt, und weil die Anderen sie bei ihren persönlichen Entwürfen ins Leben rufen, bediene ich selbst mich ihrer. Mein Sprechen ist also dem Sprechen Anderer und letzten Endes der Nationalsprache untergeordnet.

Wir denken nicht daran, es zu leugnen. Ebensowenig kommt es für uns in Frage, das Für-sich als freie Begründung seines Seins darzustellen: das Für-sich ist frei, aber *in Bedingtheit*, und diese Beziehung der Bedingtheit zur Freiheit ist es, die wir unter dem Namen Situation näher zu bezeichnen suchen. Was wir soeben dargestellt haben, ist nur ein Teil der Wirklichkeit. Wir haben gezeigt, daß das Vorhandensein von Bedeutungen, die nicht aus dem Für-sich hervorgehen, keine äußere Grenze für dessen Freiheit bilden kann. Das Für-sich ist nicht zunächst Mensch, um dann Selbst zu werden, und es konstituiert sich nicht als Selbst von einem *a priori* gegebenen Menschenwesen aus; sondern ganz im Gegenteil, in seinem Bemühen, sich als persönliches Selbst zu erwählen, hält das Für-sich gewisse soziale und abstrakte Merkmale im Dasein, die aus ihm *einen Menschen* machen; und die notwendigen Bindungen im Gefolge der Elemente des Menschenwesens werden nur auf dem Hintergrunde einer freien Wahl sichtbar; in diesem Sinne ist jedes Für-sich in seinem Sein für die Existenz einer Spezies Mensch verantwortlich. Aber wir müssen noch das unleugbare Faktum aufklären, daß das Für-sich sich nur jenseits gewisser Bedeutungen, deren Ursprung es nicht ist, erwählen kann. Jedes Für-sich ist nämlich nur Für-sich, indem es sich jenseits von Nationalität und Spezies erwählt, geradeso wie es nur redet, indem es die Bezeichnung jenseits der Syntax und der Wortgestalten wählt. Dieses «jenseits» genügt, um ihm eine vollkommene Unabhängigkeit in bezug auf die von ihm überschrittenen Strukturen zu sichern; aber nichtsdestoweniger konstituiert es sich als ein *Jenseitiges* in bezug auf *diese* Strukturen-*hier*. Was bedeutet das? Es bedeutet, daß das Für-sich in einer Welt auftaucht, die für andere Für-siche Welt ist. So beschaffen ist das *Gegebene*. Und gerade dadurch wird dem Für-sich, wie wir gesehen haben, der Sinn der Welt *entfremdet*. Das bedeutet eben, daß es sich in Gegenwart von Sinn befindet, der nicht durch es selbst zur

Welt kommt. Es taucht in einer Welt auf, die ihm als *bereits erblickt* gegeben ist, als nach allen Richtungen hin durchfurcht, durchforscht, durchgeackert, und deren innerer Bau durch solche Untersuchungen auch schon bestimmt ist; und sogar in dem Akte, durch den das Für-sich seine Zeit entfaltet, zeitigt es sich in einer Welt, deren zeitlicher Sinn schon durch andere Zeitigungen bestimmt ist: hier haben wir das Faktum der Gleichzeitigkeit. Es handelt sich hier nicht um eine Grenze für die Freiheit, sondern das Für-sich soll vielmehr *in dieser Welt-dort* frei sein, und indem es diesen Umständen Rechnung trägt – und nicht *ad libitum* – soll es sich erwählen. Andererseits *erleidet* aber das Für-sich, indem es auftaucht, *nicht* die Existenz des Anderen, vielmehr ist es gezwungen, sie sich in Gestalt einer Wahl zu offenbaren. Denn mittels eines Wählens erfaßt es den Anderen als Subjekt-Anderen oder als Objekt-Anderen [1]. Solange der Andere für das Für-sich *Blick-Anderer* ist, geht es nicht um fremde *Verfahren* oder Bedeutungen; das Für-sich erfährt sich unter dem Blick des Anderen als Objekt im Weltall. Aber sobald das Für-sich, indem es den Anderen auf seine Ziele hin überschreitet, aus ihm eine transzendierte Transzendenz macht, erscheint ihm das, was freies Überschreiten des Gegebenen auf Ziele hin war, als bedeutsame und gegebene (zu An-sich erstarrte) Welt. Der Objekt-Andere wird ein *Zielanzeiger*, und das Für-sich stürzt durch sein freies Sichentwerfen in eine Welt, wo objekthafte Verhaltensweisen Ziele bezeichnen. So hat die Anwesenheit des Anderen als einer transzendierten Transzendenz die Funktion des Enthüllens *gegebener* Komplexe aus auf Ziele hingeordneten Mitteln. Und da das Ziel über die Mittel und die Mittel über das Ziel entscheiden, läßt sich das Für-sich durch sein Auftauchen gegenüber dem Anderen Ziele in der Welt anzeigen; es kommt in eine mit Zielen besetzte Welt. Aber wenn in dieser Weise die Verfahren und ihre Zwecke vor den Augen des Für-sich auftauchen, so ist klar zu erkennen, daß sie *Verfahren* werden durch die freie Stellungnahme des Für-sich gegenüber dem Anderen. Der Andere für sich allein kann nicht bewirken, daß seine Entwürfe sich dem Für-sich als Verfahren enthüllen; und faktisch *existiert für den Anderen,* insofern er sich auf seine Möglichkeiten hin transzendiert, *kein Verfahren,* sondern ein konkretes *Tun,* das von seinem individuellen Ziel aus bestimmt wird. Der Schuster, der einen Schuh frisch besohlt, empfindet sich nicht als «im Begriffe, ein Verfahren anzuwenden», er erfaßt die Situation, wie sie diese oder jene Tätigkeit erfordert, wie sie dieses Stück Leder oder einen Nagel verlangt usw. Das Für-sich *läßt* die Verfahren in der

1 Wir werden weiter unten sehen, daß das Problem etwas verwickelter ist. Für den Augenblick genügen diese Hinweise.

Welt *auftauchen* als *Verhaltensweisen des Anderen, insofern dieser transzendierte Transzendenz* ist, und zwar sobald er dem Anderen gegenüber Stellung nimmt. In diesem Augenblick und nur in diesem erscheinen in der Welt Bürger und Arbeiter, Franzosen und Deutsche, eben Menschen. Das Für-sich ist also dafür verantwortlich, daß sich die Verhaltensweisen des Anderen in der Welt als Verfahren enthüllen. Es kann nicht bewirken, daß die Welt, in der es auftaucht, mittels *dieses* oder *jenes Verfahrens* umgepflügt wird (es kann nicht bewirken, daß es in einer «kapitalistischen» oder «von natürlicher Wirtschaft gelenkten» Welt oder in einer «Parasitenkultur» erscheint), aber es bewirkt, daß das, was vom Anderen als freies Sichentwerfen erlebt wird, *außerhalb* von ihm als Verfahren existiert, indem es sich zu dem macht, durch das eine *Außenseite* dem Anderen zu-kommt. So macht das Für-sich, indem es sich in der Welt erwählt und zu Geschichte macht, die Welt selbst zu Geschichte und bewirkt, daß sie durch ihre Verfahren *datiert* wird. Von da aus kann das Für-sich, eben weil die Verfahren als Objekte erscheinen, ihre Aneignung erwählen. Das Für-sich taucht in einer Welt auf, in der Peter und Paul auf eine bestimmte Art und Weise reden, wo sie per Rad oder Auto rechts fahren usw., es macht aus diesen freien Verhaltensweisen bedeutsame Objekte und bewirkt, daß es eine Welt gibt, wo *man* rechts fährt, wo *man* französisch spricht usw.; es bewirkt, daß die inneren Gesetzmäßigkeiten des Aktes Anderer, die von einer in einen Entwurf eingesetzten Freiheit begründet und aufrechterhalten waren, objektive Regeln für objektive Verhaltensweisen werden, und daß diese Regeln allgemeingültig für jede ähnliche Verhaltensweise werden, wobei übrigens der Träger der Verhaltensweisen (oder das objekthafte Agens) *irgendeiner* wird. Dieses Zugeschichtewerden, das die Auswirkung der freien Wahl des Für-sich ist, engt seine Freiheit keineswegs ein: sondern ganz im Gegenteil, nur *in dieser Welt dort* und in keiner anderen ist seine Freiheit im Spiele; in betreff seiner Existenz in dieser Welt stellt es sich in Frage. Denn frei sein heißt nicht, die geschichtliche Welt, in der man auftaucht, erwählen – was keinen Sinn hätte –, sondern sich in der Welt, was für eine sie auch sein mag, erwählen. In dieser Hinsicht wäre es widersinnig, anzunehmen, daß ein bestimmter *Zustand* der Verfahren die menschlichen Möglichkeiten einschränken könne. Ohne Zweifel kennt ein Zeitgenosse des Duns Scotus nicht den Gebrauch von Auto oder Flugzeug; aber als kenntnislos erscheint er nur von unserem Standpunkt aus und nur für *uns*, die wir ihn privativ von einer Welt aus erfassen, in der Auto und Flugzeug vorhanden sind. Für ihn, der keine irgendwie geartete Beziehung zu diesen Gegenständen und den zugehörigen Verfahren hat, gibt es an dieser Stelle etwas wie ein absolutes, unausdenkbares und unaufdeckbares Nichts. Ein derartiges Nichts kann *in keiner Weise* das sich erwählende Für-sich *begrenzen:* es kann nicht als Mangel erfaßt werden, auf welche Weise man es auch betrachten mag. Das Für-sich, das sich in der Zeit von Duns Scotus zu Geschichte macht, nichtet sich also im Inneren eines vollständigen Seins, das heißt einer Welt, die, wie die unsere, *alles ist, was sie sein kann.* Es wäre unsinnig zu behaupten, daß den Albigensern nur die schwere Artillerie gefehlt hat, um Simon von Montfort Widerstand leisten zu können: denn der Herr von Trencavel oder der Graf von Toulouse haben sich dergestalt erwählt, daß sie in einer Welt waren, in der für Artillerie kein Platz war, sie haben ihre Politik in jener Welt gemacht, sie haben Pläne zu einem militärischen Widerstand in jener Welt gemacht; sie haben sich als mit den Katharern sympathisierend *in jener Welt* erwählt; und da sie nur das waren, was zu sein sie erwählten, *waren sie absolut* in einer Welt, die ebenso absolut vollständig war wie die der Panzerdivisionen oder der Royal Air Force. Was für derart materielle Verfahren gilt, gilt auch für subtilere: die Tatsache, zur Zeit Raimunds VI. als kleiner Grundherr im Languedoc zu existieren, ist nicht *determinierend*, wenn man sich *in die feudale Welt* versetzt, in der dieser Grundherr existiert und sich erwählt. Die Tatsache erscheint nur dann privativ, wenn man den Fehler macht, diesen Teil der alten *Francia* und der Gegend im Süden vom Standpunkt der aktuellen Einheit Frankreichs aus zu betrachten. Die feudale Welt bot dem Grundherrn, der Lehnsmann Raimunds VI. war, unendliche Wahlmöglichkeiten; wir haben nicht mehr. Eine ebenso widersinnige Frage wird oft in der Art einer utopischen Träumerei gestellt: was wäre aus Descartes geworden, wenn er unsere Physik gekannt hätte? Das heißt voraussetzen, Descartes besitze eine vom Zustande der Wissenschaft seiner Zeit *a priori* mehr oder weniger begrenzte und beeinträchtigte Natur und man könne diese Natur, so wie sie ist, in unsere Zeit versetzen, wo sie sich auf umfänglichere und genauere Kenntnisse einstellen würde. Dabei wird aber vergessen, daß Descartes das ist, was zu sein er gewählt hat, daß er eine absolute Selbstwahl ist, ausgehend von einer Welt aus Kenntnissen und Verfahren, die diese Wahl übernimmt und gleichzeitig erhellt. Descartes ist ein Absolutes, ausgestattet mit einem absoluten datum, und völlig unausdenkbar an einem anderen datum, denn er hat sein datum gemacht, indem er sich selbst machte. Er und nicht ein Anderer hat den genauen Zustand der mathematischen Erkenntnisse unmittelbar vor ihm bestimmt, und zwar nicht mittels einer Kritik, die unnütz gewesen wäre, weil sie von keinem Standpunkt aus und in bezug auf Koordinatenachsen nicht hätte durchgeführt werden können, sondern dadurch, daß er die Grundsätze der analytischen Geometrie aufstellte, das heißt, indem er gerade die Koordinatenachse erfand, die es ermöglichte, den Zustand jener Erkenntnisse zu bestimmen. Daher ermöglichen es die freie Erfindung und die Zukunft, die Gegenwart zu erhellen; die Vervollkommnung eines Verfahrens in Hinblick auf ein Ziel gestattet es, den Zustand eines Verfahrens zu beurteilen.

So entdeckt das Für-sich, wenn es sich gegenüber dem Objekt-Anderen behauptet, gleichzeitig die *Verfahren.* Von nun an kann es sie sich aneignen, das heißt sie *verinnerlichen.* Aber zugleich geschieht folgendes: 1. Indem es ein Verfahren benutzt, überschreitet das Für-sich es auf sein Ziel hin, es ist immer über das Verfahren, das es benutzt, hinaus; 2. auf Grund der Tatsache, das es verinnerlicht wird, verliert das Verfahren, das rein bedeutsames und fest gewordenes Sichverhalten irgendeines Objekt-Anderen war, seinen Charakter eines Verfahrens, es fügt sich schlechthin in das freie Überschreiten des Gegebenen auf die Ziele hin ein; es wird wiederaufgenommen und aufrechterhalten durch die Freiheit, die es begründet, ganz genauso, wie der Dialekt oder die Sprache aufrechterhalten werden durch den freien Entwurf der Redewendung. Das Lehnswesen als Verfahrensbeziehung von Mensch zu Mensch existiert nicht, es ist etwas rein Abstraktes, aufrechterhalten und überschritten durch die tausend individuellen Entwürfe eines bestimmten Lehnsmannes in bezug auf seinen Lehnsherrn. Keineswegs beabsichtigen wir, dadurch zu einer Art von historischem Nominalismus zu gelangen. Wir wollen nicht sagen, daß das Lehnswesen die Summe der Beziehungen zwischen Vasallen und Oberherren ist. Wir denken im Gegenteil, daß es die abstrakte Struktur dieser Beziehungen ist. Jeder Entwurf eines Menschen jener Zeit muß sich als Überschreitung dieses abstrakten Momentes auf das Konkrete hin realisieren. Es ist also nicht notwendig, von zahlreichen Einzelerfahrungen ausgehend, zu verallgemeinern, um die Grundsätze des feudalen Verfahrens zu entwickeln: dieses Verfahren existiert notwendigerweise und vollständig in jeder individuellen Verhaltensweise, und man kann es in jedem Einzelfalle zutage fördern. Aber es ist nur da, um überschritten zu werden. Ebenso kann das Für-sich keine Person sein, das heißt die Ziele wählen, die es ist, ohne Mensch zu sein, Glied eines nationalen Kollektivs, einer Klasse, einer Familie usw. Aber das sind abstrakte Strukturen, die es trägt und überschreitet. Es macht sich zu einem Franzosen, einem Bewohner der südlichen Provinzen, einem Arbeiter, um im Umkreis dieser Bestimmungsstücke *selbst* sein zu können. Und ebenso erscheint die sich ihm enthüllende Welt als ausgestattet mit gewissen, zu den angenommenen Verfahren korrelativen Bedeutungen. Sie erscheint als Welt-für-den-Franzosen, Welt-für-den-Arbeiter usw. Mit allen Kennzeichen, die man sich ausdenken kann. Aber diese Kennzeichen haben keine

«Selbständigkeit»: es ist vor allem *seine* Welt, das heißt die durch *seine* Ziele erleuchtete Welt, die sich als französische, proletarische usw. entdecken läßt.

Indessen setzt die Existenz des Anderen meiner Freiheit eine faktische Grenze. Denn durch das Auftauchen des Anderen werden tatsächlich gewisse Bestimmungsstücke sichtbar, die ich *bin,* ohne sie gewählt zu haben. Nun bin ich tatsächlich Jude oder Arier, schön oder häßlich, einarmig usw. Alles das bin ich *für Andere* und habe keine Hoffnung, jemals diesen Sinn zu erfassen, den ich *draußen* habe, erst recht nicht, ihn jemals zu verändern. Das Sprechen allein lehrt mich, «was» ich bin; abgesehen davon, wird dieses «was» immer nur als Gegenstand leerer Intentionen vorhanden sein: seine unmittelbare Erkenntnis ist mir für immer versagt. Wenn meine Rasse oder mein physisches Aussehen nur ein Abbild in Anderen oder die Meinung Anderer über mich wären, würden wir schnell damit fertig werden: aber wir haben gesehen, daß es sich um objektive Merkmale handelt, die mich in meinem Sein für Andere bestimmen; sobald eine von der meinen verschiedene Freiheit mir gegenüber auftaucht, beginne ich in einer neuen Seinsdimension zu existieren, und diesmal handelt es sich für mich nicht darum, schlicht daseienden Dingen einen Sinn zu verleihen oder den Sinn, den Andere gewissen Gegenständen verliehen haben, auf meine Kappe zu nehmen: ich sehe mich selbst, wie mir ein Sinn verliehen wird, und ich habe nicht das Hilfsmittel, diesen Sinn, den ich nun habe, auf meine Kappe zu nehmen, denn er kann mir nicht gegeben sein, es sei denn als leeres Merkmal. So existiert etwas von mir – gemäß jener neuen Seinsdimension – in der Art des *Gegebenen,* wenigstens *für mich,* denn dieses Sein, das ich bin, wird *erduldet,* es ist, ohne *existiert zu werden.* Ich vernehme es und erdulde es in den und durch die Beziehungen, die ich mit den Anderen unterhalte; in ihren und durch ihre Verhaltensweisen in bezug auf mich; ich begegne diesem Sein beim Ursprung von tausend Verboten und Widerständen, an denen ich mich jeden Augenblick stoße: weil ich ein *Minderjähriger* bin, habe ich dieses oder jenes Recht nicht –, weil ich *ein Jude bin,* werde ich in bestimmten Gesellschaften bestimmter Möglichkeiten beraubt usw. Indessen kann ich mich *auf keine Weise* als Jude fühlen oder als Minderjähriger oder als Paria; das geht so weit, daß ich gegen derartige Behinderungen mit der Erklärung reagieren kann, die Rasse sei zum Beispiel nichts weiter als eine kollektive Einbildung; daß nur Individuen existieren. Hier begegne ich auch plötzlich einer völligen Entfremdung meiner Person: ich bin etwas, was zu sein ich nicht gewählt habe: was wird sich für die Situation daraus ergeben?

Wir sind, das muß anerkannt werden, auf eine *reale* Grenze für unsere Freiheit gestoßen, daß heißt auf eine Seinsart, die sich uns auferlegt, ohne daß unsere Freiheit ihre Grundlage wäre. Damit wir uns nicht mißverstehen: die auferlegte Grenze stammt nicht aus dem *Handeln* der Anderen. In einem der früheren Kapitel haben wir angemerkt, daß auch die Folter uns nicht unsere Freiheit nimmt; *freiwillig* geben wir nach. Noch allgemeiner verweist uns ein Verbot, dem ich auf meinem Wege begegne: «Eintritt für Juden verboten», «Jüdisches Restaurant, Eintritt für Arier verboten» usw. auf den oben betrachteten Fall (die kollektiven Verfahren), und dieses Verbot kann nur Sinn haben auf und mittels der Grundlage meiner freien Wahl. Je nach den gewählten freien Möglichkeiten kann ich nämlich das Verbot übertreten, es für kraftlos halten, oder ihm im Gegenteil eine zwingende Geltung verleihen, die es nur von dem Gewicht haben kann, das ich ihm beilege. Ohne Zweifel bewahrt es vollständig seinen Charakter eines «Ausflusses eines fremden Willens», ohne Zweifel hat es die spezifische Struktur, *mich als Gegenstand zu nehmen* und dadurch eine Transzendenz zu offenbaren, die mich transzendiert. Nichtsdestoweniger verkörpert es sich nur in *meinem* Mikrokosmos und verliert seine eigentlich zwingende Kraft nur innerhalb der Grenzen meiner eigenen Wahl, je nachdem, ob ich unter allen Umständen das Leben dem Tode vorziehe, oder ob ich im Gegensatz dazu der Meinung bin, daß in gewissen besonderen Fällen der Tod gewissen Formen des Lebens vorzuziehen ist usw. Die wirkliche Grenze für meine Freiheit besteht in weiter nichts als eben der Tatsache, daß ein Anderer mich als Objekt-Anderen erfaßt, und in der anderen daraus sich ergebenden Tatsache, daß meine Situation für den Anderen keine Situation mehr ist und zu einer objektiven Gestalt wird, in der ich als objektive Struktur vorhanden bin. Diese entfremdende Objektivierung meiner Situation ist die ständige und spezifische Grenze meiner Situation, ganz so wie die Objektivierung meines Für-sich-Seins zu einem Für-Andere-Sein die Grenze meines Seins ist. Und gerade diese beiden charakteristischen Grenzen stellen die Schranken für meine Freiheit dar. Kurz, auf Grund der Tatsache der Fremdexistenz existiere ich in einer Situation, die *eine Außenseite hat* und die eben dadurch eine Dimension der Entfremdetheit besitzt, von der ich sie auf keine Weise befreien kann, ebensowenig wie ich direkt auf sie einwirken kann. Diese Grenze für meine Freiheit wird, wie man sieht, durch nichts anderes als die Fremdexistenz gesetzt, das heißt durch *das Faktum,* daß meine Transzendenz für eine Transzendenz existiert. So erfassen wir eine Wahrheit von großer Bedeutung: wir haben soeben, indem wir uns im Rahmen des Für-sich-Daseins bewegten, gesehen, daß nur meine Freiheit meine Freiheit begrenzen kann; wir sehen nunmehr, indem wir die Existenz des Anderen in unsere Überlegungen einbeziehen, daß auf dieser neuen Ebene meine Freiheit ihre Grenzen auch in der Existenz der fremden Freiheit findet. Demnach findet eine Freiheit, auf welchen Standpunkt wir uns auch stellen mögen, die einzigen Grenzen, denen sie begegnet, in der Freiheit. So wie das Denken, nach Spinoza, nur von Denken begrenzt werden kann, so kann die Freiheit nur von der Freiheit begrenzt werden, und ihre Begrenzung stammt, als innere Endlichkeit, von der *Tatsache,* daß sie nicht nicht Freiheit sein kann, das heißt, daß sie sich dazu verurteilt, frei zu sein; und als äußere Endlichkeit der *Tatsache,* daß sie Freiheit ist, besteht sie für andere Freiheiten, von denen sie frei erfaßt wird, im Lichte von deren eigenen Zielen.

Nachdem dies nun festgestellt ist, muß zunächst angemerkt werden, daß jene Entfremdung der Situation nicht eine Lücke in deren Innerem und auch nicht die Einführung des Gegebenen als eines schlichten Widerstandes in die Situation ist, so wie ich diese erlebe. Ganz im Gegenteil, die Entfremdung ist weder eine innere Umgestaltung noch ein teilweiser Wechsel der Situation; sie erscheint nicht im Verlauf der Zeitigung; ich begegne ihr niemals *in* der Situation, und sie wird infolgedessen niemals meiner unmittelbaren Erkenntnis dargeboten. Sondern sie entzieht sich mir grundsätzlich, sie ist eben die Außenweltlichkeit der Situation, das heißt ihr Für-Andere-draußen-Sein. Es handelt sich also um ein wesentliches Merkmal jeder Situation überhaupt; dieses Merkmal kann nicht auf ihren Inhalt einwirken, sondern es wird von demjenigen hingenommen und wiederaufgenommen, der sich *in Situation begibt.* Demnach besteht der Sinn unserer freien Wahl gerade darin, eine Situation auftauchen zu lassen, die ihn zum Ausdruck bringt und von der es ein wesentliches Kennzeichen ist, *entfremdet* zu sein, das heißt als Gestalt-an-sich für den Anderen dazusein. Wir können dieser Entfremdung nicht entgehen, denn es wäre widersinnig, auch nur daran zu denken, anders als in Situation zu existieren. Dieses Charakteristikum bekundet sich nicht durch einen inneren Widerstand, sondern es wird im Gegenteil in seiner und durch seine Unfaßbarkeit erfahren. Die Entfremdung ist also letzten Endes kein Hindernis, auf das die Freiheit direkt stößt, sondern eine Art von in ihrer Natur steckender Zentrifugalkraft, eine Schwäche in ihrer Konstitution, die bewirkt, daß alles, was sie unternimmt, immer eine Seite hat, die sie nicht gewählt hat, die ihr entgeht und die für den Anderen reines Vorhandensein ist. Eine Freiheit, die sich als Freiheit wollte, könnte nichts anderes tun als gleichzeitig jenes Merkmal wollen. Indessen gehört es nicht zur *Natur* der Freiheit, denn hier gibt es keine Natur; sollte es übrigens eine geben, so könnte man die Entfremdung nicht von ihr herleiten, denn die Existenz der Anderen ist ein gänzlich kontingentes Faktum; sondern als Freiheit angesichts der Anderen zur Welt kommen heißt, als entfremdbar zur Welt kommen. Wenn sich frei wollen heißt, wählen, in dieser Welt-hier gegenüber den Anderen zu sein, so muß der, der sich so will, auch die *Passion* seiner Freiheit wollen.

Andererseits werden die entfremdete Situation und mein eigenes Entfremdet-Sein von mir nicht objektiv aufgedeckt und festgestellt; erstens nämlich existiert, wie wir gesehen haben, alles, was entfremdet ist, grundsätzlich nur *für den Anderen.* Außerdem wäre eine bloße Feststellung, selbst wenn sie möglich wäre, unzureichend. Ich kann nämlich diese Entfremdung nicht *erfahren,* ohne gleichzeitig den Anderen als Transzendenz *anzuerkennen.* Und diese Anerkennung hätte, wie wir gesehen haben, keinen Sinn, wenn sie nicht *freie* Anerkennung der fremden Freiheit wäre. Mittels dieser freien Anerkennung des Anderen durch die Erfahrung hindurch, die ich mit meiner Entfremdung mache, *übernehme ich* mein Für-Andere-Sein, wie es auch sein mag, und übernehme es, eben weil es mein Bindestrich zu Anderen ist. Demnach kann ich den Anderen als Freiheit nur in dem freien Entwurf erfassen, ihn als solchen zu erfassen (es bleibt nämlich immer die Möglichkeit offen, daß ich den Anderen als Gegenstand frei erfasse), und der freie Entwurf einer *Anerkennung* Anderer unterscheidet sich nicht von der freien Aufmichnahme meines Für-Andere-Seins. Hier sehen wir also, daß meine Freiheit ihre eigenen Grenzen gewissermaßen wieder in die Gewalt bekommt, denn ich kann mich als von Anderen Begrenzten nur insofern erfassen, als der Andere für mich existiert, und ich kann, daß der Andere für mich als anerkannte Subjektivität existiert, nur dadurch bewirken, daß ich mein Für-Andere-Sein auf mich nehme. Hier liegt kein Zirkel vor: sondern durch die freie Übernahme dieses Entfremdet-Seins, das ich erfahre, bewirke ich plötzlich, daß die Transzendenz des Anderen für mich als solche existiert. Nur indem ich die *Freiheit* der Antisemiten (welchen Gebrauch sie von ihr auch machen mögen) anerkenne und indem ich dieses *Jude-Sein* auf mich nehme, das ich für sie bin, nur so wird das *Jude-Sein* als objektive äußere Grenze der Situation sichtbar; wenn es mir dagegen so paßt, die Antisemiten als bloße *Gegenstände* zu betrachten, verschwindet mein Jude-Sein sofort und macht dem einfachen Bewußtsein Platz, freie, nicht zu qualifizierende Transzendenz (zu) sein. Die Anderen anerkennen und, wenn ich Jude bin, mein Jude-Sein auf mich nehmen, ist eins. Daher teilt die Freiheit des Anderen meiner Situation zwar Grenzen zu, aber ich kann diese Grenzen nur *erfahren,* wenn ich dieses Für-den-Anderen-Sein, das ich bin, wiederaufnehme und ihm einen Sinn im Lichte der Ziele gebe, die ich gewählt habe. Wohl wird diese Übernahme selbst *entfremdet,* sie hat ihre Außenseite, aber nur durch sie kann ich mein Draußen-Sein als Draußen erfahren.

Wie werde ich demnach die objektiven Grenzen meines Seins: Jude, Arier, häßlich, schön, König, Beamter, Unberührbarer usw. erfahren, wenn das Sprechen mich über sie, die *meine* Grenzen sind, unterrichtet hat? Das kann nicht in der Weise geschehen, in der ich die Schönheit, die Häßlichkeit, die Rasse des Anderen intuitiv *erfasse,* auch nicht in der Weise, in der ich nichtsetzendes Bewußtsein (davon) habe, mich auf diese oder jene Möglichkeit hin zu entwerfen. Nicht etwa, weil diese objektiven Merkmale notwendigerweise *abstrakt* sein müssen: die einen sind abstrakt, die anderen nicht. Meine Schönheit oder meine Häßlichkeit oder meine unbedeutenden Gesichtszüge werden vom Anderen in ihrer vollen Konkretheit erfaßt, und die Konkretheit zeigt sein Sprechen mir an; ich selbst strebe nach ihr vergeblich. Es handelt sich also keineswegs um eine Abstraktion, sondern um ein Insgesamt von Strukturen, von denen einige abstrakt sind, deren Ganzheit aber ein absolut Konkretes ist, um ein Insgesamt, das mir einfach als mir grundsätzlich entgehend angezeigt wird. Es ist nämlich das, was ich *bin;* wir haben ja zu Beginn des zweiten Teiles unseres Buches angemerkt, daß das Für-sich nichts *sein* kann. Für mich bin ich nicht in stärkerem Maße Lehrer oder Kaffeehauskellner, als schön oder häßlich, Jude oder Arier, geistreich, gewöhnlich oder vornehm. Wir nennen diese Charakteristika *unrealisierbare.* Man muß sich hüten, sie mit *eingebildeten* zu verwechseln. Es handelt sich um vollkommen reale Seiende, aber diejenigen, für die jene Merkmale real *gegeben* sind, *sind nicht* jene Merkmale; und ich, der ich sie *bin,* kann sie nicht realisieren: Wenn man mir zum Beispiel sagt, ich sei *gewöhnlich,* so habe ich vorher oft durch unmittelbare Erkenntnis die Natur der Gewöhnlichkeit an Anderen erfaßt, daher kann ich das Wort «gewöhnlich» auf meine Person anwenden. Aber ich kann die Bedeutung dieses Wortes nicht mit meiner Person in Verbindung bringen. Sicher liegt ein Hinweis auf eine Verbindung vor, die hergestellt werden müßte (die aber nur durch Verinnerlichung und Subjektivierung der Gewöhnlichkeit hergestellt werden kann, oder durch Vergegenständlichung der *Person,* also durch zwei Operationen, die das unmittelbare Verschwinden der betreffenden Realität nach sich ziehen). So sind wir bis ins Unendliche von *Unrealisierbarem* umgeben. Einige von diesen *Unrealisierbaren* empfinden wir lebhaft als etwas Abwesendes, das uns stört. Wer hat nicht eine tiefe Enttäuschung verspürt, wenn er nach einem langen Exil bei seiner Rückkehr nicht *realisieren* konnte, daß er *«in Paris ist».* Die Dinge sind da und bieten sich in gewohnter Weise dar, aber ich bin nur etwas Abwesendes, nur das reine Nichts, das notwendig ist, damit es Paris *gibt.* Meine Freunde, meine Verwandten zeigen mir das Bild eines verheißenen Landes, wenn sie zu mir sagen: «Endlich bist du wieder da, bist du in Paris!» Aber der Zugang zu diesem verheißenen Lande ist mir völlig verwehrt. Und wenn die meisten Leute den Tadel verdienen, «mit zweierlei Maß und Gewicht zu messen», je nachdem es sich um Andere oder um sie selbst handelt, wenn sie zu antworten geneigt sind, falls sie sich eines Vergehens schuldig fühlen, das sie am Tage vorher bei Anderen getadelt haben: «Das ist ganz was anderes», so deshalb, weil es tatsächlich «ganz was anderes» ist. Die eine Handlung ist nämlich *gegebenes Objekt* einer moralischen Beurteilung, die andere ist reine Transzendenz, die ihre Rechtfertigung in ihrem Vorhandensein selbst hat, da ihr Sein Wählen ist. Wir können ihren Urheber durch eine Gegenüberstellung der *Resultate* davon überzeugen, daß die beiden Akte streng identische «Außenseiten» haben, aber auch sein äußerster guter Wille wird ihn nicht in den Stand setzen, diese Identität zu *realisieren;* so erklärt sich ein guter Teil der Gewissensunruhen, insbesondere die Verzweiflung darüber, sich nicht *wirklich* verachten zu können, sich nicht als schuldig realisieren zu können, beständig einen Abstand zu fühlen zwischen dem, was die Worte: «Ich *bin* schuldig, ich habe gesündigt» usw. bedeuten, und der Auffassung der realen Situation. Kurz, von dort her kommen alle Ängste des «schlechten Gewissens», das heißt das Bewußtsein von Unwahrhaftigkeit, dessen Ideal es ist, sich zu verurteilen, das heißt den Standpunkt des Anderen sich zu eigen zu machen.

Aber wenn einige besondere Arten des *Unrealisierbaren* mehr Eindruck gemacht haben als andere, wenn sie Gegenstand psychologischer Beschreibungen geworden sind, so dürfen sie uns nicht für die Tatsache blind machen, daß es Unrealisierbares in unendlicher Zahl gibt, denn es stellt die Kehrseite der Situation dar.

Indessen wird uns dieses Unrealisierbare nicht nur als Unrealisierbares dargeboten: damit es nämlich den Charakter des Unrealisierbaren haben kann, muß es sich im Lichte irgendeines Vorhabens enthüllen, das darauf hinzielt, es zu realisieren. Und das ist tatsächlich dasjenige, was wir vorhin anmerkten, als wir auf das Für-sich hinwiesen, das sein Für-den-Anderen-Sein *auf sich nimmt* in dem und durch den Akt selbst, der die Existenz des Anderen anerkennt. Korrelativ also zu diesem Übernahmeentwurf enthüllt sich das Unrealisierbare als ein «zu realisierendes». Zunächst nämlich geht die Übernahme unter dem Gesichtspunkt meines grundlegenden Entwurfes vor sich: ich beschränke mich nicht darauf, passiv die Bedeutung von «Häßlichkeit», «Gebrechlichkeit», «Rasse» usw. zu erhalten, sondern ich kann im Gegenteil diese Merkmale – einfach in ihrer Eigenschaft von Bedeutung – nur im Lichte meiner eigenen Ziele erfassen. Das will man ausdrücken – wobei man die Termini völlig auf den Kopf stellt –, wenn man sagt, daß die Tatsache, einer bestimmten Rasse anzugehören, eine Reaktion des Stolzes oder einen Minderwertigkeitskomplex *determinieren* kann. Tatsächlich können die Rasse, die Gebrechlichkeit, die Häßlichkeit nur innerhalb der Grenzen meiner eigenen Erwählung der Gebrechlichkeit oder des Stolzes [1] *sichtbar werden;* anders ausgedrückt, sie können nur mit einer Bedeutung erscheinen, die meine Freiheit ihnen verleiht; das bedeutet wiederum, daß sie für den Anderen *sind,* aber daß sie für mich nur sein können, wenn ich sie *wähle.* Das Gesetz meiner Freiheit, welches bewirkt, daß ich nicht sein kann, ohne mich zu erwählen, findet auch hier Anwendung: ich wähle nicht, für den Anderen das zu sein, was ich bin, sondern ich kann nur versuchen, für mich zu sein, was ich für den Anderen bin, indem ich mich als den erwähle, als der ich dem Anderen erscheine, das heißt mittels auswählender Übernahme. Ein Jude ist nicht *zunächst* Jude und dann schamerfüllt oder stolz; sondern sein Stolz, Jude zu sein, seine Scham oder seine Gleichgültigkeit enthüllen ihm sein Jude-Sein; und dieses Jude-Sein ist nichts außerhalb der freien Art und Weise, es aufzufassen. Obwohl ich über eine Unendlichkeit von Arten verfüge, mein Für-Andere-Sein auf mich zu nehmen, *kann ich es nicht nicht auf mich nehmen:* wir finden hier jenes Verurteiltsein zur Freiheit wieder, was wir oben als *Geworfenheit* bestimmten; ich kann mich von dem, was ich (für den Anderen) bin, nicht vollkommen fernhalten – denn *zurückweisen* ist nicht fernhalten, es ist ebenfalls ein Aufsichnehmen – und es auch nicht passiv erdulden (was in gewissem Sinne auf das gleiche hinausläuft); in Wut, in Haß, in Stolz, in Scham, in angeekeltem Zurückweisen oder in fröhlichem Inanspruchnehmen muß ich wählen, zu sein, was ich bin.

So entdeckt sich das Unrealisierbare dem Für-sich als «unrealisierbares, das realisiert werden soll». Es verliert deswegen nicht seinen *Grenz*charakter; ganz im Gegenteil, es stellt sich dem Für-sich als objektive und äußere Grenze dar, die *verinnerlicht werden soll.* Es hat also durchaus den Charakter einer *Verpflichtung.* Es handelt sich nämlich nicht um ein Hilfsmittel, das in der Bewegung des freien Entwerfens, das ich bin, als ein «zu benutzendes» entdeckt wird. Sondern das Unrealisierbare erscheint hier als eine meiner Situation *a priori* gesetzte Grenze (da ich für den Anderen ein freies Sichentwerfen bin) und infolgedessen *gleichzeitig* als gegebenes Daseiendes, das nicht darauf wartet, daß ich ihm das Dasein verleihe; und gleichzeitig als nur existieren könnend innerhalb und mittels des freien Entwurfes, durch den ich es übernehme – wobei die Übernahme offenbar identisch ist mit dem synthetischen Gebilde aus allen Verhaltensweisen, die darauf abzielen, das Unrealisierbare *für mich zu realisieren.* Da es als Unrealisierbares gegeben ist, bekundet es sich

1 Oder jeder anderen Erwählung meiner Ziele.

zu gleicher Zeit als jenseits aller Versuche, die ich machen kann, um es zu realisieren. Ein *a priori*, das mein Sicheinsetzen erfordert, um sein zu können, während es doch von diesem Sicheinsetzen abhängt und sich ohne weiteres über jeden Versuch, es zu realisieren, hinwegsetzt, was ist das anderes als eben ein *Imperativ?* Tatsächlich soll er *verinnerlicht werden*, das heißt, er kommt, wie *jedes Faktum*, von außen; aber gerade der *Befehl*, welcher Art er auch sein mag, bestimmt sich stets als eine Außenweltlichkeit, die als Innenweltlichkeit aufgenommen wird. Damit ein Befehl ist – und kein *flatus vocis* oder eine rein faktische Gegebenheit, die man einfach zu umgehen sucht –, muß ich ihn mit meiner Freiheit aufnehmen, muß ich aus ihm eine Struktur meiner freien Entwürfe machen. Damit er aber *Befehl* ist, und nicht freie Bewegung auf meine eigenen Ziele hin, muß er im Inneren meiner freien Wahl trotzdem den *Außenweltlichkeits*-Charakter bewahren. Die Außenweltlichkeit bleibt Außenweltlichkeit bis in und durch den Versuch des Für-sich, sie zu verinnerlichen. Das eben ist die Definition des *Unrealisierbaren, das realisiert werden soll*, aus diesem Grunde ist es als Imperativ gegeben. Aber man kann bei der Darstellung dieses Unrealisierbaren noch weiter gehen: es ist nämlich *meine* Grenze. Aber gerade weil es *meine* Grenze ist, kann es nicht als Grenze eines gegebenen Seienden existieren, sondern nur als Grenze *meiner* Freiheit. Das bedeutet, daß meine frei wählende Freiheit sich ihre Grenzen wählt; oder, wenn man lieber will, die freie Wahl meiner Ziele, das heißt dessen, was ich für mich bin, enthält die Übernahme der Grenzen dieser Wahl, was sie auch immer sein mögen. Auch hier ist die Wahl Endlichkeits-Wahl, so wie wir es oben angegeben haben, aber anstatt daß die erwählte Endlichkeit innerliche Endlichkeit ist, das heißt Determination der Freiheit durch diese selbst, ist die durch Aufnahme des Unrealisierbaren übernommene Endlichkeit äußere Endlichkeit; ich wähle, ein Sein in Entfernung zu haben, das alle meine Wahlen begrenzt und ihre Kehrseite ausmacht, das heißt, ich erwähle, daß meine Wahl von etwas anderem, als sich selbst, beschränkt sei. Sollte ich dadurch beunruhigt werden und mit allen Mitteln versuchen – wie wir es im vorigen Kapitel dieses Buches gesehen haben –, diese Begrenzung wieder in die Gewalt zu bekommen, so ist auch der tatkräftigste Zurückerlangungsversuch notwendigerweise in der freien Aufnahme der Grenzen, die man verinnerlichen will, *als Grenzen* begründet. So nimmt die Freiheit die unrealisierbaren Grenzen auf ihre Kappe und bewirkt, daß sie wieder zur Situation gehören, und zwar dadurch, daß sie erwählt, durch die Freiheit des Anderen begrenzte Freiheit zu sein. Infolgedessen werden die äußeren Grenzen der Situation *Grenzsituation*, das heißt, sie werden mit dem Kennzeichen «unrealisierbar» der Situation *der Innenwelt* einverleibt, und zwar als «Unrealisierbares, das realisiert werden soll», als die erwählte und entrinnende Kehrseite meiner Wahl, sie werden ein Sinn meiner verzweifelten Anstrengung, zu *sein*, obwohl sie *a priori* jenseits dieser Anstrengung stehen, genauso wie der Tod – ein anderer Typus von Unrealisierbarem, um den wir uns im Augenblick nicht zu kümmern haben – Grenzsituation unter der Bedingung wird, daß er für ein *Ereignis des Lebens* gehalten wird, obwohl er auf eine Welt hindeutet, wo meine Anwesenheit und mein Leben nicht mehr realisiert werden, das heißt auf ein Jenseits vom Leben. Die Tatsache, daß es ein Jenseits vom Leben gibt, insofern es seinen Sinn nur mittels und innerhalb meines Lebens erhält und dennoch für mich unrealisierbar bleibt; die Tatsache, daß es eine Freiheit jenseits meiner Freiheit gibt, eine Situation jenseits meiner Situation, für die das, was ich als Situation erlebe, als objektive Gestalt inmitten der Welt gegeben ist: das sind zwei Typen von Grenzsituationen, die die paradoxe Eigentümlichkeit besitzen, meine Freiheit allseitig zu begrenzen und dennoch keinen anderen Sinn als den zu haben, den meine Freiheit ihnen verleiht. Für die Klasse, die Rasse, den Leib, für Andere, für die Arbeit usw. gibt es ein «Frei-sein zu ...» Dadurch entwirft sich das Für-sich auf eine seiner Möglichkeiten hin, die immer seine *äußerste Möglichkeit* ist: denn die ins Auge gefaßte Möglichkeit ist Möglichkeit, *sich zu sehen*, das heißt ein anderer als man selbst zu sein, um sich von außen sehen zu können. In beiden Fällen liegt eine Selbstprojektion auf ein «Äußerstes» hin vor, welches, dadurch verinnerlicht, thematischer Sinn wird, und aus dem Bereich rangmäßig geordneter Möglichkeiten gerät. Man kann «sein-um-Franzose-zu-sein», «sein-um-Arbeiter-zu-sein», ein Königssohn kann «sein-um-zu-herrschen». Es handelt sich dabei um Grenzen und negierende *Zustände* unseres Seins, das wir zu übernehmen haben, zum Beispiel in dem Sinne, in dem der zionistische Jude sich entschlossen in seiner Rasse übernimmt, das heißt die beständige *Entfremdung* seines Seins konkreterweise und ein für allemal auf sich nimmt; ebenso nimmt der revolutionäre Arbeiter gerade durch sein revolutionäres Sichentwerfen ein «sein, um Arbeiter zu sein» auf sich. Und wir können darauf hinweisen, wie auch Heidegger es tut – obwohl die von ihm benutzten Ausdrücke «eigentlich» und «uneigentlich» zweideutig und wenig klar sind, denn sie haben implizite auch einen moralischen Gehalt –, daß die Haltung des Verweigerns und Fliehens, die jederzeit möglich ist, ihr zum Trotze freies Aufsichnehmen dessen bedeutet, wovor sie flieht. So macht der Bürger sich dadurch zum Bürger, daß er leugnet, daß es Klassen gibt, so wie der Arbeiter sich dadurch zum Arbeiter macht, daß er ihre Existenz behauptet und sein «in-der-Klasse-Sein» mittels seiner revolutionären Aktivität realisiert. Aber diese äußeren Grenzen der Freiheit sind niemals, gerade weil sie äußerliche sind und nur als unrealisierbare verinnerlicht werden, ein *reales* Hindernis für sie und sind auch keine erduldete Grenze. Die Freiheit ist vollkommen und unendlich, was nicht besagen will, daß sie keine Grenzen *habe*, sondern daß sie ihnen *niemals begegnet.* Die einzigen Grenzen, auf die die Freiheit jeden Augenblick stößt, sind diejenigen, die sie sich selbst auferlegt und von denen wir anläßlich der Vergangenheit, der Umgebung und der Verfahren gesprochen haben.

E) *Mein Tod*

Nachdem lange Zeit der Tod als das Unmenschliche par excellence erschienen ist, da er das war, was auf der anderen Seite der «Mauer» liegt, ist man plötzlich auf den Gedanken gekommen, ihn von einem ganz anderen Standpunkt aus zu betrachten, das heißt als ein Ereignis des menschlichen Lebens. Dieser Wechsel ist sehr erklärlich: der Tod ist ein Grenzstein, und jeder Grenzstein (ob er am Ende oder am Anfang steht) ist ein *Janus bifrons:* sei es, daß man ihn als zum Nichts an Sein gehörig betrachtet, das den betreffenden Ablauf begrenzt, sei es, daß man ihn, im Gegenteil, als mit der Reihe verbunden entdeckt, die er beendet, also als ein Sein, das zu einem daseienden Ablauf gehört und gewissermaßen seine Bedeutung ausmacht. So liegt der Schlußakkord einer Melodie mit einer ganzen Seite nach der Stille zu, das heißt nach dem Nichts an Klang, das auf die Melodie folgt; in gewissem Sinne ist er aus Stille gemacht, denn die Stille, die folgen wird, ist im auflösenden Akkord als seine Bedeutung schon anwesend. Aber durch eine ganz andere Seite gehört er zu jenem Seins-*Plenum*, das die betreffende Melodie ist: ohne ihn würde diese Melodie in der Luft hängenbleiben und die Unbestimmtheit ihres Endes würde gegenläufig von Ton zu Ton rückwärtsschreiten und jedem einzelnen den Charakter von etwas Unfertigem verleihen. Der Tod ist immer – ob zu Recht oder Unrecht können wir noch nicht bestimmen – als der Endpunkt des menschlichen Lebens betrachtet worden. Es ergab sich von selbst, daß eine Philosophie, der es hauptsächlich darauf ankam, die Stellung des Menschen in bezug auf das ihn umgebende absolute Unmenschliche festzulegen, den Tod als solchen zunächst als eine offene Tür nach dem Nichts an menschlicher Realität betrachtete und daß dieses Nichts im übrigen das absolute Aufhören von Sein oder aber das Dasein in nichtmenschlicher Gestalt war. So können wir sagen, daß es – in Korrelation zu den großen Themen des Realismus – eine realistische Auffassung des Todes in dem Maße gegeben hat, in dem dieser als unmittelbare Berührung mit dem Nichtmenschlichen erschien. Dadurch entging er dem Menschen, und gleichzeitig formte er ihn mit Hilfe des absoluten Nichtmenschlichen. Wohlgemerkt war es einer idealistischen und humanistischen Auffassung des Realen nicht möglich, eine Begegnung des Menschen mit dem Unmenschlichen, selbst nicht als seine Grenze, zu dulden. Tatsächlich hätte es genügt, diese Grenze als Standpunkt zu wählen, damit der Mensch im Lichte eines Nichtmenschlichen aufgehellt wurde [1]. Der idealistische Versuch, den Tod *wieder in Besitz zu bekommen*, war ursprünglich nicht das Unternehmen von Philosophen, sondern von Dichtern, wie Rilke, oder von Romanschriftstellern, wie Malraux. Dabei genügte es, den Tod als Endpunkt zu betrachten, *der zu der Reihe gehört.* Wenn die Reihe in dieser Weise ihren «terminus ad quem» zurückgewinnt, und zwar eben wegen dieses «ad», das dabei die Innerlichkeit anzeigt, so verinnerlicht und vermenschlicht sich der Tod als Ende des Lebens; der Mensch kann dann nur noch Menschlichem begegnen; es gibt keine «andere Seite» des Lebens mehr, und der Tod ist ein menschliches Phänomen, er ist das letzte Phänomen des Lebens, also noch Leben. So verstanden, beeinflußt der Tod als Gegenströmung das ganze Leben; das Leben begrenzt sich mit dem Leben, es wird, wie die Einstein-Welt, «endlich, aber unbegrenzt»; der Tod wird zum Sinn des Lebens wie der auflösende Akkord der Sinn der Melodie ist; hierbei gibt es nichts Wunderbares: er ist ein Endpunkt der betreffenden Reihe und, wie man weiß, ist jeder Endpunkt einer Reihe allen Gliedern der Reihe immer gegenwärtig. Aber der so zurückgewonnene Tod ist fortan nicht bloß menschlich, er wird auch *der meine;* indem er verinnerlicht wird, wird er individuell; er ist nicht mehr der große Unbekannte, der das Menschliche begrenzt, sondern er ist dasjenige Phänomen *meines* persönlichen Lebens, das aus diesem Leben ein einmaliges Leben macht, das heißt ein Leben, was nicht von vorn anfängt und wo man niemals zweimal dasselbe macht. Dadurch werde ich für *meinen* Tod so verantwortlich wie für mein Leben. Nicht für das empirische und kontingente Phänomen meines Ablebens, sondern für jenen Endlichkeitscharakter, welcher bewirkt, daß mein Leben, wie auch mein Tod, *mein* Leben ist. In diesem Sinne bemüht sich Rilke, zu zeigen, daß das Ende jedes Menschen seinem Leben ähnelt, weil das individuelle Leben Vorbereitung dieses Endes gewesen ist; in diesem Sinne zeigt Malraux in «Conquérants», daß die europäische Kultur gewissen Asiaten den Sinn ihres Todes aufdeckt und sie dadurch plötzlich mit jener trostlosen und doch verführerischen Wahrheit erfüllt, daß *das Leben einmalig ist.* Es war Heidegger vorbehalten, dieser Humanisierung des

1 Vgl. z. B. den realistischen Platonismus von Charles Morgan in «Sparkenbroke».

Todes eine philosophische Gestalt zu geben: wenn nämlich das *Dasein nichts erduldet,* eben weil es Entwurf und Vorwegnahme ist, so muß es Vorwegnahme und Entwurf seines eigenen Todes als der Möglichkeit sein, Anwesenheit in der Welt nicht mehr zu realisieren. So ist der Tod die eigene Möglichkeit des *Daseins* geworden, das Sein der menschlichen Realität wird als «Sein zum Tode» bestimmt. Insofern Dasein sein Sichentwerfen auf den Tod hin beschließt, realisiert es die Freiheit-zu-Sterben und konstituiert sich selbst durch die freie Wahl der Endlichkeit als Ganzheit.

Eine solche Theorie muß uns, wie es zunächst scheint, bezaubern: sie verinnerlicht den Tod, sie unterstützt unsere eigenen Absichten; diese augenscheinliche Grenze unserer Freiheit wird durch Verinnerlichung von der Freiheit wieder in Besitz genommen. Indessen dürfen uns weder die Bequemlichkeit dieser Anschauungen noch ihr unbestreitbarer Wahrheitsgehalt irremachen. Man muß die Prüfung der Frage von Anfang an wiederaufnehmen.

Sicherlich kann die menschliche Realität, durch die die Weltlichkeit zum Realen kommt, nichts Unmenschlichem begegnen; auch der Begriff des Unmenschlichen ist ein Menschenbegriff. Man muß also alle Hoffnung aufgeben, den Tod, selbst wenn er *an sich* ein Übergang zu einem nichtmenschlichen Absoluten wäre, als eine Art Dachluke nach diesem Absoluten hin betrachten zu können. Der Tod enthüllt uns etwas nur über uns selbst und von einem menschlichen Standpunkt aus. Bedeutet das, er gehöre *a priori* zur menschlichen Realität?

Was man zunächst anmerken muß, ist der Absurdheitscharakter des Todes. In diesem Sinne muß jeder Versuch, ihn wie einen auflösenden Akkord am Schlusse einer Melodie zu betrachten, unbedingt als verfehlt bezeichnet werden. Man hat oft gesagt, wir befänden uns in der Lage eines Verurteilten, zwischen anderen Verurteilten, der den Tag seiner Hinrichtung nicht weiß, der aber sieht, wie täglich Mitgefangene hingerichtet werden. Das stimmt nicht ganz genau: vielmehr müßte man uns mit einem zum Tode Verurteilten vergleichen, der sich tapfer auf den letzten Gang vorbereitet, der alle Sorgfalt darauf verwendet, auf dem Schafott eine gute Figur zu machen und der inzwischen von einer Grippeepidemie dahingerafft wird. Das hat die christliche Weisheit begriffen, die ja empfiehlt, sich auf den Tod vorzubereiten, als ob er zu *jeder Stunde* eintreten könnte. So hofft man, ihn wieder in Besitz zu bekommen, indem man ihn in den *«erwarteten Tod»* verwandelt. Wenn der Sinn unseres Lebens die Todeserwartung wird, kann der Tod tatsächlich, wenn er eintritt, nur noch sein Siegel auf das Leben setzen. Das ist im Grunde genommen das Positivste an Heideggers «Entschlossenheit». Unglücklicherweise sind das Ratschläge, die leichter erteilt als befolgt werden können, nicht wegen einer für die menschliche Realität natürlichen Schwäche oder wegen eines ursprünglichen pro-jectum von Uneigentlichkeit, sondern wegen des Todes selber. Man kann nämlich *einen* besonderen Tod erwarten, aber nicht *den* Tod. Heideggers Taschenspielerstückchen ist leicht zu durchschauen: anfangs individualisiert er den Tod eines jeden von uns, indem er uns darauf hinweist, daß es der Tod einer *Person* ist, eines Individuums; das «einzige, das mir niemand abnehmen kann»; dann aber benutzt er diese unvergleichliche Individualität, die er dem Tod vom «Dasein» aus verliehen hat, dazu, das «Dasein» selbst zu individualisieren: indem es sich auf seine letzte Möglichkeit hin frei entwirft, nähert sich das «Dasein» der eigentlichen Existenz und reißt sich von der Alltäglichkeit los, um zu der unersetzlichen Einmaligkeit der Person zu gelangen. Aber da liegt ein Zirkel vor: wie will man denn beweisen, daß der Tod diese Individualität besitzt und diese Macht, sie zu verleihen? Wohl kann ich, wenn der Tod als *mein* Tod dargestellt wird, auf ihn warten: er ist eine charakteristische und deutlich umschriebene Möglichkeit. Aber ist der Tod, der mich trifft, *mein* Tod? Zunächst einmal ist die Behauptung völlig unbegründet, daß «Sterben das einzige ist, das mir niemand abnehmen kann». Oder vielmehr, es steckt in dieser Überlegung eine offenkundige Unwahrhaftigkeit: wenn man nämlich den Tod als äußerste und subjektive Möglichkeit betrachtet, als ein Ereignis, das nur das Für-sich betrifft, so ist es klar, daß keiner für mich sterben kann. Aber dann folgt daraus, daß von diesem Standpunkt aus – der derjenige des cogito ist – keine meiner Möglichkeiten, werde sie nun innerhalb einer eigentlichen oder einer uneigentlichen Existenz aufgefaßt, von jemand anderem als mir entworfen werden kann. Keiner kann für mich lieben, wenn man darunter versteht, jene Schwüre zu leisten, die *meine* Schwüre sind, die Gemütsbewegungen zu empfinden (wie banal sie auch sein mögen), die *meine* Gemütsbewegungen sind. Und das *«meine»* betrifft hier keineswegs eine von der Alltäglichkeit eingenommene Persönlichkeit (was es Heidegger ermöglichen würde, unter Benutzung unserer eigenen Argumente zu behaupten, daß ich eben «frei, zu sterben» sein muß, damit eine von mir empfundene Liebe *meine* Liebe sein kann und nicht die Liebe des «Man» in mir), sondern ganz einfach jene Selbstheit, die Heidegger ausdrücklich jedem «Dasein» zuerkennt – mag es auf eigentliche oder uneigentliche Weise existieren –, wenn er erklärt, «das Dasein ist je meines». So ist von diesem Standpunkt aus die banalste Liebe, geradeso wie der Tod, unersetzbar und einmalig: keiner kann für mich lieben. Wenn man aber, im Gegensatz dazu, meine Handlungen in der Welt unter dem Gesichtspunkt ihrer Funktionen, ihrer Auswirkungen und Ergebnisse betrachtet, so kann sicherlich immer der Andere das machen, was ich mache: wenn es sich darum handelt, jene Frau glücklich zu machen, ihr Leben oder ihre Freiheit zu schützen, ihr die Mittel in die Hand zu geben, ihr Heil zu versuchen, oder einfach darum, mit ihr ein Heim zu begründen, ihr «Kinder zu machen», wenn es *das* ist, was man lieben nennt, dann kann ein anderer an meiner Stelle lieben, er kann sogar für mich lieben: das ist ja der Sinn jener tausendmal geschilderten Opfer in jenen sentimentalen Romanen, die uns den liebenden Helden zeigen, der das Glück der geliebten Frau ersehnt und freiwillig hinter seinem Rivalen zurücktritt, weil dieser «sie besser lieben kann als er». Hier wird der Rivale ausdrücklich damit beauftragt, zu *lieben für ...*, denn lieben wird hier einfach definiert als «glücklich machen durch die Liebe, die man einem entgegenbringt». Und so geht es mit allen meinen Verhaltensweisen. *Auch* mein Tod tritt in diese Kategorie ein: wenn sterben gleichbedeutend ist mit sterben, um erbaulich zu wirken, um Zeugnis abzulegen, um für das Vaterland zu sterben, dann kann jeder beliebige an meiner Stelle sterben – wie in dem Volkslied, wo darum gelost wird, wer aufgegessen werden soll. Kurz, es gibt kein die Person konstituierendes Vermögen, das *meinem* Tode eigentümlich wäre. Ganz im Gegenteil, er wird nur *mein* Tod, wenn ich mich schon unter den Gesichtswinkel der Subjektivität stelle; meine Subjektivität, wie sie vom präreflexiven cogito bestimmt wird, macht aus meinem Tode ein unersetzbares Subjektives, und nicht der Tod ist es, der meinem Für-sich die unersetzbare Selbstheit verleiht. In diesem Falle kann der Tod, *weil er Tod ist,* nicht als *mein* Tod gekennzeichnet werden, und infolgedessen genügt die Wesensstruktur des Todes nicht, aus ihm jenes die Person angehende und qualifizierte Ereignis zu machen, das man *erwarten* kann.

Außerdem aber kann der Tod in keiner Weise erwartet werden, wenn er nicht sehr genau als *meine* Verurteilung zum Tode bezeichnet wird (die Hinrichtung, die in acht Tagen stattfinden wird; das Ende meiner Krankheit, von dem ich weiß, daß es nahe bevorsteht und ein jähes sein wird usw.), denn er ist nichts anderes, als die Enthüllung der Absurdheit jeder Erwartung, sei es auch gerade das Warten *auf* ihn. Zuerst muß man nämlich zwei Sinngehalte des Verbums «Warten» [attendre], die man hier fortwährend vermengt hat, sorgfältig unterscheiden: sich auf den Tod *gefaßt machen* [s'attendre à la mort] heißt nicht, auf den Tod warten [attendre la mort]. Wir können nur ein bestimmtes Ereignis erwarten, was ebenso bestimmte Abläufe zu verwirklichen im Begriffe sind. Ich kann auf die Ankunft des Zuges aus Chartres warten, weil ich weiß, daß er vom Bahnhof Chartres abgefahren ist und daß jede Radumdrehung ihn dem Bahnhof in Paris näher bringt. Zwar kann er Verspätung bekommen, und sogar ein Eisenbahnunglück kann geschehen: nichtsdestoweniger ist der Ablauf selbst, durch den seine Einfahrt in den Bahnhof realisiert werden wird, «im Gange», und die Phänomene, die diese Einfahrt in den Bahnhof verzögern oder unmöglich machen können, haben hier bloß die Bedeutung, daß der Ablauf ein nur relativ geschlossenes System darstellt, ein nur relativ abgesondertes, das faktisch in eine, wie Meyerson sich ausdrückt, Welt mit «Faserstruktur» eingesenkt ist. Folglich kann ich sagen, daß ich auf Peter warte und daß «ich mich darauf gefaßt mache, daß sein Zug Verspätung hat». Dagegen bedeutet die Möglichkeit meines Todes nichts anderes, als daß ich biologisch ein nur relativ geschlossenes System bin, ein nur relativ abgesondertes, sie zeigt nur die Zugehörigkeit meines Leibes zur Ganzheit alles Daseienden an. Sie gehört zum Typus der wahrscheinlichen Zugverspätung, nicht zum Typus der Ankunft Peters. Sie steht auf seiten der unvorhergesehenen, *unerwarteten* Behinderung, mit der man immer *rechnen* muß, auf die man aber nicht *warten* kann, denn sie verliert sich von selbst in der Unbestimmtheit. Wenn man nämlich auch zugibt, daß die verschiedenen Faktoren streng bedingt sind, was nicht einmal bewiesen ist und also einen Zugriff in Metaphysisches erfordert, so ist doch ihre Zahl unendlich groß, und ihre Verflechtungen sind unendlicherweise unendlich; ihr Insgesamt bildet, wenigstens von dem fraglichen Standpunkt aus, kein System, und der betreffende Erfolg – mein Tod – kann für kein Datum vorausgesehen und folglich auch nicht erwartet werden. Vielleicht ist, während ich in diesem Zimmer friedlich schreibe, der Weltenzustand ein solcher geworden, daß mein Tod beträchtlich näher gerückt ist; aber vielleicht hat er sich im Gegenteil, soeben beträchtlich entfernt. Wenn ich zum Beispiel auf einen Mobilmachungsbefehl warte, kann ich der Meinung sein, mein Tod sei nahe, daß heißt, die Aussichten für einen nahen Tod hätten sich beträchtlich vermehrt; aber geradesogut kann es geschehen, daß im gleichen Augenblick eine internationale Konferenz im geheimen zusammengetreten ist und ein Mittel gefunden hat, den Frieden zu verlängern. Demnach kann ich nicht sagen, daß die Minute, die vergeht, mich dem Tode näher bringt. Es ist richtig, daß sie mich ihm näher bringt, wenn ich nur ganz allgemein daran denke, daß mein Leben begrenzt ist. Aber innerhalb dieser sehr elastischen Grenzen (ich kann als Hundertjähriger sterben oder mit siebenunddreißig Jahren, morgen) kann ich nicht wissen, ob sie mich tatsächlich diesem Endpunkt näher bringt oder mich von ihm entfernt. Denn es besteht ein beträchtlicher *Qualitäts*-Unterschied zwischen dem Tod an der Grenze des Greisenalters und dem plötzlichen Tod, der uns im gereiften Alter oder in der Jugend auslöscht. Auf den ersteren warten heißt zugeben, daß das Leben ein *begrenztes* Unternehmen ist, eine von mehreren Arten, die Endlichkeit zu erwählen und unsere Ziele auf der Grundlage der Endlichkeit auszuwählen. Auf den zweiten warten hieße erwarten, daß mein Leben eine *verfehlte* Unternehmung sei. Wenn es nur Tote aus Altersschwäche (oder infolge von Verurteilung zum Tode) gäbe, könnte ich auf meinen Tod *warten.* Aber die Eigentümlichkeit des Todes ist es eben, daß er jederzeit diejenigen, die ihn für dieses oder jenes Datum erwarten, vorzeitig überraschen kann. Und wenn der Alterstod mit der Endlichkeit unserer Wahl verwechselt und infolgedessen als der Schlußakkord unseres Lebens (man gibt uns eine Aufgabe und man *läßt uns Zeit,* sie zu erfüllen) erlebt werden kann, so ist der jähe Tod dagegen ein solcher, der in keiner Weise erwartet werden kann, denn er ist undeterminiert, und man kann ihn, auf Grund seiner Begriffsbestimmung, für kein Datum erwarten: er enthält nämlich immer die Möglichkeit, daß wir überraschend vor dem erwarteten Datum sterben und daß infolgedessen unsere Erwartung *als Erwartung* eine Narrheit ist, oder aber daß wir dieses Datum *überleben* und, da wir nichts als diese Erwartung waren, uns selbst überleben. Da übrigens der jähe Tod von dem anderen nur in dem Maße qualitativ verschieden ist, in dem wir den einen oder den anderen *erleben,* da sie sich biologisch, das heißt vom Weltstandpunkt aus betrachtet, in bezug auf ihre Ursachen und die sie bestimmenden Faktoren in keiner Weise unterscheiden, so fällt die Undeterminiertheit des einen faktisch auf den anderen zurück; das bedeutet, daß man nur in geistiger Blindheit oder in Unwahrhaftigkeit auf einen Alterstod *warten* kann. Wir haben nämlich alle Aussichten, zu sterben, bevor wir unsere Aufgabe erfüllt haben, oder sie im Gegenteil zu überleben. Es bestehen also sehr geringe Aussichten dafür, daß der Tod, wie zum Beispiel bei Sophokles, in der Weise eines Schlußakkordes auftritt. Aber wenn es bloß die *Aussicht* ist, die über den Charakter unseres Todes und also unseres Lebens entscheidet, so kann auch derjenige Tod, der am meisten einem Melodienende ähneln würde, als solcher nicht erwartet werden. Der Zufall, der darüber entscheidet, nimmt ihm allen Charakter eines harmonischen Endes. Ein Melodienende muß nämlich, um der Melodie ihren Sinn verleihen zu können, aus der Melodie selbst hervorgehen. Ein Tod, wie der bei Sophokles, würde also einem Schlußakkord *ähneln,* aber er *wäre* keiner, geradeso wie eine Ansammlung von Buchstaben, die durch das Hinschütten von ein paar Spielklötzchen entstanden ist, vielleicht einem Wort ähnelt, aber keins ist. Demnach kann also dieses immerwährende Auftreten des Zufalls im Innern meiner Entwürfe nicht als *meine* Möglichkeit aufgefaßt werden, sondern im Gegenteil nur als Nichtung aller meiner Möglichkeiten, eine Nichtung, die *selbst keinen Teil meiner Möglichkeiten mehr bildet.* So ist der Tod nicht *meine* Möglichkeit, Anwesenheit in der Welt nicht mehr zu realisieren, sondern *eine jederzeit mögliche Nichtung meiner Möglichkeiten, die außerhalb meiner Möglichkeiten liegt.*

Das kann man übrigens noch etwas anders ausdrücken, wenn man von der Betrachtung der Bedeutungen ausgeht. Die menschliche Realität ist, wie wir wissen, *bedeutsam.* Das will besagen, daß sie sich das, was sie ist, durch das verkünden läßt, was nicht ist, oder, wenn man lieber will, daß sie in bezug auf sich selbst *zukünftig ist.* Wenn sie also beständig in ihre eigene Zukunft verstrickt ist, nötigt uns das zu der Aussage, daß sie auf Bestätigung dieser Zukunft wartet. Als Zukunft ist das Zukünftige nämlich Vorentwurf eines Gegenwärtigen, das *sein wird;* man vertraut sich diesem Gegenwärtigen an, das als Gegenwart die vorentworfene Bedeutung, die ich bin, allein bekräftigen oder abschwächen können darf. Da dieses Gegenwärtige selbst eine freie Wiederaufnahme der Vergangenheit im Lichte einer neuen Zukunft ist, können wir es nicht *determinieren,* sondern nur pro-jektieren und erwarten. Der Sinn meiner aktuellen Verhaltensweise ist der Verweis, den ich der Person erteilen will, die mich schwer beleidigt hat. Aber weiß ich denn, ob dieser Verweis sich nicht in ein gereiztes und ängstliches Gestotter und ob die Bedeutung meiner gegenwärtigen Verhaltensweise sich *in der Vergangenheit* nicht verwandeln wird? Die Freiheit begrenzt die Freiheit, die Vergangenheit leitet ihren Sinn aus der Gegenwart her. So erklärt sich also, wie wir gezeigt haben, jenes Paradox, daß unsere aktuelle Verhaltensweise für uns völlig durchschaubar ist (präreflexives cogito) und *gleichzeitig* vollkommen verhüllt von einer freien Bestimmtheit, auf die wir warten müssen: der Jüngling ist sich des mystischen Sinnes seiner Verhaltensweise vollkommen bewußt und muß sich gleichzeitig auf seine ganze Zukunft verlassen, um entscheiden zu können, ob er gerade «eine Pubertätskrise durchmacht» oder ob er tatsächlich dabei ist, den Weg der Frömmigkeit einzuschlagen. So konstituiert unsere Freiheit, insofern sie nicht unsere aktuelle Möglichkeit, sondern die Grundlage für Möglichkeiten ist, die wir noch nicht sind, so etwas wie eine Undurchschaubarkeit in voller Durchsichtigkeit, etwas wie das, was Barrès «das Mysterium in vollem Licht» nannte. Von da stammt die für uns bestehende Notwendigkeit, *auf uns zu warten.* Unser Leben ist nur ein langes Warten: zunächst Warten auf die Verwirklichung unserer Ziele (an einer Unternehmung beteiligt sein heißt, auf den Ausgang der Sache warten), vor allem Warten auf uns selbst (auch wenn diese Unternehmung gelungen ist, auch wenn ich es fertigbrachte, mich lieben zu lassen, jene Auszeichnung, jene Gunst zu erlangen, so bleibt doch noch zu bestimmen, welchen Platz, Sinn und Wert diese Unternehmung selbst in meinem Leben hat). Das kommt nicht von einem kontingenten Fehler der menschlichen «Natur», von einer Nervosität, die uns daran hinderte, uns auf die Gegenwart zu beschränken und die durch Selbstbeherrschung *korrigiert* werden könnte, sondern von der Natur des Für-sich, das in dem Maße «ist», in dem es sich zeitigt. Deshalb muß man unser Leben so betrachten, als bestehe es nicht nur aus Erwartungen, sondern aus Erwartungen von Erwartungen, die selbst auf Erwartungen warten. Das ist eben die Struktur der Selbstheit: selbst sein heißt, zu sich kommen. Jene Erwartungen enthalten offensichtlich alle eine Beziehung auf einen letzten Grenzzustand, der *erwartet* wird, ohne daß er selbst irgend etwas erwartete. Eine Ruhe, die *Sein*, nicht aber Erwartung sein wird, zu sein. Die ganze Reihe hängt an diesem letzten Grenzzustand, der grundsätzlich niemals *gegeben* und der der Wert unseres Seins ist, das heißt, der offensichtlich eine Vollkommenheit vom Typus «An-und-für-sich» ist. Durch diesen letzten Grenzzustand erfolgt die Wiederaufnahme unserer Vergangenheit ein für allemal; wir werden *für immer* wissen, ob jene Jugenderfahrung fruchtbar oder verderblich war, ob jene Pubertätskrise eine Laune oder eine Vorausbildung meiner späteren Selbsteinsätze war, die Kurve unseres Lebens wird für immer festgelegt sein. Kurz, die Rechnung ist dann abgeschlossen. Die Christen haben versucht, den Tod für diesen letzten Grenzzustand auszugeben. Der H. H. Boisselot ließ mich in einer privaten Unterredung hören, daß das «Jüngste Gericht» eben dieser Rechnungsabschluß sei, welcher bewirke, daß man nicht noch einmal von vorn anfangen könne und daß man endlich *ist*, was man *gewesen ist*, und zwar unwiderruflich.

Aber hier liegt ein Irrtum vor, ähnlich dem, auf den wir oben bei Leibniz aufmerksam machten, wenn er auch am anderen Ende des Daseins auftritt. Für Leibniz sind wir frei, denn alle unsere Handlungen sind Ausfluß unseres Wesens. Indessen genügt der Hinweis, daß unser Wesen nicht von uns erwählt wurde, und die ganze Freiheit ist im einzelnen nichts als die Bemäntelung einer vollkommenen Knechtschaft: Gott hat das Wesen Adams gewählt. Wenn umgekehrt der Rechnungsabschluß unserem Leben Sinn und Wert verleiht, ist es unwichtig, ob alle Handlungen, aus denen das Gewebe unseres Lebens besteht, frei waren: gerade der Sinn entgeht uns, wenn wir nicht selbst den Augenblick wählen, an dem die Rechnung abgeschlossen wird. Das hat deutlich der leichtfertige Verfasser einer Anekdote, die Diderot nacherzählt, empfunden. Zwei Brüder erscheinen am Tage des Gerichts vor dem göttlichen Richter. Der eine fragt den lieben Gott: «Warum hast du mich so jung sterben lassen?», und Gott antwortet: «Um dich zu erretten. Wenn du länger gelebt hättest, hättest du, wie dein Bruder, ein Verbrechen begangen.» Da fragt der andere: «Warum hast du mich so alt sterben lassen?» Wenn der Tod nicht freie Determinierung unseres Seins ist, kann er nicht unser Leben *determinieren*: eine Minute mehr oder weniger, und alles ändert sich vielleicht; ob nun diese Minute meiner Rechnung zugefügt oder von ihr abgezogen wird, der Sinn meines Lebens entgeht mir, auch wenn ich diese Minute frei verwenden kann. Der Christentod kommt ja von Gott: er wählt unsere Stunde; und auf eine allgemeine Art weiß ich genau, daß die Minute meines Todes – auch wenn ich selbst, indem ich mich zeitige, es bewirke, daß es überhaupt Minuten und Stunden gibt – nicht von mir festgesetzt wird: darüber entscheiden die Abfolgen des Weltalls.

Wenn das so ist, können wir nicht einmal mehr sagen, der Tod verleihe dem Leben von außen her einen Sinn: ein Sinn kann nur aus der Subjektivität selbst kommen. Da der Tod nicht auf dem Untergrund unserer Freiheit erscheint, so muß er *dem Leben jede Bedeutung nehmen*. Wenn ich Erwartung von Erwartungen auf Erwartung bin und wenn plötzlich der Gegenstand meiner letzten Erwartung und der, welcher wartet, beseitigt werden, dann empfängt die Erwartung rückblickend den Charakter von *Absurdheit*. Dreißig Jahre hat dieser junge Mann in der Erwartung gelebt, ein großer Schriftsteller zu werden; aber diese Erwartung selbst wäre sich nicht genug: vielmehr würde sie entweder ein eitles und sinnloses Sichversteifen sein oder ein tiefes Verstehen seines Wertes auf Grund der Bücher, die er schreibt. Sein erstes Buch ist erschienen, aber was bedeutet es für sich allein? Es ist ein Erstlingswerk. Nehmen wir an, es sei gut: seinen Sinn bekommt es nur von der Zukunft. Wenn es das einzige bleibt, ist es gleichzeitig Eröffnung und Vermächtnis. Er hatte nur ein Buch zu schreiben, er ist von seinem Buche begrenzt und eingeschlossen; er wird kein «großer Schriftsteller» werden. Wenn der gute Roman in einer Reihe mittelmäßiger Bücher einen Platz erhält, ist er ein «Zufall». Wenn andere, bessere Bücher ihm folgen, kann er seinen Autor in den ersten Rang emporheben. Aber nun trifft der Tod den Schriftsteller gerade in dem Augenblick, wo er sich ängstlich prüft, um herauszubekommen, «ob er Stoff hat», ein anderes Buch zu schreiben, in dem Augenblick also, wo er auf sich selbst wartet. Das genügt, damit alles in das Undeterminierte hinabstürzt: ich kann nicht sagen, daß der tote Schriftsteller der Autor *eines einzigen* Buches ist (in dem Sinne, daß er nur ein einziges Buch zu schreiben hatte), aber auch nicht, daß er mehrere geschrieben hat (da ja tatsächlich nur eins erschienen ist). Ich kann überhaupt nichts sagen: nehmen wir an, Balzac sei vor den *Chouans* gestorben, dann wäre er fortan der Autor einiger abscheulicher Abenteuerromane. Und sogleich verliert auch die Erwartung, die dieser junge Tote *war*, jene Erwartung, ein großer Mann zu werden, jede Art von Bedeutung: sie ist weder starrköpfige und eitle Verblendung noch der wirkliche Sinn seines eigenen Wertes, denn nichts wird jemals darüber eine Entscheidung treffen. Es wäre nämlich nutzlos, darüber entscheiden zu wollen im Hinblick auf die Opfer, die er seiner Kunst gebracht hat, auf das unscheinbare und harte Leben, das er auf sich genommen hat: so viele Mittelmäßige haben die Kraft besessen, derartige Opfer zu bringen. Vielmehr bleibt der endgültige Wert dieser Verhaltensweisen definitiv in der Schwebe; oder, wenn man lieber will, das Insgesamt – besondere Verhaltensweisen, Erwartungen, Werte – stürzt sogleich ins Absurde. So ist der Tod niemals das, was dem Leben seinen Sinn verleiht: er ist im Gegenteil das, was ihm grundsätzlich jede Bedeutung nimmt. Wenn wir sterben müssen, hat unser Leben keinen Sinn, weil seine Probleme ungelöst bleiben und weil sogar die Bedeutung der Probleme unbestimmt bleibt.

Vergeblich würde man, um dieser Zwangsläufigkeit aus dem Wege zu gehen, seine Zuflucht zum Selbstmord nehmen. Der Selbstmord kann nicht als ein Lebensende angesehen werden, dessen eigene Grundlage ich wäre. Da er Akt meines Lebens ist, verlangt er nämlich selbst nach einer Bedeutung, die nur die Zukunft ihm geben kann; aber da er der *letzte* meines Lebens ist, verweigert er sich diese Zukunft; demnach bleibt er völlig unbestimmt. Wenn ich nämlich dem Tod entgehe oder wenn ich «mich verfehle», werde ich dann nicht später meinen Selbstmord als eine Feigheit verurteilen? Kann das Ereignis mir nicht vor Augen führen, daß andere Lösungen möglich waren? Aber da diese Lösungen nichts anderes als meine eigenen Entwürfe sein können, können sie nur in Erscheinung treten, wenn ich lebe. Der Selbstmord ist eine Absurdheit, der mein Leben im Absurden untergehen läßt.

Man wird bemerkt haben, daß diese Hinweise nicht von der Betrachtung des Todes, sondern im Gegenteil von der des Lebens abgeleitet sind; weil das Für-sich das Seiende ist, dem es in seinem Sein um das Sein geht, weil das Für-sich das Seiende ist, das immer ein Hernach verlangt, gibt es in einem Sein, das Für-sich ist, für den Tod keinen Platz. Was kann also eine Todeserwartung bedeuten, außer sie ist Erwartung eines unbestimmten Ereignisses, das jede Erwartung einschließlich der des Todes absurd machen würde? Die Todeserwartung würde sich selbst zerstören, denn sie wäre Verneinung jeder Erwartung. Mein pro-jectum auf *einen* Tod hin ist verstehbar (Selbstmord, Martyrium, Heroismus), aber nicht der Entwurf auf *meinen* Tod hin als auf eine unbestimmte Möglichkeit, Anwesenheit in der Welt nicht mehr zu realisieren, denn dieser Entwurf wäre Zerstörung aller Entwürfe. So kann der Tod nicht meine Möglichkeit sein; er kann nicht einmal eine *meiner* Möglichkeiten sein.

Übrigens ist der Tod, insoweit er sich mir enthüllen kann, nicht nur die jederzeit mögliche Nichtung meiner Möglichkeiten – die Nichtung selbst steht außerhalb meiner Möglichkeiten –, er ist nicht nur der Entwurf, der alle Entwürfe und sich selbst zerstört, die unmögliche Zerstörung meiner Erwartungen: er ist der Triumph des Standpunktes Anderer über den Standpunkt, der ich in bezug auf mich selbst *bin*. Das meint zweifellos Malraux, wenn er in *Espoir* über den Tod schreibt, daß er «das Leben in Schicksal verwandelt». In der Tat ist der Tod nur mit seiner negativen Seite Nichtung meiner Möglichkeiten: da ich nämlich meine Möglichkeiten nur mittels Nichtung des An-sich-Seins bin, das ich zu sein habe, ist der Tod als Nichtung einer Nichtung die Setzung meines Seins als *An-sich* in dem Sinne, in dem bei Hegel die Negation einer Negation Affirmation ist. Insofern das Für-sich «lebendig» ist, überschreitet es seine Vergangenheit auf seine Zukunft hin und ist die Vergangenheit dasjenige, was das Für-sich zu sein hat. Wenn das Für-sich «zu leben aufhört», wird die Vergangenheit deswegen nicht aufgehoben: das Verschwinden des nichtenden Seins berührt die Vergangenheit nicht in ihrem Sein, das zum Typus des An-sich gehört; sie versinkt im An-sich. Mein Leben *ist* ganz und gar, das bedeutet nicht, daß es eine harmonische Ganzheit ist, sondern daß es aufgehört hat, sein eigener Aufschub zu sein, und daß es sich durch das bloße Bewußtsein, das es von sich selbst hat, nicht mehr ändern kann. Sondern der Sinn jedes beliebigen Phänomens dieses Leben ist, ganz im Gegenteil, von nun an festgelegt, nicht durch es selbst, sondern durch jene offene Ganzheit, die das stehengebliebene Leben ist. Dieser Sinn ist, als hauptsächlicher und grundlegender, wie wir gesehen haben, *Abwesenheit von Sinn*. Aber als in zweiter Linie und abgeleitet wirksam können in tausend Farben schillernde relative Sinngehalte über jener grundlegenden Absurdheit eines «toten» Lebens im Spiele sein. Zum Beispiel bleibt bestehen, daß das Leben von Sophokles glücklich war, daß das von Balzac ungeheuer arbeitsreich war usw., wenn sie beide letzten Endes auch vergeblich gewesen sein mögen. Natürlich können solche allgemeine Kennzeichnungen genauer formuliert werden; wir können ebensogut eine Darstellung, eine Analyse dieses Lebens wagen wie eine Schilderung. Wir erhalten dann deutlichere Merkmale; wir können zum Beispiel von jener Toten sagen, wie es Mauriac bei einer seiner Heldinnen tut, daß sie «verzweifelt verständig» gelebt hat; wir könnten den Sinn der «Seele» bei Pascal (das heißt sein inneres «Leben») als «prächtig und bitter» erfassen, wie Nietzsche schrieb. Wir können so weit gehen, ein bestimmtes Vorkommnis eines Lebens als «Feigheit» oder «Mangel an Zartgefühl» zu bezeichnen, ohne indessen aus dem Auge zu verlieren, daß der kontingente Stillstand dieses «in-beständigem-Aufschub-Seins», das das lebende Für-sich ist, es allein und auf der

Grundlage einer radikalen Absurdheit gestattet, dem fraglichen Vorkommnis einen relativen Sinn zu verleihen und daß dieser Sinn eine *wesentlich vorläufige* Bedeutung ist, deren Vorläufigkeit *zufällig* zu Endgültigkeit gelangt ist. Aber diese verschiedenen Erklärungen des Sinnes von Peters Leben hatten, als Peter selbst sie in bezug auf sein eigenes Leben vornahm, die Folge, die Bedeutung und Richtung dieses Lebens zu verändern, denn jede vom Für-sich versuchte Beschreibung des eigenen Lebens ist Selbstentwurf über dieses Leben hinaus, und da der verändernde Entwurf zugleich mit dem Leben, das er verändert, engverbunden ist, verwandelt Peters eigenes Leben seinen Sinn, indem es sich fortwährend zeitigt. Nunmehr jedoch, wo sein Leben tot ist, kann nur das *Gedächtnis des Anderen* verhindern, daß seine Fülle auf ein An-sich zusammenschrumpft, indem es alle seine Verbindungstaue mit der Gegenwart zerschneidet. Das Kennzeichen eines toten Lebens ist, daß es ein Leben ist, zu dessen Wächter der Andere sich macht. Das bedeutet nicht bloß, daß der Andere das Leben des «Dahingegangenen» festhält, indem er es explizit und erkenntnismäßig wiederherstellt. Ganz im Gegenteil, eine derartige Wiederherstellung ist nur eine der möglichen Einstellungen des Anderen in bezug auf das tote Leben, und infolgedessen ist das Merkmal «wiederhergestelltes Leben» (im Umkreis der Familie durch die Erinnerungen der Angehörigen, im geschichtlichen Bereich) ein besonderes Schicksal, das gewisse Leben unter Ausschluß anderer kennzeichnet. Daraus folgt mit Notwendigkeit, daß die entgegengesetzte Eigenschaft, «in Vergessenheit geratenes Leben», auch ein spezifisches und beschreibbares Schicksal vorstellt, das gewissen Leben vom Anderen her zu-kommt. Vergessen sein heißt, den Gegenstand einer Einstellung des Anderen und einer impliziten Entscheidung Anderer bilden. Vergessen sein heißt tatsächlich, entschieden und für immer als ein in eine Masse eingeschmolzener Bestandteil aufgefaßt werden (die «großen Feudalherren des 13. Jahrhunderts», die «bürgerlichen Whigs» des 18. Jahrhunderts, die «sowjetischen Funktionäre» usw.), es heißt keineswegs *zunichte werden,* sondern heißt, seine persönliche Existenz einbüßen und mit Anderen zu einer Kollektivexistenz konstituiert werden. Das zeigt uns deutlich das, was wir zu beweisen wünschten, daß nämlich der Andere nicht *zunächst* ohne Zusammenhang mit den Toten sein und *dann* beschließen kann (oder daß die Umstände so entscheiden), in dieser oder jener Verbindung mit gewissen einzelnen Toten zu stehen (mit denen, die er zu ihren Lebzeiten gekannt hat, mit jenen «großen» Toten usw.). In Wirklichkeit ist die Beziehung zu Toten – zu *allen* Toten – eine Wesensstruktur der grundlegenden Beziehung, die wir «Für-Andere-Sein» genannt haben. Bei seinem Auftauchen zum Sein muß das Für-sich Stellung nehmen in bezug auf die Toten; sein Anfangsentwurf formt sie zu breiten namenlosen Massen oder zu unterschiedenen Individualitäten; zu diesen kollektiven Massen wie zu diesen Individualitäten bestimmt das Für-sich den absoluten Abstand oder die absolute Nähe, es entfaltet die zeitlichen Entfernungen von ihnen bis zu sich, indem es sich zeitigt, geradeso wie es die räumlichen Entfernungen von seiner Umgebung aus entfaltet; indem das Für-sich sich von seinem Ende verkünden läßt, was es ist, entscheidet es über die besondere *Gewichtigkeit* der dahingegangenen Kollektive oder Individualitäten; eine Gruppe, die für Peter völlig namen- und gestaltlos ist, ist für mich etwas Besonderes und Strukturiertes; eine andere, für mich ganz einförmige, läßt für Johannes gewisse individuelle Komponenten erkennen. Byzanz, Rom, Athen, der zweite Kreuzzug, der Konvent sind ebenso viele ungeheure Begräbnisplätze, die ich von fern oder von der Nähe sehen kann, von oben herab oder in den Einzelheiten, je nach dem Standpunkt, den ich einnehme, der ich «bin» – so sehr, daß es nicht unmöglich ist (vorausgesetzt, daß man das Richtige darunter versteht), eine «Person» durch ihre Toten zu definieren, das heißt durch die Ausschnitte von Individualisation und Kollektivisation, die sie auf dem Begräbnisplatz festgelegt hat, durch die Straßen und Wege, die sie eingezeichnet hat, durch die Lehren, die sich erteilen zu lassen sie beschlossen hat, durch die «Wurzeln», die sie dorthin vorgetrieben hat. Wohl wählen die Toten uns, aber zunächst müssen wir sie gewählt haben. Wir finden hier den ursprünglichen Zusammenhang wieder, der die Geworfenheit mit der Freiheit vereint; wir wählen unsere Einstellung zu den Toten, aber es kann nicht geschehen, daß wir nicht eine wählen. Gleichgültigkeit hinsichtlich der Toten ist eine durchaus mögliche Haltung (man findet Beispiele davon bei den «Heimatlosen», bei gewissen Revolutionären oder bei Individualisten). Diese Gleichgültigkeit – die darin besteht, die Toten «immer wieder sterben» zu lassen – ist eine unter anderen Verhaltensweisen ihnen gegenüber. So wird das Für-sich durch seine Geworfenheit in eine vollständige «Verantwortlichkeit» den Toten gegenüber gedrängt; es ist genötigt, frei über ihr Los zu entscheiden. Insbesondere kann es, wenn es sich um die uns umgebenden Toten handelt, nicht geschehen, daß wir nicht – explizit oder implizit – über das Schicksal ihrer Unternehmungen entscheiden; das wird offenkundig, wenn es sich um den Sohn handelt, der die Unternehmung seines Vaters wiederaufnimmt, oder um den Schüler, der das Lehrgebäude und die Lehrmeinungen seines Lehrers weiter für sich maßgeblich sein läßt. Aber wenn auch die Bindung in zahlreichen Fällen weniger deutlich erkennbar ist, trifft das Gesagte doch für alle die Fälle zu, in denen der Lebende und der Tote dem gleichen geschichtlichen und konkreten Kollektiv angehören. Ich und die Menschen meiner Generation entscheiden über den Sinn der Bemühungen und Unternehmungen der vorhergehenden Generation, sei es, daß sie ihre sozialen und politischen Versuche wiederaufnehmen und fortsetzen, sei es, daß sie entschlossen einen Bruch mit der Vergangenheit herbeiführen und die Toten in die Wirkungslosigkeit hinabstoßen. Wie wir gesehen haben, ist es das Amerika von 1917, das über den Wert und den Sinn der Unternehmungen von La Fayette entscheidet. So wird von diesem Gesichtspunkt aus der Unterschied zwischen Leben und Tod klar sichtbar: das Leben entscheidet über seinen eigenen Sinn, weil es immer in Aufschub ist, es besitzt in seinem Wesen ein Vermögen zu Selbstkritik und Selbstverwandlung, welches bewirkt, daß es sich als ein «Noch-nicht» bestimmt oder daß es, wenn man so will, wie eine Veränderung dessen ist, was es ist. Das tote Leben hört deswegen nicht auf, sich zu verändern, und ist trotzdem *fertig*. Das bedeutet, daß für das tote Leben alles schon entschieden ist [que les jeux sont faits] und es von nun an Veränderungen erleiden wird, ohne im geringsten dafür verantwortlich zu sein. Es handelt sich für das tote Leben nicht nur um eine willkürliche und endgültige Ganzheitsbildung; es handelt sich darüber hinaus um eine radikale Umbildung; nichts kann ihm mehr von der Innenwelt her *zustoßen*, es ist völlig abgeschlossen, man kann nichts mehr eindringen lassen; aber sein Sinn wird weiter von außen her umgewandelt. Bis zum Tode jenes Friedensapostels lag der Sinn seiner Unternehmungen (Verrücktheit oder tiefer Sinn für das Reale, Erfolg oder Mißerfolg) in seinen Händen; «solange ich da bin, gibt es keinen Krieg». Aber in dem Maße, in dem dieser Sinn die Schranken einer einfachen Individualität überschreitet, in dem Maße, in dem die Person sich, was sie ist, von einer objektiven, zu realisierenden Situation (der Friede in Europa) verkünden läßt, stellt der Tod eine vollständige *Besitzwegnahme* dar: der Andere nimmt dem Friedensapostel den Sinn seiner Bemühungen und also seines Seins weg, indem er es sich selber zum Trotze und durch sein bloßes Auftauchen übernimmt, das Unternehmen selbst, durch das die Person sich verkünden ließ und das sie in ihrem Sein war, in Mißerfolg oder Erfolg umzubilden, in Verrücktheit oder geniale Intuition. So entfremdet uns die Existenz des Todes auch in unserem eigenen Leben ganz und gar zugunsten Anderer. Tot sein heißt, den Lebenden eine Beute sein. Das bedeutet also, daß derjenige, der den Sinn seines zukünftigen Todes zu erfassen versucht, sich als künftige Beute der Anderen entdecken muß. Hier liegt also ein Fall von Entfremdung vor, den wir in der dem Für-Andere gewidmeten Abteilung dieses Buches noch nicht ins Auge gefaßt haben: die von uns untersuchten Entfremdungen waren in der Tat solche, die wir nichten konnten, indem wir den Anderen in eine transzendierte Transzendenz verwandelten, geradeso wie wir unser *Draußen* nichten konnten durch die absolute und subjektive Setzung unserer Freiheit; solange ich lebe, kann ich dem, was ich für den Anderen *bin*, dadurch entgehen, daß ich mir durch die von mir frei gesetzten Ziele enthüllen lasse, daß ich nicht *bin*, sondern daß ich mich zu dem mache, was ich bin; solange ich lebe, kann ich Lügen strafen, was der Andere von mir entdeckt, indem ich mich schon auf andere Ziele hin entwerfe und auf alle Fälle die Entdeckung mache, daß meine Für-mich-Seins-Dimension inkommensurabel mit meiner Für-Andere-Seins-Dimension ist. So entgehe ich unaufhörlich meinem Draußen und werde ich unaufhörlich von ihm wieder ergriffen, ohne daß «bei diesem zweifelhaften Kampfe» der endgültige Sieg der einen oder der anderen dieser Seinsweisen zufiele. Aber die *Tatsache des Todes* verleiht den Endsieg, ohne sich in diesem Kampfe mit einem der beiden Gegner geradezu zu verbünden, vom Gesichtspunkt des Anderen aus, in dem sie den Kampf und den Einsatz auf ein anderes Gebiet überträgt, das heißt, indem sie plötzlich den einen Kämpfer beseitigt. In diesem Sinne ist Sterben gleichbedeutend mit Verurteiltwerden, welches auch der kurzwährende Sieg war, den man über den Anderen davongetragen hat, und auch wenn man sich des Anderen bedient hat, um «sein eigenes Standbild zu formen» –, man wird verurteilt, nur noch durch den Anderen zu existieren und nur von ihm seinen Sinn und sogar den Sinn seines Sieges zu bekommen. Wenn man nämlich die realistischen Ansichten teilt, die wir im dritten Teil unseres Buches entwickelt haben, so wird man anerkennen müssen, daß mein *Dasein nach dem Tode* nicht das bloße schemenhafte Fortleben «im Bewußtsein der Anderen» ist, nicht aus Vorstellungen (Abbildern, Erinnerungen usw.), die mich betreffen würden, besteht. Mein Für-Andere-Sein ist ein reales Sein, und wenn es in den Händen des Anderen bleibt wie ein Mantel, den ich ihm nach meinem Dahingang überlasse, so als eine reale Dimension meines Seins – eine Dimension, die meine einzige Dimension geworden ist – und nicht als unbeständiger Schemen. Richelieu, Ludwig XV., mein Großvater bilden keineswegs die Summe meiner Erinnerungen, auch nicht die Summe der Erinnerungen und Kenntnisse aller derer, die davon sprechen gehört haben; es sind objektive und undurchschaubare Seiende, die einfach auf die einzige Dimension der Außenweltlichkeit reduziert sind. In dieser Eigenschaft verfolgen sie ihre Geschichte in der Menschenwelt, aber niemals mehr werden sie etwas anderes sein als transzendierte Transzendenzen inmitten der Welt; so macht der Tod nicht nur meine Erwartungen unwirksam, indem er ihnen endgültig das *Warten* nimmt, und die Verwirklichung von Zielen, die mir verkünden, was ich bin, in der Undeterminiertheit läßt, – sondern er verleiht auch allem, was ich in Subjektivität erlebe, einen Sinn von außen her; er ergreift erneut all das Subjektive, das sich, solange es «lebte», gegen die Veraußenweltlichung wehrte, und beraubt es jeden subjektiven Sinnes, um es, im Gegensatz dazu, an jede *objektive* Bedeutung auszuliefern, die ihm zu geben dem Anderen gut dünkt. Jedoch muß man festhalten, daß dieses *meinem Leben* so verliehene «Schicksal» auch in der Schwebe, in Aufschub bleibt, denn die Antwort auf die Frage: «Was wird definitiv das geschichtliche Schicksal Robespierres sein?» hängt von der Antwort auf die Vorfrage ab: «Hat die Geschichte einen Sinn?», das heißt «wird sie sich vollenden oder bloß *zu Ende gehen?»* Dieses Problem ist nicht gelöst – es ist vielleicht unlösbar, denn alle Antworten, die man darauf gegeben hat (einschließlich der des Idealismus: «Die Geschichte Ägyptens ist die Geschichte der Ägyptologie») sind selbst geschichtlich.

Wenn wir zugeben, daß mein Tod sich in meinem Leben enthüllen kann, sehen wir, daß er nicht reiner Stillstand meiner Subjektivität sein kann, der, weil er innenweltliches Ereignis dieser Subjektivität ist, schließlich nur sie betrifft. Wenn es zutrifft, daß der dogmatische Realismus unrecht hat, wenn er im Tod den *Todeszustand* erblickt, das heißt etwas zum Leben Transzendentes, so macht der Tod, den ich als den *meinen* entdecken kann, notwendigerweise etwas anderes als mich zum Problem. Insofern er nämlich jederzeit mögliche Nichtung meiner Möglichkeiten ist, steht er außerhalb meiner Möglichkeiten, und ich kann ihn also nicht erwarten, das heißt, ich kann mich nicht auf ihn hin als auf eine meiner Möglichkeiten entwerfen. Er kann also nicht zur ontologischen Struktur des Für-sich gehören. Insofern er Triumph des Anderen über mich ist, verweist er auf ein sicherlich grundlegendes, aber, wie wir gesehen haben, völlig kontingentes Faktum, nämlich die Existenz des Anderen. Wir würden *diesen* Tod nicht kennen, wenn der Andere nicht vorhanden wäre; er könnte sich uns nicht enthüllen, sich vor allem auch nicht als die Verwandlung unseres Seins in Schicksal konstituieren; er wäre tatsächlich das gleichzeitige Verschwinden des Für-sich und der Welt, des Subjektiven und des Objektiven, des Bedeutsamen und aller Bedeutungen. Wenn der Tod sich uns innerhalb gewisser Grenzen als die Verwandlung jener besonderen Bedeutungen, die *meine* Bedeutungen sind, enthüllen kann, dann infolge der Tatsache der Existenz eines bedeutsamen Anderen, der die Ablösung der Bedeutungen und Zeichen sichert. Wegen des Anderen als einer Subjektivität ist mein Tod mein Sturz aus der Welt hinaus, anstatt Vernichtung des Bewußtseins und der Welt zu sein. Es liegt hier also ein unleugbares und grundlegendes *Faktums*-Merkmal vor, das heißt eine tiefgehende Kontingenz im Tode wie in der Fremdexistenz. Diese Kontingenz entzieht den Tod von vornherein allen ontologischen Mutmaßungen. Und über mein Leben nachdenken, indem ich es vom Tode aus betrachte, hieße über meine Subjektivität nachdenken, indem ich ihr gegenüber den Standpunkt des Anderen einnähme; wir haben gesehen, daß das nicht möglich ist.

Also müssen wir, gegen Heidegger, zu dem Schluß gelangen, daß der Tod, weit davon entfernt, meine eigene Möglichkeit zu sein, ein *kontigentes Faktum* ist, das als solches sich mir grundsätzlich entzieht und von Anfang an zu meiner Geworfenheit gehört. Ich kann meinen Tod weder entdecken, noch erwarten, noch eine Haltung ihm gegenüber einnehmen, denn er ist das, was sich als das Unentdeckbare enthüllt, das alle Erwartungen wirkungslos macht, das in alle Haltungen und besonders in die, die man ihm gegenüber einnehmen könnte, eindringt, um sie in außenweltliche und erstarrte Verhaltensweisen zu verwandeln, deren Sinn für immer anderen als uns selbst anvertraut ist. Der Tod ist, ebenso wie die Geburt, ein reines Faktum; er kommt von Draußen und verwandelt uns in Draußen. Im Grunde genommen unterscheidet er sich in keiner Weise von der Geburt, und die Identität von Geburt und Tod ist das, was wir Geworfenheit nennen.

Heißt das, daß der Tod die Grenzen unserer Freiheit vorzeichnet? Haben wir, indem wir auf das Sein-zum-Tode Heideggers verzichteten, für immer auf die Möglichkeit verzichtet, unserem Sein freiwillig eine Bedeutung zu geben, für die wir verantwortlich sind?

Ganz im Gegenteil will es uns scheinen, daß der Tod, indem er sich uns, wie er ist, enthüllt, uns vollständig von seiner angeblichen Zwangsgewalt befreit. Das wird noch deutlicher in Erscheinung treten, wenn wir darüber nachdenken.

Zunächst einmal muß man die beiden, gewöhnlich in eins gesetzten Vorstellungen von Tod und Endlichkeit radikal auseinanderhalten. Für gewöhnlich scheint man zu glauben, daß der Tod unsere Endlichkeit konstituiert und uns enthüllt. Es kommt von dieser gedanklichen Unsauberkeit, daß der Tod die Gestalt einer ontologischen Notwendigkeit annimmt und daß dagegen die Endlichkeit sich ihren Kontingenz-Charakter vom Tode ausborgt. Insbesondere scheint ein Heidegger seine ganze Theorie vom «Sein-zum-Tode» auf der durchgängigen Identifizierung des Todes mit der Endlichkeit aufgebaut zu haben. Desgleichen scheint Malraux, wenn er sagt, daß der Tod uns die Einmaligkeit des Lebens enthüllt, gerade der Meinung zu sein, daß wir, weil wir sterben, unfähig sind, wieder von vorn anzufangen, und also endlich sind. Aber wenn man die Dinge von größerer Nähe betrachtet, wird man den Irrtum der beiden Denker gewahr: der Tod ist ein kontingentes Faktum, das zur Faktizität gehört; die Endlichkeit ist eine ontologische Struktur des Für-sich, die die Freiheit determiniert und nur innerhalb und mittels des freien Entwerfens des Zieles existiert, das mir mein Sein verkündet. Mit anderen Worten, die menschliche Realität würde endlich bleiben, auch wenn sie unsterblich wäre, denn sie *macht* sich endlich, indem sie sich als menschliche erwählt. Endlich sein heißt nämlich, sich erwählen, das heißt sich, was man ist, dadurch verkünden zu lassen, daß man sich auf ein Mögliches hin, unter Ausschluß anderer, entwirft. Gerade der Freiheitsakt ist also Übernahme und Erschaffung der Endlichkeit. Wenn ich mich mache, mache ich mich endlich, und auf Grund dieser Tatsache ist mein Leben einmalig. Daher ist es mir, auch wenn ich unsterblich wäre, untersagt, «wieder von vorn anzufangen»; die Unumkehrbarkeit der Zeitlichkeit untersagt es mir, und diese Unumkehrbarkeit ist nichts andres als das eigentümliche Merkmal einer Freiheit, die sich zeitigt. Wenn ich unsterblich bin und die Möglichkeit B vorübergehen lassen mußte, um die Möglichkeit A zu verwirklichen, wird sich mir sicher die Gelegenheit bieten, diese vernachlässigte Möglichkeit auch noch zu verwirklichen. Aber allein auf Grund der Tatsache, daß diese Gelegenheit sich *nach* der vernachlässigten Gelegenheit bieten wird, wird sie nicht die gleiche sein, und deshalb würde ich mich für alle Ewigkeit dadurch *endlich gemacht* haben, daß ich die erste Gelegenheit unwiederbringlich vorübergehen ließ. So gesehen, werden der Unsterbliche und der Sterbliche als mehrere geboren und werden zu einem. Für ein zeitlich unendliches, das heißt unbeschränktes Wesen, wäre das «Leben» in seinem eigenen Sein nicht weniger endlich, weil es sich zu einem einmaligen macht. Der Tod hat damit nichts zu schaffen; er tritt «inzwischen» ein, und die menschliche Realität entdeckt, indem sie sich ihre eigene Endlichkeit enthüllt, deswegen noch nicht ihre Sterblichkeit.

Demnach ist der Tod in keiner Weise ontologische Struktur meines Seins, wenigstens insoweit dieses *für sich* ist; aber *der Andere* ist in seinem Sein sterblich. Im Für-sich-Sein ist für den Tod kein Platz; es kann ihn weder erwarten, noch realisieren, noch sich auf ihn hin entwerfen; er ist in keiner Weise die Grundlage von dessen Endlichkeit und kann ganz allgemein weder im Inneren als pro-jectum der ursprünglichen Freiheit begründet werden, noch von außen her als eine Qualität vom Für-sich empfangen werden. Was ist er also? Nichts anderes als ein bestimmter Aspekt der Geworfenheit und des Seins für Andere, das heißt, nichts anderes als *Gegebenes*. Es ist widersinnig, daß wir geboren sind, es ist widersinnig, daß wir sterben; andererseits stellt sich diese Widersinnigkeit als fortwährende Entfremdung meines Möglichkeit-Seins dar, welche Möglichkeit nicht mehr *meine* Möglichkeit, sondern die des Anderen ist. Es handelt sich also um eine äußerliche und faktische Grenze meiner Subjektivität! Aber erkennt man hier nicht die Beschreibung wieder, die wir im vorigen Abschnitt zu geben versucht haben? Diese faktische Grenze, deren wir uns in gewissem Sinne versichern müssen, da nun einmal von außen her nichts in uns eindringt und da es in gewissem Sinne nötig ist, daß wir den Tod *empfinden*, wenn wir ihn bloß sollen nennen können, die aber andererseits vom Für-sich niemals *angetroffen* wird, da sie nichts *an ihm* ist, es sei denn die unendliche Fortdauer seines. Für-Andere-Seins – was ist das denn anderes als ein *Unrealisierbares?* Was ist es denn anderes als ein synthetischer Aspekt meiner *Kehrseite? «Sterblich»* stellt das gegenwärtige Sein dar, das ich für Andere bin; *«tot»* stellt für den Anderen den künftigen Sinn meines aktuellen Für-sich dar. Es handelt sich also wirklich um eine ständige Grenze meiner Entwürfe; und als solche muß diese Grenze übernommen werden. Es liegt also eine Außenweltlichkeit vor, die Außenweltlichkeit bleibt bis in und durch den Versuch des Für-sich, sie zu realisieren: das haben wir oben definiert als das *Unrealisierbare, das realisiert werden soll.* Es gibt im Grunde genommen keinen Unterschied zwischen der Wahl, durch die die Freiheit ihren Tod als unfaßliche und unbegreifliche Begrenzung ihrer Subjektivität auf sich nimmt, und derjenigen, durch die sie wählt, eine Freiheit zu sein, die durch die Tatsache der Freiheit des Anderen begrenzt ist. So ist der Tod in dem vorhin definierten Sinne nicht *meine* Möglichkeit; er ist Grenzsituation, und zwar als erwählte und davonrinnende Kehrseite meiner Wahl. Er ist nicht *mein Mögliches* in dem Sinne, in dem er mein eigenes Ziel sein würde, das mir mein Sein verkündet; aber auf Grund der Tatsache, daß er unvermeidliche Notwendigkeit ist, anderswo als ein Draußen und ein An-sich vorhanden zu sein, wird er als ein «Letztes» verinnerlicht, das heißt als ein thematischer Sinn, und außerhalb des Bereiches der rangmäßig geordneten Möglichkeiten. So sucht er mich sogar im Innern jeder meiner Entwürfe als deren unvermeidliche Kehrseite heim. Aber eben weil diese «Kehrseite» nicht als *meine* Möglichkeit übernommen werden soll, sondern als die Möglichkeit, daß es für mich keine Möglichkeiten mehr gibt, *greift sie mich nicht an.* Die Freiheit, die *meine Freiheit* ist, bleibt ganz und unendlich; nicht daß der Tod sie nicht begrenze, sondern weil die Freiheit niemals auf diese Grenze trifft, ist der Tod durchaus kein Hindernis für meine Entwürfe; er ist bloß ein Schicksal, *anderswo* als *diese Entwürfe.* Ich bin nicht «frei um des Sterbens willen», sondern ich bin ein freier Sterblicher. Wie der Tod von meinen Entwürfen nicht erreicht wird, weil er unrealisierbar ist, entrinne ich selbst dem Tode in meinem Entwurf. Da er ist, was immer jenseits meiner Subjektivität liegt, ist kein Platz für ihn in meiner Subjektivität. Und diese Subjektivität behauptet sich nicht *gegen* ihn, sondern unabhängig von ihm, obwohl diese Behauptung sofort entfremdet wird. Wir können also den Tod weder gedanklich erfassen, noch erwarten, noch uns gegen ihn wappnen; aber auch unsere Entwürfe sind als Entwürfe unabhängig von ihm – nicht infolge unserer Verblendung, wie der Christ sich ausdrückt, sondern grundsätzlich. Und obwohl es unzählige mögliche Haltungen gegenüber diesem Unrealisierbaren gibt, das «noch obendrein realisiert werden soll», liegt kein Anlaß vor, sie in eigentliche und uneigentliche einzuteilen, da wir eben immer *noch obendrein* sterben.

Diese verschiedenen Darstellungen, die sich auf meinen Platz, meine Vergangenheit, meine Umgebung, meinen Tod und meinen Nächsten erstrecken, erheben nicht den Anspruch, erschöpfend zu sein oder alle Einzelheiten zu berücksichtigen. Ihr Ziel ist es bloß, uns einen klaren Begriff davon zu vermitteln, was eine *«Situation»* ist. Dank dieser Darstellungen wird es uns möglich sein, genauer dieses «In-Situation-Sein» zu bestimmen, das das Für-sich kennzeichnet, insofern dieses für seine Seinsart, ohne die Grundlage seines Seins zu sein, verantwortlich ist.

1. Ich bin ein Daseiendes *inmitten* anderer Daseiender. Aber ich kann dieses Dasein inmitten anderer nicht «realisieren», ich kann die Daseienden, die mich umgeben, nicht als *Objekte* erfassen, weder mich selbst als ein *umgebenes* Daseiendes erfassen, noch auch diesem Begriff eines *«inmitten»* einen Sinn beilegen, außer wenn ich mich selbst erwähle, und zwar nicht in meinem Sein, sondern in meiner Seinsart. Die Wahl dieses Zieles ist Wahl eines *Noch-nicht-da-Seienden.* Meine Stellung inmitten der Welt, bestimmt durch die Beziehung von Zeughaftigkeit oder Feindseligkeit der mich umgebenden Wirklichkeiten zu meiner eigenen Geworfenheit, das heißt die Entdeckung der Gefahren, die ich in der Welt laufe, der Hindernisse, denen ich dort begegnen kann, der Hilfen, die mir geboten werden können, diese Entdeckungen im Lichte einer radikalen Nichtung meiner selbst und einer radikalen und innerlichen Verneinung des An-sich, beides durchgeführt vom Standpunkt eines frei gesetzten Zieles aus – das eben nennen wir die *Situation.*

2. Die Situation existiert nur in Korrelation zur Überschreitung des Gegebenen auf ein Ziel hin. Sie ist die Art und Weise, in der das Gegebene, das ich bin, und das Gegebene, das ich nicht bin, sich im Für-sich decken, das ich in der Weise bin, es nicht zu sein. Wer *Situation* sagt, sagt also «von dem Für-sich, das in Situation ist, aufgefaßte Stellung». Es ist unmöglich, eine Situation von außen her zu betrachten: sie erstarrt zu *Gestalt an sich.* Infolgedessen kann die Situation weder objektiv noch subjektiv genannt werden, wenn auch die Teilstrukturen dieser Situation (die Tasse, deren ich mich bediene, der Tisch, auf den ich mich stütze, usw.) streng objektiv sein können und müssen.

Die Situation kann nicht *subjektiv* sein, denn sie ist weder die Summe noch die Einheit der *Eindrücke*, die die Dinge uns machen: sie ist *die Dinge selbst* und ich selbst unter den Dingen; denn mein Auftauchen in der Welt als reine Seinsnichtung hat keinen anderen Erfolg, als zu bewirken, daß es Dinge *gibt*, und es fügt diesen *nichts* hinzu. Unter diesem Aspekt verrät die Situation meine *Geworfenheit*, daß heißt die Tatsache, daß die Dinge einfach *da sind*, wie sie sind, ohne Notwendigkeit und ohne Möglichkeit, anders zu sein, und daß ich unter ihnen *da* bin.

Aber die Situation kann auch nicht *objektiv* in dem Sinne sein, in dem sie ein rein Gegebenes wäre, das das Subjekt feststellt, ohne im geringsten in das so konstituierte System verwickelt zu sein. Tatsächlich spiegelt die Situation dem Für-Sich dessen Freiheit wider, und zwar auf Grund der Bedeutung des Gegebenen (einer Bedeutung, ohne die es Gegebenes nicht einmal *gäbe)*. Wenn die Situation weder subjektiv noch objektiv ist, so deshalb, weil sie keine *Erkenntnis* und auch kein affektives Verstehen des Zustandes der Welt seitens eines Subjektes darstellt; sondern sie ist eine *Seinsbeziehung* zwischen einem Für-sich und dem An-sich, das vom Für-sich genichtet wird. Die Situation ist das ganze Subjekt (dieses ist *nichts* anderes als seine Situation) und ist auch das ganze «Ding» (*es gibt* für alle Zeiten weiter nichts als die Dinge). Sie ist, wenn man so sagen will, das Subjekt, das die Dinge aufhellt, indem es sie überschreitet; oder es ist die Dinge, die dem Subjekt sein Bild zurückstrahlen. Sie ist die vollkommene Geworfenheit, die absolute Kontingenz der Welt, meiner Geburt, meines Platzes, meiner Vergangenheit, meiner Umgebung, der Tatsache meines Nächsten – und sie ist meine unbegrenzte Freiheit als das, was bewirkt, daß es für mich eine Geworfenheit gibt. Sie ist jene staubige, ansteigende Straße, jener brennende Durst, den ich habe, jene Weigerung der Leute, mir zu trinken zu geben, weil ich kein Geld habe oder weil ich nicht in ihr Land oder zu ihrer Rasse gehöre; sie ist meine Hilflosigkeit inmitten jener feindlichen Bevölkerung, samt dieser körperlichen Ermattung, die mich vielleicht hindern wird, das Ziel zu erreichen, das ich mir gesetzt hatte. Aber sie ist eben auch dieses *Ziel,* nicht insofern ich es klar und explizit formuliere, sondern insofern es *da* ist, überall um mich herum als das, was alle diese Tatbestände zu einer Einheit macht und erklärt, was sie zu einer beschreibbaren Ganzheit gestaltet, anstatt aus ihnen einen ungeordneten Alpdruck zu machen.

3. Wenn das Für-sich nichts anderes als die Situation ist, so folgt daraus, daß das In-Situation-Sein die menschliche Realität definiert, indem es von deren Da-Sein und gleichzeitig von deren *Darüberhinaus-Sein* Rechenschaft gibt. Die menschliche Realität ist nämlich *das Sein, das immer über sein Da-Sein hinaus ist.* Und die Situation

ist die gegliederte Ganzheit des Da-Seins, die innerhalb und mittels des *Darüber-hinaus-Seins* gedeutet und erlebt wird. Es gibt also keine bevorrechtigte Situation; wir meinen damit, daß es keine Situation gibt, in der das *Gegebene* mit seinem Gewicht die Freiheit, die es als solches konstituiert, erstickte – umgekehrt auch keine Situation, in der das Für-sich *freier* wäre als in anderen. Das darf nicht im Sinne jener «inneren Freiheit» Bergsons verstanden werden, über die sich Politzer in *La fin d'une parade philosophique* lustig macht und die ganz einfach dazu führt, dem Sklaven in seinen Ketten die Unabhängigkeit des Innenlebens und des Herzens zuzuerkennen. Wenn wir erklären, daß der Sklave in seinen Ketten ebenso frei ist wie sein Herr, wollen wir nicht von einer Freiheit reden, die undeterminiert bliebe. Der Sklave in Ketten ist frei, *sie zu zerbrechen;* das bedeutet, daß der Sinn seiner Ketten ihm eben im Lichte des Zieles sichtbar wird, das er gewählt hat: Sklave bleiben oder das Schlimmste riskieren, um das Sklaventum abzuschütteln. Ohne Zweifel kann der Sklave nicht die Reichtümer und das Lebensniveau des Herrn erreichen; aber das sind ja auch gar nicht die Gegenstände seiner *Entwürfe,* er kann den Besitz solcher Schätze nur erträumen; seine *Geworfenheit* ist so beschaffen, daß die Welt ihm mit einem anderen Gesicht erscheint und daß er andere Probleme aufzustellen und zu lösen hat; insbesondere muß er sich in grundlegender Weise auf dem Gebiet des *Sklaventums* erwählen und gerade dadurch jenem dunklen Zwange einen Sinn geben. Wenn er zum Beispiel die Auflehnung wählt, so erhält das Sklaventum, weit entfernt, *zunächst* ein Hindernis für diese Auflehnung zu sein, seinen Sinn und seinen Feindseligkeitskoeffizienten nur von ihr. Gerade weil das Leben des Sklaven, der sich auflehnt und dabei stirbt, ein freies Leben ist, gerade weil die von einem freien Entwurf gelichtete Situation vollkommen und konkret ist, gerade weil das drängende und hauptsächliche Problem dieses Lebens ist: «werde ich mein Ziel erreichen?», gerade um dieses alles willen ist die Situation des Sklaven eine *unvergleichlich andere* als die des Herrn. Beide Situationen erhalten nämlich ihren Sinn nur für das Für-sich in Situation und von der freien Wahl seiner Ziele aus. Eine Vergleichung kann nur von einem Dritten durchgeführt werden und kann infolgedessen nur zwischen zwei objektiven Gestalten inmitten der Welt vor sich gehen; im übrigen wird sie im Lichte des von diesem Dritten frei gewählten pro-jectum stattfinden: es gibt keinen absoluten Standpunkt, den man einnehmen könnte, um verschiedene Situationen miteinander zu vergleichen; jede Person realisiert nur eine Situation: *die ihre.*

4. Die Situation, die durch Ziele aufgehellt wird, die selbst nur von dem Da-Sein aus pro-jektiert werden, das sie aufhellen,

stellt sich als in höchstem Maße *konkret* dar. Wohl enthält und trägt sie abstrakte und allgemeine Strukturen, aber sie muß begriffen werden als das *eigentümliche Gesicht,* das die Welt uns zukehrt, als unsere einmalige und persönliche Chance. Man erinnert sich an jenes Gleichnis Kafkas: ein Mann kommt vor das Gesetz; ein furchtbarer Türhüter versperrt ihm den Eintritt. Er wagt nicht, an ihm vorbeizugehen, er wartet und stirbt, während er wartet. Im Augenblick des Todes fragt er den Türhüter: «Wieso kommt es, daß in den vielen Jahren niemand außer mir Einlaß verlangt hat?» Und der Türhüter antwortet ihm: «Dieser Eingang war nur für dich bestimmt.» Das ist wirklich der Fall des Für-sich, freilich müßte man hinzufügen, daß überdies *jeder sich seinen eigenen Eingang schafft.* Die Konkretheit der Situation drückt sich insbesondere durch die Tatsache aus, daß das Für-sich *niemals* auf grundlegend abstrakte oder allgemeine Zwecke *abzielt.* Allerdings werden wir im nächsten Kapitel sehen, daß der tiefere Sinn des Wählens ein allgemeiner ist und das Für-sich dadurch bewirkt, daß eine menschliche Realität als Spezies existiert. Ferner muß man noch den Sinn, der *implizit* ist, *herauslösen;* und dazu dient uns die existentielle Psychoanalyse. Und wenn er einmal herausgelöst ist, wird der End- und Anfangssinn der Für-siche wie ein «Unselbständiges» erscheinen, das, um von sich Kunde geben zu können, eine besondere Konkretheit[1] nötig hat. Aber das Ziel des Für-sich, so wie es in dem Entwurf erlebt und verfolgt wird, durch den es das Reale überschreitet und begründet, enthüllt sich dem Für-sich in seiner Konkretheit als eine besondere Veränderung der Situation, in der es lebt (seine Ketten zerbrechen, König der Franken sein, Polen befreien, für das Proletariat kämpfen). Ferner wird man keineswegs zunächst für das Proletariat im allgemeinen zu kämpfen beabsichtigen, sondern das Proletariat wird durch eine konkrete Arbeitergruppe hindurch betrachtet, der die *Person* angehört. Das Ziel erhellt nämlich das Gegebene nur, weil es als Überschreitung *dieses* Gegebenen gewählt wird. Das Für-sich taucht nicht mit einem *fix und fertig gegebenen* Ziele auf. Sondern indem es die Situation «macht», «macht» es sich, und umgekehrt.

5. Ebensowenig wie die Situation objektiv oder subjektiv ist, kann sie als freie Auswirkung einer Freiheit oder als das Insgesamt der Zwänge, die ich erdulde, betrachtet werden; sie kommt von der Aufhellung des Zwanges durch die Freiheit, die ihm den Sinn von Zwang verleiht. Unter Naturprodukten kann es keine Verbindung geben, sondern die Freiheit begründet diese Verbindungen, indem sie das Daseiende zu Zeugkomplexen gruppiert, und die Freiheit

1 Vgl. das nächste Kapitel.

pro-jektiert den *Grund* für diese Verbindungen, das heißt ihr Ziel. Aber gerade weil ich mich demnach durch eine Welt von *Verbindungen* hindurch auf ein Ziel hin entwerfe, begegne ich nunmehr Abfolgen, verbundenen Reihen und Komplexen von Daseienden, und ich muß mich dazu bestimmen, Gesetzen gemäß zu handeln. Diese Gesetze sowie die Art und Weise, in der ich von ihnen Gebrauch mache, entscheiden über den Mißerfolg oder den Erfolg meiner Versuche. Aber nur durch die Freiheit kommen die gesetzmäßigen Beziehungen zur Welt. So reiht sich die Freiheit in die Welt ein, und zwar als freies Sichentwerfen auf Ziele hin.

6. Das Für-sich ist Zeitigung; das bedeutet, daß es nicht *ist;* es «macht sich». Die *Situation* muß Rechenschaft ablegen von jener *substantiellen Fortdauer,* die man so gern den Personen zuerkennt («er hat sich nicht verändert», «er ist immer derselbe») und die die Person in vielen Fällen empirisch erfährt, als sei es die ihre. Das freie Verharren in einem gleichbleibenden Entwurf beinhaltet nämlich keine Fortdauer, sondern ist, wie wir gesehen haben, vielmehr beständige Erneuerung meines Sicheinsetzens. Hingegen stellen die verhüllten und mittels eines Entwurfes, der sich entfaltet und stärker wird, aufgehellten Wirklichkeiten die Fortdauer des An-sich dar, und in dem Maße, in dem sie unser Bild zurückstrahlen, stützen sie uns mit ihrer langen Dauer; oftmals nehmen wir sogar ihre Fortdauer für die unsere. Insbesondere stellt die Fortdauer des Platzes und der Umgebung, der Urteile der Nächsten über uns sowie die Fortdauer unserer Vergangenheit nur ein abgeschwächtes Bild unserer *Beharrlichkeit* dar. Während ich mich zeitige, bin ich *für Andere* immer Franzose, Beamter oder Proletarier. Dieses Unrealisierbare trägt das Merkmal einer unveränderlichen Grenze meiner Situation. In ähnlicher Weise tritt auch das, was man Temperament oder Charakter einer Person nennt und das nichts anderes ist als ihr freies Sichentwerfen, insofern es *für-Andere-ist,* für das Für-sich als eine unrealisierbare Invariante in Erscheinung. Alain hat sehr richtig erkannt, daß der Charakter *Eid* ist. Wer sagt «mit mir ist nicht gut Kirschen essen», geht eine freie Verpflichtung zum Zorn ein und erläutert gleichzeitig freiwillig gewisse zweideutige Einzelheiten seiner Vergangenheit. In diesem Sinne gibt es keinen Charakter – es gibt nur ein pro-jectum seiner selbst. Man darf indessen den *«Gegebenheits»*-Aspekt des Charakters nicht verkennen. Es ist richtig, daß ich für den Anderen, der mich als Objekt-Anderen erfaßt, cholerisch, scheinheilig oder offenherzig, feige oder mutig *bin.* Dieser Aspekt wird durch den Blick des Anderen zu mir zurückgestrahlt: durch das Erfahren dieses Blickes wird der Charakter, der ein erlebtes freies und (seiner) selbst bewußtes Sichentwerfen war, zu einem unrealisierbaren «ne varietur», das übernommen

werden muß. Er hängt nicht nur vom Anderen ab, sondern von der Stellung, die ich dem Anderen gegenüber eingenommen habe, und von der Beharrlichkeit, mit der ich diese Stellung aufrechterhalte: solange ich mich vom Blick des Anderen bezaubern lasse, wird mein Charakter als unrealisierbares «ne varietur» in meinen Augen die substantielle Fortdauer meines Seins darstellen – so wie es in den banalen und täglich benutzten Redewendungen heißt, etwa: «Ich bin fünfundvierzig Jahre alt, und heute denke ich nicht mehr daran, mich zu ändern». Der Charakter ist sogar häufig das, was das Für-sich wieder in Besitz zu bekommen trachtet, um das An-und-für-sich zu werden, das zu sein es sich entwirft. Indessen ist anzumerken, daß jene Fortdauer der Vergangenheit, der Umgebung und des Charakters nicht *gegebene* Qualitäten sind; sie geben sich an den Dingen nur in Korrelation mit der Fortdauer meines Sichentwerfens zu erkennen. Zum Beispiel würde man vergeblich hoffen, man werde nach einem Krieg, nach einem langen Exil eine Berglandschaft unverändert wieder vorfinden und werde auf die augenscheinliche Unbeweglichkeit und Dauer dieser Felsen die Hoffnung auf eine Wiedergeburt der Vergangenheit gründen können. Diese Landschaft enthüllt ihre Fortdauer nur durch beharrliches Sichentwerfen hindurch: diese Berge haben einen Sinn im Innern meiner Situation – sie stellen auf die eine oder die andere Art meine Zugehörigkeit zu einer Nation im Frieden dar, die die Herrin ihrer selbst ist und in der internationalen Rangordnung einen bestimmten Platz behauptet. Daß sie mir unmöglich dasselbe Gesicht wird zeigen können, wenn ich sie nach einer Niederlage und während der Okkupation eines Teiles des Staatsgebietes wiedersehe, kommt daher, daß ich selbst andere pro-jecta habe, daß ich mich anders in die Welt eingesetzt habe.

Schließlich haben wir gesehen, daß mit inneren Umwälzungen der Situation infolge von selbständigen Veränderungen der Umgebung immer gerechnet werden muß. Diese Veränderungen können niemals eine Veränderung meines Entwurfes *hervorrufen*, aber sie können auf der Grundlage meiner Freiheit eine Vereinfachung oder Komplizierung der Situation herbeiführen. Gerade dadurch enthüllt sich mir mein Anfangsentwurf mit größerer oder geringerer Einfachheit. Denn eine Person ist niemals einfach oder verwickelt: nur ihre Situation kann eins oder das andere sein. Ich bin nämlich nichts als der Entwurf meiner selbst über eine bestimmte Situation hinaus, und dieser Entwurf entwirft mich von der konkreten Situation aus, so wie er im übrigen die Situation von meiner Wahl aus beleuchtet. Wenn sich also die Situation in ihrem Insgesamt vereinfacht, wenn Geröllablagerungen, Grabenbrüche und Erosionen ihr ein zerschnittenes Aussehen, grobe Züge mit heftigen Gegensätzen aufgeprägt haben, dann werde ich selbst einfach, denn mein Wählen – die Wahl, die ich bin – ist Erfassung *dieser* Situation-*da* und kann also nur einfach sein. Neu entstehende Komplikationen werden die Folge haben, mir eine komplizierte Situation darzubieten, in bezug auf welche ich mich kompliziert finden werde. Das hat jedermann feststellen können, wenn er darauf geachtet hat, bis zu welcher fast tierischen Einfachheit sich die Kriegsgefangenen zurückentwickelten, und zwar infolge der extremen Vereinfachung ihrer Situation; diese Vereinfachung konnte ihren Entwurf in seiner Bedeutung nicht ändern, aber auf der Grundlage der Freiheit selbst zog sie eine Verdichtung und Vereinheitlichung der Umgebung nach sich, die sich im Rahmen und mittels einer schärferen, brutaleren und verdichteteren Auffassung der grundlegenden Ziele einer gefangenen Person entwickelten. Im ganzen handelt es sich um eine innere Umstellung, nicht aber um eine umfassende Verwandlung, die auch die *Gestalt* der Situation erreichte. Immerhin sind es Veränderungen, die ich als Veränderungen «in meinem Leben» entdecke, das heißt in dem einheitlichen Rahmen eines und desselben Entwurfes.

III

Freiheit und Verantwortlichkeit

Obwohl die nun folgenden Betrachtungen mehr den Moralphilosophen interessieren, waren wir doch der Ansicht, es sei nicht ohne Nutzen, im Anschluß an unsere Darlegungen und Beweisführungen auf die Freiheit des Für-sich noch einmal zurückzukommen und zu überlegen, was die Tatsache dieser Freiheit für das menschliche Schicksal bedeutet.

Die wesentliche Folgerung aus unseren vorhergehenden Darlegungen ist, daß der Mensch, der verurteilt ist, frei zu sein, das ganze Gewicht der Welt auf seinen Schultern trägt: er ist, was seine Seinsweise betrifft, verantwortlich für die Welt und für sich selbst. Wir nehmen das Wort «Verantwortlichkeit» in dem banalen Sinne eines «Bewußtseins, der unbestreitbare Urheber eines Ereignisses oder eines Gegenstandes (zu) sein». In diesem Sinne ist die Verantwortlichkeit des Für-sich drückend, denn es ist ja das, wodurch es geschieht, daß es eine Welt *gibt;* und da es auch das ist, was *sich veranlaßt, zu sein* (welches auch die Situation sein mag, in der es sich befindet), muß das Für-sich diese Situation samt ihrem gegebenenfalls unerträglichen Feindseligkeitskoeffizienten im ganzen übernehmen, es wird sie mit dem stolzen Bewußtsein übernehmen, ihr Urheber zu sein, denn die schlimmsten Unannehmlichkeiten und die schlimmsten Drohungen, die meine Person möglicherweise erreichen, haben Sinn nur infolge meines Entwurfs; und sie erscheinen auf dem Hintergrund des Sicheinsetzens, das ich bin. Es ist also unsinnig, sich beklagen zu wollen, denn nichts Fremdes hat über das entschieden, was wir fühlen, was wir erleben oder was wir sind. Diese absolute Verantwortlichkeit wird übrigens nicht entgegengenommen: sie ergibt sich einfach zwangsläufig aus den Folgen meiner Freiheit. Was mir zustößt, stößt mir durch mich zu, und ich kann weder darüber bekümmert sein, noch mich dagegen auflehnen, noch mich hineinschicken. Außerdem ist alles, was mir zustößt, *meins*; darunter muß man zunächst verstehen, daß ich immer, insofern ich Mensch bin, auf der Höhe dessen bin, was mir zustößt, denn was einem Menschen durch andere Menschen und durch sich selbst zustößt, kann nur menschlich sein. Die gräßlichsten Situationen des Krieges, die schlimmsten Folterungen schaffen keinen unmenschlichen Sachverhalt: es gibt keine unmenschliche Situation; nur durch die Furcht, die Flucht, den Rückgriff auf magische Verhaltensweisen würde ich über Unmenschliches *entscheiden;* aber eine solche Entscheidung ist menschlich und ich würde die ganze Verantwortung dafür tragen. Außerdem aber ist die Situation die *meinige,* weil sie das Bild meiner freien Selbstwahl ist, und alles, was sie mir darstellt, ist dadurch *meins,* daß es mich darstellt und symbolisiert. Bin ich es nicht, der über den Feindseligkeitscharakter der Dinge und bis in ihre Unberechenbarkeit hinein dadurch entscheidet, daß ich über mich entscheide? Also gibt es in einem Leben keine *bösen Zufälle;* ein gesellschaftlicher Vorgang, der sich plötzlich ereignet und mich in Mitleidenschaft zieht, kommt nicht von außen; wenn ich in einem Kriege einberufen werde, ist dieser Krieg *mein* Krieg, weil ich jederzeit mich ihm hätte entziehen können, durch Selbstmord oder Fahnenflucht: diese äußersten Möglichkeiten sind diejenigen, die uns immer gegenwärtig sein müssen, wenn es darum geht, eine Situation ins Auge zu fassen. Da ich mich ihm nicht entzogen habe, habe ich ihn *gewählt;* das kann aus Energiemangel oder aus Feigheit gegenüber der öffentlichen Meinung geschehen, weil ich nämlich gewisse Werte höher schätze als eben den einer Weigerung, in den Krieg zu ziehen (die Hochschätzung seitens meiner Angehörigen, die Ehre meiner Familie usw.). Wie dem auch sei, es handelt sich um eine Wahl. Diese Wahl wird in der Folge ununterbrochen bis zum Ende des Krieges wiederholt; man muß also den Satz J. Romains [1] unterschreiben: «Im Kriege gibt es keine unschuldigen Opfer.» Wenn ich einmal den Krieg dem Tode oder der Unehre vorgezogen habe, verläuft alles so, als trüge ich die volle Ver-

1 J. Romains, *Les hommes de bonne volonté;* «Prélude à Verdun».

antwortung für diesen Krieg. Ohne Zweifel haben Andere ihn erklärt, und man könnte vielleicht versucht sein, mich als bloßen Mitschuldigen zu betrachten. Aber dieser Begriff der Mitschuld hat nur einen juristischen Sinn, hier hält er nicht stand; denn es hätte *von mir* abgehangen, daß dieser Krieg für mich und durch mich nicht existierte, und ich habe entschieden, daß er existiert. Es gab da keinen Zwang, denn der Zwang vermag nichts über eine Freiheit; ich hatte keinen Entschuldigungsgrund, denn – wie wir in diesem Buche wiederholt ausgeführt haben – es ist die Eigentümlichkeit der menschlichen Realität, daß sie ohne Entschuldigungsgrund ist. Außerdem aber ist er der *meinige,* denn schon auf Grund der Tatsache, daß er in einer von mir gestalteten Situation auftaucht und daß ich ihn dort nur dadurch entdecken kann, daß ich mich für oder gegen ihn einsetze, kann ich gegenwärtig nicht mehr die Wahl, die ich mit mir selbst vornehme, von der Wahl, die ich mit ihm vornehme, unterscheiden: diesen Krieg erleben, heißt, mich durch ihn erwählen und ihn durch meine Selbstwahl erwählen. Es kann keine Rede davon sein, ihn als «vier Jahre Ferien» oder als «Aufschub» oder eine «Sitzungspause» zu betrachten, so als ob das Wesentliche an meinen Verantwortlichkeiten anderswo läge, in meinem ehelichen, Familien- oder Berufsleben. Sondern in diesem Kriege, den ich gewählt habe, erwähle ich mich von einem Tag zum anderen und mache ihn zu dem meinigen, indem ich mich mache. Wenn er gleichbedeutend mit vier leeren Jahren sein soll, trage ich dafür die Verantwortung. Schließlich ist, worauf wir im vorigen Abschnitt hingewiesen haben, jede Person absolute Wahl ihrer selbst von einer ganzen Welt von Kenntnissen und Verfahren aus, die durch diese Wahl übernommen und gleichzeitig erhellt wird; jede Person ist ein Absolutes, das im Besitze eines absoluten datums und an einem anderen datum völlig undenkbar ist. Es ist also müßig, sich zu fragen, was aus mir geworden wäre, wenn dieser Krieg nicht ausgebrochen wäre, denn ich habe mich erwählt als einen der möglichen Sinngehalte der Zeit, die unmerklich zum Kriege führte; ich unterscheide mich nicht von dieser Zeit selbst, ich könnte ohne inneren Widerspruch nicht in eine andere Zeit versetzt werden. Also *bin ich* dieser Krieg, der die Zeit, die ihm vorangegangen ist, beendet, abgrenzt und verständlich macht. In diesem Sinne muß man dem oben zitierten Ausspruch: «es gibt keine unschuldigen Opfer», folgendes hinzufügen, damit die Verantwortlichkeit des Für-sich noch schärfer hervortritt: «Man hat den Krieg, den man verdient.» Demnach bin ich vollkommen frei, unterscheide mich nicht von der Zeit, deren Sinn zu sein ich gewählt habe, bin ich für den Krieg ebenso verantwortlich, als ob ich ihn selbst erklärt hätte, kann ich nichts erleben, ohne es in *meine* Situation einzufügen, ohne mich in ihr ganz einzusetzen und ihr mein Siegel aufzudrücken; und darum werde ich ohne Gewissensbisse und ohne Reue sein, so wie ich ohne Entschuldigungsgrund bin, denn seit dem Augenblick meines Auftauchens zum Sein trage ich für mich ganz allein das Gewicht der Welt, ohne daß etwas oder jemand es leichter machen könnte.

Indessen gehört diese Verantwortlichkeit zu einem ganz besonderen Typus. Man wird mir nämlich entgegenhalten, daß «ich nicht verlangt habe, geboren zu werden», was eine naive Art und Weise ist, unsere Geworfenheit zu betonen. Tatsächlich bin ich für alles verantwortlich, außer für meine Verantwortlichkeit selbst, denn ich bin nicht die Grundlage meines Seins. Alles geht so vor sich, als ob ich gezwungen wäre, verantwortlich zu sein. Ich bin in der Welt *verlassen*, nicht in dem Sinne, daß ich in einer feindlichen Welt im Stiche gelassen und tatenlos wäre wie ein auf dem Wasser treibendes Brett, sondern vielmehr in dem Sinne, daß ich mich plötzlich allein und hilflos befinde, eingesetzt in einer Welt, für die ich die ganze Verantwortung trage, ohne mich, was immer ich auch tue, auch nur für einen Augenblick von dieser Verantwortung losmachen zu können, denn selbst für meinen Wunsch, die Verantwortung zu fliehen, bin ich verantwortlich; mich zu etwas Passivem in der Welt zu machen, es abzulehnen, auf die Dinge oder auf die Anderen einzuwirken, auch das heißt, mich erwählen, und der Selbstmord ist eine Weise des In-der-Welt-Seins unter anderen. Indessen finde ich eine absolute Verantwortlichkeit auch auf Grund der Tatsache vor, daß meine Geworfenheit – das heißt hier das Faktum meiner Geburt – direkt nicht erfaßbar und sogar unverstehbar ist, denn dieses Faktum meiner Geburt wird mir niemals als solches sichtbar, sondern immer nur durch eine pro-jektierende Rekonstruierung seitens meines Für-sich hindurch; ich schäme mich oder wundere mich, geboren zu sein, oder ich freue mich darüber, oder ich bestätige beim Versuch, mir das Leben zu nehmen, daß ich lebe, und ich übernehme dieses Leben als schlecht. So *wähle* ich in gewissem Sinne, geboren zu sein. Diese Wahl ist gänzlich mit Geworfenheit behaftet, denn ich kann nicht nicht wählen; aber diese Geworfenheit wird ihrerseits nur insoweit sichtbar, als ich sie auf meine Ziele hin überschreite. Demnach ist die Geworfenheit überall, aber unerfaßbar; ich begegne immer nur meiner Verantwortlichkeit, und deshalb kann ich nicht fragen «Warum bin ich geboren?» oder den Tag meiner Geburt verwünschen oder erklären, ich hätte nicht verlangt, geboren zu werden, denn diese verschiedenen Einstellungen zu meiner Geburt, das heißt zu dem *Faktum*, daß ich in der Welt eine Anwesenheit realisiere, sind eben nichts anderes als die Arten, diese Geburt in voller Verantwortung zu übernehmen und aus ihr die *meinige* zu machen; auch in diesem Falle begegne ich nur mir und meinen

Entwürfen, dergestalt, daß schließlich meine Verlassenheit, das heißt meine Geworfenheit, einfach darin besteht, daß ich verurteilt bin, für mich selbst gänzlich verantwortlich zu sein. Ich bin das Seiende, das als ein Sein *ist,* dem es in seinem Sein um das Sein geht. Und dieses «ist» meines Seins ist ebenso gegenwärtig wie unerfaßbar.

Unter diesen Umständen, und da jedes Ereignis der Welt sich mir nur als *Gelegenheit* entdecken kann *(ausgenutzte, verfehlte, vernachlässigte* Gelegenheit usw.), oder, noch besser, da alles, was uns begegnet, als *Chance* angesehen werden kann, das heißt vor uns nur als ein Mittel in Erscheinung treten kann, dieses Sein zu realisieren, um das es in unserm Sein geht, und da die Anderen als transzendierte Transzendenzen selber auch nur *Gelegenheiten* und *Chancen* sind, erstreckt sich die Verantwortlichkeit des Für-sich auf die ganze bevölkerte Welt. Gerade in dieser Weise erfaßt sich das Für-sich in der Angst, das heißt als ein Seiendes, das weder die Grundlage seines Seins ist, noch des Seins des Anderen, noch der An-siche, die die Welt bilden, das aber gezwungen ist, über den Sinn des Seins, das in ihm selbst und überall außerhalb seiner ist, zu entscheiden. Wer in der Angst seine Seinsstellung realisiert, nämlich in eine Verantwortlichkeit geworfen zu *sein,* die sich bis auf seine Verlassenheit erstreckt, hat keine Gewissensbisse mehr, keine Anwandlungen von Reue und braucht keinen Entschuldigungsgrund; er ist weiter nichts als eine Freiheit, die sich in vollkommener Weise selbst entdeckt und deren Sein in eben dieser Entdeckung seinen Sitz hat. Aber die meiste Zeit fliehen wir, worauf am Anfang dieses Buches hingewiesen wurde, in Unwahrhaftigkeit vor dieser Angst.

ZWEITES KAPITEL

MACHEN UND HABEN

I

Die existentielle Psychoanalyse

Wenn es zutrifft, daß die menschliche Realität, wie wir darzutun versucht haben, durch die von ihr verfolgten Ziele verkündet und bestimmt wird, ist eine Untersuchung und Klassifizierung dieser Ziele unerläßlich. Wir haben ja im vorigen Kapitel das Für-sich nur unter dem Gesichtswinkel seines freien Sichentwerfens betrachtet, das heißt des Schwunges, mit dem es sich auf sein Ziel wirft. Nunmehr muß dieses Ziel selbst befragt werden, denn es *ist Bestandteil* der absoluten Subjektivität, und zwar als ihre transzendente und objektive Grenze. Das hat schon die empirische Psychologie geahnt, denn sie gibt zu, daß der einzelne Mensch durch seine Begierden bestimmt wird. Aber wir müssen uns hier vor zwei Irrtümern hüten: zunächst einmal wird der empirische Psychologe, der den Menschen mittels seiner Begierden definiert, Opfer einer substantialistischen Täuschung. Er sieht die Begierde so, als sei sie *im Menschen* in der Eigenschaft eines «Inhalts» von dessen Bewußtsein, und er glaubt, der Sinn der Begierde werde als der Begierde selbst inhärierend vorgefunden. Auf diese Weise geht er allem aus dem Wege, was die Vorstellung von einer Transzendenz hervorrufen könnte. Aber wenn ich ein Haus, ein Glas Wasser, einen Frauenleib begehre, wie könnten dann dieser Leib, dieses Glas, dieses Gebäude in meiner Begierde ihren Sitz haben, und wie könnte meine Begierde etwas anderes sein als das Bewußtsein von diesen Dingen als von begehrenswerten Dingen? Hüten wir uns also, diese Begierden als kleine psychische Entitäten anzusehen, die das Bewußtsein bewohnen: sie sind das Bewußtsein selbst in seiner pro-jektiven und transzendenten Struktur, insofern es grundsätzlich Bewußtsein *von* etwas ist.

Der andere Irrtum, der enge Verbindungen mit dem ersteren unterhält, besteht darin, die psychologische Untersuchung für beendet zu halten, sobald man das konkrete Insgesamt der empirischen Begierden erreicht hat. Auf diese Weise würde der Mensch durch das Bündel von Trieben bestimmt werden, die die empirische Beobachtung hat feststellen können. Natürlich wird der Psychologe sich nicht immer damit begnügen, die *Summe* aus diesen Trieben zu ziehen: mit Vergnügen wird er ihre Verwandtschaften, ihre Übereinstimmungen und ihr Zusammenspiel zutage fördern, er wird danach trachten, das Insgesamt der Begierden als ein synthetisches Gebilde darzustellen, in dem jede Begierde auf die andere einwirkt und sie beeinflußt. Ein Literaturhistoriker zum Beispiel, der die «Psychologie» Flauberts darzustellen versucht, schreibt, daß «dieser in seiner frühen Jugend als Normalzustand anscheinend eine beständige Überspanntheit gekannt habe, die aus dem zweifachen Erlebnis seines großartigen Ehrgeizes und seiner unbesieglichen Kraft bestand... Das Brausen seines jungen Blutes verwandelte sich *also* in eine Leidenschaft für das Schreiben, so wie es frühreifen Gemütern um das 18. Lebensjahr ergehen kann, die oft in der Kraft ihres Stiles oder in der Stärke ihrer dichterischen Erfindung das Mittel finden, das sie quälende Bedürfnis, viel zu tun und stark zu empfinden, zu betrügen».[1]

In diesen Sätzen steckt das Bemühen, die komplexe Persönlichkeit eines jungen Mannes auf einige Urbegierden zu reduzieren, so wie der Chemiker die zusammengesetzten Körper darauf reduziert, nichts als eine Verbindung einfacher Körper zu sein. Diese Urgegebenheiten wären also der großartige Ehrgeiz und das Bedürfnis, viel zu tun und stark zu empfinden; wenn diese Elemente in Verbindung treten, bringen sie eine anhaltende Überspanntheit hervor. Diese nährt sich – worauf Bourget mit einigen Worten, die wir nicht zitiert haben, hinweist – von vieler und gut gewählter Lektüre und sucht sich zu betrügen, indem sie sich in Erdichtungen Ausdruck verschafft, welche die Überspanntheit symbolisch befriedigen und eindämmen. Da haben wir im Entwurf die Entstehungsgeschichte eines literarischen «Temperamentes».

Zunächst einmal geht eine derartige psychologische *Analyse* aber von der Annahme aus, daß ein individueller Tatbestand von der Überschneidung abstrakter und allgemeiner Gesetze hervorgebracht werde. Der zu erklärende Tatbestand – hier die literarischen Anlagen des jungen Flaubert – wird in eine Verbindung *typischer* und abstrakter Begierden aufgelöst, so wie man ihnen «bei dem Jugendlichen überhaupt» begegnet. Was an ihnen konkret ist, ist nur ihre Verbindung; für sich allein sind sie nur Schemata. Das Abstrakte ist also, auf Grund dieser Hypothese, früher als das Konkrete, und das Konkrete ist nur ein Gebilde aus abstrakten Qualitäten; das Individuelle ist nur ein Schnittpunkt allgemeiner Schemata. Aber wir erkennen – neben der logischen Absurdheit einer solchen Annahme – an dem von uns gewählten Beispiel deutlich, daß ihr nicht dasjenige zu explizieren gelingt, was die Individualität des fraglichen pro-jectum gerade ausmacht. Daß «das Bedürfnis, stark zu empfin-

1 Paul Bourget, *Essais de Psychologie contemporaine:* G. Flaubert.

den» – ein allgemeines Schema – betrogen und eingedämmt wird, indem es Schreibbedürfnis wird, ist keine *Erklärung* der «Berufung» Flauberts: aber diese müßte eben erklärt werden. Ohne Zweifel kann man sich auf tausend unbedeutende und uns unbekannte Umstände berufen, die jenes Bedürfnis, zu empfinden, in ein Bedürfnis, zu handeln, umgeformt haben. Aber zunächst bedeutet das, auf eine Erklärung verzichten und sich gerade dem Unentdeckbaren anvertrauen [1]. Außerdem bedeutet es, das rein Individuelle, das man aus der Subjektivität Flauberts entfernt hat, in die äußeren Lebensumstände verlegen. Endlich beweisen die Briefe Flauberts, daß er lange vor der «Jugendkrise», seit seiner frühesten Kindheit, vom Bedürfnis, zu schreiben, geplagt wurde.

Auf jeder Stufe der oben zitierten Beschreibung treffen wir auf eine Lücke. Warum bringen bei Flaubert der Ehrgeiz und das Gefühl seiner Kraft *Überspanntheit* hervor und nicht vielmehr ein ruhiges Abwarten oder eine finstere Ungeduld? Warum zerfällt diese Überspanntheit in das Bedürfnis, viel zu tun, und in das, stark zu empfinden? Oder aber, was tut dieses Bedürfnis eigentlich, das infolge einer spontanen Zeugung am Schluß des Abschnittes plötzlich auftritt? Und warum wählt es gerade, sich symbolisch zu befriedigen, anstatt in heftigen Tathandlungen, in dummen Streichen, in Liebesabenteuern oder in Ausschweifungen Befriedigung zu suchen? Und warum wird diese symbolische Befriedigung, die übrigens gar nicht im Bereich der Kunst erfolgen mußte (es gibt zum Beispiel auch den Mystizismus), lieber in der *Schriftstellerei* gefunden als in der Malerei oder der Musik? «Ich hätte», schreibt Flaubert irgendwo, «ein großer Schauspieler werden können.» Warum hat er nicht versucht, es zu werden? Kurz, wir haben nichts begriffen, wir haben eine Folge von Zufällen gesehen, Begierden, die mit allen ihren Eigenschaften auseinander hervorgehen, ohne daß es möglich wäre, die Entstehungsgeschichte des Ganzen zu erfassen. Die *Übergänge*, das Werden, die Umbildungen wurden sorgsam vor uns verhüllt, und man beschränkte sich darauf, in jene Aufeinanderfolge Ordnung zu bringen, wobei man empirisch feststellbare Sequenzen zu Hilfe nahm (das Bedürfnis, etwas zu tun, geht beim Jugendlichen dem Bedürfnis, zu schreiben, voran), Abfolgen, die aber buchstäblich unverstehbar sind. Aber das nennt man eben Psychologie. Man schlage eine Biographie an irgendeiner Stelle auf, und man wird diese Art der Darstellung finden, mehr oder weniger unterbrochen von Berichten über äußere Ereignisse und von Hindeutungen auf die großen Er-

1 Da nämlich die Jugend Flauberts, soweit wir sie kennen, in dieser Hinsicht nichts Besonderes bietet, muß man die Wirksamkeit unwägbarer Fakten annehmen, die der Literaturgeschichte grundsätzlich entgehen.

klärungsidole unserer Zeit, auf Erbmasse, Erziehung, Milieu, physiologische Konstitution. Allerdings kommt es in sehr guten Büchern vor, daß die zwischen Vorhergehendem und Nachfolgendem aufgewiesene Verbindung (oder die zwischen zwei zusammenwirkenden und in wechselseitiger Beziehung zur Handlung stehenden Begierden) nicht nur nach Art der regelmäßigen Abfolgen begriffen wird; manchmal ist die Verbindung «verstehbar» in dem Sinn, in dem Jaspers es in seiner Allgemeinen Psychopathologie meint. Aber dieses Verstehen bleibt doch eine Erfassung *allgemeiner* Zusammenhänge. Man erfaßt zum Beispiel den Zusammenhang zwischen Keuschheit und Mystizismus, Schwäche und Heuchelei. Aber wir wissen immer noch nichts von der konkreten Beziehung zwischen *dieser* Keuschheit (*dieser* Enthaltsamkeit in bezug auf diese oder jene Frau, *diesem* Kampf gegen eine bestimmte Versuchung) und dem individuellen Gehalt eines Mystizismus; genauso findet übrigens die Psychiatrie ihr Genüge daran, die allgemeinen Strukturen des Irrsinns ans Licht zu ziehen, und sucht nicht den individuellen und konkreten Gehalt der Psychosen zu verstehen (warum dieser Mann jene historische Persönlichkeit zu sein glaubt, und nicht irgendeine andere; warum sein Kompensations-Irresein sich mit diesen Vorstellungen von Größe zufriedengibt, und nicht vielmehr mit bestimmten anderen, usw.).

Vor allem aber verweisen uns diese «psychologischen» Erklärungen schließlich auf unerklärbare Urgegebenheiten. Das sind die einfachen Körper der Psychologie. Man sagt zum Beispiel, Flaubert habe einen «großartigen Ehrgeiz» besessen, und die ganze, oben zitierte Darstellung stützt sich auf diesen ursprünglichen Ehrgeiz. Nun gut. Aber dieser Ehrgeiz ist ein irreduzibles Faktum, das den Geist in keiner Weise zufriedenstellt, denn die Unzurückführbarkeit hat hier keinen anderen Grund, als die Weigerung, die Untersuchung weiter vorzutreiben. Dort, wo der Psychologe haltmacht, ist die betreffende Tatsache eben als Urtatsache gegeben. Das erklärt jenen wirren Zustand aus Resignation und Unbefriedigtsein, in den uns die Lektüre solcher psychologischer Versuche versetzt: «Sieh mal an», sagt man sich, «Flaubert war ehrgeizig». Er «war so». Es wäre ebenso müßig, sich zu fragen, warum er so war, wie wissen zu wollen, warum er groß und blond war: irgendwo muß man wohl haltmachen, denn das ist eben die Kontingenz jeder realen Existenz. Dieser Felsen ist mit Moos bewachsen, der Felsen daneben ist es nicht. Gustav Flaubert hatte literarischen Ehrgeiz, sein Bruder Achilles war frei davon. Das ist so. Gleichermaßen wünschen wir die Eigenschaften des Phosphors kennenzulernen, und wir versuchen, sie auf die Struktur der chemischen Moleküle zurückzuführen, aus denen er zusammengesetzt ist. Aber warum gibt es Moleküle dieses

Typs? Es ist so, weiter läßt sich nichts sagen. Die Psychologie Flauberts besteht darin, die Komplexheit seiner Verhaltensweisen, seiner Empfindungen und Neigungen wenn möglich auf einige *Eigenschaften* zurückzuführen, einigermaßen vergleichbar denen der chemischen Körper, und es wäre albern, über sie hinausgehen zu wollen. Wir haben indessen das dunkle Gefühl, daß Flaubert seinen Ehrgeiz nicht «erhalten» hat. Er ist bedeutsam, also ist er frei. Weder die Erbmasse, noch die bürgerlichen Lebensbedingungen, noch die Erziehung können über ihn Rechenschaft ablegen; noch viel weniger die physiologischen Betrachtungen über das «nervöse Temperament», die eine Zeitlang Mode waren: der Nerv ist nicht *bedeutsam,* er ist eine kolloide Substanz, die für sich allein beschrieben werden muß und sich nicht transzendiert, um sich von anderen Wirklichkeiten verkünden zu lassen, was sie ist. Der Nerv kann also in keiner Weise eine Bedeutung begründen. In der einen Hinsicht ist Flauberts Ehrgeiz ein Faktum mit seiner ganzen Kontingenz – es ist richtig, daß es unmöglich ist, über ein Faktum hinwegzukommen –, in anderer Hinsicht aber *macht* sie sich, und unsere Befriedigung darüber verbürgt uns, daß wir jenseits dieses Ehrgeizes noch etwas anderes erfassen können, etwas wie eine radikale Entscheidung, die zwar weiterhin kontingent, aber doch das wirklich irreduzible Psychische ist. Was wir fordern – und was man nie uns zu geben versucht – ist ein *wirklich* Irreduzibles, das heißt ein Irreduzibles, dessen Unzurückführbarkeit für uns *evident* wäre, das aber keine Annahme des Psychologen und nicht das Ergebnis seiner Weigerung oder seiner Unfähigkeit ist, weiter vorzuschreiten, dessen Feststellung vielmehr von einem Gefühl der Befriedigung in uns begleitet wäre. Und diese Forderung entsteht bei uns nicht aus einer unablässigen Jagd nach der Ursache, aus einem Regreß ins Unendliche, den man so oft als konstitutiv für die rationale Forschung beschrieben hat, der übrigens keineswegs für die psychologische Untersuchung kennzeichnend ist, sondern sich in allen Disziplinen und bei allen Problemen vorfindet. Das ist nicht die kindische Suche nach einem «Weil», das keinem «Warum?» mehr Raum ließe –, sondern das ist, im Gegenteil, eine Forderung, die sich auf ein vorontologisches Verständnis für die menschliche Realität gründet und auf die damit verbundene Weigerung, den Menschen als analysierbar und auf Urgegebenheiten reduzierbar zu betrachten, auf bestimmte Begierden (oder «Triebe»), die vom Subjekt getragen werden, wie Eigenschaften von einem Objekt. Wenn wir ihn nämlich als einen solchen betrachten müßten, dann wäre zu wählen: *Flaubert,* der Mensch, den wir lieben oder verwünschen, tadeln oder loben können, der für uns der *Andere* ist, der unser eigenes Sein bloß auf Grund der Tatsache direkt angreift, daß er existiert hat – dieser Mensch wäre ursprünglich ein nicht qualifiziertes Substrat jener Begierden, das heißt eine Art ungeformter Töpferton, der diese Begierden passiv entgegenzunehmen hätte – oder aber er würde auf ein bloßes Bündel dieser irreduziblen Triebe reduziert. In beiden Fällen verschwindet der *Mensch*; wir finden *«denjenigen»* nicht mehr vor, *dem* dieses oder jenes Abenteuer *zugestoßen* ist: entweder wir treffen, wenn wir die *Person* suchen, auf eine metaphysische, nutzlose und widerspruchsvolle Substanz – oder das Sein, das wir suchen, zerfällt in einen Staub aus Phänomenen, die durch äußere Beziehungen miteinander verbunden sind. Was also jeder von uns gerade bei seinem Bemühen, Andere zu verstehen, fordert, ist zunächst, daß man niemals seine Zuflucht zu jener Substanzidee zu nehmen habe, die unmenschlich ist, weil sie diesseits des Menschlichen liegt. Ferner, daß das fragliche Sein nicht in Staub zerfällt, sondern man in ihm jene Einheit entdecken kann – von der die Substanz nur ein Zerrbild war –, die eine Einheit von Verantwortlichkeit sein muß, eine Einheit, die man lieben oder hassen, tadeln oder loben kann, kurz eine *personhafte* Einheit. Diese Einheit, die das Sein des betreffenden Menschen ist, ist freie *Einigung*. Und diese Einigung kann nicht *hinter* einer Mannigfaltigkeit herkommen, die sie eint. Sondern *Sein* heißt, für Flaubert, und für jedes andere «biographische» Objekt, in der Welt einswerden. Die irreduzible Einswerdung, die Flaubert *ist* und die uns zu enthüllen wir von den Biographen verlangen, ist also die Einigung eines *ursprünglichen Entwurfes*, eine Einigung, die sich uns als ein absolut Nichtsubstantielles enthüllen muß. Deshalb müssen wir auf Irreduzibles in den Einzelheiten verzichten, müssen die Evidenz selbst als Kriterium benutzen und dürfen in unserer Untersuchung nicht stehenbleiben, bevor es evident ist, daß wir weder weitergehen können noch müssen. Insbesondere dürfen wir nicht mehr versuchen, eine Person aus ihren Neigungen wieder aufzuerbauen, so wie man nach Spinoza nicht versuchen darf, die Substanz oder ihre Attribute durch Summierung der Modi wieder aufzuerbauen. Jede als irreduzibel dargestellte Begierde ist von einer absurden Kontingenz und zieht in die Absurdheit die in ihrem Insgesamt genommene menschliche Realität mit hinein. Wenn ich zum Beispiel von einem meiner Freunde aussage, daß er «Kahn zu fahren liebt», so nehme ich mir absichtlich vor, mit der Untersuchung dort haltzumachen. Andererseits aber konstituiere ich auf diese Weise ein kontingentes *Faktum*, das durch nichts erklärt werden kann und das, wenn es auch die Grundlosigkeit der freien Entscheidung, so doch keineswegs deren Eigengesetzlichkeit besitzt. Ich kann nämlich diese Neigung zum Kahnfahren nicht als Peters grundlegenden Entwurf ansehen, sie hat etwas Zweitrangiges und Abgeleitetes. Diejenigen, die in dieser Weise einen Charakter mittels aufeinanderfolgender Farbtupfen darstellen, werden sogleich zu verstehen geben, daß jeder dieser Tupfen – jede der fraglichen Begierden – mit den anderen durch Beziehungen reiner Kontingenz und bloßer Außenweltlichkeit verbunden ist. Diejenigen dagegen, die versuchen, jene Neigung zu erklären, betreten den Weg zu dem, was Comte den *Materialismus* nannte, das heißt den Weg zur Erklärung des Höheren durch das Niedere. Man sagt zum Beispiel, das fragliche Subjekt sei Sportsmann, der heftige Anstrengungen liebt, und außerdem Landbewohner, der die Freiluft-Sportarten besonders schätzt. So unterbaut man die zu erklärende Begierde mit allgemeineren und weniger differenzierten Trieben, die aber für die Begierde ganz einfach das sind, was die zoologischen Gattungen für die Art sind. Also besteht die psychologische Erklärung, falls sie nicht plötzlich haltzumachen beschließt, bald in einer Hervorhebung purer Beziehungen von Zusammenwirken oder von beständiger Aufeinanderfolge, bald in einer bloßen Klassifizierung. Peters Neigung für das Kahnfahren erläutern heißt dann, aus ihr ein Glied der Gattung der Neigungen für die Freiluft-Sportarten machen und heißt, diese Gattung an die der Triebe zum Sport überhaupt anknüpfen. Wir können übrigens noch allgemeinere und inhaltsärmere Titel finden, wenn wir die Liebe zum Sport als einen der Aspekte der Liebe zum Wagnis behandeln, die wiederum als eine Besonderung des grundlegenden Spieltriebes gegeben ist. Offensichtlich hat diese angeblich explikative Einteilung keinen größeren Wert und ist nicht interessanter als die Einteilungen der alten Botanik: wie diese läuft sie darauf hinaus, das Frühersein des Seins des Abstrakten vor dem Konkreten anzunehmen – als ob der Spieltrieb zunächst überhaupt vorhanden wäre, um sich dann unter der Wirkung der Umstände in Liebe zum Sport zu besondern, diese wieder zur Neigung für das Kahnfahren und diese schließlich zu dem Begehren, auf einem bestimmten Fluß, unter bestimmten Bedingungen und in einer bestimmten Jahreszeit Kahn zu fahren – und wie dieser gelingt es ihr nicht, die konkrete Bereicherung zu erklären, die der betreffende abstrakte Trieb auf jeder Stufe erfährt. Und wie könnte man überhaupt an eine Begierde, Kahn zu fahren, glauben, die *nur* Begierde wäre, Kahn zu fahren? Kann man wirklich zugeben, daß sie sich so einfach auf das reduziert, was sie ist? Die scharfsichtigsten unter den Moralphilosophen haben so etwas wie ein Überschreiten der Begierde durch sich selbst nachgewiesen. Pascal glaubte zum Beispiel in der Jagd, im Faustball, in hundert anderen Beschäftigungen das Bedürfnis nach Zerstreuung zu entdecken – das heißt, er förderte in einer Tätigkeit, die absurd wäre, wenn man sie auf sie selbst reduzierte, eine sie transzendierende Bedeutung zutage – das heißt einen Hinweis, der auf die menschliche Realität im allgemeinen und auf ihre Seinsstellung verweist. Ebenso haben Stendhal, trotz seiner engen Beziehungen zu den Ideologen, und Proust, trotz seiner intellektualistischen und analysierenden Neigungen, gezeigt, daß die Liebe und die Eifersucht nicht auf die nackte Begierde, *eine* Frau zu besitzen, zurückgeführt werden können, sondern daß sie darauf abzielen, sich *durch* die Frau *hindurch* der ganzen Welt zu bemächtigen: das ist der Sinn der Stendhalschen «cristallisation», und eben deswegen erscheint die Liebe, so wie Stendhal sie schildert, als eine Seinsweise in der Welt, das heißt als eine grundlegende Beziehung des Für-sich zur Welt und zu sich selbst (Selbstheit) durch eine bestimmte Frau hindurch: die Frau stellt nur einen leitfähigen Körper vor, der in den Stromkreis eingeschaltet ist. Diese Untersuchungen mögen ungenau oder nicht ganz zutreffend sein: nichtsdestoweniger lassen sie vermuten, daß es noch eine andere Methode als die rein analytische Darstellung geben muß. Ähnliches gilt für die Beobachtungen katholischer Romanschriftsteller, die in der fleischlichen Liebe sofort deren Sichüberschreiten auf Gott hin sehen, in Don Juan «den ewig Unerlösten», in der Sünde «die Stelle, wo Gott nicht ist». Es geht hier nicht darum, etwas Abstraktes hinter dem Konkreten zu finden: die Begeisterung für Gott ist nicht *weniger konkret* als die für eine bestimmte Frau. Vielmehr handelt es sich darum, unter unvollständigen und Teilaspekten des Subjektes die wirkliche Konkretisierung wiederzufinden, die indessen nur die Ganzheit seines Aufschwunges zum Sein sein kann, sein ursprünglicher Bezug zu sich, zur Welt und zum Anderen, und zwar innerhalb der Einheit aus *inneren* Beziehungen und aus einem grundlegenden Entwurf. Dieser Aufschwung kann nur rein individuell und einmalig sein; keineswegs entfernen wir uns dabei von der *Person*, wie es zum Beispiel die Untersuchung Bourges tut, der das Individuum durch Zusammenzählung allgemeiner Maximen konstituiert und uns nicht dazu bringen wird, unter dem Bedürfnis, zu schreiben – und *solche* Bücher zu schreiben – das Bedürfnis nach Tätigkeit überhaupt zu entdecken: sondern wir verwerfen im Gegenteil die Theorie des folgsamen Töpfertones ebenso wie die des Triebbündels und entdecken die Person in dem Anfangsentwurf, der sie konstituiert. Aus diesem Grunde wird sich die Unzurückführbarkeit des gewonnenen Ergebnisses mit Evidenz zeigen: nicht weil es ärmer und abstrakter, sondern weil es reicher ist: die unmittelbare Erkenntnis wird hier mit einer individuellen Vollständigkeit ausgestattet.

Die Frage ist also etwa so zu formulieren: wenn wir zugeben, daß die Person eine Ganzheit ist, können wir nicht erwarten, daß wir sie mittels einer Addition oder einer Zusammenordnung der verschiedenen, empirisch an ihr entdeckten Triebe, zusammensetzen können. Sondern sie drückt sich, im Gegenteil, in jeder Neigung, in jedem Triebe ganz und ungeteilt, wenn auch unter je verschiedenem Gesichtswinkel aus, etwa wie die Substanz sich bei Spinoza in jedem ihrer Attribute ganz ausdrückt. Wenn das so ist, müssen wir in jedem Trieb, in jeder Verhaltensweise des Subjekts eine Bedeutung entdecken können, von der die Verhaltensweise transzendiert wird. Eine *datierte* und besondere Eifersucht, mit der das Subjekt sich in bezug auf eine bestimmte Frau zu Geschichte macht, *bedeutet* für den, der in ihr zu lesen versteht, den umfassenden Bezug zur Welt, durch den das Subjekt sich als ein Selbst konstituiert. Mit anderen Worten: diese *empirische* Haltung ist selbst der Ausdruck der «Wahl eines intelligiblen Charakters». Und es gibt dabei nichts Geheimnisvolles, wenn es so ist – aber es gibt auch keinen intelligiblen Plan, den wir auch nur denkerisch erfassen könnten, wogegen wir den empirischen Daseinsplan des Subjektes in einzigartiger Weise ergreifen und in Begriffe fassen können: wenn die empirische Haltung die Wahl des intelligiblen Charakters *bedeutet*, so deshalb, weil *sie selbst* diese Wahl *ist*. Das besondere Merkmal der intelligiblen Wahl – wir kommen noch darauf zurück – ist nämlich, daß sie nur als transzendente Bedeutung jeder empirischen und konkreten Wahl existieren kann: sie wird nicht zunächst irgendwo im Unbewußten oder auf geistiger Ebene vollzogen, um sich *dann* in einer beobachtbaren Haltung auszudrükken, sie hat nicht einmal *ontologischen Vorrang* vor der empirischen Wahl, sondern sie ist grundsätzlich das, was sich immer aus der empirischen Wahl als ihr *Jenseits* und als die Unendlichkeit ihrer Transzendenz herausschälen muß. Wenn ich also auf dem Flusse rudere, bin ich nichts anderes – weder hier noch in einer anderen Welt – als dieses konkrete projectum, Kahn zu fahren. Aber insofern dieser Entwurf selbst die Ganzheit meines Seins ist, drückt er meine ursprüngliche Wahl doch unter besonderen Umständen aus, er ist nichts anderes als die Wahl meiner selbst als einer Ganzheit unter diesen Umständen. Deshalb muß eine besondere Methode es sich zur Aufgabe machen, jene grundlegende Bedeutung herauszuschälen, die der Entwurf enthält und die nichts anderes sein kann als das individuelle Geheimnis seines In-der-Welt-Seins. Lieber werden wir also versuchen, durch eine *Vergleichung* der verschiedenen empirischen Triebe eines Subjekts den grundlegenden Entwurf zu entdecken und herauszuschälen, der ihnen allen gemeinsam ist – und nicht durch eine bloße Zusammenzählung und Zusammensetzung dieser Triebe: in jedem steckt die Person ganz und ungeteilt.

Natürlich gibt es eine Unendlichkeit möglicher Entwürfe, so wie es eine Unendlichkeit möglicher Menschen gibt. Wenn wir indessen gewisse Merkmale als ihnen gemeinsam wiedererkennen und wenn wir versuchen sollen, sie in größere Kategorien zu ordnen, müssen zunächst Einzeluntersuchungen von den Fällen angestellt werden, die wir bequem studieren können. Bei diesen Untersuchungen wird uns folgendes Prinzip leiten: erst vor einer evidenten Unzurückführbarkeit haltmachen, das heißt, niemals glauben, man sei bis zum Anfangsentwurf vorgedrungen, solange das entworfene Ziel nicht als das *Sein selbst* des fraglichen Subjektes in Erscheinung tritt. Deshalb können wir nicht bei einer Einteilung in einen «eigentlichen» und einen «uneigentlichen Selbstentwurf», wie Heidegger sie durchführen will, stehenbleiben. Abgesehen davon, daß eine solche Einteilung ihrem Urheber zum Trotze und schon infolge von dessen Terminologie mit einem ethischen Anliegen belastet ist, beruht sie im Ganzen auf der Einstellung des Subjektes zu seinem eigenen Tode. Aber wenn der Tod Angst macht und wenn wir infolgedessen vor der Angst fliehen oder uns ihr entschlossen hingeben können, so ist die Aussage, das geschehe, weil wir auf das Leben Wert legen, banal. Infolgedessen können die Angst vor dem Tode, die Entschlossenheit oder die Flucht in die Uneigentlichkeit nicht als grundlegende Entwürfe unseres Seins angesehen werden. Sie können im Gegenteil nur auf der Grundlage eines Urentwurfes zu *leben* verstanden werden, das heißt getragen von einer ursprünglichen Erwählung unseres Seins. Man muß also in jedem Falle die Ergebnisse der Heideggerschen Hermeneutik überschreiten auf einen noch grundlegenderen Entwurf hin. Dieser grundlegende Entwurf darf nicht auf einen anderen verweisen und muß durch sich selbst verstanden werden. Er kann also weder den Tod, noch das Leben, noch ein anderes einzelnes Merkmal der menschlichen Realität betreffen: der ursprüngliche Entwurf eines Für-sich *kann nur auf sein Sein hinzielen;* der Entwurf, zu sein (oder die Begierde, zu sein, oder der Trieb, zu sein), kommt nämlich nicht von einer physiologischen Differenziertheit oder einer empirischen Kontingenz her; er unterscheidet sich tatsächlich nicht vom Sein des Für-sich. Das Für-sich ist nämlich ein Sein, dem es in seinem Sein um das Sein in Gestalt eines Seinsentwurfes geht. Für-sich *sein* heißt, sich das, was man ist, von einem mit dem Zeichen eines Wertes versehenen Möglichen verkünden lassen. Mögliches und Wert gehören dem Sein des Für-sich an. Denn das Für-sich stellt sich ontologisch als *Seinsmangel dar,* und das Mögliche gehört dem Für-sich als das an, *was ihm mangelt,* ebenso wie der Wert das Für-sich als die *mangelhafte* Seinsganzheit heimsucht. Was wir im zweiten Teil unseres Buches mit Hilfe des Terminus Mangel ausgedrückt haben, kann ebensogut mit *Freiheit* ausgedrückt werden. Das Für-sich wählt, weil es Mangel ist; die Freiheit ist eins mit dem Mangel, sie ist die konkrete Seinsweise des Mangels an Sein. Ontologisch läuft es also auf dasselbe hinaus, wenn man sagt, der Wert und das Mögliche seien als innere Grenzen eines Mangels an Sein vorhanden, der nur existieren kann, insoweit er Mangel an Sein ist – oder wenn man sagt, die Freiheit bestimme bei ihrem Auftauchen ihr Mögliches und umschreibe dadurch *ihren* Wert. Man kann also nicht noch höher hinaufgehen und auf das evident Unzurückführbare stoßen, wenn man den *Seinsentwurf* erreicht, denn man kann offensichtlich nicht höher hinauf, als das *Sein* ist, und zwischen Seinsentwurf, Möglichem und Wert einerseits, und *Sein* andererseits, besteht kein Unterschied. Der Mensch ist in grundlegender Weise *Seinsbegierde,* und die Existenz dieser Begierde braucht nicht mittels empirischer Induktion aufgewiesen werden; sie ergibt sich *a priori* aus einer Darstellung des Seins des Für-sich, denn die Begierde ist Mangel, und das Für-sich ist das Sein, das sich selbst sein eigener Seinsmangel ist. Der ursprüngliche Entwurf, der sich in jedem unserer empirisch beobachtbaren Triebe ausdrückt, ist also der *Seinsentwurf;* oder, wenn man lieber will, jeder empirische Trieb steht mit dem ursprünglichen Seinsentwurf in einem Zusammenhang, der in Ausdruck und symbolischer Befriedigung besteht, sowie es bei Freud die bewußten Triebe in bezug auf die Komplexe und die ursprüngliche Libido tun. Übrigens ist es nicht so, daß die Seinsbegierde *zunächst* vorhanden wäre, um *dann* durch die *aposteriorischen* Begierden ausgedrückt zu werden; sondern es gibt nichts außerhalb des symbolischen Ausdrucks, den sie in den konkreten Begierden findet. Es gibt nicht zunächst *eine* Seinsbegierde und dann tausend einzelne Gefühle, sondern die Seinsbegierde existiert und offenbart sich nur innerhalb und mittels der Eifersucht, des Geizes, der Liebe zur Kunst, der Feigheit, des Mutes, der tausend kontingenten und empirischen Ausdrucksgestalten, die bewirken, daß die menschliche Realität vor uns immer nur durch *einen Menschen,* durch eine einzelne Person *offenbart* in Erscheinung tritt.

Was nun das Sein betrifft, das der Gegenstand dieser Begierde ist, so wissen wir *a priori,* was es ist. Das Für-sich ist das Sein, das sich selbst sein eigener Seinsmangel ist. Und das Sein, dessen das Für-sich ermangelt, ist das An-sich. Das Für-sich taucht als eine Nichtung des An-sich auf, und diese Nichtung wird als projectum auf das An-sich hin bestimmt: zwischen dem genichteten An-sich und dem entworfenen An-sich ist das Für-sich Nichts [néant]. Also sind Zweck und Ziel der Nichtung, die ich bin, das *An-sich.* Demnach ist die menschliche Realität Begierde nach An-sich-Sein. Aber das An-sich, das von ihr begehrt wird, kann nicht rein kontingentes und absurdes An-sich sein, Punkt für Punkt demjenigen vergleichbar, dem sie begegnet und das sie nichtet. Die Nichtung muß nämlich, wie wir gesehen haben, einer Revolte des An-sich gleichgesetzt werden, das sich wider seine Kontingenz nichtet. Die Aussage, das Für-sich existiere seine Geworfenheit – wie wir in dem den Leib betreffenden Kapitel gesehen haben –, läuft auf die Aussage hinaus, die Nichtung sei das vergebliche Bemühen eines Seienden, sein eigenes Sein zu begründen, und das begründende Abstandnehmen rufe jenen winzigen Riß hervor, durch den das Nichts in das Sein gelangt. Das Sein, das den Gegenstand der Begierde des Für-sich bildet, ist also ein An-sich, das für sich selbst seine eigene Grundlage wäre, das heißt, das sich zu seiner Geworfenheit verhielte wie das Für-sich zu seinen Motivationen. Im übrigen kann das Für-sich, da es Verneinung des An-sich ist, nicht schlechthin die Rückkehr zum An-sich begehren. Wie bei Hegel kann auch hier die Negation der Negation nicht zum Ausgangspunkt des Prozesses zurückführen. Sondern ganz im Gegenteil, das, weswegen das Für-sich nach dem An-sich verlangt, ist gerade dessen unganze Ganzheit, ein «Zu Für-sich genichtetes An-sich»; anders ausgedrückt, entwirft das Für-sich *zu sein, insofern es Für-sich ist,* ein Sein, das sein möge, was es ist. Insofern es das ist, was es nicht ist, und nicht ist, was es ist, entwirft das Für-sich, zu sein, was es ist; insofern es Bewußtsein ist, will es die Undurchdringlichkeit und die unendliche Dichtigkeit des An-sich haben; insofern es Nichtung des An-sich und beständiges Entweichen vor der Kontingenz und der Geworfenheit ist, will es seine eigene Grundlage sein. Deshalb wird das Mögliche überhaupt als das entworfen, was dem Für-sich mangelt, um An-und-für-sich werden zu können; und der grundlegende Wert, der diesen Entwurf leitet, ist eben das An-und-für-sich, das heißt das Ideal eines Bewußtseins, das die Grundlage seines eigenen An-sich-Seins wäre, und zwar mittels des reinen Bewußtseins, das es von sich selbst gewönne. Das ist jenes Ideal, das man Gott nennen kann. Man kann also sagen, daß das, was den grundlegenden Entwurf der menschlichen Realität am besten verstehbar macht, der Umstand ist, daß der Mensch das Seiende ist, das die Absicht hegt, Gott zu werden. Wie späterhin auch immer die Mythen und die Riten der betreffenden Religionen aussehen mögen, zunächst ist Gott «fühlbar dem Herzen» des Menschen als das, was den Menschen verkündet und ihn in seinem äußersten und grundlegenden Entwurf bestimmt. Und wenn der Mensch ein vorontologisches Verständnis vom Sein Gottes besitzt, so sind es weder die großen Schauspiele der Natur, noch die Macht der Gesellschaft, die es ihm verschafft haben: sondern Gott, der Wert und das oberste Ziel der Transzendenz, stellt die ständige Grenze dar, von der her der Mensch sich verkünden läßt, was er ist. Mensch sein heißt, darauf abzielen, Gott zu werden; oder, wenn man lieber will, der Mensch ist im Grunde genommen Begierde, Gott zu sein.

Aber, wird man einwenden, wenn es so ist, wenn der Mensch schon bei seinem Auftauchen zu Gott als zu seiner Grenze getragen wird, wenn er nur Gott zu sein wählen kann, was wird dann aus der Freiheit? Denn die Freiheit ist nichts anderes als eine Wahl, die sich ihre eigenen Möglichkeiten schafft, während es hier so aussieht, als ob der Anfangsentwurf, Gott zu werden – der den Menschen «definiert» –, sich ziemlich eng mit einer menschlichen «Natur» oder einem «Wesen» verschwisterte. Wir entgegnen, daß, wenn auch der *Sinn* der Begierde letzten Endes der Entwurf ist, Gott zu werden, die Begierde niemals durch diesen Sinn konstituiert wird, sondern daß sie vielmehr immer eine *besondere Erfindung* ihrer Ziele ist. Diese Ziele werden nämlich von einer besonderen, empirischen Situation aus verfolgt; und von eben dieser Verfolgung wird die Umgebung in *Situation* konstituiert. Die Seinsbegierde wird immer nur als Begierde nach Seinsart realisiert. Und diese Begierde nach Seinsart drückt sich ihrerseits aus als der Sinn jener Myriaden von konkreten Begierden, die das Gewebe unseres bewußten Lebens ausmachen. Folglich stehen wir vor sehr verwickelten symbolischen Gebilden mit *wenigstens* drei Stufen. In der empirischen Begierde vermag ich die Symbolisierung einer grundlegenden und konkreten Begierde zu erkennen, die die *Person* ist und die die Art und Weise darstellt, in der sie entschieden hat, daß es in ihrem Sein um das Sein geht; und diese grundlegende Begierde drückt wiederum konkret, in der Welt und in der besonderen, die Person umzingelnden Situation eine abstrakte und bedeutsame Struktur aus, die die Seinsbegierde im allgemeinen ist und die betrachtet werden muß als die *menschliche Realität in der Person,* die ihre Verbundenheit mit Anderen erwirkt und die Behauptung ermöglicht, daß es wirklich den Menschen gibt und nicht bloß unvergleichbare Individualitäten. Die absolute Konkretheit und die Vollständigkeit, also die Existenz als Ganzheit, gehören demnach zur freien und grundlegenden Begierde oder zur *Person.* Die empirische Begierde ist davon nur eine Symbolisierung. Sie verweist darauf und erhält ihren Sinn davon, ist aber trotzdem nichts Ganzes und ist reduzierbar, denn sie ist die Begierde, die nicht aus sich selbst begriffen werden kann. Andererseits ist die Seinsbegierde in ihrer abstrakten Reinheit die *Wahrheit* der konkreten Grundbegierde, aber existiert nicht als Realität. So sind der grundlegende Entwurf oder die Person oder die freie Realisierung der menschlichen Wahrheit überall anzutreffen, in allen Begierden (mit den im vorigen Kapitel gemachten Vorbehalten, die zum Beispiel die «Gleichgültigkeit» betrafen); der grundlegende Entwurf wird immer nur durch die Begierden hindurch erfaßt werden – so wie wir den Raum nur durch die Körper hindurch, die ihn gestalten, erfassen können, wenn auch der Raum eine besondere Realität und kein Begriff ist – oder, wenn man so will, er ist so etwas wie das *Objekt* Husserls, das sich nur in «Abschattungen» darbietet, aber in keiner *Abschattung* aufgeht. An Hand dieser Hinweise können wir verstehen, daß die abstrakte und ontologische Struktur «Seinsbegierde» mit nichten die grundlegende und *menschliche* Struktur der Person vorstellt: sie kann für deren Freiheit keine Fessel bilden. Denn die Freiheit ist, wie wir im vorigen Kapitel gezeigt haben, streng gleichsetzbar der Nichtung: das einzige Seiende, das frei sein kann, ist das Seiende, das sein Sein nichtet. Außerdem wissen wir, daß die Nichtung *Seinsmangel* ist und nichts anderes sein kann. Die Freiheit aber ist das Sein, das sich zu Seinsmangel macht. Aber da die Begierde, wie wir festgestellt haben, mit dem Seinsmangel identisch ist, kann die Freiheit nur als das Sein auftauchen, daß sich zu Seinsbegierde macht, das heißt als Für-sich-Entwurf, *An-und-für-sich* zu sein. Wir sind hier bei einer abstrakten Struktur angelangt, die in keiner Weise als die Natur oder das Wesen der Freiheit angesehen werden kann, denn die Freiheit ist Existenz, und die Existenz an sich geht dem Wesen voran; die Freiheit ist unmittelbar konkretes Auftauchen und unterscheidet sich nicht von ihrem Wählen, das heißt von der *Person.* Aber die fragliche Struktur kann *Wahrheit* der Freiheit genannt werden, das heißt, sie ist die menschliche Bedeutung der Freiheit.

Die menschliche Wahrheit der Person muß, wie wir es versucht haben, mittels einer ontologischen Phänomenologie aufgewiesen werden – die Nomenklatur der empirischen Begierden muß den Gegenstand eigentlich psychologischer Untersuchungen bilden; Beobachtung und Induktion, nach Bedarf auch die Erfahrung, können eine solche Liste aufstellen helfen und den Philosophen auf die verstehbaren Zusammenhänge hinweisen, die zwischen den verschiedenen Begierden und Weisen des Sichverhaltens bestehen, können gewisse konkrete Verbindungen zwischen experimentell ermittelten «Situationen» (und die im Grunde genommen nur aus den Beschränkungen erwachsen, die im Namen der Positivität der grundlegenden Situation des Subjekts in der Welt auferlegt werden) sowie den Gegenstand der Erfahrung ans Licht ziehen. Aber für die Feststellung und Einteilung der Grundbegierden der *Personen* ist keine der beiden Methoden passend. Es kann nämlich nicht die Rede davon sein, *a priori* und ontologisch zu bestimmen, was in der ganzen Unberechenbarkeit einer freien Handlung sichtbar werden wird. Und deshalb beschränken wir uns hier darauf, die Möglichkeiten einer solchen Untersuchung und ihre Erfolgsaussichten kurz anzudeuten: daß man irgendeinen Menschen einer derartigen Untersuchung unterwerfen kann, das gehört eben zur menschlichen Realität überhaupt oder, wenn man lieber will, kann eben von einer Ontologie aufgewiesen werden. Aber die Untersuchung selbst und ihre Ergebnisse liegen grundsätzlich vollständig außerhalb der Möglichkeiten einer Ontologie.

Andererseits kann uns die schlechthin empirische Beschreibung nur Nomenklaturen liefern und uns vor die Gegenwart von Pseudo-Irreduziblem (Wunsch, zu schreiben, zu schwimmen, Liebe zum Wagnis, Eifersucht usw.) stellen. Und man muß ja nicht nur die Liste der Verhaltensweisen, Triebe und Neigungen aufstellen, man muß diese Dinge auch *entziffern,* das heißt man muß sie *zu befragen* verstehen. Diese Untersuchung kann nur nach den Regeln einer besonderen Methode durchgeführt werden. Diese Methode nennen wir existentielle Psychoanalyse.

Der *Grundsatz* dieser Psychoanalyse ist es, daß der Mensch eine Ganzheit und keine Ansammlung von irgend etwas ist; daß er folglich in der bedeutsamsten und in der oberflächlichsten seiner Verhaltensweisen ganz und ungeteilt zum Ausdruck kommt – anders ausgedrückt, daß es keine Liebhaberei, keine Absonderlichkeit, keine menschliche Tätigkeit gibt, die nichts *enthüllt.*

Das *Ziel* der Psychoanalyse ist es, die Weisen des empirischen Sichverhaltens des Menschen zu *entziffern,* das heißt, das, was jede enthüllen kann, ins volle Licht zu setzen und begrifflich festzulegen.

Ihr *Ausgangspunkt* ist die *Erfahrung; ihr Stützpunkt* das vorontologische und grundlegende Verständnis dafür, daß der Mensch menschliche Person hat. Obwohl nämlich die meisten Menschen die in einer Geste, einem Wort, einem Mienenspiel enthaltenen Anzeichen übersehen und sich über die Enthüllungen, die sie mit sich bringen, irren können, besitzt nichtsdestoweniger jede menschliche Person *a priori* einen *Sinn* für den Enthüllungswert dieser Bekundungen, ist sie nichtsdestoweniger fähig, sie zu entziffern, wenn ihr nur dabei geholfen und sie an der Hand geführt wird. Hier wie anderswo begegnet man der Wahrheit nicht zufällig, sie gehört nicht in einen Bereich, in dem man sie suchen müßte, ohne jemals vorher etwas von ihr gewußt zu haben, so wie man nach den Quellen des Nil oder des Niger suchen kann. Sie gehört *a priori* zum menschlichen Verständnis, und die wesentliche, zu leistende Arbeit ist Hermeneutik, das heißt Entzifferung, Festlegung und Inbegriffefassen.

Ihre *Methode* ist eine vergleichende: da nämlich jede menschliche Verhaltensweise die grundlegende, ins Licht zu setzende Wahl symbolisiert, und da gleichzeitig jede von ihnen diese Wahl unter den Merkmalen des aktuellen Anlasses und des geschichtlich Zweckmäßigen verbirgt, lassen wir mittels Vergleichung dieser Verhaltensweisen die einzige Enthüllung, die sie alle, wenn auch auf verschiedene Art zum Ausdruck bringen, hervortreten. Der erste Entwurf zu dieser Methode wurde uns von der Psychoanalyse Freuds und seiner Schüler geliefert. Deshalb ist es richtig, an dieser Stelle genauer anzugeben, inwieweit die existentielle Psychoanalyse von der eigentlichen Psychoanalyse beeinflußt ist und worin sie sich von ihr grundlegend unterscheidet.

Beide sind der Überzeugung, daß alle objektiv erschließbaren Bekundungen des «Seelenlebens» Beziehungen wie von Symbolisiertem zu Symbol mit den grundlegenden und umfassenden Strukturen unterhalten, die die *Person* im eigentlichen Sinne ausmachen. Beide sind der Überzeugung, daß es keine Urgegebenheiten gibt – ererbte Neigungen, Charakter usw. Die existentielle Psychoanalyse kennt nichts, was *vor* dem ursprünglichen Auftauchen der menschlichen Freiheit läge; die empirische Psychoanalyse behauptet, die Ur-Erregbarkeit des Individuums sei *vor* dessen Geschichte ein weißes Wachs. Die Libido ist aber außerhalb ihrer konkreten Fixierungen nichts, es sei denn eine beständige Möglichkeit, sich irgendwie auf irgend etwas festzusetzen. Beide betrachten das menschliche Sein als ein fortwährendes Zugeschichtewerden und sind weniger bestrebt, statische und konstante Gegebenheiten zu entdecken, als den Sinn, die Richtung und die Wendepunkte dieser Geschichte zu enthüllen. Auf Grund dieser Tatsachen betrachten beide den Menschen, wie er in der Welt ist, und glauben nicht, daß man einen Menschen über das, was er ist, befragen kann, ohne vor allem seine *Situation* in Betracht zu ziehen. Die psychoanalytischen Untersuchungen sind darauf aus, das Leben des Subjektes von der Geburt bis zum Beginn des Heilverfahrens zu rekonstruieren; sie benutzen alle objektiven Unterlagen, deren sie habhaft werden können: Briefe, Zeugenaussagen, Tagebücher, «soziale» Auskünfte aller Art. Und was sie zu rekonstruieren beabsichtigen, ist weniger das rein psychische Ereignis als zweierlei: das ausschlaggebende Ereignis der Kindheit und das, was sich psychisch an dieses Ereignis ankristallisiert hat. Auch hierbei handelt es sich um eine *Situation*. Jeder «geschichtliche» Tatbestand wird von diesem Gesichtspunkt aus als *Faktor* der psychischen Entwicklung und gleichzeitig als *Symbol* dieser Entwicklung betrachtet. Denn er ist nichts in sich selbst, er wirkt nur gemäß der Art und Weise, in der er aufgenommen wird, und eben diese Art und Weise, ihn aufzunehmen, drückt die innere Anlage des Individuums symbolisch aus.

Empirische und existentielle Psychoanalyse suchen beide nach einer Grundhaltung in Situation, die aber durch einfache und logische Definitionen nicht ausgedrückt werden kann, weil sie früher ist als jede Logik, die vielmehr eine Rekonstruktion nach den Regeln spezifischer Synthesen erfordert. Die empirische Psychoanalyse sucht den *Komplex* zu bestimmen, dessen Name schon auf die Mehrwertigkeit aller sich darauf beziehenden Bedeutungen hinweist. Die existentielle Psychoanalyse sucht die *ursprüngliche Wahl* zu bestimmen. Diese ursprüngliche Wahl, die mit dem Gesicht zur Welt vorgenommen wird und Wahl der Stellung in der Welt ist, ist ganzheitlich wie der Komplex; sie ist, wie der Komplex, früher als die Logik; sie *wählt* die Haltung der Person gegenüber der Logik und den Prinzipien; es kann also nicht die Rede davon sein, sie der Logik gemäß zu befragen. Sie faßt die Ganzheit des Daseienden in einer prälogischen Synthese zusammen und ist als solche der Mittelpunkt von Beziehungen einer Unendlichkeit mehrwertiger Bedeutungen.

Beide Psychoanalysen sind nicht der Meinung, daß das Subjekt sich in einer bevorrechtigten Stellung befindet, um zu derartigen Untersuchungen über sich selbst zu schreiten. Beide wünschen sich eine streng objektive Methode und behandeln die Gegebenheiten der Reflexion ebenso als Unterlagen wie die Zeugnisse Anderer. Ohne Zweifel *kann* das Subjekt eine psychoanalytische Untersuchung über sich selbst anstellen. Aber es muß dabei sofort auf den ganzen Vorteil seiner besonderen Stellung verzichten und sich genauso befragen, als wäre es jemand anderes. Die empirische Psychoanalyse geht nämlich von dem Grundsatz der Existenz eines unbewußten Seelenlebens aus, das sich der unmittelbaren Erkenntnis seitens des Subjektes prinzipiell entzieht. Die existentielle Psychoanalyse verwirft die Lehre vom Unbewußten: der psychische Tatbestand erstreckt sich für sie ebensoweit wie das Bewußtsein. Aber wenn der grundlegende Entwurf vom Subjekt vollkommen *erlebt* wird und als solcher völlig bewußt ist, so bedeutet das keineswegs, daß er von ihm zugleich *erkannt* werde, ganz im Gegenteil; unsere Leser erinnern sich vielleicht an die Sorgfalt, die wir in der Einleitung aufgewendet haben, um Bewußtsein von Erkenntnis genau zu unterscheiden. Sicherlich kann die Reflexion, wie wir gleichfalls gesehen haben, als ein Quasi-Bewußtsein angesehen werden. Aber was sie in jedem Augenblick erfaßt, ist nicht der reine Entwurf des Für-sich, so wie er symbolisch – und oft in verschiedener Weise gleichzeitig – durch das konkrete, von ihr aufgefaßte Verhalten zum Ausdruck kommt: sondern das konkrete Verhalten selbst, das heißt das einzelne und datierte Begehren in der dichten Verschlungenheit seiner Kennzeichen. Sie erfaßt Symbol und Symbolisiertes zugleich. Wohl besteht sie ganz und gar aus einem vorontologischen Verständnis des grundlegenden Entwurfes, mehr noch, insoweit die Reflexion *auch* nichtsetzendes Bewußtsein von sich selbst als von Reflexion ist, *ist* sie dieser gleiche Entwurf ebensogut wie das nicht reflexive Bewußtsein. Aber daraus ergibt sich nicht, daß sie über die notwendigen Hilfsmittel und Verfahren verfügt, um die symbolisierte

Wahl aus dem Zusammenhang herauszulösen, sie begrifflich festzulegen und sie ganz allein ins volle Licht zu rücken. Sie ist von einem großen Licht erfüllt, ohne ausdrücken zu können, was dieses Licht beleuchtet. Es handelt sich also nicht, wie die Freudianer glauben, um ein ungelöstes Rätsel: alles ist da, lichtvoll, die Reflexion hat alles, erfaßt alles. Sondern dieses «Geheimnis in vollem Licht» kommt vielmehr daher, daß dieses Haben nicht die Mittel hat, die eine *Analyse* und ein *Inbegriffefassen* gewöhnlich möglich machen. Die Reflexion erfaßt alles, alles auf einmal, ohne Schattierung, ohne Hervorhebung, ohne Größenverhältnis, nicht als ob diese Schattierungen, diese Tonwerte, diese Hervorhebungen zwar irgendwo vorhanden, aber ihr verborgen wären, sondern weil eine andere menschliche Einstellung dazu gehört, um sie festzustellen, und weil sie nur *durch und für* das Bewußtsein existieren können. Die Reflexion, die der existentiellen Psychoanalyse nicht als Grundlage dienen kann, wird ihr bloß die Rohstoffe liefern, zu denen der Psychoanalytiker eine objektive Haltung einnehmen muß. Nur so kann er *erkennen,* was er *bereits versteht.* Daraus ergibt sich, daß die aus den Tiefen des Unbewußten herausgeschnittenen Komplexe ebenso wie die von der existentiellen Analyse enthüllten Entwürfe *vom Standpunkt Anderer aus* aufgefaßt werden. Folglich ist das so zutage geförderte *Objekt* gemäß den Strukturen der transzendierten Transzendenz gegliedert, das heißt, sein Sein ist das Für-Andere-Sein; auch dann übrigens, wenn der Psychoanalytiker und das analysierte Subjekt ein und dasselbe sind. So kann der von beiden Psychoanalysen zutage geförderte Entwurf nur die Ganzheit der Person und das Unzurückführbare der Transzendenz sein, so wie sie *in ihrem Für-den-Anderen-Sein* sind. Allerdings entzieht sich dieser Untersuchungsmethode für immer der Entwurf, so wie er für sich selbst ist, also der Komplex in seinem Eigensein. Dieser Fürsich-Entwurf kann nur *gehabt* werden. Die Existenz für sich selbst und die objektive Existenz sind unvereinbar. Aber der Gegenstand der Psychoanalysen hat nichtsdestoweniger die *Realität eines Seienden;* seine Erkenntnis durch das Subjekt kann außerdem dazu beitragen, die Reflexion zu *erhellen,* und diese kann dann ein Haben werden, das Quasi-Wissen ist.

An dieser Stelle hören die Ähnlichkeiten der beiden Psychoanalysen auf. Sie unterscheiden sich nämlich in dem Maße, in dem die empirische Psychoanalyse eine Entscheidung über ihr Irreduzibles getroffen hat, anstatt es sich im Rahmen einer unmittelbaren evidenten Erkenntnis verkünden zu lassen. In der Tat bilden die Libido oder der Wille zur Macht einen psychobiologischen Rückstand, der nicht durch sich selbst klar ist und der in unseren Augen nicht das irreduzible Endglied der Untersuchung *sein muß.* Schließlich ermittelt doch nur die Erfahrung, daß die Grundlage der Komplexe jene Libido oder jener Wille zur Macht ist, und diese Ergebnisse einer empirischen Untersuchung sind völlig kontingent, sie überzeugen nicht: nichts hindert, *a priori* eine «menschliche Realität» zu konzipieren, die nicht im Willen zur Macht ihren Ausdruck findet, deren Libido nicht den ursprünglichen und undifferenzierten Entwurf konstituiert. Dagegen legt die Wahl, bis zu der die existentielle Psychoanalyse zurückgeht, Rechenschaft von ihrer ursprünglichen Kontingenz ab, und zwar eben weil sie Wahl ist, denn die Kontingenz der Wahl ist die Kehrseite ihrer Freiheit. Außerdem ist sie *als Wahl* beglaubigt, weil sie sich auf den *Seinsmangel* gründet, verstanden als Grundmerkmal des Seienden, und wir wissen, daß wir über die Wahl hinaus nicht vorzudringen haben. Jedes Ergebnis wird also völlig kontingent und gleichzeitig in legitimer Weise irreduzibel sein. Übrigens wird es stets ein *besonderes* sein, das heißt, wir werden als letztes Ende der Untersuchung und als Grundlage aller Weisen des Sichverhaltens keinen abstrakten und allgemeinen Terminus in der Hand haben, wie zum Beispiel die Libido, die sich in Komplexe und, unter dem Einfluß äußerer Tatsachen und der Geschichte des Subjekts, in einzelne Verhaltensweisen differenziert und konkretisiert, sondern wir werden im Gegenteil bis zu einer Wahl gelangen, die einheitlich bleibt und schon vom Ursprung her die absolute Konkretheit ist; die einzelnen Verhaltensweisen können diese Wahl zum Ausdruck bringen oder ihre *Einzelheiten sichtbar machen,* aber sie können sie nicht konkreter machen, als sie schon ist. Das kommt daher, daß diese Wahl nichts anderes ist als das *Sein* jeder menschlichen Realität und daß es auf das gleiche hinausläuft, wenn ich sage, daß sie eine Teil-Verhaltensweise *ist,* oder wenn ich sage, sie drücke die ursprüngliche Wahl dieser menschlichen Realität aus, denn für die menschliche Realität gibt es keinen Unterschied zwischen existieren und sich wählen. Auf Grund dieser Tatsache verstehen wir, daß die existentielle Psychoanalyse nicht von einem grundlegenden «Komplex», der eben die Seinswahl ist, bis zu einer Abstraktion, wie die Libido eine ist, zurückzugehen braucht, um durch diese Abstraktion den Komplex erklären zu lassen. Der Komplex ist äußerste Wahl, er ist Seinswahl und *macht sich zu einer solchen.* Jedesmal, wenn er ans Licht gezogen wird, erweist er sich als offensichtlich irreduzibel. Daraus folgt mit Notwendigkeit, daß die Libido und der Wille zur Macht für die existentielle Psychoanalyse weder als allgemeine und allen Menschen gemeinsame Merkmale noch als irreduzibel in Erscheinung treten werden. Höchstens könnte es vorkommen, daß man am Schluß einer Untersuchung festzustellen hat, sie drückten in ihrer Eigenschaft von besonderen Gesamtheiten bei gewissen Subjekten eine grundlegende Wahl aus, die indessen weder auf das eine noch auf das andere reduziert werden könnte. Denn wir haben gesehen, daß die Begierde und die Sexualität überhaupt eine grundlegende Anstrengung des Für-sich ausdrücken, sein von Anderen entfremdetes Sein wieder in Besitz zu bekommen. Der Wille zur Macht setzt, ursprünglich, auch das Sein für Andere voraus, das Verstehen des Anderen sowie die Wahl, sein Heil mit Hilfe des Anderen zu versuchen. Die Grundlage dieser Einstellung muß in einer Urwahl enthalten sein, die die radikale Gleichsetzung des An-und-für-sich mit dem Für-den-Anderen-Sein verständlich macht.

Die Tatsache, daß das letzte Glied dieser existentiellen Untersuchung eine *Wahl* sein muß, ist für die Psychoanalyse, deren Methode und hauptsächliche Charakterzüge wir skizzieren, besonders typisch: damit verzichtet sie darauf, eine mechanische Einwirkung der Umwelt auf das fragliche Subjekt anzunehmen. Die Umwelt kann auf das Subjekt nur in genau dem Maße einwirken, in dem dieses sie versteht, das heißt, in dem dieses sie in Situation verwandelt. Keine objektive Darstellung dieser Umwelt kann uns also etwas nützen. Von Anfang an verweist die als Situation verstandene Umwelt auf ein wählendes Für-sich, geradeso wie das Für-sich durch sein Sein in der Welt auf die Umwelt verweist. Indem wir auf alle mechanischen Verursachungen verzichten, verzichten wir zugleich auf *allgemeingültige* Deutungen des fraglichen Symbolismus. Da es nicht unser Ziel sein kann, empirische Gesetzmäßigkeiten von Aufeinanderfolge zu ermitteln, können wir keine allgemeine Symbolik schaffen. Sondern der Psychoanalytiker muß jedesmal eine Symbolik in Abhängigkeit von dem besonderen, von ihm betrachteten Fall neu erfinden. Wenn das Sein eine Ganzheit ist, so ist tatsächlich nicht zu verstehen, wieso elementare Symbolbeziehungen bestehen können (Kot = Gold, Nadelkissen = Brust usw.), die auf alle Fälle eine konstante Bedeutung behalten, das heißt unbeeinträchtigt bleiben, wenn man von einem bedeutsamen Insgesamt zu einem anderen Insgesamt übergeht. Außerdem wird der Psychoanalytiker niemals den Umstand aus den Augen verlieren dürfen, daß die Wahl etwas Lebendiges ist und daß sie folglich von dem untersuchten Subjekt jederzeit *widerrufen* werden kann. Im vorigen Kapitel haben wir die Wichtigkeit des *Augenblicks* nachgewiesen, der die jähen Richtungsänderungen und die Einnahme einer neuen Stellung gegenüber einer unveränderlichen Vergangenheit darstellt. Von einem solchen Moment an muß man immer bereit sein, in Betracht zu ziehen, daß die Symbole ihre Bedeutung wechseln können, und bereit sein, die bisher benutzte Symbolik fallenzulassen. Also muß die existentielle Analyse durchaus beweglich sein und sich den geringsten, am Subjekt beobachtbaren Veränderungen anpassen: es kommt hier darauf an, das *Individuelle* zu verstehen und oft sogar das im jeweiligen Augenblick vorhandene. Eine Methode, die bei einem Subjekt gute Dienste geleistet hat, kann eben auf Grund dieser Tatsache bei einem anderen Subjekt oder bei dem gleichen Subjekt zu einem späteren Zeitpunkt nicht angewendet werden.

Und eben weil es das Ziel der Untersuchung sein muß, eine *Wahl*, und nicht einen Zustand zu entdecken, muß diese Untersuchung bei jeder Gelegenheit dessen eingedenk sein, daß ihr Gegenstand nicht eine in den Finsternissen des Unbewußten vergrabene Gegebenheit ist, sondern eine freie und bewußte Selbstbestimmung – die nicht einmal im Bewußtsein ihren Sitz hat, sondern mit diesem Bewußtsein selbst eins ist. Die empirische Psychoanalyse ist in dem Maße, in dem ihre Methode mehr wert ist als ihre Grundsätze, oft auf dem Wege zu einer existentiellen Entdeckung, wenn sie auch immer wieder auf dem Wege stehenbleibt. Wenn sie in dieser Weise der grundlegenden Wahl nahe kommt, brechen die Widerstände des Subjektes mit einem Male zusammen, und es *erkennt* plötzlich das Bild, das man ihm vorhält, *wieder*, als ob es sich in einem Spiegel erblickte. Dieses unwillkürliche Zeugnis des Subjektes ist für den Psychoanalytiker wertvoll: er sieht das Zeichen dafür, daß er dem Ziele nahe ist; er kann von den Untersuchungen im engeren Sinne zum Heilverfahren übergehen. Aber weder in seinen Prinzipien, noch in seinen Anfangsgrundsätzen gibt es etwas, was es ihm ermöglichte, ein solches Zeugnis zu verstehen oder zu benutzen. Woher nimmt er das Recht dazu? Wenn der Komplex wirklich unbewußt ist, das heißt, wenn das Zeichen durch eine Schranke vom Bezeichneten getrennt ist, wie könnte das Subjekt ihn *wiedererkennen*? Ist es der unbewußte Komplex, der sich wiedererkennt? Aber ist er nicht ohne *Verständnis*? Und wenn man ihm eine Fähigkeit, die Zeichen zu verstehen, zubilligen müßte, müßte man dann nicht gleichzeitig aus ihm ein bewußtes Unbewußtes machen? Was ist denn Verstehen anderes, als Bewußtsein davon, daß man verstanden hat? Sollen wir vielleicht sagen, daß das Subjekt, insofern es bewußt ist, das ihm vorgehaltene Bild wiedererkennt? Aber wie könnte es es mit einer seiner wirklichen Sinneserregungen vergleichen, da das Bild für sein Bewußtsein unerreichbar war und da das Subjekt von ihm niemals Kenntnis gehabt hat? Höchstens könnte es zu dem Urteil gelangen, daß die psychoanalytische Erklärung seines Falles eine *wahrscheinliche* Hypothese ist, die ihre Wahrscheinlichkeit von der Zahl der Verhaltensweisen herleitet, die sie erklärt. Das Subjekt befindet sich also – nach dieser Deutung – in der Lage eines Dritten, nämlich des Psychoanalytikers selbst, und besitzt keine bevorrechtigte Position. Und wenn es an die Wahrscheinlichkeit der psychoanalytischen Hypothese *glaubt,* kann dann dieser bloße Glaube, der sich in den Grenzen seines Bewußtseins hält, einen Bruch der Schranken herbeiführen, die die unbewußten Triebe eindämmen? Der Psychoanalytiker hegt ohne Zweifel eine unklare Vorstellung von einem plötzlichen Zusammenfallen des Bewußten mit dem Unbewußten. Aber er hat sich aller Mittel entblößt, dieses Zusammenfallen positiv zu verstehen.

Indessen ist die Aufhellung des Subjektes eine Tatsache. Es gibt da eine unmittelbare Erkenntnis, die vom Gefühl der Evidenz begleitet wird. Das vom Psychoanalytiker geleitete Subjekt tut mehr und besseres, als einer Hypothese seine Zustimmung zu geben: es berührt, es sieht, was es ist. Das ist nur dann wirklich zu verstehen, wenn das Subjekt niemals aufgehört hat, sich seiner tiefsten Triebe bewußt zu sein, oder vielmehr, wenn diese Triebe sich nicht von seinem Bewußtsein selbst unterscheiden. In diesem Falle läßt, wie wir oben gesehen haben, die psychoanalytische Deutung das Subjekt nicht *Bewußtsein gewinnen* von dem, was es ist: sie läßt es davon *Kenntnis nehmen.* Es ist also Sache der existentiellen Psychoanalyse, die letzte *unmittelbare* Erkenntnis des Subjektes als entscheidend in Rechnung zu stellen.

Diese Vergleichung ermöglicht es uns, besser zu verstehen, was eine existentielle Psychoanalyse sein muß, wenn sie soll existieren können. Sie ist eine Methode, die dazu bestimmt ist, in streng objektiver Form die subjektive Wahl ans Licht zu ziehen, durch die jede Person sich zur Person macht, das heißt sich verkünden läßt, was sie ist. Da das, was die Methode sucht, eine *Seinswahl* und gleichzeitig ein *Sein* ist, muß sie die einzelnen Weisen des Sichverhaltens auf die Grundrelationen zurückführen, die sich in jenen Weisen des Sichverhaltens ausdrücken, und zwar nicht auf die Grundrelation einer Sexualität oder eines Willens zur Macht, sondern auf die *eines Seins.* Sie wird also von Anfang an auf ein Seinsverständnis hingeleitet und darf sich kein anderes Ziel bestimmen, als das Sein zu finden und die Seinsart des Seienden gegenüber diesem Sein. Bevor sie dieses Ziel erreicht hat, darf sie nicht haltmachen. Sie wird von dem Seinsverständnis Gebrauch machen, das den Untersuchenden kennzeichnet, insofern er selbst menschliche Realität ist; und da sie danach trachtet, das Sein der symbolischen Ausdrucksformen des Seienden herauszuschälen, muß sie jedesmal, und zwar auf den Grundlagen eines vergleichenden Studiums der Verhaltensweisen, eine Symbolik neu erfinden, dazu bestimmt, sie zu entziffern. Das Kriterium des Erfolges wird für sie die Anzahl der Tatbestände sein, die ihre Hypothese zu erklären und auf einen Nenner zu bringen erlaubt, wird aber auch die evidente unmittelbare Erkenntnis der Unzurückführbarkeit des erreichten Endgliedes sein. Zu diesem Kriterium kommt in allen Fällen, wo es möglich ist, das entscheidende Zeugnis des Subjektes. Die so erreichten Ergebnisse – das heißt die letzten Zielsetzungen des Individuums – können dann Gegenstand einer Klassifizierung werden, und auf dem Boden einer Vergleichung dieser Ergebnisse können wir allgemeine Betrachtungen anstellen über die menschliche Realität, insofern sie empirische Wahl ihrer eigenen Ziele ist. Die mittels dieser Psychoanalyse untersuchten Verhaltensweisen werden nicht nur die Träume, die Fehlleitungen, die Besessenheit und die Neurosen sein, sondern auch und vor allem die Gedanken des Wachzustandes, die erfolgreichen und passenden Handlungen, der Lebensstil usw. Diese Psychoanalyse hat ihren Freud noch nicht gefunden; höchstens kann man ein Vorgefühl für sie in gewissen, besonders geglückten Biographien finden. Wir hoffen, an anderer Stelle den Versuch machen zu können, zwei Beispiele dafür zu geben: Flaubert und Dostojewskij. Aber hier kommt es für uns gar nicht darauf an, daß die neue Methode existiert: wichtig ist für uns, daß sie möglich ist.

II

Tun und Haben: Der Besitz

Jene Erkenntnisse, welche die Ontologie an den Verhaltensweisen und der Begierde gewinnen kann, müssen der existentiellen Psychoanalyse als Richtlinien dienen. Das bedeutet nicht, daß es vor aller Besonderung abstrakte und allen Menschen gemeinsame Begierden gäbe, sondern heißt, daß die konkreten Begierden Strukturen aufweisen, die Gegenstand der Ontologie sind, da jede Begierde, sowohl die Begierde zu essen oder zu schlafen wie das Verlangen, ein Kunstwerk zu schaffen, die ganze menschliche Realität ausdrückt. Wie wir anderen Orts gezeigt haben [1], muß in der Tat die Erkenntnis des Menschen umfassend sein; die empirischen und partiellen Erkenntnisse entbehren in diesem Bereich jeder Bedeutsamkeit. Wir werden daher unsere Aufgabe erfüllt haben, wenn wir die bisher gewonnenen Erkenntnisse benutzen, um die Grundlagen für eine existentielle Psychoanalyse zu entwerfen. Hier hört in der Tat die Ontologie auf: ihre letzten Entdeckungen sind die ersten Prinzipien der Psychoanalyse. Von da an bedarf es aber auch einer neuen Methode, da der Gegenstand ein anderer ist. Was lehrt uns also die

1 Vgl. Esquisse d'une théorie phénoménologique des émotions, Herman Caul 1939.

Ontologie über die Begierde, insofern das Begehren das Sein der menschlichen Realität ist?

Die Begierde ist, wie wir gesehen haben, Mangel an Sein. Als solche *erstreckt* sie sich unmittelbar *auf* das Sein, dessen Mangel sie ist. Wir sahen, dieses Sein ist das An-sich-für-sich, das Substanz gewordene Bewußtsein, die Ursache ihrer selbst seiende Substanz, der Gott-Mensch. Somit ist die menschliche Wirklichkeit ursprünglich kein substantielles Sein, sondern gelebte Beziehung: die Pole dieser Beziehung sind einerseits das ursprüngliche An-sich, wie es in seiner Kontingenz und Faktizität fixiert ist und dessen charakteristischer Wesenszug ist, daß es *ist*, daß es *vorkommt*, und andererseits das An-sich-für-sich oder Wert, das wie das Ideal des kontingenten An-sich ist und sich als jenseits jeder Kontingenz und jeder Existenz kennzeichnet. Der Mensch ist weder das eine noch das andere dieses Seins, denn er *ist* nicht: er ist vielmehr, was er nicht ist, und ist nicht, was er ist, er ist die Nichtung des kontingenten An-sich, insofern das genichtete Sich seine Flucht nach vorn zu einem An-sich der Ursache seiner selbst ist. Die menschliche Realität ist bloßes Bemühen, Gott zu werden, ohne daß es ein Substrat dieses Bemühens, ohne daß es *etwas* gäbe, was sich derart bemüht. Diese Bemühung wird durch die Begierde ausgedrückt.

Indessen ist die Begierde nicht allein in Beziehung zu dem Ursache seiner selbst seienden An-sich bestimmt. Sie ist ebenso bezogen auf ein konkretes Vorhandenes, das man gewöhnlich den Gegenstand der Begierde nennt. Dieser Gegenstand kann einmal ein Stück Brot sein, dann ein Auto, eine Frau oder auch ein noch nicht verwirklichtes und trotzdem bestimmtes Objekt: etwa wenn ein Künstler ein Werk zu schaffen begehrt. Derart drückt die Begierde durch ihre Struktur bereits die Beziehung des Menschen zu einem oder mehreren Gegenständen der Welt aus, sie ist eine der Ansichten des In-der-Welt-seins. So betrachtet, scheint es zunächst, als wäre diese Beziehung nicht typisch gleichartig. Die Redeweise von einer «Begierde nach etwas» ist nur eine Abkürzung. In Wahrheit zeigen uns tausend empirische Beispiele, daß wir jenen Gegenstand zu *besitzen*, jene Sache zu *tun* oder etwas zu *sein* begehren. Begehre ich jenes Bild, so heißt das, daß ich es zu kaufen wünsche, um es mir anzueignen. Begehre ich, ein Buch zu schreiben oder spazierenzugehen, so will ich in beiden Fällen etwas *tun*. Schmücke ich mich, so begehre ich, schön zu *sein*; ich bilde mich, um gelehrt zu *sein*, usw. Somit erscheinen uns auf den ersten Blick die großen drei Kategorien der konkreten menschlichen Existenz in ihrer ursprünglichen Verbundenheit: *Tun*, *Haben* und *Sein*.

Es ist jedoch leicht zu bemerken, daß die Begierde des Tuns sehr wohl weiter rückführbar ist. Man macht einen Gegenstand, um mit ihm eine bestimmte Beziehung aufzunehmen. Und diese neue Beziehung ist unmittelbar auf das «Haben» zurückzuführen. Zum Beispiel schneide ich aus einem Ast einen Stock (ich «mache» aus einem Ast einen Stock), um diesen zu *haben.* Das *Tun* reduziert sich auf ein Mittel, zu haben. Und dies ist der häufigste Fall. Aber es kann auch geschehen, daß meine Tätigkeit nicht sofort als derart rückführbar erscheint. Sie kann zwecklos scheinen, wie im Fall der wissenschaftlichen Forschung, des Sports oder der künstlerischen Gestaltung. Aber auch in diesen verschiedenen Fällen ist das *Tun* ebenso reduzierbar. Schaffe ich ein Bild, ein Drama oder eine Melodie, so geschieht es in der Absicht, eine konkrete Existenz hervorzubringen. Und diese Existenz interessiert mich nur in dem Maße, wie das Band des Erzeugens, das ich zwischen ihr und mir herstelle, mir über sie ein besonderes Eigentumsrecht gibt. Es handelt sich nicht nur darum, daß jenes Bild, das mir vorschwebt, existieren soll, sondern es soll außerdem *durch mich* existieren. Das Ideal wäre in einem Sinn natürlich, daß ich es durch eine Art fortdauernder Kreation im Sein erhalte und daß es derart *mein* sei wie eine dauernd erneuerte Emanation. In einem anderen Sinn jedoch muß es sich völlig von mir unterscheiden, um *mein* zu sein und nicht *ich;* die Gefahr wäre hier, wie in der Cartesischen Theorie der Substanzen, daß seine Wirklichkeit sich mangels ihrer Unabhängigkeit und Objektivität in meinem eigenen Sein auflöst; daher muß es auch *an sich* existieren, das heißt, *aus sich selbst* dauernd seine Existenz erneuern. Infolgedessen erscheint mir mein Werk wie eine fortdauernde Schöpfung, zugleich aber als im An-sich erstarrt; es trägt unbegrenzt «mein Kennzeichen», das heißt, es ist unbegrenzt «mein» Gedanke. Jedes Kunstwerk ist ein Gedanke, eine «Idee»; seine Merkmale sind rein geistiger Art, insoweit es nichts als Bedeutung ist. Diese Idee, diese Bedeutung, die in einem Sinn fortwährend in Aktion ist, wie wenn ich sie dauernd bilden würde, wie wenn ein Geist sie ohne Aufhören ersinnen würde – ein Geist, der *mein* Geist wäre –, diese Idee erhält sich andererseits von selbst im Sein und hört nicht auf, in Aktion zu sein, wenn ich sie im Augenblick nicht denke. Ich stehe also zu ihr in der doppelten Beziehung des Bewußtseins, das sie *ersinnt,* und des Bewußtseins, das ihr *begegnet.* Eben diese doppelte Beziehung drücke ich aus, indem ich sage, sie sei *mein.* Wir werden ihren Sinn begreifen, sobald wir die Bedeutung der Kategorie «Haben» näher präzisiert haben. Ich *schaffe* mein Werk, um diese doppelte Beziehung in der Synthese der Aneignung aufzunehmen. Denn, in der Tat, eben diese Synthese von Ich und Nicht-ich (Vertrautheit, Durchsichtigkeit des Gedankens – Dunkelheit, Gleichgültigkeit des An-sich) beabsichtige ich eigentlich, und sie macht aus dem Werk mein Eigentum. Auf diese Weise eigne ich mir jedoch nicht allein die wirklichen Kunstwerke an, denn jener Stock, den ich aus einem Ast geschnitten habe, wird mir im gleichen Sinn ebenso auf zweifache Weise gehören: einmal als ein Gebrauchsgegenstand, über den ich verfüge und den ich wie meine Kleider oder Bücher besitze, und zweitens als mein Werk. Diejenigen, die sich gern mit Gebrauchsgegenständen ihrer eigenen Fertigung umgeben, treiben somit nur die Aneignung auf die Spitze. Sie vereinigen am gleichen Gegenstand und in einem Synkretismus die Aneignung durch Nutznießung und die Aneignung durch Schöpfung. Eine solche Einheit des gleichen Entwurfs findet man vom Fall der künstlerischen Schöpfung bis zur Zigarette wieder, die «besser ist, wenn man sie selber dreht». Wir werden diesem Entwurf sogleich wieder begegnen bei Gelegenheit eines besonderen Besitzes, der wie seine Verfallserscheinung ist und den man den *Luxus* nennt, denn, wie wir sehen werden, bezeichnet der Luxus nicht eine Eigenschaft des Gegenstandes des Besitzes, sondern eine Eigenschaft der Besitzweise.

Wie wir in der Einleitung dieses Teils zeigten, ist das *Erkennen* ebenso ein Sich-aneignen. Daher ist auch die wissenschaftliche Forschung nichts anderes als ein Bemühen um Aneignung. Die entdeckte Wahrheit ist wie das Kunstwerk *meine* Erkenntnis; sie ist das Noema eines Gedankens, das sich erst enthüllt, wenn ich den Gedanken bilde, und daher in gewisser Weise so erscheint, als wäre es von mir in der Existenz erhalten. Durch mich wird eine Seite der Welt entdeckt, und sie entdeckt sich mir. In diesem Sinn bin ich Schöpfer und Besitzer. Nicht etwa, weil ich den Seinsaspekt, den ich entdecke, für eine reine Vorstellung halte, sondern im Gegenteil, weil der Aspekt, der nur durch mich entdeckt wird, zutiefst und wirklich *ist.* Ich kann sagen, ich *manifestiere* ihn, in dem Sinn, wie Gide uns sagt, «wir müssen stets Manifestanten sein». Jedoch finde ich in dem *Wahrheits*charakter meines Denkens, das heißt, in seiner Objektivität, eine Unabhängigkeit wieder, die derjenigen des Kunstwerks analog ist. Jener Gedanke, den ich bilde und der seine Existenz von mir empfängt, führt zugleich durch sich selbst seine Existenz weiter, in dem Maße, wie er der *Gedanke aller* ist. Er ist *Ich* auf doppelte Weise, da er die sich mir entdeckende Welt ist und Ich bei den anderen, meinen Gedanken mit dem Geist der anderen bildend, und er ist zugleich auf doppelte Weise vor mir verschlossen, da er das Sein ist, das ich nicht bin (insofern es sich mir entdeckt), und da er von seinem ersten Erscheinen ab der Gedanke aller ist, ein zur Anonymität bestimmter Gedanke. Diese Synthese von Ich und Nicht-ich kann auch hier wieder durch den Begriff *mein* ausgedrückt werden. Zudem ist in der Idee der Entdeckung, der Enthüllung, auch die Idee eines aneignenden Genusses enthalten. Das Sehen ist Genuß, sehen heißt *deflorieren.* Untersucht man die gewöhnlich gebrauchten Vergleiche, mit denen die Beziehung des Erkennenden zum Erkannten beschrieben wird, so stellt man fest, daß viele von ihnen sie wie eine *Vergewaltigung durch den Anblick* darstellen. Das nicht erkannte Objekt ist wie unbefleckt, jungfräulich gegeben, dem *Weißen* vergleichbar. Es hat sein Geheimnis noch nicht «verraten», der Mensch hat es ihm noch nicht *«entrissen»*. All diese Bilder heben hervor, daß das Objekt nichts von den Forschungen und Instrumenten weiß, die auf es zielen: es ist sich nicht bewußt, erkannt zu werden, es lebt vor sich hin, ohne den Blick zu bemerken, der ihm nachspäht, wie eine Frau, die ein Wanderer im Bad überrascht. Dumpfere und deutlichere Bilder wie das der «unverletzten Tiefen» der Natur erinnern genauer an den Koitus. Man reißt der Natur die Schleier ab, man enthüllt sie (Vgl. Schillers *Das verschleierte Bild zu Saïs*); jede Untersuchung enthält stets die Idee einer Nacktheit, die man aufdeckt, indem man die sie bedeckenden Hindernisse beseitigt, wie Aktäon die Zweige zur Seite schiebt, um Diana im Bad besser zu sehen. Übrigens ist die Erkenntnis eine Jagd. Bacon nennt sie die Jagd Pans. Der Forscher ist der Jäger, der eine weiße Nacktheit überrascht und mit seinem Blick vergewaltigt. Das Insgesamt solcher Bilder enthüllt uns somit etwas, das wir den *Aktäon-Komplex* nennen wollen. Nehmen wir übrigens diese Idee einer Jagd zum Leitfaden, so entdecken wir ein anderes, vielleicht noch ursprünglicheres Symbol: denn man jagt, um zu essen. Beim Tier entspringt die Neugier stets der Sexualität oder der Nahrungssuche. Erkennen heißt, mit den Augen essen [1]. Hinsichtlich der sinnlichen Erkenntnis ist in der Tat ein umgekehrter Vorgang festzustellen wie im Fall des künstlerischen Schaffens. Dort sahen wir, daß das Kunstwerk zum Geist in der Beziehung einer erstarrten Emanation steht. Der Geist erschafft es fortwährend, und trotzdem erhält es sich allein, und zwar so, als werde es von dieser Erzeugung gar nicht betroffen. Genau die gleiche Beziehung findet sich im Erkenntnisakt. Aber sie schließt die Umkehrung nicht aus: im Erkennen zieht das Bewußtsein seinen Gegenstand an sich und verleibt ihn sich ein; die Erkenntnis ist Assimilierung; die französischen Wissenschaftslehren wimmeln von Ernährungsmetaphern (Aufnahme, Verdauung, Assimilierung). Es gibt somit eine Bewegung der Auflösung, die vom Gegenstand zum erkennenden Subjekt geht. Das Erkannte verwandelt sich in *mich*, es wird mein Gedanke und duldet damit, seine Existenz von mir allein zu erhalten. Diese Auflösungsbewegung erstarrt jedoch, allein weil das Erkannte am selben Platz bleibt; dauernd wird es aufgenommen, gegessen, und dauernd bleibt es unver-

1 Für das Kind bedeutet Erkennen wirklich Essen. Es will das *schmekken,* was es sieht.

sehrt, es wird ganz verdaut und befindet sich trotzdem ganz außen, ungenießbar wie ein Stein. In der naiven Vorstellungswelt ist immer wieder die Bedeutung des Symbols des «unverdaulichen Verdauten» festzustellen, der Stein im Straußenmagen, Jonas im Bauch des Walfisches. Es bezeichnet den Traum von einer nicht zerstörerischen Assimilierung. Das Unglück ist indessen – wie Hegel bemerkte –, daß die Begierde ihren Gegenstand zerstört. (Die Begierde, sagte er, ist in diesem Sinn Begierde zu essen). Gegen diese dialektische Notwendigkeit reagierend, träumt das Für-sich von einem Gegenstand, der vollständig von mir assimiliert wäre, der *ich* geworden wäre, ohne sich in mir aufzulösen, indem er seine Struktur eines *An-sich* bewahrt, denn das, was ich begehre, ist eben *dieser* Gegenstand; wenn ich ihn aber esse, habe ich ihn gerade nicht mehr und finde nurmehr mich. Diese unmögliche Synthese der Assimilierung und der bewahrten Unversehrtheit des Assimilierten trifft sich in ihren tiefsten Wurzeln mit den Grundtendenzen der Sexualität. Der körperliche «Besitz» bietet uns in der Tat das aufreizende und verführerische Bild eines dauernd besessenen und doch dauernd neuen Körpers, auf dem der Besitz keine Spur hinterläßt. Das wird zutiefst von den Eigenschaften des «Glatten», des «Blanken» symbolisiert. Das Glatte kann ergriffen, betastet werden und bleibt doch nicht weniger undurchdringlich, es entflieht wie Wasser der besitzergreifenden Liebkosung. Deshalb wird in erotischen Beschreibungen immer wieder das glatte Weiße des Frauenkörpers hervorgehoben. Glatt: was unter der Liebkosung seine Gestalt bewahrt, wie das Wasser sich nach dem Versinken des Steins, der es durchlöchert hat, wieder zusammenschließt. Zugleich aber träumt, wie wir sahen, der Liebende davon, sich mit dem geliebten Gegenstand zu identifizieren, obwohl er dessen Individualität wiederum bewahren will: der andere soll ich sein, ohne aufzuhören, der andere zu sein. Eben dasselbe liegt in der wissenschaftlichen Untersuchung vor: wie der Stein im Straußenmagen, ist der erkannte Gegenstand ganz in mir, von mir assimiliert, in mich selbst verwandelt; gleichzeitig ist er aber undurchdringlich, unveränderlich, ganz glatt, in der teilnahmslosen Nacktheit eines geliebten, erfolglos erregten Körpers. Er bleibt außerhalb, und Erkennen heißt, außerhalb essen, ohne etwas zu verzehren. Man ersieht hieraus, wie die Tendenzen der Sexualität und der Ernährung miteinander verschmelzen und sich durchdringen, um den Aktäon-Komplex und den Jonas-Komplex zu erzeugen; man sieht, wie die Verdauung und die Sinnlichkeit sich in der Tiefe miteinander vereinigen, um die Begierde nach Erkenntnis entstehen zu lassen. Die Erkenntnis ist *Eindringen* und zugleich *oberflächliche* Liebkosung, Verdauung und distanzierte Betrachtung eines nicht zu verformenden Gegenstands, Erzeugung eines Gedankens durch dauernde Neuschöpfung und Gewahrwerden der vollkommenen objektiven Unabhängigkeit dieses Gedankens. Der erkannte Gegenstand ist *mein Gedanke als Sache.* Und eben danach begehre ich zutiefst, sobald ich zu forschen beginne: meinen Gedanken als eine Sache zu erfassen und die Sache als meinen Gedanken. Die Synkretistische Beziehung, die derart verschiedene Tendenzen miteinander verschmilzt, kann nur eine Beziehung der *Aneignung* sein. Daher ist auch die Begierde nach Erkenntnis, mag sie noch so uneigennützig erscheinen, eine Beziehung der Aneignung. Das *Erkennen* ist eine der Formen, die das *Haben* annehmen kann.

Es bleibt eine Art Aktivität, die man gern als völlig zweckfrei darstellt: das *Spiel* und die «Tendenzen», die sich auf es beziehen. Kann man etwa auch im Sport eine Tendenz zur Aneignung nachweisen? Nun ist zunächst gewiß zu bemerken, daß das Spiel, indem es dem Ernst entgegengesetzt ist, die am wenigsten besitzende Haltung zu sein scheint, denn es nimmt dem Wirklichen seine Wirklichkeit. Der Ernst liegt vor, wenn man von der Welt ausgeht und ihr mehr Wirklichkeit als sich selbst beimißt, oder zumindest, wenn man sich selbst Wirklichkeit in dem Maße beilegt, wie man zur Welt gehört. Es ist kein Zufall, daß der Materialismus ernsthaft ist, und es ist kein Zufall, daß er immer und überall die auserwählte Doktrin des Revolutionärs bildet. Denn auch die Revolutionäre sind ernsthaft. Sie erkennen sich selbst von der Welt her, die sie erdrückt, und sie wollen diese erdrückende Welt verändern. Dabei finden sie sich in Übereinstimmung mit ihren alten Gegnern, den Besitzenden, die sich ebenso auf Grund ihrer Stellung in der Welt selbst erkennen und einschätzen. Jeder ernste Gedanke wird derart von der Welt verdickt und gerinnt; in ihm steckt eine Abdankung der menschlichen Wirklichkeit zugunsten der Welt. Der Ernsthafte gehört der Welt an und kann nicht mehr zu sich selbst Zuflucht nehmen; er erwägt nicht einmal mehr die Möglichkeit, *aus* der Welt zu gehen, da er sich selbst die Existenzweise eines Felsen, die Beharrlichkeit, Bewegungslosigkeit und Undurchsichtigkeit des Inmitten-der-Welt-seins gegeben hat. Es versteht sich, daß der Ernsthafte das Bewußtsein seiner Freiheit in der Tiefe seines Innern vergraben hat, er ist *unwahrhaftig*, und seine Unwahrhaftigkeit bezweckt, ihn in seinen eigenen Augen als eine Schlußfolgerung darzustellen: alles ist für ihn Folgerung, und niemals gibt es einen Anfang, deshalb ist er auch so sorgsam auf die Folgen seines Handelns bedacht. Marx hat das ursprüngliche Dogma des Ernsthaften aufgestellt, indem er den Vorrang des Objektiven vor dem Subjektiven behauptete, und der Mensch ist ernsthaft, wenn er sich selbst als Objekt ansieht.

Ebenso wie die Kierkegaardsche Ironie setzt in der Tat das Spiel die Subjektivität frei. Was ist das Spiel anders als eine Aktivität, deren Ursprung der Mensch selber ist, deren Grundsätze er selber festlegt und die nur Folgen gemäß den angenommenen Grundsätzen haben kann? Sobald der Mensch sich selbst als frei erfaßt und seine Freiheit gebrauchen will, so wird, welche Angst ihn auch sonst bedrückt, seine Tätigkeit zum Spiel: er ist in der Tat dessen Grundprinzip, hier entgeht er der natura naturata, bestimmt selbst den Wert und die Regel seines Handelns und willigt nur in eine Zahlung gemäß den Regeln ein, die er selbst gesetzt und bestimmt hat. Daher rührt die «geringe Wirklichkeit» der Welt. Es scheint somit, als könne sich der Spieler, der nur damit beschäftigt ist, sich in seinem eigenen Handeln als frei zu entdecken, überhaupt nicht darum kümmern, ein Seiendes der Welt zu *besitzen*. Der Zweck, den er durch den Sport, die Pantomime oder die eigentlichen Spiele anvisiert, ist, sich selbst als ein bestimmtes Sein zu erreichen, und zwar als das Sein, um das es in seinem Sein geht. Diese Bemerkungen beweisen indessen gerade nicht, daß die Begierde des *Tuns* im Spiel nicht weiter rückführbar wäre. Sie zeigen uns im Gegenteil, daß die Begierde nach einem Tun sich hier auf eine bestimmte Begierde nach einem Sein zurückführen läßt. Das Handeln ist auch hier nicht sein eigener Zweck; ebensowenig ist das explizite Ziel sein Zweck und tieferer Sinn; seine Funktion ist vielmehr, die absolute Freiheit, die das Sein der Person selbst ist, kundzutun und *ihr selbst* zu vergegenwärtigen. Dieser besondere Typus des Entwerfens, der die Freiheit zur Grundlage und als Zweck hat, würde eine eigene Untersuchung verdienen. Er unterscheidet sich in der Tat grundlegend von allen anderen Arten, da er etwas völlig Verschiedenes bezweckt. Vor allem müßten seine Beziehungen zu jenem Entwurf, Gott zu sein, ausführlich erörtert werden, der uns als Grundstruktur der menschlichen Wirklichkeit erschienen ist. Hier kann diese Untersuchung nicht vorgenommen werden: sie kommt in der Tat einer *Ethik* zu und setzt voraus, daß zuvor die Natur und die Bedeutung der reinigenden Reflexion abgegrenzt sind (unsere Beschreibungen berücksichtigten bisher nur die «mitschuldige» Reflexion), und sie setzt außerdem eine Stellungnahme zu den dem Für-sich vorschwebenden Werten voraus, die nur *moralisch* sein kann. Und trotzdem ist die Begierde zu spielen grundsätzlich eine Begierde zu sein. Auch hier lassen sich somit die drei Kategorien «Sein», «Tun», «Haben», wie sonst auf zwei zurückführen: das «Tun» ist rein transitiv. Eine Begierde kann eigentlich nur Begierde zu *sein* oder Begierde zu *haben* sein. Andererseits ist das Spiel nur selten von jeder Tendenz zur Aneignung frei. Ich lasse den Wunsch, eine Leistung zu erreichen, einen Rekord zu brechen, beiseite, der als Anreiz auf den Sportler wirken kann; ich spreche nicht einmal von dem, einen schönen Körper, harmonischen Muskelbau «zu haben», der aus der Begierde entspringt, sich sein eigenes Sein-für-Andere objektiv anzueignen. Solche Begierden spielen nicht immer eine Rolle und sind im übrigen hier nicht grundlegend. Jedoch gibt es in der sportlichen Tätigkeit selber einen Faktor der Aneignung. In der Tat ist der Sport die freie Verwandlung einer Umwelt zu einem stützenden Element des Handelns. Er ist daher schöpferisch wie die Kunst. Nehmen wir ein Schneefeld, eine Alm. Es zu sehen, heißt schon, es besitzen. Es wird an sich selbst schon im Erblicken als Symbol des Seins erfaßt [1]. Es stellt die reine Äußerlichkeit, die grundsätzliche Räumlichkeit dar; seine Undifferenziertheit, seine Gleichförmigkeit und Weiße geben die absolute Nacktheit der Substanz kund; es ist das An-sich, das nur An-sich ist, das Sein des Phänomens, das sich plötzlich außerhalb eines jeden Phänomens zeigt. Seine *feste* Unbeweglichkeit drückt zugleich die Beständigkeit und objektive Widerständlichkeit des An-sich aus, seine Undurchsichtigkeit und Undurchdringlichkeit. Aber dieser anfängliche intuitive Genuß kann mir nicht genügen. Das reine An-sich, das dem absoluten und intelligiblen *plenum* der Cartesischen Ausdehnung gleicht, fasziniert mich wie eine reine Erscheinung des Nicht-Ich; daher verlange ich, daß sich dieses An-sich in Beziehung zu mir in einer Beziehung meiner Emanation befinden und dennoch zugleich an sich bleiben soll. Hier liegt bereits der Sinn der Schneemänner und Schneebälle, die die Kinder machen: ihr Zweck ist, «etwas aus diesem Schnee zu machen», das heißt, ihm eine Form aufzuzwingen, die so eng mit dem Stoff verwachsen ist, daß dieser nur um jener willen zu existieren scheint. Nähere ich mich jedoch dem Schneefeld, suche ich mit ihm durch meine Aneignung in Berührung zu kommen, so ändert sich alles: sein Maßstab ist verändert; es existiert Zoll für Zoll, statt aus großen Flächen zu bestehen; und jeder Quadratzentimeter wird von Flecken, Reisigstücken, Spalten individualisiert. Seine Festigkeit zerschmilzt gleichzeitig zu Wasser: ich versinke bis zu den Knien, nehme ich Schnee in meine Hand, so verflüssigt er sich zwischen meinen Fingern und verfließt, es bleibt nichts mehr von ihm: das An-sich verwandelt sich zum Nichts. Zugleich entschwindet mein Traum, den Schnee zu besitzen. Ich *weiß* dann nicht mehr, *was* ich mit dem Schnee, den ich aus der Nähe sehen wollte, *machen soll:* ich kann das Feld nicht ergreifen, ich kann es nicht einmal mehr als jene substantielle Ganzheit wiederherstellen, die sich meinem Blick dargeboten hatte und die nun auf doppelte Weise eingestürzt ist. Der Sinn des *Schilaufs* ist nicht nur, mir schnelle Ortsveränderungen und eine technische Geschicklichkeit zu ermöglichen, und auch nicht nur, damit zu *spielen,* daß ich nach Belieben meine Geschwindigkeit oder die Schwierigkeit meiner Bewegung steigere; er

1 Vgl. den nächsten Abschnitt.

soll mir zugleich erlauben, das Schneefeld zu *besitzen.* Denn so *mache ich etwas aus ihm.* Das heißt, daß ich durch die Tätigkeit des Schilaufs sein Material und seine Bedeutung verändere. Weil es mir jetzt in meinem Lauf als ein Hang zur Abfahrt erscheint, findet es die Beständigkeit und Einheit wieder, die es verloren hatte. Es ist jetzt verbindender Stoff. Es ist von zwei Zielpunkten eingefaßt, es verbindet den Ausgangspunkt mit dem Ort der Ankunft; und da ich es bei meiner Abfahrt nicht an sich selbst Zoll für Zoll betrachte, sondern jenseits der Stelle, an der ich mich befinde, stets einen zu erreichenden Punkt ins Auge fasse, löst es sich nicht mehr in eine Unendlichkeit individueller Einzelheiten auf, sondern wird *auf* das gesetzte Ziel *hin durchlaufen.* Mein Lauf ist nicht nur eine Tätigkeit der Ortsveränderung, sondern zugleich und vor allem eine synthetische Tätigkeit der Gliederung und Verbindung: ich breite vor mir das Schifeld aus in der gleichen Weise, wie der Geometer nach Kant eine gerade Linie nur begreifen kann, indem er sie zieht. Im übrigen betrifft diese Gliederung nur den Rahmen und nicht das Zentrum: das Schneefeld wird nicht an sich selbst und um seiner selbst willen geeint; das angesetzte und klar erfaßte Ziel, der Gegenstand meiner Aufmerksamkeit ist vielmehr mein Ankunftspunkt. Der schneebedeckte Raum sammelt sich darunter, ist mitinbegriffen; seine Kohäsion ist die gleiche wie die von einem Umkreis beschriebene weiße Fläche, wenn ich zum Beispiel die schwarze Linie eines Kreises betrachte, ohne ausdrücklich auf die Kreisfläche zu achten. Eben weil ich ihn nur am Rande mitinbegriffen und stillschweigend einbezogen sein lasse, paßt er sich mir an, habe ich ihn in der Hand und überschreite ihn auf seinen Zweck hin, ebenso wie der Tapezierer den Hammer überschreitet, der ihm nur zu seinem Zweck dient, einen Stoff an die Wand zu nageln. Keine Aneignung kann vollständiger sein als diese instrumentale Aneignung, denn die synthetische Tätigkeit der Aneignung ist hier zugleich eine Technik des Benutzens. Der Schnee taucht wie das Material meiner Handlung auf, ebenso wie das Auftauchen des Hammers die bloße Erfüllung des Hämmerns ist. Zugleich habe ich einen bestimmten Blickpunkt gewählt, um diesen schneebedeckten Hang zu erfassen: dieser Blickpunkt ist eine bestimmte *Geschwindigkeit,* die von mir ausgeht, die ich nach Belieben steigern oder verringern kann und die das durchlaufene Feld zu einem bestimmten Objekt macht, das klar unterschieden ist von dem, das es bei einer anderen Geschwindigkeit wäre. Die Geschwindigkeit gliedert die Ganzheiten nach ihrem Maßstab; jenes Objekt gehört zu einer bestimmten Gruppe oder nicht, je nach der Geschwindigkeit, die ich gewählt habe (man denke etwa an die verschiedenen Arten, die Provence «zu Fuß», «per Auto», «mit der Bahn» oder «mit dem Fahrrad» zu besichtigen; sie hat ein völlig anderes Gesicht, je nachdem, ob Béziers eine Stunde, einen Vormittag oder zwei Tage von Narbonne entfernt ist, das heißt, ob Narbonne abgelegen ist und mit seiner Umgebung für sich erscheint oder aber eine zusammenhängende Gruppe etwa mit Béziers und Sète bildet. In diesem Fall ist seine *Beziehung zum Meer* unmittelbar einsichtig, im anderen Fall wird sie *verneint*, und ist nur der Gegenstand eines bloßen Begriffs). Durch die freie Geschwindigkeit, die ich mir gebe, *gestalte* ich somit das Schneefeld. Zugleich wirke ich jedoch auch auf mein *Material* ein. Die Geschwindigkeit beschränkt sich nicht darauf, einem anderweitig gegebenen Material eine Form aufzuzwingen; sie *schafft* auch ein Material. Der Schnee, der unter meinem Gewicht einsank, solange ich ging, der zu Wasser zerschmolz, als ich ihn zu fassen suchte, verfestigt sich plötzlich unter der Einwirkung meiner Geschwindigkeit und trägt mich. Sein geringes Gewicht, seine Nicht-Substantialität und sein dauerndes Entschwinden habe ich nicht aus den Augen verloren. Ganz im Gegenteil: eben dieses geringe Gewicht, dieses Entschwinden und die geheime Flüssigkeit tragen mich, das heißt, verdichten sich und verschmelzen miteinander, um mich zu tragen. Ich habe nämlich zu dem Schnee eine besondere Beziehung der Aneignung: das *Gleiten.* Wir werden diese Beziehung noch im einzelnen untersuchen. Wir können jedoch bereits ihren Sinn erfassen. Beim Gleiten, sagt man, bleibe ich auf der Oberfläche. Das stimmt jedoch nicht ganz; gewiß, ich streife die Oberfläche nur, und dieses Streifen selbst verdient eine ganze Untersuchung. Trotzdem realisiere ich aber auch nach der Tiefe hin eine Synthese; ich fühle, daß die Schneedecke sich in ihrer ganzen Tiefe dazu gestalten muß, mich zu tragen; das Gleiten ist ein Einwirken *aus der Entfernung,* es sichert meine Beherrschung der Materie, ohne daß ich in sie einsinken und an ihr kleben muß, um sie zu bezähmen. Gleiten ist das Gegenteil von Anwurzeln. Die Wurzel ist der sie ernährenden Erde schon halb angeglichen, sie ist eine lebendige Konkretion der Erde; sie kann die Erde nur ausnutzen, indem sie selbst zur Erde wird, das heißt in einem Sinn, indem sie sich dem Stoff, den sie benutzen will, unterwirft. Das Gleiten verwirklicht hingegen eine materielle Einheit nach der Tiefe hin, ohne weiter als bis zur Oberfläche zu dringen: es gleicht einem gefürchteten Lehrer, der nichts zu wiederholen noch die Stimme zu heben braucht, um Gehorsam zu erlangen. Ein wunderbares Bild der Macht! Daher rührt der bekannte Ratschlag: «Gleitet, ihr Sterblichen, stemmt euch nicht auf», was nicht bedeutet: «Bleibt oberflächlich, geht nicht in die Tiefe», sondern vielmehr: «Verwirklicht Synthesen in der Tiefe, aber ohne euch bloßzustellen». Und eben das Gleiten ist Aneignung, da die von der Geschwindigkeit realisierte Synthese der Abstützung nur für den Gleitenden selbst gilt und nur für die Zeit seines Gleitens. Die Festigkeit des Schnees besteht nur für mich und ist nur für mich spürbar; sie ist ein Geheimnis, das er mir allein anvertraut und das *hinter mir* schon nicht mehr wahr ist. Das Gleiten stellt somit eine streng individuelle Beziehung zur Materie her, eine geschichtliche Beziehung; sie gestaltet und verfestigt sich, um mich zu tragen, und fällt alsdann hinter mir ohnmächtig in Zerstreutheit zurück. Ich habe somit *für mich* durch meinen Lauf etwas Einzigartiges bewirkt. Das Ideal des Gleitens wird somit ein Gleiten sein, das keine Spur hinterläßt: vor allem das Gleiten auf dem Wasser (im Boot, Motorboot, und besonders auf Wasserschiern, die trotz ihres späten Aufkommens gleichsam die Grenze darstellen, auf die, so betrachtet, der Wassersport sich hinbewegte). Das Gleiten auf dem Schnee ist schon weniger vollkommen; hinter mir bleibt eine Spur, die mich verrät, so leicht sie auch sei. Das Gleiten auf dem Eis, bei dem das Eis eingeritzt wird und das ein schon gebildetes Material vorfindet, ist von weit minderer Qualität, es erhält sich, aber aus anderen Gründen. Daher rührt die leichte Enttäuschung, die uns stets befällt, wenn wir hinter uns die Spuren sehen, die unsere Schier auf dem Schnee eingedrückt haben: um wieviel schöner wäre es, wenn der Schnee sich nach unserem Lauf wieder glätten würde! Gleiten wir aber einen Hang hinab, so haben wir die Illusion, kein Merkmal zu lassen, und fordern vom Schnee, er solle sich wie das Wasser verhalten, das er im geheimen ist. Das Gleiten erscheint somit einer fortdauernden Schöpfung vergleichbar: die Geschwindigkeit, die dem Bewußtsein ähnelt und hier das Bewußtsein symbolisiert[1], läßt, solange sie andauert, in dem Material eine innere Qualität entstehen, die nur so lang wie die Geschwindigkeit existiert, eine Art Zusammenziehung, die ihre indifferente Äußerlichkeit überwindet und hinter dem Gleitenden sich wie eine Garbe wieder auflöst. Formierende Einigung und synthetische Verdichtung des Schneefelds, das sich zu einem instrumentalen Gebilde zusammenzieht, das wie ein Hammer oder Amboß *benutzt* wird und sich der es voraussetzenden und es erfüllenden Handlung anpaßt, fortgesetztes schöpferisches Einwirken auf den *Stoff* des Schnees selbst, Verfestigung der *Schneemasse* durch das Gleiten, Angleichung des Schnees an das gefügige, gedächtnislose tragende Wasser, an den nackten Körper einer Frau, den die Liebkosung unversehrt läßt und zugleich bis ins Innerste erregt – aus all dem besteht die Einwirkung des Schiläufers auf das Wirkliche. Indessen bleibt der Schnee gleichzeitig undurchdringlich und unerreichbar; in einem Sinn entwickelt das Einwirken des Schiläufers nur seine *Potenzen*. Es *läßt* ihn nur

1 Die Beziehung der Bewegung zum «Für-sich» wurde im Zweiten Teil erörtert.

das *hergeben,* was er geben kann; die homogene und feste Materie liefert ihm nur in der sportlichen Übung ihre Festigkeit und Homogeneität, jedoch bleiben diese Festigkeit und Homogeneität im Material selbst erwachsene Eigenschaften. Diese Synthese von Ich und Nicht-ich, die durch die sportliche Handlung vollzogen wird, kommt wie im Fall der spekulativen Erkenntnis und des Kunstwerks dadurch zum Ausdruck, daß der Schiläufer sein Recht auf den Schnee behauptet. Es ist *mein* Schneefeld: ich habe es hundertmal durchlaufen, hundertmal habe ich durch meine Geschwindigkeit in ihm jene Kraft zur Verdichtung und Abstützung erweckt, es *gehört mir.*

Diesem Aspekt der sportlichen Aneignung wäre ein anderer hinzuzufügen: die bezwungene Schwierigkeit. Er wird eher allgemein verstanden, weshalb wir kaum auf ihn einzugehen brauchen. Bevor ich diesen Schneehang hinabfahren kann, mußte ich erst hinaufsteigen. Und dieser Aufstieg bot mir eine andere Seite des Schnees dar: seine Widerständlichkeit. Ich habe sie durch meine Müdigkeit gespürt und in jedem Augenblick die Fortschritte ihrer Besiegung messen können. Hier wird der Schnee mit dem *Anderen* gleichgesetzt, und die Redewendungen «überwinden», «bezwingen», «beherrschen» usw. bezeichnen mit genügender Deutlichkeit, daß es darum geht, zwischen mir und dem Schnee die Beziehung von Herrn und Knecht herzustellen. Diesen Aspekt der Aneignung finden wir im *Bergsteigen, Schwimmen,* Hindernisrennen usw. Der Gipfel, auf dem man eine Fahne aufgerichtet hat, ist *angeeignet* worden. Ein wesentlicher Aspekt der sportlichen Betätigung – vor allem der Freiluftsportarten – ist die Eroberung jener mächtigen Massen Luft, Erde und Wasser, die *von Anfang an* unbezwinglich und unverwendbar erscheinen; und in jedem einzelnen Fall handelt es sich darum, nicht das Element um seiner selbst willen zu besitzen, sondern den Typus der Existenz an-sich, der mittels des Elements ausgedrückt wird: so will man in der Form des Schnees die Homogeneität der Substanz besitzen; ebenso will man sich die Undurchdringlichkeit des An-sich und seine unzeitliche Beständigkeit in der Spezies der Erde, des Felsens aneignen usw., usw. Die Kunst, die Wissenschaft, das Spiel sind Tätigkeiten der Aneignung, im ganzen oder teilweise, und was sie sich aneignen wollen, ist jenseits des konkreten Gegenstands ihres Suchens das Sein selbst, das absolute Sein des An-sich.

Die Ontologie lehrt uns somit, daß die Begierde ursprünglich Begierde nach *Sein* ist und sich als freier Mangel an Sein kennzeichnet. Sie lehrt uns aber auch, daß die Begierde eine Beziehung zu einem konkreten Seienden inmitten der Welt ist und dieses Seiende in der Art des An-sich verstanden wird; sie lehrt uns, daß die Relation des Für-sich zu dem begehrten An-sich die Aneignung ist. Wir stehen somit vor einer doppelten Bestimmung der Begierde: einerseits bestimmt die Begierde sich als Begierde, ein Seiendes zu sein, das das *An-sich Für-sich* ist und dessen Existenz ideal ist; andererseits bestimmt die Begierde sich, und zwar in der großen Mehrzahl der Fälle[1], als Beziehung zu einem kontingenten und konkreten An-sich, dessen Aneignung sie entwirft. Liegt hier eine Überbestimmung vor? Sind beide Kennzeichnungen miteinander vereinbar? Die existentielle Psychoanalyse kann eine gesicherte Grundlage nur haben, wenn die Ontologie zunächst die Beziehung dieser beiden Arten von Sein determiniert hat: des konkreten und kontingenten An-sich oder des Gegenstands der Begierde und des An-sich-für-sich oder des Ideals der Begierde, und wenn sie des weiteren die Relation erhellt hat, die die Aneignung als Art einer Beziehung zum An-sich mit dem Sein selbst verbindet als Art einer Beziehung zum An-sich-für-sich. Das ist nunmehr unsere Aufgabe.

Was heißt *sich aneignen,* oder wenn man so will, was versteht man im allgemeinen unter: einen Gegenstand besitzen? Wir erkannten bereits die Rückführbarkeit der Kategorie des *Tuns,* die bald das Sein und bald das Haben erblicken läßt; ist es mit der Kategorie des *Habens* ähnlich bestellt?

Ich stelle fest, daß in einer großen Anzahl von Fällen einen Gegenstand besitzen, soviel bedeutet wie: *ihn benutzen* können. Jedoch befriedigt mich diese Definition nicht: ich benutze in diesem Café dieses Glas und diesen Untersatz, dennoch gehören sie mir nicht; ich kann jenes Bild an meiner Wand nicht «benutzen», und trotzdem *gehört es mir.* Es ist auch nicht entscheidend, daß ich in bestimmten Fällen das Recht habe, mein Besitztum zu *zerstören;* es wäre sehr abstrakt, wollte man den Besitz durch dieses Recht definieren; in einer Gesellschaft, deren Wirtschaft «gelenkt» wird, kann übrigens ein Unternehmer sehr wohl seine Fabrik besitzen, ohne das Recht zu ihrer Schließung zu haben; im kaiserlichen Rom besaß der Herr seinen Sklaven, ohne das Recht zu haben, ihn zu töten. Was bedeutet hier übrigens das *Recht,* zu zerstören oder zu benutzen? Wie ich sehe, verweist dieses Recht auf das Soziale, und der Besitz scheint im Rahmen des gesellschaftlichen Lebens seine Bestimmtheit zu finden. Jedoch stelle ich zugleich fest, daß dieses Recht rein negativ ist und sich darauf beschränkt, einen anderen daran zu verhindern, das, was mir gehört, zu zerstören oder zu gebrauchen. Man wird versucht sein, das Eigentum als eine soziale Funktion bestimmen zu wollen. Aus der Tatsache, daß die Gesellschaft nach bestimmten Prinzipien das *Recht* auf Besitz verleiht, folgert jedoch nicht, daß sie die

1 Mit Ausnahme der bestimmten Fälle, in denen es sich einfach um eine *Begierde des Seins* handelt: die Begierde, glücklich zu sein, stark zu sein usw.

Beziehung der Aneignung schafft. Sie *legitimiert* sie höchstens. Damit das Eigentum zu etwas *Heiligem* erhoben werden kann, muß es aber zunächst existieren, und zwar als spontan hergestellte Beziehung zwischen dem Für-sich und dem konkreten An-sich. Und wenn wir auch in der Zukunft eine gerechtere gesellschaftliche Ordnung schaffen wollen, in der das individuelle Eigentum – zumindest in bestimmten Grenzen – nicht mehr geschützt und heilig gehalten wird, so heißt das nicht, daß damit auch die aneignende Bindung abgeschafft würde; diese wird wahrscheinlich bleiben, zumindest als *private* Beziehung des Menschen zu den Sachen. In primitiven Gesellschaften, in denen die eheliche Verbindung noch nicht legitimiert ist und die Übertragung der Rechtstitel noch matronym erfolgt, existiert in ähnlicher Weise diese sexuelle Verbindung zumindest als eine Art Konkubinat. Man muß daher Eigentum und Recht auf Eigentum voneinander unterscheiden. Aus dem gleichen Grund ist jede Definition abzulehnen, die zum Typ der Definition Proudhons gehört: «Eigentum ist Diebstahl», da diese an der Frage vorbeiführt. Es kann wohl sein, daß das Privateigentum das *Produkt* des Diebstahls ist und die Erhaltung dieses Eigentums die Ausplünderung anderer *bewirkt*. Indessen, wie auch immer seine Ursprünge und seine Auswirkungen seien, trotzdem kann das Besitzen an sich selbst beschrieben und bestimmt werden. Auch der Dieb fühlt sich als Besitzer des Geldes, das er gestohlen hat. Es handelt sich also darum, die bestimmte Beziehung des Diebs zu dem gestohlenen Gut zu beschreiben und ebenso die des legitimen Eigentümers zu seinem «ehrlich erworbenen» Eigentum.

Betrachte ich den Gegenstand, den ich besitze, so stelle ich fest, daß die Eigenschaft, *besessen* zu werden, ihn nicht nur wie ein rein äußerliches Merkmal kennzeichnet, das bloß seine äußerliche Beziehung zu mir ausdrücken würde; im Gegenteil, diese Eigenschaft bestimmt ihn zutiefst, sie erscheint mir und erscheint den anderen als zu seinem Wesen gehörig. Aus diesem Grund kann man in den primitiven Gesellschaften Menschen dadurch kennzeichnen, daß man von ihnen sagt, sie seien *Besessene*; sie werden damit ausgegeben als *dem ... gehörig*. Dasselbe drücken die primitiven Begräbniszeremonien aus, bei denen man die Toten mitsamt den Gegenständen, die ihnen gehören, beerdigt. Die rationale Erklärung: «damit sie sich ihrer bedienen können», ist natürlich erst nachträglich erfunden worden. Man hat vielmehr den Eindruck, daß es zu der Zeit, als solche Bräuche spontan entstanden, nicht notwendig zu sein schien, hier überhaupt Fragen zu stellen. Die Gegenstände hatten einfach die besondere Eigenschaft, dem Toten zu *gehören*. Sie bildeten ein Ganzes mit dem Verstorbenen, und es ging ebensowenig an, ihn ohne seine gebräuchlichen Gegenstände zu begraben, wie ihn etwa ohne eines seiner Beine zu beerdigen. Der Leichnam, der Becher, aus dem er trank, das Messer, das er benutzte, all das *machte den einen Toten aus.* Auch der Brauch der Malabaren, die Witwen zu verbrennen, ist seinem Ursprung nach recht gut verständlich: die Frau wurde *besessen;* der Tote zieht sie also in seinen Tod hinein, und rechtmäßig ist sie gleichfalls tot; so braucht man ihr nur noch zu helfen, von dem rechtmäßigen Tod zu dem faktischen überzugehen. Diejenigen Gegenstände, die nicht auch zu begraben sind, werden heimgesucht. Das Gespenst ist nichts anderes als die konkrete Materialisierung des «Besessen-Seins», des Hauses und der Möbel. Zu sagen, daß es in einem Hause spukt, heißt, daß kein Geld und keine Mühe das metaphysische und absolute Faktum seiner *Besitzung* von einem ersten Bewohner auslöschen können. Es stimmt, daß die Gespenster, die in den alten Gutshäusern spuken, gesunkene Hausgötter sind. Aber was sind die Hausgötter anderes als Schichten der Besitzung, die sich nacheinander auf die Wände und Möbel des Hauses gelegt haben? Der Ausdruck, der die Beziehung des Gegenstands zu seinem Besitzer bezeichnet, trifft die tiefe Durchdringung der Aneignung sehr genau: von mir besessen werden, heißt *mein sein* (être à...). Das bedeutet, daß der besessene Gegenstand *in seinem Sein* betroffen wird. Wir sahen übrigens schon, daß die Zerstörung des Besitzenden die rechtmäßige Zerstörung des Besitzes nach sich zieht und umgekehrt das Überleben der Besitzung das rechtmäßige Überleben des Besitzenden. Die Verbindung der Besitzung ist eine innere *Seins*beziehung. Ich begegne dem Besitzenden in dem Gegenstand, den er besitzt, und durch ihn. Hieraus erklärt sich natürlich auch die Bedeutung der *Reliquien:* und wir verstehen darunter nicht etwa nur die religiösen Reliquien, sondern auch und vor allem das Insgesamt des Besitztums eines berühmten Mannes (das Victor-Hugo-Museum, «Gegenstände», die Balzac, Flaubert usw. «gehörten»), in dem wir ihn wiederzufinden suchen; die «Erinnerungen» an einen geliebten Toten, die sein Andenken zu «verlängern» scheinen.

Diese innere und ontologische Verbindung zwischen dem Besitztum und dem Besitzenden (die gewisse Bräuche wie das Stempeln mit einem glühenden Eisen des öfteren zu materialisieren suchen) kann von einer «realistischen» Theorie der Aneignung nicht erklärt werden. Wird der Realismus zu Recht als eine Lehre bestimmt, die aus dem Subjekt und dem Objekt zwei unabhängige und für sich und durch sich existierende Substanzen macht, so kann man nach ihm die Aneignung ebensowenig verstehen wie die Erkenntnis, die eine ihrer Formen ist; beide bleiben demzufolge äußerliche Beziehungen, die nur zeitweise das Subjekt mit dem Objekt vereinigen. Nun sahen wir aber, daß dem erkannten Gegenstand eine substantielle Existenz zuzubilligen ist. Das Gleiche gilt für den Besitz im allgemeinen: der besessene Gegenstand existiert an sich, er wird bestimmt durch die Beständigkeit, die allgemeine Unzeitlichkeit und das Seinsgenüge, mit einem Wort, durch die Substantialität. Die «Unselbständigkeit» liegt somit auf seiten des besitzenden Subjekts. Eine Substanz kann sich nicht eine andere Substanz aneignen, und wenn wir an den Dingen ein gewisses «Besessensein» erfassen, so ist der Grund dafür die Tatsache, daß die innere Beziehung des Für-sich zu dem An-sich, das sein Besitztum ist, ihren Ursprung in dem Seinsmangel des Für-sich findet. Es versteht sich, daß der Gegenstand von dem Akt der Aneignung nicht *wirklich* berührt wird, ebensowenig wie der erkannte Gegenstand von der Erkenntnis berührt wird: er bleibt unversehrt (mit Ausnahme des Falls, wo der Gegenstand des Besitzens ein Mensch ist, ein Sklave, eine Prostituierte usw.). Jedoch berührt ihn die Eigenschaft des Besessenseins dennoch idealiter in seiner Bedeutung: mit einem Wort, sein Sinn ist, dem Für-sich diese Besitzung widerzuspiegeln.

Sind der Besitzende und das Besessene durch eine innere Beziehung geeint, die in dem Seinsmangel des Für-sich gründet, so stellt sich die Aufgabe, die Natur und den Sinn des *Paars,* das sie miteinander bilden, zu bestimmen. Da die innere Beziehung synthetisch ist, bewirkt sie in der Tat die Vereinigung des Besitzenden und des Besessenen. Das bedeutet, daß beide idealiter eine einzige Wirklichkeit darstellen. Besitzen heißt, sich im Zeichen der Aneignung mit dem besessenen Gegenstand zu vereinen; besitzen wollen, heißt, sich durch diese Beziehung mit einem Gegenstand vereinen wollen. Die Begierde nach einem einzelnen Gegenstand ist somit nicht nur die Begierde *nach* ihm, sondern Begierde, sich mit dem Gegenstand in einer inneren Beziehung zu vereinen in der Art, daß mit ihm die Einheit «Besitzender-Besessenes» hergestellt wird. Die Begierde zu *haben* ist im Grunde rückführbar auf die Begierde, in bezug zu einem bestimmten Gegenstande in einer bestimmten *Seinsbeziehung* zu sein.

Für die Bestimmung dieser Beziehung werden uns die vorstehenden Bemerkungen über die Verhaltensweisen des Forschers, des Künstlers und des Sportmanns dienlich sein. In jeder dieser Verhaltensweisen konnten wir ja eine bestimmte aneignende Haltung entdecken. Und die Aneignung wurde in jedem Fall durch das Faktum bezeichnet, daß der Gegenstand uns erscheint als eine Emanation unser selbst und zugleich als in einer Beziehung indifferenter Äußerlichkeit zu uns stehend. Das *Meinige* erschien uns somit als eine Seinsrelation, die zwischen der absoluten Innerlichkeit des Ich und der absoluten Äußerlichkeit des Nicht-Ich steht. Es ist in dem gleichen Synkretismus das Nicht-Ich werdende Ich und das Ich werdende Nicht-Ich. Jedoch ist diese Beziehung noch genauer zu beschreiben. Im Entwurf des Besitzens finden wir ein «unselbständiges» Für-sich, das von der Möglichkeit, die es ist, durch ein Nichts getrennt ist. Diese Möglichkeit ist die Möglichkeit, sich einen *Gegenstand* anzueignen. Des weiteren finden wir einen *Wert,* der dem Für-sich vorschwebt und der wie die ideale Anzeige des ganzen Seins ist, das durch die Vereinigung in der Identität des Möglichen und des Für-sich, das sein Mögliches ist, hergestellt würde, das heißt hier, des Seins, das sich verwirklichen würde, wenn ich in der unauflösbaren Einheit des Identischen Ich selbst und mein Eigentum wäre. Somit wäre die Aneignung eine Seinsbeziehung zwischen einem Für-sich und einem konkreten An-sich, und dieser Beziehung schwebte die ideale Anzeige einer Identifizierung zwischen diesem Für-sich und dem besessenen An-sich vor.

Besitzen heißt, zur Verfügung haben, das heißt, der eigentliche Zweck der Existenz des Gegenstandes sein. Ist die Besitzung vollständig und konkret gegeben, so ist der Besitzende der *Seinsgrund* des besessenen Gegenstandes. Ich besitze diesen Federhalter, das heißt: dieser Federhalter existiert *für mich,* er ist *für mich* gemacht worden. Ursprünglich mache ich übrigens selbst für mich den Gegenstand, den ich besitzen will. Mein Bogen, meine Pfeile sind Gegenstände, die ich für mich gemacht habe. Die Arbeitsteilung läßt diese ursprüngliche Beziehung verblassen, ohne sie verschwinden zu lassen. Der *Luxus* ist deren Verfallserscheinung; in der primitiven Form des Luxus besitze ich einen Gegenstand, den ich für mich habe *machen lassen,* und zwar von *meinen* Leuten (Sklaven, im Haus geborenen Bedienten). Der Luxus ist somit die Form des Eigentums, die dem primitiven Eigentum am nächsten steht, er läßt fast ebenso deutlich den Bezug des *Schaffens* erscheinen, der ursprünglich die Aneignung auszeichnet. In einer Gesellschaft, in der die Arbeitsteilung bis zum äußersten fortgeschritten ist, wird diese Beziehung verdeckt, aber nicht abgeschafft: der Gegenstand, den ich besitze, ist von mir *gekauft* worden. Das Geld stellt meine Kraft dar; es ist weniger ein Besitztum an sich selbst als ein Instrument des Besitzens. Den eigentümlichen Fall des Geizes ausgenommen, tritt daher das Geld vor seiner Möglichkeit zum Kauf zurück; es verflüchtigt sich und ist nur dazu da, den Gegenstand, die konkrete Sache zu enthüllen; es hat nur ein transitives Sein. Ist es aber *mein,* so erscheint es wie eine schöpferische Kraft: einen Gegenstand kaufen ist ein symbolischer Akt, der soviel bedeutet wie: den Gegenstand schaffen. Daher ist Geld gleichbedeutend mit Macht; nicht allein, weil es in der Tat geeignet ist, uns das zu verschaffen, was wir begehren, sondern vor allem, weil es die Wirksamkeit meiner Begierde als solcher verkörpert. Eben weil es auf die Sache hin transzendiert, überschritten und einfach *impliziert* wird, stellt es meine magische Verbindung mit dem Gegenstand dar. Das Geld hebt die *technische* Verbindung des Subjekts mit dem Objekt auf und macht die Begierde unmittelbar wirksam wie die Wünsche in einem Märchen. Bleibst du mit Geld in der Tasche vor einem Schaufenster stehen: die ausgestellten Waren gehören dir schon mehr als zur Hälfte. Durch das Geld stellt sich somit zwischen dem Für-sich und der Gesamtheit der Gegenstände der Welt ein Bezug der Aneignung her. Durch es wird die Begierde als solche bereits erschließend und schöpferisch. Und somit wird durch ein fortgesetztes Absinken hindurch die schöpferische Beziehung zwischen dem Subjekt und dem Objekt dennoch bewahrt. Haben heißt zunächst, *schaffen.* Und das Band des Besitzens, das sich alsdann herstellt, ist ein Band andauernden Schaffens: der Gegenstand, den ich besitze, wird von mir in die ganze Form *meiner* Umwelt eingegliedert, seine Existenz wird von meiner Situation und seiner Einordnung in die Situation selber bestimmt. *Meine* Lampe besteht nicht nur aus dieser elektrischen Birne, dem Schirm und dem Ständer aus Schmiedeeisen: sie ist eine bestimmte Potenz, *diesen* Schreibtisch, die Bücher, den Tisch zu beleuchten, sie ist ein bestimmter leuchtender Ton in meiner nächtlichen Arbeit in Beziehung mit meiner Gewohnheit, noch nachts zu lesen oder zu arbeiten; sie wird durch ihre Benutzung belebt, gefärbt und bestimmt; sie *ist* ihre Benutzung und existiert nur durch sie. Von meinem Schreibtisch, meiner Arbeit abgelöst, bei einem Haufen anderer Gegenstände auf dem Boden eines Auktionslokals stehend, ist sie völlig «erloschen», ist sie *meine* Lampe nicht mehr; ohne noch für irgendwen eine Lampe zu sein, ist sie zu ihrer ursprünglichen Stofflichkeit zurückgekehrt. In dieser Weise bin ich innerhalb der menschlichen Ordnung verantwortlich für meine Besitztümer. Durch den Besitz erhebe ich sie zu einer gewissen Art funktionalen Seins; und mein bloßes *Leben* erscheint bereits schöpferisch, eben weil es durch seine Fortdauer in jedem Gegenstand meines Besitzes die Eigenschaft der *Besitzung* verlängert: mit mir selbst trage ich die Sammlung der mich umgebenden Dinge ins Sein. Nimmt man mir sie weg, so sterben sie, wie mein Arm sterben würde, wenn man ihn mir abnimmt.

Die ursprüngliche und grundsätzliche Beziehung des Schaffens ist jedoch eine Beziehung der Emanation. Die Schwierigkeiten, auf welche die Cartesische Theorie der Substanz stößt, entdecken uns diese Beziehung. Dasjenige, was ich schaffe, – falls ich unter Schaffen verstehe: Stoff und Form zur Existenz zu bringen – bin ich selbst. Das Drama des absoluten Schöpfers, wenn es ihn gäbe, wäre die Unmöglichkeit, aus sich selbst herauszugehen, da seine Schöpfung nur er selbst sein könnte: woher nähme sie in der Tat ihre Objektivität und ihre Unabhängigkeit, da ihre Form und ihr Stoff *von mir* stammen. Nur eine Art Beharrungsvermögen könnte sie mir gegenüber abschließen; damit aber selbst dieses Beharrungsvermögen wirksam sein kann, muß ich es in einer fortgesetzten Schöpfung im Sein erhalten. In dem Maße, wie ich mir als Dinge *schaffend* erscheine, sind diese Dinge allein durch die Beziehung der *Aneignung ich selbst.* Der Federhalter und die Pfeife, der Anzug, der Schreibtisch, das Haus, all das *bin ich.* Die Gesamtheit meiner Besitztümer spiegelt die Gesamtheit meines Seins wider. Ich *bin,* was ich *habe.* An dieser Tasse, jener Nippsache berühre ich *mich selbst.* Jener Berg, den ich bezwinge, *bin ich* in dem Maße, wie ich ihn bezwinge; und wenn ich auf seinem Gipfel bin, den ich durch meine Mühe «erreicht» habe, so *bin ich* jenes weite Blickfeld ins Tal und über die angrenzenden Höhen; jenes Panorama bin ich, indem ich mich bis zum Horizont ausweite, denn es existiert nur durch mich und nur für mich.

Das Schaffen ist jedoch ein sich verflüchtigender Begriff, der nur durch seine Bewegung existieren kann. Hält man sie auf, so verschwindet er. An der letzten Grenze seiner Bedeutung vernichtet er sich; entweder finde ich nurmehr meine reine Subjektivität oder aber eine nackte, indifferente Stofflichkeit, die keine Beziehung mehr zu mir hat. Das Schaffen kann nur als kontinuierlicher Übergang von einem Punkt zum anderen begriffen und bewahrt werden. Im gleichen Auftauchen *muß* der Gegenstand ganz ich und ganz unabhängig von mir sein. Eben das glauben wir im Besitzen zu realisieren. Der Gegenstand des Besitzens als solcher ist fortdauernde Schöpfung; und dennoch bleibt er da, existiert durch sich, ist an-sich; wende ich mich von ihm ab, so hört er deshalb nicht auf zu existieren; gehe ich fort, so *stellt* er mich *dar* in meinem Büro, in meinem Zimmer, an *diesem* Platz der Welt. Seinem Ursprung nach ist er undurchdringlich. Dieser Federhalter ist ganz Ich, in dem Maße sogar, daß ich ihn von dem Akt des Schreibens, der *mein* Akt ist, nicht unterscheide. Andererseits jedoch ist er unversehrt, meine *Besitzung* verändert ihn nicht; sie ist nur eine ideale Beziehung, die von mir zu ihm ausgeht. Ich genieße in einem Sinn meinen Besitz, wenn ich ihn auf seinen Gebrauch hin überschreite; suche ich ihn aber zu betrachten, so entschwindet der Bezug des Besitzens, und ich verstehe nicht mehr, was Besitzen überhaupt bedeutet. Die Pfeife ist da auf dem Tisch, unabhängig und indifferent. Ich nehme sie in meine Hand, betaste sie und betrachte sie, *um* die Aneignung zu realisieren; eben weil diese Gesten dazu bestimmt sind, mir den *Genuß* des Besitzens zu verschaffen, verfehlen sie jedoch ihren Zweck, und ich halte nur ein totes Stück Holz zwischen den Fingern. Nur wenn ich *meine* Gegenstände auf einen Zweck hin überschreite, wenn ich sie gebrauche, kann ich ihren Besitz genießen Die Beziehung einer fortdauernden Schöpfung schließt somit wie ihren inbegriffenen Widerspruch die absolute Unabhängigkeit an sich der geschaffenenen Objekte ein. Das Besitzen ist eine magische Beziehung; ich *bin* die Gegenstände, die ich besitze, aber nur draußen, mir selbst gegenüber; ich schaffe sie als von mir unabhängige; was ich besitze, ist Ich außerhalb meiner, außerhalb jeder Subjektivität, als ein An-sich, das mir in jedem Augenblick entgleitet und dessen Schöpfung ich in jedem Augenblick fortsetze. Eben weil ich jedoch außerhalb meiner stets anderswo bin als etwas Unvollständiges, das sich sein Sein von dem ankündigen läßt, was es nicht ist, entäußere ich mich im Besitzen zugunsten des Objekts. In der Beziehung des Besitzens ist die besessene Sache das Stärkere, ich bin außerhalb ihrer nur ein Nichts, das besitzt, nichts weiter als einfache Besitzung, ein Unvollständiges, Ungenügendes, dessen Genügen und dessen Vollständigkeit in jenem Gegenstand dort sind. Im Besitzen bin ich mein eigener Grund, insofern ich an sich existiere: insofern das Besitzen in der Tat fortdauernde Schöpfung ist, erfasse ich den besessenen Gegenstand als von mir in seinem Sein gegründet; insoweit einerseits aber die Schöpfung Emanation ist, löst sich der Gegenstand in mir auf, ist er nur Ich, insoweit er andererseits ursprünglich An-sich ist, ist er Nicht-Ich, ist er Ich mir gegenüber, objektiv, an sich, beständig undurchdringlich, in bezug zu mir in der Beziehung der Äußerlichkeit, der Indifferenz existierend. Derart bin ich Grund meiner selbst, indem ich in Beziehung zu mir als indifferent und An-sich existiere. Eben das ist nun der eigentliche Entwurf des An-sich-für-sich. Denn dieses ideale Sein bestimmt sich als ein An-sich, das als Für-sich sein eigener Grund wäre, oder als ein Für-sich, dessen ursprünglicher Entwurf nicht eine Seinsweise wäre, sondern ein Sein, und zwar eben das An-sich-sein, das es ist. Man erkennt, daß die Aneignung nichts anderes ist als das *Symbol* des Ideals des Für-sich oder des Wertes. Das Paar besitzendes Für-sich und besessenes An-sich gilt für das Sein, das dafür ist, sich selbst zu besitzen, und dessen Besitz seine eigene Schöpfung ist, das heißt Gott. Der Besitzende bezweckt somit, über sein Sein an-sich, sein Außen-sein zu verfügen. Durch den Besitz gewinne ich ein Objekt-sein zurück, das meinem Sein-für-Andere vergleichbar ist. Eben deshalb kann der andere mich nicht mehr überraschen: das Sein, das er entstehen lassen will und das das Ich-für-andere ist, besitze ich und genieße ich schon. Somit ist das Besitzen außerdem eine *Waffe gegen den anderen.* Das Meinige bin ich als nichtsubjektiv, insoweit ich seine freie Begründung bin.

Indessen kann man die Tatsache nicht genug hervorheben, daß diese Beziehung *symbolisch* und *ideal* ist. Meine ursprüngliche Begierde, für mich selbst mein eigener Grund zu sein, befriedige ich durch die Aneignung ebensowenig, wie der Patient Freuds seinen Ödipuskomplex befriedigt, indem er träumt, ein Soldat töte den Zaren (d. h. seinen Vater). Das Eigentum erscheint daher dem Eigentümer einmal als ganz und für alle Ewigkeit gegeben und zugleich als eine unendliche Zeit für seine Verwirklichung benötigend. Keine Geste des *Gebrauchs* realisiert den Genuß der Aneignung vollkommen; jede Geste verweist auf andere Gesten der Aneignung, die alle nur den Wert einer Beschwörung haben. Ein Fahrrad besitzen heißt, es betrachten und anfassen können. Das Anfassen erweist sich aber sogleich als ungenügend; man muß es besteigen können, um spazierenzufahren. Aber diese *unmotivierte* Spazierfahrt ist wiederum ungenügend; man müßte es dazu gebrauchen, Gänge zu erledigen. Damit sind wir auf längere, vollständigere Verwendungen hingewiesen, auf lange Fahrten durch ganz Frankreich. Solche Fahrten setzen sich selbst aus tausend aneignenden Verhaltensweisen zusammen, die wiederum auf andere hindeuten. Ich brauchte nur eine Banknote darzureichen, um das Fahrrad zu erhalten; schließlich brauche ich jedoch, wie man voraussehen konnte, mein ganzes Leben, um diesen Besitz zu realisieren; gerade das fühle ich beim Erwerb des Gegenstands: das Besitzen ist ein Unternehmen, das der Tod stets unbeendet bleiben läßt. Aber nunmehr verstehen wir seinen Sinn: er liegt in der Unmöglichkeit, die durch die Aneignung symbolisierte Beziehung zu verwirklichen. An sich hat die Aneignung nichts Konkretes. Sie ist keine wirkliche Tätigkeit (wie essen, trinken, schlafen usw.), die obendrein einer besonderen Begierde als Symbol dienen würde. Sie existiert im Gegenteil überhaupt nur als Symbol, und ihre Symbolik gibt ihr ihre Bedeutung, ihre Kohäsion und Existenz. Sieht man von ihrem symbolischen Wert ab, so läßt sich in ihr kein positiver Genuß entdecken; sie ist nur die Anzeige eines höchsten Genusses (der jenes Seins, das Grund seiner selbst wäre), der stets jenseits aller aneignenden Verhaltensweisen bleibt, die ihn verwirklichen sollen. Eben die Erkenntnis der Unmöglichkeit, ein Objekt wahrhaft zu *besitzen*, gibt dem Für-sich das starke Verlangen, es zu *zerstören*. Zerstören heißt, in mir auflösen, mit dem An-sich-sein des zerstörten Objekts eine ebenso tiefe Beziehung unterhalten wie im Schaffen. Die Flammen, die den Hof verbrennen, den ich angesteckt habe, verwirklichen allmählich die Verschmelzung des Hofs mit mir selbst: indem er vernichtet wird, verwandelt er sich in *mich*. Mit einem Schlage finde ich hier die Seinsbeziehung des Schaffens wieder, wenn auch verkehrt: ich *bin* der Grund der brennenden Scheune; ich *bin* diese Scheune, da ich ihr Sein zerstöre. Die Zerstörung verwirklicht – vielleicht noch subtiler als die Schöpfung – die Aneignung, da das zerstörte Objekt nicht mehr da ist und seine Undurchdringlichkeit nicht mehr zeigen kann. Es hat nurmehr die Undurchdringlichkeit und das Seinsgenüge des An-sich, das es *gewesen* ist; zugleich hat es jedoch die Unsichtbarkeit und die Durchscheinigkeit des Nichts, das ich bin, da es ja *nicht mehr ist*. Das Glas, das ich zerbrochen habe und das auf dem Tisch «war», ist noch dort, jedoch als absolute Transparenz; durch sie hindurch sehe ich alles Seiende; ebendas suchte man im Film mittels der «Surimpression» auszudrücken: das Glas gleicht dann einem Bewußtsein, obwohl es als An-sich nicht wieder zu reparieren ist. Zugleich gehört es positiv mir, weil allein das Faktum, daß ich zu sein habe, was ich war, das zerstörte Objekt von seiner Vernichtung zurückhält; ich erschaffe es wieder, indem ich mich wieder erschaffe; zerstören heißt somit, wiedererschaffen, und zwar in der Weise, daß man allein die Verantwortung für das Sein dessen trägt, was *für alle* existierte. Die Zerstörung muß somit zu den aneignenden Verhaltensweisen gerechnet werden. Übrigens haben mehrere dieser Verhaltensweisen unter anderen eine destruktive Struktur: gebrauchen heißt verbrauchen. Indem ich mein Fahrrad *benutze, nutze* ich es *ab,* und das heißt, daß die fortdauernde aneignende Schöpfung durch teilweise Zerstörung gekennzeichnet ist. Man kann sich aus reinen Nützlichkeitserwägungen über diese Abnutzung grämen, in den meisten Fällen erregt sie jedoch eine geheime Freude und beinahe Genuß: denn sie kommt ja *von uns;* wir selbst *verbrauchen.* Der Ausdruck «Konsumieren» bezeichnet bemerkenswerterweise sowohl eine aneignende Zerstörung wie auch den Genuß des Verzehrens. Konsumieren heißt zerstören und essen; man zerstört, indem man sich einverleibt. Fahre ich auf meinem Rad, so kann ich mich darüber ärgern, meine Reifen abzunutzen, weil es schwierig ist, Ersatzreifen zu bekommen; das Bild des Genusses, das ich mit meinem Körper darstelle, ist jedoch das einer zerstörerischen Aneignung, einer «Schöpfung-Zerstörung». Indem das Fahrrad dahinrollt und mich trägt, wird es durch seine Bewegung selbst geschaffen und zu dem meinen gemacht; aber diese Schöpfung drückt sich tief in den Gegenstand ein, und zwar eben durch die leichte, fortgesetzte Abnutzung, die sie ihm mitteilt und die wie das eingebrannte Mal des Sklaven ist. Der Gegenstand gehört mir, weil ich ihn abgenutzt habe; die Abnutzung des *Meinigen* ist die Kehrseite meines Lebens [1].

Diese Bemerkungen lassen den Sinn bestimmter Gefühle oder Verhaltensweisen besser verstehen, die man gewöhnlich als nicht weiter rückführbar betrachtet; zum Beispiel die *Freigebigkeit.* In der Tat ist das *Geschenk* eine ursprüngliche Form der Zerstörung. Wie man weiß, werden beim Potlach beispielsweise gewaltige Mengen von Gütern zerstört. Diese Zerstörungen sind eine Herausforderung des anderen, sie binden ihn. Es ist auf dieser Stufe gleichgültig, ob

1 Brummell suchte dadurch elegant zu sein, daß er stets nur etwas abgenutzte Kleider trug. Das Neue verabscheute er: das Neue wirkt «festtäglich», weil es noch niemandem gehört.

der Gegenstand zerstört oder einem andern gegeben wird: der Potlach ist in der einen und anderen Weise Zerstörung und Fesselung eines andern. Ich zerstöre den Gegenstand, indem ich ihn verschenke, ebensowohl, wie wenn ich ihn vernichte; ich nehme ihm die Qualität des *Meinigen,* die ihn zutiefst in seinem Sein bestimmte, ich entziehe ihn meinen Augen, ich mache aus ihm – in Beziehung zu meinem Tisch, meinem Zimmer – etwas *Abwesendes*: ich allein werde ihm noch jenes gespenstische und transparente Sein der *vergangenen* Dinge bewahren, weil das Seiende nur durch mich nach seiner Vernichtung noch eine Ehrenexistenz führen kann. Die Freigebigkeit hat somit vor allem eine zerstörerische Funktion. Die Manie des Schenkens, die manchmal gewisse Leute erfaßt, ist in erster Linie eine Manie der Zerstörung; sie ist der Haltung eines Tobsüchtigen gleichwertig, einer von zerbrochenen Gegenständen begleiteten «Liebe». Die Sucht zu zerstören, die in der Freigebigkeit steckt, ist jedoch nichts anderes als eine Sucht nach Besitz. All das, was ich aufgebe, was ich hergebe, genieße ich auf höhere Weise eben durch mein Geschenk: ein Geschenk ist ein scharfer und kurzer, fast sexueller Genuß: hergeben heißt, sich am Besitz des Gegenstandes, den man hergibt, zu erfreuen, eine zerstörerische und zugleich aneignende Beziehung aufzunehmen. Zugleich schlägt das Geschenk jedoch den Beschenkten in seinen Bann, es zwingt ihn, dasjenige von neuem zu erschaffen und im Sein zu erhalten, was ich nicht mehr als das Meine will, was ich bis zur Vernichtung besessen habe und von dem zuletzt nur noch ein Bild übrigbleibt. Beschenken heißt knechten. Dieser Aspekt des Geschenks interessiert uns hier nicht, da er vor allem die Beziehungen zum anderen betrifft. Wir wollten nur hervorheben, daß auch die Freigebigkeit sehr wohl rückführbar ist: schenken heißt, sich durch die Zerstörung aneignen, indem man die Zerstörung dazu benutzt, einen anderen zu knechten. Die Freigebigkeit ist somit ein Gefühl, das durch die Existenz des anderen strukturiert ist und eine Neigung zur *Aneignung durch Zerstörung* ausdrückt. Insofern führt sie uns eher noch zum Nichts als zum An-sich (dabei handelt es sich um ein Nichts des An-sich, das selbst natürlich An-sich ist, das jedoch als Nichts das Seiende symbolisieren kann, das sein eigenes Nichts ist). Findet somit die existentielle Psychoanalyse einen Beweis der *Freigebigkeit,* so hat sie weiter nach dem ursprünglichen Entwurf zu suchen und zu prüfen, warum der Betreffende lieber die Aneignung durch Zerstörung gewählt hat als durch Schöpfung. Die Antwort auf diese Frage wird die ursprüngliche Seinsbeziehung entdekken lassen, welche die untersuchte *Person* ausmacht.

Die vorstehenden Bemerkungen bezweckten nur, den *idealen* Charakter der aneignenden Beziehung und die symbolische Funktion jeder aneignenden Verhaltensweise hervorzuheben. Es ist hinzuzufügen, daß das Symbol von dem betreffenden Subjekt selbst nicht enträtselt wird. Und zwar nicht etwa deshalb, weil die Symbolisierung im Unbewußten statthaben würde, sondern vielmehr auf Grund der Struktur des In-der-Welt-seins selbst. In unserem Kapitel über die Transzendenz sahen wir in der Tat, daß die Ordnung des Zeugs in der Welt das ins An-sich projizierte Bild meiner Möglichkeiten ist, das heißt dessen, was ich bin, daß ich jedoch dieses weltliche Bild niemals entziffern kann, weil es der reflexiven Zerteilung bedarf, damit ich für mich selbst wie ein gegenständlicher Umriß sein kann. Da somit der Zirkel der Selbstheit nicht-thetisch ist und infolgedessen die Ankündigung dessen, was ich bin, nicht-thematisch bleibt, muß dieses «An-sich-sein» meiner selbst, das die Welt zurückwirft, für meine *Erkenntnis* stets verhüllt bleiben. Ich kann mich ihm nur in und durch die annähernde Handlung, die es entstehen läßt, anpassen. Zu besitzen bedeutet daher keineswegs, zu wissen, daß man zu dem besessenen Gegenstand in einem identifizierenden Bezug der Schöpfung-Zerstörung steht, sondern vielmehr, *in dieser Beziehung sein*, besser gesagt, *diese Beziehung sein.* Und der Gegenstand des Besitzens hat eine für uns unmittelbar erfaßbare Eigenschaft, die ihn völlig verändert – die Eigenschaft, der *meine* zu sein –, indessen ist diese Eigenschaft an sich selbst völlig unerklärlich, sie offenbart sich nur im und durch das Handeln, sie zeigt an, daß sie eine besondere Bedeutung hat, aber sie verflüchtigt sich, ohne ihre tiefere Struktur und ihre Bedeutung zu enthüllen, sobald wir Abstand von dem Gegenstand nehmen und ihn betrachten wollen. In der Tat zerstört dieser Abstand selbst schon die aneignende Verbindung: den Augenblick zuvor war ich noch in eine ideale Ganzheit engagiert, und eben weil ich in meinem Sein engagiert war, konnte ich ihn nicht erkennen; im nächsten Augenblick ist die Ganzheit zerbrochen, und ich kann an den getrennten Stücken, die sie bildeten, ihren Sinn nicht mehr entdecken; ein Beispiel hierfür stellt die kontemplative Erfahrung dar, die manche Kranke gegen ihren Willen machen und die man Entpersönlichung nennt. Wir sind daher genötigt, uns an die existentielle Psychoanalyse zu wenden, um in jedem einzelnen Fall die Bedeutung der aneignenden Synthese zu entdecken, deren allgemeinen und abstrakten Sinn die Ontologie bestimmt hat.

Es bleibt die allgemeine Bedeutung des Gegenstands des Besitzens zu bestimmen. Unsere Einsichten in den aneignenden Entwurf sind durch diese Untersuchung zu ergänzen. Was suchen wir uns also anzueignen?

Einerseits ist abstrakt leicht zu begreifen, daß wir ursprünglich nicht so sehr das So-sein des Gegenstands als vielmehr sein Sein selbst besitzen wollen. Wir begehren in der Tat, uns den Gegenstand als konkreten Repräsentanten des Seins-an-sich anzueignen, das heißt, wir wollen uns als den Grund seines Seins erfassen, insofern er idealiter wir selbst ist, während andererseits der angeeignete Gegenstand empirisch niemals nur *für sich selbst* oder seinen besonderen Gebrauch gilt. Keine einzelne Aneignung ist außerhalb ihrer unbegrenzten Verlängerungen sinnvoll; der Federhalter, den ich besitze, gilt für alle Federhalter; in ihm besitze ich die ganze Gattung der Federhalter. Außerdem besitze ich in ihm die Möglichkeit, zu schreiben, Striche einer bestimmten Form und Farbe zu ziehen (da ich ja das Instrument mit der Tinte, die ich benutze, vermenge): jene Striche, ihre Farbe, ihr Sinn sind in ihm kondensiert, ebenso wie auch das Papier, sein besonderer Widerstand, sein Geruch usw. In *jeder* Besitzung findet jene Synthese der Kristallisation statt, die Stendhal nur für den Fall der Liebe beschrieben hat. Jeder auf dem Grund der Welt aufragende Gegenstand des Besitzens zeigt die ganze Welt an, ebenso wie die geliebte Frau den Himmel, den Strand, das Meer anzeigt, die sie bei ihrem ersten Erscheinen umgaben. Sich den Gegenstand aneignen, heißt somit, sich symbolisch die Welt aneignen. Zu dieser Erkenntnis führt einen jeden die eigene Erfahrung; ich darf ein persönliches Beispiel anführen, nicht zum Beweis, sondern nur, um die eigenen Forschungen des Lesers anzuleiten.

Vor einigen Jahren wurde ich zu dem Entschluß gebracht, das Rauchen aufzugeben. Der Kampf war hart, jedoch lag mir nicht soviel am *Geschmack* des Tabaks wie an dem *Sinn* des Rauchens. Eine ganze Kristallisation hatte sich vollzogen: ich rauchte im Theater, am Morgen bei der Arbeit, am Abend nach dem Essen, und es schien mir, wenn ich zu rauchen aufhörte, würde ich das Interesse am Theater verlieren, den Appetit an der Abendmahlzeit und die frische Lebendigkeit bei der Arbeit am Morgen. Sollte mir irgendein unerwartetes Ereignis begegnen, so war es meiner Ansicht nach von vornherein grundlegend verringert, wenn ich es, ohne zu rauchen, annehmen mußte. Die konkrete Qualität, die sich allgemein über die Dinge gelegt hatte, war: daß ich fähig war, ihnen-beim-Rauchen-zubegegnen. Es schien mir nun, daß ich ihnen diese Qualität nehmen müßte und daß sich das Leben angesichts einer solchen universellen Verarmung weniger lohnen würde. Das Rauchen ist nun eine zerstörerische aneignende Reaktion. Der Tabak ist ein Symbol des «angeeigneten» Seins, da er im Rhythmus meines Atmens in einer Art «fortdauernder Zerstörung» vernichtet wird, da er in mich eingeht und seine Verwandlung in mich selbst symbolisch durch den Übergang des verzehrten Stoffs in Rauch angezeigt wird. Die Verbundenheit der Landschaft, die ich rauchend gesehen hatte, mit diesem kleinen Brandopfer war so innig, daß dieses als ihr Symbol gelten konnte. Das bedeutet somit, daß die Reaktion der zerstörerischen Aneignung des Tabaks den symbolischen Wert einer aneignenden Zerstörung der ganzen Welt hatte. Durch den gerauchten Tabak hindurch brannte und rauchte die Welt, die sich in Dampf auflöste, um in mich einzugehen. Um meinen Entschluß aufrechtzuerhalten, mußte ich eine Art Entkristallisation vornehmen, das heißt, ohne es genau zu bemerken, reduzierte ich den Tabak darauf, nur noch er selbst zu sein: glühendes Kraut; ich schnitt seine symbolische Verbindung mit der Welt ab und überzeugte mich davon, daß ich dem Theaterstück, der Landschaft, dem Buch, das ich las, nichts nehmen würde, wenn ich sie ohne meine Pfeife betrachtete, das heißt, ich verlegte mich darauf, diese Objekte auf andere Weise zu besitzen als in dieser Opferungszeremonie. Sobald ich mich dazu überredet hatte, war mein Bedauern nicht mehr sehr groß: ich bedauerte noch, den Geruch des Tabaks, die Wärme des Pfeifenkopfs in meinen Fingern nicht mehr zu spüren, usw. Jedoch war mein Bedauern mit einem Mal entwaffnet und sehr erträglich geworden.

Was wir uns in einem Gegenstand grundsätzlich anzueignen begehren, ist somit sein Sein und ist die Welt. Diese beiden Zwecke der Aneignung sind in Wirklichkeit nur ein einziger. Hinter dem Phänomen suche ich das Sein des Phänomens zu besitzen. Aber dieses Sein, das, wie wir sahen, vom Phänomen des Seins sehr verschieden ist, ist das An-sich-sein und nicht nur das Sein irgendeiner einzelnen Sache. Hier liegt keineswegs ein Übergang zum Universalen vor, sondern das in seiner konkreten Nacktheit betrachtete Sein wird vielmehr mit einem Male das Sein des Ganzen. Die Beziehung des Besitzens erscheint uns somit in aller Deutlichkeit: besitzen heißt, durch einen einzelnen Gegenstand hindurch die Welt besitzen wollen. Und da das Besitzen sich als das Bemühen bestimmt, sich als den Grund eines Seins zu erfassen, insoweit dieses idealiter wir selbst sind, bezweckt jeder Entwurf des Besitzens, das Für-sich zum Grund der Welt oder konkreten Ganzheit des An-sich zu machen, sofern diese Ganzheit als solche das in der Weise des An-sich existierende Für-sich selbst ist. In-der-Welt-sein heißt, den Besitz der Welt zu entwerfen, das bedeutet, die ganze Welt als das zu erfassen, was dem Für-sich fehlt, um An-sich-für-sich zu werden; es heißt, sich in eine Ganzheit einzulassen, die eben das Ideale oder der Wert oder auch ergänzte Ganzheit ist und die ideal verwirklicht wäre durch die Verschmelzung des Für-sich als entganzheitlichter Ganzheit, die das zu sein hat, was sie ist, mit der Welt als der Ganzheit des An-sich, das ist, was es ist. Es ist wohl zu verstehen, daß das Für-sich nicht zum Entwurf hat, ein Vernunftwesen zu gründen, das heißt ein Seiendes, das es zunächst nach Form und Stoff erdenken würde, um ihm alsdann Existenz zu geben: ein solches Seiendes wäre in der Tat etwas rein Abstraktes, Universales; seine Vorstellung könnte dem In-der-Welt-sein nicht vorhergehen, sondern würde es im Gegenteil voraussetzen, ebenso wie sie das präontologische Verständnis eines höchst konkreten und zunächst anwesenden Seienden voraussetzen würde, welches das «Da» des primären Da-seins des Für-sich ist, das heißt, das Sein der Welt; jedoch ist das Für-sich nicht in der Weise, daß es zunächst das Universelle denkt und sich Ideen gemäß bestimmt: es ist vielmehr seine Wahl, und seine Wahl kann nicht abstrakt sein, da sonst das Sein des Für-sich selbst abstrakt wäre. Das Sein des Für-sich ist ein individuelles Abenteuer, und die Wahl ist notwendig die individuelle Wahl, konkret zu sein. Das gilt, wie wir sahen, von der *Situation* im allgemeinen. Die Wahl des Für-sich ist stets Wahl der konkreten Situation in ihrer unvergleichlichen Einzigartigkeit. Das gilt aber auch von dem ontologischen Sinn dieser Wahl. Sagen wir, das Für-sich ist Entwurf zu *sein,* so begreift es das An-sich-sein, das es zu sein entwirft, nicht als eine Struktur, die allen Seienden einer gewissen Art gemeinsam wäre: sein Entwurf ist keineswegs ein Begriff, wie wir sahen. Was es zu sein entwirft, erscheint ihm vielmehr als eine höchst konkrete Ganzheit: es ist *dieses* Sein. Gewiß kann man in diesem Entwurf die Möglichkeiten einer universalisierenden Entwicklung voraussehen; aber nur in der Weise, wie man von einem Liebenden sagt, er liebe alle Frauen oder die Frau in einer Frau. Da somit, wie wir sahen, das konkrete Sein, dessen Grund es zu sein entwirft, nicht *erdacht* sein kann, weil es konkret ist, kann es ebensowenig *vorgestellt* sein, da das Imaginäre Nichts ist, während dieses Sein im höchsten Grade Sein ist. Es muß *existieren,* das heißt, man hat ihm zu *begegnen,* wobei jedoch die Begegnung eins sein muß mit der Wahl, die das Für-sich trifft. Das Für-sich ist Begegnung-Wahl, das heißt, es bestimmt sich als Wahl, dasjenige Sein zu gründen, dessen Begegnung es ist. Das bedeutet, daß das Für-sich als individuelles Unternehmen Wahl *dieser Welt* als individueller Seinsganzheit ist; es überschreitet sie nicht auf eine logische Universalität, sondern auf einen neuen konkreten «Zustand» derselben Welt hin, in dem das Sein vom Für-sich gegründetes An-sich wäre, das heißt, es überschreitet sie auf ein konkretes-Sein-jenseits-des-existierenden-konkreten-Seins hin. Das In-der-Welt-sein ist somit Entwurf, diese Welt zu besitzen, und der Wert, der dem Für-sich vorschwebt, ist konkrete Anzeige eines individuellen Seins, das durch die synthetische Funktion *dieses* Für-sich und *dieser* Welt hergestellt wird. In der Tat, wo das Sein auch immer sei, woher es komme und wie man es betrachten mag, ob es An-sich oder Für-sich sei oder das unmögliche Ideal des An-sich-für-sich, stets ist es in seiner ursprünglichen Kontingenz ein individuelles Abenteuer.

Somit können wir nunmehr die Beziehungen bestimmen, die die Kategorie des Seins mit der des Habens verbinden. Wir sahen, daß die Begierde ursprünglich Begierde zu sein oder Begierde zu haben sein kann. Jedoch ist die Begierde zu haben sehr wohl rückführbar. Während die Begierde nach Sein sich direkt auf das Für-sich bezieht in dem Entwurf, ihm ohne Vermittlung die Würde eines An-sich-für-sich zu verleihen, zielt die Begierde zu haben auf das Für-sich an und in der Welt und durch sie hindurch. Der Entwurf zu haben bezweckt, durch die Aneignung der Welt denselben Wert zu verwirklichen wie die Begierde nach Sein. Daher sind diese Begierden, die man analytisch voneinander unterscheiden kann, in der Wirklichkeit untrennbar: man findet keine Begierde zu sein, die nicht durch eine Begierde zu haben verdoppelt würde, und umgekehrt; im Grunde handelt es sich um zwei Richtungen der Aufmerksamkeit bezüglich desselben Zwecks, oder, wenn man so will, um zwei Interpretationen der gleichen Grundsituation, von denen die eine dem Für-sich das Sein ohne Umweg zu verleihen sucht, während die andere den Zirkel der Selbstheit herstellt, das heißt, zwischen das Für-sich und sein Sein die Welt einfügt. Die Grundsituation hingegen ist der Mangel an Sein, der ich bin, das heißt, zu dem ich mich mache. Eben das Sein jedoch, zu dessen Mangel ich mich mache, ist streng individuell und konkret: es ist das Sein, das *schon existiert* und inmitten dessen ich als *sein* Mangel auftauche. So ist selbst das Nichts, das ich bin, individuell und konkret, da es *diese* Nichtung und keine andere ist.

Jedes Für-sich ist freie Wahl; eine jede seiner Handlungen, von der unbedeutendsten bis zur gewichtigsten, drückt diese Wahl aus und geht aus ihr hervor; eben das nannten wir unsere Freiheit. Nunmehr haben wir den *Sinn* dieser Wahl erfaßt: er ist Seinswahl, sei es direkt, sei es durch Aneignung der Welt, oder vielmehr in beider Weise zugleich. Meine Freiheit ist somit die Wahl, Gott zu sein, und alle meine Handlungen, alle meine Entwürfe drücken diese Wahl aus und spiegeln sie auf tausendfache Weise wider, denn es gibt eine Unendlichkeit von Seinsweisen und Weisen des Habens. Die existentielle Psychoanalyse hat die Aufgabe, in den empirischen und konkreten Entwürfen die ursprüngliche Weise wiederzufinden, in der ein jeder sein Sein zu wählen hat. Man wird sagen, es bliebe noch zu erklären, warum ich die Welt in dem einen oder anderen besonderen *Dieses* zu besitzen wähle. Wir könnten darauf antworten, daß eben darin das Eigentliche der Freiheit besteht. Indessen ist auch der erwählte Gegenstand sehr wohl rückführbar. In ihm zielen wir auf sein Sein, und zwar durch seine Seinsweise oder Qualität hindurch; die Qualität aber – insbesondere die materielle Qualität, die Flüssigkeit des Wassers, Dichte des Steins usw. – vergegenwärtigt als Seinsweise nur auf eine bestimmte Art das Sein. Wir wählen also eigentlich eine bestimmte Art, in der das Sein sich enthüllt und sich besitzen läßt. Das Gelbe und das Rote, der Geschmack der Tomate oder der Brechbohnen, das Rauhe und das Zarte sind für uns keineswegs irreduzierbare Gegebenheiten: sie bringen für uns symbolisch eine bestimmte Art zum Ausdruck, in der sich das Sein gibt, und wir antworten durch den Ekel oder die Begierde, je nachdem ob wir das Sein auf die eine oder die andere Art an ihrer Oberfläche erscheinen sehen. Die existentielle Psychoanalyse hat die Aufgabe, den *ontologischen Sinn* der Qualitäten freizulegen. Nur auf diese Weise – und nicht durch Betrachtungen über die Sexualität – kann man beispielsweise bestimmte Konstanten der poetischen «Vorstellungswelt» (das «Geologische» bei Rimbaud, die Flüssigkeit des Wassers bei Poe) oder auch nur einfach die Tendenzen eines jeden Geschmacks erklären, des berühmten Geschmacks, von dem man sagt, es ließe sich nicht über ihn streiten, ohne daß man bemerkt, daß die Geschmackstendenzen auf ihre Weise eine ganze «Weltanschauung» symbolisieren, eine ganze Seinswahl, und daraus ihre *Evidenz* für denjenigen rührt, der sie sich zu eigen gemacht hat. Wir haben daher auch diese besondere Aufgabe der existentiellen Psychoanalyse hier zu skizzieren, wenn wir uns auch nur auf bloße Anregungen für weitere Untersuchungen beschränken. Denn auf der Ebene des Geschmacks für das Süße oder Saure usw. ist die freie Wahl sehr wohl rückführbar, nicht aber auf der Ebene der Wahl desjenigen Seinsaspekts, der sich *im* und *durch* das Süße, das Saure usw. *hindurch* entdeckt.

III

Über die Seinsenthüllung durch die Qualität

Es handelt sich einfach darum, eine Psychoanalyse der *Sachen* zu versuchen. In dem letzten Buch von Bachelard, *L'eau et les rêves,* ist ein solcher Versuch unternommen worden. Das Werk erweckt große Erwartungen; eine wahre Entdeckung ist die der «stofflichen Phantasie». Der Ausdruck «Phantasie» scheint uns eigentlich nicht angemessen zu sein, ebensowenig wie der Versuch, hinter den Dingen und ihrem gallertartigen, festen oder flüssigen Stoff die «Bilder» aufzufinden, die wir in sie projizieren sollen. Wie wir an anderem Ort gezeigt haben [1], hat die Wahrnehmung nichts mit der Vorstellung gemeinsam: sie schließt sie im Gegenteil mit aller Strenge aus, und umgekehrt. Wahrnehmen heißt keineswegs, Bilder mit Eindrücken zu verbinden: solche Thesen der Assoziationspsychologie sind völlig auszuschließen; und die Psychoanalyse hat folglich auch nicht nach Bildern zu suchen, sondern vielmehr den wirklich eigenen *Sinn* der Sachen zu verdeutlichen. Gewiß gehört der «menschliche» Sinn des

1 Vgl. L'imaginaire, Paris, N.R.F. 1939

Schmierigen, des *Zähflüssigen* usw. nicht zum An-sich. Wie wir jedoch sahen, gehören auch die Potentialitäten nicht zu ihm, und trotzdem konstituieren sie die Welt. Die *stofflichen* Bedeutungen, der menschliche Sinn der Schneenadeln, des Körnigen, des Festgestampften, des Fettigen usw. sind in nicht geringerem Grade *wirklich* wie die Welt, und zur Welt kommen heißt, inmitten dieser Bedeutungen auftauchen. Jedoch handelt es sich zweifellos nur um terminologische Unterschiede; Bachelard scheint uns kühner zu sein und seinen wahren Gedanken aufzudecken, wenn er in seinen Vorlesungen von einer Psychoanalyse der Pflanzen spricht oder einem seiner Bücher den Titel gibt: *Psychoanalyse du feu.* In der Tat handelt es sich darum, *nicht auf das Subjekt,* sondern auf die Dinge eine Methode objektiver Entschlüsselung anzuwenden, die keinen vorgängigen Verweis auf das Subjekt voraussetzt. Will ich beispielsweise die objektive Bedeutung des Schnees bestimmen, so sehe ich etwa, daß er bei einer bestimmten Temperatur schmilzt und daß dieses Schmelzen sein Tod ist. Es handelt sich hier nur um eine objektive Feststellung. Will ich nun die Bedeutung dieses Schmelzens bestimmen, so muß ich es mit anderen Dingen vergleichen, die in anderen Seinsbereichen situiert, aber ebenfalls objektiv und transzendent sind, mit Ideen, Freundschaften, Personen, von denen ich gleichfalls sagen kann, daß sie *schmelzen* (Geld *schmilzt* in meinen Händen; bestimmte Ideen – im Sinn von objektiven sozialen Bedeutungen – werden zur Lawine, während andere *dahinschmelzen*[1]; wie mager er geworden, wie geschmolzen er ist); auf diese Weise kann ich die Beziehung ausfindig machen, die bestimmte Seinsformen mit bestimmten anderen verbindet. Der Vergleich des schmelzenden Schnees mit anderen, rätselhafteren Formen des Schmelzens (etwa bestimmten alten Mythen folgend: der Schneider aus Grimms Märchen nimmt einen Käse in die Hand, den er für einen Stein ausgibt, und drückt ihn so stark, daß der Saft heraustropft; der andere glaubt, er habe einen Stein austropfen lassen, er habe dessen Flüssigkeit herausgedrückt) kann uns über eine geheime Flüssigkeit der festen Körper unterrichten, in dem Sinn wie Audiberti in einem glücklichen Einfall von der geheimen Schwärze der Milch sprach. Diese Flüssigkeit ist wiederum mit dem Saft der Früchte und dem Blut des Menschen – das selber so etwas wie unsere geheime und vitale Flüssigkeit ist – zu vergleichen und verweist uns damit auf eine bestimmte beständige Möglichkeit des *körnigen Kompakten* (das eine bestimmte Seinsqualität des *reinen An-sich* bezeichnet), sich in einen *homogenen und undifferenzierten flüssigen Zustand* (eine andere Seinsqualität des reinen An-sich) zu verwandeln. Wir erfas-

1 Man denke auch an das «Schmelzende Geld» Daladiers

sen hier ursprünglich und in ihrer ganzen ontologischen Bedeutung die Antinomie des Kontinuierlichen und des Diskontinuierlichen, des weiblichen und männlichen Pols der Welt, deren dialektische Entwicklung bis zur Quantentheorie und Wellenmechanik zu verfolgen ist. Auf diese Weise können wir dazu gelangen, den geheimen Sinn des Schnees, der ein ontologischer Sinn ist, zu entziffern. Wo ist bei all dem jedoch der Bezug zum Subjektiven und zur Phantasie? Wir haben in der Tat nur streng objektive Strukturen miteinander verglichen und eine Hypothese formuliert, die diese Strukturen vereinen und anordnen läßt. Eben deshalb erstreckt die Psychoanalyse sich hier auf die Dinge selbst und nicht auf Menschen. Aus diesem Grunde wäre ich auch nicht so schnell wie Bachelard dazu bereit, auf dieser Ebene auf die stoffliche Vorstellungswelt der Dichter zurückzugreifen, selbst wenn es sich um Lautréamont, Rimbaud oder Poe handelt. Es ist gewiß spannend, das «Bestiarium Lautréamonts» herauszufinden. Gelangen wir aber bei solchen Untersuchungen in der Tat zum Subjektiven zurück, so werden wir wahrhaft bedeutsame Resultate nur erreichen, wenn wir Lautréamont als ursprüngliche und reine Bevorzugung des Tierischen betrachten [1] und wenn wir *zuvor* den objektiven Sinn des Tierischen bestimmt haben. Wenn Lautréamont in der Tat *das ist, was er bevorzugt,* so ist zunächst die Natur dessen, was er bevorzugt, zu erkennen. Wir wissen wohl, daß er in das Tierische etwas anderes und mehr «hineinlegt», als ich hineinlegen würde. Solche subjektiven Bereicherungen, die uns Aufschluß über Lautréamont geben, sind jedoch durch die objektive Struktur des Tierischen polarisiert. Die existentielle Psychoanalyse Lautréamonts setzt daher zunächst die Entzifferung des objektiven Sinns des *Tiers* voraus. In ähnlicher Weise denke ich seit langem daran, ein *Lapidarium* Rimbauds aufzustellen. Welchen Sinn könnte ein solches aber haben, solange wir nicht zuvor die Bedeutung des Geologischen im allgemeinen festgestellt haben? Indessen wird man sagen, jede Bedeutung setzt den Menschen voraus. Wir sagen nichts anderes. Jedoch, als Transzendenz stellt der Mensch allein durch sein Auftauchen das Bedeutsame her, und das Bedeutsame ist wegen der Struktur der Transzendenz selbst Hinweis auf anderes Transzendentes, das ohne Rückgang auf die Subjektivität, die es hergestellt hat, entziffert werden kann. Die potentielle Energie eines Körpers ist eine objektive Qualität dieses Körpers, die objektiv berechnet werden muß unter alleiniger Berücksichtigung objektiver Bedingungen. Nur kann diese Energie einen Körper allein in einer Welt bewohnen, deren Erscheinen das Korrelat zu dem eines Für-sich ist. In gleicher Weise wird man durch

1 Eines bestimmten Lebendigen, eben dessen, was Scheler *vitale Werte* nennt.

eine streng objektive Psychoanalyse andere Potentialitäten entdecken, die noch tiefer im Stoff der Dinge enthalten sind und völlig transzendent bleiben, obwohl sie einer noch fundamentaleren Wahl der menschlichen Wirklichkeit, einer *Seins*wahl, entsprechen.

Somit können wir auch den zweiten Punkt angeben, an dem wir uns von Bachelard trennen. Es ist in der Tat keine Frage, daß jede Psychoanalyse ihre Prinzipien a priori haben muß. Vor allem muß sie wissen, *was sie sucht,* denn wie könnte sie es sonst finden? Da jedoch das Ziel ihrer Untersuchung nicht ohne die Gefahr eines circulus vitiosus von der Psychoanalyse selbst aufgestellt werden kann, muß es Gegenstand eines Postulats sein – wenn es nicht von der Erfahrung gefordert wird – oder es muß von einer anderen Disziplin gesetzt werden. Die Freudsche Libido ist natürlich ein bloßes Postulat; der Machtwille Adlers scheint nur eine unmethodische Verallgemeinerung empirischer Data zu sein – und sie muß sogar unmethodisch sein, da sie es erst erlaubt, die Grundlage für eine psychoanalytische Methode zu entwerfen. Bachelard scheint sich nun auf seine Vorgänger zu verlassen; das Postulat der Sexualität beherrscht allem Anschein nach seine Untersuchungen; anderwärts werden wir auf den *Tod* verwiesen oder auf den Traumatismus der Geburt und den Willen zur Macht; kurz, seine Psychoanalyse scheint ihrer Methode sicherer zu sein als ihrer Prinzipien, und sie rechnet zweifellos damit, daß ihre Ergebnisse sie über das genaue Ziel ihrer Untersuchungen aufklären werden. Aber das heißt den Wagen vor den Ochsen spannen; die Folgerungen werden niemals das Prinzip aufzustellen gestatten, ebensowenig wie die Summierung der endlichen Modi es erlaubt, die Substanz zu erfassen. Es will uns daher scheinen, daß man hier auf all die empirischen Prinzipien und jene Postulate verzichten sollte, die aus dem Menschen *a priori* einen Machtwillen oder eine Sexualität machen, und es angebracht wäre, das Ziel der Psychoanalyse streng auf der Grundlage der Ontologie festzustellen. Eben das versuchten wir im vorstehenden Abschnitt. Wir sahen dort, daß die menschliche Wirklichkeit, bevor sie überhaupt als *Libido* oder Machtwille beschrieben werden kann, *Seinswahl* ist, und zwar entweder direkt oder durch Aneignung der Welt. Wir sahen auch, daß – im Fall der Wahl durch Aneignung – jede *Sache* letztlich nicht wegen ihres sexuellen Potentials gewählt wird, sondern gemäß der Weise, in der sie das Sein *wiedergibt,* gemäß der Art, in der das Sein auf ihre Oberfläche dringt. Eine Psychoanalyse der *Dinge* und ihres *Stoffs* muß sich somit vor allem darum bemühen, die Weise festzustellen, in der ein jedes Ding das *objektive* Symbol des Seins und der Beziehung der menschlichen Wirklichkeit zu diesem Sein ist. Wir schließen nicht aus, daß es nachträglich notwendig ist, einen sexuellen Symbolismus in der Natur zu entdecken, aber hierbei handelt es sich um eine sekundäre und rückführbare Schicht, die zunächst eine Psychoanalyse der präsexuellen Strukturen voraussetzt. Die Untersuchung Bachelards über das Wasser, die viele geistvolle und tiefe Bemerkungen enthält, würden wir somit als eine Summe von Anregungen und eine wertvolle Materialsammlung betrachten, die nunmehr von einer ihrer Prinzipien bewußten Psychoanalyse zu verwerten wären.

Was die Ontologie die Psychoanalyse lehren kann, ist in der Tat zunächst der *wahre* Ursprung der Bedeutungen der Dinge und ihre *wahre* Beziehung zur menschlichen Wirklichkeit. Sie allein vermag sich in der Tat auf die Ebene der Transzendenz zu stellen und mit einem Blick das In-der-Welt-sein mit seinen beiden Beziehungspunkten zu erfassen, da sie allein sich ursprünglich in die Perspektive des *cogito* versetzt. Der Begriff der Faktizität und der Begriff der Situation erlauben uns wiederum, die existentielle Symbolik der Dinge zu verstehen. Wir sahen in der Tat, daß es theoretisch möglich und praktisch unmöglich ist, die Faktizität von dem Entwurf, der sie in der Situation konstituiert, zu unterscheiden. Diese Feststellung kann uns hier dienlich sein: wie wir sahen, darf man in der Tat nicht annehmen, daß das *Dieses* in der Äußerlichkeit der Indifferenz seines Seins und unabhängig vom Auftauchen eines Für-sich irgendeine Bedeutung hätte. Gewiß ist seine *Qualität,* wie wir sahen, nichts anderes als sein Sein. Das Gelb der Zitrone, sagten wir, ist kein subjektiver Modus der Wahrnehmung der Zitrone: es *ist die Zitrone.* Wir zeigten auch [1], daß die Zitrone sich ganz durch ihre Qualitäten hindurch erstreckt und jede ihrer Qualitäten sich durch die anderen hindurch erstreckt; eben das nannten wir *Dieses.* Jede Qualität des Seienden ist das ganze Seiende; sie ist die Gegenwart seiner absoluten Kontingenz, seine Irreduzierbarkeit des Indifferenten. Indessen, bereits im Zweiten Teil unserer Arbeit haben wir in der Qualität selbst die Unzertrennbarkeit des Entwurfs und der Faktizität hervorgehoben. Wir sagten in der Tat: «Damit es Qualität gibt, muß *es* Sein *geben* für ein Nichts, das von Natur aus das Sein nicht ist... die Qualität ist das ganze Sein, wie es sich in den Grenzen des *Es gibt* enthüllt». Somit können wir von Anfang an die Bedeutung der Qualität nicht dem Sein *an sich* zuschreiben, da es schon des «Es gibt» bedarf, das heißt, der nichtenden Vermittlung des Für-sich, damit es Qualitäten gibt. Von diesen Bemerkungen aus ist jedoch leicht zu verstehen, daß die Bedeutung der Qualität ihrerseits eine Art Verstärkung des «Es gibt» bezeichnet, da wir uns eben auf sie stützen, um das «Es gibt» auf das Sein hin, wie es absolut und an sich ist, zu überschreiten. In jedem Ergreifen einer Qualität liegt in die-

1 Vgl. Seite 256 ff.

sem Sinn ein metaphysisches Bemühen, unserer Seinslage zu entgehen, um die Hülse von Nichts des «Es gibt» zu durchbohren und bis zum reinen An-sich zu gelangen. Jedoch können wir die Qualität natürlich nur als Symbol eines Seins erfassen, das uns vollständig entgeht, wenn es auch in seiner Ganzheit da, vor uns ist, und das heißt schließlich, wir können das enthüllte Seiende nur als Symbol des Seins an sich fungieren lassen. Das bedeutet aber, daß sich eine neue Struktur des «Es gibt» herstellt, die die bedeutsame Schicht ist, obschon diese Schicht sich in der absoluten Einheit desselben fundamentalen Entwurfs enthüllt. Wir sprechen hier von dem metaphysischen Gehalt einer jeden intuitiven Enthüllung des Seins; und eben dieser ist durch die Psychoanalyse zu erreichen und aufzudecken. Was ist der metaphysische Gehalt des Gelbs, des Rots, des Glatten, des Rauhen? Und die Frage, die man nach diesen elementaren Fragen zu stellen hat, ist: Was ist der metaphysische Koeffizient der Zitrone, des Wassers, des Öls usw.? Alle derartigen Probleme hat die Psychoanalyse zu lösen, wenn sie eines Tages verstehen will, warum Peter Apfelsinen liebt und das Wasser verabscheut, warum er gern Tomaten ißt und dicke Bohnen ablehnt, warum er sich übergibt, wenn er gezwungen wird, Austern oder rohe Eier zu essen.

Indessen zeigten wir auch, wie verfehlt es wäre, beispielsweise zu glauben, wir würden unsere gefühlsmäßige Veranlagung *auf* die Sache «projizieren», um sie zu erhellen oder zu kolorieren. Wir haben in der Tat seit langem erkannt, daß ein Gefühl durchaus keine innere Veranlagung ist, sondern eine objektive und transzendierende Beziehung, die sich von ihrem Gegenstand anzeigen läßt, was sie ist. Aber das genügt nicht: ein Beispiel soll uns zeigen, daß die Erklärung mittels der *Projektion* (im Sinn des nur zu berühmten: «eine Landschaft ist ein seelischer Zustand») eine Petitio principii ist. Nehmen wir zum Beispiel jene besondere Qualität an, die man das *Klebrige* nennt. Für den erwachsenen Europäer bedeutet sie gewiß eine Menge von *menschlichen* und *moralischen* Charakterzügen, die leicht auf Seinsbeziehungen rückführbar sind. Ein Händedruck ist klebrig, ein Lächeln ist klebrig, ein Gedanke, ein Gefühl kann klebrig sein. Die allgemeine Ansicht ist, daß ich zunächst die Erfahrung gewisser Verhaltensweisen und moralischer Einstellungen gemacht habe, die mir mißfallen und die ich verurteile; und daß ich andererseits das Klebrige empfindungsmäßig erkannt habe. Alsdann würde ich eine Verbindung zwischen diesen Gefühlen und der Klebrigkeit herstellen, und das Klebrige würde als Symbol für eine ganze Klasse von Gefühlen und menschlichen Haltungen fungieren. Somit hätte ich das Klebrige bereichert, indem ich meine Kenntnis dieser Kategorie menschlicher Verhaltensweisen auf es projiziert habe. Es fällt schwer, eine solche Projektion als Erklärung gelten zu lassen. Nehmen wir an, wir hätten zunächst die Gefühle als rein psychische Qualitäten erfaßt, wie können wir alsdann noch ihre Beziehung zum Klebrigen begreifen? Das in seiner qualitativen Reinheit erfaßte Gefühl kann sich nur als eine völlig unausgedehnte Verfassung entdecken, die nur in Rücksicht auf bestimmte Werte und Folgerungen zu verurteilen ist; in keinem Fall kann es «bildlich» wirken, wenn das Bild nicht zuvor gegeben ist. Ist andererseits des Klebrige nicht ursprünglich mit einem gefühlsmäßigen Sinn beladen, stellt es sich nur als eine bestimmte stoffliche Eigenschaft dar, so ist nicht einzusehen, wieso es jemals zum symbolischen Zeichen für bestimmte psychische Einheiten erwählt werden kann. Mit einem Wort, wenn wir klar und bewußt eine symbolische Beziehung zwischen der Klebrigkeit und der schmutzigen Gemeinheit gewisser Individuen herstellen können, so müssen wir zuvor die Gemeinheit im Klebrigen und das Klebrige in einer bestimmten Art menschlicher Gemeinheit erfaßt haben. Daraus folgt, daß die Projektion gar nichts erklärt, da sie voraussetzt, was zu erklären wäre. Selbst wenn sie diesem prinzipiellen Einwand entginge, würde sie auf einen anderen, der Erfahrung entnommenen und nicht weniger gewichtigen stoßen: die Erklärung durch die Projektion beinhaltet in der Tat den Schluß, daß das projizierende Subjekt bereits durch Erfahrung und Analyse zu einer gewissen Kenntnis der Struktur und der Wirkungen jener Verhaltensweisen gelangt sei, die es klebrig nennen wird. In dieser Konzeption wird unsere Erfahrung der menschlichen Gemeinheit in der Tat durch den Rückgriff auf das Klebrige nicht als *Erkenntnis* erweitert; es dient bestenfalls als thematische Einheit und bildliche Rubrik für eine Reihe schon erworbener Kenntnisse. Die eigentliche Klebrigkeit kann uns, für sich genommen, andererseits in der Praxis als schädlich erscheinen (weil klebrige Stoffe an den Händen, den Kleidern haftenbleiben und beflecken), jedoch niemals als *widerwärtig*. Der Ekel, den sie einflößt, ist nur aus der Vermischung dieser physikalischen Eigenschaft mit bestimmten moralischen zu erklären. Somit müßte es eine Art Erlernung des symbolischen Werts des Klebrigen geben. Die Beobachtung zeigt uns aber, daß Kinder schon in sehr frühem Alter angesichts des Klebrigen Widerwillen bekunden, als ob es *bereits* mit Psychischem behaftet wäre; sie zeigt uns desgleichen, daß sie, sobald sie nur sprechen können, den Wert von Worten wie «weich», «gemein» usw. *verstehen*, auch wenn mit ihnen Gefühle beschrieben werden. Es ist, als tauchten wir in einem Universum auf, in dem die Gefühle und Handlungen mit Stofflichkeit ganz beladen, und *in Wahrheit* weich, flach, klebrig, niedrig, erhaben usw. sind, und wo die stofflichen Substanzen ursprünglich eine psychische Bedeutung haben, die sie widerlich, entsetzlich, anziehend usw. macht. Aus der Projektion oder Analogie ist hier nichts zu erklären. Zusammenfassend ist zu sagen, es ist ganz unmöglich, daß wir der rohen Eigenschaft des «Dieses» den psychischen Symbolwert des Klebrigen entnehmen, wie es ebenso unmöglich ist, daß wir auf Grund einer *Erkenntnis* der gemeinten psychischen Haltungen diese Bedeutung auf das *Dieses* übertragen. Wie soll man daher jene unermeßliche universelle Symbolik begreifen, die ihren Ausdruck in unserem Widerwillen, unserem Haß, unseren Sympathien, unserem Anreiz gegenüber Gegenständen findet, deren Stofflichkeit prinzipiell ohne jede Bedeutsamkeit bleiben müßte? Ein Fortschritt in solchen Untersuchungen ist nur möglich, wenn man eine gewisse Anzahl von Postulaten fallenläßt. Vor allem dürfen wir nicht mehr *a priori* postulieren, daß die Charakterisierung bestimmter Gefühle durch die Klebrigkeit nur ein Bild und keine Erkenntnis wäre, – und wir müssen es bis zur genaueren Unterrichtung ebenso ablehnen, daß stets nur das Psychische symbolische Auskunft über den physischen Stoff geben könne und unsere Erfahrung menschlicher Niedrigkeit einen Vorrang gegenüber der Erfassung des «Klebrigen» als einer Bedeutung hätte.

Kehren wir zu dem ursprünglichen Entwurf zurück. Er ist Entwurf einer Aneignung. Er zwingt somit das *Klebrige*, sein Sein zu enthüllen; da das Auftauchen des Für-sich im Sein aneignend ist, ist das wahrgenommene Klebrige ein «zu besitzendes Klebriges», das heißt, mein ursprünglicher Bezug zum Klebrigen ist mein Entwurf, Grund seines Seins zu sein, insofern es idealiter ich ist. Von seinem Ursprung an erscheint es somit als ein zu begründendes mögliches Ich; von seinem Ursprung an ist es *psychisiert*. Das bedeutet keineswegs, daß ich ihm in der Art eines primitiven Animismus eine Seele oder metaphysische Eigenschaften gebe, sondern nur, daß seine Stofflichkeit selbst sich mir als psychisch bedeutsam enthüllt – und diese psychische Bedeutsamkeit ist übrigens nur dasselbe wie der symbolische Wert, den es in Beziehung zum An-sich-sein hat. Diese aneignende Art, das Klebrige all seine Bedeutungen *hergeben zu lassen*, kann als ein formales *A priori* betrachtet werden, obwohl sie ein freier Entwurf ist und sich mit dem Sein des Für-sich selbst identifiziert; sie ist in der Tat ursprünglich nicht von der Seinsweise des Klebrigen abhängig, sondern nur von seinem bloßen Da-sein, von seiner vorgefundenen reinen Existenz; sie bliebe bei jedem anderen Vorfinden die gleiche, insofern sie eben bloßer Entwurf der Aneignung ist, insofern sie sich in nichts vom reinen «Es gibt» unterscheidet und je nachdem, wie man sie betrachtet, reine Freiheit oder reines Nichts ist. Eben in dem Rahmen dieses aneignenden Entwurfs enthüllt sich jedoch das Klebrige und entwickelt seine Klebrigkeit. Diese Klebrigkeit ist somit *schon* – seit dem ersten Erscheinen des Klebrigen – eine Antwort auf eine Frage, sie ist schon *Hingabe ihrer selbst;* das Klebrige erscheint bereits als Umriß einer Verschmelzung der Welt mit mir; und was es mich über sich lehrt, seine Beschaffenheit eines *Saugnapfes, der mich ansaugt,* ist bereits eine Antwort auf eine konkrete Befragung; es antwortet mit seinem Sein selbst, mit seiner Seinsweise und seinem ganzen Stoff. Und seine Antwort ist einerseits der Frage völlig angepaßt und andererseits undurchsichtig und nicht zu entschlüsseln, da sie von seiner ganzen unaussprechlichen Stofflichkeit erfüllt ist. Sie ist klar, insoweit sie genauestens zu der Frage paßt: das Klebrige läßt sich als dasjenige erfassen, das mir fehlt, es läßt sich von dem aneignenden Forschen befühlen, und diesem Versuch der Aneignung enthüllt es seine Klebrigkeit. Andererseits ist sie undurchsichtig, denn, sobald einmal die Bedeutungsform vom Für-sich im Klebrigen erweckt ist, erfüllt es sie sogleich mit seiner ganzen Klebrigkeit. Es wirft uns somit eine volle und dichte Bedeutsamkeit zurück, und diese Bedeutsamkeit liefert uns das *An-sich-sein,* insofern das Klebrige gegenwärtig das die Welt Anzeigende ist, und den *Umriß unser selbst,* insofern die Aneignung etwas wie eine Begründung des Klebrigen entwirft. Was dann als objektive Qualität auf uns zukommt, ist eine neue *Natur,* die weder stofflich (und physisch) noch psychisch ist, sondern den Gegensatz des Psychischen und des Physischen transzendiert, indem sie sich uns als ontologischer Ausdruck der ganzen Welt enthüllt, das heißt, die sich als eine Rubrik zur Einordnung aller *Dieses* der Welt darstellt, handele es sich nun um stoffliche Bildungen oder transzendierte Transzendenzen. Das bedeutet, daß die Gewahrwerdung des Klebrigen als solchen gleichzeitig eine besondere Weise geschaffen hat, sich als das An-sich der Welt auszugeben, sie symbolisiert auf ihre Weise das Sein, das heißt, solange die Berührung mit dem Klebrigen dauert, ist es für uns so, als wäre die Klebrigkeit der Sinn der ganzen Welt, das heißt, die einzige Seinsweise des An-sich-seins, in der Art wie für die Primitiven der Eidechsen-Sippe alle Gegenstände Eidechsen *sind.* Was kann in dem gewählten Beispiel die vom Klebrigen symbolisierte Seinsweise sein? Ich stelle zunächst fest, daß es die Homogeneität und die Nachahmung des Flüssigen ist. Eine klebrige Substanz wie etwa Pech ist eine Abart des Flüssigen. Sie scheint uns zunächst ein nach allen Seiten fließendes und überall sich gleichbleibendes Sein anzuzeigen, das sich selbst nach allen Seiten entgleitet und auf dem man trotzdem schwimmen kann, ein Sein, das ungefährlich und ohne Gedächtnis ist, das sich dauernd in sich selbst verwandelt, auf dem man sich nicht eindrückt und das sich nicht in uns eindrückt, das gleitet und auf dem man gleitet, das durch das Gleiten (Boot, Motorboot, Wasserskier usw.) in Besitz genommen werden kann und niemals besitzt, weil es auf einem abrollt, ein Sein, das Ewigkeit und unendliche Zeitlichkeit ist, weil es dauernde Veränderung ist, ohne daß etwas sich verändert, und das daher durch diese Synthese von Ewigkeit und Zeitlichkeit eine mögliche Verschmelzung des Für-sich als reiner Zeitlichkeit und des An-sich als reiner Ewigkeit symbolisiert. Sofort entdeckt sich jedoch das Klebrige wesentlich auch als trübe, weil das Flüssige in ihm nur verlangsamt existiert; es ist Verdickung der Flüssigkeit, das heißt, es verkörpert in sich den beginnenden Sieg des Festen über das Flüssige, das heißt, eine Tendenz des indifferenten An-sich, das vom reinen Festen verkörpert wird, das Flüssige erstarren zu lassen, das heißt, das Für-sich, das es gründen sollte, aufzusaugen. Das Klebrige ist der Todeskampf des Wassers; es stellt sich selbst als ein werdendes Phänomen dar, es hat nicht wie das Wasser die Beständigkeit in der Veränderung, sondern verkörpert im Gegenteil eher einen Einschnitt in eine Zustandsänderung. Diese starre Unbeständigkeit des Klebrigen entmutigt jeden Versuch der Aneignung. Das Wasser ist flüchtiger, jedoch kann man es auch in seiner Flucht, in seiner Flüchtigkeit noch besitzen. Das Klebrige enteilt in einer verdickten Flucht, die der des Wassers in dem Maße gleicht wie der schwerfällige niedrige Flug eines Huhns dem Flug des Sperbers. Selbst diese Flucht kann man nicht besitzen, da sie sich als Flucht verleugnet. Sie ist beinahe schon eine feste Beständigkeit. Nichts bezeugt den zweideutigen Charakter einer «Substanz zwischen zwei Zuständen» besser als die Langsamkeit, mit der das Klebrige mit sich selbst verschmilzt: ein Wassertropfen, der die Oberfläche einer Wasserfläche berührt, ist augenblicklich zur Wasserfläche verwandelt; wir erfassen diesen Vorgang nicht wie ein trinkendes Aufsaugen des Tropfens von der Fläche, sondern eher wie eine Vergeistigung und Entindividualisierung eines Einzelwesens, das sich von selbst in dem großen Ganzen auflöst, aus dem es entstanden ist. Das Symbol der Wasserfläche scheint eine wichtige Rolle in der Bildung der pantheistischen Schemata zu spielen; es enthüllt eine besondere Art der Beziehung des Seins zum Sein. Betrachten wir aber das Klebrige, so stellen wir fest, (obwohl es in verlangsamtem Zustand auf geheimnisvolle Weise die *ganze* Flüssigkeit bewahrt hat; denn es darf nicht mit dem Breiartigen verwechselt werden, wo die nur angedeutete Flüssigkeit plötzlich abbricht und aufgehalten wird und die Substanz nach einem Versuch des *Auslaufens* plötzlich kopfüber kugelt) daß es im Phänomen der Verwandlung in sich selbst eine andauernde Hysteresis darstellt: der Honig, der von meinem Löffel auf den im Topf enthaltenen Honig fließt, beginnt zunächst, die Oberfläche zu gestalten; er hebt sich von ihr ab, und sein Verschmelzen mit dem Ganzen stellt sich wie ein Zusammensacken, ein Absinken dar, das einmal wie ein *Luftablassen* erscheint (man erinnere sich, welche Bedeutung für das kindliche Gemüt die Puppe aus Gummihaut hat, die man aufbläst und die mit einem kläglichen Schrei zusammensackt) und zugleich wie das Niederhängen und Flachwerden von etwas vollen Brüsten einer Frau, die sich auf den Rücken legt. In dem Zähflüssigen, das mit sich selbst verschmilzt, gibt es in der Tat einerseits einen sichtbaren Widerstand, wie die Weigerung eines Individuums, das sich nicht im Ganzen des Seins vernichten lassen will, und andererseits eine bis zur letzten Grenze getriebene Weichheit: denn das *Weiche* ist nur eine auf halbem Wege aufgehaltene Vernichtung; das Weiche ist das, was uns das Bild unserer eigenen zerstörerischen Kraft und ihrer Grenzen am besten zurückwirft. Die Langsamkeit, mit der ein klebriger Tropfen im Schoß des Ganzen verschwindet, wird zunächst als *Weichheit* verstanden, da sie wie eine verzögerte Vernichtung ist, die Zeit zu gewinnen sucht; jedoch geht diese Weichheit bis zum Äußersten: der Tropfen versinkt in der klebrigen Fläche. Aus diesem Phänomen entstehen mehrere Wesenszüge des Klebrigen: zunächst ist es *weich* bei der Berührung. Man schütte Wasser auf den Boden: es *fließt*. Schüttet man eine klebrige Substanz, so streckt sie sich, dehnt sich, sie wird flach und ist *weich*; berührt man sie, so flieht sie nicht, sondern gibt nach. In der Unfaßbarkeit des Wassers steckt noch eine unerbittliche Härte, die ihm einen geheimen *metallischen* Sinn gibt: es ist eigentlich ebensowenig zu pressen wie Stahl. Das Klebrige ist preßbar. Es macht somit zunächst den Eindruck eines Seienden, das man *besitzen* kann. Und zwar auf doppelte Weise: seine Viskosität, sein Anhaften an sich selbst hindert es zu fliehen, ich kann es daher in meine Hände nehmen, eine bestimmte Menge Honig oder Pech von dem übrigen abtrennen und somit in einer fortgesetzten Schöpfung einen individuellen Gegenstand *erschaffen*; die Weichheit der Substanz, die in meinen Händen zerdrückt wird, gibt mir gleichzeitig jedoch den Eindruck, daß ich fortwährend *zerstöre*. Wir finden hier das genaue Bild einer Zerstörung-Schöpfung. Das Zähflüssige ist *fügsam*. Indessen, in eben dem Augenblick, in dem ich es zu besitzen glaube, besitzt *es* plötzlich mich in einer merkwürdigen Umkehrung. Und da erscheint sein wahres Wesen: seine Weichheit ist ein Saugnapf. Ist der Gegenstand in meiner Hand fest, so kann ich ihn loslassen, wann ich will; seine Bewegungslosigkeit symbolisiert für mich meine vollkommene Macht: ich gründe ihn, aber er gründet mich nicht; das Für-sich selbst sammelt hier in sich das An-sich und erhebt es zur Würde des An-sich, ohne sich selbst aufs Spiel zu setzen, indem es dauernd eine assimilierende und schöpferische Macht bleibt; hier saugt das Für-sich das An-sich auf. Anders gesagt, die Besitzung bestätigt den Vorrang des Für-sich in dem synthetischen Sein «An-sich-Für-sich». Die Viskose bewirkt jedoch eine Umkehrung: plötzlich ist das Für-sich *kompromittiert*. Ich mache meine Hand auf, will das Klebrige loslassen, aber es bleibt an mir haften, es pumpt mich aus und saugt mich an; seine Seinsweise ist weder die beruhigende Trägheit des Festen noch eine Dynamik wie die des Wassers, das sich darin erschöpft, mir zu entfliehen: sie ist eine Art weicher, teigiger, weibischer Aktivität des Aufsaugens, es lebt verborgen unter meinen Fingern, und ich fühle eine Art Schwindel, es zieht mich in sich, wie der Grund einer Schlucht mich anziehen könnte. Es gibt eine Art Berührungsfaszination des Klebrigen. Ich vermag es nicht mehr, den Vorgang der Aneignung *aufzuhalten*. Er setzt sich fort. In einem Sinn ist es wie die höchste Fügsamkeit des Besessenen, wie die Treue eines Hundes, der sich anbietet, selbst wenn man nichts von ihm wissen will, und in anderem Sinn gibt es unter dieser Fügsamkeit eine versteckte Aneignung des Besitzenden vom Besessenen. Man erkennt, welches Symbol sich hier plötzlich enthüllt: es gibt giftige Besitzungen; es gibt die Möglichkeit, daß das An-sich das Für-sich aufsaugt; das heißt, daß sich ein Sein in Umkehrung des «An-sich-Für-sich» bildet, in dem das An-sich das Für-sich in seine Kontingenz, in seine indifferente Äußerlichkeit und seine Existenz ohne Grund hineinziehen würde. In diesem Augenblick erfasse ich plötzlich, welche Falle mir das Klebrige gestellt hat: es ist eine Flüssigkeit, die mich festhält und kompromittiert, ich kann auf dem Klebrigen nicht *gleiten*, alle seine Saugnäpfe halten mich fest; ebenso kann es nicht auf mir gleiten: es heftet sich an wie ein Blutegel. Das Gleiten wird jedoch nicht einfach *verneint* wie vom Festen, sondern wird *unterhöhlt*; das Klebrige scheint sich dafür herzugeben, es lädt mich dazu ein, da eine viskose Fläche im Ruhezustand von der Fläche einer dichten Flüssigkeit kaum unterschieden ist; jedoch ist es eine Falle: das Gleiten wird von der glatten Fläche aufgesaugt und hinterläßt Spuren an mir. Das Klebrige erscheint somit wie eine im Alptraum erblickte Flüssigkeit, deren Eigenschaften alle irgendwie belebt und gegen mich gerichtet wären. Das Klebrige ist die Rache des An-sich. Eine fade, weibische Rache, die auf einer anderen Ebene durch die Eigenschaft des *Zuckrigen* symbolisiert wird. Das Gezuckerte als *Süßigkeit im Geschmack* – die lange wie unvergänglich im Mund bleibt und das Verschlucken überdauert – ergänzt daher das Wesen des Klebrigen auf vollkommene Weise. Das süße Klebrige ist das Ideal des Klebrigen; es symbolisiert den süßen Tod des Für-sich (die Wespe, die in der Marmelade hängenbleibt und erstickt). Gleichzeitig bin *ich* jedoch das Klebrige, allein weil ich eine Aneignung der klebrigen Substanz versucht habe. Jenes Saugen des Klebrigen, das ich an meinen Händen fühle, scheint eine *Fortdauer* des Klebrigen an mir zu umreißen. Die langen, weichen Säulen, die von mir auf die klebrige Fläche hinunterfallen (wenn ich zum Beispiel meine Hand in sie getaucht habe und sie wieder losreiße), symbolisieren wie mein Verfließen in die klebrige Substanz. Und die Hysteresis, die ich in der Verschmelzung der Säulenbasis mit der Fläche wahrnehme, scheint den Widerstand meines Seins gegen das Aufsaugen vom An-sich zu symbolisieren. Springe ich ins Wasser, tauche ich in ihm unter oder lasse ich mich von ihm treiben, so fühle ich mich völlig behaglich, da ich in keiner Weise befürchten muß, ich könne mich in ihm auflösen: ich bleibe ein Festes im Flüssigen. Tauche ich aber ins Klebrige ein, so fühle ich, daß ich mich in ihm verlieren werde, das heißt, daß ich mich in ihm auflösen werde, eben weil das Klebrige unmittelbar vor seiner Verfestigung zu stehen scheint. Das *Teigige* würde in dieser Hinsicht genauso erscheinen wie das Klebrige, es fasziniert jedoch nicht, es bringt mich nicht in Gefahr, weil es unbeweglich ist. Schon in der Wahrnehmung des Viskosen, der klebrigen, kompromittierenden und gleichgewichtslosen Substanz, liegt eine Art Grauen vor einer *Verwandlung*. Das Klebrige berühren heißt, Gefahr laufen, sich in Klebrigkeit aufzulösen.

Nun ist diese Auflösung schon an sich selbst erschreckend, weil sie ein Aufsaugen des Für-sich vom An-sich darstellt, ebenso wie die Tinte vom Löschblatt aufgesaugt wird. Zudem, wenn man sich überhaupt in eine Sache verwandeln kann, so ist es entsetzlich, daß es eine Verwandlung *ins* Klebrige sein soll. Könnte ich mir eine Verflüssigung meiner selbst vorstellen, das heißt, eine Verwandlung meines Seins in Wasser, so wäre ich darüber nicht außer Maßen bekümmert, denn das Wasser ist das Symbol des Bewußtseins: seine Bewegung, seine Flüssigkeit, jene unverbundene Verbundenheit seines Seins, seine beständige Flucht usw., all das erinnert an das Für-sich; die Psychologen, die als erste auf die *Dauer* als Grundcharakter des Bewußtseins hingewiesen haben (James, Bergson), haben es daher des öfteren mit einem Strom verglichen. Der Strom gibt uns am besten das Bild der dauernden wechselseitigen Durchdringung der Teile eines Ganzen und ihrer beständigen Trennbarkeit und Verfügbarkeit. Das Klebrige hingegen bietet ein schreckliches Bild: für ein Bewußtsein ist es an sich schrecklich, *klebrig zu werden*. Das Sein des Klebrigen ist nämlich weiches, saugendes Anhaften aller seiner Teile, Verbundenheit und geheimes Einverständnis eines jeden mit jedem, vages und weiches Bemühen eines jeden, sich zu individualisieren, auf das ein Rückfall erfolgt, ein Verflachen, das vom Individuellen gesäubert und überall von der Substanz aufgesaugt wird. Ein *klebrig gewordenes* Bewußtsein würde sich somit durch das teigige Anschwellen seiner Gedanken verwandeln. Vom Augenblick unseres Auftauchens in der Welt an werden wir von dem Gedanken verfolgt, daß ein Bewußtsein sich in die Zukunft, zu einem Entwurf seiner selbst emporschwingen möchte und sich plötzlich, gerade wie es sich am Ziele glaubt, heimtückisch zurückgehalten fühlt, unsichtbar von der Vergangenheit aufgesaugt, und das dieser Auflösung in die Vergangenheit, der es entfliehen will, beiwohnen muß und dem Eindringen von tausend Parasiten, bis es schließlich völlig zugrunde geht. Das «Stehlen von Gedanken» in den Beeinflussungspsychosen gibt uns das beste Bild dieses schrecklichen Zustands. Auf ontologischer Ebene drückt diese Furcht jedoch nichts anderes aus als eben die Flucht des Für-sich vor dem An-sich der Faktizität, das heißt, die Verzeitlichung. Unser Erschrecken vor dem Klebrigen ist der Schrecken davor, daß die Zeit klebrig werden könnte, daß die Faktizität dauernd und unmerklich fortschreiten und das Für-sich, das «sie existiert», aufsaugen könnte. Es ist nicht die Furcht vor dem Tod, vor dem reinen An-sich oder dem Nichts, sondern Furcht vor einer besonderen Seinsart, die ebensowenig existiert wie das *An-sich-Für-sich* und vom Klebrigen nur *dargestellt* wird. Ein ideales Sein, das ich mit meiner ganzen Kraft verdamme und das mich ebenso wie der *Wert* in meinem Sein beunruhigt: ein ideales Sein, in dem das nicht gegründete An-sich den Vorrang vor dem Für-sich hat und das wir als *Anti-wert* bezeichnen.

Im aneignenden Entwurf des Klebrigen enthüllt sich somit die Klebrigkeit plötzlich als Symbol eines Antiwerts, das heißt, eines nicht verwirklichten, aber drohenden Seinstypus, der dauernd das Bewußtsein als die beständige Gefahr, der es entflieht, beunruhigt und damit den Entwurf der Aneignung plötzlich in einen Entwurf der Flucht verwandelt. Ein Etwas ist erschienen, das aus keiner früheren Erfahrung hervorgeht, sondern nur aus dem präontologischen Verstehen des An-sich und des Für-sich, und das eben der *Sinn* des Klebrigen ist. Einerseits handelt es sich hier um eine Erfahrung, da die Klebrigkeit eine intuitive Entdeckung ist; andererseits um eine Art Erfindung eines Abenteuers des Seins. Auf dieser Grundlage erscheint dem Für-sich eine neue Gefahr, ein bedrohlicher Seinsmodus, den es zu vermeiden sucht, eine konkrete Kategorie, die es überall wiederfindet. Das Klebrige symbolisiert *a priori* keine psychische Verhaltensweise: es zeigt eine bestimmte Beziehung des Seins zu sich selbst an, und diese Beziehung wird ursprünglich *psychisiert*, da ich sie beim Versuch einer Aneignung entdeckt habe und die Klebrigkeit mir mein Bild zurückwarf. Von meiner ersten Berührung mit dem Klebrigen an bin ich somit um ein taugliches ontologisches Schema bereichert, mit dem ich jenseits der Unterscheidung des Psychischen und Nicht-psychischen den Seinssinn aller Seienden einer bestimmten Kategorie interpretieren kann, indem übrigens diese Kategorie wie ein leerer Rahmen *vor* der Erfahrung der verschiedenen Arten des Klebrigen auftaucht. Durch meinen ursprünglichen Entwurf angesichts des Klebrigen habe ich sie in die Welt geworfen, und sie ist eine objektive Struktur der Welt und andererseits Antiwert, das heißt, sie grenzt einen Ausschnitt ab, in den sich die klebrigen Gegenstände einordnen werden. Sobald ein Objekt mir diesen

Seinsbezug anzeigen wird, handele es sich um einen Händedruck, ein Lächeln oder einen Gedanken, wird er alsdann per definitionem als klebrig erfaßt, das heißt, er wird mir jenseits seines phänomenalen Gefüges als etwas erscheinen, das zusammen mit dem Pech, dem Klebstoff, dem Honig usw. den großen ontologischen Bereich der Klebrigkeit darstellt. Und umgekehrt: in dem Maße, wie das *Dieses*, das ich mir aneignen will, die ganze Welt verkörpert, wird mir das Klebrige von meiner ersten intuitiven Berührung an als erfüllt von einer Menge dunkler Bedeutungen und Verweise erscheinen, die es überschreiten. Das Klebrige entdeckt sich selbst als «weit mehr als Klebriges»; von seinem Erscheinen an transzendiert es alle Unterscheidungen zwischen Psychischem und Physischem, zwischen dem bloß Seienden und den Bedeutungen der Welt: es ist ein möglicher Sinn des Seins. Die erste Erfahrung, die das Kind von dem Klebrigen macht, bereichert es somit psychologisch wie moralisch: es braucht nicht zu warten, bis es erwachsen ist, um jene Art schmieriger Gemeinheit zu entdecken, die man metaphorisch «klebrig» nennt: sie ist schon da bei ihm in der Klebrigkeit des Honigs oder Vogelleims. Was wir hier vom Klebrigen sagen, gilt für alle Gegenstände, die das Kind umgeben: die bloße Enthüllung ihres Stoffs erweitert seinen Horizont bis zu den letzten Grenzen des Seins und begabt es gleichzeitig mit einer Gesamtheit von *Schlüsseln*, mit denen es das Sein aller menschlichen Fakten entschlüsseln kann. Das bedeutet nicht, daß es die «Charaktere», die «Häßlichkeiten» des Lebens oder auch die «schönen Seiten» der Existenz ursprünglich *erkennen* würde. Jedoch ist es im Besitz aller *Sinnhaftigkeiten des Seins*, deren bloße Exemplifikationen das Schöne und das Häßliche, die Verhaltensweisen, psychischen Wesenszüge, sexuellen Beziehungen usw. sein werden. Das Klebende, das Teigige, das Dunstige usw., die Löcher im Sand, in der Erde, die Höhlen, das Licht, die Nacht usw. enthüllen ihm präpsychische und präsexuelle Seinsweisen, die es sich in der Folge sein Leben lang verdeutlichen wird. Es gibt keine «unschuldigen» Kinder. Mit den Freudianern erkennen wir vor allem die zahllosen Beziehungen an, die bestimmte Stoffe und Formen der kindlichen Umwelt zur Sexualität haben. Jedoch meinen wir damit nicht, daß ein bereits fertiger sexueller Instinkt ihnen sexuelle Bedeutungen verleihen würde. Im Gegenteil scheint uns, daß diese Stoffe und Formen um ihrer selbst willen erfaßt werden und daß sie dem Kind Seinsweisen und Beziehungen zum Sein des Für-sich enthüllen, die ihrerseits seine Sexualität erhellen und bilden werden. So zeigten sich viele Psychoanalytiker, um nur ein Beispiel zu nennen, erstaunt über die Anziehung, die alle Arten von *Löchern* (Löcher im Sand, in der Erde, Grotten, Höhlen, Unebenheiten) auf Kinder ausüben, und sie suchten diese Anziehung entweder aus dem analen Charakter der kindlichen Sexualität zu erklären oder aus dem pränatalen Schock oder sogar aus einer Vorahnung des eigentlichen Geschlechtsakts. Keine dieser Erklärungen scheint uns annehmbar, und das «Trauma der Geburt» ist äußerst phantastisch. Diejenige, die das Loch in Verbindung mit dem weiblichen Geschlechtsorgan bringt, setzt beim Kind entweder eine Erfahrung voraus, die es nicht haben kann, oder eine Vorahnung, die nicht zu begründen ist. Was die «anale» Sexualität des Kindes betrifft, so leugnen wir sie zwar nicht; soll sie jedoch die im Wahrnehmungsfeld angetroffenen Löcher erhellen und symbolisch beladen, so wäre zunächst erforderlich, daß das Kind seinen Anus als ein Loch erfaßt; die Erfassung des Wesens eines Lochs, einer Öffnung, müßte des weiteren der Empfindung, die es von seinem Anus hat, entsprechen. Wir haben jedoch den subjektiven Charakter des «Leibs für mich» deutlich genug gezeigt, daß verständlich wird, wie unmöglich es für das Kind ist, irgendeinen Teil seines Körpers als eine objektive Struktur des Universums zu erfassen. Nur für andere erscheint der Anus wie ein Öffnung. In der Weise kann er jedoch nicht erlebt werden; auch die intime Pflege, die die Mutter dem Kind gibt, kann ihn nicht in dieser Weise zeigen, da der Anus als erogene, empfindliche Stelle keine befühlbaren Nervenenden hat. Nur durch andere – durch die Worte, mit denen die Mutter den Körper des Kindes bezeichnet – erfährt es, daß sein Anus ein *Loch* ist. Die objektive Natur des in der Welt wahrgenommenen Lochs erklärt ihm allererst die objektive Struktur und den Sinn der analen Zone und gibt den erogenen Empfindungen, die es bis dahin nur «existiert» hat, einen transzendenten *Sinn*. Das *Loch* ist nun aber an sich selbst Symbol einer Seinsweise, die von der existentiellen Psychoanalyse zu erhellen ist. Wir können hier nicht näher darauf eingehen. Jedoch sieht man sofort, daß es sich ursprünglich als ein mit meinem eigenen Fleisch «zu erfüllendes» Nichts darstellt: das Kind fühlt sich dazu gedrängt, seinen Finger oder seinen ganzen Arm in das Loch zu stecken. Es stellt mir somit das leere Bild meiner selbst vor; ich habe mich nur hineingleiten zu lassen, um in der Welt, die mich erwartet, zu existieren. Das Ideal des Lochs ist somit eine Aushöhlung, die sich meinem Körper genau anpaßt, so daß ich, indem ich mich hineinzwänge und eng anschmiege, dazu beitrage, das Volle des Seins in der Welt existieren zu lassen. Ein Loch ausfüllen bedeutet somit ursprünglich, meinen Körper opfern, damit die Seinsfülle existiert, das heißt, die Leidenschaft des Für-sich ausstehen, um die Totalität des An-sich zu gestalten, zu vollenden und zu retten[1].

1 Desgleichen wäre die Bedeutung der entgegengesetzten Tendenz hervorzuheben, der Tendenz, Löcher zu bohren, die allein eine existentielle Analyse erfordern würde.

Wir erfassen hier eine der fundamentalsten menschlichen Tendenzen an ihrem Ursprung: die Tendenz, *zu erfüllen.* Wir finden diese Tendenz beim Jugendlichen ebensowohl wieder wie beim Erwachsenen; einen großen Teil unseres Lebens verbringen wir damit, Löcher zu stopfen, Leeres auszufüllen, das Volle symbolisch zu verwirklichen und zu gründen. Von seiner ersten Erfahrung an lernt das Kind, daß es selbst durchlöchert ist. Wenn es seinen Finger in den Mund steckt, so sucht es die Löcher in seinem Gesicht zu vermauern, es erwartet, daß der Finger mit den Lippen und dem Gaumen verschmilzt, und die Mundöffnung *verstopft,* wie man einen Spalt in der Wand mit Zement verstopft; es sucht dabei nach der Dichte, der einförmigen und sphärischen Fülle des parmenideischen Seins; wenn es am Finger lutscht, so will es ihn auflösen, ihn in einen klebrigen Brei verwandeln, der das Loch seines Mundes verschließen soll. Diese Tendenz ist sicher eine der fundamentalsten unter all denen, die die Grundlage für den Akt des Essens bilden: die Nahrung ist der «Kitt», der den Mund abdichten soll; essen heißt unter anderem, sich verstopfen. Nur von dieser Grundlage aus können wir alsdann zur Sexualität übergehen: die Obszönität des weiblichen Geschlechtsorgans ist die alles *Klaffenden*: es ist ein *Ruf nach Sein* wie übrigens alle Löcher; das Weib ruft in sich nach einem anderen Körper, der es durch Auflösung und Durchdringung zur Seinsfülle verwandeln soll. Und umgekehrt empfindet die Frau ihre eigene Seinsverfassung wie ein Rufen, eben weil sie «durchlöchert» ist. Hier liegt der wirkliche Ursprung des Adlerschen Komplexes. Zugegeben, das Geschlechtsorgan ist ein Mund, ein gefräßiger Mund, der den Penis verschlingt – daraus kann sehr wohl der Gedanke der Kastration entstehen: der Geschlechtsakt ist Kastration des Mannes – jedoch ist das Organ vor allem Loch. Es handelt sich hier somit um eine *präsexuelle* Erfahrung, die als komplexe, empirische Einstellung des Menschen zu einem Bestandteil der Sexualität wird, die jedoch ihren Ursprung nicht aus dem Geschlechtlichsein empfängt und nichts mit der fundamentalen Sexualität gemein hat, deren Natur wir im Dritten Teil erklärt haben. Trotzdem kann die Erfahrung des Lochs in der kindlichen Wahrnehmung der Wirklichkeit ein ontologisches Vorgefühl der sexuellen Erfahrung im allgemeinen umhüllen; das Kind verschließt das Loch mit seinem Körper, und das Loch ist vor aller sexuellen Besonderung eine obszöne Erwartung, ein Ruf nach dem Körper.

Man erfaßt, welche Bedeutung die Erhellung solcher existentiellen, unmittelbaren und konkreten Kategorien für die existentielle Psychoanalyse haben wird. Auf ihrer Grundlage können wir nämlich sehr allgemeine Entwürfe der menschlichen Wirklichkeit begreifen. Der Psychoanalytiker wird sich jedoch hauptsächlich dafür interessieren, den freien Entwurf der Einzelperson auf der Grundlage der individuellen Beziehung zu bestimmen, die sie mit diesen verschiedenen Seinssymbolen verbindet. Ich kann eine Vorliebe für klebrige Berührungen haben, die Löcher verabscheuen usw. Das bedeutet nicht, daß das Klebrige, das Fettige, das Loch usw. für mich ihre allgemeine ontologische Bedeutung verloren hätten, sondern im Gegenteil, daß ich mich *wegen* dieser Bedeutung in diese oder jene Beziehung zu ihnen versetze. Ist das Klebrige wirklich das Symbol eines Seins, in dem das Für-sich vom An-sich verschluckt wird, was bin ich dann, wenn ich im Gegensatz zu allen anderen eine Vorliebe für das Klebrige habe? Auf welchen fundamentalen Entwurf meiner selbst sehe ich mich verwiesen, wenn ich diese Vorliebe für ein verschlingendes trübes An-sich erklären will? Die *Geschmacksrichtungen* bleiben somit keine irreduzierbaren Gegebenheiten; versteht man sie zu befragen, so offenbaren sie uns die fundamentalen Entwürfe der Person. Und selbst die Vorlieben für bestimmte Nahrungen haben ihren Sinn. Das ist ohne weiteres einzusehen, wenn man nur daran denkt, daß der Geschmack sich nicht wie ein zu entschuldigendes, absurdes Faktum darstellt, sondern wie ein evidenter Wert. Liebe ich den Geschmack von Knoblauch, so erscheint es mir irrational, daß andere ihn nicht lieben. Essen heißt in der Tat, sich durch Zerstörung aneignen, und zugleich, sich mit einem bestimmten Seienden *verstopfen*. Und dieses Seiende ist als die Synthese einer Temperatur, einer Dichte und des eigentlichen Geschmacks gegeben. Mit einem Wort, diese Synthese bedeutet ein *bestimmtes Seiendes*; und wenn wir essen, so beschränken wir uns nicht darauf, bestimmte Eigenschaften dieses Seienden durch den Geschmack zu *erkennen*; indem wir sie schmecken, eignen wir sie uns an. Der Geschmack ist Assimilation; beim Kauen enthüllen die Zähne die Dichte des Körpers, den sie zu einer Speisekugel verwandeln. Die synthetische Intuition der Nahrung ist somit an sich assimilierende Zerstörung. Sie enthüllt mir das Seiende, mit dem ich mein Fleisch bilden werde. Was ich annehme oder mit Widerwillen ablehne, ist somit das Sein dieses Seienden selbst; anders gesagt, die Ganzheit der Nahrung stellt mir einen gewissen Seinsmodus des Seienden vor, das ich annehme oder ablehne. Diese Ganzheit ist wie eine Form gebildet, in der die dumpferen Qualitäten der Dichte und Temperatur hinter dem eigentlichen Geschmack, der sie *ausdrückt*, verschwinden. Das «Süße» *drückt* zum Beispiel das Klebrige *aus*, wenn wir einen Löffel Honig oder Melasse essen, ebenso wie eine analytische Funktion eine geometrische Kurve ausdrückt. Das bedeutet, daß alle die Eigenschaften, die nicht den eigentlichen Geschmack bilden, in dem Geschmack zusammengefaßt, verschmolzen und eingedrückt sind und derart so etwas wie den *Stoff* des Geschmacks bilden. (Bei diesem Schokoladenbiskuit, das den Zähnen zuerst widersteht, dann plötzlich nachgibt und zerbröckelt, *ist* der Widerstand und das Zerbröckeln die Schokolade). Sie verbinden sich übrigens mit bestimmten zeitlichen Merkmalen des Geschmacks, das heißt, mit seinem Modus der Verzeitlichung. Der Geschmack der einen Sache ist mit einem Mal gegeben, der einer anderen ist wie eine Rakete mit Zeitzündung, dann wieder stellt er sich stufenweise dar, ein anderer nimmt bis zu seinem Verschwinden langsam ab, und bei manchen Sachen verschwindet der Geschmack in eben dem Augenblick, wo man ihn zu besitzen meint. Diese Eigenschaften organisieren sich gemeinsam mit der Dichte und der Temperatur; auf einer anderen Ebene drücken sie zudem die sichtbare Gestalt der Nahrung aus. Esse ich einen rosa Kuchen, so ist sein Geschmack rosa; der leichte, süße Duft und die Fettigkeit der Buttercreme *sind* das Rosa. Daher esse ich rosa, wie ich gezuckert sehe. Man versteht, daß der Geschmack daher eine komplexe Architektur und einen differenzierten Stoff hat; eben diesen strukturierten Stoff – der uns seinen besonderen Seinstypus vorstellt – können wir assimilieren oder mit Ekel von uns weisen, je nach unserem ursprünglichen Entwurf. Es ist daher keineswegs gleichgültig, ob man Austern oder Muscheln, Schnecken oder Krabben mag, wenn man nur die existentielle Bedeutung dieser Nahrungsmittel versteht. Es gibt, allgemein gesprochen, keinen Geschmack und keine Vorliebe, die nicht reduzierbar wären. Sie stellen alle eine bestimmte Wahl der Seinsaneignung dar. Es ist Aufgabe der existentiellen Psychoanalyse, sie zu vergleichen und zu klassifizieren. Die Ontologie läßt uns hier im Stich: sie hat uns nur erlaubt, die letzten Zwecke der menschlichen Wirklichkeit, ihre fundamentalen Möglichkeiten und den Wert, die sie beunruhigen, zu determinieren. Jede menschliche Wirklichkeit ist direkter Entwurf, das eigene Für-sich zum An-sich-Für-sich zu verwandeln, und zugleich Entwurf zur Aneignung der Welt als der Ganzheit des An-sich-seins in der Besonderung einer fundamentalen Qualität. Jede menschliche Wirklichkeit ist eine Leidenschaft, insofern sie entwirft, sich selbst zu vernichten, um das Sein zu gründen und um zugleich das An-sich zu konstituieren, das als sein eigener Grund der Kontingenz entgeht, das *Ens causa sui*, das die Religionen Gott nennen. Die Leidenschaft ist somit die Umkehrung der Leidenschaft des Christus, denn der Mensch richtet sich als Mensch zugrunde, damit Gott entstehe. Aber die Idee Gottes ist widerspruchsvoll, und wir richten uns umsonst zugrunde; der Mensch ist eine nutzlose Leidenschaft.

SCHLUSSFOLGERUNGEN

I

An-sich und Für-sich, metaphysische Bemerkungen

Nunmehr dürfen wir zum Schlusse kommen. Wir haben, von der Einleitung an, das Bewußtsein entdeckt als einen Ruf nach Sein und haben gezeigt, daß das *cogito* unmittelbar auf ein An-sich-Sein verwies, und zwar als *Gegenstand* des Bewußtseins. Aber nach der Beschreibung des An-sich und des Für-sich tauchte die Schwierigkeit auf, zwischen beiden eine Verbindung herzustellen, und wir fürchteten, in einen nicht zu bewältigenden Dualismus zu geraten. Dieser Dualismus bedrohte uns noch auf eine andere Art: in dem Maße nämlich, in dem man vom Für-sich sagen konnte, daß es sei, befanden wir uns gegenüber von zwei radikal verschiedenen Seinsweisen, derjenigen des Für-sich, das zu sein hat, was es ist, das heißt, das ist, was es nicht ist, und das nicht ist, was es ist, und der des An-sich, das ist, was es ist. Wir haben uns also gefragt, ob die Entdekkung dieser beiden Seinstypen nicht darauf hinaus liefe, einen Hiatus festzustellen, der als eine allen Daseienden angehörende allgemeine Kategorie das Sein in zwei unverbindbare Bereiche zerschneidet, wobei in jedem der beiden der Seinsbegriff in einer ursprünglichen und besonderen Bedeutung gefaßt werden müßte.

Unsere Untersuchungen haben es uns ermöglicht, auf die erste Frage zu antworten: das Für-sich und das An-sich werden durch eine synthetische Verbindung geeint, die nichts anderes ist als das Für-sich selber. Das Für-sich ist nämlich nichts anderes, als die reine Nichtung des An-sich; es ist wie ein Seinsloch im Inneren des Seins. Man kennt jene nette Fiktion, mit deren Hilfe gewisse Popularwissenschaftler das Prinzip von der Erhaltung der Energie zu illustrieren pflegen: wenn es passierte, sagen sie, daß ein einziges der Atome, die das Universum bilden, vernichtet würde, so würde sich daraus eine Katastrophe ergeben, die sich über das ganze Universum ausdehnen und insbesondere das Ende der Erde und des Sonnensystems bedeuten würde. Dieses Bild kann unseren Zwecken dienen: das Für-sich erscheint als eine winzige Nichtung, die im Inneren des Seins ihren Anfang nimmt; und diese Nichtung genügt, damit dem An-sich ein vollständiger Umsturz *widerfährt*. Dieser Umsturz ist die Welt. Das Für-sich besitzt keine andere Realität, als die Nichtung des Seins zu sein. Ihre einzige Qualifikation erhält sie von dem Umstand, daß sie Nichtung eines individuellen und besonderen An-sich ist, und nicht eines Seins im allgemeinen. Das Für-sich ist nicht das Nichts überhaupt, sondern eine Privation eigener Art; es konstituiert sich als Privation *dieses Seins-hier*. Wir haben also keine Veranlassung, uns über die Art und Weise Gedanken zu machen, in der das Für-sich mit dem An-sich vereint werden kann, denn das Für-sich ist in keiner Weise eine selbständige Substanz. Sofern es Nichtung ist, *wurde es zu etwas Gewesenem* durch das An-sich; sofern es innere Verneinung ist, läßt es sich vom An-sich verkünden, was es nicht ist und was es folglich zu sein hat. Wenn das cogito notwendigerweise aus sich heraus führt, wenn das Bewußtsein ein glatter Abhang ist, auf dem man sich nicht aufhalten kann, ohne sich sogleich hinaus auf das An-sich-Sein abgeleitet zu finden, so deshalb, weil es durch sich selbst als absolute Subjektivität keine hinreichende Menge Sein besitzt; es verweist daher zunächst auf die Sache. Es gibt kein Sein für das Bewußtsein außerhalb dieser deutlichen Verpflichtung, unmittelbare, enthüllende Erkenntnis von etwas zu sein. Was kann das heißen, außer daß das Bewußtsein das Platonische *andere* ist? Man kennt die schönen Beschreibungen, die der Fremde im «Sophistes» von diesem anderen liefert, das nur als «wie in einem Traume» ergriffen werden kann, was kein Sein außer seinem Anders-Sein hat, das heißt, was nur ein geliehenes Sein besitzt, das, für sich allein betrachtet, verschwindet und nur eine Randexistenz wiedergewinnt, wenn man seine Blicke auf dieses Seiende richtet, das sich darin erschöpft, anders als es selbst und anders als das Sein zu sein. Es scheint sogar, als habe Platon das dynamische Merkmal erkannt, das die Andersheit des anderen in bezug auf dieses selbst darstellt, denn in gewissen Schriften erblickt er darin den Ursprung der Bewegung. Aber er hätte noch weitergehen können: er hätte dann gesehen, daß das andere oder das relative Nicht-Seiende eine derartige Existenz nur in der Eigenschaft von Bewußtsein haben kann. Anders sein als das Seiende, heißt Bewußtsein (von) sich in der Einheit der zeitigenden Ek-stasen sein. Und was kann denn die Andersheit sein, es sei denn der dauernde Platzwechsel von Widergespiegeltem und Widerspiegelndem, den wir im Innern des Für-sich aufgewiesen haben, denn die einzige Art, in der der Andere als Anderer existieren kann, ist, Bewußtsein (davon) zu sein, ein Anderer zu sein. Die Andersheit ist nämlich innere Verneinung, und nur ein Bewußtsein kann sich als innere Verneinung konstituieren. Jede andere Auffassung der Andersheit würde darauf hinauslaufen, sie als ein An-sich zu setzen, das heißt zwischen ihr und dem Seienden eine äußerliche Verbindung zu stiften, die aber die Anwesenheit eines Zeugen erforderlich machen würde, um feststellen zu können, daß der Andere anders ist als das An-sich. Andererseits kann der Andere nicht anders sein, ohne aus dem Sein hervorzugehen; insofern ist er relativ zum An-sich, aber er kann auch nicht anders sein, ohne sich *zu etwas anderem zu machen,* sonst würde seine Andersheit zu etwas Gegebenem, also zu einem *Seienden,* das geeignet wäre, an-sich betrachtet zu werden. Insofern er relativ zum An-sich ist, ist der Andere mit Faktizität behaftet; insofern er sich selbst macht, ist er etwas Absolutes. Darauf haben wir hingewiesen, als wir sagten, daß das Für-sich nicht die Grundlage seines Seins-als-eines-Nichts-an-Sein sei, sondern daß es sein Nichts-an-Sein beständig begründe. Demnach ist das Für-sich ein «unselbständiges» Absolutes, das, was wir ein nichtsubstantielles Absolutes genannt haben. Seine Realität ist rein *befragend.* Wenn es Fragen stellen kann, so deshalb, weil es selbst immer *in Frage* steht; sein Sein ist niemals *gegeben,* sondern *erfragt,* denn es ist immer von sich selbst durch das Nichts der Andersheit getrennt; das Für-sich ist immer in der Schwebe, weil sein Sein ein fortwährender Aufschub ist. Wenn es jemals es erreichen könnte, würde gleichzeitig die Andersheit verschwinden und mit ihr die Möglichkeiten, die Erkenntnis, die Welt. So wird das *ontologische* Problem der Erkenntnis gelöst durch die Behauptung des ontologischen Vorranges des An-sich vor dem Für-sich. Aber das geschieht nur, um sogleich eine *metaphysische* Fragestellung notwendig zu machen. Das Auftauchen des Für-sich vom An-sich aus ist nämlich in keiner Weise mit der *dialektischen* Entstehung des Platonischen anderen vom Seienden aus zu vergleichen. Seiendes und Anderes sind für Platon *Gattungen.* Wir hingegen haben gesehen, daß das Sein ein individuelles Abenteuer ist. Und ebenso ist die Erscheinung des Für-sich das absolute Ereignis, das zum Sein gelangt. Hier ist also der Ort für ein metaphysisches Problem, das folgendermaßen formuliert werden kann: warum taucht das Für-sich vom Sein aus auf? Metaphysisch nennen wir nämlich die Untersuchung der individuellen Abläufe, die *diese* Welt-hier als eine konkrete und besondere Ganzheit ins Leben gerufen haben. In diesem Sinne ist die Metaphysik für die Ontologie, was die Geschichte für die Soziologie ist. Wir haben gesehen, daß es absurd wäre, sich zu fragen, warum das Sein anders ist, daß die Frage nur innerhalb der Grenzen eines Für-sich Sinn hat und daß sie sogar die ontologische Priorität des Nichts vor dem Sein voraussetzt, wenn wir auch den Vorrang des Seins vor dem Nichts nachgewiesen haben; sie kann nur gestellt werden infolge einer Zusammenlegung mit einer äußerlich ähnlichen und doch sehr verschiedenen Frage: warum *gibt es* Sein? Aber wir wissen nunmehr, daß man diese beiden Fragen sorgfältig auseinanderhalten muß. Die erste ist sinnlos: denn jedes «warum» ist später als das Sein und setzt es voraus. Das Sein ist, und zwar ohne Grund, ohne Ursache und ohne Notwendigkeit; auch die Definition des Seins zeigt uns seine ursprüngliche Kontingenz. Auf die zweite haben wir schon geantwortet, denn sie erhebt sich nicht auf dem Boden der Metaphysik, sondern auf dem der Ontologie: «es gibt» Sein, weil das Für-sich so beschaffen ist, daß es Sein gibt. Das Merkmal eines Phänomens erhält das Sein vom Für-sich. Aber wenn die Fragen nach dem Ursprung des Seins oder nach dem Ursprung der Welt sinnlos sind oder wenn sie eine Antwort gerade im Bereich der Ontologie erhalten, so gilt das nicht für den Ursprung des Für-sich. Das Für-sich ist nämlich so beschaffen, daß es das Recht hat, sich zu seinem eigenen Ursprung zurückzuwenden. Das Sein, durch das das Warum zum Sein gelangt, hat das Recht, sein eigenes Warum zu setzen, denn es ist selbst eine Fragestellung, ein Warum. Diese Frage kann die Ontologie nicht beantworten, denn hier handelt es sich darum, ein Ereignis zu erklären und nicht die Struktur eines Seienden zu beschreiben. Höchstens könnte sie darauf aufmerksam machen, daß das Nichts, das durch das An-sich *zu einem gewesenen geworden* ist, nicht eine bloße Leere ohne jede Bedeutung ist. Der Sinn des Nichts der Nichtung ist es, zu einem gewesenen geworden zu sein, um das Sein zu begründen. Die Ontologie liefert uns zwei Aufschlüsse, die der Metaphysik als Grundlage dienen können: zunächst, daß jeder Vorgang einer Selbstbegründung einen Bruch mit dem Identischsein mit dem An-sich bedeutet, ein Abstandnehmen des Seins in bezug auf sich selbst und das Sichtbarwerden der Anwesenheit bei sich selbst oder des Bewußtseins. Nur indem es sich zu einem Für-sich macht, kann das Sein danach trachten, Ursache seiner selbst zu werden. Das Bewußtsein als Seinsnichtung erscheint also als das Stadium eines Vorwärtsschreitens in Richtung auf die Immanenz der Kausalität, das heißt auf *causa-sui*-Sein. Nur macht dieses Vorwärtsschreiten an dieser Stelle halt, und zwar infolge von Seinsinsuffizienz des Für-sich. Die Zeitigung des Bewußtseins ist kein Fortschritt, der zur Würde einer *«causa sui»* hinaufsteigt, sie ist vielmehr ein oberflächliches Abfließen, dessen Ursprung, im Gegenteil, die Unmöglichkeit ist, Ursache von sich selbst zu sein. Auch das *ens causa sui* ist, wie das Mangelhafte, der Hinweis auf eine unmögliche Überschreitung *nach der Höhe* und bedingt gerade durch seine Nichtexistenz die flächenhafte Bewegung des Bewußtseins; so hat die vertikale Anziehung, die der Mond auf das Meer ausübt, eine horizontale Verschiebung zur Folge, die die Gezeiten ausmacht. Der andere Hinweis, den die Metaphysik sich von der Ontologie geben lassen kann, besteht darin, daß das Für-sich ein *effektiv* fortlaufender Entwurf ist, sich selbst zu begründen, insofern es ein Seiendes ist und ein fortwährendes Scheitern dieses Entwurfes. Die Anwesenheit bei sich selbst mit den verschiedenen Richtungen ihrer Nichtung (ek-statische Nichtung der drei zeitlichen Dimensionen, zwillingsartige Nichtung des Paares Widergespiegeltes-Widerspiegelndes) stellt das erste Auftauchen dieses Entwurfes dar; die Reflexion stellt die Verdoppelung des Entwurfes dar, der sich zu sich selbst wendet, um sich wenigstens insoweit zu begründen, als es sich um Entwurf handelt, und sie stellt die Verbreiterung der nichtenden Lücke durch das Scheitern dieses Entwurfes dar; das «Machen» und das «Haben», die Hauptkategorien der menschlichen Realität, reduzieren sich unmittelbar oder mittelbar auf den Seinsentwurf; endlich *kann* die Vielheit beider als ein letzter Versuch gedeutet werden, sich zu begründen, ein Versuch, der bei der radikalen Trennung von Sein und Seinsbewußtsein endet.

Demnach lehrt uns die Ontologie: 1. daß, *wenn* das An-sich sich begründen soll, es nicht einmal den Versuch dazu machen könnte, ohne sich zum Bewußtsein zu machen, das heißt, der Begriff einer *«causa sui»* enthält in sich den einer Anwesenheit bei sich selbst, das heißt einer nichtenden Auflockerung des Seins; 2. daß das Bewußtsein *tatsächlich* Entwurf ist, sich zu begründen, das heißt, zur Würde des An-und-für-sich oder An-sich-und-Ursache-seiner-selbst zu gelangen. Aber mehr kann uns die Ontologie nicht bieten. Auf ontologischer Ebene gestattet nichts die Behauptung, daß die Nichtung des An-sich zu Für-sich von Anfang an und sogar im Inneren des An-sich die Bedeutung hat, der Entwurf zu sein, Ursache seiner selbst zu werden. Die Ontologie stößt hier im Gegenteil auf einen tiefreichenden Widerspruch, denn erst durch das Für-sich kommt die Möglichkeit einer Begründung zur Welt. Um Entwurf zu sein, *sich* zu begründen, müßte das An-sich ursprünglich Anwesenheit bei sich selbst sein, das heißt, es müßte bereits Bewußtsein sein. Die Ontologie wird sich also auf die Erklärung beschränken, daß *alles so verläuft,* als ob das An-sich in einem Entwurf, sich selbst zu begründen, sich die Modifikation eines Für-sich gäbe. Aufgabe der Metaphysik ist es, *Hypothesen* aufzustellen, die es möglich machen, diesen Prozeß als das absolute Ereignis zu verstehen, das jenes individuelle Abenteuer, nämlich die Existenz des Seins, bekrönt. Selbstverständlich bleiben die Hypothesen Hypothesen, denn wir können weder auf eine spätere Bestätigung, noch auf eine spätere Entkräftung warten. Was ihre *Gültigkeit* ausmacht, ist nur die Möglichkeit, die sie uns bieten, die Gegebenheiten der Ontologie auf einen Nenner zu bringen, was natürlich nicht unter dem Gesichtswinkel eines geschichtlichen Werdens erfolgen darf. Denn die Zeitlichkeit kommt erst durch das Für-sich zum Sein. Es hätte also keinen Sinn, sich zu fragen, was das Sein *vor* der Erscheinung des Für-sich gewesen ist. Aber die Metaphysik muß nichtsdestoweniger versuchen, die

Eigenart und den Sinn jenes vorgeschichtlichen und die Quelle jeder Geschichte bildenden Prozesses zu bestimmen, der die Verbindung des individuellen Abenteuers (oder der Existenz des An-sich) mit dem absoluten Ereignis (oder dem Auftauchen des Für-sich) ist. Insbesondere fällt dem Metaphysiker die Aufgabe zu, zu entscheiden, ob oder ob nicht die Bewegung ein erster «Versuch» des An-sich ist, sich zu begründen, und welches die Zusammenhänge der Bewegung als einer «Krankheit des Seienden» mit dem Für-sich als mit einer noch ernsteren und bis zur Nichtung reichenden Krankheit sind.

Es bleibt noch übrig, das zweite Problem ins Auge zu fassen, das wir schon in der Einleitung formulierten: Wenn An-sich und Für-sich zwei Modalitäten des *Seins* sind, liegt dann nicht ein Hiatus sogar im Inneren der Seinsidee vor, und wird nicht das Verständnis für sie in zwei unverbindbare Teile zerschnitten auf Grund der Tatsache, daß ihr Inhalt von zwei durchaus heterogenen Gegenstandsgruppen konstituiert wird? Was gibt es denn Gemeinsames zwischen dem Sein, das ist, was es ist, und dem Sein, das ist, was es nicht ist, und das nicht ist, was es ist? Indessen kann uns hier die Schlußfolgerung aus unseren vorangegangenen Untersuchungen behilflich sein; wir haben ja gezeigt, daß das An-sich und das Für-sich nicht nebeneinanderstehen. Ganz im Gegenteil, das Für-sich ist ohne das An-sich so etwas wie ein Abstraktum: es hat nicht mehr Existenz als eine Farbe ohne Gestalt oder ein Ton ohne Höhe und Klangfarbe; ein Bewußtsein, das nicht Bewußtsein *von* etwas ist, wäre ein absolutes nichts [rien]. Aber wenn das Bewußtsein durch eine *innere* Beziehung an das An-sich gebunden ist, bedeutet das dann nicht, das es sich mit ihm verbindet, um eine Ganzheit zu bilden, und kommt dieser Ganzheit nicht die Bezeichnung *Sein* oder Realität zu? Wohl ist das Für-sich Nichtung, aber in der Eigenschaft einer Nichtung *ist es;* es bildet eine *apriorische* Einheit mit dem An-sich. In dieser Weise pflegten die Griechen die kosmische Realität, die sie τὸ πᾶν nannten, zu unterscheiden von der durch diese und durch das sie umgebende unendliche Leere konstituierten Ganzheit – einer Ganzheit, die sie τὸ ὅλον nannten. Wohl konnten wir das Für-sich ein nichts [rien] nennen und erklären, daß es «außerhalb des An-sich» *nichts* [rien] gäbe, abgesehen von einer Widerspiegelung dieses Nichts, das selbst vom An-sich polarisiert und definiert wird, insofern es eben das Nichts [néant] *dieses An-sich* ist. Aber hier wie in der griechischen Philosophie erhebt sich eine Frage: was nennen wir *real*, wem erteilen wir das *Sein* zu? Dem Kosmos oder dem, was wir oben τὸ ὅλον nannten? Dem reinen An-sich oder dem von jener Hülse aus Nichts umgebenen An-sich, das wir mit dem Namen Für-sich bezeichneten?

Aber wenn wir das ganzheitliche Sein als ein aus An-sich und Für-sich bestehendes synthetisches Gebilde betrachten müssen, finden wir dann nicht die Schwierigkeit wieder vor, der wir aus dem Wege gehen wollten? Begegnen wir nicht dem Hiatus, den wir im Seinsbegriff entdeckten, nunmehr im Daseienden selbst? Welche Definition soll man denn von einem Daseienden geben, das, insofern es an-sich ist, ist, was es ist, und insofern es für-sich ist, was es nicht ist?

Wenn wir diese Schwierigkeiten auflösen wollen, müssen wir uns darüber klarwerden, was wir von einem Daseienden verlangen, damit wir es als eine Ganzheit betrachten können: die Verschiedenheit seiner Strukturen muß in einer vereinheitlichenden Synthese einbehalten sein, so zwar, daß jede, für sich genommen, nur ein Abstraktum ist. Und sicher ist das für sich genommene Bewußtsein nur eine Abstraktion, dagegen hat das An-sich selber kein Für-sich nötig, um zu sein: das «Pathos» des Für-sich bewirkt bloß, daß es das An-sich *gibt.* Das Phänomen des An-sich ist ein Abstraktum ohne das Bewußtsein, nicht aber sein *Sein.*

Wenn wir uns ein synthetisches Gebilde vorstellen wollen, das so beschaffen ist, daß das Für-sich vom An-sich nicht getrennt werden kann und daß umgekehrt das An-sich unlösbar mit dem Für-sich verbunden ist, muß man es sich in der Weise vorstellen, daß das An-sich sein Dasein von der Nichtung erhält, die von diesem Bewußtsein gewinnen läßt. Was kann das anderes heißen, als daß die unauflösliche Ganzheit aus An-sich und Für-sich nur in Gestalt des «Ursache-seiner-selbst»-Seins vorstellbar ist? Dieses und kein anderes Sein kann absolut als das ὅλον gelten, von dem wir soeben sprachen. Und wenn wir die Frage nach dem Sein des Für-sich, das mit dem An-sich verbunden ist, stellen können, so deshalb, weil wir uns *a priori* durch ein vorontologisches Verstehen des *ens causa sui* definieren. Zweifellos ist dieses *ens causa sui unmöglich* und sein Begriff enthält, wie wir gesehen haben, einen Widerspruch. Nichtsdestoweniger müssen wir, da wir uns die Frage nach dem Sein des ὅλον vom Standpunkt des *ens causa sui* aus stellen, gerade diesen Standpunkt einnehmen, um die Beglaubigungsschreiben dieses ὅλον prüfen zu können. Ist es denn nicht allein auf Grund der Tatsache in Erscheinung getreten, daß das Für-sich auftauchte, und ist das Für-sich nicht ursprünglich der Entwurf, Ursache seiner selbst zu werden? So fangen wir an, die Beschaffenheit der ganzheitlichen Realität zu verstehen. Das ganzheitliche Sein, dessen Begriff nicht von einem Hiatus zerteilt wäre und dennoch das nichtend-genichtete Sein des Für-sich nicht ausschlösse, dessen Dasein vereinheitlichende Synthese des An-sich mit dem Bewußtsein wäre, dieses ideale Sein wäre das An-sich, das vom Für-sich begründet wird und mit dem Für-sich, das es begründet, identisch ist, das heißt, es wäre das *ens causa sui*. Aber eben weil wir uns auf den Standpunkt dieses idealen Seins stellen, um das *reale* Sein, das wir ὅλον nennen, beurteilen zu können, müssen wir feststellen, daß das Reale eine verunglückte Bemühung darstellt, zur Würde einer Ursache-seiner-selbst zu gelangen. Alles geht so vor sich, als ob es der Welt, dem Menschen und dem Menschen-in-der-Welt nur gelänge, einen mangelhaften Gott zu realisieren. Alles geht so vor sich, als ob das An-sich und das Für-sich sich im Zustande der *Auflösung* in bezug auf eine ideale Synthese darböten. Nicht weil der Zusammenschluß zur Synthese jemals *stattgefunden* hätte, sondern im Gegenteil, weil er immer angekündigt wird und immer unmöglich ist. Dieses fortwährende Scheitern ist es, wodurch die Untrennbarkeit von An-sich und Für-sich und zugleich ihre relative Unabhängigkeit erklärt werden. In gleicher Weise treten, wenn die Einheit der Gehirnfunktionen zerstört ist, Phänomene auf, die eine relative Selbständigkeit zeigen und gleichzeitig nur auf dem Hintergrund des Zerfalles einer Ganzheit sichtbar werden können. Dieses Scheitern erklärt den Hiatus, dem wir im Begriff des Seins und gleichzeitig im Daseienden begegnen. Wenn es unmöglich ist, vom Begriff des An-sich-Seins zu dem des Für-sich-Seins überzugehen und sie in einem gemeinsamen Gattungsbegriff zu vereinen, so deshalb, weil der *faktische Übergang* von einem zum anderen und ihre Vereinigung nicht bewerkstelligt werden kann. Bekanntlich wird, zum Beispiel für Spinoza und Hegel, eine vor der vollständigen Synthetisierung steckengebliebene Synthese, indem sie die Glieder in einer relativen Abhängigkeit und gleichzeitig in einer relativen Unabhängigkeit erstarren läßt, sofort zu einem Irrtum. Zum Beispiel findet für Spinoza die Rotation eines Halbkreises um seinen Durchmesser im Begriff der Kugel ihre Rechtfertigung und ihren Sinn. Aber wenn wir uns vorstellen, daß der Begriff der Kugel grundsätzlich unerreichbar ist, wird das Phänomen einer Rotation des Halbkreises *falsch*; man hat es enthauptet; die Vorstellung einer Rotation und die eines Kreises halten sich nun gegenseitig fest, ohne sich in einer Synthese vereinen zu können, die sie überschreitet und rechtfertigt: die eine kann nicht auf die andere zurückgeführt werden. Und genau das geschieht in unserem Falle. Wir sagen also, daß sich das fragliche «ὅλον» wie ein enthaupteter Begriff in fortwährender Auflösung befindet. Und in dieser Eigenschaft eines aufgelösten Insgesamts bietet er sich uns in seiner Doppelsinnigkeit dar, das heißt, man kann *ad libitum* den Akzent auf die Abhängigkeit der betreffenden Seienden legen oder auf ihre Unabhängigkeit. Es liegt hier ein Übergang vor, der nicht zustande kommt, ein Kurzschluß. Auf dieser Ebene finden wir jenen Begriff einer unganzen Ganzheit wieder, dem wir schon anläßlich des Für-sich selber und anläßlich der fremden Bewußtseinsindividuen begegnet sind. Hier liegt aber eine dritte Art von Un-Ganzwerdung vor. In der bloß unganz gewordenen Ganzheit der Reflexion *hatte* das Reflexive das Reflektierte *zu sein,* und das Reflektierte hatte das Reflexive zu sein. Die zweifache Negation blieb im Zustand des Verschwindens. Im Falle des Für-Andere unterschied das (widergespiegelt-widerspiegelnde) Widergespiegelte sich vom (widergespiegelt-widerspiegelnden) Widerspiegelnden dadurch, daß jedes *nicht* das andere *zu sein hatte.* So bilden das Für-sich und das andere-Für-sich ein Sein, in welchem jedes dem anderen das Anders-Sein verleiht, indem es sich zu etwas anderem macht. Was die Ganzheit des Für-sich und des An-sich betrifft, so ist es für sie kennzeichnend, daß das Für-sich in bezug auf das An-sich sich zu *etwas anderem* macht, daß aber das An-sich keineswegs anders als das Für-sich in dessen Sein ist: es ist, schlechthin. Wenn die Beziehung des An-sich zum Für-sich die Umkehrung der Beziehung des Für-sich zum An-sich wäre, würden wir wieder in den Fall des Für-Andere-Seins geraten. Aber sie ist es eben nicht und dieses Nichtvorhandensein von Wechselseitigkeit kennzeichnet das ὅλον, von dem wir vorhin sprachen. So gesehen, ist es nicht ungereimt, die Frage nach der Ganzheit zu stellen. Als wir nämlich das Für-Andere untersuchten, stellten wir fest, daß es ein «Fremd-Ich» geben müsse, das die reflexive Zweiteilung des Für-Andere zu sein hat. Gleichzeitig aber schien uns dieses «Fremd-Ich» nur existenzfähig zu sein, wenn es ein unerfaßbares Nicht-sein von Außenweltlichkeit enthielte. Wir haben uns dann gefragt, ob der antinomische Charakter der Ganzheit für sich selbst etwas Irreduzibles sei und ob wir den Geist als das Sein setzen müssen, das ist und nicht ist. Aber es schien uns, daß die Frage nach der synthetischen Einheit der Bewußtseinsindividuen keinen Sinn habe, denn sie setzt voraus, daß wir die Möglichkeit hätten, der Ganzheit gegenüber einen Standpunkt einzunehmen; wir existieren aber auf der Grundlage dieser Ganzheit und als in sie verflochten.

Aber wenn wir «zur Ganzheit keinen Standpunkt einnehmen» können, so deshalb, weil der Andere sich grundsätzlich vor mir verleugnet, so wie ich mich vor ihm verleugne. Diese Wechselseitigkeit der Beziehung macht es mir für immer unmöglich, sie in ihrer Unversehrtheit zu erfassen. Ganz im Gegensatz dazu ist im Falle der inneren Negation «An-und-für-sich» die Beziehung nicht wechselseitig, und ich bin gleichzeitig eins der Glieder der Beziehung und die Beziehung selbst. Ich erfasse das Sein, ich *werde* vom Sein erfaßt, und ich bin *nichts als* Erfassung des Seins; und das Sein, das ich erfasse, stellt sich mir nicht *entgegen,* um nun mich zu erfassen; es ist das, was erfaßt wird. Bloß fällt sein *Sein* in keiner Weise mit seinem Erfaßt-werden zusammen. In gewissem Sinne kann ich also die Frage nach der Ganzheit stellen. Zwar existiere ich hier wie in diese

Ganzheit *verflochten*, aber ich kann von dieser Tatsache ein *erschöpfendes Bewußtsein* sein, denn ich bin gleichzeitig Bewußtsein *von* Sein und Bewußtsein (von) mir. Nur gehört die Frage nach der Ganzheit nicht ins Gebiet der Ontologie. Für die Ontologie sind die einzigen Seinsbereiche, die aufgehellt werden können, der des An-sich, des Für-sich sowie der ideale Bereich der «Ursache seiner selbst». Für die Ontologie macht es nichts aus, das mit dem An-sich verbundene Für-sich als eine zerteilte *Zweiheit* oder als ein aufgelöstes Sein zu betrachten. Die Metaphysik hat zu entscheiden, ob es für die Erkenntnis (insbesondere für die phänomenologische Psychologie, die Anthropologie usw.) vorteilhafter ist, ein Sein zu behandeln, das wir *Phänomen* nennen und das zwei Seinsdimensionen besitzt, die Dimension des An-sich und die des Für-sich (unter diesem Gesichtspunkt würde es *nur ein* Phänomen geben: die Welt), so wie man es in der Einsteinschen Physik vorteilhaft gefunden hat, von einem *Ereignis* zu reden, das so verstanden wird, als ob es Raumdimensionen und eine Zeitdimension hätte und als bestimme es seinen Ort in einem Zeit-Raum; oder ob es trotz allem weiterhin vorzuziehen ist, die alte Zweiheit «Bewußtsein-Sein» beizubehalten. Die einzige Bemerkung, die die Ontologie hier wagen könnte, ist, daß man, falls es nützlich scheinen sollte, den neuen Begriff eines Phänomens als einer aufgelösten Ganzheit zu benutzen, man von ihm *gleichzeitig* mit Immanenz- und mit Transzendenzausdrücken reden müßte. Die Klippe bestünde nämlich darin, in den reinen Immanentismus zu geraten (den Husserlschen Idealismus) oder in den reinen Transzendentalismus, der das Phänomen als eine neue Art von *Objekt* betrachten würde. Aber die Immanenz wird immer von der An-sich-Dimension des Phänomens begrenzt sein und die Transzendenz von seiner Für-sich-Dimension.

Nachdem sie über die Frage des Ursprungs des Für-sich und über die der Eigenart des Weltphänomens entschieden hat, kann die Metaphysik verschiedene Probleme von größter Wichtigkeit in Angriff nehmen, insbesondere das der Tätigkeit. Die Tätigkeit muß nämlich *zugleich* auf der Ebene des Für-sich und auf der des An-sich betrachtet werden, denn es handelt sich um einen Entwurf immanenten Ursprungs, der eine Modifikation im Sein des Transzendenten determiniert. In der Tat würde es nichts nützen, zu erklären, die Tätigkeit modifizierte nur die phänomenale Erscheinung der Sache: wenn die phänomenale Erscheinung einer Tasse bis zur Vernichtung der Tasse als Tasse modifiziert werden kann und wenn das Sein der Tasse nichts anderes ist als ihre *Qualität*, dann muß die betreffende Tätigkeit imstande sein, auch das Sein der Tasse zu modifizieren. Das Problem der Tätigkeit setzt also die Aufhellung des transzendent Wirksamen des Bewußtseins voraus und bringt uns auf den Weg zu seinem wirklichen Seinszusammenhang mit dem Seienden. Und zufolge der Rückwirkungen, die der Akt in der Welt erfährt, enthüllt es uns auch eine Verbindung des Seienden mit dem Seienden, die, obwohl sie vom Physiker als etwas Außenweltliches aufgefaßt wird, weder reine Außenweltlichkeit noch Immanenz ist, sondern uns auf den Begriff der *Gestalt* im Sinne der Gestaltpsychologie verweist. Von dort aus wird man eine Metaphysik der Natur versuchen können.

II

Ethische Perspektiven

Die Ontologie kann keine ethischen Vorschriften erlassen. Sie beschäftigt sich einzig und allein mit dem, was ist, und es ist nicht möglich, aus ihren Indikativen Imperative abzuleiten. Sie gestattet indessen eine Mutmaßung, wie eine Ethik aussehen würde, die sich ihrer Verantwortlichkeit angesichts einer *menschlichen Realität in Situation* bewußt ist. Sie hat uns in der Tat den Ursprung und die Eigenart des *Wertes* enthüllt; wir haben gesehen, daß er *Mangel* ist, in bezug auf den das Für-sich sich in seinem Sein als *Mangel* bestimmt. Auf Grund der Tatsache, daß das Für-sich *existiert*, taucht, wie wir gesehen haben, der Wert auf, um dessen Für-sich-Sein heimzusuchen. Es folgt daraus, daß die verschiedenen Aufgaben des Für-sich den Gegenstand einer existentiellen Psychoanalyse bilden können, denn sie zielen alle darauf hin, die mangelnde Synthese des Bewußtseins mit dem Sein unter dem Zeichen des Wertes oder der Ursache seiner selbst herbeizuführen. Demnach ist die existentielle Psychoanalyse eine *ethische Darstellung*, denn sie liefert uns den ethischen Sinn der verschiedenen menschlichen Entwürfe; sie weist uns auf die Notwendigkeit hin, die Psychologie des Interesses fallenzulassen, ebenso jede Nützlichkeitsdeutung der menschlichen Verhaltensweise, und enthüllt uns die *ideale* Bedeutung aller Einstellungen des Menschen. Die Bedeutungen liegen jenseits von Egoismus und Altruismus, jenseits auch der sogenannten *uninteressierten* Weisen des Sichverhaltens. Der Mensch macht sich zum Menschen, um Gott zu sein, könnte man sagen: und die Selbstheit könnte, von diesem Standpunkt aus betrachtet, als eine Art Egoismus erscheinen; aber gerade weil es hier kein gemeinsames Maß gibt zwischen der menschlichen Realität und der Ursache ihrer selbst, die sie sein will, kann man ebensogut sagen, daß der Mensch untergeht, damit die Ursache ihrer selbst existiere. Man betrachtet dann jede menschliche Existenz als ein Pathos, da die allzu berüchtigte «Selbstliebe» nur eins der frei gewählten Mittel ist, um dieses Pathos zu realisieren. Aber das wichtigste Ergebnis der existentiellen Psychoanalyse muß darin bestehen, daß wir veranlaßt werden, auf das *ernsthafte Denken* zu verzichten. Das ernsthafte Denken hat nämlich als zweifaches Kennzeichen, daß es die Werte als transzendente, von der menschlichen Subjektivität unabhängige Gegebenheiten betrachtet und daß es das Merkmal «begehrenswert» von der ontologischen Struktur der Dinge auf ihre bloß materielle Beschaffenheit überträgt. Für das ernsthafte Denken ist zum Beispiel das *Brot begehrenswert*, weil man leben *muß* (ein am intelligiblen Himmel aufgezeichneter Wert) und weil es nahrhaft *ist*. Das Ergebnis des ernsthaften Denkens, das bekanntlich die Welt beherrscht, besteht darin, daß es den Symbolwert der Dinge von ihrer empirischen Besonderheit aufsaugen läßt wie von einem Löschblatt; es stellt die Undurchschaubarkeit des begehrten Gegenstandes voran und setzt ihn als ein in sich selbst irreduzibles Begehrenswertes. Wir befinden uns also bereits auf der Ebene der Moral, aber zugleich auf der der Unwahrhaftigkeit, denn diese ist eine Moral, die sich vor sich selber schämt und ihren Namen nicht zu nennen wagt; sie hat alle ihre Ziele verdunkelt und liefert sich der Angst aus. Der Mensch sucht blindlings nach dem Sein, indem er vor sich das freie Sichentwerfen verbirgt, das diese Suche ist; er gibt sich eine solche Beschaffenheit, daß er von Aufgaben *erwartet* wird, die auf seinem Wege liegen. Die Dinge sind stumme Forderungen, und er ist an sich nichts als der passive Gehorsam gegenüber diesen Forderungen.

Die existentielle Psychoanalyse entdeckt ihm das reale Ziel seiner Suche, das das Sein als synthetische Verschmelzung des An-sich mit dem Für-sich ist; sie gibt ihm Aufschluß über sein Pathos. In Wirklichkeit gibt es viele Menschen, die diese Psychoanalyse auf sich selbst angewendet und nicht gewartet haben, bis sie ihre Grundsätze kennengelernt hätten, um sich ihrer als eines Mittels zur Befreiung und zum Heil bedienen zu können. Viele Menschen wissen nämlich, daß das Ziel ihrer Suche das Sein ist; und in dem Maße, in dem sie diese Erkenntnis besitzen, unterlassen sie es, sich die Dinge um ihrer selbst willen anzueignen, und versuchen lieber, die symbolische Aneignung ihres An-sich-Seins zu realisieren. Aber in dem Maße, in dem dieser Versuch noch am ernsthaften Denken teilhat und in dem sie noch glauben können, daß ihre Mission, das An-und-für-sich existieren zu lassen, in den Dingen verzeichnet ist, sind sie zur Verzweiflung verurteilt, denn sie entdecken gleichzeitig, daß alle menschlichen Tätigkeiten gleichviel wert sind – denn sie zielen alle darauf ab, den Menschen zu opfern, um die Ursache ihrer selbst auftauchen zu lassen – und daß grundsätzlich alle zum Scheitern verurteilt sind. Demnach läuft es auf das gleiche hinaus, ob man sich im stillen betrinkt oder ob man die Geschicke der Völker lenkt. Wenn eine dieser Tätigkeiten über die andere die Oberhand gewinnt, so nicht wegen ihres realen Ziels, sondern wegen des Grades von Bewußtsein, das sie von ihrem idealen Ziele hat; und in diesem Falle wird es geschehen, daß die Gelassenheit des stillen Säufers die Oberhand gewinnt über die eitle Unruhe des Führers von Völkern.

Aber die Ontologie und die existentielle Psychoanalyse (oder der spontane und empirische Gebrauch, den die Menschen schon immer von diesen Disziplinen gemacht haben) müssen dem Vertreter der Moral klarmachen, daß *die Werte durch das Sein existieren.* Erst dann wird seine Freiheit Bewußtsein von sich selbst gewinnen und wird sich in der Angst als die einzige Quelle des Wertes und wird das Nichts entdecken, durch das die *Welt* existiert. Sobald die Suche nach dem Sein und die Aneignung des An-sich der Freiheit als *ihre Möglichkeiten* entdeckt worden sind, wird sie mittels und in der Angst erfassen, daß sie nur möglich sind auf dem Boden der Möglichkeit anderer Möglichkeiten. Aber wenn die Möglichkeiten auch *ad libitum* gewählt und verworfen werden können, war bisher doch das Thema, das die Einheit aller dieser Möglichkeitswahlen bildete, der Wert oder die ideale Gegenwart des *ens causa sui.* Was wird aus der Freiheit, wenn sie sich diesem Wert zuwendet? Wird er sie mit sich fortnehmen – was sie auch tun möge, und gerade bei ihrer Wendung zum An-und-für-sich –, und wird sie vom Wert, den sie betrachten will, hinterrücks wieder gepackt werden? Oder kann sie vielmehr, bloß auf Grund der Tatsache, daß sie sich in bezug auf sich selbst als Freiheit erfaßt, der Herrschaft des Wertes ein Ende machen? Ist es insbesondere möglich, daß sie sich selbst für wertvoll hält, insofern sie die Quelle jedes Wertes ist, oder muß sie notwendigerweise in bezug auf einen transzendenten Wert, von dem sie heimgesucht wird, definiert werden? Und falls sie sich selbst als ihre eigene Möglichkeit und ihren bestimmenden Wert wollen kann, was muß man dann darunter verstehen? Eine Freiheit, die sich als Freiheit will, ist nämlich ein Sein-das-nicht-ist-was-es-ist und das-ist-was-es-nicht-ist, welches als Seinsideal das Sein-was-es-nicht-ist und das Nicht-Sein-was-es-ist wählt. Es wählt also nicht, sich *wieder zu ergreifen,* sondern vor sich zu fliehen, nicht mit sich zusammenzufallen, sondern immer von sich entfernt zu sein. Was soll man sich unter diesem Sein denken, das sich selbst in Schach halten und von sich selbst entfernt sein will? Handelt es sich um Unwahrhaftigkeit oder um eine andere Grundeinstellung? Und kann man diesen neuen Seinsaspekt *erleben?* Wird insbesondere die Freiheit, die sich selbst zum Ziele nimmt, jeder *Situation* entrinnen? Oder wird sie um so entschiedener und um so individueller in Situation sein, je mehr sie sich in der Angst als in Dienst stehende Freiheit entwirft und je mehr sie als das Daseiende, durch das die Welt zum Sein gelangt, ihre Verantwortlichkeit als ihr Eigentum in Anspruch nimmt? Alle diese Fragen, die uns auf die reine und unvoreingenommene Reflexion verweisen, können nur im Rahmen der Ethik beantwortet werden. Wir werden ihnen unser nächstes Buch widmen.

JEAN-PAUL SARTRE

Als Buchausgaben liegen zur Zeit vor:

Die Wörter

Sonderausgabe · 208 Seiten · Geb.

Gesammelte Erzählungen

Sonderausgabe · 288 Seiten · Geb.

Kritik der dialektischen Vernunft Band I

Theorie der gesellschaftlichen Praxis
880 Seiten · Geb.

Das Sein und das Nichts

Versuch einer phänomenologischen Ontologie
Erste vollständige deutsche Ausgabe · 788 Seiten · Geb.

Das Imaginäre

Phänomenologische Psychologie der Einbildungskraft. Mit einem Beitrag «Sartre über Sartre» · 304 Seiten · Geb.

Gesammelte Dramen

Sonderausgabe
Die Fliegen · Bei geschlossenen Türen · Tote ohne Begräbnis · Die ehrbare Dirne · Die schmutzigen Hände · Der Teufel und der liebe Gott · Kean · Nekrassow · Die Eingeschlossenen · Die Troerinnen des Euripides
768 Seiten · Geb.

Als Rowohlt Paperback erschienen:

Kolonialismus und Neokolonialismus

Sieben Essays · Rowohlt Paperback 68 · 128 Seiten*

Situationen

Essays · Erweiterte Neuausgabe · Rowohlt Paperback 46 · 300 Seiten*

* *Eine Veröffentlichung des Rowohlt Taschenbuch Verlages*

ROWOHLT

124–125/22

JEAN-PAUL SARTRE

Als rororo Taschenbuchausgaben erschienen:

Die Mauer
Erzählungen · rororo Band 1569

Die Wörter
Mit einer Nachbemerkung von Hans Mayer · rororo Band 1000

Der Ekel
Roman · rororo Band 581

Zeit der Reife
Roman · rororo Band 454

Der Aufschub
Roman · rororo Band 503

Der Pfahl im Fleische
Roman · rororo Band 526

Das Spiel ist aus
[Les Jeux sont faits] · *rororo Band 59*

Die Fliegen / Die schmutzigen Hände
Zwei Dramen · rororo theater Band 418

Bei geschlossenen Türen / Tote ohne Begräbnis / Die ehrbare Dirne
Drei Dramen · rororo theater Band 788

Die Eingeschlossenen
[Les Séquestrés d'Altona] · *Schauspiel · rororo theater Band 551*

Porträts und Perspektiven
Essays · rororo Band 1443

Bewußtsein und Selbsterkenntnis
Ein Essay · rororo Band 1649

Was ist Literatur?
Essays · rowohlts deutsche enzyklopädie Band 65

Marxismus und Existentialismus
Versuch einer Methodik · rowohlts deutsche enzyklopädie Band 196

Jean-Paul Sartre
in Selbstzeugnissen und 70 Bilddokumenten dargestellt von Walter Biemel · rowohlts monographien Band 87

ROWOHLT TASCHENBUCH VERLAG